lonely planet

Îles grecques et Athènes

ÉDITION ÉCRITE ET ACTUALISÉE PAR

Simon Richmond, Kate Armstrong, Stuart Butler, Peter Dragicevich, Anna Kaminski, Vesna Maric, Isabella Noble, Leonid Ragozin, Greg Ward

PRÉPARER SON VOYAGE

Bienvenue dans les îles grecques........ 6
Quoi de neuf ? 18
L'essentiel 20
Envie de.... 22
Mois par mois......... 24
Itinéraires 28
D'île en île 32
Partir en croisière 38
Fuir la foule........... 43
À table! 49
Activités de plein air... 55
Voyager avec des enfants 59
Les régions en un clin d'œil........ 62

SUR LA ROUTE

ATHÈNES ET L'ATTIQUE....... 66
Athènes 70
Ports d'Athènes 139
Le Pirée 139
Rafina.................. 142
Laurion (Lavrio) 143
L'Attique............. 143
La côte d'Apollon 144
Cap Sounion 148
Mont Parnès (Parnitha) 148
Marathon et ses environs......... 149
Brauron (Vravrona) 150
Peania 150
Éleusis (Elefsina) 150

ÎLES DU GOLFE SARONIQUE 152
Égine (Aegina) 154
Égine (Hora) 156
Environs d'Égine 157
Angistri 159
Poros 160
Poros (Hora) 161
Ailleurs sur Poros....... 162
Hydra 163
Hydra (Hora)........... 164
Ailleurs sur Hydra 170
Spetsès 171

CYCLADES.........175
Andros 178
Gavrio 178
Batsi 179
Andros (Hora).......... 180
Ailleurs sur Andros 181
Tinos 182
Tinos (Hora) 182
Ailleurs sur Tinos....... 185

RHODES P. 293

Sommaire

Syros **186**
Ermoupoli 188
Ailleurs sur Syros 191
Mykonos **192**
Mykonos (Hora) 194
Ailleurs sur Mykonos 202
Délos **206**
Paros **208**
Parikia 210
Naoussa 213
Ailleurs sur Paros 215
Antiparos **216**
Naxos **217**
Naxos (Hora) 219
Nord de Naxos 225
Plages de la côte sud-ouest 226
Halki 226
Apiranthos 227
Petites Cyclades **228**
Iraklia 229
Shinoussa 231
Koufonissi 232
Donoussa 234
Amorgos **235**
Katapola 236
Amorgos (Hora) 237
Aegiali 238
Ailleurs sur Amorgos 240
Ios **241**
Santorin **245**
Fira 248
Oia 255
Ailleurs sur Santorin 258
Anafi **262**
Sikinos **264**
Folégandros **266**
Karavostasis 267
Folégandros (Hora) 268
Ano Meria 270
Milos **271**
Adamas 272
Plaka, Trypiti et Triovasalos 273
Pollonia 275
Ailleurs sur Milos 276
Kimolos **276**
Sifnos **277**
Kamarès 278
Apollonia 279
Kastro 280
Ailleurs sur Sifnos 280
Sérifos **281**
Livadi 282
Sérifos (Hora) 283
Kythnos **284**
Merihas 285
Kythnos (Hora) 286
Loutra 287
Kéa **287**
Korissia 287
Ioulida 288
Ailleurs sur Kéa 289

DODÉCANÈSE 291
Rhodes **293**
Ville de Rhodes 295
Nord-est de Rhodes 306
Lindos 306
Sud de Rhodes 308
Ouest de Rhodes et intérieur de l'île 309
Halki **311**
Emborios 311
Ailleurs sur Halki 314
Karpathos **314**
Pigadia 315
Sud de Karpathos 317
Diafani 319
Kassos **320**
Fry 320
Ailleurs sur Kassos 322

RANDREI/SHUTTERSTOCK ©
NAXOS P. 217

Kastellorizo (Megisti) **322**
Kastellorizo (Hora) 323
Symi **324**
Gialos 326
Ailleurs sur Symi 328
Tilos **329**
Livadia 329
Megalo Horio 331
Nord-ouest de Tilos 332
Nisyros **333**
Mandraki 333
Ailleurs sur Nisyros 335
Kos **337**
Kos (Hora) 338
Ailleurs sur Kos 344
Kamari et baie de Kéfalos 345
Astypalée **346**
Pera Gialos et Hora 347
Livadi 348
Ouest de Pera Gialos 349
Est de Pera Gialos 349
Kalymnos **350**
Pothia 351
Ouest de Kalymnos 353

SUR LA ROUTE

Îlot de Télendos 354
Léros 356
Platanos et Agia Marina 356
Pandéli................358
Vromolithos 359
Lakki 359
Xirokambos............360
Krithoni et Alinda 360
Patmos 361
Skala 362
Patmos (Hora) 364
Nord de Skala.........366
Sud de Skala..........366
Lipsi 367
Village de Lipsi 367
Ailleurs sur Lipsi.............369

ÎLES DU NORD-EST DE LA MER ÉGÉE .. 370
Icarie 372
Agios Kirykos 374
Evdilos 376
Kambos 377
Christos Rahes 378
Arménistis 379
Karavostamo 381
Îles Fourni 382
Samos 384
Vathy (Samos) 386
Pythagorion 388
Environs de Pythagorion........390
Nord de Samos.........390
Chios 393
Chios (Hora) 395
Nord de Chios..........398
Sud de Chios...........401
Lesbos (Mytilène) 404
Mytilène...............405
Nord de Lesbos 409
Ouest de Lesbos........ 412
Sud de Lesbos 414
Limnos 416
Myrina 417
Ouest de Limnos 419
Est de Limnos.......... 421
Samothrace 424
Kamariotissa et ses environs 425
Samothraki (Hora) 426
Loutra 427
Thassos 428
Thassos (Liménas) 430
Côte ouest............ 431
Côte est 433

PAWEL KAZMIERCZAK/SHUTTERSTOCK ©

MYKONOS (HORA) P. 194

Sommaire

EUBÉE ET LES SPORADES . . . 436

Eubée 438
Halkida 438
Érétrie 439
Steni 440
Nord de l'Eubée 441
Limni 441
Sud de l'Eubée 442
Karystos 442
Skiathos 444
Skiathos (Hora) 444
Ailleurs sur Skiathos 447
Skopélos 449
Skopélos (Hora) 449
Glossa et Loutraki 452
Ailleurs sur Skopélos 453
Alonissos 454
Patitiri 455
Paléa Alonissos 457
Ailleurs sur Alonissos 458
Skyros 459
Skyros (Hora) 460
Magazia et Molos 463
Linaria 464
Ailleurs sur Skyros 464

ÎLES IONIENNES . . 466

Corfou 468
Ville de Corfou 470
Nord de Corfou 478
Ouest de Corfou 479
Paxi 482
Gaïos 482
Loggos 484
Lakka 484
Leucade 485
Lefkada 487
Est de Leucade 488
Vasiliki 489
Ouest de Leucade 490
Centre de Leucade 491
Céphalonie 492
Argostoli 492
Environs d'Argostoli 496
Péninsule de Paliki 497
Sami et ses environs 498
Fiskardo 499
Ithaque 501
Vathy 502
Ailleurs sur Ithaque 503
Zante 505
Zakynthos 505
Ailleurs sur Zante 507
Cythère 510
Kythira (Hora) 512
Kapsali 513
Potamos 514
Agia Pelagia 515
Ailleurs sur Cythère 515

COMPRENDRE LES ÎLES GRECQUES

Histoire 518
Culture grecque ancienne 543
Les insulaires 549
Arts 553
Architecture 559
Environnement 565

LES ÎLES GRECQUES PRATIQUE

Carnet pratique 570
Transports 580
Langue 590
Glossaire 595
Index 599
En coulisses 595
Légende des cartes . . . 618
Nos auteurs 619

COUPS DE PROJECTEUR

D'île en île 32
Partir en croisière 38
Fuir la foule 43
L'Acropole 80
Athènes byzantine 109

Bienvenue dans les îles grecques

Les îles grecques enflamment l'imaginaire et abreuvent l'âme d'une histoire pétrie de récits mythologiques et de vestiges blanchis par le soleil.

Se régaler

Voyager d'île en île est une belle aventure culinaire car chaque petit bout de terre se distingue par ses fromages, ses fruits, ses légumes, son miel et son vin, qu'il fait bon déguster attablé en terrasse. Aventurez-vous dans les tavernes des ports pour goûter le poisson fraîchement pêché, tandis que les habitants récoltent des plantes sauvages dans les collines. Héritage italien oblige, bien des îles ont pour spécialité les pâtes, mais avec une touche grecque, comme les moules vapeur à l'ouzo. Sur d'autres, c'est l'histoire ottomane que l'on retrouve dans les gourmandises riches en épices.

Remonter le temps

Dans les vestiges de la Délos antique, on pourrait presque voir les Grecs anciens vaquer à leurs occupations. L'envoûtante cité d'Akrotiri, dégagée des cendres du colossal volcan de Santorin, et l'enceinte médiévale de la ville de Rhodes vous entraînent vers des temps révolus. Outre ces sites bien connus, des vestiges moins fréquentés sont disséminés sur chaque île ou presque, empreints de mystère et souvent recouverts de fleurs sauvages : des immenses statues en marbre de Naxos aux mosaïques colorées du IIe siècle de Kos, ils sont aussi impressionnants que nombreux.

Se dépenser

Les îles sont un terrain de jeu idéal : entre les randonnées sur les voies pavées byzantines ou sur la caldeira d'anciens volcans, le kayak de mer avec les dauphins, l'observation des tortues caouannes et les balades à vélo à travers les pinèdes, sans oublier le kitesurf, la plongée ou l'escalade, tout est fait pour satisfaire ceux qui veulent se bouger. Tous ces grands espaces, ces vastes paysages variés et ce ciel bleu à l'infini invitent à profiter de la vie à l'air libre.

Se fondre dans la vie insulaire

Enfoncez vos orteils dans le sable et écoutez la mer Égée lécher le rivage comme si rien d'autre n'existait. À chaque île sa personnalité : à vous de goûter la beauté majestueuse de Santorin ou les folles nuits de Mykonos, de gambader au milieu des fleurs sauvages au printemps à Skopélos ou de lézarder l'été sur le sable d'une crique isolée. Vous vous familiariserez bientôt avec le rythme mélancolique du rébétiko et les saveurs du tzatziki maison. Vos journées s'enchaîneront, entre le ciel bleu et un littoral aigue-marine, ourlé des plages parmi les plus propres d'Europe.

Pourquoi j'aime les îles grecques

Kate Armstrong, auteure

Rien de plus palpitant qu'une croisière d'île en île. J'aime l'euphorie que provoque la découverte d'une petite crique cachée et de ses eaux turquoise. Mais ces voyages m'apportent bien plus. Chaque fois que le ferry accoste, je débarque dans un nouveau pays. Le parfum des herbes sauvages (la sauge d'Icarie, le thym sauvage des Kalymnos) et les saveurs des tiropitas d'Alonissos m'encensent. Les églises bleu et blanc de Sifnos, les paysages urbains de Nisyros et tous les trésors archéologiques de toutes ces îles m'emportent. J'aime l'accueil chaleureux que réservent les populations locales, fières de vivre là.

Pour en savoir plus sur les auteurs, voir p. 620

Ci-dessus : la plage du Naufrage (p. 508), Zante

Îles grecques et Athènes

0
100 km
BULGARIE
THRACE
Ormenio
Kastanies
Edirne
Orestiada
Didymotiho
Xanthi
Komotini
Kavala
Alexandroupoli
Kipi
İstanbul
Mer de Marmara
ALTITUDE
4 000 m
3 000 m
2 000 m
1 000 m
500 m
0
Thassos
Mer de Thrace
Samothrace
Péninsule de Gallipoli
Détroit des Dardanelles
Imvros (Gökçeada)
Myrina
Limnos
TURQUIE
ÎLES DU NORD-EST DE LA MER ÉGÉE
Agios Efstratios
Lesbos
Des collines ondoyantes, couvertes de pins et d'oliviers (p. 404)
Lesbos
Mytilène
Skyros
Psara
Chios
Chios (Hora)
Çeşme
İzmir
Santorin
Une île raffinée aux couchers du soleil spectaculaires (p. 245)
Mer Égée
Nea Styra
Karystos
Kuşadası
Gavrio
Andros
Samos
Vieille ville de Rhodes
Une ville fortifiée à l'atmosphère magique (p. 295)
Kéa
Tinos
Ikaria
Îles Fourni
Ermoupoli
Syros
Mykonos
Patmos
Milas
Kythnos
Délos
CYCLADES
Hora (Naxos)
Léros
Bodrum
Marmaris
Sérifos
Antiparos
Naxos
Donoussa
Kalymnos
Péninsule de Datça
Sifnos
Paros
Kos (Hora)
Petites Cyclades
Kos
Datça
Kimolos
Amorgos
Sikinos
Ios
Astypalée
Nisyros
Symi
Milos
Folégandros
Fira
Anafi
Tilos
Ville de Rhodes
Mer de Karpathos
Santorin (Thira)
Mer Égée
Halki
Rhodes
Kastellorizo (Megisti)
Lindos
Kattavia
DODÉCANÈSE
Saria
Olymbos
MER MÉDITERRANÉE
Karpathos
Mer de Crète
Pigadia
Kassos
Olymbos
Un charmant village perché, aux maisons colorées (p. 319)
Crète

15 façons de voir les îles grecques

1

Vieille ville de Rhodes

1 Il faut absolument se perdre dans la vieille ville de Rhodes (p. 295). À l'écart de la foule, parcourez ses venelles pavées aux hautes arcades et aux places animées. Dans ces recoins cachés, votre imagination vous transportera au Moyen Âge. Explorez le quartier des Chevaliers, celui de la communauté juive ou le quartier turc. Et le soir venu, allez écouter de la musique traditionnelle dans des tavernes exiguës ou déguster en terrasse des plateaux de fruits de mer.

Volcan de Nisyros

2 Lors de la bataille mythique entre les dieux et les Titans, Poséidon arracha un morceau de l'île de Kos et le lança sur Polybotès. Ce roc donna naissance à Nisyros, dont le volcan (p. 335) rugissant fait entendre la voie furieuse du géant vaincu. Même si la dernière éruption remonte à 25 000 ans, le cratère est considéré comme endormi et non éteint. Vous pourrez parcourir le vaste paysage lunaire de la caldeira, avec ses versants parsemés d'antiques terrasses agricoles en ruine et ses vaches qui broutent parmi les rochers.

LITTLEAOM/SHUTTERSTOCK ©

2

ZLATAMARKA/SHUTTERSTOCK ©

3

ANDREI NEKRASSOV/SHUTTERSTOCK ©

4

PHOTO PAR HEIDI KADEN SUR UNSPLASH ©

Plaisirs de la table

3 Bénéfique pour la santé, la cuisine méditerranéenne est réputée pour ses produits de la ferme, ses herbes aromatiques, ses poissons et fruits de mer, ses fromages corsés et son huile d'olive vierge de premier choix. Escargots, artichauts, moules ou figues de mer… cette cuisine rustique joue sur l'équilibre des saveurs. Quant à la traditionnelle pâte phyllo faite main, la salade de *horta* (légumes verts) du jardin et les rougets fraîchement pêchés, difficile de faire mieux.

Santorin au crépuscule

4 Santorin (Thira ; p. 245) a bien plus à offrir que ses couchers de soleil ! Mais cette île remarquable, formée par des éruptions volcaniques, a fait sienne la célébration du coucher de l'astre solaire. Les soirs d'été, les villes de Fira et Oia (photo), perchées sur une crête, accueillent de nombreux visiteurs ébahis pas les nuances écarlates de la falaise. Pour échapper à la foule, postez-vous près de l'ancien cratère. Et si vous êtes matinal, tournez cette fois votre regard vers l'est, pour assister au lever du soleil, également spectaculaire.

5

6

Corfou

5 L'histoire de Corfou (p. 468) est gravée sur la façade harmonieuse de ses bâtiments aux styles architecturaux très variés. Flânez de forteresses byzantines en demeures néoclassiques britanniques du XIXe siècle, en passant par les élégantes arcades du Liston, les églises orthodoxes et les ruelles de la vieille ville vénitienne. L'île déploie aussi des montagnes, une campagne vallonnée et un littoral spectaculaire. Pour couronner le tout, on y déguste une cuisine savoureuse aux accents italiens.

Leucade

6 Bien que reliée à la Grèce continentale par une étroite chaussée, Leucade (Lefkada) reste étonnamment préservée du tourisme. La localité éponyme (p. 487) a beaucoup de charme, les montagnes de l'intérieur conservent des villages figés dans le temps et des oliveraies sauvages, tandis que la côte ouest accidentée recèle plusieurs plages splendides comme celle de Mylos. Fuyez les enclaves urbanisées de la côte est pour découvrir les petites baies et criques du sud de l'île telles que Poros, ainsi que des conditions de vent propices à la planche à voile et au kitesurf.

Découvrir l'Acropole

7 Trônant majestueusement sur une colline d'Athènes, l'Acropole (p. 76) reste le symbole absolu de la civilisation occidentale. Explorez-la tôt le matin, ou imprégnez-vous de la vue en dînant en terrasse. Quelle que soit votre façon de l'aborder, elle vous subjuguera par sa beauté, son histoire et ses dimensions. Outre le Parthénon, découvrez des endroits plus discrets, comme l'adorable sanctuaire d'Athéna Nikè ou le théâtre de Dionysos. Non loin, le musée de l'Acropole met en valeur les trésors du site.

Une capitale animée

8 Athènes (p. 70) conjugue subtilement l'Antiquité à la vie moderne. Derrière de majestueuses façades ou tout près de monuments anciens, la ville bouillonne. Galeries et clubs présentent les expositions, les spectacles et les manifestations d'une scène artistique foisonnante. Restaurants branchés et simples tavernes ne désemplissent pas. Le rébétiko (blues grec) emplit les rues pavées, tandis que dans les nombreux bars et clubs, on danse jusqu'au bout de la nuit.

7

LUCIAN MILASAN/SHUTTERSTOCK ©

8

CGE2010/SHUTTERSTOCK ©

RUDMER ZWERVER/SHUTTERSTOCK ©

THEASTOCK/SHUTTERSTOCK ©

Skopélos

9 Skopélos (p. 449) est un joli territoire des Sporades septentrionales. Sa vieille ville (Hora) d'un blanc immaculé a été classée par l'État grec parmi les localités traditionnelles d'exception et l'on dénombre dans l'île plus de 360 églises et chapelles. Des pinèdes, des vignes ondoyantes, des vergers de pruniers et des amanderaies tapissent la campagne. La côte sud-est abrite un chapelet de belles plages de sable et de galets, la côte nord-ouest de hautes falaises déchiquetées – l'idéal pour les activités d'aventure.

Lesbos

10 La grande Lesbos (p. 404) est loin d'être monotone. Les oliveraies et les fraîches forêts de pins de l'Est et du Centre, des régions vallonnées, cèdent la place à des plaines arides dans l'Ouest, là où se dresse l'une des rares forêts pétrifiées du monde. Les côtes sont bordées de plages, dont certaines préservées du tourisme. La capitale, Mytilène, est animée par de nombreux étudiants, des cafés et des bars. Elle recèle aussi une ville médiévale fortifiée et deux églises byzantines. La seule chose qui peut vous manquer ici, c'est le temps.

Fêtes pascales sur Patmos

11 Parmi les fêtes que compte le calendrier grec, Pâques est, de loin, la plus importante de l'Église orthodoxe. Et l'île de Patmos (p. 361), dans le Dodécanèse, est le meilleur endroit pour en faire l'expérience. L'île est alors en liesse : on danse et on organise des barbecues dans les rues, des feux d'artifice illuminent le ciel et l'ouzo coule à flots. Le Vendredi saint, les festivités commencent par des processions dans les rues de la capitale. Et, le samedi, les fidèles cassent des œufs teints en rouge en chantant *Christos Anesti* (le Christ ressuscité).

12

ANDRONOS HARIS/SHUTTERSTOCK ©

13

LAURENT0494 / STOCK.ADOBE.COM ©

D'île en île dans les Cyclades

12 Fiefs d'une vie nocturne animée à l'exemple de Mykonos et d'Ios, ou plus secrètes comme la reculée Anafi, les îles des Cyclades (p. 175) ont chacune leur personnalité. Ponctuées de vestiges antiques (Délos), de châteaux mystiques (Naxos), de paysages luxuriants et de côtes spectaculaires (Milos), elles sont éparpillées tels des joyaux dans la mer. Parcourez la mer Égée en catamaran rapide ou sur un ferry à l'ancienne ; vous ne le regretterez pas une seconde !

Profiter de la vie

13 La vie qui règne sur certaines des îles les plus calmes ou les plus éloignées du continent vous invitera à ralentir le rythme. Joignez-vous aux habitants lorsqu'ils devisent aux terrasses des cafés ou étendez-vous sur le sable d'une plage isolée. Au palmarès des îles les plus relaxantes : Léros (p. 356), avec son port coloré et ses bars et cafés tendance, la minuscule Psara (p. 401) pour ses plages immaculées et Samothrace (p. 424) dont l'intérieur est très boisé. Dans ces lieux, le temps semble suspendu, ou passe, du moins, très, très lentement.

IMAGIN.GR PHOTOGRAPHY/SHUTTERSTOCK ©

Hydra

14 Hydra (p. 163), la diva du golfe Saronique, n'est accessible que par la mer. Sur cette île minuscule, découvrez un village en pierre étonnamment préservé, aux maisons blanc et or qui épousent une baie naturelle et s'accrochent aux flancs des montagnes alentour. En contrebas, voiliers, caïques (petits bateaux traditionnels) et yachts emplissent les quais, tandis qu'habitants et vacanciers sont attablés aux cafés du port. Ce riche patrimoine architectural et cette côte sauvage sont à tout juste 1 heure 30 d'Athènes.

Parc national marin d'Alonissos

15 La mer Égée compte l'un des parcs marins de la Méditerranée. Alonissos (p. 454) s'élève au-dessus de la mer dans un environnement montagneux et verdoyant ; ses eaux cristallines – les plus pures de Grèce – abritent le phoque moine de Méditerranée, une espèce menacée, ainsi que des dauphins bleu et blanc (*Stenella coeruleoalba*). Des petits bateaux d'excursion explorent le parc et jettent l'ancre dans plusieurs ports attrayants autour d'Alonissos comme dans plusieurs superbes îlots au nord-est.

Quoi de neuf ?

Les îles grecques ont beau être chargées d'histoire, elles ne sont pas pour autant tombées en désuétude. Les voyageurs, initiés ou non, n'auront pas le temps de s'ennuyer. Que ce soit à Athènes pour visiter les nouveaux musées – ou ceux qui ont été rénovés –, à Mykonos pour explorer de délicieux restaurants végans, ou dans le Dodécanèse à la découverte du tourisme alternatif.

Œnotourisme

La viticulture traditionnelle grecque est de plus en plus célébrée dans de nombreuses grandes régions viticoles du pays. Visitez les vignobles de l'Eubée, et le domaine viticole de Paneri (p. 465) à Skyros.

Musée archéologique

Réouverte après de nombreuses années de restauration, cette institution de la ville de Corfou (p. 471) possède une excellente collection, dont fait partie le fronton de la Gorgone du temple d'Artémis, l'un des plus anciens du pays.

Musée de l'Acropole

Une nouvelle aile du musée (p. 82) donne accès à 4 000 m^2 de fouilles archéologiques. On y découvre les vestiges d'anciens quartiers athéniens.

Fondation Basil et Elise Goulandris

Ce nouveau musée (p. 104) d'Athènes abrite une belle collection privée. Des œuvres d'artistes grecs de renom rivalisent avec celles de Van Gogh ou Picasso.

Tourisme local dans le Dodécanèse

À la tête de nouvelles agences, de jeunes habitants passionnés proposent de superbes excursions culturelles et alternatives à Kastellorizo (p. 324), Kalymnos (p. 354) et Nisyros (p. 335).

100% LOCAL

QUE SE PASSE-T-IL EN GRÈCE ?

Simon Richmond, auteur Lonely Planet

Dix ans après la crise économique qui a contraint la Grèce à mettre en place de sévères mesures d'austérité pour rester dans l'Union européenne (UE), le pays semble commencer un nouveau chapitre. Certes, le chemin est encore long, mais les principaux indicateurs économiques semblent positifs. Le tourisme est en pleine expansion : avec 33 millions de touristes en 2018, la Grèce est l'un des pays les plus visités au monde. Malheureusement, les lieux grecs emblématiques commencent maintenant à souffrir de cette forte fréquentation.

Sur Santorin notamment, l'énorme afflux de visiteurs a fait des ravages (en haute saison, entre 10 000 et 18 000 personnes débarquaient chaque jour d'énormes bateaux de croisière). Les ressources en électricité et en eau ont été dilapidées, tandis que la quantité de déchets produits au cours des cinq dernières années a doublé. En 2019, Santorin a limité le nombre de croisiéristes à 8 000 par jour.

À LIRE ET À VOIR

L'Odyssée d'Homère. L'épopée d'Ulysse dans la Grèce antique.

Les Îles grecques (*The Greek Islands*, 1978), de Lawrence Durrell. Inspiré par le séjour de l'auteur dans ces îles.

L'Été grec (1976), de Jacques Lacarrière. Chronique passionnée d'un été en Grèce.

La Mandoline du capitaine Corelli (1993), de Louis de Bernières. Céphalonie pendant la guerre.

Ça va aller, tu vas voir (2016), de Christos Ikonomou. D'émouvantes nouvelles sur fond de crise financière.

Stella (1955), de Michel Cacoyannis. L'histoire d'une femme libre à Athènes.

La Fille en noir (1956), de Michel Cacoyannis. Le poids des traditions filmé sur Hydra.

Jamais le dimanche (1960), de et avec Jules Dassin et Melina Mercouri.

Mediterraneo (1991), de Gabriele Salvatores. Kastellorizo pendant la guerre.

Un petit crime (2008), de Christos Georgiou. Une comédie légère à Thirassia, près de Santorin.

QUELQUES CHIFFRES

Population du pays : 10,7 millions

Espérance de vie : 81 ans

Pourcentage de femmes : 50,5%

Véganisme à Mykonos

Connu pour ses fêtes légendaires, Mykonos sait également ravir les amateurs de légumes. Découvrez les plats végans de Reeza (p. 206), Bowl (p 205) et Nice N Easy (p. 198).

Casa Romana

Ce site archéologique (p. 339), réouvert depuis peu à Kos, permet d'imaginer la vie d'un habitant aisé et de sa famille.

Atlantis Oia

L'un des rares centres de plongée (p. 256) Cousteau au monde. Il est dédié à la conservation des milieux marins et fait campagne pour créer une zone de protection marine sur la côte de Santorin.

Musée du Mastic de Chios

Ce musée (p. 402) à l'architecture hors du commun possède un jardin d'arbres à mastic. Faites un tour à la boutique de souvenirs pour des produits de qualité.

L'essentiel

Pour plus de détails, voir la section *Îles grecques et Athènes pratique* (p. 569)

Monnaie
Euro (€)

Langue
Grec

Visa
Pas de visa requis pour les ressortissants de l'Union européenne et les Suisses, ni pour les Canadiens séjournant moins de 90 jours.

Argent
Les cartes bancaires sont acceptées en ville ; prévoyez des espèces pour les destinations isolées. Si la plupart des villes possèdent des DAB, ils sont souvent hors service.

Téléphones portables
Les forfaits des voyageurs européens fonctionnent en Grèce. Les autres voyageurs doivent se renseigner sur les frais d'itinérance.

Heure locale
Heure GMT/UTC + 2 heures.

Quand partir

Haute saison
(juin-août)

➡ Activités, circuits touristiques et transports tournent à plein régime.

➡ Les prix de l'hébergement peuvent doubler.

➡ Pic de la fréquentation et des températures.

Saison intermédiaire
(avril-mai et septembre-octobre)

➡ Hébergement jusqu'à 20% moins cher.

➡ Températures plus douces.

➡ Fréquence réduite des vols intérieurs et des ferrys.

➡ Moindre affluence.

Basse saison
(octobre-mars)

➡ Les infrastructures touristiques sont fermées sur de nombreuses îles. Peu de ferrys.

➡ Hébergement jusqu'à moitié moins cher.

➡ Temps froid et humide ; neiges occasionnelles.

Sites Web

EOT (office du tourisme grec : www.visitgreece.gr). Information touristique succincte (en anglais).

Greeka (www.greeka.com). De nombreux conseils pour organiser son voyage et des services photo et de réservation (en anglais).

Greek Travel Pages (www.gtp.gr). Horaires des ferrys et répertoire des hébergements (en anglais).

Lonely Planet (www.lonelyplanet.fr). Informations sur les destinations et forum de voyageurs.

Ministère de la Culture (www.culture.gr). Pour les événements et les sites culturels (en grec et en anglais).

Odysseus (odysseus.culture.gr). Portail d'informations sur les sites antiques (en grec et en anglais).

Numéros utiles

En Grèce, l'indicatif régional fait partie du numéro ordinaire, qui se compose de 10 chiffres en tout. Voir aussi p. 578. Les numéros d'urgence sont plus courts, comme indiqué dans le tableau ci-dessous :

Indicatif du pays	☎30
Code d'accès international	☎00
Ambulance	☎166
Police	☎100
Police touristique	☎171
Urgences médicales	☎112

Taux de change

Canada	1 $C	0,68 €
Suisse	1 FS	0,93 €

Pour les derniers taux de change, consultez le site www.xe.com.

Budget quotidien

Moins de 100 €

- Lit en dortoir et *domatia* (chambre d'hôtes) : moins de 60 €.
- Repas sur les marchés et stands de rue : moins de 15 €.

100-180 €

- Chambre double en hôtel de catégorie moyenne : 60-150 €.
- Repas copieux dans une taverne : environ 20 €.
- Tarifs des sites : souvent moins de 15 €.

Plus de 180 €

- Chambre double en hôtel de luxe : à partir de 150 €.
- Restaurants haut de gamme, voire étoilés au Michelin : environ 60-100 €.
- Activités (tel un brevet de plongée : 400 € environ).
- Cocktails : environ 12 €.

Heures d'ouverture

Les heures d'ouverture varient au fil de l'année. Sont indiquées ici celles de la haute saison. En moyenne et basse saisons, les horaires sont largement restreints et certains établissements ferment.

Banques 8h30-14h30 lun-jeu, 8h-14h ven

Bars 20h-tard

Bureaux de poste 7h30-14h lun-ven (zone rurale) ; 7h30-20h lun-ven, 7h30-14h sam (ville)

Cafés 10h-minuit

Clubs 22h-4h

Commerces 8h-14h lun, mer et sam ; 8h-14h et 17h-21h mar, jeu et ven

Restaurants 11h-23h

Arriver en Grèce

Aéroport international Eleftherios Venizelos (Athènes). Des bus express (6 €, 1 heure) circulent 24h/24 entre l'aéroport, le centre-ville et Le Pirée. Des métros circulent toutes les demi-heures (10 €, 50 min) entre le centre-ville et l'aéroport, de 5h30 à 23h30. Les courses en taxi de l'aéroport au centre-ville font l'objet d'un tarif fixe : 38/54 € de jour/nuit (péages compris). Comptez 30 à 45 minutes.

Aéroport de Diagoras (Rhodes). Des bus circulent entre l'aéroport et la ville de Rhodes de 6h40 à 23h15 (2,60 €/25 min). Le trajet en taxi coûte environ 25 €.

Comment circuler

Avion Nombreux vols intérieurs. En haute saison, réservez bien à l'avance.

Bateau Des ferrys modernes et bien équipés, notamment des catamarans, et des bateaux de nuit avec cabines, relient les îles entre elles et au continent. Les horaires changent chaque année et sont annoncés au plus tard au mois de mai. Réservez en haute saison.

Bus Généralement climatisés et fréquents, ils sont efficaces, tant que la circulation le permet.

Voiture et moto Les loueurs proposent des tarifs raisonnables et sont présents sur toutes les îles sauf les plus petites. La voiture permet d'explorer les îles en toute liberté, mais certaines villes sont envahies par les voitures de location.

Pour en savoir plus, voir le chapitre **Transports** p. 580.

Envie de...

Histoire antique

Site de l'Acropole À Athènes, ce lieu de rassemblement civique, politique et mercantile de l'Antiquité est magnifiquement préservé (p. 76).

Théra antique Perchés au sommet d'une montagne, les vestiges presque intacts de cette incroyable cité antique surplombent Santorin (p. 258).

Kos (Hora) Explorez le château des Chevaliers, autrefois imprenable. Admirez les mosaïques du IIIe siècle et faites une pause sous le platane où Hippocrate enseignait (p. 338).

Délos antique Cette minuscule île inhabitée, jadis sacrée et à l'activité commerciale importante, comporte des vestiges spectaculaires qui blanchissent au soleil (p. 207).

Plages

Côte ouest de Leucade D'immenses étendues ininterrompues de sable fin sur une petite île discrète. Certaines des plages les plus connues ont été gravement endommagées par le séisme de 2015, mais d'autres, intactes, restent magnifiques (p. 490).

Loutra Edipsou Piquez une tête toute l'année sur cette plage aux vertus thérapeutiques, où la baie est alimentée par une source d'eau sulfureuse (p. 442).

Santorin Découvrez les superbes plages au sable volcanique rouge et noir. Étonnamment tranquilles, elles sont faciles d'accès (p. 245).

Plage de Myrtos Cette étendue de sable de Céphalonie est à couper le souffle, même si le parking laisse à désirer (p. 500).

Art

Musée byzantin et chrétien Les créations raffinées aux teintes dorées de ce musée athénien sont tout simplement magnifiques (p. 103).

Art Space Logée dans les caves d'un ancien domaine viticole de Santorin, cette belle galerie expose les meilleurs artistes grecs actuels. Profitez d'une dégustation pour admirer tableaux et sculptures (p. 258).

Musée d'Art islamique L'une des plus grandes collections d'art islamique au monde : 8 000 pièces, dont des carreaux, sculptures et céramiques (p. 102).

Fish & Olive Nichée au cœur de Naxos, cette galerie expose les poteries de deux artistes locaux réputés, Katharina Bolesch et Alexander Reichardt (p. 227).

Musée d'Art asiatique de Corfou Un musée qui présente des bronzes préhistoriques, des figures gréco-bouddhistes, des masques japonais nô entre autres pièces d'art (p. 470).

Randonnées

Tilos Suivez d'anciens sentiers le long de vertigineuses falaises jusqu'à des plages isolées où observer les oiseaux (p. 331).

Ithaque d'Homère Parcourez des paysages insulaires spectaculaires et des sites archéologiques dans la patrie de l'Odyssée (p. 501).

Skopélos Traversez des forêts de pins, des oliveraies et des vergers de pruniers et d'amandiers surmontant des falaises (p. 449).

Musées

Musée de l'Acropole Découvrez les sculptures et autres merveilles de l'Acropole dans ce bel édifice spacieux et bien aménagé (p. 82).

Musée archéologique d'Andros Une superbe

En haut : Moni Hozoviotissa (p. 240), Amorgos

En bas : site de la Délos antique (p. 207)

reproduction de la sculpture en bronze d'Andros de Praxitèle, datant du IIe siècle av. J.-C., y est exposée (p. 180).

Musée du Mastic de Chios Perché sur une colline, ce musée ultramoderne met en lumière la culture de l'arbre à mastic et le traitement de sa résine (p. 402).

Architecture religieuse

Moni Hozoviotissa À Amorgos, ce monastère du XIe siècle se dresse à flanc de falaise, à 300 m au-dessus de la mer (p. 240).

Cathédrale Saint-Georges L'une des églises catholiques les plus importantes du pays, héritage de l'occupation vénitienne, à Ano Syros (p. 188).

Moni Evangelistrias C'est sur Skiathos, dans ce monastère, que l'indépendance de la Grèce fut déclarée pour la première fois (p. 447).

Synagogue Beth Shalom Construite en 1935, cette synagogue, la principale à Athènes, est faite en joli marbre blanc (p. 103).

Mois par mois

LE TOP 5

Carnaval,
février

Pâque orthodoxe,
avril ou mai

Festival d'Athènes et d'Épidaure,
de juin à août

Nuit de la pleine lune,
août

Fête du Vin et de la Culture,
d'août à septembre

Janvier

Les îles hibernent. Mais sur le continent, les visiteurs sont accueillis dans la capitale et ses environs lors de fêtes organisées pour les habitants. La chaleur de l'hospitalité grecque remplace le soleil.

Saint-Basile (Agios Vasilios)

Le 1er janvier (Saint-Basile) est l'objet d'une cérémonie dans les églises, de cadeaux, de chants, de danses et d'un repas de fête. On coupe la *vasilopita* (galette des Rois) : qui trouve une pièce dans sa part connaîtra la prospérité toute l'année.

Épiphanie (bénédiction des eaux)

Le jour du baptême du Christ par saint Jean-Baptiste est célébré dans toute la Grèce le 6 janvier. Mers, lacs et cours d'eau sont bénis. La plus grande cérémonie a lieu au Pirée.

Février

Ce n'est pas le mois idéal pour aller en Grèce, hormis pour les fêtards qui apprécieront le carnaval. Il débute 3 semaines avant le carême.

Carnaval

Plusieurs événements conduisent à un week-end exubérant – parades, chars colorés, repas de fête et danses traditionnelles. Il y a des variantes régionales, mais le plus important est celui de Patras. À Skyros, les hommes sont accompagnés de “fiancées”, des travestis vêtus de peau de chèvre.

Mars

Les îles dorment encore, mais le temps se réchauffe et mars est propice à la découverte. Si le calendrier national est calme, des fêtes religieuses régionales se déroulent en grande pompe dans les villes.

Lundi pur

Le premier jour du carême, appelé *Kathara Deftera*, les Grecs se rassemblent sur les hauteurs pour pique-niquer et jouer avec un cerf-volant.

Jour de l'indépendance

Le 25 mars, les Grecs célèbrent avec des parades et des danses l'anniversaire de la rébellion qui a marqué le début de la guerre d'Indépendance. En 1821, les insurgés avaient hissé l'étendard national au monastère d'Agia Lavra, dans le Péloponnèse.

Avril

Pâques est le jour le plus important de l'année en Grèce. C'est le moment où le pays – en particulier les îles – sort de sa torpeur hivernale. Pâques est une période de vacances pour les familles ; réservez tôt.

Pâques

La communauté orthodoxe célèbre la résurrection du Christ. Des processions aux chandelles se déroulent le Vendredi saint, comme la montée du mont Lycabette à Athènes. Un repas de fête a lieu le dimanche.

Saint-Georges (Agios Georgios)

La fête dédiée à Agios Georgios, patron du pays et des bergers, est le 23 avril ou le premier mardi après Pâques. On danse, on mange et l'ambiance est festive.

Mai

C'est le mois idéal pour les amateurs de randonnée. Les températures s'adoucissent et les fleurs sauvages colorent le paysage. Légumes et autres produits locaux sont à la fête dans les assiettes.

1er mai et fête du Travail

Les Grecs se mettent au vert et pique-niquent. Ils fabriquent des couronnes de fleurs pour en décorer leurs maisons. Cette date coïncide avec la fête du Travail, laquelle se traduit désormais, en ces temps difficiles, par des défilés et des manifestations de rue.

Festivals de Naxos

De mai à septembre, plusieurs festivals sont organisés à Naxos. Des concerts de musique classique se tiennent dans le quartier résidentiel du *kastro* et des expositions artistiques à la tour de Bazeos. Les Grecs rendent hommage à la musique et à la cuisine locale.

Juin

Début de la saison des festivals contemporains sur le continent. Spectacles de danse, représentations théâtrales et concerts par des artistes grecs et du monde entier.

Semaine de la marine

Célébrant leur longue histoire avec la mer, les villages de pêcheurs et les ports mettent en scène des reconstitutions historiques et organisent des fêtes début juin.

Saint-Jean-Baptiste

Le pays crépite sous les flammes le 24 juin, lorsque les couronnes confectionnées le 1er mai sont brûlées.

Festival d'Athènes et d'Épidaure

C'est le festival grec le plus éclectique et le plus prestigieux. L'Odéon ancien d'Hérode Atticus au pied de l'Acropole à Athènes et le théâtre d'Épidaure dans le Péloponnèse accueillent des concerts, de la danse et du théâtre grec antique. Il s'étend de juin à août (p. 107).

Fête de Miaoulia

Autour du 3e week-end de juin, Hydra s'anime pour célébrer l'amiral Miaoulis et la contribution hydriote à la guerre d'Indépendance. Au programme : spectaculaire incendie de bateau, feu d'artifice, course nautique et danse traditionnelle.

Juillet

Le mercure grimpe et on court à la plage sur les îles tandis que la vie nocturne d'Athènes, avec ses cinémas de plein air, ses clubs balnéaires, attire les foules.

Rockwave Festival

Ce grand festival de pop-rock se tient chaque année dans le parc de Malakassa, à la périphérie d'Athènes pendant plusieurs semaines (le métal est souvent à l'honneur). (p. 110)

Festival de rébétiko de Skopélos

Mi-juillet, sur l'île de Skopélos (Sporades), trois jours de concerts de rébétiko, art musical populaire. (p. 452)

Août

Dans la chaleur du mois d'août, on songe surtout à se prélasser. À la mi-août, pensez à réserver tôt, car les Grecs prennent d'assaut routes et bateaux.

Nuit de la pleine lune

Pour la nuit de la pleine lune du mois d'août, l'entrée aux monuments d'Athènes est gratuite et des spectacles au clair de lune sont proposés. Magique ! Également dans d'autres villes en Grèce et sites (p. 107).

Assomption (Dormition de la Vierge)

Le 15 août, l'Assomption, se fête en famille. Des milliers de personnes se rendent

En haut : célébrations du carnaval à Patras

En bas : défilé du Jour de l'indépendance

en pèlerinage sur Tinos (Cyclades), pour son icône miraculeuse de Panagia Evangelistria (la Vierge Marie).

XLSIOR

Une semaine de fêtes et de concerts destinés à la communauté LGBT sur l'île de Mykonos. Programmation en ligne sur xlsiorfestival.com.

Fête du Vin et de la Culture

Cette fête se tient dans le village côtier de Karystos (île d'Eubée), fin août et début septembre. Au programme : théâtre, danse, concerts, expositions et dégustation de tous les crus régionaux. (p. 440)

Septembre

Le soleil est toujours haut mais perd de son mordant, surtout sur les îles. Les touristes se raréfient et la fréquence de certains ferrys est réduite après la première quinzaine. Figues et raisins abondent.

Gennisis Tis Panagias

L'anniversaire de la Vierge Marie, célébré le 8 septembre, est l'occasion de messes et de grands repas.

Octobre

La plupart des îles retrouvent un peu de calme tandis que le soleil persiste.

Jour du "Ohi" (jour du "Non")

Lorsque Mussolini demanda de laisser le passage à ses troupes le 28 octobre 1940, le Premier ministre Ioannis Metaxas répondit par un simple "non" (*ohi* en grec). Cette date est désormais une fête nationale avec commémorations, parades, festins et danses.

Décembre

Si les îles somnolent, Athènes et Thessalonique débordent encore d'activité. L'air et la mer sont froids, mais la raréfaction des touristes permet de rencontrer davantage les habitants et on ne fait plus la queue à l'entrée des sites.

Noël

Autrefois, Noël marquait la fin d'un jeûne de 40 jours et on se retrouvait autour d'un gâteau au miel et d'un rôti de porc. Aujourd'hui on trouve plutôt des sapins de Noël, des chorales d'enfants et des bateaux de pêche décorés de guirlandes lumineuses.

Itinéraires

10 JOURS Athènes et les Cyclades

Il est possible de voir plusieurs îles en seulement dix jours. Visitez Athènes, découvrez quelques îles mythiques et animées, avant de retrouver le calme d'une vie insulaire plus authentique. De nombreux ferrys assurent la liaison entre les îles et le continent.

Passez 2 jours à **Athènes**, explorez l'Acropole et l'Agora antique, puis promenez-vous sur les sites et dans les musées archéologiques. Profitez de la scène artistique contemporaine, de la cuisine locale et de l'excellente vie nocturne.

Embarquez au port de Rafina pour passer un jour ou deux sur **Mykonos** et profiter du port animé, des bars et des plages. Passez une journée sur **Délos** à la découverte de vestiges antiques. Ensuite, direction **Naxos**. La plus verdoyante des Cyclades a pour atouts une vieille ville aux remparts vénitiens, bâtie sur une colline, des villages authentiques et des plages de sable blanc. Continuez jusqu'à **Paros** dont la capitale compte d'excellents restaurants. Puis rejoignez Naoussa, un village côtier, pour de délicieux fruits de mer. Enfin, visitez la spectaculaire **Santorin** (Thira) pour ses éblouissants couchers de soleil. Découvrez des vignobles et des plages volcaniques, ainsi que l'impressionnant site minoen d'Akrotiri. De là, prenez un vol pour Athènes.

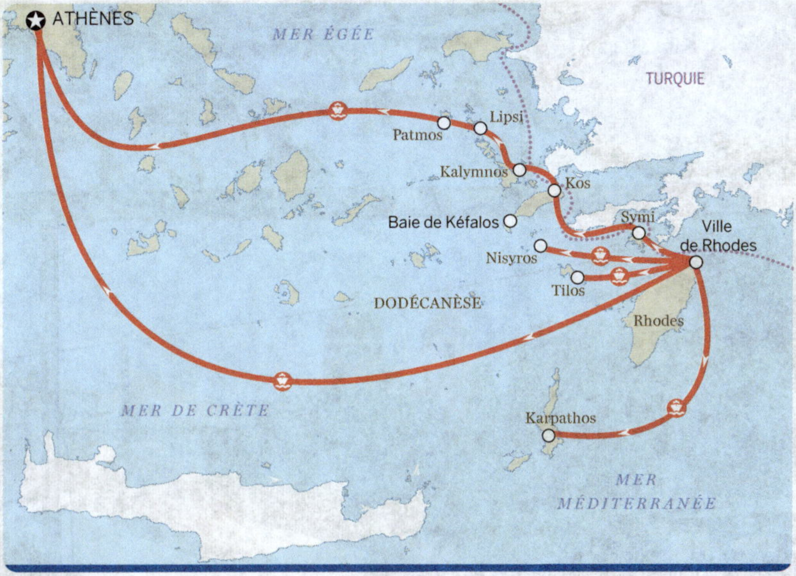

4 SEMAINES Les îles du Dodécanèse

Éloigné d'Athènes mais proche de la Turquie (aisément accessible en une courte traversée), l'archipel du Dodécanèse bénéficie d'un bon service de liaisons maritimes rapides, en hydroglisseurs, ce qui représente un vrai plaisir et un atout appréciable pour un séjour dans l'archipel, qu'il soit agrémenté ou non d'une croisière d'île en île.

De la capitale, rejoignez directement l'île de **Rhodes** : passez quelques jours à explorer la **ville médiévale** fortifiée de Rhodes, ainsi que les plages des alentours, les chapelles byzantines et les maisons blanches de **Lindos**, également connue pour son acropole. Prenez le ferry pour l'île escarpée de **Karpathos**, célèbre pour ses montagnes sauvages et ses criques d'un bleu électrique, et rejoignez le village de montagne d'Olymbos par la route sinueuse qui y mène.

Vous serez sans doute obligé de passer par Rhodes pour prendre l'un des bateaux qui desservent quotidiennement la luxuriante **Nisyros**, une île volcanique toujours en activité – il est possible d'explorer sa caldeira. De Rhodes, gagnez ensuite **Tilos**, qui recèle une grande variété de fleurs sauvages et possède une biodiversité exceptionnelle. Poursuivez vers **Symi**, une île magique, entourée d'une eau cristalline, dont le port de Gialos, avec ses maisons de style italien, est un régal pour les yeux.

Rejoignez ensuite l'île de **Kos** pour quelques jours de farniente et mettez le cap sur la baie de Kéfalos, bordée de superbes plages de sable. Après la baignade, les soirées passeront en douceur, lorsque vous serez attablé à l'un des cafés et restaurants des places animées de Kos (Hora). Si le cœur vous en dit, allez vous frotter aux grimpeurs du monde entier sur l'île de **Kalymnos** aux falaises verticales.

Faites un détour par **Lipsi**, l'île de la nymphe Calypso, et laissez-vous séduire par ses paisibles criques et ses plages désertes. Poursuivez ensuite vers **Patmos**, parfaite pour s'imprégner de son aura mystique – on peut voir la grotte où saint Jean l'Évangéliste écrivit le récit de l'Apocalypse – et admirer de superbes collections d'icônes byzantines.

De là, vous pourrez rejoindre **Athènes** en avion ou en bateau.

En haut : Corfou (p. 468)

En bas : Santorin (p. 245)

10 JOURS Les îles Ioniennes

Découvrez l'architecture, la gastronomie et les plages de sable doux des îles Ioniennes. Vous pourrez également profiter d'une multitude d'activités en plein air. Les points de départ et d'arrivée de cet itinéraire sont rapidement accessibles en avion depuis Athènes.

Commencez votre périple à **Corfou**, où vous pourrez apprécier pendant quelques jours l'étonnant mélange d'architectures italienne, française et britannique de sa vieille ville, entre deux forteresses enchanteresses. Les arcades de la promenade bourdonnent de cafés, boutiques et restaurants où profiter de sa cuisine gastronomique aux influences italiennes. Visitez les superbes musées de l'île, notamment le musée d'Art asiatique de Corfou, et appréciez la vue inoubliable du haut de la forteresse byzantine d'Angelokastro. Explorez de pittoresques villages côtiers et détendez-vous sur de belles plages de sable. S'il vous reste encore de l'énergie, Corfou est idéale pour pratiquer la planche à voile ou faire du vélo sur le relief montagneux de l'intérieur des terres.

De Corfou, prenez un ferry pour la minuscule **Paxi**, où oliveraies et anciens moulins parsèment l'intérieur et de paisibles criques se succèdent sur le littoral. Snorkelez dans ses eaux cristallines et attardez-vous dans ses ports colorés au style vénitien pour savourer des fruits de mer. Rejoignez la côte occidentale de **Leucade** où des bateaux-taxis vous emmèneront sur des bandes de sable isolées aux eaux turquoise. Dirigez-vous vers la pointe sud pour faire de la planche à voile avant de poursuivre vers la somnolente **Ithaque**, sur les pas d'Homère, pour découvrir ses églises byzantines et ses anciens monastères.

Sur l'île voisine de **Céphalonie**, passez la nuit dans le pittoresque village de Fiskardo, riche d'excellents restaurants. Rejoignez en kayak des plages dorées isolées et goûtez le vin réputé de l'île. Explorez la péninsule de Paliki, ses falaises d'argile rouge, ses villages perchés et ses plages de sable fin. Un bateau vous conduira à **Zante**, au sud, pour en explorer le superbe Musée byzantin avant de rejoindre le verdoyant cap sud, loin de la cohue. Cette île est le lieu de nidification des tortues caouannes, en voie d'extinction. De là, prenez un vol pour rentrer à Corfou ou continuer vers Athènes.

Préparer son voyage
D'île en île

En Grèce, voyager d'île en île fait déjà partie de l'aventure. Vous vous imaginerez très vite en nouveau Robinson ou en navigateur au long cours, que vous ayez envie de faire du cabotage et de rester aux abords des côtes, d'observer les flots du haut d'un pont de ferry ou de survoler les eaux turquoise dans un petit avion à hélices.

Les meilleures îles

Pour la culture

Délos (p. 206). Un site archéologique exceptionnel.

Rhodes (p. 293). Une diversité architecturale unique dans le Dodécanèse.

Patmos (p. 361) La grotte où saint Jean l'Évangéliste aurait écrit l'Apocalypse.

Hors saison

Hydra (p. 163). Une retraite à deux pas d'Athènes.

Corfou (p. 468). Architectures vénitienne et française.

Amorgos (p. 235). La randonnée sur des sentiers escarpés.

Pour les saveurs

Icarie (p. 372). Des homards fraîchement pêchés.

Samos (p. 384). Le fameux vin doux de Samos.

Pour le plein air

Céphalonie (p. 492). Accéder à certaines criques et plages en kayak.

Lesbos (p. 404). Une forêt pétrifiée vieille de 20 millions d'années.

Kos (p. 337). Des balades à vélo sur de longues étendues de plage.

Quelques points clés

Vous constaterez vite qu'un peu d'organisation en amont – choix des îles, saison du voyage, itinéraires, survol des horaires, etc. – facilitera grandement votre périple.

Soyez flexible. Votre voyage en Grèce n'en sera que plus agréable si vous faites preuve d'un peu de souplesse. Les horaires des transports sont toujours susceptibles de changer. Tout, des conditions climatiques aux grèves, peut se solder par le retard ou l'annulation en dernière minute de votre avion ou de votre bateau.

Vérifiez bien les horaires. Les horaires des liaisons maritimes ou des vols changent d'une année ou d'une saison à l'autre. Les compagnies de ferrys, notamment, modifient leurs itinéraires en fonction des contrats. En bref, le maître mot pour voyager avec bonheur : rester souple et s'adapter.

N'optez pas systématiquement pour les ferrys rapides. Ils ont en effet tendance à accumuler les retards, surtout en haute saison. Le phénomène concerne particulièrement les ports engorgés de Santorin et de Naxos.

Pensez aux transports locaux. Les sites Internet d'aide à la planification d'itinéraires ne couvrent pas l'intégralité des liaisons maritimes. Sachez que des bateaux locaux font aussi la navette entre les îles, notamment des navires d'excursion. Renseignez-vous auprès de vos contacts sur place (à l'hôtel où vous allez loger, par exemple).

LUTTER CONTRE LE MAL DE MER

Même les estomacs les plus robustes sont parfois sujets au mal de mer en cas de mauvais temps. Voici quelques conseils pour garder le pied marin.

- Fixer son regard sur l'horizon, pas sur les flots. Ne pas lire et ne pas attacher son regard à des objets considérés comme stables.
- Boire beaucoup et manger léger. On dit que les biscuits ou le thé au gingembre sont bénéfiques pour l'estomac.
- Ne pas utiliser de jumelles, ni filmer.
- S'asseoir vers l'arrière du bateau, un peu plus stable.
- Si c'est possible, rester à l'extérieur – éviter le pont inférieur ainsi que les trajets confinés en hydroglisseur.
- S'occuper l'esprit.
- Prendre un médicament préventif ou porter un bracelet d'acupression.

Quand partir

Haute saison

- Nombreux ferrys et moyens de transport, mais réservation requise.
- Température de l'eau propice à la baignade.
- Le *meltemi* (vent sec du nord) souffle en direction du sud dans la mer Égée, chamboulant parfois les horaires des ferrys.

Saisons intermédiaires

- Moins nombreux, les transports relient encore la plupart des destinations.
- En septembre et début octobre, la température de l'eau reste chaude et se prête parfaitement à la plongée.
- La meilleure saison pour observer la vie aquatique s'étend de mai à septembre.

Basse saison

- Les transports sont limités.
- L'eau est fraîche.
- La plupart des centres de sports nautiques ferment en hiver.

Liaisons maritimes

Desservant chaque île habitée, le réseau maritime est étendu et varié. Les vaisseaux rouillés qui sillonnaient laborieusement les flots appartiennent au passé, ou presque. Les ferrys rapides, désormais les plus courants, couvrent la plupart des trajets les plus longs et les plus empruntés. Les ferrys locaux, les bateaux d'excursion et quelques bateaux de pêche de particuliers (les caïques) relient à bonne fréquence les îles et îlots voisins. Il existe aussi des bateaux-taxis qui vous conduiront à des plages et à des criques désertes. À l'autre extrémité de la gamme, les catamarans et les hydroglisseurs permettent de réduire considérablement le temps de trajet. Les hydroglisseurs desservent encore les îles et les archipels les plus lointains. Les catamarans, qui ont conquis la grande bleue, offrent plus de confort et sont mieux adaptés en cas de mauvais temps.

Libre à vous d'opter pour un bateau poussif sur lequel vous dormirez sur le pont pour économiser une nuit d'hôtel… Les ferrys grecs ont pourtant beaucoup changé ces dix dernières années, et l'on peut aujourd'hui voyager confortablement à une vitesse correcte. En contrepartie, les prix des voyages au long cours ont grimpé. Une couchette dans une cabine, du Pirée à Rhodes, coûte parfois plus cher qu'un billet d'avion à bas prix.

Billets

Les ferrys étant souvent sujets à des retards et à des annulations, il est préférable, pour les courts trajets, de n'acheter son billet que lorsque le départ a été confirmé. En haute saison, ou si vous avez une voiture, vous devrez réserver. Les bateaux express comme les catamarans affichent complet très rapidement. Pour les ferrys de nuit, il vaut mieux réserver, surtout si vous désirez une cabine ou un type particulier de couchage. Si le départ est annulé, votre billet sera généralement valable pour

Plage du Naufrage (p. 508), Zante

le prochain ferry disponible de la même compagnie.

De nombreuses compagnies maritimes offrent de réserver par Internet. À défaut, vous pourrez acheter votre billet auprès de leurs bureaux locaux ou de la plupart des agences de voyages du pays. Les voyagistes en question bordent le front de mer et les ports. Rares sont les agences qui vendent des billets pour tous les bateaux, et elles sont souvent réticentes à donner des informations sur les bateaux dont elles ne s'occupent pas. La plupart des horaires sont affichés à l'extérieur. Consultez-les ou demandez au *liménarhio* (agent de la police portuaire).

Tarifs

Les prix des ferrys dépendent de la distance parcourue et du type de bateau. Les petits écarts de prix que vous constaterez correspondent à la part de commission que certaines agences sont prêtes à sacrifier pour pouvoir prétendre à l'appellation de "service à prix réduit" (ladite part dépassant rarement 0,50 €).

Les ferrys à grande vitesse et les hydroglisseurs coûtent environ 20% plus cher que les ferrys normaux, tandis que les catamarans affichent souvent des tarifs supérieurs d'un tiers, voire deux fois plus élevés. Les caïques et les bateaux-taxis sont généralement très abordables, au contraire des bateaux d'excursion – dont le service reste néanmoins utile pour atteindre des îles isolées. Les enfants de moins de 5 ans voyagent gratuitement et les 5-10 ans bénéficient en principe d'une réduction de 50%.

Classes

Il n'y a qu'une seule classe sur les bateaux de moindre taille, les hydroglisseurs et les catamarans, et même les grands navires affichent de moins en moins de classes différentes. Les espaces publics des ferrys modernes sont généralement ouverts à tout le monde. En revanche, le confort du couchage varie sur les bateaux de nuit.

Un billet de pont donne accès au pont et à l'intérieur du bateau, sans couchette. Un cran au-dessus, figurent les sièges inclinables, dans lesquels il est (en théorie) possible de dormir. Viennent ensuite différents types de cabines : une cabine intérieure à 4, 3 ou 2 couchettes coûte moins cher qu'une cabine extérieure avec hublot. Les cabines sont confortables

TROUVER SON ÎLE

ÎLE	CUISINE	ADAPTÉE AUX FAMILLES	HORS DES SENTIERS BATTUS	BARS ET CLUBS	PLAGES	CULTURE	ACTIVITÉS	ACCÈS
Égine						x		x
Alonissos						x	x	x
Amorgos			x			x	x	x
Andros			x			x	x	x
Céphalonie	x	x			x		x	x
Chios	x	x			x	x	x	x
Corfou	x	x			x	x	x	x
Eubée	x				x	x	x	x
Îles Fourni			x		x	x		
Hydra		x		x		x	x	x
Ios	x			x	x		x	x
Kalymnos		x		x		x	x	x
Karpathos			x			x	x	
Kos		x		x	x	x	x	x
Leucade					x	x	x	x
Léros		x	x			x	x	x
Lesbos	x	x			x	x	x	x
Milos		x			x	x	x	x
Mykonos				x	x	x	x	x
Naxos	x	x		x	x	x	x	x
Paros	x	x		x	x	x	x	x
Patmos	x	x			x	x	x	x
Paxi			x		x	x	x	x
Petites Cyclades			x		x			
Rhodes	x	x		x		x		x
Samos	x	x			x	x	x	x
Samothrace			x		x	x	x	
Santorin	x			x	x	x	x	x
Sifnos			x			x	x	x
Skiathos				x	x		x	x
Skopélos	x	x			x		x	x
Skyros					x	x	x	x
Symi						x	x	x
Thassos		x			x	x	x	x
Tilos			x		x		x	
Zante					x	x		x

et ressemblent à de petites chambres d'hôtel (avec salle de bains). Sachez toutefois que vous serez réveillé au milieu de la nuit par des annonces diffusées par des haut-parleurs dans chacune d'elles. Certes, le coût est équivalent à celui d'un vol à bas prix, mais vous économisez une nuit d'hôtel.

Si vous ne précisez pas le type de billet, on vous donnera automatiquement une place en classe pont.

Avec une voiture

La plupart des ferrys qui transportent passagers et véhicules sont coûteux et nécessitent de réserver. Nous vous conseillons plutôt de louer une voiture en arrivant sur l'île. La location sur 1 ou 2 jours, relativement économique, est en théorie possible sur toutes les grandes îles (les plus petites se découvrent à pied).

Renseignements

La liste complète des départs depuis Le Pirée affichée chaque semaine à l'EOT (ou GNTO, office du tourisme national), à Athènes, est relativement fiable. Pour avoir les derniers renseignements sur les ferrys, adressez-vous au *liménarhio* local, dont les bureaux se trouvent généralement sur le quai ou à proximité.

Vous trouverez de nombreuses infos sur Internet. Consultez toujours les horaires en ligne, les opérateurs ou les agences de voyages pour connaître les dernières mises à jour. Quelques sites utiles :

➡ **Danae Travel** (www.danae.gr). Un bon site pour réserver des billets de bateau.

➡ **Ferries.gr** (www.ferries.gr). Toutes les infos sur les ferrys.

➡ **Greek Travel Pages** (www.gtp.gr). Moteur de recherche pratique et liens pour les ferrys.

➡ **Greekferries.gr** (www.greekferries.gr). Pour consulter les horaires de ferrys. Options d'hébergement et trajets à plusieurs étapes.

➡ **My Ship Tracking** (www.myshiptracking.com). Pour suivre les bateaux en temps réel et repérer les retards chroniques.

➡ **Open Seas** (www.openseas.gr). Moteur de recherche fiable pour les lignes et horaires de ferrys internationaux.

Bateaux d'excursion

Des bateaux assurent des excursions dans les îles depuis des ports continentaux et insulaires. En général, les passagers doivent faire l'aller-retour dans la journée. Pour les traversées inter-îles, il est parfois possible de rentrer un autre jour. Avec certains bateaux vous pouvez opter pour un aller simple – une solution pratique les jours où il n'y a pas de ferrys. C'est le cas notamment du *Kasos Princess*, qui navigue entre Kasos et Kalymnos. Renseignez-vous avant d'acheter vos billets.

Liaisons aériennes

Un vol peut faire gagner du temps, avec en prime une vue imprenable sur les archipels. À bord de petits avions, les trajets entre les îles sont généralement courts et cahoteux. La vaste majorité des vols intérieurs sont opérés par les compagnies Olympic Air et Aegean Airlines, qui proposent des liaisons domestiques régulières et des tarifs compétitifs. Quelques petits opérateurs affrètent également des hydravions ou complètent les itinéraires les plus prisés.

Billets et tarifs

Internet est le moyen le plus simple de réserver des billets. Vous pourrez aussi acheter vos billets d'avion dans la plupart des agences de voyages en Grèce. Olympic Air possède des agences dans les villes de départ, ainsi que dans d'autres agglomérations importantes. Il existe des réductions pour les allers-retours lorsque le voyage a lieu en semaine, et des remises plus importantes pour les voyages comprenant un samedi soir. Reportez-vous aux sites des compagnies.

Renseignements

Retrouvez en ligne les informations à jour. Les compagnies aériennes possèdent souvent des agences sur les îles.

➡ **Aegean Airlines** (www.aegeanair.com). Vols intérieurs.

➡ **Astra Airlines** (www.astra-airlines.gr). Basé à Thessalonique, vols intérieurs.

➡ **Olympic Air** (www.olympicair.com). Une filiale d'Aegean Airlines, avec des liaisons intérieures supplémentaires.

➡ **Sky Express** (www.skyexpress.gr). Vols intérieurs.

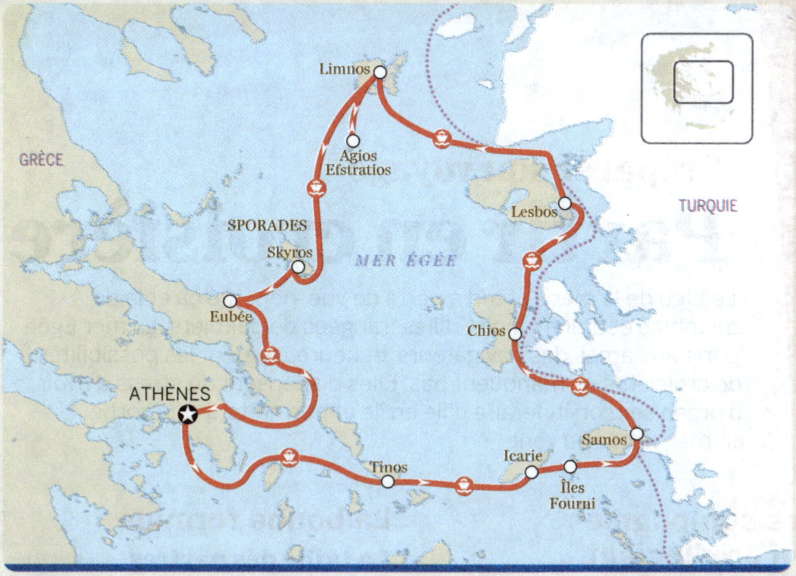

3 SEMAINES

Itinéraire d'île en île

Les îles du nord-est de la Grèce séduisent par leur littoral, leur végétation, leurs plages divines et leurs sites historiques. Les ferrys sont réguliers, mais pas toujours fréquents.

Depuis **Athènes**, embarquez pour **Tinos** (p. 182) et l'église sacrée de Panagia, et explorez les villages ornés de marbre qui s'accrochent aux collines en terrasses et aux sommets brumeux. Puis cap à l'est vers **Icarie** (p. 372) et ses plages isolées de sable fin, via Mykonos et Syros. En été, participez aux danses, festins et libations lors des *panigyria* (qui célèbrent les saints partout sur l'île). Faites un saut sur les paisibles **îles Fourni** (p. 382), ancien repaire de pirates aux crépuscules irréels.

Continuez vers le nord jusqu'à **Samos** (p. 384) où les randonneurs apprécieront les vertes forêts jalonnées de cascades et les plages idylliques. De là, rejoignez **Chios** (p. 393) où vous pourrez vous perdre dans les labyrinthiques ruelles pavées du village de Mesta, au sud de l'île. Aventurez-vous dans l'intérieur des terres pour cheminer entre orangers et citronniers à l'ombre des pics montagneux.

Votre prochaine étape est **Lesbos** (p. 404), berceau de la poétesse Sappho, qui produit les meilleurs ouzos et huiles d'olive de Grèce, et qui possède des marais salants, des sources chaudes, des forêts denses et de jolies plages. Mytilène, capitale et port de l'île, a un remarquable musée d'Art moderne, ainsi qu'une vie nocturne animée. Ne manquez pas non plus la ville ottomane de Molyvos, bien préservée, ni le monastère byzantin Moni Ypsilou, perché au bord d'un volcan.

Rendez-vous ensuite sur **Limnos** (p. 416) où vous vous régalerez des prises du jour sur le port de Myrina. Continuez vers l'île d'**Agios Efstratios** (p. 421), aux belles étendues de sable volcanique. Le village, détruit par un séisme en 1968 et reconstruit par les militaires, attire peu de visiteurs, laissant les plages presque désertes.

Filez sur **Skyros** (p. 459) pour explorer la forteresse byzantino-vénitienne et les ateliers d'artistes. Rejoignez enfin l'**Eubée** (p. 438) pour un bain dans les eaux thermales de Loutra Edipsou avant de prendre un dernier bateau pour **Athènes** (p. 70).

Préparer son voyage

Partir en croisière

Le bleu de la mer s'étend à perte de vue, ponctué çà et là de dauphins et d'une infinité d'îles frangées de palmiers. La mer Égée parle aux âmes des navigateurs, et heureusement les possibilités de croisières ne manquent pas. Elles dispensent du stress d'avoir à organiser son itinéraire d'île en île et permettent une sortie en mer, le nez au vent.

Les compagnies qui privilégient...

Les activités culturelles

Silversea (www.silversea.com) propose des croisières plutôt chics et riches d'activités, avec cours de langue et de cuisine, conférences et spectacles lors des escales.

La liberté

Azamara (www.azamaraclubcruises.com) organise des croisières au rythme plus lent, avec un service irréprochable et peu d'activités.

Le luxe

Seadream Yacht Club (www.seadream.com) est fort d'un personnel dont l'effectif avoisine celui des passagers.

Le sur mesure

Variety Cruises (www.varietycruises.com) n'embarque pas plus de 50 personnes. Vous aurez la mer pour piscine.

L'originalité

Star Clippers (www.starclipperscruises.com) possède les plus grands voiliers du monde.

La bonne formule

La taille des navires

Le navire conditionne bien sûr le type de croisière. Si les plus grands bateaux évoquent volontiers des stations balnéaires flottantes, ce n'est pas le cas d'un bateau accueillant un peu moins de 50 passagers.

Paquebots (megaships)

- Capacité de plus de 1 000 passagers.
- Activités non-stop et toutes les commodités.
- Casinos, restaurants, spas, théâtres, clubs pour enfants, discothèques, bars, cafés et boutiques.
- Escales dans les ports les plus grands et les plus fréquentés en raison de leur gabarit.
- Un débarquement qui ressemble à un torrent de touristes déversé sur une île.

Navires de taille moyenne

- Capacité de 400 à 1 000 passagers.
- Priorité à la destination, au nombre d'étapes et d'excursions, bien plus qu'aux activités à bord.
- Spa, piscine, restaurants et bars.
- Escales souvent possibles dans les petites îles.

Petits bateaux

- Destinations plus variées, leur gabarit donnant accès aux petits ports peu fréquentés.
- Périples à thème, du luxe pur et simple aux activités aventureuses ou originales.
- Pas de piscine, de spa, de grande cabine, ni de menus en cascade.

Compagnies locales

Les compagnies internationales ont tendance à sillonner les eaux grecques depuis/vers des ports étrangers – Italie, Turquie et Croatie. Les ports de départ et d'arrivée sont donc souvent différents. Les compagnies basées en Grèce se concentrent essentiellement sur les ports nationaux, et font souvent un trajet en boucle. Avec une ou deux escales chaque jour, la destination constitue le cœur de leur offre. L'équipage est souvent composé de Grecs (ce qui ajoutera à votre sentiment d'immersion dans la culture nationale) ; la cuisine et les distractions sont plus couleur locale, avec une touche internationale.

Parmi les compagnies grecques intéressantes figurent Golden Star, Variety Cruises et Celestyal Cruises.

Excursions

Afin de profiter au maximum de vos escales, parfois courtes, les excursions sont souvent ce qui fait l'intérêt du voyage. Regardez bien si leur coût est compris. Ces sorties sont généralement plus intéressantes lorsque les sites sont éloignés du port ou qu'un guide dirige la visite. Si les sites sont proches du port, il vaut mieux vous y rendre par vous-même et profiter de ce moment d'indépendance. Si vous prévoyez des visites en solitaire, vérifiez les informations de croisière avant de réserver. Certains gros bateaux mouillent en effet dans des ports éloignés des centres d'intérêt et des principales agglomérations.

Très prisées, les excursions se réservent avant le départ ou lors de l'embarquement selon le principe du "premier arrivé, premier servi". Si vous choisissez votre croisière en fonction des excursions, veillez à les réserver le plus tôt possible. Les visites coûtent en général 40-60/80-120 € la demi-journée/journée. Celles basées sur les activités (comme le VTT ou le kayak) coûtent 100 € la demi-journée en moyenne.

Budget

Le prix des croisières fluctue selon les périodes de l'année. Si partir en basse saison tient d'une bonne affaire, vous n'y visiterez en revanche que les ports les plus grands et les plus animés, puisque les îles plus petites cessent presque toute activité.

Les croisières sont accessibles à tous les budgets. Comptez 100-200 € par jour pour une croisière économique, 200-400 € pour une croisière milieu de gamme, et environ 400 à 650 € par jour pour un paquebot de luxe. Les tarifs des croisières comprennent les repas, les activités à bord, les distractions, les taxes portuaires et le transport. Des frais de carburant s'y ajoutent parfois. Prévoyez également un budget pour l'avion, les pourboires, l'alcool, l'hébergement avant et après la croisière, et les excursions. Parmi les bonnes affaires à guetter : deux croisières pour le prix d'une, les offres croisière + avion ou hôtel, et les réservations très en amont.

Réservation

Si vous savez ce que vous attendez d'une croisière, le plus simple est de réserver en ligne. Si c'est une première expérience, il peut être sage de s'adresser à une agence. Un professionnel bien informé vous aidera à trouver votre voyage au milieu d'une offre pléthorique et vous renseignera sur les frais et suppléments des excursions, souvent ignorés lors d'une commande en ligne.

Les prix sont souvent très attractifs si vous vous y prenez tôt. Et vous bénéficierez d'un plus grand choix de cabines, repas, excursions, etc. En dernière minute, les affaires ne manquent pas à condition de faire preuve de souplesse sur les dates et les options. Si vous réservez votre vol auprès de la compagnie maritime, on vous conduira de l'aéroport jusqu'au bateau, et si votre vol est retardé, on vous attendra ou on vous acheminera jusqu'au port le plus proche.

Choisir sa cabine

Trois éléments sont à prendre en compte : le budget, le confort et le temps que vous comptez passer en cabine. Les cabines standards ressemblent à de petites chambres d'hôtel avec une salle de bains, un lit double et un espace pour défaire ses bagages. Pour qui surveille son budget et n'a pas l'intention de passer trop de temps dans sa chambre, l'option d'hébergement la moins chère est la "cabine intérieure" (sans fenêtre). Si vous êtes claustrophobe, vous devrez payer sensiblement plus cher pour une "cabine extérieure" (avec fenêtre ou hublot). En général, plus on monte les étages, plus les prix augmentent, à l'instar

DIMITRI MORGAN/SHUTTERSTOCK ©

JUSTIN FOULKES/LONELY PLANET ©

En haut : Santorin (p. 245)

En bas : voilier en route vers le vieux port de Fira, Santorin

NAVIGUER EN INDÉPENDANT

Le voilier est un moyen exceptionnel pour naviguer, car il offre la liberté de visiter des îles éloignées et/ou inhabitées. En location, plusieurs options s'offrent à vous :

Bateau coque nue Si deux personnes à bord possèdent un permis bateau, vous pouvez louer une embarcation sans équipage. Les tarifs commencent à 2 000 € par semaine ; renseignez-vous auprès de Bare Boat Yacht Charters (www.moorings.com).

Bateau avec équipage Si vous préférez naviguer avec un professionnel, **Odyssey Sailing** (www.odysseysailing.gr) ajoutera un skipper à votre bateau coque nue pour 150 € de plus par jour.

Croisière en cabine Louer une cabine dans un voilier de croisière avec équipage permet de se la couler douce, mais implique généralement de suivre un itinéraire préétabli. Yacht Cruising Holidays (www.we-yachting.com), connu en Grèce sous le nom de World Expeditions, propose diverses formules.

Le site **Hellenic Yachting Server** (www.yachting.gr) présente des informations sur la navigation dans les îles, de nombreux liens, notamment sur l'affrètement des yachts.

La saison de navigation s'étend d'avril à octobre, mais elle bat son plein entre juillet et septembre. C'est malheureusement à cette période que le *meltemi* (vent du nord) souffle le plus. Pas de problème sur la mer Ionienne : le *maestros*, un vent estival de nord-ouest léger à modéré, se lève l'après-midi pour s'essouffler au coucher du soleil.

du roulis ! Si vous êtes sujet au mal de mer, choisissez un étage inférieur, plus stable.

Les cabines sont prévues pour deux. Si vous voyagez en solo, vous paierez un supplément ; si vous souhaitez partager une cabine à 3 ou 4 personnes, vous bénéficierez au contraire de réductions importantes. On parle de couchette inférieure et supérieure, mais il existe aussi des cabines à lit matrimonial ou lits jumeaux rapprochables, voire des cabines familiales qui communiquent.

Contrôlez également la distance entre votre cabine et le restaurant ou la boîte de nuit et, si vous payez un supplément pour une fenêtre, veillez à ce qu'un canot de sauvetage ne vous cache pas la vue.

La vie à bord

L'embarquement

- L'enregistrement a lieu 2 à 3 heures avant le départ.
- On vérifiera votre passeport à la douane.
- Un programme de la première journée et un plan du bateau seront déposés dans votre cabine.
- On vous proposera une visite guidée du navire.
- Un gilet de sauvetage (obligatoire) est fourni.
- Vous aurez la possibilité d'ouvrir un compte-crédit personnel à bord.
- On vous assignera une place attitrée dans la salle à manger.

Repas

Les services de repas et l'attribution des places sont la norme, mais vous pourrez choisir vos horaires et la taille de votre table lors de la réservation. Beaucoup de bateaux organisent des dîners habillés. On décrit le code vestimentaire dans un bulletin délivré le matin dans votre cabine. Pour un dîner habillé : smoking ou costume, robe du soir ou de cocktail. Les tenues informelles incluent vestes et cravates, jupes et robes simples. Quant au style décontracté, la notion est floue. Certains bateaux plus petits ont un dressing code "tout décontracté" ; d'autres offrent des alternatives pour qui n'entend pas se joindre à ces soirées habillées.

Pourboires

Ne donnez pas de pourboire au capitaine ou aux officiers de bord. En revanche, les pourboires sont une large part de la rémunération du personnel. Le dernier jour, vous trouverez des instructions dans votre cabine. On compte en général 8 € par personne et par jour. Ce n'est pas une obligation mais un usage, d'autant plus respecté qu'il est attendu, surtout si le service est prévenant.

COMPAGNIES DE CROISIÈRES

COMPAGNIE	CONTACT	BATEAU	DURÉE	DESTINATIONS	BUDGET
Azamara	www.azamaraclubcruises.com	moyen	7-10 jours	Grèce, Turquie, Italie	€€€
Celebrity Cruises	www.celebritycruises.com	méga	10-13 jours	Grèce, Italie, Turquie, Croatie, France	€€
Celestyal Cruises	www.celestyalcruises.com	moyen	3-7 jours	Grèce, Chypre	€€
Costa Cruise Lines	www.msccruises.com	grand	7-9 jours	Grèce, Italie, Turquie, Croatie, Israël	€
Crystal Yacht Cruises	www.crystalcruises.com	petit	9-15 jours	Grèce, Italie, Turquie, Espagne, Portugal	€€€
Cunard Line	www.cunard.com	grand	7-14 jours	Grèce, Italie, Croatie, Turquie, France, Espagne	€
Golden Star	www.golden-star-cruises.com	moyen	3-8 jours	Grèce, Turquie	€
Holland America Line	www.hollandamerica.com	grand	6-12 jours	Grèce, Italie, Espagne, Croatie	€
MSC	www.msccruises.co.com	grand	7-10 jours	Grèce, Turquie, Croatie, Italie, Égypte	€
Oceania Cruises	www.oceaniacruises.com	moyen	10-12 jours	Grèce, Turquie, France, Italie, Espagne	€€
Ponant	www.ponant.com	petit et moyen	8-9 jours	Grèce, Croatie, Italie, Monténégro, Turquie	€€€
Princess Cruises	www.princess.com	moyen et grand	7-21 jours	Grèce, Italie, Turquie	€€
Regent Seven Sea Cruises	www.rssc.com	moyen	7-21 jours	Grèce, Italie, Turquie, France	€€€
Seabourn	www.seabourn.com	moyen	7-26 jours	Grèce, Italie, Espagne, Portugal, France, Israël, Jordanie, Oman, Émirats arabes unis	€€€
Seadream Yacht Club	seadream.com	petit	6-13 jours	Grèce, Turquie, Italie, Croatie	€€€
Silversea	www.silversea.com	petit et moyen	7-12 jours	Grèce, Espagne, Turquie, Italie	€€€
Star Clippers	www.starclipperscruises.com	petit	7-14 jours	Grèce, Turquie, Italie	€€€
Windstar	www.windstarcruises.com	petit et moyen	7-51 jours	Grèce, Turquie, Italie, Espagne, Portugal, France, Croatie	€€€

Préparer son voyage

Fuir la foule

La Grèce attire un flot de visiteurs impressionnant, ses destinations les plus populaires étant littéralement envahies. Néanmoins, avec la volonté de sortir des sentiers battus et un brin d'organisation, il reste tout à fait possible d'éviter la foule touristique.

Un peu de tranquillité

Le nombre de vacanciers en Grèce s'accroît constamment et a atteint le chiffre record de 33 millions en 2018. Tous ceux qui ont bravé l'Acropole ou Santorin et Mykonos, les stars des Cyclades, en plein été peuvent témoigner du fait que les lieux les plus emblématiques du pays voient leur attrait gâché par la multitude de visiteurs. Devoir jouer des coudes pour prendre quelques photos, faire la queue pendant des heures pour visiter un site ou s'étendre sur une plage couverte de corps en rangs d'oignons n'a rien de très plaisant. Pourtant, le pays rassemble nombre de lieux splendides (quelque 6 000 îles, dont 277 habitées). Les conseils qui suivent vous aideront à choisir des destinations moins fréquentées.

À savoir

Quand partir Séjourner en Grèce au printemps ou à la fin de l'automne permet d'éviter le pic d'affluence et la chaleur écrasante, tout en profitant de ferrys plus fréquents et d'hébergements moins chers. Notez toutefois que la plupart des infrastructures touristiques des îles grecques ferment de fin octobre à début avril.

Les alternatives

Plutôt que l'Acropole

Grimpez au sommet de la colline de Philopappos (p. 74) voisine, d'où vous aurez une vue spectaculaire sur l'Acropole et la ville, surtout au soleil couchant.

Plutôt que Santorin

Naviguez tranquillement jusqu'à Folégandros (p. 268), dont le village perché est l'un des plus jolis des Cyclades.

Plutôt que Mykonos

Passez une journée à Délos (p. 206), un site archéologique majeur inscrit au patrimoine mondial de l'Unesco.

Plutôt que les Cyclades

Visitez l'Eubée et les quatre îles des Sporades (p. 436), encore peu fréquentées. La première, en particulier, possède des baies retirées, un bel arrière-pays et des vignobles.

SOLOMAKHA/SHUTTERSTOCK ©

En haut : plage d'Ahata, Karpathos (p. 314)

En bas : ville de Skiathos (p. 444)

Loin des villes Louez une voiture, un scooter ou un vélo pour rejoindre des villages et plages isolés. Les sportifs trouveront de superbes itinéraires de randonnée dans l'intérieur des îles.

En bateau Échappez-vous à bord d'un voilier de location ou participez à une croisière (p. 38).

Prendre son temps Concentrez-vous sur quelques endroits seulement et restez-y plus longtemps, pour y vivre au rythme des habitants et faire leur connaissance.

Tôt en semaine La gratuité des sites antiques le premier dimanche de chaque mois peut être tentante, mais cela rime souvent avec plus de monde encore. Mieux vaut arriver le matin dès l'ouverture, ou en fin de journée quand les bus des circuits organisés ont quitté les lieux.

En ligne Gagnez du temps en achetant vos billets pour la visite des sites antiques sur etickets.tap.gr. À Athènes, le billet combiné (30 €), incluant l'Acropole et d'autres lieux d'intérêt, évite d'avoir à faire la queue plusieurs fois.

Athènes et les îles du golfe Saronique

Athènes peut se visiter tout au long de l'année. Si le climat est certes plus agréable en été (notez cependant qu'une chaleur torride règne parfois de juin à août), avril, septembre et octobre allient beau temps et moindre affluence sur les sites majeurs.

Ceci dit, hormis en hiver, difficile d'échapper à la file d'attente devant l'Acropole (p. 76). Les meilleurs créneaux horaires sont à l'ouverture ou en fin de journée. Bien d'autres sites archéologiques de premier ordre émaillent la capitale grecque et ses environs – même l'Agora antique (p. 86) et Keramikos (p. 102), nos favoris, connaissent des moments paisibles de bon matin et au moment du coucher du soleil. Quant à la colline de Philopappos (p. 74), plantée de pins, elle offre un point de vue de choix sur l'Acropole.

Lieu d'escapade des Athéniens, les îles du golfe Saronique sont souvent prises d'assaut le week-end et les jours fériés. À Égine (p. 154), rendez-vous dans le pittoresque village de pêcheurs de Perdika (p. 158) ou sur l'îlot voisin d'Angistri (p. 159). De leur côté, Poros et la bourgade du même nom (p. 160) constituent une charmante alternative à Hydra (p. 163), ultrafréquentée.

Cyclades

Rien ne vous oblige à côtoyer les fêtards de Mykonos (p. 192), ni à contempler le coucher de soleil sur Santorin (p. 245) en bataillon rangé. Cette dernière offre certes un décor naturel à couper le souffle, mais le spectacle est visible presque tout le long de la falaise ouest, pas seulement à Fira et Oia où se concentre la cohue. On peut aussi se lever à l'aube et assister, à l'est, à un formidable lever de soleil. D'un accès facile depuis Santorin, Sikinos (p. 264) et Anafi (p. 262) sont deux îles ravissantes et paisibles.

Les plages de Mykonos, qui faisaient jadis la fierté de la Grèce, sont désormais encombrées de parasols et de bars tapageurs. Le mieux consiste à louer un 4×4 pour rallier Fokos ou Mersini sur la côte nord-est.

Ailleurs dans les Cyclades, pourquoi ne pas gagner Milos (p. 271) et sa voisine Kimolos (p. 276), qui possède une vieille ville pleine de charme et une magnifique étendue de sable blanc. Andros (p. 178), la deuxième plus grande île de l'archipel, recèle des dizaines de villages peu visités et de plages retirées à découvrir grâce à 19 sentiers balisés nécessitant de 30 minutes à 6 heures de marche.

Dodécanèse

Karpathos (p. 314) a beau être l'une des îles les moins touristiques de Grèce, son site vedette – le village pastel d'Olymbos (p. 319) à flanc de montagne – peut vite être pris d'assaut par les visiteurs. Comme toujours, privilégiez le matin tôt ou la fin d'après-midi. Au sud, des localités dotées de plages de sable se sont converties en mini-stations balnéaires. Dans les terres, des sentiers pédestres sillonnent le relief escarpé.

Icarie (p. 372)

Le doux paysage de Tilos (p. 329) se prête à la randonnée et l'observation des oiseaux le long des 54 km de chemins. Le nord-ouest de l'île abrite plusieurs plages attrayantes, dont celle d'Eristos, généralement déserte, dont les eaux bleu saphir invitent à la baignade.

Encore plus perdue, la lointaine Astypalée (p. 346) séduit les marcheurs, les campeurs et les mordus d'histoire. Les infrastructures touristiques et les liaisons maritimes demeurent réduites au minimum et les visiteurs sont presque tous grecs. Pour finir, seuls quelques plaisanciers, artistes et routards ont découvert le cadre magique des minuscules Agathonisi, Arki et Marathi (p. 364).

Eubée et les Sporades

Deuxième île de Grèce par la taille, l'Eubée (p. 438) reste néanmoins largement ignorée des touristes. Sa côte orientale bordant la mer Égée possède pourtant des plages isolées alliant sable fin et eaux transparentes, tandis que l'arrière-pays dévoile de pittoresques villages montagnards comme celui de Steni (p. 440).

Skiathos (p. 444), de loin la plus touristique des Sporades, peut, comme nombre d'endroits en Grèce, être surpeuplée en juillet et en août. Pour autant, vous trouverez toujours parmi ses 65 plages un coin où vous poser : essayez Mandraki, avec ses dunes, ses pins et sa bonne taverne.

À Skopélos (p. 449), direction la plage de Perivoliou ou le cap Amarandos (p. 453), dont on peut longer les falaises à pied et plonger dans la mer sur un des lieux de tournage du film *Mamma Mia!*

Au-delà, Alonissos (p. 454) égale largement ses voisines en beauté, mais accueille beaucoup moins de visiteurs – l'idéal pour qui cherche un peu de tranquillité. De même pour Skyros (p. 459), qui compense l'absence de plages exceptionnelles par la présence d'une race de chevaux endémique en danger d'extinction.

Îles Ioniennes

Si la côte de Corfou (p. 468) a été défigurée en de nombreux endroits, des plages non construites subsistent. À l'extrême nord-est, un chemin littoral mène du port d'Agios Stefanos à la longue plage d'Avlaki, idéale pour pratiquer la planche à voile.

Dépourvue d'aéroport, la petite île de Paxi (p. 482) a été épargnée par l'urbanisation intensive. Elle offre ainsi des criques préservées, uniquement accessibles en bateau, et une campagne vallonnée aux oliveraies séculaires.

Quoique reliée au continent par une chaussée étroite, Leucade (p. 485) n'est pas affectée par le tourisme. Mettez le cap au sud pour y découvrir la plage de Poros (Mikros Gialos). Vers le milieu de la côte ouest, une route étroite partant du village de Kalamitsi dessert une série de superbes plages de galets blancs.

Céphalonie (p. 492), la plus vaste des îles Ioniennes, réserve la meilleure gamme d'options. Les randonneurs opteront pour le parc national du mont Ainos (p. 496). Les voyageurs motorisés rallieront la péninsule de Paliki via Assos (p. 501), un village de carte postale avec une plage au creux d'une crique.

Îles du nord-est de la mer Égée

Cet archipel reste à l'écart du tourisme de masse en raison de l'afflux de migrants en provenance de la Turquie voisine. Si les camps de réfugiés constituent une circonstance tragique de la zone, en particulier à Lesbos et Samos dont l'industrie touristique a été gravement touchée, cela ne doit pas vous dissuader d'y aller. Outre leur intérêt culturel, les îles du Nord-Est de la mer Égée présentent en effet des hébergements, restaurants et autres infrastructures de qualité.

Les randonneurs indépendants, notamment, auront l'embarras du choix. À Icarie (p. 372), Fanari (Faros) est le point de départ d'un itinéraire en boucle de 2 heures assez facile (p. 377) et offrant des perspectives somptueuses sur la mer et les îles alentour. La partie sud de Samos (p. 384), à l'ouest de Pythagorio, se distingue quant à elle par de beaux paysages de montagne faiblement peuplés.

Et pour une escapade loin de tout, nous vous conseillons la beauté sereine et les plages isolées d'Agios Efstratios (p. 421), une petite île au sud de Limnos.

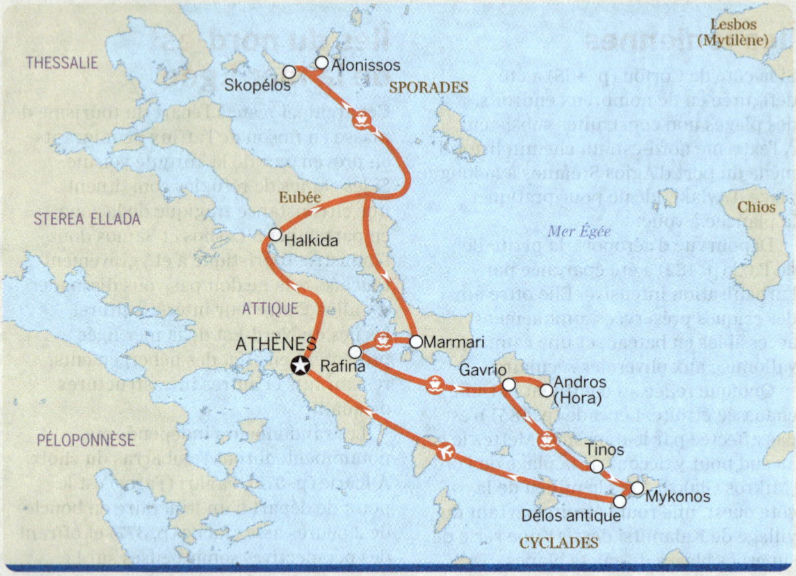

2 SEMAINES

Itinéraire

Ce circuit hors des sentiers battus englobe des îles soutenant la comparaison avec des destinations majeures comme Santorin, la foule en moins, surtout au début du printemps ou en automne avant la fermeture des infrastructures touristiques.

À **Athènes** (p. 70), visitez l'Acropole tôt le matin ou contentez-vous de l'admirer du haut de la colline de Philopappos. Rendez-vous ensuite en bus ou en train jusqu'à Halkida (Chalcis), la porte d'**Eubée** (p. 438), et passez deux jours sur l'île. Prenez un ferry pour **Skopélos** (p. 449), à laquelle vous consacrerez une journée, puis une autre pour **Alonissos** (p. 454). Après avoir regagné l'Eubée, direction Marmari, d'où un ferry vous conduira à Rafina, point d'embarquement pour **Andros** (p. 178). Hora, la ville principale, abrite un excellent musée d'Art contemporain et vous pourrez randonner sur l'île pendant deux jours.

Étape suivante : **Tinos** (p. 182), réputée pour sa tradition de sculpture sur marbre et sa splendide campagne. Si l'animation vous manque, accordez-vous dans la foulée une soirée de fête à **Mykonos** (p. 192). Enfin, retrouvez le calme lors d'une excursion à l'**antique Délos** (p. 207), avant de retourner à Athènes en avion.

Préparer son voyage
À table !

Les Grecs adorent manger dehors et partager de longs et copieux repas en famille et entre amis. Que vous savouriez poisson et fruits de mer attablé au bord de l'eau ou que vous goûtiez une cuisine moderne au pied de l'Acropole illuminée, un repas au restaurant ne se limite pas au contenu de l'assiette. Il constitue une fête pour tous les sens.

L'eau à la bouche

Comme les Grecs, remontez à la source ! Rendez-vous dans les villages de pêcheurs pour du poisson frais ou dans les bourgs de montagne pour goûter la viande locale. Repérez les tavernes qui cultivent leurs propres légumes et produisent vin et huile d'olive, où les frites sont taillées à la main et les recettes transmises de génération en génération.

Repas inoubliables

Marco Polo Cafe (p. 302). Dans la ville de Rhodes, une cour verdoyante et une carte sans cesse renouvelée de savoureux plats grecs et d'influence italienne.

Lauda (p. 257). Un incontournable de la cuisine gastronomique sur l'île de Santorin.

Yevsea (p. 335). Sur l'île de Nisyros (Dodécanèse), ce restaurant réputé est tenu par deux anciens candidats de la télé-réalité.

Taverna Mylos (p. 358). Connu au-delà des frontières grecques, cet établissement bénéficie d'un cadre sublime sur l'île de Léros (Dodécanèse).

Karamanlidika tou Fani (p. 119). Un traiteur de quartier qui fait aussi restaurant et sert de délicieux petits plats.

Printemps

Les artichauts et autres légumes abondent, tandis que débute la saison de fabrication de certains fromages. On célèbre Pâques avec du *tsoureki*, un pain brioché parfumé au *mahlepi* et décoré de grains de sésame et parfois d'un œuf dur coloré en rouge.

Été

Les pastèques, cerises et autres fruits couvrent les marchés. En août, c'est la fête de la sardine à Skala Kaloni sur l'île de Lesbos. Dans le Péloponnèse, à Leonidio, c'est l'aubergine qui est la vedette.

Automne

La récolte des noix et des figues débute et le raki est distillé. Mi-septembre, l'île d'Égine organise des festivités autour de la pistache. Le raki et le *tsípouro* sont à l'honneur dans les îles tandis que lors de célébrations en novembre, débute le processus de fabrication de l'huile d'olive.

Hiver

C'est la haute saison pour la récolte des olives. Le jeûne est rompu avec des gâteaux au miel. Pour le jour de l'An, on partage le *vasilopita*, gâteau traditionnel qui contient une pièce de monnaie qui portera chance pour la nouvelle année à celui qui la trouvera.

FOURCHETTES DE PRIX

Les prix mentionnés dans ce guide indiquent le prix moyen d'un plat principal (sans le service) :

€ moins de 10 €

€€ 10-20 €

€€€ plus de 20 €

Délices à prix doux

Viandes Le *gyros* (viande cuite sur une broche verticale) et les souvlakis (brochettes de viande et légumes), servis dans un pain pita avec tomate, oignon et tzatziki, sont les en-cas favoris des Grecs.

Chaussons Les boulangeries offrent d'infinies variétés de *tyropita* (chaussons au fromage), de *spanakopita* (chaussons aux épinards) et d'autres chaussons salés ou sucrés.

Snacks de rue Ils comprennent les *koulouria* (pains de style bretzel) et des en-cas de saison, comme les châtaignes ou les épis de maïs grillés.

Cours de cuisine

Des auteurs de livres de cuisine et des chefs renommés organisent des cours de cuisine à Athènes et sur certaines îles, essentiellement au printemps et en automne.

Glorious Greek Kitchen Cooking School (www.dianekochilas.com). Diane Kochilas organise des cours d'une semaine sur Icarie (Dodécanèse), l'île de ses ancêtres, au printemps et en été, ainsi que des circuits à Athènes.

Kea Artisanal (www.aglaiakremezi.com/kea-artisanal). Aglaia Kremezi et ses amis ouvrent leur cuisine et leur jardin sur l'île de Kéa pour des cours de cuisine.

The Greek Kitchen (www.greekkitchenathens.com) propose des cours de cuisine d'une demi-journée à Athènes (tarif plein/réduit 59/29 €) ainsi que des visites gastronomiques du principal marché de la ville.

Selene (☎22860 22249 ; selene.gr ; Pyrgos ; cours de cuisine 85-100 €) propose des cours sur l'île de Santorin, FindinGreece (p. 241) sur Amorgos et Narlis Farm sur Sifnos.

À rapporter

Prévoyez de la place dans vos bagages pour rapporter quelques produits locaux : olives et huile d'olive extra-vierge de petits producteurs bio, miel de thym, origan, tisane des montagnes, fleurs de camomille ou fruits en conserve.

La cuisine grecque

La cuisine grecque traditionnelle utilise principalement des produits locaux de saison. L'assaisonnement reste simple : jus de citron, ail, origan et huile d'olive extra-vierge constituent les saveurs de base, avec tomate, persil, aneth, cannelle et clous de girofle.

Mayirefta Plats traditionnels, cuits au four ou dans une marmite. Préparés à l'avance, on les laisse refroidir pour accentuer les saveurs. Parmi les plus connus figurent la moussaka (aubergines, viande hachée, pommes de terre et fromage), les *yemista* (légumes farcis avec du riz et des herbes), le *lemonato* (viande avec citron et origan) et le *stifado* (ragoût de viande avec tomates et oignons).

Grillades Les Grecs préparent à la perfection les viandes grillées et rôties à la broche. Les souvlakis – probablement le plat national – se présentent sous plusieurs formes, des brochettes de viande grillée au *gyros* de porc ou de poulet cuit à la rôtissoire et enveloppé dans un pain pita. Les *paidakia* (côtelettes d'agneau) et les *brizolès* (côtelettes de porc) sont également populaires.

Poisson et fruits de mer Le poisson est souvent grillé entier et arrosé de *ladholemono* (sauce au citron et à l'huile). Les petits poissons comme le *barbounia* (rouget) ou la *maridha* (petite friture) sont légèrement frits. Le poulpe est grillé, mariné ou cuit dans une sauce au vin. Les *soupies* (seiches), les calamars farcis de fromage et d'herbes, et la *psarosoupa* (soupe de poisson) sont également appréciés. Pour éviter les produits importés, préférez les tavernes tenues par des familles de pêcheurs.

Mezze Ces petits plats (ou hors-d'œuvre) sont souvent partagés. Parmi les classiques, citons le tzatziki (yaourt, concombre et ail), la *melidzanosalata* (salade d'aubergines), le *taramasalata* (tarama), la *fava* (purée de pois cassés et jus de citron) et le *saganaki* (fromage frit). Goûtez aussi les *keftedhès* (boulettes de viande), le *loukaniko* (saucisse de porc), les *gavros* grillés (anchois blancs) et les *dolmadhès* (feuilles de vigne marinées farcies de riz).

Salade grecque Servie partout, la *horiatiki salata* (ou "salade villageoise") comprend tomates, concombre, oignons, feta et olives ;

elle s'accompagne fréquemment de légumes verts (*horta*), de poivrons, de câpres ou de noix. La feta est parfois remplacée par un fromage local. Également populaire, la salade de betteraves est souvent servie avec des noix et du fromage.

Fromage Les diverses régions du pays produisent toutes sortes de fromages, la plupart au lait de chèvre ou de brebis, aux saveurs variées. Outre la feta, on trouve notamment le *graviera* (fromage de brebis doux, avec un goût de noisette, proche au gruyère), le *kaseri* (similaire au provolone), le *myzithra* (sorte de ricotta) et le *manouri* (un fromage doux du nord de la Grèce).

Douceurs Parmi les gourmandises traditionnelles figurent les baklavas, les *loukoumadhès* (beignets en forme de boule servis avec du miel et de la cannelle), le *kataïfi* (pâtisserie en cheveux d'ange farcie de noix pilées), le *rizogalo* (gâteau de riz) et le *galaktoboureko* (pâtisserie garnie de crème). Les *glika koutaliou* (fruits au sirop, ou "sucreries à la cuillère") sont servis sur de toutes petites assiettes en signe de bienvenue, mais on les consomme aussi avec du yaourt.

Spécialités locales

Du fromage et de l'huile d'olive aux ingrédients crus qui garnissent votre assiette, vous découvrirez de nombreuses variations et spécialités régionales au cours de votre voyage. Chaque île possède ses propres délices culinaires. Renseignez-vous sur les plats, les fromages et les produits locaux.

Nord de la Grèce L'influence du voisin turc se fait sentir : il y a plus de beurre, de poivrons et d'épices dans les plats régionaux. On trouve beaucoup de mezze et des gourmandises héritées de l'Empire ottoman.

Péloponnèse La région est réputée pour ses ragoûts riches en herbes et ses *ladhera* (plats de légumes en sauce).

Cyclades Les haricots et légumes secs sont des ingrédients traditionnels des Cyclades, d'où la popularité de la *fava* (purée de pois cassés) et du *revithadha* (soupe de pois chiches). Les spaghettis au homard et les saucisses sont aussi des spécialités.

Îles Ioniennes Le bœuf braisé épicé, la *pastitsadha* au coq (pâtes à la sauce tomate) et le *sofrito* (veau braisé avec une sauce à l'ail et au vin) trahissent l'influence de Venise.

Boissons

Café

Omniprésents, les *kaféneia* (cafés) sont une institution. Les Grecs d'un certain âge ont l'habitude d'y mener des débats enflammés sur la politique et le football ou de papoter devant un café. Souvent petits, ils changent peu d'une génération à l'autre et méritent au moins une visite. Les cafés branchés, la réponse moderne aux *kaféneia*, servent des cafés frappés et sont en général pris d'assaut par une clientèle jeune.

Le café grec est traditionnellement préparé en décoction dans un *briki* (petit pot au col étroit) sur un réchaud appelé *hovoli*, et servi dans une petite tasse. Commandez un *metrio* (moyen, avec un sucre) et sirotez-le lentement jusqu'au marc (qu'il ne faut pas boire).

Ouzo et spiritueux

L'ouzo, le fameux alcool grec, symbolise une manière de manger et de socialiser, siroté en grignotant des *mezzedhès* (mezze) durant un long après-midi d'été. Bu lentement pour se rincer le palais entre les plats, il est généralement servi dans des petites bouteilles ou *karafakia* (carafes), avec un bol de glaçons pour le diluer (il devient alors d'un blanc laiteux).

L'ouzo est fabriqué à partir de raisin distillé avec des résidus de fruits, de céréales et de pommes de terre, puis aromatisé avec des épices, principalement anisées, qui lui donnent sa saveur caractéristique. L'ouzo produit à Lesbos est réputé être le meilleur.

Le tsípouro est une eau-de-vie servie en apéritif qui ressemble à la grappa italienne. Produite uniquement en Grèce, elle est faite à base de grappes pressées récupérées après la fabrication du vin. Le *tsikoudia*, également appelé raki, est la version crétoise du *tsípouro*.

Si ces alcools vous paraissent trop forts, goûtez la *mastíkha*, une liqueur très sucrée à base de distillat de mastic de Chios. C'est un excellent digestif.

Vin grec

Les vins grecs sont issus de cépages indigènes au caractère bien particulier. Reconnus par la critique internationale, les viticulteurs produisent de délicieux crus provenant de régions comme Némée dans le Péloponnèse, Santorin, Héraklion en Crète et Naoussa dans les Cyclades.

Parmi les cépages blancs, citons le *moschofilero,* l'*assyrtiko,* l'*athiri,* le *roditis,* le *robola* et le *savatiano.* Les rouges appréciés comprennent le *xinomavro,* l'*agiorgitiko* et le *kotsifali.*

Les cuvées de la maison ou en tonneau sont de qualité très variable (le vin blanc réserve moins de surprises) et se commandent au litre, en carafe ou au verre.

Les vins de dessert comprennent les excellents muscats de Samos, Limnos et Rhodes, le *vinsanto* de Santorin, le *mavrodafni* (souvent utilisé en cuisine) et le *malmsey* (malvoisie) de Monemvassia.

Le *retsina* (rétsiné), vin blanc aromatisé à la résine de pin, est devenu populaire dans les années 1960 et suscite l'intérêt des étrangers pour son côté folklorique. Le goût est surprenant au premier abord, mais les viticulteurs le modernisent. Il est populaire en Thessalonique (c'est là que l'on retrouve la principale marque : Malamatina) et il accompagne parfaitement les mezze et les poissons et fruits de mer.

Pratique

Quand se restaurer

Le petit-déjeuner est souvent frugal, limité à un café et parfois un *koulouri* (pain au sésame) ou une *tyropita* (chausson au fromage), avalés sur le pouce. Vous trouverez un petit-déjeuner à l'occidentale dans les hôtels et les coins touristiques.

Si les changements des horaires de travail affectent le rythme traditionnel de la journée, le déjeuner reste habituellement le repas principal et commence vers 14h.

Les Grecs dînent tard, rarement avant le coucher du soleil en été, lequel coïncide avec l'heure de fermeture des commerces. Aussi, les restaurants ne se remplissent-ils pas avant 22h. Pour éviter la cohue, arrivez vers 21h. Dîner en terrasse est une institution pour profiter de la fraîcheur du soir.

La plupart des tavernes ouvrent toute la journée ; certains restaurants haut de gamme servent uniquement le dîner.

Végétarien

Les végétariens pourront se restaurer facilement, car les légumes occupent une place importante dans la cuisine grecque – un héritage des périodes de vaches maigres et des traditions orthodoxes de jeûne. Vous trouverez beaucoup plus d'options végétariennes dans les restaurants traditionnels qui respectent plus volontiers cette période. Pendant le carême, les végétariens seront comblés.

Repérez les plats de légumes comme les *fasolakia yiahni* (haricots verts braisés), les *bamies* (gombos), les *briam* (légumes cuits au four) et les feuilles de vigne farcies ou *dolmadhès.* Parmi les *horta* (herbes sauvages) les plus nutritifs, les *vlita* (amarantes) sont les plus sucrés, mais le radis sauvage, le pissenlit, les orties et l'oseille sont aussi très courants.

Repas de fête

Le carême de 40 jours a donné naissance aux *nistisima,* des plats sans viande ni produits laitiers (ni huile si l'on suit strictement les règles). Parmi les douceurs de carême figurent le halva, de style macédonien (vendu en épicerie) à base de tahini, et le dessert de semoule.

Des œufs durs peints en rouge décorent le *tsoureki,* un pain brioché parfumé au *mahlepi* (épice tirée des noyaux de cerises mahaleb à la saveur d'amande amère) et à la *mastika* (résine cristallisée de l'arbre à mastic). Le samedi soir après la messe de la Résurrection, le souper comprend une *mayiritsa* (soupe d'abats), et le dimanche de Pâques, on fait griller un agneau à la broche dans les campagnes.

La *vasilopita,* un gâteau au glaçage doré, est coupé à minuit la nuit du Nouvel An et porte chance à celui qui trouve la pièce de monnaie cachée à l'intérieur.

Où se restaurer

Fuyez les restaurants "pour touristes" et préférez ceux fréquentés par les Grecs. En règle générale, évitez les établissements des principales artères touristiques, avec rabatteurs, grandes enseignes et photos des plats. Méfiez-vous aussi des recommandations des hôtels, car certains ont des accords avec les restaurants.

En haut : quartier de Plaka à Athènes (p. 117)
En bas : cuisine grecque

GORILLAIMAGES/SHUTTERSTOCK ©

US ET COUTUMES À TABLE

- L'ambiance des tavernes grecques est généralement détendue. Le code vestimentaire est informel, sauf dans les établissements haut de gamme.
- Le service peut être lent, mais on ne vous pressera jamais de libérer la table.
- Les tables ne sont pas débarrassées avant que l'on demande l'addition qui, dans les établissements traditionnels, s'accompagne de fruits ou de douceurs, ou d'un verre de liqueur, offerts. Elle est parfois posée sur la table au début du repas, en prévision d'un contrôle fiscal impromptu.
- Si les Grecs boivent de l'alcool à table, l'ébriété en public reste rare et mal perçue.
- La réservation, conseillée dans les restaurants haut de gamme, est superflue dans la plupart des tavernes.
- Le service est compris dans l'addition. Néanmoins, les clients laissent souvent un pourboire (de 10 à 15%) ou arrondissent la note.
- Les Grecs sont des hôtes généreux et fiers. Ne refusez pas un café ou un verre – c'est un geste d'hospitalité et de bienveillance. Si vous êtes invité au restaurant, votre hôte paiera l'addition. En cas d'invitation chez quelqu'un, apportez un petit cadeau (des fleurs ou des douceurs) et arrivez affamé, car on s'attend à ce que vous terminiez votre assiette.
- Il est interdit de fumer dans les lieux publics clos, y compris les restaurants et les cafés, mais cette règle est souvent ignorée, surtout dans les îles éloignées.

Les tavernes sont des endroits détendus, d'un bon rapport qualité/prix, souvent tenus par une famille, où le serveur arrive avec une nappe en papier et dépose des couverts sur la table.

Ne jugez pas un restaurant à son cadre ou à son emplacement. Privilégiez ceux qui offrent un choix limité, généralement gage de plats fraîchement préparés.

Guide des restaurants

Taverne La *taverna* classique compte quelques variantes spécialisées : la *psarotaverna* (poisson et fruits de mer) et la *hasapotaverna* ou *psistaria* (viande grillée ou rôtie à la broche).

Mayireio Le *mayireio* excelle dans les ragoûts traditionnels et les plats au four (*mayirefta*).

Estiatorio Restaurant plus chic et formel, il propose une cuisine internationale ou des spécialités grecques.

Mezedhopoleio Cet établissement offre un grand choix de mezze (hors-d'œuvre).

Ouzerie Comme dans les *mezedhopoleio*, un assortiment de mezze est souvent offert pour accompagner l'ouzo. Il existe des variantes régionales centrées sur l'eau-de-vie locale comme le *tsipouradhiko* (qui sert du *tsipouro*) dans le nord du pays.

Choisir son repas

- Des cartes avec les prix doivent être affichées devant les restaurants. Si les cartes en anglais sont répandues, elles sont exclusivement en grec dans les endroits peu touristiques. De nombreux établissements présentent de grands plateaux de *mayirefta* (plats préparés) du jour. Hors saison ou dans les petits établissements, il n'est pas rare que l'on vous propose de faire votre choix en cuisine en soulevant le couvercles des casseroles.
- Du pain accompagné parfois de petites sauces ou des en-cas sont souvent servis dès votre arrivée (autrefois facturé d'office, ce grignotage est de plus en plus laissé au choix).
- Ne vous cantonnez pas aux classiques 3 plats – faites comme les Grecs qui commandent plusieurs entrées ou plats et partagent.
- Les salades et accompagnements sont souvent copieux. Si vous êtes à deux, demandez une portion.
- Les ingrédients surgelés, surtout les produits de la mer, sont habituellement signalés sur la carte (par un astérisque ou la mention "*kat*" sur les menus en grec).
- Le poisson est généralement vendu au poids plutôt qu'à la portion, et cuit entier plutôt qu'en filet. Il est courant de choisir son poisson en cuisine (privilégiez une chair ferme et des yeux brillants). Vérifiez le poids (cru) pour éviter les surprises sur l'addition.

Préparer son voyage

Activités de plein air

La Grèce tire parti de paysages ourlés de flots bleus et caressés de vents chauds, d'une vie marine foisonnante, de falaises spectaculaires, de forêts luxuriantes et de chemins ancestraux. Kitesurfeurs débutants, cyclistes confirmés, amateurs de randonnée ou même de ski trouveront ici leur bonheur.

Activités nautiques

Plongée et snorkeling

Le snorkeling se pratique à peu près partout le long de la côte, d'autant que l'équipement est facile à trouver et bon marché. Parmi les meilleurs spots de snorkeling figurent Monastiri sur Paros, Paléokastritsa à Corfou, la baie de Xirokambos sur Léros et toute la côte de Kastellorizo (Megisti). Beaucoup de clubs de plongée utilisent leurs bateaux pour emmener les groupes sur des sites splendides.

La loi grecque est très claire : afin de se prémunir contre le pillage des antiquités immergées en Méditerranée et dans la mer Égée, seules les écoles sont autorisées à pratiquer la plongée. Il faut donc passer par elles. Jusque récemment, les sites de plongée étaient limités et strictement contrôlés, mais de nouveaux spots sont désormais accessibles et les centres de plongée se multiplient. On en trouve sur les îles de Corfou, Eubée, Léros, Milos, Mykonos, Paros, Rhodes, Santorin, Skiathos, à Glyfada près d'Athènes et à Parga et Halkidiki dans le nord du pays.

L'**Association professionnelle des moniteurs de plongée** (PADI ; www.padi.com) fournit notamment la liste des centres de plongée certifiés PADI en Grèce.

Choisir une île pour...

La randonnée

Andros (p. 178). Des sentiers séculaires à travers des collines et des vallées encaissées.

Nisyros (p. 333). Un paysage luxuriant jusqu'au cratère du volcan.

Samos (p. 384). Une marche dans les bois avec une pause rafraîchissante sous des chutes d'eau.

Les plus sportifs

Santorin (p. 245). Des grottes immergées pour les plongeurs avertis.

Kalymnos (p. 350). Des falaises calcaires vertigineuses à escalader.

Paros (p. 208). Le paradis du kitesurf.

Les débutants

Vasiliki (p. 489). Parfait pour s'initier à la planche à voile.

Santorin (p. 245). Pour les baptêmes de plongée.

Poros (p. 160). Pour s'essayer au ski nautique.

Paxi (p. 482). Des promenades faciles dans des oliveraies.

GEORGIOS TSICHLIS/SHUTTERSTOCK ©

Plage de Kalafatis (p. 203), Mykonos

Planche à voile

La planche à voile est le sport nautique le plus pratiqué en Grèce. Hrysi Akti sur Paros et Vassiliki sur Leucade (Lefkada) se disputent le titre de meilleure plage dans le cœur des véliplanchistes.

Les bons spots ne manquent pas autour des îles. Citons notamment Kalafatis sur Mykonos, Agios Georgios sur Naxos, Mylopotas à Ios, le cap Prassonissi dans le sud de Rhodes, les environs de Tingaki sur Kos et Kokkari à Samos.

Vous trouverez des planches à louer un peu partout, moyennant 15 à 30 € selon l'endroit et l'équipement. La plupart des loueurs proposent aussi des cours pour débutants. On peut librement apporter sa planche à voile en Grèce (une par passager), à condition de la remporter en quittant le pays ; pensez toujours à consulter les réglementations douanières concernant votre propre pays.

Kitesurf et surf

Forte d'un vent presque constant et de conditions idéales, la plage de Pounta, sur Paros, attire les meilleurs kitesurfeurs du monde ; les épreuves de la Professional Kiteboard Riders Association et du Kiteboard Pro World Tour s'y déroulent. Avec ses eaux peu profondes, c'est aussi un formidable endroit pour s'initier au surf. Mikri Vigla, autre excellent spot, à Naxos, propose des cours à deux pas d'une splendide plage de sable blanc.

Ski nautique

Les eaux relativement calmes et chaudes de la Méditerranée rendent agréables la pratique du ski nautique. Toutefois, en août, les conditions sont parfois difficiles, lorsque le *meltemi* (vent sec du nord) souffle dans le centre de la mer Égée. Sur l'île de Poros, l'activité est particulièrement bien organisée. Passage (p. 162) offre une école prisée et un parcours de slalom.

Rafting

Le rafting et d'autres sports en rivière se sont rapidement développés ces dernières années. De plus en plus de Grecs habitant en ville, surtout à Athènes, recherchent l'aventure en pleine nature. Le printemps et l'automne sont les meilleures périodes, lorsque le niveau de l'eau est haut et la météo clémente, mais de nombreuses agences proposent des sorties toute l'année sur des rivières plus grandes.

Athens Extreme Sports (www.athensextremesports.com) propose la descente de plusieurs rivières, notamment la Ladonas et le Lusios Alfios. Renseignez-vous sur les excursions organisées par **Trekking Hellas** (trekking.gr) et **No Limits** (☎6944751418 ; www.facebook.com/nolimits.rafting).

Sur la terre ferme

À pied

La Grèce, en grande partie montagneuse, est le paradis des randonneurs. Les itinéraires les plus populaires sont bien entretenus. Toutefois, l'**EOS** (Club alpin grec ; ☎210 321 3255 ; www.eosathinon.gr ; Lekka 23-25, Athènes) manquant de financements, nombre des sentiers les moins connus et les moins pratiqués sont envahis par la végétation et insuffisamment balisés. Vous trouverez des filiales de l'EOS à Ioannina, dans l'Épire, à Litochoron, près du mont Olympe, et à Eubée (Club alpin d'Halkida).

Le nord de la Grèce est très accidenté, notamment près des Zagoria, dans le massif du Pinde et près des lacs Prespa. Les gorges de Loussios et le Magne, dans le Péloponnèse, sont deux des plus belles contrées à arpenter.

Sur les petites îles, vous rencontrerez une belle variété de sentiers, en particulier les *kalderimia*, des voies pavées ou dallées de l'époque byzantine qui relient les villages entre eux ; les *monopatia*, des sentiers de bergers ou de moines,

LES PLUS BELLES RANDONNÉES DANS LES ÎLES

DESTINATION	NIVEAU	DESCRIPTION
Alonissos (Sporades)	facile	Plusieurs sentiers bien balisés conduisent à des plages superbes.
Hydra (golfe Saronique)	facile	Île réservée aux piétons, dotée d'un réseau de sentiers bien entretenus, desservant des plages et des monastères.
Paxi (îles Ioniennes)	facile	Avec ses chemins longeant des oliveraies et des murs en pierre sèche, ce lieu est idéal pour une escapade loin de la foule.
Tragéa, Naxos (Cyclades)	facile/moyen	Vaste plaine centrale émaillée d'oliveraies, de villages authentiques et de nombreux sentiers.
Sifnos (Cyclades)	facile/moyen	Monastères, plages et horizons dégagés abondent sur ce réseau de sentiers fraîchement nettoyés qui couvrent 200 km.
Tilos (Dodécanèse)	facile/moyen	D'innombrables chemins ancestraux longent d'impressionnantes falaises et descendent sur des plages isolées ; un paradis pour les ornithologues.
Gorges de Dimosari (Eubée)	facile/moyen	Un trek de 10 km dans des gorges spectaculaires près d'un cours d'eau ombragé et sur des sentiers pavés conduisant à une petite baie.
Ithaque (îles Ioniennes)	facile/moyen	Pour les amateurs de mythologie et d'épopée homérique qui marcheront dans les pas d'Ulysse, entre des sites liés au héros de la guerre de Troie.
Samos (nord-est de la mer Égée)	facile/moyen	Explorez l'intérieur paisible de cette île avec ses villages de montagne, ainsi que le versant nord boisé du mont Ampelos.
Nisyros (Dodécanèse)	moyen/difficile	Île volcanique luxuriante dont les randonnées descendent des falaises abruptes pour rejoindre des cratères fumants.
Steni (Eubée)	moyen/difficile	Randonnées d'une journée et expéditions plus ardues sur le mont Dirfys, le point culminant de l'Eubée.

qui conduisaient à l'origine aux villages dotés de bergeries ; ou encore des sentiers non balisés cheminant entre les bourgs les plus isolés. Les sentiers de bergers et les chemins empruntés par les animaux peuvent être très abrupts et difficiles à pratiquer.

Si vous vous aventurez hors des sentiers battus, une bonne carte est primordiale. Hélas ! la plupart des cartes touristiques sont insuffisantes. Les meilleures cartes de randonnée sur les îles sont éditées par **Anavasi** (www.anavasi.gr) et **Terrain** (www.terrainmaps.gr), tous deux basés en Grèce. Ne surestimez pas vos capacités, et indiquez toujours votre itinéraire à votre pension ou à une association locale de randonneurs avant de vous mettre en route.

Le printemps (d'avril à juin) est la meilleure période pour la randonnée, car les campagnes, verdoyantes après les pluies hivernales, sont couvertes de fleurs. L'automne (de septembre à octobre) est également un bon moment ; en juillet-août, en revanche, comme les températures avoisinent les 40°C, il n'est vraiment pas agréable de marcher. Quelle que soit la saison, il faut s'équiper d'une bonne paire de chaussures de marche pour affronter un sol dur et caillouteux, d'un chapeau à large bord, d'une bouteille d'eau et d'une crème solaire à indice de protection élevé.

Plusieurs agences proposent des randonnées organisées. La plus importante, **Trekking Hellas** (trekking.gr), met sur pied diverses formules, de la promenade de 4 heures dans la vallée de Loussios au trek d'une semaine autour du mont Olympe et des Météores, mais aussi dans les Cyclades. La plupart des treks nécessitent un nombre minimum de participants sous peine de voir les prix grimper.

Grandes randonnées

Sentier de Menalon (www.menalontrail.eu). Un sentier de 75 km. Découvrez-le lors de plusieurs petites promenades ou mettez-vous en route pour le trek de 5 jours dans les gorges de Lousios, sur le flanc ouest du mont Menalon et dans les nombreux villages pittoresques.

Sentier de Corfou (www.thecorfutrail.com). De Kavos à Agios Spyridos, marchez entre 8 et 12 jours au cœur de magnifiques paysages. Ce sentier aux multiples environnements traverse l'île.

À vélo

La Grèce s'est récemment forgé une réputation de destination cycliste à la fois pour les amateurs de VTT et les débutants désireux de découvrir ses routes côtières. Les vélos peuvent généralement être embarqués gratuitement à bord des trains, mais il faut parfois un billet. Mentionnez votre bicyclette lorsque vous réservez vos billets de ferry.

La majeure partie de la Grèce est très isolée et reculée. Soyez prévoyant avant de partir : mieux vaut emporter un kit de crevaison et une trousse de premiers secours. Les motards sont connus pour rouler très vite et pas forcément sur leur voie, et il convient d'être particulièrement prudent dans les virages et sur les routes étroites. En juillet-août, la plupart des cyclistes font une pause entre 12h et 16h pour éviter les risques de coup de chaleur et de déshydratation.

CycleGreece (www.cyclegreece.gr) organise des circuits à vélo de route et à VTT dans presque toute la Grèce, y compris des excursions combinant bateau et vélo.

Hooked on Cycling (www.hookedoncycling.co.uk/greece) propose des excursions combinant bateau et vélo dans les îles, et des circuits en Grèce continentale.

Préparer son voyage

Voyager avec des enfants

Une mer chaude, des sites antiques qui enflamment l'imagination, des prix raisonnables, une fois les précautions prises contre la chaleur, Athènes et les îles sont une destination idéale où les enfants sont toujours accueillis avec le sourire.

Découvertes

Palais et vestiges

La ville de Rhodes (p. 295). Explorez la vieille ville ; les fortifications et douves vous transporteront à l'époque médiévale.

Le château de Pandeli (p. 357). Ces vestiges du XIVe siècle sont situés au sommet d'une colline et offrent une vue grandiose sur Léros et la Méditerranée.

Musées ludiques

Musée de l'Acropole (p. 82). Laissez vos enfants découvrir la splendeur de la Grèce antique.

Musée Herakleidon (p. 75). Dans un bâtiment restauré, ce musée abrite des ateliers ludiques et scientifiques spécialement destinés aux enfants.

Musée vulcanologique (p. 336). Découvrez l'histoire, les mythes et l'impact environnemental du volcan de Nisyros.

Nature

Vallée des Papillons (p. 310). L'une des plus célèbres attractions de Rhodes, à visiter entre juin et septembre. Une multitude de papillons colorés donnent vie à cette forêt.

Mouries Farm (p. 465). Un centre de reproduction et d'élevage pour la sauvegarde du petit cheval de Skyros, en voie de disparition. Réservez une excursion, un cours d'équitation ou un dîner.

Budget familial

Hébergement

De nombreux hôtels ne facturent pas de supplément pour les jeunes enfants et installent un lit d'appoint dans la chambre. Dans les complexes hôteliers, des forfaits sont souvent proposés aux familles.

Visites

Certains sites sont gratuits ou proposent des tarifs réduits pour les enfants et les adolescents. En achetant vos billets en ligne, vous éviterez de faire la queue pour les lieux les plus fréquentés comme l'Acropole.

Cuisine

En commandant plusieurs mezze (hors-d'œuvre), les enfants goûteront aux spécialités locales. Par ailleurs, on trouve toujours les plats favoris des enfants : pizzas, pâtes, omelettes, frites, pain, savoureux feuilletés et yaourts.

Transports

Les trajets en ferry, bus et train sont gratuits pour les enfants de moins de 4 ans. Ils paient moitié prix jusqu'à l'âge de 10 ans (ferry) ou 12 ans (bus et train). Pour les autres, le tarif plein s'applique. Pour les vols nationaux, vous paierez 10% du tarif adulte en gardant un enfant de moins de 2 ans sur vos genoux. Les enfants de 2 à 12 ans paient moitié prix.

PLANETIX/GETTY IMAGES ©

Vallée des Papillons, île de Rhodes (p. 310)

Aventure aquatique

Limni Vouliagmenis (p. 145). Les poissons chatouilleront vos pieds dans l'eau chaude de ce lac minéral sur la côte Apollon.

À déguster

Yemista Légumes (généralement des tomates) farcis au riz.

Pastitsio Gratin de macaronis et de viande hachée d'agneau.

Kolokithokeftedes Beignets de courgette.

Loukoumadhès Beignets ronds au miel et parfois à la cannelle.

Galaktoboureko Pâte feuilletée à la crème.

Politiko pagoto Glace à la façon de Constantinople (un peu caoutchouteuse) préparée avec une résine végétale tirée du lentisque.

Par destination

Athènes

Grands parcs pour jouer à l'instar des parcs de Stavros Niarchos (p. 147) et de Flisvos (p. 89), vestiges à escalader et attractions adaptées aux petits : Athènes est idéale pour les enfants. Les musées adaptent généralement leur collection aux enfants. Les plus âgés apprécieront le musée de la Guerre (p. 106) et pourront grimper dans différents cockpits d'avions, notamment de la Seconde Guerre mondiale. En été, les cinémas de plein air occuperont leurs soirées.

Dodécanèse

Citadelles médiévales, plages et îles à rejoindre en catamaran font du Dodécanèse un bon compromis pour les familles, sans compter, héritage italien oblige, qu'on s'y régale de plats de pâtes. Rhodes, la plus grande des îles, est idéale pour des vacances en famille.

Les Sporades

Un chapelet d'îles boisées qui ne manquent pas de charme et qui sont accessibles rapidement depuis le continent. La plus petite, Alonissos, abrite le plus grand parc marin d'Europe qui sert de refuge au phoque moine, au dauphin ainsi que de nombreuses espèces d'oiseaux.

À savoir

L'icône 👪 indique les activités familiales.

Avant de partir Beaucoup d'enfants apprécient les récits de la mythologie, tandis que les plus grands prendront plaisir à regarder *Nicostratos le pélican* (2011), d'Olivier Horlait, *Mamma Mia !* (2008), de Phyllida Lloyd, ou d'autres films tournés en Grèce. Vous pourrez aussi trouver des livres pour enfants présentant la vie locale, avec quelques mots grecs que vos bambins pourront retenir.

Quand partir Les saisons intermédiaires (avril/mai et septembre/octobre) sont idéales pour voyager : les températures sont plus douces et il y a moins de monde.

Poussettes Prévoyez un porte-bébé pour les plus petits ; les poussettes ne sont vraiment pas pratiques dans les villages, à cause des rues pavées et des hauts trottoirs. Toutefois, avec un modèle adapté aux terrains difficiles, vous devriez vous en sortir.

Pour bébé On trouve facilement du lait frais en ville et dans les zones touristiques, moins sur les petites îles. Le plus sûr est d'aller au supermarché. Les petits pots et le lait en poudre ou pasteurisé sont vendus presque partout, tout comme les couches, mais si vous allez dans des villages, mieux vaut prévoir des quantités suffisantes pour tout le séjour, en cas de rupture de stock.

Sites Web

Enfant en voyage (www.enfant-en-voyage.com/voyage-en-grece-avec-enfant). Le plein de bonnes idées.

Je voyage avec mes enfants (avec-mes-enfants.fr/grece-cyclades-en-famille). Conseils d'une mère de famille dans les Cyclades.

Voyages et enfants (www.voyagesetenfants.com/category/ou-partir-avec-des-enfants/europe/grece). Expériences en famille et photos.

Côté enfants

Tu peux répéter ?

Bonjour	Γειά σας. ya·sas
Au revoir	Αντίο. an·*di*·o
S'il vous plaît	Παρακαλώ. pa·ra·ka·*lo*
Merci	Ευχαριστώ. ef·ha·ri·sto
Je m'appelle...	Με λένε … me *le*·ne ...

Tu le savais ?

- Quelque 114 îles grecques sont habitées.
- La devise est l'euro.

Tu as essayé ?

Souvlaki
L'en-cas préféré des Grecs

RAWF8/SHUTTERSTOCK ©

Les régions en un clin d'œil

Vous cherchez des endroits forts ? Cap sur les îles du Dodécanèse, de la mer Ionienne et des Cyclades, où une architecture typique et des vestiges antiques drainent les foules. Et si les activités sportives vous passionnent, vous pourrez pratiquer la plongée, le surf, l'escalade, la randonnée ou le kayak. Bien équipées pour recevoir les visiteurs, ces îles en accueillent un grand nombre en saison.

Si vous préférez la plage, privilégiez Corfou, Mykonos ou Kos. Il existe d'agréables criques isolées dans presque tous les archipels. Mais pour vraiment vous évader, rendez-vous au nord-est de la mer Égée.

Certains archipels comme le Dodécanèse et les Cyclades disposent d'un excellent réseau de transport maritime qui permet de naviguer facilement d'un port à l'autre. D'autres, comme les îles du nord-est de la mer Égée, exigent plus de temps et d'audace, tant pour les rejoindre que pour en revenir.

Athènes et l'Attique

Antiquité
Musées
Vie nocturne

Grèce antique

Certes, l'Acropole est incontournable, mais explorez aussi les alentours ! Depuis l'Agora et l'Odéon d'Hérode Atticus, au cœur d'Athènes jusqu'au temple de Poséidon au cap Sounion, la région foisonne de vestiges antiques.

Visites culturelles

De l'éclectique musée Benaki au musée moderne de l'Acropole, nul doute qu'un musée athénien, au moins un, vous enthousiasmera.

Musique grecque et clubs

La ville refuse de s'assoupir avec ses clubs glamour en bord de plage, ses bars intimes vibrant au son du rébétiko (blues grec) ou ses autres lieux de convivialité et de fête.

p. 66

Îles du golfe Saronique

Activités
Architecture
Musées

Terre et mer

Plongez dans les eaux du golfe pour observer les dauphins, découvrir les grottes sous-marines ou les épaves. Sur la terre ferme, explorez à pied les forêts et les collines de Poros, d'Hydra et de Spetsès.

Habitat typique

À ne pas manquer : la ville d'Hydra et ses maisons traditionnelles qui dégringolent jusqu'au rivage, le vieux port de Spetsès (Hora) et les sanctuaires et couvents ailleurs dans l'île.

Héritage maritime

Entre les demeures historiques restaurées, les collections navales hétéroclites, les maisons de marins traditionnelles et un Musée naval renfermant caïques et yachts, vous saurez – presque – tout sur le passé maritime de la région.

p. 152

Cyclades

Antiquité
Cuisine
Vie nocturne

Sanctuaires

Île sacrée dans l'Antiquité, Délos est l'un des sites les plus importants de Grèce. Sur Santorin, la Théra antique regroupe des vestiges d'époques hellénistique, romaine et byzantine.

Saveurs locales

Anguille et jambon fumés, jambon cru, fromages et champignons sont des produits locaux qui figurent aux menus des restaurants de Mykonos et de Paros. Mais il y a toujours une touche de nouveauté en plus !

Le sens de la fête

Les noctambules sont chez eux à Mykonos. Ios, moins tapageuse, reste très animée : les clubs sont nombreux et les plages sont festives à toute heure. À Santorin, le nec plus ultra est de siroter un cocktail dans un bar chic dominant la caldeira.

p. 175

Dodécanèse

Architecture
Activités
Cuisine

Églises et châteaux

L'archipel recèle des joyaux patrimoniaux : palais, églises byzantines ornées de fresques, cités médiévales fortifiées, villages de montagne, vestiges de temples antiques et ports de style italien.

Plein air

Tout est possible : escalade de niveau international, kitesurf, plage, plongée et randonnée. Suivez les sentiers ancestraux, marchez au bord de la caldeira ou surfez sur les vagues.

Un petit goût d'Italie

La cuisine teintée d'influences italiennes est remarquable : pizzas innovantes, plats mijotés, légumes farcis et une profusion de fromages frais.

p. 291

Îles du nord-est de la mer Égée

Activités
Cuisine
Plages

Pleine nature

Plongez dans l'eau claire qui baigne ces îles. Vous serez aussi attiré par leurs cascades, leurs rivières et leurs forêts anciennes à découvrir à pied ou à vélo.

Prises du jour

La spécialité : des fruits de mer frais tous les jours. Palourdes, oursins, homards ou poissons, préparés devant vous, à accompagner d'un verre d'ouzo glacé ou de vin doux de Samos.

Le long de la côte

Des falaises blanches d'Icarie aux criques secrètes des îles Fourni, du sable immaculé des plages de Chios aux stations balnéaires de Samos, vous n'êtes jamais loin d'un coin de baignade caressé par la mer Égée.

p. 370

Eubée et les Sporades

Activités
Cuisine
Vie nocturne

Sports nautiques

Barboter dans les sources thermales, voguer à la poursuite des dauphins d'un parc marin ou randonner dans les oliveraies, tout est possible. Les eaux profondes de cet archipel séduisent les plongeurs confirmés ou débutants.

Produits du terroir

Ne partez pas sans avoir goûté le miel local, qu'il soit d'*elatos* (sapin) ou de *pefko* (pin). Et dînez d'un poisson frais sur le port. Les légumes du potager et l'huile d'olive pressée sur place subliment les plats.

Concerts

Écoutez les meilleurs joueurs de bouzouki et contemplez le soleil se coucher depuis la terrasse d'un bar à vins.

p. 436

Îles Ioniennes

Architecture
Activités
Cuisine

Architecture

La ville de Corfou conjugue demeures vénitiennes aux teintes pastel, arcades françaises et architecture néoclassique britannique. Sur les îles voisines, place aux maisons chaulées et aux moulins à vent.

Activités

Rejoignez en kayak des criques isolées, embarquez sur un bateau et randonnez dans les montagnes. Le littoral magnifique et l'intérieur paisible attirent les visiteurs qui cherchent l'aventure.

Cuisine corfiote

Viande braisée, ail, pain fait maison, risottos aux fruits de mer et pâtes fraîches évoquent l'Italie. N'ayant jamais été sous domination turque, les Corfiotes ont une cuisine bien particulière.

p. 466

Sur la route

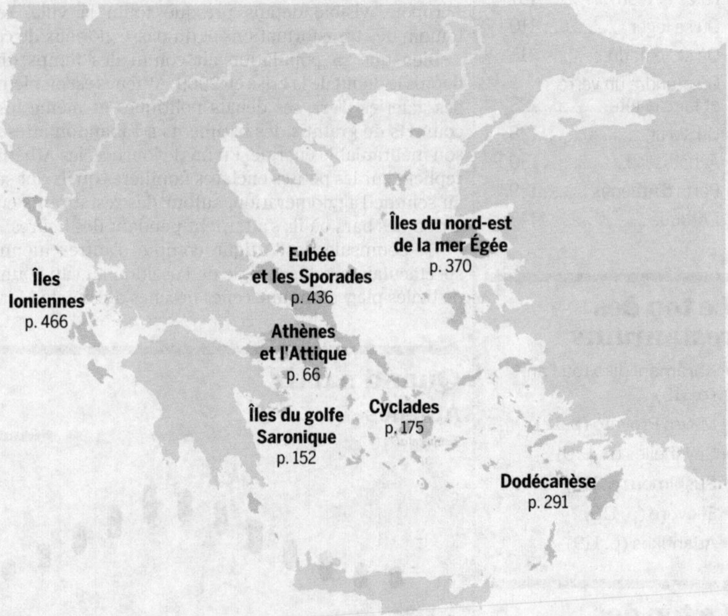
Îles du nord-est de la mer Égée
p. 370
Eubée et les Sporades
p. 436
Îles Ioniennes
p. 466
Athènes et l'Attique
p. 66
Îles du golfe Saronique
p. 152
Cyclades
p. 175
Dodécanèse
p. 291

Athènes et l'Attique

Dans ce chapitre ➡

À voir ... 74
Activités ... 106
Circuits organisés ... 107
Fêtes et festivals ... 107
Où se loger ... 110
Où se restaurer ... 116
Où prendre un verre et faire la fête ... 123
Où sortir ... 128
Achats ... 130
Ports d'Athènes ... 139
L'Attique ... 143

Le top des restaurants

- Karamanlidika tou Fani (p. 119)
- Mavro Provato (p. 121)
- Seychelles (p. 120)
- Sushimou (p. 118)
- Ellevoro (p. 116)
- Atlantikos (p. 119)

Le top des hébergements

- Grande Bretagne (p. 112)
- InnAthens (p. 112)
- Athens Was (p. 111)
- City Circus (p. 112)
- Perianth Hotel (p. 113)

Pourquoi y aller

Splendide et négligée, Athènes est un mélange grisant d'histoire millénaire et d'effervescence contemporaine. La vie culturelle et sociale se déroule au milieu de vestiges antiques de l'ancienne cité de Périclès. L'extraordinaire Acropole, visible depuis presque toute la ville, reste le témoin des transformations et du passé glorieux de celle-ci.

Bien que sa population ait connu des temps difficiles depuis le début de la crise en 2009, Athènes est en plein essor. Ses galeries d'art, ses débats politiques et même les murs couverts de graffitis des bâtiments à l'abandon attestent de son inébranlable énergie. En fin de journée, les Athéniens se replient sur les petites enclaves familières qu'ils ont su créer au sein de l'agglomération, autour des restaurants en plein air ou des bars où ils s'attardent pendant des heures.

La péninsule de l'Attique compte d'autres monuments spectaculaires, tel le temple de Poséidon au cap Sounion, et de belles plages, comme celles proches du site de Marathon.

Quand partir

Athènes

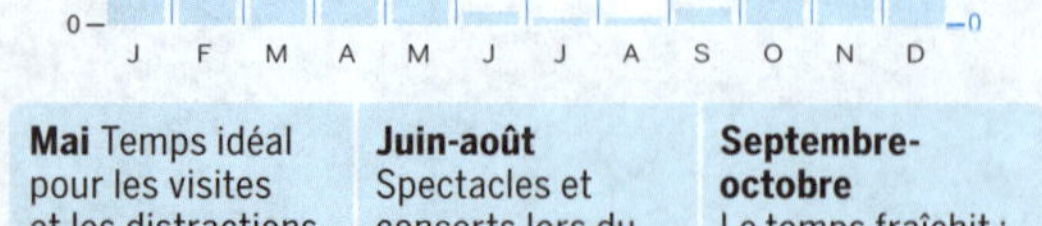

Mai Temps idéal pour les visites et les distractions en plein air comme le cinéma et le restaurant.

Juin-août Spectacles et concerts lors du festival d'Athènes et d'Épidaure.

Septembre-octobre Le temps fraîchit ; fin des vacances des Athéniens.

À ne pas manquer

1 L'impressionnant site antique de l'**Acropole** (p. 76)

2 Les sculptures du Parthénon exposées au **musée de l'Acropole** (p. 82)

3 Une promenade dans l'**Agora antique** (p. 86)

4 Les superbes antiquités et objets culturels du **musée Benaki** (p. 103)

5 La plus belle collection d'antiquités grecques exposée au **musée national d'Archéologie** (p. 94)

6 Un spectacle dans l'amphithéâtre antique de l'**Odéon d'Hérode Atticus** (p. 79)

7 Le superbe parc du **Centre culturel de la fondation Stavros Niarchos** (p. 147), rafraîchi par la brise marine

8 La visite du **stade des Panathénées** (p. 104), qui a vu se réaliser bien des exploits

LES QUARTIERS EN UN CLIN D'ŒIL

❶ Acropole, colline de Philopappos et Thissio (p. 74)

L'Acropole est la couronne d'Athènes, et le Parthénon en est le fleuron. Le monument, grandiose, domine la cité, tandis que, sur le flanc sud de la colline, un fantastique musée moderne en abrite les trésors. Une promenade piétonne les relie – cette autoroute touristique est aussi un endroit apprécié des Athéniens au coucher du soleil.

Vers le sud, dans les quartiers plus résidentiels de Makriyanni et Koukaki, on trouve de bons hôtels, bars et restaurants à la mode, et des boutiques d'artisanat. Depuis la colline de Philoppapos, on peut regarder l'Acropole dans les yeux en profitant d'espaces verts appréciables. Plus loin, le quartier tranquille de Thissio est traversé par deux agréables artères piétonnes que jalonnent quelques cafés.

❷ Syntagma et Plaka (p. 85)

Syntagma, cœur battant de l'Athènes moderne, est un quartier d'affaires et de bars ; *Plateia Syntagmatos* (place Syntagma) en est le point de rencontre historique, le centre politique et le carrefour des transports.

Le Jardin national est attenant à la place. À courte distance à pied au sud-ouest se trouve le vieux Plaka, qui correspond

presque au périmètre de la cité quand elle fut déclarée capitale en 1834. Avec ses ruelles étroites qui serpentent entre ses demeures néoclassiques, ses églises byzantines et ses tavernes pittoresques, Plaka est l'épicentre du tourisme à Athènes. Il n'en garde pas moins son caractère propre, avec ses résidents de longue date et ses nombreux graffitis.

3 Monastiraki et Psyri (p. 93)

La place animée de Monastiraki est l'un des carrefours clés d'Athènes. Au sud, l'Agora antique constituait le lieu de rassemblement civique de la cité et reste un site merveilleux à découvrir. Au nord et à l'ouest, les restaurants et bars de Psyri, le quartier le plus vivant de la ville, cohabitent avec des entrepôts reconvertis et des ateliers.

4 Gazi, Keramikos et Exarchia (p. 102)

Gazi est un quartier urbain contemporain au parcours classique : des bâtiments industriels abandonnés (ici, d'anciennes usines à gaz) sont ressuscités par des artistes et propriétaires de bars.

Jadis marginal, l'endroit est devenu incontournable, et la transformation se poursuit dans les quartiers adjacents de Keramikos et Metaxourgeio, où bars, théâtres et cafés *underground* cools fleurissent à côté des demeures délabrées, des concessionnaires de mobylettes et grossistes chinois. Faites-y un tour le soir, mais aussi le jour pour voir le vieux cimetière de Keramikos, et quelques bons musées.

Exarchia est connu pour ses squats, ses chanteurs anarchistes, mais aussi son intéressant mélange d'étudiants (l'université est toute proche), de créateurs, d'immigrants, de familles, de vieux gauchistes et intellectuels, sur fond de graffitis, de *street art* et de policiers anti-émeutes omniprésents.

5 Kolonaki, Mets et Pangrati (p. 103)

Kolonaki est un quartier, mais son nom est également synonyme de style et d'élitisme.

Il s'étend des environs de Syntagma jusqu'aux pentes de la colline du Lycabette. Ici, les vieilles fortunes se mélangent aux nouveaux riches et aux ambitieux. La proximité de plusieurs excellents musées et la fraîcheur des rues arborées en fait un refuge appréciable après une visite de ruines en plein soleil.

Les agréables quartiers résidentiels de Mets et Pangrati entourent le stade des Panathénées, creusé dans le mont Ardettos.

ATHÈNES ΑΘΗΝΑ

21 / VILLE : 664 000 HABITANTS ; AGGLOMÉRATION : 3,1 MILLIONS D'HABITANTS

Histoire

Temps anciens

Les premiers temps de l'histoire d'Athènes sont si inextricablement liés aux mythes fondateurs que l'on peine à démêler la réalité de la fiction – d'autant que les données archéologiques relatives à cette période sont fragmentaires. On sait de manière certaine que le site élevé de l'Acropole, fort de deux sources, attira les premiers habitants du néolithique. Lorsqu'un paisible mode de vie agricole le céda à celui d'une cité plus guerrière, l'Acropole gagna rang de position défensive idéale.

En 1400 av. J.-C., l'Acropole était devenue une puissante ville mycénienne. Elle survécut à l'attaque dorienne de 1200 av. J.-C., mais n'échappa pas à l'âge des ténèbres qui frappa la Grèce au cours des quatre siècles qui suivirent. Puis, au VIIIe siècle av. J.-C., pendant une période de paix, Athènes, qui excellait en matière de céramique, devint le centre artistique de la Grèce.

Au VIe siècle av. J.-C., Athènes était dirigée par des aristocrates et des généraux. Ouvriers et paysans n'eurent aucun droit civique jusqu'à ce que Solon, précurseur de la démocratie athénienne, devienne archonte (magistrat suprême) en 594 av. J.-C., et améliore le sort des pauvres au moyen de réformes comme l'annulation des dettes de toute nature et l'instauration de jurys lors des procès. Profitant de l'agitation suscitée par ces réformes, le tyran Pisistrate s'empara du pouvoir en 561 av. J.-C. Cet ancien chef de l'armée rassembla une formidable flotte de guerre et étendit la sphère d'influence athénienne. Amateur d'art, il inaugura les Grandes Dionysies, lesquelles préfiguraient le théâtre antique, et commanda de nombreuses œuvres splendides, dont la plupart ne survécurent pas aux guerres médiques.

Son fils Hippias lui succéda en 527 av. J.-C. Athènes se débarrassa de ce dernier oppresseur en 510 av. J.-C. avec l'aide de Sparte.

L'âge d'or d'Athènes

Après qu'Athènes eut enfin repoussé l'Empire perse à la bataille de Salamine (480 av. J.-C.) et à celle de Platées (479 av. J.-C. ; avec l'aide de Sparte), sa puissance ne connut plus de limites.

En 477 av. J.-C., Athènes établit une confédération sur l'île sacrée de Délos et réclama des tributs aux îles voisines pour les protéger des Perses. Le trésor de Délos fut déplacé à Athènes en 461 av. J.-C. C'est à cette époque qu'émergea la figure de Périclès, élu 15 fois stratège entre 443 et 429 av. J.-C. Sous sa gouvernance, la vie politique se démocratisa, de nouveaux monuments furent édifiés sur l'Acropole et Athènes imposa son hégémonie aux cités voisines. Cette période est considérée comme l'âge d'or d'Athènes, l'apogée de la période classique. Le théâtre et la littérature s'y épanouirent, avec de grands noms comme Eschyle, Sophocle et Euripide. Les sculpteurs Phidias et Myron et les historiens Hérodote, Thucydide et Xénophon marquèrent aussi cette époque.

Rivalité avec Sparte

Sparte ne laissa pas son ancienne alliée profiter longtemps de sa nouvelle gloire. La rivalité entre les deux puissances et leurs affidés déboucha, en 431 av. J.-C., sur les guerres du Péloponnèse, qui se prolongèrent jusqu'en 404 av. J.-C. Sparte en sortit vainqueur et Athènes ne devait jamais retrouver sa grandeur passée. Elle vit cependant briller aux Ve et IVe siècles av. J.-C. trois des plus grands orateurs et philosophes occidentaux : Socrate, Platon et Aristote.

En 338 av. J.-C., Athènes et les autres cités-États grecques furent conquises par Philippe II de Macédoine. Après l'assassinat de ce dernier, son fils Alexandre (bientôt connu sous le nom d'Alexandre le Grand) favorisa Athènes au détriment des autres cités-États. Mais avec sa mort prématurée, en 323, à l'âge de 33 ans, Athènes passa aux mains de ses généraux, tandis que s'ouvrait la période des monarchies dites hellénistiques.

Rome et Byzance

En 86 av. J.-C., après avoir battu les Macédoniens, les Romains s'en prirent à Athènes, dans le cadre de la guerre qu'ils menaient contre le roi Mithridate pour le contrôle de l'Asie mineure. Les conquérants abattirent les murs de la ville et emportèrent de précieuses sculptures à Rome. Durant les trois siècles de la *Pax Romana*, Athènes demeura un grand centre d'érudition où venaient se former les jeunes Romains fortunés. Quiconque comptait un peu à Rome, à l'époque, parlait le grec. Les empereurs, tout particulièrement Hadrien, dotèrent la ville d'édifices majestueux. À la fin du IVe siècle,

ATHÈNES EN...

Deux jours

Commencez par monter à la superbe **Acropole** (p. 76) tôt le matin, puis redescendez par l'**Agora antique** (p. 86). Explorez **Plaka**, puis partez visiter le **musée de l'Acropole** (p. 82) pour admirer les chefs-d'œuvre du Parthénon. Déambulez sur la grande promenade et montez jusqu'à la **colline de Philopappos** (p. 74) et aux cafés de Thissio, avant de dîner dans un restaurant donnant sur l'Acropole – ou avalez des souvlakis sur le pouce et profitez d'une séance de cinéma en plein air.

Le deuxième jour, regardez la **relève de la garde** (p. 106) sur la place Syntagma, puis traversez les jardins jusqu'au **Temple de Zeus olympien** (p. 85) ou au **stade des Panathénées** (p. 104). Passez l'après-midi au **musée national d'Archéologie** (p. 94), puis direction le quartier de Plateia Agia Irini dans Monastiraki pour dîner et sortir.

Quatre jours

Le jour suivant, visitez le **musée Benaki** (p. 103), le **musée d'Art cycladique** (p. 104) et le **Musée byzantin et chrétien** (p. 103), avant de déjeuner à Kolonaki. Prenez le *teleferik* (funiculaire) ou gravissez à pied le **Lycabette** (p. 104) pour la vue panoramique. Faites la tournée des bars d'Exarchia en été, ou passez la soirée dans un club de rébétiko en hiver.

Le quatrième jour, explorez le Varvakios Agora et Keramikos le matin, puis direction le **Centre culturel de la fondation Stavros Niarchos** (p. 147), et terminez la journée par un spectacle à l'**Opéra national** (p. 129). Sinon, longez la côte jusqu'au **Temple de Poséidon** (p. 148) au cap Sounion, en gardant un peu d'énergie pour une soirée dans les bars de plage de Glyfada.

le christianisme devint la religion officielle à Athènes et le culte des dieux grecs "païens" ne tarda pas à être décrété hors la loi.

Après la division de l'Empire romain en empires oriental et occidental, Athènes demeura un important centre culturel et intellectuel jusqu'à ce que l'empereur Justinien en ferme les écoles de philosophie en 529. La ville connut une longue période de déclin et, entre 1200 et 1450, subit des invasions continuelles : Francs, Catalans, Florentins et Vénitiens cherchèrent tous à s'octroyer une part d'un Empire byzantin vacillant.

Férule ottomane et indépendance

Les Turcs prirent Athènes en 1456, et près de 4 siècles de domination ottomane s'ensuivirent. L'Acropole devint le siège du gouverneur turc, le Parthénon fut converti en mosquée et l'Érechthéion en harem.

Le 25 mars 1821, les Grecs déclenchèrent leur guerre d'indépendance (ils déclarèrent leur indépendance en 1822). De violents combats eurent lieu dans les rues d'Athènes, qui changea de mains plusieurs fois. La Grande-Bretagne, la France et la Russie finirent par intervenir et détruisirent la flotte turco-égyptienne lors de la bataille de Navarin en octobre 1827.

La ville de Nauplie fut d'abord choisie comme capitale de la Grèce. Après l'assassinat en 1831 du président élu Jean Capo d'Istria (Ioannis Kapodistrias), la Grande-Bretagne, la France et la Russie intervinrent de nouveau, et proclamèrent la monarchie en Grèce. Le trône échut au prince Othon de Bavière, âgé de 17 ans, qui transféra sa cour à Athènes. En 1834, la nouvelle capitale grecque n'était plus alors qu'une petite ville tranquille de 6 000 âmes. Les architectes bavarois créèrent d'imposants bâtiments néoclassiques, des boulevards bordés d'arbres et des places.

Othon fut renversé en 1862 après une période de luttes pour le pouvoir, notamment l'occupation du Pirée par les Britanniques et les Français qui visait à écraser la "Grande Idée", le projet expansionniste de la Grèce. Le nouveau souverain imposé fut le prince Guillaume de Danemark, couronné roi sous le nom de Georges Ier en 1863.

Le XXe siècle

La population d'Athènes augmenta régulièrement pendant la seconde moitié du XIXe siècle et au début du XXe, puis connut un essor fulgurant en 1922 et 1923, lorsque plus d'un million de réfugiés grecs arrivèrent dans la capitale – une première vague après l'incendie de Smyrne (Izmir), puis dans le

Agglomération d'Athènes

0 1 km
Marché municipal de Kypseli (1 km), We Need Books (1,3 km)
Viktoria
Parc Areos
Lofos Finopoulou
Terminal de Mavromateon
Boustou
Aristotelous
28 Oktovriou
Zaimi
Spyridonas Trikoupi
Leof Alexandras
Gyzi N
Kyrillou Loukareos
Marni
Tositsa
Colline de Strefi
Kalidromiou
Harilaou Trikoupi
Ippokratous
EXARCHIA
Koniari
Plateia Kaningos
Plateia Omonias
Omonia
Sarandapihou
Colline du Lycabette
Panepistimiou
Akadimias
Solonos
Athinas
Plateia Kotzia
Eolou
Stadiou
Panepistimio
(El Venizelou)
Plateia Klafthmonos
Megaro Moussikis
Kifissia (20 km)
Leof Vasilissis Sofias
KOLONAKI
Plateia Agia Irini
SYNTAGMA
Plateia Kolonakiou
Evangelismos
Ermou
Place Syntagma
Mitropoleos
Syntagma
Plateia Arhaia Agoras
PLAKA
Mihalakopoulou
Leof Vasileos Alehandrou
Filellinon
Leoforos Vasilissis Amalias
Jardin national
Irodou Attikou
Leof Vasileos Konstantinou
Spyrou Merkouri
Parc du Zappéion
Dionysiou Areopagitou
Leof Vasilissis Olgas
Plateia Stadiou
Eratosthenous
Alsos Pangratiou
Akropoli
Arditou
Colline de l'Ardettos
Plateia Plastira
Eftyhidou
Ymittou
MAKRIYANNI
METS
Trivonianou
Arhimidous
PANGRATI
Damareos
Kallirrois
Voir carte Kolonaki, Mets et Pangrati (p. 122)
Plateia Profiti Ilia
Syngrou-Fix
Leof Vouliagmenis
Markou Mousourou
Premier cimetière d'Athènes
Iliioupoleos
Filolaou
Frantzi Amvrosiou
Iliou Ilia
Karpou
Glyfada (12 km)
Damagitou

Agglomération d'Athènes

À voir
- 1 Chapelle Agios Georgios G3
- 2 Colline du Lycabette G3

Où se loger
- 3 Hilton Athens H4

Où se restaurer
- Hytra .... (voir 7)
- 4 Vezené H4

Où sortir
- 5 Fuzz Club A6
- 6 Megaron H3
- 7 Centre culturel Onassis D7

Achats
- 8 The Breeder D3

cadre d'un échange de population entre la Grèce et la Turquie au printemps suivant, édicté par le traité de Lausanne.

La ville paya un lourd tribut à l'occupation allemande pendant la Seconde Guerre mondiale. La faim fit périr davantage d'Athéniens que le feu ennemi. La guerre civile (1946-1949) qui suivit apporta également son lot de souffrances.

Le programme d'industrialisation lancé dans les années 1950 avec l'aide américaine provoqua une nouvelle explosion démographique, les insulaires et les villageois étant nombreux à venir s'installer à Athènes pour trouver du travail.

La junte des colonels (1967-1974) fit détruire beaucoup des vieilles maisons turques de Plaka et des bâtiments néoclassiques de l'époque du roi Othon, mais ne parvint pas à gérer les problèmes d'infrastructures qui résultaient de la croissance rapide des années 1950. Les gouvernements élus qui suivirent ne firent guère mieux, et à la fin des années 1980, la capitale figurait parmi les villes les plus embouteillées, polluées et mal aménagées d'Europe.

Dans les années 1990, à l'occasion d'une première candidature à l'accueil des Jeux olympiques, les autorités se fixèrent l'objectif ambitieux de faire entrer la ville dans le XXIe siècle. Athènes finit par remporter l'organisation des Jeux de 2004, date butoir qui en accéléra les projets d'infrastructures.

100% LOCAL

PROMENADE PIÉTONNE

On peut prendre le pouls de la ville rien qu'en flânant sur la rue piétonne de Dionysiou Areopagitou au coucher du soleil. Les lumières s'allument sur l'Acropole au-dessus de votre tête, et la rue s'emplit de touristes, de vendeurs d'en-cas, de musiciens et de couples d'Athéniens marchant bras dessus, bras dessous.

Crise, austérité et reprise économique

Les Jeux olympiques ont transformé la capitale en une ville plus propre, plus verte et plus efficiente, en plein essor économique. Mais l'optimisme et l'embellie se révélèrent de courte durée, quand il devint évident que le pays s'était surendetté. En 2010, éclata la crise de la dette publique grecque, et des mesures d'austérité strictes instaurèrent notamment une baisse des retraites de moitié. Le taux de chômage atteint 28% en 2014, et les banques fermèrent brièvement leurs portes en 2015 au milieu d'élections mouvementées.

Le pire de la crise financière étant derrière elle, Athènes semble remonter la pente. La ville a un nouveau maire, Kostas Bakoyannis, de nouvelles entreprises se créent et les arts de la scène (en particulier le *street art*) ont la part belle. Or, Athènes n'est pas seulement la dernière capitale à la mode. Forte de ses combats et de son histoire, elle arbore une attitude de défiance face à l'autorité, comme en témoigne la manière dont les Athéniens ont géré l'afflux massif de réfugiés ces dernières années.

À voir

Acropole, colline de Philopappos et Thissio

Colline de l'Aréopage PARC

(Carte p. 90 ; Ⓜ Monastiraki). Cet affleurement rocheux, en contrebas de l'Acropole, a l'attrait de sa vue sur l'Agora antique (p. 86). Selon la mythologie, Arès y aurait été jugé par les dieux pour le meurtre d'Allyrothius, fils de Poséidon. Ce déicide lui fut pardonné, après qu'il eut plaidé avoir défendu sa fille, Alcippé, d'avances inopportunes.

Colline de Philopappos PARC

(Carte p. 84 ; Ⓜ Akropoli). Également dite "des Muses", la colline de Philopappos forme – avec celles de la **Pnyx** (carte p. 114 ; Thissio ; Ⓜ Thissio) et des **Nymphes** (carte p. 114 ; Thissio ; Ⓜ Thissio) – un versant plutôt sauvage

BILLETS COMBINÉS ET HORAIRES

- Un billet combiné (30 €, valable 5 jours) comprend l'entrée à l'Acropole et aux principaux sites antiques d'Athènes : Agora antique, Agora romaine, bibliothèque d'Hadrien, Keramikos, temple de Zeus olympien et lycée d'Aristote. Il en vaut la dépense si vous prévoyez de visiter l'Acropole (20 € seul) et au moins deux autres sites. Il peut être acheté dans n'importe lequel des sites concernés.
- Côté musées, un billet (15 €, valable 3 jours) inclut le musée national d'Archéologie, le Musée byzantin et chrétien, le Musée épigraphique et le Musée numismatique.
- Un pass (25 €, valable 3 mois) donne accès à toutes les annexes du musée Benaki.
- En hiver, les heures d'ouverture de nombreux sites peuvent être réduites ; il arrive qu'ils ferment à 14h. Les coupes budgétaires ont parfois eu le même effet. Vérifiez les horaires avant de vous déplacer. Les billetteries s'arrêtent entre 15 et 30 minutes avant la fermeture des sites.
- Vérifiez les jours de gratuité sur www.culture.gr.

et couvert de pins qui se prête à une agréable promenade, surtout au crépuscule. C'est aussi l'un des meilleurs points de vue sur l'Acropole et le golfe Saronique.

On repère cette éminence grâce au **monument de Philopappos** (carte p. 84 ; M Thissio) qui en couronne le sommet. Il fut construit entre 114 et 116 en l'honneur de Julius Antiochus Philopappus, éminent consul et administrateur romain. Le sentier pavé de marbre, réalisé dans les années 1950 par l'architecte moderniste Dimitris Pikionis, débute près du *périptéro* (kiosque) sur Dionysiou Areopagitou. Après 250 m, il croise l'**église Agios Dimitrios Loumbardiaris** (carte p. 84 ; facebook.com/agiosdimitriosloumpardiaris ; M Thissio, Akropoli), qui renferme de belles fresques. Une variante passe par la **prison de Socrate** (carte p. 84 ; M Thissio), tandis que le sentier principal mène au **sanctuaire des Muses** (carte p. 84 ; M Thissio), taillé dans la roche juste en-dessous du sommet.

Habités de la préhistoire à l'ère postbyzantine, la colline de Philopappos fut, selon Plutarque, le lieu de la bataille entre Thésée et les Amazones. Aux IVe et Ve siècles av. J.-C., des fortifications, dont certaines sont toujours visibles, furent édifiées sur la colline, à l'exemple du mur de Thémistocle et du Diateichisma.

Musée Hérakleidon - Bâtiment B MUSÉE

(Carte p. 114 ; ☎ 210 346 1981 ; herakleidon-art.gr ; Apostolou Pavlou 37, Thissio ; tarif plein/réduit/enfant 7/5 €/gratuit ; ⌚ 10h-18h mer-dim ; M Thissio). Ce musée privé éclectique, occupant deux sites, est consacré aux passerelles entre l'art, les mathématiques et la philosophie, explorées à travers des expositions temporaires organisées sur des sujets aussi divers que la robotique ancienne, l'informatique et la construction de bateaux. Le Bâtiment B renferme des armes de guerre, dont des trirèmes, ces fameux navires qui permirent aux Grecs de l'emporter sur les Perses à la bataille de Salamine.

Dans une demeure restaurée au coin de la rue, le **Bâtiment A** (carte p. 114 ; ☎ 210 346 1981 ; www.herakleidon-art.gr ; Iraklidon 16, Thissio ; tarif plein/réduit/enfant 7/5 €/gratuit ; ⌚ 10h-18h mer-dim ; M Thissio), plus petit, organise une exposition sur les automates, dont un vénérable spécimen à l'effigie d'une servante. Le musée possède aussi l'une des plus importantes collections au monde d'œuvres de M. C. Escher (bien qu'elle ne soit pas toujours exposée).

Musée du flipper d'Athènes MUSÉE

(Carte p. 84 ; ☎ 210 924 5958 ; facebook.com/AthensPinballMuseum ; Makri 2, Makrygianni ; tarif plein/réduit/enfant 10/7 €/gratuit ; ⌚ 10h-22h lun-ven, 9h-23h sam-dim ; M Akropoli). Ce musée tient davantage d'une salle d'arcade, où assouvir sa passion pour le flipper avec plus de 100 machines en état de fonctionnement, dont la plus ancienne date de 1957. La plus originale est une version plaquée or d'un flipper sur le thème de *La Famille Adams*.

Centre culturel Melina Mercouri MUSÉE

(Carte p. 114 ; ☎ 210 345 2150 ; www.cityofathens.gr/node/676 ; Iraklidon 66, Thissio ; ⌚ 10h-20h mar-sam, 10h-14h dim ; M Thissio). GRATUIT Les amateurs du *karaghiosis* (théâtre d'ombres) traditionnel ne manqueront pas ce musée,

(Suite du texte p. 85)

BORISLAV STEFANOV/500PX ©

LES INCONTOURNABLES
ACROPOLE

L'Acropole est un site antique majeur du monde occidental. Couronnée par le Parthénon, elle est visible de presque partout en ville. Ses marbres brillent de toute leur blancheur sous le soleil de midi et prennent progressivement une teinte de miel à mesure que le soir tombe, avant d'être illuminés la nuit venue. La vue d'une telle merveille est inoubliable.

Parthénon

Le Parthénon (photo) symbolise plus qu'aucun autre monument la gloire de la Grèce antique. Il est dédié à Athéna Parthenos, la déesse incarnant le pouvoir et le prestige de la ville. C'est un des plus grands temples doriques en Grèce. Conçu par les architectes Ictinos et Callicratès pour être le fleuron de l'Acropole, il fut achevé à temps pour les grandes Panathénées de 438 av. J.-C.

Colonnes

Les colonnes doriques cannelées du Parthénon ont une forme parfaite. Les lignes des 8 colonnes à chaque extrémité et des 17 autres de chaque côté étaient incurvées, créant une illusion d'optique – les fondations (comme toutes les surfaces "horizontales" du temple) sont légèrement concaves et les colonnes légèrement convexes pour que l'ensemble paraisse droit. Sous la direction de Phidias, les sculpteurs travaillèrent aux détails des frontons, frises et métopes, alors rehaussés d'or et de couleurs vives.

À NE PAS MANQUER

- Parthénon
- Érechthéion
- Portique des Caryatides
- Propylées
- Temple d'Athéna Nikè
- Porte Beulé et monument d'Agrippa
- Théâtre de Dionysos
- Asclépiéion et portique d'Eumène
- Odéon d'Hérode Atticus

INFOS PRATIQUES

- carte p. 90 ; Ⓜ Akropoli
- ☎ 210 321 4172
- odysseus.culture.gr
- tarif plein/réduit/enfant 20/10 €/gratuit
- ⏲ 8h-20h mai-sept, horaires réduits l'hiver, dernière entrée 30 min avant la fermeture

Frontons
Les frontons (éléments triangulaires surmontant les façades est et ouest) du temple étaient décorés de sculptures élaborées en trois dimensions. Celui du côté ouest représente Athéna et Poséidon dans leur lutte pour le patronage de la ville, et celui de l'est la naissance d'Athéna, jaillissant de la tête de Zeus. Leurs vestiges, et ceux d'autres sculptures et objets de l'Acropole, sont exposés au musée de l'Acropole (p. 82).

Métopes et frises
Les métopes du Parthénon, conçues par Phidias, sont des panneaux carrés sculptés posés entre des triglyphes à rainures. Ceux côté est représentent les combats des géants et les dieux de l'Olympe, et à l'ouest, Thésée menant les jeunes Athéniens à la bataille contre les Amazones. Celles au sud illustrent la compétition entre les Lapithes et les Centaures lors d'un banquet de noces, et celles au nord, la guerre de Troie. À l'intérieur, la cella était surmontée d'une frise ionique, un bandeau sculpté en continu représentant la procession des Panathénées.

Érechthéion
Le sanctuaire de l'Érechthéion, achevé vers 406 av. J.-C., était construit sur la partie la plus sacrée de l'Acropole, l'endroit où Poséidon frappa le sol avec son trident et où Athéna offrit l'olivier à la ville. Baptisé en hommage à Érechthée, un roi légendaire d'Athènes, le temple est consacré au culte d'Athéna, de Poséidon et d'Érechthée. C'est l'édifice le plus original de l'Acropole, un magnifique exemple d'architecture ionique, construit sur plusieurs niveaux pour compenser l'irrégularité du terrain.

Portique des Caryatides
L'Érechthéion est immédiatement reconnaissable aux six majestueuses jeunes filles servant de colonnes au portique sud, les Caryatides (415 av. J.-C.). Inspirées par les femmes de Caryes (anciennement Karyai), en Laconie, elles auraient toutes tenu une coupe à libation dans une main en relevant leur robe de l'autre. Celles que l'on voit sont des reproductions en plâtre. Les pièces originales (sauf celle emportée par lord Elgin et exposée au British Museum) se trouvent au musée de l'Acropole.

Temple de Poséidon
Le portique nord, ou cella de Poséidon, est accessible par un petit escalier contre le mur périphérique. Il est constitué de 6 colonnes ioniques ; les fissures du sol seraient dues à la foudre envoyée par Zeus pour tuer le roi mythique Érechthée, ou bien au trident de Poséidon lors de son affrontement avec Athéna.

BON À SAVOIR

- Venez à 8h ou en fin de journée.
- Les groupes passent généralement par l'entrée principale. L'entrée sud-est est parfois moins bondée.
- Les sacs volumineux doivent être laissés aux vestiaires ; on en trouve aux deux entrées.
- Les fauteuils roulants accèdent au site par un ascenseur ; appelez au préalable (210 321 4172).
- On peut acheter les billets sur Internet : etickets.tap.gr.
- Pour éviter la queue aux guichets de l'Acropole, achetez le billet combiné (30 €) à l'un des autres sites antiques qu'il comprend.
- Le site www.culture.gr indique les jours fériés où l'entrée est gratuite, et les changements d'heures d'ouverture.

VISITE EXPRESS

On peut faire le tour du site en 1 heure 30 environ en fin de journée. Entrez par la porte sud-est, moins fréquentée, et montez directement au Parthénon. Les gardiens commencent à vider le site environ 45 minutes avant l'heure de fermeture ; vous pouvez ensuite redescendre par la pente sud vers la sortie avec un peu d'avance sur la foule.

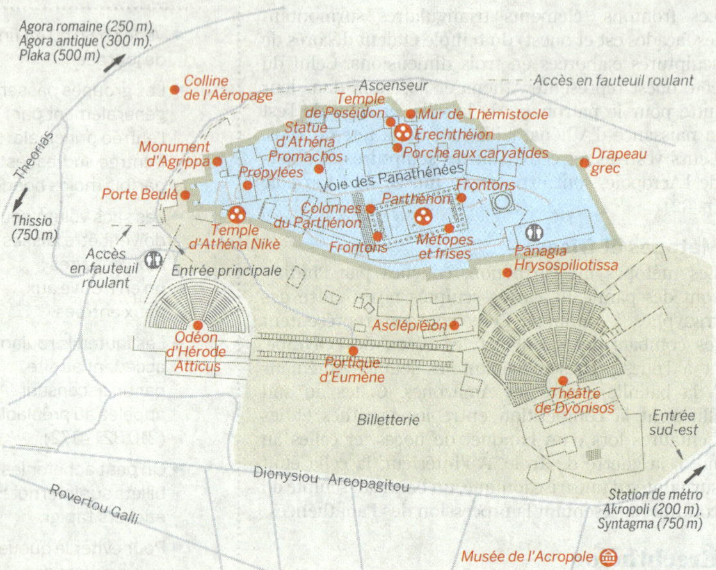

Mur de Thémistocle

Le puissant général Thémistocle (524-459 av. J.-C.) s'est hâté de construire une enceinte défensive autour de l'Acropole, incorporant des éléments de temples antiques pris sur le site. Depuis le bas de la colline à Monastiraki, cherchez les tronçons de colonne intégrés dans le mur du côté nord de l'Érechthéion.

Propylées

Formant l'entrée monumentale de l'Acropole, les Propylées furent construites par Mnésiclès entre 437 et 432 av. J.-C. Elles se composent d'un corps central flanqué de deux ailes. Dans l'Antiquité, ses cinq portes formaient les seules entrées vers la "ville supérieure". La porte du milieu s'ouvrait sur la Voie des Panathénées. Le plafond de la salle centrale était autrefois peint en bleu nuit et parsemé d'étoiles. L'aile nord servait de *pinakothiki* (galerie d'art).

Temple d'Athéna Nikè

Ce petit temple en marbre du Pentélique, aux proportions exquises, fut conçu par Callicratès et érigé vers 425 av. J.-C. Il fut restauré trois fois par la suite, dont la dernière en 2003. La cella intérieure renfermait une statue en bois d'Athéna victorieuse (*Nikè*), tandis que la frise extérieure montrait des scènes mythologiques, la bataille de Platées (479 av. J.-C.) et les Athéniens luttant contre les Béotiens et les Perses. Une partie de la frise se trouve au musée de l'Acropole (p. 82), tout comme des bas-reliefs, notamment une belle représentation d'Athéna Nikè attachant sa sandale.

Porte Beulé et monument d'Agrippa

La porte Beulé, du nom de l'archéologue français Ernest Beulé qui la découvrit en 1852, est à l'extérieur des Propylées. Le socle de 8 m de hauteur, à mi-parcours de la rampe menant aux Propylées, supportait autrefois le monument d'Agrippa. Cette statue de bronze du général romain sur un char avait été érigée en 27 av. J.-C. après sa victoire lors des Panathénées.

Théâtre de Dionysos

À l'origine se tenait ici un théâtre en bois construit au VIe siècle av. J.-C. sur le site des fêtes annuelles des Dionysies. Durant l'âge d'or d'Athènes, le **théâtre** (carte p. 90 ; Dionysiou Areopagitou) accueillait les représentations des œuvres d'Eschyle, Sophocle, Euripide et Aristophane. Reconstruit en pierre et en marbre entre 342 et 326 av. J.-C., il avait une capacité de 17 000 places (étagées sur 64 niveaux, dont seulement une vingtaine subsistent) et possédait un autel à Dionysos dans la fosse d'orchestre.

Au premier rang, les trônes en marbre du Pentélique étaient réservés aux dignitaires et aux prêtres. Le plus somptueux, avec des pattes de lion, des satyres et des griffons, était réservé au prêtre de Dionysos. Les bas-reliefs du IIe siècle av. J.-C. à l'arrière de la scène dépeignent les exploits de Dionysos. Les deux hommes forts (qui ont toujours leur tête) sont des *sileni,* adorateurs de Silène, père dépravé des satyres, dont le passe-temps favori était de pourchasser les nymphes dans les montagnes avec son phallus démesuré.

Asclépiéion et portique d'Eumène

Au-dessus du théâtre de Dionysos, quelques marches mènent à l'**Asclépiéion** (carte p. 90), un temple construit autour d'une source sacrée. Le culte d'Asclépios, médecin et fils d'Apollon, naquit à Épidaure et fut introduit à Athènes en 429 av. J.-C. La peste ravageait la ville et les habitants venaient ici pour se soigner.

En contrebas de l'Asclépiéion, le portique d'Eumène est une colonnade érigée par Eumène II, roi de Pergame (197-159 av J.-C.) pour permettre aux spectateurs du théâtre de déambuler à l'abri.

Odéon d'Hérode Atticus

Depuis l'Asclépiéion, le sentier poursuit vers l'ouest jusqu'au superbe **Odéon d'Hérode Atticus** (Herodeon ; carte p. 90 ; ☎ 210 324 1807 ; Ⓜ Akropoli), aussi appelé Hérodion. Construit en 161 par le riche Romain Hérode Atticus en mémoire de sa femme Regilla, le théâtre fut mis au jour en 1857-1858 et entièrement restauré de 1950 à 1961. Représentations théâtrales, concerts et spectacles de danse y sont donnés en été pendant le festival d'Athènes et d'Épidaure (p. 107).

DRAPEAU GREC

L'Acropole comporte un seul détail moderne (à l'exception de la présence constante de grues et d'échafaudages) : un immense drapeau grec planté à l'extrémité est du plateau. En 1941, au début de l'occupation nazie, deux adolescents grimpèrent à l'Acropole la nuit et remplacèrent le drapeau nazi par le drapeau grec ; une plaque commémorative marque cet acte de résistance.

STATUE D'ATHÉNA PARTHÉNOS

La statue pour laquelle le temple fut construit – *Athéna Parthénos* (Athéna la Vierge) – était considérée comme l'une des merveilles de l'ancien monde. La statue fut emportée en 426 à Constantinople où elle disparut. Œuvre de Phidias achevée en 432 av. J.-C., elle mesurait près de 12 m de haut sur son socle et était recouverte d'or. Le visage, les mains et les pieds d'Athéna étaient en ivoire, et ses yeux réalisés à partir de bijoux.

L'Acropole

UNE PROMENADE À PIED

Imaginez la majesté de l'Acropole, il y a 2 500 ans. Le Parthénon, son monument dédié à la déesse Athéna, y trônait fièrement, dominant, en toute splendeur, la cité en contrebas. À l'apogée d'Athènes, au Ve siècle avant notre ère, pèlerins et prêtres venaient prier dans les temples de cette "ville haute". La plupart existent encore à divers stades de restauration. À l'origine, beaucoup étaient peints de couleurs chatoyantes et abondamment ornés de sculptures en ivoire, en or et en pierres semi-précieuses.

Aujourd'hui, en entrant sur le site, on aperçoit, juché sur la droite, l'un des édifices de l'Acropole les mieux restaurés : le tout petit **1 temple d'Athéna Nikè**. Suivez la Voie sacrée qui traverse les Propylées et montez jusqu'au Parthénon – icône du monde occidental. Ses **2 majestueuses colonnes** soutiennent les plus belles sculptures de l'époque : **3 frontons, métopes et frise**. Promenez-vous autour du temple pour admirer la vue spectaculaire sur Athènes et Le Pirée en contrebas.

En retournant vers le centre de l'Acropole, vous pourrez admirer les célèbres statues des **4 caryatides** de l'Érechthéion. Sur la face nord de ce monument, le **5 temple de Poséidon**, souvent oublié, se dresse dans l'enceinte de l'ingénieux **6 mur de Thémistocle**. À l'ouest de l'Érechthéion, vous découvrirez le don qu'Athéna fit à la ville : un **7 olivier**.

À SAVOIR

Impossible de se rendre à Athènes sans visiter l'Acropole. Pour éviter la foule, venez tôt le matin ou en fin d'après-midi.

Mur de Thémistocle
Le général athénien Thémistocle (524-459 av. J.-C.) fit ériger en hâte un mur autour de l'Acropole en y incorporant des éléments des temples archaïques qui s'y dressaient. Cherchez les tambours de colonne intégrés au mur.

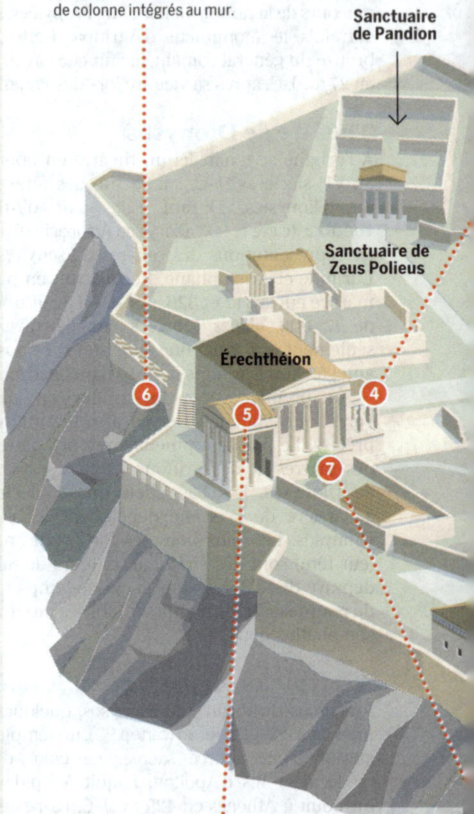

Temple de Poséidon
Bien qu'ayant échoué à devenir le dieu tutélaire de la ville, Poséidon était adoré du côté nord de l'Érechthéion, qui porte encore la marque de son coup de trident. Imaginez le porche à caissons, finement décoré, peint de couleurs éclatantes.

PULPITIS / GETTY IMAGES ©

Les caryatides

Les élèments les plus reconnaissables de l'Acropole sont sans doute les majestueuses caryatides (vers 415 av. J.-C.). Inspirées par des femmes de Karyai (aujourd'hui Karyès, en Laconie), ces jeunes filles portaient sans doute un bol à libation dans une main, et tenaient leur robe de l'autre.

SILKFACTORY / GETTY IMAGES ©

Frontons, métopes et frise du Parthénon

Les frontons du Parthénon (éléments triangulaires surmontant les façades est et ouest) étaient recouverts de sculptures. Le côté ouest montrait Athéna et Poséidon se disputant le patronage de la ville, le côté est Athéna naissant de la tête de Zeus. Les métopes sont des panneaux sculptés carrés, placés entre des triglyphes cannelés. Elles dépeignent des scènes de batailles, notamment le pillage de Troie et l'affrontement entre Lapithes et Centaures. La cella était surmontée d'une frise ionique, une bande sculptée continue dépeignant la procession des Panathénées.

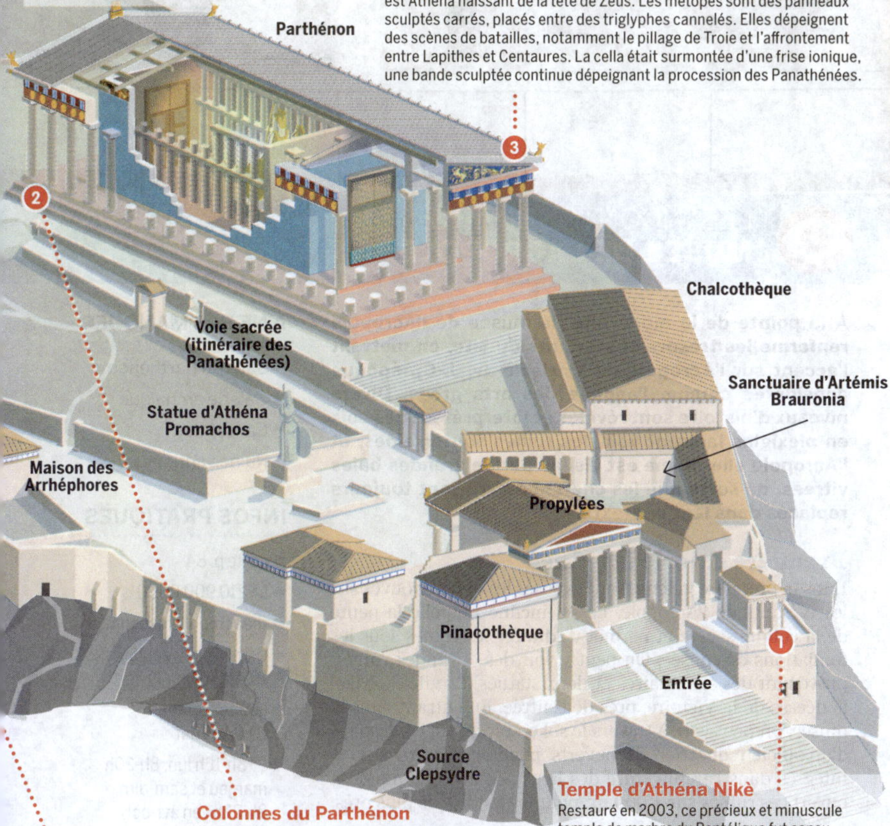

Temple d'Athéna Nikè

Restauré en 2003, ce précieux et minuscule temple de marbre du Pentélique fut conçu par Callicratès et érigé vers 425 av. J.-C. La cella abritait une statue en bois d'Athéna Nikè ("Athéna victorieuse") et les frises extérieures illustraient les triomphes militaires d'Athènes.

Colonnes du Parthénon

Les colonnes doriques cannelées du Parthénon furent conçues pour créer une illusion d'optique : les fondations (comme toutes les surfaces "horizontales" du temple) sont légèrement concaves et les colonnes légèrement convexes, ce qui donne à l'ensemble une apparence bien droite.

Olivier d'Athéna

L'olivier, près de l'Érechthéion, est censé être l'arbre sacré qui permit à Athéna de remporter la compétition dont Athènes était l'enjeu.

WESTEND61 / GETTY IMAGES ©

ANTON_IVANOV / SHUTTERSTOCK ©

SAIKO3P/SHUTTERSTOCK ©

LES INCONTOURNABLES
MUSÉE DE L'ACROPOLE

À la pointe de la modernité, le musée de l'Acropole renferme les trésors subsistants du site, en mettant l'accent sur l'Acropole du Ve siècle av. J.-C., époque considérée comme l'apogée des arts grecs. Divers niveaux d'histoire sont révélés et interprétés : des sols en plexiglas laissent voir des ruines souterraines, et l'Acropole elle-même est visible par de grandes baies vitrées, de sorte que les chefs-d'œuvre sont toujours replacés dans leur contexte.

Première galerie et ruines

Dans la première galerie, sont exposés les objets trouvés sur les versants de l'Acropole. Le sol incliné rappelle la pente de la colline sacrée et permet d'admirer les ruines sous les fondations du musée. On peut y voir des offrandes votives provenant des sanctuaires et deux statues d'argile de Nikè, la déesse de la Victoire, près de l'entrée. En entrant dans le musée, on peut voir, à travers le sol en plexiglas, les vestiges d'un ancien quartier découverts pendant les travaux et intégrés dans l'architecture des lieux. En 2019, le musée a ouvert ces ruines sur 4 000 m^2 pour les étudier de plus près.

Galerie archaïque

Au 1er étage, la galerie archaïque, baignée de lumière naturelle, révèle une véritable forêt de statues. Ce sont, pour la plupart, des offrandes à Athéna, dont d'étonnants exemples de *korê* (vierges) du VIe siècle, statues de jeunes femmes aux cheveux tressés, vêtues de drapés. La plupart ont été découvertes dans une fosse de l'Acropole, où les Athéniens les avaient ensevelies après la bataille de

À NE PAS MANQUER

- Salle du Parthénon
- Galerie archaïque
- Caryatides
- Ruines antiques

INFOS PRATIQUES

- carte p. 84
- ✆ 210 900 0900
- theacropolismuseum.gr
- Dionysiou Areopagitou 15, Makriyanni
- adulte/enfant 10 €/gratuit
- ⌚ 8h-16h lun, 8h-20h mar-jeu et sam-dim, 8h-22h ven avr-oct, 9h-17h lun-jeu, 8h-22h ven, 9h-20h sam-dim nov-mars
- Dernière entrée 30 min avant la fermeture ; les galeries sont évacuées 15 min avant
- Ⓜ Akropolis

Salamine. Le jeune homme portant un veau, datant de 570 av. J.-C., est une des rares statues masculines.

La galerie abrite des figurines en bronze et d'intéressantes découvertes provenant de temples antérieurs au Parthénon qui furent détruits par les Perses, par exemple des sculptures raffinées de fronton représentant Hercule terrassant l'Hydre de Lerne et une lionne dévorant un taureau.

Sur la mezzanine, au 1er étage, admirez les 5 grandes Caryatides, les jeunes filles mondialement connues qui soutenaient le portique de l'Érechthéion. (La sixième se trouve au British Museum.)

Salle du Parthénon

Clou de la visite, cet atrium de verre est construit dans l'alignement du Parthénon (visible par la baie vitrée panoramique). Il renferme les frontons et métopes du Parthénon, ainsi qu'une frise de 160 m de long relatant la procession des Panathénées. À l'ouverture du musée en 2009, c'était la première fois en plus de 200 ans que cette frise était présentée en continu. Les morceaux d'origine, aux tons dorés, sont entrecoupés de copies blanches en plâtre des pièces manquantes – les marbres du Parthénon emportés en Grande-Bretagne par Lord Elgin en 1801, et sujets à controverse.

Histoire de l'Acropole

Les premiers temples furent érigés ici à l'époque mycénienne en hommage à la déesse Athéna. L'Acropole fut habitée jusqu'à la fin du VIe siècle av. J.-C., mais en 510 av. J.-C., l'oracle de Delphes annonça qu'elle devait être le domaine exclusif des dieux.

Au IVe siècle, Périclès fit de l'Acropole un sanctuaire qui marque l'apogée architectural de l'âge classique. C'était une profusion de somptueux bâtiments colorés et d'immenses statues, en bronze ou en marbre recouvert d'or et incrusté de pierres précieuses.

L'occupation étrangère, les tremblements de terre, les restaurations médiocres, l'afflux de visiteurs, et, dernièrement, les pluies acides et la pollution, ont endommagé les monuments rescapés. Mais le pire eut lieu en 1687, lorsque les Vénitiens firent feu sur l'Acropole, provoquant l'explosion du Parthénon – les Turcs y entreposaient de la poudre – et la détérioration des autres bâtiments. Enfin, en 1801, Thomas Bruce, duc d'Elgin, emporta une partie de la frise du Parthénon, toujours exposée au British Museum malgré les efforts de la Grèce pour sa restitution.

L'Acropole figure au patrimoine de l'humanité depuis 1987 et des programmes de restauration majeurs sont en cours. Nombre de sculptures et frises d'origine ont été transférées au musée de l'Acropole. Les œuvres visibles sur la colline sont des copies.

BON À SAVOIR

- Achetez vos billets en ligne sur www.theacropolismuseum.gr pour éviter de faire la queue.
- Entrée gratuite pour les étudiants européens et les - 18 ans ; tarif réduit pour les étudiants et les jeunes hors UE, ainsi que les citoyens européens de + 65 ans (sur présentation d'une pièce d'identité).
- Prévoyez du temps pour la belle boutique du musée (rez-de-chaussée) et la vidéo retraçant l'histoire de l'Acropole (dernier étage).
- Accès au restaurant (2e étage) avec un billet spécial (gratuit). Boutique et café du rez-de-chaussée en entrée libre.

FAITES UNE PAUSE

Pour sa vue splendide sur l'Acropole, le **restaurant du musée** (carte p. 84 ; ☎210 900 0915 ; www.theacropolismuseum.gr ; plats 8-34 € ; 8h-16h lun, 8h-20h mar-jeu et sam-dim, 8h-minuit ven ; wi-fi) n'a pas d'égal. Cerise sur le gâteau, la cuisine, à base d'ingrédients locaux et de saison, est succulente et abordable compte tenu de l'emplacement. Petit-déjeuner servi jusqu'à midi ; la carte du déjeuner prend le relais jusqu'en fin de journée.

Makriyanni, Koukaki et colline de Philopappos

Makriyanni, Koukaki et colline de Philopappos

Les incontournables
1 Musée de l'Acropole ... E1

À voir
2 Entrée sud-est de l'Acropole ... E1
3 Musée du flipper d'Athènes ... F1
4 Église Agios Dimitrios Loumbardiaris ... B1
5 Colline de Philopappos ... B2
6 Monument de Philopappos ... C2
7 Musée national d'Art contemporain ... D4
8 Sanctuaire des Muses ... B2
9 Prison de Socrate ... B1

Activités
10 Adidas Runbase ... E2
11 Athens Adventures ... E2
12 Solebike ... F2

Où se loger
13 Athens Backpackers ... F1
14 Athens Studios ... E2
15 Athens Was ... F1
16 Hera Hotel ... E2
17 Herodion ... E1
18 Marble House Pension ... D4
19 Tony ... C3

Où se restaurer
Restaurant du musée de l'Acropole ... (voir 1)
20 Ellevoro ... E1
21 Fabrika tou Efrosinou ... D4
22 Mani Mani ... E2
23 Strofi ... D1
24 Veganaki ... G2

Où prendre un verre et faire la fête
25 Bel Rey ... C4
26 Drupes & Drips ... E2
27 Little Tree Book Cafe ... E1

Où sortir
28 Dora Stratou Dance Theatre ... A2

Achats
29 Athena Design Workshop ... D1
30 El.Marneri Galerie ... F2
31 Fabrika + Sonja Blum ... E2
32 Lovecuts ... E2
33 Me Then ... C4
34 Mon Coin ... D2
35 Underflow ... E3

(Suite de la p. 75)

gratuit, rempli des créations du maître marionnettiste Haridimos (Sotiris Haritos). Peu d'explications en anglais, mais les expositions parlent d'elles-mêmes. À l'étage, une reconstitution parodique d'une ancienne rue d'Athènes montre la vitrine du typographe, du photographe, du barbier, et bien d'autres.

Musée national d'Art contemporain MUSÉE

(EMST ; carte p. 84 ; 211 101 9000 ; www.emst.gr ; Kallirrois et Frantzi, Koukaki-Syngrou ; mar-dim 11h-19h, jusqu'à 22h jeu ; Syngrou-Fix). Ce musée d'art contemporain ouvert en 2015 dans l'ancienne brasserie Fix vient d'être rénové. Il accueille des expositions d'art grec et international mettant à l'honneur toutes les disciplines, de la peinture à l'architecture expérimentale en passant par la vidéo.

Syntagma et Plaka

Temple de Zeus olympien (Olympiéion) SITE ANTIQUE

(Olympieio ; carte p. 90 ; 210 922 6330 ; odysseus.culture.gr ; Leoforos Vasilissis Olgas, Plaka ; tarif plein/réduit/enfant 6/3 €/gratuit ; 8h-15h oct-avr, 8h-20h mai-sept ; Akropoli, Syntagma). Impossible de manquer cette merveille en plein centre d'Athènes, naguère le plus grand temple de Grèce.

Sa construction commença au VIe siècle av. J.-C. sous Pisistrate, mais fut abandonnée par manque de fonds. Divers autres dirigeants contribuèrent à sa réalisation, mais ce fut l'empereur Hadrien qui l'acheva en 131. Son édification prit plus de 7 siècles. Les 15 colonnes corinthiennes restantes sur les 104 d'origine affichent des dimensions impressionnantes (17 m de hauteur pour 1,70 m de diamètre) – celle qui gît fut victime de vents violents en 1852. Hadrien avait fait placer une statue colossale de Zeus dans la cella, ainsi qu'une autre, également grande, à sa propre effigie.

L'entrée est incluse dans un billet combiné (30 €, valable 5 jours) qui permet d'accéder à l'Acropole et à 6 autres sites (dont celui-ci). Dernière entrée 30 minutes avant la fermeture.

Porte d'Hadrien MONUMENT ANTIQUE

(Carte p. 90 ; angle Leoforos Vasilissis Olgas et Leoforos Vasilissis Amalias, Plaka ; Akropoli, Syntagma). GRATUIT L'empereur romain Hadrien vouait une affection toute particulière à Athènes, qu'il gratifia, tout comme Rome, de nombreux monuments inspirés de la période classique,

LES INCONTOURNABLES

AGORA ANTIQUE

Dès le VIe siècle av. J.-C., l'Agora était le centre de la vie commerciale, politique et sociale d'Athènes. Socrate y exposait sa philosophie, et saint Paul y prêcha. Les bâtiments ottomans construits plus tard ont été ôtés pour ne laisser aujourd'hui que les vestiges antiques. C'est un havre de paix, fort d'un temple bien restauré, d'un bon musée et d'une église byzantine.

Portique d'Attale

En architecture, une *stoa* est un portique couvert, mais celui-ci, construit par le roi Attale II de Pergame (159-138 av. J.-C.), était une galerie marchande. Cette majestueuse structure sur deux niveaux, composée d'un rez-de-chaussée ouvert en façade par une colonnade de 45 colonnes doriques, était remplie d'étalages. (En grec moderne, *stoa* désigne encore aujourd'hui une galerie marchande.) Restauré dans les années 1950, le bâtiment renferme le musée du site.

Sur les deux niveaux du portique, ce **musée** (inclus dans le billet pour l'Agora antique ; ⏲10h-15h30 lun, 8h30-15h30 mar-dim) est parfois bondé lorsque des groupes arrivent. On peut y voir de beaux objets donnant une idée du quotidien dans l'agora : anciens bulletins de vote, pièces, figurines en terre cuite, etc. Les plus anciens remontent à 4 000 av. J.-C. Si la foule devient trop incommodante, montez tout en haut du bâtiment pour profiter d'une vue imprenable sur le site.

À NE PAS MANQUER

- Portique d'Attale et musée de l'Agora
- Temple d'Héphaïstos
- Salle du Conseil et tholos
- Église des Saints-Apôtres

INFOS PRATIQUES

- carte p. 90
- ☎ 210 321 0185
- odysseus.culture.gr
- Adrianou 24, Monastiraki
- tarif plein/réduit/enfant 8/4 €/gratuit
- ⏲ 8h-20h avr-oct, 8h-15h nov-mars
- Ⓜ Monastiraki

Temple d'Héphaïstos

À l'autre extrémité (ouest) de l'agora, se dresse le temple dorique le mieux préservé de Grèce. Édifié en 449 av. J.-C. par Ictinos, un des architectes du Parthénon, il était dédié au dieu des Forges et entouré de fonderies et de boutiques de ferronnerie. Il compte 34 colonnes et une frise sur la façade est, dépeignant 9 des 12 travaux d'Hercule. En 1300, il devint l'église Saint-Georges, qui fut déconsacrée en 1934. En 1922 et 1923, le temple accueillit des réfugiés d'Asie Mineure. Des clichés montrent des familles étendant leur linge entre les piliers, et des tentes érigées le long de sa base.

Fondations du portique

Au nord-est du temple reposent les fondations du portique de Zeus Éleuthère, un site où Socrate présentait sa philosophie. Plus au nord s'étendent les fondations du portique Basileios et le Portique des peintures (*Stoa Poikile*). Ce dernier doit son nom à des fresques réalisées par les meilleurs artistes de l'époque, qui représentaient des batailles historiques et mythologiques.

Salle du conseil et tholos

Au sud-est du temple d'Héphaïstos, des archéologues ont mis au jour le nouveau Bouleutérion (salle du conseil), où se réunissait le sénat (créé par Solon), tandis que les chefs de gouvernement se rassemblaient dans la tholos circulaire, au sud.

Église des Saints-Apôtres

Cette charmante petite église byzantine, près de l'entrée sud, fut édifiée au XIe siècle pour commémorer l'enseignement de saint Paul dans l'Agora. Les motifs qui ornent l'extérieur imitent la calligraphie islamique *kufi*, style en vogue à l'époque. Elle subit de nombreux remaniements sous la domination ottomane, mais fut dépouillée de ses ajouts du XIXe siècle entre 1954 et 1957, et restaurée sous son aspect d'origine. Elle contient de jolies fresques byzantines, provenant d'une église détruite.

BON À SAVOIR

- L'entrée principale (et la plus fiable) est sur Adrianou ; l'entrée sud n'ouvre qu'aux heures de pointe.
- Le temple d'Héphaïstos se prête parfaitement à une séance photo : bien préservé, on peut s'en approcher suffisamment.
- L'évacuation du site commence 30 minutes avant la fermeture, depuis chaque extrémité. En fin de journée, visitez d'abord le temple d'Héphaïstos et le portique d'Attale, puis les éléments centraux.
- Si vous aimez les oiseaux, venez tôt le matin : les nombreux arbres abritent une riche faune aviaire.
- Horaires variables. Téléphonez au préalable.

LES PANATHÉNÉES

Dans l'Antiquité, la manifestation la plus impressionnante à Athènes était la procession des Panathénées, laquelle marquait l'apogée de la fête du même nom célébrant Athéna. L'itinéraire traversait toute la ville, y compris l'Agora antique. Des fresques colorées dépeignent cette procession sur la frise du Parthénon, de 160 m de longueur, aujourd'hui exposée au musée de l'Acropole (p. 82).

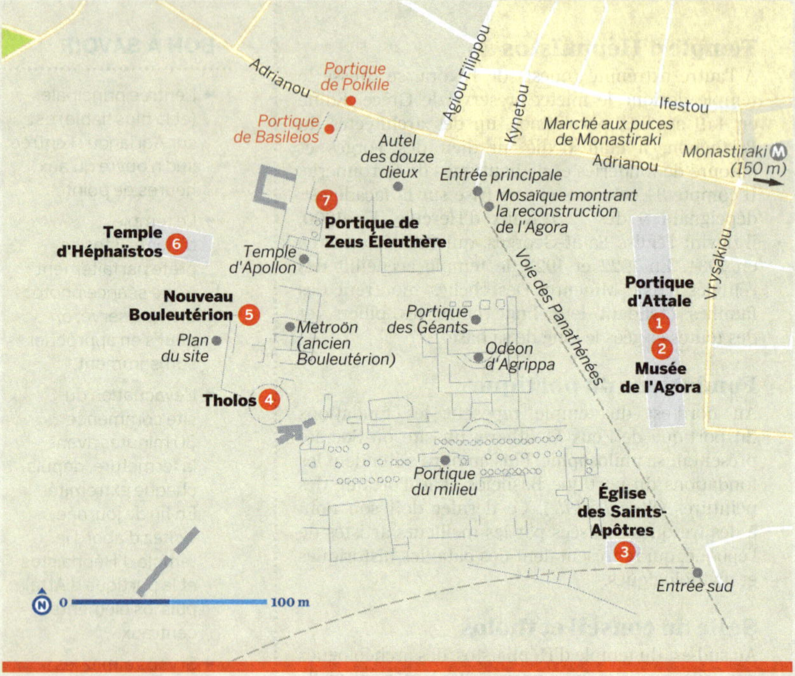

Visite
Agora antique

DÉPART PORTIQUE D'ATTALE
ARRIVÉE PORTIQUE DE ZEUS ÉLEUTHÈRE
DURÉE 2 HEURES

En entrant dans l'Agora, dirigez-vous d'abord vers le superbe 1 **portique d'Attale**, une galerie marchande à deux niveaux soutenue par des colonnes, construite par un roi de Pergame au IIe siècle av. J.-C. Cet immense portique hellénistique (*stoa*, en grec), dont la façade était jadis peinte en rouge et bleu, accueillait également le public venu assister à la procession des Panathénées. Dans la *stoa*, le 2 **musée de l'Agora** permet d'admirer les plus beaux trésors du site et de se représenter son utilisation au quotidien. Il est entouré de statues de dieux.

Continuez vers le sud jusqu'à la charmante 3 **église des Saints-Apôtres**. Les motifs en briques qui ornent l'extérieur imitent la calligraphie islamique *kufi*, témoignant de la transversalité des styles à cette époque. Elle renferme des fresques du XVIIe siècle.

En allant vers le nord-ouest du site, vous passerez par la 4 **tholos**, circulaire, où se rassemblaient les dirigeants, et le 5 **nouveau Bouleutérion** (salle du conseil) où se réunissaient les sénateurs.

À la lisière ouest de l'Agora se dresse l'étonnant 6 **temple d'Héphaïstos**, dieu des Forges – à l'origine entouré de fonderies et de boutiques de ferronnerie. Ce fut un des premiers projets de reconstruction de Périclès, et il fut plus tard transformé en église. La dernière messe y fut célébrée en 1834, en l'honneur de l'arrivée du roi Othon à Athènes.

Au nord-est du temple reposent les fondations du 7 **portique de Zeus Éleuthère**, un des sites où Socrate exposa les principes de sa philosophie.

ATHÈNES AVEC DES ENFANTS

Athènes manque de terrains de jeux, mais non de divertissements, entre les crèmes glacées, les musiciens de rue et les chats errants. De plus, les enfants sont bien accueillis partout. Dans les restaurants populaires, ils sont même encouragés à jouer ensemble pendant que les adultes sont à table.

Bien ombragé, le Jardin national (ci-dessous) comprend une aire de jeux, une mare aux canards et un petit zoo (un peu déprimant) ; juste au sud, le **Zappéion** (carte p. 122 ; Leoforos Vasilissis Olgas ; Ⓜ Syntagma) GRATUIT possède aussi un terrain de jeux clos et ombragé. Près de la côte, le parc Stavros Niarchos (p. 147) et le **parc de Flisvos** (☎ 210 988 5140 ; parkoflisvos.gr ; Palaio Faliro ; 24h/24 ; ; Parko Flisvou) GRATUIT ont des équipements bien plus complets.

Le **musée d'Art enfantin** (carte p. 90 ; ☎ 210 331 2621 ; www.childrensartmuseum.gr ; Kodrou 9, Plaka ; 3 € ; 10h-14h mar-sam, 11h-14h dim ; Ⓜ Syntagma) permet aussi aux enfants de s'instruire sur la Grèce antique. Le **musée hellénique des Enfants** (carte p. 122 ; ☎ 210 331 2995 ; www.hcm.gr ; Leoforos Vasileos Georgiou B 17-19, Conservatoire d'Athènes ; 11h-19h mer, 11h-15h jeu-dim ; ; Ⓜ Evangelismos) GRATUIT est idéal pour rencontrer des enfants grecs. Les plus grands pourront apprécier le musée de la Guerre (p. 106), où ils peuvent grimper dans le cockpit d'un avion de la Seconde Guerre mondiale et dans d'autres appareils.

Les traditionnelles marionnettes du théâtre d'ombres raviront les plus petits. Les spectacles sont en grec, mais ils sont drôles, avec beaucoup de musique. L'été, visitez le **Theatro Skion Tasou Konsta** (☎ 210 322 7507 ; www.fkt.gr ; parc de Flisvos, Palaio Faliro ; 3,50 € ; 20h30 ven-dim juin-sept ; ; Parko Flisvou) ; l'hiver, faites un tour au Centre culturel Melina Mercouri (p. 75).

de temples et de nouvelles infrastructures. Pour le remercier, les Athéniens firent ériger en 131 cette arche majestueuse en marbre du Pentélique, qui marque aujourd'hui l'extrémité d'une avenue très passante de la ville.

♥ Jardin national — PARC

(Carte p. 122 ; ☎ 210 721 5019 ; www.cityofathens.gr ; 7h-crépuscule ; Ⓜ Syntagma). GRATUIT Délicieusement délaissé, cet ancien jardin royal, dessiné par la reine Amalia en 1838, constitue un agréable refuge ombragé l'été. Café niché sous les arbres, vaste aire de jeux, mares aux canards et aux tortues. Le minuscule zoo est un peu déprimant. L'entrée principale est sur Leoforos Vasilissis Amalias, au sud du Parlement ; autre accès à l'est par Irodou Attikou, ou par le Zappéion (ci-dessus) attenant, au sud.

♥ Musée des Instruments de musique populaire — MUSÉE

(Carte p. 90 ; ☎ 210 325 4119 ; Diogenous 1-3, Plaka ; 10h-14h mar et jeu-dim, 12h-18h mer ; Ⓜ Monastiraki). GRATUIT Dans cette maison transformée en musée s'étalent sur 3 niveaux les plus beaux spécimens des quelque 1 200 instruments de musique traditionnels collectionnés par un seul ethnomusicologue passionné. Grâce aux écouteurs à disposition, les visiteurs peuvent écouter des sons typiquement grecs, tel celui de la *gaïta* (cornemuse à sac en peau de chèvre) ou des planches en bois utilisés par les prêtres du mont Athos pour appeler à la prière. Concerts dans le charmant jardin en été.

Anafiotika — QUARTIER

(Carte p. 90 ; Stratonos, Plaka ; Ⓜ Monastiraki, Akropoli). Accroché au flanc nord de l'Acropole, le minuscule quartier d'Anafiotika est enclavé dans Plaka, dont il se distingue par sa jolie architecture. Au milieu des années 1800, le roi Othon fit venir des artisans d'Anafi pour construire un nouveau palais. Recouvertes de bougainvilliers et de géraniums, leurs maisons carrées, blanchies à la chaux, s'inspirent de celles de leur île. Aujourd'hui, le quartier comprend une quarantaine de demeures reliées par d'étroites ruelles.

L'entrée du quartier peut passer inaperçue. Depuis le côté ouest, montez la colline près de l'église de la Transfiguration, sur Theorias. Côté est, remontez Stratonos en zigzag. En chemin, vous passerez un parc planté d'oliviers.

Église Agioi Anargyroi — ÉGLISE

(To Metochi tou Panaghiou Tafou, église du Saint-Sépulcre ; carte p. 90 ; ☎ 210 322 5810 ; jerusalem-patriarchate.info ; Erechtheos 18, Plaka ; Ⓜ Akropoli). Cachée dans Plaka, cette église

Syntagma, Plaka et Monastiraki

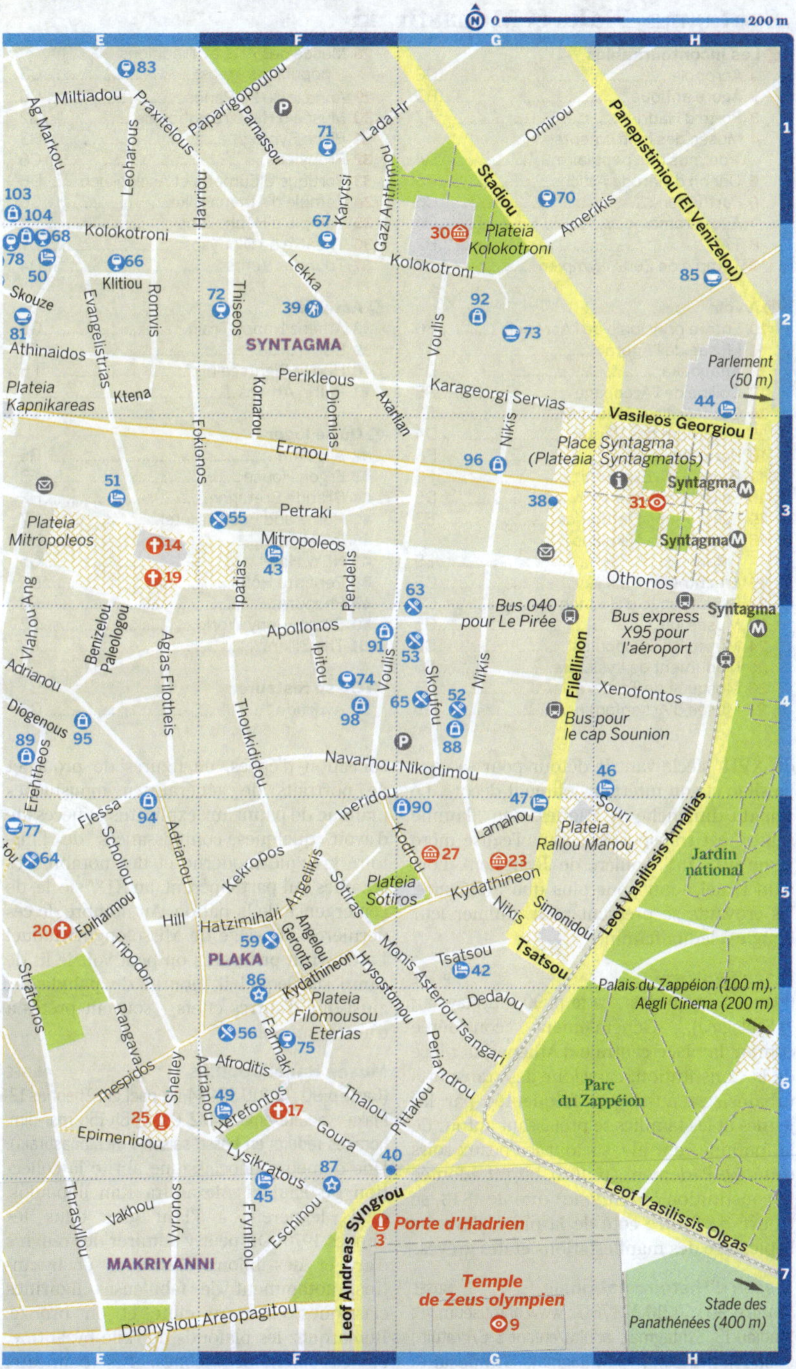

0 200 m
E F G H
1 2 3 4 5 6 7
Miltiadou
Ag Markou
Praxitelous
Paparigopoulou
Parnassou
Lada Hr
Omirou
Stadiou
Panepistimiou (El Venizelou)
Leoharous
Havriou
Karytsi
Gazi Anthimou
Amerikis
Plateia Kolokotroni
Kolokotroni
Lekka
Klitiou
Skouze
Evangelistrias
Romvis
Thiseos
SYNTAGMA
Voulis
Athinaidos
Plateia Kapnikareas
Ktena
Perikleous
Kornarou
Diomias
Axarlian
Karageorgi Servias
Nikis
Parlement (50 m)
Vasileos Georgiou I
Fokionos
Ermou
Place Syntagma (Plateia Syntagmatos)
Syntagma
Petraki
Plateia Mitropoleos
Mitropoleos
Pendelis
Ipatias
Othonos
Vlahou Ang
Benizelou Paleologou
Agias Filotheis
Apollonos
Ipitou
Skoufou
Bus 040 pour Le Pirée
Bus express X95 pour l'aéroport
Filellinon
Adrianou
Diogenous
Thoukididou
Xenofontos
Bus pour le cap Sounion
Erentheos
Navarhou Nikodimou
Flessa
Scholiou
Iperidou
Kodrou
Souri
Lamahou
Plateia Rallou Manou
Leof Vasilissis Amalias
Jardin national
Kekropos
Angelikis
Sotiras
Plateia Sotiros
Kydathineon
Simonidou
Epiharmou
Hill
Hatzimihali
Geronta
Angelou
Monis Asteriou
Hrysostomou
Tsatsou
PLAKA
Stratonos
Tripodon
Plateia Filomousou Eterias
Dedalou
Tsangari
Palais du Zappéion (100 m), Aegli Cinema (200 m)
Rangava
Farmaki
Periandrou
Afroditis
Thespidos
Shelley
Adrianou
Herefontos
Thalou
Parc du Zappéion
Epimenidou
Goura
Pittakou
Lysikratous
Thrasyllou
Vakhou
Vyronos
Frynihou
Eschinou
Leof Andreas Syngrou
Porte d'Hadrien
Leof Vasilissis Olgas
MAKRIYANNI
Temple de Zeus olympien
Stade des Panathénées (400 m)
Dionysiou Areopagitou

Syntagma, Plaka et Monastiraki

Les incontournables
1 Acropole C6
2 Agora antique B3
3 Porte d'Hadrien F7
4 Musée des Instruments de musique populaire D4
5 Odéon d'Hérode Atticus B6
6 Parthénon C6
7 Agora romaine C4
8 TAF B2
9 Temple de Zeus olympien G7

À voir
10 Entrée principale de l'Acropole B6
11 Musée de l'Agora B3
12 Anafiotika D5
13 Colline de l'Aréopage B5
14 Cathédrale d'Athènes E3
15 Hammam des Vents D4
16 Porte Beulé B6
17 Église Agia Ekaterini F6
18 Église Agioi Anargyroi D5
19 Église Agios Eleftherios E3
20 Église Agios Nikolaos Rangavas E5
21 Érechthéion C5
22 Bibliothèque d'Hadrien C3
23 Musée juif G5
24 Musée Kanellopoulos C5
25 Monument de Lysicrate E6
26 Mosquée de Tzistarakis C3
27 Musée d'Art enfantin G5
28 Musée des Arts et Traditions populaires grecs C3
29 Annexe du 22 Panos C5
30 Musée d'Histoire nationale G2
31 Place Syntagma H3
32 Propylées C6
33 Portique d'Eumène et Asclépiéion D6
34 Temple d'Athéna Nikè C6
35 Temple d'Héphaïstos A3
36 Théâtre de Dionysos D7
37 Tour des Vents D4

Activités
38 Athens Happy Train G3
39 EOS F2
40 Hop In Sightseeing F6
41 Roll in Athens D1

Où se loger
42 Alice Inn G5
43 Ergon House F3
44 Grande Bretagne H2
45 Home and Poetry Hotel F7
46 InnAthens H4
47 NEW Hotel G5
48 Perianth Hotel D2
49 Phaedra F6
50 Small Funny World E2
51 The Zillers E3

Où se restaurer
52 Avocado G4

du XVIIe siècle vaut le détour pour sa cour paisible et son intérieur joliment décoré. Le soir du dimanche de Pâques, une "flamme sainte" est transportée depuis l'église mère jusqu'au Saint-Sépulcre de Jérusalem. Lors d'un rituel, tenu pour plus que millénaire, les croyants se pressent pour allumer leur bougie à ladite flamme.

Place Syntagma — PLACE

(Plateia Syntagmatos ; carte p. 90 ; Syntagma ; Ⓜ Syntagma). Généralement considérée comme la place centrale d'Athènes, la place de la Constitution, carrefour des transports urbains, est aussi très fréquentée par les jeunes et les familles se prélassant autour de la fontaine centrale, surtout les beaux soirs d'été. Le Parlement (p. 106), où fut adoptée la constitution (*syntagma*) dite de 1843, se trouve de l'autre côté de la place, devenue l'épicentre des manifestations et des grèves.

Musée d'Histoire nationale — MUSÉE

(Carte p. 90 ; ☎ 210 323 7617 ; www.nhmuseum.gr ; Stadiou 13, Syntagma ; adulte/enfant 3 €/gratuit ; ⌚ 9h-14h mar-dim ; Ⓜ Syntagma). L'imposante collection d'épées, de figures de proue et de portraits de généraux à moustaches manque de panneaux explicatifs et nécessite d'avoir quelques connaissances de l'histoire grecque moderne et des nombreuses batailles qui participèrent, au XIXe siècle, de l'émergence de la nation. Au nombre de ces dernières : le siège de Missolonghi, auquel Lord Byron prit part ; on peut voir le lit de camp sur lequel il mourut du paludisme, ainsi que d'autres effets – souvent prêtés à d'autres musées.

Musée Kanellopoulos — MUSÉE

(Carte p. 90 ; ☎ 210 324 4447 ; pacf.gr ; Theorias 12, Plaka ; adulte/enfant 4/2 € ; ⌚ 8h-15h mar-dim, horaires réduits en basse saison ; Ⓜ Monastiraki). Une demeure néoclassique abrite la collection de Paul et Alexandra Kanellopoulos, qu'ils léguèrent à l'État grec dans les années 1970. On peut y admirer des œuvres d'art et des bijoux classiques et byzantins, notamment de fabuleuses figurines classiques en terre cuite et en bronze. Remarquez les plafonds de l'aile byzantine, et les splendides icônes. Les panneaux

53 Birdman ... G4
54 Café Avissinia ... B2
55 Cherchez la Femme ... F3
56 Damigos ... F6
Ergon House Agora ... (voir 43)
57 Feyrouz ... D1
58 Fouar ... D3
59 Glykys ... F5
60 Hoocut ... D2
61 Kostas ... D2
62 Kuzina ... A3
63 Nolan ... G4
64 Palia Taverna tou Psara ... E5
65 Sushimou ... G4

Où prendre un verre et faire la fête

66 Baba Au Rum ... E2
67 Barley Cargo ... F2
68 Booze Cooperativa ... E2
Brettos ... (voir 56)
69 Couleur Locale ... B2
70 Galaxy ... G1
71 Gin Joint ... F1
72 Ippo ... F2
73 Kaya ... G2
74 Kiki de Grece ... F4
75 L'Audrion ... F6
76 Loukoumi ... B2
77 Melina ... E5
78 Noel ... E2
Orea Hellas ... (voir 93)
79 Playhouse ... D2
80 Rooster ... D2
81 Senios ... E2
82 Six d.o.g.s. ... C2
83 The Clumsies ... E1
84 Yiasemi ... D5
85 Zonars ... H2

Où sortir

86 Cine Paris ... F6
87 Perivoli tou Ouranou ... F7

Achats

88 Aidinis Errikos ... G4
89 Alexis Papachatzis ... E4
90 Amorgos ... G5
91 Anavasi ... F4
92 Aristokratikon ... G2
93 Center of Hellenic Tradition ... D3
94 Flâneur ... E5
95 Forget Me Not ... E4
96 Korres ... G3
97 Martinos ... C3
98 Matalou at Home/Blanc ... F4
99 Mon Coin ... A2
100 Monastic Art ... D3
101 Marché aux puces de Monastiraki ... B2
102 Olgianna Melissinos ... B3
103 Shedia ... E1
104 To Rodakio & Fotagogos ... E2
105 Yiannis Samouelian ... B3

explicatifs sont rares, et les conditions de conservation, loin d'être idéales, mais l'endroit est souvent vide et l'on est peu à peu gagné par le sentiment de musarder dans ses propres souvenirs.

Église Agios Nikolaos Ragavas ÉGLISE

(Carte p. 90 ; ☎ 210 322 8193 ; enoria-ragkavas.blogspot.com ; Prytaniou 1, angle Epiharmou, Plaka ; 8h-12h et 17h-20h ; M Akropoli, Monastiraki). Cette jolie église du XIe siècle faisait partie du palais de la famille Ragavas, à laquelle appartenait l'empereur de Byzance Michel Ier. Sa cloche fut la première installée à Athènes après la fin de la présence ottomane : elle annonça la libération de la ville en 1833. Sa façade est décorée de motifs en brique dans le style de la calligraphie islamique *kufi*, affectionné par les artisans byzantins à cette époque.

Église Agia Ekaterini ÉGLISE

(Carte p. 90 ; Lysikratous 3, Plaka ; 8h-14h lun-ven, 8h-12h sam, 7h30-23h dim ; M Akropoli). Jetez absolument un coup d'œil à l'intérieur de cette église byzantine très ancienne, une des rares à être régulièrement ouvertes, pour admirer un édifice du XIe siècle toujours en fonction et orné de fresques. Elle fut un temps la propriété du monastère Sainte-Catherine du Sinaï, qui lui donna son nom. On peut voir des ruines romaines dans la cour à l'avant.

Monastiraki et Psyri

Agora romaine SITE ANTIQUE

(Carte p. 90 ; ☎ 210 324 5220 ; odysseus.culture.gr ; Dioskouron, Monastiraki ; tarif plein/réduit/enfant 6/3 €/gratuit ; 8h-15h lun-ven, 8h-17h sam-dim, mosquée à partir de 10h ; M Monastiraki). Sous l'occupation romaine, le marché de la ville s'étendait ici, dépassant largement les limites du site actuel. On en voit une bonne partie de derrière les grilles, mais l'intérieur mérite une visite pour admirer de près la **porte d'Athéna Archegetis**, le propylée (l'entrée) du marché, ainsi que la mosquée ottomane et la belle et ingénieuse **tour des Vents** (carte p. 90), à l'est du site.

(Suite du texte p. 98)

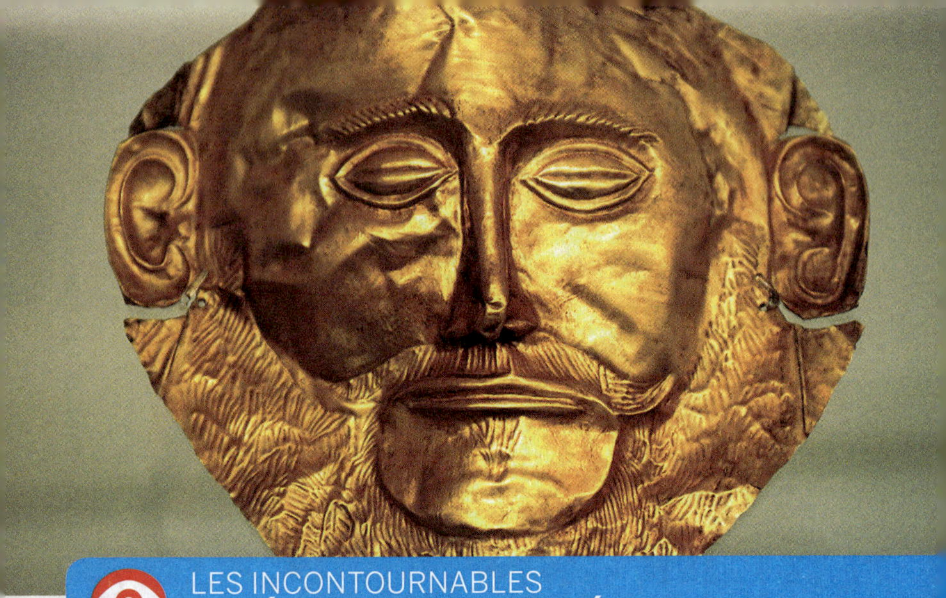

NEIL SETCHFIELD/LONELY PLANET ©

LES INCONTOURNABLES
MUSÉE NATIONAL D'ARCHÉOLOGIE

Le musée national d'Archéologie possède la plus belle collection d'antiquités grecques au monde. L'immense édifice néoclassique, qui date du du XIXe siècle, présente plus de 10 000 sculptures, poteries, bijoux, fresques... Chaque objet est une merveille, et une seule visite ne suffit pas à en faire le tour.

Collection préhistorique et antiquités mycéniennes

Tout droit en entrant dans le musée, la collection préhistorique comporte les plus belles pièces de l'art mycénien, néolithique et cycladique, dont beaucoup en or massif. La fabuleuse collection d'antiquités mycéniennes (salle 4) représente le fleuron du musée.

Parmi ces trésors se trouve le célèbre masque mortuaire en or martelé (photo) attribué à Agamemnon, le roi qui, selon la légende, aurait attaqué Troie au XIIe siècle av. J-C. – mais rien n'est moins sûr. Heinrich Schliemann, l'archéologue qui avait entrepris de prouver que les récits homériques ne sont pas que des légendes, trouva le masque à Mycènes en 1876. Mais récemment, des archéologues ont découvert que les autres objets du tombeau datent de plusieurs siècles auparavant. Un des chercheurs affirme même que Schliemann, pour se mettre en avant, l'aurait créé de toutes pièces.

Les délicats gobelets de Vaphio en or, décorés de scènes de capture de taureaux sauvages, sont parmi les plus beaux exemples d'art mycénien. Ils proviennent d'une tombe à tholos (sépulture à coupole) de Vaphio, près de Sparte.

À NE PAS MANQUER

- Masque d'Agamemnon
- Gobelets de Vaphio
- Kouros de Sounion
- Bronze d'Artémision
- Athéna Varvakeion
- Cavalier d'Artémision
- Machine d'Anticythère

INFOS PRATIQUES

- carte p. 100
- 213 214 4800
- www.namuseum.gr
- Patision 44, Exarchia
- adulte/enfant 10 €/gratuit mi-avr à oct ; 5 € et gratuit nov à mi-avr
- 8h-20h mer-lun, 12h30-20h mar mi-avr à oct, horaires réduits nov à mi-avr
- 2, 3, 4, 5 ou 11, arrêt Polytechneio, M Viktoria

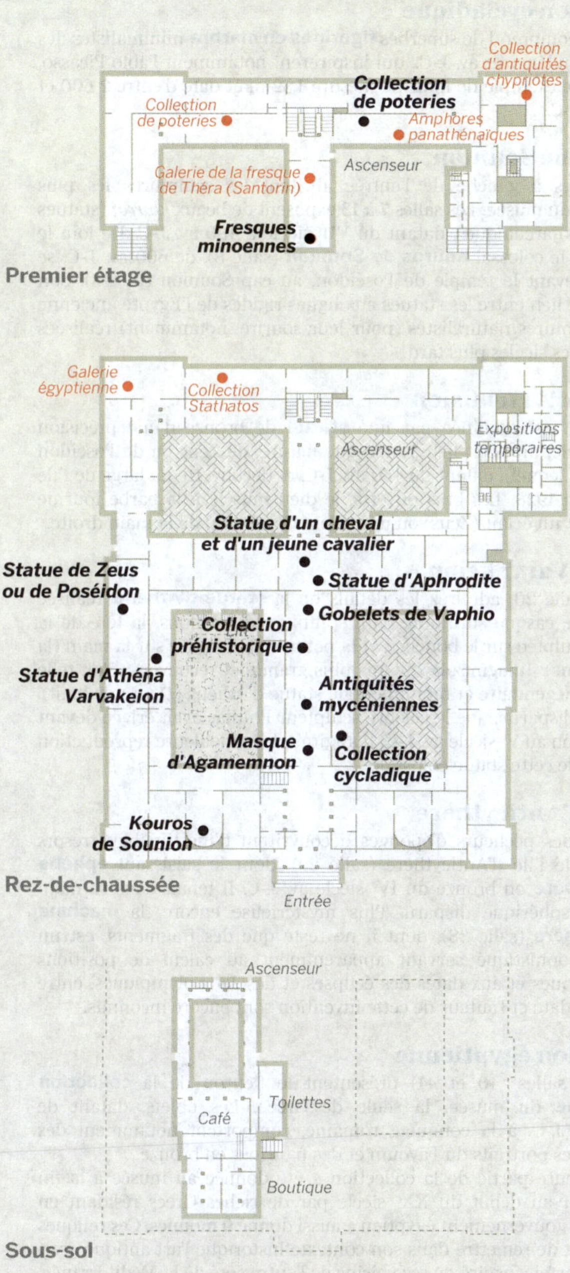
Collection d'antiquités chypriotes
Collection de poteries
Collection de poteries
Amphores panathénaïques
Ascenseur
Galerie de la fresque de Théra (Santorin)
Fresques minoennes
Premier étage
Galerie égyptienne
Collection Stathatos
Ascenseur
Expositions temporaires
Statue d'un cheval et d'un jeune cavalier
Statue de Zeus ou de Poséidon
Statue d'Aphrodite
Gobelets de Vaphio
Collection préhistorique
Statue d'Athéna Varvakeion
Antiquités mycéniennes
Masque d'Agamemnon
Collection cycladique
Kouros de Sounion
Rez-de-chaussée
Entrée
Ascenseur
Toilettes
Café
Boutique
Sous-sol

Collection cycladique

La salle 6 comprend de superbes **figurines en marbre** minimalistes des IIIe et IIe millénaires av. J.-C., qui inspirèrent notamment Pablo Picasso. Un superbe exemple de figurine mesure 1,52 m et date d'entre 2 600 et 2 300 av. J.-C.

Kouros de Sounion

Les galeries à gauche de l'entrée abritent les sculptures les plus anciennes du musée. Les salles 7 à 13 exposent de beaux *kouroi* (statues masculines) archaïques, datant du VIIe siècle à 480 av. J.-C. De loin le plus beau, le colossal **Kouros de Sounion** (salle 8), de 600 av. J.-C, se dressait devant le temple de Poséidon, au cap Sounion (p. 148). Son style fait le lien entre les statues aux lignes rigides de l'Égypte ancienne et les sculptures naturalistes (pour leur sourire, notamment) réalisées en Grèce des siècles plus tard.

Bronze d'Artémision

La salle 15 est dominée par une **statue** de bronze d'une précision remarquable, un peu plus grande que nature, de Zeus ou de Poséidon (on ne sait lequel), datant de 460 av. J.-C. et découverte au large de l'île d'Eubée en 1928. Les bras ouverts, le dieu musclé à la barbe fournie brandissait un éclair (Zeus) ou un trident (Poséidon) de la main droite.

Athéna Varvakeion

Dans la salle 20, admirez les détails de la **statue d'Athéna** réalisée en 200 : le casque surmonté d'un sphinx et de griffons, la tête de la Méduse sculptée sur le bouclier, et la petite victoire ailée sur la main (la tête manque). Imaginez-la dix fois plus grande et recouverte d'or, telle qu'était la légendaire et monumentale statue d'Athéna (11,5 m de haut), à présent disparue, que le célèbre sculpteur Phidias avait érigée devant le Parthénon au Ve siècle av. J.-C. Il s'agirait de la meilleure reproduction existante de cette statue colossale.

Épave d'Anticythère

En 1900, des pêcheurs d'éponges découvrirent d'inestimables trésors au large de l'île d'Anticythère (salle 28), dont le saisissant **éphèbe d'Anticythère** en bronze du IVe siècle av. J.-C. Il tenait dans sa main un objet sphérique disparu. Plus mystérieuse encore, la **machine d'Anticythère** (salle 38), dont il ne reste que des fragments, est un appareil sophistiqué servant apparemment au calcul de positions astronomiques et aux dates des éclipses et des Jeux olympiques, entre autres. La date et l'auteur de cette invention sont encore inconnus.

Collection égyptienne

Ces deux salles (40 et 41) présentent le fleuron de la **collection égyptienne** du musée, la seule de Grèce. Les objets, datant de 5 000 av. J.-C. à la conquête romaine, comportent notamment des momies, des portraits du Fayoum et des figurines en bronze.

La majeure partie de la collection a été donnée au musée à la fin du XIXe et au début du XXe siècle par de riches Grecs résidant en Égypte. Le gouvernement égyptien a aussi donné 9 momies. Ces reliques permettent de remettre dans son contexte historique l'art antique grec, qui s'est parfois inspiré de ses voisins de l'autre côté de la Méditerranée.

Céramique attique à figure noire

Collection de poteries

La superbe collection de poteries (salles 49 à 56) retrace le développement de cet art, de l'âge du bronze à la **céramique attique à figures noires** (VIe siècle av. J.-C.) et à **figures rouges** (fin Ve-déb. IVe siècle av. J.-C.) de l'Attique, en passant par les périodes protogéométriques et géométriques. Parmi les formes propres à Athènes figurent les **lécythes à fond blanc** illustrés de scènes funéraires.

Au centre de la salle 56, sont exposées des amphores présentées aux vainqueurs des jeux panathénaïques. Chacun recevait jusqu'à 140 vases de ce type, remplis d'huile provenant des oliviers sacrés d'Athènes. Les amphores représentent des scènes du sport concerné d'un côté (ici la lutte), et Athéna *Promachos* (combattante) de l'autre.

Cavalier d'Artémision

Dans la salle 21, est exposée la délicate statue **en bronze d'un cheval et d'un cavalier** (IIe siècle av. J.-C.) trouvée en 1928 dans une épave au large du cap d'Artémision, à Eubée. Seuls quelques fragments furent d'abord trouvés ; elle fut enfin assemblée en 1972. Face au cavalier se dressent d'autres œuvres moins connues, mais tout aussi belles, comme la **statue d'Aphrodite** tentant de cacher sa nudité avec son drapé.

BON À SAVOIR

- Un billet combiné (adulte 15 €, étudiants 8 €, valable 3 jours) permet de visiter également le Musée épigraphique voisin, le Musée byzantin et chrétien et le Musée numismatique.
- Venez tôt le matin, avant la foule. Si vous arrivez après des groupes, commencez par visiter l'étage.
- Prévoyez plusieurs heures, et même davantage si vous êtes particulièrement intéressé.
- Entrée gratuite les 6 mars, 18 avril, 18 mai, le dernier week-end de septembre, le 28 octobre, et le premier dimanche du mois du 1er novembre au 31 mars.

CAFÉ DU MUSÉE

Situé au sous-sol, le café du musée, de type self, vend boissons, sandwichs et gâteaux. On peut s'assoir dans une jolie cour intérieure dotée d'un jardin et de sculptures.

LE BÂTIMENT

Construit entre 1866 et 1889, le musée doit sa façade à Ernst Ziller. L'aile est a été agrandie au XXe siècle. Au total, il compte quelque 8 000 m² d'espace d'exposition.

À NE PAS MANQUER

GALERIES D'ART

La scène artistique contemporaine d'Athènes est dynamique et bouillonnante. Vous pouvez télécharger le plan "**Athens Contemporary Art Map**" (athensartmap.net) ou vous en procurer une version papier auprès de quelques galeries et cafés de la capitale. Voici quelques-unes de nos adresses préférées :

TAF (The Art Foundation ; carte p. 90 ; ☎ 210 323 8757 ; theartfoundation.metamatic.gr ; Normanou 5, Monastiraki ; ⏲ 12h-21h lun-sam, 12h-19h dim, café-bar ouvert tard ; Ⓜ Monastiraki). Envie d'art, de design astucieux ou d'un rafraîchissement ? Passez au TAF, un ensemble de bâtiments en briques des années 1870 à peine rénovés. Dans la cour centrale, le café-bar attire une jeunesse éclectique. Les salles autour servent de galeries, d'espace DJ et de boutique de souvenirs (excellente). La plupart des événements sont gratuits.

A.antonopoulou.art (carte p. 100 ; ☎ 210 321 4994 ; www.aaart.gr ; Aristofanous 20, 4e ét., Psyri ; ⏲ 14h-20h mer-ven, 12h-18h sam ; Ⓜ Monastiraki). Une des premières galeries à avoir ouvert dans les entrepôts de Psyri, cet impressionnant espace artistique accueille des expositions d'art contemporain grec et international dans plusieurs disciplines, dont l'installation, la vidéo d'art et la photographie.

Bernier/Eliades (carte p. 114 ; ☎ 210 341 3935 ; www.bernier-eliades.gr ; Eptachalkou 11, Thissio ; ⏲ 10h30-18h30 mar-ven, 12h-16h sam ; Ⓜ Thissio). Une galerie ouverte en 1977 et installée dans cette ancienne demeure depuis 1999, présentant de grands artistes grecs et une liste impressionnante d'artistes internationaux, des expressionnistes abstraits américains aux tenants du pop art britannique. Les expositions, renouvelées toutes les 6 semaines environ, témoignent d'une préférence pour le minimalisme.

The Breeder (carte p. 72 ; ☎ 210 331 7527 ; thebreedersystem.com ; Iasonos 45, Metaxourgio ; ⏲ 12h-20h mar-ven, 12h-18h sam ; Ⓜ Metaxourghio). Sonnez pour accéder à cette galerie en béton tendance aux airs d'entrepôt, où sont exposées toutes sortes d'œuvres sur deux niveaux. Tous les ans, le design extérieur fait l'objet d'un nouveau projet artistique.

Galerie Allouche Benias (carte p. 122 ; ☎ 210 338 9111 ; allouchebenias.com ; Kanari 1, Kolonaki ; ⏲ 11h-20h mar-ven, 11h-17h sam ; Ⓜ Syntagma). Occupant la demeure Deligeorgis, conçue par Ernst Ziller en 1882 et magnifiquement restaurée, cette galerie a fait grand bruit sur la scène artistique locale lors de son ouverture en 2018. Chaque année, elle organise habituellement deux manifestations différentes avec des pièces contemporaines sur tous supports, signées d'artistes locaux et internationaux tels que Filippos Kavakas et Elias Kafouros.

CAN (carte p. 122 ; ☎ 210 339 0833 ; www.can-gallery.com ; Anagnostopoulou 42, Kolonaki ; ⏲ 12h-15h et 17h-20h lun-ven, 12h-16h sam ; Ⓜ Syntagma). Christina Androulidaki présente dans sa nouvelle galerie de Kolonaki des artistes grecs et internationaux contemporains, émergents ou encore peu connus. En août, ouvre sur rendez-vous uniquement.

Zoumboulakis Gallery (carte p. 122 ; ☎ 210 363 4454 ; www.zoumboulakis.gr ; Kriezotou 6, Kolonaki ; ⏲ 10h-15h lun et mer, 10h-20h mar, jeu et ven, 10h-16h sam ; Ⓜ Syntagma). Très belle sélection d'impressions et de posters en édition limitée, signés de grands artistes grecs, notamment Yannis Tsarouchis, Dimitris Mytaras et Alekos Fassianos, ainsi que d'autres objets de décoration. Les galeristes ont aussi un espace contemporain sur la *plateia* (place) à Kolonaki.

(Suite de la p. 93)

La porte, bien préservée et flanquée de 4 colonnes doriques, fut financée par Jules César et érigée vers 10 av. J.-C. À droite de l'entrée, remarquez les démarcations d'anciennes latrines publiques contenant 68 sièges. Assise sur l'une des ailes de l'agora, la **mosquée de Fethiye**, du XVIIe siècle, a été restaurée et accueille des expositions. Les fresques qui ornaient l'intérieur ont été perdues, à l'exception d'un minuscule fragment, en haut du mur du fond.

L'entrée est comprise dans le billet combiné (30 €, valable 5 jours) qui permet d'accéder à l'Acropole et à 6 autres sites (dont celui-ci).

Musée Alex Mylona MUSÉE

(Carte p. 100 ; ☎210 321 5717 ; mouseioalexmylona.blogspot.com ; Plateia Agion Asomaton 5 , Psyri ; tarif plein/réduit 4/2 € ; 11h-19h mar, mer, ven-sam, 11h-22h jeu, 11h-16h dim ; Ⓜ Thissio, Monastiraki). La collection permanente du musée rassemble des sculptures et tableaux ultra-minimalistes de la grande artiste athénienne Alex Mylona, décédée en 2016. La demeure, meublée avec créativité, accueille également des spectacles contemporains intégrant souvent des vidéos et sculptures dynamiques réalisées par la fille d'Alex, Eleni. Montez jusqu'au toit pour profiter de la vue. Entrée par Lepeniotou.

Musée des Arts et Traditions populaires grecs MUSÉE

(Carte p. 90 ; ☎210 322 9031 ; www.mnep.gr ; Adrianou et Areos, Monastiraki ; Ⓜ Monastiraki). Fermé en 2015 pour son déménagement vers ce nouveau site sur Adrianou, le musée rouvrira en 2020. Il exposera des objets d'art traditionnel séculiers et religieux, datant essentiellement des XVIIIe et XIXe siècles, ainsi qu'une maison de village traditionnelle reconstituée et de tableaux de Theophilos.

Le musée compte deux annexes ouvertes : **22 Panos** (carte p. 90 ; ☎210 321 4972 ; www.mnep.gr ; Panos 22, Plaka ; adulte/enfant 2 €/gratuit ; 8h-15h mar-dim) et le **Hammam des Vents** (carte p. 90 ; ☎210 324 4340 ; Kyrristou 8, Plaka ; adulte/enfant 2 €/gratuit ; 8h-15h mer-lun). Il gère également la **mosquée Tzistarakis** (carte p. 90 ; ☎210 324 2066 ; Areos 1, Monastiraki), laquelle ouvre parfois ses portes pour des expositions temporaires.

Église Agios Elefthérios ÉGLISE

(Petite Métropole ; carte p. 90 ; Plateia Mitropoleos, Monastiraki ; Ⓜ Monastiraki). Dédiée à Agios Elefthérios et à Panagia Gorgoepikoos ("la Vierge qui écoute rapidement"), cette église en marbre en forme de croix est un concentré de l'histoire religieuse d'Athènes. Érigée au XIIe siècle sur les ruines d'un ancien temple, elle arbore un mélange de monstres médiévaux et d'anciens dieux sur ses bas-reliefs extérieurs, ainsi que des colonnes récupérées sur d'anciennes structures. L'ancienne cathédrale de la ville se tient aujourd'hui dans l'ombre de la **nouvelle cathédrale** (carte p. 90 ; ☎210 322 1308 ; iaath.gr ; 7h-19h), bien plus grande.

Bibliothèque d'Hadrien RUINES

(Carte p. 90 ; ☎210 324 9350 ; odysseus.culture.gr ; Areos 3, Monastiraki ; adulte/enfant 4 €/gratuit ; 8h-15h ; Ⓜ Monastiraki). Le plus grand édifice jamais construit sous le règne de l'empereur Hadrien (IIe siècle) comprenait, outre la bibliothèque, des salles de musique et de conférences. Conçu comme un forum romain classique, il possédait une cour dotée d'un bassin central, entourée d'un péristyle de 100 colonnes. À part le mur ouest de la bibliothèque, près de l'entrée du site, qui a été restauré, il ne reste que des ruines, ainsi que deux églises, datant des VIIe et XIIe siècles.

HORS DES SENTIERS BATTUS

KYPSÉLI

Kypséli, à 15 minutes à pied au nord d'Exarchia , était autrefois, avec Kolonaki, le quartier résidentiel le plus prisé d'Athènes. L'endroit a perdu de sa superbe, même si l'on aperçoit encore quelques belles demeures néoclassiques ou des blocs Art déco au milieu des sempiternels immeubles de 5 étages d'Athènes.

Cœur social du quartier, le parc piéton Fokionos Negri est jalonné de cafés. On y trouve une nouveauté intéressante au **marché municipal de Kypséli** (athens.impacthub.net/dimotiki-agora-kypselis ; Fokionos Negri 42, Kypséli ; 8h-20h lun-ven, 8h-14h sam ; Ⓜ Victoria). Ce bâtiment moderniste de 1935 accueille désormais différents projets sociaux tels que la première boutique physique pour l'entreprise à but non lucratif **Wise Greece** (www.en.wisegreece.com), qui vend quelque 2 500 produits alimentaires de qualité venus de tout le pays. Pour chaque produit vendu, un pourcentage des bénéfices est versé à un fonds destiné à acheter de la nourriture pour les personnes dans le besoin.

L'ONG **We Need Books** (weneedbooks.org ; Evias 7, Kypséli) s'est aussi installée non loin de là. Cette bibliothèque gratuite, espace de jeux et centre d'intégration sociale, vise à aider les personnes vulnérables et marginalisées, notamment les réfugiés à Athènes. Dons de livres bienvenus. Organise parfois des débats et événements en anglais.

Psyri et Exarchia

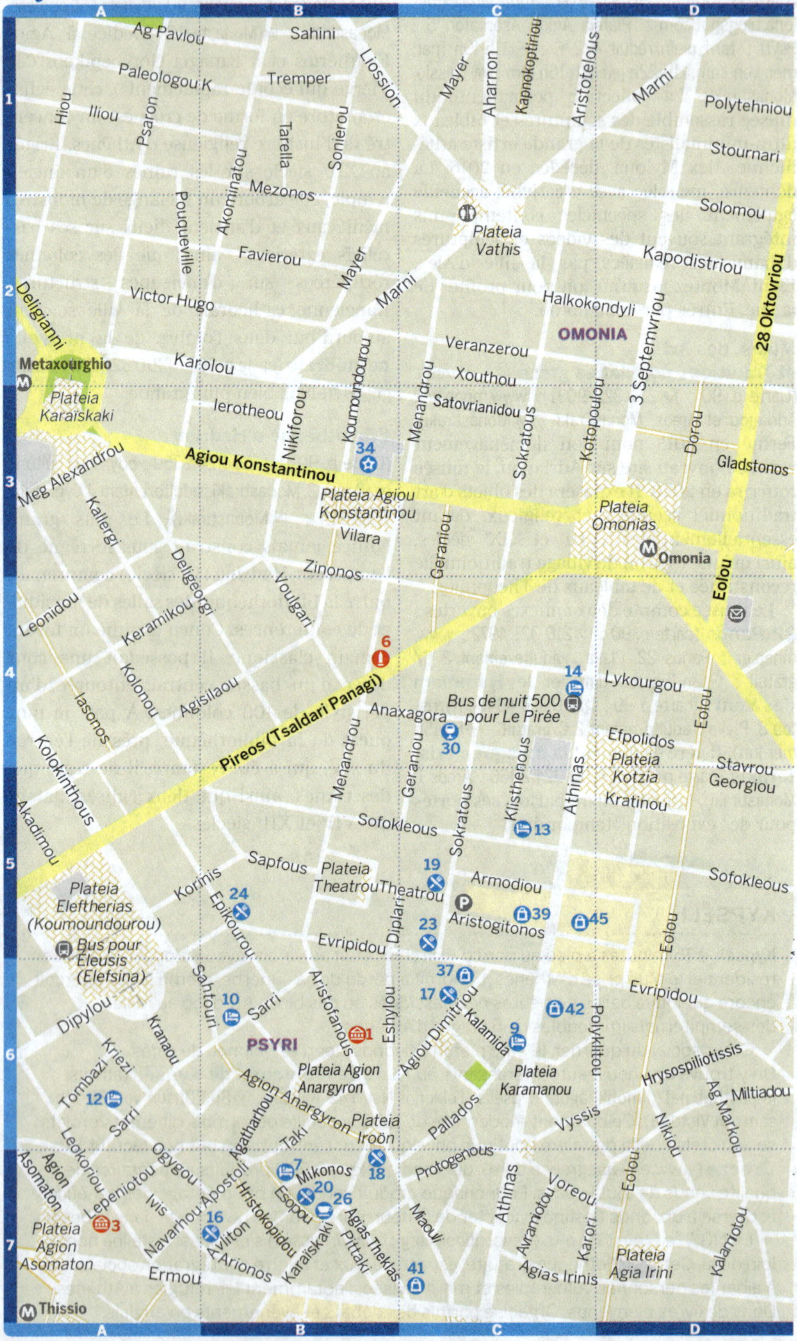

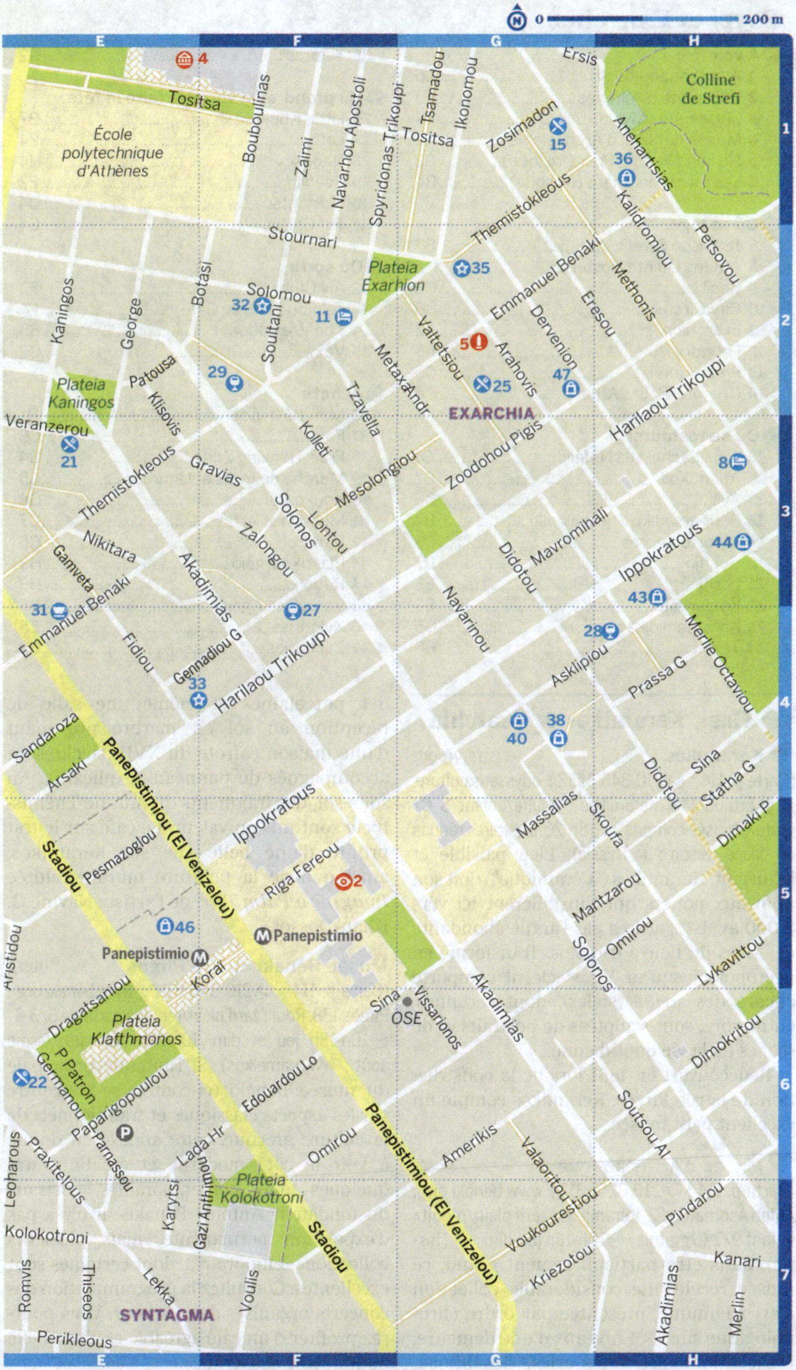
0
200 m
E
F
G
H
1
2
3
4
5
6
7
4
Tositsa
École polytechnique d'Athènes
Bouboulinas
Zaimi
Navarhou Apostoli
Spyridonas Trikoupi
Tsamadou
Ikonomou
Ersis
Colline de Strefi
Zosimadon
15
36
Anehartisias
Kalidromiou
Petsovou
Themistokleous
Stournari
Plateia Exarhion
35
Emmanuel Benaki
Methonis
Eresou
Dervenion
Kaningos
George
Botasi
Solomou
32
Soultani
11
Valtetsiou
5
Metaxa Andr
Arahovis
47
25
Tzavella
29
Patousa
Plateia Kaningos
Klisovis
Kolleti
EXARCHIA
Harilaou Trikoupi
Veranzerou
21
Gravias
Mesolongiou
Zoodohou Pigis
8
Themistokleous
Solonos
Lontou
Nikitara
Zalongou
Mavromihali
Didotou
Ippokratous
44
Gamveta
Akadimias
Navarinou
43
31
Emmanuel Benaki
27
28
Fidiou
Gennadiou G
Merlie Octaviou
33
Harilaou Trikoupi
Asklipiou
Prassa G
Sandaroza
40
38
Arsaki
Panepistimiou (El Venizelou)
Didotou
Sina
Statha G
Ippokratous
Massalias
Skoufa
Dimaki P
Stadiou
Pesmazoglou
Riga Fereou
2
Mantzarou
46
Panepistimio
Omirou
Panepistimio
Solonos
Aristidou
Korai
Lykavittou
Sina
Vissarionos
OSE
Akadimias
Dragatsaniou
Plateia Klafthmonos
Dimokritou
P Patron
Germanou
22
Edouardou Lo
Papangopoulou
Panepistimiou (El Venizelou)
Soutsou Al
P
Parnassou
Lada Hr
Omirou
Amerikis
Valaoritou
Leoharous
Praxitelous
Plateia Kolokotroni
Karytsi
Gazi Anthimou
Stadiou
Voukourestiou
Pindarou
Kolokotroni
Kriezotou
Kanari
Romvis
Thiseos
Lekka
Akadimias
Merlin
SYNTAGMA
Voulis
Perikleous

Psyri et Exarchia

À voir

1 A.antonopoulou.art ... B6
2 Université d'Athènes ... F5
3 Musée Alex Mylona ... A7
4 Musée national d'Archéologie ... E1
5 No Land For the Poor (fresque) ... G2
6 Les mains en prière (fresque) ... B4

Où se loger

7 18 Micon Street ... B7
8 Athens Quinta Hostel ... H3
9 Cecil ... C6
10 City Circus ... B6
11 Exarchion ... F2
12 Foundry Hotel ... A6
13 Fresh Hotel ... C5
14 Grecotel Pallas Athena ... C4

Où se restaurer

15 Ama Lachei stis Nefelis ... G1
16 Atlantikos ... B7
17 Avli ... C6
18 Bougatsadiko Thessaloniki ... B7
19 Diporto Agoras ... C5
20 Gostijo ... B7
21 I Kriti ... E3
22 Kalderimi ... E6
23 Karamanlidika tou Fani ... C5
24 Telis ... B5
25 Yiantes ... G2

Où prendre un verre et faire la fête

26 Little Kook ... B7
27 Lotos ... F4
28 Nabokov ... H4
29 Revolt ... F2
30 Romantso ... C4
31 Taf Coffee ... E4

Où sortir

32 AN Club ... F2
33 Feidiou 2 Music Cafe ... F4
34 Théâtre national ... B3
35 Vox ... G2

Achats

36 Marché hebdomadaire d'Exarchia ... H1
37 Fotsi ... C6
38 Free Thinking Zone ... G4
39 Marché de fruits et légumes ... C5
40 Koukoutsi ... G4
41 Melissinos Art ... C7
42 Pan-Pol ... C6
43 Plastikourgeio ... H3
44 Redo ... H3
45 Varvakios Agora ... C5
46 Xylouris ... E5
47 Zacharias ... G2

Gazi, Keramikos et Exarchia

Keramikos — SITE ANTIQUE

(Carte p. 114 ; 210 346 3552 ; odysseus.culture.gr ; Ermou 148, Keramikos ; adulte/enfant 8 €/gratuit, musée compris ; 8h-20h, horaires réduits en basse saison ; Thissio). Lieu paisible et luxuriant, Keramikos ("Céramique") doit son nom aux potiers qui s'installèrent ici vers 3 000 av. J.-C., attirés par l'argile abondante des rives du fleuve Iridanos. Transformé en nécropole jusqu'au VIe siècle, il comporte encore des *stelae* (stèles), dont certaines, en marbre, sont sculptées de portraits et de scènes de la vie quotidienne.

Redécouvert en 1861 lors de la construction de la rue Pireos, Keramikos compte un excellent petit musée.

Musée d'Art islamique — MUSÉE

(Carte p. 114 ; 210 325 1311 ; www.benaki.org ; Agion Asomaton 22, Keramikos ; tarif plein/réduit/enfant 9/7 €/gratuit ; 10h-18h jeu-dim ; Thissio). Sans être particulièrement grand, ce musée recèle une considérable collection d'art islamique, présentée par ordre chronologique sur les 4 niveaux d'une demeure. D'exceptionnelles tapisseries, des bijoux, des porcelaines et même une salle de réception au sol en marbre provenant d'une maison cairote du XVIIe siècle, sont accompagnés de panneaux explicatifs. Au sous-sol, des fragments du mur de Thémistocle sont mis en valeur. Le café sur le toit profite d'une belle vue sur Keramikos, ainsi que de la peinture murale colorée *Imagine a Palm Tree*, de l'artiste Navine G. Khan-Dossos.

Musée Benaki du 138 Pireos — MUSÉE

(Carte p. 114 ; 210 345 3111 ; www.benaki.org ; Pireos 138, Rouf ; tarif plein/réduit à partir de 6/3 € ; 10h-18h jeu et dim, 10h-22h ven-sam, fermé août ; Kerameikos). Si l'antenne principale du musée Benaki (ci-contre) se concentre sur les aspects classiques et traditionnels de la culture grecque, cette annexe en donne à voir le côté moderne et créatif. Outre quelques toiles contemporaines, portraits du fondateur Antonis Benakis, il n'y a pas d'exposition permanente, mais plusieurs collections temporaires, dont certaines sont excellentes. Consultez la programmation des concerts organisés dans la cour. Vous pourrez profiter d'un café agréable et d'une belle boutique de souvenirs.

Musée du Gaz industriel MUSÉE
(Technopolis ; carte p. 114 ; 210 347 5535 ; gasmuseum.gr ; Pireos 100, Gazi ; adulte/enfant 1 €/gratuit ; 10h-20h mar, mer ven-sam, 10h-21h jeu et dim mi-oct à mi-avr, 10h-18h mar, mer, ven-sam, 10h-21h jeu et dim mi-avr à mi-oct ; M Kerameikos). Un itinéraire à pied captivant traverse l'ancienne **usine à gaz** (carte p. 114 ; 210 346 7322 ; www.technopolis-athens.com ; M Kerameikos) de Gazi, ensemble de hauts fourneaux et de bâtiments industriels du milieu du XIXe siècle, aux airs d'installation artistique géante. Les photos et éléments interactifs évoquent la période où l'usine était en service, de 1862 à 1984.

Ne manquez pas la vue panoramique sur la ville depuis la tour d'observation du nouveau bâtiment. Café agréable et aire de jeux pour les enfants. L'endroit accueille souvent des concerts et d'autres événements.

Kolonaki, Mets et Pangrati

♥ Musée Benaki de la Culture grecque MUSÉE
(Carte p. 122 ; 210 367 1000 ; www.benaki.gr ; Koumbari 1, angle Leoforos Vasilissis Sofias, Kolonaki ; tarif plein/réduit/enfant 9/7 €/gratuit, entrée libre jeu 18h-minuit ; 10h-18h lun, mer, ven-sam, 10h-minuit jeu, 10h-16h dim ; M Syntagma, Evangelismos). Né à Alexandrie, en Égypte, à la fin du XIXe siècle, Antonis Benakis (1873-1954) était le fils d'un homme politique. Négociant et grand voyageur, il a constitué une splendide collection et fondé, en 1930, ce qui est peut-être l'un des plus beaux musées et outils culturels du pays.

Les 3 niveaux de l'ancien hôtel particulier familial, de style néoclassique, sont emplis de trésors datant de l'âge du bronze jusqu'à la Seconde Guerre mondiale. Les icônes byzantines sont particulièrement remarquables, tout comme la vaste collection de costumes grecs régionaux et les élégants salons reconstitués de demeures macédoniennes, finement ouvragés et ornés de peintures complexes. Même les outils agricoles sont plaisants.

♥ Musée byzantin et chrétien MUSÉE
(Carte p. 122 ; 213 213 9500 ; www.byzantinemuseum.gr ; Leoforos Vasilissis Sofias 22, Kolonaki ; tarif plein/réduit/enfant 8/4 €/gratuit ; 12h30-20h mar, 8h-20h mer-dim avr-oct, horaires réduits nov-mars ; M Evangelismos). Installé dans la Villa Ilissia, de 1848, cet incroyable musée conserve une inestimable collection d'art religieux. Au fil des expositions, situées pour la plupart au sous-sol et suivant un ordre chronologique, on passe des anciennes traditions aux rites chrétiens, puis au développement du style byzantin. On peut bien sûr y admirer des icônes, mais également d'exquises fresques (certaines récupérées dans une église et installées sur des panneaux flottants) et des effets personnels du quotidien.

ATHÈNES JUIF

La communauté juive d'Athènes, qui compte environ 3 000 personnes aujourd'hui, est installée ici depuis des milliers d'années, voire avant le Ve siècle av. J.-C. Certains archéologues pensent que l'Agora antique (p. 86) possédait une synagogue. Le **musée juif** (carte p. 90 ; 210 322 5582 ; www.jewishmuseum.gr ; Nikis 39, Plaka ; tarif plein/réduit/enfant 6/3 €/gratuit ; 9h-14h30 lun-ven, 10h-14h dim ; M Syntagma) vous en apprendra davantage, depuis les Romaniotes du IIIe siècle av. J.-C. jusqu'à l'Holocauste, en passant par l'arrivée des Juifs séfarades au XVe siècle.

Il y a deux synagogues à Athènes : la petite **Ets Hayim** (carte p. 114 ; 210 325 2875 ; athjcom.gr ; Melidoni 8, Keramikos ; 8h30-13h30 lun-ven uniquement sur rdv ; M Thissio) GRATUIT, un édifice romaniote construit en 1904, et **Beth Shalom** (carte p. 114 ; 210 325 2875 ; athjcom.gr ; Melidoni 5, Keramikos ; 8h30-13h30 lun-ven uniquement sur rdv ; M Thissio) GRATUIT, plus grande, datant de 1935 ; elles se font face. La passionnante visite des synagogues se fait sur rendez-vous : envoyez un e-mail avec une photocopie de votre passeport à sec@athjcom.gr.

À l'extérieur de Beth Shalom, remarquez le livre métallique, hommage aux Justes – les Grecs qui ont sauvé des juifs sous l'occupation nazie pendant la Seconde Guerre mondiale. Non loin, sous les arbres près de Keramikos, le **Mémorial de l'Holocauste** (carte p. 114 ; angle Melidoni, Ermou et Evvoulou, Keramikos ; M Thissio) représente une étoile de David faite de grands fragments de marbre sculpté. Terminez votre circuit par un copieux repas au restaurant casher Gostijo (p. 119), dans le centre de Chabbab d'Athènes.

Musée d'Art cycladique MUSÉE
(Carte p. 122 ; 210 722 8321 ; cycladic.gr ; Neofytou Douka 4, Kolonaki ; adulte 7 €, lun 3,50 €, enfant gratuit, expos 10 € ; 10h-17h lun, mer et ven-sam, 10h-20h jeu, 11h-17h dim ; M Evangelismos). Le 1er étage de cet exceptionnel musée privé est consacré aux figurines minimalistes en marbre emblématiques de l'art cycladique (entre 3000 et 2000 av. J.-C.). Nombre d'artistes du XXe siècle, tels Picasso et Modigliani, s'en sont inspirés, séduits par leur simplicité et la pureté de leurs lignes. La plupart sont étonnamment petites, si l'on considère leur influence énorme ; l'une d'elles est presque à taille humaine. Le reste du musée donne à voir des œuvres grecques et chypriotes datant de 2000 av. J.-C. au IVe siècle de notre ère.

Lycabette (Lykavittos) PARC
(Carte p. 72 ; www.lycabettushill.com ; Kolonaki ; M Evangelismos). Lycabette signifie "colline des loups", nom datant de l'Antiquité, quand la région était plus sauvage. Son sommet (277 m) offre l'un des plus beaux panoramas de la ville et du bassin de l'Attique – quand le *nefos* (nuage de pollution) le permet. Perchée au sommet, la petite **chapelle Agios Giorgios** est éclairée la nuit tel un phare. Un sentier y mène depuis le haut de la rue Loukianou, à Kolonaki. On peut aussi emprunter le funiculaire (p. 138 ; 10 minutes), du haut de Ploutarhou, également à Kolonaki.

Fondation Basil et Elise Goulandris MUSÉE
(Carte p. 122 ; 210 725 2895 ; goulandris.gr ; Eratosthenous 13, Pangrati ; M Akropoli). Ouvert en octobre 2019, ce musée renferme la collection d'art moderne et contemporain de Basil Goulandris, magnat du transport maritime, et de son épouse. Outre quelques tableaux des plus grands artistes européens (comme Cézanne, Van Gogh, Picasso et Giacometti), elle comporte des œuvres de peintres grecs avant-gardistes, tels que Hadjikyriakos-Ghikas, Parthenis, Vasiliou, Tsarouchis et Moralis.

Stade des Panathénées SITE ANTIQUE
(Kallimarmaro ; carte p. 122 ; 210 752 2985 ; www.panathenaicstadium.gr ; Leoforos Vasileos Konstantinou, Pangrati ; tarif plein/réduit/enfant 5/2,50 €/gratuit ; 8h-19h mars-oct, 8h-17h nov-fév ; 2, 4, 10, 11, arrêt Stadio, M Akropoli, Zappeio). Avec ses gradins serrés en marbre blanc du Pentélique, ce stade antique toujours

Promenade à pied
Centre d'Athènes

DÉPART PLACE SYNTAGMA
ARRIVÉE MARCHÉ AUX PUCES DE MONASTIRAKI
DISTANCE 3,5 KM ; **DURÉE** 2 HEURES

Ce parcours débute sur la **1 place Syntagma** (Plateia Syntagmatos, p. 92), haut lieu des manifestations depuis le rassemblement qui aboutit à la Constitution du 3 septembre 1843. C'est aussi ici que se produisit, en 1944, sous la domination britannique, l'événement qui déclencha la guerre civile, lorsque la police ouvrit le feu sur un rassemblement communiste.

Construit en 1862, l'hôtel **2 Grande Bretagne** (p. 112), le plus illustre d'Athènes, devint le QG des nazis pendant la Seconde Guerre mondiale, puis fut repris par les Britanniques. La résistance communiste y posa des charges explosives, mais fut stoppée par l'arrivée inattendue de Winston Churchill, qu'elle n'avait pas prévu d'assassiner.

Sur le côté nord de la place se trouve l'**3 aqueduc de Pisistrate**, découvert pendant les travaux du métro.

En face, devant le **4 Parlement** (p. 106), les célèbres *evzones* (gardes présidentiels) veillent sur le **5 tombeau du Soldat inconnu** (carte p. 122 ; Plateia Syntagmatos, Syntagma; M Syntagma). La relève de la garde a lieu toutes les heures.

Traversez le **6 Jardin national** (p. 89) et sortez du côté du **7 palais du Zappéion** (carte p. 122 ; 21 0322 3509 ; www.zappeion.gr ; Leoforos Vasilissis Amalias ; M Syntagma), ouvert en 1888 pour les premiers Jeux olympiques modernes de 1896.

Revenez vers le jardin et longez-le jusqu'au **8 temple de Zeus olympien** (p. 85), le plus grand temple jamais construit. Vers Plaka, la **9 porte d'Hadrien** (p. 85) marque la limite de l'Athènes romaine.

Traversez Leoforos Vasilissis Amalias et filez vers Lysikratous, où vous prendrez à gauche vers Plaka. À droite, en contrebas, on distingue les ruines d'un monument romain dans l'avant-cour de **10 l'église Agia Ekaterini** (p. 93).

En poursuivant tout droit, s'élève sur la gauche le **11 monument de Lysicrate** (carte p. 90 ; angle Sellei et Lysikratous, Plaka ; M Akropoli, Syntagma) GRATUIT.

érigé en 334 av. J.-C. Dernier exemple des monuments qui bordaient cette artère jusqu'au théâtre de Dionysos, il commémore la victoire d'un chœur. Des bas-reliefs montrent Dionysos combattant les pirates tyrrhéniens, transformés en dauphins. C'est le plus ancien monument orné de chapiteaux corinthiens à l'extérieur, un style que l'on retrouve dans de nombreux monuments modernes. Il fut transformé en bibliothèque d'un couvent capucin, où Lord Byron séjourna en 1810-1811 et écrivit *Le Pèlerinage de Childe Harold*.

Face au monument, tournez à gauche, puis à droite dans Epimenidou. En haut des marches, prenez à droite dans Stratonos. L' 12 **église Saint-Georges-du-Rocher** marque l'entrée de l' 13 **Anafiotika** (p. 89), une enclave paisible, aux jardins fleuris. Le lacis de ruelles aux maisons blanchies à la chaux est l'héritage des tailleurs de pierre venus de l'île d'Anafi pour construire le palais royal après l'indépendance.

Poursuivez jusqu'à l' 14 **église Agios Simeon**. La rue débouche sur la route de l'Acropole. Prenez à droite, puis à gauche dans Prytaniou, puis sur la droite au bout de 50 m dans Tholou. Le bâtiment ocre au n°5, aujourd'hui un musée historique, fut l' 15 **université d'Athènes** de 1837 à 1841. Édifié par les Vénitiens, les Turcs y installèrent leur administration.

Descendez aux ruines de l' 16 **Agora romaine** (p. 93). Tournez à droite sur Kyrristou pour voir le 17 **Hammam des Vents** (p. 99), un bain turc historique (inutilisé). Au coin de la rue Diogenous, le 18 **musée des Instruments de musique populaire** (p. 89) est empli de plus d'un millier d'instruments différents. Tournez dans Pelopida, en longeant l'Agora romaine, vous verrez sur la droite la porte d'une madrasa de 1721. Traversez la route jusqu'à la 19 **Tour des Vents** (p. 93), une station météorologique antique reconvertie en maison de rencontre soufie durant la période ottomane. Plus loin sur la gauche, la 20 **mosquée de Fethiye** du XVIIe siècle se trouve dans l'enceinte de l'Agora romaine.

Suivez la route qui longe l'Agora jusqu'aux ruines de la 21 **bibliothèque d'Hadrien** (p. 99), voisines de la 22 **mosquée Tzistarakis** (p. 99) qui date de 1759 ; après l'indépendance, elle perdit son minaret et servit de prison. Elle abrite aujourd'hui un musée, rarement ouvert.

Vous voici à Monastiraki, une place animée et colorée, remplie de vendeurs de rue. À gauche, sur Ifestou, se tient le 23 **Marché aux puces de Monastiraki** (p. 131).

À NE PAS MANQUER

LE PARLEMENT ET LA RELÈVE DE LA GARDE PRÉSIDENTIELLE

Conçu par l'architecte bavarois Friedrich von Gärtner, le **Parlement grec** (carte p. 122 ; www.hellenicparliament.gr ; Plateia Syntagmatos, Syntagma ; visites 15h lun et ven juin, juil et sept ; M Syntagma) GRATUIT abritait à l'origine le palais royal. Depuis son balcon, la *syntagma* (constitution) fut déclarée le 3 septembre 1843, et en 1935 le palais devint le siège du parlement. Pour les amateurs d'histoire et de politique, le bâtiment est ouvert aux visites guidées quelques mois par an ; réservez au moins 5 jours à l'avance.

Devant le Parlement, les *evzones* (gardes présidentiels), en costume traditionnel, assurent la garde du tombeau du Soldat inconnu et sont relevés toutes les heures. Le dimanche à 11h, c'est tout un peloton qui descend Vasilissis Sofias vers la tombe, en fanfare. Leurs uniformes, composés de la fustanelle (jupe plissée blanche) et de chaussures à pompon, s'inspirent du costume des klephtes (combattants montagnards de la guerre d'indépendance). On peut aussi voir les *evzones* à l'extérieur de la **Garde présidentielle** (carte p. 122 ; 10 Irodou Attikou, Syntagma) et près du Palais présidentiel. Seuls et loin des appareils photos des touristes, ils continuent leur rituel, même la nuit.

utilisé, construit près du mont Ardettos plaît aux amateurs d'architecture classique comme aux fans de sport, qui imaginent les cris de la foule des millénaires passés. Le billet inclut un audioguide, l'accès à une minuscule exposition sur les Jeux olympiques modernes (essentiellement de belles affiches) et la possibilité de vous prendre en photo sur un podium.

Musée numismatique MUSÉE

(Carte p. 122 ; 210 363 2057 ; www.nummus.gr ; Panepistimiou 12, Kolonaki ; tarif plein/réduit 6/3 € ; 8h30-15h30 mar-dim ; M Panepistimio, Syntagma). Ce musée réunit une superbe collection de pièces de l'Antiquité à nos jours, mais la fabuleuse demeure de 1881 qui l'abrite revêt un intérêt plus général. Conçue par l'architecte Ernst Ziller, c'était la maison de Heinrich Schliemann, découvreur des ruines de Troie. Les sols en mosaïque et les fresques qui ornent murs et plafonds reproduisent des motifs classiques.

Musée de la Guerre MUSÉE

(Carte p. 122 ; 210 725 2975 ; www.warmuseum.gr ; Rizari 2, angle Leoforos Vasilissis Sofias, Kolonaki ; adulte/enfant 4/2 € ; 9h-19h avr-oct, 9h-17h nov-mars ; M Evangelismos). Ce vestige architectural des années de la junte militaire en dit long sur cette période. Les expositions sur les armes, cartes, armures et maquettes de la civilisation mycénienne à nos jours comportent quelques pièces remarquables, telles que des avions de chasse et une réplique exacte du *Daedalus*, premier avion militaire grec datant de 1912.

Activités

Hammam SPA

(Carte p. 114 ; 210 323 1073 ; www.hammam.gr ; Melidoni 1, angle Agion Asomaton, Keramikos ; bain de 1 heure 25 €, bain et exfoliation à partir de 45 € ; 11h-22h lun-ven, 10h-22h sam-dim ; M Thissio). Le bain de vapeur, de style turc et tapissé de marbre, est petit, mais le souci du détail en fait le meilleur des 3 grands hammams du centre-ville. Bassins de belle taille, et thé chaud servi dans le salon avec des loukoums après le bain. Réservez pour une exfoliation intégrale.

Adidas Runbase COURSE À PIED

(Carte p. 84 ; 210 924 4073 ; www.adidas.gr/adidasrunners ; Falirou 16, Koukaki ; courses 6h-21h ; M Akropoli). GRATUIT Inscrivez-vous en ligne pour participer à ces courses guidées gratuites à travers Athènes, au départ du magasin d'exposition de la marque (essayez gracieusement les derniers modèles de chaussures si vous n'avez pas les vôtres). Courses de 5 à 6 km.

EOS RANDONNÉE

(Club alpin grec ; carte p. 90 ; 210 321 3255 ; www.eosathinon.gr ; Lekka 23-25, Syntagma ; M Syntagma). L'EOS organise des randonnées deux fois par semaine hors de la capitale (informations uniquement en grec) et entretient des sentiers sur le mont Hymette et en Attique. Le club n'est pas vraiment adapté aux touristes, mais se révèle de bon conseil en matière de grande randonnée et de pistes moins connues. Au premier niveau de la galerie marchande.

Circuits organisés

Nombre d'agences proposent des circuits guidés à pied dans le centre, qui passent par tous les grands sites archéologiques. Proposant des tarifs intéressants, **Athens Adventures** (carte p. 84 ; 210 922 4044 ; www.athensadventures.gr ; Veikou 3a, Makriyanni ; M Akropoli) est une des mieux organisées ; **Athens Walking Tours** (6945859662, 210 884 7269 ; www.athenswalkingtours.gr) est une autre entreprise installée de longue date. Pour un circuit similaire à vélo, essayez **Roll in Athens** (carte p. 90 ; 6974231611 ; www.rollinathens.tours ; Voreou 10, Monastiraki ; circuits demi-journée 40 € ; M Monastiraki) ou, pour un vélo électrique, **Solebike** (carte p. 84 ; 210 921 5620 ; www.solebike.eu ; Lembesi 11, Makriyanni ; location 2 heures/journée 28/36 € ; 9h30-14h30 et 16h30-20h30 lun-ven, 9h30-16h30 sam avr-oct, horaires réduits nov-mars ; M Akropoli). Si vous préférez une découverte sans effort, grimpez dans le **Athens Happy Train** (carte p. 90 ; 213 039 0888 ; www.athenshappytrain.com ; Plateia Syntagmatos, Syntagma ; tarif plein/réduit 5/3 € ; 9h-23h juin-sept, 9h-21h oct-mai ; M Syntagma). Bon marché, ce petit train motorisé couvre une boucle, et on peut y monter et en descendre à volonté.

Solution la plus confortable (avec air conditionné), le circuit en bus (à partir de 78 €) tient davantage d'un parcours dans la ville (comme le Happy Train) que d'une visite guidée à part entière (sauf s'agissant de l'Acropole). C'est aussi une façon simple de voir des sites importants en dehors de la ville, tels que le cap Sounion (49 €), Delphes (93 €), Nauplie et Épidaure (100 €). **CHAT** (210 323 0827 ; www.chat-tours.com ; circuit à pied/en bus à partir de 39/55 €), **GO Tours** (210 921 9555 ; www.gotours.com.gr ; visites à partir de 38 €) et **Hop In Sightseeing** (carte p. 90 ; 210 428 5500 ; www.hopin.com ; Leoforos Vasilissis Amalias 44, Makriyanni ; 6h30-22h ; M Akropoli), les principales agences, organisent également des excursions tout compris vers les îles voisines.

This Is My Athens (myathens.thisisathens.org) est un excellent programme initié par la ville, qui tient en une visite d'Athènes de 2 heures, accompagné d'un bénévole local. Réservation 72 heures à l'avance.

Trekking Hellas ACTIVITÉS DE PLEIN AIR
(210 331 0323 ; www.trekking.gr ; Gounari 96, Maroussi). De l'action dans la région de l'Attique, notamment escalade et canyoning sur le mont Parnès. Les guides, expérimentés et fiables, organisent aussi des activités pour les enfants.

Domaine Pyrgos Vasilissis VIGNOBLE
(Carte p. 144 ; 210 231 3607 ; www.pyrgosvasilissis.gr ; 67 Dimokratias Ave, Ilion ; adulte/enfant 27/13,50 € ; sur rdv). Plantée de pieds de vigne depuis les années 1850, cette propriété propose aujourd'hui des visites guidées de 1 à 2 heures dans la tour du château, les vignes bio, les jardins et la cave, s'achevant par une dégustation. Réservation indispensable. Le site www.winesofathens.com affiche des renseignements sur les vignobles de la région, avec une carte téléchargeable. **Cycle Greece** (210 921 8160 ; www.cyclegreece.com) organise des excursions à la journée en vélo vers certains domaines des environs.

Fêtes et festivals

Festival d'Athènes et d'Épidaure ARTS DU SPECTACLE
(Festival hellénique ; 21092 82900 ; www.greekfestival.gr ; juin-août). Le **théâtre antique d'Épidaure** (27530 22009 ; odysseus.culture.gr ; tarif plein/réduit/enfant 12/6 €/gratuit ; 8h-20h avr-août, horaires réduits sept-mars) et l'odéon d'Hérode Atticus (p. 79) constituent les principaux cadres de ce festival culturel annuel qui affiche depuis 1955 une superbe programmation locale et internationale de musique, danse et théâtre.

Fête de la Pleine Lune MUSIQUE
Les visiteurs qui supportent le mois d'août (le plus chaud) à Athènes seront récompensés. À la pleine lune, de grands sites historiques comme l'Acropole et l'Agora romaine sont ouverts toute la nuit et accueillent des spectacles musicaux.

Festival international du film d'Athènes CINÉMA
(210 606 1413 ; www.aiff.gr ; sept-oct). Avant-premières, rétrospectives, films d'art et d'essai et documentaires internationaux.

Gay Pride d'Athènes DÉFILÉ
(697 418 7383 ; www.athenspride.eu). La marche des Fiertés est un événement LGBT+ annuel, généralement célébré début juin. Le clou de la fête est le grand défilé démarrant à Syngtama.

Biennale d'Athènes ART
(210 523 2222 ; athensbiennale.org ; oct-déc). Les années impaires, les meilleurs artistes grecs et internationaux exposent leurs

1

1. Détails architecturaux, "Petite Métropole" 2. Moni Kaisarianis
3. Église des Saints-Apôtres 4. Mosaïque, Moni Dafniou

3

ELGREKO/SHUTTERSTOCK ©

Athènes byzantine

Des églises millénaires, bâties à l'apogée de l'Empire byzantin (certaines sont facilement accessibles), donnent un superbe aperçu de cette période. Admirez les trésors du Musée byzantin et chrétien (p. 103) ou les icônes du musée Benaki (p. 103).

Moni Dafniou

Classé au patrimoine mondial, le **Moni Dafniou** (monastère de Daphni ; ☎210 581 1558 ; whc.unesco.org/fr/list/537 ; ⏲9h-14h mar et ven ; 🚌811, 866 ou A16 arrêt Psychiatreion) GRATUIT, du XIe siècle, est le plus important monument byzantin de la région. Nombre des mosaïques de l'église, créées par des artisans de Constantinople, ont été restaurées, d'autres sont en cours de réfection. La structure octogonale incorpore un morceau d'une église du VIe siècle. À 10 km au nord-ouest d'Athènes.

Moni Kaisarianis

Niché sur le mont Hymette, à 5 km à l'est d'Athènes, le **Moni Kaisarianis** (monastère de Kaisariani ; ☎210 723 6619 ; adulte/enfant 2 €/gratuit ; ⏲8h30-14h45, domaine 8h30-crépuscule, mar-dim) a conservé sa structure fortifiée du XIe siècle. Son *catholikon* (église principale) est coiffé d'une coupole soutenue par les 4 colonnes d'un ancien temple. À l'intérieur, des fresques des XVIIe et XVIIIe siècles sont bien préservées.

Église des Saints-Apôtres

Élevée sur l'Agora antique (p. 86) au XIe siècle en souvenir de saint Paul et de ses enseignements, **Agii Apostoli Solaki** est une des plus anciennes églises d'Athènes. Ses détails décoratifs résultent du travail d'artisans qui œuvraient dans toute la Méditerranée orientale.

"Petite Métropole" (Agios Eleftherios)

Cette **église** (Plateia Mitropoleos, Monastiraki) du XIIe siècle, érigée sur les ruines d'un temple antique, présente un mélange de maçonnerie médiévale et de marbre ancien du Pentélique.

œuvres dans toute la capitale. Grande variété de lieux et de supports.

Athens Technopolis Jazz Festival MUSIQUE
(☎213 010 9300 ; www.technopolisjazzfestival.com ; ⏲fin mai-déb juin). Festival de jazz d'une semaine qui se tient au début de l'été à Technopolis (p. 103), l'usine à gaz reconvertie de Gazi, et au centre culturel Onassis (p. 130).

Athens Street Food Festival GASTRONOMIE
(☎210 963 6489 ; athensstreetfoodfestival.gr). Les Athéniens ont adopté cet événement dès sa première édition en 2016. Durant 3 week-ends de mai, l'ancien dépôt du tramway situé près du site archéologique de Keramikos (p. 102) accueille des étals garnis de toutes sortes d'en-cas, qu'ils soient traditionnels ou tout juste créés.

Rockwave Festival MUSIQUE
(☎210 882 0426 ; www.rockwavefestival.gr ; ⏲juil). Festival de rock international (axé sur le métal la plupart du temps) organisé chaque année, sur plusieurs week-ends, à Terra Vibe, un parc de Malakassa en bordure d'Athènes. Des bus spéciaux s'y rendent depuis la ville. Il arrive que soit prévu un camping bon marché.

Où se loger

Athènes affiche un vaste choix d'hôtels, de une à cinq étoiles, ainsi qu'un grand nombre de locations à court terme. Ces dernières années ont vu s'ouvrir une kyrielle de boutique-hôtels élégants, la plupart avec quelques chambres seulement. L'idéal est de réserver votre hébergement au moins deux mois à l'avance – voire quatre s'agissant de juillet-août.

Acropole, colline de Philopappos et Thissio

Marble House Pension PENSION €
(Carte p. 84 ; ☎21092 34058 ; www.marblehouse.gr ; Zini 35a, Koukaki ; d/tr/qua à partir de 45/55/69 € ; ❄@📶 ; Ⓜ Syngrou-Fix). Niché dans une impasse paisible, c'est l'une des meilleures adresses petit budget d'Athènes. Les chambres, bien tenues, comptent toutes un réfrigérateur et un ventilateur ; certaines ont un petit balcon. Comptez 5 € supplémentaires pour la climatisation. À 15 minutes à pied de l'Acropole (p. 76), mais proche du métro. Petit-déjeuner 5 €.

Athens Backpackers AUBERGE DE JEUNESSE €
(Carte p. 84 ; ☎21092 24044 ; www.backpackers.gr ; Makri 12, Makriyanni ; dort avec petit-déj à partir de 27 € ; ❄@📶 ; Ⓜ Akropoli). Auberge de jeunesse moderne et accueillante, prisée des baroudeurs. Le bar sur le toit, où siroter des boissons à prix doux en contemplant l'Acropole, est un véritable atout. Cuisine bien approvisionnée et vraie vie sociale. Dortoirs impeccables avec salles de bains privées, vestiaires et draps (location de serviette 1 €).

La direction gère aussi les **Athens Studios** (carte p. 84 ; ☎21092 35811 ; www.athensstudios.gr ; Veïkou 3a, Makriyanni ; app à partir de 90 € ; @📶), tout proches et également bon marché.

Chameleon Youth Hostel AUBERGE DE JEUNESSE €
(Carte p. 114 ; ☎21034 28053 ; www.chameleonyouthhostel.com ; Nileos 25, Thissio ; dort/d avec sdb privative 19/40 € ; ❄📶 ; Ⓜ Thissio). Une auberge sympathique et colorée, dotée d'un salon confortable, d'une cuisine, d'une buanderie et d'une agréable terrasse sur le toit. Non loin de l'entrée principale de l'Acropole et du quartier à la mode de Petralona.

Tony APPARTEMENTS €
(Carte p. 84 ; ☎210 923 0561 ; www.hoteltony.gr ; Zaharitsa 26, Koukaki ; studios à partir de 65 € ; ❄@📶 ; Ⓜ Syngrou-Fix). L'Hotel Tony loue de grands studios propres et modernes avec kitchenette, distribués dans deux bâtiments – une adresse parfaite pour les groupes. La "chambre familiale supérieure" dispose de 3 balcons. À 1 km au sud-ouest de l'Acropole, que l'on voit bien depuis le toit-terrasse.

♥ **Be My Guest Athens** HÔTEL €€
(Carte p. 114 ; ☎213 044 9929 ; www.bemyguestathens.gr ; Nileos 33, Thissio ; d/tr/ste avec petit-déj 102/126/150 € ; ❄📶 ; Ⓜ Thissio). Ouvert en 2017, cet hôtel propose 14 chambres au calme, avec tons monochromes et turquoise apaisants, dans un quartier résidentiel tranquille (à 15 minutes de marche de l'Acropole). Le petit supplément pour une double avec balcon vaut la peine d'être envisagé. Les suites ont une cuisine, et l'épicerie du rez-de-chaussée se révèle pratique.

Hera Hotel BOUTIQUE-HÔTEL €€
(Carte p. 84 ; ☎210 923 6682 ; www.herahotel.gr ; Falirou 9, Makriyanni ; d/ste avec petit-déj à partir de 145/280 € ; ❄@📶 ; Ⓜ Akropoli). Derrière sa jolie façade néoclassique, ce boutique-hôtel a été entièrement reconstruit ; la décoration

DU GRAFFITI AU STREET ART

S'il y a une chose que l'on remarque à Athènes, outre l'Acropole, c'est le nombre de graffitis. Ils recouvrent non seulement les murs, mais pratiquement chaque élément du mobilier urbain, des trains aux bancs publics. Cette forme d'art – au statut illégal, ou du moins clandestin –, vient d'une tradition très ancienne, certains exemples remontant à l'Antiquité. Le mot même de "graffiti", emprunté à l'italien *graffito* (au pluriel *graffiti*), tire son étymologie du grec ancien "*graphein*" qui signifie "écrire", "dessiner" ou "peindre".

Avec la crise financière de 2008, de nombreux Athéniens ont exprimé leurs frustrations, tant sur le plan économique que politique, en taguant slogans et images. Toutefois, un effort a récemment été réalisé pour travailler de manière plus créative avec les artistes de rue, de manière à apporter un peu plus de beauté et d'organisation au chaos visuel de l'ensemble. Des projets tels que Urban Act (urbanact.gr) ont légué à Athènes des fresques murales superbes et gigantesques.

Particulièrement remarquables, les fresques signées INO (ino.net) sont reconnaissables à leurs dessins en noir et blanc agrémentés de pointes de bleu vif. L'une des créations les plus bluffantes de l'artiste, ornant le côté Pirée de l'**ancien dépôt OSY** (carte p. 114 ; www.osy.gr/ethelsite/pages/gazi_amax.php ; Ermou, Keramikos ; Ⓜ Kerameikos), rend hommage à Léonard de Vinci ; notez les émeutiers et les policiers dans les yeux de Mona Lisa.

Manolis Anastasakos et Pavlos Tsakonas, avec des étudiants de l'École des Beaux-Arts d'Athènes (ASKT), ont signé la fresque **Les mains en prière** (carte p 100 ; Pireos 20, Omonia ; Ⓜ Omonia), inspirée d'un dessin d'Albrecht Dürer. Les mains sont inversées ; on voit que c'est le Seigneur qui prie pour les Hommes, et non l'inverse.

Le quartier d'Exarchia est couvert de graffitis et rechercher les plus beaux peut relever du défi. Exécutée avec talent par l'artiste d'origine indonésienne Achilles, alias Wild Drawing (qui signe ses œuvres WD), **No Land For the Poor** (carte p. 100 ; wdstreetart.com ; Emmanuel Benaki 84, Exarchia ; Ⓜ Omonia) représente un sans-abri endormi. Sur son site Internet, un plan indique l'emplacement de ses nombreuses œuvres à Athènes.

L'excellent circuit thématique **Alternative Athens** (☎ 211 012 6544 ; www.alternativeathens.com ; circuits à partir de 40 €) propose de découvrir à pied d'autres œuvres de *street art*.

intérieure raffinée, qui fait la part belle au laiton et au bois sombre, s'accorde bien avec l'extérieur. L'hôtel est à quelques minutes à pied de l'Acropole (p. 76) et de Plaka, et son bar-restaurant sur le toit, le Peacock, a l'atout d'une belle vue – et d'un service attentif. Préférez les chambres côté nord, loin du bar musical adjacent.

♥ **Athens Was** BOUTIQUE-HÔTEL €€€

(Carte p. 84 ; ☎ 210 924 9954 ; www.athenswas.gr ; Dionysiou Areopagitou 5, Makriyanni ; d/ste avec petit-déj à partir de 390/465 € ; ❄@📶 ; Ⓜ Akropoli). L'emplacement de cet établissement est imbattable, à deux minutes à pied de l'entrée est de l'Acropole. Son personnel avenant ajoute une note chaleureuse à la décoration plutôt minimaliste de l'endroit. Les chambres standard disposent de grands balcons donnant sur la rue piétonne. Le petit-déjeuner est bon et la vue est superbe depuis la terrasse. Les suites aux 5e et 6e niveaux donnent sur l'Acropole.

Herodion HÔTEL €€€

(Carte p. 84 ; ☎ 210 923 6832 ; www.herodion.gr ; Rovertou Galli 4, Makriyanni ; d avec petit-déj à partir de 195 € ; ❄@📶 ; Ⓜ Akropoli). Cet agréable hôtel contemporain loue des chambres petites, au style épuré, mais dotées de lits ultra-confortables. Superbe vue sur l'Acropole depuis le toit-terrasse et les deux Jacuzzi extérieurs.

Syntagma et Plaka

♥ **Hotel Phaedra** HÔTEL €

(Carte p. 90 ; ☎ 210 323 8461 ; www.hotelphaedra.com ; Herefontos 16, Plaka ; s/d/tr à partir de 60/80/90 € ; ❄@📶 ; Ⓜ Akropoli). Un hôtel tenu en famille, aux 21 chambres spartiates et plutôt exiguës ; presque toutes possèdent néanmoins un balcon avec vue sur une église ou sur l'Acropole, et certaines disposent d'une salle de bains privative non attenante. La terrasse sur le toit, le personnel avenant et l'emplacement inégalé en font un des meilleurs rapports qualité/prix de Plaka.

LOCATION D'APPARTEMENTS

Athènes compte d'innombrables appartements loués pour de courtes durées, proposés notamment par Airbnb. Les prix grimpent à mesure qu'on s'approche de l'Acropole. Plaka, Kolonaki, Mets et Pangrati sont des quartiers agréables, et généralement sûrs, où chercher une location.

Réservez sur **Boutique Athens** (☎6985083556 ; www.boutiqueathens.com ; app 1/2/4 ch à partir de 40/59/134 € ; ❄📶) un appartement spacieux superbement rénové ou une maison. Les meilleurs emplacements dans le centre offrent un excellent rapport qualité/prix pour les équipements proposés. Par exemple : un appartement à Psyri avec un immense jardin sur le toit donnant sur l'Acropole et des transats, un barbecue et un réfrigérateur. Deux nuits minimum.

♥ **InnAthens** BOUTIQUE-HÔTEL €€
(Carte p. 90 ; ☎210 325 8555 ; www.innathens.com ; Souri 3, Syntagma ; d avec petit-déj 150 € ; ❄@📶 ; Ⓜ Syntagma). Cet improbable hôtel de 37 chambres situé au bout d'une galerie marchande est à quelques minutes de Syntagma. Donnant pour la plupart sur une jolie cour-patio intérieure, les chambres ont un décor reposant, à base de gris et de blanc, et une excellente literie.

Home and Poetry Hotel BOUTIQUE-HÔTEL €€
(Carte p. 90 ; ☎210 322 3204 ; www.homeandpoetry.com ; Lysikratous 10, Plaka ; d avec petit-déj à partir de 150 € ; ❄📶 ; Ⓜ Akropoli). Cette charmante demeure néoclassique, convertie en une adresse élégante et idéalement située, comprend 16 chambres de tailles différentes, toutes avec parquet et mobilier classique. La salle à manger sur le toit-terrasse, avec vue sur l'Acropole est un plus.

Alice Inn PENSION €€
(Carte p. 90 ; ☎210 323 7139 ; www.jjhospitality.net ; Tsatsou 9, Plaka ; d/tr/ste à partir de 100/170/220 € ; ❄📶 ; Ⓜ Akropoli, Syntagma). Sise dans un quartier très tranquille, cette vénérable maison de ville affiche une élégance d'un autre temps. Hauts plafonds, ventilateurs, sols en marbre, cuisine et confortable salon communs avec gramophone en libre accès. Trois suites et une double douillette à petit prix.

♥ **Grande Bretagne** HÔTEL DE LUXE €€€
(Carte p. 90 ; ☎210 333 0000 ; www.marriott.com ; Vasileos Georgiou I 1, Syntagma ; ch/ste à partir de 515/838 € ; P❄@📶🏊 ; Ⓜ Syntagma). Comble du luxe à Athènes depuis son ouverture, le Grande Bretagne, place Syntagma, a été édifié en 1862 pour accueillir les chefs d'État en visite. Rénové il y a quelques années, ce symbole d'une époque révolue n'en conserve pas moins toute sa splendeur.

Ergon House BOUTIQUE-HÔTEL €€€
(Carte p. 90 ; ☎210 010 9090 ; house.ergonfoods.com ; Mitropoleos 23, Syntagma ; d à partir de 195 € ; P❄@📶 ; Ⓜ Syntagma). Ergon House a aménagé un élégant boutique-hôtel au-dessus de son traiteur-restaurant stylé (p. 118), et l'on peut y préparer, dans la cuisine commune, les produits achetés au rez-de-chaussée. Les chambres les moins chères sont petites mais joliment décorées de claustras, marbre gris et mobilier minimaliste.

NEW Hotel HÔTEL DESIGN €€€
(Carte p. 90 ; ☎210 327 3000 ; www.yeshotels.gr ; Filellinon 16, Plaka ; d à partir de 239 € ; P❄@📶 ; Ⓜ Syntagma). Les frères Campana, créateurs brésiliens, ont associé leurs influences Arte Povera au folklore grec et à de vieilles photos d'Athènes pour créer un espace réjouissant et plein de fantaisie. Les chambres sont douillettes à souhait (assortiment d'oreillers) et il y a un agréable bar lounge sur le toit, ainsi qu'un restaurant. Emplacement de choix mais bruyant ; mieux vaut privilégier les étages supérieurs.

Monastiraki et Psyri

♥ **City Circus** AUBERGE DE JEUNESSE €
(Carte p. 100 ; ☎213 023 7244 ; www.citycircus.gr ; Sarri 16, Psyri ; dort/d avec petit-déj 27/72 € ; ❄@📶 ; Ⓜ Thissio, Monastiraki). Avec son décor attrayant et son personnel serviable, cette adresse est plus agréable que bien des hébergements bon marché. Chambres lumineuses et bien conçues (certaines avec cuisine), dotées de salles de bains modernes. Petit-déjeuner gratuit servi chez Zampano, le bistro chic du rez-de-chaussée, en réservant sur le site Internet

Cecil HÔTEL €
(Carte p. 100 ; ☎210 321 7079 ; www.cecilhotel.gr ; Athinas 39, Monastiraki ; s/d/lits jum/tr/qua avec petit-déj 60/75/85/120/155 € ; ❄@📶 ; Ⓜ Monastiraki). Vieil hôtel charmant dans une avenue animée, avec hauts plafonds à moulures, parquets lustrés et ascenseur-cage. Toutes les

chambres (sans réfrigérateur) sont meublées avec goût. Deux chambres communicantes, partageant une salle de bains, conviennent parfaitement aux familles.

Small Funny World AUBERGE DE JEUNESSE €
(Carte p. 90 ; ☎210 324 7167 ; www.sfwhostel.com ; Kalamiotou 25, Monastiraki ; dort 17 € ; ❄@📶 ; Ⓜ Monastiraki). Une excellente adresse petit budget décontractée, installée dans le coin le plus animé de Monastiraki. Les 4 dortoirs carrelés comptent chacun 14 lits. Petits plus : la cuisine commune et la terrasse sur le toit, lieu de rencontre décoré de canapés en bois couverts de coussins et de tables dépareillées donnant sur les toits de la ville.

18 Micon Street BOUTIQUE-HÔTEL €€
(Carte p. 100 ; ☎210 323 5307 ; www.18miconstr.com ; Esopou 14, Psyri ; d/ste avec petit-déj 138/151 € ; ❄📶 ; Ⓜ Monastiraki). Une fée de la décoration intérieure a transformé un ancien entrepôt en boutique-hôtel chic de 14 chambres. Ciment, bois et brique, les 3 éléments de base, sont rehaussés de touches de couleur et de motifs sur les murs et les carrelages. Les chambres sont équipées d'appareils connectés pour accéder à Internet dans l'hôtel et à l'extérieur.

♥ **Foundry Hotel** APPARTEMENT €€€
(Carte p. 100 ; ☎211 182 4602 ; www.thefoundryhotelathens.com ; Sarri 40, Psyri ; app avec petit-déj à partir de 170 € ; ❄📶 ; Ⓜ Thissio). Ces appartements industriels chic occupent une ancienne fonderie de fonte, dont ils sont inspirés. Les chambres, toutes équipées d'une kitchenette, arborent une décoration d'acier et de bois. Les livres et 33 tours priment ici sur la TV. Choisissez une bouteille dans la cave à vin et dégustez-la dans le beau jardin sur le toit.

♥ **Perianth Hotel** HÔTEL DESIGN €€€
(Carte p. 90 ; ☎210 321 6660 ; perianthhotel.com ; Limbona 2, Monastiraki ; d/ste à partir de 198/351 € ; ❄@📶🏊 ; Ⓜ Monastiraki). Les designers athéniens de K-Studio ont transformé ce bâtiment des années 1930 en un somptueux hôtel de 38 chambres à l'aide de matériaux naturels (marbre, bois et métal) et d'œuvres d'art contemporain. Offrez-vous la suite au dernier étage, avec deux chambres, Jacuzzi privé et piscine sur une terrasse circulaire avec vue imprenable sur l'Acropole (p. 76).

Zillers BOUTIQUE-HÔTEL €€€
(Carte p. 90 ; ☎210 322 2277 ; www.thezillersathenshotel.com ; Mitropoleos 54, Monastiraki ; ch avec petit-déj à partir de 180 € ; ❄@📶 ; Ⓜ Monastiraki). Dix chambres aménagées dans un bâtiment néoclassique joliment transformé, juste à côté de l'ancienne cathédrale. Six donnent sur l'Acropole (les autres sont éclairées par un atrium). Le petit-déjeuner est servi dans l'excellent bar-restaurant sur le toit, lequel vaut une visite, même si on ne loge pas sur place.

Gazi, Keramikos et Exarchia

♥ **Athens Quinta Hostel** AUBERGE DE JEUNESSE €
(Carte p. 100 ; ☎213 030 5322 ; facebook.com/athensquinta ; Methonis 13, Exarchia ; dort/d avec sdb commune 25/55 € ; 📶 ; Ⓜ Panepistimio). Logé dans une demeure ancienne, avec canapés de velours et sols carrelés à motifs, ce lieu chaleureux se démarque agréablement des auberges de jeunesse plus animées et plus tendance. Charmante cour à l'arrière.

The House PENSION €
(Carte p. 114 ; ☎210 345 7765 ; www.thehouseathens.com ; Iakchou 7, Gazi ; d à partir de 70 € ; ❄@📶 ; Ⓜ Kerameikos). Une adresse idéale pour être proche de la vie nocturne de Gazi. L'endroit se décrit comme un boutique-hôtel, mais le mobilier rustique, les murs chaulés et les sols en fausse pierre rappellent davantage une pension sur une île grecque. Quelques chambres ont une kitchenette. Ambiance jeune et détendue.

Exarchion HÔTEL €
(Carte p. 100 ; ☎210 380 0731 ; exarchion.com ; Themistokleous 55, Exarchia ; s/d/tr 45/58/70 € ; ❄📶 ; Ⓜ Omonia). Les chambres propres et confortables (certaines avec balcon), au cœur du quartier bohème d'Exarchia , font oublier le bâtiment – une tour banale des années 1960. Café-bar sur le toit et direction aimable. Nombreuses adresses où se restaurer et se divertir dans les environs.

Grecotel Pallas Athena HÔTEL DESIGN €€
(Carte p. 100 ; ☎210 325 0900 ; www.grecotelpallasathena.com ; Athinas 63, Syntagma ; d à partir de 168 € ; ❄@📶 ; Ⓜ Omonia). Les 63 chambres de ce boutique-hôtel sont décorées d'art contemporain et d'un mobilier haut en couleur et décalé. Les enfants apprécieront les super-héros ornant les murs.

Fresh Hotel BOUTIQUE-HÔTEL €€
(Carte p. 100 ; ☎210 524 8511 ; freshhotel.gr ; Sofokleous 26, Omonia ; ch avec petit-déj à partir de 144 € ; ❄📶🏊 ; Ⓜ Omonia). Cet hôtel tendance,

Gazi, Keramikos et Thissio

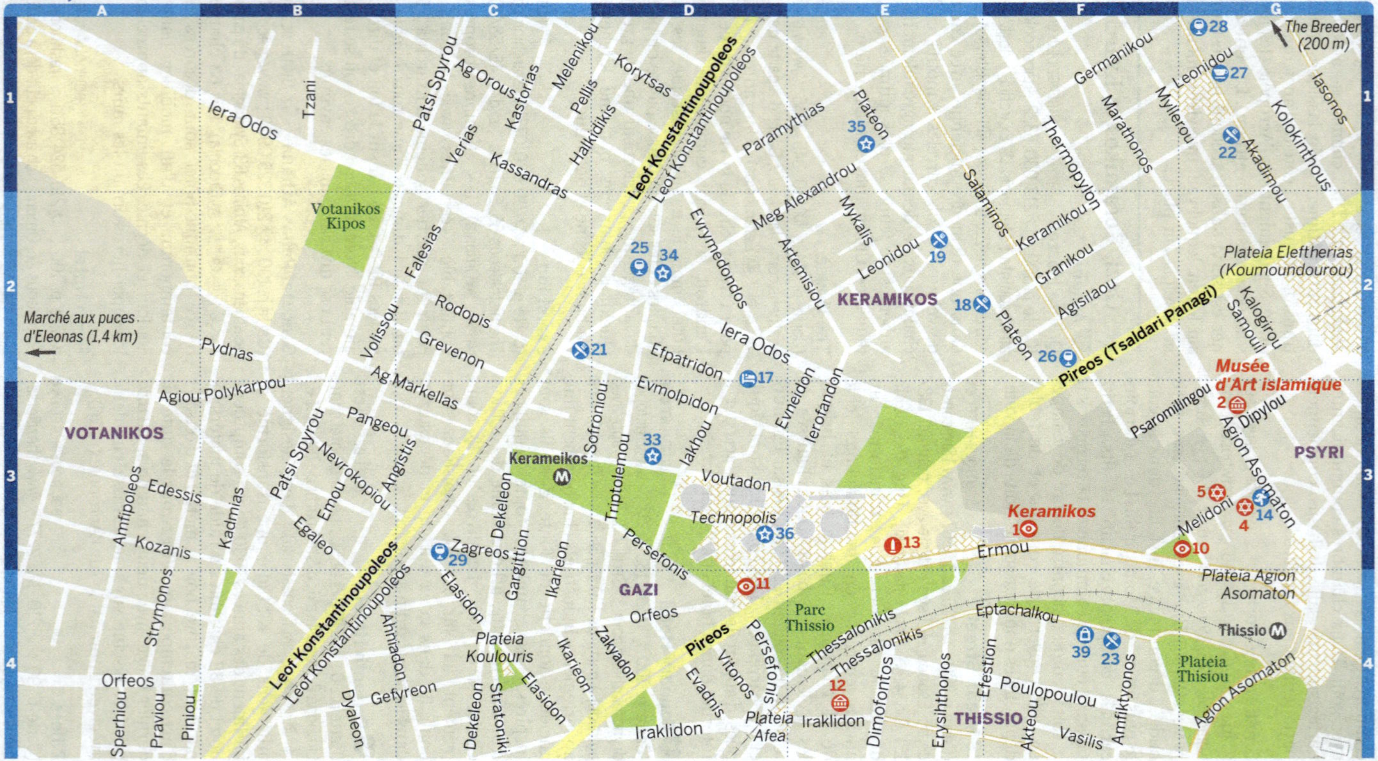

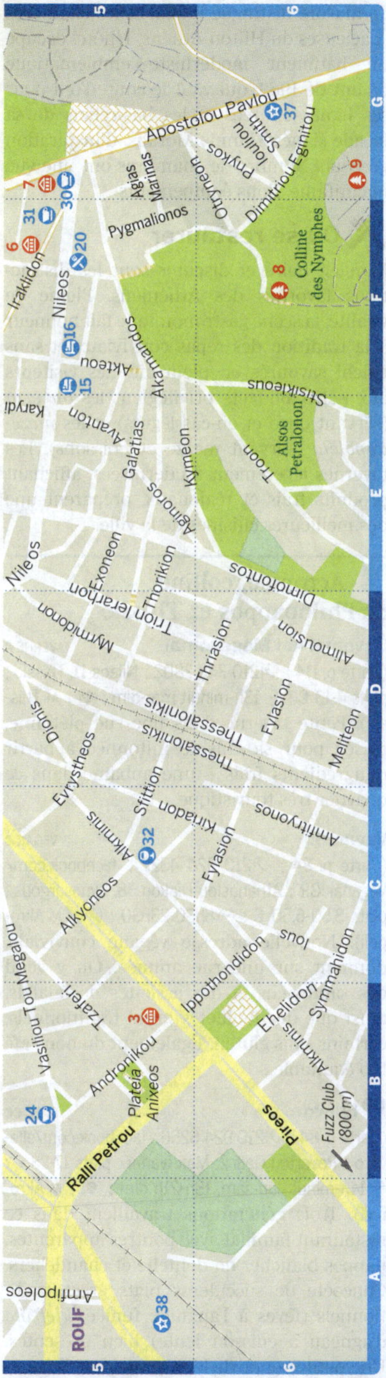

Gazi, Keramikos et Thissio

Les incontournables

1 Kerameikos F3
2 Musée d'Art islamique G3

À voir

3 Musée Benaki du 138 Pireos B5
4 Synagogue Beth Shalom G3
5 Synagogue Ets Hayim G3
6 Musée Hérakleidon Bâtiment A F5
7 Musée Hérakleidon Bâtiment B G5
8 Colline des Nymphes F6
9 Colline de la Pnyx G6
10 Mémorial de l'Holocauste G3
11 Musée du Gaz industriel D4
12 Centre culturel Melina Mercouri E4
13 Ancien dépôt OSY E3

Activités

14 Hammam G3

Où se loger

15 Be My Guest Athens F5
16 Chameleon Youth Hostel F5
17 The House D2

Où se restaurer

18 Athiri E2
19 Elvis E2
20 Gevomai kai Magevomai F5
21 Kanella C2
22 Seychelles G1
23 Steki tou Ilia F4

Où prendre un verre et faire la fête

24 Beaver Collective B5
25 BeQueer D2
26 Bios F2
27 Blue Parrot G1
28 Myrovolos G1
29 Shamone C3
30 Sin Athina G5
31 The Underdog F5
32 Upopa Epops C5

Où sortir

33 Gazarte D3
34 Greek Film Archive D2
35 Steki Pinoklis E1
36 Technopolis D3
37 Thission G6
38 Treno sto Rouf A5

Achats

39 Bernier/Eliades F4

dans le secteur sud, plutôt interlope, d'Omonia, loue des chambres modernes rénovées en 2019, avec faux parquet en bois blanchi et notes colorées aux murs. Petite piscine, bar, restaurant et fantastique vue sur l'Acropole depuis le toit aménagé. Les chambres en façade disposent d'un balcon, mais peuvent être bruyantes si l'on dort la fenêtre ouverte.

Kolonaki et ses environs

♥ Coco-Mat Athens Jumelle BOUTIQUE-HÔTEL €€

(Carte p. 122 ; ☎210 723 0000 ; www.cocomatathens.com ; Ypsilandou 2, Kolonaki ; s/d avec petit-déj à partir de 150/165 € ; ❄@ ; Ⓜ Evangelismos). La marque de matelas et de literie de luxe Coco-Mat, qui s'est lancée dans l'hôtellerie, possède là un petit bijou. L'endroit tient de l'heureuse alliance d'une demeure néoclassique et d'un immeuble moderne, reliés par un couloir agrémenté d'un mur d'eau. L'escalier en bois et la terrasse sur le toit, où est servi le petit-déjeuner, sont sublimes. Entrée sur Irodotou.

St George Lycabettus BOUTIQUE-HÔTEL €€€

(Carte p. 122 ; ☎210 741 6000 ; www.sglycabettus.gr ; Kleomenous 2, Kolonaki ; s/d à partir de 221/235 € ; ❄@ ; Ⓜ Evangelismos, Syntagma). La clientèle aisée séjourne dans cet hôtel pour son excellent service et ses chambres élégantes. Les nouvelles chambres "éco-chic" sont équipées de confortables matelas Coco-Mat avec linge de lit bio. Suivant les étages, le style rend hommage aux jeunes créateurs de mode grecs, à la photographie ou aux compositeurs locaux. Situé sur les hauteurs, à Kolonaki, l'hôtel est un peu excentré, mais on profite d'une belle vue sur la ville (et sur le Lycabette).

Periscope BOUTIQUE-HÔTEL €€€

(Carte p. 122 ; ☎210 729 7200 ; www.yeshotels.gr ; Haritos 22, Kolonaki ; d/ste avec petit-déj à partir de 318/393 € ; ❄@ ; Ⓜ Evangelismos). Situé dans une rue tranquille bordée de minuscules boutiques chic, cet hôtel tout gris, aux lignes épurées, incarne le renouveau de Kolonaki. Les chambres, minimalistes, sont meublées de lits fantastiques et décorées, au mur ou au plafond, de vues aériennes de la ville. En-cas offerts toute la journée dans le salon.

Hilton Athens HÔTEL D'AFFAIRES €€€

(Carte p. 72 ; ☎210 728 1000 ; www.hiltonathens.gr ; Leoforos Vasilissis Sofias 46 ; ch à partir de 196 € ; ❄@ ; Ⓜ Evangelismos). Une profusion de marbre distingue le hall et les chambres spacieuses du Hilton Athens. L'hôtel occupe un bâtiment moderniste emblématique datant de 1963, qui vaut le coup d'œil pour ses lignes épurées et les bas-reliefs de sa façade signés Yiannis Moralis, d'inspiration grecque. Nombre de chambres ont une vue magnifique. Bons équipements.

Où se restaurer

Manger, boire et discuter sont les distractions favorites des Athéniens. Pleine de vitalité, la scène gastronomique fait honneur à la tradition des repas conviviaux et sans chichi savourés en plein air. Les visiteurs aux petits budgets privilégient les *ouzeria* (servant ouzo et en-cas légers) et les *mezedopoleia* (servant mezze et boissons). Les tavernes légèrement modernisées, affichant produits frais et régionaux, préparent une des meilleures cuisines de la ville.

Acropole, colline de Philopappos et Thissio

Gevomai kai Magevomai TAVERNE €

(Carte p. 114 ; ☎210 345 2802 ; Nileos 11, Thissio ; plats 4-13 € ; ⏲13h-minuit mar-dim ; ; Ⓜ Thissio). Petite taverne dans une rue piétonne, prisée pour sa cuisine mitonnée à partir d'ingrédients frais – une aubaine dans ce quartier très touristique.

Veganaki VÉGAN €

(Carte p. 84 ; ☎210 924 4322 ; facebook.com/VeganakiGR ; Athanasiou Diakou 38, Kynosargous ; plats 3,50-6,50 € ; ⏲8h30-23h30 ; ; Ⓜ Akropoli). Nouvelle adresse végane conviviale, donnant sur une rue animée. On y vend des sandwichs et des assiettes de falafels, ainsi que des feuilletés grecs traditionnels, certains sans gluten. Également du bon café bio équitable.

♥ Ellevoro GREC €€

(Carte p. 84 ; ☎210 924 6256 ; facebook.com/ellevoro ; Rovertou Galli 2, Makriyanni ; plats 17-28 € ; ⏲14h-minuit lun-sam, 13h-21h dim ; ; Ⓜ Akropoli). Trois générations travaillent dans ce restaurant familial avec poutres apparentes, nappes blanches en dentelle et chandeliers. Concocte de succulents plats grecs traditionnels (fèves à l'anguille fumée, *kleftiko* d'agneau à cuisson lente) bien présentés. Une petite soupe de bienvenue est offerte.

Steki tou Ilia TAVERNE €€

(Carte p. 114 ; 210 345 8052 ; Eptachalkou 5, Thissio ; plats 6-30 € ; 12h-1h, 12h-19h dim ; Thissio). N'hésitez pas à faire la queue dans cette *psistaria* (restaurant de grillades), pour déguster ses côtelettes d'agneau et de porc. L'endroit est sans prétention, avec du vin tiré au tonneau et de simples sauces, frites et salades en accompagnement. L'été, le restaurant déménage dans un jardin caché de l'autre côté de la voie ferrée.

Fabrika tou Efrosinou GREC €€

(Carte p. 84 ; 210 924 6354 ; Zini 34, Koukaki ; plats 14-18,50 € ; 13h-23h dim et mar-jeu, 13h-minuit ven-sam ; Syngrou-Fix). Cette "fabrique", qui porte le nom de la sainte patronne des cuisiniers (Euphrosyne), est un restaurant chaleureux, sur deux niveaux, qui met à l'honneur des ingrédients de qualité et des recettes grecques moins connues. Quand le service roule, on apprécie la combinaison parfaite d'une nourriture saine et abondante (légumes bio et fromages fermiers notamment) et d'excellents vins grecs, le tout dans une ambiance très sympathique. Réservez le week-end.

Mani Mani GREC €€

(Carte p. 84 ; 210 921 8180 ; www.manimani.com.gr ; Falirou 10, Makriyanni ; plats 12-23 € ; 14h-23h ; Akropoli). Ce restaurant moderne est spécialisé dans les recettes de la région du Magne (Péloponnèse), qui font la part belle aux herbes. Les raviolis aux blettes, la saucisse piquante à l'orange et le poulet farci aux champignons et au pecorino sont des plats phares de la carte.

Strofi GREC €€

(Carte p. 84 ; 210 921 4130 ; www.strofi.gr ; Rovertou Galli 25, Makriyanni ; plats 16-19 € ; 12h-1h, fermé lun nov-avr ; Akropoli). Réservez pour profiter de la vue sur le Parthénon (p. 76) depuis le toit de cette belle maison de ville. La cuisine est sans apprêt (viande et poisson grillés), mais le cadre et le service de bonne tenue participent du romantisme du lieu.

Hytra MÉDITERRANÉEN €€€

(Carte p. 72 ; 217 707 1118, 210 331 6767 ; www.hytra.gr ; Centre culturel Onassis, Leoforos Syngrou 107-109, Neos Kosmos ; plats 34-39 €, menu dégustation 8 plats 62 € ; restaurant 20h-minuit dim-jeu, 20h-1h ven-sam, bar 20h-3h ; 10, 550 arrêt Panteio, Syngrou-Fix). Pour déguster des spécialités grecques revisitées et superbement présentées, direction Le Hytra. Si les portions sont assez chiches, la technique et les saveurs sont incomparables, ce qui lui a valu une étoile au Michelin. Un menu dégustation végétarien de 10 plats (58 €) et un menu plus léger (plats 20-25 €) sont servis dans l'espace bar.

Syntagma et Plaka

Damigos TAVERNE €

(Carte p. 90 ; 210 322 5084 ; www.mpakaliarakia.gr ; Kydathineon 41, Plaka ; plats 9-12 € ; 14h-minuit ; Akropoli). Cette adresse traditionnelle dans Plaka, en retrait et à l'atmosphère intimiste, existe depuis 1865. Spécialisée dans le *bakaliaros*, savoureux cabillaud pané et frit arrosé de sauce à l'ail, elle sert d'autres plats roboratifs et un vin de qualité, tiré de fûts rafraîchis naturellement dans la roche. Un régal !

Avocado VÉGÉTARIEN €

(Carte p. 90 ; 210 323 7878 ; www.avocadoathens.com ; Nikis 30, Plaka ; plats 9-14 € ; 12h-23h lun-ven, 11h-23h sam, 11h-19h dim ; Syntagma). Dans le centre-ville, un excellent café très populaire qui jouxte un marché bio. On y sert en toute logique des mets bio, végétariens et sans gluten – avec une touche internationale. Dégustez sandwichs, quinoa aux aubergines ou curry coco-légumes dans le minuscule patio, à accompagner d'un jus de fruit frais ou d'un lassi à la mangue préparés à la commande.

Kalderimi TAVERNE €

(Carte p. 100 ; 210 331 0049 ; Plateia Agion Theodoron, Panepistimio ; plats 6-12 € ; 11h-20h lun-jeu, 11h-22h ven-sam ; ; Panepistimio). Une taverne du centre-ville concoctant une cuisine grecque des plus authentiques. Tout, sans exception, est frais et délicieux. Les tables peintes à la main bordent une rue piétonne, lieu paisible dans un des quartiers les plus animés de la ville (d'autant que la taverne ferme avant que les bars voisins ne se remplissent).

Glykys MEZZE €

(Carte p. 90 ; 210 322 3925 ; www.glykys.gr ; Angelou Geronta 2, Plaka ; mezze 4-8 € ; 10h-1h ; Akropoli). Sis dans un coin tranquille de Plaka, cet établissement de quartier est apprécié des étudiants et des habitants pour sa cour ombragée à l'avant, ses délicieux mezze et des plats traditionnels tels que le *briam* (légumes cuits en cocotte, seulement le soir) et la seiche au vin.

Ergon House Agora GREC €€

(Carte p. 90 ; 210 010 9090 ; house.ergonfoods.com ; Mitropoleos 23, Syntagma ; plats 8-11,50 € ; 7h30-minuit ; ; Syntagma). Fantastique nouveau venu à Athènes, ce traiteur-café-restaurant occupe un atrium sublime inondé de lumière. Il possède plusieurs rayons (maraîcher, poissonnier, boucher et boulanger) de produits grecs d'excellente qualité, issus de petits producteurs. On y mange bien et on en repart souvent chargé de victuailles.

Birdman JAPONAIS €€

(Carte p. 90 ; 210 321 2800 ; facebook.com/birdmanathens ; Skoufou 2, Syntagma ; brochette 2,50-4 €, plats 15 € ; 18h-minuit lun-ven, 13h-minuit sam ; ; Syntagma). Plusieurs restaurants japonais se côtoient dans cette partie de Syntagma. Birdman, spécialisé dans les *yakitori* (brochettes de viande grillées au feu de bois), sort du lot : ingrédients de qualité irréprochable (poulet bio de plein air, bœuf nourri à l'herbe), cuisine authentique par des chefs japonais, et ambiance détendue et contemporaine.

Cherchez la Femme GREC €€

(Carte p. 90 ; 210 322 2029 ; Mitropoleos 46, Syntagma ; plats 7,50-12,50 € ; 9h-23h30, 9h-minuit ven-sam ; Syntagma). Papier peint verdoyant, lustre scintillant, mobilier et bar de brasserie parisienne forment le décor élégant de ce café. La carte, bien locale, elle, affiche des plats traditionnels comme la moussaka et les *skioufichta* (pâtes grecques). C'est l'endroit idéal pour grignoter des mezze avec un verre de vin ou une bière.

Nolan FUSION €€

(Carte p. 90 ; 210 324 3545 ; www.nolanrestaurant.gr ; Voulis 31-33, Syntagma ; plats 8,50-13 € ; 13h-minuit lun-sam ; ; Syntagma). Mieux vaut réserver une table dans ce restaurant décontracté, chic et apprécié. Le chef, Sotiris Kontizas, a ajouté des saveurs asiatiques à ses créations : goûtez les nouilles soba au saumon fumé ou le NFC (*Nolan Fried Chicken*). Tous les plats peuvent se partager.

Palia Taverna tou Psara TAVERNE €€

(Carte p. 90 ; 210 321 8734 ; www.psaras-taverna.gr ; Erechtheos 16, Plaka ; plats 12-24 € ; 12h-1h ; Akropoli). À l'écart de l'agitation de Plaka, cette taverne dresse ses tables sur les larges marches des escaliers. Touristique, mais respectée par la clientèle locale, elle propose les meilleurs produits de la mer du quartier (poisson 65 €/kg) et beaucoup d'autres plats.

Sushimou JAPONAIS €€€

(Carte p. 90 ; 211 407 8457 ; www.sushimou.gr ; Skoufou 6, Syntagma ; menu fixe 50-60 € ; 18h30-22h30 ; ; Syntagma). Sans doute les meilleurs sushis d'Athènes. Annoncez votre budget à Antonis Drakoularakos, chef formé à Tokyo, et il vous préparera un festin de *sashimi* (tranches de poisson cru) et de *nigiri* (riz vinaigré). L'endroit est minuscule, réservez au moins un mois à l'avance.

Monastiraki et Psyri

Diporto Agoras TAVERNE €

(Carte p. 100 ; 210 321 1463 ; Sokratous 9 et Theatrou, Psyri ; assiettes 5-7 € ; 7h-19h lun-sam, fermé 1er-25 août ; Omonia, Monastiraki). Un véritable joyau que cette vénérable taverne. Ici, point d'enseigne : juste deux portes menant à une cave rustique. Les mêmes plats sont servis depuis des années, sans carte. Commandez la spécialité, les *revithia* (ragoût de pois chiches), puis un poisson grillé accompagné du vin tiré à l'un des immenses tonneaux alignés le long des murs.

Hoocut GREC €

(Carte p. 90 ; 210 324 0026 ; hoocut.com ; Plateia Agia Irini 9, Monastiraki ; souvlakis à partir de 2,50 € ; 12h-1h ; Monastiraki). Cinq chefs athéniens ont misé sur la qualité des ingrédients pour créer des souvlakis haut de gamme à partir d'autres viandes que les habituels porc et poulet. Les portions sont un peu moins généreuses et les prix plus élevés que pour un *gyros* classique, mais la perfection de la cuisson fait toute la différence.

Bougatsadiko Thessaloniki PITAS €

(Carte p. 100 ; 210 322 2088 ; Plateia Iroön 1, Psyri ; pita 2 € ; 7h-2h dim-jeu, 24h/24 ven-sam ; Monastiraki). Inattendu sur cette place névralgique de la vie nocturne de Psyri, cet établissement prépare d'excellents *pites* (feuilletés) à base d'une pâte phyllo "ouverte" (abaissée à la main) chaque jour – voyez le boulanger à l'œuvre. La *bougatsa* (à la crème anglaise) est parfaite au petit-déjeuner, les feuilletés à la viande sont bienvenus après quelques verres, et la *spanakopita* (aux épinards) se déguste à toute heure.

Feyrouz TURC €

(Carte p. 90 ; 213 031 8060 ; www.feyrouz.gr ; Karori 23, Monastiraki ; sandwichs à partir de 3 € ; 12h-22h lun-jeu, 12h-23h ven-sam ; ; Monastiraki). Fabuleuse échoppe d'en-cas turco-libanais spécialisée dans le *lahmacun* (pizza turque à la viande épicée et aux légumes). La version végétarienne, succulente, comporte un pain complet consistant. Excellente soupe de lentilles et salades gigantesques. Si l'endroit, minuscule, est plein, dégustez votre sandwich sur l'un des bancs de la rue piétonne.

Kostas GREC €

(Carte p. 90 ; 210 323 2971 ; Plateia Agia Irini 2, Monastiraki ; sandwich 2,20 € ; 9h-18h ; M Monastiraki). Sur une agréable place face à l'église Agia Irini, cette échoppe à l'ancienne prépare de délicieux souvlakis et *bifteki* (hamburgers à la grecque) servis sur du pain pita avec une sauce à la tomate épicée maison. L'endroit ferme tôt lorsqu'il n'y a plus de viande : arrivez avant le coup de feu du déjeuner.

Avli MEZZE €

(Carte p. 100 ; 210 321 7642 ; Agiou Dimitriou 12, Psyri ; plats 5-13 € ; 13h-minuit ; M Monastiraki). Un endroit bon marché, gai et plein à craquer les soirs de week-end, où le service est parfois long. Les murs blanchis à la chaux et les tables à l'extérieur rappellent les îles grecques. Les *keftedhes* (boulettes de viande) et l'omelette spéciale, accompagnée de frites et de saucisses, sont parfaits après quelques verres.

♥ **Atlantikos** POISSONS €€

(Carte p. 100 ; 213 033 0850 ; Avliton 7, Psyri ; plats 6-13 € ; 13h-minuit ; M Monastiraki, Thissio). Niché au fond d'une allée, ce petit restaurant de poissons tendance est difficile à trouver : cherchez les joyeux lurons devisant autour d'une montagne de carapaces de crevettes. L'ambiance est simple et détendue, les prix doux et les produits d'excellente qualité, qu'ils soient sautés ou grillés.

♥ **Karamanlidika tou Fani** GREC €€

(Carte p. 100 ; 210 325 4184 ; www.karamanlidika.gr ; Sokratous 1, Psyri ; plats 6-15 € ; 11h-minuit ; M Monastiraki). Dans ce *pastomageireio* – taverne et traiteur – moderne, les tables sont placées le long des vitrines de produits et le personnel vous fera goûter de délicieuses bouchées, tandis que vous consulterez la carte. Outre les fromages et les charcuteries, sont proposés de bons produits de la mer, comme les anchoix marinés, ainsi que des vins moins connus et des bières artisanales. Le service est épatant, et l'accueil de Fani, la propriétaire, est chaleureux.

Fouar ASIATIQUE €€

(Carte p. 90 ; 210 321 1381 ; fouar-athens.gr ; 1er niv., 6 Hristopoulou, Monastiraki ; plats à partir de 10 € ; 19h-3h mar-ven, 13h-3h sam-dim ; M Syntagma). Ce lieu de rencontre à la mode, à la fois détendu et stylé, sert une cuisine internationale aux accents asiatiques prononcés. Après un cocktail au bar, visitez l'expo du moment dans la galerie, puis dégustez votre repas dans la verdure de l'atrium et danser toute la nuit au club (ouvert certains soirs seulement).

Gostijo JUIF €€

(Carte p. 100 ; 210 323 3825 ; www.gostijo.gr ; Esopou 10, Psyri ; plats 8,50-17 € ; 13h-22h30 dim-jeu avr-oct, 16h-22h30 nov-mars ; ; M Monastiraki). Ricky Vidal, expatrié israélien accueillant et force de la nature, gère ce restaurant casher logé dans un espace moderne et joliment décoré, au rez-de-chaussée de l'organisation de diffusion du judaïsme Chabad. Plats traditionnels séfarades et méditerranéens, mais aussi ragoût de bœufs au vin et aux pruneaux, falafels et poulet à la marocaine. Réservation conseillée.

Café Avissinia MEZZE €€

(Carte p. 90 ; 210 321 7047 ; cafeavissinia.net ; Kinetou 7, Monastiraki ; plats 10-16 € ; 11h-1h mar-sam, 11h-19h dim ; M Monastiraki). Au milieu des antiquaires de la Plateia Avissinias, ce café, empli d'objets anciens, est réputé depuis les années 1980 pour ses concerts et ses mezze variés. Faites-y une pause déjeuner les jours de marché, ou allez-y tard le soir, le week-end. En été, on profite de la vue sur l'Acropole (p. 76) depuis la terrasse à l'étage.

Kuzina GREC €€

(Carte p. 90 ; 210 324 0133 ; www.kuzina.gr ; Adrianou 9, Monastiraki ; plats 16-36 € ; 13h-minuit ; M Thissio). Cet établissement confortable et raffiné propose une cuisine grecque haut de gamme, avec des créations telles que les raviolis frits garnis de féta et d'olive. L'endroit est douillet en hiver, quand un rayon de soleil vient réchauffer les tables bondées. En été, pensez à réserver votre table sur le toit-terrasse. Celles disposées dehors, dans la rue piétonne, sont une bonne alternative.

Telis TAVERNE €€

(Carte p. 100 ; 210 324 9582 ; Evripidou 86, Psyri ; repas avec salade 13 € ; 12h-minuit lun-sam ; M Thissio). Installé dans ce pâté de maisons guère avenant depuis 1978, Le Telis propose une bonne cuisine toute simple, servie avec gentillesse sous un éclairage au néon. Il n'y a pas de carte, juste un repas à prix fixe, consistant en une petite montagne de côtes de porc grillées au charbon de bois, des frites et une garniture de légumes. Salade grecque en option, tout comme l'âpre vin maison ou la bière.

Gazi, Keramikos et Exarchia

Ama Lachei stis Nefelis GREC €

(Carte p. 100 ; 210 384 5978 ; restaurant-47828.business.site ; Kalidromiou 69, Exarhia ; mezze 5,50-11,50 € ; 13h-0h30 jeu-dim, 18h-0h30 mar-mer ; 2, 5, 9, 11, arrêt Polytechneio). Faites l'effort de gravir la colline d'Exarchia jusqu'à ce *mezedopoleio* (restaurant de mezze) moderne : attablé dans la cour verdoyante d'une ancienne école, on y déguste de petites assiettes savoureuses (poulpe au vinaigre, boulettes de viande à la cannelle et aux clous de girofle, et brochettes d'agneau).

Elvis GREC €

(Carte p. 114 ; 210 345 5836 ; Plateon 29, Keramikos ; brochettes 1,70 € ; 12h-3h en sem, 12h-5h ven-sam ; Kerameikos ou Thissio). Si ce restaurant de souvlakis est pris d'assaut, ce n'est pas seulement parce que le personnel au comptoir verse un *shot* de spiritueux aux clients pour les aider à patienter. Viande de qualité supérieure, prix raisonnables et excellente musique. Les brochettes sont accompagnées de pain moelleux et de pommes de terre sautées.

Seychelles GREC €€

(Carte p. 114 ; 210 118 3478 ; www.seycheles.gr ; Keramikou 49, Metaxourgeio ; plats 8,50-14,50 € ; 14h-0h30 dim-jeu, 14h-1h ven-sam ; Metaxourgio). Entre mets fraîchement préparés, cuisine ouverte, service aimable, carte du jour écrite à la main et musique rock : aurait-on là l'idéal platonicien du restaurant ? Les plats semblent simples (champignons frits rehaussés de fromage de brebis, ou légumes aux œufs de poisson), mais les saveurs sont au rendez-vous. Arrivez tôt ou réservez. Le succès de l'endroit est mérité.

Athiri GREC €€

(Carte p. 114 ; 210 346 2983 ; www.athirirestaurant.gr ; Plateon 15, Keramikos ; plats 17-20 € ; 19h-23h30 mar-sam, plus 13h-17h dim oct-mai ; Thissio). La charmante cour verdoyante de ce restaurant est une aubaine ici, dans le quartier de Keramikos. Côté cuisine, la courte carte créative revisite les grandes spécialités régionales de la Grèce et inclut des plats de saison comme les fèves de Santorin et un ragoût de bœuf au *myzithra* (sorte de ricotta), ou les pâtes maison de Karpathos.

VAUT LE DÉTOUR

TRENO STO ROUF

Guettez le phare d'une locomotive à vapeur derrière la gare de Rouf. Les 9 wagons du **Treno sto Rouf** (carte p. 114 ; 21052 98922 ; totrenostorouf.gr ; Leoforos Konstantinoupoleos, Rouf ; 19h30-1h mar-dim ; 21 ou B16 arrêt Rouf, Kerameikos) qui y sont accrochés accueillent un restaurant, un café-bar, un club musical et un théâtre. Même sans spectacle, le lieu est agréable pour prendre un verre et un en-cas (6-15 €) en s'imaginant à bord de l'Orient-Express. Consultez le site Internet pour connaître les horaires, légèrement différents de juin à octobre.

I Kriti CRÉTOIS €€

(Carte p. 100 ; 210 382 6998 ; Veranzerou 5, Omonia ; plats 6-12 € ; 12h-minuit lun-sam ; Omonia). Les restaurants crétois ne manquent pas à Athènes, mais celui-là est recommandé par les insulaires, notamment pour ses plats saisonniers : ragoût d'escargots, *volvi* (oignons sauvages) aigre-doux au vinaigre, et tendre cabri aux noix et à l'ail. Il occupe plusieurs vitrines à l'intérieur du passage couvert ; réservation conseillée le week-end.

Yiantes TAVERNE €€

(Carte p. 100 ; 210 330 1369 ; www.yiantes.gr ; Valtetsiou 44, Exarchia ; plats 9-15 € ; 13h-minuit ; ; Omonia). Lové autour d'un ravissant jardin, ce restaurant, haut de gamme pour Exarchia , sert une remarquable cuisine, très largement bio. Ne manquez pas de goûter aux légumes verts sauvages et légumes-feuilles de saison, comme les *almirikia*, au poisson grillé (à la perfection) ou aux succulents calmars au safran.

Kanella TAVERNE €€

(Carte p. 114 ; 210 347 6320 ; www.kanellagazi.gr ; Leoforos Konstantinoupoleos 70, Gazi ; plats 8,50-14 € ; 13h-minuit lun-ven, 13h-1h sam-dim ; Kerameikos). Pain maison, vaisselle dépareillée et nappes en papier marron donnent le ton dans cette taverne moderne. Le personnel, aimable, vous servira des plats régionaux délicieux, comme de l'agneau au citron avec des pommes de terre ou une salade courgettes-avocats.

Kolonaki, Mets et Pangrati

Kalamaki Kolonaki GREC €

(Carte p. 122 ; 210 721 8800 ; Ploutarhou 32, Kolonaki ; souvlaki à partir de 5 € ; 13h-minuit ; M Evangelismos). Commandez des *kalamaki* (brochettes) de porc ou de poulet à la pièce, une salade et du pain pita pour un excellent repas rapide dans cette cantine de souvlakis. L'endroit est petit mais un peu plus chic que le reste du quartier, et l'on peut s'attabler dehors et observer les passants.

Filippou TAVERNE €

(Carte p. 122 ; 210 721 6390 ; www.filippou.gr ; Xenokratous 19, Kolonaki ; plats 5-10 € ; 13h-17h et 19h30-minuit lun-ven, 13h-17h sam ; M Evangelismos). Pourquoi changer une formule qui marche ? Le Filippou sert une bonne cuisine grecque depuis 1923 au cœur de Kolonaki, et reste l'un des lieux préférés du quartier. Beaucoup d'ail et de plats de viande que l'on peut trouver ailleurs pour moins cher, mais ici, les tables sont recouvertes de nappes blanches et la clientèle d'habitués d'un certain âge est intéressante.

Ohh Boy CAFÉ €

(Carte p. 122 ; 211 183 8340 ; facebook.com/ohhboygr ; Archelaou 32, Pangrati ; sandwichs 6,50 € ; 8h30-minuit, à partir de 9h sam-dim ; ; M Evangelismos). Installez-vous à ces tables nichées sous des oliviers pour choisir parmi les nombreux plats sains, dont des gâteaux végans. Parfait pour un sandwich accompagné d'un café.

Colibri PIZZERIA €

(Carte p. 122 ; 210 701 1011 ; Embedokleous 9-13, Pangrati ; pizzas 6,50-14 €, plats 7-9 € ; 13h-0h30 ; 2, 4, 11, arrêt Plateia Plastira). Un des agréables cafés de cette rue calme bordée d'arbres. Selon les résidents, on y sert les meilleures pizzas d'Athènes. Saveurs classiques italiennes et créations végétariennes (très bonnes pizzas au yaourt !). Excellents hamburgers et salades.

Mavro Provato MEZZE €€

(Mouton Noir ; carte p. 122 ; 210 722 3466 ; www.tomauroprovato.gr ; Arrianou 31-33, Pangrati ; plats 6-17,50 € ; 13h-1h lun-sam, 13h-19h dim ; M Evangelismos). Réservez pour découvrir ce *mezedopoleio* moderne et très populaire de Pangrati, qui se double de tables à l'extérieur le long du trottoir. Délicieuses "petites" assiettes, à accompagner de vins régionaux.

Philos Athens INTERNATIONAL €€

(Carte p. 122 ; 210 361 9163 ; facebook.com/philos.athens ; Solonos 32, Kolonaki ; plats 8-16 € ; 9h-17h lun-ven, 10h-17h sam-dim ; M Panepistimio, Syntagma). Murs patinés, beau sol carrelé ancien et cascade de cocottes en papier dégringolant du haut plafond forment le cadre bobo-chic de cet adorable café. Feuilletez un magazine de mode tout en dégustant un petit-déjeuner ou un déjeuner (bols macrobiotiques ou pâtes à la bolognaise).

Oikeio MÉDITERRANÉEN €€

(Carte p. 122 ; 210 725 9216 ; facebook.com/oikeio ; Ploutarhou 15, Kolonaki ; plats 10-12 € ; 12h30-minuit lun-sam, 12h30-1h ven-sam, 12h-18h dim ; M Evangelismos). La cuisine maison est excellente dans cette taverne moderne, aux allures de bistrot, qui porte bien son nom ("accueillant"). Il y a aussi des tables sur le trottoir, et les prix sont raisonnables pour le quartier. À la carte : pâtes, salades et une bonne cuisine internationale, ainsi que de délicieux *mayirefta* (plats familiaux) servis en plat du jour, comme les courgettes farcies. Mieux vaut réserver le week-end.

Café du musée Benaki GREC €€

(Carte p. 122 ; 210 367 1000 ; www.benaki.org ; Koumbari 1, Kolonaki ; plats 10-24 € ; 10h-18h lun, mer et ven-sam, 10h-minuit jeu, 10h-16h dim ; M Evangelismos). Nourriture grecque traditionnelle enjolivée pour cadrer avec le musée Benaki (p. 103), servie dans une salle à manger ouverte et sur une terrasse donnant sur le Jardin national et l'Acropole. Ambiance façon club avec les résidents âgés du quartier qui s'y retrouvent pour déjeuner. Mêmes heures d'ouverture que le musée : vous pourrez donc y dîner ou juste y boire un verre en soirée.

Spondi MÉDITERRANÉEN €€€

(Carte p. 122 ; 210 756 4021 ; www.spondi.gr ; Pyrronos 5, Pangrati ; plats 48-60 €, menus à partir de 79 € ; 20h-23h45 ; 209, arrêt Plateia Varnava, 2, 4 ou 11, arrêt Plateia Plastira). Forte de deux étoiles au Michelin, cette table est souvent considérée par les Athéniens comme le meilleur restaurant de la capitale. Sa gastronomie méditerranéenne, aux influences françaises bien marquées,

Kolonaki, Mets et Pangrati

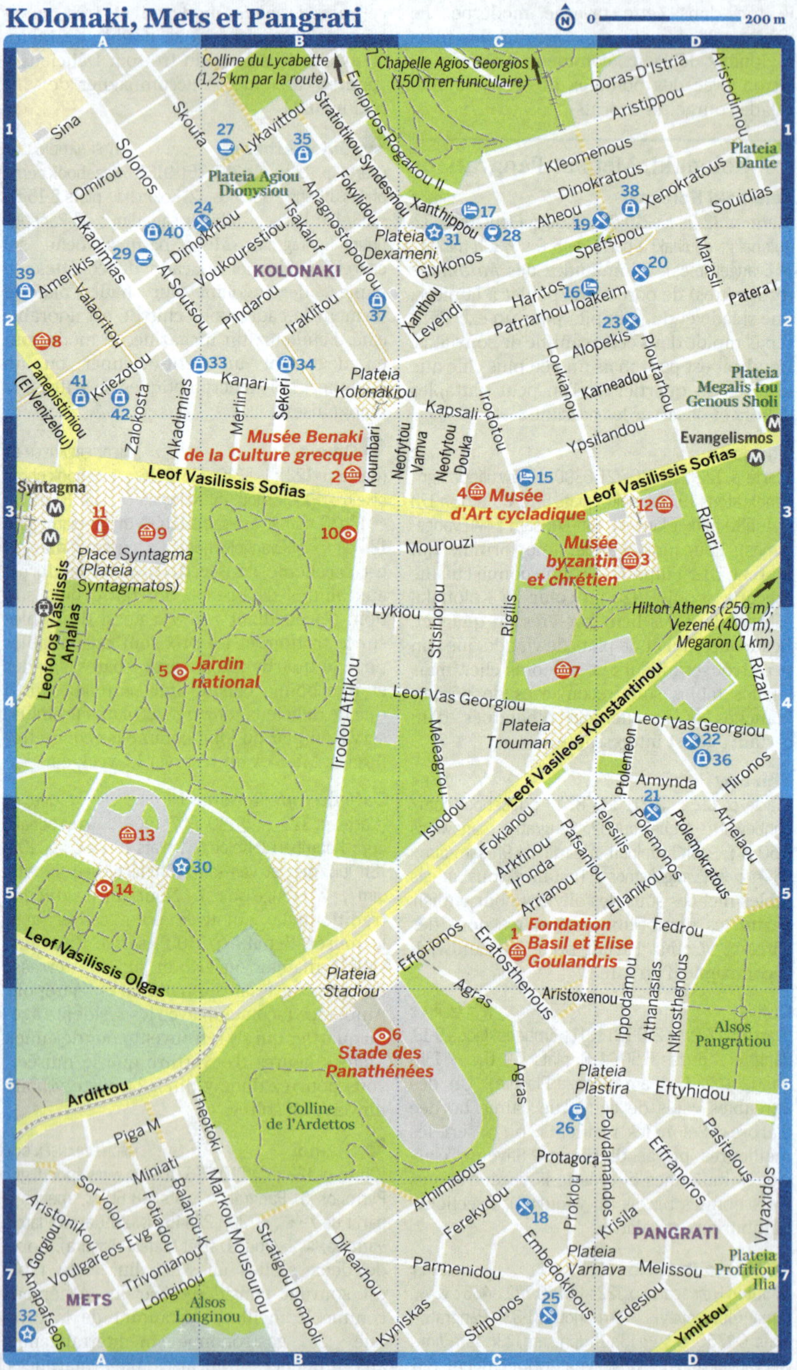

Kolonaki, Mets et Pangrati

Les incontournables
1 Fondation Basil et Elise Goulandris C5
2 Musée Benaki de la Culture grecque B3
3 Musée byzantin et chrétien D3
4 Musée d'Art cycladique C3
5 Jardin national A4
6 Stade des Panathénées B6

À voir
7 Musée hellénique des Enfants C4
8 Musée numismatique A2
9 Parlement A3
10 Garde présidentielle B3
11 Tombeau du Soldat inconnu A3
12 Musée de la Guerre D3
13 Palais du Zappéion A5
14 Parc du Zappéion A5

Où se loger
15 Coco-Mat Athens Jumelle C3
16 Periscope C2
17 St George Lycabettus C1

Où se restaurer
Café du musée Benaki .... (voir 2)
18 Colibri C7
19 Filippou D1
20 Kalamaki Kolonaki D2
21 Mavro Provato D5
22 Ohh Boy D4
23 Oikeio D2
24 Philos Athens B1
25 Spondi C7

Où prendre un verre et faire la fête
26 Chelsea Hotel C6
27 Filion B1
28 Jazz in Jazz C2
29 To Tsai A2

Où sortir
30 Aegli Cinema A5
31 Cine Dexameni C2
32 Half Note Jazz Club A7

Achats
33 Galerie Allouche Benias A2
34 Apivita B2
35 CAN B1
36 Hallelujah D4
37 Katerina Ioannidis B2
38 Marché hebdomadaire de Kolonaki D1
39 Kombologadiko A2
40 Lemisios A2
41 Mastiha Shop A2
42 Zoumboulakis Gallery A2

est excellente. Logé dans une charmante maison ancienne, au jardin festonné de bougainvillées, le lieu tient d'une parenthèse idyllique. Réservez.

Vezené GREC €€€

(Carte p. 72 ; ☎210 723 2002 ; vezene.gr ; Vrasida 11 ; plats 25-40 € ; ⏲19h-2h lun-sam, 13h-17h30 dim ; 📶 ; Ⓜ Evangelismos). Un des meilleurs bistrots modernes d'Athènes. Dans une ambiance détendue, les serveurs expliquent la provenance de la pêche du jour ou des pièces du boucher, et détaillent les accompagnements. Les feuilletés cuits au feu de bois sont délicieux, tout comme le *pastitsio* (sorte de lasagne grecque) revisité, spécialité de la maison.

Où prendre un verre et faire la fête

À Athènes, la plupart des établissements servant du café en journée se transforment en bars et parfois en clubs avec DJ le soir. On peut aussi se restaurer dans nombre d'entre eux – même si, avec la crise économique, les endroits ne servant qu'à boire sont plus répandus (la clientèle peut amener ses propres en-cas). L'interdiction de fumer est souvent ignorée.

Acropole, colline de Philopappos et Thissio

♥ Little Tree Book Cafe CAFÉ

(Carte p. 84 ; ☎210 924 3762 ; facebook.com/littletreebooksandcoffee ; Kavalloti 2, Makriyanni ; ⏲8h-23h mar-jeu, 8h-23h30 ven, 9h-23h30 sam-dim ; Ⓜ Akropoli). Un lieu de rencontre sympathique apprécié des habitants du quartier, qui y viennent pour les livres (on y trouve quelques auteurs grecs traduits), mais aussi pour le café, les cocktails et les en-cas, tous excellents.

♥ The Underdog CAFÉ

(Carte p. 114 ; ☎213 036 5393 ; www.underdog.gr ; Iraklidon 8, Thissio ; ⏲9h-23h ; 📶 ; Ⓜ Thissio). Ces *baristas*, vainqueurs de championnat, savent décidément faire un bon café. Le torréfacteur et le bar occupent un vaste espace, avec cour ombragée à l'arrière et mobilier industriel. Vous n'aimez pas le café ? Essayez les bières artisanales et la carte, honorable, de style brunch.

Drupes & Drips CAFÉ

(Carte p. 84 ; ☎ 6970300404 ; facebook.com/drupesdrips ; Zitrou 20 ; ⌚7h-16h lun, 7h-22h mar-ven, 7h-23h sam ; Ⓜ Akropoli). Outre ses breuvages emblématiques, ce café-bar à vin minuscule sert de petites assiettes à grignoter, souvent accompagnées de pain de la boulangerie Takis, juste en face.

Bel Rey CAFÉ

(Carte p. 84 ; ☎ 213 032 6450 ; belraybar.gr ; Falirou 88, Koukaki ; ⌚10h-2h ; Ⓜ Syngrou-Fix). Occupant l'angle d'un ancien garage automobile, voici le repaire des *hipsters* de Koukaki. L'endroit, détendu et animé, est aussi sympathique pour un café le matin que pour un dernier verre, au son des conversations et d'un DJ.

♥ **Upopa Epops** BAR

(Carte p. 114 ; ☎ 212 105 5214 ; facebook.com/upupaepopsthebar2016 ; Alkminis 7, Kato Petralona ; ⌚10h-2h, 10h-3h ven-sam ; Ⓜ Petralona). Ce fantastique bar-restaurant participe de la réputation de Petralona. Fort de plusieurs salles au mobilier *vintage* et d'une jolie cour, il sert d'excellents plats et boissons. Il y a souvent un DJ, mais vous trouverez toujours un endroit pour discuter.

Sin Athina CAFÉ

(Carte p. 114 ; ☎ 210 345 5550 ; www.sinathina.gr ; Iraklidon 2, Thissio ; ⌚8h-1h, 8h-2h ven-sam ; Ⓜ Thissio). Tout est dans l'emplacement ! Ce café-bar au croisement de deux artères piétonnes jalonnées de cafés profite d'une vue dégagée sur l'Acropole (p. 76). La véritable magie opère sur le toit, bien que la carte y soit plus élaborée – et bein entendu un peu plus chère.

Syntagma et Plaka

♥ **The Clumsies** BAR

(Carte p. 90 ; ☎ 210 323 2682 ; www.theclumsies.gr ; Praxitelous 30, Syntagma ; ⌚10h-2h dim-jeu, 10h-4h ven-sam ; Ⓜ Syntagma). Cherchez l'entrée éclairée d'un néon rouge pour trouver ce bar ultra-chaleureux, mais pas indiqué. Le Clumsies satisfera tous vos désirs en matière de café et de cocktails ; fondé par 3 mixologues primés, ce bar prend les spiritueux très au sérieux, mais l'ambiance est divertissante et les beaux garçons et jolies filles viennent en force le week-end. De 18h à 22h, commandez la dégustation de 4 cocktails (20 €).

♥ **Baba Au Rum** COCKTAILS

(Carte p. 90 ; ☎ 211 710 9140 ; www.babaaurum.com ; Klitiou 6, Syntagma ; ⌚19h-3h dim, 12h-4h dim-ven, 13h-4h sam ; Ⓜ Syntagma, Monastiraki). Axé sur le rhum et ses assemblages, avec un excellent choix de rhums antillais moins connus et une flopée de cocktails, des classiques exotiques aux nouvelles créations. Plusieurs autres bons petits bars donnent dans la même rue.

♥ **Yiasemi** CAFÉ

(Carte p. 90 ; ☎ 213 041 7937 ; www.yiasemi.gr ; Mnisikleous 23, Plaka ; ⌚10h-3h ; Ⓜ Monastiraki). Preuve que Plaka reste un quartier authentiquement grec malgré les touristes, ce café attire une jeune clientèle athénienne assez diverse, qui s'installe pendant des heures dans les fauteuils massifs ou dehors, sur les jolies marches pavées. Mieux vaut y aller en journée (surtout pour le formidable buffet végétarien du petit-déjeuner) et le soir en semaine, quand les restaurants adjacents sont plus calmes.

L'Audrion BAR À VIN

(Carte p. 90 ; ☎ 210 324 1193 ; laudrion.gr ; Plateia Filomousou 3 et Farmaki 1, Plaka ; ⌚17h-1h ; Ⓜ Akropoli, Syntagma). Havre de paix gaulois au cœur du Plaka tumultueux et touristique, ce restaurant et bar à vin français chic remise plus de 100 crus différents dans sa cave. Commandez à la bouteille ou au verre. Nourriture excellente, et concert à partir de 19h30 le mercredi.

Zonars CAFÉ

(Carte p. 90 ; ☎ 210 325 1430 ; Voukourestiou 9, Syntagma ; ⌚9h-3h, 9h-4h ven-sam ; Ⓜ Syntagma). Venez prendre un café (à partir de 4 €) ou un cocktail (13 €) juste pour vous détendre à l'intérieur de ce somptueux et célèbre café, tout de velours, de cuivre et de panneaux de noyer. Dans les années 1950 et 1960, Simone de Beauvoir et Sophia Loren y sont passées. L'endroit a conservé une élégance bien à lui après sa rénovation en 2016.

Ippo BAR

(Carte p. 90 ; ☎ 213 005 4715 ; Thiseos 11, Syntagma ; ⌚19h30-2h dim-jeu, 19h30-4h ven-sam ; Ⓜ Syntagma). Bonne petite adresse où se retrouvent les oiseaux de nuit un peu plus âgés. Flipper, David Bowie et vieux morceaux de soul en fond sonore, ainsi que des en-cas un cran au-dessus de la moyenne. Les toilettes forment un monde à part.

ATHÈNES LGBT+

La scène LGBT+ d'Athènes, bouillonnante, est en passe de devenir un atout sur le plan international. La marche des fiertés (p. 107) a lieu chaque année en juin, avec un défilé et un concert sur la place Syntagma.

Gazi est le cœur de la vie nocturne LGBT+ à Athènes. Des boîtes gays et gay-friendly existent dans d'autres quartiers, notamment vers la Plateia Agia Irini, Metaxourgio et Exarchia . Pour plus de renseignements, consultez les sites athens-real.com et www.athensinfoguide.com.

Rooster (carte p. 90 ; ☎210 322 4410 ; www.roostercafe.gr ; Plateia Agia Irini 4, Monastiraki ; ⏲9h-3h ; 📶 ; Ⓜ Monastiraki). Sur la Plateia Agia Irini, ce café LGBT+ toujours bondé est aussi apprécié des hétérosexuels. Les locaux de tous bords s'y retrouvent dans une ambiance animée.

Loukoumi (carte p. 90 ; ☎210 323 4814 ; en.loukoumibar.gr ; Plateia Avyssinias 3, Monastiraki ; ⏲10h-3h dim-jeu, 10h-4h ven-sam ; Ⓜ Monastiraki). Créatif et gay-friendly, ce café doté d'un espace artistique occupe deux bâtiments se faisant face sur la Plateia Aissinias. Le jour, on y sert du café et des en-cas ; le soir, il accueille des DJ et des spectacles transformistes. Boutique vintage et espaces d'exposition.

Shamone (carte p. 114 ; ☎210 345 0144 ; www.shamone.gr ; Leoforos Konstantinoupoleos 46, Gazi ; entrée après minuit 8 € ; ⏲22h30-6h ven-sam ; Ⓜ Kerameikos). C'est souvent au Shamone, ouvert un peu avant les autres bars et clubs LBGT+ de Gazi, que commencent les nuits arc-en-ciel. Consultez la page Facebook (facebook.com/shamoneclub) pour connaître les événements organisés.

BeQueer (carte p. 114 ; ☎213 012 2249 ; facebook.com/bequeerathens ; Keleou 10, Keramikos ; ⏲minuit-6h ven-sam ; Ⓜ Kerameikos). Les bars et clubs gays de Gazi sont parfois un peu homogènes, mais ce petit club décalé et détendu sort du lot. L'ambiance est ouverte et sympathique, avec soirées à thème et travestis.

Beaver Collective (carte p. 114 ; ☎211 210 3540 ; facebook.com/collectivabeaver ; Vasiliou tou Megalou 46, Rouf ; ⏲13h30-2h lun-jeu, 13h30-3h ven-sam, 11h30-minuit dim ; Ⓜ Kerameikos). Café coopératif géré par des femmes, où tout le monde est bienvenu – et notamment les lesbiennes. Le brunch du dimanche, lorsque les cocktails coulent à flots, attire les foules.

Myrovolos (carte p. 114 ; ☎210 522 8806 ; Giatrakou 12, Metaxourgio ; ⏲12h-4h lun-ven, 11h-4h sam-dim ; Ⓜ Metaxourghio). Café-bar-restaurant lesbien populaire et typique du quartier, situé sur une vaste place de Metaxourgio un peu négligée. Club de motards à l'étage (indépendant de l'établissement).

Barley Cargo BAR

(Carte p. 90 ; ☎210 323 0445 ; facebook.com/BarleyCargo ; Kolokotroni 6, Syntagma ; ⏲11h-3h, 17h-3h dim ; Ⓜ Syntagma). Cet immense bar à la grande devanture ouverte sur la rue propose maints breuvages issus de microbrasseries grecques, ainsi que plus de 100 variétés de bières internationales. Des concerts sont organisés.

Galaxy BAR

(Carte p. 90 ; ☎210 322 7733 ; facebook.com/GalaxyBarAthens ; Stadiou 10, Syntagma ; ⏲13h-2h lun-sam ; Ⓜ Syntagma). Quand il a ouvert au début des années 1970 à l'extrémité de la galerie marchande, Le Galaxy Bar était un lieu moderne doté d'un vrai bar à l'européenne. Aujourd'hui, il s'agit d'une capsule temporelle, surannée mais pleine de charme, dont les courtois *barmen* respectent l'esprit des lieux, résumé dans les photos encadrées du Rat Pack et de l'écrivain Franz Kafka. Faites donc une plongée dans le passé ! Au bout du passage couvert.

Brettos BAR

(Carte p. 90 ; ☎210 323 2110 ; brettosplaka.com ; Kydathineon 41, Plaka ; ⏲10h-2h ; Ⓜ Akropoli). Plaka compte peu de bars, mais Brettos, bar-distillerie plus que centenaire, compense avec ses murs couverts de bouteilles colorées et d'énormes tonneaux. Installez-vous pour déguster ses vins, ouzos, cognacs et autres liqueurs maison.

Kaya CAFÉ

(Carte p. 90 ; Voulis 7, Syntagma ; 7h-18h lun-ven, 8h-15h sam ; Syntagma). Établi dans un curieux immeuble triangulaire laissant tout juste aux *baristas* la place d'opérer, Kaya sert le meilleur café de Syntagma. Commandez à emporter, ou sirotez votre tasse debout au petit comptoir près de la fenêtre. À l'arrière du passage commerçant.

Kiki de Grece BAR À VIN

(Carte p. 90 ; 210 321 1279 ; facebook.com/kikidegrece ; Ipitou 4, Syntagma ; 12h-1h, 12h-2h sam ; Syntagma). Muse du peintre et photographe Man Ray, Kiki de Montparnasse disait que quand les temps étaient durs, un oignon cru, un morceau de pain et du vin rouge lui suffisaient. Ce bar situé dans une rue piétonne s'inspire d'elle et on y trouve bien plus qu'une bouteille de rouge : vaste choix de crus grecs, associés à des plats régionaux de saison.

Gin Joint COCKTAILS

(Carte p. 90 ; 210 321 8646 ; Christou Lada 1, Syntagma ; 18h-2h mar-jeu et dim, 19h-3h ven-sam ; Syntagma). Comme son nom l'indique, vous pourrez goûter ici quelque 180 gins (mais un seul produit en Grèce) et d'autres breuvages originaux. Certains sont accompagnés de notes sur leur origine. L'endroit est minuscule, mais comme dans beaucoup de bars du centre, la clientèle déborde à l'extérieur, dans la galerie marchande.

Melina CAFÉ

(Carte p. 90 ; 210 324 6501 ; Lyssiou 22, Plaka ; 9h-2h ; Akropoli, Monastiraki). Hommage à la grande Melina Mercouri, ce café-bar est décoré de photos de l'actrice et femme politique, qui trouva refuge en France pendant la dictature. Melina Mercouri s'est fait connaître pour le film *Jamais le dimanche*, c'est d'ailleurs le jour où il fait bon s'asseoir à l'extérieur avec les nombreux clients pour regarder les passants de Plaka.

Monastiraki et Psyri

Couleur Locale BAR

(Carte p. 90 ; 216 700 4917 ; www.couleurlocaleathens.com ; Normanou 3, Monastiraki ; 10h-2h dim-jeu, 10h-3h ven-sam ; Monastiraki). Cherchez l'entrée de ce bar-restaurant animé au bout d'une étroite allée piétonne, empruntez le passage puis l'ascenseur jusqu'au 3e étage. Installé sur un toit, il est apprécié des Athéniens pour un café ou une soirée trépidante, avec vue sur l'Acropole.

Noel BAR

(Carte p. 90 ; 211 215 9534 ; noelbar.gr ; Kolokotroni 59b, Monastiraki ; 10h-2h dim-jeu, 10h-4h ven-sam ; Monastiraki). Le slogan du bar – "Ici, c'est toujours Noël" – résume le look de cet établissement : décoration chargée, éclairage aux chandelles et cocktails. Les *barmen* en tenue chic servent des cocktails parmi les plus originaux de la ville. Musique des années 1980-1990 et jazz en fond sonore.

Six d.o.g.s. BAR

(Carte p. 90 ; 210 321 0510 ; sixdogs.gr ; Avramiotou 6-8, Monastiraki ; 10h-tard ; Monastiraki). Le cœur de cet espace événementiel très créatif est un jardin rustique à l'arrière, sur plusieurs niveaux, idéal pour bavarder tranquillement en journée autour d'un café ou d'un rafraîchissement. Vous pourrez ensuite vous rendre dans un des bâtiments adjacents pour voir un groupe, une exposition ou tout autre événement tendance.

Senios CAFÉ

(Carte p. 90 ; 210 331 8778 ; facebook.com/seniosathens ; Kalamiotou 15, Monastiraki ; 10h-minuit ; ; Monastiraki). Ce café-bar chic doté d'une double hauteur sous plafond se prête aussi bien à un excellent café (il torréfie sur place ses propres grains tous les jours), qu'à un dernier cocktail.

Orea Hellas CAFÉ

(Carte p. 90 ; 210 321 3023 ; Pandrosou 36, Monastiraki ; 8h30-23h ; ; Monastiraki). Adorable établissement à l'ancienne, idéal pour faire une pause pendant vos achats sur Monastiraki. Asseyez-vous à l'étage sur le balcon ouvert dominant Mitropoleos ou, par temps frais, à l'intérieur avec vue sur l'Acropole (p. 76). Accompagnez votre café grec d'une douceur, ou d'un des nombreux (et copieux) en-cas et salades.

Little Kook CAFÉ

(Carte p. 100 ; 210 321 4144 ; facebook.com/littlekookgr ; Karaïskaki 17, Psyri ; 10h-minuit lun-ven, 9h-minuit sam-dim ; ; Monastiraki). En théorie, Le Little Kook propose du café et des pâtisseries. Mais son attrait réside surtout dans son décor éblouissant, incarnation d'insolites fantaisies enfantines qui changent au fil des saisons. Poupées, accessoires, tableaux et décors de table sont partout. Pour trouver le café, laissez-vous guider par les décorations accrochées en travers de la rue. Les enfants seront enchantés, et les "instagrammeurs" s'évanouiront de bonheur.

Playhouse CAFÉ

(Carte p. 90 ; ☎210 382 1200 ; www.playhouse.gr ; Skouze 3, Monastiraki ; ⏰10h-minuit dim-jeu, 10h-2h ven-sam ; 📶 ; Ⓜ Monastiraki). Idéal pour un jour de pluie avec les enfants, ce café-jeux possède quelque 500 jeux de société, dont le personnel vous expliquera volontiers les règles.

Booze Cooperativa BAR

(Carte p. 90 ; ☎211 405 3733 ; boozecooperativa.com ; Kolokotroni 57, Monastiraki ; ⏰11h-3h, 11h-4h ven-sam ; 📶 ; Ⓜ Monastiraki). Le jour, cet espace bohème accueille de jeunes Athéniens jouant aux échecs et au backgammon, ou rivés à leur ordinateur ; le soir, il se change en bar branché jusqu'à tard dans la nuit. Expositions au sous-sol et théâtre à l'étage.

Gazi, Keramikos et Exarchia

♥ **Blue Parrot** CAFÉ

(Carte p. 114 ; ☎211 012 1099 ; Leonidou 31, Metaxourgio ; ⏰9h-2h dim-jeu, 9h-3h ven-sam ; Ⓜ Metaxourghio). Les plantes vertes et l'atmosphère détendue qui règne à l'intérieur comme à l'extérieur font du Blue Parrot l'un des lieux les plus plaisants du quartier pour prendre un verre.

♥ **Romantso** CLUB

(Carte p. 100 ; ☎216 700 3325 ; www.romantso.gr ; Anaxagora 3, Omonia ; ⏰9h-1h lun-ven, 10h-1h sam-dim ; Ⓜ Omonia). Dans les anciens bureaux du célèbre – mais disparu – magazine *Romantso*, ce petit bijou de créativité présente de multiples facettes : café-bar en journée, soirées dansantes avec DJ presque tous les week-ends, et expositions, concerts et activités régulières telles que cours de yoga et de hula-hoop (hoopit.gr).

Bios BAR SUR LE TOIT

(Carte p. 114 ; ☎210 342 5335 ; www.bios.gr ; Pireos 84, Keramikos ; ⏰11h-2h dim-jeu, 11h-4h ven-sam ; Ⓜ Thissio). Logé dans un immeuble résidentiel de style Bauhaus, Le Bios s'étale sur plusieurs niveaux : fantastique bar sur le toit, restaurant, club en sous-sol et minuscule cinéma d'art et d'essai. Concerts, expositions d'art et de nouveaux médias, ou au moins un bon DJ, et vue imprenable sur l'Acropole. L'hiver, les activités ont surtout lieu chez Tesla, le bar du rez-de-chaussée.

Lotos BAR

(Carte p. 100 ; ☎210 380 1380 ; Zoodohou Pigis 5 ; ⏰15h-3h30 ; Ⓜ Panepistimio). Un bar urbain avec une touche d'exotisme, caché dans une ruelle du quartier d'Exarchia. Apprécié des jeunes et des étudiants, c'est un des rares bars bondés tous les soirs en semaine jusqu'au petit matin – l'alcool le moins cher de la ville y est pour quelque chose. DJ et style musical différents chaque soir.

> ### ℹ LES CLUBS D'ÉTÉ
>
> L'été, la scène nocturne de la capitale se déplace vers les grandes discothèques du bord de mer installées autour de Glyfada (p. 144). Beaucoup sont desservies par le tram, qui circule jusqu'à 2h30 le vendredi et le samedi. À moins de réserver pour le dîner, vous devrez payer l'entrée (de 10 à 20 €, avec une boisson). Tenue glamour requise.

Nabokov BAR

(Carte p. 100 ; ☎211 111 0432 ; Asklipiou 41, Exarchia ; ⏰12h-2h lun-jeu, 12h-3h ven-sam, 19h-2h dim ; Ⓜ Panepistimio). Un penchant pour la littérature, de la musique rétro, quelques plats, des clients qui se sentent chez eux bien que l'endroit n'ait ouvert qu'en 2017 – et même un flipper dans un coin : exactement ce que l'on attend d'un bar à Exarchia .

Taf Coffee CAFÉ

(Carte p. 100 ; ☎210 380 0014 ; www.cafetaf.gr ; Emmanuel Benaki 7, Omonia ; ⏰7h-20h lun-ven, 8h-17h sam ; Ⓜ Omonia). Un des meilleurs torréfacteurs de la 3e vague à Athènes, il distribue dans tout le pays et même à l'étranger. Sirotez un *pour-over* ici, ou prenez un expresso au bar à l'avant. Notes de dégustation (en anglais) sur les mélanges de café du jour.

Revolt BAR

(Carte p. 100 ; ☎210 380 0016 ; Koletti 25-27, Exarchia ; ⏰10h-2h, 10h-3h ven-sam ; Ⓜ Omonia). Ce petit bar sans prétention, avec des tables installées sur une rue piétonne, est au centre d'un quartier connu pour son animation nocturne. Très jolies fresques murales. Après un arrêt ici, explorez Koletti jusqu'à Mesolongiou.

Kolonaki, Mets et Pangrati

Chelsea Hotel BAR

(Carte p. 122 ; ☎210 756 3374 ; Arhimidous 1, Pangrati ; ⏰8h-4h ; 📶 ; 🚌2, 4, 11, arrêt Plateia Plastira). Lorsque les gens parlent de la scène cool et décontractée de Pangrati, ils se réfèrent probablement à ce café-bar animé de la Plateia Plastira. Le jour, la clientèle sirote son café en lisant ou en travaillant sur un ordinateur. Le soir, tous les sièges sont pris d'assaut, dedans comme dehors, par de jeunes Athéniens rêvant à la vie de bohème dans l'hôtel new-yorkais du même nom.

♥ To Tsai MAISON DE THÉ

(Carte p. 122 ; ☎ 210 338 8941 ; www.tea.gr ; Alexandrou Soutsou 19, Kolonaki ; ⏲ 9h-21h lun-sam ; Wi-Fi ; M Syntagma). Laissez-vous gagner par l'ambiance zen en sirotant un des nombreux thés du monde dans ce salon de thé et boutique minimaliste, havre de paix au milieu de Kolonaki. Attention toutefois aux tables en bois clair, instables, qui reposent sur des tréteaux.

Jazz in Jazz BAR

(Carte p. 122 ; ☎ 210 722 5246 ; jazzinjazz.business.site ; Dinokratous 4, Kolonaki ; ⏲ 20h-3h ; M Syntagma, Evangelismos). Excellente destination par temps frais, ce bar cosy décoré de bougies et de cuivres est réchauffé par le bebop de la Nouvelle-Orléans et le bavardage des clients autour d'un verre de vin ou d'un whisky.

Filion CAFÉ

(Carte p. 122 ; ☎ 210 361 2850 ; www.filioncafe.com ; Skoufa 34, Kolonaki ; ⏲ 7h-0h30 ; Wi-Fi ; M Syntagma). Résistant face à la modernité tapageuse de Kolonaki, Filion est un agréable bar à l'ancienne, fréquenté par des intellectuels d'âge mûr et, à l'occasion, par un jeune artiste ou écrivain.

☆ Où sortir

Pour les Athéniens, tout événement musical est une occasion de chanter, ce qui transforme les salles de concert les plus guindées en lieux fort conviviaux (même si vous ne connaissez pas les paroles). Les options varient en fonction des saisons : la plupart des salles ferment ou réduisent leur programmation en été, lorsque théâtres et cinémas en plein air prennent le relais.

Pour connaître l'agenda des spectacles et des grands événements de la ville, consultez notamment les sites suivants :

www.thisisathens.org Site touristique de la ville.

www.athensculturenet.com Événements et performances, en anglais.

www.viva.gr Grande billetterie, notamment pour le festival d'Athènes et d'Épidaure.

www.ticketservices.gr Billetterie pour de nombreux événements.

Cinéma

Un des grands charmes de la capitale tient à sa tradition des cinémas en plein air. On y profite de la douceur des nuits estivales en découvrant la dernière production hollywoodienne ou un film d'art et d'essai. De début mai à septembre, ils s'installent dans des jardins ou sur des toits à l'ancienne, avec son et projection modernes.

♥ Cine Paris CINÉMA

(Carte p. 90 ; ☎ 210 322 2071 ; www.cineparis.gr ; Kydathineon 22, Plaka ; adulte/enfant 8/6 € ; ⏲ mai-oct ; M Syntagma). Depuis les années 1920, Le Paris est un endroit magique pour voir un film. Installé sur un toit-terrasse de Plaka, il jouit d'une belle vue sur l'Acropole depuis les places assises.

Thission CINÉMA

(Carte p. 114 ; ☎ 210 342 0864 ; www.cine-thisio.gr ; Apostolou Pavlou 7, Thissio ; billets 6-8 € ; ⏲ mai-oct ; M Thissio). Charmant cinéma en plein air, à l'ancienne, dans un jardin face à l'Acropole (p. 76). Asseyez-vous au fond si vous voulez apercevoir l'édifice illuminé. Réductions pour les projections du lundi au mercredi.

Aegli Cinema CINÉMA

(Carte p. 122 ; ☎ 210 336 9300 ; www.aeglizappiou.gr ; parc du Zappéion ; adulte/enfant 8,50/6,50 € ; ⏲ projections 21h et 23h mai-oct ; M Syntagma). Cinéma en plein air historique installé dans la verdure du parc du Zappéion (p. 89) depuis 1903. Plus tranquille que les autres.

Cine Dexameni CINÉMA

(Carte p. 122 ; ☎ 210 362 3942 ; www.cinedexameni.gr ; Plateia Dexameni, Kolonaki ; adulte/enfant 8/5 € ; ⏲ projections vers 21h ; M Evangelismos). Cinéma en plein air classique, donnant dans un joli secteur calme de Kolonaki. Attenant à un très bon café et à l'ancienne citerne de l'aqueduc d'Hadrien. Mur tapissé de bougainvillées, chaises longues et petites tables pour poser sa boisson.

Vox CINÉMA

(Carte p. 100 ; ☎ 210 381 0727 ; facebook.com/vox.athens ; Themistokleous 82, Exarchia ; adulte/enfant 7/6 €, mar 5 € ; ⏲ 19h30-1h ; M Omonia). Sur la place principale d'Exarchia , Le Vox a ouvert ses portes en 1938. Classé aux Monuments historiques, il n'en reste pas moins conforme à l'esprit bohème du quartier. Arrivez tôt pour prendre un verre au café du rez-de-chaussée.

Greek Film Archive CINÉMA

(Tainiothiki tis Ellados ; carte p. 114 ; ☎210 360 9695 ; www.tainiothiki.gr ; Iera 48, Keramikos ; 7 € ; ⌚horaires variables ; Ⓜ Kerameikos). La cinémathèque de Grèce possède deux auditoriums. Consultez le site Internet pour connaître la programmation des séries thématiques de films et des festivals.

Concerts

♥ **Gazarte** CONCERTS

(Carte p. 114 ; ☎21034 60347 ; www.gazarte.gr ; Voutadon 32-34, Gazi ; billets à partir de 10 € ; Ⓜ Kerameikos). Ce vénérable complexe artistique propose une musique grand public à un auditoire de trentenaires. Salle de concert au rez-de-chaussée et bar-restaurant sur le toit.

♥ **Half Note Jazz Club** JAZZ

(Carte p. 122 ; ☎21092 13310 ; www.halfnote.gr ; Trivonianou 17, Mets ; billets 10-25 € ; ⌚horaires variables ; Ⓜ Akropoli). Peut-être le club de jazz le plus réputé d'Athènes. Il accueille des musiciens grecs et internationaux. Consultez la programmation à l'avance, car il n'est pas ouvert tous les soirs. Fermé en été.

Perivoli tou Ouranou MUSIQUE TRADITIONNELLE

(Carte p. 90 ; ☎21032 35517 ; facebook.com/toperivolitououranou ; Lysikratous 19, Plaka ; ⌚21h-tard ven-sam, 12h-18h dim oct-juin ; Ⓜ Akropoli). Un établissement à l'ancienne de Plaka, où l'on peut dîner (plats 18-29 €).

Fuzz Club CONCERTS

(Carte p. 72 ; ☎21034 50817 ; www.fuzzclub.gr ; Patriarchou Ioakim 1, Moschato Tavros ; billets à partir de 10 € ; Ⓜ Petralona, Ⓡ Tavros). Une des meilleures salles de taille moyenne d'Athènes. Un peu excentrée, elle vaut le détour pour écouter un groupe que vous aimez (parmi des musiciens du monde entier) ; l'entrée sera probablement moins chère que dans votre pays. Soirées club de temps à autre.

Steki Pinoklis MUSIQUE TRADITIONNELLE

(Carte p. 114 ; ☎21057 77355 ; facebook.com/pinoklis ; Megalou Alexandrou 102, Keramikos ; ⌚17h-3h lun-sam, 14h-1h dim ; Ⓜ Kerameikos). Cette taverne n'a ouvert qu'en 2017, mais ses goûts musicaux sont bien plus anciens. Presque tous les soirs (à partir de 22h) et le dimanche après-midi (généralement à partir de 16h), un groupe joue du *rébétiko* (blues grec) de Smyrne et de la musique grecque traditionnelle. Nourriture moyenne, mais prix corrects.

CLUBS SPORTIFS ATHÉNIENS

Les plus grandes équipes grecques de football sont le Panathinaikos (www.pao.gr) et l'AEK (www.aekfc.gr) installées à Athènes, et l'Olympiacos (www.olympiacos.org) au Pirée. Toutes les trois font partie de la Ligue des champions de l'UEFA. Consultez les sites Internet des clubs, la presse anglophone ou www.ticketmaster.gr.

Le basket est l'un des sports les plus populaires ; la capitale compte plusieurs équipes masculines et féminines professionnelles (les principales sont le Panathinaïkos et l'AEK) et Le Pirée en a également une (Olympiakos). Le calendrier des matchs est affiché sur le site de la fédération hellénique du Basket-ball (EOK ; www.basket.gr). Les matchs sont souvent joués au stade de 18 000 places du **complexe olympique d'Athènes** (OAKA ; ☎210 683 4777 ; oaka.com.gr ; Marousi ; Ⓜ Irini).

Feidiou 2 Music Cafe CONCERTS

(Carte p. 100 ; ☎21033 00060 ; facebook.com/Feidiou2 ; Fidiou 2, Exarchia ; ⌚8h-2h30 lun-sam, 17h-2h30 dim ; Ⓜ Omonia). Petit espace douillet à l'extrémité d'Exarchia . La musique traditionnelle, souvent du rébétiko, commence vers 22h la plupart des soirs, où les consommations (nourriture et boisson) doivent atteindre un minimum de 8 €. Attire un public sympathique de tous âges.

AN Club CONCERTS

(Carte p. 100 ; ☎21033 05056 ; www.anclub.gr ; Solomo 13-15, Exarchia ; billets à partir de 6 € ; Ⓜ Omonia). Petite salle installée de longue date, accueillant des formations de rock internationales peu connues et des groupes grecs, surtout du métal.

Théâtre et spectacle vivant

Opéra national OPÉRA

(Ethniki Lyriki Skini ; ☎21036 62100 ; www.nationalopera.gr ; Leoforos Syngrou 364, Kallithea ; billets 10-90 € ; 📶 ; 🚌550 arrêt Onasseio, 10 arrêt Epaminonda). Installé dans le prestigieux bâtiment du Centre culturel de la fondation Stavros Niarchos (p. 147), l'Opéra national grec prend de l'ampleur. Son grand auditorium est un endroit stupéfiant avec une très bonne visibilité depuis les 1 400 sièges.

Pendant la saison lyrique, de septembre à juin, on peut y voir des classiques, des œuvres récentes décalées, ainsi que de grosses coproductions internationales. La qualité des performances est irréprochable, et les prix très raisonnables.

Outre des opéras, le Ballet, l'Orchestre et le Chœur nationaux se produisent ici. Le complexe comprend enfin une scène alternative, espace modulable pouvant accueillir 450 personnes lors de productions plus expérimentales et intimistes.

Chaque année, pendant le Festival d'Athènes (p. 107), l'Opéra organise des spectacles dans le superbe site l'Odéon d'Hérode Atticus (p. 79).

Megaron ARTS DU SPECTACLE
(Salle de concerts d'Athènes ; carte p. 72 ; ☎ 21072 82333 ; www.megaron.gr ; Kokkali 1, angle Leoforos Vasilissis Sofias, Ilissia ; billets à partir de 7 € ; ⏰ billeterie 10h-18h lun-ven, 10h-14h sam, plus tard les jours de spectacles ; Ⓜ Megaro Mousikis). La plus grande salle de concerts d'Athènes affiche un riche programme de divertissements (musique classique, opéra, théâtre et danse) faisant intervenir les plus grands artistes locaux et internationaux. On peut souvent y admirer des expositions artistiques, et des concerts sont organisés dans le jardin à l'arrière de juin à septembre.

Centre culturel Onassis CENTRE CULTUREL
(Carte p. 72 ; ☎ infos et billets 21090 05800 ; www.sgt.gr ; Leoforos Syngrou 107-109, Néos Kosmos ; 📶 ; 🚌 10 ou 550, arrêt Panteio, Ⓜ Syngrou-Fix). Ne manquez pas ce remarquable centre des arts visuels et du spectacle qui illumine la morne artère Leoforos Syngrou. Gainé de marbre blanc, il brille la nuit lorsqu'il accueille des grands noms du spectacle, des installations et des conférences. Consultez l'agenda des événements gratuits.

♥ **Théâtre national** THÉÂTRE
(Carte p. 100 ; ☎ 21052 88100 ; www.n-t.gr ; Agiou Konstantinou 22-24, Omonia ; Ⓜ Omonia). Théâtre classique et contemporain dans un des plus beaux édifices néoclassiques de la ville, ainsi que dans d'autres salles athéniennes, et l'été dans des théâtres antiques à travers la Grèce. Heureusement pour les touristes, certaines productions sont surtitrées en anglais et le prix des billets est raisonnable.

Dora Stratou Dance Theatre DANSE TRADITIONNELLE
(Carte p. 84 ; ☎ 21092 14650 ; grdance.org ; colline de Philopappos, Thissio ; adulte/enfant 15/5 € ; ⏰ spectacles 21h30 mer-ven, 20h15 sam-dim fin mai-sept ; Ⓜ Petralona, Akropoli). Chaque été, cette compagnie forte de 75 chanteurs et danseurs présente des danses folkloriques de toute la Grèce, rendant hommage à la richesse des costumes régionaux et des traditions musicales. Les spectacles ont lieu dans son théâtre en plein air, sur le flanc ouest de la colline de Philopappos. Également : des ateliers de danse folklorique.

Achats

Le centre d'Athènes, quartier commercial d'origine, regroupe toujours une belle variété de boutiques. Il reste plus ou moins organisé par catégories – dentelle et mercerie dans un pâté de maisons, ampoules électriques dans un autre... La grande artère commerçante d'Athènes (jalonnée de grandes enseignes) est Ermou, rue piétonne qui s'étend de Syntagma à Monastiraki.

Acropole et environs

♥ **Athena Design Workshop** MODE ET ACCESSOIRES
(Carte p. 84 ; ☎ 21092 45713 ; www.athenadesignworkshop.com ; Parthenonos 30, Makriyanni ; ⏰ 11h30-19h lun-ven, 11h30-17h sam ; Ⓜ Akropoli). Krina Vronti est plus qu'à son tour occupée à imprimer ses jolies créations graphiques sur des T-shirts, housses de coussins et papiers dans son studio-boutique. Ses dessins s'inspirent souvent de thématiques antiques et classiques, relevées d'une pointe contemporaine.

♥ **Underflow** MUSIQUE
(Carte p. 84 ; ☎ 21140 39926 ; underflow.gr ; Kallirrois 39, Kynosargous ; ⏰ 11h-21h lun-jeu, 11h-1h ven, 11h-16h sam ; Ⓜ Syngrou-Fix). Spécialiste du rock avant-gardiste grec et de sons obscurs, voici l'un des meilleurs disquaires d'Athènes. Large choix de genres musicaux sur vinyles et CD, neufs et d'occasion. Il se double d'une galerie d'art, d'un café et, le vendredi soir, d'un espace de concert – consultez la programmation sur Internet.

El.Marneri Galerie BIJOUX
(Carte p. 84 ; ☎ 21086 19488 ; www.elenimarneri.com ; Lembesi 5-7, Makriyanni ; ⏰ 11h-20h mar, jeu et ven, 11h-16h mer et sam ; Ⓜ Akropoli). Présente des expositions temporaires d'art moderne local et certains des plus beaux bijoux de la ville faits mains à la fois originaux et élégants.

100% LOCAL

MARCHÉS AUX PUCES

Les marchés aux puces d'Athènes ne s'adressent pas à tout le monde. Les chineurs de la ville préfèrent le **marché aux puces d'Eleonas** (Pazari ; Agias Annis, Eleonas ; aube-14h dim ; M Eleonas). Dans ce quartier industriel, vendeurs de bric-à-brac, maraîchers, vendeurs de vêtements neufs et grossistes étalent leurs marchandises dans plusieurs entrepôts et parkings. Les courageux peuvent dénicher de bonnes affaires, des objets de collection et de charmants objets kitsch dans ce capharnaüm. Il vous faudra peut-être fouiner un peu. En sortant du métro, prenez vers le sud jusqu'à ce que vous aperceviez des voitures garées et une église sur un rond-point. Les vendeurs sont habituellement installés dans des entrepôts aux alentours.

Le **marché aux puces de Monastiraki** (carte p. 90 ; Plateia Avyssinias, Monastiraki ; tlj mai-oct, dim-mer et ven nov-avr ; M Monastiraki), central, se repère facilement. Bien qu'indiquant "marché aux puces d'Athènes", Ifestou compte surtout des boutiques de souvenirs. C'est sur la Plateia Avyssinias et dans les rues voisines que l'on trouve encore des *palaiopoleia* ("vendeurs de vieilles choses"). Meilleur moment : le dimanche matin, lorsque les vendeurs installent leur bric-à-brac sur les trottoirs, y compris sur Astingos et de l'autre côté d'Ermou, dans Psyrri.

Me Then MODE ET ACCESSOIRES
(Carte p. 84 ; 6947520477 ; methenathens.com ; Odissea Androutsou 36, Koukaki ; 17h-20h mar, jeu et sam, 13h-17h ven ; M Syngrou-Fix). Dans sa boutique, George Soumpasis remédie au manque de créateurs de vêtements contemporains pour hommes à Athènes. Ses créations, pour la plupart unisexes, comprennent des chemises aux imprimés affirmés rappelant Matisse, ainsi que des vestes et des pantalons.

Mon Coin CÉRAMIQUES
(Carte p. 84 ; 6976800244 ; facebook.com/moncoin.athens ; Erehthiou 16, Koukaki ; 10h-14h30 lun-ven, et 17h-20h mar, jeu-ven, 10h-18h sam ; M Syngrou-Fix). Cette boutique de la marque de céramiques, articles pour la maison et accessoires, créée par l'ancienne avocate française Éléonore Trenado-Finetis, vend un choix de très beaux objets traditionnels aux motifs venus de toute la Grèce.

À Monastiraki, une **deuxième boutique** (carte p. 90 ; 6976800244 ; facebook.com/moncoin.athens ; 7 Thisiou, Monastiraki ; 10h-15h lun, 10h-20h mar-ven, 10h-18h sam ; M Monastiraki), plus grande, propose des créations plus contemporaines.

Fabrika + Sonja Blum MODE ET ACCESSOIRES
(Carte p. 84 ; 6946463657 ; fabrika-sonjablum.tumblr.com ; Veïkou 9, Makriyanni ; 10h30-14h mar-ven, et 17h-20h mar et jeu, 11h-16h sam ; M Akropoli). Sonja Blum fabrique de charmants mobiles en tissu, vêtements pour enfants et écharpes en forme de renard, véritables produits phares de cette petite boutique d'accessoires. Y sont également vendus des bijoux et œuvres d'art signés par un collectif de créateurs et artistes.

Lovecuts VÊTEMENTS
(Carte p. 84 ; 215 501 1526 ; Veïkou 2, Makriyanni ; 11h-20h30 lun-ven, 11h-16h sam ; M Akropoli). La créatrice grecque Maria Panagiotou confectionne d'adorables vêtements en coton, tels que des sweats à capuche réversibles, jupes et blouses aux jolis imprimés, le tout à un prix abordable. Il s'agit de l'une des nombreuses petites boutiques de ce genre dans la rue.

Syntagma et Plaka

Alexis Papachatzis BIJOUX
(Carte p. 90 ; 210 325 4064 ; www.alexisp.gr ; Erehtheos 6, Plaka ; 10h-16h lun, mer et ven, 10h-19h mar, jeu et sam ; M Monastiraki, Syntagma). Une bijouterie enchanteresse, même avant d'y entrer : tournez la poignée sur la vitrine et regardez engrenages et poulies animer la scène. Papachatzis crée des bijoux – figurines, nuages et animaux – de qualité, en argent et émaux.

Forget Me Not CADEAUX, SOUVENIRS
(Carte p. 90 ; 210 325 3740 ; www.forgetmenotathens.gr ; Adrianou 100, Plaka ; 10h-21h avr-mai, 10h-22h juin, sept-oct, 10h-23h juil-août, 10h-20h nov-mars ; M Syntagma, Monastiraki). Impeccable petite boutique (à l'étage, plus une autre au coin de la rue) d'articles de maison, d'objets et de vêtements pleins de style dessinés par des créateurs grecs contemporains.

Idéal pour les cadeaux : qui n'aimerait pas des dessous de verre "mauvais œil" ou des sandales de plage ailées Hermès ?

Flâneur DESIGN

(Carte p. 90 ; ☎210 322 6900 ; facebook.com/flaneursouvenirsandsupplies ; Adrianou 110, angle Flessa, Plaka ; ⌚11h-20h ; Ⓜ Syntagma, Monastiraki). Joli magasin rassemblant un choix de souvenirs et de matériel de voyage. Carnets estampillés "φλανέρ" ("flâneur" en alphabet grec) à la main, patchs et pin's représentant des conserves de féta. Vend même des vinyles de groupes grecs indépendants.

Anavasi CARTES

(Carte p. 90 ; ☎210 321 8104 ; www.anavasi.gr ; Voulis 32, angle Apollonos, Syntagma ; ⌚9h30-17h lun et mer, 9h30-20h30 mar, jeu et ven, 10h-16h30 sam ; Ⓜ Syntagma). Excellente librairie de voyages avec un grand choix de cartes de la Grèce et de guides de randonnée et d'activités.

Korres COSMÉTIQUES

(Carte p. 90 ; ☎210 321 0054 ; korres.com ; Ermou 4, Syntagma ; ⌚9h-21h lun-ven, 9h-20h sam ; Ⓜ Syntagma). De nombreuses pharmacies vendent ces cosmétiques naturels, fort prisés, mais vous en trouverez toute la gamme (crèmes, eaux de toilette, shampoings...) dans les locaux d'origine de la marque, une ancienne pharmacie homéopathique.

Amorgos ART ET ARTISANAT

(Carte p. 90 ; ☎210 324 3836 ; www.amorgosart.gr ; Kodrou 3, Plaka ; ⌚11h-20h lun-ven, 11h-19h sam ; Ⓜ Syntagma). Charmante boutique emplie de jouets en bois, de marionnettes *karagiozi* (marionnettes du théâtre d'ombres), de céramiques, de broderies et d'autres objets artisanaux, ainsi que de meubles en bois sculpté, fabriqués par le propriétaire.

Matalou at Home/Blanc MODE ET ACCESSOIRES

(Carte p. 90 ; ☎211 184 5416 ; facebook.com/matalouathome ; Ipitou 5, Syntagma ; ⌚12h-21h mar, jeu et ven, 12h-17h mer et sam ; Ⓜ Syntagma). Deux designers se partagent les locaux. Matalou at Home crée une gamme abordable de sacs et accessoires en cuir, coton et fibres naturelles, inspirée d'Athènes. Blanc (www.blanc.gr) fait des chapeaux à la main.

Le propriétaire vous donnera conseils et tuyaux sur les autres créateurs de la ville et les endroits branchés, dont la liste est mise à jour deux fois par an dans la carte gratuite *By Local*.

Aristokratikon ALIMENTATION, CHOCOLAT

(Carte p. 90 ; ☎210 322 0546 ; www.aristokratikon.com ; Voulis 7, Syntagma ; ⌚8h-21h lun-ven, 8h-16h sam ; Ⓜ Syntagma). On élabore ici des chocolats fins depuis 1928. Les fruits secs et les écorces d'orange au chocolat noir font partie des spécialités de la maison.

Aidinis Errikos ART ET ARTISANAT

(Carte p. 90 ; ☎210 323 4591 ; facebook.com/Errikos.Aidinis ; Nikis 32, Syntagma ; ⌚10h-17h lun, mer et sam, 10h-20h30 mar, jeu et ven ; Ⓜ Syntagma). Les créations uniques en métal de l'artisan Errikos Aidinis sont réalisées dans son atelier, à l'arrière de cette charmante boutique : petits miroirs, chandeliers, lampes, avions et bateaux de bronze, sa marque de fabrique.

Xylouris MUSIQUE

(Carte p. 100 ; ☎210 322 2711 ; xilouris.gr ; Stoa Pesmatzoglou, Panepistimiou 39, Panepistimio ; ⌚9h-16h lun, mer et sam, 9h-20h mar, jeu et ven ; Ⓜ Panepistimio). Caverne d'Ali Baba musicale gérée par la famille du compositeur crétois de légende Nikos Xylouris, dans une galerie marchande comprenant d'autres magasins de musique. Le personnel vous guidera dans ce choix exhaustif de CD et DVD de musique grecque, et vous conseillera pour l'achat d'un *bouzouki*.

Monastiraki et Psyri

♥ **Shedia** ART ET ARTISANAT

(Carte p. 90 ; ☎213 023 1220 ; www.shediart.gr ; Nikiou 2, Monastiraki ; Ⓜ Monastiraki). *Shedia*, qui signifie "radeau", est l'équivalent grec des journaux de rue vendus chez nous par les sans-abri. Les invendus sont revalorisés sous forme d'articles pour la maison et d'accessoires, notamment des abat-jours et des coupes en papier mâché, et de délicats colliers et boucles d'oreilles. L'espace derrière les bureaux de la rédaction a été repensé en boutique et café-bar stylé.

♥ **Varvakios Agora** MARCHÉ

(Marché central d'Athènes ; carte p. 100 ; Athinas, entre Sofokleous et Evripidou, Psyri ; ⌚7h-18h lun-sam ; Ⓜ Panepistimio, Omonia). Véritable régal pour les yeux, ce gigantesque marché couvert ancien en fer forgé abrite des étals de poisson et de boucherie. Les tavernes, souvent ouvertes 24h/24 et 7j/7, servent des *patsas* (soupe de tripes) réputées pour les lendemains de fête.

À l'ouest, de l'autre côté d'Athinas, se trouvent les **fruits et légumes** (carte p. 100 ;

Athinas, entre Sofokleous et Evripidou, Psyri ; 7h-18h lun-sam ; Omonia, Monastiraki). Vous trouverez olives, épices et fromages dans les rues attenantes.

To Rodakio & Fotagogos LIVRES
(Carte p. 90 ; 210 383 9355 ; facebook.com/ToRodakio ; Kolokotroni 59b, Monastiraki ; 11h30-21h lun-sam ; Monastiraki). Quelle fantastique trouvaille que cette librairie-galerie, dirigée par Julia Tsiakiris et nichée à l'arrière du café-bar Noel (p. 126) ! Livres, magazines (certains en anglais) et œuvres d'art décalées.

Pan-Pol CHAPEAUX
(Carte p. 100 ; 210 321 1431 ; Athinas 36, Monastiraki ; 10h-17h lun, mer et sam, 10h-19h mar, jeu et ven ; Monastiraki). Fédora vert mousse ou casquette de pêcheur grec, ce minuscule magasin a toutes sortes de chapeaux en feutre disponibles dans de jolis coloris (à partir de 10 €). La plupart des modèles viennent de l'atelier à l'étage.

Fotsi ALIMENTATION
(Carte p. 100 ; 210 321 7131 ; www.fotsi.gr ; Evripidou 39, Psyri ; 8h-17h lun-sam ; Monastiraki). La rue Evripidou accueille traditionnellement les marchands d'épices : deux pâtés de maisons très aromatiques où une poignée de boutiques stockent herbes méditerranéennes et graines, écorces ou autres merveilles importées. Trois générations ont dirigé Fotsi, la plus pittoresque de toutes, forte d'un choix fabuleux de produits.

Yiannis Samouelian MUSIQUE
(Carte p. 90 ; 210 321 2433 ; www.musiceshop.gr ; Ifestou 36, Monastiraki ; 11h-20h ; Monastiraki). C'est ici qu'il faut venir acheter le *bouzouki* de vos rêves (comptez environ 180 € pour un instrument fait main), dans cette boutique, nichée parmi les magasins ordinaires d'Ifestou, qui vend des instruments de musique du monde entier depuis 1928.

Martinos ANTIQUITÉS
(Carte p. 90 ; 210 321 2414 ; www.martinosart.gr ; Pandrosou 50, Monastiraki ; 10h-15h lun, mer et sam, 10h-18h mar, jeu et ven ; Monastiraki). Une institution de Monastiraki ouverte en 1890, présentant un choix d'antiquités et d'objets de collection grecs et européens dignes, pour certains, d'un musée : coffres de dot peints, icônes, verrerie, porcelaine, meubles, etc.

Center of Hellenic Tradition ART ET ARTISANAT
(Carte p. 90 ; 210 321 3023 ; Pandrosou 36, Monastiraki ; 10h-18h mar-sam ; Monastiraki). Cette organisation rassemble d'excellentes pièces d'artisanat traditionnel et remplit sa boutique de céramiques, sculptures et objets de tout le pays.

À l'étage, le café à l'ancienne Orea Hellas (p. 126) est idéal pour faire une pause loin de la fièvre acheteuse de Monastiraki.

Monastic Art ARTICLES POUR LA MAISON
(Carte p. 90 ; 210 324 5034 ; monasticart.gr ; Pandrosou 28, Monastiraki ; 10h-19h lun-sam ; Monastiraki). Tous les produits vendus ici sont fabriqués par les moines du mont Athos : olives, vin, produits de beauté à partir d'herbes sauvages ou cultivées, et belles icônes en or et argent. Les prix vont de 5 à plus de 25 000 €.

Olgianna Melissinos CHAUSSURES
(Carte p. 90 ; 210 331 1925 ; www.melissinos-sandals.gr ; Normanou 7, Monastiraki ; 10h-18h lun, mer, sam-dim, 10h-20h mar, jeu et ven ; Monastiraki). Fille du légendaire Stavros Melissinos, poète et cordonnier, Olgianna conçoit une ligne de sandales sur mesure, ainsi que des ceintures et des sacs raffinés. Réalisation d'articles sur commande. Son frère, Pantelis, possède sa propre boutique.

Melissinos Art CHAUSSURES
(Carte p. 100 ; 210 321 9247 ; www.melissinos-art.com ; Agias Theklas 2, Psyri ; 10h-20h mar-dim mai-sept, 10h-18h oct-avr ; Monastiraki). Pantelis Melissinos perpétue la tradition familiale initiée par son grand-père en 1920 en fabriquant les sandales rendues célèbres par son père Stavros, poète/cordonnier, qui créait des chaussures inspirées de l'Antiquité pour les stars d'Hollywood. La boutique est parfois bondée, car on vient pour le charmant Pantelis lui-même. Prix raisonnables, d'autant que les chaussures seront ajustées à votre pied.

Exarchia

Free Thinking Zone LIVRES
(Carte p. 100 ; 210 361 7461 ; www.freethinkingzone.gr ; Skoufa 64, Exarchia ; 10h-21h lun-ven, 10h-20h sam, 12h-17h dim ; Panepistimio). Se revendiquant première librairie activiste de Grèce, La Free Thinking Zone est spécialisée dans les questions sur le mouvement LGBT+, les réfugiés, la violence dans la société, etc. Il s'agit d'un lieu amusant et créatif, avec un café. On y vend des souvenirs fabriqués localement, comme leur jeu de plateau multilingue *Beat the Book Bug*.

Zacharias MODE ET ACCESSOIRES
(Carte p. 100 ; zacharias.es ; Zoodohou Pigis 55, Exarchia ; 10h-17h lun-sam ; Ⓜ Omonia). Un duo hispano-grec spécialisé dans la sérigraphie inspirée de motifs antiques. Magnifiques carnets, portefeuilles et autres articles en cuir, dont l'encre noire rappelle les couleurs des poteries anciennes. Certains articles sont en vente dans les boutiques des musées, mais cet atelier-boutique propose plus de choix.

Koukoutsi MODE ET ACCESSOIRES
(Carte p. 100 ; 210 361 4060 ; www.koukoutsi.net ; Skoufa 81, Exarchia ; 10h-17h lun, mer et sam, 10h-20h30 mar, jeu et ven ; Ⓜ Panepistimio). Niko et Taso dessinent les graphiques épurés et élégants, inspirés d'Athènes et de la Grèce, qui ornent leurs T-shirts, accessoires et impressions vendus dans cette minuscule boutique. Il y a d'autres points de vente dans la ville, mais celui-ci propose le plus grand choix de modèles, de tailles et de couleurs.

Plastikourgeio CADEAUX, SOUVENIRS
(Carte p. 100 ; 213 044 3356 ; plastikourgeio.com ; Asklipiou 51, Exarchia ; 10h30-15h30 lun et mer, 10h30-19h mar, 10h30-20h jeu-ven ; Ⓜ Panepistimio). Cette boutique revient sur le problème des plastiques à usage unique et des déchets en proposant des objets fabriqués à partir de plastique recyclé et d'autres évitant tout recours à ce matériau. Bon choix de jolis produits locaux.

Redo MODE ET ACCESSOIRES
(Carte p. 100 ; 215 501 7280 ; www.redo.gr ; Asklipiou 67, Exarchia ; 15h-20h lun-ven, 11h-15h sam ; Ⓜ Panepistimio). La créatrice Maria Mavroudi crée une collection de sacs à main et de sacs à dos en tissu en liège du Portugal et en cuir italien. Personnalisez votre sac sur place.

Kolonaki, Mets et Pangrati

Lemisios CHAUSSURES
(Carte p. 122 ; 210 361 1161 ; Lykavittou 6, Kolonaki ; 9h-15h lun, mer et sam, 9h-20h30 mar, jeu et ven ; Ⓜ Syntagma, Panepistimio). Institution athénienne depuis 1920, fabriquant salomés, ballerines et oxfords élégantes (le seul modèle pour homme) sur mesure. Créations personnalisées possibles. Prix étonnamment abordables (à partir de 100 €) au regard du savoir-faire mis en œuvre.

Katerina Ioannidis BIJOUX
(Carte p. 122 ; 6932375717 ; katerinaioannidis.com ; Anagnostopoulou 15, Kolonaki ; 10h-16h lun, mer et sam, 10h-21h mar, jeu et ven ; Ⓜ Syntagma). Issu d'une famille d'orfèvres, Ioannidis mélange des éléments traditionnels venus de Grèce et d'ailleurs pour créer des bijoux légers, bohême et parfois amusants : une tête de mouton plaqué or montée en pendentif sur un pompon noir ; ou un charm en forme de haricot.

> **MARCHÉS ALIMENTAIRES HEBDOMADAIRES**
>
> La plupart des quartiers d'Athènes ont un *laïki agora* hebdomadaire, un marché extérieur où trouver fruits, légumes, poisson, olives, miel, fleurs et produits faits main. Même si vous n'avez rien à acheter, ils présentent des merveilleuses scènes de rue très photogéniques. Ceux de **Kolonaki** (carte p. 122 ; www.laikesagores.gr ; Xenokratous, Kolonaki ; 7h-14h ven ; Ⓜ Evangelismos) et d'**Exarchia** (carte p. 100 ; Kalidromiou, Exarchia ; 6h-14h sam ; 026, Ⓜ Omonia) sont intéressants.

Mastiha Shop ALIMENTATION
(Carte p. 122 ; 210 363 2750 ; www.mastihashop.com ; Panepistimiou 6, Kolonaki ; 9h-20h lun et mer, 9h-21h mar, jeu et ven, 9h-17h sam ; Ⓜ Syntagma). Le mastic (*mastiha* en grec), une résine médicinale exclusivement produite sur l'île de Chios à partir du lentisque, est le principal ingrédient des produits de cette boutique, des cosmétiques naturels à une liqueur exquise à déguster très fraîche.

Kombologadiko MODE ET ACCESSOIRES
(Carte p. 122 ; 212 700 0500 ; www.kombologadiko.gr ; Amerikis 9, Kolonaki ; 10h-16h lun, mer et sam, 10h-21h mar, jeu et ven ; Ⓜ Syntagma). Si vous êtes à la recherche d'un *komboloï* (sorte de chapelet), cet accessoire grec d'un autre temps, cette boutique ultra-élégante en propose des modèles originaux réalisés à partir de matériaux industriels, de pierres semi-précieuses ou d'ambre à partir de 7 € seulement. On peut aussi choisir ses perles et composer le sien.

Apivita COSMÉTIQUES
(Carte p. 122 ; 210 364 0560 ; www.apivita.com ; Solonos 6, Kolonaki ; 10h-21h mar, jeu et ven, 10h-17h lun, mer et sam ; Ⓜ Syntagma). Le miel, la propolis et d'autres produits d'apiculture sont les ingrédients miraculeux des produits de beauté naturels *Apivita*. Vous pourrez aussi goûter des tisanes grecques

ou opter pour le coiffeur, le barbier ou le spa (fermé le lundi), à l'étage.

Hallelujah MODE ET ACCESSOIRES
(Carte p. 122 ; ☎210 723 5210 ; www.hallelujahdesign.gr ; Archelaou 32, Pangrati ; ⌚10h30-14h30 et 17h30-21h mar, jeu-ven, 11h-18h mer et sam ; Ⓜ Evangelismos). Eleftheria Domenikou vend des vêtements minimalistes, élégants et confortables, ainsi que des accessoires. Elle propose également des bijoux et cadeaux de créateurs partenaires.

Renseignements

ARGENT

Les principales banques possèdent des agences près de Syntagma. Nombreux DAB dans les quartiers commerçants, mais plus difficiles à trouver dans les quartiers résidentiels.

Banque nationale de Grèce (☎210 334 0500 ; angle Karageorgi Servias et Stadiou, Syntagma ; Ⓜ Syntagma). Appareil de change automatique 24h/24.

Onexchange Transfert d'argent et change. Agences : **Syntagma** (☎210 331 2462 ; www.onexchange.gr ; Karageorgi Servias 2, Syntagma ; ⌚9h-21h ; Ⓜ Syntagma), **Monastiraki** (☎210 322 2657 ; www.onexchange.gr ; Areos 1, Monastiraki ; ⌚9h-21h ; Ⓜ Monastiraki).

DÉSAGRÉMENTS ET DANGERS

Si les délits violents sont assez rares, il convient de rester prudent, en particulier le soir. Le sud-ouest d'Omonia et certaines rues de Metaxourgio notamment sont des lieux de prostitution, hantés par des toxicomanes.

OFFICES DU TOURISME

EOT (Office national du tourisme grec ; carte p. 84 ; ☎210 331 0347, 210 331 0716 ; www.visitgreece.gr ; Dionysiou Areopagitou 18-20, Makriyanni ; ⌚8h-20h lun-ven, 10h-16h sam-dim mai-sept, 9h-19h lun-ven oct-avr ; Ⓜ Akropoli). Plans gratuits d'Athènes, horaires des sites et renseignements sur les transports. Autre guichet à l'aéroport d'Athènes (⌚9h-17h lun-ven, 10h-16h sam).

Kiosque d'information de la ville d'Athènes (carte p. 90 ; www.thisisathens.org ; Plateia Syntagmatos, Syntagma ; ⌚9h-18h ; Ⓜ Syntagma). Brochures et conseils. Autre guichet à l'**aéroport** (☎210 353 0390 ; www.athensconventionbureau.gr/en/content/info-kiosk-athens-international-airport ; Aéroport international Eleftherios Venizelos ; ⌚8h-20h ; Ⓜ Airport).

Plan d'Art contemporain à Athènes (athensartmap.net). Téléchargez un plan au format PDF des espaces et événements artistiques de la ville ; plusieurs galeries et cafés en distribuent des copies papier.

POSTE

Souvent lent, le service postal grec n'est pas vraiment fiable. Les plus grands bureaux de poste vendent boîtes et enveloppes pour les colis.

Poste centrale d'Athènes (carte p. 100 ; ☎210 321 6024 ; www.elta.gr ; Eolou 100, Omonia ; ⌚7h30-20h30 lun-ven, 7h30-14h45 sam ; Ⓜ Omonia)

Poste pour les colis (carte p. 90 ; ☎210 321 8143 ; www.elta.gr ; Mitropoleos 60, Monastiraki ; ⌚7h30-20h30 lun-ven ; Ⓜ Monastiraki)

Poste de Syntagma (carte p. 90 ; ☎210 324 5970 ; www.elta.gr ; Mitropoleos 2, Syntagma ; ⌚7h30-20h30 lun-ven, 7h30-14h45 sam, 9h-13h dim ; Ⓜ Syntagma)

SERVICES MÉDICAUX

Les pharmacies de garde sont affichées sur les vitrines des pharmacies fermées. Sinon, appelez le ☎1434 (en grec uniquement). La pharmacie de l'aéroport (ci-dessous) est ouverte 24h/24.

SOS médecins (☎ 210 821 2222, 1016 ; www.sosiatroi.gr ; ⌚24h/24). Service payant employant des médecins anglophones effectuant des visites à domicile (ou à l'hôtel).

URGENCES

Si vous utilisez un téléphone portable étranger en Grèce, le seul numéro d'urgence à 3 chiffres qui fonctionne est le ☎112 – le principal.

Indicatif du pays	☎30
Urgences	☎112
Police	☎100 ou ☎21077 05711
Police touristique	☎171 ou ☎21092 00724
Ambulance	☎116

Depuis/vers Athènes

AVION

L'**aéroport** (ATH ; carte p. 144 ; ☎210 353 0000 ; www.aia.gr), à Spata, à 27 km à l'est d'Athènes, possède un seul terminal et tous les équipements modernes, notamment une consigne accessible 24h/24 dans le hall des arrivées (à partir de 3,50 € pour 6 heures), des jeux pour enfants et même un petit musée d'archéologie au-dessus des enregistrements.

Il est desservi par de nombreuses compagnies aériennes régulières et low cost, et par des avions charters en haute saison, comme **easyJet** (☎211 198 0013 ; www.easyjet.com).

Entre Aegean Airlines et Olympic Air (qui ont fusionné, mais suivent toujours des itinéraires séparés), il y a des vols vers toutes les îles dotées d'aéroports.

Aegean Airlines (en.aegeanair.com)

Astra Airlines (☎801 700 7466, 2310 489 390 ; www.astra-airlines.gr). Basée à Thessalonique, plus quelques vols reliant Athènes à Kozani, Kastoria, Chios et Samos.

Olympic Air (☎801 801 0101, 21035 50500 ; www.olympicair.com)

Sky Express (GQ ; ☎215 215 6510 ; www.skyexpress.gr)

BATEAU

La plupart des ferrys, des hydroglisseurs et des catamarans rapides desservant les îles partent du grand port du Pirée (p. 142), au sud-ouest d'Athènes. Achetez vos billets en ligne auprès de **Greek Ferries** (☎281 052 9000 ; www.greekferries.gr), par téléphone ou dans des kiosques sur le quai près des ferrys. Des agences de voyages situées autour de chaque port vendent aussi des billets (sans supplément).

BUS

Athènes compte deux gares routières interurbaines, et une aire de stationnement pour les bus à destination du sud et de l'est de l'Attique. Les horaires sont à la fois disponibles à l'office du tourisme et sur le site Internet de KTEL. Vous trouverez la liste des compagnies KTEL sur le site Internet www.ktelbus.com ; **KTEL Attikis** (☎210 880 8000 ; www.ktelattikis.gr) dessert la péninsule de l'Attique. **KTEL Argolida** (☎275 202 7423 ; www.ktelargolida.gr) se rend à Épidaure, avec des bus spéciaux en été pendant le festival.

Il est possible d'acheter à l'avance les billets au départ du **Terminal A de Kifissos** (☎210 515 0025 ; Drakontos 76, Peristeri ; Ⓜ Agios Antonios) au **guichet** (☎210 523 3810 ; Sokratous 59, Omonia ; ⏲7h-17h15 lun-ven ; Ⓜ Omonia), près d'Omonia.

Il n'y a pas de gare dédiée pour les bus internationaux (depuis la Bulgarie, la Turquie, etc.) ; certains arrivent à Kifissis, d'autres s'arrêtent entre Plateia Karaïskaki et Plateia Omonias. Les bus de **Tourist Service** (www.tourist-service.com), notamment, partent du Pirée et d'Athènes pour la Bulgarie.

TRAIN

Les trains Intercity (IC) vers le nord et le centre de la Grèce partent de la **gare ferroviaire de Larissa** (☎14511, 1 €/min, 6h-23h ; www.trainose.gr ; Ⓜ Larissa), dans le centre, à 1 km au nord-ouest de la Plateia Omonias.

Pour le Péloponnèse, prenez le **train de banlieue** (Proastiakos ; ☎14511 ; www.trainose.gr) jusqu'à Kiato où vous changerez pour prendre un bus. La ligne ferroviaire de Patras est régulièrement fermée pour travaux, auquel cas des bus OSE prennent le relais, via Kiato. Il est plus simple de prendre un bus au départ du terminal A de Kifissos (ci-contre), jusqu'à votre destination finale.

Vérifiez horaires et tarifs des liaisons intérieures sur Internet ou auprès d'**OSE** (☎210 362 1039 ; www.trainose.gr ; Sina 6, Panepistimio ; ⏲8h-15h lun-ven ; Ⓜ Panepistimio), où vous pouvez aussi acheter vos billets.

Consultez le site www.seat61.com pour des conseils sur les liaisons ferroviaires internationales ; depuis/vers la Grèce, tous les trains passent par Thessalonique. Les billets internationaux doivent être achetés en personne à la gare ferroviaire.

VERS	DURÉE (H)	TARIF (€)	FRÉQUENCE
Alexandroupolis (via Thessalonique)	14	38	1/jour (de nuit, via Thessalonique)
Alexandroupolis (IC ; via Thessalonique)	15	63	1/jour (via Thessalonique)
Corinthe (train de banlieue)	1	9	ttes les heures
Kalambaka (pour les Météores)	5	18	1/jour direct, 5 via Paleofarsalos (32 €)
Kiato (train de banlieue)	80 min	12	ttes les heures
Thessalonique	6	25	1/jour (de nuit)
Thessalonique (IC)	5 ½	45	5/jour
Volos (IC)	5	35	4/jour (via Larissa)

VOITURE ET MOTO

L'Attiki Odos (autoroute de l'Attique), l'Ethniki Odos (route nationale) et diverses rocades facilitent l'accès à Athènes.

La partie supérieure de Leoforos Syngrou, près du temple de Zeus olympien (p. 85), est jalonnée d'agences de location de voitures. Les compagnies locales proposent souvent de meilleures affaires que les multinationales. Comptez 45 € la journée, moins pour 3 jours ou plus.

Avis (☎210 322 4951 ; www.avis.gr ; Leoforos Syngrou 23, Makriyanni ; ⏲7h30-21h ; Ⓜ Akropoli)

Budget (☎ 210 922 4200 ; www.budget.gr ; Leoforos Syngrou 23, Makriyanni ; ⏰ 7h30-21h00 ; Ⓜ Akropoli)

Hertz (☎ 210 922 0102 ; www.hertz.gr ; Leoforos Syngrou 12, Makriyanni ; ⏰ 8h-21h ; Ⓜ Akropoli)

Kosmos (☎ 210 923 4695 ; www.kosmos-carrental.com ; Leoforos Syngrou 5, Makriyanni ; ⏰ 8h-20h30 ; Ⓜ Akropoli)

Motorent (☎ 210 923 4939 ; www.motorent.gr ; Kavalloti 4, Makriyanni ; ⏰ 9h-17h mar-ven, 9h30-14h sam ; Ⓜ Akropoli). De 50 cm^3 à 250 cm^3 (à partir de 20 €/jour) ; prévoyez un permis moto et des nerfs d'acier.

ELPA (Elliniki Leschi Aftokinitou kai Periigiseon ; ☎ assistance routière 24h/24 10400) fournit une assistance routière nationale.

Comment circuler

Le centre d'Athènes, compact, se visite aisément à pied avec ses rues étroites et sa charmante promenade piétonne. Le trajet entre Gazi, à l'ouest, et le Musée byzantin et chrétien ne prend que 45 minutes environ. Une carte des transports ne vous sera donc pas très utile. En été toutefois, tenez compte du soleil implacable.

DEPUIS/VERS L'AÉROPORT

Bus

Des bus express circulent 24h/24 entre l'aéroport (p. 135) et les points centraux de la ville. À l'aéroport, achetez vos billets (6 € ; uniquement valides dans ces bus) au kiosque près des arrêts.

Gares routières Terminal A de Kifissos et **Terminal B de Liossion** Bus X93, 1 heure (terminal B) à 1 heure 30 (terminal A), toutes les 20 à 30 minutes (1 heure la nuit).

Le Pirée Bus X96, 1 heure 30, toutes les 20 minutes. Vers la Plateia Karaïskaki.

Plateia Syntagmatos Bus X95 (carte p. 90 ; billets 6 € ; ⏰ 24h/24), 1 heure à 1 heure 30, toutes les 20 à 30 minutes. L'arrêt Syntagma se trouve dans la rue Othonos.

Métro

La ligne 3 du métro dessert l'aéroport (p. 135) et le centre-ville. Des trains partent de l'aéroport toutes les 30 minutes, aux heures piles et aux demi-heures, entre 6h30 et 23h30. Depuis le centre, des trains quittent Monastiraki entre 5h40 et 23h ; certains s'arrêtent avant, à Doukissis Plakentias, où il faut descendre et attendre un train pour l'aéroport (affiché sur les trains et les quais).

Les tickets depuis l'aéroport, achetés séparément des tickets de métro, coûtent 10 € par adulte ou 18 € l'aller-retour (ticket valable 7 jours). Un pass à 22 €, valable 3 jours, inclut l'aller-retour à l'aéroport, et tous les autres transports dans le centre.

Taxi

Les courses de l'aéroport au centre-ville font l'objet d'un tarif fixe : 38/54 € de jour/nuit (péages compris). Comptez 30 à 45 minutes. Pour Le Pirée (1 heure), comptez 50/60 € de jour/nuit.

Pour rejoindre l'aéroport depuis le centre, les chauffeurs proposent généralement un forfait de 40 €. Vous pourrez insister sur un tarif au compteur, mais avec tous les ajouts (péages, taxe d'aéroport, supplément bagages), cela revient au même.

Pour réserver un taxi, contactez Welcome Pickups (www.welcomepickups.com) ; les tarifs sont les mêmes.

Trains de banlieue

Le train de banlieue (ci-contre ; 1 heure) rejoint aussi le centre, si vous allez près de la gare ferroviaire de Larissa (ci-contre ; après un changement à Ano Liosia) ou sur la ligne 1 du métro (changez à Neratziotissa). Même prix que le métro. Des trains démarrent pour Athènes toutes les 15 minutes entre 5h10 et 23h30 ; de 6h à minuit vers l'aéroport (p. 135).

Les trains de banlieue circulent aussi entre l'aéroport et Le Pirée (changez à Neratziotissa) et Kiato, dans le Péloponnèse (via Corinthe).

TRANSPORTS PUBLICS

Billets et pass

Le réseau des transports utilise le système unique Ath.ena, un ticket en papier rechargeable, disponible auprès des guichets et des automates dans le métro. Créditez-le d'une somme d'argent, ou achetez un nombre donné de trajets (1,40 €/trajet ; réductions par 5 ou 10 trajets) ou un pass 24 heures/5 jours à 4,50/9 €.

Les enfants de moins de 6 ans voyagent gratuitement, les moins de 18 ans et les plus de 65 ans paient en principe demi-tarif, mais il faut acheter le billet Ath.ena auprès d'une personne physique dans une billetterie. Si vous restez un moment, la carte en plastique Ath.ena peut être intéressante ; il faut créditer au minimum 4,50 € pour commencer.

Passez votre carte sur le tourniquet du métro ou, dans les bus et les tramways, validez le ticket dans la machine en montant à bord, et conservez-le en cas de contrôle. Un trajet est valable 1 heure 30, correspondances et retour compris.

Bus et trolleybus

Les bus express locaux, les bus ordinaires et les trolleybus circulent toutes les 15 minutes entre 5h et minuit. Au lieu des plans, utilisez Google Maps ou le planificateur du site Internet de l'**OASA** (Organisation des transports urbains d'Athènes ; ☎ 11185 ; www.oasa.gr ; ⏰ centre

LES BUS DU PIRÉE

Mieux vaut se rendre au Pirée en métro, mais après sa fermeture à minuit, il est possible de s'y rendre en bus :

De Syntagma (bus 040) (carte p. 90). Sur Filellinon, juste au sud de Syntagma, vers Akti Xaveriou (toutes les 10 à 20 min de 6h à minuit, toutes les 30 min après).

D'Omonia (bus 500) (carte p. 100). En face de la mairie, au sud d'Omonia, vers la Plateia Themistokleous (toutes les heures de minuit à 5h, début du trajet à Kifissia).

d'appels 6h30-22h30 lun-ven, 7h30-22h30 sam-dim) (rubrique "Telematics"). Les lignes les plus utilisées par les touristes sont les trolleybus 2, 5, 11 et 15, qui circulent du nord au sud depuis Syntagma en passant par le Musée national d'archéologie (p. 93). Montez à bord des bus par n'importe quelle porte, et validez votre billet.

Les bus express depuis l'aéroport (p. 137) circulent 24h/24, et nécessitent un billet spécial, acheté à un kiosque près de l'arrêt.

Bus pour le cap Sounion (carte p. 90 ; www.ktelattikis.gr)

Bus pour Éleusis (Elefsina) (carte p. 100)

Bus pour le monastère de Kaisariani (Moni Kaisarianis) Départ près du bâtiment de l'**Université d'Athènes** (carte p. 100 ; www.uoa.gr ; Omonoia 30, Panepistimio ; ⏲ fermé au public ; Ⓜ Panepistimio), à Panepistimio.

Métro

Le métro fonctionne bien et les plans affichés sont clairs, avec des traductions en anglais. Les rames circulent de 5h30 à 0h30, toutes les 4 minutes en période de pointe, sinon toutes les 10 minutes. Le vendredi et le samedi, les lignes 2 et 3 circulent jusqu'à 2h30. Renseignements sur www.stasy.gr. Toutes les stations sont accessibles en fauteuil roulant.

Ligne 1 (verte) La plus ancienne ligne aérienne, Kifissia-Piraeus (Le Pirée), surnommée *Ilektriko*, circule moins vite que les autres.
Après la fermeture, un **bus de nuit** (carte p. 100) (500, Piraeus-Kifisia) prend la relève et s'arrête à proximité des stations de métro.

Ligne 2 (rouge) Circule entre Agios Antonios au nord-ouest et Agios Dimitrios au sud-est.

Ligne 3 (bleue) Circule au nord-est d'Egaleo à Doukissis Plakentias, où le train pour l'aéroport prend le relais. Changement pour la ligne 1 à Monastiraki et pour la ligne 2 à Syntagma.

Train

Les trains de banlieue (p. 136) sont rapides mais peu utilisés par les visiteurs – bien qu'ils desservent l'aéroport et même Le Pirée et le nord du Péloponnèse. La ligne aéroport-Kiato (14 €, 1 heure 30) a des correspondances avec le métro à Doukissis Plakentias et Neratziotissa. Deux autres lignes ont une correspondance avec le métro à la gare de Larissa.

Un petit **funiculaire** (Teleferik ; ☎ 210 721 0701 ; www.lycabettushill.com ; Aristippou 1, Kolonaki ; aller-retour/aller simple 7,50/5 € ; ⏲ 8h30-2h30) grimpe au Lycabette.

Tram

La lenteur des trams athéniens permet d'admirer le paysage, surtout sur les lignes suivant le littoral vers Glyfada ou Le Pirée. Trois lignes de tram :

Ligne 1 (rouge) Relie Kasomoule au Pirée.

Ligne 2 (verte) Relie Kasomoule à Glyfada.

Ligne 3 (bleue) Relie Le Pirée à Glyfada.

Les trams circulent de 5h30 à 1h du dimanche au jeudi (ttes les 10 min) et jusqu'à 2h30 les vendredis et samedis (ttes les 40 min). Des billetteries automatiques sont installées sur les quais.

TAXI

Les taxis athéniens sont d'un excellent rapport qualité/prix et peuvent se révéler essentiels sur certains itinéraires. Mais en trouver un peut tenir de la gageure, surtout aux heures de pointe. Agitez vigoureusement le bras... et criez votre destination au chauffeur en espérant qu'il soit intéressé. Assurez-vous que le compteur fonctionne. Mieux vaut utiliser l'application mobile **Beat** (www.thebeat.co/gr) ou **Taxiplon** (☎ 210 277 3600, 18222 ; www.taxiplon.gr) – vous pouvez payer en espèces. Sinon, vous pouvez faire appel aux sociétés de radio-taxis comme **Athina 1** (☎ 210 921 0417, 210 921 2800 ; www.athens1.gr), **Enotita** (☎ 6980666720, 18388, 210 649 5099 ; www.athensradiotaxienotita.gr) ou **Parthenon** (☎ 210 532 3300 ; www.radiotaxi-parthenon.gr). Pour les expéditions à la journée, nous recommandons **Athens Tour Taxi** (☎ 6932295395 ; www.athenstourtaxi.com).

Si un taxi a déjà des passagers lors de votre prise en charge, sachez que la course n'est pas partagée : chacun paie le montant indiqué au compteur pour sa course, déduction faite des détours pour déposer les autres (retenez le montant indiqué à votre montée). Les trajets courts dans le centre coûtent environ 5 € ; prévoir un supplément pour les bagages et une prise en charge aux nœuds de transports. Supplément d'environ 60% la nuit et les jours fériés.

VÉLO

Athènes n'est pas vraiment adaptée au vélo. Même les cyclistes expérimentés hésiteront à rouler à l'intérieur d'Athènes : il n'y a pas de pistes cyclables, les conducteurs sont souvent dangereux et le terrain est escarpé. Une piste cyclable relie néanmoins Thissio à la côte.

Il existe quelques loueurs, notamment **Funky Ride** (☎211 710 9366 ; www.funkyride.gr ; Dimitrakopoulou 1, Makriyanni ; 7/15 € pour 3 heures/1 journée ; 10h30-15h30 et 17h30-20h30 lun-ven, 10h30-16h sam ; Ⓜ Akropoli) et Solebike (p. 107).

VOITURE ET MOTO

Les célèbres embouteillages d'Athènes, les panneaux improbables, les conducteurs impatients ou fantasques et les sens uniques du centre-ville peuvent transformer un petit trajet en véritable cauchemar.

Contrairement à ce que l'on voit, il est illégal de stationner le long des trottoirs marqués en jaune, sur les trottoirs et dans les rues piétonnes. Les parkings payants exigent des tickets vendus dans des kiosques.

PORTS D'ATHÈNES

Le Pirée

163 688 HABITANTS

À 10 km au sud-ouest du centre d'Athènes, l'impressionnant port du Pirée déroule des quais interminables où s'alignent ferrys, hydroglisseurs et navires de toutes sortes. C'est le plus grand port méditerranéen (avec plus de 20 millions de passagers annuels), le centre névralgique du réseau de ferrys de la mer Égée et du commerce maritime grec, et la base de sa vaste flotte marchande. Bien qu'étant une ville en soi, Le Pirée se fond dans l'agglomération d'Athènes, et près de 500 000 habitants vivent dans ses environs.

Le centre embouteillé du Pirée a piètre allure et ne se prête pas à la flânerie. Outre ses compagnies maritimes, les banques et les édifices publics, on y trouve un mélange de zones piétonnes, de rues commerçantes et de secteurs relativement délabrés. Le quartier le plus attrayant s'étend à l'est, autour de **Zea Marina**, de **Pasalimani** et du port de **Mikrolimano**, bordé de cafés, de restaurants et de bars à la fois prisés d'une clientèle locale et de touristes.

À voir

Musée des Trains électriques MUSÉE
(Carte p. 140 ; ☎210 414 7552, 210 412 9503 ; www.museum-synt-isap.gr ; Loudovikou 1 ; 9h-14h lun-ven ; Ⓜ Piraeus). GRATUIT À l'intérieur de la gare du Pirée, un trésor de musée où découvrir de vieux aiguillages, de beaux modèles réduits et des mécanismes intéressants, ainsi qu'un vénérable wagon en bois. Ce lieu est né de la passion d'un ancien employé du rail. Ses collègues et lui-même sont une mine d'informations.

Musée archéologique du Pirée MUSÉE
(Carte p. 140 ; ☎210 452 1598 ; odysseus.culture.gr ; Harilaou Trikoupi 31 ; adulte/enfant 4 €/gratuit ; 8h-15h mar-dim ; Ⓜ Piraeus). Le point d'orgue de ce musée est sa magnifique **statue d'Apollon**, le *Kouros du Pirée*, la plus ancienne statue en bronze réalisée en fonte creuse jamais découverte. Elle date d'environ 520 av. J.-C. et a été trouvée sous des décombres en 1959. Autres pièces remarquables venues de la région : les bas-reliefs de tombeaux, allant du IVe siècle au IIe siècle av. J.-C.

Musée maritime hellénique MUSÉE
(☎210 451 6264 ; hmmuseum.gr ; Akti Themistokleous, Plateia Freatidas, Zea Marina ; 4 € ; 9h-14h mar-sam ; Ⓜ Piraeus). En dépit de l'immense tradition maritime grecque, ce musée n'est pas l'un des meilleurs du genre. Il n'en recèle pas moins des maquettes de navires anciens et modernes, des marines de peintres grecs renommés datant des XIXe et XXe siècles, une multitude d'armes, de drapeaux et de cartes, et même une partie de sous-marin.

Où se loger

Si vous prenez un ferry matinal, il peut être judicieux de passer la nuit au Pirée plutôt que dans le centre d'Athènes. Les hôtels les plus récents et les plus élégants sont proches de Pasalimani.

Phidias Piraeus HÔTEL €
(Carte p. 140 ; ☎210 429 6480 ; www.hotelphidias.gr ; Kountouriotou 189, Zea Marina ; s/d/tr à partir de 50/80/120 € ; ; 040 jusqu'à Terpsithea). Loin des médiocres hébergements habituels du Pirée, cet hôtel est apprécié pour ses chambres simples refaites à neuf, ornées d'un joli papier peint. Un peu loin du métro (20 minutes à pied) et du port des ferrys, il dispose néanmoins d'une navette gratuite et vous êtes près du joli port

Le Pirée

Le Pirée

À voir

1 Musée des Trains électriques C1
2 Musée archéologique du Pirée D4

Où se loger

3 Hotel Triton D2
4 Phidias Piraeus D4
5 Piraeus Dream City Hotel D3

Où se restaurer

6 Marché central C2
7 Mandragoras D2
8 Rakadiko D2
9 Yperokeanio A4

touristique, agréable le soir. Petit-déjeuner complet pour 7 € en sus.

Piraeus Dream City Hotel HÔTEL €
(Carte ci-dessus ; ☎210 411 0555 ; www.piraeus-dream.gr ; Notara 78 ; d/tr à partir de 75/95 € ; ❄@📶 ; Ⓜ Piraeus). Un hôtel moderne, à environ 10 minutes à pied du métro, aux chambres spacieuses blanc et crème. Chambres tranquilles à partir du 4e niveau. Restaurant sur le toit.

Hotel Triton HÔTEL €€
(Carte ci-dessu ; ☎210 417 3457 ; htriton.gr ; Tsamadou 8 ; s/d/tr à partir de 58/94/95 € ; ❄@📶 ; Ⓜ Piraeus). Hôtel simple et commodément situé, au personnel serviable ; un bonheur en regard du délabrement d'autres établissements du Pirée. Certaines chambres donnent sur le marché animé. La suite familiale (148 €) a une grande terrasse.

Où se restaurer et prendre un verre

Le Grand Port est bordé de nombreux cafés, restaurants et fast-foods médiocres. Des établissements de meilleure qualité sont installés dans les rues secondaires ou, plus loin, autour de Mikrolimano, à Zea Marina et sur la promenade du front de mer à Freatida.

Yperokeanio MEZZE €
(Carte ci-contre ; 210 418 0030 ; Marias Hatzikiriakou 48 ; plats 6-12 € ; 12h-23h30). Prenez un taxi jusqu'à cet épatant *mezedopoleio* de produits de la mer, où vous pourrez savourer des petites assiettes de sardines grillées ou de moules. Au dessert, goûtez la glace *kaimaki*, élaborée à partir d'une recette traditionnelle d'Asie Mineure, épaissie au *sahlep* (tubercule d'orchis) et parfumée au mastic. Souvent bondé ; réservez si possible.

Mandragoras TRAITEUR €
(Carte ci-contre ; 210 417 2961 ; Gounari 14 ; 7h45-16h lun, mer et sam, 7h45-20h mar, jeu et ven ; M Piraeus). Excellent épicerie-traiteur proposant un bel assortiment de fromages gourmands, de mezze tout prêts, d'huiles d'olive, de miel grec et de bocaux et conserves. Un véritable temple des produits grecs régionaux, fantastique pour dénicher des cadeaux.

Marché central MARCHÉ €
(Carte ci-contre ; Dimosthenous ; 6h-16h lun-ven ; M Piraeus). En retrait du port, le marché du Pirée est très animé et donne un bel aperçu de la vie quotidienne grecque. Toutes sortes de victuailles et de bric-à-brac, ainsi que des cafés et des bars bon marché aux abords, notamment dans la ruelle située derrière.

To Kapileio Tou Zaxou TAVERNE €€
(210 481 3325 ; Komotinis 37 ; plats à partir de 15 € ; 12h-1h ; 16). Cette taverne familiale dédiée aux produits de la mer est un peu loin du port, mais l'esprit marin est bien là. Grillades de poissons pêchés du jour, de calmars et de poulpes, et vin de la maison tiré de gros tonneaux logés au-dessus des tables, comme il se doit. Prisé des habitants pour ses prix raisonnables et ses portions généreuses.

Margaro POISSON ET FRUITS DE MER €€
(210 451 4226 ; Marias Hatzikiriakou 126 ; plats 6-21 € ; 12h-minuit lun-sam, 12h-17h30 dim sept-juil ; 904). Ce restaurant portuaire est l'image même de la simplicité. Il y a 3 plats au menu : une salade, des crevettes frites et des rougets frits. Niché derrière l'académie navale, il n'a rien de secret et peut être bondé le week-end. Allez-y en bus depuis la station de métro Piraeus, ou en taxi.

Rakadiko TAVERNE €€
(Carte ci-contre ; 210 417 8470 ; www.rakadiko.gr ; Karaoli Dimitriou 5, Stoa Kouvelou ; plats 7-18 € ; 12h-minuit lun-sam, 13h-18h dim ; M Piraeus). Paisible taverne située dans une arcade commerçante rénovée. Vous dégusterez des mezze ou des plats classiques de toute la Grèce, sous une treille. Concerts de *rébétiko* le week-end. Prenez éventuellement une glace ou de délicieuses *loukoumadès* (beignets en forme de boule au miel et à la cannelle) à la fleur d'oranger dans l'une des boutiques de douceurs adjacentes.

Varoulko POISSON ET FRUITS DE MER €€€
(210 522 8400 ; www.varoulko.gr ; Akti Koumoundourou 52, Mikrolimano ; plats 45-65 € ; 13h-1h ; Nautiko Omilos). Le chef Lefteris Lazarou, natif du Pirée, exerce son influence sur la gastronomie grecque depuis les années 1980, lorsqu'il a introduit le poisson sur les grandes tables de son pays. Propriétaire de longue date d'un restaurant à Athènes étoilé au Michelin, il n'est revenu dans sa ville d'origine qu'en 2014 ; là aussi, une étoile lui a été attribuée pour sa cuisine créative et raffinée. Jolie vue sur le port de Mikrolimano.

Mary Pickford BAR SUR UN TOIT
(210 412 3308 ; Akti Koumoundourou 54-56, Mikrolimano ; 19h-tard ; ; Nautiko Omilos). Ce bar sur un toit en bord de mer, dans le quartier de Mikrolimano, affiche un style hollywoodien et une vue sur le port, l'Acropole et le Lycabette. Longue carte des boissons, avec 6 catégories de cocktails ; le *Days of Summer* allie eau-de-vie de raisin grec et liqueurs de romarin et de citron.

Renseignements

La station de métro dispose de consignes (3 € les 24 heures, maximum 15 jours).

Alpha Bank (210 412 1721 ; Ethnikis Antistasseos 9 ; 8h-14h lun-ven)

Banque nationale de Grèce (210 414 4311 ; angle Antistaseos et Makras Stoas ; 8h-14h45 lun-ven)

Depuis/vers Le Pirée

Le métro et le train de banlieue venant d'Athènes s'arrêtent à la **porte E7** (carte ci-contre) du Grand Port, dans Akti Kalimassioti. Plusieurs portes d'embarquement des ferrys sont juste en face ; pour les autres, prenez la navette du port (gratuite) ou un taxi (bon marché). Le meilleur arrêt pour prendre la **navette X96 pour l'aéroport** (carte ci-contre ; adulte 6 €, gratuit - 6 ans) se trouve devant l'église Agios Dionysios, quatre pâtés de maisons au nord de Papastratou.

Le prolongement de la ligne de tram athénien de Faliro jusqu'au port devrait être achevé en 2020, avec un terminus situé juste au sud de la station de métro.

BATEAU

Le Pirée est le port le plus fréquenté de Grèce. Il voit partir quotidiennement des bateaux pour la plupart des archipels, excepté pour les îles Ioniennes, dont seule Cythère (Kythira) est desservie (pour les autres îles, partez d'Igouménitsa), les Sporades, ainsi que Kéa (Tzia) et Andros dans les Cyclades (départs de Rafina et de Laurion). Des ferrys desservent aussi le Péloponnèse (Méthana, Ermioni, Porto Heli, Monemvassia et Gythio).

Vérifiez toujours le quai de départ auprès du guichetier.

Vers la Crète, des ferrys partent pour Héraklion et la Canée (Hania) depuis l'extrémité ouest d'Akti Kondyli (portes d'embarquement **E2** – carte p. 140 – et **E3**).

Horaires et billets

Les bateaux circulent moins fréquemment en avril, mai et octobre, et le trafic est très restreint l'hiver, surtout vers les petites îles. Retrouvez tous les horaires et réservez vos billets en ligne (www.greekferries.gr, www.openseas.gr, www.ferries.gr ou sur les sites des compagnies), ou rendez-vous dans les agences de voyages et les kiosques des compagnies de ferrys situés devant chaque bateau (ouverts environ 2 heures avant le départ). Les **autorités portuaires du Pirée** (carte p. 140 ; ☎ 210 455 0000, 0,89 €/min au 14541 ; www.olp.gr) disposent aussi des horaires.

BUS

L'express X96 (p. 141) reliant Le Pirée à l'aéroport d'Athènes s'arrête devant Agios Dionysios sur Papastratou. Il circule le long de l'enceinte extérieure du port, mais s'arrête rarement ; mieux vaut prendre la navette du port pour rejoindre votre porte d'embarquement. Le **bus 040** (carte p. 140) relie Le Pirée à Athènes ; partant de l'angle de Lambraki et de Vasileos Georgiou II, il emprunte Polytehniou ; descendez à Plateia Korai.

MÉTRO

Le moyen le plus rapide et le plus pratique d'aller du Grand Port à Athènes est le métro (1,40 €, 30 min, toutes les 10 min, de 5h à minuit) ; la station se trouve près des ferrys à l'extrémité nord d'Akti Kalimassioti.

Vous pourrez prendre le métro pour l'aéroport (p. 135) en changeant à la station Monastiraki.

TRAIN DE BANLIEUE

Le Pirée est desservi par le réseau ferré de banlieue, dont le terminus est situé près de la station de métro. Pour vous rendre à l'aéroport ou pour Kiato dans le Péloponnèse, changez à Kato Acharnai.

ℹ Comment circuler

Le port est gigantesque et une navette gratuite longe régulièrement le quai entre les portes d'embarquement E7 et E1 ; départ en face de la station de métro. Pour vous rendre à la porte E9, prenez l'un des bus dont le numéro commence par 8, qui circulent à l'extérieur du port.

Les bus municipaux du Pirée susceptibles d'intéresser les voyageurs sont les 904 et 905, entre Zea Marina et la station de métro.

En raison des travaux de prolongement du tramway et du métro d'Athènes (inachevés lors de nos recherches), le secteur du port est devenu un labyrinthe de rues fermées et de déviations.

Rafina

13 091 HABITANTS

Rafina, sur la côte est de l'Attique, accueille les ferrys de passagers à destination des Cyclades septentrionales. Pour peu que le port soit votre destination, il s'agit d'une bonne alternative au Pirée, car il est plus petit (et donc moins déroutant) et les tarifs sont inférieurs d'environ 20%. C'est de surcroît un endroit agréable où passer la nuit, si l'horaire de votre ferry l'exige.

Où se loger et se restaurer

Avra — HÔTEL €€

(☎ 22940 22780 ; www.hotelavra.gr ; Arafinidon Alon 3 ; d à partir de 75 € ; ❄ 📶). Situé à l'une des extrémités du joli port en croissant de lune de Rafina, L'Avra est un grand hôtel fonctionnel, agréable pour une nuit (navette gratuite pour l'aéroport, à environ 30 min de là). Chambres modernes et confortables, dotées d'un balcon d'où l'on peut voir arriver les bateaux.

Ta Kavouria Tou Asimaki — GREC €

(☎ 22940 24551 ; Akti Andrea Papandreou ; plats à partir de 8 € ; ⏲ 9h-minuit). Ce restaurant, un des plus anciens – et des plus prisés – de Rafina, donne sur le port, ce qui est pratique si l'on attend le ferry. Cuisine excellente ; poisson frais préparé simplement, et quelques mets délicats comme la salade d'oursins. Le calmar grillé est tendre et parfumé. Service très sympathique.

Depuis/vers Rafina

Rafina se trouve près de l'aéroport d'Athènes (p. 135) ; si vous allez dans les Cyclades septentrionales (Mykonos, Naxos, etc.), envisagez de venir ici directement en évitant Athènes et Le Pirée.

BATEAU

Les **autorités portuaires de Rafina** (☎22940 28888 ; www.rafinaport.gr ; Akti Andrea Papandreou 10) et le site www.openseas.gr dispensent des informations sur les ferrys.

Fast Ferries et Golden Star ferries se rendent à Andros (2 heures 30, 19 €, 4-6/jour) et Mykonos (4 heures 30, 29 €, 2-3/jour). Seajets propose une liaison rapide vers Mykonos (2 heures 15, 33 €, 2/jour). Golden Star rejoint Ios (6 heures, 48 €, 6/sem). Vers Naxos, Golden Star et Seajets ont des bateaux rapides (4 heures, 33 €, 3/jour) ; Fast Ferries a un service plus lent (6 heures, 30 €, 6/sem). Golden Star vous emmènera à Santorin (Thira ; 6 heures 45, 48 €, 1/jour). Rejoignez Tinos à grande vitesse avec Seajets (2 heures, 39 €, 2/jour) ou avec les bateaux normaux de Fast Ferries et Golden Star (3 heures 45, 27 €, 6-9/jour).

BUS

Des bus KTEL (p. 136) fréquents vont de la gare routière athénienne de Mavromateon à Rafina (2,60 €, 1 heure) entre 5h45 et 22h30. Les bus de l'aéroport d'Athènes (3,45 €, 45 min) (p. 137) partent devant le terminal des arrivées, près du Sofitel, entre 4h40 et 22h20 ; achat des billets à bord. Les deux s'arrêtent au quai de Rafina.

Laurion (Lavrio)

10 370 HABITANTS

Laurion, ville côtière à 60 km au sud-est d'Athènes, est le port des ferrys desservant Kéa et Kythnos et, en saison, des catamarans pour les Cyclades occidentales. Ce n'est malheureusement pas un endroit passionnant où passer la nuit. La longue plage ventée au nord du port des ferrys est appréciée des véliplanchistes, mais ce vent n'est pas le bienvenu par ailleurs. Laurion est renommée depuis l'Antiquité pour ses mines d'argent, dont l'exploitation connut un renouveau à la fin du XIXe siècle, avec la construction d'énormes complexes alimentés à la vapeur – mais aujourd'hui il ne s'y passe presque plus rien. (Les vestiges industriels plus récents, remarquables, sont uniquement ouverts aux étudiants de l'université polytechnique nationale d'Athènes.)

Parmi les autres sites, citons le **musée minéralogique** (☎22920 26270 ; Iroön Polytechniou ; adulte/enfant 2 €/gratuit ; ⏲10h-12h ven-dim) aux horaires d'ouverture restreints, et un petit **musée archéologique** (☎22920 22817 ; odysseus.culture.gr ; angle Agias Paraskevis et Leoforos Souniou ; adulte/enfant 2 €/gratuit ; ⏲8h-15h mar-dim).

Côté restauration, **Pezodromos** (☎22920 22670 ; Ermou 40 ; plats à partir de 8 € ; ⏲12h-minuit ; 🖉), dans le vieux centre de Laurion, est une taverne prisée de poissons et fruits de mer – goûtez le poulpe au vinaigre ou le calmar farci. Également des plats de viande (agneau à la broche) et un choix de salades et légumes sauvages pour les végétariens.

Depuis/vers Laurion

BATEAU

Les **autorités portuaires de Laurion** (☎22920 25249 ; Akti Andrea Papandreou) et le site www.openseas.gr fournissent des informations sur les ferrys.

BUS

Les bus KTEL (p. 136) pour Laurion (5,30 €, 2 heures, toutes les 30 min) partent de la gare routière de Mavromateon, à Athènes. Les navettes de l'aéroport partent devant le terminal des arrivées près du Sofitel, et il faut changer de bus à Markopoulo. Les deux s'arrêtent au quai de Laurion.

TAXI

Taxi Poseidon (☎22920 24200 ; www.taxiposeidon.gr) peut vous emmener à l'aéroport (jour/nuit 38/55 €, 30 min) et dans le centre d'Athènes (55/87 €, 1 heure) ; tarifs plus élevés en sens inverse. La course Laurion-cap Sounion coûte 12 €.

L'ATTIQUE

Région agricole forte de plusieurs grands centres urbains, l'Attique comprend aussi de belles plages, en particulier le long de la côte d'Apollon et à Shinias, près de Marathon. Elle est aussi connue pour ses vignobles.

Jusqu'au VIIe siècle, l'Attique se composait de plusieurs petits royaumes, comme ceux d'Éleusis (Elefsina ; p. 150), de Rhamnonte (p. 149) et de Brauron (Vravrona). Si les vestiges de ces cités font pâle figure auprès du splendide temple de Poséidon (p. 148) au cap Sounion, ils sont quand même agréables à visiter, car vous serez probablement les seuls sur place.

Attique

La côte d'Apollon

Glyfada, à environ 17 km au sud-est d'Athènes, est une banlieue résidentielle aisée de la capitale, qui marque le début de la côte d'Apollon (parfois surnommée la Riviera athénienne), une étendue de 48 km jalonnée de jolies plages et de stations balnéaires jusqu'au cap Sounion. D'accès aisé en bus, c'est une destination agréable pour qui souhaite échapper à la touffeur estivale d'Athènes.

La route côtière (avenue Poseidonos, souvent appelée *paraliaki*) mène de Glyfada à **Voula**, **Kavouri**, puis à la cité balnéaire de **Vouliagmeni**, très fréquentée, et à la plage chic d'Astir. En général, la côte est un peu chère, mais plus on va vers le sud, plus les prix baissent et le littoral devient sauvage. Le lac minéral de **Limni Vouliagmenis** et les plages gays et nudistes nichées dans les criques rocheuses de **Limanakia** sont des sites notables.

On trouve de meilleurs lieux de baignade (gratuits) au nord-est et à l'est d'Athènes, à Shinias, Marathon et Brauron (Vravrona), mais ils sont plus éloignés, et il est préférable de disposer d'un véhicule pour s'y rendre.

Activités

La plupart des plages sont privées et payantes (5-15 € par adulte), et sont généralement accessibles de 8h au coucher du soleil, de mai à octobre (plus tard si la chaleur persiste). Elles comportent des transats et des parasols (parfois en supplément), des vestiaires, des aires de jeux et des cafés.

Limni Vouliagmenis BAIGNADE

(Carte ci-contre ; ☎210 896 2239 ; www.limnivouliagmenis.gr ; Leoforos Vouliagmenis ; adulte/enfant lun-ven 13/6 €, sam-dim 14/7 € ; ⏲7h30-20h ; 👪 ; 🚌114, 115 ou 149). Ce lac légèrement salé au pied d'une énorme falaise est relié à la mer par voie souterraine et alimenté par des sources chaudes riches en minéraux ; la température ne descend donc jamais au-dessous de 21°C. Cela en fait un habitat convivial pour les petits poissons qui jouent les pédicures auprès des baigneurs – un exfoliant parfait pour certains, mais le cauchemar des baigneurs chatouilleux.

La clientèle d'habitués seniors en bonnet de bain vante les vertus médicinales de l'eau. Un café moderne y sert une cuisine saine (déjeuner à partir de 12 €) ; vous pouvez y manger sans payer l'accès au lac. Transats, douches et aire de jeux. Prenez le bus A2 (l'express E2 en été) jusqu'à Plateia Glyfada (aussi appelée Plateia Katraki Vasos), puis le bus 114, 115 ou 149.

Limanakia PLAGE

(Carte ci-contre ; 🚌117 ou 122). Les criques rocheuses en contrebas de l'arrêt de bus Limanakia B (près de Varkiza, sur la côte d'Apollon) sont prisées des naturistes, notamment gays. Prenez le tram ou le bus express A2/E2 pour Glyfada, puis le bus 117 ou 122 jusqu'à l'arrêt Limanakia B.

Plage d'Asteras PLAGE

(☎210 894 1620 ; www.asterascomplex.com ; Glyfada ; adulte/enfant lun-ven 6/3 €, sam-dim 7/3 € ; ⏲ plage 8h30-20h ; 🚌790 à partir de Syntagma, 🚋T5 jusqu'à Asteria). Le complexe balnéaire chic d'Asteras, sans hôtel et facile à rejoindre depuis Glyfada (accessible en tram), comprend de nombreux cafés et bars de plage, des aires de jeux, et le restaurant Balux (ci-contre), très tendance. Il y a aussi une piscine, comme si l'immense plage (équipée de transats) ne suffisait pas.

Les restaurants sont chers pour la Grèce (café 4,50 €, plats à partir de 15 €), mais vous pouvez acheter à emporter des en-cas et boissons (café, eau, sandwichs grillés) à moins de 2 €.

Plage d'Astir PLAGE
(210 890 1621 ; Apollonus 40, Vouliagmeni ; adulte/enfant lun-ven 18/10 €, sam-dim 28/15 € mi-juin à mi-sept, tarifs réduits reste de l'année ; plage 8h-21h, restaurants jusqu'à minuit ; 114 depuis les arrêts de tram Glyfada et Voula). La plage d'Astir est le terrain de jeu le plus huppé de la capitale en été (l'élite athénienne s'y rend en hélicoptère). Il y a une multitude de boutiques et de restaurants, et on peut y pratiquer tous les sports nautiques. Astir se trouve à 19,5 km au sud d'Athènes et à 7,5 km au sud de Glyfada. Jolie plage publique de l'autre côté de la route si celle d'Astir vous semble trop surfaite.

Yabanaki PLAGE
(210 897 2414 ; www.yabanaki.gr ; Varkiza ; adulte/enfant lun-ven 5/3,50 €, sam-dim 6/3,50 € ; 8h-19h juin-août, 9h-17h mai ; 122). Moins clinquante que les stations balnéaires proches de Glyfada, Yabanaki (à 21 km au sud de Syntagma) n'en bénéficie pas moins de toutes sortes de services et d'activités (du restaurant à l'équipement de beach-volley). Idéal avec des enfants.

Akti tou Iliou PLAGE
(210 985 5169 ; www.aktitouiliou.gr ; Leoforos Poseidonos, Alimos ; adulte/enfant lun-ven 5/3 €, sam-dim 6/3 € ; plage 8h-20h ; Zefyros). Plutôt détendue, équipée de quantité de transats et de quelques bars de plage au toit de chaume, c'est une des plages les plus proches d'Athènes (à seulement 7,5 km au sud).

À SAVOIR SUR LA CÔTE D'APOLLON

- Pour éviter la circulation les week-ends d'été, partez vers 9h. Sans trop de circulation, le trajet entre Glyfada et Sounion prend environ 1 heure.
- Les plages les plus proches de Glyfada sont accessibles en tram depuis Athènes. Pour aller plus au sud, prenez un bus à Glyfada ou à Voula.
- Vous trouverez des plages et des criques rocheuses gratuites à Palaio Faliro (Edem), Kavouri, Glyfada et, vers le sud, près de Varkiza. Cherchez les coins où les habitants garent leur voiture sur le bord de la route.
- Les soirs d'été, de nombreuses plages se transforment en club ; emportez une tenue habillée dans votre sac de plage.

Où se loger

Villa Orion HÔTEL €
(210 895 8000 ; www.villaorionhotel.gr ; Ioanni Metaxa 4, Voula ; d/tr avec petit-déj 73/85 € ; ; A1, A2, 122, Asklipiio Voulas). Cet hôtel sans prétention, joliment décoré, s'avère d'un excellent rapport qualité/prix. Il est situé à quelques rues de la mer, mais toutes les plages sont facilement accessibles. Chambres dotées d'un petit balcon ; petits-déjeuners servis dans un jardinet. Les prix baissent hors saison.

Palmyra Beach Hotel HÔTEL €€
(www.palmyra.gr ; Leoforos Poseidonos 70, Glyfada ; d avec petit-déj à partir de 125 € ; P). Chambres spacieuses, épurées et modernes avec balcon, copieux petit-déjeuner et piscine dans un jardin verdoyant. Tout proche de la plage de Glyfada et de la marina.

Hotel Vouliagmeni Suites HÔTEL €€€
(210 896 4901 ; www.vouliagmenisuites.com ; Panos 8, Vouliagmeni ; s/d avec petit-déj à partir de 172/183 € ; 122 vers Agia Pantelimon). Une adresse chic, en retrait de la plage, aux chambres luxeuses décorées avec originalité – certaines avec vue sur la mer.

Où se restaurer

Yi VÉGAN €
(210 964 8512 ; Grigoriou Lambraki 69, Glyfada ; plats 8-10 € ; 8h30-minuit ; ; A3 arrêt Omiroi, 171 arrêt Lambraki). Aéré et élégant, Yi est un café végan en plein air servant exclusivement des aliments crus débordant de couleurs et de vitalité. Partagez l'une des délicieuses assiettes pour deux (18 €), par exemple les falafels dans leur galette de graines de lin, assaisonnés de sauce tahini-moutarde. Succulent cheesecake végan.

VAUT LE DÉTOUR

CENTRE CULTUREL DE LA FONDATION STAVROS NIARCHOS

Installé en dessous d'une colline artificielle dominant la baie de Faliro, et abrité sous un toit "magique" recouvert de panneaux solaires, le **Centre culturel de la fondation Stavros Niarchos** (SNFCC ; carte p. 144 ; ☎21680 91001 ; www.snfcc.org ; Leoforos Syngrou 364, Kallithea ; 550 arrêt Onasseio, 10 arrêt Epaminonda) GRATUIT est un édifice époustouflant conçu par Renzo Piano. Achevé en 2016, il abrite l'Opéra national (p. 129) et l'annexe principale de la **Bibliothèque nationale** (☎21680 91000 ; www.nlg.gr ; Pisistratou 172, Kallithea ; espaces publics 6h-minuit, étage d'exposition 9h-22h, bibliothèque 9h-17h lun-ven ; 550 arrêt Onasseio, 10 arrêt Epaminonda) GRATUIT.

La butte, dont l'extrémité se confond avec le toit du SNFCC, forme le **parc Stavros Niarchos** (☎21680 91000 ; www.snfcc.org ; Leoforos Syngrou 364, Kallithea ; 6h-minuit avr-oct, 6h-20h nov-mars ; 550 arrêt Onasseio, 10 arrêt Epaminonda) GRATUIT, 21 ha de jardin méditerranéen à la conception durable, planté de lavande et d'oliviers. Il compte également des aires de jeux pour enfants et un espace de gym extérieur, pour ne citer qu'eux. Un grand nombre d'activités sont organisées, mais on peut aussi s'asseoir pour profiter simplement du soleil.

Outre des transports publics réguliers, une navette gratuite dessert le centre depuis Syntagma sur Ermou. Elle circule plusieurs fois par jour en semaine, et toutes les 30 minutes de 9h30 à 21h30 le week-end.

Family AMÉRICAIN €€

(☎21210 43411 ; www.family-voula.gr ; Vasileos Pavlou 74, Voula ; plats 9-15 € ; 9h-2h ; Asklipiio Voulas). Service chaleureux et ambiance douillette dans une demeure ancienne. La carte variée plaira aux familles : œufs, hamburgers, pizzas et plus encore... Le Family se trouve dans la jolie rue principale du centre de Voula, plus paisible que Glyfada, à environ 20 minutes à pied du dernier arrêt de tram.

Trigono TAVERNE €€

(☎22990 48540 ; Athinon 36, Kalyvia ; plats 8-15 € ; déj et dîner). Dans ce restaurant de grillades informel, qui dispose de sa propre boucherie sur place (très rare en Grèce), les côtes de porc, succulentes, remportent un franc succès. L'emplacement du Trigono, en retrait de la voie rapide retournant à Athènes, en fait une étape prisée des familles les après-midi de week-end. Allez-y tôt.

Kohylia ASIATIQUE €€€

(Carte p. 144 ; ☎22910 76000 ; www.lagonissiresort.gr ; Grand Resort Lagonissi, Rte Athens-Sounion km 40 ; plats 20-62 € ; 20h-1h30 mar-dim ; Lagonissi 122). Savourez un dîner exotique haut de gamme dans un cadre romantique et sélect : cuisine polynésienne et japonaise savoureuse, comme le filet de morue charbonnière et sa sauce miso rouge, servie sous une véranda en bord de mer.

Où prendre un verre et faire la fête

Malabar LOUNGE

(☎210 892 9160 ; www.themargi.gr ; Margi Hotel, Litous 11, Vouliagmeni ; 11h-2h ; 122 arrêt Laimos, M Elliniko). Entrez dans le boutique-hôtel chic Margi (double à partir de 441 €) pour prendre un verre dans le bar calme et confortable près de la piscine.

Le restaurant de l'hôtel, Patio, est réputé pour sa haute cuisine grecque concoctée avec les produits de sa propre exploitation bio, près de Kalyvia, dans les terres.

Akanthus CLUB

(☎21096 80800 ; www.akanthus.gr ; Leoforos Poseidonos, Alimos ; 8h-tard ; Zefyros). Typique des clubs de plage de Glyfada ouverts jour et nuit, ce café-restaurant embauche un DJ le soir. Dans le complexe Akti tou Iliou (ci-contre), à l'extrémité sud. Une tenue élégante est de mise.

Balux LOUNGE

(☎210 894 1620 ; www.baluxcafe.com ; Leoforos Poseidonos 58, Glyfada ; 10h-tard ; T5 jusqu'à Asteria). Un club-restaurant lounge sur la plage, si glamour qu'il faut le voir pour le croire, avec des chaises longues près de la piscine et des lits à baldaquin aux voiles flottants.

Akrotiri CLUB

(☎210 985 9147 ; www.akrotirilounge.gr ; Vasileos Georgiou II 5, Agios Kosmas, Alimos ; 22h-4h ;

2e Aghios Kosma). Cet immense club de plage peut accueillir 3 000 personnes dans plusieurs bars, un restaurant et des lounges sur différents niveaux. D'excellents DJ résidents et invités animent des soirées à succès.

Island CLUB
(210 965 3563 ; www.islandclubrestaurant.gr ; Rte Athens-Sounion, Km 27, Varkiza ; 21h-4h ; 117 ou 122, arrêt Camping Varkizas, Elliniko). Restaurant-club d'été classique, au superbe décor d'île paradisiaque. Un peu plus adulte que les clubs de Glyfada.

Depuis/vers la côte d'Apollon

Le tram d'Athènes (p. 138) circule jusqu'à Voula via Glyfada. Pour Vouliagmeni et au-delà, prenez un bus depuis le terminus du tram ou un bus direct depuis Athènes – plus rapide mais moins pittoresque.

Pour éviter les départs en week-end l'été, partez vers 9h ; sans embouteillages, le trajet de Glyfada à Sounion prend environ 1 heure.

Cap Sounion Ακρωτήριο Σούνιο

Les Grecs anciens avaient l'art de choisir des sites admirables. Le **temple de Poséidon** (22920 39363 ; odysseus.culture.gr ; cap Sounion ; adulte/enfant 8/4 € ; 9h-crépuscule), à 70 km au sud d'Athènes, trône sur le promontoire rocheux du cap Sounion, qui plonge dans la mer 65 m plus bas. Construit en 444 av. J.-C. (la même année que le Parthénon), il possède des colonnes de marbre blanc des carrières voisines d'Agrilesa, étincellant au soleil. Les marins de l'Antiquité savaient qu'ils arrivaient à bon port lorsqu'ils distinguaient la silhouette pâle du temple ; la vue depuis l'édifice est tout aussi impressionnante.

Par temps dégagé, on aperçoit Kéa, Kythnos et Sérifos au sud-est, ainsi qu'Égine et le Péloponnèse à l'ouest.

Le temple serait l'œuvre d'Ictinos, architecte du temple d'Héphaïstos dans l'Agora antique d'Athènes. Seize de ses colonnes doriques élancées subsistent, ainsi que les ruines clairsemées d'un propylée, d'une tour fortifiée et, sur une colline plus basse au nord-est, d'un temple d'Athéna du VIe siècle.

Pour éviter la foule des touristes, venez tôt le matin ; à moins que vous ne préfériez programmer une visite au coucher du soleil pour faire vivre les vers du *Don Juan* de lord Byron : "Portez-moi sur les marbres de Sunium. Là, sans témoins, les vagues et moi, nous pourrons mêler nos gémissements." Le poète fut si impressionné par le cap Sounion qu'il grava son nom sur l'une des colonnes (malheureusement, de nombreux autres voyageurs moins connus ont suivi son exemple).

Il y a sur le site un café-restaurant assez convenable, et un chemin escarpé mène à une petite plage depuis le parking aménagé près du temple d'Athéna. D'autres tavernes et des plages plus grandes sont à une courte distance en bus ou en voiture. (Une plage, jolie mais bondée, se trouve non loin à l'ouest du site, ainsi que des coins plus sauvages le long de la route côtière allant vers l'ouest jusqu'au bourg de Sounion.)

Le site est un but d'excursion à la journée apprécié au départ d'Athènes, et c'est le moyen le plus facile de le visiter. La compagnie KTEL propose aussi des bus fréquents depuis le terminal de Mavromateon à Athènes, via Syntagma. Le trajet le long du littoral prend environ 2 heures.

Mont Parnès (Parnitha) Πάρνηθα

Le mont Parnès, situé à environ 25 km au nord d'Athènes, comprend plusieurs petits sommets dont le plus élevé, le Karavola (1 413 m), est suffisamment haut pour se couvrir de neige en hiver. Les graves incendies de 2007 avaient dévasté la forêt, mais la végétation a bien repris. Le parc comprend de nombreuses grottes et abrite une faune abondante, comme les cerfs élaphes. Sillonné par des sentiers de randonnée et prisé des vététistes, il compte deux grands refuges entièrement équipés.

Le moyen le plus facile de le découvrir est d'emprunter le sentier (environ 45 min de marche) qui traverse Tatoï, le domaine de 4 000 ha de l'ancien palais royal d'été (fermé) ; de Varibodi, prenez la route de Tatoï jusqu'à un petit panneau indiquant le sentier à droite. Pour d'autres sentiers, consultez la rubrique Activités (*Activities*) du site Internet du parc (pas toujours actualisé), ou contactez EOS (p. 106), à Athènes, pour des informations à jour.

Pour déjeuner en profitant de la vue, dépassez les propriétés de campagne très chic de Varibobi et grimpez dans les contreforts du mont Parnès jusqu'à une taverne très animée, **Agios Merkourios** (carte p. 144 ; ☎210 816 9617 ; Varibobi ; entrées 4-6 €, agneau 33 €/kg ; ⊙13h-minuit mar-dim). Le week-end, l'endroit est pris d'assaut par les Athéniens venus se régaler en famille de toutes sortes de plats de viande, dont des côtelettes d'agneau grillées au charbon de bois.

Marathon et ses environs

La plaine qui entoure la petite ville quelconque de Marathon, à 42 km au nord-est d'Athènes, fut le théâtre d'une bataille extrêmement célèbre. En 490 av. J.-C., une armée de 9 000 Grecs et de 1 000 Platéens l'emporta sur 25 000 Perses, prouvant que ces derniers n'étaient pas invincibles. Les Grecs durent leur victoire au génie tactique de leur commandant, Miltiade, qui parvint à encercler l'ennemi en dégarnissant le centre de la ligne au profit des flancs. Croyant que les Grecs seraient faciles à battre, les Perses foncèrent et subirent une attaque latérale. Le soir venu, 6 000 Perses avaient trouvé la mort contre 192 Grecs seulement. Selon la légende, après la bataille, un coureur, Philippidès, fut envoyé à Athènes pour annoncer la victoire. Il mourut d'épuisement après avoir crié "*Énikésamé !*" ("On a gagné !") – voilà l'origine de l'actuel marathon. Le **champ de bataille de Marathon** (carte p. 144 ; ☎22940 55155 ; odysseus.culture.gr ; site et Musée archéologique adulte/enfant 6/3 € ; ⊙8h-15h mar-sam) est le point de départ du **marathon d'Athènes** (www.athensauthenticmarathon.gr).

À voir et à faire

Musée archéologique de Marathon MUSÉE
(Carte p. 144 ; ☎22940 55155 ; odysseus.culture.gr ; Plataion 114 ; musée et tumulus de Marathon adulte/enfant 6/3 € ; ⊙8h30-15h mar-sam). Au sud de la ville, faites halte dans cet excellent musée où sont exposées des trouvailles archéologiques de différentes périodes, dont des poteries néolithiques provenant de la grotte de Pan, et des objets mis au jour dans le tumulus. Parmi les pièces maîtresses figurent plusieurs statues plus grandes que nature, découvertes dans un **sanctuaire égyptien**, à **Brexiza**. À côté du musée se trouve un des **cercles de tombes préhistoriques** de la région, qui a été conservé sous un abri aux allures de hangar, contenant des plateformes et des passages surélevés. Sur la route menant au musée, un autre hangar protège une **nécropole** de l'helladique ancien.

Le billet inclut aussi l'entrée au champ de bataille et au tumulus de Marathon, à quelques kilomètres au sud-est.

Rhamnonte RUINES
(Ramnous ; carte p. 144 ; ☎22940 63477 ; odysseus.culture.gr ; adulte/enfant 4/2 € ; ⊙8h30-15h mar-dim). Envahis par la végétation, mais très évocateurs, les vestiges du port antique de Rhamnonte, à 10 km au nord-est de Marathon, s'étendent sur un plateau surplombant la mer. Parmi les ruines, on distingue les vestiges doriques du **temple de Némésis** (435 av. J.-C.), ainsi que ceux, relativement bien préservés, d'une **forteresse**. Aucun transport public ne dessert le site.

Némésis était la déesse du châtiment divin et la mère d'Hélène de Troie. On peut aussi voir les restes d'un plus petit **temple** du VIe siècle, dédié à Thémis, déesse de la justice.

Shinias PLAGE
La longue plage de sable blond de Shinias est bordée d'une forêt de pins et de broussailles. Il y a des transats et une taverne, mais aucun complexe immobilier, ce qui en fait un des lieux de baignade les plus jolis et les plus décontractés de cette partie de l'Attique. Très populaire le week-end.

Où se loger et se restaurer

Ramnous Camping CAMPING €
(☎22940 55855 ; www.ramnous.gr ; Leoforos Poseidonos 174, Shinias ; empl par adulte/enfant 6/4 € ; ⊙avr-oct ; P ☜). Ce camping, à environ 1 km au sud de la plage de Shinias, est peut-être le plus agréable de tout l'Attique, avec ses emplacements disséminés dans la verdure et ses résidents de longue date garants d'une ambiance paisible. Supérette, aire de jeux, laverie et un bar-restaurant sympathique, l'**Octopus** (plats 4-14 €). Les campeurs occasionnels pourront louer une tente (6 € la nuit). Les bus pour Athènes passent juste devant.

Isidora POISSON ET FRUITS DE MER €€
(Carte p. 144 ; ☎22940 56467 ; www.isidora.com.gr ; Paralia Marathonos, Pesodromos Perikleous, Παραλία Μαραθώνος, Πεζόδρομος Περικλέους ; plats à partir de 12 € ; ⊙12h-minuit). Sur la plage de Marathon, l'Isadora propose des produits de la mer frais (vérifiez le prix au kilo avant de commander, le poisson peut

être cher). Essayez les anchois marinés ou les sardines en saison, et profitez de la vue.

Depuis/vers Marathon

La plupart des vestiges antiques de Marathon étant dispersés, le mieux est de visiter la région en voiture (ce qui permet aussi de voir le grand barrage du lac Marathon). Toutefois, le tumulus (p. 148) et le musée (p. 148) sont à courte distance à pied des arrêts de bus. Ces derniers passent toutes les heures (toutes les 30 min l'après-midi) en provenance du terminal de Mavromateon, à Athènes (4,10 €, 1 heure 15).

Brauron (Vravrona) Βραυρώνα

Le **sanctuaire d'Artémis** (Musée archéologique de Brauron ; carte p. 144 ; ☎22990 27020 ; odysseus.culture.gr ; Vravron, Markopoulou ; adulte/enfant 6 €/gratuit ; 8h-14h45 mar-dim) a été édifié vers 420 av. J.-C. sur un site d'occupation plus ancienne. Consacré à la déesse de la chasse, protectrice des nouveau-nés, le temple est partiellement restauré. Le remarquable pont de pierre antique au-dessus de l'ancien lit de la rivière (détournée depuis) porte encore les marques des roues de chariots qui l'empruntèrent jadis. On entre par un remarquable musée où sont exposés de beaux objets votifs et figurines d'enfants. Un sentier mène au site à travers de luxuriants marais peuplés d'oiseaux. Un autre chemin mène à une plage paisible.

D'Athènes, prenez la ligne de métro 3 jusqu'à Nomismatikopio, puis le bus 304 jusqu'au sanctuaire d'Artémis (Vravrona). De là, comptez 10 minutes en taxi.

Peania Παιανία

Musée Vorres MUSÉE

(☎210 664 2520 ; www.vorresmuseum.gr ; Parodos Diadohou Konstantinou 4 ; adulte/enfant 5 €/gratuit ; 10h-14h sam-dim ; 125 ou 308, arrêt Koropi-Peania, M Nomismatikopio). Ce musée hétéroclite est situé sur un vaste domaine de 32 ha, lequel appartenait autrefois au collectionneur Ian Vorres. Celui-ci émigra au Canada du temps de sa jeunesse ; rentré au pays en 1963, il fit construire sa maison ici et commença à collectionner œuvres d'art contemporaines, meubles, objets, textiles et pièces historiques de toute la Grèce pour préserver le patrimoine national. Comme beaucoup de collections personnelles, celle-ci est très éclectique, mais il ne s'agit pas moins d'un endroit agréable où passer une heure ou deux. D'Athènes, prenez le bus 125 ou 308 allant à Koropi-Peania depuis la station de métro Nomismatikopio.

Grotte de Koutouki GROTTE

(Σπήλαιο Κουτούκι Παιανίας ; carte p. 144 ; ☎210 664 2910 ; odysseus.culture.gr ; adulte/enfant 2 €/gratuit ; 8h30-15h lun-ven, 8h30-14h30 sam-dim). Cette grotte n'est pas très grande, mais les dépôts de fer lui ont donné une couleur rouille, et le chemin sinueux qui la traverse permet de découvrir des formations intéressantes. Visite guidée (inclus dans le billet d'entrée) d'environ 30 minutes.

De la station de métro de Nomismatikopio, les bus 125 et 308 vous emmènent jusqu'à Peania, mais la grotte se trouve 4,5 km plus loin. Mieux vaut être motorisé.

Éleusis (Elefsina)

29 902 HABITANTS

Des carcasses rouillées de bateaux et les cheminées d'une raffinerie de pétrole vous accueillent sur le quai d'Éleusis. Cette ville portuaire à l'ouest d'Athènes sera capitale européenne de la culture en 2021, mais a peu à offrir aux visiteurs, outre les ruines de l'Éleusis antique et l'Old Oil Mill. Ce bâtiment industriel, ancienne usine à savon transformée en centre artistique rudimentaire, possède un théâtre en plein air (Éleusis était la ville natale d'Eschyle, père de la tragédie) qui accueille des performances artistiques et un **festival** (☎21055 65613 ; aisxylia.gr), en juin et juillet.

Il y a aussi une petite plage de galets près de la *plateia* (place principale) et un cinéma en plein air à la programmation intéressante.

À voir

Éleusis antique RUINES

(Carte p. 144 ; ☎21055 46019 ; Sotiriou Gkioka ; adulte/enfant 6 €/gratuit ; 8h-20h mar-dim ; 876 à partir du métro Agia Marina, M Agia Marina). Les ruines de l'Éleusis antique s'étendent sur un site remarquable, les versants d'une colline basse proche du rivage du golfe Saronique. Bien que le site ait été très peu restauré, les énormes morceaux de colonnes et blocs de pierre largement éparpillés témoignent de son importance. Le cœur du site est le **sanctuaire de Déméter**, qui remonte à la période mycénienne, lorsque le culte de la déesse était un des plus importants de la Grèce antique.

À NE PAS MANQUER

MONI DAFNIOU

Amateurs de mosaïques, laissez-vous hypnotiser par les scènes dorées du **Moni Dafniou** (monastère de Daphni ; ☎ 210 581 1558 ; odysseus.culture.gr/h/2/eh251.jsp?obj_id=1514 ; Dafni ; ⏲ 8h-15h30 mer-dim ; 🚌 811, 866 ou A16, arrêt Psychiatreion) GRATUIT. Le site, datant du XIe siècle, est classé au patrimoine mondial. Les mosaïques, sans doute créées par des artisans de Constantinople, attestent de l'harmonie des styles entre Athènes et ce qui deviendra l'Empire d'Islam. Dans l'abside, on retrouve des fragments de figures géométriques, style répandu dans les bâtiments musulmans plus à l'est – de même que, par exemple, la Grande Mosquée des Omeyyades de Damas renferme des mosaïques dorées à l'or, de style byzantin.

Vous pouvez combiner la visite du monastère avec celle d'Éleusis (Elefsina), située sur la même ligne de bus (A16, départ de la station de métro Agia Marina) ; sinon, empruntez les bus 866 ou 811 depuis Koumoundourou. Sur la route menant au monastère, on trouve un café correct et un jardin botanique gratuit et ombragé.

À l'époque classique, jusqu'au IVe siècle de notre ère, Déméter faisait l'objet d'une grande fête annuelle qui attirait des milliers de pèlerins souhaitant être initiés aux mystères d'Éleusis (autant de rites sacrés). Ils marchaient en procession de l'Acropole (p. 76) à Éleusis, le long de la Voie sacrée, bordée de statues et de monuments votifs. Les initiés aux rites devaient jurer d'en garder le secret, sous peine de mort ; durant les 1 400 ans d'existence du sanctuaire, ces secrets ne furent jamais révélés.

On y célébrait le retour de la fille de Déméter, Perséphone, revenue des Enfers après l'hiver, et avec lui celui du cycle des moissons. Selon le mythe, Hadès, dieu des Enfers, enleva Perséphone pour en faire son épouse. Sa mère, Déméter, la chercha jusqu'aux Enfers, mais Hadès refusa de la rendre. Zeus intervint ; il obtint que Perséphone passe 8 mois de l'année avec sa mère et le reste du temps avec son époux, marquant ainsi la naissance des saisons.

Le **musée**, à l'arrière du site, profite d'une belle vue sur la baie. On peut y voir des maquettes de la cité antique, ainsi que de remarquables statues en marbre, notamment un buste de caryatide à admirer à hauteur d'œil.

Où se restaurer et prendre un verre

Rakoun GREC €
(☎ 21055 47910 ; Nikolaidou 66 ; mezze à partir de 4 € ; ⏲ 9h-2h). Spécialisé dans le *tsipouro* et le raki, cet excellent *tsipouradhiko* (*ouzerie* au nord du pays) très apprécié de la clientèle locale, sert de bons mezze grecs. Musique traditionnelle, terrasse donnant sur les ruines de l'Éleusis antique et bonne ambiance jusque tard. Réservez le dimanche et les jours fériés.

Kapaki GREC €
(☎ 210 554 4126 ; Plateia Iroön 2 ; plats à partir de 6 € ; ⏲ 9h-2h). Sur la place principale d'Éleusis, cette taverne prisée sert une fabuleuse purée de fèves, des sardines grillées et du vin frais sous les arbres en terrasse. Propose aussi tout un choix de plats traditionnels grecs. Terminez par un café grec et un *baklava*.

Gazoza CAFÉ
(☎ 210 554 5494 ; Nikolaidou 82 ; ⏲ 9h-minuit). Café-bar agréable sur Nikolaidou, fréquenté par des familles et des jeunes gens occupés à siroter des capuccinos à l'ombre des arbres. Attablez-vous pour regarder passer les gens avec vue sur les ruines de l'Éleusis antique.

☆ Où sortir

Old Oil Mill CENTRE CULTUREL
(Palaio Elaiourgeio ; Kanellopoulou 1, Paralia Elefsinas ; ⏲ 17h-21h lun-ven, 10h30-19h sam-dim). GRATUIT Cette vaste usine de savon désaffectée est devenue le centre culturel d'Éleusis, dont l'espace évolue constamment selon les différentes troupes de comédiens et d'artistes qui l'investissent. Le grand événement estival de l'année est le festival d'Eschyle ; le centre accueille aussi certains événements du festival d'Athènes et d'Épidaure (p. 107).

ℹ Depuis/vers Éleusis

Depuis Athènes, prenez le bus 876 à la station de métro Agia Marina, terminus de la ligne 3.

Îles du golfe Saronique

Dans ce chapitre ➡

Égine 154
Égine (Hora) 156
Angistri 159
Poros 160
Poros (Hora) 161
Hydra 163
Hydra (Hora) 164
Spetsès 171

Le top des restaurants

- On the Verandah (p. 173)
- Techne (p. 170)
- Oraia Hydra (p. 168)
- Aspros Gatos (p. 163)
- Miltos (p. 158)
- Akrogialia (p. 173)

Le top des hébergements

- Poseidonion Grand Hotel (p. 173)
- Hydra Hotel (p. 167)
- Rosy's Little Village (p. 159)
- Orloff Resort (p. 173)
- Sirene Blue Resort (p. 163)

Pourquoi y aller

Comme toutes les îles grecques, celles du golfe Saronique, très proche d'Athènes, se distinguent chacune par leur atmosphère et leur culture bien particulières. En allant de l'une à l'autre, on alterne entre patrimoine historique, plages touristiques, architecture raffinée et évasion au vert.

Égine renferme un temple dorique spectaculaire (p. 158) et les ruines d'un village byzantin (p. 158). Sa voisine, Angistri, plantée de pins, est un lieu préservé et tranquille en basse saison. Plus au sud, Poros, avec sa splendide vieille ville et son intérieur boisé, est toute proche du Péloponnèse. Joyau du golfe, Hydra est une île sans voitures et parsemée de maisons de pierre qui s'élèvent au-dessus d'un port chargé d'histoire. À l'extrême sud, Spetsès, à l'architecture intéressante et à la douce odeur de pin, est ponctuée de criques nichées à quelques minutes du Péloponnèse.

Quand partir

Hydra

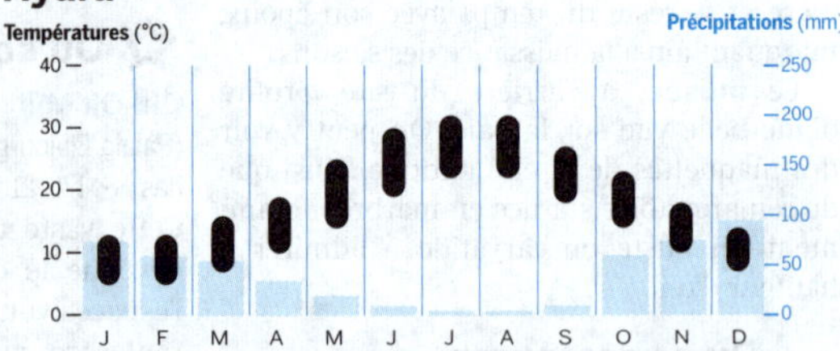

Avril-mai Les îles sortent de leur hibernation. Pâques est une période de ferveur religieuse et de floraison printanière.

Juin Profitez des eaux scintillantes et du climat doux d'Hydra à l'occasion de la fête de Miaoulia.

Septembre Un ciel limpide, moins de monde et la célébration d'Armata à Spetsès.

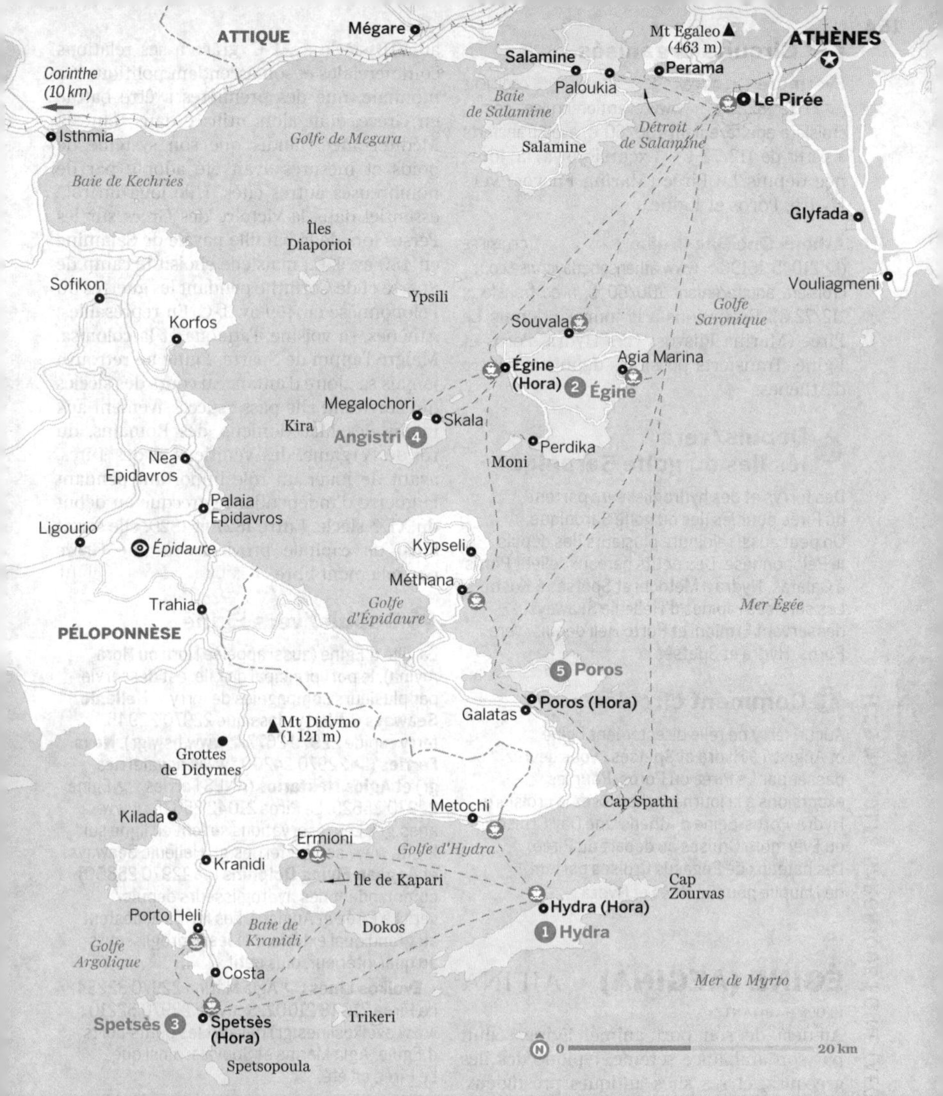

À ne pas manquer

1 L'ambiance branchée du joli port d'**Hydra** (Hora ; p. 157), ses passionnants musées, ses sentiers désertés et ses innombrables criques invitant à la baignade

2 La découverte de l'histoire antique d'**Égine** (p. 154) au temple d'Aphéa et dans la ville byzantine de Paleohora, avant de déguster des cocktails face à la mer

3 Les bonnes tables de **Spetsès** (p. 171), ses musées racontant l'histoire de la région et la découverte à vélo des baies étincelantes de l'île

4 Les plages tranquilles d'**Angistri** (p. 159) en basse saison

5 L'intérieur paisible et boisé de **Poros** (p. 160), et les couleurs pastel des ruelles de sa ville principale

☞ Circuits organisés

Evermore Cruises CROISIÈRE
(☎21118 82220 ; www.evermorecruises.com ; croisière adulte/enfant 100/60 €, avec transferts à partir de 112/72 €). Excursions à la journée depuis Le Pirée (Marina Flisvos) vers Hydra, Poros et Égine.

Athens One Day Cruise CROISIÈRE
(☎21045 16106 ; www.athensonedaycruise.com ; croisière adulte/enfant 100/60 €, avec transferts 112/72 €). Excursions à la journée depuis Le Pirée (Marina Flisvos) vers Hydra, Poros et Égine. Transferts possibles depuis le centre d'Athènes.

ℹ Depuis/vers les îles du golfe Saronique

Des ferrys et des hydroglisseurs partent du Pirée pour les îles du golfe Saronique. On peut aussi rejoindre plusieurs îles depuis le Péloponnèse. Des petits bateaux relient Poros à Galatas, Hydra à Metochi et Spetsès à Kosta. Les services rapides d'Hellenic Seaways desservent Ermioni et Porto Heli depuis/vers Poros, Hydra et Spetsès.

ℹ Comment circuler

Aucun ferry ne relie directement Égine et Angistri à Hydra et Spetsès : vous devrez passer par Le Pirée ou Poros. Pour les excursions à la journée, choisissez la croisière Hydra-Poros-Égine d'Athens One Day Cruise ou Evermore Cruises au départ du Pirée. Les bateaux de Pegasus Cruises partent de Nauplie pour Spetsès et Hydra.

ÉGINE (AEGINA) ΑΙΓΙΝΑ

13 056 HABITANTS

Au-delà de son port animé, Égine séduit par son ambiance sereine, typique des îles grecques, et ses sites antiques prestigieux, comme le splendide temple d'Aphaïa (p. 158) du début du Ve siècle av. J.-C. et les vestiges de Paleohora (p. 158), d'époque byzantine. Le week-end, les Athéniens viennent se mêler à la population locale décontractée et aux travailleurs qui font la navette entre l'île et la capitale. Égine est aussi réputée pour sa délicieuse pistache.

Histoire

Habitée depuis le néolithique (vers 4 000-3 000 av. J.-C.), Égine devint la première puissance maritime du golfe Saronique au VIIe siècle av. J.-C. grâce à ses relations commerciales et son ascendant politique. Sa monnaie, une des premières à être battue en Grèce, était alors utilisée dans toute la Méditerranée, tandis que son système de poids et mesures avait été adopté par de nombreuses autres cités. L'île joua un rôle essentiel dans la victoire des Grecs sur les Perses lors de la bataille navale de Salamine en 480 av. J.-C., mais elle choisit le camp de Sparte et de Corinthe pendant les guerres du Péloponnèse en 459 av. J.-C. En représailles, Athènes, sa voisine, l'attaqua et la colonisa. Malgré l'appui de Sparte, Égine ne retrouva jamais sa gloire d'antan. Au cours des siècles qui suivirent, elle passa successivement aux mains des Macédoniens, des Romains, du roi de Pergame, des Vénitiens et des Turcs, avant de jouer un rôle important pendant la guerre d'indépendance grecque au début du XIXe siècle. Entre 1827 et 1829, elle servit ainsi de capitale provisoire à une Grèce partiellement libre.

ℹ Depuis/vers Égine

La ville d'Égine (aussi appelée Hora ou Hora Aiyina), le port principal de l'île, est desservie par plusieurs compagnies de ferrys : **Hellenic Seaways** (☎ferry classique 22970 22945, ferry rapide 22970 26777 ; www.hsw.gr), **Nova Ferries** (☎22970 24200 ; www.novaferries.gr) et **Agios Nektarios** (ANES Ferries ; ☎Égine 22970 25625, Le Pirée 21042 25625 ; www.anes.gr). Les réservations se font en ligne sur le site www.saronicferries.gr. Hellenic Seaways et **Aegean Flying Dolphins** (☎22970 25800) commandent des hydroglisseurs depuis/vers Le Pirée et Angistri. Les ferrys accostent au grand quai extérieur et les hydroglisseurs au quai intérieur, plus petit.

Evoikos Lines (☎Agia Marina 22970 32234, Le Pirée 21048 21002, Souvala 22970 52210 ; www.evoikoslines.gr) dessert les petits ports d'Égine, Agia Marina et Souvala, ainsi que Le Pirée en été.

Même l'hiver, les ferrys rapides partant du Pirée sont bondés le week-end : pensez à réserver.

Angistri Express (☎6934347867) dessert Skala et Mylos, sur Angistri, plusieurs fois par jour en haute saison. Départ au milieu du port d'Égine, où sont affichés les horaires.

Les **bateaux-taxis** (☎69445 35659, 69722 29720, 22970 91387) pour Le Pirée coûtent environ 40 € l'aller, quel que soit le nombre de passagers.

À destination du Pirée, de nombreux ferrys partent d'Égine (Hora) toute l'année, dont des ferrys normaux et lents (8-10 €, 1 heure 10,

Égine et Angistri

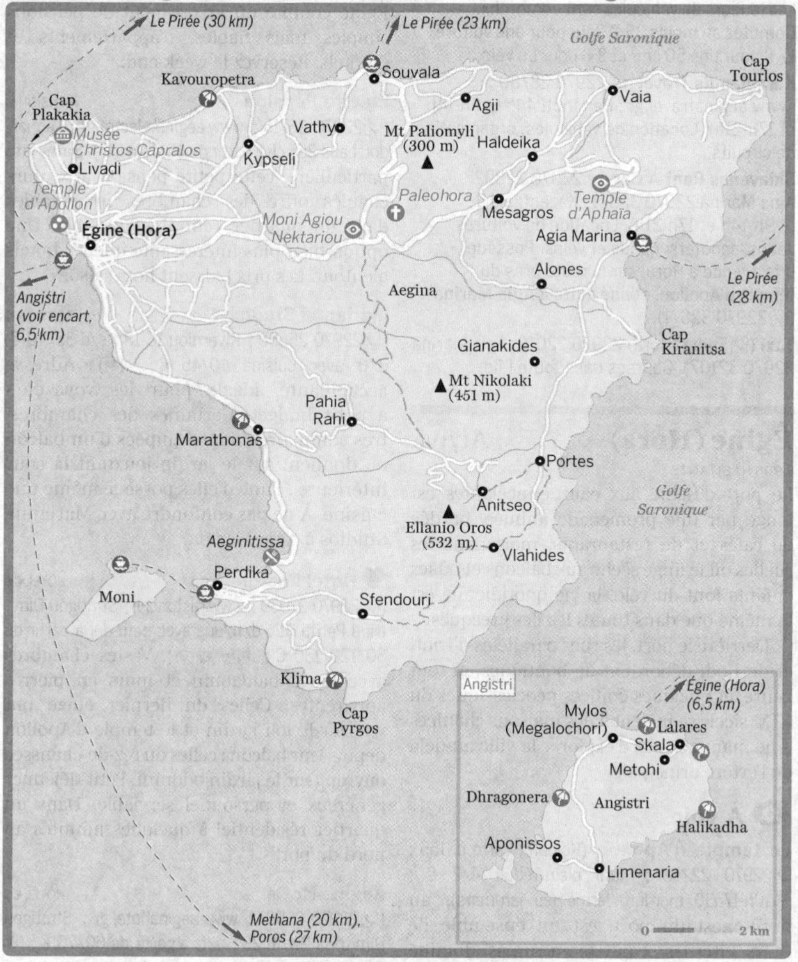

1/heure) et des lignes rapides (14 €, 40 min, 6/jour). Depuis Agia Marina, Le Pirée n'est desservi qu'en été (10 €, 1 heure, 3-4/jour).

Plusieurs bateaux effectuent quotidiennement la liaison vers Skala sur Angistri depuis Égine (Hora), notamment de grands ferrys (2,80 €, 20 min, 1-2/jour) et des catamarans rapides (6 €, 10 min, 4-6/jour). Mylos est aussi accessible facilement (6 €, 10 min, 5/jour).

Égine (Hora) se rejoint sans difficulté depuis Poros (8,50 €, 1 heure 50, 2-3/jour).

Notez qu'il n'y a pas de ferry direct entre Hydra et Égine : il faut retourner au Pirée pour prendre une correspondance.

Comment circuler

BUS

Plusieurs fois par jour, des bus relient Égine (Hora) au reste de l'île en suivant 3 itinéraires. Les horaires sont affichés à l'extérieur de la billetterie, sur la Plateia Ethnegersias ; c'est aussi là qu'on achète les billets. Pour plus de détails, voir le site www.aeginagreece.com.

Agia Marina (2 €, 30 min), via Paleohora (2 €, 15 min) et le temple d'Aphéa (2 €, 25 min).

Perdika (1,80 €, 15 min)

Vagia (1,80 €, 25 min) via Souvala (1,80 €, 20 min).

VOITURE, MOTO ET VÉLO

Les loueurs de véhicules sont nombreux. Comptez au moins 35 €/jour pour une voiture, 17 € pour une 50 cm³ et 8 € pour un vélo.

Karagiannis Travel (☎22970 28780 ; www.aeginatravel.gr ; Pan Irioti 44 ; ⏲9h-14h et 17h-21h). Location de véhicules, organisation de circuits.

Sklavenas Rent A Car (☎22970 22892, Agia Marina 22970 32871 ; Kazantzaki 5 ; ⏲9h-14h et 17h-21h). Location de voitures, Jeeps, scooters, quads et vélos. Possède une agence à Hora, sur la route près du temple d'Apollon, et une autre à **Agia Marina** (☎22970 32871).

Taxi (☎Égine (Hora) 22970 22010, Agia Marina 22970 32107). Courses dans toute l'île.

Égine (Hora) Αίγινα

8 905 HABITANTS

Le port d'Égine aux eaux étincelantes est longé par une promenade animée, bordée de cafés et de restaurants, mais dans les ruelles où le linge sèche aux balcons et où les enfants font du vélo, la vie quotidienne est la même que dans toutes les îles grecques.

Derrière le port, les rues parallèles d'Irioti et de Rodi débordent de boutiques en tout genre, et quelques édifices néoclassiques du XIXe siècle se mêlent à des maisons chaulées – ne manquez pas d'explorer la ville au-delà de l'artère principale.

À voir

Le **temple d'Apollon** (Kolona ; carte p. 155 ; ☎22970 22248 ; tarif plein/réduit 4/2 € ; ⏲10h-17h30 mer-lun, fermé jeu jan-mars), au nord-ouest du port, est un ensemble de murs, citernes et piliers en ruines, dominé par une colonne solitaire. Construit au Ve siècle av. J.-C., il faisait autrefois partie de l'acropole antique (érigée sur un site préhistorique). Les pièces exposées au **musée archéologique** (odysseus.culture.gr/h/1/eh151.jsp?obj_id=3255) sont accompagnées d'explications en anglais et allemand.

Fêtes et festivals

L'**Aegina Fistiki Fest** (www.facebook.com/AeginaFistikiFest ; ⏲sept) célèbre, par des spectacles et des démonstrations musicales, artistiques et culinaires, la Fistiki, fameuse pistache d'Égine qui bénéficie du label européen "appellation d'origine protégée" (AOP).

Où se loger

Égine compte un assortiment de pensions simples mais fiables, d'appartements et d'hôtels. Réservez le week-end.

Electra Pension PENSION €
(☎22970 26715 ; www.aegina-electra.gr ; Leonardou Lada 25 ; ch à partir de 45 € ; ❄📶). Sans vue particulière, cette petite pension aux murs chaulés offre des chambres impeccables dans un quartier central et paisible. Une option bien plus intéressante que les hôtels alentour. Les prix baissent hors saison.

Marianna Studios PENSION €
(☎22970 25650 ; Kiverniou 16-18 ; s/d 35/40 €, d/tr avec cuisine 40/45 € ; ❄). Adresse accueillante, idéale pour les voyageurs à petit budget. Certaines des chambres, très sommaires, sont équipées d'un balcon ou donnent sur le jardin jouxtant la cour intérieure ; l'une d'elles possède même une cuisine. À ne pas confondre avec Marianna Studios à Agia Marina.

♥ **Hotel Rastoni** HÔTEL €€
(☎22970 27039 ; www.rastoni.gr ; Stratigou Dimitriou Petriti 31 ; d/tr/qua avec petit-déj à partir de 80/120/130 € ; P❄@📶). Vastes chambres avec lits à baldaquin et murs en pierres apparentes. Celles du dernier étage ont vue sur le joli jardin et le temple d'Apollon depuis leur balcon ; celles du rez-de-chaussée ouvrent sur le jardin odorant. Petit-déjeuner généreux et personnel serviable. Dans un quartier résidentiel à quelques minutes au nord du port.

Aegina Hotel HÔTEL €€
(☎22970 28501 ; www.aeginahotel.gr ; Stratigou Dimitriou Petriti 23 ; d/tr à partir de 60/70 € ; ❄📶). Situé à environ 500 m du port, cet hôtel compte 19 chambres propres et bien équipées, avec réfrigérateur et TV.

Aeginitiko Archontiko PENSION €€
(☎22970 24968 ; www.aeginitikoarchontiko.gr ; angle Ag Nikolaou et Thomaidou 1 ; s/d/tr/ste avec petit-déj à partir de 50/60/70/100 € ; ❄📶). Cette vieille demeure du centre-ville conserve son charme du XIXe siècle avec son joli salon et sa cour verdoyante. Préférez les chambres du premier (certaines avec balcon) à celles du rez-de-chaussée, plutôt petites et fatiguées. Salles de bains spartiates, mais délicieux petit-déjeuner et vue sur la mer depuis le toit-terrasse.

Fistikies Holiday Apartments APPARTEMENTS €€
(☎22970 23783 ; www.fistikies.gr ; Logiotatidou 1 ; studio 90 €, app 4 pers à partir de 120 € ; P ❄ 📶 🏊). Au sud de la ville, derrière le terrain de football, un ensemble de vastes appartements récents et propres, avec lecteur DVD et terrasse donnant sur la piscine. Idéal pour les familles.

Où se restaurer

Si les restaurants du port offrent un spectacle intéressant, ils n'ont pas d'intérêt culinaire, à l'exception des authentiques *ouzeria* (établissements servant de l'ouzo et des en-cas légers).

Les pistaches d'Égine sont vendues partout (à partir de 7 € les 500 g, selon la qualité).

Gelladakis MEZZE €
(☎22970 27308 ; Pan Irioti 45 ; plats 7-12 € ; ⌚déj et dîner). Idéalement situé à l'arrière du marché aux poissons, ce restaurant animé accueille une clientèle nombreuse, qui vient déguster sardines et poulpes cuits au charbon de bois, et mezze traditionnels. Arrivez tôt pour avoir une table.

Elia MÉDITERRANÉEN €
(☎22975 00205 ; Koumoundourou 4 ; plats 6-9 € ; ⌚12h-16h et 18h-23h, horaires réduits en hiver). Aventurez-vous dans les petites rues à l'écart pour trouver cet excellent restaurant, très prisé des habitants. Spécialités fraîches et imaginatives, notamment le pesto de pistache et les pitas du jour.

Tsias TAVERNE €
(☎22970 23529 ; Dimokratias 47 ; plats 7-10 € ; ⌚déj et dîner). Dans cette taverne de front de mer typique (attention aux scooters qui passent en vrombissant), essayez les crevettes à la tomate et à la féta, les *horta* (légumes sauvages) aux sardines ou l'un des plats du jour.

Kriton Gefsis CRÉTOIS €€
(☎22970 26255 ; www.facebook.com/kritongefsis ; angle Pan Irioti et Damanos ; plats 5-15 € ; ⌚10h-2h). Ingrédients et saveurs de la Crète sont au menu de cette taverne animée qui met à l'honneur poissons et fruits de mer frais. Concerts occasionnels.

Bakalogatos MEZZE €€
(☎22975 00501 ; angle Pan Irioti et Neoptolemou ; plats 7-13 € ; ⌚déj et dîner mar-dim). Des mezze frais bien cuisinés, servis dans un cadre soigné avec tables en bois vieilli et murs tapissés de produits traditionnels. Une forêt de parapluies colorés est suspendue au-dessus de l'entrée.

Où prendre un verre et faire la fête

Tortuga BAR
(☎6983437913 ; www.facebook.com/tortugaegina ; Pan Irioti 43 ; ⌚10h-minuit). Ce bar charmant, dont la salle unique est remplie d'un bric-à-brac artistique, déborde jusque sur la très animée rue Irioti. Parfait pour un bon café en journée et des cocktails le soir. Des musiciens y jouent régulièrement.

International Corner BAR
(☎22970 26564 ; angle I Katsa et S Rodi ; ⌚12h-tard). À l'écart de la promenade principale, ce bar aux murs lambrissés et à l'allure bohème est tenu par un patron très sociable. Il passera volontiers le morceau de votre choix, qu'il s'agisse du dernier titre à la mode ou d'une excellente musique grecque.

Renseignements

Égine n'a pas d'office du tourisme. Il faut se renseigner auprès de Karagiannis Travel (page ci-contre) pour une location de voiture, des circuits organisés et un transport en bateau.

Depuis/vers Égine (Hora)

Égine (Hora) est le principal port de l'île : il est desservi par des ferrys classiques (à réserver en ligne sur www.saronicferries.gr), ainsi que par les hydroglisseurs d'Hellenic Seaways (p. 154) et Aegean Flying Dolphins (p. 154).

Comment circuler

Le port principal est le point de départ des bus locaux et des bateaux-taxis.

Environs d'Égine (Hora)

Égine est une île à la végétation luxuriante, où les fleurs sauvages foisonnent au printemps. Elle compte un des plus intéressants sites antiques du golfe Saronique, le temple d'Aphéa, tandis qu'à l'intérieur des terres, ses collines et ses montagnes dessinent un paysage de carte postale. Les plages n'étant pas le point fort d'Égine, c'est **Agia Marina**, sur la côte est, qui accueille l'essentiel du tourisme balnéaire de l'île. Sa plage aux eaux peu profondes, idéale pour les familles, est cependant bordée d'une rue très passante.

Quelques plages de sable s'étendent le long de la route reliant Hora à Perdika, notamment celle de **Marathonas**.

À voir

Temple d'Aphaïa SITE ANTIQUE

(Carte p. 155 ; 22970 32398 ; odysseus.culture.gr ; tarif plein/réduit 6/3 € ; 10h-17h30, musée 10h-17h30 avr-oct, 10h-16h sam-dim nov-déc). Cet imposant temple dorique, érigé vers 500-490 av. J.-C. à l'emplacement d'un lieu de culte actif depuis plusieurs siècles, est l'un des 3 temples du triangle sacré Parthénon, Sounion et Aphaïa. Il se dresse fièrement au sommet d'une colline couverte de pins, offrant un panorama dégagé sur le golfe Saronique. Il s'agit du seul temple connu dédié à Aphaïa (Aphéa), une divinité plutôt obscure que l'auteur antique Pausanias assimile à la déesse crétoise Britomartis (Diktynna), une compagne d'Artémis. Le site fut aussi utilisé pour le culte d'Athéna pendant la période classique. Les frontons est et ouest du temple, en marbre de Paros, décorés de splendides sculptures illustrant la guerre de Troie, sont caractéristiques de la transition entre les périodes archaïque et classique. La plupart furent dérobées au XIXe siècle et sont désormais exposées à la glyptothèque de Munich. Le site est à 10 km à l'est d'Égine (Hora) – des bus peu fréquents en direction d'Agia Marina y marquent l'arrêt (20 min) ; comptez environ 12 € l'aller en taxi.

VAUT LE DÉTOUR

PERDIKA

Idéal pour un séjour décontracté, le pittoresque village de pêcheurs de Perdika est situé à 9 km au sud d'Égine (Hora), à la pointe sud de la côte occidentale.

Le port est peu profond : pour vous baigner, embarquez sur un des nombreux caïques (aller-retour adulte 5 €, enfant gratuit) qui font la navette avec l'îlot de **Moni**, à quelques minutes au large. Dans cette réserve naturelle, vous profiterez d'une plage bordée d'arbres et d'un café en été.

À la belle saison, sur la promenade surélevée du port de Perdika, l'ambiance langoureuse du soleil couchant fait place à une effervescence nocturne lorsque les bars musicaux montent le son.

Paleohora SITE HISTORIQUE

(carte p. 155 ; Παλαιοχώρα). GRATUIT Les vestiges de ce qui fut la capitale d'Égine entre le IXe siècle et son abandon dans les années 1820 sont disséminés sur le versant de cette colline enchanteresse et reculée. Une trentaine d'**églises** ayant survécu à l'épreuve du temps (certaines ont été restaurées) constellent les hauteurs rocheuses de l'ancienne citadelle. La plupart furent construites après le XVe siècle, mais certaines abritent des peintures murales datant du XIIIe siècle. Un réseau de sentiers, bordés de fleurs sauvages au printemps, les relie entre elles.

Le site est à 6,5 km à l'est d'Hora, près de l'église moderne **Agios Nektariou** (carte p. 155 ; 22970 53800 ; horaires variables). Les bus entre Hora et Agia Marina marquent l'arrêt à l'embranchement vers Paleohora (10 min) ; l'aller en taxi coûte 8 €.

Musée Christos Kapralos MUSÉE

(carte p. 155 ; 22970 22001 ; Nikou Kazantzaki (route de la côte), Livadi ; 2 € ; 10h-14h et 18h-20h mar-dim juin-oct, 10h-14h ven-dim nov-mai). De 1963 à 1993, le sculpteur Christos Kapralos (1909-1993) passa ses étés à Égine. Sa maison et son atelier, situés sur la côte à 1,5 km au nord d'Égine (Hora), ont été transformés en musée où sont exposées plusieurs de ses œuvres, notamment certaines sculptures monumentales comme sa *Frise du Pindes*, de 40 m de long.

Où se loger et se restaurer

Villa Rodanthos APPARTEMENT €

(22970 61400, 6944250138 ; www.villarodanthos.com ; Perdika ; studios à partir de 55 € ;). Dans ce boutique-hotel soigné appartenant à un propriétaire charmant, chaque chambre a une décoration différente et colorée, et dispose d'une kitchenette. Agréable toit-terrasse où prendre un rafraîchissement l'après-midi en contemplant la mer.

O Thanasis POISSON €

(22970 31348 ; front de mer, Portes ; plats 7-8 € ; déj et dîner, horaires réduits en hiver). Sur la côte est de l'île, à Portes, 13 km au nord-est de Perdika, ce restaurant familial sert d'excellents produits de la mer, tout comme des classiques grecs, sur une terrasse fleurie au bord de l'eau.

Miltos POISSON €€

(22970 61051 ; Perdika ; plats 12-15 € ; 12h-16h et 18h-tard). Taverne portuaire préférée des habitants de Perdika, située à 9 km au sud d'Égine (Hora), Miltos est connue pour ses poissons et fruits de mer de qualité, ainsi que pour ses plats grecs sans chichi.

Aeginitissa Psarotaverna POISSON €€
(carte p. 155 ; ☎ 22970 61546, 6944651699 ; Aeginitissa ; plats 6-15 € ; ⏲ 12h-tard mai-sept). Venez dîner au crépuscule dans cette taverne toute simple, appréciée des habitants pour son emplacement en bord de mer, à 1,5 km au nord de Perdika. Si vous commandez du poisson, faites-le peser avant pour éviter une mauvaise surprise sur l'addition.

ANGISTRI ΑΓΚΙΣΤΡΙ

1 142 HABITANTS

À quelques kilomètres de la côte ouest d'Égine, cet îlot doté de ruelles paisibles et de criques d'un bleu azur peut faire l'objet d'une bonne excursion à la journée, ou plus hors saison.

À voir

Le port balnéaire de **Skala** regorge de petits hôtels, de résidences, de tavernes et de cafés, mais reste très paisible. En venant du débarcadère, tournez à droite pour parvenir à la petite plage du port, puis à une église juchée sur un promontoire. Au-delà, la meilleure plage de l'île (elle n'a pas de nom) est prise d'assaut en juillet et août. En tournant à gauche au niveau du débarcadère de Skala, vers le sud, on rencontre un sentier courant entre les pins jusqu'aux galets de la **plage d'Halikadha**, rendez-vous des nudistes.

À environ 1 km à l'ouest de Skala se trouve l'autre port d'Angistri, **Mylos** (Megalochori), un charmant petit village avec des restaurants et des chambres à louer, mais pas de plage.

Aponissos est une crique aux eaux turquoise d'où émerge une petite île. On y trouve une bonne taverne. À **Limenaria**, les eaux sont vertes et plus profondes.

Hors saison, toute l'île vit au ralenti.

Où se loger

Mieux vaut réserver, surtout en août et les week-ends d'été. Un panneau d'affichage sur le quai de Skala présente un choix de petites pensions et d'hôtels.

Alkyoni Inn PENSION €
(☎ 22970 91378 ; www.alkyoni-agistri.com ; Skala ; s/d/maisonnettes à partir de 30/45/60 € ; ⏲ Pâques-sept ; ❄ 📶). Cette pension élégante et accueillante propose quelques chambres avec vue sur la mer, dont une peut accueillir jusqu'à 5 personnes. Ses maisonnettes sur deux niveaux, idéales pour les familles, peuvent loger jusqu'à 4 personnes. Taverne très populaire.

♥ **Rosy's Little Village** PENSION €€
(☎ 22970 91610 ; www.rosyslittlevillage.com ; Skala ; s/d/tr/qua à partir de 65/73/83/108 € ; ❄ 📶). Non loin du débarcadère de Skala en direction de l'est, les maisonnettes chaulées de cet établissement descendent en pente douce vers la mer. Lumineuses et colorées, elles sont équipées de lits intégrés dans la structure et de petits balcons avec vue sur la mer. VTT, pique-niques, cours d'été et soirées musicales y sont aussi proposés. Le restaurant privilégie les produits bio.

Où se restaurer

Toxotis GREC €
(☎ 22970 91283 ; Skala ; plats à partir de 7 € ; ⏲ déj et dîner). Restaurant populaire de Skala servant de bons plats à base de viande et de poisson. Carte des vins correcte et terrasse animée.

Petite Restaurant GREC €€
(☎ 22970 91610 ; www.rosyslittlevillage.com ; Rosy's Little Village ; plats 8-18 € ; ⏲ déj et dîner ; 🌶). Rattaché à Rosy's Little Village, ce petit restaurant propose produits bio et classiques grecs (salade aux œufs de poisson, poisson frais ou rôti d'agneau au romarin). Les végans et végétariens apprécieront le délicieux taboulé et les tomates farcies.

Alkyoni Inn TAVERNE €€
(☎ 22970 91378 ; www.alkyoni-agistri.com ; Skala ; plats 7-15 € ; ⏲ 8h-22h, Pâques-sept ; ❄ 📶 👪). Rattachée à une pension familiale située à 10 minutes à pied environ au sud-est du débarcadère de Skala, cette taverne très appréciée concocte de bons plats de poisson et de viande.

Renseignements

Consultez le site www.agistri.com.gr pour des informations sur l'île.

Depuis/vers Angistri

Fast Aegean Flying Dolphins (p. 154) et Hellenic Seaways (p. 154) proposent des hydroglisseurs et des car-ferrys (www.saronicferries.gr) entre Le Pirée (hydroglisseur 14,50 €, 55 min ; ferry 10,90 €, 1 heure 30) et Skala ou Mylos via Égine (hydroglisseur 6 €, 10 min, 4-6/jour ; ferry 2,80 €, 20 min, 1-2/jour). Angistri Express (p. 154) dessert Égine plusieurs fois par jour du lundi au samedi.

Un aller simple en bateau-taxi (p. 154) entre Égine et Angistri coûte 45 €.

Comment circuler

L'été, plusieurs **bus** (☎6973016132, 22970 91244 ; Skala) partent tous les jours de Skala et Mylos (Megalochori) pour Limenaria et la plage de Dhragonera. Louer un scooter (15 €) ou un VTT (7 €) est une bonne idée pour découvrir la côte.

On peut également emprunter à pied les sentiers qui traversent les pinèdes de Metochi jusqu'à la plage de Dhragonera. Attention : les sentiers se divisent souvent en plusieurs embranchements, ce qui peut rendre l'orientation difficile – mieux vaut se munir d'une boussole.

Kostas Bike Hire (☎22970 91021 ; Skala)

Takis Rent a Bike & Bicycles (Logothetis ; ☎22970 91001 ; www.agistri.com.gr/logothetis ; Mylos)

Taxi (☎6977618040, 22970 91455 ; Skala)

POROS ΠΟΡΟΣ

3 800 HABITANTS

L'île de Poros est séparée des montagnes du Péloponnèse par un étroit bras de mer. Cette situation donne à la ville de Poros (Hora), aux maisons couleur pastel accrochées autour d'un clocher à flanc de colline, l'aspect d'une romantique cité lacustre.

L'île est en fait formée de morceaux de terre reliés par un isthme étroit : **Sferia**, occupée essentiellement par la ville de Poros (Hora), et **Kalavria**, le plus grand, en majeure partie boisée, dont la côte sud est jalonnée de plages et d'hôtels touristiques. Poros est une villégiature assez fréquentée, mais l'intérieur des terres, peu peuplé et couvert de forêts, donne l'impression d'être seul au monde.

Située face à la ville de **Galatas**, Poros fait une bonne base pour explorer les sites antiques du Péloponnèse.

Depuis/vers Poros

Plusieurs ferrys (www.saronicferries.gr ; 11,50-14 €, 2 heures 30, 2-3/jour) et catamarans rapides (24,50 €, 1 heure, 4-5/jour) naviguent quotidiennement entre Le Pirée et Poros en été (service réduit en hiver). Des hydroglisseurs d'Hellenic Seaways (p. 154) continuent vers le sud en marquant l'arrêt à Hydra (13,50 €, 30 min, 2-5/jour), Spetsès (16 €, 1 heure 30, 4/jour), Ermioni et Porto Heli. Des ferrys classiques relient Égine (8,50 €, 1 heure 15, 2-5/jour) à Poros et Méthana sur le continent. Vous pouvez vous procurer des billets auprès des agences de voyages (p. 162).

Des caïques font constamment la navette entre Poros et Galatas (1 €, 5 min). Ils partent du quai en face de la Plateia Iroön, à Poros (Hora), la place triangulaire située non loin de l'embarcadère des ferrys ; l'embarcadère des hydroglisseurs se trouve environ 50 m plus au nord. Les car-ferrys pour Galatas (passager/voiture 1/6 € ; ⏲7h30-22h40) partent du quai sur la route de Kalavria, à quelques centaines de mètres plus au nord.

Vous pouvez aussi louer une voiture auprès des agences **Pop's Car** (☎à Galatas 22980 42910 ; www.popscar.gr) de l'aéroport d'Athènes et de Galatas ou Ermioni, et la laisser à l'agence de votre choix.

Comment circuler

BATEAU

Des caïques desservent les plages de l'île en été.

BUS

De mi-juin à octobre, un bus (3 €) circule toutes les heures de 7h à minuit au départ de la **gare routière KTEL Galatas** (☎22980 42480 ; www.ktelargolida.gr ; Galatas). Il part près du kiosque situé à l'angle est de la Plateia Iroön, traverse Kalavria, puis longe la côte sud pendant 10 minutes en direction de l'est jusqu'au monastère de Zoödohou Pigis (p. 162), avant de repartir vers l'ouest pour la plage de Néorion (15 min). Achetez vos billets au kiosque.

MOTO ET VÉLO

Plusieurs prestataires installés sur la route de Kalavria louent vélos, scooters et quads (à partir de 6/20/30 € par jour).

Moto Fotis (☎22980 25873 ; motorentalfotis.com.gr ; Kanali ; ⏲9h-21h). Location de vélos, motos et quads.

Moto Stelios (☎22980 23026 ; www.motostelios.gr ; port, Poros (Hora) ; ⏲9h-19h). Loue quads, scooters et vélos au port de Poros et à la plage d'Askeli.

TAXI

Les prix des courses sont affichés à la station principale, sur le quai.

Taxi (Poros) (☎22980 23003)

Taxi (Galatas) (☎22980 42888)

Poros (Hora) Πόρος

3 651 HABITANTS

Installé en face de l'île de Galatas et des montagnes du Péloponnèse, Poros (Hora) est un port à l'ambiance enjouée, où des voiliers sont amarrés le long du quai pendant que des ferrys se fraient un chemin dans l'étroit chenal sillonné de petits bateaux. Derrière le port, un enchevêtrement de *plateies* (places) et de tavernes est dominé par une falaise rocheuse coiffée d'un clocher. Les ruelles colorées et les maisons légèrement délabrées sont un plaisir pour les yeux.

À voir

Musée archéologique de Poros MUSÉE

(Carte ci-dessous ; ☎22980 23276 ; odysseus.culture.gr ; front de mer, Plateia Koryzi ; tarif plein/réduit 3/2 € ; ⏲8h30-16h mer-lun). Petit musée sur le front de mer, doté d'une belle collection de sculptures grecques classiques des environs.

Citronne GALERIE D'ART

(Carte ci-dessous ; ☎22980 22401 ; www.facebook.com/citronne.athens.poros ; Leoforos Papadopoulou ; ⏲10h-15h lun-sam juin-août). Cette galerie gaie et lumineuse expose des artistes de tout le pays.

Où se loger

Poros (Hora) possède toute une gamme d'hébergements, entre hôtels d'affaires, établissements de charme face à la mer et chambres à louer dans de minuscules ruelles.

♥ Seven Brothers Hotel HÔTEL €

(☎22980 23412 ; www.7brothers.gr ; port de Poros ; s/d/tr 50/55/60 € ; ❄📶). Cet hôtel charmant loue des chambres confortables et lumineuses, avec détails anciens et salles de bains impeccables. Certaines ont un balcon et donnent sur la mer. Un patio s'ouvre sur une petite place à l'avant. Situation pratique près de l'embarcadère des hydroglisseurs.

Poros

Georgia Mellou Rooms PENSION €
(☎22980 22309 ; porosnet.gr/gmellou ; Plateia Georgiou ; d/tr 40/45 € ; ❄📶). Cette pension aux chambres simples et désuètes est au cœur de la vieille ville, à deux pas de la cathédrale et bien au-dessus du port. L'adorable propriétaire prend soin de son établissement. Réservez une des chambres côté ouest pour profiter d'une vue mémorable.

Sto Roloi APPARTEMENTS €€
(☎22980 25808, 6932427267 ; www.storoloi-poros.gr ; studio/app/maisons à partir de 65/110/170 € ; ❄). Bonne adresse pour des locations d'appartements et maisons de qualité dans Poros (Hora).

Où se restaurer

Taverna Karavolos TAVERNE €
(☎22980 26158 ; Dalakou ; plats 6-12 € ; ⏲19h-23h). La paisible taverne du "gros escargot" (*karavolos*) doit son nom à la spécialité de la maison. La carte comporte aussi des plats traditionnels de viande et de poisson. Des **chambres** (d/tr 37/45 €) sont disponibles à l'étage.

Poseidon POISSON ET FRUITS DE MER €€
(☎22980 23597 ; www.poseidontaverna.gr ; front de mer ; plats 7-15 € ; ⏲9h30-0h30 Pâques-oct). Un établissement du port très apprécié pour ses délicieux plats de poisson, son service sympathique et ses spectacles de danse grecque.

Dimitris Family Taverna TAVERNE €€
(☎22980 23709 ; www.dimitrisfamily-poros.gr ; Giannousi ; plats 6-14 € ; ⏲18h-22h ou 23h). Les propriétaires de cette taverne, connue pour sa viande, possèdent une boucherie ; les morceaux choisis sont donc de la meilleure qualité. Situé dans le centre, sur les hauteurs ; demandez votre chemin à un habitant.

Renseignements

Pas d'office du tourisme ; des prestataires installés sur le port proposent hébergements, locations de voiture, excursions et croisières, notamment les adresses suivantes :

Askeli Travel (☎22980 29309 ; www.askelitravel.gr ; front de mer ; ⏲8h-22h). Vend des billets de ferrys Aegean Flying Dolphins.

Family Tours (☎22980 23743 ; www.familytours.gr ; front de mer ; ⏲9h-14h et 17h-22h). Vend des billets de ferrys classiques.

Marinos Tours (☎22980 23423 ; www.marinostours.gr ; front de mer ; ⏲7h-21h30 avr-oct, 7h-19h nov-mars). Face à l'embarcadère des hydroglisseurs, dont il vend les billets.

Ailleurs sur Poros

À voir

Temple de Poséidon RUINES
(Carte p. 161 ; ☎22980 23276 ; ⏲8h30-15h). GRATUIT Il ne reste pas grand-chose de ce magnifique temple du VIe siècle qui servit autrefois d'asile aux fugitifs et aux marins naufragés. C'est ici que le célèbre homme politique athénien Démosthène (384-322 av. J.-C.), virulent opposant de Philippe de Macédoine et de son fils Alexandre le Grand, se réfugia pour échapper à la peine de mort réclamée par leur successeur, Antipater. Retrouvé par Archias, un homme d'Antipater, Démosthène préféra se suicider en ingérant du poison entre les murs du temple plutôt que de se rendre.

L'édifice fut presque entièrement démoli au XVIIIe siècle et ses matériaux récupérés pour bâtir un monastère sur l'île d'Hydra. La promenade jusqu'aux ruines dévoile toutefois un beau panorama sur le golfe Saronique et le Péloponnèse.

Si vous êtes motorisé, empruntez la route proche du monastère Zoödohou Pigis vers l'intérieur des terres. Une fois arrivé au site, vous pourrez continuer sur la route et faire une boucle par le pont de Sferia (environ 6 km au total).

Gratuit et bien indiqué à 4 km au sud-est de Poros (Hora), le **Moni Zoödohou Pigis** (carte p. 161 ; ⏲9h-12h et 14h30-18h), le "monastère de la source de vie" (XVIIIe siècle) renferme une belle iconostase (panneau décoré d'icônes) dorée, provenant d'Asie Mineure.

Activités

La plage de galets de **Kanali**, sur Kalavria, à 1 km à l'est du pont, et la longue plage de sable d'**Askeli**, 500 m encore plus à l'est, comptent parmi les plus agréables de l'île.

À 3 km à l'ouest du pont, la plage de **Néorion** se prête à de nombreuses activités nautiques comme le ski nautique, les bananes tractées et le wakeboard. Mais la meilleure plage reste celle de **Russian Bay**, à 1,5 km de Néorion.

Passage (carte p. 161 ; ☎22980 42540 ; www.passage.gr ; plage de Néorion ; cours à partir de 45 €) est une école de ski nautique fréquentée qui propose aussi des parcours de slalom. Cours pour débutants possibles.

Où se loger et se restaurer

Sirene Blue Resort COMPLEXE HÔTELIER €€
(Carte p. 161 ; 22980 22741 ; plage de Monastiri ; d avec petit-déj à partir de 140 € ;). Piscine étincelante et linge de lit impeccable pour des vacances luxueuses dans cet hôtel donnant sur la plage de Monastiri, près du monastère Zoödohou Pigis.

Hotel New Aegli HÔTEL €€
(Carte p. 161 ; 22980 22372 ; www.newaegli.com ; plage d'Askeli ; d à partir de 95 € ; avr-oct ;). De l'autre côté de la route face à la plage d'Askeli, l'hôtel New Aegli, un établissement correct de type *resort*, loue des chambres modernes et convenables, dont beaucoup donnent sur la mer.

Aspros Gatos POISSON ET FRUITS DE MER €€
(Carte p. 161 ; 22980 24274 ; Labraki 49 ; plats 6-15 € ; 12h-23h Pâques-oct). À quelques minutes à pied de la ville, à 400 m à l'ouest du pont sur la route de la plage de Néorion, se dresse, au bord de l'eau, la meilleure taverne de poisson et fruits de mer de Poros. Vous verrez l'équipe locale de kayak glisser sur les flots pendant que le propriétaire enjoué vous servira une cuisine variée allant des pâtes bolognaises à la pêche du jour.

HYDRA ΥΔΡΑ

1 966 HABITANTS

L'époustouflante Hydra est une des seules îles grecques interdites aux voitures et aux scooters : on y trouve uniquement des rues pavées, des ânes, des rochers et la mer, sans parler de son architecture admirablement préservée, de ses nombreux sentiers et de ses eaux claires et profondes. Depuis longtemps, Hydra attire les célébrités, comme les peintres Brice Marden, Nikos Chatzikyriakos-Ghikas ou Panayiotis Tetsis, le musicien Leonard Cohen ou les actrices Melina Mercouri et Sophia Loren…

Histoire

Même si les premières véritables traces d'occupation humaine sur son territoire remontent à l'époque mycénienne, Hydra était faiblement peuplée durant l'Antiquité et Hérodote ne la cite que brièvement dans ses *Histoires*. Au XVIe siècle cependant, l'île devint un refuge pour ceux qui fuyaient les affrontements entre Ottomans et Vénitiens, notamment de nombreux habitants de l'actuelle Albanie.

Au milieu du XVIIIe siècle, les colons construisirent des bateaux et franchirent allègrement la limite entre commerce maritime et piraterie, voyageant jusqu'en Égypte et à la mer Noire. Le blocus imposé par l'Angleterre sur les ports français pendant les guerres napoléoniennes (1803-1815) se présenta comme une opportunité pour les armateurs d'Hydra qui le forcèrent pour approvisionner la France, amassant ainsi une immense fortune. L'île ne subit qu'une ingérence modérée sous l'Empire ottoman, car elle prenait toujours soin de s'acquitter de ses impôts. Au XIXe siècle, elle était devenue une grande puissance maritime, capable de concurrencer les Anglais en Méditerranée. Les riches capitaines y faisaient bâtir leurs demeures cossues et, en 1821, la population de l'île atteignit son pic avec 28 000 habitants. Aux côtés de Spetsès et Psara, Hydra joua un rôle clé pendant la guerre d'indépendance contre les Turcs : les trois îles fournirent l'essentiel des navires de la flotte grecque et en assumèrent la majorité des dépenses grâce à la fortune de leurs armateurs. L'amiral Andreas Miaoulis (1769-1835), qui commandait la flotte, et Georgios Koundouriotis (1782-1858), qui présida l'Assemblée nationale grecque de 1822 à 1827, étaient tous deux originaires d'Hydra.

Depuis/vers Hydra

Des ferrys rapides d'**Hellenic Seaways** (www.hsw.gr) relient Hydra à Poros, Le Pirée et Spetsès, ainsi qu'à Ermioni et Porto Heli dans le Péloponnèse. Leur fréquence est très réduite en hiver. On peut acheter ses billets auprès d'**Hydreoniki Travel** (22980 54007 ; port ; 7h-22h ou avant les heures de départ des ferrys), en remontant la petite rue à droite de l'Alpha Bank, à Hydra (Hora).

La navette **Freedom** (carte p. 166 ; 69442 42141, 69473 25263 ; www.hydralines.gr) circule entre Hydra et Metochi (où l'on ne trouve guère plus qu'un parking) sur le continent (6,50 €, 15 min, 5-11/jour). Les horaires sont affichés sur le quai et le site Internet.

Des catamarans rapides rejoignent Le Pirée toute l'année (28 €, 1 heure 45, 4-6/jour) via Poros (13 €, 30 min, 4-6/jour). Ils peuvent également mener à Spetsès (11,50 €, 40 min, 4-6/jour).

Comment circuler

On se déplace généralement à pied à Hydra.

L'île est exempte de tout véhicule motorisé ; mules et baudets constituent le principal moyen

Hydra

de transport. Les propriétaires de ces animaux sont regroupés près du port ; ils transfèrent les bagages vers les hôtels et proposent de courtes promenades – les associations de défense des animaux appellent toutefois les touristes à s'assurer du bon traitement des équidés avant d'utiliser leurs services.

En été, des caïques (petits bateaux) font la navette entre Hora et les plages de l'île. Les tarifs des **bateaux-taxis** (carte p. 166 ; ☎22980 53690) sont affichés sur le quai (comptez 10 € pour Kamini, 15 € pour Vlyhos).

Hydra (Hora) Υδρα

1 900 HABITANTS

La vue des bateaux mouillant dans le port scintillant de la ville d'Hydra et celle de ses maisons en pierre, lumineuses et soigneusement préservées, sont d'une beauté saisissante. En haute saison, le port accueille un incessant ballet de yachts, de caïques et de bateaux-taxis. Sur son quai de marbre se pressent ânes, visiteurs, îliens venus prendre un café et chauffeurs de bateaux-taxis ameutant la clientèle. En soirée, le quai se transforme en un lieu de promenade où l'on profite de la vie, un verre à la main.

Pour voir la ville sous un autre jour, aventurez-vous dans le dédale de ruelles à l'écart du port et jusqu'aux chemins grimpant à flanc de colline. Dans les rues tranquilles bordées de maisons blanc et bleu, des vieilles dames parlent cuisine et des chemins de terre partent à l'assaut des montagnes.

À voir

Kimisis Tis Theotokou — CATHÉDRALE ET MUSÉE

(Cathédrale d'Hydra ; Metropolis ; carte p. 166 ; port ; 7h-19h). Dans un paisible ensemble monastique installé sur le port (aussi appelé Faneromeni), cette ravissante cathédrale date du XVIIe siècle. Son clocher est sculpté dans du marbre de Tinos. Le **Musée ecclésiastique** (carte p. 166 ; ☎22980 54071 ; www.imhydra.gr/mouseio_main.htm ; port ; adulte 2 €, enfant gratuit ; 10h-17h mar-dim avr-nov) abrite une collection d'icônes et de vêtements liturgiques. Revêtez une tenue adaptée avant d'entrer (épaules couvertes, jupe longue ou pantalon).

Deste Foundation — GALERIE D'ART

(Carte ci-dessus ; ☎21027 58490 ; www.deste.gr ; port ; 11h-13h et 19h-22h mer-lun juin-sept). GRATUIT La fondation Deste pour l'art contemporain organise chaque été une exposition à Hydra, dans l'ancien petit abattoir situé face à la mer.

♥ Maison de Lazaros Koundouriotis — DEMEURE HISTORIQUE

(Carte p. 166 ; ☎22980 52421 ; www.nhmuseum.gr/en/exhibitions/ydra ; adulte/enfant 3/1,50 €, gratuit dim ; ⏲10h-16h mar-dim mars-oct). La curiosité phare de la ville est cette splendide *arhontiko* (maison ancienne de notable) de couleur ocre. Dominant le port, elle fut la résidence de l'une des plus grandes figures de la lutte pour l'indépendance. Cet exemple d'architecture traditionnelle de la fin du XVIIIe siècle renferme du mobilier d'époque, des costumes, de l'artisanat local, ainsi que des tableaux.

Musée des Archives historiques — MUSÉE

(Carte p. 166 ; ☎22980 52355 ; www.iamy.gr ; port ; adulte/enfant 5/3 € ; ⏲9h-16h). Sur le port, cet excellent musée expose une vaste collection de portraits et d'objets de marine, mettant l'accent sur le rôle joué par l'île lors de la guerre d'indépendance. En haute saison, le musée organise des expositions temporaires et des concerts sur le toit-terrasse.

Activités

Le capitaine de bateau **Vasilis Kokkos** (☎69 77649789 ; bkokkos@yahoo.com), propriétaire du restaurant **Caprice** (carte p. 166 ; ☎22980 52454 ; Sahtouri ; plats 9-15 € ; ⏲18h-minuit avr-oct), loue des vedettes (80-250 €/jour) et un voilier (sur réservation ; 1 semaine minimum à partir de 900 €). Permis bateau exigé.

Circuits organisés

Harriet's Hydra Horses (☎6980323347 ; www.harrietshydrahorses.com ; excursion 30/55/175 € pour 1/2/8 heures), tenu par Harriet, sympathique guide gréco-britannique bilingue, organise des sorties à cheval (1-8 heures) dans l'île, près des monastères et sur les plages. Le circuit de 8 heures n'est pas disponible de mai à septembre à cause de la chaleur.

Fêtes et festivals

La **salle d'exposition Melina Mercouri** et la Deste Foundation (ci-contre) accueillent des expositions en saison.

Miaoulia Festival — CULTUREL

(⏲week-end du 21 juin). Hommage à l'amiral Miaoulis et à la contribution d'Hydra à la guerre d'indépendance, ce festival culmine par la mise en feu d'un bateau et des feux d'artifice dans le port.

Pâques — RELIGIEUX

(⏲mars/avr). Les festivités pascales durent une semaine entière. Le vendredi saint, l'Épitaphe (représentation du tombeau du Christ) décorée de fleurs est portée en procession depuis quatre églises, jusqu'au port de Kamini où elle est immergée dans l'eau.

Où se loger

L'hébergement à Hydra est de grande qualité, ce qui impacte les prix. La plupart des propriétaires de chambres viennent attendre leurs hôtes au port et se chargent du transfert des bagages.

Piteoussa — PENSION €

(☎22980 52810 ; www.piteoussa.com ; Kouloura ; d 50-85 € ; ❄📶). Dans une rue paisible bordée de pins, de belles chambres sont installées dans deux bâtiments tenus par de sympathiques propriétaires. Celles de la demeure principale allient charme d'antan et équipements modernes ; à l'étage, dans l'autre bâtiment, elles possèdent un esprit contemporain, des balcons et de quoi préparer thé ou café.

Hotel Sophia — BOUTIQUE-HÔTEL €€

(Carte p. 166 ; ☎22980 52313 ; www.hotelsophia.gr ; front de mer ; d avec petit-déj 85-115 € ; ⏲avr-oct ; ❄📶). Ravissantes petites chambres, parfois avec balcon ou mezzanine, donnant directement sur le port. Chacune d'elles dispose d'équipements modernes et d'une belle salle de bains en marbre.

Angelica Hotel — BOUTIQUE-HÔTEL €€

(Carte p. 166 ; ☎22980 53202 ; www.angelica.gr ; Miaouli ; d/tr/qua avec petit-déj à partir de 130/180/220 € ; ❄📶). Hôtel de charme installé sur un site tranquille, doté de vastes chambres luxueuses et confortables, certaines avec balcon. Les salles de bains sont spacieuses et immaculées. Vous pourrez vous détendre dans la cour ou dans le Jacuzzi.

Greco — HÔTEL €€

(Carte p. 166 ; ☎22980 53200 ; www.grecohotel.gr ; Kouloura ; d avec petit-déj à partir de 90 € ; ❄📶). Dans une ancienne boulangerie, cet hôtel plein de charme propose un copieux petit-déjeuner et des chambres simples et confortables. Murs aux pierres apparentes et meubles anciens à la réception, et petite bibliothèque dans le somptueux jardin, où l'on peut s'installer pour lire.

Hydra (Hora)

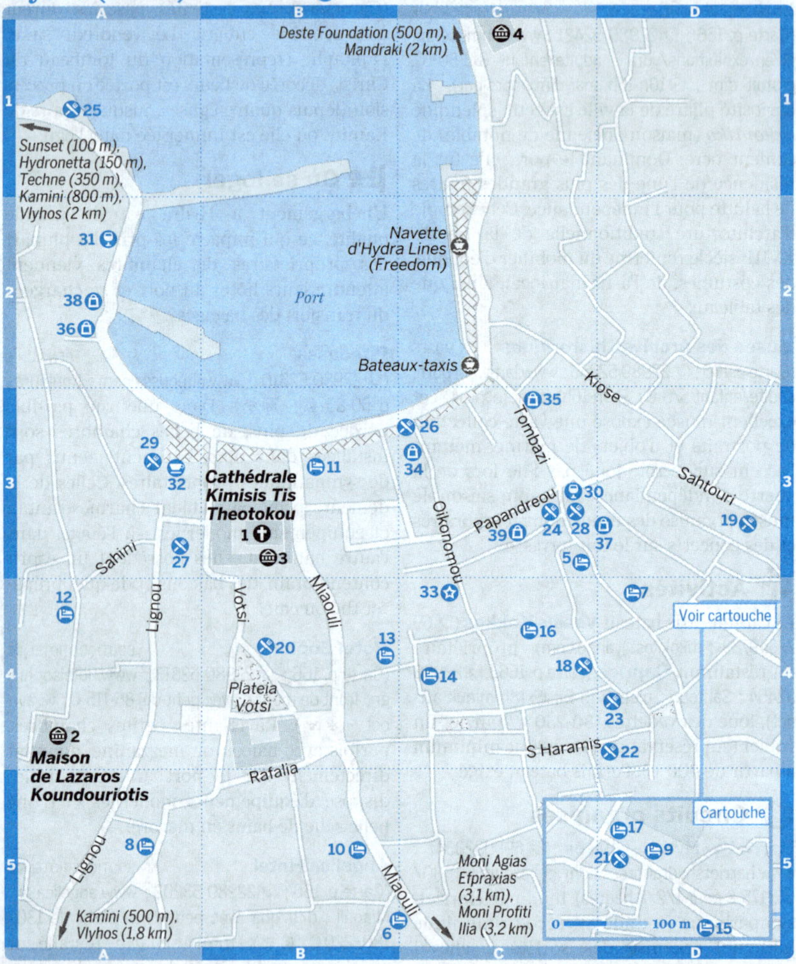

Mastoris Mansion BOUTIQUE-HÔTEL €€

(Carte ci-dessus ; ☎22980 29631 ; www.mastoris-hydra.gr ; près de Oikonomou ; d/tr à partir de 100/150 € ; ❄📶). Située en centre-ville, tout près de l'animation du port (mais sans vue particulière), cette bâtisse en pierre restaurée est dotée de luxueuses chambres doubles ou triples, colorées avec pierres apparentes.

Amaryllis Hotel HÔTEL €€

(Carte ci-dessus ; ☎22980 53611 ; amarillishydra.gr ; Tombazi 15 ; s/d 50/65 €, avec balcon 70 € ; ❄📶). Ses chambres simples, son propriétaire accueillant et son emplacement en plein centre-ville font de cette adresse une option idéale pour les voyageurs à petit budget. Belle vue depuis le toit-terrasse ; cuisine et buanderie communes.

Pension Alkionides PENSION €€

(Carte ci-dessus ; ☎22980 54055 ; www.alkionides-pension.com ; en retrait de Oikonomou ; d/studio 70/85 € ; ❄📶). Dissimulées dans une impasse centrale et paisible, les chambres de cette pension sont élégantes (bien que petites pour certaines) et offrent de quoi préparer thé ou café. On peut profiter d'une jolie cour et un des studios dispose d'une terrasse privée.

Hydra (Hora)

Les incontournables
1 Cathédrale Kimisis Tis Theotokou B3
2 Maison de Lazaros Koundouriotis A4

À voir
3 Musée ecclésiastique B3
4 Musée des Archives historiques d'Hydra C1

Où se loger
5 Amaryllis Hotel C3
6 Angelica Hotel B5
7 Bratsera Hotel D4
8 Cotommatae A5
9 Greco D5
10 Hotel Miranda B5
11 Hotel Sophia B3
12 Hydra Hotel A4
13 Leto Hotel B4
14 Mastoris Mansion C4
15 Nereids D5
16 Pension Alkionides C4
17 Piteoussa D5

Où se restaurer
18 Barba Dimas C4
Bratsera .... (voir 7)
19 Caprice D3
20 Flora's B4
21 Giasemi D5
22 Gitoniko D4
23 Il Casta D4
24 Ke Kremmidi C3
25 Omilos A1
26 Oraia Hydra C3
27 Ostria A3
28 Paradosiako C3
29 Psarapoula A3

Où prendre un verre et faire la fête
30 Amalour C3
31 Papagalos A2
32 Pirate A3

Où sortir
33 Ciné-club d'Hydra C4

Achats
34 Elena Votsi C3
35 Kashish C3
36 Sirens A2
37 Sugarfree D3
38 Svoura A2
39 Turquoise C3

Nereids PENSION €€
(Carte ci-contre ; ☎22980 52875 ; www.nereids-hydra.com ; Kouloura ; d à partir de 70 € ;). Cette maison en pierre amoureusement rénovée abrite des chambres d'un excellent rapport qualité/prix. Paisibles, vastes et élégamment décorées, elles jouissent d'une vue panoramique sur les hauteurs d'Hydra ou sur la mer.

Hotel Miranda HÔTEL €€
(Carte ci-contre ; ☎22980 52230 ; mirandahotel.gr ; Miaouli ; d/tr/app avec petit-déj à partir de 130/145/260 € ; mars-oct ;). Prenez-vous pour un capitaine de navire du XIXe siècle dans ce petit bijou rempli d'antiquités aux chambres vastes et luxueuses, avec plafond marqueté et, pour les plus chères, un balcon. Les espaces communs sont habillés de posters vintage, de bois sculpté et d'expositions temporaires. Loue aussi des appartements.

♥ **Cotommatae** BOUTIQUE-HÔTEL €€€
(Carte ci-contre ; ☎22980 53873 ; www.cotommatae.gr ; d/fam avec petit-déj à partir de 170/250 € ;). Cette demeure ancienne, récemment rénovée, a conservé son charme d'antan et quelques affaires de la famille à qui elle appartenait autrefois, rehaussées d'impeccables touches modernes. L'endroit dégage un merveilleux parfum de luxe discret. Certaines suites disposent de terrasses privées ou d'un Jacuzzi.

♥ **Hydra Hotel** STUDIOS €€€
(Carte ci-contre ; ☎22980 53420, 69859 10717 ; www.hydra-hotel.gr ; Petrou Voulgari 8 ; studio avec petit-déj 175-265 €, maisonnette 255 € ;). Perché au sud du port, ce bâtiment ancien, impeccablement rénové, dispose de studios haut de gamme, avec kitchenette et vue dégagée. Le n°202 offre un panorama magnifique depuis son petit balcon.

Leto Hotel HÔTEL €€€
(Carte ci-contre ; ☎22980 53385 ; www.letohydra.gr ; Rigillis 8 ; d/ste à partir de 177/485 € ;). Cet hôtel géré en famille offre tous les services d'un grand établissement, avec des chambres confortables au décor classique. Chose rare en Grèce, une d'elles est accessible en fauteuil roulant (par des rampes depuis le port).

Bratsera Hotel HÔTEL HISTORIQUE €€€
(Carte ci-contre ; ☎22980 53971 ; www.bratserahotel.com ; en retrait de Kouloura ; d avec petit-déj

173-290 €, ste à partir de 290 € ; ❄@📶🚿). L'hôtel le plus ancien d'Hydra occupe une usine d'éponges reconvertie. Chambres originales, salle de conférence, piscine, et un **restaurant** (Tombazi ; plats 9-30 € ; ⏲7h-23h avr-oct) réputé, sur place.

Où se restaurer

Tavernes et restaurants jalonnent le port et les ruelles d'Hydra (Hora). On trouve surtout de la cuisine grecque et quelques excellentes adresses italiennes.

♥ Flora's DOUCEURS €
(Anemoni ; carte p. 166 ; ☎22980 53136 ; Plateia Votsi ; douceurs à partir de 1 € ; ⏲9h-tard). La pâtisserie Flora's, située sur la Plateia Votsi, derrière le port, prépare *galaktoboureko* (dessert à base de semoule), riz au lait et glaces au lait de chèvre local.

Ke Kremmidi GREC €
(Carte p. 166 ; ☎22980 53099 ; Tombazi ; gyros 2,50 €, plats 6-9 € ; ⏲12h-tard). Ce sympathique restaurant de souvlaki a installé ses tables jusque dans la rue piétonne animée. Bonnes salades et assiettes de viande grillée.

Ostria TAVERNE €
(Stathis et Tassoula ; carte p. 166 ; ☎22980 54077 ; près de Lignou ; plats 5-8 € ; ⏲12h-16h et 18h30-tard). Souvent appelée par le nom de ses propriétaires, "Stathis et Tassoula" – vous reconnaîtrez tout de suite Tassoula à sa personnalité haute en couleur –, cette taverne ouverte toute l'année ne sert que des produits frais. Oubliez la carte et demandez directement ce qu'il y a au menu : on vous servira peut-être du poisson grillé, des fèves ou des beignets de courgette. Stathis pêche lui-même les succulents calmars.

Giasemi GREC €
(Carte p. 166 ; ☎22980 52221 ; Kouloura ; plats à partir de 6 € ; ⏲déj et dîner). Ouvert en 2019, Giasemi est adoré des Hydriotes. Agréable tonnelle et bon choix de spécialités grecques – de la purée de fèves aux boulettes de viande parfumées.

♥ Oraia Hydra GREC €€
(Carte p. 166 ; ☎22980 52556 ; front de mer ; plats 9-25 € ; ⏲12h-minuit). Oraia Hydra veut dire "Belle Hydra", et ce petit bistrot tient ses promesses. Vous dînerez sur le port, face aux voiliers tanguant doucement sur l'eau, et savourerez des plats grecs revisités à base des meilleurs ingrédients, tels que les pâtes aux oursins ou l'orzo aux crevettes et aux moules.

♥ Il Casta ITALIEN €€
(Carte p. 166 ; ☎22980 52967 ; Tombazi ; plats 10-22 € ; ⏲12h-23h). Dégustez en plein air une cuisine italienne authentique, comme la faisait la grand-mère napolitaine de Pietro, le propriétaire. Le menu change tous les jours. Réservez en haute saison.

♥ Sunset MÉDITERRANÉEN €€
(☎22980 52067 ; allée Kamini ; plats 9-22 € ; ⏲12h-23h Pâques-oct). Réputé pour sa vue panoramique près des canons, à l'ouest du port, le Sunset propose une cuisine raffinée : les délicieuses salades, les pâtes originales et le poisson local sont préparés avec goût.

Gitoniko TAVERNE €€
(Carte p. 166 ; ☎22980 53615 ; Haramis ; plats 7-25 € ; ⏲12h-15h et 18h-23h Pâques-oct). Les propriétaires ont changé récemment, mais Gitoniko reste apprécié pour sa longue carte de bons plats grecs et son poisson frais (coûteux). Décor pittoresque et apaisant, dans une charmante ruelle.

Paradosiako TAVERNE €€
(Carte p. 166 ; ☎22980 54155 ; Tombazi ; plats 5-15 € ; ⏲12h-23h30 Pâques-nov). Cette adresse dont les tables occupent presque toute la rue est typiquement grecque. Prenez place sur la terrasse d'angle pour regarder passer la foule en dégustant des mezze – essayez la salade de betteraves à l'ail –, une viande, du poisson ou des fruits de mer, comme les filets de sardines fraîches grillés.

Psarapoula TAVERNE €€
(Carte p. 166 ; ☎22980 52630 ; port ; plats 7-14 € ; ⏲12h-tard). Près du bar Pirate (ci-contre) et de la boulangerie principale, cet établissement de qualité, ouvert en 1911, domine les quais. Visiteurs et habitants viennent y déguster des plats du jour.

Barba Dimas MEZZE €€
(Carte p. 166 ; ☎22980 52967 ; Tombazi ; petits plats 4-12 € ; ⏲18h-23h). Ce restaurant aligne ses tables le long d'une ruelle, en retrait de l'agitation du port. Grand assortiment de mezze grecs (calmars bien tendres, plantes aromatiques des montagnes, etc.).

Omilos MÉDITERRANÉEN €€€
(Carte p. 166 ; ☎22980 53800 ; www.omilos-hydra.com ; front de mer, allée Kamini ; plats 16-25 € ; ⏲12h-tard Pâques-oct). Ce restaurant élégant tout blanc au bord de l'eau est l'adresse gastronomique d'Hydra (Hora). On y danse le soir.

LEONARD COHEN À HYDRA

L'attrait qu'a exercé l'envoûtante Hydra sur les artistes a fait couler beaucoup d'encre. Le plus célèbre d'entre eux fut sans doute le grand Leonard Cohen (1934-2016). Déprimé par la météo de son Canada natal et de son Royaume-Uni d'adoption, il partit pour la Grèce, après avoir, selon la légende, demandé à un homme dans la rue d'où il tenait son hâle ; "De Grèce !", aurait-il répondu. Poussé par d'autres artistes expatriés sur l'île, Cohen, alors âgé de 26 ans, s'installa à Hydra. Il acheta très vite une maison de 5 pièces blanchie à la chaux, décrépie et charmante, à **Kamini**, où il écrivit le recueil de poèmes *Des fleurs pour Hitler* (1964) et les romans *Jeux de dames* (1963) et *Les perdants magnifiques* (1966).

À son arrivée à Hydra, Cohen n'était pas encore la star qu'il devint plus tard ; il habitait alors avec la Norvégienne Marianne Ihlen qu'il avait rencontrée sur l'île et qui lui inspira plusieurs chansons telles que "So Long, Marianne".

Ces années à Hydra le marquèrent pour le reste de sa carrière et son poème "The Days of Kindness" évoque cette époque.

Cohen adorait le mode de vie grec, et ce serait au café Rolo, sur le port, qui s'appelait alors Kafenion o Katsikas, qu'il aurait donné son premier concert public pour quelques amis.

Il quitta Hydra pour de nouveaux horizons au milieu des années 1960, mais ne manqua pas d'y revenir chaque fois que la vie, son emploi du temps et sa santé déclinante le lui permettaient. Sa maison appartient toujours à ses deux fils et des fans continuent d'y déposer des cadeaux et de lire ses poèmes devant sa porte ; renseignez-vous sur place si vous voulez la voir.

Où prendre un verre et faire la fête

L'addition est généralement salée, mais prendre un café ou un cocktail en soirée donne l'occasion d'observer le va-et-vient des passants. L'effervescence gagne le port à partir de minuit.

♥ Pirate CAFÉ
(Carte p. 166 ; ☎22980 52711 ; thepiratebar.gr ; front de mer ; ⏲8h-tard). Wendy et Takis, les propriétaires accueillants de ce bistrot, et leurs enfants, servent un excellent café, ainsi que des petits-déjeuners et déjeuners maison (9h-17h). Le soir, l'endroit se transforme en un lieu de fête frénétique. La musique change au gré de la clientèle et de l'humeur du jour.

♥ Hydronetta BAR
(☎22980 54160 ; www.facebook.com/hydronetta ; allée Kamini ; ⏲12h-23h Pâques-oct). Dans cet établissement à la situation imprenable, directement sur des rochers aménagés pour la baignade, à l'extrémité ouest du port, les frères Andreas et Elias servent cocktails et déjeuners (haute saison uniquement) avec le sourire.

Papagalos BAR
(Carte p. 166 ; ☎22980 52626 ; front de mer ; ⏲9h-tard). Situé un peu à l'écart du tumulte, dans la partie la plus calme du port, le Papagalos sert du café et une cuisine toute simple en journée. Le soir, on peut y contempler la lune en sirotant un cocktail.

Où sortir

En juillet et août, le **ciné-club d'Hydra** (carte p. 166 ; ☎22980 53105 ; cineclubhydras.blogspot.com ; Oikonomou) projette des superproductions ou des films indépendants en plein air. Il organise aussi des sorties théâtre à l'amphithéâtre antique d'Épidaure (p. 107).

Achats

Kashish MODE
(Carte p. 166 ; ☎22984 00774 ; kashish.gr ; Tombazi 8 ; ⏲9h30-minuit mai-sept, horaires réduits le reste de l'année). Kelly Fotopoulou crée vêtements pour femmes et enfants, bijoux et caftans (parfaits pour la plage et le farniente en été) aux imprimés indiens colorés et aux motifs grecs traditionnels.

Sirens MODE
(Carte p. 166 ; ☎22980 53340 ; front de mer ; ⏲10h-22h Pâques-oct). Elena, la charmante propriétaire de cette petite boutique, vend des vêtements et des accessoires uniques et raffinés, parfaits pour la vie insulaire. Elle sélectionne également des bijoux de créateurs grecs.

Sugarfree MODE
(Carte p. 166 ; ☎22980 53352 ; www.sugarfreeshops.com ; Tombazi ; ⏰11h-23h mai-nov). Cette boutique d'un blanc étincelant est remplie de vêtements jeunes et colorés, conçus par des créateurs grecs pour la plage et la détente. Elle est située juste derrière le bar **Amalour** (carte p. 166 ; ☎22980 53800 ; Tombazi ; ⏰19h-tard juin-août, horaires réduits sept-mai), dans la rue menant au Bratsera Hotel (p. 167). Prix raisonnables pour l'île.

Svoura ART ET ARTISANAT
(Carte p. 166 ; ☎22980 29784 ; front de mer ; ⏰10h-23h avr-oct). Une des meilleures boutiques d'Hydra propose des céramiques de toute la Grèce et un petit rayon mode.

Elena Votsi BIJOUX
(Carte p. 166 ; ☎22980 52637 ; www.facebook.com/ElenaVotsiOfficial ; front de mer ; ⏰10h-23h30). Née à Hydra, Votsi est connue à Londres et New York pour ses bijoux audacieux composés d'exquises pierres semi-précieuses ; elle a également conçu les médailles des Jeux olympiques d'Athènes de 2004.

Turquoise MODE, ACCESSOIRES
(Carte p. 166 ; ☎22980 54033 ; www.turquoise.gr ; près de Tombazi ; ⏰10h-22h juin-août, horaires réduits sept-mai). Le créateur local Dimitris élabore chaque année une collection féminine de mode et d'accessoires aux motifs travaillés.

ℹ Depuis/vers Hydra

Hydra (Hora) est le principal port de l'île ; tous les ferrys (p. 163) y accostent.

Ailleurs sur Hydra

À environ 1,5 km du port vers l'ouest, après **Kamini**, la route côtière d'Hydra se transforme en un joli sentier partiellement pavé. Kamini possède un minuscule port de pêche, quelques bonnes tavernes, une petite plage de galets et des rochers d'où l'on peut se baigner. L'inconvénient d'Hydra – ou l'avantage selon certains – est son absence de plages de sable capables d'attirer les visiteurs en nombre. Les nageurs se baignent généralement autour des rochers, mais on peut aussi se rendre à **Vlyhos**, le dernier hameau avant les montagnes, à 1,5 km de Kamini. On y trouve deux plages de galets légèrement plus grandes (la plage de Vlyhos et celle, plus sauvage, de **Plakes**), des tavernes et un pont en pierre restauré du XIXe siècle.

À 2,5 km à l'est du port, la route côtière mène à la plage de galets de **Mandraki**.

Des embarcations font la navette entre le port et toutes ces plages : vous en aurez besoin pour atteindre les baies éloignées du sud-ouest de l'île, et notamment les plages de galets plantées de parasols de la **baie de Bisti** et de la **baie d'Agios Nikolaos**.

Activités

L'intérieur d'Hydra, aride, rocailleux et paisible, tranche avec l'agitation du port. Les randonneurs apprécieront la carte *Hydra* publiée par Anavasi. Un plan est aussi affiché sur le quai, et plusieurs sentiers balisés sillonnent l'île. Au-delà d'Hydra, de Kamini et de Vlyhos, l'île est déserte. Emportez beaucoup d'eau si vous partez en randonnée ; le printemps est une période idéale pour se promener au milieu des collines fleuries.

Monter jusqu'au **monastère de Profiti Ilia** est une expérience inoubliable (comptez au moins une bonne heure de marche au milieu des pins). Ce magnifique sanctuaire renferme de belles icônes et offre un superbe panorama.

Plus petit, le couvent de femmes d'**Agias Efpraxias**, est situé juste en contrebas de Profiti Ilia.

D'autres sentiers conduisent au **mont Éros** (588 m), le point culminant de l'île, et courent d'est en ouest le long de l'arête montagneuse ; assurez-vous d'obtenir des indications claires des habitants avant de vous y aventurer.

Où se restaurer

To Pefkaki POISSON €
(☎6973535709 ; Kamini ; plats 5-10 € ; ⏰12h-14h et 18h30-22h jeu-mar Pâques-oct). Vous ne regretterez pas la petite marche le long de la côte jusqu'à Kamini pour atteindre ce restaurant : on déguste ici de délicieux mezze et du poisson frais dans une ambiance décontractée. Les succulents *gavros* (anchois marinés et frits) sont incontournables.

♥ **Techne** INTERNATIONAL €€
(☎22980 52500 ; www.techne-hydra.com ; route côtière, Avlaki ; plats 13-23 € ; ⏰10h-minuit). Réparti sur plusieurs terrasses surplombant la mer immense, parfait au coucher du soleil, cet élégant café-restaurant sert des plats légers en journée et de délicieux dîners

bien pensés et bien présentés le soir. Pensez à réserver les soirs de week-end ; parfait pour un rendez-vous galant.

Four Seasons TAVERNE €€
(☎ 22980 53698 ; www.fourseasonshydra.gr ; plage de Plakes ; plats 6-15 € ; ⏲ 12h-22h Pâques-oct ; 📶). Cette excellente taverne en bord de mer dévoile une autre facette d'Hydra : ici, le brouhaha du port laisse place au bruit des vagues et de la brise. Ne repartez pas sans avoir goûté à l'excellent tarama. L'établissement loue également de belles suites (240 € avec petit-déj).

Christina TAVERNE €€
(☎ 22980 53516 ; Kamini ; plats 6-12 € ; ⏲ 12h-14h et 18h-22h jeu-mar Pâques-oct). Juste derrière le port de Kamini, Christina et ses enfants servent quelques-unes des meilleures spécialités grecques de l'île, ainsi que du poisson frais.

Enalion TAVERNE €€
(☎ 22980 53455 ; www.enalion-hydra.gr ; Vlyhos ; plats 6-12 € ; ⏲ 12h-22h Pâques-oct). Sans doute la meilleure option en bord de mer de la plage de Vlyhos. On y sert une cuisine grecque traditionnelle : essayez les crevettes sautées, accompagnées de *horta* et d'une salade grecque.

Pirofani INTERNATIONAL €€
(☎ 22980 53175 ; www.pirofani.com ; Kamini ; plats 10-16 € ; ⏲ 19h30-minuit mer-dim fin mai-sept). Theo, l'affable propriétaire, sert un choix éclectique de plats, du filet de bœuf et sa sauce au poivre rose au curry bien relevé.

Castello MÉDITERRANÉEN €€€
(☎ 22980 54101 ; www.castellohydra.gr ; Kamini ; en-cas 7-15 €, plats 15-30 € ; ⏲ 8h-1h juin-sept). Ce bastion rénové du XVIIIe siècle abrite un bar de plage servant des en-cas en journée, ainsi qu'un élégant restaurant gastronomique avec une vue superbe sur la mer et un bar à cocktails, idéal au coucher du soleil.

SPETSÈS ΣΠΕΤΣΕΣ

4 027 HABITANTS

Spetsès se dresse fièrement à quelques kilomètres à peine des côtes du Péloponnèse. Plus encore que dans les autres îles du golfe Saronique, on ressent ici le rythme nonchalant de la vie insulaire. La vieille ville historique est l'unique bourg de l'île, ceinturée par une seule route. Partout ailleurs, Spetsès n'est que collines, forêts de pins et criques aux eaux cristallines. Bien qu'elle soit moins pittoresque que d'autres villes des environs, Spetsès (Hora) est une bourgade détendue à la vie nocturne très animée, où l'on trouve certains des meilleurs restaurants du golfe et de magnifiques lieux de baignade facilement accessibles. Dotée d'un riche passé maritime, l'île est très populaire auprès des plaisanciers. Ce charme a séduit plusieurs écrivains, comme Michel Déon (1919-2016) dont on peut lire *Le Balcon de Spetsai* (Gallimard, 1961), ou Jacques Lacarrière, fin connaisseur de la culture grecque, qui a souhaité que ses cendres soient dispersées au large de Spetsès après sa mort en 2005.

Histoire

À Hora, les traces d'un campement datant de l'helladique ancien (3000-2000 av. J.-C.) ont été retrouvées à proximité du vieux port et du port de Dapia. Des vestiges romains et byzantins ont également été mis au jour derrière le monastère Agios Nikolaos, à mi-chemin entre les deux sites. On pense que l'île fut inhabitée entre le Xe siècle et l'arrivée, près de 6 siècles plus tard, de réfugiés albanais qui fuyaient les affrontements entre Turcs et Vénitiens.

À l'instar d'Hydra, Spetsès a prospéré grâce à la construction navale. Après avoir brisé le blocus britannique pendant les guerres napoléoniennes, ses capitaines se rallièrent à la flotte grecque lors de la guerre d'indépendance. Une des héroïnes de cette période, Laskarina Bouboulina, commandante de navire et combattante intrépide, avait emménagé à Spetsès dans son enfance avec sa mère originaire d'Hydra, et y mourut en 1824.

Les forêts de pins d'Alep, héritage du philanthrope Sotirios Anargyros (1849-1928), ont été ravagées par des incendies à plusieurs reprises ces 20 dernières années.

À voir

Le front de mer de Spetsès (Hora), jalonnée de quais et de plages, s'étend à l'est de l'île. Le **port de Dapia** où accostent les ferrys et les rues autour des places Limenarhiou et Orologiou (place de l'horloge) sont bordés d'élégants cafés et de boutiques pour touristes.

D'anciens *arhontikoi* (demeures de notables) témoignent du passé prospère de Spetsès : ils sont en retrait du front de mer

Spetsès

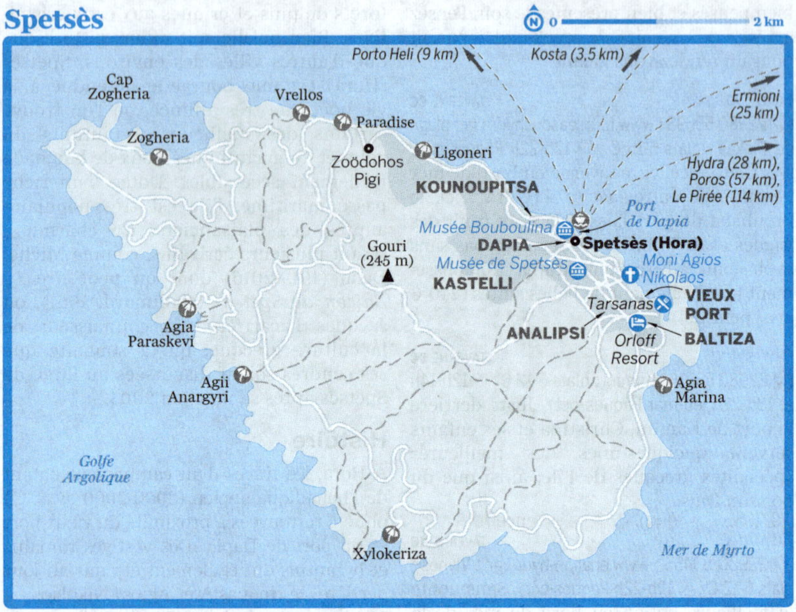

dans les ruelles plus calmes ou à gauche, le long de la route côtière de Sotiriou Anargyriou, au-delà de la plage de la ville et de la Plateia Agiou Mama.

Après le **Moni Agios Nikolaos**, on découvre le **vieux port** (Palio Limani) et l'intéressante **Baltzia**, une zone utilisée pour le mouillage des yachts et la construction navale. Au nord du port de Dapia, une promenade et une route conduisent à **Kounoupitsa**, en bord de mer.

Musée Bouboulina MUSÉE
(Carte ci-dessus ; ☎22980 72416 ; www.facebook.com/BouboulinasMuseum ; Spetsès ; adulte/enfant 6/2 € ; ⏲10h30-18h avr-oct). Ce musée occupe l'ancienne maison d'une célébrité de Spetsès, Laskarina Bouboulina (1771-1825), capitaine de marine et héroïne de la guerre d'indépendance. On le visite dans le cadre d'une visite guidée (40 min), dont les horaires sont affichés partout en ville. Une **statue** de Bouboulina se dresse sur le port, face au Poseidonion Grand Hotel.

Musée de Spetsès MUSÉE
(Carte ci-dessus ; ☎22980 72994 ; odysseus.culture.gr ; Spetsès ; tarif plein/réduit 4/2 € ; ⏲8h30-16h mer-lun). Les intéressantes collections de ce petit musée sont logées dans l'ancienne demeure de l'armateur Hatzigiannis Mexis (1754-1844), qui fut le premier gouverneur de l'île. Elles se composent pour l'essentiel de costumes traditionnels, d'objets artisanaux et de portraits des personnages importants de l'île.

Fêtes et festivals

L'incroyable semaine de célébrations d'**Armata** (⏲déb sept) connaît son point d'orgue le 8 septembre. La victoire de Spetsès sur les Turcs lors d'une bataille navale décisive, en 1822, y est commémorée par une immense reconstitution historique sur l'eau et des feux d'artifice.

Où se loger

Spetsès possède des hébergements de grande qualité, dont plusieurs petits hôtels chic, un grand hôtel historique et de nombreuses pensions. La plupart proposent des réductions en dehors du mois d'août.

Villa Christina Hotel PENSION €
(☎22980 72218 ; www.villachristinahotel.com ; Dapia ; s/d/tr/fam avec petit-déj à partir de 50/55/70/90 € ; ❄📶). À environ 200 m du port, en remontant la route principale vers l'intérieur, cette excellente adresse pour petits budgets offre des chambres rustiques bien tenues et un jardin à l'écart des bruits de la circulation.

Villa Marina PENSION €
(☎22980 72646 ; www.villamarinaspetses.com ; Agios Mamas ; d 55-60 € ; ❄📶). Chambres spartiates mais propres, avec réfrigérateur et cuisine commune bien équipée au rez-de-chaussée. Juste à droite de la Plateia Agiou Mama.

Economou Mansion PENSION €€
(☎22980 73400 ; www.economouspetses.gr ; Spetsès (Hora) ; d avec petit-déj à partir de 130 € ; ❄📶🏊). Cette belle pension, installée au rez-de-chaussée d'une maison de capitaine restaurée, au bord de l'eau, conjugue décor ancien et prestations modernes (TV, sèche-cheveux, coffre et piscine). Le petit-déjeuner est copieux. À environ 500 m au nord du port de Dapia.

Kastro Hotel APPARTEMENTS €€
(☎22980 75319 ; www.kastrohotel-spetses.gr ; Spetsès (Hora) ; studio/app 4 pers avec petit-déj 120/165 € ; ❄📶🏊). Cette résidence hôtelière privée près du centre-ville est dotée de vastes terrasses, d'un décor simple et d'installations modernes. Des arrhes sont versées à la réservation.

Klimis Hotel HÔTEL €€
(☎22980 73725 ; www.klimishotel.gr ; port de Dapia ; s/d avec petit-déj à partir de 75/95/170 € ; ❄📶). Hôtel standard aux chambres élégantes (certaines avec balcon donnant sur la mer), au-dessus d'un café-bar et d'une pâtisserie. Petit-déjeuner servi dans le bar, au rez-de-chaussée.

♥ **Poseidonion Grand Hotel** HÔTEL DE LUXE €€€
(☎22980 74553 ; www.poseidonion.com ; port de Dapia ; d/ste avec petit-déj à partir de 280-670 € ; ❄📶🏊). Imaginez-vous dans la peau de riches voyageurs des années 1920 : absolument tout respire le luxe dans cet hôtel ancien, des chambres chic au bar raffiné dans le hall, en passant par la sublime piscine. Les deux restaurants sur place font partie des meilleurs de l'île, notamment On the Verandah (ci-contre).

♥ **Orloff Resort** BOUTIQUE-HÔTEL €€€
(Carte ci-contre ; ☎22980 75444 ; www.orloffresort.com ; vieux port ; d/studio/app avec petit-déj à partir de 210/225/410 € ; ⏲mars-oct ; ❄📶🏊). À la périphérie du bourg, au bord de la route d'Agia Marina et près du vieux port, l'impeccable Orloff Resort est dissimulé derrière de hauts murs blancs. Chambres chic, patios privatifs et piscine aux eaux cristallines.

Zoe's Club APPARTEMENT €€€
(☎22980 74447 ; www.zoesclub.gr ; Spetsès (Hora) ; studio avec petit-déj à partir de 220 € ; ❄📶🏊). De grands appartements indépendants, cachés derrière un haut mur en pierre en centre-ville, entourent une fantastique piscine et une cour. Près du musée de Spetsès.

Nissia APPARTEMENT €€€
(☎22980 75000 ; www.nissia.gr ; Dapia ; studio avec petit-déj à partir de 245 € ; ⏲avr-oct ; ❄@📶🏊). Dans cette oasis sélect en bord de mer, des studios et maisonnettes sont organisés autour d'une grande cour avec piscine et verdure apaisante. Bon restaurant.

Où se restaurer

♥ **Nero tis Agapis** MÉDITERRANÉEN €€
(☎22980 74009 ; ntarestaurant.com ; Kounoupitsa ; plats 9-22 € ; ⏲11h-minuit). Le joliment nommé "Eau d'Amour" propose viandes et poissons de grande qualité. Les tagliatelles aux langoustines sont succulentes. Pour une table avec vue romantique sur la mer, pensez à réserver.

Akrogialia TAVERNE €€
(☎22980 74749 ; Kounoupitsa ; plats 9-17 € ; ⏲11h-minuit). Le personnel accueillant de ce fabuleux restaurant situé sur le front de mer de Kounoupitsa sert une cuisine savoureuse dans un cadre lumineux. Les plats goûteux incluent le *melidzana rolos* (aubergines au four avec du fromage crémeux et des noix) et la carte de vins grecs est bien pensée. Réservez le week-end.

Patralis POISSON ET FRUITS DE MER €€
(☎22980 75380 ; www.patralis.gr ; Kounoupitsa ; plats 7-15 € ; ⏲10h-minuit jan-oct). Fondé il y a plus de 70 ans, le Patralis est réputé dans toute l'île pour ses remarquables plats de poisson. Sur le front de mer de Kounoupitsa.

♥ **On the Verandah** MÉDITERRANÉEN €€€
(☎69575 07267 ; www.poseidonion.com/en/On-the-Verandah ; Poseidonion Grand Hotel ; dîner 4 plats 38 € ; ⏲19h30-minuit juil-août, horaires réduits mai, juin et sept). Vous ferez ici l'une des meilleures expériences gastronomiques du golfe Saronique : le chef Stamatis Marmarinos concocte une cuisine gastronomique comprenant des plats méditerranéens créatifs à la présentation exquise. Pensez à réserver.

♥ **Tarsanas** POISSON ET FRUITS DE MER €€€
(Carte ci-contre ; ☎22980 74490 ; www.tarsanasrestaurant.com ; vieux port ; plats 17-26 € ;

11h-minuit). Cette *psarotaverna* (taverne de poisson) familiale extrêmement populaire, au bord de l'eau sur le vieux port, ne prépare que des produits de la mer ou presque. Les plats sont un peu chers, mais la soupe de poisson (7 €) est délicieuse.

Où prendre un verre et faire la fête

Les quartiers du vieux port et de Baltiza sont l'épicentre de la bouillonnante vie nocturne de Spetsès. Si la popularité des bars et clubs peut changer du jour au lendemain, la fête est toujours au rendez-vous. La plupart des bars n'ouvrent que de mai à octobre.

La réputation du petit **Bar Spetsa** (22 980 74131 ; www.barspetsa.org ; Agios Mamas ; 20h-tard mars-oct) n'est plus à faire : cette formidable institution de Spetsès a su garder son ambiance agréable et décontractée. À 50 m derrière la Plateia Agiou Mama, sur la route à droite du kiosque.

Achats

Sox Art Shop (22980 77166 ; soxartshop.com ; Agora ; 10h30-14h et 18h-22h, avr-nov) est une excellente petite boutique vendant art, artisanat et bijoux fabriqués en Grèce, ainsi que des posters conçus spécialement pour l'Armata (p. 172).

Renseignements

Bardakos Tours (22980 73141 ; hswbarda@yahoo.gr ; port de Dapia ; 8h-21h juin-août, horaires réduits sept-mai). Vente de billets de ferrys, entre autres services.

Kiosque d'information municipal (www.spetses.com.gr ; port de Dapia ; 10h-21h mai-sept). Installé sur le quai. Un personnel saisonnier répond à vos questions sur l'île.

Depuis/vers Spetsès

Des hydroglisseurs relient Spetsès à Hydra, Poros et au Pirée, ainsi qu'à Ermioni et Porto Heli dans le Péloponnèse. En été, des caïques (4 €/pers) et un car-ferry (2 €) font la liaison entre le port et Kosta, sur le continent. Les seules voitures autorisées sur l'île sont celles des habitants. Laissez la vôtre à Kosta et achetez un billet de bateau auprès de Bardakos Tours (ci-contre).

Des navires rapides rejoignent Le Pirée (38,50 €, 2 heures 10, 5/jour), Hydra (11,50 €, 40 min, 4-5/jour) et Poros (16 €, 1 heure 30, 4-5/jour).

Comment circuler

BATEAU

L'été, des caïques desservent les plages de l'île (13 € aller-retour). Les tarifs des **bateaux-taxis** (22980 72072 ; port de Dapia ; 24h/24) sont affichés sur le quai. Tous les bateaux partent du quai en face de Bardakos Tours (ci-contre).

BUS

Deux lignes de bus fonctionnent à partir de Pâques ; de juin à septembre, les bus circulent jusqu'à 3-4/jour. Les horaires sont affichés sur des panneaux aux arrêts de bus et un peu partout en ville. L'une des lignes circule entre la Plateia Agiou Mama à Spetsès (Hora) et Agia Paraskevi (6 €, 40 min) en passant par Agia Marina et Agii Anargyri. L'autre part de l'arrêt en face du Poseidonion Grand Hotel (ci-contre) et dessert Vrellos (4 €) via Ligoneri.

VÉLO

Bike Center (22980 72209 ; spetsesbikecenter.blogspot.com ; port de Dapia ; 10h-15h30 et 17h30-22h). Derrière le marché aux poissons. Location de vélos (8 €/jour), avec siège enfant si besoin.

VOITURE ET MOTO

Les seules voitures autorisées à Spetsès étant celles des résidents, la meilleure option pour se déplacer reste le scooter ou la moto. Les loueurs de deux-roues et de quads demandent 15-35 €/jour. Des taxis circulent aussi sur l'île.

Cyclades

Dans ce chapitre ➡

Mykonos 192
Paros 208
Naxos 217
Petites Cyclades 228
Ios 241
Santorin........... 245
Folégandros 268
Milos 271
Sifnos 277

Le top des restaurants

- Salt (p. 244)
- Enalion (p. 275)
- Armeni (p. 257)
- Reeza (p. 206)
- Kalokeri (p. 217)
- Omega 3 (p. 281)

Le top des hébergements

- Rocabella (p. 204)
- Traditional Castle House (p. 223)
- Paradise Design Apartments (p. 179)
- Iconic Santorini (p. 250)
- Francesco's (p. 243)

Pourquoi y aller

C'est aux Cyclades que commence toute quête de l'île rêvée. Inondées de soleil et baignées d'eaux azur, ces formations rocheuses escarpées sont ponctuées de villages immaculés et d'églises aux dômes bleus. Alliant douceur de vivre et legs des siècles passés, c'est l'essence de l'Hellade que l'on retrouve ici, entre sites archéologiques et plages de cartes postales. Ajoutez une scène culinaire en plein essor, des lieux où la fête est reine et une dose de sophistication, et vous avez un aperçu des charmes que vous réservent les Cyclades.

Ces îles sont d'une diversité étonnante : les hédonistes se retrouvent à Mykonos et à Ios, les férus d'histoire à Délos, les randonneurs à Andros ou Amorgos. Vous êtes plutôt romantique ? Cap sur Santorin. Lassé du monde moderne ? Rendez-vous à Donoussa ou Anafi. À vous de décider si vous préférez enchaîner les ferrys, déjeuner en prenant tout votre temps dans une taverne au bord de l'eau, ou encore, paresser sur une plage sublime.

Quand partir

Mykonos (Hora)

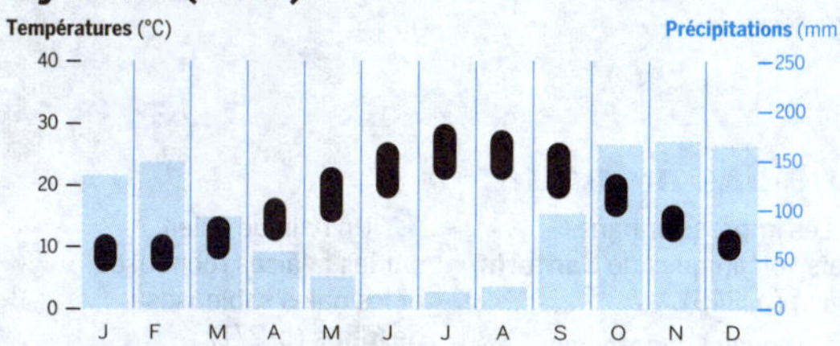

Avril-juin Profitez du soleil du début de la saison tout en évitant la canicule et les bateaux bondés.

Juillet-août Soleil et plage le jour, douces senteurs le soir et nuits festives. Foule et prix au plus haut.

Septembre-octobre Moins de monde, mer encore chaude et balades tranquilles sur les hauteurs.

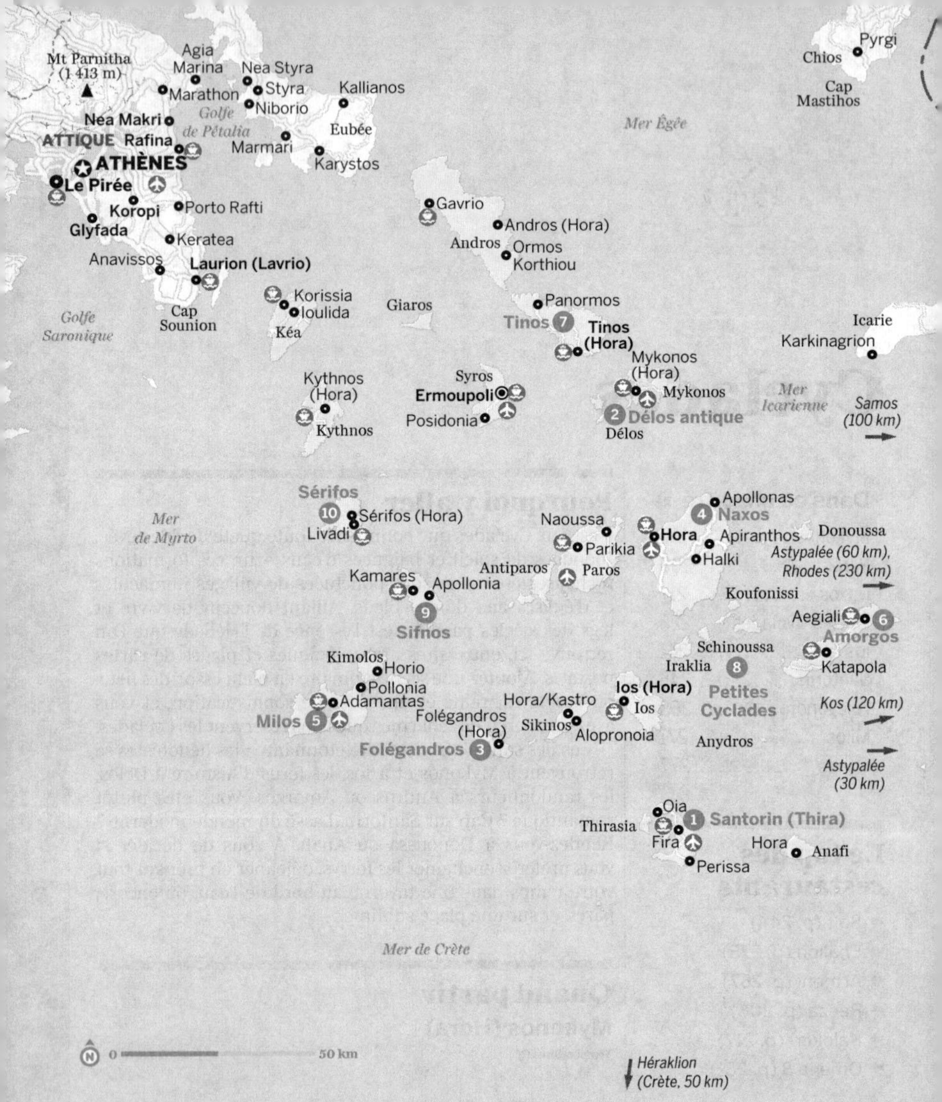

À ne pas manquer

1 Les impressionnants reliefs volcaniques de **Santorin (Thira)** (p. 245).

2 Un voyage dans le passé sur l'île sacrée de la **Délos antique** (p. 207).

3 Le joli dédale de ruelles de **Folégandros** (p. 266).

4 Les villages et les plages de sable blanc de **Naxos** (p. 217).

5 Un bain de soleil sur les falaises rocheuses et les baies sableuses de **Milos** (p. 271).

6 L'incroyable monastère à flanc de falaise et les sentiers escarpés d'**Amorgos** (p. 235).

7 Les villages en marbre et les vallées ponctuées de pigeonniers de **Tinos** (p. 182).

8 Les plages secrètes des quatre minuscules îles des **Petites Cyclades** (p. 228).

9 Les paysages et l'architecture cycladique de **Sifnos** (p. 277).

10 Les plages isolées et l'antique capitale perchée sur les hauteurs à **Sérifos** (p. 281).

Histoire

Le peuplement des Cyclades remonterait à plus de 7 000 ans avant notre ère. Vers 3000 av. J.-C., le commerce maritime entre les îles donna naissance à une civilisation cycladique homogène. C'est au cours du cycladique ancien (3000-2000 av. J.-C.) que furent sculptées ces figurines en marbre, au style géométrique épuré – à l'origine elles étaient en partie peintes –, représentant des déesses-mères que l'on appelle "idoles cycladiques".

Au milieu du cycladique moyen (2000-1550 av. J.-C.), la majorité des îles étaient occupées par les Minoens, probablement originaires de Crète. À Santorin, la cité minoenne d'Akrotiri a révélé toute une série d'objets caractéristiques du faste des palais crétois. Au début du cycladique récent (1550-1100 av. J.-C.), les îles sont passées sous l'influence des Mycéniens du Péloponnèse, eux-mêmes supplantés au VIIIe siècle av. J.-C. par les Doriens.

Au milieu du Ve siècle av. J.-C, les îles firent partie de l'Empire athénien, au faîte de sa puissance. Durant la période hellénistique (323-146 av. J.-C.), elles se retrouvèrent assujetties aux Ptolémées d'Égypte, puis aux Macédoniens. En 146 av. J.-C., les Cyclades devinrent une province romaine, et les liens commerciaux qu'elles établirent avec de nombreuses régions de la Méditerranée leur assurèrent une nouvelle prospérité.

Après le partage de l'Empire romain en l'an 395, les Cyclades passèrent sous la gouvernance de Byzance (Constantinople). À l'effondrement de celui-ci en 1204, elles tombèrent sous l'autorité des Vénitiens, qui les distribuèrent alors à des aristocrates. Le plus puissant d'entre eux, Marco Sanudo, se retrouva à la tête d'une douzaine des îles les plus grandes, dont Naxos, Paros, Ios, Sifnos, Milos, Amorgos et Folégandros, dont l'architecture a conservé un éclat vénitien.

Les Cyclades tombèrent sous la domination turque en 1537, mais l'empire peina alors à en assurer la protection, et les fréquentes attaques de pirates entraînèrent le transfert de la plupart des villages côtiers sur les hauteurs. Les *hora* (villes principales) en sont les vestiges et se distinguent par leur authenticité. Ces attaques, ajoutées à une pénurie en vivres et en eau, conduisirent au dépeuplement des îles les plus isolées. En 1563, seules cinq îles étaient encore habitées.

La participation de l'archipel à la guerre d'Indépendance de 1821 fut limitée, si ce n'est qu'elles servirent de refuge aux Grecs fuyant les massacres perpétrés dans d'autres îles. Pendant la Seconde Guerre mondiale, les Cyclades furent occupées par les Italiens, puis, en octobre 1943, par les Allemands. À la fin de la guerre, l'extrême pauvreté de l'archipel poussa de nombreux insulaires à émigrer sur le continent, mais aussi en Amérique du Nord ou en Australie.

Le boom touristique initié dans les années 1970 a redonné vie aux Cyclades. Reste à trouver des formes de développement durable propres à sauvegarder la beauté et le charme de cet archipel unique.

ℹ Renseignements

Terrain Editions (terrainmaps.gr) est la ressource cartographique incontournable si vous souhaitez explorer les moindres recoins de chacune des Cyclades. Elles couvrent l'histoire, les mythes, les sites touristiques, la topographie et les sentiers de randonnée, et sont régulièrement mises à jour. Vous les trouverez dans la plupart des librairies et des boutiques de souvenirs.

ℹ Depuis/vers les Cyclades

AVION

Des 24 îles que comptent les Cyclades, 6 possèdent des aéroports – Mykonos, Syros, Paros, Naxos, Santorin et Milos – avec vols quotidiens depuis/vers Athènes. Certains ont des vols directs depuis/vers d'autres villes d'Europe en été (vols charters, ainsi que des vols réguliers pour Mykonos et Santorin). Il y a peu de liaisons entre les îles ; vous devrez donc certainement passer par Athènes pour aller en avion de Mykonos à Santorin, par exemple.

BATEAU

Pour établir un itinéraire, il est essentiel de connaître les trajets et horaires des ferrys. C'est en juillet-août que les bateaux sont les plus nombreux ; en hiver, certaines liaisons sont réduites, voire inexistantes.

Plusieurs compagnies assurent des liaisons dans les Cyclades. Elles partent des principaux ports de l'Attique : Le Pirée (le plus grand port, avec des liaisons pour la plupart des îles), Rafina (pratique pour Mykonos, Andros et Tinos) et Laurion (Lavrio ; pour Kythnos et Kéa).

Les sites Internet suivants sont très utiles :

ferries.gr (ferries.gr). Dates et horaires des départs, vente de billets en ligne.

Ferries in Greece (www.ferriesingreece.com/live-boat-traffic.htm). Localisation des ferrys en temps réel, permettant d'estimer s'ils arriveront à l'heure.

Vessel Finder (www.vesselfinder.com). Si vous connaissez le nom de votre ferry, vous pourrez le localiser sur ce site.

ANDROS ΑΝΔΡΟΣ

9 220 HABITANTS

Deuxième plus grande île de l'archipel, la verdoyante Andros est un paradis pour les randonneurs. Ses hauteurs sauvages contrastent avec ses vallées fertiles, sillonnées de cours d'eau et ponctuées d'anciens moulins. Il n'y est pas un village sans source, et l'eau cascade partout à flanc de colline. Explorez les sentiers, pour la plupart pavés et taillés de marches, pour découvrir des paysages colorés de fleurs sauvages au printemps et ponctués de sites archéologiques. La ville même d'Andros, principale bourgade de l'île, affiche la richesse de son passé maritime à travers l'architecture néoclassique de ses riches demeures d'armateurs.

Depuis/vers Andros

Les ferrys accostent à Gavrio. On compte jusqu'à 4 bateaux par jour à destination d'Andros depuis le port principal de Rafina (19-25 €, 2 heures), qui poursuivent ensuite vers Tinos (13-16 €, 1 heure 30) et Mykonos (15-35 €, 2 heures 15), au sud. En saison haute, il y a aussi des bateaux directs pour Naxos (38 €, 3 heures 15, 1/jour) et Paros (35 €, 2 heures 30-4 heures, 2/jour). Plus de détails sur www.ferries.gr.

Comment circuler

Les bus de **KTEL Andros** (22820 22316 ; ktelandrou.gr) relient au moins 4 fois par jour (4 €, 55 min) Gavrio à Andros (Hora) via Batsi (2 €, 15 min), au moins 2 fois par jour Gavrio à Korthi (5 €, 1 heure 15) et au moins 2 fois par jour en semaine Andros (Hora) à Korthi (4 €, 40 min).

Les horaires sont affichés aux arrêts de bus de Gavrio et Andros (Hora) ; il y a de nombreuses liaisons supplémentaires en haute saison.

Au départ du port de Gavrio, la course en **taxi** (Batsi 22820 41081, Gavrio 22820 71561 et Andros (Hora) 22820 22171) coûte environ 12 € pour Batsi et 40 € pour Andros (Hora).

Étroites et parfois en mauvais état, les routes donnent accès à nombre de sites et de sentiers inatteignables sans être motorisé.

Escape in Andros (22820 29120 ; www.escapeinandros.gr) peut, sur rendez-vous, retrouver ses clients au port pour leur remettre un véhicule de location.

Dino's Rent-a-Bike (22820 41003 ; www.rent-bike-andros.gr ; à partir de 16 €/jour ; 9h-21h), à Batsi, loue scooters et quads.

Gavrio Γαύριο

810 HABITANTS

Gavrio est le principal accès maritime d'Andros, et prend parfois des allures de parking géant. De nombreux services (DAB, agences de voyages, loueurs de scooters et de voitures) sont installés sur le front de mer, mais il y a des endroits plus attrayants pour se loger sur l'île.

Où se loger et se restaurer

Des tavernes basiques et des cafés quelconques jalonnent le front de mer.

Camping Andros CAMPING €
(22820 71444 ; www.campingandros.gr ; empl adulte/tente/voiture 7,50/4/2 € ; mai-sept ;). Un cadre rustique au milieu des oliviers, à environ 400 m derrière le port. Le camping n'est pas très grand, mais a une belle piscine. Suivez les panneaux depuis la route de Batsi et tournez au niveau de l'agence de voyages Escape in Andros.

Perrakis HÔTEL €€
(22820 71456 ; www.hotelperrakis.com ; Kipri ; s/d à partir de 68/76 € ;). En face de la plage de Kipri, à 3 km au sud de Gavrio, cet hôtel balnéaire loue de belles chambres avec une vue superbe, certaines avec grand balcon. Centre de plongée sur place.

O Kossis GRILL €
(Carte ci-contre ; 6972002975 ; plats 7,50-12 € ; 14h-23h tlj juin-sept, ven-dim oct-mai ;). C'est au milieu de nulle part, dans les collines surplombant Gavrio (suivez les panneaux après Epano Fellos), que l'on savoure les meilleures grillades de l'île. Cette taverne, gérée en famille, sert des côtes d'agneau fondantes et autres plats de viande, pour le plus grand bonheur des insulaires.

Renseignements

Kyklades Travel (22820 72363) et **Batis Travel** (22820 71489) vendent des billets de ferry et peuvent réserver des hébergements.

Depuis/vers Gavrio

Hors saison, les horaires des bus reliant Gavrio et Andros (Hora) à Batsi sont calés sur les horaires des ferrys. À partir de mai, il y en a 4 par jour, et jusqu'à 9 par jour au pic de la saison. Des bus partent également pour Korthi (2 à 3/jour, 1 heure).

Andros

Batsi Μπατσί

1 010 HABITANTS

À 6 km au sud-est de Gavrio, la principale station balnéaire de l'île s'enroule autour d'une jolie baie bordée de sable doré. Les restaurants, cafés et bars du front de mer s'animent à partir du mois de mai, et l'on peut rejoindre en une courte promenade vers le sud d'autres petites baies, dont celle d'Anerousa.

Où se loger

Cavo D'Oro PENSION €

(☎22820 41776 ; www.andros-cavodoro.gr ; d 50 € ; P ❄ 📶). Installées au-dessus d'un restaurant du front de mer animé, ces 4 chambres avec salles de bains sont d'un excellent rapport qualité/prix. Toutes ont un balcon avec vue sur la plage, située de l'autre côté de la route.

♥ Paradise Design Apartments BOUTIQUE-HÔTEL €€

(☎22820 41328 ; www.paradisedesignapartments.gr ; ch/ste à partir de 75/131 € ; ❄ 📶). Aménagées dans un bel immeuble au-dessus d'un café, à l'extrémité sud du front de mer, des chambres et suites séduisantes, décorées avec goût, avec balcons donnant sur la mer, douches multijets et TV.

Krinos Suites Hotel BOUTIQUE-HÔTEL €€€

(☎22820 42038 ; www.krinoshotel.com ; s/d à partir de 140/200 € ; ⏲juin-sept ; ❄ 📶). L'une des adresses les plus luxueuses d'Andros, aménagée dans une ancienne école de tissage de soie. Sur une colline dominant la baie, elle compte 9 suites dont certaines ont un balcon donnant sur la mer.

Où se restaurer

Oti Kalo POISSON €€

(☎6939844603 ; facebook.com/OtiKaloAndros ; plats 9,50-16 € ; ⏲12h-minuit ; 📶). Admirez le soleil couchant depuis la terrasse couverte de ce restaurant décontracté, à deux pas du port. Il y a un ou deux plats de viande, mais surtout des produits de la mer : bar grillé, carpaccio de poulpe, calamar farci et grillé, risotto de fruits de mer ou encore linguine aux crevettes.

Stamatis Taverna TAVERNE €€
(☎ 22820 41283 ; facebook.com/stamatistavern ; plats 7-18 € ; ⌚12h-23h ; 📶). Ouverte en 1965, la plus ancienne taverne de Batsi vous transportera dans le passé. En salle ou en terrasse installée dans une ruelle au-dessus du port, on y sert une cuisine authentique, avec des spécialités telles que le chevreau *kleftiko* (braisé en papillote), du bœuf *sofrito* (mijoté dans une sauce au vin blanc), des *chilopita* d'Andros (sorte de pâtes) et des spaghettis au homard.

Depuis/vers Batsi

Les bus depuis/vers Gavrio et Andros (Hora) passent par Batsi (jusqu'à 9/jour).

Andros (Hora) Ανδρος Χώρα

1 430 HABITANTS

L'élégante capitale de l'île, perchée sur un spectaculaire promontoire rocheux, donne par-delà les demeures néoclassiques sur deux vastes baies sableuses de part et d'autre de la ville. La vieille ville doit ses jolies places et maisons aux tons pastel à l'ancienne colonie vénitienne et aux armateurs qui s'y installèrent. Un riche patrimoine dont témoignent un excellent Musée archéologique, un musée d'Art moderne et contemporain et plusieurs remarquables églises.

Ce cadre raffiné est quelque peu terni par l'hôtel abandonné et les constructions délabrées qui bordent la plage de Niborio, au nord. Prenez plutôt vers le sud et la superbe plage de Paraporti, bordée de jolies collines verdoyantes.

À voir

♥ **Musée archéologique** MUSÉE
(☎ 22820 23664 ; Plateia Kaïri ; adulte/enfant 4 €/gratuit ; ⌚8h30-16h mer-lun). Vous pourrez admirer dans cet excellent musée la magnifique copie en marbre (IIe siècle av. J.-C.) d'un bronze attribué à Praxitèle, *Hermès d'Andros*. La statue d'Artémis, datant de l'époque romaine, est divinement drapée de marbre scintillant.

MOCA Musée d'Art contemporain MUSÉE
(☎ 22820 22444 ; www.moca-andros.gr ; Vasili et Elizas Goulandri ; juil-sept 5 €, oct-juin 3 € ; ⌚11h-15h et 18h-21h mer-dim, 11h-15h lun juil-sept, 10h-14h mer-lun avr-juin et oct, 10h-14h sam-lun nov-mars). Installé dans deux bâtiments, le MOCA est réputé pour ses expositions estivales d'artistes célèbres comme Picasso, Matisse, Toulouse-Lautrec ou Miró. La galerie de sculptures présente de grands artistes grecs. En été, on peut déguster des desserts maison au café avec vue sur la mer.

Forteresse vénitienne RUINES
Les ruines de cette forteresse, érigée au début du XIIIe siècle par Enrico Dandolo, duc de Venise, se dressent avec majesté sur une île reliée au promontoire par les arches érodées d'un ancien pont de pierre. Ne tentez pas de le traverser, même si certains habitants le font.

Où se loger

Anemomiloi Andros APPARTEMENTS €€
(☎ 22820 29067 ; www.anemomiloi.gr ; app à partir de 86 € ; ⌚mars-nov ; ❄📶🏊). Cet ensemble prisé de studios propres et lumineux, répartis dans deux bâtiments, se trouve au sud de la petite ville, offrant une belle vue sur les champs verdoyants. Propriétaires serviables. En prime : un tranquille patio avec piscine. En basse saison, les prix baissent considérablement.

Micra Anglia BOUTIQUE-HÔTEL €€
(☎ 22820 22207 ; www.micra-anglia.gr ; MI Goulandri 13 ; ch/ste à partir de 129/286 € ; ⌚avr-oct ; 🅿❄📶🏊). Décor chic aux tons neutres, équipements luxueux et le restaurant le plus créatif de la ville : une adresse cinq étoiles. La piscine à paroi transparente est assez impressionnante.

Où se restaurer

Ta Skalakia TAVERNE €
(☎ 22820 22822 ; 28 Oktovrio 1940 ; plats 8-9 € ; ⌚18h-23h ; 📶). Les tables de cette charmante taverne, gérée par un duo mère-fille, s'étalent sur l'escalier du même nom le long d'une ruelle éclairée de guirlandes. La brève carte propose des plats savoureux : salade grecque, tzatziki, porc parfumé à l'origan, boulettes de viande et tarte au fenouil.

Endochora MÉDITERRANÉEN €€
(☎ 22820 23207 ; www.endochora.com ; G Empirikou ; plats 9-18 € ; ⌚18h-1h lun-jeu, 13h-1h ven-dim mai-oct, 13h-1h ven-dim nov, déc, mars-avr ;

(wifi). Cet excellent point d'observation des allées et venues, sis dans la rue principale, revisite, avec modernité et raffinement, des classiques grecs. Les salades incluent des produits locaux de première qualité : câpres, tomates, figues et fromages. Les végétariens se délecteront de l'orge perlé aux champignons.

Dolly's Bar & Restaurant MÉDITERRANÉEN €€
(☎22820 22207 ; micra-anglia.gr ; Ml Goulandri 13 ; plats 13-20 € ; ⊙19h-23h ; ❄ wifi). Au bord de la piscine à l'arrière de l'hôtel Micra Anglia, ce restaurant élégant et décontracté propose une cuisine aux influences cycladiques, grecques et italiennes. Commandez une viande grillée à la perfection ou goûtez la tourte garnie d'agneau, de légumes et de fromage. Ouvert à midi mais uniquement pour des en-cas.

Renseignements

Ploes Travel (☎22820 29220 ; G Empirikou). Billets de ferry, randonnées guidées et location de véhicules.

Depuis/vers Andros

Des bus rejoignent Gavrio en passant par Batsi (au moins 4/jour) et Korthi (au moins 2/jour en semaine). Les horaires sont affichés à la gare routière, au-dessus de Plateia Goulandri.

Ailleurs sur Andros

N'hésitez pas à louer un scooter ou une voiture pour explorer les superbes montagnes d'Andros, ponctuées de villages pittoresques. Au nord de l'île, la zone verdoyante autour d'**Arni** cède la place à des collines arides balayées par le vent, tandis que la route zigzague jusqu'à **Vourkoti**, puis au-delà du **monastère Agios Nikolaos**, fondé au XIe siècle et remanié au XVIIIe siècle, d'où le point de vue est exceptionnel. Du mosnastère, un sentier mène à la magnifique plage d'**Ahla** – comptez 1 heure de marche pour y descendre.

Une profonde vallée, dévolue aux cultures, traverse l'île. Une foule de villages, dont les sources sont signalées par des têtes de lion ou d'autres sculptures en marbre, s'égrènent le long de la vallée : **Apikia**, **Stenies**, **Mesathouri**, **Strapouries** et **Menites**, autant de découvertes plaisantes. Ne manquez pas non plus **Messaria**, où vous pourrez voir l'**église des Taxiarques** (XIIe siècle), bel exemple d'architecture byzantine, ainsi que l'**église Agios Nikolaos** (XVIIIe siècle) au dôme bleu.

Au sud, visitez les villages ruraux de **Livadia**, **Kochilou**, **Piskopio** et **Aidonia** ; ce dernier est émaillé de demeures surmontées de tours, en ruine. Un ravissant paysage agricole planté de cyprès entoure **Ormos Korthiou**, village de bord de mer doté d'une belle église.

À voir et à faire

Plages

On trouve des plages superbes et faciles d'accès le long de la route reliant Gavrio à Batsi, dont celle d'**Agios Petros** (plage de Saint-Pierre), bordée de constructions, celle de **Hrisi Amos**, très populaire, et la longue plage de sable de **Kipri**.

La spectaculaire **Halkolimionas** – avec son sable gris et sa minuscule église – se trouve près de l'intersection pour Andros (Hora), à 2 km en contrebas d'une vallée ponctuée de terrasses en pierre. Un bar de plage s'y installe en été. Non loin s'étendent les eaux claires de la superbe plage de **Gialia**.

Nombre des plus belles plages, comme **Vori** et **Vitali** (au nord-est), sont accessibles uniquement en 4×4, en quad ou en bateau. Des excursions (ou locations) en bateau peuvent être organisées depuis Batsi et Niborio, la plage d'Andros (Hora).

Randonnée

Andros est sillonnée de 19 magnifiques sentiers balisés (30 minutes à 6 heures) ; le niveau de difficulté (de facile à moyen) est indiqué. Des serpents (timides) rôdent : portez pantalon et chaussures de randonnée.

Très bon investissement, la carte *Andros Hiking Map* (6 €) est publiée par l'excellente association **Andros Routes** (www.androsroutes.gr), en collaboration avec l'éditeur de cartes Anavasi. Le site Internet d'Andros Routes met l'accent sur les sentiers entretenus par les membres et fournit des conseils utiles pour les randonnées.

Pour des parcours mémorables, les habitants recommandent les secteurs au nord d'Andros (Hora), notamment les villages de Stenies et Apikia. Choisissez pour une courte et jolie balade **Pithara**, une ravine ombragée et agrémentée de cascades, accessible depuis Apikia. Pour une randonnée plus longue, direction l'impressionnante **gorge de Dipotamata**, indiquée depuis la route menant à l'intérieur des terres, après Sineti (au sud-est d'Andros (Hora).

Le chemin est en partie pavé et passe par d'anciens ponts et moulins hydrauliques, au milieu d'une végétation luxuriante.

Encore mieux, réservez une randonnée avec **Trekking Andros** (☎22820 61368 ; trekkingandros.gr ; randonnée guidée à partir de 25 €), une agence qui organise différentes activités guidées sur l'île, comme de la marche, du VTT et des excursions en bateau.

Où se loger et se restaurer

Onar Residence MAISONNETTES €€€

(Carte p. 179 ; ☎21180 02912 ; www.onar-andros.gr ; plage d'Ahla ; maison 3 pers à partir de 260 €/jour ; ⏲mai-oct ; ❄📶). Ces singulières et luxueuses maisonnettes, respectueuses de l'environnement, sont implantées au cœur des zones humides bordant la somptueuse plage isolée d'Ahla. Heureusement qu'il y a sur place un restaurant bio, car l'établissement est au milieu de nulle part. Les détails pour accéder à la propriété sont indiqués sur le site Internet (4×4 nécessaire ; possibilité d'organiser le transfert).

Sea Satin Nino MÉDITERRANÉEN €€

(☎22820 61196 ; facebook.com/Sea.Satin.Nino.Andros ; Ormos Korthiou ; plats 7-16 € ; ⏲9h-tard ; 📶). Installé sur une minuscule place arborée, ce café-bistrot branché utilise des produits locaux pour concocter de bons plats : pâtes maison, spécialités de poisson et excellents mezze. Le café est délicieux, et le pain perdu au bacon est sans doute le meilleur petit-déjeuner de toute l'île.

Gialia GREC €€

(☎22820 24452 ; plats 8-15 € ; ⏲12h-22h avr-oct ; 📶). À quelques kilomètres au nord de la ville d'Andros, au bord des eaux azur de la plage de Gialia, cet excellent restaurant sert en-cas et classiques grecs aux visiteurs affamés. La délicieuse (et copieuse) salade Andros, couronnée de fromage local *kopanisti*, vaut le détour.

TINOS ΤΗΝΟΣ

8 640 HABITANTS

L'île de Tinos est très connue pour son site de pèlerinage, cher aux Grecs orthodoxes : l'église Panagia Evangelistria (ci-contre) située à Tinos (Hora). On ne saurait, par ailleurs, rester indifférent au cadre de Tinos : des baies discrètes, des collines en terrasses, de magnifiques pigeonniers vénitiens, des sommets embrumés et plus d'une quarantaine de villages parsemés d'ouvrages en marbre. L'île est également forte d'une tradition artistique, en particulier en matière de travail du marbre. En témoigne le village de sculpteurs de Pyrgos, au nord, situé juste à côté des carrières de pierre.

La cuisine de Tinos, préparée à partir de produits locaux (fromages, saucisses, artichauts sauvages), est l'une des meilleures que vous aurez l'occasion de goûter en Grèce.

Depuis/vers Tinos

Toute l'année, des ferrys relient Tinos aux ports de Rafina (27-36 €, 2-4 heures, jusqu'à 8/jour) et du Pirée (52 €, 5 heures 45, tlj) sur le continent, ainsi qu'aux îles de Syros (4,50-8,50 €, 50 min, jusqu'à 2/jour), Andros (13-16 €, 1 heure 30, jusqu'à 4/jour) et Mykonos (8-15 €, 30 min, jusqu'à 9/jour). En été, Tinos est desservie par les liaisons express qui partent de Rafina à destination des grandes îles comme Paros, Naxos, los et Santorin, au sud ; détails sur www.ferries.gr.

Tinos (Hora) compte deux embarcadères pour les ferrys. Le nouveau port, ou port extérieur (Outer Port), est situé à 300 m au nord de l'ensemble portuaire et prend en charge les ferrys traditionnels et les express (plus gros). Le vieux port, ou port intérieur (Inner Port), à l'extrémité nord de son pendant principal, est dévolu aux petits ferrys rapides. Notez à l'avance le quai de départ de votre ferry.

Comment circuler

De mai à septembre, **KTEL Tinos** (☎22830 22440 ; www.kteltinou.gr) propose au moins 2 bus par jour de Tinos (Hora) à Kionia (1,80 €, 10 min) et Panormos (4,50 €, 1 heure), au nord-ouest, via Kampos (1,80 €, 15 min) et Pyrgos (3,60 €, 50 min). Nombreuses liaisons supplémentaires en juillet-août. La gare routière de Tinos (Hora) se trouve sur le port. Les billets s'achètent à bord.

La meilleure façon d'explorer l'île est de louer un véhicule, qui vous permettra d'explorer de nombreux sites en une journée. **Vidalis Rent a Car & Bike** (☎22830 23400 ; www.vidalisrentacar.gr ; Leoforos Stavrou Kionion) compte 4 agences à Tinos (Hora).

Pour un **taxi,** appelez le ☎22830 22470.

Tinos (Hora) Τήνος Χώρα

4 760 HABITANTS

Tinos (Hora) est le modeste chef-lieu et le port de l'île. Les visiteurs apprécient le dédale de ruelles ponctué de bars et de cafés qui s'étend en retrait du front de mer.

Tinos

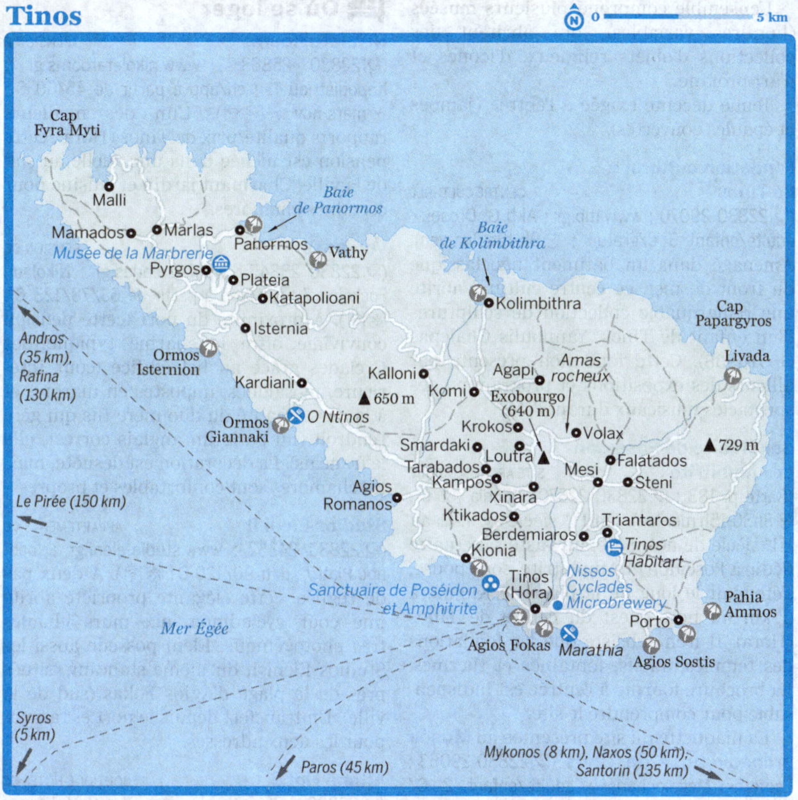

Mais l'atout touristique majeur de la ville est sans conteste l'église Panagia Evangelistria, probablement le lieu de pèlerinage le plus important pour la religion orthodoxe grecque.

Deux rues principales montent à l'église. Evangelistria est bordée de boutiques et de stands d'articles de piété, tandis que Leoforos Megalocharis se distingue par sa bande latérale caoutchoutée, laquelle est empruntée par les pèlerins qui, cheminant à genoux vers l'église, poussent de longs cierges devant eux. La religion est au centre de tout à Tinos ; n'espérez pas y trouver une chambre un jour de grande fête religieuse.

À voir

Église Notre-Dame de l'Annonciation ÉGLISE
(Panagia Evangelistria ; ☎22830 22256 ; panagiatinou.gr ; Leoforos Megalocharis ; ⏲8h-20h). GRATUIT La vie religieuse à Tinos s'organise autour de cette grande église et de son icône de Notre-Dame de Tinos, découverte en 1823 sous l'église actuelle dans les ruines d'une chapelle, après qu'une nonne, sœur Pélagie, eut une vision de la Vierge lui indiquant où la trouver.

Située à gauche de la nef en entrant, l'icône est lourdement ornée de bijoux. L'intérieur est également richement décoré, avec, en particulier, des centaines d'ex-voto en argent suspendus au-dessus de la tête des pèlerins et des visiteurs : un navire, un berceau, un cœur, des poumons, une tronçonneuse…

Construite en 1830 dans un style néoclassique, et richement décorée du marbre provenant des carrières de Panormos, l'église domine une cour flanquée d'arcades ombragées. De nombreuses inscriptions ont été gravées dans le marbre des balustrades, certaines remontent à plus de 100 ans. Sous l'église se trouve le baptistère constitué de trois chapelles voûtées où fut découverte l'icône.

L'ensemble comprend plusieurs musées (horaires variables), qui abritent des collections d'objets religieux, d'icônes et d'art profane.

Tenue décente exigée à l'entrée (jambes et épaules couvertes).

Fondation culturelle de Tinos CENTRE CULTUREL
(☎22830 29070 ; www.itip.gr ; Akti G. Drosou ; adulte/enfant 3 €/gratuit ; ⏲9h-15h lun-ven). Aménagé dans un bâtiment néoclassique du front de mer, ce centre culturel abrite une remarquable collection de sculptures d'un enfant de Tinos, Yannoulis Chalepas (1851-1938). Cette fondation présente par ailleurs des expositions et programme des spectacles musicaux durant l'été.

Sanctuaire de Poséidon et Amphitrite SITE ARCHÉOLOGIQUE
(Carte p. 183 ; ☎22830 22670 ; Kionia ; 2 € ; ⏲8h30-15h mer-lun). Du IVe siècle av. J.-C. au IIIe siècle de notre ère, un vaste sanctuaire dédié à Poséidon et Amphitrite, son épouse, s'étendait le long de la plage de Kionia, à 3 km au nord-ouest du centre de Tinos (Hora). Il n'en subsiste que les fondations des temples, autels, fontaines et thermes. La brochure fournie à l'entrée est indispensable pour comprendre le site.

La maquette du site présentée au **Musée archéologique de Tinos** (☎22830 29063 ; Leoforos Megalocharis ; adulte/enfant 2 €/gratuit ; ⏲8h30-15h30 mer-lun) est également très utile.

Circuits organisés

Poseidon Travel BUS
(☎22830 22440 ; poseidontravel-tinos.com ; Leoforos Stavrou Kionion ; circuit journée complète 12 € ; ⏲juin-août). Tous les jours en été (départ 11h, retour 17h30), un circuit en bus conduit au couvent de Sainte-Pélagie ainsi que dans les villages de Volax, Loutra, Pyrgos, Panormos et Tarambados. C'est une excellente façon de voir les sites remarquables de Tinos en une même journée. Renseignements et départs à la gare routière de Tinos (Hora).

Nissos Cyclades Microbrewery BRASSERIE
(Carte p. 183 ; ☎22830 26333 ; nissos.beer ; Tinou-Agiou Ioanni Porto, Vagia ; visite 6 € ; ⏲17h et 18h mar et jeu, 10h, 11h et 12h sam mi-juin à mi-sept). Joignez-vous à la visite guidée, suivie d'une dégustation, de cette microbrasserie pour découvrir les secrets de fabrication de la bière de Nissos.

Où se loger

Nikoleta Rooms PENSION €
(☎22830 25863 ; www.nikoletarooms.gr ; Kapodistriou 11 ; ch/app à partir de 45/60 € ; ⏲mars-nov ; ❄📶). L'un des meilleurs rapports qualité/prix de Tinos (Hora), cette pension est nichée dans une ruelle au sud de la ville. Charmant jardin et cuisine pour certaines chambres.

Voreades PENSION €€
(☎22830 23845 ; www.voreades.gr ; Nikolaou Foskolou 7 ; s/d/app à partir de 63/78/123 € ; ❄📶). À proximité du port, cette pension conviviale offre le charme typique des Cyclades grâce au bel édifice (cour intérieure, mosaïques, impostes en marbre) et à la personnalité du duo mère-fils qui gère l'endroit (lui parle un anglais correct, elle le français). La décoration est désuète, mais les chambres sont confortables et propres.

Studios Eleni II APPARTEMENTS €€
(☎22830 24352 ; www.studio-eleni.gr ; Ioannou Plati 7 ; d/tr 90/120 € ; ❄📶). À deux pas de l'église, cette élégante propriété abrite une cour cycladique aux murs chaulés très photogénique. Eleni possède aussi les Studios Eleni I, du même standing, situés près de la plage d'Agios Fokas (sud de la ville). Un transfert depuis le port est assuré pour les deux adresses.

Altana Hotel BOUTIQUE-HÔTEL €€
(☎22830 25102 ; www.altanahotel.gr ; Leoforos Stavrou Kionion ; ch/ste à partir de 85/125 € ; ⏲mai-sept ; P❄📶🏊). À environ 10 minutes à pied au nord-ouest du centre, sur la route menant à la plage de Kionia, cet hôtel plaisant arbore un style cycladique moderne, avec des murs d'un blanc éclatant et des intérieurs rehaussés de motifs typiques de Tinos.

Où se restaurer

Marathia GREC €€
(Carte p. 183 ; ☎22830 23249 ; www.marathiatinos.gr ; Iroon Polytechneiou, Agios Fokas ; plats 10-25 € ; ⏲8h30-minuit ; 📶🍷). Poissons grillés et courgettes épicées, poulpes braisés et pois géants, verre de blanc, sans oublier le murmure de la houle sur la plage. Voici quelques détails de ce restaurant qui utilise des ingrédients extra-frais dans des recettes de famille faisant honneur à la cuisine locale. On s'installe dans un décor contemporain au bord de la plage d'Agios Fokas.

Itan Ena Mikro Karavi MÉDITERRANÉEN €€
(☎22830 22818 ; www.mikrokaravi.gr ; Trion Ierarchon ; plats 12-19 € ; ⏲12h-23h30 ; 📶). Cet élégant restaurant avec salle et terrasse, baptisé d'après les premiers mots de la comptine ("Il était un petit navire"), sert une cuisine grecque inventive aux saveurs méditerranéennes. Le veau braisé et les raviolis au lapin sont préparés avec des produits locaux. Le service et le cadre sont fantastiques.

San To Alati TAVERNE €€
(☎22830 29266 ; facebook.com/santoalati ; Iroon Polytechneiou, Agios Fokas ; plats 10-20 € ; ⏲12h-minuit ; 📶). San To Alati ("comme le sel") est une jolie taverne en bord de mer qui tire son nom d'un conte de fées, de rois et de reines. L'endroit se spécialise dans une cuisine égéenne à base de produits locaux : fromages, tarte à l'artichaut, anchois marinés et calamars, poulpe et poissons tout juste débarqués des bateaux.

ℹ Depuis/vers Tinos (Hora)

Malliaris Travel (☎22830 24242 ; www.malliaristravel.gr ; ⏲9h-21h). Billets de ferry.

Des bus partent de la gare routière bordant le port vers les quatre coins de l'île.

Ailleurs sur Tinos

La campagne de Tinos tient d'un merveilleux patchwork d'amples collines découpées en terrasses, de sommets déchiquetés, de villages ruraux, de belles plages et de mémorable architecture, avec, entre autres, de pittoresques pigeonniers. Mieux vaut louer un véhicule pour tout voir.

Au nord de la ville, le splendide village de **Ktikados** semble perché au-dessus du paysage. Il abrite une excellente taverne et une jolie église coiffée d'une coupole bleue et d'un élégant clocher.

Juché au sommet d'une colline entourée de champs, **Kampos** abrite le **musée Costas Tsoclis** (☎22830 51009 ; tsoclismuseum.gr ; Kampos ; ⏲10h-18h mer-lun juin-sept) GRATUIT, où sont exposées les œuvres de cet artiste plasticien né à Athènes en 1930.

Ne manquez pas **Tarabados** et son lacis de ruelles où somnolent des chiens et ornées de sculptures en marbre, qui débouche sur une agréable vallée aux nombreux pigeonniers.

À environ 17 km au nord-ouest de Tinos (Hora), au cœur d'un écrin de verdure, l'adorable **Kardiani**, sillonné de ruelles étroites, semble comme accroché au versant d'une falaise vertigineuse. Le point de vue, au loin, est inouï.

Somptueux hameau constellé d'églises, **Pyrgos** est le véritable joyau de Tinos et l'un des plus beaux villages de l'archipel des Cyclades. D'étroites ruelles chaulées convergent vers une place paradisiaque bordée de cafés. Dans les environs, le marbre est extrait dans des carrières depuis des millénaires. À la fin du XIXe et au début du XXe siècle, le village était un lieu de rencontre et d'échange pour les sculpteurs, dont on peut découvrir certaines œuvres dans trois intéressants musées.

Au nord de Pyrgos, la route principale s'achève à **Panormos**, qui doit son succès à son joli port de pêche, où l'on trouve nombre de tavernes de poisson.

À 12 km au nord de Tinos (Hora), sur la côte nord, s'étendent les eaux émeraude de la baie de **Kolimbithra**, où des surfeurs profitent des vagues et de deux belles plages.

Un détour par l'intérieur des terres vous mènera à **Agapi**, un joli village dans une vallée verdoyante émaillée de pigeonniers. Romantique en diable, le village est au diapason de son nom (*agapi* signifie "amour" en grec).

Passez par le séduisant village de **Krokos** à l'imposant monastère catholique, pour arriver à **Volax**, à environ 6 km au nord de Tinos (Hora), un hameau lové au creux d'un amphithéâtre de petites collines ponctuées d'amas rocheux aux teintes remarquables. À 2 km au sud se dressent les ruines de la forteresse vénitienne d'**Exobourgo** édifiée au sommet d'un imposant éperon rocheux à 640 m d'altitude.

Sur la côte nord-est, la plage de **Livada** est spectaculaire ; celles à l'est de Tinos, notamment Porto et Pahia Ammos, sont plus urbanisées.

Musée de la Marbrerie (carte p. 183 ; ☎22830 31290 ; www.piop.gr ; Pyrgos ; adulte/enfant 4/2 € ; ⏲10h-17h mer-lun). Implanté dans les collines dominant Pyrgos, ce bâtiment moderne accueille les expositions consacrées aux carrières de marbre et aux techniques de sculpture utilisées sur l'île depuis l'Antiquité. On y découvre de superbes illustrations (légendées en anglais) ainsi que des objets et éléments architecturaux taillés dans du marbre de Tinos. Plusieurs vidéos intéressantes illustrent les derniers carriers au travail.

Maison-musée de Yannoulis Chalepas (Pyrgos ; adulte/enfant 3 €/gratuit ; 11h-18h jeu-dim avr à mi-oct). Cet intéressant musée permet de découvrir l'atelier de ce sculpteur né à Tinos en 1851. Le billet donne également accès au musée des Artistes de Panormos, proche.

Où se loger et se restaurer

Tinos Habitart MAISONNETTES €€€
(Carte p. 183 ; 22830 41675 ; www.tinos-habitart.gr ; Triantaros ; maison 180-400 € ;). Cette propriété, intelligemment conçue, se trouve dans un village à 6 km au nord-est de Tinos (Hora). On peut s'y faire une idée du mode de vie insulaire traditionnel. Les 7 maisons en pierre et marbre sont entièrement équipées, avec cuisine, salon et espaces extérieurs (et piscine privée pour la plupart). Notre coup de cœur : le joli pigeonnier, transformé en villa de 3 chambres.

O Ntinos TAVERNE €€
(Carte p. 183 ; 22830 31673 ; Ormos Giannaki ; plats 9-22 € ; 12h30-23h30 avr-sept ;). Installée sur une terrasse ensoleillée dominant la baie de Giannaki, cette taverne conviviale propose une succulente cuisine maison de spécialités insulaires, dont un choix de mezze particulièrement appétissant ; goûtez le maquereau mariné au basilic et fenouil et l'aubergine au fromage épicé de Tinos. Le repas débute par une soupe de poisson, offerte, et se termine souvent par une glace maison.

Drosia TAVERNE €€
(22830 21807 ; facebook.com/taverna.drosia.tinos ; Ktikados ; plats 9-13 € ; 12h-15h et 18h-22h Pâques-oct ;). Plats de poisson ou d'agneau et vue splendide.

SYROS ΣΥΡΟΣ

21 500 HABITANTS

Très attachante, Syros marie tradition et modernité. À dominante rurale, en dehors de son chef-lieu, Ermoupoli, c'est l'une des plus petites îles des Cyclades mais également la plus peuplée car elle est la capitale administrative de tout l'archipel. Plaque tournante des ferrys desservant les Cyclades du Nord, Ermoupoli est aussi la plus grande ville des Cyclades. En raison de son statut de capitale, Syros est moins tournée vers le tourisme et ses plages ne sont donc pas aussi bondées. Animée toute l'année, elle compte d'excellents restaurants et réserve aux visiteurs l'authentique expérience de la douceur de vivre grecque.

Histoire

L'occupation de l'île est attestée dès le néolithique, comme en témoigne l'oppidum et les sépultures découverts à Kastri, au nord-est de Syros, et datant de 2800 à 2300 av. J.-C.

Les Vénitiens délogèrent les Byzantins de l'île en 1204, et y restèrent jusqu'en 1522, convertissant au passage la plupart des insulaires au catholicisme. Une identité catholique qui survécut en grande partie aux siècles d'occupation ottomane qui suivirent.

Pendant la guerre d'Indépendance, des milliers de réfugiés orthodoxes fuyant les îles ravagées par les Turcs, notamment Chios (dont Eugène Delacroix dénonça les massacres), gagnèrent Syros. Ils y apportèrent un vent d'orthodoxie grecque et un esprit d'entreprise nouveau. Syros devint ainsi le centre commercial, naval et culturel de la Grèce au XIXe siècle. Malgré un déclin au cours du siècle passé, l'économie de Syros repose toujours sur ses navires, ses usines textiles, sa production horticole prospère et son important secteur tertiaire et administratif. La communauté catholique est active sur l'île.

Renseignements

Des informations utiles sur l'île sont disponibles sur www.syrosisland.gr.

Depuis/vers Syros

AVION

Sky Express (www.skyexpress.gr) propose des vols entre Athènes (109 €, 35 min) et l'**aéroport de l'île de Syros** (JSY ; carte ci-contre ; 22810 81900), situé 5 km au sud d'Ermoupoli. Il n'y a pas de transports publics sur place, mais de nombreux taxis y convergent lorsqu'un avion est attendu.

BATEAU

En tant que capitale de l'archipel, Syros bénéficie théoriquement de liaisons satisfaisantes toute l'année avec toutes les îles des Cyclades et avec Le Pirée, sur le continent. En saison haute, on peut rejoindre Ermoupoli depuis Le Pirée (27-33 €, 2 heures-3 heures 45, 3/jour), Kythnos (9 €, 2 heures 15, 3/jour), Naxos (29-35 €, 1 heure 15-2 heures 45, 2/jour), Mykonos (20 €, 40 min, 3/jour) et Tinos (4,50-8,50 €, 50 min, 2/jour) ; détails sur www.ferries.gr.

Syros

Comment circuler

BUS

Des bus de **KTEL Syros** (☎22810 82575 ; www.ktel-syrou.gr) parcourent une boucle en 1 heure dans les deux sens à partir de la gare routière d'Ermoupoli, qui jouxte le quai des ferrys, desservant Galissas, Finikas, Posidonia, Megas Gialos, Vari et Azolimnos (au moins 3/jour, et jusqu'à 1/heure en saison haute) ; le tarif maximal est de 1,70 €.

Sachez qu'il existe également un service de 3 à 5 bus quotidiens à destination de Kini (1,60 €, 20 min), dont certains rejoignent la boucle principale.

Des minibus partent fréquemment pour Ano Syros (1,60 €, 15 min) depuis l'extrémité de la rue El Vanizelou, côté front de mer.

TAXI

Depuis le port, les taxis facturent environ 4 € pour Ano Syros et 12 € pour Galissas ou Vari.

VOITURE ET MOTO

Location de voitures et de scooters auprès d'agences comme Vassilikos (p. 191) sur le front de mer d'Ermoupoli. Le centre d'Ermoupoli est peu adapté à la conduite avec nombre d'escaliers et de rues piétonnes ou à sens unique.

Ermoupoli Ερμούπολη

11 400 HABITANTS

En approchant d'Ermoupoli ("ville d'Hermès", le dieu messager), on aperçoit d'abord les deux collines dominant la ville, chacune coiffée d'une église splendide. Les bâtiments aux façades rose et blanc descendent en cascade vers le centre, un labyrinthe de ruelles, d'escaliers et de rues commerçantes organisé autour de la place principale remarquable.

Premiers installés, les catholiques fondèrent **Ano Syros** (Syros haute) au sommet d'une des deux collines. On peut s'y rendre en bus et redescendre à pied à travers le dédale d'églises, de monastères et de maisons chaulées.

Lors de la guerre d'Indépendance, de nombreux réfugiés grecs orthodoxes fuyant les îles occupées par les Turcs fondèrent la ville moderne dans la partie basse avant de s'étendre sur les flancs de la seconde colline, **Vrondado**. Celle-ci est perchée d'une église splendide. Au XIXe siècle, Ermoupoli était le principal port de Grèce, et la prospérité de ses armateurs est encore bien visible dans le quartier de **Vaporia**, aux élégantes demeures et places plantées de palmiers.

À voir

Église de la Dormition — ÉGLISE

(Panagia Kimissis ; carte ci-contre ; Proiou ; horaires variables). C'est un miracle qu'il soit resté quelque chose de cette majestueuse église orthodoxe des années 1820 après les bombardements de la Seconde Guerre mondiale, sans même parler de la découverte en 1983 d'une icône signée El Greco, datant des années 1560, avant le départ de l'artiste de sa Crète natale pour l'Espagne. L'œuvre est visible sur le porche, à droite de la porte principale.

Cathédrale Saint-Georges — ÉGLISE

(Carte ci-contre ; Agios Georgios, Ano Syros ; 8h30-21h30). Fièrement dressée sur une colline au-dessus du quartier catholique d'Ano Syros, cette cathédrale est l'église mère de la minorité catholique des Cyclades. Appelez à l'avance pour visiter et admirer l'intérieur aux tons pastel et le plafond décoré d'étoiles.

Plateia Miaouli — PLACE

(Carte ci-contre). Sans doute le plus bel espace architectural urbain de toutes les Cyclades, cette place, jadis au bord de mer, se trouve désormais en retrait. Dominée au nord par le bâtiment de l'**hôtel de ville** (carte ci-contre ; Plateia Miaouli) à l'architecture néoclassique, elle est entourée de palmiers et bordée, côté sud, par des cafés et des bars. Son nom lui vient d'un célèbre amiral Andreas Miaoulis, originaire de l'île d'Hydra, dont la statue se dresse au centre.

Musée de l'Industrie — MUSÉE

(Carte ci-contre ; ☎22810 84762 ; www.ketepo.gr ; Georgiou Papandreou 11 ; adulte/enfant 2/1,50 € ; 10h-15h30 dim-ven, 10h-15h30 et 18h-20h sam avr-août, 9h-17h lun, mar, jeu-ven, 9h-14h dim sept-mars). Aménagé dans une ancienne manufacture du XIXe siècle, ce musée porte sur l'histoire de l'industrie et des chantiers navals de Syros. Bien légendées, plus de 300 pièces y évoquent les activités de la ville : confection textile, imprimerie, moteurs, bateaux, etc. Renseignez-vous pour savoir si l'usine de grenaille de plomb d'Aneroussis est ouverte (la visite est passionnante).

Le musée est en face de l'hôpital, au sud de la ville.

Musée archéologique — MUSÉE

(Carte ci-contre ; ☎22810 88487 ; Benaki ; adulte/enfant 2/1 € ; 8h30-16h mer-lun). Le petit Musée archéologique de la ville occupe l'arrière de la mairie (entrée sur le côté). Fondé en 1834, il figure parmi les premiers musées créés en Grèce. Il présente une petite collection de céramiques et de vases en marbre, des stèles funéraires, une statuette égyptienne en granit noir datant de 730 av. J.-C. et de superbes figurines cycladiques.

Où se loger

C'est près du débarcadère des ferrys que se concentrent les adresses les plus économiques, tandis que plusieurs belles demeures du quartier de Vaporia ont été converties en boutiques-hôtels. Il n'y a pas de morte saison (la plupart des établissements restent ouverts à l'année), mais en basse saison, on obtient facilement des rabais.

Hermoupolis Rooms — PENSION €

(Carte ci-contre ; ☎6937135880 ; www.hermoupolis-rooms.gr ; Kosma ; ch 50 € ; ❄📶). Un accueil chaleureux vous attend dans cet établissement aux chambres bien tenues et dotées d'un équipement pour cuisiner. Celles du devant s'ouvrent sur de minuscules balcons noyés sous les bougainvillées.

Ermoupoli

Ermoupoli

À voir

1 Église de la Dormition A4
2 Plateia Miaouli B2
3 Musée archéologique B2
4 Hôtel de ville B2

Où se loger

5 1901 Hermoupolis Maison A1
6 Ethrion A3
7 Hermoupolis Rooms A3
8 Lila Guesthouse A3
9 Ploes D2

Où se restaurer

10 Kouzina C3
11 Seminario C2

Où prendre un verre et faire la fête

12 Kouchico C2
13 Sta Vaporia D1

Wind Tales B&B €€

(Carte p. 187 ; ✆ 6946771400 ; www.windtales.gr ; Agiou Aloisiou 4, Ano Syros ; ch à partir de 96 € ; ❄ 📶). Si vous avez envie de flâner dans les ruelles d'Ano Syros après le départ des foules de touristes, cet hôtel est un bon choix pour se poser. Il propose 4 splendides chambres à la déco individualisée, dont l'une est creusée dans la roche. En prime : service personnalisé, petit-déjeuner à base de produits locaux et cocktails sur la terrasse avec vue sur Ermoupoli. Magique !

Lila Guesthouse B&B €€

(Carte p. 189 ; ✆ 22810 82738 ; www.guesthouse.gr ; Kosma ; ch/ste à partir de 90/126 € ; ❄ 📶). L'ancien consulat français a été savamment rénové et aménagé de chambres qui se distinguent par leur décoration moderne impeccable et leurs superbes salles de bains. Les suites sont spacieuses, avec table pour les repas et antiquités. Les adorables propriétaires servent un bon petit-déjeuner dans le vaste espace commun. On pourra venir vous chercher au port.

1901 Hermoupolis Maison B&B €€

(Carte p. 189 ; ✆ 6959990275 ; www.1901.gr ; Palaion Patron Germanou 37-39 ; ch/ste à partir de 90/229 € ; ❄ 📶). Occupant une maison du XIXe siècle, ce charmant B&B compte 5 chambres avec literie grand confort et produits de toilette. Décoration composite d'objets insolites : téléphones rétro, presse à olive ou machine à coudre Singer. Excellent petit-déjeuner.

Ethrion HÔTEL €€

(Carte p. 189 ; ✆ 22810 89066 ; www.ethrion.gr ; Kosma 24 ; app/ch/ste à partir de 66/73/109 € ; ❄ 📶). Cet hôtel familial compte 8 chambres, suites et appartements confortables et bien équipés ; essayez d'obtenir une vue sur la mer. Le studio du rez-de-chaussée est un peu sombre, mais le tarif est intéressant et il y a un coin cuisine.

Ploes BOUTIQUE-HÔTEL €€€

(Carte p. 189 ; ✆ 22810 79360 ; www.hotelploes.gr ; Apollonos 2 ; d/ste à partir de 220/600 € ; ⏲ avr-oct ; ❄ 📶). L'élégance et le souci du détail sont les marques distinctives de ce superbe hôtel, aménagé dans une demeure du XIXe siècle. Les 7 chambres ont l'attrait de hauts plafonds, de lustres vénitiens, d'œuvres d'art d'époque et de mobilier design. Vestiaires privés avec accès direct à la mer.

Où se restaurer

Restaurants et cafés-bars jalonnent le front de mer, en particulier le long d'Akti Petrou Ralli. Autre intéressant secteur pour se sustenter : les ruelles d'Emmanouil Roidi, Klonos et Kyparissou Stefanou, envahies de bougainvillées.

♥ **Kouzina** MÉDITERRANÉEN €€

(Carte p. 189 ; ✆ 22810 89150 ; facebook.com/kouzinasyros ; Androu 5 ; plats 10-28 € ; ⏲ 19h-23h jeu-mar ; 📶 ✎). Ce restaurant sert dans une salle intimiste et sur sa terrasse une cuisine méditerranéenne inventive à base de produits frais et locaux, allant d'un osso-buco tendre à souhait sur lit de risotto au parmesan à une moussaka aux arômes fumés. Carte des vins, bières artisanales et service impeccable.

Seminario MÉDITERRANÉEN €€

(Carte p. 189 ; ✆ 22813 01339 ; www.seminario-syros.wixsite.com/seminariosyros ; Klonos et Kyparissou Stefanou 7 ; plats 8,80-16 € ; ⏲ 12h-minuit ven-mer, 18h-minuit jeu ; 📶 ✎). Conviviale et animée, cette taverne sur rue à la salle fleurant bon la menthe sert de délicieuses spécialités de grillades et poissons, ainsi que des pâtes, des risottos et des burgers. Les végétariens ne seront pas en reste grâce aux savoureuses tartes au fenouil, et les végans pourront se rabattre sur l'aubergine rôtie nappée de purée de fèves et saupoudrée de paprika fumé.

Où prendre un verre et faire la fête

Kouchico BAR

(Carte p. 189 ; ✆ 22813 00880 ; facebook.com/kouchico ; Ioannou Lavrentiou Ralli 15 ; ⏲ 7h-3h lun-ven, 9h-3h sam-dim ; 📶). On peut y prendre un café en journée, mais c'est le soir que ce lieu s'anime, lorsqu'une foule de jeunes branchés s'y presse et déborde jusque dans la rue.

Sta Vaporia CAFÉ

(Carte p. 189 ; ✆ 22810 76486 ; facebook.com/StaBaporia ; Athanasíou Krinou 2 ; ⏲ 10h-3h ; 📶). Descendez l'escalier situé derrière l'église Saint-Nicolas pour rejoindre ce café-restaurant qui dispose d'une vue de carte postale et sert, en continu, cafés, cocktails, limonade maison et en-cas petits et grands.

En contrebas, les pontons de baignade sont particulièrement prisés (prévoyez un maillot de bain).

Renseignements

Vassilikos (☎22810 84444 ; www.vassilikos.gr ; Akti Papagou 10 ; ⌚9h-21h). Billets de ferrys, circuits organisés et location de voitures.

Depuis/vers Ermoupoli

Le principal **quai des ferrys** (carte p. 189) est situé à l'entrée de la ville.

Depuis la **gare routière** (☎22810 82575) voisine, des bus font une boucle passant par Galissas, Finikas, Poseidonia, Megas Gialos, Vari et Azolimnos (au moins 3/jour dans chaque sens). Il y a aussi des bus pour Kini (20 min, au moins 3/jour). Départs bien plus fréquents l'été (1/heure en général).

Ailleurs sur Syros

Dès les environs d'Ermoupoli, collines et vallées se déploient sur Syros, menant invariablement à de petites baies et plages, généralement bien desservies par les bus.

Les familles apprécient les eaux peu profondes de la plage de **Kini**, sur la côte ouest, un croissant de sable avec quelques bars et tavernes.

Galissas possède une belle plage, quelques maisons aux murs blanc et bleu, de bonnes tavernes et une jolie petite église blanche campée sur le promontoire. De l'autre côté de l'église s'étend la plage de galets d'**Armeos**, appréciée des nudistes.

Plus au sud, **Finikas** s'enroule autour d'une baie avec d'un côté une marina et de l'autre une plage de galets et de sable. Les constructions y sont plus nombreuses qu'ailleurs, et l'endroit manque de charme. Un peu plus loin sur la baie s'étend la plage de **Voulgari**, près du village de **Poseidonia**. Au sud du promontoire, la minuscule plage d'**Agathopes** est cependant prisée pour ses eaux calmes et sa taverne. Marchez encore 10 minutes vers le sud pour rejoindre **Komito**, une baie abritée et bordée d'oliveraies.

Sur la côte sud, la localité de **Megas Gialos** possède deux plages juste au bord de la route principale. Plus à l'est, **Vari**, splendide et abritée, est bordée d'une plage de sable plus agréable ; cependant le front de mer et ses tavernes saturent de touristes à la saison haute.

Où se loger et se restaurer

Krinakia APPARTEMENTS €
(Carte p. 187 ; ☎22810 42375 ; www.krinakia.gr ; plage d'Agathopes, Posidonia ; app à partir de 55 € ; ⌚avr-oct ; P ❄ wifi). Dans un édifice blanc et bleu donnant sur la plage d'Agathopes, 8 appartements spacieux, calmes et bien équipés. Chacun compte 2 chambres et peut accueillir 4 personnes ; l'établissement est donc apprécié des familles.

VAUT LE DÉTOUR

SAN MICHALIS

Si vous êtes motorisé, faites cette escapade le long de la ligne de crête qui traverse Syros jusqu'au village de **San Michalis** au nord de l'île. Panorama spectaculaire assuré ! À l'ouest comme à l'est, le regard plonge sur des vallées immaculées et l'on aperçoit à l'horizon les îles voisines. Célèbre pour ses fromages, San Michalis est désormais un petit hameau de maisons en pierre au milieu des vignes.

Marchez sur le sentier rocailleux et sinueux jusqu'à l'église catholique Saint-Michel et dégustez le meilleur de la cuisine de Syros chez **Plakostroto** (☎22813 06727 ; www.plakostroto.com ; San Michalis ; plats 9-16 € ; ⌚tlj juin-sept, sam-dim oct-mai ; wifi). Ce restaurant sert du fromage local et des viandes grillées au feu de bois (coq, agneau, lapin...). Le point de vue s'étend jusqu'à Kéa, Kythnos et au-delà.

♥ **Syros Atlantis** HÔTEL €€
(Carte p. 187 ; ☎22810 61454 ; www.syrosatlantis.com ; Vari ; ch 110 € ; ⌚avr-oct ; P ❄ wifi). Installé dans une ruelle paisible près de la plage de Vari, cet hôtel géré avec professionnalisme par deux frères compte 15 chambres spacieuses et propres, toutes dotées d'une terrasse ou d'un balcon. Certaines peuvent être combinées pour former une chambre familiale. Les délicieux petits-déjeuners à la grecque (tartes maison, feuilles de vigne farcies, confitures et autres douceurs) sont servis dans la cour en jardin.

Hotel Alkyon HÔTEL €€
(Carte p. 187 ; ☎22810 61761 ; www.alkyonsyros.gr ; Megas Gialos ; ch à partir de €60 ; ⌚avr-oct ; P ❄ wifi piscine). Dominant la mer à 1,5 km de Megas Gialos, cet hôtel paisible, tenu par un adorable couple franco-grec, dispose d'une grande piscine et de chambres impeccables. Les propriétaires organisent séminaires et activités (souvent en français), notamment de peinture et de philosophie.

Allou Yialou POISSON €€

(Carte p. 187 ; 22810 71196 ; www.allouyialousyros.gr ; Kini ; plats 11-24 € ; 12h-22h Pâques-sept ;). Cet élégant restaurant au bord de la plage de Kini sert essentiellement des produits de la mer (les crevettes à l'ouzo valent le détour), ainsi que quelques plats de viandes grillées. Très agréable au soleil couchant.

MYKONOS ΜΥΚΟΝΟΣ

10 100 HABITANTS

Mykonos, l'île la plus glamour de Grèce, assume avec panache sa réputation festive et son style détonnant, à mi-chemin entre Saint-Tropez et Ibiza. Au plus fort de la saison, un mélange de vacanciers en goguette, de croisiéristes, de body-builders gays et de fashionistas au look étudié déambule dans Mykonos (Hora). Ce labyrinthe de maisons cubiques chaulées, typique des villes cycladiques, a su conserver un charme puissant, les cafés, bars et boutiques en prime.

En haute saison, l'île attire nombre de visiteurs fortunés, tandis qu'hôtels branchés, bars de plage et restaurants affichent complet. Pour vraiment apprécier Mykonos, il faut un compte en banque bien fourni et être prêt à se mêler à une foule joyeuse, à jouer des coudes sur les plages surpeuplées, et bien sûr à faire la fête 24h/24. Hors saison, fêtards et célébrités repartent, et Mykonos (Hora) entre en hibernation, au point que vous croiserez sur le port parfois plus de pélicans que de piétons.

Mykonos est aussi la porte d'accès à l'île de Délos (p. 206) et son site archéologique.

Depuis/vers Mykonos

AVION

L'**aéroport de Mykonos** (JMK ; carte ci-contre ; 22890 79000 ; www.mykonos-airport.com), à 3 km au sud-est de Mykonos (Hora), est desservi toute l'année depuis/vers Athènes par Aegean et Olympic Air et en saison depuis/vers Thessalonique). Plusieurs compagnies desservent également l'aéroport de mai à septembre, dont Alitalia, British Airways, EasyJet, Qatar Airways et Sky Express.

BATEAU

L'île est bien reliée toute l'année aux ports du continent – celui du Pirée (40 €, 5 heures, jusqu'à 3/jour) et celui de Rafina (29-48 €, 2 heures 30-4 heures 30, jusqu'à 9/jour), ce dernier s'avérant généralement plus rapide lorsqu'on arrive directement de l'aéroport d'Athènes –, ainsi qu'à l'île voisine de Tinos (8-15 €, 30 min, jusqu'à 9/jour). En haute saison, Mykonos est bien reliée aux îles voisines, dont Syros (20 €, 40 min, 3/jour), Naxos (29-39 €, 30 min-1 heure 45, jusqu'à 11/jour) et Santorin (52-68 €, 1 heure 45-4 heures, 7/jour) ; plus de détails sur www.ferries.gr. Les agences de voyages sont nombreuses dans la ville de Mykonos.

Mykonos possède deux débarcadères : celui du vieux port, à 400 m au nord de la ville, qui accueille certains petits ferrys rapides, et celui du **nouveau port** (carte ci-contre), à 2 km au nord de la ville et dévolu aux grands ferrys rapides et à tous les bateaux classiques. Quand vous achetez votre billet pour quitter Mykonos, vérifiez soigneusement de quel débarcadère part votre bateau.

Les bateaux partant en excursion pour Délos quittent le quai jouxtant le front de mer.

Comment circuler

DEPUIS/VERS L'AÉROPORT

Des bus relient l'aéroport à la **gare routière Fabrika** (carte p. 196 ; Fabrika Sq) à la ville de Mykonos (2 €). Quelques hôtels et pensions offrent le transport depuis/vers l'aéroport. Si ce n'est pas le cas, demandez-leur de vous réserver une navette (environ 10 €) ou prenez un taxi (environ 15 €).

BATEAU

Mykonos Sea Transfer (carte ci-contre ; 22890 23995 ; www.mykonosseatransfer.com ; 8h-19h avr-oct). Association de bateaux-taxis desservant les plus belles plages de l'île. Consultez les horaires en ligne. Le principal point de départ est Platys Gialos, avec des arrêts pour prendre et déposer des passagers aux plages d'Ornos, Paraga, Paradise, Super Paradise, Agrari et Elia. Des croisières et des itinéraires personnalisés peuvent aussi être organisés.

Sea Bus (carte ci-contre ; 6978830355 ; www.mykonos-seabus.gr ; aller simple 2 €). Cette compagnie de taxis-bateaux relie le nouveau port à Mykonos (Hora). Départs chaque heure de 7h30 à 22h30 et toutes les 30 minutes de 10h30 à 18h30 (durée 8 min).

BUS

Les bus de **KTEL Mykonos** (22890 26797 ; mykonosbus.com) utilisent les 2 gares routières principales de Mykonos (Hora). Depuis la **gare routière du vieux port**, les bus desservent le nord-ouest et l'est de l'île, dont le nouveau port/Tourlos, Agios Stefanos, Ano Mera, Elia et Kalafatis. Depuis la gare routière Fabrika, les départs se font vers le sud-ouest, notamment

Mykonos

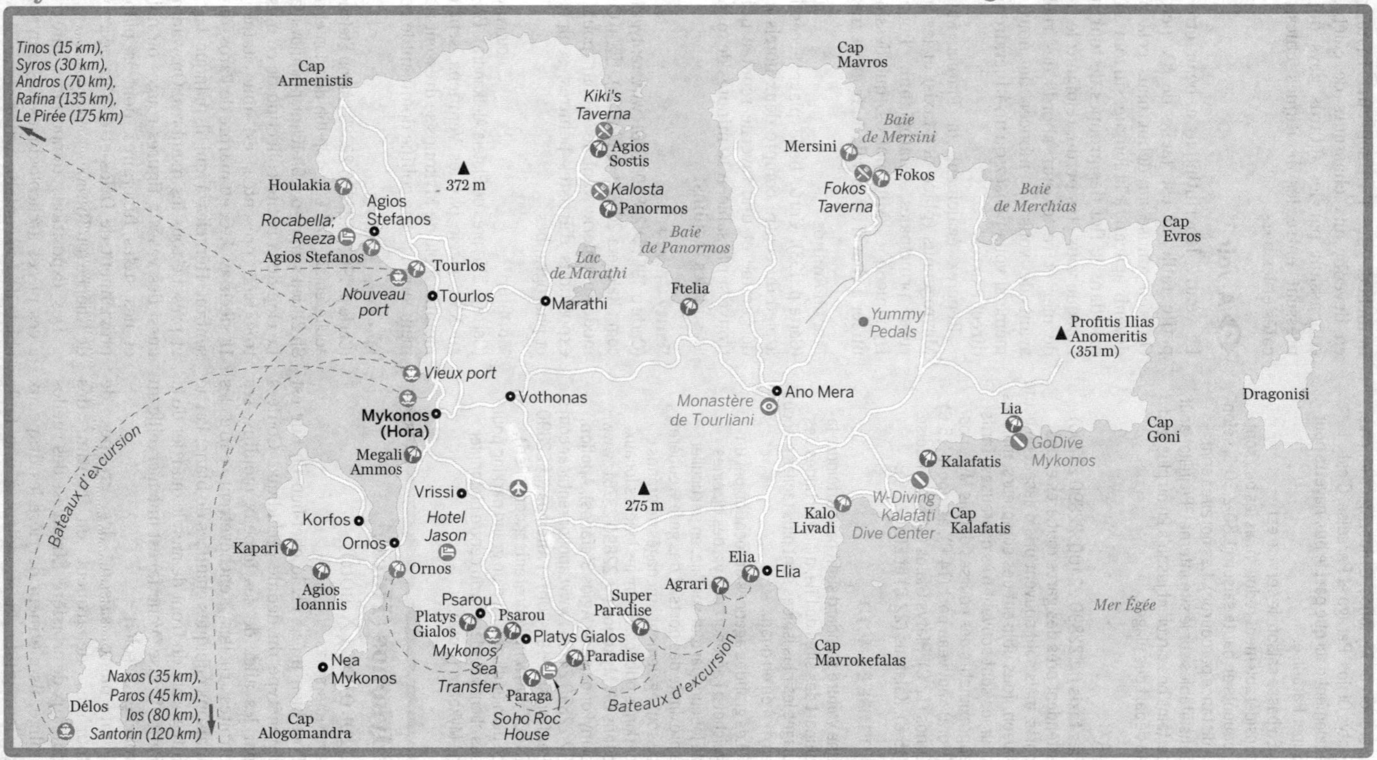
0
5 km
Tinos (15 km), Syros (30 km), Andros (70 km), Rafina (135 km), Le Pirée (175 km)
Cap Armenistis
Houlakia
372 m
Agios Stefanos
Rocabella; Reeza
Agios Stefanos
Tourlos
Nouveau port
Tourlos
Marathi
Lac de Marathi
Kiki's Taverna
Agios Sostis
Kalosta
Panormos
Baie de Panormos
Ftelia
Cap Mavros
Baie de Mersini
Mersini
Fokos Taverna
Fokos
Baie de Merchias
Cap Evros
Yummy Pedals
Profitis Ilias Anomeritis (351 m)
Dragonisi
Vieux port
Vothonas
Ano Mera
Monastère de Tourliani
Mykonos (Hora)
Megali Ammos
Vrissi
275 m
Lia
GoDive Mykonos
Cap Goni
Kalafatis
W-Diving Kalafati Dive Center
Cap Kalafatis
Kalo Livadi
Bateaux d'excursion
Korfos
Ornos
Hotel Jason
Kapari
Ornos
Agios Ioannis
Psarou
Platys Gialos
Psarou
Platys Gialos
Mykonos Sea Transfer
Super Paradise
Agrari
Elia
Elia
Paradise
Paraga
Soho Roc House
Bateaux d'excursion
Cap Mavrokefalas
Mer Égée
Nea Mykonos
Délos
Naxos (35 km), Paros (45 km), Ios (80 km), Santorin (120 km)
Cap Alogomandra

l'aéroport de Mykonos, Ornos, Agios Ioannis, Platys Gialos, Paraga et Paradise. C'est également d'ici que part le bus-navette pour Super Paradise.

En basse saison, le service est considérablement réduit, mais les bus sont fréquents en haute saison (1,80-2,30 €, selon la distance parcourue). Les horaires sont consultables sur le site Internet. En juillet-août, certains bus circulent jusqu'à 2h ou plus tard au départ des plages.

TAXI

Des **taxis** (☎22890 22400, 22890 23700) attendent près des gares routières et des ports, mais sont souvent pris d'assaut en haute saison. Tous utilisent des compteurs, mais les courses sont souvent très onéreuses. Tarifs approximatifs des courses depuis Mykonos (Hora) : nouveau port (14 €), aéroport (15 €), Ornos (12 €), Platys Gialos (14 €), Paradise (15 €), Kalafatis (22 €) et Elia (22 €).

VOITURE ET MOTO

Une voiture standard suffit pour atteindre la plupart des sites de l'île, mais certaines des plages les plus isolées sont plus faciles d'accès en 4×4 ou en quad.

Les grandes agences de location ont un guichet à l'aéroport et il y a des dizaines de loueurs partout sur l'île, en particulier à proximité des ports et des gares routières, où sont également aménagés de grands parkings publics. Parmi les loueurs locaux, citons **OK Mykonos** (☎22890 23761 ; www.okmykonos.com ; Agios Stefanos), **Apollon** (☎22890 24136 ; www.apollonrentacar.com ; Periferiaki ; ⏲9h-20h) et **Anemos** (☎22890 24607 ; www.mykonosrentcar.com ; Peri), ce dernier disposant d'un grand parking pour ses clients au-dessus du centre piétonnier de Mykonos (Hora).

Mykonos (Hora)

Μύκονος (Χώρα)

3 780 HABITANTS

Port bien préservé, le chef-lieu de l'île est l'archétype du dédale cycladique. Coiffées par les ailes de ses fameux moulins, ses étroites ruelles s'enchevêtrent entre les maisons cubiques chaulées de blanc. Partie intégrante du front de mer, le quartier de la Petite Venise (Venetia) est une merveille au coucher de soleil.

En haute saison, des groupes de touristes débarquent en continu des bateaux de croisière. Étroitesse des ruelles oblige, ils piétinent derrière les drapeaux de leur guide, et se mêlent à une foule branchée, de l'influenceur Instagram en devenir, aux chasseurs de célébrités en passant par les fêtards gays qui se pressent entre les boutiques chics, les cafés et les bars.

À voir

Le centre labyrinthique a beau être de petite taille, il est facile de s'y perdre. On s'en amuse au début mais cela peut devenir agaçant à la longue, surtout à être pris dans le flot des groupes de touristes. Lorsque vous êtes perdu, rejoignez le front de mer et restez aux abords des ruelles avant de vous y enfoncer de nouveau, même si vous pensez qu'un itinéraire plus direct existe.

Repérez également la Plateia Manto Mavrogenous (place des taxis) et les trois rues principales, Matogianni, Enoplon Dynameon et Mitropoleos, qui dessinent un fer à cheval en retrait du front de mer.

Megali Ammos — PLAGE

(Carte p. 193). Cette belle plage accessible à pied du centre compte deux hôtels haut de gamme et une taverne réputée qui se trouve sur le sable. À 10 minutes de marche au sud des moulins.

Rarity Gallery — GALERIE

(Carte p. 196 ; ☎22890 25761 ; www.raritygallery.com ; Kalogera 20-22 ; ⏲10h-23h). GRATUIT Cette modeste galerie vaut le détour pour ses expositions d'artistes peintres, sculpteurs et photographes.

Moulins — MOULIN À VENT

(Carte p. 196 ; près de Plateia Alefkandra). Érigés au XVIe siècle par les Vénitiens, sept des moulins à blé de Mykonos se dressent fièrement sur la petite colline dominant le port.

Musée archéologique — MUSÉE

(Carte p. 196 ; ☎22890 22325 ; Agiou Stefanou ; adulte/enfant 4/2 € ; ⏲9h-16h dim, lun et mer, 9h-21h jeu-sam avr-oct, 9h-16h mar-dim nov-mars). Le clou de la petite collection de ce musée, très bien présentée, est une statue du IIe siècle av. J.-C. en marbre de Paros, représentant Héraclès à qui il manque la tête et presque tous les membres. On y admire aussi des vases à figures rouges ou noires et des stèles funéraires, dont la plupart proviennent de Délos et de l'île-nécropole de Rhénée (ou Rinia).

Des expositions temporaires intègrent à ces pièces archéologiques des œuvres et objets design contemporains.

Panagia Paraportiani ÉGLISE

(Carte p. 196 ; Paraportianis). Construite entre les XVe et XVIIe siècles, cette célèbre église de Mykonos se compose de quatre petites chapelles, auxquelles s'ajoute une cinquième en hauteur accessible par un escalier extérieur. Elle est généralement fermée, mais c'est avant tout sa façade blanchie à la chaux et son profil de rocher qui la rendent particulièrement photogénique.

Musée maritime de l'Égée MUSÉE

(Carte p. 196 ; ☎22890 22700 ; www.aegean-maritime-museum.gr ; Enoplon Dynameon 10 ; tarif plein/réduit 4/2 € ; ⏲10h30-13h et 18h30-21h avr-oct). Outre les amphores incrustées de bernacles, les vieilles cartes nautiques et les instruments de navigation, on peut admirer dans ce musée les maquettes de voiliers et bateaux à aubes et apprendre à faire la différence entre trirème athénienne, dromon byzantin et navire ancien égyptien. Dans la cour est exposée une énorme lentille de phare de Fresnel.

Où se loger

En juillet-août, une chambre double avec salle de bains dans un hôtel de catégorie moyenne revient à environ 110 € (pour un confort quelconque) à 250 € la nuit. Dans la catégorie supérieure, les prix peuvent atteindre des niveaux défiant l'entendement. Il est prudent d'arriver avec une réservation, car il reste peu de chambres disponibles. Pendant la haute saison, certains établissements exigent des séjours de 2 nuitées minimum.

MyCocoon AUBERGE DE JEUNESSE €

(Carte p. 196 ; ☎22890 78924 ; www.hostelmykonos.com ; Kaminaki ; dort/qua 72/320 € ; ⏲mai-sept ; ❄📶🏊). Une auberge de jeunesse bien pensée, avec des lits superposés sur mesure évoquant des maisons cycladiques miniatures et offrant une certaine intimité. Le dortoir de 46 lits fait un peu surpeuplé, et l'endroit est cher pour une auberge, mais bon, vous êtes à Mykonos ! À une rue en retrait du vieux port.

With-Inn B&B €€

(☎6945188656 ; with-inn.myconos-hotels.com ; Tourlos ; ch à partir de 234 € ; P❄📶). Perchée à flanc de colline entre le nouveau et l'ancien port, cette pension compte 9 chambres impeccables, avec un excellent petit-déjeuner et le transfert depuis/vers le B&B compris. À 20 minutes de marche du centre.

Portobello Boutique Hotel BOUTIQUE-HÔTEL €€

(Carte p. 196 ; ☎22890 23240 ; www.portobello-hotel.gr ; Agios Georgiou ; s/d/ste à partir de 160/220/560 € ; ⏲Pâques-oct ; P❄📶🏊). Perché au-dessus d'un moulin en ruine en lisière du centre, cet hôtel accueillant offre des couchers de soleil magiques. Petit-déjeuner délicieux avec yaourt maison. Le personnel pourra vous aider à planifier votre séjour.

Mykonos Town Suites APPARTEMENTS €€

(Carte p. 196 ; ☎22890 23160 ; www.mykonostownsuites.com ; app à partir de 240 € ; ⏲avr-oct ; ❄📶). Un peu à l'écart, cet ensemble de studios lumineux se caractérise par des hauts plafonds, des poutres apparentes et pour chaque logement une cuisine équipée et un espace privatif baigné de soleil. Également plusieurs maisons entières, la plus grande possède 2 chambres pour 6 personnes. Il n'y a pas de réception et on vous indiquera le chemin lors de la réservation.

Hotel Rochari HÔTEL €€

(Carte p. 196 ; ☎22890 23107 ; www.rochari.com ; Periferiaki ; ch/ste à partir de 162/510 € ; ⏲Pâques-oct ; P❄📶🏊). Inauguré en 1976 par les parents de l'actuel gérant, cet hôtel réputé a su s'adapter à son époque. D'une élégance discrète, il dispose de chambres confortables, d'excellents petits-déjeuners, d'un personnel serviable et d'une piscine irrésistible. L'établissement est sur la principale route périphérique, en remontant la colline depuis le centre, et les navettes de transfert pourront vous déposer juste devant.

Andriani's Guest House PENSION €€

(☎22890 23091 ; www.andrianis.com.gr ; quartier de l'école des Beaux-Arts ; s/d à partir de 88/118 € ; ⏲Pâques-sept ; ❄📶). 🍃 Cet ensemble de chambres et studios typiques des Cyclades est proche à pied du centre. L'ascension est rude, mais vous pourrez vous délasser dans l'agréable jardin en arrivant.

Pension Joanna APPARTEMENTS €€

(Carte p. 196 ; ☎22890 27117 ; www.pensionjoanna.com ; Apollonas 9 ; app à partir de 212 € ; ❄📶). Voyageur aguerri, Kostas gérait jadis l'Hotel Lefteris voisin avant d'acheter cet élégant ensemble d'appartements aux tons blanc et prune, qui peuvent loger 4 à 6 personnes chacun. Cadre confortable et sans chichis, et toit-terrasse en prime.

Mykonos (Hora)

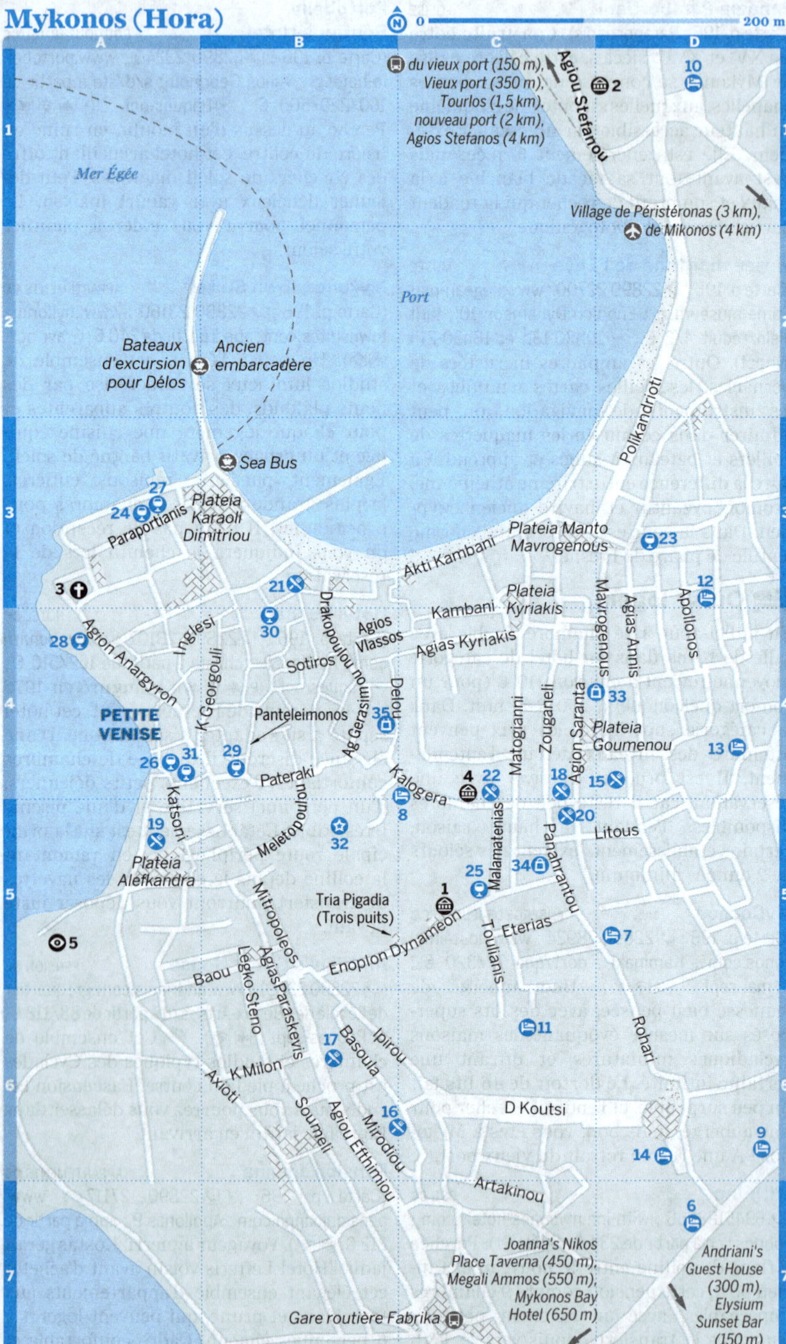

Mykonos (Hora)

À voir

1 Musée maritime de l'Égée C5
2 Musée archéologique D1
3 Panagia Paraportiani A3
4 Rarity Gallery C4
5 Moulins A5

Où se loger

6 Belvedere Hotel D7
7 Carbonaki Hotel D5
8 Fresh C4
9 Hotel Rochari D6
10 MyCocoon D1
11 Mykonos Town Suites C6
12 Pension Joanna D3
13 Portobello Boutique Hotel D4
14 Semeli Hotel D6

Où se restaurer

15 Eva's Garden D4
16 Funky Kitchen B6
17 Gioras Wood Bakery B6
18 M-Eating C4
19 Nice n Easy A5
20 Sakis Grill House C5
21 Taste Diaries B3
22 To Maereio C4

Où prendre un verre et faire la fête

23 @54 ......D3
24 Babylon A3
25 Cosi C5
26 Galleraki A4
27 JackieO' A3
28 Katerina's Bar A4
29 Lola Bar B4
30 Porta B4
31 Semeli A4

Où sortir

32 Cine Manto B5

Achats

33 Art & Soul D4
34 HEEL Athens Lab C5
35 Muse B4
True Image ......(voir 20)

Fresh BOUTIQUE-HÔTEL €€
(Carte ci-contre ; 22890 24670 ; hotelfreshmykonos.com ; Kalogera 31 ; s/d à partir de 145/150 € ; Pâques-oct ;). En plein centre et doté d'un jardin luxuriant et d'un restaurant renommé (Kalita), cet hôtel loue des petites chambres au style raffiné et minimaliste, ornées de touches design.

Carbonaki Hotel BOUTIQUE-HÔTEL €€
(Carte ci-contre ; 22890 24124 ; carbonaki.gr ; Panahrantou 23 ; s/d à partir de 170/178 € ; Pâques-oct ;). Géré en famille, cet hôtel de charme est une agréable oasis de verdure proposant des chambres claires et confortables à des tarifs variés. Certaines donnent sur la cour centrale baignée de soleil, où vous attendent piscine et Jacuzzi.

Mykonos Bay Hotel COMPLEXE HÔTELIER €€€
(22890 23338 ; mykonosbay-hotel.com ; Megali Ammos ; ch/ste à partir de 252/666 € ; avr-oct ; P). Directement sur la plage de Megali Ammos et à 10 minutes de marche vers le sud depuis le centre, cet hôtel blanchi s'enroule autour d'une piscine d'eau salée. Il y a aussi des bains à remous extérieurs. Les chambres et suites sont décorées d'œuvres d'art suggestives.

Bill & Coo Suites & Lounge BOUTIQUE-HÔTEL €€€
(22890 26292 ; bill-coo-hotel.com ; Megali Ammos ; ste à partir de 990 € ; Pâques-oct ; P). Avec ses 32 suites au cadre luxueux dominant une spectaculaire piscine à débordement, cet hôtel de charme attire les couples en quête d'un séjour romantique. Le restaurant gastronomique de l'hôtel concocte des menus de saison, le spa propose toute une gamme de soins, et le service personnalisé est l'un des plus convaincants de l'île.

Belvedere Hotel HÔTEL DE LUXE €€€
(Carte ci-contre ; 22890 25122 ; belvederehotel.com ; Periferiaki ; ch/ste à partir de 585/900 € ; Pâques-oct ;). D'un chic discret mais très onéreux, cet hôtel dispose d'un service impeccable, d'un restaurant haut de gamme (où officie l'été le chef Nobu Matsuhisa) et une piscine de carte postale. Le Belvedere Hotel est le genre d'établissement où un cocktail coûte le prix d'un repas et où la suite nuptiale dispose de sa propre piscine.

Semeli Hotel HÔTEL €€€
(Carte ci-contre ; 22890 27466 ; www.semelihotel.gr ; Rohari ; ch/ste à partir de 315/567 € ; jan-nov ;). Cet établissement doit à son vaste jardin, à son restaurant sophistiqué avec terrasse et piscine et à ses élégantes chambres contemporaines d'être l'un des plus beaux hôtels haut de gamme de Mykonos. Faites-vous plaisir !

Où se restaurer

Le centre-ville propose un vaste choix d'adresses. Les restaurants haut de gamme et autres adresses fusion y côtoient des tavernes servant des spécialités grecques et des échoppes de souvlakis pour fêtards en manque d'énergie.

Gioras Wood Bakery BOULANGERIE €
(Carte p. 196 ; ☎ 22890 27784 ; Agiou Efthimiou ; en-cas 1-3 € ; ⏱7h-15h). Les fours à bois de cette boulangerie tournaient déjà à plein régime quand Constantinople était encore byzantine ! Fondée en 1420 et tenue par la même famille depuis deux siècles, la boulangerie vend de délicieuses tartelettes aux épinards, des baklavas et toutes sortes de biscuits. Le café, en revanche, est sans intérêt.

Sakis GRILL €
(Carte p. 196 ; ☎ 22890 24848 ; www.sakisgrill.com ; Kalogera 7 ; plats 3,80-13 € ; ⏱12h-2h). Alternative idéale aux restaurants hors de prix du centre, ce grill est constamment envahi de convives attablés devant de copieux souvlakis de porc ou de poulet, ou des gyros aux pitas débordant de viande grillée. Idéale pour les fringales de fin de soirée (ou au petit matin).

Taste Diaries CRÊPERIE €
(Carte p. 196 ; ☎ 22890 29117 ; facebook.com/TheTasteDiaries ; Akti Kambani ; plats 5,80-11 € ; ⏱8h-3h mai, juin, sept-oct, 24h/24 juil-août ; wifi). Une soudaine envie de crêpe salée ou sucrée, de gaufre ou de yaourt onctueux ? Vous êtes au bon endroit : bons petits-déjeuners, sandwichs et salades également.

Joanna's Nikos Place TAVERNE €€
(☎ 22890 24251 ; Megali Ammos ; plats 9-16 € ; ⏱10h-23h ; wifi). Dominant la plage, à quelques minutes de marche au sud des moulins, cette taverne se spécialise dans les classiques grecs, et c'est une réussite, en particulier les beignets de courgette, les tartes aux œufs et fenouil de Mykonos, la moussaka et les grillades mixtes.

Nice n Easy CAFÉ-RESTAURANT €€
(Carte p. 196 ; ☎ 22890 25421 ; www.nice-neasy.gr ; Plateia Alefkandra ; plats 15-23 €, petits-déj 9-15 € ; ⏱10h-0h30 ; wifi ✎). Avec sa terrasse offrant une vue somptueuse sur les moulins, cet avant-poste athénien sert les meilleurs brunchs de Mykonos (œufs Bénédicte, tartines à l'avocat, omelettes aux blancs d'œufs, salades au quinoa et options végétaliennes). Plus tard dans la journée, burgers, sandwichs et *quesadillas* rivalisent avec des recettes grecques classiques.

Eva's Garden GREC €€
(Carte p. 196 ; ☎ 22890 22160 ; www.evas-garden.gr ; Plateia Goumenou ; plats 12-25 € ; ⏱18h30-minuit ; wifi). À l'ombre des vignes d'un petit patio, on savoure dans ce petit bout d'éden des spécialités grecques comme les *soutzoukakia* (boulettes de viande hachée à la sauce tomate), des *spanakopita* (feuilleté aux épinards et à la feta), des moussakas et un vaste choix de grillades de poisson.

♥ **Funky Kitchen** EUROPÉEN €€€
(Carte p. 196 ; ☎ 22890 27272 ; www.funkykitchen.gr ; Ignatiou Basoula 40 ; plats 21-26 € ; ⏱18h-tard mai-oct ; wifi). Dans la cuisine ouverte de ce restaurant à la déco contemporaine, on prépare des plats joliment présentés mêlant saveurs méditerranéennes et techniques de cuisine française, comme le carpaccio de poulpe au baies roses, le poisson grillé à la sauce au beurre blanc ou encore le thon poêlé avec caviar d'aubergine fumé. Le gâteau au chocolat est divin.

M-Eating MÉDITERRANÉEN €€€
(Carte p. 196 ; ☎ 22890 78550 ; www.m-eating.gr ; Kalogera 10 ; plats 24-42 € ; ⏱19h-1h ; wifi). Service attentionné, éclairage tamisé et luxe sans ostentation sont les principales caractéristiques de ce restaurant créatif, spécialisé dans les produits grecs transformés avec brio. Vous pourrez savourer une soupe de poisson des Cyclades, des cakes au thon avec purée de fèves ou de l'agneau cuit basse température, mais pensez à garder de la place pour la succulente tarte au miel de Mykonos.

To Maereio GREC €€€
(Carte p. 196 ; ☎ 22890 28825 ; Kalogera 16 ; plats 17-30 € ; ⏱19h-1h ; wifi). Cet agréable restaurant est apprécié des Mykoniens et des gourmets avisés pour son excellent menu de spécialités de l'île, dans lequel la viande est à l'honneur (essayez les boulettes de viande, le jambon ou les saucisses épicées). Pas de réservation.

Où prendre un verre et faire la fête

Les soirées de Mykonos commencent vers 23h, et ne s'animent véritablement qu'à 1h. Des bars à cocktails chics aux établissements chamarrés de la Petite Venise, il y en a pour tous les goûts. Le quartier de Tria Pigadia ("trois roues"), sur Enoplon Dynameon, est également très festif.

JackieO' GAY
(Carte p. 196 ; 22890 77298 ; www.jackieomykonos.com ; vieux port ; crépuscule-aube). Haut lieu des soirées gays de Mykonos, ce bar en bord de mer est généralement plein à craquer dès 23h30, ce qui n'empêche pas les employés de zigzaguer avec grâce à travers la foule pour servir les clients. La fête y est encore plus folle pendant les spectacles de drag-queens en haute saison.

Lola Bar GAY
(Carte p. 196 ; 22890 78391 ; Zanni Pitaraki 4 ; 20h-3h30 ;). Divas du 7e art aux murs, abat-jour qui vibrent au rythme des chansons d'amour et un mannequin vêtu en drag-queen posé devant un grand miroir composent le décor du meilleur bar à cocktails. Une atmosphère détendue et conviviale et un personnel plus qu'aimable viennent compléter le tableau. L'endroit idéal pour se réhydrater entre le dîner et la piste de danse, à condition de ne pas s'être perdu dans le labyrinthe du centre.

@54 GAY
(Carte p. 196 ; 22890 28543 ; facebook.com/at54Club ; Plateia Manto Mavrogenous ; 21h-4h ;). Avec ses boules à facettes tombant en cascade du plafond et son décor chic aux airs de jungle, ce vaste espace situé à l'étage est un endroit idéal pour commencer la soirée avec un cocktail ou la terminer sur la piste. Les fumeurs se retrouvent sur le balcon de l'avant, très prisé, en contemplant la vue sur le front de mer.

Cosi BAR
(Carte p. 196 ; 22890 27727 ; facebook.com/cosi.gr ; Enopion Dynameon ; 10h-6h ;). Cosy, c'est bien le terme pour cet élégant café avec terrasse, qui se mue la nuit venue en un petit bar animé avec sessions DJ.

Semeli BAR
(Carte p. 196 ; 22890 26505 ; www.semelithebar.gr ; Petite Venise ; 9h-tard). Ce bar à cocktails très chic attire au cœur de la Petite Venise une clientèle jeune et élégante grâce à d'excellentes concoctions maison et des sessions DJ.

Babylon GAY
(Carte p. 196 ; 22890 25152 ; facebook.com/babylonmyk ; Akti Kambani ; 19h30-6h). Lorsqu'il n'y a plus 1 cm² de libre chez JackieO', ceux qui n'ont pas pu entrer se retrouvent ici. Spectacles de drag-queens fréquents en été.

Katerina's Bar COCKTAILS
(Carte p. 196 ; 22890 23084 ; www.katerinaslittlevenicemykonos.com ; Agion Anargyron 8 ; 9h-3h ;). Ce bar ne fait rien pour paraître glamour, ou pire, branché (au point qu'il n'est pas impossible d'y entendre du INXS), mais c'est peut-être ce qui explique qu'on s'y amuse bien plus que dans de nombreuses adresses de la Petite Venise. Il y a quand même une chose très cool : la propriétaire est la toute première femme capitaine de vaisseau de Grèce. Et en prime : un petit balcon très agréable.

Elysium Sunset Bar GAY
(22890 23952 ; www.elysiumhotel.com ; quartier de l'école des Beaux-Arts ; 18h-22h avr-oct). Le bar installé au bord de la piscine de l'Hotel Elysium (établissement "hétéro-friendly") est le premier port d'escale de la soirée pour les fêtards gays. Les serveurs du bar flirtent effrontément avec les clients, sans doute pour faire oublier le prix démesuré des consos. Les spectacles de drag-queens programmés tous les soirs de mi-mai à septembre ont du mal à voler la vedette aux splendides couchers de soleil.

Galleraki COCKTAILS
(Carte p. 196 ; 22890 27188 ; www.galleraki.com ; Little Venice ; 10h-5h ;). Asseyez-vous en plein front de mer ou optez pour le balcon de l'étage pour savourer un cocktail aux fruits frais (goûtez le "katerinaki", spécialité maison à base de melon) ou au champagne.

Porta GAY
(Carte p. 196 ; 22890 27807 ; www.portabar-mykonos.com ; Ioanni Voinovich 5 ; 22h-5h). Ce bar, sorte de brebis galeuse du troupeau gay de Mykonos, propose une ambiance particulière dans de petites pièces ornées d'œuvres de Tom of Finland. La soirée s'anime véritablement à partir de minuit.

☆ Où sortir

Si vous êtes fatigué des bars et des clubs, optez pour le **Cine Manto** (carte p. 196 ; 22890 26165 ; www.cinemanto.gr ; Meletopoulou ; adulte/enfant 9/7 € ; 21h et 23h juin-sept), un somptueux cinéma en plein air, idéalement aménagé dans un jardin. Il y a également un café. Les films sont projetés en version originale ; consultez le programme en ligne.

MILA ATKOVSKA/SHUTTERSTOCK ©

1. Délos antique (p. 207)
Les vestiges de cette cité jadis resplendissante constituent l'un des sites archéologiques les plus importants de Grèce.

2. Anafi (p. 262)
Une bonne cuisine locale vous attend sur cette île isolée et escarpée.

3. Oia (p. 255), Santorin
Des paysages de carte postale.

4. Paros (p. 208)
Les eaux azur autour de Paros invitent à la plongée.

À NE PAS MANQUER

MYKONOS GAY

Mykonos est l'une des destinations balnéaires les plus prisées au monde des hommes gays, qui passent la journée dans l'ambiance clinquante de Super Paradise (ci-contre) ou à draguer sur la plage d'Elia (ci-contre), avant de repasser par Mykonos (Hora) pour faire la sieste et se changer. La soirée commence généralement à l'Elysium Sunset Bar pour profiter de la vue, de cocktails hors de prix et des spectacles de drag-queens inégaux, avant de se poursuivre dans les bars de la ville : Lola pour un cocktail entre hommes efféminés ou Porta pour une ambiance tamisée et plus virile. Ensuite, tout le monde se retrouve pour danser chez JackieO' (après 23h), puis au Babylon ou au @54 pour changer d'air.

Pour faire la fête, venez fin août pour le gigantesque festival de clubbing gay XLSIOR (www.xlsiorfestival.com), qui attire 30 000 participants.

Achats

La concurrence est rude entre les boutiques de mode et les galeries d'art. Pour l'art, cap sur Mavrogenous St ; pour les marques de luxe et d'excellents créateurs grecs, direction Matogianni. Les rues de la Petite Venise abritent quant à elles boutiques de mode, de bijoux et de bibelots en tout genre. Toutes ces enseignes ferment en basse saison (novembre-Pâques).

True Image MODE

(Carte p. 196 ; ☎22890 78588 ; www.trueimage.gr ; Kalogera 11 ; ⏲10h-23h). Cette boutique permet de faire imprimer sur un tee-shirt ou une paire de Converse une image numérique à choisir parmi la vaste sélection proposée sur place ou à apporter soi-même. Une paire de Converse personnalisée vous coûtera 99 €.

Art & Soul ART

(Carte p. 196 ; ☎22890 27244 ; www.mykonos-gallery.com ; Mavrogenous 18 ; ⏲10h-23h). Cette galerie d'art gérée par la famille Rousounelos depuis plus de 30 ans est réservée aux collectionneurs sérieux. On peut y acquérir des sculptures et peintures d'artistes grecs renommés, vendus avec certificats d'authenticité.

HEEL Athens Lab MODE

(Carte p. 196 ; ☎22890 77166 ; www.heel.gr ; Panahrantou ; ⏲11h-2h avr-oct). Vêtements pour femmes en coton et autres textiles bio, ainsi que des bijoux conçus avec des matériaux recyclés.

Muse CADEAUX ET SOUVENIRS

(Carte p. 196 ; ☎22890 77370 ; Dilou 8 ; ⏲11h-15h et 17h-23h). Rapportez dans vos valises un dieu grec fluorescent, une réplique en marbre de figurines cycladiques au regard... de marbre ou une reproduction des œuvres d'art classique, bijoux et céramiques que vous avez vues au musée.

Renseignements

Il n'existe pas d'office du tourisme à Mykonos mais le site de la mairie de l'île est une source d'informations utiles (mykonos.gr/en) ; on peut également s'adresser aux agences de voyages, à l'instar de **Mykonos Traveller** (☎69869 93013 ; www.mykonostraveller.com) et www.inmykonos.com.

Delia Travel (☎22890 22322 ; facebook.com/delia.travel.mykonos ; Akti Kambani ; ⏲9h-21h). Billets de ferry et tickets pour Délos, réservation d'hébergements et location de voitures.

Sea & Sky (www.seasky.gr ; Akti Kambani ; ⏲8h30-21h30). Renseignement et billets d'avion, de ferry et pour Délos.

Depuis/vers Mykonos (Hora)

Mykonos (Hora) est le principal nœud de transports de l'île. On trouve à la gare routière du vieux port (p. 192) des bus pour le nord-ouest et l'est de l'île, et à la gare routière de Fabrika (p. 192) des bus pour l'aéroport et le sud-ouest.

Il y a plusieurs loueurs de voitures en ville, dont Apollon (p. 194) et Anemos (p. 194).

Les **bateaux d'excursions pour Délos** (carte p. 196) partent du ponton sur le front de mer du centre. Les billets sont vendus au kiosque près du quai (p. 207).

Ailleurs sur Mykonos

Hormis Mykonos (Hora), le seul autre village sur l'île est Ano Mera, où se trouve le **monastère de Tourliani** (carte p. 193 ; Ano Mera ; 1 € ; ⏲10h-13h et 15h30-19h), fondé en 1537 puis reconstruit en 1767. L'ensemble, aux allures de château, comprend une somptueuse église coiffée d'une coupole et renfermant une icône dorée finement ouvragée ainsi qu'un petit musée où l'on peut voir des habits sacerdotaux, des documents historiques et des icônes.

Plages

Quand elles étaient encore sauvages, les plages de sable blond de Mykonos faisaient la fierté des Grecs. Désormais, elles sont envahies de parasols, flanquées de bars animés et bondés d'adeptes du bronzage. L'ambiance va de la frénésie la plus totale au snobisme absolu, et le degré de nudité est variable.

Si vous n'êtes pas motorisé, prenez un bus à Mykonos (Hora) ou empruntez les caïques depuis Ornos et Platys Gialos pour atteindre les plages les plus éloignées. Mykonos Sea Transfer (p. 192) donne les horaires sur son site Internet.

Elia PLAGE

(Carte p. 193). Cette superbe étendue de sable doré est coincée entre deux falaises et possède un excellent restaurant. La plage est flanquée d'imposants complexes hôteliers et parsemée de chaises longues. À l'extrémité ouest de la plage (à droite lorsque vous êtes face à la mer), un drapeau arc-en-ciel délimite la section gay, la zone nudiste commençant juste un peu plus loin ; la plupart des estivants gays optent pour une minuscule crique un peu plus loin le long du sentier. La plage est accessible en bus via Ano Mera au départ de la gare routière du vieux port.

Agios Sostis PLAGE

(Carte p. 193). Cette superbe et vaste étendue de sable doré attire bien moins de visiteurs que la côte sud. Il n'y a pas d'ombre et peu de places pour se garer, mais on y trouve une bonne taverne surplombant une petite crique abritée.

Paradise PLAGE

(Carte p. 193). Avec ses eaux limpides et son sable doré, cette plage est tout naturellement couverte de parasols et bordée de bars de plage bruyants, pour la plupart dotés d'un efficace (en particulier au Tropicana). On y trouve un camping, un centre de plongée, un excellent restaurant indien et le club le plus apprécié de toute l'île. De nombreux bus s'y rendent depuis la gare routière Fabrika de Mykonos (Hora).

Super Paradise PLAGE

(Carte p. 193). Quelle aventure que d'observer la foule clinquante et pétulante rassemblée à Super Paradise, la plage la plus gay de tout Mykonos ! Choisissez entre les paillettes du JackieO' Beach Club, sur le promontoire au sud de la plage, et les tables sur le sable du bar de plage.

En saison, un bus privé s'y rend depuis la gare routière Fabrika de Mykonos (Hora).

Paraga PLAGE

(Carte p. 193). Ce magnifique croissant de sable, dont le succès remonte à l'époque des hippies, est connu pour ses fêtes de plage. On y trouve un bon choix de tavernes, une auberge de jeunesse festive, une petite section gay et une zone nudiste.

Des bus s'y rendent depuis la gare routière Fabrika de Mykonos (Hora).

Agrari PLAGE

(Carte p. 193). Vous aurez toute la place d'étendre votre serviette sur cette jolie crique de sable, où vous attend un bar de plage où s'abriter du soleil. Aucun bus ne dessert la plage, qui n'est qu'à une courte marche de celle d'Elia.

Panormos PLAGE

(Carte p. 193). Une bonne portion de cette magnifique plage de sable a été cédée à un grand bar de plage prétentieux, mais il reste quand même beaucoup de place pour étendre sa serviette. Bonne taverne au bord du sable.

Kapari PLAGE

(Carte p. 193). Cernée par les falaises, cette jolie crique sableuse se rejoint en une courte marche par un sentier empierré partant de l'extrémité ouest d'**Agios Ioannis** (carte p. 193).

Platys Gialos PLAGE

(Carte p. 193). Cette vaste étendue de sable blanc, l'une des plages les plus prisées de Mykonos, est flanquée de restaurants et d'un excellent centre de sports nautiques. Des bus s'y rendent depuis la gare routière Fabrika de Mykonos (Hora).

Psarou PLAGE

(Carte p. 193). Les fins connaisseurs de la région se retrouvent sur cette longue étendue de sable blanc bordée d'eaux turquoise, à une courte marche de Platys Gialos.

Activités

Le littoral de Mykonos recèle d'intéressants sites de plongée (épaves, grottes et parois sous-marines). Vous trouverez des agences de plongée sur les plages **Paradise**, **Kalafatis** (carte p. 193) et **Lia** (carte p. 193). Les plages **Kalafatis** et **Ftelia** (carte p. 193) sont idéales pour la planche à voile, et l'on peut s'initier au flyboard ou louer kayaks et planches de SUP à Platys Gialos (ci-dessous).

GoDive Mykonos PLONGÉE
(Carte p. 193 ; ☎6942616102 ; www.godivemykonos.com ; plage de Lia ; plongée 1/2 bouteilles 80/130 € ; ⏲9h30-18h ; 👪). Cette agence professionnelle basée sur la plage de Lia propose nombre d'activités : safaris-plongée itinérants, plongées nocturnes, cours PADI, excursions en snorkeling et initiations à la plongée à partir de 7 ans.

Mykonos Diving Centre PLONGÉE
(☎22890 24808 ; www.dive.gr ; plage Paradise ; plongée 1/2 bouteilles 75/120 € ; 👪). Basé à la plage de Paradise, ce centre réputé propose une gamme de cours PADI, des plongées de nuit, des excursions snorkeling (50 €), des sorties d'initiation à la plongée (120 €) et des cours de plongée pour enfants à partir de 8 ans (120 €).

Platis Gialos Watersports SPORTS NAUTIQUES
(☎6977279584 ; mykonoswatersports.gr ; plage de Platys Gialos ; ⏲9h-21h lun-ven). Cet opérateur se spécialise dans les sports nautiques à haute teneur en adrénaline, avec des sessions flyboard, wakeboard, wakeskate, ski nautique et wakesurf. Loue également des kayaks de mer et des planches de paddle.

Mykonos On Board CROISIÈRES
(☎69324 71055 ; www.mykonosonboard.com). Sur catamaran ou monocoque, sortie à la journée (de 5 à 8 heures) en groupe privé ou semi-privé. Autour de Mykonos et vers les îles de Délos et Rhénée.

W-Diving Kalafati Dive Center PLONGÉE
(Carte p. 193 ; ☎22890 71677 ; mykonos-diving.com ; plage de Kalafatis ; plongée 1 bouteille 65 € ; ⏲8h-16h). Gamme complète de cours et packs de plongée, en particulier session d'initiation à la plongée (80 €) et pack de 10 plongées avec transport et équipement compris (470 €).

Circuits organisés

À mille lieues des bars de plage, Dimitra est une guide polyglotte qui propose des excursions en VTT pour parcourir l'intérieur de Mykonos avec son agence **Yummy Pedals** (carte p. 193 ; ☎22890 71883 ; www.yummypedals.gr ; excursion 4 heures à partir de 50 €). La durée et l'itinéraire sont déterminés en fonction du niveau de chacun, et permettent de découvrir des fermes, des villages et des plages paisibles (avec des pauses pour se baigner et faire un pique nique). Les circuits commencent et se terminent dans le vignoble de la famille de Dimitra Mykonos Vioma, avec la possibilité de se restaurer autour d'un verre de vin.

Départ depuis le vignoble familial (Mykonos Vioma), près d'Ano Mera. Consultez l'itinéraire sur le site Web ou faites-vous accompagner depuis l'arrêt de bus d'Ano Mera.

Où se loger

Les hôtels, appartements et *domatia* sont éparpillés sur plusieurs sites prisés comme Platys Gialos ou Ornos. On trouve des auberges de jeunesse à Paraga et Paradise.

Hotel Jason HÔTEL €€
(Carte p. 193 ; ☎22890 23481 ; www.hotel-jason-mykonos.gr ; Glastros ; s/d à partir de 65/120 € ; P ❄ 📶 🏊). Un hôtel de catégorie moyenne, avec des chambres très propres (les doubles sont plus agréables que les triples) à 30 minutes de marche de Mykonos (Hora) et de 3 plages (Ornos, Psarou et Platys Gialos). Arrêt de bus tout près.

Artemoulas Studios APPARTEMENTS €€
(☎22890 25501 ; www.artemoulas-mykonos.gr ; Platys Gialos ; app à partir de 180 € ; ⏲mai-sept ; P ❄ @ 📶 🏊). Ces appartements indépendants, perchés sur une colline à distance de marche des plus belles plages de Mykonos, sont une belle adresse de milieu de gamme. L'offre va du studio avec kitchenette à des appartements avec 2 chambres.

♥ **Rocabella** BOUTIQUE-HÔTEL €€€
(Carte p. 193 ; ☎22890 28930 ; www.rocabella-hotel-mykonos.com ; Agios Stefanos ; ch/ste à partir de 361/532 € ; ⏲Pâques-oct ; P ❄ 📶 🏊). Difficile d'imaginer plus relaxant qu'un après-midi allongé sur une méridienne au bord de la piscine avec la mer en toile de fond dans cette retraite sophistiquée. Les téléphones à cadran et les mini-enceintes Marshall ajoutent une touche rétro au décor contemporain des 21 chambres, qui ont toutes une terrasse avec vue sur la mer (et un Jacuzzi pour certaines). À 3 km au nord de Mykonos (Hora).

Nissaki BOUTIQUE-HÔTEL €€€
(☎22890 27666 ; www.hotelnissaki.gr ; Platys Gialos ; d/ste à partir de 485/502 € ; ⏲avr-oct ; P ❄ 📶 🏊). Avec sa piscine dominant la baie, cet hôtel est l'un des plus beaux de Mykonos. Les chambres aux murs

blanchis et lumineuses grâce aux grandes baies vitrées sont égayées de touches d'art contemporain. Jacuzzis dans les suites. Le spa, le restaurant romantique à souhait et la lumière nacrée dansant sur les flots la nuit tombée en font une adresse idéale pour un séjour en amoureux.

Branco Mykonos COMPLEXE HÔTELIER €€€
(☎22890 25500 ; brancohotel.com ; Platys Gialos ; ch/ste à partir de 900/1 070 € ; ⊙avr-sept ; ❄📶🏊). Les beats de la station de DJ du front de mer flottent jusqu'à la piscine bordée de chaises longues de cet hôtel moderne occupant la moitié est de la plage de Platys Gialos. Les chambres ont toutes vue sur la mer, le restaurant sert une cuisine grecque contemporaine, et toute une gamme de sports nautiques est proposée sur place.

Palladium BOUTIQUE-HÔTEL €€€
(☎22890 25925 ; www.hotelpalladium.gr ; Psarou ; d/ste à partir de 520/690 € ; ⊙Pâques-oct ; P❄📶🏊). À mi-chemin entre les plages de Psarou et Platys Gialos, cet hôtel cinq étoiles au cadre intimiste, tout en élégantes courbes et murs chaulés, loue des chambres et suites spacieuses (certaines ont une piscine privative). Excellent restaurant, vaste choix au petit-déjeuner, piscine principale immense et personnel aux petits soins.

Soho Roc House BOUTIQUE-HÔTEL €€€
(Carte p. 193 ; ☎22890 27474 ; www.sohohouse.com/houses/soho-roc-house ; plage de Paraga ; ch à partir de 410 € ; ⊙mai à mi-oct ; ❄📶🏊). Si vous logez dans cet établissement luxueux et décontracté, le plus grand dilemme de vos vacances sera de décider où poser votre serviette : au bord de la piscine de l'hôtel, à la plage Paradise (7 minutes à pied) ou sur la plage de Paraga (3 minutes à pied) ?

Où se restaurer

Indian Palace INDIEN €€
(☎22890 78044 ; www.jaipur-palace.gr ; plage Paradise ; plats 8,60-16 € ; ⊙13h-23h ; 📶🥗). Rejeton du Jaipur Palace, restaurant réputé d'Athènes, cet établissement ouvert aux vents sur la plage Paradise propose une carte revisitant avec réussite les grands classiques de la cuisine indienne. Étant donné l'emplacement, un curry de poisson s'impose.

Bowl CAFÉ €€
(☎22890 77659 ; www.bowlmykonos.co ; Nea Periferiaki, Ornos ; plats 9-25 € ; ⊙9h-18h lun-sam, tlj juil-août ; 🥗). Un large disque tout en pièces roses se détache du décor de ce café diététique très apprécié d'une clientèle en bikini venue prendre des forces avant de danser toute la nuit. On y sert de délicieux petits-déjeuners, des smoothies aux baies d'açai, des "shots diététiques" et un vaste choix de plats aux "superaliments", crus et végans. Les cafés sont délicieux.

Kiki's Taverna TAVERNE €€
(Carte p. 193 ; ☎69407 59356 ; Agios Sostis ; plats 10-25 € ; ⊙13h-19h ; 📶). Tous les jours, aux alentours de midi, on fait la queue devant Kiki's en sirotant un verre de vin offert pour patienter. La récompense ? Des portions gigantesques de grillades : côtes de porc marinées, poulpe, espadon et fromage. Le tout est accompagné de salade et servi à l'ombre des vignes de la terrasse avec vue sur la mer.

Kalosta MÉDITERRANÉEN €€
(Carte p. 193 ; ☎22890 78589 ; facebook.com/KalostaRestaurantPanormos ; plage de Panormos ; plats 12-22 € ; ⊙12h-22h ; 📶). Ivres de soleil et la peau tirée par le sel, les plagistes affluent sur la terrasse de Kalosta, qui donne sur la plage de Panormos. Délassez-vous après une épuisante journée de paresse et savourez des plats grecs et italiens faisant la part belle aux délices de la mer.

Fokos Taverna TAVERNE €€
(Carte p. 193 ; ☎6944644343 ; www.fokosmykonos.com ; plage de Fokos ; plats 9-22 € ; ⊙13h-19h ; 📶). De cette taverne établie de longue date s'échappent des effluves appétissants de côtes d'agneau, burgers et calamars grillés, au point de faire saliver les estivants lézardant sur la plage de Fokos. Insulaires et visiteurs s'y retrouvent pour déguster des spécialités locales revisitées avec brio, dont des salades et des plats aux saveurs exotiques (ceviches, riz à l'orientale). Il vous faudra un quad pour vous attaquer à la route défoncée.

Nikolas Taverna TAVERNE €€
(☎22890 25264 ; www.nikolas-taverna.com ; plage d'Agia Anna ; plats 8-17 € ; ⊙10h-22h ; 📶). 🍃 Cette taverne en bord de mer est tenue par la même famille depuis 3 générations. Nikolas, le propriétaire actuel, pêche lui-même le poisson qui côtoie sur la carte des viandes d'origine locale et des légumes de la ferme familiale.

Reeza MÉDITERRANÉEN €€€
(☎22890 28930 ; www.rocabella-hotel-mykonos.com ; Agios Stefanos ; plats 18-38 €). Ce restaurant d'exception sert une cuisine grecque contemporaine sophistiquée et pourtant d'une simplicité trompeuse au bord de la piscine du Rocabella Hotel. Parmi les classiques revisités, goûtez le "crabe contre dolmas" ou le "*saganaki* au carpaccio de crevettes". Autrement, optez si vos moyens le permettent pour un menu dégustation (55-125 €). La carte compte un ou deux plats végans également.

Où prendre un verre et faire la fête

JackieO' Beach Club GAY
(☎22890 77298 ; www.jackieomykonos.com ; Super Paradise). Installé sur le promontoire bordant la plage de Super Paradise à l'ouest, cet établissement clinquant attire une foule de corps musclés à peine couverts de minuscules slips de bain qui prennent la pose et se dandinent autour de la piscine – un spectacle qui mérite le détour. Les prix sont élevés mais le parking est gratuit. Restaurant et spectacles de drag-queens à la saison haute.

Super Paradise Beach Club CLUB
(☎6985919002 ; www.superparadise.com.gr ; ⏲9h-tard ; 📶). Dominant la plage du même nom, ce bar de plage et club est un haut lieu de l'hédonisme à Mykonos. On y voit parfois des célébrités parmi la foule de corps parfaits et largement dénudés frétillant au son des sets de DJ un cocktail à la main. La musique démarre dans l'après-midi et ne s'arrête qu'au petit matin. Navettes gratuites fréquentes pour Mykonos (Hora).

Paradise Beach Club CLUB
(☎6973016311 ; www.paradiseclubmykonos.com ; plage Paradise ; ⏲16h-5h avr-oct). En journée, on vient ici pour siroter des cocktails autour de la piscine d'eau de mer, mais dès 16h la fête commence, puis redouble d'intensité à partir de 22h. L'endroit attire de grands DJ internationaux comme Tiësto ou Erick Morillo.

Cavo Paradiso CLUB
(☎22890 26124 ; www.cavoparadiso.gr ; plage Paradise ; ⏲23h30-7h). Seul établissement de Mykonos à intégrer le Top 100 des Clubs du magazine DJ Mag, ce méga-club en plein air (d'une capacité de 3 000 personnes) installé au sommet d'une falaise recrute systématiquement les meilleurs DJ de la planète. Ne manquez pas les fréquentes *Full Moon parties*.

DÉLOS ΔΗΛΟΣ

24 HABITANTS

Les Cyclades doivent leur nom au cercle (*kyklos*) qu'elles forment autour de l'île sacrée de Délos. Lieu de naissance mythique des jumeaux Apollon et Artémis, le site de la Délos antique fut un lieu de culte dédié au dieu de la Musique, du Chant et de la Poésie, avant de devenir le cœur marchand de la mer Égée et le siège du trésor fédéral de la Ligue de Délos. Inscrit au patrimoine mondial de l'Unesco, ce site archéologique est l'un des plus importants de Grèce.

Délos, qui s'étend sur seulement 5 km de long et 1 300 m de large, offre un contraste apaisant avec Mykonos, d'où l'on part visiter l'île. Il est interdit d'y passer la nuit, et l'on y reste aussi longtemps que les horaires des bateaux le permettent. Hormis dans le musée, il y a très peu d'ombre sur l'île ; pensez à emporter un chapeau, des lunettes de soleil, de la crème solaire et des chaussures de marche.

Il n'y a aucun service de restauration sur l'île ; prévoyez eau et casse-croûte.

Histoire

Délos occupe une place particulière dans la mythologie grecque. C'est ici que Léto, enceinte d'Apollon et d'Artémis et pourchassée sans relâche par la vindicative Héra, trouva refuge et donna naissance à ses jumeaux divins, fruits de ses amours avec Zeus.

Délos est habitée dès le IIIe millénaire av. J.-C. Au VIIIe siècle av. J.-C., l'île est devenue un sanctuaire important du culte à Apollon. Ses temples les plus anciens datent de cette époque. Au Ve siècle av. J.-C., les Athéniens affirment leur contrôle sur Délos et sur la mer Égée.

Constituée par Athènes en 478 av. J.-C., la Ligue de Délos est à l'origine une alliance défensive contre les Perses dont les membres venaient déposer leur tribut dans le temple d'Apollon. Un décret visant à conserver de l'île son caractère totalement sacré interdit ensuite les naissances et les décès sur Délos, contraignant les îliens à naître et à mourir sur l'île voisine de Rhénée (Rinia).

Délos atteint le faîte de son pouvoir pendant la période classique, devenant l'un des trois grands centres religieux de la Grèce et un lieu de commerce florissant. Ses habitants comptent alors de nombreux marchands, capitaines et banquiers fortunés venant de contrées lointaines comme l'Égypte et la Syrie. Ils érigent des temples dédiés aux dieux de leur pays natal, bien qu'Apollon demeure la principale divinité.

Les Romains font de Délos un port franc en 167 av. J.-C. Sa prospérité s'en trouve multipliée grâce à un marché aux esclaves où étaient vendus jusqu'à 10 000 individus par jour. Au siècle suivant, alors que les anciennes religions perdent de leur importance et que de nouvelles voies commerciales se dessinent, Délos entame un long déclin. Au IIIe siècle, l'île ne compte qu'un petit établissement chrétien, et, au cours des siècles suivants, le site antique sert de cachette à des pirates et est abondamment pillé. Les premières recherches archéologiques sur l'île furent entreprises par un membre de l'École française d'Athènes (www.efa.gr/index.php/fr) à la fin du XIXe siècle.

De temps à autre, de nouvelles découvertes archéologiques sont réalisées, comme l'atelier d'orfèvre récemment mis au jour près de la terrasse des Lions.

À voir

Délos antique — SITE ARCHÉOLOGIQUE

(Carte c-dessous ; ☎ 22890 22259 ; musée et site tarif plein/réduit 12/6 € ; ⌚ 8h-20h avr-oct, 8h-14h nov-mars). La ville antique qui s'étendait ici était un centre de commerce ainsi qu'un lieu de culte. Il faut pourtant faire preuve d'imagination pour comprendre que cet immense ensemble de ruines était jadis une ville prospère.

Sur l'île, la billetterie vend des guides détaillés du site et des panneaux

Délos antique

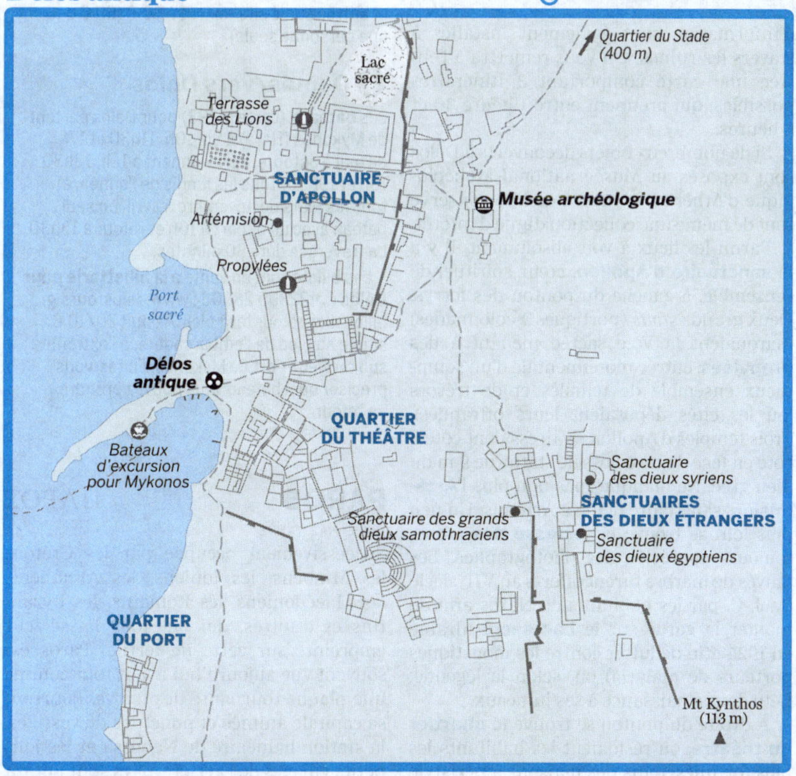

CULTES ÉTRANGERS

Délos était un lieu de pèlerinage pour de nombreux peuples autres que les Grecs, et leurs temples, appelés **sanctuaires des dieux étrangers** (carte p. 207), sont concentrés sur les flancs du mont Kynthos. Les vestiges d'une synagogue du Ier siècle av. J.-C. ont également été mis au jour près du stade.

Sanctuaire des grands dieux samothraciens (carte p. 207). On y vénérait les Kabeiroi, un mystérieux ensemble de divinités samothraciennes.

Sanctuaire des dieux syriens (carte p. 207). Construit autour de 150 av. J.-C., cet ensemble de temples était consacré aux dieux syriens Atargatis et Hadad, qui comptaient de nombreux fidèles à travers le monde grec.

Sanctuaire des dieux égyptiens (carte p. 207). Consacré notamment au culte d'Isis et de Sérapis.

d'information sont également installés à travers les ruines. On vous remettra à l'entrée une carte comportant 3 itinéraires possibles, qui prennent entre 1 heure 30 et 5 heures.

Si de nombreux objets découverts à Délos sont exposés au Musée national archéologique d'Athènes, le musée de l'île conserve tout de même une collection digne d'intérêt.

Parmi les lieux à voir absolument, il y a le **sanctuaire d'Apollon**, cœur spirituel de l'ensemble, à gauche du ponton des ferrys. Deux grands *stoas* (portiques à colonnades) marquaient la Voie sacrée menant à des **propylées**, entrée monumentale d'un somptueux ensemble de temples et de trésors (où les cités déposaient leurs offrandes). Trois temples d'Apollon s'y dressaient côte à côte en face d'une colossale statue de 9 m du dieu grec. Ne manquez pas non plus l'**Artémision**, sanctuaire dédié à Artémis. Un peu plus loin se trouve la **terrasse des Lions**, toujours appréciée des photographes. Les fauves de marbre furent offerts au VIIe siècle av. J.-C. par les habitants de Naxos afin de monter la garde sur le **Lac sacré** (drainé en 1925 afin de lutter contre les moustiques porteurs de malaria) où, selon la légende, Léto donna naissance à ses jumeaux.

À droite du ponton se trouve le **quartier du théâtre**, où résidaient les habitants les plus fortunés, dans des maisons à péristyle ornées de somptueuses mosaïques polychromes. Plus loin vous attendent les **sanctuaires des dieux étrangers** et le sentier menant au sommet du **mont Kynthos** (mont Cynthe, 113 m), d'où l'on peut contempler les îles voisines.

♥ **Musée archéologique** MUSÉE
(Carte p. 207 ; ⏲8h-20h mi-avr à oct). GRATUIT De nombreuses pièces archéologiques sont préservées dans ce musée incontournable, dont de nombreuses fresques, mosaïques et statues d'origine – notamment les magnifiques lions de Délos –, remplacées sur le site par des répliques. Dans la salle de gauche, ne manquez pas la vitrine exposant plusieurs grands phallus en pierre.

ℹ Renseignements

Les panneaux d'information du site sont très bien faits, mais visiter accompagné d'un guide permet de mieux comprendre le contexte, les quartiers et les édifices. De plus, ils pourront parfois vous éviter de faire la queue à l'entrée. Une excursion guidée avec transport en bateau et entrée sur le site revient à 50 € (68 € pour une personne seule).

ℹ Depuis/vers Délos

Les **bateaux** (carte p. 193) pour Délos partent de Mykonos (Hora) à 9h, 10h, 11h30 et 17h de mai à octobre, et reviennent à 12h, 13h30, 15h et 19h30. Tous les lundis de l'année, et tous les jours de novembre à avril, un seul bateau avec un départ à 10h et retour à 13h30. La traversée dure 30 minutes.

Les billets sont en vente à la **billetterie pour Délos** (☎22890 28603 ; www.delostours.gr ; billet aller-retour tarif plein/réduit 20/10 €), située au pied de l'embarcadère, à l'extrémité sud du vieux port de Mykonos. Faites-vous préciser quel bateau vous pouvez prendre au retour.

PAROS ΠΑΡΟΣ

12 853 HABITANTS

Successivement occupée par les Crétois, les Minoens, les Ioniens, les Arcadiens, les Macédoniens, les Romains, les Byzantins et d'autres, qui ont tous laissé leur empreinte sur cette île fertile, Paros est souvent vue aujourd'hui avant tout comme une plaque tournante des ferrys. Pourtant sa capitale animée et ponctuée de vestiges, la station balnéaire de Naoussa et les jolis petits villages de l'arrière-pays sont autant d'atouts peu connus par les visiteurs. Les activités ne manquent pas : belles randonnées et excellents sites de planche à voile, de kitesurf et de plongée.

Star géologique de la Grèce pour la qualité de son marbre blanc extrait des montagnes de l'intérieur, Paros lui doit sa prospérité depuis le cycladique ancien et son renom, car les plus grands chefs-d'œuvre antiques, telle la *Vénus* de Milo, sont nés de ce marbre au grain et à la transparence incomparables. Pour le tombeau même de Napoléon, on en fit extraire à nouveau au XIXe siècle.

Plus petite et plus propice à la détente, l'île d'Antiparos (p. 216), 1 km au sud-ouest de Paros, est facilement accessible en car-ferry ou en bateau d'excursion.

Renseignements

Plus d'informations sur le site d'une agence locale, www.parosweb.com,

Depuis/vers Paros

AVION

L'**aéroport de Paros** (carte ci-dessous ; ☎22840 44070), à quelques kilomètres au sud de Parikia, dessert plusieurs fois par jour Athènes (75 €, 40 min) via les compagnies Olympic Air (www.olympicair.com) et Sky Express (www.skyexpress.gr). Un taxi de l'aéroport à Parikia/Naoussa coûte environ 20/35 €.

BATEAU

Bateaux au départ de Paros :

VERS	DURÉE (HEURES)	TARIF (€)	FRÉQUENCE
Aegiali (Amorgos)	3¼-5½	13-21,50	5/sem
Anafi	7	16	2/sem
Astypalée	5	37	4/sem
Donoussa	2¼-2½	11-17,50	5/sem
Folégandros	3½-6¼	9-60	1-2/jour
Ios	50 min	11-27	3-5/jour

Paros et Antiparos

VERS	DURÉE (HEURES)	TARIF (€)	FRÉQUENCE
Iraklia	1¼-6	11-17	4/sem
Héraklion	4-6½	55-75	2-4/jour
Katapola (Amorgos)	2-6	13-32	1-3/jour
Koufonissi	1¼-3¼	19-35	2-3/jour
Mykonos	40 min-1¼	18-32	6-8/jour
Naxos	30 min-1½	6-24	5-7/jour
Le Pirée	3¼-5¼	33-40	3-6/jour
Rafina	3¼-6¼	31-46	3/jour
Santorin	2-3½	20-46	4-5/jour
Shinoussa	2¾	7-35	1-2/jour
Syros	1½-2¼	7-35	1-2/jour
Tinos	1½-2½	34-39	4-5/jour

Comment circuler

BATEAU

Des caïques partent du quai de Parikia vers les plages de Paros et d'Antiparos. Le billet (8-15 €) s'achète à bord.

BUS

Des **bus** (☎22840 21395 ; ktelparou.gr) fréquents relient Parikia à Naoussa, d'où l'on peur rejoindre la plage de Hrysi Akti, Prodromos ou Marmara. Des bus relient également Parikia à Pounta (départ des ferrys pour Antiparos) et à l'aéroport. Les billets s'achètent aux distributeurs aux gares routières, auprès des kiosques et des supérettes dans toute l'île ou au chauffeur, à un prix légèrement supérieur.

TAXI

Les **taxis** (☎22840 21500), à Parikia, stationnent près du rond-point. Comptez 20 € pour l'aéroport, 15 € pour Naoussa, 13 € pour Pounta, 15 € pour Lefkès et 24 € pour Piso Livadi. Ajoutez 1 € au départ du port. Prévoyez un supplément pour les bagages et les réservations.

VOITURE ET MOTO

De nombreux loueurs sont installés sur les fronts de mer de Parikia et Naoussa et dans l'île. En haute saison, comptez au moins 45 € par jour pour une voiture, 30 € pour un quad et 20 € pour un scooter. **Acropolis** (carte ci-contre ; ☎22840 21830 ; www.acropolisparos.com ; front de mer de Parikia) est un prestataire fiable.

Parikia Παροικιά

3 000 HABITANTS

Si petite soit-elle, Parikia présente plus d'un attrait. Très préservé, son centre historique labyrinthique compte de nombreux cafés, restaurants et boutiques. Vous découvrirez aussi d'impressionnants sites archéologiques, un front de mer jalonné de tavernes et de bars, d'excellents hébergements de catégorie moyenne et de belles plages de sable – celle de Livadia, accessible à pied, au nord de la ville, est recherchée.

À voir et à faire

♥ Panagia Ekatontapyliani — ÉGLISE

(Carte ci-contre ; www.ekatontapyliani.gr ; Ekatondapylianis ; ⏲8h-21h). C'est l'une des plus belles églises des Cyclades. Fondé en 326, le bâtiment actuel date du VIe siècle ; cette basilique paléochrétienne regroupe en fait trois églises distinctes : Agios Nikolaos (chapelle saint-Nicolas), la plus grande, dotée de colonnes en marbre de Paros et d'une iconostase sculptée, à l'est ; Notre-Dame, au riche décor ; et enfin, l'ancien baptistère. Ekatontapyliani signifie "la Vierge aux cent portes". Le **Musée byzantin** (carte ci-contre ; Ekantondapylianis ; 2 € ; ⏲9h-22h avr-oct), dans l'enceinte de l'église, expose des objets d'art sacré, dont des icônes.

♥ Musée archéologique — MUSÉE

(Carte ci-contre ; ☎22840 21231 ; 2 € ; ⏲8h-15h mer-lun). Ce musée renferme une Nikè (Victoire ailée) du Ve siècle av. J.-C., une gorgone du VIe siècle av. J.-C. et la première représentation grecque connue d'un personnage assis (VIIIe siècle av. J.-C.). Une des pièces maîtresses de la collection est un fragment de la *Chronique de Paros* (264 av. J.-C.), qui présente les personnalités et événements majeurs de la Grèce antique.

Kastro — RUINES

(Carte ci-contre). Édifié en 1260 par le duc vénitien de Naxos, de lignée Sanudo, sur les vestiges d'un temple d'Athéna, le fort franc a été construit avec des matériaux de réemploi d'origine antique. Ses murs découvrent par strates entablements de temples et tambours de colonnes du Ve siècle av. J.-C.

Paros Hikes — RANDONNÉE

(☎6972288821 ; www.paroshikes.com). Christoforos et Lambos organisent des circuits pour explorer les secteurs les moins connus de Paros et Antiparos : balades dans la campagne ou randonnées sur les hauteurs. Vous pourrez participer à une randonnée programmée ou établir un itinéraire sur mesure. Les événements à venir sont annoncés sur le site Internet, avec les détails du parcours et le prix. Également excursions vélo/rando et voile/rando.

Parikia

Parikia

Les incontournables
1 Musée archéologique C2
2 Panagia Ekatontapyliani B2

À voir
Musée byzantin .... (voir 2)
3 Kastro A2
4 Rond-point des moulins B1

Activités
5 Travel to Paros A2

Où se loger
6 Argonauta Hotel A2
7 Hotel Dina A3
8 La Selini D1
9 Pension Sofia D1
10 Rooms Mike B1

Où se restaurer
11 Cafe Distrato B2
12 Levantis A2
13 Symposium B2
14 Trata Fish Taverna D1

Où prendre un verre et faire la fête
15 Bebop A2
16 Koukoutsi A2
17 Sativa Music Bar A2

Où se loger

Pension Sofia PENSION €€
(Carte ci-dessus ; 22840 22085 ; pension-sofia.gr ; d/tr 80/120 €, petit-déj 8 € ; avr-oct ;). À 100 m du rivage et à 400 m du débarcadère des ferrys, le jardin, parfaitement entretenu, vaut à lui seul le déplacement. Certaines des chambres, toutes impeccables, sont décorées d'œuvres du propriétaire.

Paros Bay COMPLEXE HÔTELIER €€
(Carte p. 209 ; 22840 21140 ; www.parosbay.com ; s/d/tr à partir de 100/119/140 € ;). À 5 minutes en voiture de Parikia mais offrant tout le confort et l'isolement d'un complexe balnéaire, Paros Bay loue de spacieuses chambres chaulées réparties autour d'une piscine d'eau salée et entourées de végétation. Pas envie de bouger ? Il y a sur place un savoureux restaurant méditerranéen et un bar.

Hotel Dina HÔTEL €€
(Carte p. ci-dessus ; 22840 21325 ; hoteldina.com ; Agora – Market St ; s/d/tr 80/90/120 € ; mai-oct ;). Au cœur de la vieille ville, cet hôtel géré en famille compte 8 chambres immaculées et confortables avec murs

chaulés et lits en fer forgé. Chacune se prolonge d'un petit balcon donnant sur la rue, tandis que le bâtiment central s'organise autour de petites cours communes entre fontaines et plantes. Dina, l'hôtesse, est une mine d'informations.

Rooms Mike PENSION €€
(Carte p. 211 ; ☎693 275 6150 ; roomsmike.com ; studio 100 € ; ❄📶). Une pension appréciée pour son atmosphère conviviale, à deux pas du quai des ferrys. L'établissement loue des studios indépendants pour 2 personnes avec cuisine. Vous apercevrez l'enseigne vers la gauche du quai.

La Selini PENSION €€
(Carte p. 211 ; ☎22840 23106 ; www.laselini.com ; s/d/tr 75/95/120 € ; ⏲avr-oct ; ❄📶). Pension superbement tenue par Lou Ann, citoyenne nord-américaine, à deux pas de la plage de Livadia. La jolie propriété comprend des chambres confortables et lumineuses et des studios pouvant loger jusqu'à 4 personnes. Les chambres à l'étage ont vue sur la mer.

Argonauta Hotel BOUTIQUE-HÔTEL €€
(Carte p. 211 ; ☎22840 21440 ; www.argonauta.gr ; Plateia Mavrogenous ; d/tr/ste avec petit-déj 128/135/275 € ; ⏲avr-oct ; ❄📶). Installé sur la place principale de Parikia, cet hôtel dispose de chambres confortables, de suites spacieuses avec balcons et d'un décor élégant, sans même parler des magnifiques parties communes. Également studios et appartements proches à louer directement sur Internet. L'établissement a son propre café-restaurant, et les tentations de Market St sont sur le pas de la porte.

Où se restaurer

♥ **Cafe Distrato** CAFÉ €
(Carte p. 211 ; ☎22840 25175 ; G Gravari ; plats 5-12 € ; ⏲8h-tard). Dînez sur la terrasse à l'ombre d'une verdoyante canopée dans ce café dont l'ambiance chaleureuse fera bientôt de vous un habitué. Ouvert toute la journée à côté d'une boutique de produits locaux, il propose une cuisine qui plaira à tous : crêpes, sandwichs, burgers, pâtes et salades, à accompagner de café, cocktails ou vins régionaux. On le repère facilement à l'arbre immense dominant la rue.

Symposium CAFÉ €
(Carte p. 211 ; ☎22840 24147 ; cafesymposium.gr ; plats à partir de 8 € ; ⏲9h-15h30 et 18h-minuit). Faites un délicieux repas léger (les salades sont divines) dans un cadre enchanteur et sophistiqué, sous un immense bougainvillée, sur fond de jazz ou de classique. L'une des meilleures adresses de Parikia, à l'écart des foules à l'arrière de la ville.

♥ **Trata Fish Taverna** POISSON €€
(Carte p. 211 ; ☎22840 24651 ; plats 12-20 € ; ⏲12h-3h). Cette taverne tenue en famille depuis vingt ans, à 5 minutes de marche du port, ne sert que des produits de la mer, les meilleurs de tout Paros. Vous pourrez savourer un ragoût de poulpe, une friture de crevettes, un calamar grillé ou le plat de la pêche du jour.

Ephessus GREC €€
(☎22840 22520 ; www.parosweb.com/ephessus ; plage de Livadia ; plats 8-15 € ; ⏲10h-tard). Installé à l'orée d'une plage, dans le jardin éclairé de lanternes, on savoure un plat grec ou anatolien tout juste sorti du four à bois de ce restaurant, dont on comprend aussitôt pourquoi il remporte un tel succès. Goûtez les *manti* (raviolis d'Anatolie), la *peinirli* (pizza traditionnelle) ou tentez les plats du jour mitonnés par le chef.

Levantis GREC €€
(Carte p. 211 ; ☎22840 23613 ; www.levantisrestaurant.com ; Agora – Market St) ; plats 13-22 € ; ⏲19h-23h mai-oct). Entre cour ombragée et intérieur sobre, chaulé, avec des touches d'art moderne : voilà un cadre raffiné pour l'une des meilleures tables de cuisine grecque contemporaine aux Cyclades. Savourez d'audacieuses combinaisons de saveurs, comme le poulet avec feuilles de vigne aux pistaches, l'agneau braisé au miel épicé et fenouil ou le risotto à l'orange et aux crevettes à l'ail. Réservation recommandée.

Où prendre un verre et faire la fête

♥ **Sativa Music Bar** COCKTAILS
(Carte p. 211 ; ☎22840 28307 ; facebook.com/sativaparos ; G Gravari ; ⏲10h-3h). Installé dans la rue piétonne de la vieille ville, ce café animé sert des brunchs en journée puis se mue en bar à cocktails dès la nuit tombée. Le décor marocain se prête à merveille à la dégustation de cocktails originaux, le tout sur fond de musique live.

♥ **Bebop** BAR
(Carte p. 211 ; ☎22840 28075 ; ⏲9h-4h). Grimpez quelques marches derrière le *kastro* pour atteindre ce bar du front de mer fort de plusieurs espaces extérieurs, dont un

toit-terrasse parfait pour contempler le couchant. Goûtez l'un des cocktails originaux comme le Spicy Clown (liqueur de bergamote, jus de concombre, baies roses) ou venez pour le brunch. Bonne musique live (souvent du jazz).

Koukoutsi BAR
(Carte p. 211 ; ✆ 6933020592 ; Plateia Mavrogenous ; ⌚ 8h-tard). Sur la place principale côté intérieur des terres, ce bar est un véritable joyau. Petit, animé, avec affiches aux murs et bancs en bois avec coussins, on y rejoint les locaux pour grignoter des mezze et siroter jus de fruits, café, bière et ouzo.

Renseignements

Sur le front de mer, en face de la gare routière, **Travel to Paros** (carte p. 211 ; ✆ 22840 24245 ; traveltoparos.gr). Billets de ferry, renseignements sur les hébergements et la location de voitures, service de consigne à bagages et réservations d'excursions.

Naoussa — Νάουσα

2 850 HABITANTS

L'ancien village de pêcheurs s'est progressivement mué en une station balnéaire chic et fréquentée. Perchée en bordure de la vaste baie de Plastira, la bourgade se targue de quelques belles plages, d'excellents restaurants et d'hôtels, cafés et bars raffinés les pieds dans le sable. Derrière le front de mer se trouve un dédale de ruelles chaulées ponctué de bars, de cafés et de boutiques de mode intimidantes et d'un blanc aveuglant.

À voir et à faire

Pour découvrir Naoussa, le mieux est de flâner au hasard des rues de la vieille ville, en admirant au passage les ruines du *kastro* vénitien du XVe siècle, dressées sur le port.

Autour, les plus belles plages sont **Kolimbythres** et **Monastiri** ; la seconde a l'attrait de superbes sites de snorkeling. **Lageri** mérite aussi le détour pour son ambiance décontractée. **Santa Maria**, de l'autre côté du promontoire à l'est, se prête idéalement à la pratique de la planche à voile. Accessibles par la route, ces plages sont toutes desservies par des caïques au départ de Naoussa en juillet-août.

★ **Vignoble Moraitis** VIGNOBLE
(✆ 22840 51350 ; www.moraitiswines.gr ; dégustations 6-8 € ; ⌚ 10h-15h, 10h-22h juin-sept). Les Moraitis sont vignerons depuis 1910 et leur savoir-faire est reconnu. Accoudez-vous au bar pour déguster entre 6 et 15 vins, dont le plus demandé est le blanc de Paros, produit avec un cépage endémique de l'île, le *monemvasia*. Le vignoble est facilement accessible à pied depuis le centre-ville, en direction du sud-est.

Michael Zeppos CIRCUITS EN BATEAU
(✆ 69478 17125 ; www.mzeppos.gr). Au départ principalement de Naoussa (mais aussi d'Aliki), ce prestataire organise des circuits en voilier de trois jours, lesquels permettent de découvrir les plages de Paros, Antiparos et éventuellement Naxos. Également des options "pêche". Consultez le site Internet pour plus de détails ; les prix sont établis selon le nombre de participants.

Où se loger

★ **Sea House** PENSION €€
(✆ 22840 52198 ; ch 107 € ; ❄ 📶). À la fois à l'écart de l'agitation de Naoussa et pourtant à une courte marche des tentations de la ville, cette pension au bord de la mer loue des chambres ornées de blanc et bleu (Cyclades oblige), dotées de douches à effet de pluie et, summum du bonheur, de terrasses avec vue sur la mer et le soleil couchant.

Katerina Mare APPARTEMENTS €€
(✆ 22840 51642 ; katerinamare.com ; d/tr 120/140 € avec petit-déj, app à partir de 160 € ; ❄ 📶). En un mot : parfait. Des suites baignées de lumière, offrant chacune une vue magnifique et tout le confort possible, dont des kitchenettes. Le service est de premier ordre. L'établissement est situé à flanc de colline, au sud-ouest du centre-ville.

★ **Mr & Mrs White** BOUTIQUE-HÔTEL €€€
(✆ 22840 55207 ; mrandmrswhiteparos.com ; d/qua à partir de 180/220 € ; ❄ 📶 🏊). Perché sur un promontoire voisin de Naoussa et entouré de 3 piscines, ce merveilleux hôtel loue des chambres chaulées spacieuses avec un mobilier en rotin et une déco cycladique contemporaine, le tout avec service personnalisé. Détente assurée.

Lilly Residence BOUTIQUE-HÔTEL €€€
(☎22840 51377 ; www.lillyresidence.gr ; ste 331-873 € avec petit-déj ; ⏱mai-oct ; P ❄ 📶 ≋). Cet hôtel, le plus chic de Naoussa, associe pierre, bois et osier du plus bel effet, avec le blanc pour dénominateur commun. L'endroit cultive un luxe discret (on apprécie les produits de toilette de grande marque) et les enfants de moins de 12 ans n'y sont pas admis. À quelques pas de l'eau, les 11 suites ont vue sur la mer (certaines ont une piscine ou un Jacuzzi privatifs). Vous pourrez aussi profiter de la magnifique piscine.

Où se restaurer

De nombreux restaurants jalonnent le front de mer, le tout dans une atmosphère on ne peut plus conviviale à deux pas des bateaux amarrés et de la plage. On trouve dans les rues de la vieille ville des adresses plus inventives que les traditionnelles tavernes, ainsi que des échoppes de *gyros*.

Sousouro CAFÉ €
(☎22840 53113 ; facebook.com/Sousouro-CafeBar ; petit-déj 4-6 € ; ⏱9h-3h). Occupant un petit coin de rue dans la vieille ville, ce café est expert en matière de saveurs. L'un des meilleurs petits-déjeuners de l'île vous y attend : smoothies et milk-shakes revigorants, muesli maison au lait de brebis et miel de thym, plus des toasts à l'avocat ou au beurre cacao-noisette et à la banane. Le soir, les délicieux cocktails prennent le relais.

Souvlakia Kargas KEBABS €
(☎22840 53503 ; facebook.com/KargasParos ; plats à partir de 3 € ; ⏱12h-1h). Cette échoppe de souvlakis est un modèle du genre : les *gyros* de porc et de poulet tournant lentement sur leurs broches respectives mettent l'eau à la bouche, puis les viandes délicieusement assaisonnées viennent rejoindre les frites garnissant les pitas, le tout accompagné de salades fraîches. Installez-vous dans l'étroite ruelle ou commandez à emporter.

To Paradosiako CONFISERIE €
(loukoumadhès 4-5 € ; ⏱18h-minuit). Une escale incontournable pour ses légendaires *loukoumadhès* (beignets grecs), que chacun est libre d'agrémenter selon ses goûts : miel, chocolat et/ou glace.

Tao's Center THAÏ €€
(Carte p. 209 ; ☎22840 28882 ; taos-greece.com ; Ambelas ; plats 10-14 € ; ⏱avr-déc ; ✎). Ce centre de méditation et de bien-être possède un excellent restaurant ouvert à tous, tenu par un chef thaï qui mitonne des currys et des plats panasiatiques comme des gyozas. Pour rejoindre le centre, prenez la direction d'Ambelas depuis la route principale puis suivez les panneaux. La route est presque entièrement goudronnée.

Taverna Glafkos MÉDITERRANÉEN €€
(☎22840 52100 ; plats 9-18 € ; ⏱13h-minuit). Avec ses tables posées presque sur le sable de la plage d'Agios Dimitrios, ce restaurant à l'écart des foules mise sur les produits

VAUT LE DÉTOUR

LEFKÈS

Le charmant village de Lefkès est posé dans un amphithéâtre naturel entouré de collines aux sommets parsemés de vieux moulins. Le bourg respire la sérénité, et la sieste y est d'ailleurs une affaire sérieuse. Ancien chef-lieu de Paros au Moyen Âge, Lefkès, situé à 9 km au sud-ouest de Parikia par la route qui traverse l'île, invite à une délicieuse balade au fil de ses ruelles. Vous pouvez faire une randonnée sur le sentier byzantin, qui part à l'est vers Marpissa.

La **cathédrale Agia Triada** est un édifice impressionnant, doté de clochers uniques en leur genre. Sur la place, en face de la cathédrale, **Kafeneio tis Marigos** (☎22840 44014 ; Lefkès ; en-cas à partir de 4 € ; ⏱9h-tard) est un ravissant café rétro où Kostas sert des boulettes de viande et des gâteaux maison. Pour des spécialités des Cyclades plus substantielles et créatives, préparées avec des herbes aromatiques et des légumes cultivés sur place, faites une halte chez **Aranto** (☎22840 44070 ; Lefkès ; plats 10-15 € ; ⏱13h-minuit ; ✎), près de l'entrée du village.

Sur la route principale, l'**atelier de céramique de Lefkès** (☎22840 43255 ; ⏱11h30-22h) expose les céramiques primées de Kostas Fifas. Kostas travaille avec des techniques uniques apprises de son père ; vous pouvez l'observer à l'œuvre dans son atelier, puis acheter une pièce si le cœur vous en dit.

de la mer agrémentés d'influences internationales. Goûtez les moules à la vapeur et les calamars grillés, ou dégustez un *saganaki* de crevettes ou un risotto au noir de seiche – le tout se marie parfaitement avec le vin blanc local.

Où prendre un verre et faire la fête

Santé COCKTAILS
(22840 51747 ; www.santecocktailbar.com ; 10h-3h30). À quelques rues au sud du front de mer, à l'ombre d'un immense eucalyptus, Santé est un bon endroit pour un café en journée, mais ne s'anime véritablement que le soir venu. Cocktails à base d'ingrédients haut de gamme (essayez l'Aegean Mist of Caramel Passion, la spécialité maison) et bonne musique d'ambiance.

Sommaripa Consolato BAR
(22840 55233 ; facebook.com/Sommaripa-Consolato ; 9h30-3h). Le propriétaire a aménagé ce café-bar surélevé dans l'ancienne maison de ses grands-parents, au beau milieu du petit port de Naoussa (au-dessus du restaurant Mario's). Le lieu est donc idéal pour observer les convives attablés aux terrasses. Boissons, en-cas et service : tout est parfait.

To Takimi BAR
(café-concert ; 22840 55095 ; facebook.com/takimiparos ; 17h-tard). On se retrouve ici, au sud de la grand-place, pour boire une bière ou de l'ouzo sur fond musical. Les instruments à cordes sont alors décrochés du mur pour jouer du rébétiko, à moins que l'on ne fasse place au rock.

Renseignements

Erkyna Travel (22840 53180 ; www.erkynatravel.com). Billets de ferry et aide pour l'hébergement, la location de voitures, les excursions, les sports aquatiques et les sorties en bateau vers d'autres îles. Le long de la route principale à l'entrée de la ville.

Depuis/vers Naoussa

Naoussa est à 8 km au nord de Parikia. De nombreux bus (p. 210) relient les deux localités (2 €). Le bus en provenance de Parikia a son terminus juste en retrait du front de mer, à l'emplacement d'un vaste parking public (le centre historique, à l'est, est majoritairement piétonnier).

Si vous êtes en voiture, garez-vous au parking gratuit à l'entrée de la ville.

Ailleurs sur Paros

La plus belle plage de Paros, **Hrysi Akti** – Golden Beach, la "plage dorée" – (carte p. 209), sur la côte sud, est idéale pour la baignade et la planche à voile, et compte de bonnes agences de plongée.

Autour de **Pounta**, la côte ouest de Paros est le domaine des sports aquatiques : le long rivage aux eaux peu profondes, ainsi que le vent dominant offrent des conditions idéales pour la pratique de la planche à voile et du kitesurf, quel que soit votre niveau.

Paros est modérément apprécié des randonneurs.

Paros Park (carte p. 209 ; 22840 53573 ; www.parospark.com ; péninsule d'Agios Ioannis Detis). Sur 80 ha, ce parc protégé est situé au nord de Naoussa et comprend des formations rocheuses, des grottes, des criques et de plages remarquables. On y trouve aussi trois sentiers de randonnée, un musée, un monastère et un théâtre antique accueillant des festivals et le cinéma en plein air **Cine Enastron** (carte p. 209 ; 22840 53573 ; www.parospark.com/cine-enastron ; parc de Paros ; 21h30 juil-sept). Le parc est à 10 minutes de route de Naoussa, direction ouest puis nord, sur la péninsule d'Agios Ioannis Detis.

Activités

Force7 Surf Centre PLANCHE À VOILE
(22840 41789 ; force7paros.gr). Ce centre situé sur Hrysi Akti propose des cours de planche à voile (40 €/heure ; cours pour enfants aussi). Location de planche à voile (16 €/heure), kayak (15 €/heure), de paddle (20 €/heure) et des catamarans (50 €/heure).

Paros Kite KITESURF
(22840 93018 ; www.paroskite.gr ; initiation 1 heure 30 90 €). Ce complexe de Pounta est entièrement dévolu au vent. On peut y prendre des cours de kitesurf et de planche à voile (forfait 4 heures débutant 250 €). Également location de matériel, boutique de surf, bar-café, massages et cours de yoga.

Aegean Diving College PLONGÉE
(22840 43347 ; plongée depuis le rivage 80 € ; 9h30-19h). Sur Hrysi Akti, un centre bien établi depuis les années 1990 avec toute une gamme de plongées ainsi que des cours.

Où se loger

En plein sur Hrysi Akti, le **Golden Beach Hotel** (22840 41366 ; goldenbeach.gr ; Hrysi

Akti ; d 130 € avec petit-déj, app 4 pers 260 € ; ⏲avr à mi-oct ; ❄📶) dispose de chambres et appartements sobres mais attrayants, aux tons pastel. Mais le véritable atout du lieu tient à son extérieur : une splendide pelouse qui s'étend jusqu'au rivage, avec un restaurant, un bar de plage et une kyrielle d'activités balnéaires. On ne s'ennuie jamais sur la côte est de Paros. Séjour minimum de 2 nuits en août.

ANTIPAROS ΑΝΤΙΠΑΡΟΣ

1 211 HABITANTS

À peine débarqué sur l'idyllique Antiparos au large de Paros, vous serez gagné par une douceur de vivre propre à l'île : le village principal et le port (également appelé Antiparos) en sont, de fait, extrêmement calmes. Si le front de mer et les rues principales sacrifient à une ambiance touristique surfaite, le village se prolonge à l'intérieur des terres au gré de places tranquilles et de ruelles qui débouchent directement sur les champs.

Le reste de l'île, au sud du village, compose un paisible paysage champêtre. Il y a plusieurs plages correctes, notamment à Psaralyki, près du village, et au sud à Glyfa et Soros, ainsi que l'une des plus célèbres grottes de Grèce. Antiparos est depuis peu devenu un "coin secret" pour personnalités ne souhaitant pas être dérangées : familles royales d'Europe, comédiens ou stars du show-biz viennent y passer des vacances.

À voir

♥ Grotte d'Antiparos GÉOLOGIE

(Carte p. 209 ; antiparos.gr ; adulte/enfant 6/3 € ; ⏲10h-17h juil-août, 10h-15h avr-juin et sept). Indiquée depuis la principale route côtière à 10 km au sud du port, cette gigantesque cavité demeure impressionnante malgré la disparition de nombreuses stalactites et stalagmites, détruites ou volées. En décembre 1673, le marquis de Nointel (ambassadeur de Louis XIV à Constantinople) y célébra une messe de Noël. Lui et d'autres sommités (dont Othon Ier, roi de Grèce, et sa reine Amélie) ont laissé au fil des siècles plusieurs inscriptions gravées dans les formations rocheuses.

La descente des plus de 400 marches vous fera des cuisses en béton. Accessible en bus depuis le port (1,80 €).

♥ Antiparos (Hora) VILLAGE

La longue rue piétonnière de ce village enchanteur est jalonnée de boutiques, bars et restaurants. Suivez-la jusqu'au bout pour atteindre l'immanquable platane géant de la Plateia Agios Nikolaou. De là, une étroite ruelle franchit un passage voûté et mène aux vestiges du *kastro* vénitien, qui protégeait l'île des attaques de pirates et date du milieu du XVe siècle. Beau panorama et coucher de soleil depuis le haut du donjon.

Anti Art Gallery GALERIE

(☎22840 61544 ; antiartgallery.gr ; ⏲19h-0h30 juin-sept). Cette galerie installée à côté de l'entrée du *kastro* présente des œuvres de peintres et de photographes. Chaque année en juillet, la galerie investit le *kastro* pour une exposition de photographie en plein air.

Activités

Captain Sargos Boat Trips CROISIÈRES

(Carte p. 209 ; ☎6973794876 ; www.sargosantiparos.gr ; croisière 30 €/pers). Basé à Agios Georgios, Yorgos organise des croisières de 3 à 4 heures qui comprennent une visite du site archéologique de l'île de Despotiko, une pause baignade sur la superbe plage de l'île et une exploration de quelques grottes maritimes. Possibilité d'affréter le bateau sur demande.

Blue Island Divers PLONGÉE

(☎22840 61767 ; www.blueisland-divers.gr ; plongée 1/2 bouteilles 65/85 €, certification PADI à partir de 240 €). Située sur la côte nord, cette agence réputée et ses instructeurs enthousiastes vous feront découvrir les épaves, récifs et grottes d'Antiparos. Plongées loisir, de nuit et vaste gamme de cours PADI.

Où se loger

Camping Antiparos CAMPING €

(Carte p. 209 ; ☎22840 61221 ; www.camping-antiparos.gr ; empl adulte/enfant/tente 8/4/3 € ; ⏲mai-sept ; 📶). Planté de cèdres et de bambous, ce terrain de bord de mer se trouve à 1,5 km au nord du port (navette sur demande). Il y a un restaurant et une supérette, et la toute première plage nudiste de Grèce n'est qu'à quelques minutes de marche. Le camping est à 10 minutes à pied au nord du port (navette disponible).

♥ Casa Flora PENSION €€

(☎6937970452 ; casaflora.gr ; s/d/app 63/70/90 € ; 📶). Près du *kastro*, ce couple d'Athéniens loue quelques chambres et studios propres et spacieux. Ils connaissent l'île et son histoire comme personne (Flora est historienne). Par contre, il faut aimer les animaux : le couple s'occupe d'une bonne vingtaine de chats.

Artemis Hotel HÔTEL €€

(☎22840 61460 ; www.artemisantiparos.com ; ch 100-110 € avec petit-déj, app 200 € ; ⊙avr à mi-oct). À l'extrémité nord du port, ces chambres, rehaussées de marbre, sont certes petites, mais se prolongent de jolies terrasses privatives (demandez-en une avec vue sur la mer), le tout à des prix corrects. Les parties communes sont agréables, et les appartements peuvent loger 4 personnes.

Où se restaurer

Taverna Yorgis GREC €

(☎22840 61362 ; plats 7-12 € ; ⊙12h-22h). Les insulaires apprécient l'authenticité de la cuisine grecque servie dans cette taverne ; des recettes typiques préparées avec brio et joliment présentées. La salade grecque croquante à souhait et couronnée de feta aux herbes est un délice, et que dire du *pasticcio* (lasagnes grecques), qui pourrait bien vous faire oublier les bonnes manières et lécher votre assiette ! Sur la rue principale.

5F Taverna KEBABS €

(☎22840 61347 ; facebook.com/Taverna.5F ; plats à partir de 3 € ; ⊙12h-2h30). Tenue avec amour et professionnalisme par Yorgis et Chrysoula, cette échoppe de souvlakis est la meilleure d'Antiparos. Savourez une pita moelleuse à souhait garnie de *gyros* de délicieux porc fumé, ou un souvlaki de viande parfaitement épicée. De quoi se restaurer pour moins de 10 €.

Kalokeri GREC €€

(☎22840 63037 ; plats 14-20 € ; ⊙18h30-23h30). Ce restaurant de la rue principale propose une cuisine grecque moderne et créative à base de produits de saison. L'acidulé du tartare de rouget s'accompagne du croquant des œufs de poisson volant, tandis que les notes de citron contrastent avec les saveurs du terroir des feuilles de vigne et des pommes de terre de Naxos farcies au gruyère de Paros et au jambon fumé d'Andros.

Captain Pipinos TAVERNE €€

(Carte p. 209 ; ☎22840 21823 ; captainpipinos.com ; plats 8-15 € ; ⊙11h-22h). Dans le sud de l'île, les pieds dans l'eau à Agios Georgios, cette taverne de poisson à l'ancienne offre un beau panorama sur l'île voisine et inhabitée de Despotiko. Les plats de poulpe sont mémorables (les poulpes sèchent au soleil devant l'établissement), tout comme les autres spécialités de poisson frais (vendues au kilo).

Depuis/vers Antiparos

En été, de fréquents caïques partent de Parikia (5 €) à destination d'Antiparos, et maints prestataires organisent des croisières d'une journée pour profiter des plages des deux îles (départs depuis Parikia, Pounta, Aliki et Naoussa).

Un ferry transportant les véhicules assure aussi une liaison régulière entre Pounta (côte ouest de Paros) et Antiparos (aller 1,20 €, scooter/voiture 1,60/6 €, 1 ou 2 liaisons par heure de 7h à minuit, 10 min). Vous pourrez embarquer une voiture louée à Paros à bord de ce ferry.

Comment circuler

Les bus **Oliaris Tours** (☎22840 61231 ; www.antiparostravel.gr) relient le port à la grotte et desservent les plages de la côte est jusqu'à Agios Georgios (aller simple 3 €, horaires variables selon les saisons ; ⊙avr-sept).

Location de véhicule à **Aggelos** (☎22840 61626 ; antiparosrentacar.com ; ⊙9h-20h), le premier bureau en arrivant du débarcadère. Comptez environ 40 €/jour en haute saison pour une voiture, 20 € pour un scooter et 5-10 € pour un vélo.

Dimitris (☎22840 61286 ; ⊙8h-20h) loue VTT récents (5 €), vélos électriques (12 €), scooters (à partir de 15 €) et quads (à partir de 20 €).

NAXOS ΝΑΞΟΣ

La plus grande île des Cyclades est un concentré de bonheur. La ville principale, Naxos (Hora), possède un superbe front de mer flanqué d'un dédale de ruelles pavées que dominent les demeures vénitiennes et le *kastro* perché sur la colline. Vous découvrirez sur l'île des plages isolées, des charmants villages de montagne, des sites antiques et des carrières de marbre.

Haut lieu culturel de la Grèce antique et de Byzance, Naxos connut aussi l'influence des Vénitiens et des Francs. Grâce à son relief élevé, l'île est plus fertile que la plupart des autres Cyclades, et produit des olives, du raisin, des figues, des agrumes, du maïs et des pommes de terre. Dominé par le mont Zeus (ou mont Zas ; 1 004 m), plus haut sommet des Cyclades, l'arrière-pays

Naxos

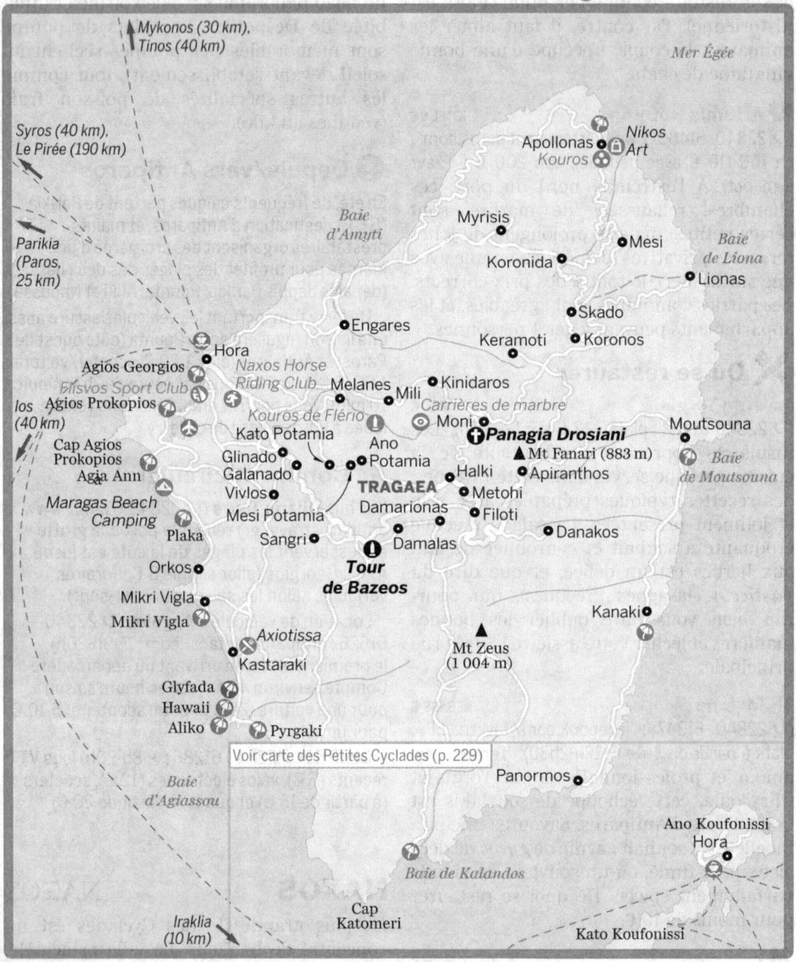

montagneux recèle des villages admirables comme Halki et Apiranthos.

Depuis/vers Naxos

AVION

Olympic Air (www.olympicair.com) et Sky Express (www.skyexpress.gr) assurent des vols quotidiens depuis/vers Athènes (81 €, 40 min).

BATEAU

Tout comme Paros, Naxos a rang de plaque tournante du trafic maritime dans les Cyclades. Un nombre équivalent de ferrys classiques et rapides y font régulièrement escale en chemin depuis/vers Le Pirée, et il existe des liaisons depuis/vers le port de Rafina, sur le continent, via le nord des Cyclades.

Bateaux au départ de Naxos :

VERS	DURÉE (HEURES)	TARIF (€)	FRÉQUENCE
Aegiali (Amorgos)	2¼-5	12	1-2/jour
Anafi	7½	13	2/sem
Astypalea	4	20	3/sem
Donoussa	1¼-3¾	7	8/sem
Folégandros	2¾-3¼	11-43	2-3/jour
Ios	45 min-1¾	16-43	2-3/jour

VERS	DURÉE (HEURES)	TARIF (€)	FRÉQUENCE
Iraklia	1-5	7	1-2/jour
Héraklion	4	78	1/jour
Katapola (Amorgos)	1¼-3¼	11-30	2-3/jour
Koufonissi	45 min-2½	8 -26	2-4/jour
Milos	2¼-6	17-42	3-4/jour
Mykonos	35 min-1½	28-39	6-10/jour
Paros	45 min-1½	6-23	6-8/jour
Le Pirée	4-8½	37-57	4-8/jour
Rafina	3½-5	42-46	4-6/jour
Santorin	1¼-2¼	22-44	5-7/jour
Shinoussa	1¼-1¾	7	8/sem
Sikinos	3	7	3/sem
Syros	1¼-3	9-35	2-3/jour
Tinos	1¼-2½	35-42	4-5/jour

Comment circuler

DEPUIS/VERS L'AÉROPORT

Il n'existe pas de navette pour l'**aéroport** (JNX ; carte ci-contre ; www.naxos.net/airport), situé à 3 km au sud de la ville de Naxos, mais les bus qui desservent les plages d'Agios Prokopios et d'Agia Anna passent à proximité. Un taxi coûte environ 15 € (supplément pour des bagages).

BUS

Depuis Naxos (Hora), des bus fréquents se rendent à la plage d'Agios Prokopios (1,80 €) et à Agia Anna (1,80 €). Sept bus par jour desservent Filoti (2,50 €) via Halki (2,20 €), 5 se rendent à Apiranthos (3,30 €) via Filoti et Halki, et au moins 2 vont à Apollonas (6,40 €), Pyrgaki (2,50 €) et Melanes (1,80 €). Les autres villages sont desservis de façon moins fréquente.

Les bus partent de l'extrémité du quai des ferrys à Naxos (Hora) ; les horaires sont affichés à l'extérieur du bureau d'information des bus (p. 225), en diagonale (vers la gauche) et de l'autre côté de la rue par rapport à l'arrêt de bus. Il faut acheter les billets au bureau ou à l'automate à l'extérieur (et non auprès du conducteur).

TAXI

Naxos étant une grande île, la plupart des visiteurs s'y déplacent en bus ou avec leur propre véhicule. Les **taxis** (☎22850 22444) peuvent être utiles pour des trajets courts (par exemple entre Naxos [Hora] et la plage d'Agios Prokopios ou Agia Anna, pour environ 10 €). Ils se rassemblent au port, mais il est aussi possible d'en réserver par téléphone.

VOITURE ET MOTO

À la saison haute, comptez environ 45 à 65 € par jour pour louer une voiture, à partir de 30 € pour un quad et 20 € pour un scooter. Adressez-vous à **Naxos Auto Rent** (☎22850 41350 ; naxosautorent.com ; ⏲9h-19h), **Rental Center** (☎22850 23395 ; www.rentalcenter.com.gr ; Aristidi Protopapadaki ; ⏲9h-20h), **Auto Tour** (☎22850 25480 ; naxosrentacar.com ; ⏲9h-19h) ou **Fun Car** (☎22850 26084 ; funcarandrides.com ; ⏲9h-20h). **Moto Art** (☎22850 23511 ; Kiprou ; ⏲9h-20h) loue des scooters (à partir de 25 €/jour) et des quads récents (à partir de 30 €/jour).

Naxos (Hora) Νάξος (Χώρα)

7 070 HABITANTS

Le chef-lieu de Naxos possède une atmosphère différente des autres capitales cycladiques. Plus grande et plus animée, la ville est dominée par les vestiges du *kastro* vénitien, dressés au-dessus des constructions du front de mer. La forteresse était le bastion du Vénitien Marco Sanudo, qui fonda la ville au XIIIe siècle. La vieille ville est un entrelacs de venelles escarpées. Deux quartiers historiques coexistent : le Bourgos des Grecs orthodoxes et le *kastro* perché, domaine des catholiques.

Très étendue, Naxos se découvre pourtant agréablement à pied. En revanche, il est presque impossible de ne pas se perdre dans la vieille ville, même avec un plan. Cela fait partie de l'aventure, après tout !

À voir

♥ Kastro — QUARTIER

(Carte p. 220). La plus belle partie de Naxos (Hora) est le quartier du *kastro* (XIIIe siècle), que Marco Sanudo nomma capitale de son duché en 1207. En retrait du front de mer, des ruelles étroites grimpent jusqu'à rejoindre le sommet d'une colline où se dressent fièrement les murs d'enceinte. Plusieurs demeures

> **HORS DES SENTIERS BATTUS**
>
> **LE MYTHE DE NAXOS**
>
> Le nom de Naxos est lié à la légende du Minotaure : une fois le monstre crétois tué et Thésée sorti du labyrinthe grâce au fil d'Ariane, le héros enleva la fille du roi Minos qui s'était éprise de lui, mais il l'abandonna sur l'île de Naxos. Dionysos l'y découvrit endormie et l'épousa. Le dieu du Vin est d'ailleurs la divinité du panthéon grec la plus aimée à Naxos dont le vin passe pour le meilleur antidote au chagrin d'amour (même si on est plus proche du vin de table que du grand cru).

Naxos (Hora)

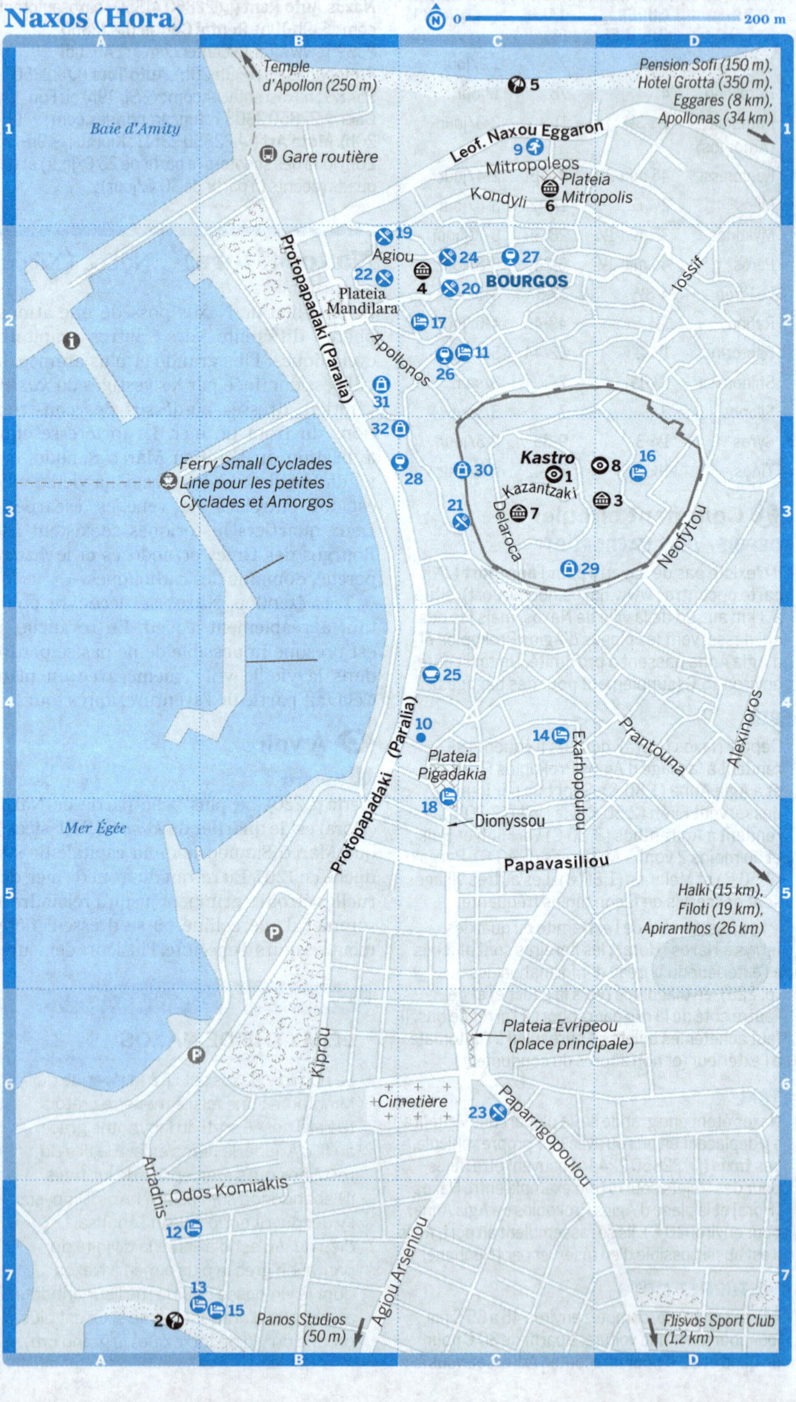

0
200 m
A
B
C
D
1
2
3
4
5
6
7
Temple d'Apollon (250 m)
5
Pension Sofi (150 m), Hotel Grotta (350 m), Eggares (8 km), Apollonas (34 km)
Baie d'Amity
Gare routière
Leof. Naxou Eggaron
9
Mitropoleos
Plateia Mitropolis
Kondyli
6
19
Agiou
24
27
22
4
20
BOURGOS
Plateia Mandilara
Protopapadaki (Paralia)
Iossif
17
Apollonos
11
26
31
32
28
30
Kastro
1
8
16
Kazantzaki
21
Delaroca
7
3
Neofytou
29
Ferry Small Cyclades Line pour les petites Cyclades et Amorgos
25
10
14
Exarhopoulou
Prantouna
Alexinoros
Plateia Pigadakia
18
Dionyssou
Mer Égée
Protopapadaki (Paralia)
Papavasiliou
Halki (15 km), Filoti (19 km), Apiranthos (26 km)
Plateia Evripeou (place principale)
Kiprou
Cimetière
23
Paparrigopoulou
Ariadnis
Odos Komiakis
12
Agiou Arseniou
13
15
2
Panos Studios (50 m)
Flisvos Sport Club (1,2 km)

Naxos (Hora)

Les incontournables

1 Kastro ... C3

À voir

2 Plage d'Agios Georgios ... A7
3 Musée archéologique ... D3
4 Musée du Folklore ... C2
5 Plage de Grotta ... C1
6 Musée de Mitropolis ... C1
7 Petalouda Art Gallery ... C3
8 Tour de Sanoudos ... D3

Activités

9 Naxos Bike ... C1
10 Naxos Tours ... C4

Où se loger

11 Despina's Rooms ... C2
12 Hotel Galini ... A7
13 Hotel Glaros ... A7
14 Nikos Verikokos Studios ... C4
15 Nissaki Beach Hotel ... B7
16 Traditional Castle House ... D3
17 Venetian Suites ... C2
18 Xenia Hotel ... C4

Où se restaurer

19 Doukato ... B2
20 Labyrinth ... C2
21 L'Osteria ... C3
22 Lucullus ... B2
23 Maro's Tavern ... C6
24 Metaxi Mas ... C2

Où prendre un verre et faire la fête

25 Kitrón ... C4
26 La Vigne ... C2
27 Naxos Cafe ... C2
28 Rum Bar ... C3

Achats

29 Antico Veneziano ... C3
30 Kohili Jewels ... C3
31 Octopus Naxos ... B2
32 Papyrus ... C3

vénitiennes subsistent encore dans le centre du *kastro*, où vous admirerez également les vestiges du château, notamment la **tour de Sanoudos** (carte ci-contre). Pour découvrir le secteur de Bourgos, enfoncez-vous dans les ruelles sinueuses après avoir rejoint l'extrémité nord de Paralia.

Temple d'Apollon SITE ARCHÉOLOGIQUE

(Portara ; 24h/24). GRATUIT Du port de Naxos (Hora), une jetée mène à l'îlot de Palatia et au temple d'Apollon (également appelé la Portara, "la Porte"), un monument qui, tout inachevé qu'il soit, n'en est pas moins le plus célèbre de Naxos. Ce portique, dressé sur l'horizon comme au seuil d'un autre monde, offre un spectacle inouï au couchant, moment de grande affluence.

Petalouda Art Gallery GALERIE D'ART

(Carte ci-contre ; 6950427064 ; www.petalouda-art.com ; 10h-23h30). Jouxtant le chemin menant à l'intérieur du *kastro*, cette galerie d'art tenue par deux Français expose de jeunes talents ainsi que des artistes internationaux de renom. Vous y dénicherez peut-être des peintures envoûtantes d'Isabelle Malmezat, ou bien des masques de cérémonie du Gabon et du Congo.

Musée de Mitropolis MUSÉE

(Carte ci-contre ; 22850 24151 ; Plateia Mitropolis ; 8h30-15h mer-lun). GRATUIT En retrait au nord du front de mer se dressent plusieurs églises et chapelles, ainsi que ce musée, qui abrite les vestiges mis au jour d'une cité mycénienne construite entre le XIIIe et le XIe siècle av. J.-C. et abandonnée par peur des inondations.

Musée archéologique ANTIQUITÉS

(Carte ci-contre ; 22850 22725 ; kastro ; adulte/enfant 3 €/gratuit ; 8h-15h mer-lun). Ce musée du *kastro* occupe un ancien collège jésuite où l'écrivain Níkos Kazantzákis fut brièvement élève. Il abrite le résultat de fouilles archéologiques des périodes ionique et dorique, en particulier des vases mycéniens, ainsi que des figurines en marbre du cycladique ancien.

Musée du Folklore PATRIMOINE

(Carte ci-contre ; 22850 25561 ; rue de l'Ancien-Marché ; 3 € ; 10h-14h et 19h-22h). Bien entretenue, cette petite collection privée présente de façon accessible différents éléments qui font la spécificité de l'histoire de Naxos, avec des objets liés à l'agriculture, l'apiculture, le tissage, la fabrication du pain et du fromage ou encore la viticulture.

Plage d'Agios Georgios PLAGE

(Carte ci-contre). Tirant avantage de son emplacement commode, au sud du port, Agios Georgios est la plage de sable de la ville. Elle est bordée d'hôtels et de tavernes à l'extrémité de Naxos (Hora), où elle est parfois bondée, mais s'étend plus loin vers le sud, avec plus d'espace à la clé. Ses eaux peu profondes sont idéales pour les familles.

Plage de Grotta PLAGE

(Carte p. 220). Cette plage de galets ponctuée de rochers, au nord de la ville, est battue par les vagues dès qu'un vent du nord se lève, tandis que le vent du sud apaise l'océan. C'est ici que s'étendait la ville mycénienne de Naxos, l'une des plus importantes cités antiques de la mer Égée, dont quelques vestiges demeureraient immergés au large.

Activités

Naxos Bike CYCLOTOURISME

(Carte p. 220 ; ☎6932795125, 22850 25887 ; www.naxosbikes.com ; location vélo à partir de 10 €/jour). À deux pas du port, un véritable paradis pour cyclistes : vélos électriques (35 €/jour), de route, VTT, sièges pour enfants, et les conseils avisés de Giannis, incollable sur la région et les vélos, et qui vous fournira des cartes pour préparer vos expéditions. Il organise aussi des visites guidées de 3 heures (30 €/pers, 2 personnes minimum).

Flisvos Sport Club PLANCHE À VOILE

(Carte p. 218 ; ☎22850 24308 ; www.flisvos-sportclub.com ; plage d'Agios Georgios). Ce club situé en bordure de plage propose plusieurs formules pour la pratique de la planche à voile (leçon particulière 1 heure à partir de 50 €, stage de 3 jours 225 €) et loue catamarans (à partir de 48 €/heure) et VTT (à partir de 18 €/jour). Le club possède également un agréable café, des chambres à louer, des filets de beach-volley, une salle de sport et un centre de yoga.

Naxos Horse Riding Club À CHEVAL

(Carte p. 218 ; ☎69488 09142 ; www.naxoshorseriding.com ; balade 2/3 heures 50/60 € ; ⌚lun-sam). Balades à cheval, dans les terres ou sur la plage, tous les matins, après-midi et au coucher du soleil. Le personnel peut assurer le transfert aller-retour depuis/vers le centre équestre. Pour enfants, débutants ou cavaliers confirmés.

Naxos Tours CIRCUITS ORGANISÉS

(Carte p. 220 ; ☎22850 24000 ; www.naxostours.net ; tour de l'île en bus adulte/enfant 30/15 € ; ⌚8h-22h). Cette agence du front de mer organise des circuits en bus autour de l'île, des randonnées guidées vers des villages isolés comme Melanés, Potamia, Tragaia et Moni (tarifs selon le nombre de participants) ainsi que des croisières. Également de fréquentes sorties en bateau pour Délos et Mykonos, Santorin ou Iraklia et Koufonissi, ainsi que des escapades à la voile au sud de Naxos.

Fêtes et festivals

En juin, des événements culturels sont organisés dans l'enceinte de la forteresse vénitienne lors du **Domus Festival** (☎22850 22387 ; www.naxosfestival.com ; Kastro ; tarifs selon événement ; ⌚juin). Partout en ville, des affiches annoncent ce qui se profile à l'horizon : musique et danse traditionnelles, récitals de piano classique, bouzouki, jazz ou blues. Projections occasionnelles de *Zorba le Grec*. Une salle couverte est prévue au cas où il pleut – mais c'est rare ! En raison de travaux, le festival pourrait se trouver déplacé au centre culturel de l'église catholique, près du musée.

Où se loger

Naxos (Hora) compte de nombreux hébergements (en majorité ouverts toute l'année), notamment des hôtels de milieu de gamme et des studios. Le choix ne manque pas le long de la plage Agios Georgios. Réservez longtemps à l'avance en juillet-août.

Les meilleurs campings sont situés à proximité des plages au sud de Naxos (Hora), Agia Anna et Plaka. Navettes du camping à l'arrivée des ferrys.

Venetian Suites APPARTEMENTS €€

(Carte p. 220 ; ☎22850 23057, 6906389291 ; venetiansuites.naxos@gmail.com ; app 125 € ; ❄📶). Au cœur des ruelles, une des adresses les plus riches en caractère de tout Naxos. Les grosses poutres en bois n'empêchent nullement la lumière naturelle d'inonder ces studios. On accède aux lits en alcôves en franchissant des arches de pierre datant du Moyen Âge, mais il y a également tout le confort moderne, notamment des douches à effet de pluie et des kitchenettes tout équipées.

Hotel Grotta HÔTEL €€

(☎22850 22215 ; www.hotelgrotta.gr ; près de Kontoleontos ; d 125 € avec petit-déj ; ❄📶). Surplombant le *kastro* et la ville, cet excellent hôtel tenu en famille dispose de chambres immaculées aux tons crème et bleu ciel, d'une vue superbe sur la mer, de vastes parties communes et d'un agréable espace Jacuzzi intérieur. Ambiance chaleureuse et service attentionné. En prime : un bar et jardin en toit-terrasse et des terrasses privatives.

Panos Studios HÔTEL €€

(☎22850 26078 ; www.studiospanos.com ; d/tr/app/ste 115/155/160/250 € ; mai-oct ;). À une rue en retrait de la plage d'Agios Georgios, d'élégantes chambres et appartements tout en tons blanc et anthracite, dotés de bons équipements (têtes de lit et miroirs tout en courbes, kitchenettes, balcons). Navettes gratuites depuis/vers le port et l'aéroport et accueil chaleureux.

Hotel Glaros BOUTIQUE-HÔTEL €€€

(Carte p. 220 ; ☎22850 23101 ; hotelglaros.com ; plage d'Agios Georgios ; d/ste à partir de 70/225 € ; avr-oct ; @). Chic mais douillet, sobre mais luxueux, cet hôtel de 13 chambres est impeccablement tenu et empreint d'une décoration marine habilement composée. Service prévenant, Jacuzzi intérieur et plage à deux pas. Les enfants ne sont pas admis et le petit-déjeuner coûte 10 €. Séjour minimum de 2 nuits en juillet-août.

Pension Sofi PENSION €€

(☎22850 23077 ; www.pensionsofi.gr ; d/tr à partir de 70/90 € ; P). Tenue par la sympathique famille Koufopoulos, qui fait également du vin et des gâteaux, cette pension légèrement en retrait du front de mer possède des chambres immaculées, dotées de salles de bains refaites à neuf et de modestes cuisines. Si vous prévenez les Koufopoulos de votre arrivée, on viendra vous chercher gratuitement au port. Les prix chutent de moitié hors saison.

Nikos Verikokos Studios HÔTEL €€

(Carte p. 220 ; ☎22850 22025 ; www.nikos-verikokos.com ; d/tr 100/130 € ;). L'affable Nikos entretient à merveille ces chambres au cœur de la vieille ville et proches de tout. Certaines ont un balcon avec vue sur la mer et toutes ont une petite kitchenette. On pourra venir vous chercher au port sur demande. Belle vue depuis la véranda du toit-terrasse.

Xenia Hotel HÔTEL €€

(Carte p. 220 ; ☎22850 25068 ; www.hotel-xenia.gr ; Plateia Pigadakia ; s/d/tr avec petit-déj à partir de 92/117/125 € ;). D'une élégance minimaliste, cet hôtel de la vieille ville est au cœur de l'action et proche de tout, avec restaurants et cafés sur le pas de la porte. Personnel aux petits soins. Les tons neutres et le mobilier en bois clair n'ont rien d'original, mais les balcons dominant la vieille ville et le double vitrage limitant le bruit sont de vrais atouts.

Hotel Galini HÔTEL €€

(Carte p. 220 ; ☎22850 22114 ; hotelgalini.com ; s/d avec petit-déj à partir de 70/120 € ;). Le thème nautique donne un charme fou à cet hôtel. Récemment rénovées, les chambres spacieuses ont de petits balcons, et certaines ont une déco originale tout en coquillages et bois flotté. Emplacement de choix, près de la vieille ville et de la plage. Petit-déjeuner copieux. Les tarifs chutent hors saison.

Despina's Rooms PENSION €€

(Carte p. 220 ; ☎22850 22356 ; www.despinarooms.gr ; kastro ; s/d 60/70 € ;). Signalée par une enseigne représentant une sirène plantureuse, cette pension loue des chambres basiques et confortables depuis plus de 50 ans, dont certaines avec vue sur la mer, à des prix très attractifs. Un peu de grimpette est nécessaire pour rejoindre l'établissement au cœur du *kastro*. Bien que plus petites, les chambres donnant sur le toit-terrasse sont très demandées. Cuisine commune.

Traditional Castle House MAISON €€€

(Carte p. 220 ; ☎6986686493 ; maison 160 € ;). Difficile de trouver hébergement plus charmant à Naxos que cette superbe demeure vénitienne en plein cœur du *kastro*, qui compte 2 chambres et un lit en mezzanine. Poutres massives, pierre apparente et mobilier en bois sombre se conjuguent à merveille aux équipements modernes. Cuisine équipée, peintures marines et bric-à-brac amusant d'accessoires de voyage.

Nissaki Beach Hotel HÔTEL €€€

(Carte p. 220 ; ☎22850 25710 ; nissaki-beach.com ; plage d'Agios Georgios ; d/ste avec petit-déj à partir de 285/355 € ;). Sans doute l'établissement le plus luxueux de l'île, cet hôtel dispose d'un restaurant en bord de mer et d'une piscine sur la plage d'Agios Georgios. Les élégantes chambres sont ornées d'art contemporain coloré et les suites ont de vastes terrasses avec vue sur la mer. Excellent petit-déjeuner inclus dans le prix.

Où se restaurer

L'excellence est ici le maître mot. Les tavernes du front de mer cuisinent en direct les prises du jour. Fromages, saucisses et pommes de terre de Naxos comptent parmi les autres spécialités servies.

Maro's Tavern GREC €

(Carte p. 220 ; 22850 25113 ; plats 7-16 € ; déj et dîner). Dépourvue de vue sur la mer et de l'atmosphère romantique de la vieille ville, cette taverne mise sur des portions gigantesques et bon marché d'une cuisine savoureuse pour fidéliser sa clientèle. Beignets de courgette, moussaka et *pastitsio* (couches superposées de macaronis et d'émincés d'agneau épicé) permettraient de résister plusieurs jours à un siège. Au sud de Plateia Evripeou.

Doukato GREC €€

(Carte p. 220 ; 22850 27013 ; facebook.com/doukatonaxos ; vieille ville ; plats 9-17 € ; 18h-1h mai-oct, week-end le reste de l'année). Sans doute l'un des meilleurs restaurants des Cyclades, dans le décor magique d'un édifice qui servit tour à tour de monastère, d'église et d'école. Dimitris, le propriétaire, cultive sur place les légumes ou se fournit chez des producteurs locaux, et le chef primé prépare de succulentes spécialités de l'île comme la *gouna* (maquereau séché), le *kalogeras* (bœuf, aubergine et fromage) et un souvlaki "spécial" Doukato à tomber.

L'Osteria ITALIEN €€

(Carte p. 220 ; 22850 24080 ; facebook.com/osterialenuovestorie ; plats 11-18 € ; 18h30-1h mar-dim). Cet authentique restaurant italien est niché dans une petite ruelle qui monte depuis le port, sous les remparts du *kastro*. Installez-vous dans la jolie petite cour et délectez-vous de gnocchis farcis au fromage de chèvre, de joue de porc ou de poulpe avec purée et lentilles corail. La carte des vins est excellente, de même que les antipasti et les bières artisanales.

Metaxi Mas GREC €€

(Carte p. 220 ; 22850 26425 ; plats 8-14 € ; 12h30-2h). Rejoignez les Naxiens attablés sur la minuscule terrasse à l'ombre des vignes ou dans la salle tout en bois et pierre apparente pour un véritable festin à la grecque : pêche du jour, veau braisé au citron, fromages locaux et de copieuses portions de moussaka et de *pastitsio*. Proche de l'entrée nord de la vieille ville.

Lucullus GREC €€

(Carte p. 220 ; 22850 22569 ; Palia Agora ; plats 9-14 € ; 11h-23h). Niché à l'ombre des vignes dans une ruelle partant d'Old Market St, Lucullus a ouvert ses portes en 1908, et se targue d'être la plus vieille taverne de Naxos. Goûtez ses spécialités comme l'excellent veau *limonata* (sur lit de purée de pommes de terre et au citron), l'agneau *kleftiko* (assorti de fromages) ou le poulpe *stifado* (cuit avec des oignons).

Labyrinth GREC €€

(Carte p. 220 ; 22850 22253 ; facebook.com/Labyrinth.Naxos ; plats 11-18 € ; 18h-minuit). Difficile de choisir entre l'intérieur au décor chaleureux et la jolie cour privée pour savourer légumes marinés au *manouri* (fromage du Nord à pâte molle) grillé, espadon aux herbes et risotto de fruits de mer à l'ouzo. Comme son nom l'indique, le restaurant n'est pas évident à trouver (malgré l'enseigne) ; vous augmenterez vos chances en arrivant par le nord.

Où prendre un verre et faire la fête

On trouve une poignée de vastes clubs au sud du front de mer, et de bars agréables et plus tranquilles perchés sur les hauteurs du *kastro* et offrant de superbes panoramas.

VAUT LE DÉTOUR

SE RESTAURER HORS DES SENTIERS BATTUS

Parikia et Naoussa n'ont pas le monopole de la gastronomie à Paros. Faites un détour dans les petits villages de **Prodromos** et **Dryos** pour savourer le meilleur de la cuisine traditionnelle locale, préparée avec des produits cultivés dans les fermes familiales et accompagnée de vin bon marché servi en carafe.

La **Taverna Tsitsanis** (22840 41375 ; facebook.com/tavernatsitsanis ; Prodromos ; plats 8-14 € ; 12h-15h et 18h30-22h), ouverte en 1969, est la plus ancienne de Paros et sert entre autres délices des boulettes de viande et de la seiche cuite au vin.

Le **Restaurant Anna** (carte p. 209 ; 22840 41015 ; restaurant-anna.com ; Dryos ; plats 8-13 € ; 12h-15h et 18h30-23h ;) prépare du chevreau au citron, du civet de lapin, du ragoût d'artichaut, et d'autres plats à base des produits de la ferme.

La Vigne BAR À VINS
(Carte p. 220 ; ☎22850 27199 ; www.lavigne-naxos.com ; ⌚19h-1h). Le seul bar à vins de Naxos se niche dans une ruelle bien cachée juste derrière la Plateia Mandilara. L'endroit est tenu par deux Françaises affables qui ne demandent qu'à vous parler de leurs vins sélectionnés avec soin (essentiellement grecs et français). Excellente cuisine fusion.

Rum Bar BAR
(Carte p. 220 ; ☎6948592718 ; facebook.com/therumbarnaxos ; ⌚20h-4h). Perché au sommet d'un escalier partant du front de mer animé, un bar chic idéal pour prendre un verre au soleil couchant. Ouvert toute l'année, il accueille des concerts de rock. Mais l'endroit est surtout connu pour ses cocktails originaux, comme l'Isla Tropical, qui contient une bonne dose de *kitron* (liqueur de feuilles de cédratier).

Naxos Cafe BAR
(Carte p. 220 ; ☎22850 26343 ; Old Market St ; ⌚20h-2h). Très pittoresque, éclairé aux bougies, ce petit bar traditionnel déborde dans la rue pavée. Partagez un pichet de vin avec les habitués et profitez du programme de concert.

Kitrón CAFÉ
(Carte p. 220 ; ☎22850 27055 ; Protopapadaki ; ⌚8h-tard). Commencez la journée par un café avec vue sur le port, et terminez-la par l'un des merveilleux cocktails préparés avec du *kitron* de la distillerie d'Halki, comme le "*kitron* sour" ou celui au prosecco et aux fraises.

Achats

Antico Veneziano ANTIQUITÉS
(Carte p. 220 ; ☎22850 22702 ; Dellaroca ; ⌚10h-13h et 17h-21h). Dans l'enceinte du *kastro*, ce remarquable antiquaire occupe une demeure vénitienne vieille de 800 ans et recèle de véritables trésors. Les antiques colonnes de temple soutenant la boutique valent à elles seules une visite.

Octopus Naxos MODE
(Carte p. 220 ; Palia Agora ; ⌚10h-22h). En quête d'un cadeau typique de Naxos ? Pourquoi ne pas vous contenter d'un de ces tee-shirts colorés et arborant des poulpes aux formes variées. La boutique et le concept ont été créés en 1988.

Kohili Jewels CADEAUX ET SOUVENIRS
(Carte p. 220 ; ☎22850 22557 ; ⌚10h-23h). Niché au cœur du dédale de ruelles partant du front de mer, ce magasin vous en mettra plein la vue avec son grand choix de bijoux, dont beaucoup faits en « œil de Naxos », opercule de coquillages dont on dit qu'il apporte chance.

Papyrus LIBRAIRIE
(Carte p. 220 ; ☎22850 23039 ; ⌚10h-14h et 18h-22h). Tout a commencé par une caisse de livres laissée par un voyageur. Désormais, la librairie compte plus de 10 000 ouvrages d'occasion parfaitement organisés. En hauteur par rapport au port, derrière le Meze 2.

Renseignements

Kiosque d'information (carte p. 220 ; ⌚horaires variables). Ouvre l'été sur le quai à l'arrivée des ferrys.

Parmi les sites Internet utiles, citons www.naxos.gr.

Naxos Tours (☎22850 24000 ; naxostours.net ; Paralia ; ⌚8h-22h). Vente de billets de ferry et réservation d'hébergements, de circuits et de voitures de location.

Zas Travel (☎22850 23330 ; www.zastravel.com ; ⌚9h-21h, horaires réduits en hiver). Billets de ferry, circuits organisés et location de voitures. Sur le port.

Comment circuler

Naxos (Hora) est le cœur du réseau de bus, avec des départs fréquents vers les villages et plages depuis la **gare routière** (carte p. 220 ; ☎22850 22291 ; naxosdestinations.com) jouxtant le port.

Nord de Naxos

Une route sinueuse longe le littoral vers le nord, passant d'abord par la **tour d'Ayia**, ruines majestueuses d'un ancien château avec l'océan en toile de fond, puis par Engares, où une halte pour voir le **pressoir à olives** (☎22850 62021 ; www.olivemuseum.com ; ⌚10h-18h mai-sept) GRATUIT s'impose. Plus au nord vous attend le village de pêcheurs d'**Apollonas**. Des panneaux vous mèneront alors dans une carrière antique sur les hauteurs où se dresse un colossal **kouros** (carte p. 218 ; ⌚24h/24) du VIIe siècle av. J.-C., bien plus imposant et facile à repérer que le **kouros de Flerio** (carte p. 218).

Apollonas possède une plage de galets et de sable correcte, et les tavernes du front de mer servent des assiettes de poisson. Passez chez **Nikos Art** (carte p. 218 ; ☎ 22850 67202 ; ⏲ 10h-18h mai-sept) pour des céramiques de style raku japonais à des prix raisonnables.

Prenez ensuite la route partant d'Apollonas vers Apiranthos, au sud, et faites un crochet par **Lionas**, où une route panoramique de 8 km passe par d'anciennes mines d'émeri, une belle plage rocailleuse et quelques tavernes. Celle, très accueillante, de **Delfinaki** (☎ 22850 51290 ; www.delfinaki.gr ; plats 8-14 €) sert une excellente cuisine maison à base de produits frais de la ferme et de la mer.

Au sud de la sortie pour Lionas, la route fait une fourche au niveau de l'église Stavros Keramotis ; prenez à droite pour rejoindre Moni et admirer ses ateliers de sculpture sur bois, son panorama sur le mont Zeus et la **Panagia Drosiani** (carte p. 218 ; route Halki-Moni ; don suggéré ; ⏲ 10h-19h), église et lieu de pèlerinage datant du VIIe siècle.

Depuis Moni, vous pourrez retourner à Naxos (Hora) par la route reliant Kinidaros et Melanés, et admirer au passage des carrières de marbre et le kouros de Flerio, constitué de deux statues de marbre datant des VIIe et VIe siècles av. J.-C. – suivez les panneaux jusqu'à une ancienne carrière de marbre près de Mili.

Plages de la côte sud-ouest

Au sud d'Agios Georgios, la plage de Naxos (Hora), figure la belle **Agios Prokopios**, une étendue de sable baignée d'eaux peu profondes et lovée à l'abri d'une baie protégée, au sud du cap Mougkri. Elle fusionne avec **Agia Anna**, grande écharpe de sable blanc, assez étroite mais suffisamment longue pour être exempte de foule, notamment dans sa partie sud. Les nombreuses constructions gâtent un peu Prokopios et l'extrémité nord d'Agia Anna.

> **ROAD-TRIP**
>
> L'île de Naxos est vaste. Si vous manquez de temps et que vous voulez tout voir, mieux vaut louer un véhicule pour l'explorer en entier. Il est possible de visiter Halki, Filoti, Apiranthos et Melanés en un long circuit d'une journée, voire même d'ajouter à la liste Apollonas ou Lionas.

Les plages de sable se succèdent jusqu'à Pyrgaki, en passant par les eaux turquoise de la magnifique **Plaka** et de sublimes baies sablonneuses (dont certaines appréciées des naturistes) ponctuées d'affleurements rocheux. Ce tronçon du littoral est constellé de restaurants, chambres à louer et arrêts de bus – un secteur idéal pour un séjour décontracté côté plage. Le **Maragas Beach Camping** (carte p. 218 ; ☎ 22850 42552 ; www.maragascamping.gr ; plage d'Agia Anna ; empl adulte/tente 9/3 €, d/studio à partir de 55/80 €) offre de bonnes infrastructures, face à une longue étendue de sable au sud d'Agia Anna : camping, studios, chambres, supermarché et taverne. Un bus régulier arrivant de Naxos (Hora) s'arrête devant.

Scindée par des rochers de granit, la plage venteuse de **Mikri Vigla** (mikrivigla.com) est réputée pour le kitesurf. Le **Flisvos Kite Centre** (☎ 6945457407 ; www.flisvos-kitecentre.com ; location équipements 90/350 €/jour/sem) propose des cours de kitesurf et de planche à voile. Le centre loue du matériel aux personnes expérimentées, tout comme **Naxos Kitelife**. Vous pourrez loger à côté, à l'**Orkos Beach Hotel** (☎ 22850 75194 ; www.orkosbeach.gr ; ch/tr/f 81/95/126 € avec petit-déj ; ⏲ mi-mai à sept ; ❄ 📶 🏊), où les chambres sont propres et confortables.

On pratique également la planche à voile et le kitesurf à Pyrgaki, au sud de Mikri Vigla, accessible par une route non goudronnée partant derrière le promontoire d'Aliko. Repérez les eaux azur de la plage **Hawaii**, juste au nord du promontoire.

En remontant vers le nord par les villages de **Kastaraki** et **Vivlos**, faites une halte à la taverne **Axiotissa** (carte p. 218 ; ☎ 22850 75107 ; facebook.com/Axiotissa ; route Kastraki-Vivlos ; plats 7-14 € ; ⏲ 14h-23h) pour un repas mémorable.

Halki Χάλκη

500 HABITANTS

Ce village ressuscite la Naxos d'autrefois. Son patrimoine architectural aux jolies façades et aux maisons-tours reflète son passé florissant d'ancien chef-lieu de l'île. Aujourd'hui, Halki abrite des boutiques et des galeries. Le village se situe au cœur de la région montagneuse de Tragéa, à environ 20 minutes de voiture (15 km) de Naxos (Hora).

La route principale longe Halki, et il y a des parkings à l'entrée (en arrivant de Naxos (Hora) et à la sortie de la ville (à côté de la cour de l'école). De la route, des allées piétonnes mènent à la pittoresque place centrale d'Halki.

Des sentiers et des routes partent d'Halki et traversent des champs d'oliviers et des prairies. La belle **église Agios Giorgios Diasorites** du XIe siècle, au nord du village, abrite des fresques splendides.

À voir

Fish & Olive CÉRAMIQUE D'ART
(22850 31771 ; www.fish-olive-creations.com ; mai à mi-oct). La céramiste naxienne Katharina Bolesch et son compagnon, l'artiste et bijoutier Alexander Reichardt, exposent ici leurs merveilleuses créations. Chaque pièce tient d'une variation sur les poissons ou les olives, symboles éternels du monde méditerranéen. Ces motifs ornent les élégantes assiettes bleu et blanc, carafes, bols et plats de Katharina, ainsi que les sérigraphies, épingles de cravate, pendentifs et boucles d'oreilles d'Alex. Ces œuvres, régulièrement exposées en Grèce et à l'étranger, sont également en vente dans une boutique située à quelques mètres de la galerie.

Distillerie Vallindras DISTILLERIE
(22850 31220 ; facebook.com/vallindras.kitrondistillery ; 10h-22h juil-août, 10h-17h avr-juin, sept-oct). Cette distillerie installée sur la place principale d'Halki produit du *kitron* suivant les mêmes techniques, transmises de génération en génération, depuis 1896. La liqueur est faite à base de l'agrume éponyme, qui ressemble à un gros citron difforme. Trois variétés sont produites qui diffèrent en termes de couleur et de teneur en alcool, ainsi qu'une liqueur infusée aux épices. La recette exacte est un secret de famille, mais vous pourrez visiter le site aux airs de musée, goûter la production et faire des emplettes (attention à votre taux d'alcool si vous conduisez).

Le café-bar de la distillerie, spécialisé dans les cocktails à base de *kitron*, est à 2 minutes de marche.

Phos Gallery PHOTOGRAPHIE D'ART
(22850 31118 ; www.phosgallery.gr ; 11h-16h mai-oct). Découvrez l'île à travers l'objectif du talentueux photographe Dimitris Gavalas. Des paysages en noir et blanc étonnants de Naxos principalement et des compositions conceptuelles pleines d'esprit habillent les murs de cette galerie.

Où se restaurer

Dolce Vita BOULANGERIE €
(6981467240 ; en-cas 3-7 € ; 9h-10h). Cadre branché et accueillant, avec du bois sombre et un vieux gramophone, pour déguster en toute décontraction un excellent gâteau à l'orange, un café ou une glace.

Giannis Taverna TAVERNE €
(22850 32294 ; www.yannistavern.gr ; plats 7-14 € ; 12h30-22h). Avec ses tables installées sur la jolie place d'Halki à l'ombre de la végétation, cette taverne est réputée pour sa cuisine traditionnelle. Goûtez la moussaka, les souvlakis de porc ou le *pasticcio*.

Achats

Penelope (22850 31754) est l'héritière d'un savoir-faire transmis de mère en fille depuis quatre générations – l'une de deux familles de tisserands encore en activité à Halki. On la regarde avec fascination tandis qu'elle incorpore des motifs traditionnels aux chapeaux, écharpes, sacs et nappes – autant de souvenirs à rapporter dans ses valises. Vous remarquerez la prédominance du rouge et du bleu, les couleurs de Naxos.

Depuis/vers Halki

Des bus se rendent à Halki (2 €), mais mieux vaut louer une voiture pour explorer l'arrière-pays montagneux de Naxos.

Apiranthos Απείρανθος

711 HABITANTS

Accroché aux pentes du mont Fanari (883 m), à environ 25 km à l'est de Naxos (Hora), Apiranthos est un village enchanteur aux maisons de pierre brute et aux rues pavées de marbre. Ses habitants descendent de réfugiés crétois ayant fui la répression turque. Fiers de leur particularisme et de leur riche dialecte, ils sont aussi réputés pour leur promptitude à embrasser les luttes politiques et populaires. Le village, d'où sont issus maints universitaires, compte trois musées remarquables, et se distingue depuis peu par son artisanat de qualité et ses excellentes tavernes.

À voir

Muséum d'histoire naturelle d'Apiranthos MUSÉUM
(22850 61725 ; 2,50 € ; horaires variables). Ce muséum, spécialisé dans la faune et la flore locales, possède une superbe collection

HORS DES SENTIERS BATTUS

TRAGÉA ET LE MONT ZEUS

Dans les terres de Naxos, l'agréable région de Tragéa est une vaste plaine plantée d'oliviers et de villages préservés abritant maintes petites églises byzantines. Un paysage que domine le mont Zeus (1 400 m ; ou mont Zas), plus haut sommet des Cyclades. Sur ses contreforts, **Filoti** est le village le plus important de la région.

Pour faire l'ascension du mont Zeus depuis Filoti, marchez 40 minutes pour atteindre la **source d'Aria**, une fontaine entourée de verdure et aire de pique-nique, puis poursuivez 20 minutes jusqu'à la **grotte de Zeus** avant de rejoindre le sommet en une heure pour admirer le panorama à 360°.

Si vous êtes motorisé et que vous souhaitez raccourcir l'ascension, prenez la route vers la source d'Aria et la grotte de Zeus, indiquée sur la route principale à environ 800 m de Filoti. La route s'achève 1,3 km plus loin par un parking situé tout près de la source d'Aria. Continuez alors à pied vers la grotte et le sommet.

Si vous montez au sommet en passant par la grotte, vous pouvez prendre pour la descente le sentier n°2, bien balisé, qui passe par la petite **chapelle d'Agia Marina** et continue jusqu'à Filoti. Le trajet dure environ 1 heure 30.

Prévoyez de bonnes chaussures, un chapeau, de la crème solaire et de l'eau.

de coquillages. Une partie est consacrée à la mer, une autre à la terre ferme. Indiqué depuis la rue piétonne.

Musée archéologique d'Apiranthos MUSÉE
(☎22850 61725 ; horaires variables). GRATUIT
Au centre de la rue principale, ce musée possède une merveilleuse collection d'antiquités des Cyclades, assemblée par le professeur de mathématiques Michael Bardani, qui en a fait don à l'institution. On peut notamment y voir de superbes plaques de marbre gravées de scènes de la vie quotidienne, datant du IIIe millénaire av.-J.-C.

Musée de Géologie d'Apiranthos MUSÉE
(☎22850 61725 ; 2 € ; horaires variables). Proche de l'entrée du village, ce musée expose plus de 2 500 roches rares provenant des villages de Naxos, des Cyclades et d'ailleurs.

Où se restaurer

Taverna O Platanos GREC €
(☎22850 61192 ; plats 8-15 € ; 11h30-22h). À l'ombre du platane qui lui a donné son nom, ce restaurant familial animé mérite amplement son label "cuisine égéenne". Les excellents burgers sont garnis de fromage de Naxos, les frites de pommes de terre naxiennes sont à tomber, et le *platanos* (porc grillé) est parfumé au thym et à l'origan. Le tout avec vue sur la vallée.

♥ **Lefteris** GREC €€
(☎22850 61333 ; plats 10-22 € ; 12h-22h mai-oct). Dotée d'une belle terrasse, cette taverne familiale charmante et réputée a des airs de vieille cuisine de campagne, et n'a pas son pareil dans le village. On y savoure des viandes grillées (goûtez le cheeseburger à l'agneau ou les saucisses maison), de succulentes tartes au fromage et des légumes de saison cuits au citron.

Achats

Des amphores gris acier avec une pointe de mica ornent la devanture d'**Apiranthos Art** (10h-20h mai-oct), boutique de céramiques installée sur la principale rue piétonne. Toutes sont fabriquées sur l'île, de même que la vaisselle en vente dans le magasin. Sont également exposés quelques masques et autres œuvres de Giannis Nanouris, artiste réputé qui habite le village.

Depuis/vers Apiranthos

Il y a 5 bus/jour entre Naxos (Hora) et Apiranthos (3,10 €), mais mieux vaut louer une voiture pour explorer l'arrière-pays montagneux de l'île.

PETITES CYCLADES
ΜΙΚΡΕΣ ΚΥΚΛΑΔΕΣ

Les six minuscules îlots qui s'égrènent entre Naxos et Amorgos ont traversé des millénaires d'une histoire mouvementée. Lieux d'échange peuplés dès l'Antiquité, ils furent transformés en avant-postes fortifiés par les Vénitiens avant de se muer en repaires de pirates, puis en villages de pêcheurs à partir de la seconde moitié du XXe siècle. Les Petites Cyclades sont dorénavant des destinations touristiques en vogue. Seules quatre îles sont habitées à l'année : Iraklia, Shinoussa, Ano Koufonissi (Koufonissia) et Donoussa. Chacune a sa propre ambiance : Koufonissi pour les amateurs de bronzette, Shinoussa et l'île escarpée de Donoussa pour les randonneurs, Iraklia pour les pèlerins qui viennent visiter sa grotte sacrée.

Les Petites Cyclades sont officiellement sous l'administration de Naxos. Donoussa est la plus septentrionale et la plus éloignée de Naxos ; les autres sont regroupées près de la côte sud-est de leur île de tutelle.

Renseignements

Terrain (terrainmaps.gr) vend une excellente carte, *Minor Cyclades*, qui couvre l'archipel et mentionne les sentiers de randonnée.

Depuis/vers les Petites Cyclades

Plusieurs ferrys relient chaque semaine Le Pirée et les Petites Cyclades via Naxos, et il y a plusieurs liaisons quotidiennes entre Naxos et Koufonissi (départs moins fréquents pour les autres îles). Consultez ferrys.gr pour les horaires de ferrys.

Les ferrys **Blue Star** (www.bluestarferries.com) desservent les Petites Cyclades toute l'année. Deux itinéraires, depuis Le Pirée, passent par Paros et Naxos. De Naxos, le ferry s'arrête 3 fois par semaine à Donoussa, puis Amorgos (Aegiali), avec pour terminus Astypalée (dans le Dodécanèse). Par ailleurs, 3 fois par semaine également, le ferry fait escale à Iraklia, Shinoussa et Koufonissi, avec pour terminus Amorgos (Katapola).

La **Small Cyclades Line** (smallcycladeslines.gr) assure le service dans le petit archipel, hiver compris lorsque la météo le permet. Son solide petit ferry, l'*Express Skopelitis*, part de Naxos tous les après-midi du lundi au samedi et dessert les Petites Cyclades ainsi qu'Amorgos, où il s'arrête souvent aux deux ports, Aegiali et Katapola, avant de rentrer à Naxos tôt le lendemain.

Iraklia Ηρακλειά

150 HABITANTS

Petit bijou resplendissant sous le soleil de l'Égée, Iraklia ne dépasse pas 19 km². Faiblement peuplée, l'île n'émerge de sa somnolence qu'en été, lorsque les yachts jettent l'ancre dans la baie abritée de **Livadi**, amenant de l'animation dans le village. Parmi les oliveraies, les ruines de temples de la période hellénistique, de fortifications vénitiennes et de mystérieux *speires* (pétroglyphes en spirale qui indiqueraient l'emplacement de trésors de pirates) témoignent de la longue et vénérable histoire de l'île.

Petites Cyclades

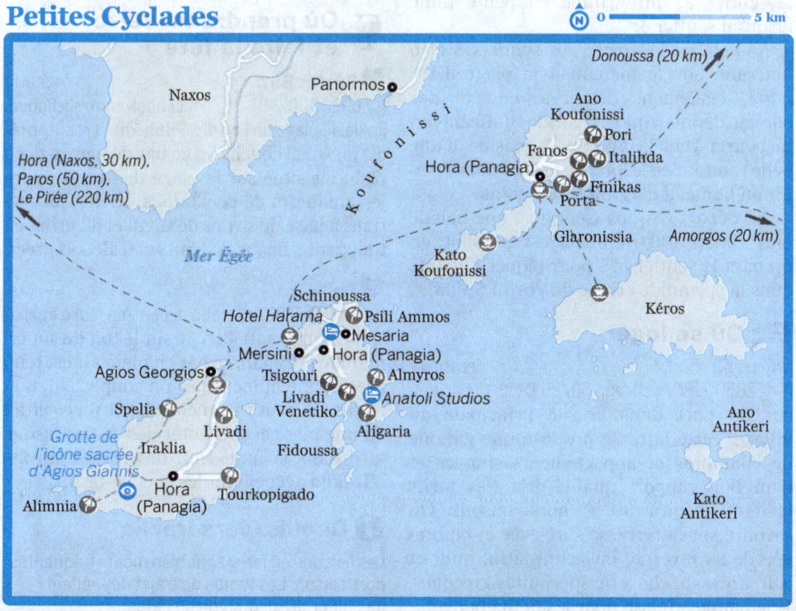

Les randonneurs à l'assaut des collines nues d'Iraklia où flottent des senteurs de thym découvriront des baies isolées et une ou deux superbes plages.

Niché dans une délicieuse crique avec sa plage de sable, le port d'**Agios Georgios** est aussi le principal village d'Iraklia.

À voir et à faire

Depuis le débarcadère, une route goudronnée part à gauche et mène environ 1 km plus loin à **Livadi**, la plus belle plage de l'île. De là, une montée abrupte de 2,5 km conduit au village d'**Hora** (également appelé Panagia). Depuis Hora, une route goudronnée continue jusqu'à la plage de **Tourkopigado**.

L'île est sillonnée de 7 sentiers de randonnée balisés. Procurez-vous une carte, mettez de bonnes chaussures de marche et emportez de l'eau.

Au départ d'Agios Georgios, prenez l'un après l'autre les sentiers 7, 4 et 3 pour rejoindre en moins de 2 heures la **grotte de l'icône sacrée d'Agios Giannis** (carte p. 229). L'itinéraire serpente entre les oliveraies jusqu'au hameau abandonné d'Agios Athanasios avant de grimper en pente raide jusqu'au sommet de la colline, d'où un sentier rocailleux descend jusqu'à la grotte. Vous pourrez aussi rejoindre la grotte en 1 heure depuis Hora en prenant le sentier 3, qui grimpe en pente raide jusqu'au sentier 4.

Au-delà de la grotte, les sentiers 5 et 6 font une boucle menant à la plage d'**Alimina**, également desservie en été par bateau depuis Agios Georgios (offrant un raccourci vers la grotte), l'occasion d'une belle randonnée le long de la côte pour revenir au hameau d'**Agios Athanasios**.

Au départ d'Agios Georgios, une balade plus courte (30 minutes) est possible en prenant le sentier n°8 pour piquer une tête dans la splendide crique de **Vorini Spilla**.

Où se loger

Maïstrali PENSION €

(☎22850 71807 ; ch/app 50/85 € ; wifi). Au-dessus du port dans la rue principale du village, cette adresse propose une gamme de chambres et appartements simples et d'un bon rapport qualité/prix (les tarifs chutent jusqu'à 30 € hors saison). On savoure sur la terrasse surélevée et ombragée de sa taverne, ouverte matin, midi et soir, un vaste choix de spécialités grecques. Une bonne adresse pour les petits budgets.

♥ **Alexandra Studios** PENSION €€

(☎22850 71482 ; alexandrarooms.blogspot.com ; ch 80 € ; clim, wifi). Perchés sur une colline, ces studios douillets offrent une vue magique sur le village, le soleil couchant et la baie depuis les terrasses qui flanquent chaque chambre. L'affable propriétaire viendra vous chercher au port, mais vous pourrez également rejoindre l'endroit à pied en 7 minutes d'ascension à travers Agios Georgios en direction de la plage de Livadi.

Speires Hotel BOUTIQUE-HÔTEL €€

(☎22850 77015 ; speires.gr ; d/tr/ste 66/96/112 € avec petit-déj ; ⏲mai-oct ; clim, wifi). Cet hôtel chic, à une courte marche du port, possède un décor tout blanc et des salles de bains étincelantes aux équipements modernes. Les chambres doubles supérieures peuvent loger une famille. La terrasse de l'élégant café et bar à vins est un bon endroit pour découvrir les crus de Grèce.

Anna's Place PENSION €€

(☎22850 74234 ; www.annasplace.gr ; d/app 65/90 € ; clim, wifi). Au-dessus du port, cette jolie propriété bien tenue profite d'un jardin coquet et de balcons avec une belle vue. À l'intérieur, les chambres confortables ont toutes une kitchenette ; les appartements avec 2 chambres sont une aubaine pour les familles. Transport offert vers le port.

Où prendre un verre et faire la fête

♥ **Surfin Bird** COCKTAILS

(☎6936000295 ; facebook.com/surfinbird.irakleia ; plage de Livadi ; ⏲16h-2h). Très apprécié au soleil couchant, ce bar décontracté en plein air situé sur la plage de Livadi ravira les amateurs de cocktails avec des concoctions à base de sirops de thym et d'herbes en tout genre, de jus de fruits et d'alcools grecs.

♥ **En Lefko** CAFÉ

(☎22850 77027 ; facebook.com/en.leuko.iraklia ; ⏲8h-2h mai-sept). Perché sur le toit du supermarché Perigiali, ce bar en plein air est tenu avec bonne humeur par un couple, Nikos et Anna. On peut y bruncher, boire un cocktail ou une bière et grignoter des en-cas jusque tard dans la nuit. L'un des rares endroits d'Iraklia accueillant les couche-tard.

Depuis/vers Iraklia

Les liaisons en ferry sont bien moins fréquentes hors saison. Les temps de trajet dépendent de l'itinéraire et du type de bateau.

Bateaux au départ d'Iraklia :

VERS	DURÉE (HEURES)	TARIF (€)	FRÉQUENCE
Aegiali (Amorgos)	2¼-3¾	9	4/sem
Donoussa	2¼	8	4/sem
Katapola (Amorgos)	1¾-4¾	8	1-2/jour
Koufonissi	50 min	5	1-2/jour
Naxos	1-5	7	1-2/jour
Paros	1¼-6	11-17,50	4/sem
Le Pirée	8	20	3/sem
Shinoussa	10 min	4	9/sem

Comment circuler

En juillet-août, des bus relient Agios Georgios, la plage de Livadi et Hora. Il est possible de louer des **scooters** (6972755850, 6977168139 ; scooter/quad à partir de 20/30 €/jour ; horaires variables) en été.

Shinoussa Σχοινούσα

256 HABITANTS

Paisible et vallonnée, la petite île de Shinoussa (8,5 km^2) est un patchwork de champs, de criques isolées, de chapelles byzantines et des vestiges de fortifications vénitiennes. Pendant les trois siècles qu'a duré l'occupation turque, l'île constituait un refuge pour les pirates de la Magne. Aujourd'hui, ce sont les estivants en quête de calme qui viennent profiter de ses plages réputées, mais rarement aussi fréquentées que celles de ses voisines. La campagne y est légèrement vallonnée et sa ville principale, **Panagia (Hora)**, se déploie le long d'une rue étroite, juchée sur la crête venteuse de l'île. Les ferrys accostent au port de pêche de **Mersini**, proche de Panagia (1 km en montée).

À voir et à faire

Depuis Panagia, des pistes de terre mènent à une petite vingtaine de plages de l'île. Les plus proches sont celles de **Tsigouri** (carte p. 229 ; 7 min à pied) et **Livadi** (carte p. 229 ; 15 min à pied), deux étendues de sable au sud du village et quasi désertes, sauf en août. À 20 minutes de marche vers le sud vous attendent les eaux peu profondes de deux petites baies de sable et de galets, **Aligaria** et **Almyros**. Au nord, la crique abritée de **Psili Ammos** est à 30 minutes de marche, juste à l'est de Mesaria. Vous trouverez des tavernes et/ou bars de plage à Tsigouri, Livadi et Almyros ; l'**Hotel Harama** (carte p. 229 ; 22850 76015 ; ch 65 € ;) nourrit ceux qui optent pour la plage de Psili Ammos.

Aeolia CIRCUIT EN BATEAU
(6979618233, 6982002327 ; croisière 20-40 € ; juin-sept). Le capitaine Manolis organise des excursions quotidiennes à bord de l'*Aeolia*, notamment autour des plages (20 €), vers Iraklia (20 €) ou encore Kéros et Koufonissi (40 €). Circuits privés possibles. Demandez le programme à votre hôtel.

Où se loger et se restaurer

On trouve quelques chambres à Mersini (le port), plusieurs hôtels et *domatia* à Panagia et quelques excellentes adresses dans des lieux plus reculés (près des plages d'Almyros, Livadi, Tsigouri et Psili Ammos). Les propriétaires de *domatia* viennent à la rencontre des ferrys à partir de mai pour chercher les clients ayant réservé. Réservation indispensable en juillet-août.

Anatoli Studios HÔTEL €€
(Carte p. 229 ; 6932371036 ; www.anatolistudio.com ; plage d'Almiros ; ch 100 € ;). Au sud-ouest de l'île et à 20 minutes de marche de Panagia, cette superbe propriété familiale abrite des chambres nettes et spacieuses, avec moustiquaires et kitchenettes, organisées autour d'une piscine avec vue sur la côte. On rejoint facilement à pied quatre plages, et le restaurant sert de savoureux spaghettis aux oursins.

Meltemi PENSION €€
(22850 71947 ; www.pension-meltemi.gr ; d 75-85 € ;). L'hospitalité authentique est l'essence même de cette pension familiale doublée d'un restaurant, au cœur de Panagia. Les chambres sont simples et douillettes. Les plus anciennes sont dans le bâtiment Meltemi 1, les plus récentes dans le Meltemi 2, mais toutes sont de qualité. Le restaurant sert une cuisine maison appétissante. En bonus : transport gratuit depuis/vers le port et la plage.

Iliovasilema HÔTEL €€
(22850 71948 ; www.iliovasilemahotel.gr ; Hora ; d avec petit-déj 90 € ; mi-mai à sept ;). Perché du côté port en lisière de Panagia, cet hôtel offre des couchers de soleil royaux (*iliovaselima* signifie coucher de soleil). Les chambres sont

petites et simples, mais impeccables, et la vue depuis les balcons sur Iraklia est splendide. Service chaleureux et bon buffet petit-déjeuner compris.

Deli Bistro-Bar GREC €€
(☎22850 74278 ; plats 13-25 € ; ⏲12h-23h mars-oct). Profitant d'une belle vue sur Ios et Iraklia, ce restaurant gastronomique abrite également un agréable café-bar au rez-de-chaussée. Le chef et propriétaire, un Crétois, concocte le menu le plus inventif de Shinoussa : feuilleté de fromage à la tomate, crevettes grillées à l'ouzo ou encore carpaccio de poisson à la grecque. Excellente carte de vins grecs et belle sélection de bières artisanales.

Taverne et chambres Mersini POISSON €€
(☎22850 71159 ; www.mersini.gr ; plats 9-20 € ; ⏲mai-sept ; ❄📶). Sur le port, ce restaurant de "cuisine égéenne" possède un beau jardin avec vue sur le front de mer où l'on savoure des classiques à base de poisson et fruits de mer (notamment des pâtes au homard et du poulpe) agrémentés de touches contemporaines. Les légumes proviennent du potager. En arrière de la taverne, 5 chambres chics, parmi les meilleures de l'île (d 85-110 €).

Renseignements

Paralos Travel (☎22850 71160 ; ⏲horaires variables). Billets de ferry et bureau de poste *de facto*, sur la rue principale de Panagia.

Depuis/vers Shinoussa

Les liaisons en ferry sont beaucoup moins fréquentes hors saison. La durée des traversées dépend de l'itinéraire et du type de bateau.

Des ferrys partent de Shinoussa vers Aegiali, sur Amorgos (8,50 €, 3 heures 30, 6/jour), Katapola, sur Amorgos (8 €, 1 heure 30-4 heures 30, 1 à 2/jour), Donoussa (8 €, 2 heures, 3/sem), Iraklia (4 €, 10 min, 9/sem), Koufonissi (4 €, 30 min, 1 à 3/jour), Naxos (14,50 €, 1 heure 15-1 heure 45, 8/sem), Paros (14,50 €, 2 heures 45, 4/sem) et Le Pirée (37,50 €, 6 heures 30, 3/sem).

Comment circuler

Des bus, qui ne circulent qu'en juillet-août, relient le port, Panagia et les principales plages. Autrement, déplacez-vous à pied ou louez un scooter ou un quad auprès de **Faros Bikes** (☎6977366853, 22850 71920 ; Hora ; scooter/quad 20/30 €/jour ; ⏲horaires variables) en été.

Koufonissi Κουφονήσια

399 HABITANTS

Au cœur de la grande civilisation cycladique pendant des millénaires, la plus petite île habitée des Cyclades s'est muée depuis en une destination touristique à la mode, un endroit où se détendre après un séjour frénétique à Mykonos ou Santorin. L'île n'en conserve pas moins son charme discret, et son importante flotte de pêche assure encore la prospérité des habitants en dehors de la saison touristique.

Koufonissi compte 3 îles principales, dont deux, Kato Koufonissi et Kéros, sont inhabitées. C'est donc à **Ano Koufonissi** que vous arriverez. Chaque été, l'île voit affluer des touristes séduits par ses superbes plages, ses hôtels et restaurants chics. C'est un bonheur de se promener au milieu des bougainvillées dans l'étroite rue principale.

À voir

L'unique bourgade de Koufonissi s'étend derrière l'embarcadère des ferrys. La partie ancienne, **Hora**, parallèle au littoral, borde une petite colline au-dessus du port, et consiste en un modeste ensemble de rues ponctuées de restaurants, d'hébergements et de cafés.

En prenant la grand-rue vers l'ouest, vous atteindrez **Loutro**, avec sa belle crique de galets, son petit chantier naval, son moulin et son église toute blanche.

Plages

Le village est flanqué du sable blanc d'**Ammos**, mais des plages plus belles vous attendent à l'est et au sud. En marchant 1,2 km (15 minutes) sur la route côtière en direction de l'est, on atteint la plage de **Finikas** (carte p. 229), flanquée d'une taverne. Continuez 5 minutes vers l'est, passez le promontoire pour rejoindre la plage de **Fanos** (carte p. 229), avec de l'ombre et un bar de plage. Marchez encore 5 minutes le long de la côte pour atteindre la plage d'**Italihda** (carte p. 229), appréciée des naturistes (plus nombreux à mesure qu'on marche vers l'est).

Au-delà d'Italihda, le chemin franchit un nouveau promontoire et passe par plusieurs bassins rocheux reliés à la mer propices à la baignade, dont les eaux claires et profondes de la **Piscina** (10 minutes de marche). De là, marchez encore 10 minutes pour atteindre la baie de **Pori** (carte p. 229), appréciée des bateaux, avec son long croissant de sable, ses eaux claires, une taverne et un café. Pori est également accessible par la route intérieure partant de Panagia (Hora).

Circuits organisés

Prasinos Boat Tours CROISIÈRES
(☎22850 71438, 6945042548 ; www.roussetoshotel.gr ; ⏲mai-sept). Montez à bord du bateau de Captain Kostas pour partir à la découverte des plages de l'île (aller-retour 3-5 € selon la plage) et de Kato Koufonissi (aller-retour 5 €). Il y a plus d'une dizaine de départs par jour en haute saison. Billets en vente à l'agence ou au kiosque sur le port.

Koufonissia Tours CROISIÈRES
(☎22850 74435 ; www.koufonissiatours.gr). Installée sur la rue principale (ainsi qu'à Villa Ostria), cette agence propose des excursions bateau, plongée et kayak de mer autour de Koufonissi et des Petites Cyclades.

Où se loger

♥ **Apollon Studios** PENSION €€
(☎22850 74464 ; apollonkoufonisia.gr ; ch à partir de 60 € ; ❄📶). Sur les hauteurs, au-dessus du port, ces édifices cubiques à murs chaulés et bords arrondis, arborant les traditionnels tons bleus et blancs des Cyclades, abritent des chambres avec kitchenettes et petites terrasses donnant sur la mer, abritées du soleil par des auvents en bambou. Le propriétaire fait en sorte que tout le monde s'y sente comme chez soi.

♥ **Ermis Rooms** PENSION €€
(☎6972265240, 22850 71693 ; www.koufonisia.gr/?page_id=1255etlang=en ; d 75-85 € ; ❄📶). À l'abri derrière une façade blanc et lilas et un jardin fleuri, ces chambres immaculées sont très calmes. Demandez à Sofia une chambre avec balcon donnant sur la mer. À l'extrémité de la plage, côté port, prenez la route montant sur la colline. Ermis Rooms jouxte la poste toute verte, également tenue par Sofia.

Villa Ostria HÔTEL €€
(☎22850 71671 ; www.ostriavilla.gr ; ch/studio à partir de 85/120 € ; ❄📶). Sur les hauteurs à l'est de la plage, les édifices cubiques et couverts de plantes grimpantes abritent des chambres et studios plaisants, à la décoration de coquillages et de bois flotté. Les chambres ont des kitchenettes ; les studios, plus grands, des cuisines. À gauche après l'enseigne de location de vélos, à l'extrémité est de la plage.

Anna Villas PENSION €€
(☎22850 71697 ; annavillas.gr ; d avec petit-déj 100 € ; ❄📶). Ces studios propres et lumineux, dotés de kitchenettes, sont plaisants et ont un balcon donnant sur la plage ou la campagne. L'établissement convient bien aux familles, avec un agréable coin lecture et un café ouvert l'été. À côté de l'adresse précédente.

Où se restaurer

♥ **Kalamia** CAFÉ €
(☎22850 74444 ; facebook.com/kalamiabar ; plats 7-12 € ; ⏲9h-4h ; 📶). À la fois café décontracté et bar animé, cet établissement fait tout à merveille. Installez-vous à l'ombre du toit en chaume pour savourer les œufs du brunch ou des burgers et quesadillas savoureux le reste de la journée, le tout accompagné de bières artisanales grecques primées (stout Voria stout, pilsner 56 Isles, porter fumée Chios...). Près de la plage, dans la rue principale.

♥ **Mikres Cyclades** GREC €€
(☎22850 74500 ; mikrescyclades.com ; plats 10-15 € ; ⏲17h-1h ; 📶✎). Aussi bref que savoureux, le menu de Mikres met les produits des Cyclades à l'honneur avec des mezze et des plats de viande et de poisson servis sous un élégant auvent en bambou dans la rue principale. Goûtez l'excellente *fava* de Shinoussa, les fromages de Naxos, Syros et Sifnos, sans oublier des produits de la mer ultrafrais.

Capetan Nikolas POISSON €€
(☎22850 71690 ; Loutro ; plats 7-25 € ; ⏲dîner mai-oct). Véritable institution locale, ce restaurant de fruits de mer chaleureux surplombe le port de Loutro. Vous serez peut-être accueilli à l'entrée par le capitaine Nikolas en personne (reconnaissable à sa barbe), s'il n'est pas en train de pêcher au harpon quelque part. La salade de homard est fameuse et les pâtes aux fruits de mer délicieuses. Les poissons pêchés localement comme le rouget ou la daurade sont facturés au kilo.

Renseignements

Prasinos (☎22850 71438 ; ⏲7h-23h juin-août). Billets de ferry et circuits organisés ; dans la rue principale de Hora.

Depuis/vers Koufonissi

Nombre de bateaux rapides relient Koufonissi aux îles des Cyclades en juillet-août.
Bateaux au départ de Koufonissi :

VERS	DURÉE (HEURES)	TARIF (€)	FRÉQUENCE
Amorgos	20 min-3½	7-14	2-4/jour
Donoussa	1¼	6	3/sem
Folégandros	2½	70	6/sem
Iraklia	50 min	5	1-2/jour
Milos	3-4	69	1-2/jour
Mykonos	2¼	56	1/jour
Naxos	45 min-2½	9-26	2-4/jour
Paros	1¼-8½	19-35	1-3/jour
Le Pirée	4¼-8½	38-70	2-4/jour
Santorin	2	47	1/jour
Shinoussa	30 min	4	1-3/jour
Sérifos	5½	65	1/jour
Sifnos	4-5	65	2/jour

Comment circuler

À l'est de la plage, une boutique propose la **location de vélos** (6973354991 ; www.thoosa.gr ; 5-10 €/jour ; 9h-21h juin-août), un moyen idéal d'explorer cette île sans dénivelé, par ailleurs suffisamment petite pour être parcourue à pied.

En juillet-août uniquement, un bus part toutes les heures de Hora vers les plages de Finikas et Pori (2 €, 10h-20h).

Donoussa Δονούσα

MOINS DE 150 HABITANTS

Dans ce petit bout du monde, le temps semble suspendu. À l'exception de la fin juillet et du mois d'août, lorsque les vacanciers grecs et étrangers l'envahissent, cette île invite à ralentir le pas, et à savourer ses bienfaits. **Stavros**, principal port et village de l'île, est un petit ensemble de maisons chaulées regroupées autour d'une belle église, perché au-dessus du quai des ferrys et d'une plage de sable.

Hors de la haute saison, les amateurs de grand air auront les criques de sable isolées et les sentiers de randonnée sillonnant les collines arides de l'arrière-pays pour eux seuls.

À voir

À 1,25 km au sud-est de Stavros et accessible par une piste empierrée, **Kendros** est une splendide plage de sable avec une taverne ouverte en saison, un camping gratuit et des eaux calmes et limpides. Limenari, accessible en 40 minutes de marche le long de la côte depuis Kedros, est une crique plus isolée ; les deux plages sont appréciées des naturistes. La plage de sable blanc de **Livadi**, que l'on rejoint à pied en 25 minutes depuis le hameau de **Messaria** (Charavgi) ou par une descente abrupte de 25 minutes depuis le village plus grand de **Mersini**, voit encore moins passer de visiteurs.

Le long de la côte nord-est, la route se termine au petit village de **Kalotaritissa**, qui compte 3 petites plages (2 plages de galets à proximité du village et une crique de sable à 10 minutes de marche). On peut s'y rendre en minibus, à pied, ou à bord du bateau *Margissa* en été.

Où se loger

Argalios Guesthouse PENSION €

(22850 79008, 6982953374 ; www.argalios-guesthouse.gr ; ch 50 € ;). Dans la partie haute du village, cette superbe pension consiste en 4 appartements douillets qui ont chacun leur propre décoration mais tous de massives poutres apparentes, un beau mobilier recyclé et d'excellents matelas. Iliad et Ploumissa vivent en harmonie avec leur environnement et proposent des cours de tissage.

Makares APPARTEMENTS €€

(22850 79079 ; www.makares-donoussa.gr ; ch et app 80-140 € ; mai-oct ;). Loukas est l'hôte de ce complexe, qui loue des studios et des appartements tout équipés, à l'extrémité de la baie de Stavros (de l'autre côté de la plage par rapport au port). Emplacement à courte distance de marche de la plage et du centre du village, points de vue fabuleux, décoration simple et élégante et sentiment d'isolement particulièrement délectable. Transfert gratuit depuis le port.

Où se restaurer

Avli GREC €€

(22850 51557 ; facebook.com/avlidonoussa ; plats 10-15 € ; 12h-tard). Ce petit restaurant créatif, installé au-dessus du quai et tenu par un couple tchéco-grec, ne manque pas d'atouts : vue sur la mer, la meilleure carte des vins de Donoussa et une cuisine égéenne haut de gamme (salade de pois yeux noirs, sardines farcies au persil et à l'ail, calamars farcis au fromage *graviera*).

I Kori tou Mihali TAVERNE €€

(☎6984618807 ; Mersini ; plats 9-18 €). Cette taverne chaleureuse située dans le village de Mersini, à 6 km de route de Stavros, sert une excellente cuisine grecque revisitée : chevreau de l'île, porc au miel et yaourt, ou tartare d'aubergine fumé. En prime : un panorama à couper le souffle.

Renseignements

Sigalas Travel (☎22850 51570 ; ⏲horaires variables lun-sam) vend des billets de ferry. Ouvert le matin et le soir les jours de ferry, plus 40 minutes avant l'arrivée des ferrys.

Depuis/vers Donoussa

Il y a bien moins de ferrys hors saison. La durée du trajet dépend de l'itinéraire et du type de bateau.

Bateaux au départ de Donoussa : Aegiali, sur Amorgos (7 €, 45 min-1 heure 15, 7/sem), Katapola, sur Amorgos (7 €, 2 heures 15-4 heures 45, 3/sem), Astypalée (15 €, 2 heures 45, 4/sem), Iraklia (8 €, 2 heures 15, 4/sem), Koufonissi (6 €, 1 heure 15, 3/sem), Naxos (7 €, 1 heure 15-3 heures 15, 8/sem), Paros (11-18 €, 2 heures 15-2 heures 30, 5/sem), Le Pirée (30 €, 8 heures 15, 4/sem) et Shinoussa (8 €, 2 heures, 3/sem).

Comment circuler

Il n'y a pas de loueur de voitures et de scooters sur l'île. Un minibus emprunte la seule route de Donoussa entre Stavros et le hameau de Kalotaritissa, à l'extrémité opposée de l'île (2 €, début juin à fin-août).

Il devrait bientôt être possible de louer des vélos sur l'île, qui se parcourt par ailleurs aisément à pied.

Le seul **taxi** (☎6971774696) de l'île peut vous emmener à Kalotaritissa (13 €) ou ailleurs.

Le petit bateau *Margissa* embarque les visiteurs sur les plages de l'île (5 €) de juin à septembre ; horaires selon la météo.

AMORGOS ΑΜΟΡΓΟΣ

2 000 HABITANTS

La splendide île d'Amorgos a la forme d'un hippocampe tourné vers l'est et le Dodécanèse. Elle apparaît de façon spectaculaire à qui arrive par la mer, ses monts semblant déchirer le ciel au-dessus des flots. La route qui serpente le long de ses crêtes entre ses principaux villages est l'une des plus belles de toutes les Cyclades.

Amorgos est relativement isolée – depuis Athènes, le ferry le plus rapide met 7 heures pour y parvenir ! Les amateurs de plongée en apnée et les fans

Amorgos

du *Grand Bleu* (le film de Luc Besson tourné en 1988) viennent pour explorer les eaux de la mer Égée, tandis que les randonneurs arpentent les nombreux sentiers serpentant à travers les paysages escarpés.

Cette île qui culmine à 800 m s'étire sur 30 km. Sa côte sud-est tombe à pic dans la mer avec un incroyable monastère byzantin accroché à la falaise. Tout aussi spectaculaire, la côte nord-ouest s'adoucit cependant pour former les étroites baies où se niche le port principal de Katapola. Un étonnant décor rocheux enserre l'enchanteresse Amorgos (Hora).

Si les plages ne manquent pas, Amorgos se distingue avant tout par sa richesse archéologique et ses fabuleux paysages, propices à une kyrielle d'activités.

Renseignements

Trois sites Internet sur l'île : www.amorgos.gr, www.amorgos.guide et www.amorgos-island-magazine.com.

Depuis/vers Amorgos

Amorgos est aisément accessible depuis Naxos, avec la **Small Cyclades Line** (www.smallcycladeslines.gr) qui dessert quotidiennement (sauf le dimanche) les deux ports d'Amorgos via les Petites Cyclades.

Les ferrys **Blue Star** (www.bluestarferrys.gr) empruntent 3 itinéraires intéressants : deux partent régulièrement du Pirée, passent par Paros, Naxos et les Petites Cyclades et arrivent au port d'Aegiali ou à celui de Katapola. La troisième option est un bateau hebdomadaire entre Le Pirée et Katapola, qui continue vers l'est jusqu'à Patmos, Léros, Kos et Rhodes.

Achetez vos billets auprès de **Nautilos** (☎Aegiali 22850 73032, Katapola 22850 71201), qui dispose de bureaux près des deux ports.

Bateaux au départ d'Aegiali :

VERS	DURÉE (HEURES)	TARIF (€)	FRÉQUENCE
Astypalée	1¾	13	4/sem
Donoussa	45 min-1¼	7	7/sem
Iraklia	2¼-3¾	9	4/sem
Koufonissi	2½	7	3/sem
Naxos	2¼-5	12	1-2/jour
Paros	3½	13-21	5/sem
Shinoussa	3½	8,50	6/sem
Syros	5¼	16	1/sem

Bateaux au départ de Katapola :

VERS	DURÉE (HEURES)	TARIF (€)	FRÉQUENCE
Donoussa	2¼-4¾	7	3/sem
Folégandros	2¼	70	1/jour
Ios	3	12	1/sem
Iraklia	1¾-4½	8	1-2/jour
Koufonissi	40 min-3½	7-14	2-4/jour
Milos	5½	70	1/jour
Mykonos	2¼	55	3/sem
Naxos	1¼-3¼	11-30	2-3/jour
Paros	4-4¼	13-29	1-2/jour
Le Pirée	5-10	33-70	1-2/jour
Rhodes	8½	33	1/sem
Shinoussa	1½-4¼	8	1-2/jour
Santorin	1½-3¼	12-50	1-2/jour

Comment circuler

En été, les véhicules d'**Amorgos Bus Company** (amorgosbuscompany.com) se rendent régulièrement de Katapola à Amorgos (Hora) (2 €), Moni Hozoviotissa, la plage d'Agia Anna (2 €) et Aegiali (moins fréquents, 3 €, 45 min). Des bus grimpent également depuis Aegiali jusqu'à Langada et Tholaria. Horaires affichés aux arrêts principaux des villages et sur le site Internet de la compagnie.

Louer un véhicule est de loin le meilleur moyen d'explorer Amorgos. Voitures, quads et scooters sont à louer chez **Thomas Rental** (☎Aegiali 22850 73444, Katapola 22850 71777 ; www.thomas-rental.gr) ou **Evis Cars** (☎22850 71066 ; www.eviscars.gr ; Aegiali). En août, la location de voiture/quad/scooter revient à 40/30/20 € par jour, moins cher le reste de l'année. Seulement 2 stations-service sur l'île : l'une à 1,5 km de Katapola et l'autre à Aegiali.

Katapola Κατάπολα

634 HABITANTS

Épousant la courbe d'une jolie baie, le port principal d'Armogos se trouve dans la partie la plus verdoyante de l'île. C'est un lieu animé divisé en trois villages : Katapola autour du port, Rahidhi au centre et Xylokeratidhi au nord de la baie.

Au-dessus du port s'étendent les vestiges de la cité antique de **Minoa**, accessibles par un sentier de randonnée ou par une route goudronnée abrupte ; il n'y a pas de panneau d'information mais le site offre un panorama de toute beauté. De nombreux objets datant du cycladique ont été découverts à Amorgos.

La plus grande idole cycladique, exposée au Musée national archéologique d'Athènes, provient des environs de Katapola.

Où se loger

Big Blue PENSION €€
(☎22850 73471 ; thebigblue.gr ; app 91-120 € ; ❄📶). Sur les hauteurs du port après le jardin botanique, ces studios spacieux bleu et blanc offrent une vue superbe sur la mer depuis la plupart des pièces et les deux terrasses communes. Chaque chambre a sa petite terrasse, et l'accueil est toujours chaleureux.

Pension Amorgos PENSION €€
(☎22850 71013 ; pension-amorgos.com ; d 80 € ; ❄📶). Pleine de cachet, cette pension loue des chambres lumineuses et bien tenues, directement sur le front de mer. Elle est gérée par le même propriétaire que l'Emprostiada d'Amorgos (Hora), et se révèle de qualité semblable. Les tavernes de Katapola ne sont qu'à quelques minutes à pied.

Villa Katapoliani PENSION €€
(☎22850 71664 ; www.villakatapoliani.gr ; d/tr/f 85/120/140 € ; ❄📶). Bien situé en retrait du front de mer et de l'embarcadère des ferrys, voici un ensemble de chambres, studios et appartements de grande qualité. Les balcons de la Villa 1 surplombent un jardin de bougainvillées et constellé des ruines d'un ancien temple d'Apollon. Le toit-terrasse, lui, a vue sur la mer. Les appartements peuvent loger jusqu'à 4 personnes.

Minoa Hotel HÔTEL €€
(☎22850 74055 ; www.hotelminoa.gr ; s/d/tr 55/85/95 € ; ❄📶). Cet hôtel du front de mer géré en famille est idéal si l'on doit prendre le ferry. Personnel sympathique, chambres jolies et propres avec salles de bains impeccables et balcons donnant sur un jardin arboré où chantent des oiseaux. Le café-pâtisserie de la famille, Sweets by Pothiti, est installé dans le hall.

Où se restaurer

Tavernes classiques et cafés jalonnent le front de mer. Pour une cuisine plus créative, rejoignez l'autre côté de la baie, à Xylokeratidhi.

Honey & Cinnamon BOULANGERIE €
(☎22850 71485 ; en-cas à partir de 3 € ; ⏲9h-23h). Repérez les volets rouge vif et laissez-vous guider par les effluves délicats. Dans cette minuscule pâtisserie en retrait du front de mer, on concocte des gâteaux et maints biscuits locaux. Goûtez ceux au *psimeni raki*, la liqueur locale, ou contentez-vous d'un café ou d'une glace.

Youkali GREC €€
(☎22850 71838 ; facebook.com/youkaliamorgos ; plats 8-14 € ; ⏲12h-2h ; 🖉). De l'autre côté de la baie par rapport au port, Youkali sert la cuisine la plus inventive de Katapola. Tout est frais et local, bien évidemment. Goûtez les pâtes aux betteraves et courgettes, les boulettes de viande sauce au poireau ou les *linguine* aux crevettes. Personnel charmant et présentation impeccable.

Mouragio POISSON €€
(☎22850 71011 ; plats 10-19 € ; ⏲11h-1h). Titulaire du label "cuisine égéenne", cette taverne du port régale les vacanciers depuis 1980. Les spécialités maison : soupe de poisson, spaghettis au homard et pêche du jour.

Depuis/vers Katapola

Les bateaux accostent directement sur le quai central. La **gare routière** est à quelques minutes de marche le long de la côte. De là, des bus partent pour Aegali (3 €, 1 heure, 5/jour), Amorgos (Hora ; 2 €, 20 min, 16/jour) et la plage d'Agia Anna (2 €, 30 min, 8/jour) de mi-juin à fin août ; liaisons moins fréquentes le reste de l'année.

N Synodinos (☎22850 71201 ; synodinos@nax.forthnet.gr). Billets de ferry et bureau de change sur le front de mer.

Amorgos (Hora)

Αμοργός (Χώρα)

414 HABITANTS

Le vénérable chef-lieu de l'île brille comme une traînée de neige sur sa crête rocheuse. Perché à 400 m au-dessus de la mer, il est coiffé d'un *kastro* (citadelle) du XIIIe siècle et entouré de **moulins** qui se dressent comme des sentinelles sur les falaises avoisinantes. Il y règne une ambiance raffinée, notamment grâce aux quelques bars et boutiques à la mode qui ajoutent au charme du village sans en ternir le caractère intemporel. Ici, l'activité principale consiste à se balader et vous serez récompensé par de belles scènes de village à chaque coin de rue.

Le bus s'arrête sur une petite place en lisière du village. Vous trouverez un DAB à côté de la supérette à l'entrée d'Amorgos (Hora), et l'on trouve dans la rue principale confitures et alcools locaux.

À voir

La **collection archéologique** (9h-13h et 18h-20h30 mar-dim) d'Amorgos (Hora), en accès libre, comprend des pièces intéressantes mises au jour sur l'île, dont des vestiges de la période minoenne datant de plus de 4 000 ans. Suivez les panneaux depuis la rue piétonne.

Où se loger

Emprostiada PENSION €€
(22850 71814 ; emprostiada.com ; d 110 €, ste 140-160 € ; mars-nov ;). Cette charmante pension dispose de suites pleines de caractère, aménagées dans une ancienne demeure de commerçant. Choisissez entre une maisonnette, une suite ou une double spacieuse (60 € en basse saison). Un décor de carte postale dans un cadre paisible, à l'arrière du village. Transport gratuit pour les ports de Katapola et d'Aegiali.

Pension Ilias PENSION €€
(22850 71277 ; iliaspension.gr ; d/app 60/100 € ;). Un peu après l'arrêt de bus, au cœur d'un labyrinthe de maisons traditionnelles, cette plaisante pension loue des chambres confortables et des appartements pouvant loger 4 personnes. Séjour minimum de 2 nuits en juillet-août.

Où se restaurer

Kastanis GREC €
(22850 72048 ; plats 7-13 € ; 12h-tard ;). À l'ombre de quelques arbres dans la grand-rue, cette taverne familiale prépare des plats traditionnels goûteux comme le *patatato* (agneau, pommes de terre et tomates), de la *fava* aux câpres, une copieuse salade grecque et des spécialités de saison telles que les légumes cuits au citron.

Jazzmin CAFÉ €
(22850 74017 ; petit-déj 6,50-13 €, en-cas 3-6 € ; 9h-2h). En bas d'un escalier partant de la principale rue piétonne, ce café a investi les pièces douillettes d'une maison traditionnelle. Vous pourrez prendre de bons petits-déjeuners, smoothies, jus de fruits et infusions. Carte des cocktails impressionnante ; musique d'ambiance en fond sonore.

Triporto CAFÉ €
(22850 73085 ; facebook.com/3porto ; petit-déj à partir de 8 €, en-cas 3-5 € ; 8h-4h). Dans l'ancienne boulangerie du village, ce café branché, idéal pour le petit-déjeuner, se mue en bar décontracté le soir. Composez vous-même votre omelette avec des ingrédients tels que de la sauce aux olives ou de la crème épicée au paprika. Commandez salade, en-cas ou douceurs sucrées et sirotez un verre de vin en discutant avec le propriétaire, véritable encyclopédie sur la région.

Depuis/vers Amorgos (Hora)

Les bus **Amorgos Bus Company** (693 6671033 ; amorgosbuscompany.com) relient Katapola à Amorgos (Hora ; 2 €) et poursuivent vers Aegiali (2 €).

Certains hébergements offrent le transport entre le port et Katapola ou Aegiali. Renseignez-vous en réservant.

Location de voiture, scooter ou quad près des deux ports, ou chez Evis Cars (p. 236).

Aegiali Αιγιάλη

430 HABITANTS

Le second port d'Amorgos accueille moins de bateaux et il s'en dégage une ambiance plus décontractée. Posé au bord d'une baie de sable, le site se prête idéalement aux sports nautiques et sert également de base aux randonneurs souhaitant explorer les villages de **Langada** et **Tholaria**. Nichés au cœur des collines escarpées dominant le village, à 3 km chacun d'Aegiali, les deux villages sont reliés entre eux et à d'autres parties de l'île par des sentiers de randonnée. À l'extrémité de la baie, un sentier franchit plusieurs promontoires et mène à 3 plages de sable et de galets, dont la plus éloignée est appréciée des naturistes.

Activités

Des instructeurs enthousiastes vous attendent sur la plage à l'**Amorgos Diving Center** (6932249538, 22850 73611 ; amorgos-diving.com), un centre de plongée réputé. Les plongées (avec équipement) coûtent 55 € minimum ; des plongées nocturnes, des plongées sur épave et des formations PADI sont envisageables. Également un cours d'initiation Bubblemaker pour les enfants et des sorties snorkeling (25 €).

Où se loger

Apollon Studios APPARTEMENTS €
(22850 73297 ; apollon-amorgos.com ; studio d/tr 55/66 € ;). Au cœur du village, cette pension à la thématique nautique rassemble des studios dotés de cuisines bien équipées et de balcons avec vue sur le port.

Chambres sans chichis et confortables, à prix correct. Beaucoup de familles et de voyageurs y ont leurs habitudes. Les restaurants ne manquent pas aux alentours.

Yperia HÔTEL €€

(☎22850 73084 ; www.yperia.com ; d 135-145 €, fam 188 €, avec petit-déj ; ⊙avr-oct ; ❄📶🏊). Les chambres modernes s'enorgueillissent de détails chaleureux et artistiques, de meubles en bois et fer forgé, de salles de bains spacieuses et d'une vue imprenable sur la mer (supplément 10 €). La piscine domine les flots et l'hôtel n'est qu'à un pâté de maisons de la plage. Personnel sympathique et accommodant.

Aegialis Hotel & Spa HÔTEL €€€

(Carte p. 235 ; ☎22850 73393 ; www.amorgos-aegialis.com ; d/ste à partir de 222/548 € ; ❄📶🏊). Perché sur une colline et offrant un panorama magique sur la baie et le village, le seul hôtel cinq étoiles de l'île loue des chambres à la déco minimaliste typique des Cyclades, agrémentées de touches d'art. Mais ce sont les équipements qui en font une adresse d'exception : piscine et bar, spa de jour, restaurants, et, encore une fois, quelle vue ! Prix intéressants hors saison ; réservez en ligne.

Où se restaurer

Amorgis CAFÉ €

(☎22850 73606 ; plats 4-10 € ; ⊙9h-tard ; 📶). Montez l'escalier partant du quai des ferrys pour rejoindre ce café aux tons pastel débordant de plantes vertes et dominant la baie. Venez à toute heure savourer un jus de fruits frais, un cocktail ou des en-cas tels que des tortillas, des salades et des sandwichs.

♥ **Taxidi Gefsis Apo Ti Kriti Sto Aivali** CRÉTOIS €€

(☎22850 73342 ; plats 7-15 €). Proche de l'extrémité sud de la plage, ce restaurant crétois possède un sens de l'accueil aussi exceptionnel que la qualité de sa cuisine maison. Viandes braisées, *saganaki de* crevettes, pâtes à la crétoise et assiettes de mezze sont servis sur fond de jazz apaisant.

♥ **Falafel** INTERNATIONAL €€

(☎6936808038 ; plats 6-14 € ; ⊙11h-1h). Dans une ruelle en retrait du front de mer, installez-vous pour manger un *shakshuka* ou un sandwich aux falafels au brunch, et une cuisine internationale le reste de la journée. Les pâtes à la carbonara sont préparées avec du porc de Crète fumé sur place, à savourer avec l'une des bières de la microbrasserie Ora.

To Limani TAVERNE €€

(☎22850 73269 ; tolimani.weebly.com ; plats 8-18 € ; ⊙8h-minuit). Ce restaurant populaire, au-dessus de la rue principale, a su conserver son ambiance locale. À partir d'ingrédients des Cyclades, les chefs mitonnent de généreux plats : goûtez la soupe de poisson, le *patatato* (agneau aux pommes de terre et tomates) ou n'importe quelle composition à base de fromage. Et gardez de la place pour la tarte à l'orange.

Où prendre un verre et faire la fête

♥ **Embassa Bar** COCKTAILS

(☎6932547187 ; ⊙8h-4h). Sur le quai, en face du petit moulin, cet établissement orné d'une tête de mort est sans doute le meilleur bar à cocktails d'Amorgos. Sirotez un

À NE PAS MANQUER

RANDONNÉE À AMORGOS

Grâce à sa douzaine de sentiers, dont huit sont numérotés et bien balisés (à découvrir en ligne sur www.amorgos.gr), Amorgos est prisée des randonneurs. Terrain (terrainmaps.gr) publie une carte des randonnées sur Amorgos. Voici quelques-uns des itinéraires à suivre :

n°1 (13,4 km ; 4 à 5 heures). Ce sentier descend d'Amorgos (Hora) vers le Moni Hozoviotissa, puis remonte en lacet à travers les collines avant de redescendre vers Aegiali.

n°2 (3,5 km ; 1 heure). Belle descente entre Amorgos (Hora) et Katapola.

n°3 (14 km ; 5 heures). Cette randonnée assez éprouvante relie Katapola à Kato Kampos en passant par les ruines côtières de Minoa et Arkesini, par le village de Vroutsi et par la tour d'Aghia Triada.

n°4 (8 km ; 3 heures). Ce sentier fait une boucle depuis Aegiali et permet de découvrir les superbes villages de Langada et Tholaria, assez proches l'un de l'autre.

martini au concombre au soleil couchant ou venez le matin pour un petit café et une ambiance animée.

ℹ Renseignements

Pour des vacances en randonnée itinérante, consultez le site Internet de the Special Interest Holidays, walkingingreece.com, une agence gérée par Paul et Henrietta Delahunt-Rimmer, couple d'Anglais auteurs de l'excellent guide *Amorgos: A Visitor's and Walker's Guide*, disponible dans une boutique de souvenirs d'Aegiali.

Basé à l'Aegialis Hotel & Spa, **Aegialis Tours** (☎ 22850 73393 ; amorgos-aegialis.com/services) organise des circuits et des activités (randonnée, excursions culturelles, cours de cuisine, etc.).

ℹ Depuis/vers Aegiali

Les liaisons maritimes depuis/vers Aegiali sont moins fréquentes que depuis/vers Katapola.

Plusieurs loueurs de voitures/scooters/quads sont installés sur le front de mer.

Des bus de l'Amorgos Bus Company relient Aegiali à Katapola (3 €, 45 min) via Amorgos (Hora) (5/jour), Langada (2 €, 10 min, 6/jour) et Tholaria (2 €, 10 min, 6/jour) de mi-juin à fin août ; moins de bus le reste de l'année.

Ailleurs sur Amorgos

À voir

♥ Baie de Kalotaritissa — PLAGE

(Carte p. 235). La plus belle plage d'Amorgos, à la pointe ouest de l'île. Yachts et bateaux de pêche mouillent dans les eaux transparentes de la baie abritée. En juillet-août des caïques (4 €) partent de la plage de sable et de galets vers l'île inhabitée de **Kramboussa**.

♥ Plage d'Agia Anna — PLAGE

(Carte p. 235). La petite plage rocailleuse d'Agia Anna est baignée d'eaux calmes dans lesquelles on peut plonger depuis les rochers. La plage a été immortalisée dans le film *Le Grand Bleu*, son cadre spectaculaire et sa très photogénique chapelle chaulée. Une autre plage de sable, plus grande, vous attend de l'autre côté du parking.

Moni Hozoviotissa — MONASTÈRE

(Μονή της Χοζοβιώτισσας ; carte p. 235 ; dons appréciés ; 🕗8h30-13h et 17h-19h). Ce monastère du XIe siècle apparaît comme une tache blanche incrustée dans la falaise et perché au-dessus des flots, sur la côte est en contrebas d'Amorgos (Hora). Du parking, on rejoint le monastère par une éprouvante ascension de 350 marches. Avec un peu de chance, un gardien sera présent pour vous en dire davantage sur le monastère et ses icônes. Si vous le pouvez, allez-y le plus tôt possible. Veillez à respecter le code vestimentaire (pantalon pour les hommes, jupe ou robe longues pour les femmes, épaules couvertes pour tous), strictement appliqué.

Tholaria — VILLAGE

À 3 km par la route faisant une boucle depuis Aegiali ou par une randonnée de 30 minutes, le village de Tholaria est perché dans les montagnes à 10 minutes de marche des **ruines de l'Aegiali antique**, vestiges d'un village pas encore mis au jour. Faites une halte chez Kali Kardia (ci-contre) pour déguster les meilleures boulettes de viande des Cyclades, puis le soir venu allez contempler les étoiles au bar à cocktails Seladi (ci-contre). Une belle randonnée part de Tholaria vers Langada, de l'autre côté de la vallée.

Asfodilitis — VILLAGE

(Carte p. 235). Accessible par une étroite route goudronnée grimpant en pente raide depuis la route principale entre Amorgos (Hora) et Aegiali, ce hameau aux maisons en ardoise paraît désert. Il y a pourtant une taverne, comme perdue à côté du drapeau du parti communiste grec et d'une ou deux carcasses de voitures. Le silence règne au lever du soleil dans ce lieu magique, idéal pour faire une halte si vous randonnez d'Amorgos (Hora) à Aegiali. La sortie vers Asfodilitis est à 6 km au sud-ouest d'Aegiali.

Langada — VILLAGE

À 3 km à l'est d'Aegiali vous attend le pittoresque dédale de ruelles chaulées du village de Langada, qui recèle plusieurs excellentes tavernes et quelques boutiques vendant des céramiques produites au village. Faites une halte à FindinGreece pour découvrir les randonnées et visites culturelles de l'île. Grimper au village depuis Aegiali prend environ 30 minutes, mais on peut y accéder aussi par le bus.

Activités et circuits organisés

♥ Route Amorgos (Hora)-Aegiali — ROUTE PANORAMIQUE

(Carte p. 235). Si vous êtes en voiture, ne manquez pas les 16 km séparant Amorgos

(Hora) d'Aegiali, l'une des plus belles routes des Cyclades qui serpente entre les montagnes plantées de broussailles d'un côté et les pentes plongeant vers la mer et les villages inhabités de Nikouria et Grabonissi de l'autre.

FindinGreece RANDONNÉE
(☎6944326036 ; findingreece.com ; Langada ; ⏲9h-20h). Dans le village de Langada, Alix et Semeli, enthousiastes et compétents, proposent des randonnées et toute une gamme d'activités culturelles (cours de céramique, balade autour des herbes sauvages, excursion, plongée ou cours de cuisine). Sur réservation.

Où se loger et se restaurer

Pagali Hotel HÔTEL €€
(☎22850 73310 ; www.pagalihotel-amorgos.com ; Langada ; s/d/tr 64/73/135 € ; ❄📶). Installé dans le village de Langada, cet établissement tire avantage de sublimes points de vue. Les chambres et studios sont confortables et l'établissement, ouvert toute l'année, propose des sorties autour de la cueillette des olives, la vinification ou l'agrotourisme. D'autres activités comme l'escalade, la randonnée et des ateliers d'expression artistique. Une adresse gérée en famille, à côté de l'excellente Nikos Taverna et de la boulangerie Vassalos.

Ston Pyrgo TAVERNE €
(Carte p. 235 ; ☎22850 72258 ; Arkesini ; plats 7-12 € ; ⏲11h-22h). Depuis le village d'Arkesini, suivez les panneaux jusqu'à la tour d'Agia Triada (qui mérite une visite) pour rejoindre ce *mezedhopoleio* (café-restaurant de mezze) tenu par le jeune chef Vangelitsa, qui prépare une cuisine maison délicieuse, du *patatato* aux légumes cuits au citron en passant par la pêche du jour.

Kali Kardia GREC €
(☎22850 73347 ; Tholaria ; plats 5-8 € ; ⏲8h-22h). Sur la minuscule place de l'église, ce restaurant familial décoré de carafes de retsina et de photos de famille sert les meilleures boulettes de viande des Cyclades, ainsi que des portions copieuses des standards grecs.

Où prendre un verre et faire la fête

Seladi Cafe-Bar COCKTAILS
(☎22850 73197 ; Tholaria ; ⏲10h-14h et 18h-2h). À une courte marche des ruines du village antique, installez-vous sur l'agréable terrasse de Seladi et profitez de la vue sur la vallée en brunchant. Le soir, l'endroit se mue en un bar à cocktails intimiste. Par temps clair, observez les étoiles grâce au télescope du bar.

IOS ΙΟΣ

1 754 HABITANTS

Ios a longtemps eu l'image d'un lieu de fêtes interminables et fortement alcoolisées. Il y a là une part de vérité : de juin à août, l'île est le domaine privilégié de la jeunesse et de l'hédonisme. Mais elle a bien plus à offrir et nombre de ses sites, parmi les plus intéressants, sont exempts de bacchanales.

On peut passer ses journées à parcourir le dédale de la vieille ville, perchée sur une colline, ou à se prélasser sur le sable. Explorez les coins reculés de l'arrière-pays, les plages de sable du sud comme celle de Manganari ou les sentiers déserts menant aux monastères couronnant les collines. En moyenne saison, l'ambiance moins trépidante gagne les faveurs des familles et des voyageurs d'âge mûr. Il n'est pas difficile d'échapper à la cohue : il suffit de louer une voiture et de s'aventurer dans la campagne entre élevages de chèvres, fermes apicoles et paysages spectaculaires.

À voir

Panagia Gremiotissa POINT DE VUE
(Carte p. 242 ; Hora). Prenez la ruelle derrière le Sally's Rooftop Garden et grimpez les marches craquelées à travers d'antiques arches pour atteindre le sommet d'Ios (Hora), où se dresse l'église Panagia Gremiotissa. La vue est encore plus belle en grimpant jusqu'aux trois chapelles qui surplombent l'église.

Tombe d'Homère SITE ARCHÉOLOGIQUE
(Carte p. 242). Depuis Hora, une belle route serpente sur 13 km vers le nord et rejoint le site où reposerait, selon les habitants, la dépouille du plus célèbre poète de Grèce, Homère, auteur de *L'Odyssée* et de *L'Iliade*. Cette affirmation qui n'a aucun fondement historique doit beaucoup à un officier néerlandais, Pasch van Krienen, qui effectua en 1771, des fouilles sur l'île. Parmi les vestiges mis au jour des pièces de monnaie à l'effigie du célèbre poète auraient été découvertes. Si la tombe n'a pas d'intérêt, la route et le site valent le déplacement.

Ios

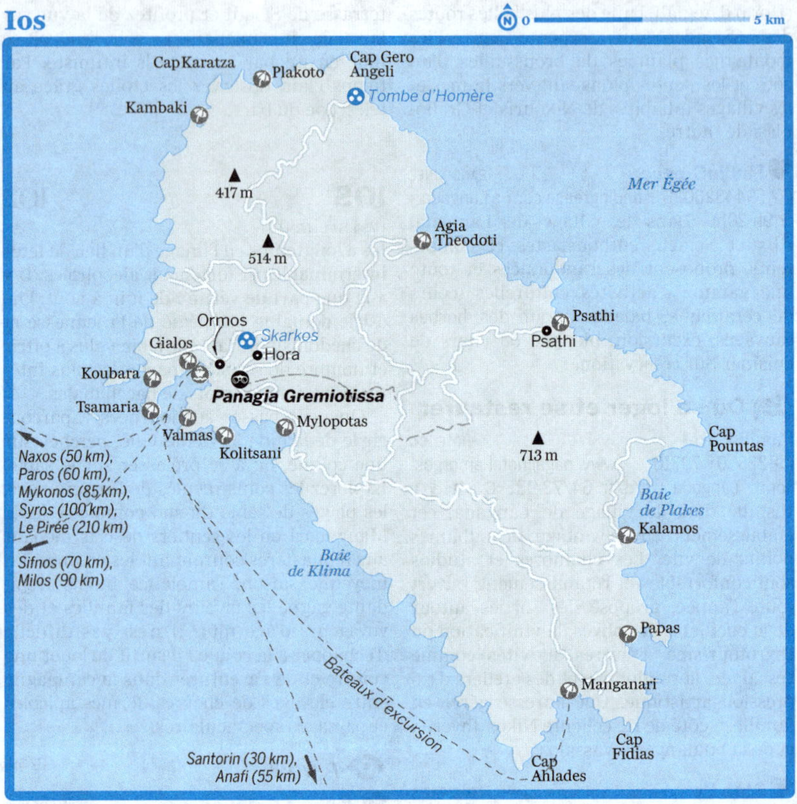

Skarkos SITE ARCHÉOLOGIQUE

(Carte ci-dessus ; 4 € ; ⏲8h-15h mar-dim mai-sept). Perché au sommet d'une colline au nord d'Ios (Hora), ce village du début de l'âge du bronze est l'un des sites préhistoriques les plus remarquables de la mer Égée. Il est bâti en terrasses – restaurées – qui épousent le relief de la colline, et on voit les ruines de plusieurs édifices de style cycladique ; commencez par visiter le Musée archéologique pour comprendre le contexte. En voiture, prenez la bifurcation entre Ormos et Ios (Hora). À pied, suivez le chemin empierré, qui part à l'arrière d'Ios (Hora ; 15 minutes).

Musée archéologique MUSÉE

(☎22860 91246 ; Ios (Hora) ; 2 € ; ⏲8h30-16h mer-lun). Ce musée installé dans un édifice néoclassique (début XXe siècle), au bord de la route qui traverse Ios (Hora), est indispensable pour qui s'intéresse à l'Antiquité. On y découvre de nombreux objets de l'âge du bronze découverts sur le site voisin de Skarkos, des céramiques et des figurines en marbre en passant par des objets en obsidienne, des outils en os et des stèles funéraires. Un aperçu fascinant de la civilisation du Cycladique ancien.

Plages

Ios est réputée pour ses plages. Parmi celles desservies par des routes goudronnées se trouvent **Manganari**, large bande de sable blanc sur la côte sud à 45 minutes de route d'Ios (Hora), desservie par des bus et par des caïques en été, et la tout aussi belle plage de **Mylopotas**, appréciée des amateurs de sports nautiques. Les eaux d'un bleu surréaliste de la plage d'**Agia Theodoti** ont les faveurs des familles grecques, tandis que la plage voisine de **Psathi**, plus calme et dotée d'une taverne, est un spot idéal pour la planche à voile. Une myriade d'autres plages ne sont accessibles qu'en caïque.

Activités

Ios est très réputée pour ses sports nautiques. C'est à la plage de Mylopotas que le choix d'activités est le plus étendu, du ski nautique à la planche à voile en passant par le paddle, la plongée et le kayak.

Mylopotas Watersports & New Dive SPORTS NAUTIQUES,
(☎22860 92340 ; mylopotas-watersports.gr ; plage de Mylopotas ; ⏲mai à mi-oct). Une excellente façon d'occuper votre journée : tentez une séance de découverte de la plongée (55 €) ou un stage PADI plus intensif (à partir de 270 €). Également des plongées sur épave ou nocturnes. Participez à une sortie snorkeling en bateau (3 heures, 35 €), faites-vous tracter sur une bouée ou louez les équipements utiles pour la planche à voile, le kayak, le paddle, la voile, etc. Personnel sympathique.

Meltemi Watersports & Dive Centre SPORTS NAUTIQUES, PLONGÉE
(☎6980386990 ; www.meltemiwatersports.com ; plage de Mylopotas). Installé au **Far Out Beach Club** (☎22860 91468 ; www.faroutclub.com ; empl 12 €/pers, dort 20 €, tente glamping 40 €, d/q 100/190 € ; @), ce qui lui vaut un flot régulier de clients enthousiastes, Meltemi propose mille façons de se jeter à l'eau : initiation à la plongée (55 €) et stages PADI, plongées sur épave ou dans des grottes, plongées nocturnes. Apprenez la planche à voile, le ski nautique, le wakeboard ou le paddle, participez à un safari en canoë ou optez pour un Hell Ride (bouée tractée ; 18 €).

Où se loger

Hora regroupe quantité d'hébergements dont une auberge de jeunesse réputée, des pensions et des hôtels de charme en périphérie de la ville. Certaines adresses sont proches des bars et clubs du centre. En revanche, Ormos offre peu de possibilités. Des campings, dortoirs et villas privatives bordent la plage de Mylopotas. Réservation indispensable en été.

♥ Windmill PENSION €
(☎22860 91482 ; Hora ; ch à partir de 50 € ;). Non, cette pension n'occupe pas l'un des superbes moulins à vent d'Ios, mais elle offre une belle vue sur ces constructions quelques peu délabrées et sur le village. Bien tenues par Pavlos et son fils Georgios, les chambres sont simples et propres et les bars et clubs d'Ios ne sont qu'à quelques minutes de marche.

Avra Pension PENSION €
(☎22860 91985 ; www.avrapension.gr ; Ormos ; s/d 40/50 € ; ⏲avr à mi-oct ;). Dans une ruelle derrière la marina, Katerina tient de main de maître et avec le sourire cette adorable pension. Plantes dans des pots colorés, terrasse propice au repos, espaces communs douillets et belles chambres pleines de fraîcheur. Au vu des prestations, les prix sont très attractifs (en dehors du bref pic estival, ils descendent à 30 €).

♥ Francesco's AUBERGE DE JEUNESSE €€
(☎22860 91223 ; www.francescos.net ; Hora ; dort/s/d/tr à partir de 20/65/80/120 € ; ⏲avr à mi-oct ; @). Les baroudeurs de naguère envoient désormais leurs grands adolescents dans cette auberge de jeunesse, qui a gardé pignon sur rue. Chambres immaculées et vue sur les collines, le tout à proximité de la vie nocturne d'Ios (Hora). Tout est prévu pour combler les voyageurs : bar, piscine, petit-déjeuner à prix doux et entrée gratuite au Blue Note. Depuis la place jouxtant l'Astra Bar, montez puis tournez à gauche pour rejoindre l'auberge, proche du Midnight Cafe.

♥ Kritikakis Village Hotel HÔTEL €€
(☎22860 91100 ; www.kritikakis.gr ; d/tr/qua 120/140/158 € ;). Installé en retrait du port près de l'escalier menant au centre, cet hôtel tout en cubes cycladiques superposés attire une clientèle jeune et branchée, qui apprécie le confort des spacieux studios chaulés aux notes de brique, les 2 piscines, le bar de l'hôtel et le verre offert à l'arrivée.

Aegeon Hotel HÔTEL €€
(☎22860 91007 ; ios-aegeon.com ; Mylopotas ; ch 105-115 € ;). Plus confortable et plus jeune d'esprit que ses concurrents du front de mer, cet élégant petit hôtel dispose de chambres chaulées basiques, d'une piscine, d'un Jacuzzi et de hamacs. Ambiance plus détendue que festive. Pour trouver de l'animation, il faut descendre la rue.

Yialos Ios Hotel HÔTEL €€
(☎22860 91421 ; www.yialosioshotel.gr ; Ormos ; s/d à partir de 90/105 € avec petit-déj, studio à partir de 210 € ; ⏲mai-sept ;). À une rue du port, cet édifice en pierre bicentenaire fraîchement rénové est la demeure dont vous avez toujours rêvé. Chambres immaculées pleines de caractère, lits

TOP DES BARS ET CLUBS À IOS

Astra (☎6976953624 ; facebook.com/Astra.ios.greece ; 22h-3h30). Décor à la scandinave et cocktails à base de fruits.

Blue Note Club (☎22860 92271 ; facebook.com/bluenoteofficial ; 23h15-tard mai-oct). Les plus grands tubes pour ce club de légende

Coo Bar (☎6982063864 ; facebook.com/CooBarlos ; 23h-5h30). Beats RnB, décor aux airs de grotte et cocktails originaux.

Free Beach Bar (☎22860 28357 ; freebeachbar.gr ; 10h-1h mai-sept). DJ et soirées piscine.

Orange Bar (20h-4h). Shots originaux et rock alternatif.

traditionnels et piscine entourée de végétation. Les propriétaires sont attentionnés. Hors saison, les tarifs sont très avantageux (environ 50 € pour une double).

Liostasi — BOUTIQUE-HÔTEL €€€

(☎22860 92140 ; www.liostasi.gr ; Hora ; d/ste à partir de 160/295 € avec petit-déj ; mai-sept ;). Il suffit d'entrer dans le vestibule pour ne plus jamais vouloir repartir de cet hôtel contemporain et bien tenu conjuguant à merveille chic et confort. Le spa, le restaurant et la piscine assurent d'excellentes prestations tandis que les chambres, immaculées, s'agrémentent de touches de couleur et d'une superbe vue sur la mer. Service irréprochable, le tout à mi-chemin entre Ormos et Ios (Hora).

Où se restaurer

Hellenic Social — CAFÉ €

(☎22860 92663 ; facebook.com/HellenicSocial ; Hora ; plats 6-12 € ; 11h-minuit). Chaque matin, ce café se remplit de voyageurs penchés au-dessus de leurs œufs pochés ou engloutissant joyeusement bagels, smoothies "verts" et cocktails de fruits. C'est un véritable rendez-vous de hipsters, avec du kombucha bio et des plats aux graines de chia et à la purée d'avocats. Fêtes et événements fréquents en soirée. En retrait de la grand-route.

Katogi — MEZZE €

(☎6983440900 ; facebook.com/katogios ; Hora ; plats 5-12 € ; le soir). L'ambiance festive de Katogi vous donnera l'impression d'arriver à une soirée chez des amis. Décoration intimiste rehaussée de végétation colorée. Cocktails originaux même si les mezze sont inégaux : si le fromage *talagani* grillé avec figues et pâtes farcies à la poire est savoureux, le *saganaki* de boulettes de viande est tout juste correct. Mais quelle ambiance !

Salt — FUSION €€

(☎22860 92217 ; facebook.com/SaltRestaurantBar ; Mylopotas ; plats 10-14 € ; 9h-2h ;). Le genre de restaurant qui fait tout bien, Salt est constitué d'un espace extérieur baigné de lumière et abrité par une canopée de bambou chaulé au bord de la plage. Service efficace et chaleureux et plats délicieux, du tartare de poisson au risotto de crevettes et poireaux en passant par les travers de porc et la tarte meringuée au caramel salé. Et en plus, c'est bon marché.

Lord Byron — MÉDITERRANÉEN €€

(☎22860 92125 ; plats 7-14 € ; dîner). Ce restaurant proche de la place principale d'Ios (Hora) a des airs de brocante avec ses masques, affiches publicitaires vintage et autres curiosités rapportées de voyages par le propriétaire. Les plats s'inspirent également de contrées lointaines, des saint-jacques enroulées de bacon à la salade César en passant par la soupe de poisson et les *quesadillas* aux arômes marocains. Service cinq étoiles.

Harmony Ios — MEXICAIN €€

(☎22860 91613 ; harmonyios.com ; plats 9-13 € ; 9h-2h ;). Un restaurant polyvalent et idéal pour grignoter le matin (pancake, café, tartine à l'avocat), pour paresser dans un hamac ou s'allonger le soir sur des coussins géants en sirotant une margarita devant le soleil couchant. Pour le dîner, optez pour les tacos et les *quesadillas* dans une ambiance musicale.

Où sortir

Cine Liostasi (☎22860 92140 ; www.liostasi.gr/cine-liostasi ; horaires variables), devant le Liostasi Hotel & Suites entre Ormos et Ios (Hora), propose ce merveilleux cinéma en plein air. Programmation de classiques et de sorties récentes. On s'installe dans des transats, avec cocktail et vue magnifique.

Renseignements

Acteon Travel (☎22860 91343 ; www.acteon.gr ; 8h-22h). Vente de billets de ferry sur le port.

Depuis/vers Ios

La durée des trajets dépend de l'itinéraire et du type de bateau.
Bateaux au départ de Ios :

VERS	DURÉE (HEURES)	TARIF (€)	FRÉQUENCE
Anafi	3½	9	2/sem
Folégandros	1¼-1¾	6-45	3-5/jour
Iraklio	3	70	5/sem
Katapola (Amorgos)	3	12	1/sem
Kimolos	3	11	3/sem
Milos	3-4	16-50	2-3/jour
Mykonos	1¾-2½	48-54	2-3/jour
Naxos	45 min-1¾	16-34	2-4/jour
Paros	50 min-5¼	11-27	3-5/jour
Le Pirée	45 min-6	39-60	3-4/jour
Santorin	30 min-1½	7-39	4-9/jour
Sérifos	5-6	14-60	1-2/jour
Sifnos	4½-5¼	12-55	1-2/jour
Sikinos	25 min	4	4/sem
Syros	6¾	16	4/sem

Comment circuler

En été, des **bus** bondés (☎22860 92015 ; www.ktel-ios.gr) font la navette, toutes les 20 minutes, entre Ormos, Ios (Hora) et la plage de Mylopotas (2 € le trajet). Les horaires sont affichés aux arrêts de bus du village principal et consultables en ligne. En été, des bus supplémentaires se rendent fréquemment à Koubara, et moins souvent aux plages d'Agia Theodoti, Psathi et Manganari. Pour un taxi, appelez **Ios Taxi Service** (☎69777 60570) ; comptez 5 € du port à Ios (Hora) et 5 € d'Ios (Hora) à Mylopotas.

En été, des caïques font Ormos-Manganari via Mylopotas (aller-retour environ 12 €/pers).

On trouve des loueurs de voitures, motos et 4×4 à Ormos, Ios (Hora) et à la plage de Mylopotas.

SANTORIN ΣΑΝΤΟΡΙΝΗ

11 400 HABITANTS

Pour qui arrive par la mer, Santorin enchante avant même d'y avoir posé le pied. Des falaises multicolores hautes de plus de 300 m se dressent au-dessus des eaux indigo de la caldeira immergée. Ce vaste cratère a été formé par l'une des plus grandes éruptions de l'histoire. Si des îles plus petites s'enroulent autour de son extrémité ouest, c'est Santorin, l'île principale qui envoûte avec ses villages cycladiques perc[h] falaises (Fira et Oia en particulie[r] maisons semblent dégringoler e[n] jusqu'aux rochers du littoral.

Santorin, aussi appelée Thira, s[...] sée comme une destination touristique incontournable. La plupart du temps vous partagerez cette expérience avec une foule de vacanciers, mais l'île, grâce à ses sites antiques et ses sentiers de randonnée, offre aussi des moments d'intimité au visiteur qui suivra un itinéraire un peu à l'écart.

Histoire

La Grèce tout entière est sujette aux éruptions volcaniques et aux séismes. Dans le passé, certains événements qui ont touché Santorin ont été d'une telle violence que la morphologie de l'île s'en est trouvée modifiée à plusieurs reprises.

Plus que les Doriens, les Vénitiens et les Turcs qui leur succédèrent sur l'île, ce sont les Minoens qui, arrivés de Crète entre 2000 et 1600 av. J.-C., ont profondément marqué cette terre. Leur civilisation était à son apogée lorsqu'ils s'établirent à Akrotiri. L'île, de forme arrondie à cette époque, s'appelait Strongili (la Ronde). Une explosion volcanique provoqua l'effondrement du centre de l'île, tandis qu'une caldeira et des falaises vertigineuses se dressèrent sur son côté est – l'un des sites géologiques les plus impressionnants du monde. La théorie la plus récente, reposant sur la datation au carbone 14 d'échantillons d'huile d'olive provenant d'Akrotiri, situe ce cataclysme en 1613 av. J.-C., avec une marge d'erreur d'une dizaine d'années.

Santorin fut à nouveau colonisée au IIIe siècle av. J.-C. mais, au cours des deux mille ans qui suivirent, une activité volcanique sporadique créa d'autres bouleversements géophysiques, dont la formation des îlots volcaniques de Palia Kameni et de Nea Kameni, au centre de la caldeira. En 1956, un important séisme a ravagé Oia et Fira détruisant des centaines d'habitations et provoquant une cinquantaine de morts. L'île s'est ouverte au tourisme à compter des années 1970. Elle a du mal aujourd'hui à gérer l'afflux perpétuel de touristes.

Depuis/vers Santorin

AVION

L'**aéroport de Santorin** (JTR ; carte p. 246 ; ☎22860 28400 ; www.santoriniairport.com) assure des vols toute l'année pour

Santorin (Thira)

Athènes (à partir de 60 €, 45 min) avec **Olympic Air** (www.olympicair.com), **Ryanair** (www.ryanair.com) et **Sky Express** (www.skyexpress.gr).

En saison, Santorin est desservie depuis/vers certaines capitales et villes européennes (Rome, Genève, Milan et Toulouse).

Le jour du départ, prévoyez de la marge, car un certain chaos règne parfois au terminal de l'aéroport.

BATEAU

Beaucoup de ferrys circulent chaque jour depuis/vers Le Pirée et depuis/vers de nombreuses îles des Cyclades.

Le port principal de Santorin, Athinios, occupe un bout de terre coincé entre les falaises. Il y règne un chaos merveilleux (mais organisé), qui peut devenir terrifiant lorsqu'un ferry est annulé et que les passagers débarquant et embarquant en même temps se mêlent. Si cela vous arrive, soyez patient : la situation finira par se décanter.

Des bus (et des taxis) attendent à l'arrivée de tous les ferrys et transportent les passagers en haut des falaises au terme d'une succession de lacets menant à Fira.

Les hébergements peuvent généralement organiser le transfert (pour Fira, comptez environ 10-25 €/pers).

Bateaux au départ de Santorin :

Santorin (Thira)

Les incontournables
1 Théra antique ... D4
2 Art Space ... D4
3 Plage de Kokkini ... B5
4 Plage d'Aspri ... B5

À voir
5 Plage d'Agios Georgios ... D5
6 Plage d'Akrotiri ... B5
7 Phare d'Akrotiri ... A5
8 Ammoudi ... B1
9 Akrotiri antique ... B5
10 Plage de Baxédes ... B1
11 Plage de Mesa Pigadia ... B5
12 Plage de Kamari ... D4
13 Vieux port ... C3
14 Plage de Paradisos ... B1
15 Plage de Perissa ... D5
16 Plage de Perivolos ... D5
17 Rocher de Skaros ... C2
Musée industriel de la Tomate ... (voir 18)
18 Plage de Vlihada ... C5
19 Musée du Vin ... D3

Activités
20 Randonnée Fira-Oia ... C2
Navy's Waterworld Dive Center ... (voir 12)
21 Santorini Brewery Company ... D4
22 Santorini Dive Center ... D5
23 Santorini MTB Adventures ... C5
Santorini Sailing ... (voir 27)
24 Sunset Oia ... B1

Où se loger
25 Anteliz Suites ... C3
26 Cavo Tagoo ... C2
27 Ersi Villas ... C2
28 Hippocampus Hotel ... D4
29 Iconic Santorini ... C2
30 Karterados Caveland Hostel ... C3
31 Maria's Place ... B1
32 Narkissos Hotel ... D4
33 Santorini Camping ... C3
Stelios Place ... (voir 15)
34 Villa Blanca ... C4
35 Villa Mezzo Traditional Cave House ... D3
36 Zorzis Hotel ... D5

Où se restaurer
Aktaion ... (voir 27)
37 Apollon Taverna ... D5
38 Aroma Avlis ... D4
39 Metaxi Mas ... D4
Ovac ... (voir 26)
40 Tzanakis ... C4
Volkan on the Rocks ... (voir 25)

Où prendre un verre et faire la fête
Beach Bar ... (voir 15)

Où sortir
41 CineKamari ... D4

VERS	DURÉE (HEURES)	TARIF (€)	FRÉQUENCE
Amorgos	1½-4	50	1-2/jour
Anafi	1½	8	4/sem
Folégandros	45 min-3¼	7-45	3-4/jour
Ios	30 min-1½	7-39	4-8/jour
Héraklion	1¾	60	2/jour
Kimolos	4¼	15	3/sem
Kos	4½	37	4/sem
Koufonissi	2	47	1/jour
Milos	2-4	18-59	3-4/jour
Mykonos	2-3½	45-69	5-7/jour
Naxos	1¼-2¾	22-43	5-6/jour
Paros	2-3½	20-46	4-5/jour
Le Pirée	4¾-9	38-80	6-8/jour
Rafina	5¾-9½	35-45	2/jour
Rhodes	8½-17¾	39	5/sem
Sérifos	3½-7¼	19-60	2-3/jour
Sifnos	3-7	14-68	2-3/jour
Sikinos	2	7,50	3/sem
Tinos	3½-5	42-58	7/sem

Comment circuler

DEPUIS/VERS L'AÉROPORT
Des bus font la navette entre la gare routière de Fira et l'aéroport, situé à 5 km (1,80 €, 20 min, 5h30-22h15). La plupart des hébergements organisent le transfert (payant).

BUS
Les bus **KTEL Santorini** (carte p. 250 ; ☎ 22860 25404 ; ktel-santorini.gr ; Mitropoleos) affichent horaires et tarifs en ligne. Les billets doivent être achetés à bord des bus. Fira est au centre du réseau de bus de l'île, avec des départs vers la plupart des villages, l'aéroport et le port des ferrys.

TAXI
La **station de taxis** (carte p. 250 ; ☎ 22860 22555, 22860 23951) de Fira se trouve dans

Dekigala, à l'angle de la gare routière. La course du port d'Athinios à Fira coûte 10-15 € ; de Fira à Oia, environ 15 €. Comptez un supplément de 2 € pour la réservation ou si vous avez des bagages. L'aller en taxi revient à environ 15/18/25 € pour Kamari/Périssa/la Théra antique.

Santorini Transport (☎ 69846 37383 ; www.santorinitransport.com) est une bonne option pour un transfert à prix fixe depuis/vers l'aéroport ou le port d'Athinios.

VOITURE ET MOTO

La voiture est le meilleur moyen d'explorer l'île en haute saison, quand les bus sont archibondés et difficiles à attraper. Soyez prudent et patient au volant : les rues étroites et la circulation intense, en particulier à Fira et dans ses environs, peuvent être cauchemardesques.

Les grandes agences de location de véhicule et des dizaines de prestataires locaux sont présents dans les zones touristiques. **Damigos Rent a Car** (☎ 6979968192, 22860 22048 ; santorini-carhire.com ; 25 Martiou, Fira) et **Tony's Rent a Car** (☎ 22860 22863 ; Firostefani ; location scooter/quad à partir de 20/30 €/jour ; ⏲ 8h-20h) sont des professionnels reconnus. En haute saison, comptez environ 50 €/jour pour une voiture et 25/30 € pour un scooter/quad, mais n'hésitez pas à comparer les prix. Il faut un permis moto pour louer un scooter, tandis qu'un permis de conduire voiture suffit pour un quad. Pour en savoir plus, consultez le site www.santorini.com/rentals/motorbikes.

Fira Φήρα

1 900 HABITANTS

Fira, chef-lieu de Santorin, est un endroit bouillonnant d'activité. Sa caldeira est bordée d'hôtels chics, de maisons troglodytes et de piscines à débordement, avec en retrait de la crête un lacis de ruelles avec nombre de boutiques, de bars et de restaurants. Certes, il y a foule, mais cela ne diminuera en rien l'effet que produiront sur vous les paysages splendides de Fira. La vue sur les falaises multicolores est époustouflante, et l'on se rassemble en masse au bord de la caldeira pour contempler le coucher du soleil, un spectacle qui brille de mille feux. Mais au-delà des falaises apparaît la rançon de la gloire : circulation automobile démente, piétons sur les routes (les trottoirs sont quasi inexistants), et toujours plus d'urbanisation.

Fira s'étend progressivement vers le nord et rejoint les villages de **Firostefani** (15 minutes à pied) et **Imerovigli** (30 minutes à pied), plus huppé.

À voir

♥ Musée de la Théra préhistorique — MUSÉE

(Carte p. 250 ; ☎ 22860 22217 ; www.santorini.com/museums ; Mitropoleos ; adulte/-18 ans 6/3 € ; ⏲ 8h30-15h mer-lun). En face de la gare routière, ce musée bien agencé présente des vestiges mis au jour à Akrotiri, site occupé depuis le néolithique. On y admire les célèbres **fresques d'Akrotiri** (admirez notamment celle des singes bleus), de superbes céramiques de style géométrique, et une étincelante figurine de bouquetin en or, datant du XVIIe siècle av. J.-C. et parfaitement conservée. Repérez aussi les feuilles d'oliviers fossilisées, provenant de la caldeira et datant de 60 000 av. J.-C.

Il est intéressant de visiter le musée avant d'explorer le site antique d'Akrotiri (p. 259).

Rocher de Skaros — SITE NOTABLE

(Carte p. 246). D'Imerovigli, un panneau invite à suivre à l'ouest un sentier vers Skaros, un promontoire rocheux qui s'avance dans la caldeira. Intéressante d'un point de vue géologique, il a également une signification historique, car c'est ici que se dressait jadis l'un des cinq *kasteli* (citadelles) érigés sur l'île au XVe siècle pour se défendre des attaques de pirates. Un poste avancé que finirent par fuir les insulaires à cause de l'instabilité du terrain, se réfugiant à Fira. Le chemin est ardu et ponctué de nombreux escaliers, mais la vue est superbe et l'endroit recèle une église accrochée à la roche.

Vieux port — PORT

(Carte p. 246). À 220 m en contrebas de Fira (3 minutes en **téléphérique** ou 587 marches à pied), le vieux port, ou Fira Skala, sert essentiellement aux bateaux de croisière qui déposent les touristes le matin et réembarquent l'après-midi. Ponctué de restaurants, tavernes et boutiques, le petit port offre une magnifique vue de la caldeira en contre-plongée.

Musée et centre culturel Gyzi Megaron — MUSÉE

(Carte p. 250 ; ☎ 22860 23077 ; gyzimegaron.gr/en/museum ; Erythrou Stavrou ; adulte/enfant 3 €/gratuit ; ⏲ 10h-21h lun-sam, 10h30-16h30 dim mai-oct). Ce musée expose de remarquables photographies d'avant et après le tremblement de terre de 1956, des cartes anciennes des Cyclades, des peintures, de superbes photographies de Christos Simatos ainsi que des manuscrits du XVe siècle. Le centre culturel abrite une salle de spectacle et de concert.

Activités

Téléphérique de Santorin TÉLÉPHÉRIQUE
(Carte p. 250 ; scc.gr/cablecar.htm ; aller 6 € ; 7h-21h20 mai-sept, horaires réduits oct-avr). Le confortable téléphérique de Fira relie le sommet de la caldeira au vieux port, 220 m plus bas, en 3 minutes. Il est souvent assailli des croisiéristes arrivant le matin pour repartir l'après-midi. Envisagez alors de descendre les 587 marches menant au port avant de remonter en téléphérique.

Les marches RANDONNÉE
(Carte p. 250 ; Marinatou). Fira et le vieux port sont reliés par un escalier de 587 marches qui grimpe à flanc de falaise ; une balade agréable... en descente ! Vous pourrez heureusement remonter en téléphérique.

Où se loger

Fira compte de nombreux hôtels de catégories moyenne et supérieure ; attendez-vous à payer plus pour une vue sur la caldeira. On trouve des hébergements économiques, sans vue sur la caldeira, à l'est de la ville ; certains proposent des tarifs très attractifs hors saison. Réservation obligatoire, notamment en juillet-août.

Ersi Villas HÔTEL €€
(Carte p. 246 ; 22860 24719 ; www.ersivillassantorini.com ; Agiou Athanasiou 19, Firostefani ; d/tr 120/150 € ;). Convivial et propre, cet hôtel d'un bon rapport qualité/prix, organisé autour d'une piscine agréable, loue des chambres basiques dont certaines ont une terrasse. Le propriétaire prodigue de bons conseils et viendra vous chercher au port si vous arrivez tard.

Kavalari Hotel HÔTEL €€
(Carte p. 250 ; 22860 22455 ; www.kavalarihotel-santorini.com ; Ypapantis ; s/d à partir de 145/202 € ;). L'un des meilleurs rapports qualité/prix à Fira, en plein cœur de l'action, avec des chambres standards comparées aux chambres et appartements troglodytiques, pleins de charme. À cet emplacement et avec une telle vue, c'est une adresse très abordable au regard des tarifs des hôtels alentour. Excellent petit-déjeuner compris.

Pension Petros PENSION €€
(Carte p. 250 ; 22860 22573 ; www.hotelpetros-santorini.gr ; ch/tr à partir de 172/226 € ;). À 300 m à l'est de la place de Fira, cet établissement dispose de chambres correctes à des tarifs abordables, mais sans vue sur la caldeira. Un établissement très convivial tenu en famille, idéal pour les petits budgets, notamment hors saison lorsque les prix chutent de plus de 50%. Jolie piscine gréco-romaine en prime.

Villa Soula HÔTEL €€
(Carte p. 246 ; 22860 23473 ; santorini-villasoula.gr ; Fira ; d/tr/app à partir de 125/160/180 € ;). Chaleureux, cet hôtel est une bonne affaire. Les chambres ne sont pas très grandes mais ont été rénovées et ont de petits balcons. Espaces communs colorés et piscine abritée et bien entretenue. À courte distance à pied du centre-ville.

Hotel Keti HÔTEL €€
(Carte p. 250 ; 22860 22324 ; www.hotelketi.gr ; Agiou Mina, Fira ; d/ste à partir de 198/261 € ;). Ce petit hôtel avec vue sur le soleil couchant se niche dans un recoin paisible de la caldeira. Les jolies chambres traditionnelles, dont la moitié ont des Jacuzzis, sont creusées dans la falaise. Séjour de 2 nuits minimum en haute saison.

Pelican Hotel HÔTEL €€
(Carte p. 250 ; 22860 23113 ; www.pelicanhotel.gr ; Danezi ; d/tr avec petit-déj 125/155 € ;). Dépourvu de vue sur la caldeira, mais proche du centre, cet hôtel établi de longue date et d'un bon rapport qualité/prix possède une atmosphère chaleureuse. Le restaurant jouxtant l'hôtel est installé autour d'un joli jardin.

Villa Roussa HÔTEL €€
(Carte p. 250 ; 22860 23220 ; www.villaroussa.gr ; d/tr/q à partir de 135/171/216 € ;). Un emplacement imbattable, à deux pas de la caldeira (pour un prix raisonnable) et encore plus près de la gare routière (mais sans le bruit). Les chambres sont fraîches et bien tenues, et le personnel, est efficace.

Aroma Suites BOUTIQUE-HÔTEL €€€
(Carte p. 250 ; 22860 24112 ; www.aromasuites.com ; Mitropoleos ; d/ste à partir de 240/280 € ;). Surplombant la caldeira au sud de Fira, plus au calme et plus accessible que beaucoup d'hébergements du même style, cet hôtel de charme

Fira

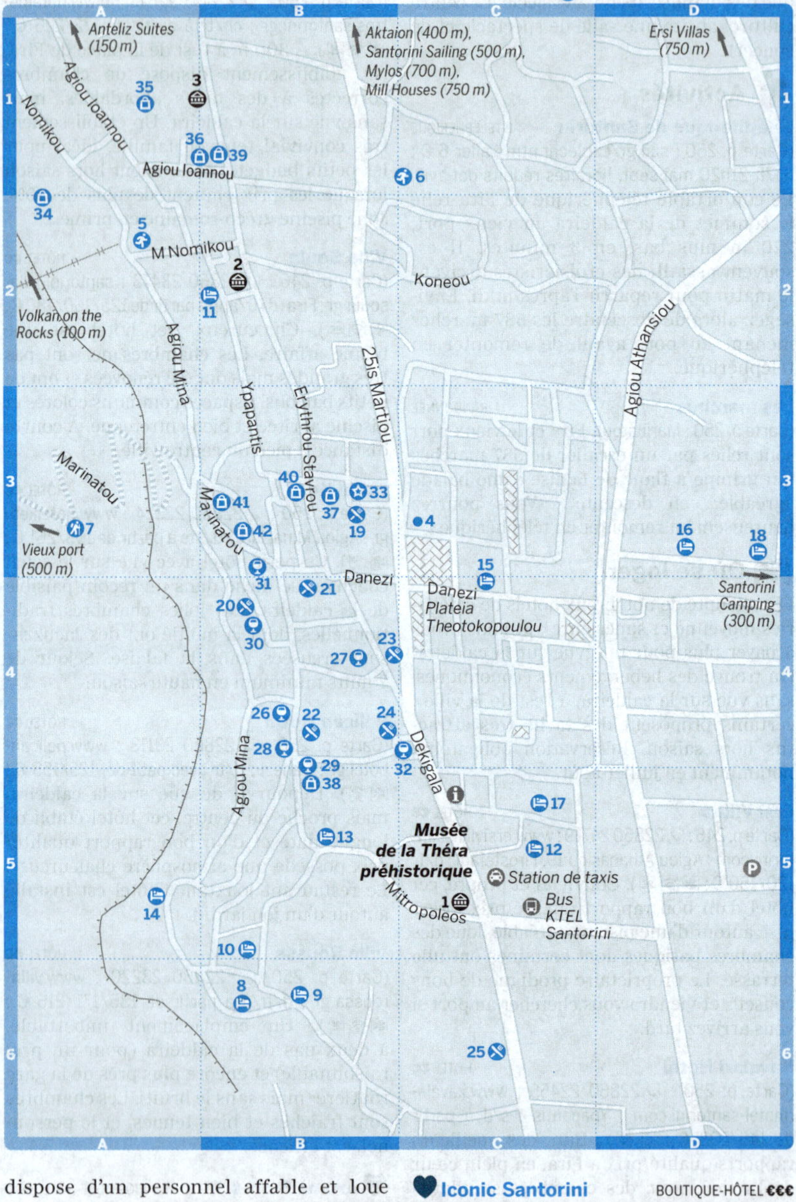

dispose d'un personnel affable et loue 6 chambres et suites troglodytes. Creusés à flanc de caldeira, les intérieurs traditionnels au décor monochrome ont des salles de bains en pierre et des balcons avec vue sur la mer. Petit-déjeuner en supplément (12 €/personne).

♥ **Iconic Santorini** BOUTIQUE-HÔTEL €€€
(Carte p. 246 ; ☎22860 28950 ; www.iconicsantorini.com ; Imerovigli ; ch 545 €, ste 650-1 245 € ; ❄📶🏊). Un fantastique hôtel cinq étoiles, où le moindre détail est étudié. Les terrasses donnent sur la caldeira, la "Cliff Suite" possède une merveilleuse piscine

Fira

Les incontournables
1 Musée de la Théra préhistorique C5

À voir
2 Musée archéologique B2
3 Musée et centre culturel Gyzi Megaron A1

Activités
4 Caldera's Boats C3
5 Téléphérique de Santorin A2
6 Spiridakos Sailing Cruises C1
7 Les marches A3

Où se loger
8 Aigialos Niche Residences & Suites B6
9 Aria Suites B6
10 Aroma Suites B5
11 Cosmopolitan Suites B2
12 Fira Backpackers Place C5
13 Kavalari Hotel B5
14 Hotel Keti A5
15 Pelican Hotel C4
16 Pension Petros D3
17 Villa Roussa C5
18 Villa Soula D3

Où se restaurer
19 Camille Stefani B3
20 Fanari B4
21 Idol Restaurant Bar B4
22 Koukoumavlos B4
23 Lucky's Souvlaki B4
24 Parea Traditional Greek Restaurant B4
25 Theoni's Kitchen C6

Où prendre un verre et faire la fête
26 Crystal Cocktail Bar B4
27 Kira Thira B4
28 MoMix Bar Santorini B4
29 PK Cocktail Bar B4
30 Tango B4
31 Tropical B3
32 Two Brothers Bar C4

Où sortir
33 White Door Theatro B3

Achats
AK ....(voir 22)
34 Art of the Loom A2
35 Ceramic Art Studio A1
36 Eduart Gjopalaj Gallery B1
37 Ergon Deli B3
38 Mati Art Gallery B5
39 Orion Art Gallery B1
40 the White, Santorini B3
41 Theta 8 ....B3
42 Tzamia-Krystalla Art Gallery Santorini B3

troglodytique, toutes les suites ont un Jacuzzi privatif, et que dire de la piscine à débordement qui semble se fondre à l'horizon ? Le spa et le service exceptionnel ne gâchent rien. Moins de 14 ans non admis.

Anteliz Suites BOUTIQUE-HÔTEL €€€
(Carte p. 246 ; ☎22860 28842 ; anteliz.gr ; d/ste à partir de 310/665 €). Sur le chemin filant au nord de Fira vers Firostefani, Anteliz dispose d'une incroyable piscine, d'une terrasse ensoleillée et d'une vue à couper le souffle. Agréable Jacuzzi extérieur. Les suites ont des sols en marbre, certaines ont des piscines privatives, et la suite Anteliz est un chef-d'œuvre de luxe minimaliste.

Aria Suites BOUTIQUE-HÔTEL €€€
(Carte ci-contre ; ☎22860 28650 ; ariasuites.com ; ste/villa à partir de 635/1 000 €). L'une des meilleures adresses de Fira loue des villas dont chacune a sa déco (certaines avec piscine privative ou Jacuzzi troglodytique) et des suites juste au sud de l'église orthodoxe, emplacement calme mais proche de l'action. Façades d'un blanc étincelant, piscine fantastique, solarium et panorama superbe. Séjour minimum de 2 nuits.

Cosmopolitan Suites BOUTIQUE-HÔTEL €€€
(Carte ci-contre ; ☎22860 25632 ; cosmopolitan-santorini.com ; ste à partir de 699 €). Vous aurez du mal à trouver mieux au cœur de Fira que cet hôtel d'une marque internationale, doté d'une spectaculaire piscine à débordement dominant la caldeira. L'établissement loue 10 suites baignées de lumière avec décorations individualisées d'un raffinement tout en sobriété, avec tons neutres et portes cerclées de pierre brute.

Aigialos Niche Residences & Suites BOUTIQUE-HÔTEL €€€
(Carte ci-contre ; ☎22860 25191 ; aigialos.gr ; ch/ste à partir de 339/587 €). Un établissement de luxe composé d'un hôtel, de résidences et de suites, plusieurs fois primé dans la catégorie "Hôtel historique et romantique". Confort cinq étoiles, cuisine gastronomique et vue sur la caldeira depuis les 15 maisons troglodytes rénovées appartenant jadis à de riches capitaines de vaisseaux.

Mill Houses BOUTIQUE-HÔTEL €€€
(☎22860 27117 ; www.millhouses.gr ; Firostefani ; d/ste à partir de 399/497 € avec petit-déj).

Construits dans le flanc de la caldeira à Firostefani, au pied d'un long escalier, ces superbes studios et suites sont chics et luxueux. Les draps blancs et les murs chaulés apportent clarté à l'ensemble. Lits *king size*, patios privatifs ou terrasses partagées donnant sur la mer Égée ne sont qu'un aperçu des touches de luxe qui vous attendent ici.

Cavo Tagoo BOUTIQUE-HÔTEL €€€€

(Carte p. 246 ; ☎22890 20100 ; www.cavotagoo.com/santorini ; Imerovigli ; ste 1 180-1 600 € mi-avr à oct ;). Si votre budget est illimité ou que vous célébrez une occasion unique, il est difficile de faire mieux que ces suites élégantes au décor monochrome teinté de tons cuivre, toutes avec terrasses intimistes et piscines privatives (il y a aussi une piscine à débordement si vous souhaitez changer d'air). Fantastique restaurant sur place.

Où se restaurer

Vous trouverez à Fira nombre d'adresses de cuisine traditionnelle grecque et d'excellents restaurants fusion, mais également des attrape-touristes hors de prix et médiocres. La vue sur la caldeira fait grimper les prix ; pour se restaurer à moindres frais, cap sur la place centrale. Réservez bien à l'avance pour une bonne table en juillet-août.

Lucky's Souvlaki GREC €

(Carte p. 250 ; ☎22860 22003 ; gyros à partir de 3 € ; 11h-23h). Idéal pour un repas bon marché dans la grand-rue. Grimpez sur un tabouret de bar pour des pitas garnies de *gyros* (porc, poulet ou agneau), ou optez pour une assiette souvlakis, frites et tomates pour 11 €. Qualité variable et service assez désagréable.

Aktaion TAVERNE €€

(Carte p. 246 ; ☎22860 22336 ; www.aktaionsantorini.com ; Firostefani ; plats 13-23 € ; 13h-minuit ;). Installée depuis 1922 près de la minuscule place Firostefani, cette taverne s'est spécialisée dans la cuisine traditionnelle de Santorin : poulpe avec *fava* et câpres, *skordomakarona* (pâtes maison à l'ail), légumes de saison cuits et moussaka. Choisissez entre la belle salle aux airs de grotte ou l'agréable terrasse.

Volkan on the Rocks CAFÉ €€

(Carte p. 246 ; ☎22860 28360 ; ergonfoods.com ; plats 10-13 € ; 9h-minuit mai-oct ;). Avec son agréable terrasse perchée sur la falaise au-dessus de la caldeira, ce café est dédié aux bières artisanales Volkan, qui se marient à merveille avec les ciels enflammés du couchant. Venez au petit-déjeuner, en journée pour des mezze chauds ou froids inventifs ou le soir pour les séances de cinéma en plein air.

Parea Traditional Greek Restaurant GREC €€

(Carte p. 250 ; ☎22860 25444 ; parearestaurant.gr ; plats 9-15 € ; 12h30-23h). Ce restaurant sans prétention sert une cuisine grecque maison bon marché sur son toit-terrasse avec vue sur la côte est de Santorin. Le poulpe poêlé est croquant sans être caoutchouteux, et l'agneau *kleftiko* cuit en papillote est tendre à souhait.

Fanari GREC €€

(Carte p. 250 ; ☎22860 25107 ; www.fanari-restaurant.gr ; plats 8-40 €). Le long des marches descendant au vieux port, Fanari propose un menu de standards à déguster avec une vue exceptionnelle sur la caldeira. Le plateau de fruits de mer est un bon choix, et vous pourrez goûter des desserts de Santorin comme le pudding avec *meletinia,* à base de fromage frais aromatisé à la vanille.

Theoni's Kitchen GREC €€

(Carte p. 250 ; ☎22860 25680 ; facebook.com/theoniskitchen17 ; Dekigala ; plats 10-24 € ; 12h-minuit). Pas de déco chic ni de vue sur la caldeira chez Theoni, mais une cuisine maison servie avec bonne humeur. On y savoure de belles portions de classiques grecs comme de la moussaka, du maquereau grillé ou de l'aubergine blanche à la feta. Superbe salade grecque.

Camille Stefani GREC €€

(Carte p. 250 ; ☎22860 22762 ; www.camillestefani.com ; Erythrou Stavrou ; plats 10-20 € ; 12h-23h). Ce restaurant installé sur un toit-terrasse à l'ancienne, avec une vue qui s'étend jusqu'à la côte orientale, perfectionne son art depuis les années 1970 dans une atmosphère traditionnelle et authentique. Goûtez une ribambelle de mezze comme le *saganaki* et les feuilles de vigne, ou optez pour une moussaka, un souvlaki de poulet ou un filet d'espadon. L'endroit est apprécié des habitants comme des touristes.

Ovac FUSION €€€

(Carte p. 246 ; ☎22860 27900 ; ovac.gr ; Imerovigli ; plats 35-52 € ; 13h-minuit). Tenu par l'un des plus célèbres chefs de Grèce, ce

100% LOCAL

SANTORIN SANS SE RUINER

Santorin est une destination onéreuse, mais visiter l'île sans exploser son budget est possible. Voici quelques conseils pour s'en sortir.

- Si vous pouvez vous passer d'une chambre avec vue sur la caldeira, envisagez de loger à Perissa, sur la côte sud-est de Santorin, ou de profiter des logements bon marché de Fira, comme **Santorini Camping** (carte p. 246 ; ☎22860 22944 ; www.santorinicamping.gr ; Fira ; dort/d 25/80 €, empl tente 15 €/pers ; ⏲mars-nov ; ❄📶🏊) ou **Fira Backpackers Place** (carte p. 250 ; ☎22860 31626 ; www.firabackpackers.com ; dort/d 49/218 € ; 📶), ou enfin d'opter pour le Katerados Caveland Hostel.
- Déplacez-vous en bus qui desservent la plupart des sites d'intérêt. Un trajet coûte entre 1,80 € et 2,40 €. Pour rejoindre les sites plus reculés, louer une voiture pour une journée (40-50 €) peut valoir le coup si vous êtes trois ou quatre.
- Pour visiter la Théra antiques (p. 258) et Akrotiri (p. 259), le **Musée archéologique** (musée d'Akrotiri ; carte p. 250 ; ☎22860 22217 ; M Nomikou ; tarif plein/réduit 6/3 € ; ⏲8h30-16h mer-lun), le musée de la Théra préhistorique (p. 248) et la collection d'icônes et d'objets ecclésiastiques de Pyrgos, profitez du billet 5 en 1, vendu 14 € dans chacun des sites.
- On peut faire une croisière de 3 heures dans la caldeira à partir de 20 €, et les excursions snorkeling débutent à 30 € ; il serait donc dommage de vous priver de plaisirs aquatiques.
- On trouve des tavernes et échoppes de *gyros* pas chers presque partout, comme la Fratzeskos Fish Tavern (p. 262) de Perissa, Lucky's Souvlaki à Fira et PitoGyros (p. 256) à Oia.
- Profitez de l'happy hour (1 verre offert pour 1 commandé) dans les bars et pubs.

restaurant propose une cuisine gréco-asiatique dans un cadre tout en gris ardoise avec vue sur la caldeira. Les plats magnifiquement présentés mêlent les saveurs avec audace ; essayez le tartare de saumon à la betterave avec fenouil rôti ou les petits pains *bao* à la confiture de piments. Les cocktails sont aussi bons qu'originaux, et la carte des vins vous fera dépenser des fortunes.

♥ **Idol Restaurant Bar** FUSION €€€
(Carte p. 250 ; ☎22860 23292 ; idolsantorini.gr ; Ypapantis ; plats 22-35 € ; ⏲11h-23h). Perché au bord de la caldeira, ce bar-restaurant sur 3 niveaux offre une vue vertigineuse et sert une cuisine pleine d'inventivité. Le chef ose des mélanges audacieux comme le poulpe au kimchi, raisins secs et pois chiches, ainsi que des plats plus classiques comme la poitrine de porc braisée avec sa purée de patates douces. En dessert, on ne fait pas plus grec que la glace à la *mastika* (liqueur de mastic).

Excellente carte des vins ; idéal pour un dîner romantique au soleil couchant.

♥ **Mylos** GREC €€€
(☎22860 25640 ; mylossantorini.com ; Firostefani ; plats 24-29 € ; ⏲17h30-minuit). Installée dans un ancien moulin à vent sur le bord de la caldeira à Firostefani, cette adresse ultrachic sert une cuisine haut de gamme, joliment dressée. Goûtez le poisson croustillant nappé de "neige de mer" ou l'agneau avec sauce au café et poudre de crustacés. Réservez.

♥ **Koukoumavlos** GREC €€€
(Carte p. 250 ; ☎22860 23807 ; www.koukoumavlos.com ; plats 28-36 €, menu dégustation 82 € ; ⏲19h-tard avr-oct). Une cuisine égéenne moderne primée servie sur une terrasse avec vue sur la caldeira. Des mariages de saveurs audacieux, comme le bar aux fruits de la Passion et topinambours ou le tiramisu à l'aubergine blanche de Santorin. Excellent choix de vins locaux. À 30 m au nord de la cathédrale.

🍷 Où prendre un verre et faire la fête

Après minuit, les clubbeurs se retrouvent à Erythrou Stavrou, tandis que les bars à cocktails chics et les bars à bières s'animent à Marinatou. Les clubs ne se remplissent que tard dans la nuit, et certains ne ferment qu'au petit matin.

MoMix Bar Santorini BAR

(Carte p. 250 ; ☎6974350179 ; www.momix-bar.com ; Agiou Mina ; ⏲20h-3h). MoMix est l'abréviation de "Molecular Mixology" ("mixologie moléculaire"). On s'y presse pour déguster des cocktails créatifs dans un intérieur aux airs de grotte colorée, d'où l'on peut sortir pour admirer l'impressionnant panorama sur la caldeira.

Kira Thira BAR

(Carte p. 250 ; ☎22860 22770 ; Erythrou Stavrou ; ⏲20h-3h tlj). Le plus ancien bar de Fira et l'un des meilleurs. Le bois sombre et les plafonds voûtés, auxquels sont suspendus statuettes et instruments, lui confèrent une ambiance intimiste. Bière, jazz et concerts occasionnels. L'endroit est très populaire et souvent bondé, surtout les soirs de concert.

Crystal Cocktail Bar BAR

(Carte p. 250 ; ☎22860 22480 ; crystal-santorini.gr ; Marinatou, Loucas Hotel ; ⏲10h-1h). En fonction de l'heure, on sirote au Crystal, qui fait partie du Loucas Hotel, un café ou des cocktails devant une vue si spectaculaire que vous aurez du mal à partir. Idéal pour une soirée devant un coucher de soleil magique.

Two Brothers Bar BAR

(Carte p. 250 ; ☎22860 23061 ; www.2brothers-barsantorini.com ; Dekigala ; ⏲10h-6h). Ouvert en 1983 par deux frères, Dimitris et Giannis, ce bar troglodyte est aujourd'hui tenu par leurs fils. L'ambiance est festive et il faut jouer des coudes à mesure que la nuit avance. Un cocktail offert pour un acheté de 16h à 19h et de 21h à minuit.

PK Cocktail Bar COCKTAILS

(Carte p. 250 ; ☎22860 22430 ; paliakameni.com ; ⏲10h-tard). Ouvert toute l'année et depuis plus de 40 ans, le PK Cocktail Bar a plusieurs terrasses où l'on sirote des cocktails en regardant le soleil plonger derrière la caldeira. Les cocktails à base de fruits frais sont la spécialité. En face de la cathédrale.

Tango BAR

(Carte p. 250 ; ☎6947453999 ; tangosantorini.gr ; Marinatou ; ⏲20h-5h). Venez chez Tango, au bord de la caldeira, pour la vue superbe, les cocktails (ceux au champagne sont la spécialité), la clientèle branchée et l'excellente musique dont le volume augmente et le rythme accélère à mesure qu'avance la nuit. Faites comme tout le monde : arrivez au coucher du soleil et restez des heures – ou jusqu'à ce que vous soyez à sec.

Tropical BAR

(Carte p. 250 ; ☎22860 23089 ; Marinatou ; ⏲11h-4h mai-oct). Perché tout au bord de la caldeira, ce bar attire une foule animée grâce à un vaste choix de cocktails classiques (plus quelques créations) se distinguant par leur teneur en fruits frais. Goûtez le daïquiri fraise ou le Jean Genie sur fond de musique rock et profitez de la vue depuis le balcon. Au bord des marches descendant au vieux port.

☆ Où sortir

Populaire auprès des touristes, le spectacle *Greek Wedding Show*, au **White Door Theatro** (carte p. 250 ; ☎22860 21770 ; www.whitedoorsantorini.com ; 55 € ; ⏲21h mai, sept-oct, 21h30 juin-août) conjugue musique traditionnelle, danse et participation du public. Des amuse-bouche et du vin local sont compris dans le prix du billet (réservation en ligne conseillée). Le spectacle se déroule dans une belle cour extérieure entourée d'édifices chaulés.

Achats

♥ **Ergon Deli** ALIMENTATION

(Carte p. 250 ; ☎22860 28360 ; www.ergonfoods.com ; Erythrou Stavrou ; ⏲9h30-21h). Non seulement ce traiteur produit la meilleure bière artisanale de Santorin (la Volkan, servie au café de la brasserie au bord de la caldeira), mais c'est aussi l'endroit idéal pour se procurer délices (huile d'olive, confitures, feuilles de câpres marinées) et boissons (vin doux Vinsanto) de l'île.

♥ **Ceramic Art Studio** CÉRAMIQUES

(Carte p. 250 ; ☎22860 24750 ; à côté du centre de conférences ; ⏲9h-21h). Le céramiste Andreas Alefragkis perfectionne son art depuis plus de 30 ans, et le résultat est saisissant : amphores aigue-marine ou ornées de superbes glaçures crème, vases uniques, beaux récipients et plateaux.

♥ **Eduart Gjopalaj Gallery** ART

(Carte p. 250 ; ☎69424 39225 ; facebook.com/gjopalajeduart ; Agiou Ioannou ; ⏲10h-21h). Cette galerie expose les sculptures sur bois surréalistes d'Eduart Gjopalaj, artiste originaire d'Albanie, notamment des plateaux finement ouvragés de délicats motifs et des visages sereins semblant émerger de vagues de bois ondulées. Avec un peu de chance, vous pourrez voir le sculpteur à l'œuvre.

♥ **Mati Art Gallery** ART
(Carte p. 250 ; ☎22860 23814 ; www.matiartgallery.com ; plateau de la cathédrale ; ⏰10h-21h30). L'installation en tête de requin de l'entrée ne manquera pas d'attirer votre attention sur cette galerie, le principal espace d'exposition de Yorgos Kypris, artiste de renommée mondiale dont l'œuvre s'inspire grandement de Santorin et de la mer. Un travail aussi saisissant qu'unique, des imposantes œuvres ornées de centaines de sardines telles des flèches d'argent aux créatures de verre et de métal des profondeurs.

Tzamia-Krystalla Art Gallery Santorini ART
(Carte p. 250 ; ☎22860 21226 ; www.tzamia-krystallagallery.gr ; Marinatou ; ⏰10h-22h). Proche du sommet de l'escalier descendant vers le vieux port, cette galerie se spécialise dans l'art grec contemporain de talents confirmés ou émergents. Toutes les sculptures en céramique – notamment celles évoquant les origines volcaniques de Santorin, créées spécialement pour la galerie – sont l'œuvre de Manousos Chalkiadakis, l'un des céramistes les plus réputés de Grèce.

Theta 8 MODE
(Carte p. 250 ; ☎22866 72935 ; Marinatou ; ⏰9h-minuit). Cette élégante boutique troglodyte toute blanche, au bord des marches descendant au vieux port, vend des sacs en cuir fabriqués à la main en Grèce (certains imitent la peau de serpent). La créatrice et son compagnon tiennent la boutique avec affabilité et bonne humeur.

Orion Art Gallery ART
(Carte p. 250 ; ☎22860 21616 ; artoftheloom.gr ; Kamarès ; ⏰9h-22h). Cette galerie, près du centre culturel Gyzi Megaron (p. 248), expose des œuvres d'artistes de l'île, en particulier des productions en verre, des statues de bronze modernes, des bijoux et des céramiques.

AK ART
(Carte p. 250 ; ☎22860 23041 ; www.ak-galleries.com). Au nord de la cathédrale orthodoxe, la plus ancienne galerie de Santorin, installée dans un ancien moulin à farine, a été fondée en 1980 par le peintre local Christophoros Asimis et son épouse, la sculptrice Eleni Kolaiti. On y découvre des paysages de l'île de Christophoros et des peintures plus abstraites de son fils Katonas, ainsi que des bijoux et sculptures d'Eleni.

the White, Santorini MODE
(Carte p. 250 ; ☎22860 36217 ; facebook.com/whitestoresantorini ; Ypapantis ; ⏰9h-22h). Cette petite boutique de mode, tenue par la créatrice Sophia Hatzigeorgiou, vend des vêtements inspirés des paysages et couleurs de Santorin. Tout est fabriqué en Grèce. Autre boutique sur la plage de Kamari.

Art of the Loom ART ET ARTISANAT
(Carte p. 250 ; ☎22860 21190 ; www.artoftheloom.gr ; Nomikou ; ⏰9h-22h). À une rue au nord du téléphérique, cette galerie expose les œuvres en verre colorées de sa propriétaire Mary, ainsi que des bijoux en argent, des peintures et des céramiques des meilleurs artistes de Santorin.

ℹ Renseignements

Kiosque d'information (carte p. 250 ; ⏰9h-20h lun-ven mai-sept). Kiosque ouvert pendant la saison touristique.

Dakoutros Travel (☎22860 22958 ; www.dakoutrostravel.gr ; Fira ; ⏰8h30-minuit juil-août, 9h-21h sept-juin). Cette agence de voyages et office du tourisme *de facto* est située sur la grand-rue juste avant Plateia Theotokopoulou. Billets de ferry et d'avion et assistance pour réserver excursions, hébergements et transports.

ℹ Depuis/vers Fira

Des bus fréquents relient la gare routière de Fira à l'aéroport, à 6 km à l'est. Le premier part de Fira vers 5h30, le dernier autour de 22h15 (1,80 €, 20 min).

En été, il y a 2 bus par heure partant de Fira pour Oia (1,80 €), la plage d'Akrotiri (2 €) et Kamari (1,80 €), ainsi que vers les plages de Perissa, Perivolos (2,40 €) et Kamari via Messaria (1,80 €).

Des bus relient Fira et le port d'Athinios (2,30 €, 30 min, 7/jour). Vérifiez les horaires.

Oia Οία

1 550 HABITANTS

Perché à la pointe nord de l'île, Oia reflète la renaissance de Santorin après le séisme dévastateur de 1956. Les travaux de restauration ont sublimé sa beauté et en ont fait l'un des plus beaux villages des Cyclades, d'autant qu'il est habité à l'année. Accrochées à la falaise abrupte de la caldeira, nombre de ses habitations se nichent dans des cavités creusées dans la roche volcanique.

Il n'est donc pas surprenant d'y retrouver des hordes de touristes venus profiter, comme vous, de la beauté du cadre. Essayez de venir le matin ou passez une nuit sur place ; l'après-midi et le soir, des bus de touristes débarquent des navires de croisière amarrés dans la baie. Au coucher du soleil, le village semble attirer tous les visiteurs de l'île.

À voir et à faire

Ammoudi PORT
(Carte p. 246). De ce minuscule port aux bateaux de pêche colorés, il faut grimper 300 marches pour atteindre Oia. Une épreuve en pleine chaleur, à la descente comme à la remontée, largement récompensée par la vue sur les falaises rouge sang, le port et Oia. Une fois en bas, déjeunez au bord de l'eau dans l'une des excellentes tavernes (où l'addition est salée). L'été, des bateaux d'excursion et des circuits organisés couvrent chaque jour la traversée d'Ammoudi à Thirassia ; renseignez-vous sur les horaires auprès des agences de voyages de Fira.

Musée maritime MUSÉE
(22860 71156 ; 3 € ; 10h-14h et 17h-20h mer-lun). Niché dans une ruelle étroite partant vers le nord depuis Nikolaou Nomikou, ce musée occupe un manoir rénové du XIXe siècle. On y découvre des expositions retraçant l'histoire maritime de Santorin. La prospérité d'Oia reposait sur sa flotte commerciale, qui desservait tout l'est de la Méditerranée, reliant notamment Alexandrie à la Russie.

Atlantis Oia PLONGÉE
(22860 71158 ; atlantisoia.com ; plongée 70 €, cours PADI à partir de 230 €, excursion à partir de 45 € ; 8h-22h). Gérée par Apostolos, un instructeur reconnu, cette agence de plongée cinq étoiles établie depuis des années est la première en son genre (membre de Cousteau Divers) de toute la Grèce. Son engagement pour la préservation de la vie marine et l'enthousiasme de ses moniteurs de plongée font d'Atlantis Oia le meilleur choix pour toutes sortes de plongées. En retrait de la route principale.

Apostolos collabore avec Pierre-Yves Cousteau, pour convaincre l'État grec de créer une réserve marine autour de Santorin.

Où se loger

Oia est connue pour ses splendides villas et suites de luxe bordant la caldeira. Réservez longtemps à l'avance. On trouve également quelques hébergements de catégorie moyenne, mais mieux vaut loger ailleurs si votre budget est serré.

Maria's Place HÔTEL €€
(Carte p. 246 ; 22860 71221 ; mariasantorini.com ; d studio 200 € ;). À l'intérieur des terres sur la route de Finikia et à 10 minutes de marche de la caldeira, un ensemble de studios douillets, dont certains avec mezzanine et tous dotés de spas extérieurs où contempler le couchant. Ambiance paisible (les enfants de moins de 16 ans ne sont pas admis), hôtes formidables et jolie piscine. Séjour minimum de 3 nuits en juillet-août.

Marcos Rooms HÔTEL HISTORIQUE €€
(22860 71012 ; www.marcosrooms.com.gr ; ch 140-165 € ;). Cette maison troglodyte traditionnelle compte parmi les rares adresses de milieu de gamme d'Oia. Elle abrite une chambre double et un studio charmant en sous-sol auxquels s'ajoutent 2 chambres standards confortables avec vue partielle sur la mer. Petit-déjeuner à la grecque correct inclus. À 2 minutes de marche du bord de la caldeira.

Zoe Aegeas BOUTIQUE-HÔTEL €€€
(22860 71466 ; zoe-aegeas.gr ; studio/maison troglodyte 4 pers 351/504 € ;). Ces maisons traditionnelles, bâties à flanc de paroi, ont tout le confort d'un foyer. Décoration raffinée, vue superbe et hospitalité inégalable. Réservation obligatoire. Chaque suite est différente et certaines (ainsi que la villa) peuvent loger jusqu'à 6 personnes.

Chelidonia Traditional Villas APPARTEMENTS €€€
(22860 71287 ; www.chelidonia.com ; Nikolaou Nomikou ; studio 324 €, villa à partir de 450 € ;). Ces résidences troglodytes traditionnelles appartiennent à la même famille depuis des générations. Lits en alcôves et équipements modernes contrastent avec le mobilier traditionnel en bois. Terrasses privatives avec vue dégagée sur la caldeira.

Où se restaurer

PitoGyros KEBABS €
(22860 71119 ; pitogyros.com ; plats 3-11 € ; 11h-23h). "Pas cher" et "Oia" sont des mots qui sont rarement associés, et pourtant

CYCLADES OIA

cette échoppe de souvlakis, un modèle du genre, parvient à conjuguer les deux. Optez pour une pita garnie de viande fumée croustillante agrémentée de tzatziki acidulé et d'oignons croquants, ou faites le plein d'énergie avec des grillades mixtes, le tout arrosé de bière artisanale Donkey. Près de la gare routière.

Armeni POISSON €€
(☎22860 71053 ; armenisantorinirestaurant.gr ; plats 13-27 € ; ⊙10h-23h). Sur la baie d'Armeni, cette taverne mérite amplement de suer un peu pour la rejoindre (on peut aussi prendre le bus au départ de la baie d'Amoudi). Véritable temple à la gloire des délices de la mer, l'établissement propose un menu restreint mais délicieux composé le plus souvent de sardines et de poisson du jour grillés et de calamars farcis au fromage.

Karma GREC €€
(☎22860 71404 ; karma.bz ; plats 13-18 € ; ⊙dîner). Avec ses fontaines, ses chandelles, ses murs dorés et ses gros coussins bordeaux, ce restaurant avec cour a une allure royale. On y sert de copieux plats traditionnels (fèves aux oignons caramélisés et bar grillé aux câpres) à des prix rendus raisonnables par la distance avec la caldeira.

Lauda GREC MODERNE €€€
(☎22860 72182 ; www.laudarestaurant.com ; plats 48-135 € ; ⊙13h-16h30 et 18h30-22h). Le plus ancien restaurant d'Oia, jadis modeste, est aujourd'hui l'une des meilleures tables de Santorin, voire de Grèce. Le chef Emmanuel Renaut conjugue produits locaux et techniques de cuisine internationales, et le résultat est exceptionnel. Faites des folies avec un menu dégustation ou optez pour du poisson mariné avec feuilles de câpres, ou encore de l'agneau braisé avec gnocchis.

To Krinaki TAVERNE €€€
(☎22860 71993 ; Finikia ; plats 17-27 € ; ⊙12h-tard). Dans le minuscule village de Finikia, à l'est d'Oia, cette taverne accueillante sert des plats savoureux à base de produits frais et locaux : herbes sauvages, aubergine blanche, *fava* écrasée à la main, feuilles de câpres, asperges sauvages... Le tout accompagné de bières locales et de vin cultivés à Santorin depuis l'Antiquité. Belle vue sur la mer (mais pas sur la caldeira) et Ios.

Catch FUSION €€€
(☎22860 72063 ; catchrestaurant.gr ; plats 26-39 € ; ⊙18h30-2h). Ce restaurant fusion ouvert récemment se distingue de ses concurrents sur tous les points : service impeccable et plats succulents (tartare de bar et asperges grillées, risotto de champignons...) magnifiquement présentés. Cocktails originaux à siroter sur la terrasse au coucher de soleil. Près de la gare routière.

1800 GREC €€€
(☎22860 71485 ; www.oia-1800.com ; Nikolaou Nomikou ; plats 15-38 € ; ⊙12h-minuit). Installé dans la demeure d'un ancien capitaine de navire, ce restaurant s'est forgé une belle réputation, année après année, grâce à sa cuisine grecque moderne superbement présentée. Bar au quinoa, purée artichaut-fenouil ou grillades d'agneau en sauce aigre-douce à la pomme verte sont des exemples tirés de l'inventif menu. Dînez en salle ou sur le toit avec vue sur la caldeira.

Achats

Atlantis Books LIBRAIRIE
(☎22860 72346 ; www.atlantisbooks.org ; Nikolaou Nomikou ; ⊙11h-20h). Laissez-vous guider par les citations ornant l'escalier et descendez dans cette caverne dont le plafond semble maintenu par les livres qui s'y entassent : roman, philosophie, histoire, art... dont une sélection d'ouvrages en français. Personnel compétent et concerts fréquents sur le toit.

B.Loose MODE
(☎22860 27309 ; b-loose.gr ; Pliarchon ; ⊙10h-21h). Ouverte il y a presque 10 ans, cette boutique de la marque athénienne de mode *casual* vend des vêtements urbains confortables et amples en coton ou lin.

Renseignements

Des agences de voyages comme **NS Travel** (☎22860 71199 ; www.nst-santorinitravel.com ; ⊙9h-21h) sont regroupées autour de la gare routière et vendent des billets de ferry.

Depuis/vers Oia

En été, des bus partent toutes les 30 minutes de Fira vers Oia (1,80 €). Depuis la gare routière, prenez à gauche et montez jusqu'à l'austère place centrale et la rue Nikolaou Nomikou, bordée de marbre qui longe le bord de la caldeira.

Vous pourrez également rejoindre Oira depuis Fira par une agréable randonnée de 3 heures (p. 259) au bord de la caldeira.

Ailleurs sur Santorin

Santorin ne se résume pas aux falaises de sa caldeira. Sur les côtes est et sud, l'île descend en pente douce vers des plages de sable volcanique noir et des stations balnéaires telles que Kamari et Perissa.

L'intérieur de l'île recèle de charmants villages traditionnels comme **Vourvoulos**, au nord de Fira, et au sud **Megalohori**, **Pyrgos** et le "village fantôme" d'**Exo Gonia**. Pyrgos, en particulier, mérite une visite et constitue une bonne alternative à Oia grâce à de fabuleux restaurants et des panoramas à couper le souffle (voir www.santorinipyrgos.com). Ne manquez pas non plus **Emporio**, plus gros village du sud de l'île, qui compte une belle église du XVIe siècle ainsi qu'une tour ottomane bien conservée. Quelques sites antiques viennent compléter ce magnifique tableau.

À voir

♥ Théra antique SITE ARCHÉOLOGIQUE

(Carte p. 246 ; ☎22860 25405 ; odysseus.culture.gr/h/3/eh351.jsp?obj_id=2454 ; adulte/enfant 4 €/gratuit ; ⏲8h-15h mar-dim). Fondée par les Doriens au IXe siècle av. J.-C., la Théra antique regroupe des vestiges d'époque hellénistique, romaine et byzantine. Son attrait tient pour beaucoup à son atmosphère. Ici, vous découvrirez des temples, des maisons ornées de mosaïques, une *agora* (place publique et marché), un théâtre et un gymnase. La vue alentour est splendide. Si vous êtes au volant, prenez l'étroite route goudronnée qui revient de Kamari sur 3 km. Depuis Perissa, un chemin en terre rejoint le site ; comptez un peu plus d'une heure.

♥ Art Space GALERIE

(Carte p. 246 ; ☎22860 32774 ; www.artspace-santorini.com ; Exo Gonia ; ⏲11h-coucher du soleil avr-oct). GRATUIT À la sortie de Kamari, cette galerie d'art a élu domicile dans la *canava* d'Argyros, l'un des plus anciens domaines viticoles de Santorin. Des peintures et sculptures d'une trentaine d'artistes grecs contemporains, dont l'un originaire de Santorin, ont pris la place des bouteilles dans les caves. Le propriétaire n'a pas pour autant perdu le goût du vin, et la propriété produit encore des crus d'exception sous le label Art Space Wines (en vente seulement ici), dont la dégustation (à partir de 10 €) vient parfaire l'expérience.

AVIS DE DISPARITION

Personne ne sait ce qu'il est advenu du peuple minoen d'Akrotiri. Aucun reste humain n'a été découvert sur le site. Certains pensent que les Akrotiriens auraient abandonné leur ville après un séisme survenu 2 ou 3 semaines en amont de la grande éruption volcanique, et qu'ils seraient enfouis ailleurs sur l'île, sous les cendres. Pour d'autres, ils auraient pressenti le sort funeste qui les attendait et pris la mer à destination de la Crète.

Phare d'Akrotiri POINT DE VUE

(Carte p. 246). Si vous souhaitiez admirer le soleil couchant en solitaire, c'est raté ! L'endroit est bien connu, et des dizaines de spectateurs viennent chaque soir au bout du promontoire assister à ce magnifique spectacle gratuit. Mais il y a tout de même de la place pour tout le monde autour du phare, et l'on est loin des foules se pressant à Oia.

Musée industriel de la Tomate MUSÉE

(Carte p. 246 ; ☎22860 85141 ; www.tomatomuseum.gr ; Vlihada ; 5 € ; ⏲10h-18h mar-dim). La transformation des tomates en sauce était une industrie majeure sur l'île jusqu'au séisme de 1952, et ce musée offre l'occasion d'une incursion unique dans l'ancienne usine de Vlihada. Les entretiens filmés d'anciens ouvriers aujourd'hui âgés sont particulièrement instructifs.

Le musée fait partie de la **Santorini Arts Factory** (www.santoriniartsfactory.gr), qui organise expositions, concerts et représentations théâtrales ; programmation sur le site Internet.

Musée du Vin DOMAINE VITICOLE

(Carte p. 246 ; ☎22860 31322 ; www.winemuseum.gr ; 10 € ; ⏲10h-17h avr-oct, 9h-16h30 lun-sam nov-mars). Dans le domaine viticole de Koutsoyannopoulos, sur la route de Kamari, ce musée un peu kitsch mais amusant, installé dans une *canava* (domaine viticole), décrit les techniques traditionnelles de fabrication du vin à travers une succession de dioramas un peu ringards. L'entrée comprend la dégustation de 4 vins ; aucun n'est exceptionnel, cependant le domaine Koutsoyannopoulos est le seul de l'île à produire un bon Kamaritis doux à base de raisin noir.

Akrotiri antique SITE ARCHÉOLOGIQUE
(Carte p. 246 ; ☎22860 81366 ; odysseus.culture.gr/h/3/eh351.jsp?obj_id=2410 ; tarif plein/réduit 12/6 € ; 🕗8h-20h mai-sept, 8h-15h oct-avr). En 1967, des fouilles dans le sud-ouest de Santorin ont permis de mettre au jour une cité minoenne enfouie sous les cendres volcaniques d'une éruption dévastatrice en 1613 av. J.-C. Protégé par un vaste auvent, le visiteur parcourt le site au fil des passerelles en bois aménagées d'un bout à l'autre de la cité. On y admire des édifices de 3 étages encore debout, des rues, des systèmes de drainage et quantité de poteries.

Activités

Santorin ne se résume pas à sa caldeira et à ses couchers de soleil. En explorant l'île, on découvre d'impressionnants sites antiques, des plages de sable noir ou des vignobles (et une brasserie), et en prenant le bateau on peut visiter une île volcanique active au cœur de la caldeira ou plonger à la découverte de la géographie sous-marine de Santorin.

Navy's Waterworld Dive Center PLONGÉE
(Carte p. 246 ; ☎22860 28190 ; navyswaterworld.gr ; plage de Kamari ; plongée 2 bouteilles 95 € ; 🕗8h-22h). Cette agence PADI cinq étoiles propose une gamme d'excursions plongée allant de l'exploration de grottes de lave à des plongées sur épaves en passant par des sessions d'initiation à la plongée et à une certification PADI.

Santorini Dive Center PLONGÉE
(Carte p. 246 ; ☎22860 83190 ; www.divecenter.gr ; Perissa ; plongée 1/2 bouteilles 60/90 € ; 🕗9h-20h). Agence de plongée réputée à Perissa, avec plongées standards, gamme de cours PADI et excursions snorkeling (30 €).

Randonnée Fira-Oia RANDONNÉE
(Carte p. 246). En longeant la caldeira au nord de Fira, on rejoint en 30 minutes Firostefani et Imerovigli, où le panorama est sensationnel. En continuant, on finit par atteindre Oia, mais la randonnée de 9 km, qui prend 3 heures, est loin d'être évidente, notamment en plein soleil.

100% LOCAL

PLAGES DE SANTORIN

Les plus belles plages de Santorin sont situées à l'est et au sud de l'île. Certaines sont dépourvues d'installations, d'autres abritent des bars (location de transat) et parfois plusieurs agences de sports nautiques.

Les longues plages de sable noir, de galets et de pierre ponce de **Perissa** (carte p. 246), **Perivolos** et **Agios Georgios** (carte p. 246) sont bordées de bars, de tavernes, d'hôtels et de boutiques, dans une ambiance assez décontractée. Perissa a un bar ouvert 24h/24 avec DJ les soirs d'été, l'endroit rêvé pour les fêtards.

Au sud de l'île, près de l'Akrotiki antique, la **plage de Kokkini** (carte p. 246) est cernée d'impressionnantes falaises rouges. On peut s'y rendre en caïque depuis la **plage d'Akrotiri**. Les caïques peuvent également vous emmener dans la crique de la **plage d'Aspri** (carte p. 246) et sur le sable noir parsemé de transats de la **plage de Mesa Pigadia** (carte p. 246) ; comptez 5 € l'aller-retour. La plage de Mesa Pigadia a une taverne, et plusieurs restaurants vous attendent au-dessus de la plage de Kokkini.

Toujours sur la côte sud, **Vlihada** abrite une **plage** (carte p. 246) bordée de falaises érodées et de tavernes, ainsi qu'un joli port de pêche surmonté d'un excellent restaurant. Plus on avance sur la plage, plus les corps sont dévêtus ; c'est un lieu apprécié des naturistes.

Kamari, station balnéaire la plus développée de Santorin, possède une longue **plage** (carte p. 246) de sable noir. La route qui longe la plage ne manque ni de restaurants ni de bars, bondés en haute saison. En été, des bateaux font la navette avec Perissa.

Sur la côte nord, à quelques minutes de route d'Oia, l'étroite bande de sable de la **plage de Baxédes** rejoint la **plage de Paradisos**. Les plages n'ont pas d'installations, et la mer est plus agitée qu'au bord des plages protégées du sud, mais elles sont quasiment désertes.

Santorini Brewery Company BRASSERIE
(Carte p. 246 ; ☎22860 30268 ; www.santorinibrewingcompany.gr ; route Messaria-Kamari ; ⏲11h-17h lun-sam l'été, horaires réduits le reste de l'année). C'est dans cette brasserie que sont produites les bières de la marque Donkey. La visite vaut le détour, et permet de déguster la Yellow Donkey (ale dorée et houblonnée), la Red Donkey (ale ambrée), la Crazy Donkey (IPA), la White Donkey (ale au blé avec un soupçon de zeste d'orange) et la Lazy Ass (lager), toutes non filtrées, non pasteurisées et extrêmement goûteuses. Dégustations gratuites et jolies bouteilles.

En août, ne manquez pas la bière saisonnière Slow Donkey, vieillie en fûts de chêne utilisés par le domaine Argyros voisin pour fermenter son vin doux Vinsanto.

Circuits organisés

♥ **Santorini MTB Adventures** CYCLOTOURISME
(Carte p. 246 ; ☎6980289453 ; www.santoriniadventures.gr ; Agios Georgios ; location VTT/vélo électrique 25/50 €/jour). Cet opérateur dynamique loue des vélos électriques pour explorer l'île et propose des circuits très prisés (120-150 €) vers les sites de la côte sud. Également sessions de descente pour les VTTistes expérimentés, circuits guidés à vélo et sortie en voilier.

Où se loger

En dehors des principaux villages, la majorité des hôtels de milieu de gamme et les chambres économiques se trouvent autour de Kamari, Perissa et Messaria.

Zorzis Hotel BOUTIQUE-HÔTEL €
(Carte p. 246 ; ☎22860 81104 ; www.santorinizorzis.com ; Perissa ; d avec petit-déj à partir de 99 € ; ❄📶🏊). Derrière une cascade de géraniums dans la grand-rue de Perissa, Hiroko et Spiros, couple gréco-japonais, gèrent cet hôtel de 10 chambres immaculées. Un véritable océan de calme (enfants non admis) aux tons pastel, avec un superbe jardin, une piscine et en toile de fond un beau paysage de montagne.

Karterados Caveland Hostel AUBERGE DE JEUNESSE €
(Carte p. 246 ; ☎22860 22122 ; www.cave-land.com ; Karterados ; dort à partir de 39 €, d avec petit-déj 129 € ; ⏲mars-oct ; ❄📶🏊). Cette

CROISIÈRES

Les sorties en bateau sont une activité incontournable à Santorin et permettent d'apprécier véritablement la géographie de l'île et les magnifiques couchers de soleil.

Il y a trois types de croisières (monocoque ou catamaran) : les croisières d'une demi-journée (5/6 heures) partent vers 10h, les croisières au couchant d'une demi-journée partent vers 15h30, et il y a également des croisières d'une journée complète (9 heures).

Les sorties à la demi-journée du matin et de l'après-midi permettent d'admirer les îles volcaniques de la caldeira de **Néa Kaméni** et **Palia Kaméni**, avec une escale au cratère de la première et une autre aux sources chaudes de la seconde. Les croisières en catamaran font une pause baignade aux sources chaudes mais pas au cratère, et la plupart passent devant le phare et le long des plages rouge et blanche du sud de l'île. Déjeuner et rafraîchissement sont compris.

Les croisières d'une journée se terminent à Thirasia, et/ou au port en contrebas d'Oia. Elles partent de Fira Skala, en contrebas de Fira, de la baie d'Ammoudi à Oia ou de la marina de Vlychada, sur la côte sud. En règle générale, plus la croisière est bon marché, plus le bateau est bondé et plus les escales sont brèves. Les sorties de 3 heures dans la caldeira de **Caldera's Boats** (carte p. 250 ; ☎22860 24355 ; www.santorini-sea-excursions.com ; 25is Martiou, Fira ; croisières demi-journée/journée à partir de 20/44 €) ne coûtent que 20 €, mais mieux vaut payer plus pour une croisière plus longue et un meilleur service. Renseignez-vous avant de réserver.

Les croisières les plus agréables sont les excursions semi-privées (ou privées, si vous avez les moyens) en petits groupes à bord de catamarans ; **Santorini Sailing** (carte p. 246 ; ☎22860 21380 ; www.santorinisailing.com ; St Gerasimos, Firostefani ; 105-165 €/pers), **Sunset Oia** (carte p. 246 ; ☎22860 72200 ; sailing-santorini.com ; croisière 5 heures en catamaran 145-190 € ; ⏲9h-22h) et **Spiridakos Sailing Cruises** (carte p. 250 ; ☎22860 23755 ; www.santorini-yachts.com ; 25is Martiou, Fira ; croisières à partir de 95 € ; ⏲8h-22h) font partie des opérateurs réputés.

fabuleuse auberge de jeunesse à l'ambiance décontractée est aménagée dans un ancien domaine viticole à Karterados, à environ 2 km du centre de Fira. Les dortoirs (4, 6 et 10 lits) occupent d'anciennes caves à vins, tous bien équipés et agrémentés d'une déco créative et colorée. Les minuscules fenêtres décourageront peut-être les claustrophobes. En prime : jardin avec piscine.

Narkissos Hotel HÔTEL €

(Carte p. 246 ; 22860 34205 ; www.narkissoshotel.com ; Kamari ; s/d/tr 88/96/122 € avec petit-déj ; avr-nov ;). Une adresse correcte pour petits budgets au sud de la ville, près de la plage, avec des chambres bien tenues. En dehors du pic estival, le prix des chambres s'effondre (35 €).

Stelios Place HÔTEL €

(Carte p. 246 ; 22860 81860 ; www.steliosplace.com ; Perissa ; d/tr/qua 80/100/120 € ;). Ce petit hôtel géré en famille est parfaitement situé en retrait de la rue principale et à une rue de la plage. Les chambres sont bien équipées et propres, à l'instar de la piscine. Petit-déjeuner possible. Transport gratuit depuis/vers l'aéroport si vous restez au moins 3 nuits. En dehors du pic de fréquentation, les prix s'effondrent à 35 € – une aubaine.

Villa Mezzo Traditional Cave House APPARTEMENTS €€

(Carte p. 246 ; 6977322712 ; Vothonas ; app 170 € ;). Au beau milieu de la campagne, non loin du musée du Vin, cette maison troglodyte offre l'occasion de découvrir l'habitat traditionnel de Santorin, mais sans vue sur la caldeira. L'établissement, tenu par le sympathique Luke, possède une cuisine équipée à disposition des résidents. Le soir, admirez les étoiles depuis la terrasse et profitez du silence.

Hippocampus Hotel HÔTEL €€

(Carte p. 246 ; 22860 32050 ; hippocampus-hotel.gr ; Kamari ; d/tr/q 138/145/185 € ; mai-oct ;). À deux pas du front de mer, cette adresse sympathique propose des chambres et studios impeccables, avec des bonus appréciables comme les fresques réalisées à la main et les pratiques écologiques. Agréables studios pour les familles.

Villa Blanca VILLA €€€

(Carte p. 246 ; 22860 81860 ; villablanca-santorini.com ; Megalohori ; villa 275 € ; juin-sept ;). Excellente adresse à l'écart de tout au milieu des vignobles de Megalohori, à 6 km au sud de Fira. La luxueuse villa à l'architecture traditionnelle des Cyclades compte 2 chambres, un salon, une cuisine et un balcon doté d'un beau Jacuzzi avec vue sur l'océan vers le sud-est. Idéale pour les familles, la villa peut loger 5 personnes ; vous aurez besoin d'une voiture.

Où se restaurer

Brusco CAFÉ €

(22860 30944 ; Pyrgos ; plats à partir de 8 €). À Pyrgos, ce café-traiteur au charme rustique sert du café, du vin et des plats aux saveurs locales. Vous ne regretterez pas de vous arrêter pour l'accueil chaleureux, les nombreuses tables en terrasse, les douceurs maison (notamment des baklavas) et les assortiments de produits de Santorin (*fava*, tomate, aubergine, câpres, etc.).

Tzanakis GREC €€

(Carte p. 246 ; 22860 81929 ; facebook.com/tavernatzanakis ; Megalohori ; plats 8-14 € ; 12h-minuit). Institution locale depuis presque 30 ans, cette taverne tenue en famille utilise des légumes et herbes aromatiques de son propre potager et des viandes et poissons d'amis éleveurs et pêcheurs dans des recettes classiques comme les boulettes à la tomate, les beignets de courgette, la chèvre sauce citron ou encore les *domadakia* (feuilles de vigne farcies).

Aroma Avlis GREC MODERNE €€

(Carte p. 246 ; 22860 33794 ; www.artemiskaramolegos-winery.com ; route Messaria-Kamari ; plats 13-48 € ; 13h-23h). Situé dans le domaine viticole Artemis Karamolegos, ce restaurant utilise à merveille les produits locaux dans une cuisine pleine de panache : mousse d'aubergine fumée, *chloro* (chèvre frais de Santorin), saucisses locales ou encore *orzotto* au crabe royal et au speck de Crète. Installez-vous sur la terrasse à l'ombre de la vigne et profitez du vaste choix de vins de la région.

Metaxi Mas CRÉTOIS €€

(Carte p. 246 ; 22860 31323 ; www.santorini-metaximas.gr ; Exo Gonia ; plats 9-21 € ; 14h-minuit avr-oct). Le raki coule à flots dans cette taverne conviviale, près de l'église, rendez-vous privilégié des habitants et voyageurs en quête d'authenticité. On y sert un excellent menu de spécialités locales et crétoises (le propriétaire et cuisinier est originaire de Crète) comme de la poitrine de porc grillée et des asperges rôties au *graviéra* de Crète. Le tout devant un beau panorama. Réservez.

Fratzeskos Fish Tavern POISSON €€
(☎22860 83488 ; facebook.com/fishtavernfrageskos1 ; Perissa ; plats à partir de 8 € ; ⏲12h-23h30). Cette superbe taverne du front de mer se spécialise dans le poisson frais, du mérou au bar, grillé à la perfection et riche en arômes citronnés. Il y a aussi des spaghettis au homard pour deux, du *saganaki* aux crevettes et bien d'autres délices.

Apollon Taverna GREC €€
(Carte p. 246 ; ☎22860 85340 ; Perissa ; plats 9-14 € ; ⏲10h-minuit). Quittez la plage et traversez la route pour découvrir cette merveilleuse taverne, à 400 m de l'arrêt de bus sur le front de mer de Perissa. Commandez l'appétissant plateau de fruits de mer pour deux (30 €) ou optez pour une aubergine de Santorin fumée ou l'une des tartes traditionnelles du vaste menu.

♥ Selene GREC MODERNE €€€
(☎22860 22249 ; selene.gr ; Pyrgos ; restaurant 32-50 €, bistrot 14-21 € ; ⏲restaurant 19h-23h, bistrot 12h-23h). L'un des restaurants les plus réputés de Santorin sert des plats succulents et bien présentés tels que le *pasticcio* à la joue de porc ou la morue de l'Égée avec aubergine fumée, le tout accompagné d'une superbe carte des vins. Ceci dit, le Meze & Wine Bistro, en bas, propose une cuisine tout aussi créative à des prix plus doux.

Où prendre un verre et faire la fête

Beach Bar BAR
(Carte p. 246 ; www.thebeachbar.gr ; ⏲24h/24 ; 📶). À la saison haute, on s'amuse 24h/24 dans ce bar installé sur le sable noir du front de mer de Perissa. Petit-déjeuner, déjeuner, dîner, chaises longues, parasols, cocktails, bières, concerts et DJ : rien ne manque. Et en cas de coup de chaud, la mer vous tend les bras !

♥ CineKamari CINÉMA
(Carte p. 246 ; ☎22860 33452 ; www.cinekamari.gr ; Kamari ; 10 € ; ⏲21h30). Sur la route de Kamari, ce cinéma en plein air entouré d'arbres projette des films en VO tout l'été. Installez un transat, demandez une couverture si vous avez froid et détendez-vous. Boissons et en-cas disponibles.

ANAFI ΑΝΑΦΗ

271 HABITANTS

Merveilleuse escapade à quelque 22 km de Santorin, cette île attachante reste peu visitée en dehors de l'été, ce qui contribue grandement à son charme. Ses paysages de collines escarpées, parsemés de figuiers de Barbarie et d'oliviers sont dominés par le Kalamos (Rocher du monastère, 463 m). D'après la légende, l'île servit de refuge aux Argonautes épuisés par une violente tempête après que son emplacement leur fut révélé par Apollon. C'est aujourd'hui un refuge pour les voyageurs en quête de quiétude et de randonnées solitaires.

Agios Nikolaos, le port, est sur la côte sud. On rejoint le village principal d'Anafi (Hora), 2 km plus au nord, par une montée sinueuse.

À voir

Plusieurs jolies plages s'étendent le long de la côte sud à partir d'Agios Nikolaos. La plus proche, et la plus fréquentée, est celle de **Klissidi**, 800 m (10 minutes à pied) à l'est du port. À 2,4 km (40 minutes à pied) à l'est, après les criques de Katsouni, Phlamourou, Exo Roukounas et Mikros Roukounas, s'étend la plage de sable de **Roukounas**, cernée par les dunes et flanquée de la superbe taverne Roukounas. Plus loin encore, le sentier serpente autour de la merveilleuse crique de **Katalimatsa** et passe par trois autres petites plages avant de grimper vers le monastère depuis la plage de galets de **Prasies**.

Monastère de Zoodochos Pigi MONASTÈRE
Incorporant dans son enceinte les ruines du temple d'Apollon, construit selon la légende par les Argonautes, le monastère de Zoodochos Pigi est à 9 km d'Anafi (Hora) accessible par la route, ou à 7 km de marche par le sentier longeant la côte méridionale. Fermé aux visiteurs, l'édifice est posé à l'est d'Anafi sur l'isthme reliant l'île à l'imposant **Kalamos** (Rocher du monastère) sur lequel se dresse le monastère inoccupé de Kalamiotissas.

Où se loger

La plupart des hébergements sont concentrés à Anafi (Hora) et consistent en des appartements indépendants et des B&B. Il y a un complexe balnéaire à l'ouest de la ville et une poignée d'adresses près de la plage de Klissidi. Bien des chambres de la

100% LOCAL

RANDONNÉES SUR ANAFI

Voici les quatre principaux sentiers de l'île, assez bien balisés :

n°1 : plage de Klisidi-monastère de Zoodochos Pigi (7 km, 2 heures 30 à 3 heures, aller). Randonnée le long de la côte sud pour rejoindre une dizaine de plages et criques et le port antique de Katalimatsa.

n°2 : Milies-monastère de Zoodochos Pigi via les ruines de Kastelli (7,5 km, 3 heures 30, aller). Au départ d'une ferme du hameau de Milies, cette randonnée assez éprouvante passe par les ruines de la Kastelli antique et le pic de Kastelli (325 m), d'où l'antique Voie sacrée mène à l'ancien temple d'Apollon (aujourd'hui monastère).

n°3 : monastère de Zoodochos Pigi-Moni Kalamiotissas (2,5 km, 1 heure, aller). La plus célèbre (et la plus abrupte) randonnée de l'île mène au sommet du rocher de Kalamos, d'où la vue est magnifique.

n°4 : Anafi (Hora)-Aghia Irini (7 km, 2 heures 30, aller). Cette balade facile dans la campagne passe par la chapelle de Stavros avant de descendre à travers des propriétés anciennes jusqu'à la chapelle d'Aghia Irini.

rue piétonne principale d'Anafi (Hora) ont une belle vue sur les collines plongeant vers la mer et le sommet du Kalamos au-delà. Réservation indispensable en été.

Ostria PENSION €

(☎22860 61375 ; studio à partir de 30 € ; 📶). Tenue par un chaleureux couple d'insulaires parlant très peu l'anglais, cette jolie pension loue plusieurs chambres impeccables avec kitchenettes et belle vue sur le port. À flanc de colline dans la partie sud, très calme, d'Anafi (Hora), et accessible par un escalier qui part de la route périphérique.

♥ **Margarita's Rooms** PENSION €€

(☎22860 61237 ; www.margarita-anafi.gr ; d à partir de 70 € ; 📶). Juste au-dessus de la plage de Klissidi, cette pension gérée en famille propose des chambres simples et charmantes évoquant la quiétude de la vie insulaire grecque. Pas de fioritures, juste un logement à prix doux à deux pas d'une jolie plage et doté d'un excellent restaurant (Margarita's, voir ci-après). L'endroit est un peu isolé ; envisagez de louer un véhicule. Transfert depuis/vers le port compris.

Apollon Village Hotel APPARTEMENTS €€

(☎22860 28739 ; apollonvillagehotel.com ; d/studio/bungalow/ste à partir de 100/150/160/180 € ; ⏲mai-sept ; ❄📶). Étagés au-dessus de la plage de Klissidi, ces charmants studios et chambres individuelles, dont chacun porte le nom d'un dieu de l'Olympe et d'où la vue est époustouflante, présentent un excellent rapport qualité/prix. Avec ses pâtisseries et ses desserts maison, le Blue Cafe-Bar complète parfaitement l'hôtel. En dehors d'Anafi (Hora) ; louer un véhicule peut s'avérer utile.

Où se restaurer

♥ **Roukounas** TAVERNE €

(☎22860 61206 ; plage de Roukounas ; plats 5-8 € ; ⏲10h-minuit mai-oct). En remontant un peu depuis la plage de Roukounas, cette charmante taverne familiale lovée au cœur d'un luxuriant jardin sert des plats simples et copieux comme de l'agneau rôti et du civet de lapin, ainsi que des fromages locaux et des légumes de saison.

♥ **Margarita's** TAVERNE €

(☎22860 61237 ; www.margarita-anafi.gr ; Klissidi ; plats 6-12 € ; ⏲9h-22h juin-sept ; 📶). Cette taverne titulaire du label "cuisine égéenne" dispose d'une petite terrasse ensoleillée donnant sur la baie de Klissidi. Au menu : pain frais, pâtes maison et boulettes de viande. Le ragoût d'agneau, le risotto de crevettes au crocus d'Anafi et les tartes au fromage sont également des classiques. La taverne loue aussi des chambres.

♥ **Liotrivi** TAVERNE €

(☎22860 61209 ; facebook.com/liotrivi.rest ; plats 7-10 € ; ⏲12h-23h mai-oct). Dans cette taverne à l'ancienne de la grand-rue d'Anafi (Hora), on cuisine du poisson fraîchement débarqué du bateau familial ainsi que des œufs, des légumes et du miel du jardin. Entrez dans la cuisine et faites votre choix : riz aux moules avec citron et aneth, moussaka, pêche du jour...

Armenaki TAVERNE €€

(☎22860 61234 ; plats 8-16 € ; ⏲12h-22h juin-sept). Les plats de poisson frais sont les incontournables de cette taverne traditionnelle d'Anafi (Hora) dotée d'une agréable terrasse avec une vue splendide et d'une programmation musicale. Accès par la petite rue qui descend en face de la boulangerie du centre d'Anafi (Hora).

Depuis/vers Anafi

Anafi est assez isolée, et desservie par moins de ferrys que bien d'autres îles des Cyclades. L'île étant dépourvue de baie abritée, les bateaux peuvent avoir des difficultés à accoster lorsque la météo est mauvaise. Planifiez bien votre séjour, notamment hors saison, et consultez ferries.gr pour des informations à jour.

Achetez vos billets de ferry auprès de **Roussou Travel** (☎22860 61220 ; ⏲10h-13h et 18h-20h), dans le village ou au port, 1 heure avant l'arrivée du bateau.

Bateaux au départ d'Anafi :

VERS	DURÉE (HEURES)	TARIF (€)	FRÉQUENCE
Folégandros	5¼	11	2/sem
Ios	3½	9	2/sem
Karpathos	6¾	17	2/sem
Milos	6¼	21	2/sem
Naxos	7½	13	2/sem
Paros	7	16	2/sem
Le Pirée	11½	38	2/sem
Rhodes	13½	29	2/sem
Santorin	1½	8	2/sem
Sikinos	4¼	11	2/sem
Syros	15½	19,50	2/sem

Comment circuler

Le port de l'île est situé sur Agios Nikolaos. De là, Anafi (Hora) est à 10 minutes en bus (2 €) par une route de montagne sinueuse, et est également accessible par chemin pédestre de 2 km moins sinueux mais plus abrupt. De mai à septembre, des bus gratuits partent de l'**arrêt de bus** et arrivent au port 1 heure avant les départs de ferrys. Chaque jour, 3 bus rejoignent le port, à 11h, 14h et 18h, puis partent 10 minutes plus tard d'Anafi (Hora) vers le monastère ; retours à 11h25, 14h25 et 18h25 (3 €).

En été, des caïques desservent plusieurs plages et îles proches (tarifs selon la distance et le nombre de passagers).

À Anafi (Hora), **Manos** (☎22860 61430 ; www.rentacaranafi.gr) et quelques hébergements louent voitures, scooters et quads.

SIKINOS ΣΙΚΙΝΟΣ

300 HABITANTS

D'après la légende, Thoas, roi de Lemnos, se réfugia à Sikinos lorsque les femmes de son île se soulevèrent pour massacrer tous les hommes. Suivirent sur l'île Mycéniens, Ioniens, Doriens, Vénitiens et Turcs, avant qu'elle n'accueille à la fin des années 1930 communistes et socialistes en exil.

Paisible, isolée et peu peuplée, l'île de Sikinos est l'endroit idéal pour qui aspire à une immersion insulaire authentique. Avec sa charmante vieille ville et des collines en terrasses sillonnées de sentiers de randonnée, Sikinos est l'antithèse de sa voisine Ios.

Les habitations sont regroupées dans le port d'Alopronia et dans les deux villages contigus d'Horio et Kastro (englobés sous le nom d'Hora).

De nombreux touristes grecs débarquent en juillet-août, mais vous trouverez les lieux quasi déserts si vous arrivez avant la mi-mai.

À voir

La plage de sable ombragée du port d'**Alopronia** est jolie et possède une aire de jeux pour enfants. On y aperçoit Santorin au loin.

Du port, une marche de 20 minutes à travers la campagne (suivez la direction de Dialiskari) permet de rejoindre une baie étroite mais magnifique, ourlée d'une modeste langue de sable : la plage d'**Agios Nikolaos**. Un chemin continue jusqu'à **Agios Georgios**, également accessible par une route goudronnée (7 km).

L'été, des caïques desservent les plages (environ 6 €), dont celle de **Maltas** (carte ci-contre) au nord (avec ses ruines antiques sur les hauteurs) et celle de **Kara** au sud.

♥ **Moni Zoödohou Pigis** MONASTÈRE

(Carte ci-contre ; ☎6975743928 ; ⏲11h30-13h30 mar-dim). GRATUIT Une volée de marches blanches conduit au monastère fortifié de Moni Zoödohou Pigis, perché au-dessus de Kastro. À l'origine un couvent construit en 1690, où religieuses et villageois se réfugiaient lors des attaques de pirates. Le monastère a ouvert au public il y a peu ; on peut y visiter l'église et la salle des visiteurs, et profiter de la vue sublime. Ne manquez pas les cordes pendues aux falaises à l'arrière, dernier recours des nonnes en cas d'urgence.

Sikinos

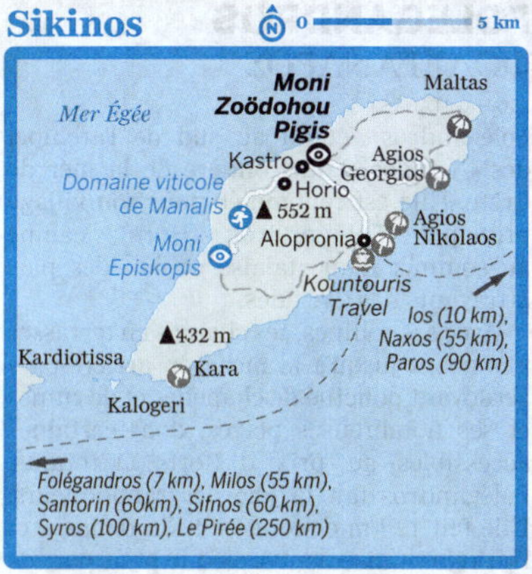

Kastro VILLAGE

Kastro tient son nom de son ancienne forteresse vénitienne, bâtie au XIIIe siècle. Aujourd'hui, il s'agit d'un lieu charmant et animé, avec des rues tortueuses bordées de maisons d'une blancheur éclatante. Le cœur de Kastro est occupé par la grand-place et l'église Pantanassa. Autour du sanctuaire, les riches commerçants avaient fait élever leurs demeures, des édifices de 2 étages aux fenêtres sculptées.

Moni Episkopis MONASTÈRE

(Carte ci-dessus). GRATUIT Depuis le col entre Kastro et Horio, une route goudronnée de 5 km part au sud-ouest vers ce monastère, fermé pour rénovation au moment de nos recherches. Il semble que les vestiges du site appartiennent à un mausolée romain du IIIe siècle, transformé en église au VIIe siècle puis en monastère dix siècles plus tard.

Activités

Il fait bon randonner à Sikinos : l'île a créé les **sentiers culture**, un réseau de 7 itinéraires balisés à travers l'île. Terrain (terrainmaps.gr) édite une excellente carte des randonnées de Sikinos.

En route vers Moni Episkopis, arrêtez-vous au **domaine viticole de Manalis** (carte ci-dessus ; ☎ 6932272854 ; manaliswinery.gr ; 18h-tard juin-sept), établissement familial produisant du vin selon des méthodes traditionnelles et durables. Le sympathique propriétaire vous proposera une dégustation tandis que le restaurant sert des spécialités de l'île (10-15 €). La cuisine n'a rien d'extraordinaire, mais la vue sur les vignes et la côte depuis la terrasse vaut le détour. Le bus s'arrête devant le domaine les soirs d'été.

Où se loger

La douzaine d'hébergements d'Alopronia, près de la plage, va de pensions basiques aux studios indépendants en passant par des hôtels trois étoiles. Il n'y a que 2 adresses à Kastro (Hora) : une pension et un ensemble d'appartements à louer. Réservez bien à l'avance pour juillet-août.

♥ Kastellos Apartments PENSION €

(☎ 6972377729 ; www.kastellos-sikinos.gr ; studios 50 € ; ❄ 📶). Près du port, ces 3 studios immaculés, spacieux, bien équipés et dotés de kitchenettes ont une déco individualisée et des petits balcons donnant sur la mer. L'aimable propriétaire vous aidera pour le transport de vos bagages.

Porto Sikinos Hotel HÔTEL €€

(☎ 22860 51220 ; www.portosikinos.gr ; Alopronia ; s/d/f avec petit-déj 75/90/120 € ; mai-oct ; ❄ 📶). Des jolies chambres typiques, toutes en marbre, carrelage et tons pastel, avec balcons. L'ensemble chaulé, attrayant et doté d'un café, est ce que l'on fait de plus proche d'un hôtel classique sur l'île.

Stegadi Apartments APPARTEMENTS €€

(☎ 22860 51305 ; www.stegadi.com ; Kastro ; app 110 € ; ❄ 📶). Situés près du centre de Kastro, ces 4 appartements traditionnels peuvent loger jusqu'à 4 personnes. Ornés d'une déco individualisée et colorée et d'un mobilier moderne. Les balcons sont de petites oasis avec vue sur la mer.

Ostria Studios PENSION €€

(☎ 22860 51062 ; www.ostriastudios-sikinos.gr ; Alopronia ; d à partir de 110 € ; ❄ 📶). Margarita propose des appartements et studios confortables et joliment décorés dans 3 bâtiments baptisés Spilia, Agnanti et Molos. Spilia est à l'opposé de la baie par rapport au quai des ferrys, et les appartements y ont les pieds dans l'eau et des balcons sur la mer, dans un cadre tranquille à souhait.

Où se restaurer

♥ Anemelo CAFÉ €

(☎ 22860 51216 ; Kastro ; plats 5-9 € ; 10h-15het 17h-tard). Le lieu le plus pittoresque de Kastro pour un thé, une bière ou un simple déjeuner crêpe-salade. Les habitants y jouent aux échecs ou sirotent leur café. Prenez le minuscule escalier, pour rejoindre la terrasse et son mémorable panorama. Le sandwich traditionnel (6 €), avec purée d'olives, feta, câpres et tomates, est un régal. L'endroit s'anime le soir.

Kapari GREC €
(☎ 22860 51070 ; Kastro ; plats 7,50-11 € ; ⏲ 12h30-15h et 18h-1h). Incontournable si vous venez hors saison ou si vous logez à Alopronia et que tout est fermé. Détenteur du label "cuisine égéenne", ce restaurant de la route principale de Kastro (Hora) sert de bons classiques grecs préparés par Evgenia, dont sa fameuse "salade à la bière" (saucisse locale, boulettes de viande épicées et veau cuits dans la bière).

ℹ Depuis/vers Sikinos

Les billets de ferry peuvent être achetés au port auprès de **Kountouris Travel** (carte p. 265 ; ☎ 22860 51232, 6981594106). En dehors de la haute saison, les bateaux sont rares.

Les bateaux partent pour Folégandros (5 €, 45 min, 2/sem), Ios (4,50 €, 25 min, 3/sem), Kimolos (9 €, 2 heures-2 heures 30, 4/sem), Milos (12,50 €, 3 heures 15, 3/sem), Naxos (7 €, 3 heures, 3/sem), Paros (8 €, 4 heures 15, 3/sem), Le Pirée (40 €, 10 heures 15, 3/sem), Sérifos (13 €, 4 heures 30, 2/sem), Sifnos (10,50 €, 4 heures 45, 3/sem), Santorin (7,50 €, 2 heures 15-2 heures 30, 3/sem) et Syros (13 €, 5 heures 30-6 heures, 3/sem).

ℹ Comment circuler

Un bus vient à la rencontre des ferrys et relie Alopronia à Horio/Kastro (1,80 €) toutes les 30 minutes en août et 10 fois par jour le reste de l'été de 7h45 à 22h45 ; moins fréquent le reste de l'année. Les horaires sont affichés au terminus, dans les terres, juste en retrait du port. Chaque jour, un bus poursuit jusqu'à Agios Georgios, et un autre part à 19h15 pour le domaine viticole de Manalis (p. 265), puis fait le retour à 20h45.

Si vous êtes à Sikinos hors saison et que tout est désert, adressez-vous à Flora, de la supérette d'Alopronia, qui parle anglais et pourra vous aider à trouver de quoi vous distraire. Son fils s'occupe de la station-service ; appelez Flora si celle-ci est fermée.

On trouve sur le port une antenne de **RaC** (☎ 21040 80300 ; www.rentacar-sikinos.gr) qui loue des voitures et des scooters plus tout jeunes ; ceux de **Kostis** (☎ 6981751555) sont en meilleur état.

FOLÉGANDROS
ΦΟΛΕΓΑΝΔΡΟΣ

760 HABITANTS

Folégandros s'étend au sud de l'archipel des Cyclades, à la frontière de la mer de Crète. L'île est renommée pour son village principal, **Folégandros (Hora)**, campé au sommet d'une falaise et l'un des plus attrayants des Cyclades.

Avec ses collines, ses champs en terrasses plongeant jusqu'à la mer, son arrière-pays verdoyant ponctué de chapelles et de ruines et ses nombreuses plages, dont certaines accessibles au prix d'efforts éreintants, Folégandros fait la joie des randonneurs. L'île fait 12 km de long et 4 km de large et l'on rejoint aisément à pied le petit port de **Karavostasis**, sur la côte est, et le village d'**Ano Meria** depuis Folégandros (Hora).

Difficile d'imaginer dans ce cadre enchanteur que Folégandros a connu des périodes assez sombres. Sa position isolée et son aridité en ont fait une terre d'exil pour les prisonniers politiques, de l'époque romaine jusqu'à la fin de la dictature des colonels (1967-1974).

ℹ Depuis/vers Folégandros

Folégandros est désormais bien reliée au Pirée (du moins de mai/juin à septembre) par la route des Cyclades occidentales. Elle est également reliée à Santorin et desservie par des ferrys réguliers de la ligne Ios-Sikinos-Folégandros. Bateaux au départ de Folégandros :

VERS	DURÉE (HEURES)	TARIF (€)	FRÉQUENCE
Amorgos	2½	70	1/jour
Ios	1¼-1¾	6-45	2-4/jour
Kimolos	1½	6	1/sem
Koufonissi	3½	70	1/jour
Milos	1	34-40	3/jour
Mykonos	2¾-3¾	49	2/jour
Naxos	2¾-3¼	11-43	2-3/jour
Le Pirée	4¼-4½	63-70	2-3/jour
Santorin	45 min-3¼	7-45	3-4/jour
Sérifos	2½	50	2/jour
Sifnos	2	46-50	3/jour
Sikinos	45 min	5	2 /sem
Syros	5-6½	13,50	3 /sem

ℹ Comment circuler

Le bus attend à l'arrivée des ferrys pour faire la navette vers Folégandros (Hora) (3 km ; 1,80 €).

Folégandros

En sens inverse, les bus pour le port partent de Folégandros (Hora) 1 heure avant le départ de chaque ferry. L'été, des navettes routières partent toutes les heures de Folégandros (Hora) à destination d'Ano Meria (1,80 €) et la plage d'Angali (2,20 €).

Un **service de taxis** (☎ 6944693957) est assuré sur Folégandros. Depuis Folégandros (Hora), comptez 7 à 10 € pour le port, 10 € pour Ano Meria et 10 à 14 € pour la plage d'Angali.

En saison, plusieurs agences louent voiture/quad/scooter pour environ 60/40/25 € par jour. Les prix peuvent chuter de moitié hors saison. Essayez **Donkey Scooters** (☎ 22860 41628 ; www.donkeyscooters.gr ; scooter/quad à partir de 20/30 €/jour ; ⏲ 9h30-20h30 mai-oct) ou **Tomaso** (☎ 22860 41600 ; tomaso.gr ; ⏲ 9h-21h), basés à Folégandros (Hora).

En été, de petits bateaux font régulièrement la navette entre les plages.

Karavostasis Καραβοστάσις

MOINS DE 100 HABITANTS

Le port de Folégandros s'étend en arrière de deux plages séparées par une presqu'île rocheuse, l'une de galets, l'autre (Vardia) de sable et de galets. En marchant 15 minutes le long de la côte vers le sud on rejoint les criques de **Vitsentzou** et Pountaki puis la plage bien abritée de Livadi, appréciée des familles. En haute saison, des caïques partent de Karavostasis vers des plages plus isolées, comme celle de **Katergo** (également accessible par un sentier pédestre sans ombre).

Où se loger et se restaurer

À Karavostasis, il existe une douzaine de logements sur le front de mer, de l'hôtel au studio à louer. Folégandros (Hora) offre un cadre plus pittoresque. Réservation obligatoire en juillet-août.

Aeolos Beach Hotel HÔTEL €€
(☎ 22860 41205 ; www.aeolos-folegandros.gr ; s/d/ste à partir de 80/100/240 € ; ⏲ mai-sept ; ❄ 📶). Face à la plage d'Aeolos, ces chambres ont vue sur les montagnes ou la mer, et chacune possède sa propre déco plus ou moins attrayante. Séjour minimum de 3 nuits en juillet-août ; petit-déjeuner 8,50 €.

♥ **Anemi** HÔTEL DE LUXE €€€
(☎ 22860 41610 ; www.anemihotel.gr ; d/ste à partir de 385/649 € avec petit-déj ; ⏲ fin mai à sept ; ❄ 📶 🏊). En retrait de la route de Folégandros (Hora), cet hôtel au luxe empreint de modernité est idéal pour qui veut se faire dorloter. Les chambres spacieuses et baignées de lumière ont une déco minimaliste agrémentée de touches d'art moderne

VAUT LE DÉTOUR

RANDONNÉES À FOLÉGANDROS

Folégandros compte 6 sentiers principaux numérotés et balisés :

n°1 : Folégandros (Hora)-plage d'Agios Nikolaos, via Angali (4,5 km, 1 heure 30, aller). Une descente à travers la campagne suivie d'une balade le long de la côte.

n°3 : Ano Meria-Agios Georgios (2,6 km, 1 heure 15). Une descente très agréable sur un chemin pavé entre le nord du village et la chapelle en bord de mer.

n°5 : Ano Meria-plage de Livadaki (5,7 km, 2 heures 15). Ce sentier fait une boucle depuis les moulins à vent d'Ano Meria, descend vers la plage et remonte abruptement à travers la campagne jusqu'au nord du village.

n°6 : Folégandros (Hora)-plage de Katergo (6,4 km, 2 heures 30). Randonnée assez éprouvante passant par le sommet de Folégandros et le village de Petousis avant de descendre en pente raide vers la plage.

Informations détaillées sur www.folegandros.com/trekking. Terrain (terrainmaps.gr) vend une excellente carte de Folégandros.

s'invitant jusque dans les têtes de lit. Piscine à débordement, équipements de bien-être holistique et aire de jeux pour enfants.

Meltemi TAVERNE €

(☎22860 41287 ; plats 8-12 € ; ⏲9h-tard avr-oct). Perché au-dessus du port (avec un beau panorama), Meltemi se distingue par sa jolie terrasse à balustrades bleues. On y sert une cuisine traditionnelle et familiale, des plats marins et des viandes grillées.

Comment s'y rendre et circuler

Les ferrys desservant l'île accostent à Karavostasis.

Un bus vient à la rencontre des ferrys et relie Karavostasis à Folégandros (Hora) (2 €, 3 km). En taxi, comptez 7 à 10 €. Vous pourrez aussi marcher (3,5 km en montée) ou louer un scooter ou un quad sur le front de mer.

Folégandros (Hora)
Φολέγανδρος (Χώρα)

450 HABITANTS

Perché sur une position haute bordée par une falaise qui se jette dans la mer, Hora est un dédale de ruelles flanquées de maisons et églises bleu et blanc typiques de l'architecture cycladique et de bougainvillées aux couleurs éclatantes. C'est l'un des plus beaux villages des Cyclades. Sa rue principale, piétonnière, serpente entre 5 places verdoyantes où s'étalent des terrasses animées. Dans la partie est du village, franchissez une arche basse pour pénétrer dans le quartier de maisons à deux niveaux du *kastro*, qui date du règne de Marco Sanudo (XIIIe siècle).

À voir et à faire

De nombreuses plages étant difficiles d'accès, beaucoup de visiteurs se rabattent sur des croisières de 6 heures autour de l'île (adulte/enfant 50/25 €), comprenant le déjeuner et au moins 4 pauses baignade. L'excursion se réserve auprès de Diaplous Travel (p. 270) et part de Karavostasis à 11h. Des croisières privées plus courtes peuvent également être organisées.

♥ Panagia ÉGLISE

(Carte p. 267 ; ⏲18h-21h). Depuis la Plateia Pounta, un chemin grimpe en zigzaguant jusqu'à l'imposante église de la Vierge (église de la Panagia), perchée sur une falaise dominant le village : un paradis pour amateurs de couchers de soleil (le lever du soleil vaut également le détour). On la rejoint aisément et sans escaliers en 15 minutes de marche. La vue sur Folégandros (Hora) en contrebas et les îles de Milos et Sifnos est spectaculaire.

♥ Sea U Dive Centre PLONGÉE

(☎22860 41624 ; sea-u.com ; plongée 1/2 bouteilles 55/80 € ; 👪). Cette agence installée en lisière de Folégandros (Hora) est constituée d'instructeurs professionnels et enthousiastes qui organisent toute une gamme d'excursions aquatiques sur une douzaine de sites de plongée autour de l'île. Également initiations pour enfants, cours PADI et croisières privées autour de l'île.

Local Path GASTRONOMIE
(☎22860 41624 ; www.local-path.com ; ⏲9h-21h). Basée à Folégandros (Hora), cette agence organise des circuits autour de l'île en petits groupes allant de visites gastronomiques qui vous feront découvrir la cuisine de Folégandros à des virées dans l'arrière-pays. Réservation indispensable, tarif selon le nombre de participants.

Où se loger

L'offre d'hébergements va de la *domatia* basique à l'hôtel de charme. Presque tout est complet en juillet-août ; réservez bien à l'avance. Le transfert depuis/vers le port (3 km) est généralement compris.

♥ **Ampelos** BOUTIQUE-HÔTEL €€
(☎22860 41544 ; ampeloshotel.com ; s/d/tr 100/110/120 € ; ⏲mai-oct ; ❄📶🏊). Géré en famille par Theo et Areti, cet hôtel possède une belle piscine, une déco aux tons élégants et de jolies chambres, à 6 minutes à pied au sud du centre de Folégandros (Hora). Café et transport depuis/vers le port gratuits, tarifs réduits de moitié hors du pic de fréquentation et accueil chaleureux.

Hotel Odysseus HÔTEL €€
(☎22860 41276 ; www.hotelodysseus.com ; s/d /studio 100/120/155 € ; ⏲mi-mai à sept ; ❄📶🏊). Niché dans un coin paisible du village d'où la vue est superbe, cet hôtel aux jolies portes vertes renferme de belles chambres compactes prolongées de terrasses et une agréable piscine partagée avec l'Aria Boutique Hotel voisin. En basse saison, les prix sont très attractifs (d 60 €) mais le petit-déjeuner est en supplément (12 €).

Folégandros Apartments APPARTEMENTS €€
(☎22860 41239 ; www.folegandros-apartments.com ; d à partir de 135 € ; ⏲mai-sept ; ❄📶🏊). Un ensemble élégant de studios et d'appartements (le plus grand peut loger 7 personnes) dans un jardin autour d'une belle piscine, juste au-dessus de la Plateia Pounta, à 2 minutes à pied depuis l'entrée du village.

Anemomilos Apartments HÔTEL €€€
(☎22860 41309 ; www.anemomilosapartments.com ; app à partir de 310 € avec petit-déj ; ⏲mai-sept ; ❄📶🏊). Sa situation privilégiée, en haut d'une falaise dominant Plateia Pounta, assure à cet élégant complexe un panorama splendide depuis l'hôtel et ses jolies terrasses. Les chambres, raffinées, sont décorées d'antiquités. La piscine est protégée du soleil par des eucalyptus.

Blue Sand Boutique Hotel & Suites BOUTIQUE-HÔTEL €€€
(Carte p. 267 ; ☎22860 41042 ; www.bluesand.gr ; ch/ste à partir de 180/350 € ; ⏲mai-oct ; ❄📶). Cet hôtel de luxe est installé au-dessus de la superbe plage d'Angali à 10 minutes de route de Folégandros (Hora), et loue des chambres spacieuses à la déco minimaliste tout en tons crème et blanc, dont celles donnant sur la mer limpide ont des petites terrasses privatives. Excellent restaurant-bar ouvert toute la journée.

Où se restaurer

Cafe Mikro CAFÉ €
(☎22860 27644 ; plats à partir de 8 € ; ⏲9h-23h juin-sept). Installé dans une petite impasse donnant sur Plateia Maraki, ce café animé est idéal pour des pancakes et du café en matinée, ou un spritz au coucher du soleil en caressant Paoki, le chat.

Chic GREC €€
(☎22860 41515 ; Piatsa ; plats 7-14 € ; ⏲19h-23h Pâques-oct ; 🌿). Installé sur une charmante petite place, ce restaurant est idéal pour regarder défiler les passants en dégustant une cuisine aux saveurs impressionnantes. Chose rare en Grèce, le menu précise les options sans gluten, sans produits laitiers et véganes, et propose de nombreux plats végétariens. Les carnivores se délecteront de chevreau ou d'agneau élevés dans la ferme des propriétaires.

Pounta TAVERNE €€
(☎22860 41063 ; www.pounta.gr ; Plateia Pounta ; plats 7-14 € ; ⏲8h-15h et 18h-minuit Pâques à mi-oct). Table familiale, Pounta est l'œuvre d'un couple helléno-danois créatif : les plats sont servis dans la vaisselle artisanale (également à vendre) fabriquée par Lisbet, dans un vaste jardin luxuriant. Au menu : yaourt au petit-déjeuner, poulpe grillé ou lapin *stifadho* et aubergine au four. Sur la Plateia Pounta.

♥ **Blue Cuisine** FUSION €€€
(☎22860 41665 ; www.bluecuisine.gr ; plats 14-25 € ; ⏲19h-minuit). Les amateurs d'aventures culinaires apprécient ce restaurant proche de l'entrée sud de Folégandros (Hora), dont le petit menu propose un voyage gastronomique à travers toute la Grèce et des mélanges de saveurs audacieux. Ici, les fruits de mer sont parfumés

VAUT LE DÉTOUR

PLAGES DE FOLÉGANDROS

La plage de **Livadi** est à 1,2 km au sud-ouest de Karavostasis – suivez l'itinéraire "bis" qui longe la côte juste après l'hôtel Anemi. Il y a un camping (voir www.folegandros.org).

La **plage de Katergo**, à la pointe sud-est de l'île, est accessible par une randonnée assez éprouvante ou en bateau depuis Karavostasis. Les bateaux partent fréquemment (si la météo le permet) et la traversée coûte 8 € aller-retour.

Sur la côte centrale, à l'opposé de Folégandros (Hora), la plage d'**Angali** connaît beaucoup de succès. Sur place, vous trouverez quelques chambres à louer et des tavernes convenables ; en été, des bus assurent régulièrement la navette avec Folégandros (Hora). À 750 m à l'ouest d'Angali par un sentier côtier se trouve la plage **Agios Nikolaos**, appréciée des naturistes et dotée d'un restaurant saisonnier et d'une taverne.

Certaines plages sont accessibles au bout de la route, après Ano Meria. On peut rejoindre la plage de **Livadaki** à pied (1,5 km) depuis l'arrêt de bus proche de l'église Agios Andreas, à Ano Meria. Se rendre à celle d'**Agios Georgios**, au nord d'Ano Meria, implique une marche éprouvante (environ 40 min). Il faut de bonnes chaussures, une protection solaire (crème et couvre-chef), des boissons et des vivres, car la plupart de ces plages ne possèdent ni magasin ni taverne.

En haute saison, des bateaux rallient certaines plages de la côte ouest : des liaisons sont assurées d'Angalià Agios Nikolaos (5 €) et d'Angali à la plage de Livadaki (10 €).

d'agrumes et de fenouil, le melon mariné se marie au goût salé du jambon *lountza* de Chypre, et le souvlaki de chèvre est relevé d'un chutney de tomates acidulé. Réservez.

Eva's Garden MÉDITERRANÉEN **€€€**
(☎22860 41110 ; plats 12-27 € ; ⏲19h-minuit, fin mai-sept). Une interprétation sophistiquée de la cuisine grecque, avec un menu conjuguant classiques et mélanges de saveurs audacieux : risotto d'écrevisse et faux filet côtoient oignons rôtis farcis de veau, pignons et raisins secs ou encore un carpaccio de poulpe. Prenez à gauche après la Plateia Piatsa.

Où prendre un verre et faire la fête

Perché au-dessus d'un vignoble, le **bar à vins Merkouri** (☎6977272373 ; facebook.com/merkouriwinefolegandros ; ⏲19h-3h) ravira les œnophiles avec ses 40 crus grecs à déguster au verre. Discutez cépages avec le propriétaire tout en goûtant le vin qu'il produit lui-même, et régalez-vous des bons plats proposés à la carte.

Renseignements

Les agences de voyages sont de bonnes sources d'information. Vous trouverez des renseignements (et une application téléchargeable) sur le site www.folegandros.com.

Diaplous Travel (☎22860 41158 ; www.diaploustravel.gr ; Plateia Pounta ; ⏲9h-13h30 et 18h30-21h). Billets de ferry et excursions en bateau. L'agence de Karavostasis ouvre 30 minutes avant les départs de ferrys.

Folegandros Travel (☎22860 41273 ; folegandros-travel.gr ; Plateia Dounavi ; ⏲9h30-13h et 18h-21h). Billets de ferry et change. Également un bureau au port.

Depuis/vers Folégandros (Hora)

Un bus vient à la rencontre des ferrys au port de Karavostasis et emmène les passagers à Folégandros (Hora) (2 €, 3 km). De là, des bus partent pour rejoindre les arrivées de ferry au moins 3 fois par jour (8h, 14h et 18h30) et pour Ano Meria au moins 4 fois par jour (8h30, 13h10, 14h45 et 20h ; arrêt à la plage d'Angali en été). La **gare routière** est située à l'entrée sud de Folégandros (Hora), derrière la poste.

À Folégandros, un taxi pour le port coûte 7-10 € ; comptez eniron 10 € pour Ano Meria, et 10-14 € pour la plage d'Angali.

Donkey Scooters (p. 267) loue des 125 cm³ et des quads. Livraison sur différents points de l'île.

Ano Meria Ανω Μεριά

240 HABITANTS

Le village d'Ano Meria est constitué d'une succession de petits hameaux éparpillés le long de la route sur plusieurs kilomètres, sur la crête de l'île. De là partent des sentiers de randonnée : l'un descend vers la chapelle d'Agios Georgios, sur la côte nord, depuis le restaurant Sinadisi, tandis qu'un autre permet de rejoindre la plage de Livadaki depuis les imposants moulins à vent du centre d'Ano Meria, ou depuis le sentier partant de l'extrémité du village et passant devant l'**église Agii Anargiri**.

Où se restaurer

Sinadisi TAVERNE €

(☎22860 41208 ; plats à partir de 7 € ; ⏲12h-22h mai-sept). Sinadisi, ou "chez Maria", se trouve au bout du village. L'établissement peint en bleu fut ouvert en 1920 par le grand-père du propriétaire actuel. C'est l'endroit idéal pour goûter la *matsata* (pâtes locales) avec une salade grecque et des fromages de l'île.

♥ **Pane e Vino** ITALIEN €€

(☎22860 41531 ; facebook.com/PaneVinoFolegandros ; plats à partir de 10 € ; ⏲13h-minuit juin-sept ; ✎). À la sortie d'Ano Meria, ce restaurant italien, le seul de Folégandros, est tenu par un couple qui s'est installé sur l'île après un séjour touristique. Pizzas, tiramisu et salade caprese à la mozzarella.

Depuis/vers Ano Meria

En été, des bus partent de Folégandros (Hora) pour Ano Meria (2 €). En taxi, comptez 10 €. Cependant explorer l'île sera bien plus facile en louant un véhicule.

MILOS ΜΗΛΟΣ

4 980 HABITANTS

L'île volcanique de Milos, qui s'élève autour d'une caldeira centrale, est bordée par un impressionnant littoral, tout en singulières formations rocheuses. Si la légendaire *Vénus de Milo* a de longue date quitté l'île pour le musée du Louvre, Milos ne manque pas d'autres atouts, et dispose du plus grand nombre de plages de toutes les Cyclades.

L'île a un passé d'extraction minière remontant au néolithique, époque à laquelle l'obsidienne était exportée vers la Crète minoenne. Aujourd'hui, elle reste le

Milos et Kimolos

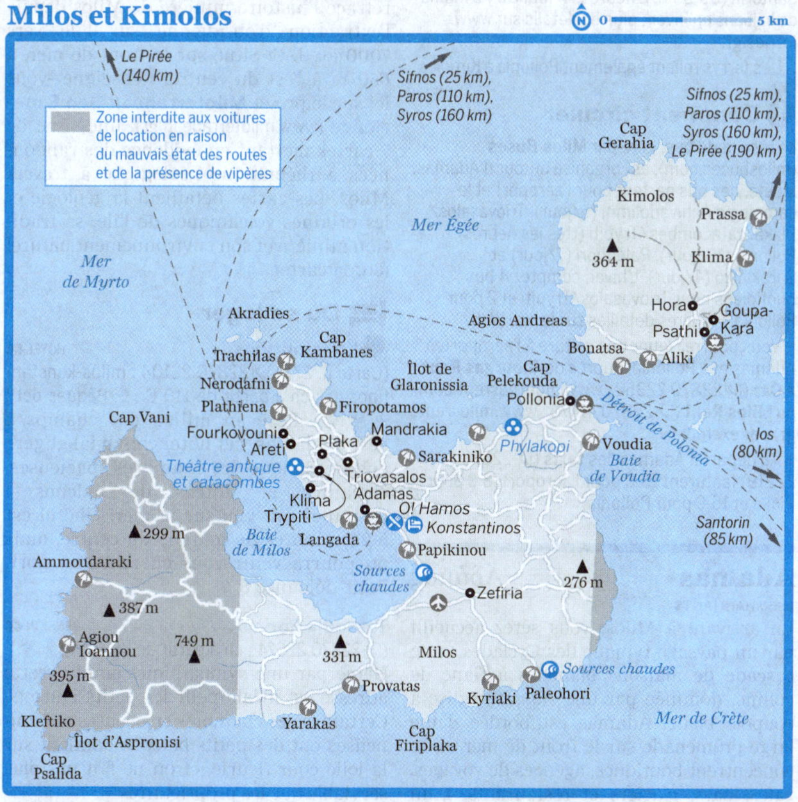

premier centre d'extraction de bentonite et de perlite de l'Union européenne.

Une grande partie de l'ouest de Milos (ainsi qu'une portion de la côte est) est interdite aux véhicules de location en raison du mauvais état des routes, cependant les plages demeurent accessibles en bateau.

Depuis/vers Milos

AVION

L'aéroport de Milos (MLO) est à 4 km au sud-ouest, de l'autre côté de la baie par rapport à Adamas. Liaisons depuis/vers Athènes par Sky Express (www.skyexpress.gr) et Olympic Air (www.olympicair.com).

BATEAU

Adamas, principal port de l'île, se trouve sur l'itinéraire de la plupart des ferrys dans l'ouest des Cyclades. À la saison haute, des ferrys partent pour Le Pirée (40-58 €, 2 heures 45-6 heures 30, 6/jour), Sérifos (8-18 €, 1 heure-2 heures, 5/jour), Sifnos (7-16 €, 1 heure, 7/jour), Folégandros (29-40 €, 1 heure, 4/jour) et Santorin (39-53 €, 2 heures, 4/jour). Il y a moins de liaisons en hiver ; plus de détails sur www.ferries.gr.

Des ferrys relient également Pollonia à Kimolos.

Comment circuler

Le réseau de bus, géré par **Milos Buses** (milosbuses.com), est organisé autour d'Adamas. En été, des bus partent pour l'aéroport et le camping d'Achivadolimni (5/jour), Triovasalos/Plaka/catacombes/Trypiti (ttes les heures), Pollonia (10/jour), Paléohori (7/jour) et Sarakiniko (4/jour). L'hiver, comptez 4 bus quotidiens pour Triovasalos/Trypiti et 2 pour Pollonia. Horaires détaillés sur le site Web.

Vous pourrez louer une voiture à l'aéroport, à Adamas et à Pollonia, auprès de **Giourgas Rent a Car** (☎22870 22352 ; www.giourgasrent.com) ou **Milos Rent** (☎22870 41473 ; www.milosrent.gr) par exemple.

Au départ d'Adamas, les **taxis** (☎22870 22219) facturent 13 € pour l'aéroport, 8 € pour Plaka et 15 € pour Pollonia.

Adamas — Αδάμας

1 350 HABITANTS

En arrivant à Milos, vous serez accueilli par un paysage typique des Cyclades : une cascade de maisons blanches à flanc de colline, dominée par une superbe église à coupole bleue. Adamas est bordée d'une large promenade sur le front de mer où se concentrent boutiques, agences de voyages, cafés, bars, glaciers et restaurants. D'un côté comme de l'autre de la promenade vous attendent de belles plages de sable, et vous pourrez également faire une excursion à bord d'un des bateaux amarrés au bord du quai vers des criques accessibles uniquement par la mer.

À voir

Musée ecclésiastique — MUSÉE

(☎22870 22252 ; www.ecclesiasticalmuseum.org ; 9h15-13h15 et 18h15-22h15 mai-sept). GRATUIT Cette collection, exposée dans la vénérable église de la Sainte-Trinité (Agia Triada) du IXe siècle, recèle des objets d'art sacré et icônes rares, dont des œuvres du XVIIe siècle, signées d'un duo père-fils célèbre, les Crétois Emmanuel et Antonios Skordilis.

Musée des Mines de Milos — MUSÉE

(☎22870 22481 ; www.milosminingmuseum.gr ; adulte/enfant 5/3 € ; 10h-14h dim jan-mars, tlj avr-mai, 10h-14h et 17h30-21h juin-sept, 10h-14h mar-dim oct). Ce musée intéressant retrace l'histoire minière de Milos depuis l'extraction d'obsidienne sur l'île vers 7000 av. J.-C. Situé sur le front de mer, à 650 m à l'est du centre. Renseignez-vous ici sur le projet **Miloterranean Geo Experience** (www.miloterranean.gr), une série de 7 cartes mettant en évidence des randonnées à thématique géologique à travers Milos. Les cartes détaillent la géologie et les origines volcaniques de l'île, sa tradition minière et son environnement naturel (3 € la carte).

Où se loger

♥ **Konstantinos** — HÔTEL €€

(Carte p. 271 ; ☎22870 22104 ; milos-konstantinos.gr ; ch à partir de 110 € ; Pâques-oct ; P ❄ wifi). Posé au milieu des champs à l'est d'Adamas, cet hôtel convivial et géré en famille loue des chambres spacieuses, élégantes et dotées de balcons ; certaines ont vue sur la mer. L'hôtel est à 20 minutes de marche du centre, mais on pourra venir vous chercher au port. Petit-déjeuner 8 €.

Tassoula Rooms — PENSION €€

(☎22870 22674 ; ch à partir de 86 € ; P ❄ wifi). Gérée par une sympathique famille, cette adresse est idéale pour les petits budgets. Certaines des chambres spacieuses et lumineuses ont des petits balcons donnant sur la jolie cour fleurie, et on ne fait pas plus serviable que les propriétaires.

Aeolis Hotel HÔTEL €€
(☎22870 23985 ; hotel-aeolis.com ; s/d à partir de 130/148 € ; P ❄ 📶). En retrait du front de mer, ce coquet et paisible hôtel propose 12 chambres blanches rehaussées d'une touche de couleur. Il est ouvert toute l'année, avec des prix réduits en basse saison (double 35 €).

Villa Helios Studios APPARTEMENTS €€
(☎22870 22258 ; www.studioshelios.com ; app 90-100 € ; ⏲mai-oct ; ❄ 📶). Perchés au-dessus du port, ces 5 grands studios équipés sont très propres et joliment décorés dans un style traditionnel. Les balcons donnent sur la mer.

Où se restaurer et prendre un verre

Artemis BOULANGERIE €
(En-cas 2-2,50 € ; ⏲6h-23h ; 📶). Nichée dans une ruelle près du principal parking gratuit, cette boulangerie vend d'appétissantes *spanakopita* (tartes aux épinards), des parts de pizza, des sandwichs et toutes sortes gâteaux. On peut s'installer à l'avant sur les petites tables rondes ornées d'œillets en pots pour siroter tranquillement un café.

O! Hamos TAVERNE €€
(Carte p. 271 ; ☎22870 21672 ; ohamos-milos.gr ; plage de Papikinou ; plats 8,20-14 € ; ⏲12h-23h avr-oct ; 📶). Face à la plage de Papikinou, à 1,2 km au sud-est du centre, cette taverne sert des spécialités traditionnelles comme des *pitarakia tis Giagias* ("tartes au fromage de grand-mère"), de l'*agriokatsiko sti hovoli* (chevreau et pommes de terre) ou du *portokaloglyko* (feuilleté orange et chocolat). Accueil chaleureux et bon choix de bières artisanales et vins locaux.

Akri COCKTAILS
(☎22870 22064 ; www.akrimilos.gr ; ⏲19h-tard Pâques-oct ; 📶). Niché au-dessus du port, cet élégant petit bar sert cocktails et cafés sur une fantastique terrasse avec vue sur la mer. L'été, les soirées à thème durent jusqu'au petit matin.

Renseignements

Milos Travel (☎22870 22000 ; milostravel.gr ; ⏲9h-15h30 et 18h30-21h30 lun-ven, 9h-14h et 18h30-21h30 sam-dim). Billets de ferry, excursions et location de voitures.

Riva Travel (☎22870 24024 ; www.rivatravel.gr ; ⏲9h-21h). Location de voitures et billets de ferry.

Office du tourisme (☎22870 22445 ; www.milos.gr ; ⏲9h-17h et 19h-23h juin-sept). Kiosque en face du quai.

Depuis/vers Adamas

À la saison haute, des bus partent vers Triovasalos/Plaka/catacombes/Trypiti (ttes les heures), Pollonia (10/jour), Paléohori (7/jour) et Sarakiniko (4/jour). L'hiver, il n'y a plus que 4 bus quotidiens pour Triovasalos/Trypiti et 2 pour Pollonia.

Plusieurs agences louent des voitures en ville, dont Giourgas Rent a Car (ci-contre) et Milos Rent (ci-contre).

Plaka, Trypiti et Triovasalos
Πλάκα, Τρυπητ et Τριοβάσαλος

2 130 HABITANTS

Ces trois villages au nord de l'île concentrent l'essentiel de la population de Milos. Le site correspond à l'emplacement du village antique, qui s'est développé entre le IXe siècle av. J.-C. et le VIIe siècle, avant d'entamer son déclin.

Le village de **Plaka**, quintessence de l'idéal cycladique, est un lacis de ruelles et de maisons blanches accrochées au bord d'un escarpement. La place de l'église **Panagia Korfiatissa** (bâtie en 1840) découvre un panorama exceptionnel sur l'ouest et est par conséquent envahie de touristes au coucher du soleil en été. Plus bas sur la colline, l'agréable village de **Trypiti** recèle églises et moulins à vent. **Triovasalos** est le moins touristique des trois villages, dont les boutiques et tavernes sont surtout fréquentées par les habitants.

À voir et à faire

Théâtre antique et catacombes RUINES
(⏲24h/24). GRATUIT Accroché à flanc de colline en contrebas de Trypiti, ce théâtre romain bien conservé fut utilisé entre les Ier et IVe siècles. Redécouvert en 1735, seul 1/10e de sa structure a été mise au jour et partiellement restaurée, notamment une portion de la façade en marbre sculpté de la scène jadis installée devant un public pouvant atteindre 8 000 spectateurs.

Le sentier menant au théâtre, bien balisé, démarre juste au-dessus du parking des catacombes. L'ovale aplati bordant la route était le site d'un stade antique. À droite du sentier, un panneau signale l'endroit où fut découverte en 1820 par hasard, par un paysan, la *Vénus de Milo*, magnifique statue – sans bras – de marbre de Paros de 2 m de haut représentant Aphrodite (150-130 av. J.-C.). Mise en vente par le paysan, elle fut rachetée au premier acquéreur – un fonctionnaire grec qui voulait envoyer l'œuvre à Constantinople – par le marquis de Rivière qui l'offrit à Louis XVIII, lequel en fit don au Louvre.

Musée archéologique MUSÉE
(☎22870 21620 ; Plaka ; adulte/enfant 2 €/1 ; ⊙9h-22h dim, 8h30-16h lun, mer, jeu et sam, 2-22h ven). Dans ce bâtiment néoclassique sont conservées des pièces remarquables, notamment une copie en plâtre de la *Vénus de Milo*. Bien plus anciennes que la célèbre statue, l'énigmatique déesse d'argile et le joyeux petit troupeau de minuscules figurines de taureaux proviennent du site de Filakopi et datent de 1400 à 1100 av. J.-C.

Catacombes MONUMENT
(☎22870 21625 ; adulte/enfant 4/2 € ; ⊙9h-19h mar-dim avr-sept, 9h-14h oct-mars). Les seules catacombes chrétiennes de Grèce, creusées à flanc de colline en dessous de Trypiti, datent du Ier siècle et servirent de sépulture à plus de 2 000 des premiers fidèles du Christ. Elles consistent en un réseau de 183 m de tunnels de 1 à 5 m de large et de 1,6 à 2,5 m de hauteur. Un guide vous les fera visiter en 15 minutes et vous montrera les alcôves éclairées dans les deux salles principales.

Kastro FORTERESSE
(Plaka ; ⊙24h/24). GRATUIT Des panneaux indiquent le chemin qui grimpe jusqu'à la forteresse dressée sur la colline au sommet de Plaka, érigée par les Vénitiens sur le site de l'ancienne acropole. Il n'en reste pas grand-chose, mais le sommet offre un saisissant panorama sur l'ensemble de l'île. En chemin, jetez un coup d'œil à l'intérieur de l'église **Panagia Thalassitra** pour admirer son iconostase dorée.

Syrmata ARCHITECTURE
Les maisons du minuscule et photogénique village de Klima sont accrochées à la falaise, face à la mer et en contrebas de Trypiti. On y trouve des *syrmata*, logements traditionnels de pêcheurs dont le rez-de-chaussée, aux portes peintes en couleurs vives, sert de garage à bateaux, tandis que l'étage abrite le logement de la famille. Les maisons sont creusées dans la falaise. Pour un séjour inoubliable, louez une *syrmata* ; quelques-unes sont disponibles sur les sites de location entre particuliers. Un véhicule est indispensable.

Sea Kayak Milos KAYAK
(☎6946477170 ; www.seakayakgreece.com ; Triovasalos ; excursion kayak de mer 75 €/pers ; ⊙9h-17h avr-oct). Le kayak est un excellent moyen d'explorer les côtes de Milos. L'Australien Rod et son équipe organisent des excursions à la journée, sans expérience préalable requise. Les itinéraires sont établis en fonction de la météo.

Où se loger

Studios Betty APPARTEMENTS €€
(☎22870 21538 ; www.studiosbetty-milos.com ; Plaka ; app à partir de 141 € ; ❄📶). Profitez de la vue sur des couchers de soleil qu'offrent ces 4 studios basiques, accrochés à la falaise de Plaka.

Mimallis Houses MAISONS €€€
(☎22870 21094 ; www.mimallis.gr ; Plaka et Klima ; app 186-290 € ; ⊙avr-oct ; ❄📶). Mimallis loue 2 petites maisons à Plaka (2 personnes), et une troisième au bord de la mer à Klima (jusqu'à 5 personnes). Toutes sont confortables et très bien équipées. Celle de Klima a un canoë et du matériel de pêche, mais attention, pas de climatisation. Tarifs avantageux en basse saison.

Moulin de Vaos MAISON €€€
(☎26103 21742 ; Trypiti ; app à partir de 180 € ; 📶). Derrière l'église principale de Trypiti, un sentier grimpe vers ce moulin converti en appartement avec 2 chambres pouvant loger 4 personnes et une cuisine équipée à quelques mètres de l'entrée. La vue depuis la terrasse est tout bonnement extraordinaire.

Où se restaurer

Bakalikon Galanis MEZZE €
(☎22870 28163 ; Triovasalos ; plats 4-12 € ; ⊙11h-1h lun-sam). La salle de ce *mezedhopoleio* (bar de mezze) plein de cachet et très apprécié des habitants a des airs de droguerie à l'ancienne (boîtes de conserve et d'allumettes, bas et collants). Faites votre choix en cochant le menu imprimé – *saganaki* (fromage pané), *soutzouki* (saucisse épicée), *siglino* (porc fumé), *kavourmas* (porc aux épices) – et préparez-vous à une longue soirée : la cuisine ferme à 1h, et le bar bien plus tard.

Barrielo GREC €€

(☎6984218360 ; www.barriello.com ; Trypiti ; plats 12-18 € ; ⏲18h30-12h30 avr-sept, 7h30-1h jeu-sam oct-mars ; 📶). Tous les soirs, les effluves carnés émanant du gril de Barrielo attirent le chaland sur la petite place en contrebas de l'église de Trypiti. Toutes les viandes sont bio et proviennent de l'élevage du propriétaire.

Depuis/vers Plaka, Trypiti et Triovasalos

L'été, un bus par heure parcourt la route Adamas-Triovasalos-Plaka-catacombes-Trypiti. En hiver, les seuls bus partent de Trypiti et Triovasalos pour Adamas (4/jour) et Pollonia (2/jour). Un trajet coûte généralement 1,80 €.

Pollonia Πολλώνια

272 HABITANTS

Sur la côte nord, Pollonia (ou Apollonia) est un paisible village de pêcheurs bordé d'une plage de sable aux eaux limpides. L'endroit se transforme l'été venu en une petite station balnéaire chic où se concentrent les meilleurs restaurants et hébergements de l'île. La bourgade est aussi la porte d'accès à l'île de Kimolos.

Où se loger

Zoe PENSION €€

(☎22870 41235 ; www.zoe-milos.gr ; ch/app à partir de 109/154 € ; ⏲mai-oct ; ❄📶). Cette petite pension loue des chambres et studios avec kitchenettes assez spacieux, tous avec balcon ou terrasse et certains avec vue sur la mer. Petit-déjeuner compris.

Nefeli Sunset Studios HÔTEL €€€

(☎22870 41466 ; www.milos-nefelistudios.gr ; ch/ste à partir de 160/220 € ; ⏲avr-oct ; ❄📶). Ces constructions cubiques chaulées conjuguent déco moderne et touches de tradition sur une propriété du front de mer à l'extrémité nord du village. Toutes les chambres ont un balcon ou une terrasse avec vue sur la mer.

Salt BOUTIQUE-HÔTEL €€€

(☎22870 41110 ; www.salt-milos.com ; d/ste à partir de 200/250 € ; ⏲Pâques-oct ; ❄📶). Au bord d'une plage de galets, cet hôtel haut de gamme offre sophistication, luxe et vue sur la mer. Déco minimaliste, toute en blanc et touches de bois naturel. En basse saison, les tarifs diminuent quasiment de moitié.

Où se restaurer

♥ **Enalion** GREC €€

(☎22870 41415 ; www.enalion-milos.gr ; plats 10-17 € ; ⏲12h-minuit ; 📶👶). Le meilleur de la gastronomie grecque vous attend dans ce merveilleux petit restaurant. Installez-vous sur la terrasse du front de mer et laissez les serveurs expérimentés vous guider à travers un choix d'olives, vins et fromages AOP. Les produits de la mer sont également présents sur la carte, notamment un délicieux *stifado* (ragoût) au poulpe, tomates, oignons, vin et miel local.

Gialos POISSON €€

(☎22870 41208 ; www.gialos-pollonia.gr ; plats 8,50-26 € ; ⏲12h-23h avr-oct ; 📶). Ce restaurant animé propose un menu moderne et créatif pétri de saveurs locales et d'ailleurs, des raviolis à la crevette au tataki de thon. Si les produits de la mer ont la vedette, les plats de viande sont tout aussi bons, notamment le *tagliata* de bœuf mariné à l'huile d'olive et au romarin.

Armenaki GREC €€

(☎22870 41061 ; www.armenaki.gr ; plats 9-18 € ; ⏲12h-23h avr-oct). Les produits de la mer sont préparés ici à la perfection et il n'y a pas grand-chose d'autre au menu. Service irréprochable (on viendra lever les filets de poisson à votre table) et belle carte des vins.

Hanabi FUSION €€€

(☎22870 41180 ; facebook.com/hanabicocktailsandsushi ; plats 16-26 € ; ⏲11h-minuit avr-oct ; 📶). Des sushis aux burgers, on trouve de tout dans ce restaurant japonisant à la déco chic, mais on préfère les plats de cuisine fusion créative tels que les tagliatelles aux petits légumes, oursins et ouzo à l'orange. Terrasse en bord de mer et service affable.

Renseignements

Travel Me to Milos (☎22870 41008 ; www.travelmetomilos.com). Réservation d'activités, d'excursions et d'hébergements, vente de billets de ferry et location de voitures.

Depuis/vers Pollonia

En été, une dizaine de bus par jour relient Pollonia à Adamas, contre 2 seulement en hiver, mais ceux-ci poursuivent alors vers Trypiti et Triovasalos.

Pollonia est le port principal pour les ferrys vers Kimolos.

Ailleurs sur Milos

À voir

L'ancienne cité minoenne de **Filakopi** (carte p. 271 ; 22870 41290 ; adulte/enfant 2/1 € ; 8h-15h mar, ven et sam Pâques-oct), au nord-est de l'île (sur la route de Pollonia mais mal indiquée), fut l'un des premiers villages des Cyclades. Il n'en reste que des ruines, mais le cadre en bord de mer est attrayant.

Plages

Milos et les îlots qui l'entourent sont ourlés de plus de 70 plages sublimes, avec du sable et des galets de différentes couleurs. La plupart nécessitent de louer un véhicule, et celles de la côte ouest, plus escarpées, requièrent de même un 4×4 ou un quad. La plage de Kleftiko, au sud-ouest, n'est accessible qu'en bateau.

Paléohori PLAGE

Le long croissant de Paléohori, l'une des plus belles plages de l'île, est cerné de falaises et bordé de tavernes, bars et centres de sports nautiques. La présence de sources chaudes dans le coin fait chauffer par endroits le sable de la plage. Une bonne route goudronnée y mène, et il y a 7 bus par jour au départ d'Adamas en été.

Sarakiniko PLAGE

Les formations rocheuses aux allures de meringues et les **grottes de Sarakiniko** attirent les photographes en herbe été comme hiver. La plage de sable est minuscule mais bordée d'un chenal profond invitant à la baignade, et il y a de la place pour s'allonger sur les rochers. On la rejoint par une bonne route goudronnée se terminant par un parking, et des bus s'y rendent depuis Adamas en été (4/jour).

Kyriaki PLAGE

Cette longue et belle plage de sable de la côte sud est adossée à des collines aux teintes ocre, rose et gris. Il y a une taverne au bout de la plage et un bon restaurant sur les hauteurs. La route est praticable en voiture standard.

Plathiena PLAGE

Tout au bout d'une vallée au-delà de Plaka dans le nord de l'île, cette plage de galets est d'une beauté exceptionnelle. Ses eaux aigue-marine sont cernées de chaque côté par des formations calcaires, et les seules constructions sont une maison et un bar de plage saisonnier. La route est bonne mais il y a peu de place pour se garer.

Nerodafni et Trachilas PLAGE

Depuis Firopotamos, une route non goudronnée mais large et bien entretenue (praticable en voiture quoique cahoteuse vers la fin) serpente à travers des carrières jusqu'à ces plages de roche et de galets isolées, séparées par un promontoire. Nerodafni est un peu plus facile d'accès, mais Trachilas se distingue par de petits îlots et arches rocheuses qui avancent dans la mer.

Mandrakia PLAGE

Un comité d'accueil composé des chats du village vous attend dans ce petit port de pêche aux jolies maisons et à la petite église chaulée. De chaque côté se trouvent des plages de galets et, plus à l'est, des rochers plats sur lesquels il fait bon lézarder.

Firopotamos PLAGE

Une route goudronnée mène à cette crique cernée de falaises et bordée de *syrmata* (logements de pêcheurs). Une charmante église ornée de bleu se dresse sur le promontoire, et l'on peut voir non loin les vestiges d'une ancienne carrière, avec parking.

KIMOLOS ΚΙΜΩΛΟΣ

910 HABITANTS

Au large de la pointe nord-est de Milos, l'adorable Kimolos donne le sentiment de remonter le temps. Peu de visiteurs viennent explorer sa minuscule vieille ville, ses baies étincelantes et ses pittoresques *syrmata* (maisons de pêcheurs). Une excursion d'une journée est facile à organiser depuis Milos. Il est judicieux d'embarquer une voiture, un scooter ou un vélo sur le ferry pour faciliter les déplacements.

À voir

Le bateau (en provenance de Pollonia, sur la côte nord) accoste à **Psathi**, près d'une plage de galets bordée de cafés et de tavernes. La capitale, **Kimolos (Hora)**, est à 800 m sur la colline. Au milieu de ses ruelles se dresse le *kastro,* vestige d'une forteresse des XIVe au XVIe siècles et sa minuscule **église de la Nativité**. Construite en 1592, c'est la plus ancienne des 16 églises de Kimolos (Hora). On peut visiter à côté le **Musée folklorique et maritime** (22870 51118 ; horaires variables) GRATUIT.

De Psathi, des caïques desservent les plages, dont la plus belle est la remarquable étendue de sable blanc de **Prassa** (également accessible par une route partiellement goudronnée). Depuis Kimolos (Hora), comptez environ 1 heure à pied.

Où se loger

À Kimolos (Hora) et Psathi vous trouverez des *domatia*, tavernes, cafés et bars. Il y a aussi des hébergements sur la côte autour des plages d'Aliki et de Bonatsa, ainsi que des propriétés de charme. Aria Hotels (ariahotels.gr) a 3 hôtels et 5 maisons à louer sur Kimolos, dont l'une dans un moulin.

Meltemi Studio Rooms HÔTEL €
(22870 51360 ; www.kimolos-meltemi.gr ; ch à partir de 55 € ; P). Des petites chambres perchées en lisière de Kimolos (Hora), avec vue sur la mer. Le restaurant de l'hôtel propose une cuisine locale.

The Windmill Kimolos BOUTIQUE-HÔTEL €€€
(22870 51677 ; kimoloshotel.com ; ch à partir de 165 € ; mai-sept ; P). La plus magique des adresses de Kimolos, ce moulin converti en hôtel trône au-dessus de l'île au sommet d'une colline. Les chambres aux murs chaulés sont confortables. Café et bar sur place.

Où se restaurer

Raventi CAFÉ €
(22870 51212 ; en-cas 3,50-7,50 € ; 9h-tard ;). Sur la plage de Psathi, ce café branché a une confortable terrasse et propose gâteaux, tartes sucrées et glaces. Également en haute saison, sandwichs et cocktails jusque tard dans la nuit.

Kali Kardia Bohoris TAVERNE €
(22870 51495 ; plats 5-8 € ; 6h-22h). Installé le long d'une rue qui grimpe du *kastro* vers le centre de Kimolos (Hora), ce restaurant d'allure modeste sert de bonnes spécialités (chevreau, tartes au fromage, moussaka).

To Kyma TAVERNE €€
(22870 51001 ; plats 7-20 € ; 12h-23h avr-oct ;). Baptisée "La Vague", cette taverne qui donne sur la plage de Psathi sert des produits de la mer et des spécialités comme la *ladenia* (pizza tomates et oignons).

Renseignements

Kimolos Travel (22870 51219 ; Hora ; 9h-13h et 16h-20h). Billets de ferry.

Depuis/vers Kimolos

Un petit **car-ferry** (6948308758 ; kimolos-link.gr ; adulte/enfant/voiture/scooter 2,20/1,10/1,80/8,80 €) relie Pollonia (Milos), à Psathi (Kimolos), jusqu'à 8 fois par jour en été et 3 fois par jour en basse saison (30 min).

En haute saison, des ferrys longue distance partent vers Le Pirée (36 €, 7 heures, 5/sem), Sérifos (9 €, 2 heures, 1/jour), Sifnos (6,50 €, 1 heure, 1/jour), Paros (11 €, 4 heures 15-6 heures 15, 3/sem) et Folégandros (6 €, 1 heure 30, 3/sem).

Comment circuler

À la saison haute, des bus font la navette entre Psathi et Kimolos (Hora) ; certaines plages sont également desservies. Des agences à Kimolos louent voitures, scooters et quads. Autrement, un **taxi** (6945464093) au départ de Psathi coûte 5 € pour Kimolos (Hora) et 10 € pour Prassa.

SIFNOS ΣΙΦΝΟΣ

2 625 HABITANTS

Trois villages blancs, dont le chef-lieu Apollonia, posés telles des perles sur la Crête de l'île, une lumière changeante, des eaux turquoise... Sifnos apparaît tout de suite comme une destination exquise en dépit de son aspect aride. Entre les flancs des

Sifnos 0 — 4 km

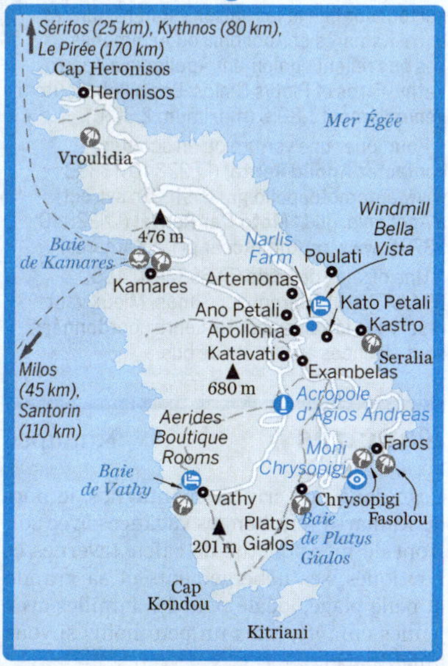

montagnes du centre s'étend un paysage fertile d'oliveraies et d'amanderaies en terrasses, de coulées de lauriers-roses et de coteaux tapissés de plantes aromatiques. Léchée de flots azur, chaque baie de l'île découvre un panorama réjouissant.

Ses mines d'or et d'argent apportèrent la prospérité à l'île à l'époque archaïque (à partir du VIIIe siècle av. J.-C. environ), mais leur production diminua progressivement jusqu'au Ve siècle av. J.-C., où elle se tarit véritablement. Sifnos est désormais réputée pour sa poterie, sa vannerie et sa cuisine. La plupart des visiteurs se regroupent dans la partie sud de l'île, bien desservie par les bus, mais cela vaut la peine de louer une voiture pour découvrir les plages isolées du nord et le point culminant de la route principale couronné d'une église.

Depuis/vers Sifnos

Sifnos est sur le chemin des ferrys au départ du Pirée pour l'ouest des Cyclades, et en été il y a de nombreuses liaisons vers Le Pirée (36-52 €, 2 heures 30-5 heures 30, 6/jour), Sérifos (6,50-15 €, 50 min, 4/jour), Paros (5-60 €, 50 min-3 heures, 1 ou 2/jour), Folégandros (9-50 €, 1 heure 45, 3/jour) et Milos (7-16 €, 1 heure, 7/jour). Liaisons moins nombreuses l'hiver ; plus de détails sur www.ferries.gr.

Comment circuler

Les horaires des bus sont affichés un peu partout sur l'île et les liaisons sont régulières entre Kamarès et Apollonia ou Artemonas. Les bus relient également Apollonia à Kastro, Vathy, Faros et Platys Gialos. Les billets coûtent généralement 1,80 € (maximum 2,30 €).

Pour louer une voiture ou un scooter, contactez **Apollo Rental** (☎22840 33333 ; www.automotoapollo.gr ; 9h-21h avr-oct), à Apollonia, ou **1° Moto Car Rental** (☎22840 33791 ; www.protomotocar.gr), à Kamarès.

Une dizaine de **taxis** (☎6932403485, 6944761210) opèrent sur Sifnos. Mieux vaut réserver à la saison haute. Leurs coordonnées sont affichées aux arrêts de bus.

Kamarès — Καμάρες

245 HABITANTS

Logé dans un écrin de montagnes, le port de Kamarès sent bon les vacances avec son front de mer ponctué de cafés, tavernes et boutiques, ses hébergements et sa grande et belle plage, idéale pour les familles avec jeunes enfants, mais un peu moins si vous aimez nager.

Où se loger

Morpheas Pension — PENSION €

(☎22840 33615 ; www.morpheas.gr ; ch/app à partir de 50/80 € ; P ❄ wifi). Morphée, dieu du Sommeil, et la sympathique famille qui gère cette pension, font tout pour s'assurer que vous ferez de beaux rêves. L'édifice, typique des Cyclades si ce n'est que le bleu traditionnel cède la place au vert pistache, est en retrait de la plage, et renferme des chambres basiques et bien tenues, dotées de salles de bains, de réfrigérateurs et de bouilloires. Les 2 appartements d'une chambre ont des cuisines équipées.

Makis Camping — CAMPING €

(☎6945946339 ; www.makiscamping.gr ; empl adulte/enfant/tente 8/4/4 €, d 70 €, ch à partir de 70 € ; mai-nov ; P ❄ wifi). Plantez votre tente derrière la plage sur un terrain agréable et arboré, ou louez tente et matelas pour 30 €. Quelques chambres et appartements (jusqu'à 5 personnes) bien équipés. Café, barbecue et cuisine communs, supérette et laverie.

Aglaia Studios — PENSION €€

(☎22840 31513 ; aglaiastudios.gr ; Agia Marina ; ch/app à partir de 77/154 € ; ❄ wifi). Le soir, posez-vous sur le balcon de votre studio et contemplez les lumières de Kamarès scintiller de l'autre côté de la baie. La journée, le plongeoir n'est qu'à quelques foulées de votre chambre : vous n'avez plus qu'à vous lancer tête la première dans la mer Égée.

Hotel Stavros — HÔTEL €€

(☎22840 33383 ; www.sifnostravel.com ; ch à partir de 80 € ; ❄ wifi). Dans la rue principale, cet hôtel, aux balcons couverts de vigne, propose des studios spacieux, avec kitchenettes et vue sur la mer. Le bonus : des chambres modulables convenant aux familles. Le comptoir du rez-de-chaussée peut aider pour les locations de voiture.

Où se restaurer

Absinthe — FUSION €€

(☎22840 31202 ; www.absinthe-sifnos.gr ; plats 15-23 € ; mai-oct). Doté d'une terrasse dominant la rue principale, Absinthe s'inspire de la Smyrne historique en incorporant dans ses plats des influences grecques, anatoliennes, ottomanes et asiatiques. Les boulettes de viande smyrniennes côtoient le *hünkâr beğendi* (ragoût de veau et purée d'aubergines) et un exceptionnel curry de chevreau à la noix de coco avec du riz.

Folie INTERNATIONAL €€
(☎22840 31183 ; foliesifnos.gr ; Agia Marina ; plats 4-16 € ; ⏲10h-tard ; 📶). Avec sa terrasse au bord de la plage, ce bar-restaurant ouvert en continu permet de passer sans effort du café matinal à un déjeuner de salades avant de lézarder un gin-tonic à la main sur une chaise longue puis de passer au dîner. La carte offre un vaste choix : omelettes, pancakes, pâtes, risottos, burgers, tortillas, poulpe et *fava*.

Achats

De tous le magasins de céramique de Sifnos, **Peristeriona** (☎22840 32121 ; handmadepotteryart.com ; ⏲10h-14h et 17h-21h30 lun-sam, 17h-21h30 dim) est le plus élégant. Glacis étincelant et rayures arc-en-ciel ornent les gobelets, assiettes et cocottes, tandis que les plats de grande dimension arborent des motifs inspirés de textiles traditionnels.

Renseignements

Aegean Thesaurus (☎22840 33151 ; www.thesaurus.gr ; ⏲8h45-20h30 lun-sam, 8h45-12h30 et 15h-17h dim). Billets de ferry, circuits organisés et location de voitures. Pack de bienvenue à Sifnos pour 3 € (infos sur les randonnées, horaires des bus, carte, etc.).

Office municipal du tourisme (☎22840 31977 ; www.sifnos.gr). Installé sur la petite place près du débarcadère des ferrys, cet office du tourisme n'ouvre qu'à la saison haute, et les horaires dépendent des arrivées de ferrys. Pratique pour acheter des billets de ferry, réserver un hébergement et consulter les horaires de bus.

Depuis/vers Kamarès

Kamarès est le principal port de ferrys de Sifnos.

À partir de Pâques, il y a 5 bus par jour pour Apollonia (1,80 €, 20 min), puis toutes les 30 minutes à la saison haute, avec un bus direct poursuivant vers Kastro, et un autre vers Platys Gialos (2,30 €). Autrement, faites une correspondance à Apollonia.

1° Moto Car Rental (ci-contre), près de la plage et disposant aussi d'un comptoir de réservation au port, loue voitures, scooters et quads. La station-service la plus proche est située à Apollonia.

Apollonia Απολλωνία

869 HABITANTS

Le labyrinthe ponctué d'églises d'Apollonia s'anime en été d'un défilé d'Athéniens sur leur trente-et-un qui déambulent sur Odos Prokou, surnommée Steno ("étroit"). Les bars, clubs, boutiques et cafés bouillonnent d'activité.

La route principale traverse le centre-ville, mais mieux vaut se garer au grand parking gratuit en bas de la colline et monter découvrir à pied le dédale des rues. Les services utiles sont regroupés autour du carrefour principal (banques, poste, pharmacie, librairie, taxis, etc.).

Depuis Apollonia, les maisons s'étalent au nord jusqu'au village d'**Ano Petali**, puis jusqu'à **Artemonas**, avec ses élégantes demeures, ses églises, ses cafés et ses tavernes. En marchant 20 minutes sur l'allée piétonne partant derrière le restaurant Mamma Mia, on découvre une vue inoubliable sur les maisons blanches et les églises à coupoles bleues.

Où se loger

Pension Nikoletta Geronti PENSION €
(☎22840 31473 ; www.gerontisifnos.gr ; Ano Petali ; s/d à partir de 50/55 € ; ❄📶). En face du Petali Village Hotel, sur le chemin entre Apollonia et Artemonas, cette merveilleuse pension est la promesse de chambres impeccables, de beaux points de vue, d'hôtes chaleureux et de tarifs modérés.

Eleonas Apartments & Studios APPARTEMENTS €€
(☎22840 33383 ; www.sifnostravel.com ; app à partir de 85 € ; ❄📶). Dans une propriété paradisiaque au cœur d'une oliveraie, Eleonas loue des appartements de 2 chambres pouvant loger 6 personnes, avec cuisine, salon et terrasse. Plus petits, les studios restent très spacieux. L'atmosphère est paisible et rurale et le Steno n'est qu'à quelques minutes à pied.

Petali Village Hotel HÔTEL €€
(☎22840 33024 ; www.petalihotel.gr ; Ano Petali ; d/ste à partir de 145/238 € ; ❄📶🏊). Surplombant une rue piétonne entre Apollonia et Artemonas, cet ensemble de chambres et appartements, organisés en terrasses, profite d'une belle vue sur Apollonia et la mer. La piscine est bien tentante. Réductions correctes en basse saison. On vient gratuitement vous chercher au port.

Où se restaurer

Cayenne GREC €€
(☎22840 31080 ; facebook.com/CayenneRestaurantSifnos ; plats 12-25 € ; ⏲13h-tard ; 📶🖉). À l'ombre d'un figuier et envahi d'herbes folles en retrait de Steno, ce restaurant grec

moderne fait la part belle aux produits des Cyclades dans des plats tels que le risotto citron-câpres, les feuilletés à la viande et l'anguille fumée aux fèves de Santorin.

Drimoni MÉDITERRANÉEN €€
(☎22840 31434 ; www.drimoni.gr ; plats 8,50-14 € ; ⊙18h-tard mai-sept ; 📶). Laissez errer votre regard sur la campagne ou lézardez au bord de la piscine (eh oui, il y a une piscine !) dans ce restaurant contemporain à la déco lumineuse. Le chef, Giorgos Patriarchis, fait honneur aux traditions culinaires de Sifnos avec des plats comme le *mastelo* (chevreau braisé au vin avec romarin et aneth), des salades inventives, des risottos et des pâtes.

Renseignements

Le pack d'information à 3 € de Thesaurus Travel (place principale) est un investissement judicieux. Il comprend une carte topographique de Sifnos, un aperçu des sentiers de randonnée et les horaires à jour des bus et des ferrys.
Xidis Travel (☎22840 32373 ; www.xidis.com.gr ; ⊙9h-21h). Billets de ferry.

Depuis/vers Apollonia

À partir de Pâques, des bus relient Apollonia à Kamarès (5/jour, 20 min), Faros (3/jour, 20 min), Kastro (3/jour, 20 min), Platys Gialos (4/jour, 30 min) et Vathi (3/jour, 50 min). Liaisons plus nombreuses en haute saison ; tous les trajets coûtent 1,80 €.

Apollo Rental (p. 278) loue des voitures.

Kastro Κάστρο

118 HABITANTS

Posé sur un piton rocheux dont les pentes vertigineuses plongent vers les eaux cristallines et les vallées en terrasses tout autour, Kastro est le plus envoûtant village de Sifnos. Capitale de l'île jusqu'en 1836, c'est aujourd'hui un lieu endormi, hormis son unique et excellente taverne et quelques cafés saisonniers.

Le site a été habité depuis 1000 av. J.-C., comme en témoignent les vestiges d'une **acropole** qui dominent le village, où s'élevait jadis un temple d'Athéna ou d'Aphrodite. De l'époque romaine subsistent plusieurs imposants **sarcophages**, impossibles à manquer lors d'une balade dans les ruelles escarpées du village.

En contrebas se trouvent le petit port et la plage de galets de **Seralia**.

À voir

Église des Sept Martyrs ÉGLISE
(Epta Martiros) Depuis le côté mer du village, un sentier abrupt descend à flanc de falaise jusqu'à cette minuscule église à coupole bleue, posée sur un petit promontoire et cernée d'eaux d'un vert saisissant. Elle est le plus souvent fermée, mais c'est surtout le cadre d'une beauté exceptionnelle qui vaut le détour, surtout au printemps, lorsqu'au bord du chemin fleurissent des fleurs mauves et jaunes. Au pied du promontoire, on se baigne nu en sautant des rochers.

Musée archéologique MUSÉE
(☎22840 31022 ; 2 € ; ⊙8h-15h mar-dim). Au cœur de Kastro, ce petit musée abrite des vestiges archéologiques de la cité antique. Il est parfois fermé sans explications.

Où se loger et se restaurer

Antonis Rooms PENSION €
(☎22840 33708 ; www.sifnosholidays.gr ; ch à partir de 40 € ; ❄📶). Le long de la route qui mène à Kastro, des chambres basiques d'un excellent rapport qualité/prix. Cuisine partagée et terrasse avec un panorama splendide sur la vallée. Ouvert toute l'année.

Aris & Maria Traditional Houses APPARTEMENTS €
(☎22840 31161 ; www.arismaria-traditional.com ; app à partir de 46 € ; ❄📶). Pour un séjour authentique, louez l'une de ces 6 maisons traditionnelles de Sifnos. Certaines ont vue sur la mer.

Leonidas TAVERNE €€
(☎22840 31153 ; facebook.com/leonidastavern ; plats 9-15 € ; ⊙12h-22h Pâques-sept ; 📶). À l'entrée nord du village, cette taverne populaire sert de savoureuses spécialités locales, dont des entrées typiques de Sifnos comme les croquettes aux pois chiches et les chaussons au fromage, miel et graines de sésame.

Depuis/vers Kastro

À partir de Pâques, des bus relient Apollonia à Kastro (1,80 €, 3/jour, 20 min). Liaisons bien plus fréquentes en été.

Ailleurs sur Sifnos

Sur la côte sud-est, le hameau de pêcheurs de **Faros** se distingue par ses tavernes de poisson et plusieurs belles plages à proximité, dont **Fasolou**, que l'on rejoint de l'arrêt de bus par un escalier permettant de passer de l'autre côté du promontoire.

À 10 km au sud d'Apollonia, **Platys Gialos** est une immense plage bordée de tavernes, d'hôtels et de boutiques. Sur la côte sud-ouest, **Vathy**, village à l'atmosphère détendue, est niché au creux d'une baie arrondie de toute beauté.

À voir

Moni Chrysopigi MONASTÈRE
(Carte p. 277 ; Chrysopigi). Perché sur un îlot relié à la côte par une pont-passerelle, cet élégant monastère blanchi est considéré comme le protecteur de Sifnos. Construit en 1650, il est dédié au Zoodochos Pigi ("Le Printemps vivifiant"), représentation de la Vierge selon la tradition orthodoxe. Dans l'obscurité de l'église se cachent une iconostase en bois sculpté et un candélabre en métal en forme de bateau.

Les magnifiques eaux azur de la plage de Chrysopigi sont bordées de deux excellentes tavernes.

Acropole d'Agios Andreas RUINES
(Carte p. 277 ; 22840 31488 ; adulte/enfant 2/1 € ; 8h30-15h mar-dim). Perchée sur une colline au centre de l'île, à 2 km au sud d'Apollonia, cette acropole entièrement mise au jour remonte à la période mycénienne (XIIIe siècle av. J.-C.). De la muraille bien conservée, le panorama dévoile les vallées intérieures et l'île de Paros. Contiguë, l'**église Agios Andreas** date du début du XVIIIe siècle.

Où se loger

Aerides Boutique Rooms PENSION €€
(Carte p. 277 ; 22840 36093 ; aerides-sifnos.com ; Vathy ; s/d à partir de 59/67 €). Dans cet ancien *syrma* (hangar à bateaux) ont été aménagées 4 chambres spacieuses, dont les fenêtres donnent sur la mer.

Windmill Bella Vista BOUTIQUE-HÔTEL €€
(Carte p. 277 ; 22840 33518 ; www.windmillbellavista.gr ; app à partir de 128 €). Le moulin cycladique reconverti abrite le plus beau des appartements et studios de cet hôtel, avec de hauts plafonds et des poutres apparentes et répartis autour d'une piscine à débordement. Sur la route entre Artémonas et Poulati.

Hotel Efrosini HÔTEL €€
(22840 71353 ; hotel-efrosini.gr ; Platys Gialos ; ch 80-90 € ; mai-sept). Cet hôtel familial bien tenu est l'un des meilleurs de Platys Gialos. Les petits balcons donnent sur une cour verdoyante, à deux pas de la mer.

Verina APPARTEMENTS €€€
(6976867641 ; verinahotelsifnos.com ; Platys Gialos ; d/app à partir de 190/220 € ; Pâques-sept). À Platys Gialos, Vathy et au-dessus de Poulati (au nord de Kastro), les suites minimalistes et les villas de Verina sont empreintes d'une élégance comme allant de soi. L'hôtel a beau se situer derrière la plage de Platys Gialos, il est difficile de s'éloigner de la piscine idyllique et du café-bar !

Où se restaurer

Omega 3 POISSON €€
(22840 72014 ; facebook.com/omega3greece ; Platys Gialos ; plats 12-15 € ; 12h-23h Pâques-sept). Comme le laisse penser le nom de ce petit "bar à vins et poissons" décontracté, le poisson est à l'honneur dans des recettes du monde entier (sashimis, ceviches) et des spécialités locales comme le poulpe mariné où les pâtes *orzo* à l'écrevisse. Soupe de la mer et tartare de poisson sont savoureux.

To Limanaki POISSON €€
(22840 71425 ; Faros ; plats 14-22 € ; 12h-22h). Une excursion jusqu'au village de Faros vaut le détour rien que pour se s'attabler dans cette taverne en bord de mer, où Giorgios, pêcheur, prépare son poisson. Goûtez la pêche du jour grillée ou les pâtes *orzo* au homard.

SÉRIFOS ΣΕΡΙΦΟΣ

1 420 HABITANTS

D'une beauté rude et avec ses montagnes escarpées, les terres de Sérifos plongent dans des baies bleu outremer. En dehors de son chef-lieu perché sur la colline et du port aride de Livadi, l'île reçoit peu de visiteurs et la nature semble avoir repris ses droits. Quelques vestiges d'extraction du fer (rails rouillés, grues) attirent la curiosité, outre le vol des papillons et les bourrasques (parfois violentes). Louez un véhicule pour en profiter au maximum. Sérifos est l'une des rares îles où les habitants boivent l'eau du robinet.

Dans la mythologie grecque, Sérifos est l'île où grandit Persée, qui y rapporta la tête de Méduse pour protéger sa mère des

Sérifos

avances insistantes de Polydectès, et où les Cyclopes auraient vécu.

L'île est sillonnée d'un réseau de 10 sentiers balisés de longueurs et de difficultés variées. Pour plus de détails, consultez la page "randonnée" sur www.serifos-greece.com.

Depuis/vers Sérifos

Sérifos est sur la ligne de ferry Le Pirée-Cyclades occidentales. En été, un certain nombre de liaisons sont assurées. En haute saison, il y a des liaisons avec Le Pirée (31-48 €, 2 heures-4 heures 30, 5/jour), Kythnos (8 €, 1 heure 15, 1/jour), Sifnos (6,50-15 €, 50 min, 4/jour), Milos (8-18 €, 1 heure-2 heures, 5/jour) et Syros (8,50 €, 2 heures 15, 1/jour). Plus d'informations sur www.ferries.gr.

Comment circuler

Des bus relient Livadi et Sérifos (Hora) (1,80 €, toutes les heures, 15 min) ; les horaires sont affichés à l'arrêt de bus, à côté du quai des voiliers. En haute saison, jusqu'à 6 bus par jour parcourent une boucle passant par Panagia, Galani, Kendarhos et la plage d'Agios Ioannis, et 2 bus se rendent quotidiennement à Megalo Livadi et Koutalas.

Louez une voiture, un scooter ou un quad auprès de **Blue Bird** (☎ 22810 51511 ; www.rentacar-bluebird.gr), **Poseidon Rent a Car** (☎ 22810 52030, 6974789706 ; www.serifosisland.gr/poseidon) ou **Serifos Travel** (☎ 22810 51463 ; serifostours.gr), à Livadi. Au départ de Livadi, un **taxi** (☎ 6932431114, 6944473044) pour Sérifos (Hora) coûte 8 € ; 8 € Psili Ammos, 20 € pour Platys Gialos, 23 € pour Sykamia et 23 € pour Megalo Livadi.

Livadi Λιβάδι

605 HABITANTS

Port principal et plus grand village de Sérifos, Livadi possède une vaste marina appréciée des plaisanciers et un front de mer étonnamment animé grâce à quelques tavernes et bars. Si l'on ajoute la proximité des superbes plages, Livadi constitue un excellent point de chute pour explorer l'île.

À voir et à faire

Plage de Livadakia
PLAGE

Au sud du quai des ferrys s'étend cette magnifique plage bordée de tamaris, avec une taverne rustique posée au bord du sable.

Plage de Karavi
PLAGE

Juste après Livadakia, cette plage est bordée de vignes et d'une myriade d'appartements de vacances.

Serifos Scuba Divers
PLONGÉE

(☎ 6932570552 ; www.serifosscubadivers.gr ; plongée 1 bouteille/snorkeling 50/30 €). Basée à Livadi, cette agence de plongée réputée organise des sorties vers une douzaine de sites autour de l'île, dont des épaves et des mines englouties. Des sorties snorkeling d'une journée sont possibles en juillet-août. Location de bateaux et sessions de flyboard chargées en adrénaline.

Où se loger

Alexandros-Vassilia
PENSION €

(☎ 22810 51119 ; alexandros-vassilia.gr ; plage de Livadakia ; ch/ste à partir de 55/160 € ; ⏲ avr-oct ; ❄ 📶). Avant tout réputée pour sa taverne du front de mer entourée d'un jardin fleuri, cette agréable propriété de Livadakia loue également une vaste gamme de chambres et d'appartements, allant de chambres d'un bon rapport qualité/prix (sans vue sur la mer) à des suites familiales avec vue.

Marousa's
APPARTEMENTS €€

(Carte ci-dessus ; ☎ 22810 51807 ; www.serifosapartments.gr ; Ramos ; app à partir de 65 € ; ⏲ Pâques-oct ; P ❄ 📶). À 200 m de la plage de Karavi, cette attrayante propriété loue

11 appartements basiques mais bien équipés, dotés de 1 ou 2 chambres. Le couple qui gère les lieux prépare un excellent petit-déjeuner comprenant des confitures maison, des olives et des câpres provenant de leur jardin. Il faut grimper une pente abrupte de 1 km au sud-ouest du village, au-dessus de la plage de Karavi. Mieux vaut avoir un véhicule. Ne comptez pas sur le Wi-Fi.

Studios Niovi APPARTEMENTS €€
(Carte p. 282 ; ☎ 22810 51900 ; www.studiosniovi.gr ; app 90-140 € ; P ❄ 📶). À l'est de la baie de Livadi, à 15 minutes de marche du centre, ces appartements immaculés ouvrent sur les flots, l'animation de Livadi, le village perché de Sérifos (Hora) et les montagnes au-delà. Le propriétaire prépare un excellent petit-déjeuner. Tarifs intéressants en basse saison.

Où se restaurer

To Bakakaki TAVERNE €
(☎ 22810 51010 ; plats 8,30-10 € ; ⏲ 13h-tard ; 📶). Cette *kreatotaverna* (taverne de viande) du front de mer, qui tire son nom d'une petite grenouille endémique de l'île, est réputée pour ses grillades et ses viandes braisées, mais elle sert également des en-cas comme du *tirokafteri* (fromage au poivron rouge à tartiner) et de la *sfakiopita* (feuilleté au fromage et au miel).

♥ **Kali's** POISSON €€
(☎ 22810 52301 ; www.kaliseafood.gr ; plats 7-18 € ; ⏲ 12h-23h mars-oct ; 📶 🖉). Installez-vous dans ce restaurant au bord de l'eau et tartinez votre pain de rillettes aux fruits de mer avant de déguster un *saganaki* de moules (avec de la feta) ou des pâtes *orzo* à la langoustine. Les serveurs présentent avec humour la pêche du jour, des poissons grillés entiers.

Metalleio MÉDITERRANÉEN €€
(☎ 22810 51755 ; facebook.com/Metalleio ; plats 10-16 € ; ⏲ 19h30-tard Pâques-oct ; 📶). Sur la route derrière le front de mer, découvrez un menu limité mais riche en saveurs locales, comme le risotto au fromage de chèvre, la *tagliata* de veau et les glaces accompagnées de friandises maison.

Où prendre un verre et faire la fête

Ouvert en 1938 au bord de la plage de Livadi, l'original café-bar **Yacht Club Serifos** (☎ 22810 51888 ; facebook.com/YachtClubSerfios ; ⏲ 7h30-tard ; 📶) est toujours animé grâce à de la bonne musique, des repas légers, du café et des cocktails à l'ombre de grands tamaris. Il ferme très tard (5h en été).

Renseignements

Kondilis (☎ 22810 52340 ; www.kondilis.gr ; ⏲ 9h-21h). Billets de ferry.
Serifos Travel (ci-contre). Billets de ferry, réservation d'excursions et location de voitures et de motos.

Comment s'y rendre et circuler

Des bus partent de l'arrêt du quai des yachts vers Sérifos (Hora), et il y a des départs moins fréquents vers les autres villages de l'île.

Location de voitures chez Poseidon Rent A Car (ci-contre) et Blue Bird (ci-contre).

Sérifos (Hora)

Σέριφος (Χώρα)

364 HABITANTS

Perché au sommet d'un piton rocheux dominant Livadi, le petit village de Sérifos (Hora) est l'un des plus hauts et saisissants de tous les chefs-lieux des Cyclades. Le terminus des bus et le parking principal sont dans le haut de la ville, non loin de moulins à vent. De là, un escalier grimpe vers le dédale de ruelles et la place principale où se dressent l'**hôtel de ville** néoclassique et une église à coupole bleue.

Depuis la place, ruelles et escaliers mènent à l'acropole et aux ruines éparses du **kastro** (XVe siècle), d'où la vue est imprenable. Un peu en contrebas, l'église à voûte en berceau d'**Agios Ioannis Theologos** est creusée dans la roche sur le site d'un ancien temple d'Athéna.

À voir

Musée archéologique MUSÉE
(☎ 22810 52611 ; adulte/enfant 2/1 € ; ⏲ 9h-16h mer-lun). Ce modeste musée expose des fragments de sculptures mises au jour dans le *kastro*, essentiellement helléniques et romaines. Des panneaux en grec et en anglais racontent la légende de Persée, héros qui s'échoua enfant sur la côte de Sérifos. Le bâtiment est mal indiqué ; vous le trouverez près de l'arrêt de bus du haut de la ville.

À NE PAS MANQUER

PLAGES DE SÉRIFOS

Cet itinéraire des plages débute à Livadi et suit la côte dans le sens contraire des aiguilles d'une montre. La plus belle plage de l'île, **Agios Sostis**, est à 40 minutes de marche au nord-est de Livadi. Elle consiste en une pointe de sable prolongée d'un promontoire où se dresse une église à voûte bleue et des pitons rocheux aux tons or. De chaque côté s'étendent des plages de gravillons dorés léchées d'eaux cristallines, formant un cadre parfait autour des îles au loin. Le mieux est de s'y rendre à pied, car la route d'accès est cahoteuse et les places de parking limitées.

À côté s'étend en contrebas de la route principale la jolie petite plage de **Psili Ammos**, idéale pour la baignade et bordée de quelques tavernes. En poursuivant au nord, au pied d'une route en pente raide, se déroule la plage de gros sable de **Platys Gialos** qui possède une taverne saisonnière. À la sortie d'un virage, repérez le **monastère des Taxiarches** (en référence aux archanges Michel et Gabriel), construit en 1572 et fortifié pour le protéger des attaques de pirates et d'autres assaillants. Il est parfois ouvert et on peut y jeter un œil.

Sykamia est l'une des plus belles plages de l'île, au bout d'une route goudronnée spectaculaire à travers les collines en terrasses. Une bonne taverne borde le sable gris-brun parsemé de galets.

Sur la côte ouest, la petite plage de **Megalo Livadi** est intéressante pour ses constructions néoclassiques en ruine (vestiges de l'époque minière) et ses tavernes, mais le sable est un peu boueux et rocailleux par endroits. Non loin se trouve la grotte présumée des Cyclopes.

Généralement larges et sablonneuses, les plus belles plages de la côte sud sont désertes en dehors de la haute saison. Ce paysage sauvage est ponctué d'installations minières abandonnées. Trois d'entre elles se partagent une vaste baie abritée : la plage de galets de **Koutalas**, petit village de pêcheurs ; celle de **Ganema**, bordée de tamaris et d'eaux vert émeraude virant au bleu foncé à mesure que l'on s'éloigne du bord ; et celle de **Vagia**, la plus belle, croissant de sable doré et de galets léché d'eaux iridescentes.

Où se loger et se restaurer

Anemoessa Studios APPARTEMENTS €€
(☎22810 51132 ; www.serifos-anemoessa.gr ; app 100 € ; ❄📶). Six jolis studios contemporains pour 4 personnes, dans le pur style cycladique.

Stou Stratou CAFÉ €
(☎22810 52566 ; www.stoustratou.com ; Plateia Ag Athanasiou ; plats 3-10 € ; ⏲9h-tard Pâques-oct). Sur la ravissante place baignée de lumière, Stou Stratou propose un menu débordant d'art et de poésie (littéralement), de bons petits-déjeuners et des en-cas légers comme la tarte crétoise au fenouil ou l'assiette mixte fromage-charcuterie. Cocktails et cafés également.

Aloni TAVERNE €€
(Carte p. 282 ; ☎22810 52603 ; facebook.com/alwni1 ; plats 7-15 € ; ⏲19h-tard juin-oct, sam-dim nov-mai). Sur la route entre Livadi et Sérifos (Hora), à droite en venant de Livadi, Aloni offre un panorama superbe dans une atmosphère haut de gamme. Les habitants considèrent l'endroit comme l'une des meilleures tavernes de Sérifos, et les produits locaux (viandes et tartes salées) sont des incontournables de la carte.

Depuis/vers Sérifos (Hora)

Depuis Livadi, vous pourrez monter à Sérifos (Hora) en bus et redescendre à pied. Des bus (1,80 €) partent toutes les heures de Livadi vers Sérifos (Hora) à la saison haute ; il y en a moins hors saison. Un agréable chemin pédestre de 2,5 km (route 1A) relie Sérifos (Hora) à Livadi.

KYTHNOS ΚΥΘΝΟΣ

1 460 HABITANTS

La paisible Kythnos (ou Kithnos, ou encore Thermia) est une succession de collines ponctuées de refuges en pierre et sillonnées de murs anciens, de vallées verdoyantes et de superbes plages. Au port de Merihas, dans le beau village de Kythnos (Hora) et à Dryopida, la vie s'écoule tranquillement et les touristes sont rares, même si la marina de Loutra apporte son lot de visiteurs en été et si la facilité d'accès depuis Athènes se traduit par une affluence de familles grecques sur les plages les week-ends en été.

Depuis/vers Kythnos

En haute saison, des ferrys relient Kythnos à plusieurs destinations dont Le Pirée (25 €, 3 heures, 4/jour), Lavrio (16 €, 2 heures, 2/jour), Kéa (6,90 €, 1 heure 15, 1/jour), Syros (9 €, 2 heures 15, 3/jour) et Sérifos (8 €, 1 heure 15, 1/jour). Les liaisons inter-îles sont moins nombreuses en hiver ; plus de détails sur www.ferries.gr.

Comment circuler

En haute saison, 5 bus quotidiens parcourent dans les deux sens les axes Merihas-Kythnos (Hora)-Loutra et Merihas-Dryopida-Kanala ; un trajet coûte de 1,40 à 2 €. Hors saison, le mieux est de louer une voiture ou un scooter. **Nikitos** (☎ 22810 31419 ; kythnosrentalcar.gr) et Larentzakis Antonis (p. 286), entre autres, louent des véhicules.

Kythnos

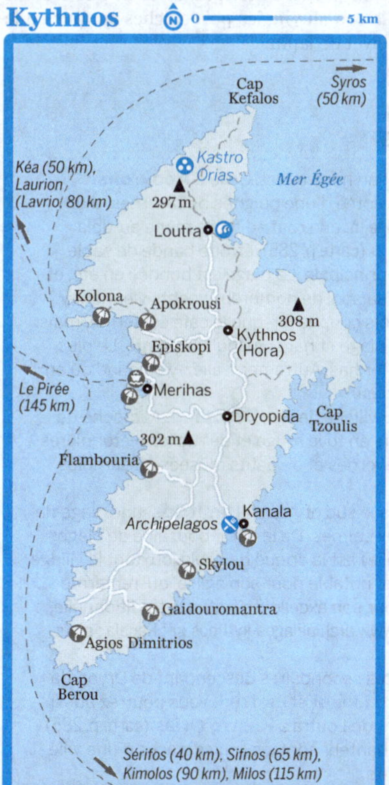

Depuis Merihas, un **taxi** (☎ 6944271609) coûte environ 10 € pour Kythnos (Hora) et 8 € pour Dryopida. En été, un taxi-bateau depuis/vers les plages coûte 10 €.

Merihas Μέριχας

369 HABITANTS

Ce minuscule village réunit la majorité de l'activité de l'île en basse saison. Des cafés et des restaurants bordent le petit port et des chambres à louer sont nichées dans les collines. La plage du village est médiocre mais d'autres, bien plus plaisantes, sont accessibles à pied au nord du débarcadère, à **Martinakia** et **Episkopi**.

À faire

Plage d'Episkopi PLAGE

(Carte ci-contre). Cette grande plage de gros sable gris est à 30 minutes de marche du port vers le nord. On y trouve un bar de plage populaire à un bout et une minuscule église à l'autre.

Plage de Martinakia PLAGE

Même si l'on peut se baigner au centre-ville, mieux vaut rejoindre cette jolie petite crique à 10 minutes de marche vers le nord.

Où se loger et se restaurer

Kontseta APPARTEMENTS €€

(☎ 22810 33024 ; www.kontseta.gr ; ch 100-120 € ; ⏲ avr-oct ; ❄ 📶). De loin la meilleure option du village, ces studios modernes sont un cran au-dessus de la moyenne, avec une décoration pimpante et de beaux points de vue. Ils sont haut perchés au-dessus du port (l'escalier est indiqué à côté de l'Alphabank).

Molos GRILLADES €

(☎ 22810 32455 ; plats 2,50-12 € ; ⏲ 14h-23h). Savoureux souvlakis, kebabs et burgers bourrés de fromage, halloumi grillé et salades, servis rapidement dans une modeste échoppe à l'arrivée des ferrys.

Ostria POISSON €€

(☎ 22810 33017 ; plats 9-20 € ; ⏲ 10h30-minuit ; 📶). On vient ici pour les produits de la mer : vivaneau, rascasse et mérou grillés, ou encore spaghettis au homard. Venez plus tôt pour une omelette et un café en terrasse avec vue sur la mer.

Renseignements

Larentzakis Antonis (☎22810 32104 ; www.rentacarkythnos.gr ; ⏲9h-21h). Billets de ferry, réservation d'hébergements et location de quads, de scooters et de voitures.

Aneroussa Travel (☎22810 32372 ; ⏲9h-21h). Billets de ferry.

Depuis/vers Merihas

De début juin à septembre, des bus partent de Merihas vers Kythnos (Hora) (15 min), Loutra (30 min), Dryopida (30 min) et Kanala (45 min) 5 fois par jour ; les tarifs vont de 1,40 à 2 €. Des agences sur le front de mer louent scooters, quads et voitures.

Kythnos (Hora)

Κύθνος (Χώρα)

561 HABITANTS

Dépassez la périphérie quelconque de la capitale de l'île pour rejoindre le dédale de ruelles de Kythnos, également appelée Messaria, qui s'étale autour d'une longue grand-rue flanquée d'églises blanches, de cafés, de tavernes et de boutiques de céramique. La ville a conservé un caractère inhérent à sa population avant tout agricole. Des dames âgées étendent leur linge dans les ruelles chaulées, des fermiers déambulent avec leurs ânes et à Pâques, les gamins du village s'amusent sur une balançoire de bois traditionnelle ornée de fleurs.

Où se loger et se restaurer

Filoxenia Studios APPARTEMENTS €€
(☎22810 31644 ; www.filoxenia-kythnos.gr ; d 70 € ; ❄📶). Ces appartements et studios à prix raisonnables et bien équipés se cachent derrière une terrasse habillée de palmiers et de fleurs. Sur la place à l'entrée de la partie piétonnière de la ville.

Messaria GREC €€
(☎22810 31620 ; www.messaria.gr ; plats 8,50-11 € ; ⏲1-22h ; 📶). Installé sur la petite place en lisière de la partie piétonnière, ce restaurant propose des spécialités de l'île comme le coq au vin, les pois chiches au four ou le civet de lapin.

VAUT LE DÉTOUR

PLAGES ET VILLAGES DE KYTHNOS

Les plages les plus célèbres de l'île se trouvent au nord-ouest. Celle d'**Apokrousi** (carte p. 285) est une large bande de gravillons dotée d'une poignée de tavernes, d'un bar de plage populaire et d'un grand parking. De là, une route difficile mène au-delà de la colline à la sublime double baie de **Kolona** (carte p. 285), étroite bande de sable écrasée de soleil reliant un promontoire à l'île principale. La plage est bondée en été, et le café saisonnier est assailli d'estivants. Hors saison, de nombreux yachts viennent y jeter l'ancre. La route du promontoire est parfois coupée lorsque le café est fermé, mais l'on peut tout de même accéder à la première plage et nager jusqu'à la pointe. Le plus simple est de prendre un bateau-taxi depuis Merihas. Autrement, allez-y en quad ou en 30 minutes de marche au soleil depuis Apokrousi.

Au centre de Kythnos se trouve le plus beau village de l'île, **Dryopida**. Accroché de part et d'autre d'un ravin, ce patchwork de toits en tuile rouge et de ruelles piétonnières sinueuses compte une poignée de cafés, de tavernes et de petits musées rassemblés autour de son impressionnante église.

Depuis Dryopida, la route principale file vers le sud et **Agios Dimitrios**, une plage de sable gris parsemée de galets et bordée d'eaux calmes. De la demi-douzaine de plages de l'est de l'île, la plus accessible (et la plus belle) est la crique de sable jouxtant le village de **Kanala**. D'une taille honorable, le village est notable pour son église, qui renferme une icône adulée d'une Vierge à l'Enfant, et pour son excellente trattoria traditionnelle, **Archipelagos** (carte p. 285 ; ☎22810 32380 ; www.archipelagos-kythnos.gr ; Kanala ; plats 6,80-20 € ; ⏲13h-22h ; 📶).

Si vous aimez la randonnée, prenez les routes secondaires descendant de Dryopida vers les plages moins visitées de **Lefkès**, **Kato Livadi** et **Liotrivi**. Vous pourrez aussi marcher 1 heure 30 sur le beau sentier menant de Loutra à **Kastro Orias** (carte p. 285), sur le cap de Kéfalos. Ces ruines au cadre enchanteur sont les seules traces d'une ville médiévale qui comptait environ 5 000 habitants.

Depuis/vers Kythnos

Kythnos (Hora) est à 7 km de route de Merihas. En saison, il y a 5 bus quotidiens pour Merihas et Loutra (1,40 €).

Loutra Λουτρά

81 HABITANTS

Ce paisible village de pêcheurs, posé au bord d'une baie venteuse à 3 km au nord de Kythnos (Hora), possède une grande marina appréciée des yachts et un port jalonné de restaurants, cafés et bars chics. L'été, le village voit défiler les bateaux à voile et s'anime jour et nuit.

Une courte marche le long de la côte vers le nord permet de découvrir à **Maroula** des tombes datant du mésolithique.

Activités

Aqua Team PLONGÉE

(☎22810 31333 ; www.aquakythnos.gr ; plongée 1/2 bouteilles 50/90 € ; 👪). Avec plus de 30 sites de plongée (épaves, grottes et plongées dérivantes), Kythnos est un paradis pour explorateurs sous-marins. Cette agence propose des plongées en bateau, des excursions snorkeling et des cours, dont des initiations pour débutants.

Sources chaudes SOURCES CHAUDES

GRATUIT Loutra est connue pour ses eaux thermales, qui bouillonnent le long d'un chenal menant à la plage, où elles s'accumulent dans un bassin rocheux avant de filer vers la mer. Les baigneurs en profitent toute l'année.

Où se loger et se restaurer

♥ **Kythnos Bay Hotel** HÔTEL €€

(☎22810 31218 ; www.kythnosbay.gr ; ch 70-80 € ; ⏲Pâques-sept ; P ❄ 📶). Comme apporté là par un vent d'été, cet hôtel de plage est le plus luxueux de Loutra, avec une élégante palette de couleurs délavées et une jolie déco en bois flotté à la réception. Chambres bien équipées, personnel sympathique et un délicieux buffet petit-déjeuner ; le Wi-Fi est très lent.

Sofrano INTERNATIONAL €€

(☎22810 31436 ; www.sofrano-yachtingclub.gr ; plats 10-19 € ; ⏲9h-tard ; 📶). Véritable pilier du front de mer, ce restaurant chic sert des mezze traditionnels, du poisson grillé et des plats plus inhabituels comme le filet de bœuf épicé au chocolat.

Depuis/vers Loutra

À la saison haute, 5 bus parcourent chaque jour dans les deux sens l'axe Merihas-Kythnos (Hora)-Loutra ; les tarifs vont de 1,40 à 2 €.

KÉA ΚΈΑ

2 460 HABITANTS

Avec ses falaises escarpées, son littoral spectaculaire et ses vallées fertiles parsemées de vergers, d'oliveraies et de chênes, Kéa ne manque pas d'atouts naturels, ni de sites historiques intéressants et de beaux sentiers de randonnée. Les habitants appellent leur île "Tzia". C'est également l'île la plus proche de l'Attique, ce qui attire de nombreux Athéniens.

Depuis/vers Kéa

Au départ de Kéa, les seuls bateaux pour le continent desservent Laurion (Lavrio). Les ferrys sont bondés le week-end. Hors saison, les liaisons vers les autres îles sont rares. En haute saison, on peut se rendre à Laurion (12,40 €, 1 heure, 3/jour), Kythnos (6,90 €, 1 heure 15, 1/jour), Syros (11 €, 4 heures, 3/sem), Tinos (12 €, 3 heures 30, 1/sem) et Andros (9,30 €, 5 heures 30, 1/sem) ; plus de détails sur www.ferries.gr.

Comment circuler

En juillet-août, des bus réguliers se rendent de Korissia à Vourkari, Otzias, Ioulida et la plage de Pissès ; ils sont moins fréquents hors saison. Un **taxi** (☎22812 00158) coûte autour de 10 € pour Ioulida, 8 € pour Otzias et 25 € pour Pissès. **Leon Rent A Car** (☎22880 21898 ; www.rentacarkea.gr) loue voitures et scooters depuis son comptoir près de l'embarquement des ferrys.

Korissia Κορησσία

711 HABITANTS

Le petit port de Korissia n'est certes pas aussi joli que le chef-lieu de l'île, mais son front de mer animé recèle bars et tavernes. À environ 15 minutes à pied, vous trouverez la plage de **Gialiskari**, petite et populaire.

Où se loger

Koralli Studios APPARTEMENTS €€

(☎22880 21268 ; www.kea-rooms.gr ; s/d à partir de 58/63 € ; P ❄ 📶). Ces studios ornés de bougainvillées ne sont qu'à 150 m de la plage, mais donnent malheureusement sur un chantier naval. Le propriétaire peut

Kéa

venir vous chercher à l'arrivée du ferry, et ne ménage pas ses efforts pour faciliter votre séjour.

Red Tractor Farm SÉJOUR À LA FERME €€
(22880 21346 ; www.redtractorfarm.com ; ch/studio à partir de 98/132 € ;). Au milieu des vignes et des oliveraies, cette ferme touristique bio loue des chambres, studios et maisons entières dans des bâtiments cycladiques. Kostis et Marcie, vos hôtes, vous conseilleront pour les randonnées ; ils produisent aussi de l'huile d'olive, du vin et de la confiture.

Aegean View PENSION €€
(22880 22046 ; www.roomsinkea.gr ; ch à partir de 71 € ; mars-déc ;). Située sur le port, cette pension loue des chambres et studios modernes avec salles de bains. Certains ont un balcon privé, tous partagent une belle terrasse.

Où se restaurer

Rolando's GREC €€
(22880 29129 ; plats 8-17 € ; 12h-minuit ;). Cette modeste taverne du front de mer sert une cuisine rustique savoureuse, dont des boulettes de viande, du *katsiki* (chevreau), une excellente moussaka, du poisson frais et du civet de lapin.

Magazes MÉDITERRANÉEN €€
(22880 21104 ; www.kearestaurant.gr ; plats 9-20 € ; 12h-minuit Pâques-sept ;). Tenu par le Gréco-Californien Stefanos, Magazes est installé dans un entrepôt restauré où est servie une cuisine de qualité riche en saveurs locales. Recommandé pour ses plats à base de produits de la mer, dont des pâtes au homard, et ses plats végétariens goûteux comme les beignets de courgette et l'aubergine farcie.

Renseignements

Stegadi (22880 21435 ; www.praktoreiokeas.gr). Billets de ferry et site Web utile pour randonner à Kéa.

Depuis/vers Korissia

Korissia est le principal port de ferrys de l'île. Leon Rent A Car loue des véhicules sur le port. Des bus se rendent à Ioulida, Otzias et Pissès plusieurs fois par jour.

Ioulida Ιουλίδα

633 HABITANTS

Joyau de Kéa, Ioulida se drape autour de deux collines dans le cœur montagneux de l'île, à travers un entrelacs de ruelles, d'églises et de maisons chaulées. Jadis l'une des quatre cités-États de Kéa, Ioulida en est la capitale administrative depuis l'époque romaine/byzantine. C'est aujourd'hui un lieu agréable pour une promenade de quelques heures entre sites intéressants, tavernes et cafés.

À voir

Lion de Kéa MONUMENT
Sculpté dans le schiste entre les IXe et VIe siècles av. J.-C. et long de 8 m, l'énigmatique lion de Kéa est posé sur la crête derrière les dernières maisons de Ioulida. Une balade de 15 minutes permet de le rejoindre. Depuis le haut de la grand-rue, suivez les pancartes en bois indiquant “Αρχαίος Λέων” jusqu'à ce que le chemin quitte le village. Le sentier contourne un cimetière, puis un portail sur la gauche permet de s'approcher du lion à l'arrière-train érodé et dont le doux sourire rappelle celui des sculptures grecques archaïques.

Musée archéologique MUSÉE
(22880 22079 ; adulte/enfant 2/1 € ; 8h30-15h30 mer-lun). Les objets les plus

intéressants présentés dans ce musée sont encore plus anciens que les quatre cités-États antiques de Kéa. Les 13 figurines en terre cuite de femmes découvertes dans un temple d'Agia Irini (baie de Vourkari) datent de 3300 à 1100 av. J.-C.

Où se loger

Hotel Serie HÔTEL €€
(☎22880 22355 ; www.serie.com.gr ; ch à partir de 110 € ; P ❄ 📶). À quelques minutes de marche du dédale d'Ioulida, cet hôtel compact propose une poignée de chambres lumineuses et colorées avec des balcons donnant sur les collines.

Kea Village HÔTEL €€
(☎6972243330 ; www.keavillas.gr ; ste à partir de 140 € ; ⏱mars à mi-nov ; P ❄ 📶 🏊). Joliment située au point haut d'Ioulida, cette propriété propose une belle gamme de suites et villas élégantes pouvant loger jusqu'à 10 personnes. Toutes ont un porche couvert et une kitchenette ou une cuisine équipée.

Où se restaurer

♥ **To Steki** TAVERNE €
(☎22880 22088 ; facebook.com/tostekikea ; plats 8-9,50 € ; ⏱12h30-minuit tlj juin-sept, 19h-minuit ven-sam, 12h30-16h dim oct-mai ; 📶). Une cuisine de taverne est servie dans cet établissement attrayant niché au pied de l'église Saint-Spyridon et doté d'une terrasse avec vue sur la vallée. On y savoure du chevreau ou lapin citron, des tartes aux légumes, des feuilles de vigne à l'huile d'olive et à l'émulsion citron.

O Paparounas TAVERNE €€
(☎22880 22583 ; facebook.com/Paparounas.Kea ; plats à partir de 8,50 € ; ⏱10h-minuit ; 📶). Cette petite taverne conviviale sert sur sa terrasse de la place principale des spécialités locales comme de la salade grecque, du taboulé, des sardines grillées, des anchois frits et des poissons pêchés à la ligne et grillés entiers. Les fermiers du coin débarquent vers 10h pour boire un café ou un verre de raki, et la cuisine ouvre vers midi.

To Spiti Sti Hora GREC €€€
(☎22880 29101 ; www.tospitistihora.gr ; plats 18-27 € ; ⏱12h-15h et 19h-23h juin-sept ; 📶). Installé sur des terrasses avec vue sur le village et la mer, ce restaurant prépare des plats typiques de Kéa composés avec des produits locaux. Vous dégusterez peut-être des pâtes au chevreau, du risotto de seiche ou du ragoût de poulpe en contemplant un cocktail à la main le soleil se coucher.

> **À NE PAS MANQUER**
>
> **PLONGÉE À KÉA**
>
> Kéa est l'un des meilleurs endroits de Grèce pour la plongée, avec plus d'une dizaine de sites pour différents niveaux d'expérience, comprenant parois rocheuses, épaves d'avions et de bateaux et grottes sous-marines. Basée à Vourkari, **Kea Divers** (☎22880 22280, 6973430860 ; www.keadivers.com ; Vourkari ; 1/2 plongées équipement inclus 50/90 €) est une agence de plongée réputée qui propose également des sorties snorkeling.

Où prendre un verre et faire la fête

Les grandes fenêtres et la petite terrasse de **To Panorama** (☎22880 22341 ; ⏱9h-14h lun et jeu, 17h30-21h ven, 9h-21h sam-dim ; 📶), petit café animé et lumineux, découvrent un panorama exceptionnel sur la vallée. Excellent café et vaste choix de pâtisseries, gâteaux, gaufres, crêpes et en-cas salés.

Depuis/vers Ioulida

De mi-juin à septembre, des bus partent toutes les 40 minutes vers Korissia. Service réduit hors saison.

Ailleurs sur Kéa

La route côtière qui part de Korissia passe par la **plage de Gialiskari** et mène à la marina de **Vourkari**, où le front de mer est jalonné de yachts, de restaurants et de cafés.

En poursuivant 4 km vers le nord-est, vous atteindrez la vaste plage de sable d'**Otzias**, lovée dans une baie souvent venteuse. De là, une route file vers l'intérieur de l'île sur 12 km jusqu'à Ioulida, d'où l'on rejoint la plus belle plage de la côte est, à **Spathi**. La plage compte un grand bar et quelques maisons de vacances, mais très peu d'ombre (n'oubliez pas votre chapeau).

À 8 km au sud-ouest d'Ioulida se trouve la petite plage de sable de **Pissès**, dotée d'une taverne et d'un bar de plage et bordée de collines couvertes de vergers et d'oliveraies. De là, longez la côte vers le sud sur 4 km pour rejoindre **Koundouros**, terrain de jeu des Athéniens aisés, qui compte plusieurs belles criques de sable. Un peu plus au sud, la plage de **Kampi**, flanquée d'une taverne, invite à la baignade.

À voir

Karthea RUINES
(Carte p. 288). Entre le VIIIe siècle av. J.-C. et le VIIe siècle, ces deux criques jumelles abritaient la cité antique de Karthea, l'une des quatre villes-États de Kéa. Ses ruines, partiellement mises au jour dans un cadre merveilleusement isolé, ne sont accessibles qu'à pied ou en bateau. Des trois sentiers menant au site, le plus facile est le n°6, qui rejoint les ruines en 40 minutes de descente depuis le parking situé en bas d'une ruelle et indiqué depuis la route principale de Stavroudaki.

La petite acropole recèle les vestiges du **temple d'Apollon Pythios** au niveau inférieur, et le **temple d'Athéna** au niveau supérieur, qui datent de 530 à 500 av. J.-C. Plus bas se trouve un **théâtre** de 880 places et les vestiges de **thermes romains**.

Monastère de Kastrianis MONASTÈRE
(Carte p. 288 ; aube-crépuscule, juin-sept). Depuis Otzias, une spectaculaire route côtière file sur 6,5 km jusqu'à ce monastère du XVIIIe siècle trônant en haut d'une colline, qui offre une vue spectaculaire sur les îles alentour. Une coupole bleu paon coiffe l'église bleu ciel dont l'intérieur est recouvert de fresques de saints.

Où se loger et se restaurer

Anemousa Studios APPARTEMENTS €€
(Carte p. 288 ; 22880 21335 ; www.anemousa.gr ; Otzias ; app à partir de 95 € ; avr-oct ;). Entourés de jardins bien entretenus, ces appartements confortables et spacieux s'enroulent autour d'une belle piscine à 50 m de la plage d'Otzias. On peut commander petit-déjeuner et boissons au bar. Barbecue et aire de jeux pour enfants.

Seirios POISSON €€
(22880 28280 ; facebook.com/seirios.kea ; Vourkari ; plats 12-20 € ; 11h-tard ;). Le meilleur restaurant du front de mer de Vourkari propose un menu limité mais appétissant faisant la part belle aux produits de la mer. Il y a des anchois marinés et des beignets de calamars, mais l'on vient surtout pour les poissons grillés entiers, que l'on choisit à vue.

I Strofi tou Mimi POISSON €€
(22880 21480 ; facebook.com/istrofitoumimi ; Vourkari ; plats 9-20 € ; 12h-minuit tlj juin-août, sam-dim avr, mai, sept et oct ;). À l'extrémité de la baie de Vourkari, ce restaurant du front de mer sert des produits de la mer, en particulier du poisson grillé, ainsi que quelques plats de viande. En été, la véranda est ouverte pour laisser entrer la brise marine.

Où prendre un verre et faire la fête

De loin le bar le plus branché de Kéa, **Zeus Faber** (6987410707 ; Vourkari ; 20h-4h ;) est perché au-dessus des tavernes du front de mer, avec une terrasse dominant la plage et une salle à l'éclairage tamisé décorée de bancs en bois, de bois flotté, de bougies, de vieux vinyles et d'œuvres d'art intéressantes.

Dodécanèse

Dans ce chapitre ➡

Rhodes 293
Nisyros 333
Kos 337
Kalymnos 350
Patmos 361

Le top des restaurants

- Yevsea (p. 335)
- To Tsipouradiko Mas (p. 363)
- Taverna Mylos (p. 358)
- Marco Polo Cafe (p. 302)
- Bakaliko with Tsipouro (p. 359)
- Tholos (p. 328)

Le top des hébergements

- Mediterraneo (p. 323)
- Thea Apartments (p. 327)
- Kallichoron Art Boutique Hotel (p. 348)
- Aretanassa Hotel (p. 311)
- To Archontiko Angelou (p. 360)
- Marco Polo Mansion (p. 301)

Pourquoi y aller

Fragment de Grèce intemporelle, dans le sud-est de la mer Égée, proche des côtes turques, l'archipel du Dodécanèse (Δωδεκάνησα) attire les voyageurs d'aujourd'hui comme jadis Ulysse et Alexandre. Il abrite des vestiges de l'Empire byzantin, des chevaliers de Saint-Jean du temps des croisés, puis de l'Empire ottoman et enfin de l'occupation italienne du XXe siècle. Outre Rhodes et Kos, bien connues, des îles mystérieuses attendent d'être explorées.

Randonneurs et amateurs de nature affluent à Tilos, tandis que les férus d'escalade s'attaquent aux falaises de Kalymnos, non loin de grottes sous-marines et d'épaves qui font le bonheur des plongeurs. Les esthètes tombent, eux, sous le charme des demeures néoclassiques de Symi, Halki et Kastellorizo. Karpathos est prisée des amoureux du kitesurf. Cette région insulaire compte quantité de sites archéologiques et de monuments du passé, mais aussi une myriade de plages épargnées par le tourisme de masse.

Quand partir

Rhodes

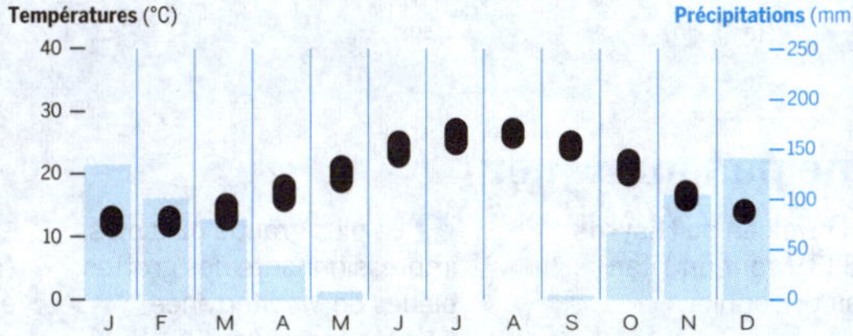

Avril-mai Au printemps, les prix sont bas, les visiteurs peu nombreux et la mer se réchauffe.

Juillet-août Chaleur et afflux touristique – pensez à réserver votre hébergement.

Septembre-octobre Tarifs en baisse, mer chaude et météo parfaite pour randonner.

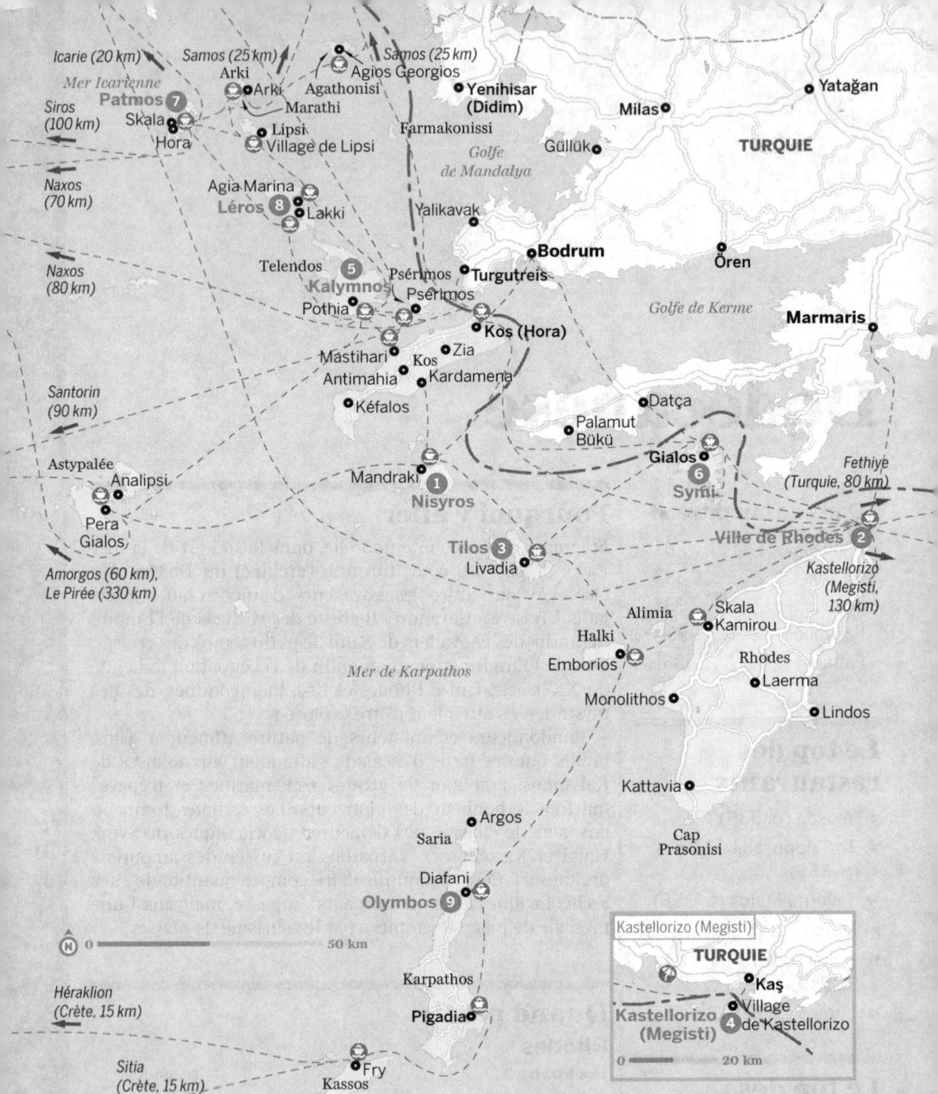

À ne pas manquer

1. Le volcan de **Nisyros** (p. 333), dont un Titan serait prisonnier.
2. Une promenade sous les arcades byzantines et dans les ruelles pavées de la **vieille ville de Rhodes** (p. 295).
3. Une randonnée ou une balade ornithologique à **Tilos** (p. 331).
4. La plus grande et la plus impressionnante des grottes bleues de Méditerranée à **Kastellorizo** (p. 322).
5. L'exploration d'épaves sous-marines ou l'escalade des falaises de **Kalymnos** (p. 350).
6. L'arrivée en bateau dans le port de **Symi** (p. 324), de style italien.
7. Un pèlerinage à **Patmos** (p. 321), où Jean l'Évangéliste écrivit l'Apocalypse.
8. L'architecture Art déco et fasciste de l'ancienne base navale italienne de Lakki, à **Léros** (p. 356).
9. Le village montagnard d'**Olymbos** (p. 319), figé dans le temps.

Histoire

Le peuplement des îles du Dodécanèse est antérieur à l'ère minoenne. Après la mort d'Alexandre le Grand, en 323 av. J.-C., l'archipel passa aux mains d'un de ses généraux, Ptolémée Ier, fondateur de la dynastie lagide d'Égypte. Les habitants furent les premiers Grecs à se convertir au christianisme, suite au prosélytisme de saint Paul, qui se rendit par deux fois sur le territoire au cours du Ier siècle, et de saint Jean l'Évangéliste qui, exilé à Patmos, y vécut sa révélation et ajouta un nouveau livre à la Bible. La région prospéra au début de la période byzantine, mais fut pillée au VIIe siècle par une succession d'envahisseurs. Les chevaliers de Saint-Jean de Jérusalem (ou Hospitaliers) arrivèrent au XIVe siècle et s'emparèrent de la quasi-totalité du Dodécanèse. Ils érigèrent d'imposantes forteresses assez robustes pour résister aux assauts du temps, mais pas à ceux des Turcs en 1522.

En 1912, le pouvoir ottoman fut à son tour renversé par les Italiens, qui, suivant la vision mussolinienne d'un grand empire méditerranéen, firent de l'italien la langue officielle du Dodécanèse et interdirent la religion orthodoxe. Ils édifièrent également de pompeux bâtiments publics dans le style fasciste qui contrastaient avec l'architecture grecque typique. On leur doit en outre la mise au jour et la restauration de nombreux vestiges archéologiques.

Après la reddition italienne en 1943, les îles (en particulier Léros) devinrent le champ de bataille des armées britannique et allemande, et la population en souffrit considérablement. Le Dodécanèse fut officiellement restitué à la Grèce en 1947.

RHODES ΡΟΔΟΣ

115 500 HABITANTS

De loin la plus grande île du Dodécanèse, Rhodes se caractérise par ses plages de sable, ses vallées boisées et son histoire antique. Que vous recherchiez un séjour empreint de culture à travers les civilisations du passé, l'animation nocturne, le farniente au soleil ou un spot de plongée idéal, vous trouverez là votre bonheur. La charmante vieille ville de Rhodes forme un dédale de rues pavées renvoyant à l'époque de l'Empire byzantin et à celle des croisés. Plus au sud, les blanches maisons cubiques de Lindos s'étagent au-dessus d'une baie turquoise. Si ces deux destinations attirent un monde fou en été, l'île est assez grande pour y dénicher des coins tranquilles où humer l'air marin.

Histoire

Les Minoens et les Mycéniens furent parmi les premiers à occuper les îles, mais ce n'est qu'à l'installation des Doriens à Kamiros, Ialysos et Lindos, en 1100 av. J.-C., que Rhodes commença à prendre son essor. Passant d'une entente à une autre, elle s'allia à Athènes lors de la bataille de Marathon (490 av. J.-C.), qui se solda par la défaite des Perses, mais combattit avec ces derniers durant la bataille de Salamine (480 av. J.-C.).

Après la victoire inattendue d'Athènes, Rhodes se rangea de nouveau à ses côtés, ralliant la Ligue de Délos en 477 av. J.-C. Suite à la désastreuse expédition sicilienne (416-412 av. J.-C.), l'île se révolta contre Athènes et forma une alliance avec Sparte, qu'elle aida pendant la guerre du Péloponnèse.

En 408 av. J.-C., les villes de Kamiros, Ialysos et Lindos consolidèrent leur pouvoir et fondèrent conjointement la cité de Rhodes. Celle-ci s'allia à Athènes, et ensemble elles défirent Sparte lors de la bataille de Cnide (394 av. J.-C.). L'île passa une nouvelle fois dans le camp des Perses contre Alexandre le Grand, avant de retourner sa veste quand le Macédonien se révéla invincible.

En 305 av. J.-C., Antigone le Borgne, l'un des rivaux de Ptolémée, envoya son fils, le remarquable Démétrios Ier Poliorcète ("le Preneur de Villes"), conquérir Rhodes. La cité repoussa son armée. Pour célébrer cette victoire, une statue en bronze d'Hélios, le dieu du Soleil, haute de 32 m, fut érigée : on la connaît sous le nom de colosse de Rhodes, l'une des Sept Merveilles du monde (la statue colossale, œuvre de Charès de Lindos, fut détruite par un tremblement de terre en 227 av. J.-C.).

Après la défaite de Démétrios, Rhodes se dota de la plus grande flotte de la mer Égée, et son port devint l'un des principaux carrefours marchands de la Méditerranée. Les arts fleurirent également.

Lorsque la Grèce devint le terrain de combat des généraux romains qui se disputaient les rênes du pouvoir suprême, Rhodes se rallia à Jules César. Après son assassinat en 44 av. J.-C., Cassius assiégea la ville, détruisant ses navires et pillant ses œuvres d'art qu'il emporta à Rome. Cela

Rhodes

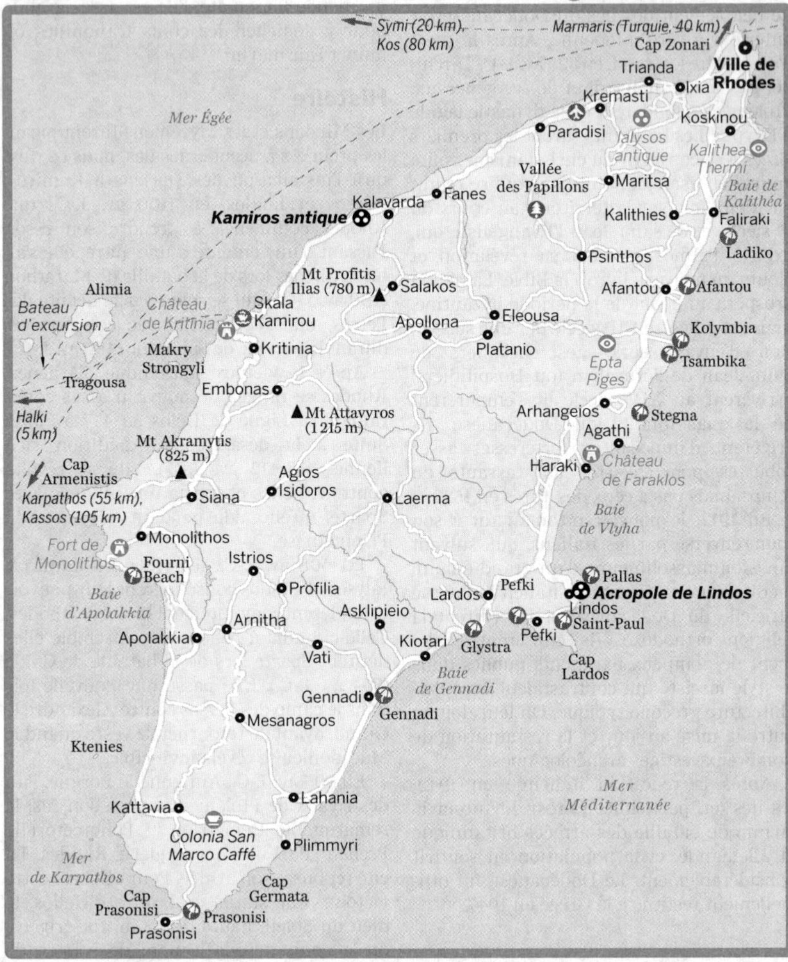

marqua le début du déclin de Rhodes, intégrée à l'Empire romain en l'an 70.

Lors du partage de l'Empire romain, Rhodes se joignit à la province byzantine du Dodécanèse. Elle retrouva son indépendance quand les croisés s'emparèrent de Constantinople. Les Génois en prirent ensuite le contrôle. Les chevaliers de Saint-Jean arrivèrent en 1309 et régnèrent sur l'île pendant 213 ans. Ils en furent chassés par les Ottomans, lesquels durent céder la place aux Italiens près de quatre siècles plus tard. En 1947, après 35 ans d'occupation italienne, Rhodes intégra la Grèce avec les autres îles du Dodécanèse.

Depuis/vers Rhodes

AVION

L'**aéroport de Diagoras** (RHO ; carte ci-dessus ; ☎22410 88700 ; www.rho-airport.gr) se situe près de Paradisi, sur la côte ouest, à 14 km au sud-ouest de la ville de Rhodes.

Aegean Airlines (☎22410 98345 ; aegeanair.com ; aéroport de Diagoras) dessert Athènes, Héraklion (Crète), Kastellorizo (Megisti) et Thessalonique.

Olympic Air (☎21035 50500 ; www.olympicair.com) assure des vols fréquents pour Athènes, d'où l'on peut rejoindre d'autres destinations en Grèce, et Kastellorizo.

Sky Express (☎22410 88700 ; skyexpress.gr) a des liaisons directes avec Héraklion (Crète) et des vols d'une île à l'autre (Astypalée via Léros, Kalymnos et Kos ; Kassos via Karpathos ; Limnos via Mytilène, Chios et Samos).

Transavia (transavia.com) assure des vols directs Paris-Rhodes/semaine (avr-oct), et un vol/semaine Nantes-Rhodes (avr à mi-oct).

BATEAU

Liaisons intérieures

Rhodes est le principal port du Dodécanèse. Trois compagnies couvrant les îles opèrent juste à l'extérieur des remparts de la vieille ville.

Les catamarans rapides de Dodekanisos Seaways (p. 311) partent du port de Kolona.

VERS	DURÉE (HEURES)	TARIF (€)	FRÉQUENCE
Agathonisi	5½	49	2 /sem
Halki	1¼	18	2 /sem
Kalymnos	3	34	1/jour
Kastellorizo	2¼	37	1/sem
Kos	2½	34	1-2/jour
Léros	4	42	1/jour
Lipsi	4	47	6/sem
Patmos	5	49	1/jour
Nisyros	2¾	27	2/sem
Samos	10	59	2/sem
Symi	50 min	19	1-2/jour
Tilos	2	27	2/sem

Les bateaux traditionnels de Blue Star Ferries (p. 315), moins chers mais plus lents, lèvent l'ancre du port de commerce.

VERS	DURÉE (HEURES)	TARIF (€)	FRÉQUENCE
Astypalée	9	28,50	1/sem
Kalymnos	5	24	5/sem
Karpathos	3¾	24,50	1/sem
Kassos	5	29,50	1/sem
Kastellorizo	3	29,50	2/sem
Kos	3-5	24,50	1-2/jour
Léros	5½	32,50	4/sem
Lipsi	7½	32,50	2/sem
Nisyros	4	16	2/sem
Patmos	6½	37,50	5/sem
Le Pirée	11-17	65,50	1-2/jour
Samos	6½	39	1/sem
Santorin	8	39	2/sem
Symi	1	9	3/sem
Syros	9	49	3/sem
Tilos	2¼	16	2/sem

Anek Lines (p. 311) relie 2 fois par semaine le port de commerce de Rhodes à Halki (2 heures, 8 €), Diafani (à Karpathos, 4 heures 15, 19 €), la ville de Karpathos (5 heures 45, 21 €), Kassos (8 heures, 25 €), Anafi (13 heures, 29 €), Santorin (15 heures, 29 €), Milos (19 heures 30, 39 €) et Le Pirée (25 heures, 47 €).

Du petit port de Skala Kamirou, 45 km au sud-ouest de la ville de Rhodes (1 heure en bus), Nissos Halki (p. 311) et Nikos Express (p. 311) proposent aussi des ferrys réguliers pour Halki.

Par ailleurs, des bateaux d'excursion pour Symi, dont ceux de **Sea Dreams** (carte p. 300 ; ☎22410 74235 ; www.seadreams.gr ; Lambraki 46, ville nouvelle), quittent chaque jour le port de Mandraki.

Liaisons internationales

L'été, des hydrofoils et des catamarans **Marmaris Ferry** (carte p. 296 ; www.marmarisferry.com ; port de commerce, vieille ville ; aller simple ou aller-retour le même jour adulte/enfant 45/30 € ; ⏲juin à mi-oct) et **Dodecanese Flying Dolphins** (carte p. 296 ; ☎22410 37101 ; www.12fd.gr ; port de commerce, vieille ville ; aller simple adulte/enfant 40/25 € ; ⏲mai-oct), au départ du port de commerce de Rhodes, desservent quotidiennement les stations balnéaires turques de Bodrum, Marmaris et Fethiye.

ℹ Comment circuler

Des lignes de bus rayonnent dans toute l'île depuis la ville de Rhodes. Cependant, seule celle qui longe la côte nord-est jusqu'à Lindos est assez fréquente pour être utile aux touristes.

Si vous souhaitez explorer l'île en entier, mieux vaut disposer d'un véhicule. Toutes les grandes compagnies de location sont présentes à l'aéroport de Rhodes, et l'on trouve beaucoup d'autres loueurs de voitures et de motos dans la ville de Rhodes et les stations balnéaires. Comparez les offres, car il règne une concurrence farouche entre les prestataires.

Ville de Rhodes Ρόδος

90 000 HABITANTS

Mêlant les styles des périodes byzantine, ottomane et italienne, le dédale tortueux de la **vieille ville**, à l'abri de doubles remparts entourés de douves, présente une diversité architecturale unique dans le Dodécanèse. Une balade dans ses ravissantes ruelles pavées fait partie des expériences incontournables, particulièrement en soirée.

En haute saison, la vieille ville reçoit un flot quotidien d'excursionnistes, dont une majorité en provenance d'énormes bateaux de croisière. Il suffit toutefois de s'éloigner

Vieille ville de Rhodes

des artères commerçantes pour fuir la cohue. Passer une nuit ou deux sur place permet de voir Rhodes différemment.

La **ville nouvelle**, une station balnéaire moderne, affiche des plages correctes, des boutiques haut de gamme, une vie nocturne animée et des bars en front de mer destinés aux touristes en séjours organisés.

À voir

Vieille ville

La vieille ville se divise en 3 secteurs, dont les limites ne sautent toutefois pas aux yeux du visiteur novice. Au nord, de robustes bâtiments en pierre jalonnent les artères rectilignes du **quartier des Chevaliers**. Ces austères auberges, construites par les chevaliers de Saint-Jean au Moyen Âge, hébergeaient des membres de l'ordre venus de divers pays. Au sud, le lacis de ruelles pavées d'**Hora**, le **quartier turc**, forme la principale zone commerçante, où boutiques et restaurants côtoient de vieilles mosquées à l'abandon et autres monuments ottomans. Au sud-est, le **quartier juif**, qui a perdu la plupart de ses habitants durant la Seconde Guerre mondiale, est désormais un lieu résidentiel somnolent.

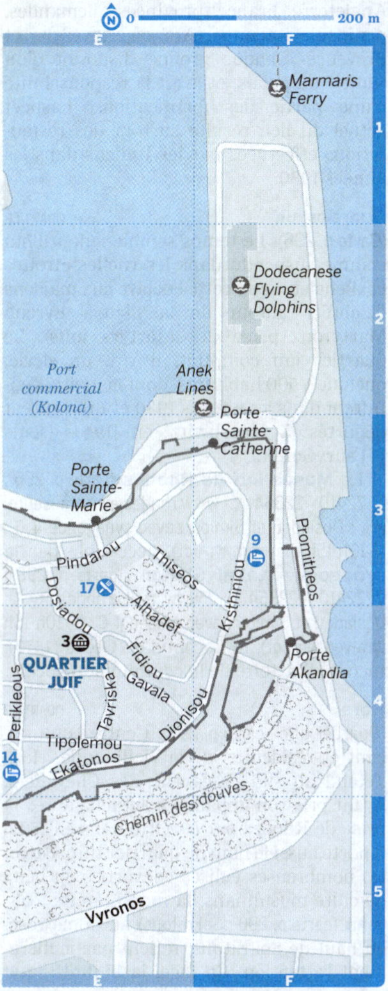

Vieille ville de Rhodes

Les incontournables

1 Musée archéologique C2

À voir

2 Hora C3
3 Musée juif de Rhodes E4
4 Quartier juif D3
Synagogue Kahal Shalom .... (voir 3)
5 Mosquée de Soliman B3
6 Bibliothèque musulmane B3
7 Palais des Grands Maîtres B2
8 Avenue des Chevaliers C2

Où se loger

9 Hotel Cava d'Oro F3
10 In Camera Art Boutique Hotel D4
11 Marco Polo Mansion C3
12 S Nikolis Hotel B4
13 Spirit of the Knights B3
14 St Michel Hotel E4
15 The Andreas C4

Où se restaurer

16 Dinoris Fish Restaurant D2
17 Hatzikelis E3
18 Mama Sofia B3
Marco Polo Cafe .... (voir 11)
19 Old Town Corner Bakery B4
20 Petaladika C3
21 Pizanias D4
22 Romios Restaurant D3
23 Taverna Kostas D4
24 To Marouli D3
25 To Megiston D3

Où prendre un verre et faire la fête

26 Macao Bar B3
27 Mevlana C3
28 Raxati Cafe D3
29 Rogmi Tou Chronou B3

Où sortir

30 Café Chantant D3

Achats

31 Rhodes Handmade Gallery C4
32 So Greek B4

Le public a accès au chemin de ronde des imposants remparts de 12 m d'épaisseur qui protègent la ville côté terre. Il est également agréable de faire une halte dans les douves transformées en jardins verdoyants.

Des 9 portes de la vieille ville, les deux plus impressionnantes se dressent à l'extrême nord, en lisière de la ville nouvelle. La **porte de la Liberté**, du côté du port de Mandraki et de la station de taxis, débouche sur la principale zone touristique via un petit pont. La belle **porte d'Amboise**, vers l'intérieur des terres, traverse un tronçon de douves particulièrement plaisant pour rejoindre le palais des Grands Maîtres.

Musée archéologique — MUSÉE

(Carte ci-contre ; ☎ 2241365257 ; Plateia Mousiou ; tarif plein/réduit 8 €/gratuit, billet combiné palais des Grands Maîtres, église Panagia tou Kastrou et Musée des Arts décoratifs 10 € ; ⌚8h-20h tlj avr-oct, 8h-15h mar-dim nov-mars). Un lion en pierre érodée par le temps, visible depuis la rue, invite à entrer dans cet ancien hôpital des Chevaliers de Saint-Jean (XVe siècle). Il abrite un Musée archéologique et de jolis jardins. Sa collection de trésors antiques, provenant de l'ensemble de la région et couvrant une période de plus de 7 000 ans, occupe plusieurs salles à l'étage du principal bâtiment, ainsi qu'une annexe (9h-16h50, horaires d'été). Vous pourrez admirer de splendides céramiques et un dauphin sculpté. L'**Aphrodite de Rhodes**, une statue en marbre du Ier siècle av. J.-C., le pavillon des mosaïques et la reconstitution d'un site funéraire de 1700 av. J.-C., où reposaient un guerrier casqué et son cheval, demeurent les pièces maîtresses. L'annexe regroupe essentiellement la période mycénienne, qui connut son apogée aux XIVe et XIIIe siècles av. J.-C.

Palais des Grands Maîtres ÉDIFICE HISTORIQUE

(Carte p. 296 ; ☎22413 65270 ; Ippoton ; tarif plein/réduit 6 €/gratuit, billet combiné avec Musée archéologique, musée des Arts décoratifs et église Panagia tou Kastrou 10 € ; 8h-20h avr-oct, 8h-15h nov-mars). On doit aux Hospitaliers ce magnifique palais du XIVe siècle. Endommagé par l'explosion d'une poudrière ottomane en 1856, l'intérieur fut refait par les Italiens en "l'an 18 de l'ère fasciste" (1940). Les deux musées au rez-de-chaussée, consacrés à la Rhodes antique et à l'histoire médiévale de l'île, forment la partie la plus intéressante. Le premier présente, entre autres, de belles céramiques du VIe siècle av. J.-C., des objets domestiques et de la verrerie. Les mornes appartements du haut rassemblent des œuvres d'art pillées çà et là.

Avenue des Chevaliers SITE HISTORIQUE

(Carte p. 296 ; Ippoton ; 24h/24). Arpentez l'avenue des Chevaliers (Ippoton), austère et quelque peu intimidante, où les Hospitaliers vécurent à partir du XIVe siècle. Ces derniers étaient répartis en 7 "zones linguistiques" selon leur lieu d'origine : Angleterre, France, provinces allemandes, péninsule italienne, Aragon, Auvergne et Provence. Chaque groupe disposait d'un "hôtel" ou palais, et avait la responsabilité d'une partie des fortifications. L'aspect actuel du lieu résulte surtout des restaurations effectuées par les Italiens dans les années 1930.

Quartier juif QUARTIER

(Carte p. 296). Le temps semble aujourd'hui comme suspendu dans les ruelles étroites et silencieuses de cette enclave aux maisons délabrées autour de la Plateia Evreon Martyron (place des Martyrs juifs). Le quartier juif comptait, il y a un siècle, quelque 5 500 habitants, dont la moitié s'enfuirent dans les années 1930 et 1 673 furent déportés à Auschwitz en 1944 (seuls 151 survécurent).

Le **Musée juif de Rhodes** (carte p. 296 ; ☎22410 22364 ; www.rhodesjewishmuseum.org ; Dosiadou et Simiou ; avec synagogue 4 € ; 10h-15h dim-ven avr-oct), accessible par la **synagogue Kahal Shalom** (carte p. 296 ; ☎22410 22364 ; www.jewishrhodes.org ; Dosiadou et Simiou ; avec musée 4 € ; 10h-15h dim-ven avr-oct), la doyenne de Grèce (1577), raconte l'histoire de la communauté locale.

Hora QUARTIER

(Quartier turc ; carte p. 296). Centre commerçant et résidentiel de la vieille ville, Hora s'étend au sud de la rue des Chevaliers. Ayant pris son apparence actuelle après la prise de Rhodes par les Ottomans en 1522, il porte aussi le nom de quartier turc. Parmi les nombreuses églises converties en lieux de culte musulmans, la **mosquée de Soliman** (carte p. 296 ; Sokratous) au dôme rose, en haut de Sokratous, retient particulièrement l'attention. En face, la **bibliothèque**

LE COLOSSE DE RHODES

Immense effigie en bronze d'Hélios, dieu du Soleil, le Colosse de Rhodes fut érigé pour commémorer l'issue heureuse du siège de Rhodes. Achevé en 292 av. J.-C., il demanda 12 ans de labeur, mais resta debout moins d'un siècle avant d'être renversé en 227 av. J.-C. par un tremblement de terre. La statue faisait partie des Sept Merveilles du monde antique. D'après la légende, ses jambes écartées reposaient sur deux piliers de part et d'autre de l'entrée de l'actuel port de Mandraki, assez haut pour que les trirèmes à grand mât puissent passer dessous. Les historiens pensent toutefois qu'il devait plutôt se dresser à l'emplacement du palais des Grands Maîtres.

Après être restés sur le front de mer pendant près de 1 000 ans, les fragments du Colosse furent vendus en 654 par les conquérants arabes à un juif syrien, qui les aurait transportés sur le dos de 900 dromadaires. Si l'on parle depuis longtemps de recréer la statue dans le port de Mandraki, le projet ne semble pas près de voir le jour de sitôt.

musulmane (carte p. 296 ; Sokratous ; ⌚9h30-15h lun-sam mai-oct) GRATUIT, fondée en 1793 par Hafiz Ahmed Agha, rassemble des manuscrits arabes et persans, parmi lesquels des exemplaires du Coran magnifiquement enluminés.

Ville nouvelle

La "ville nouvelle" fut en réalité bâtie il y a 500 ans, quand la conquête ottomane poussa la population grecque à s'installer hors les murs, au nord du vieux Rhodes. Organisée autour du port de Mandraki et du casino, la zone ne conserve pourtant presque aucun vestige historique digne d'intérêt. Il s'agit en revanche d'une station balnéaire moderne regroupant magasins, banques et services, dont les hôtels monolithiques étincelants tranchent avec les petites tavernes.

La plage commence au nord du port de Mandraki et contourne la pointe septentrionale de l'île, avant de descendre du côté ouest de la ville nouvelle. Les meilleurs endroits se situent sur le rivage est, appelé **plage d'Elli**, où il y a davantage d'équipements et où l'eau est généralement plus calme.

Musée d'Art moderne grec MUSÉE
(Nestoridio Melathro ; carte p. 300 ; ☎22410 43780 ; www.mgamuseum.gr ; Plateia Haritou ; tarif plein/réduit 3 €/gratuit, avec les 4 sections 8 € ; ⌚8h-15h mar-sam). Le site principal du musée, près de l'extrémité nord de la ville nouvelle, expose des peintures, gravures et sculptures de grands artistes grecs du XXe siècle. Le dernier étage réunit les remarquables tableaux de Valias Semertzidis (1911-1983) légués par sa veuve, dont les thèmes vont des affres de la guerre aux paysages de Rhodes.

Acropole de Rhodes SITE ARCHÉOLOGIQUE
(⌚accès libre). GRATUIT La cité hellénistique de Rhodes déploie ses vestiges sur les pentes du Monte Smith, à 1 km à l'ouest de la vieille ville. Parmi les quelques monuments restaurés figurent le stade du IIe siècle av. J.-C. et le théâtre attenant, où se déroulaient les cours magistraux de l'école de rhétorique qui eut pour élève Cicéron et Jules César. De là, un escalier monte au temple d'Apollon pythien.

Prenez le bus n°6 ou suivez à pied Komninon et Diagoridon depuis la porte Saint-Athanase, au sud-ouest de la vieille ville.

Activités

Waterhoppers Diving School PLONGÉE
(Carte p. 300 ; ☎22410 38146 ; www.waterhoppers.com ; port de Mandraki). Opérant depuis le port de Mandraki et plusieurs autres bases dans l'île, ce centre propose une gamme de cours, dont une "journée découverte" (93,50 €) et des certifications PADI open-water de 2 ou 3 jours, ainsi que des plongées de nuit, sur épave ou dans une grotte pour confirmés.

Trident Scuba Diving School PLONGÉE
(Carte p. 300 ; ☎22410 29160 ; www.tridentdivingschool.com ; port de Mandraki ; 👪). Propose des plongées sur divers spots du nord de l'île, des cours pour débutants et des stages certifiés PADI de 2 ou 3 jours. Pour plus de renseignements, passez au bateau l'*Armonia*, amaré au port de Mandraki.

Poseidon Submarine BATEAU
(Carte p. 300 ; ☎6945370301 ; www.poseidonsubmarine.com ; port de Mandraki ; adulte/enfant 15/5 € ; ⌚9h30-21h30 mi-avr à oct ; 👪). Une embarcation à fond vitré pour une excursion de 45 minutes. Celle-ci vous emmènera à l'emplacement supposé du colosse de Rhodes (voir l'encadré page ci-contre), d'où vous profiterez d'une belle vue sur la vieille ville. Sur le chemin du retour, un plongeur nourrit les poissons sous les yeux des passagers attentifs. Les enfants adorent, et on aperçoit parfois des tortues. Billets moins chers en ligne. Départ toutes les heures.

Où se loger

Si la ville nouvelle ne manque pas d'hôtels modernes et de bonnes auberges de jeunesse, les B&B et autres établissements au cœur de la vieille ville ont bien plus de cachet. En été, il est impératif de réserver. La plupart des adresses petits budgets ferment l'hiver. Sachez aussi que la majorité des hébergements de la vieille ville ne sont pas accessibles en taxi, ce qui oblige à porter ses bagages dans les étroites rues pavées.

Vieille ville

♥ **S Nikolis Hotel** HÔTEL HISTORIQUE €€
(Carte p. 296 ; ☎22410 34561 ; www.s-nikolis.gr ; Ipodamou 61 ; ch/ste avec petit-déj à partir de 120/220 € ; ⊖❄📶). Fruit du bâtisseur Sotiris Nikolis et de Marianne, sa compagne

Ville de Rhodes

Ville de Rhodes

À voir
1 Musée d'Art moderne grec B2

Activités
2 Poseidon Submarine...............................C4
3 Trident Scuba Diving School D5
4 Waterhoppers Diving School.................D5

Où se loger
5 Florida Hotel..B3
6 Hotel Anastasia.......................................A4
7 Stay Hostel...B4

Où se restaurer
8 Kerasma...A4
9 Koozina..A4
10 Koykos..B3
11 Meltemi...C3
12 Niohori..B3

Où prendre un verre et faire la fête
13 Aktaion Cafe C4
14 Christos Garden A4

Où sortir
15 9D: Throne of Helios C4

danoise, ce bel hôtel occupe plusieurs bâtiments restaurés et une cour fleurie. Sa douzaine de chambres chics en mezzanine, aux murs en pierre apparente, ont des lits à baldaquin en bois foncé avec des couvre-lits couleur sang-de-bœuf. Excellent petit-déjeuner servi sur place dans le café Arxaia Agora, baptisé d'après l'agora antique qui se trouve en contrebas.

♥ Marco Polo Mansion BOUTIQUE-HÔTEL €€
(Carte p. 296 ; ☎22410 25562 ; www.marcopolo-mansion.gr ; Agiou Fanouriou 40 ; d avec petit-déj 80-160 €, app 130-180 € ; ⏲avr-oct ; ❄📶). Avec ses vitraux, ses meubles de bois sombre, ses parquets et ses lits surélevés, cet hôtel aménagé dans l'ancienne demeure d'un pacha du XVe siècle recrée avec style une atmosphère ottomane. Certaines chambres se trouvent dans la maison même, les autres s'ouvrent sur la cour où les hôtes prennent le petit-déjeuner (somptueux). Les gérants, Efi et Spiros, sont l'hospitalité incarnée.

The Andreas HÔTEL €€
(Carte p. 296 ; ☎22410 34156 ; www.hotelandreas.com ; Omirou 28d ; ste avec petit-déj 100 €, deux stes 160 € ; ⏲juil-sept ; ❄@📶). Cette autre demeure ottomane ne compte que 2 suites, dotées chacune d'une salle de bains. Préférez la Tower Suite, avec un lit surélevé traditionnel et vue sur la mer Égée ; la Terrace Suite dispose, quant à elle, d'une terrasse privative. Le jardin et la terrasse commune invitent à la conversation. Quatre nuitées minimum.

Hotel Cava d'Oro B&B €€
(Carte p. 296 ; ☎22410 36980 ; www.cavadoro.com ; Kisthiniou 15 ; s/d/tr avec petit-déj 110/130/160 € ; P❄📶). Un petit établissement familial dans un ancien entrepôt du temps des chevaliers de Saint-Jean. De tailles diverses, les chambres pleines de caractère ont des murs en pierre apparente et de hauts plafonds voûtés. Les lieux intègrent un court tronçon des anciens remparts de la ville sur lequel les hôtes peuvent se promener. Petit-déjeuner servi dans une agréable cour-jardin. Possibilité d'arriver en voiture jusqu'à l'entrée.

St Michel Hotel HÔTEL HISTORIQUE €€
(Carte p. 296 ; ☎22410 25111 ; www.saintmichel.gr ; Perikleous 68 ; s/d/ste 70/90/130 € ; ❄📶). Une atmosphère chargée d'histoire se dégage des murs en pierre et des poutres apparentes de ce bâtiment vieux de 700 ans. La demi-douzaine de chambres au sol carrelé, spacieuses ou exiguës, possèdent des lits à baldaquin en fer forgé et autres meubles choisis avec goût. La "supérieure" possède sa propre terrasse sur le toit.

♥ Spirit of the Knights BOUTIQUE-HÔTEL €€€
(Carte p. 296 ; ☎22410 39765 ; rhodesluxuryhotel.com ; Alexandridou 14 ; s/d à partir de 180/200 € avec petit-déj ; 🚭❄📶). Bois sombre, vitraux, tapis épais et sérénité : les 6 suites éblouissantes de ce somptueux boutique-hôtel respirent l'époque médiévale. Parfaitement isolée dans une rue latérale près des remparts de la vieille ville, cette belle adresse conjugue passion et vision. Bibliothèque et jardin où prendre le petit-déjeuner.

In Camera Art Boutique Hotel BOUTIQUE-HÔTEL €€€
(Carte p. 296 ; ☎22410 77277 ; www.incamera.gr ; Sofokleous 35 ; ch/ste avec petit-déj à partir de 175/250 € ; 🚭❄📶). Ce superbe boutique-hôtel, propriété d'un célèbre photographe grec dont certains appareils sont exposés, donne sur des vestiges archéologiques. Il loue 8 suites uniques en leur genre, dont 2 pourvues d'un Jacuzzi dans un jardin privatif, ainsi que 2 chambres. Le triplex "Forms of Light" orné de vitraux, avec des chambres aux finitions soignées et deux terrasses sur le toit, est un véritable bijou. Un café où prendre le petit-déjeuner et un jardin complètent les installations.

Ville nouvelle

Stay Hostel AUBERGE DE JEUNESSE €
(Carte ci-contre ; ☎22410 24024 ; www.stayrhodes.com ; Fanouraki 19-21, ville nouvelle ; dort/ch 22/69 € ; 🚭❄📶). Cette auberge moderne bien équipée est de loin la meilleure option économique en ville. Dortoirs et doubles bien tenus, où le personnel laisse même des petits cadeaux pour les hôtes, cuisine commune au rez-de-chaussée, bar-lounge, cinéma et petite salle de sport sur le toit en terrasse.

Hotel Anastasia PENSION €€
(Carte ci-contre ; ☎22410 28007 ; anastasia-hotel.com ; 28 Oktovriou 46, ville nouvelle ; s/d/tr avec petit-déj 59/70/94 € ; ❄@📶). L'hébergement le plus accueillant et tranquille de la ville nouvelle, dans une jolie villa à l'écart de la route. Les chambres de couleur ocre ont du carrelage au sol, des volets en bois et du mobilier traditionnel. Deux à l'avant s'agrémentent d'une petite terrasse privée

bizarrement accessible par la salle de bains. Petit-déjeuner dans le jardin luxuriant.

Florida Hotel HÔTEL €€

(Carte p. 300 ; 22410 22111 ; Amarandou 5, ville nouvelle ; s/d/tr 43/78/97 € ;). Ce petit hôtel simple et moderne se situe dans une ruelle piétonne, à une courte distance de la plage située à l'extrémité nord de la ville nouvelle. Impeccables, les chambres peintes en blanc et climatisées disposent d'une kitchenette et d'une terrasse ou d'un balcon fleuri. Yvonne, la propriétaire serviable, propose des plans du secteur dessinés par ses soins.

Où se restaurer

Vieille ville

To Marouli VÉGÉTARIEN €

(Carte p. 296 ; 22413 04394 ; Platonos 22 ; plats 8-12 € ; 12h-22h lun-sam, 13h-19h dim ;). Le nom de ce restaurant, qui se démarque nettement des autres, signifie "laitue" et annonce une profusion de légumes verts. De délicieuses pâtes en provenance d'Italie, comme le patron, mais aussi plat thaï à l'ananas et au riz sauté, salades et beignets d'oignon.

Old Town Corner Bakery BOULANGERIE €

(Carte p. 296 ; 22410 38494 ; Omirou 88 ; en-cas 2-6 € ; 7h-19h lun-sam, 8h-15h dim ;). Du jazz et des arômes d'arabica s'échappent de cette minuscule boulangerie, une adresse de quartier prisée juste à l'intérieur de la porte Saint-Athanase. Dégustez viennoiseries – les croissants du matin partent vite –, clubs-sandwichs, tartes aux pommes et jus de fruits sur les quelques tables disposées sur le trottoir.

To Megiston TAVERNE €

(Carte p. 296 ; 22410 29127 ; Sofokleous 9 ; plats 6-23 € ; 10h-1h ;). Pour l'incontournable repas dans une taverne grecque, celle-ci est idéale : des serveurs drôles et sympathiques, du retsina à gogo et tous les grands classiques préparés dans les règles de l'art. On s'y régale de *spetsofaï* (ragoût de saucisses au poulet et aux poivrons), de *kleftiko* d'agneau lentement mijoté au four et de succulentes crevettes de Symi sur une terrasse en face de la mosquée Ibrahim Pacha.

Marco Polo Cafe MÉDITERRANÉEN €€

(Carte p. 296 ; 22410 25562 ; www.marcopolomansion.gr ; Agiou Fanouriou 40-42 ; plats 15-25 € ; 19h-23h avr-oct ;). À peine visible depuis la rue et dépourvu d'enseigne, ce restaurant (ouvert uniquement le soir) attire de nombreux dîneurs grâce à des créations exquises telles que filets de daurade sur lit de boulgour, longe de porc aux figues ou poulpe sous vide à la crème de betterave. La cour-jardin aux senteurs de citron est parfaite pour un tête-à-tête romantique.

Pizanias FRUITS DE MER €€

(The Sea Star ; carte p. 296 ; 22410 22117 ; Sofokleous 24 ; plats 10-17 € ; 12h-minuit mars-oct ;). Donnant sur l'une des places les plus séduisantes et paisible de la vieille ville, cette table pittoresque est réputée pour sa daurade grillée, ses crevettes géantes, ses calamars farcis au fromage et autres plats de fruits de mer frais. On peut dîner en terrasse sous des arbres.

Taverna Kostas GREC €€

(Carte p. 296 ; 22410 26217 ; Pythagora 62 ; plats 9-22 € ; 10h-tard ;). La chaleureuse taverne tenue par Kostas comprend une salle à manger blanchie à la chaux et un lumineux jardin d'hiver à l'arrière. Elle propose des classiques grecs bien cuisinés, comme les *dolmades* (feuilles de vigne farcies) relevés d'une pointe de cumin et une succulente salade de poulpe.

Romios Restaurant GREC €€

(Carte p. 296 ; 22410 25549 ; romios-rhodes.gr ; Sofokleous 15 ; plats 9-20 € ; 12h-minuit ;). Ne vous fiez pas au décor composé de banquettes sous des dais, de cages à oiseaux et de guirlandes électriques, car Romios (à ne pas confondre avec le banal Romeo's, également dans la vieille ville) prend la cuisine au sérieux avec des spécialités de Rhodes comme le porc à la sauce de châtaignes, le veau aux olives ou le poulpe à l'orange.

Petaladika GREC €€

(Carte p. 296 ; 22410 27359 ; Menakleous 8 ; plats 6-20 € ; 12h-tard ;). Dans un coin juste en retrait de l'artère principale, le Petaladika ressemble à bien des pièges à touristes, mais son intérieur tout de blanc et de bois et ses tables élégantes à l'extérieur ont séduit nombre d'habitants. Tentez ses petits calamars frits, ses boulettes de courgette et son poisson grillé.

Mama Sofia TAVERNE €€

(Carte p. 296 ; ☎22410 24469 ; www.mamasofia.gr ; Orfeos 28 ; plats 14-28 € ; ⏲9h-tard ;). À un jet de pierre de la tour de l'horloge, face à la mosquée de Soliman, ce restaurant traditionnel a nourri des générations de voyageurs ! La carte décline les spécialités grecques : *souvlakia*, poulpe, *stifadho* (ragoût de viande, gibier ou fruits de mer à la tomate), *kleftiko* d'agneau ou de chèvre...

Dinoris Fish Restaurant POISSON €€€

(Carte p. 296 ; ☎22410 25824 ; www.dinoris.com ; Plateia Mousiou 14 ; plats 20-30 € ; ⏲12h-minuit ;). Nichée juste à l'intérieur des remparts, en face du Musée archéologique, cette table se classe parmi les plus sélectes et onéreuses de la vieille ville. Murs jaunes, nappes en lin blanches et verres étincelants offrent un cadre romantique. La cuisine met à l'honneur les produits de la mer (moules, risotto, soupe de poisson, homard, poulpe...). Certains prix s'entendent au kilo ; vérifiez avant de commander.

Hatzikelis POISSON €€€

(Carte p. 296 ; ☎22410 27215 ; hatzikelistavern.com ; Alhadef 9 ; plats 9-45 € ; ⏲12h-minuit ;). Ce luxueux restaurant situé près du port, à côté d'une basilique en ruine, jouit d'un cadre évocateur. Ses formules déjeuner avantageuses attirent une clientèle d'excursionnistes. Le soir, le concept consiste à choisir un poisson, dont la tête est préparée en soupe avec des crustacés et le reste en plat principal. Les ingrédients étant vendus au poids, le dîner peut coûter cher.

Ville nouvelle

Koykos GREC €

(Carte p. 300 ; ☎22410 73022 ; koukosrodos.com ; Mandilana 20-22, ville nouvelle ; plats 3-27 € ; ⏲24h/24 ;). Ce lieu engageant, près d'une rue commerçante piétonnière, comprend plusieurs salles décorées d'objets rétro et d'antiquités, une terrasse installée sur le trottoir et une cour intérieure agrémentée de bougainvillées. Surtout apprécié pour ses feuilletés maison (à partir de 2,30 € environ), il sert également les mezze habituels, ainsi que des plats de viande et de poisson. On peut toutefois se contenter d'un café ou d'un sandwich.

Niohori TAVERNE €

(Carte p. 300 ; ☎22410 35116 ; I Kazouli 29, ville nouvelle ; plats 7-12 € ; ⏲13h-23h lun-sam, 17h-23h dim). Cette taverne sans prétention fait la part belle aux plats carnés (le patron tient aussi la boucherie d'en face). Plutôt que dans la salle d'un blanc étincelant, installez-vous à l'extérieur ou dans la cour couverte pour déguster des boulettes de viande ou du foie de veau à l'origan, en écoutant la musique d'orgue qui s'élève parfois de l'église voisine.

♥ **Meltemi** FRUITS DE MER €€

(Carte p. 300 ; ☎22410 30480 ; Kountourioti 8 ; plats 9-22,50 € ; ⏲10h-tard ;). Si vous voulez manger en bord de mer, il n'y a pas mieux que le Meltemi, sur la plage de sable d'Elli juste après le port de Mandraki. Le bâtiment ne paie pas de mine, mais la terrasse dévoile une vue magnifique et les produits de la mer – poulpes, crevettes géantes, homards et calamars – sont accommodés avec maestria.

Kerasma GREC €€

(Carte p. 300 ; ☎22413 02410 ; facebook.com/KerasmaRestaurantRhodes ; George Leontos 4-6, ville nouvelle ; plats 14-32 € ; ⏲12h15-23h30 lun-sam, 18h-23h30 dim ;). Le numéro un des établissements contemporains qui bordent la rue des restaurants chics. Mijote des plats grecs fusion à l'image du poulpe grillé au miel accompagné de *fava* ou du filet de bœuf au poivre vert et chocolat blanc. Sa cave impressionnante rassemble une soixantaine de vins du pays.

Koozina GREC €€

(Carte p. 300 ; ☎6943451450 ; Leontos 19, ville nouvelle ; plats 12-27 € ; ⏲13h-23h30). Avec son décor au style scandinave, ce restaurant ne risque guère de dépayser les touristes nordiques qui se pressent dans la ville nouvelle. La patronne est fière de ses raviolis maison aux crevettes et coquilles Saint-Jacques et de son jarret d'agneau à la bière.

Où prendre un verre et faire la fête

La vieille ville manque curieusement de bars. Les lieux les plus populaires pour boire un verre sont les larges terrasses des tavernes. Sinon, il existe quelques adresses décontractées dans Sofokleous et des bars à musique autour de la Plateia Arionos.

La ville nouvelle possède une scène nocturne plus dynamique. Orfanidou peut être qualifiée de "rue de la soif" et Dragoumi est jalonnée de pubs. Pour des bars et cafés plus chics, direction les rues parallèles au port de Mandraki.

Vieille ville

Raxati Cafe BAR

(Carte p. 296 ; 22410 36365 ; Sofokleous 1-3 ; 10h-tard ;). Près de la mosquée Ibrahim Pacha, ce bar ouvert d'esprit et haut de plafond est aussi joli que sympathique. Murs en pierre ponctués d'affiches publicitaires vintage et lustres éclairant l'assortiment de bouteilles d'alcool derrière le comptoir. En-cas, cocktails, musique agréable et ambiance conviviale.

Rogmi Tou Chronou BAR

(Carte p. 296 ; 22410 25202 ; Plateia Arionos 4 ; 19h-4h ;). Si Dracula se mettait à aimer le rock et ouvrait un bar, il ressemblerait à cela : tentures de velours violet, bar en bois ouvragé, vitraux et bougies. La terrasse sur la place se prête à un apéritif détendu. Concerts les vendredi et samedi soir.

Mevlana CAFÉ

(Carte p. 296 ; 6942210846 ; Sokratous 76 ; 10h-minuit ;). Dans la rue la plus commerçante de la vieille ville, ce vénérable café de style turc attire immédiatement l'attention avec son sol en mosaïque de galets, ses panneaux en bois sculpté et ses clients fumant le narghilé sur des coussins. Accueil chaleureux garanti si vous entrez. La carte inclut cocktails, bières, thé glacé, jus de fruits et glaces, mais pas de nourriture hormis des desserts.

Macao Bar BAR

(Carte p. 296 ; 6936400305 ; www.macaobar.gr ; Plateia Arionos ; 19h-5h ;). Un bar ultra-stylé – sol en béton poli et ambiance ténébreuse à l'éclairage tamisé – au cœur de la vieille ville. Des DJ mixent certains soirs devant une clientèle branchée. Essayez les cocktails aux herbes aromatiques (10 €).

Ville nouvelle

Aktaion Cafe CAFÉ

(Carte p. 300 ; 22410 76856 ; aktaion-rodos.gr ; Plateia Eleftheria, ville nouvelle ; 8h-minuit ;). Le point de rendez-vous central de la vieille ville déploie sa large terrasse à l'ombre d'un grand platane, en face du port de Mandraki. Habitants et excursionnistes y décompressent en chœur devant des verres et des en-cas, tandis que les enfants profitent de l'aire de jeux attenante.

Christos Garden BAR

(Carte p. 300 ; 22410 32144 ; Griva 102, ville nouvelle; 22h-tard ;). Ce bar aux allures de grotte, assorti d'une cour fleurie en mosaïque de galets et d'une galerie d'art ouverte en journée, offre un moment de répit. Le soir venu, les guirlandes électriques scintillent et créent une atmosphère idéale pour siroter un cocktail.

Où sortir

9D: Throne of Helios FILM

(Carte p. 300 ; 22410 76850 ; www.throneofhelios.com ; 25 Martiou 2, ville nouvelle ; adulte/enfant 13/9 € ; 10h-23h ;). Cette expérience en 3D de 20 minutes vous fait vivre l'histoire de Rhodes à l'aide de fauteuils qui bougent, de pluie, de neige et de bulles. D'étonnants effets spéciaux reconstituent la construction du colosse de Rhodes, l'édification de la citadelle par les chevaliers de Saint-Jean et d'autres événements. Suit un court dessin animé en 3D sans parole qui intéressera les enfants.

Café Chantant CONCERTS

(Carte p. 296 ; 22410 32277 ; Dimokratou 3 ; 23h-tard ven-sam). Assis aux longues tables en bois, les habitants écoutent des concerts de musique traditionnelle en buvant de l'ouzo ou de la bière. Il fait sombre à l'intérieur et l'on ne sert pas d'en-cas, mais l'ambiance est conviviale et le groupe toujours plein d'entrain.

Achats

Au milieu de l'inévitable camelote, la vieille ville propose de nombreux souvenirs de qualité : lampes orientales, icônes, copies de bustes antiques, sandales, ceintures et sacs en cuir, bijoux en argent, planches à découper en bois d'olivier, vin de Rhodes et miel de thym local. Plus prosaïque, la ville nouvelle abrite des magasins d'alimentation, ainsi que quelques grands noms de la mode et enseignes de déco.

Rhodes Handmade Gallery ART ET ARTISANAT

(Carte p. 296 ; 22414 22242 ; Omirou 45 ; 9h-21h). Encore plus jolie de nuit, cette caverne d'Ali Baba évoque les *Mille et Une Nuits* avec ses lampes orientales en mosaïque.

So Greek ALIMENTATION

(Carte p. 296 ; 22410 36870 ; sogreek.business.site ; Ipodamou 40-42 ; 9h-22h lun-sam). Vins grecs, huiles d'olive, miels artisanaux, herbes aromatiques, épices et cosmétiques naturels dans de jolis emballages.

Renseignements

ARGENT

Rhodes compte de nombreux DAB, notamment dans les agences Alpha Bank près de l'office du tourisme de la vieille ville et sur Plateia Kypriou, dans la ville nouvelle. La Banque nationale de Grèce possède des bureaux bien situés dans la **ville nouvelle** (Plateia Kyprou), et une antenne sur Plateia Mousiou dans la vieille ville.

OFFICES DU TOURISME

EOT (organisme national du tourisme ; carte p. 300 ; ☎22410 44335 ; www.ando.gr/eot ; angle Makariou et Papagou, ville nouvelle ; ⏲8h30-14h45 lun-ven). Brochures, cartes et infos sur les transports.

Office du tourisme de Rhodes–ville nouvelle (carte p. 300 ; ☎22410 35495 ; rhodes.gr ; Plateia Rimini, ville nouvelle ; ⏲7h30-15h lun-ven). Bien placé entre le port de Mandraki et la vieille ville. Il comporte des toilettes publiques.

Office du tourisme de Rhodes–vieille ville (carte p. 296 ; ☎22410 35945 ; rhodes.gr ; angle Platonos et Ippoton ; ⏲7h-15h lun-ven). Dans un bâtiment ancien au pied de l'avenue des Chevaliers, l'antenne la plus utile aux voyageurs ; excellents plans de rue et brochures.

SERVICES MÉDICAUX

Euromedica General Hospital (☎22410 45000 ; www.euromedica-rhodes.gr ; Koskinou). Ce grand hôpital privé, doté d'un personnel anglophone et d'un service d'urgences 24h/24, se situe à Koskinou, à 9 km au sud de la vieille ville.

Hôpital général de Rhodes (☎22413 60000 ; Andreas Papandreou ; ⏲24h/24). À 5 km au sud-ouest de la vieille ville, cet hôpital public a été durement touché par la crise économique. La pénurie de personnel peut se traduire par de longues attentes.

Rhodes Medical Care (☎22410 38008 ; www.rmc.gr ; Bâtiment Krito, Ioannou Metaxa 3, ville nouvelle). Une clinique privée qui traitera toutes les urgences, à condition que vous ayez une couverture maladie. Personnel excellent et équipements de pointe.

URGENCES

Urgences et ambulances (☎166)

Police portuaire (☎22410 27634 ; port de Mandraki, ville nouvelle)

Police touristique (☎22410 27423 ; ville nouvelle ; ⏲24h/24)

Comment circuler

BATEAU

Des excursions en bateau vers les villes et les plages de la côte est, dont Faliraki et Lindos, partent du port de Mandraki.

BUS

Les lignes locales partent de l'**arrêt des bus urbains** (carte p. 300, ville nouvelle) sur le port de Mandraki. Pratique pour les touristes, le bus 6 rallie l'acropole. Les billets s'achètent à bord.

Deux gares routières, aux extrémités d'une courte rue de la ville nouvelle, desservent chacune la moitié de l'île. Des bus réguliers circulent en semaine, mais ils sont moins fréquents le samedi et plus rares encore le dimanche. Les horaires sont affichés à côté des billetteries et consultables en ligne. Les billets coûtent 0,20 € de plus quand on les prend auprès du chauffeur en montant.

Gare routière Est (carte p. 300 ; ☎22410 27706 ; www.ktelrodou.gr ; Averof, ville nouvelle). Couvre Faliraki (2,40 €), la plage de Tsambika (3,90 €), Haraki (4,90 €), Lindos (5,50 €), Lahania (7,80 €), Kattavia (9 €) et Prasonisi (10,40 €).

Gare routière Ouest (carte p. 300 ; ☎22410 26300 ; www.desroda.gr ; Averof, ville nouvelle). Si des bus très fréquents longent la côte jusqu'à l'aéroport (2,40 €), peu vont au-delà. Des bus d'excursion quotidiens rejoignent toutefois les sites antiques de Lalyssos (lun-sam ; 5,20 €) et Kamiros (5,20 €), ainsi que la vallée des Papillons (5 €). D'autres bus, coïncidant avec les horaires des ferrys, relient Rhodes à Skala Kamirou (4,50 €). Une ligne couvre Monolithos (5 €) en semaine. Curieusement, la gare Ouest assure un service régulier vers Kalithea Thermi (2,40 €), pourtant sur la côte est.

TAXI

Notez que dans la vieille ville aux ruelles étroites, largement piétonnière, les taxis doivent généralement déposer leurs passagers à la porte la plus proche de la destination finale. Quelques hôtels haut de gamme viennent vous chercher en voiturette de golf.

La principale **station de taxis** (carte p. 300 ; Papagou) se tient à l'est de la Plateia Rimini, à la lisière nord de la vieille ville. Un panneau affiche les prix. Le tarif au compteur est légèrement inférieur pour les trajets urbains que pour le reste de l'île. Comptez le double entre minuit et 5h.

On peut aussi commander un **taxi** (☎ville de Rhodes 22410 69800, en dehors 22410 69600 ; www.rhodes-taxi.gr).

VÉLO

Margaritis (☎22410 37420 ; margaritisrentals.gr ; I Kazouli 17 ; ⏲8h-21h), dans la ville nouvelle, loue des vélos.

VOITURE ET MOTO

Si vous logez à Rhodes même, sachez que vous ne pourrez pas conduire dans la vieille ville, ni même vous y garer. Mieux vaut donc louer une voiture uniquement pour les jours où vous l'utiliserez.

Drive Rent A Car (☎22410 81011, 22410 68243 ; www.driverentacar.gr ; Km 1 sur la route Tsairi-aéroport ; ⏲8h-21h). Scooters et véhicules plus récents et plus solides.

Margaritis (p. 305). Voitures, scooters et vélos fiables, dans la ville nouvelle.

Orion Rent a Car (☎22410 22137 ; www.orioncarrental.com ; Leontos 38, ville nouvelle). Grand choix de voitures, petites ou de luxe.

Nord-est de Rhodes

La majorité des plages de sable de l'île bordent la côte nord-est, entre Rhodes et Lindos. En résulte une longue succession de stations balnéaires, prises d'assaut par les vacanciers en séjour organisé, où les bars à touristes pullulent.

À 16 km au sud de Rhodes, juste après Faliraki, se déploie la belle plage très fréquentée de **Ladiko** (P 👪), composée de deux criques. La plus grande est recouverte de sable et de gravier. La seconde, appelée **plage Anthony Quinn**, est faite de galets et se prête mieux à la baignade. L'acteur vedette de *Zorba le Grec* l'acheta à l'État dans les années 1960, mais sa famille prétend que ce dernier n'aurait jamais honoré la vente.

Dix kilomètres plus loin, de part et d'autre du promontoire massif de Tsambika, les étendues sablonneuses de **Kolymbia** et **Tsambika** grouillent de monde en été. À proximité, la route côtière tourne vers l'intérieur des terres, mais un crochet mène à la plage paradisiaque de **Stegna** et à la petite station éponyme. La petite taverne de poissons **To Pirofani** (☎6972165186 ; Stegna ; plats 7-17 € ; ⏲10h-23h ; P 📶 👪) convient bien pour une pause déjeuner.

Les ruines du **fort de Faraklos** (XVe siècle), offrant une vue superbe, se dressent sur le promontoire qui marque le début du virage final en direction de Lindos, 40 km au sud de Rhodes. Ancienne prison destinée aux chevaliers récalcitrants, il fut aussi le dernier bastion de l'île à tomber aux mains des Turcs. Un sentier monte au château depuis la charmante localité balnéaire d'**Haraki**, juste au sud, dont la baie en forme de fer à cheval est couverte de galets.

À voir

Kalithea Thermi — ARCHITECTURE

(Carte p. 294 ; ☎22410 37090 ; www.kallitheasprings.gr ; Kalithea ; 3 € ; ⏲8h-20h avr-oct, 8h-17h nov-mars ; 👪). On doit à l'architecte italien Pietro Lombardi ce riche établissement thermal Art déco construit en 1929. Ses pavillons à coupole blanche, ses cours en mosaïque et ses colonnades avec vue splendide sur la mer ont servi de décor à des scènes de *Zorba le Grec* et des *Canons de Navarone*. En haute saison, son café et sa petite plage de sable convenant à la baignade affichent littéralement complet.

Epta Piges — SOURCES

("Sept sources" ; carte p. 294 ; Kolymbia ; ⏲24h/24 ; P 👪). À 4 km de Kolymbia vers l'intérieur des terres, les sources de ce beau site alimentent un ruisseau qui traverse un tunnel étroit de la hauteur d'un adulte. Les amateurs de sensations fortes peuvent parcourir quelques centaines de mètres dans l'obscurité avec de l'eau vive jusqu'aux chevilles pour rejoindre le lac ombragé à son extrémité.

Depuis/vers le nord-est de Rhodes

Des bus fréquents au départ de la gare routière Est (p. 305) de Rhodes desservent les stations les plus populaires le long de l'axe principal. Si vous aimez marcher, vous pourrez rejoindre des plages moins bondées le long de l'itinéraire.

Lindos Λίνδος

1 100 HABITANTS

La première vision de Lindos surprend par sa beauté. L'acropole imposante resplendit au sommet d'une colline couverte de cyprès argentés, au pied de laquelle des maisons cubiques blanchies à la chaux s'étagent jusqu'à la baie turquoise.

De l'intérieur, l'endroit n'apparaît pas aussi idyllique. Il s'agit en effet d'une destination touristique majeure, dont les abords souffrent de la circulation automobile et les visiteurs emplissent les ruelles. En venant hors saison ou en passant la nuit sur place, il reste toutefois possible d'apprécier le dédale du centre historique et ses demeures de capitaines au long cours converties en sympathiques tavernes, bars et cafés. La vue imprenable du haut de l'acropole n'a en outre rien perdu de sa splendeur. L'ancienne Lindos fut fondée par les Doriens vers 2000 av. J.-C. sur un site choisi pour son port naturel et son emplacement stratégique. Elle recèle un ensemble de vestiges byzantins, francs et ottomans.

À voir et à faire

Acropole de Lindos SITE ARCHÉOLOGIQUE
(Carte p. 294 ; 22440 31258 ; tarif plein/réduit/enfant 12/6 €/gratuit ; 8h-19h40 avr-oct, 8h-15h mar-dim nov-mars). Un sentier raide gravit le rocher de 116 m en haut duquel trône l'acropole bien conservée. Les remparts érigés par les chevaliers de Saint-Jean ont remplacé les fortifications originelles du VIe siècle av. J.-C. autour du sommet. L'enceinte sert d'écrin à de remarquables ruines antiques, dont le **temple d'Athéna** (fin du IVe siècle av. J.-C.) et une **stoa hellénistique** composée de 20 colonnes, qui tranchent par leur blancheur sur le bleu du ciel et le panorama côtier de toute beauté.

Prévoyez un chapeau et de l'eau car il n'y a pas d'ombre. Attention aux nombreux dénivelés, qui peuvent être dangereux pour les enfants.

Lepia Dive PLONGÉE
(6937417970 ; www.lepiadive.com ; Pefkos ;). Nombreuses options, notamment des plongées sur des récifs, des épaves ou dans des grottes, ainsi que des cours PADI pour enfants, débutants et plongeurs confirmés. Les locaux sont adaptés aux fauteuils roulants et l'école organise des sorties conçues par des spécialistes et certifiées DDI (organisation internationale de plongeurs handicapés). On vient vous chercher gratuitement.

Plages

Plage principale de Lindos PLAGE
La plus grande des deux superbes plages de Lindos s'étend au creux de la baie, au nord du village. Sablonneuse et descendant doucement vers la mer, elle est parfaite pour la baignade en famille, mais on s'y bouscule en été. Parking gratuit sur le versant de la colline au-dessus.

Plage de Pallas PLAGE
Juste en contrebas du village, cette plage de taille réduite bordée de tavernes est accessible par un sentier ; celui-ci débute par un étroit chemin côtier depuis la plage principale. Ne vous baignez pas près de la jetée à cause des oursins. S'il y a trop de monde, vous pouvez vous jeter à l'eau depuis les rochers plus loin.

Plage de Saint-Paul PLAGE
À une courte marche de l'extrémité sud du village, la baie de Saint-Paul presque circulaire n'est reliée à la mer que par une mince ouverture entre les rochers. Sa plage abritée aux calmes eaux turquoise est un lieu de baignade pris d'assaut en haute saison. Saint Paul aurait trouvé refuge ici en 57 à la suite d'une tempête.

Où se loger

L'hébergement étant limité, il importe de réserver tôt. Sachez aussi que la plupart des hôtels dont le nom ou l'adresse inclut le mot "Lindos" se situent en réalité à l'extérieur de la ville, sur la côte proche.

F Charm Hotel BOUTIQUE-HÔTEL €€
(6944339937, 22440 32080 ; www.lindos-finestaying.com ; Lindos ; ch avec petit-déj à partir de 140 € ;). Dans une cour fermée, cette adresse compte 6 chambres d'une blancheur de rêve et 2 suites familiales. Toutes comportent mobilier shabby chic, lits surélevés typiques avec matelas Coco-Mat, réfrigérateur et kitchenette, sous un plafond à poutres apparentes. À l'extrémité sud de Lindos, près du poste de police.

Anastasia Studios APPARTEMENTS €€
(22440 31212 ; lindos-studios.gr ; Lindos ; d et tr 60 € ; P). En retrait du parking à l'extrémité sud de Lindos, ces 6 appartements en duplex autour d'une cour agrémentée de géraniums donnent sur l'acropole. Tous possèdent des sols carrelés, un canapé-lit, une cuisine bien équipée et une chambre séparée. Le n°6 a un balcon privatif.

Melenos Lindos BOUTIQUE-HÔTEL €€€
(22440 32222 ; www.melenoslindos.com ; Lindos ; ste avec petit-déj à partir de 335 € ; @). Sur le chemin muletier au-dessus de la plage de Pallas, ce palais de style mauresque présente un cadre enchanteur : allées de bougainvillées, pavements en mosaïque de galets, vérandas ornées de lampions et boules de verre éclairant un mobilier ottoman. Les chambres, dans le style traditionnel de Lindos, ont des lits surélevés, un plafond en bois et un balcon. Superbe restaurant sur place (p. 308).

Où se restaurer et prendre un verre

La plupart des tavernes de Lindos servent leurs clients sur des toits en terrasse perchés dominant le dédale des rues.

On profite ainsi d'une vue formidable sur l'acropole, illuminée la nuit, et sur la baie, mais impossible de savoir s'il y a d'autres convives avant d'être monté.

Village Cafe BOULANGERIE €
(☎22440 31559 ; villagecafelindos.com ; Lindos ; plats 8-20 € ; ⏲8h-18h30 lun-sam, 8h-17h30 dim ;). Près du début du chemin muletier montant à l'acropole, ce café-boulangerie blanchi à la chaux comporte une jolie cour pavée d'une mosaïque de galets à l'ombre de plantes grimpantes. Au menu : pâtisseries, glaces, salades, wraps, sandwichs fraîchement préparés, café chaud ou glacé et jus de fruits. Mention spéciale pour le *bougatsa* (feuilleté à la crème vanillée).

Kalypso TAVERNE €€
(☎22440 32135 ; www.kalypsolindos.com ; Lindos ; plats 10-24 € ; ⏲11h-minuit ;). Cette ancienne maison de capitaine arborant des somptueux bas-reliefs en pierre est idéale pour déjeuner ou dîner, en terrasse sur le toit ou à l'intérieur. Daurade, poulpe, *makarounès* (pâtes maison aux oignons frais et fromage local fondu), côtes d'agneau grillées et bien d'autres délices. Essayez le "pain Kalypso" garni de tomate et de feta.

Melenos GREC €€€
(☎22440 32222 ; www.melenoslindos.com ; Lindos ; plats 22-32 € ; ⏲8h-23h ;). Le splendide restaurant en terrasse de l'hôtel de luxe Melenos (p. 307) surplombe la plage de Pallas sur le chemin muletier montant à l'acropole. Le saumon mariné à l'ouzo, le bar vapeur, les pâtes à la viande de chèvre et le steak de bœuf au vin rouge avec des petits légumes sortent du lot. De somptueux desserts parachèvent le tout.

Ambrosia MÉDITERRANÉEN €€€
(☎22440 31804 ; Lindos ; plats 14-42 € ; ⏲déj et dîner ;). Dépourvu de toit en terrasse, le restaurant le plus chic de Lindos met avant tout l'accent sur la cuisine. Que vous optiez pour le carpaccio de daurade en entrée, les pâtes à l'encre de seiche ou le jarret d'agneau, celle-ci ne vous décevra pas. Georges, le patron, offre à chaque convive un verre de vin pétillant en guise de bienvenue.

Captain's House CAFÉ
(☎22440 31235 ; Lindos ; en-cas 5 € ; ⏲8h-minuit ;). En descendant de l'acropole, arrêtez-vous pour boire un jus de fruits dans cette maison de capitaine du XVIe siècle à la décoration nautique et à l'ambiance locale typique. Prenez place dans la cour décorée de mosaïque de galets et admirez les superbes bas-reliefs en pierre ; ou jetez un coup d'œil au rez-de-chaussée restauré avec du mobilier d'époque recréant le cadre de vie des anciens propriétaires.

Renseignements

Office du tourisme de Lindos (☎22440 31900 ; place principale, Lindos ; ⏲9h-15h). Kiosque à l'entrée principale du village.

Island Of The Sun Travel (☎22440 31264 ; Lindos ; ⏲9h-23h). Excursions locales, location de voitures et hébergement.

Depuis/vers Lindos

Des bus fréquents circulent entre la place principale de Lindos et la gare routière Est de Rhodes (p. 305) toutes les 30 minutes aux heures de pointe (5,50 €). Le même trajet en taxi coûte 65 €. La course pour l'aéroport coûte 75 €.

Sud de Rhodes

Les stations balnéaires ont fleuri ces dernières années au sud de Lindos. Cependant, plus on descend le long du littoral oriental, plus l'île devient venteuse et les villages épargnés par l'afflux touristique vivent à un rythme plus tranquille.

À 2 km de la ville s'étend la plage de sable de **Pefki**, très populaire. S'il y a foule, essayez celle de **Glystra**, un peu plus loin sur la route, qui est propice à la baignade.

Localité assoupie juste en retrait de la route principale, **Gennadi** se résume à une poignée de maisons blanches, de cafés et de tavernes. Dans la direction opposée, sa longue plage rectiligne de sable et de galets s'étire vers le sud sur 11 km presque sans interruption jusqu'à **Plimmyri**. Un embranchement signalé mène à Lahania, à 2 km dans l'intérieur des terres. Descendez dans le vieux village et vous découvrirez un lacis de ruelles tortueuses et de maisons traditionnelles.

Après la route indiquée qui conduit à Plimmyri, l'axe principal prend la direction de l'ouest, quitte la côte et contourne la pointe sud de l'île. À 5 km de là, le Colonia San Marco Caffé (ci-contre) solitaire, témoin de la présence italienne, dispose d'une machine à expresso. Le village de **Kattavia**, 3 km plus loin, s'anime à l'heure du déjeuner quand ses tavernes accueillent les excursionnistes qui font le tour de l'île.

Au sud, une route de 10 km battue par les vents serpente jusqu'au **cap Prasonisi**, le point le plus méridional de Rhodes, en passant par une monstrueuse centrale électrique au diesel. Relié à Rhodes par une étroite bande de sable en été, il devient complètement isolé l'hiver lorsque le niveau de l'eau monte. Point de rencontre de la mer Égée et de la Méditerranée, le cap est connu pour ses vents et ses vagues favorables à la planche à voile. Quelques centres louent des équipements, dispensent des cours et assurent l'hébergement des véliplanchistes dans des sortes d'auberges de jeunesse rustiques. Tout ferme cependant en dehors de la période estivale.

Activités

Le **Pro Center Christof Kirschner** (☎22400 91045 ; prasonisi.com ; plage de Prasonisi ; ⏲mai-oct ; 👪) loue du matériel (à partir de 30 €/heure) et dispense des cours de planche à voile (2 heures, à partir de 75 €).

Où se loger

Pour ceux qui ont envie d'un séjour rural sans sacrifier leur confort, le **Four Elements** (☎6939450014, 22440 46001 ; www.bnbthe-fourelements.com ; Lahania ; app avec petit-déj 115-180 € ; P ❄ @ 📶 🏊) loue 4 appartements spacieux avec cuisine entièrement équipée, jardin, piscine et coin barbecue, dont un accessible en fauteuil roulant. Le prix inclut le buffet du petit-déjeuner. Quatre nuitées minimum. Sur place, les sympathiques propriétaires belges tiennent aussi le café-bar Fifth Element.

Où se restaurer et prendre un verre

Taverna Platanos TAVERNE €

(☎6944199991 ; www.lachaniaplatanostaverna.com ; Lahania ; plats 6-13,50 € ; ⏲11h-tard ; P ❄ 📶). N'hésitez pas à braver les ruelles plus qu'étroites de Lahania pour atteindre cette taverne villageoise réputée dans toute l'île. Située derrière l'église Agios Georgios, son décor typique et sa terrasse fleurie en font un lieu agréable pour une pause déjeuner. L'agneau rôti au citron ne coûte que 13,50 €, les copieux ragoûts de bœuf ou de chèvre, 10,50 €, les salades, houmous et autres tzatziki encore moins chers.

Mama's Kitchen GREC €

(☎22440 43547 ; plats 7-13 € ; ⏲petit-déj, déj et dîner ; P ❄). Dans cette taverne toujours animée au cœur de Gennadi, dégustez des portions olympiennes d'agneau ou de bœuf grillé en contemplant les scènes mythologiques peintes sur les murs. Il y a aussi des pizzas.

♥ **Colonia San Marco Caffé** CAFÉ

(Carte p. 294 ; ☎22440 91483 ; Kattavia ; ⏲8h-minuit ; 📶). Ce bâtiment au milieu de nulle part, à 3 km à l'est de Kattavia, semble tout droit sorti d'un western-spaghetti. Construit en 1926, il formait la structure centrale d'une colonie agricole italienne et comprenait à l'origine une école, en plus de l'église qui subsiste. Le café accueillant aménagé à l'intérieur sert des expressos et des en-cas au milieu de souvenirs du passé singulier des lieux.

Depuis/vers le sud de Rhodes

Si vous n'êtes pas motorisé, les bus locaux (www.ktelrodou.gr) constituent une alternative correcte. Ils relient régulièrement la ville de Rhodes à Pefki, Kiotari et Gennadi entre 6h et 21h, mais peu d'entre eux vont jusqu'à Lahania et au cap Prasonisi.

Depuis l'aéroport, comptez environ 120 € (1 heure 30) pour y arriver directement en taxi.

Ouest de Rhodes et intérieur de l'île

L'ouest de l'île fleure bon l'odeur des pins qui couvrent ses collines boisées. Plus exposé au vent que la côte orientale, une aubaine pour les véliplanchistes et les kitesurfeurs, il se distingue par une mer houleuse et des plages généralement de galets. Si vous circulez à vélo, à scooter ou en voiture, les routes qui sillonnent l'intérieur révèlent des paysages vallonnés justifiant le détour.

Les ruines des cités antiques de Ialysos (p. 310) et de Kamiros (p. 310) constituent les deux principales haltes possibles. Autrement, les localités se font rares et très espacées après l'aéroport. **Skala Kamirou**, à 45 km au sud-ouest de Rhodes, est un petit port d'où partent les ferrys pour l'île voisine de Halki. Desservi par des bus, il possède quelques tavernes sur le front de mer.

Juste au sud de Skala Kamirou, les ruines du **château de Kritinia** (XVIe siècle) trônent fièrement sur un promontoire. De l'axe principal, faites un crochet pour contempler des vues magiques sur la côte et Halki.

En reprenant la route vers le sud, le paysage devient sublime, avec de vastes perspectives montagneuses à l'approche de **Siana**, village au pied du mont Akramytis (825 m). **Monolithos**, 5 km plus loin, abrite un fort du XVe siècle, perché sur un rocher à pic de 240 m (ci-après). En descendant une route vertigineuse qui serpente sur 5 km, on atteint ensuite la **plage de Fourni** (P).

À voir

Kamiros antique SITE ARCHÉOLOGIQUE
(Carte p. 294 ; 22410 40037 ; 6 € ; 8h-19h40 mai-oct, 8h30-15h nov-avr ;). Les vestiges – essentiellement d'époque hellénistique – de cette cité mentionnée par Homère, s'étendent dans un amphithéâtre naturel dominant la mer, à 34 km au sud-ouest de Rhodes. Fondée au Xe siècle av. J.-C., Kamiros connut son apogée au VIIe siècle av. J.-C. Des tremblements de terre la dévastèrent en 226 et 142 av. J.-C. Parmi les monuments reconnaissables figurent des temples, une grande *stoa* du IIIe siècle, des thermes et des habitations.

Château de Monolithos CHÂTEAU
(Carte p. 294 ; 24h/24 ; P). GRATUIT Cette forteresse du XVe siècle, construite par les chevaliers, se dresse en haut d'un piton isolé, à 2 km à l'ouest du village en direction de la plage de Fourni. Près d'un café situé dans un virage, un court sentier grimpe jusqu'à une brèche dans la muraille. Seule la partie tournée vers l'intérieur des terres est fortifiée, le reste étant défendu par l'à-pic. Une petite chapelle blanche marque le sommet, au-dessus d'une autre en ruine. Venez de préférence au soleil couchant pour jouir d'un magnifique panorama.

Vallée des Papillons FORÊT
(Petaloudès ; carte p. 294 ; 22410 82822 ; 5 € ; 9h-17h ; P). À 7 km en amont de la côte occidentale et à 32 km au sud-est de Rhodes, cette gorge étroite se couvre l'été, généralement du 10 juin et 20 septembre, de myriades d'"écailles chinées" (*Callimorpha quadripunctarea*), attirées par l'odeur de la résine des alibouifiers (styrax). Il s'agit d'un lieu d'excursion prisé des touristes en circuit organisé et ses sentiers sont très fréquentés la majeure partie de l'année.

Ialysos antique SITE ARCHÉOLOGIQUE
(Carte p. 294 ; 22410 92202 ; www.gtp.gr/acropolisofialysos ; 6 € ; 8h-19h40 mai-oct, 8h30-15h nov-avr ;). Édifiée au IIIe siècle av. J.-C. sur la colline de Filerimos, 10 km au sud-ouest de Rhodes, la cité d'Ialysos fut conquise par des envahisseurs successifs au fil des siècles. En résulte un enchevêtrement de vestiges doriques, byzantins et médiévaux, difficile à déchiffrer pour le profane. En arrivant, un escalier mène aux fondations du temple d'Athéna et à la paisible chapelle Agios Georgios (XIVe siècle) restaurée. À gauche de l'entrée, un sentier débouche sur une chapelle du XIIe siècle, ornée de fresques.

Où se loger et se restaurer

Hotel Thomas HÔTEL €
(22460 61291 ; Monolithos ; ch 44 € ; P). Cette vieille institution d'un bon rapport qualité/prix à l'accueil chaleureux vous attend à 150 m en aval de la partie sud-ouest de Monolithos (tournez en face du restaurant Limeri). Ses chambres de taille respectable ont une kitchenette et une vue sur les oliviers jusqu'à la mer. Petit-déjeuner simple en sus (5 €).

Limeri GREC €
(22460 61227 ; www.limeri.gr ; Monolithos ; plats 6,50-13 € ; petit-déj, déj et dîner ; P). Près de la route qui quitte Monolithos en direction du château, ce vaste restaurant sert une cuisine locale de qualité dans une salle cosy et sur une terrasse spacieuse. Mention spéciale pour les *dolmades* (feuilles de vigne farcies), ainsi que l'agneau et la chèvre rôtis au four. Il propose aussi des chambres élégantes (50 €) et des suites de 2 pièces (75 €).

To Stolidi Tis Psinthou TAVERNE €€
(22410 50009 ; Psinthos ; plats 9-13,50 € ; déj et dîner ; P). Le meilleur des restaurants qui bordent la place animée de Psinthos, une localité à 16 km au sud-est de Petaloudès. Les portions sont ici gargantuesques. Goûtez le roboratif *kapamas* – mélange de viande, riz, pommes de terre et herbes cuit au four – et les croquettes de pois chiches.

Depuis/vers l'ouest de Rhodes et l'intérieur de l'île

Les bus longeant la côte occidentale partent de la gare routière Ouest (p. 305) de Rhodes. Chaque matin, des bus d'excursion desservent Lalyssos (lun-sam), Kamiros et la vallée des Papillons. Par ailleurs, des bus transportent les passagers des ferrys entre Skala Kamirou et Rhodes, et jusqu'à Monolithos (lun et ven uniquement).

HALKI ΧΑΛΚΗ

310 HABITANTS

Grâce aux splendides demeures italianisantes qui entourent son port, cette ancienne île de pêche à l'éponge séduit de prime abord. À peine débarqué du ferry, le voyageur y découvre un condensé de Grèce : un vieux pêcheur décortique des crevettes sous un figuier, un prêtre orthodoxe déambule dans une ruelle étroite et des bateaux colorés se balancent dans le port. Il n'y a pas grand-chose à faire, hormis se relaxer, profiter du soleil sur des petites plages léchées par des eaux bleu-vert et randonner sur l'épine dorsale montagneuse de l'île pour visiter son monastère.

Depuis/vers Halki

Le catamaran de **Dodekanisos Seaways** (carte p. 296 ; ☎22410 70590 ; www.12ne.gr ; port de Kolona, vieille ville) reliant Rhodes à Tilos (13 €, 40 min), Nisyros (24 €, 1 heure 30), Kos (24 €, 1 heure 30) et Kalymnos (35 €, 3 heures) s'arrête à Halki (port d'Emborios) les mardi et jeudi matin, puis repart en sens inverse le soir. Ces jours-là, on peut effectuer l'aller-retour dans la journée pour visiter l'île. L'*Anek Prevelis* d'**Anek Lines** (carte p. 296 ; ☎22410 35066 ; www.anek.gr ; 5 Akti Sahtouri) assure 3 liaisons hebdomadaires avec Santorin, Anafi, Kassos, Karpathos (Pigadia et Diafani) et Rhodes. Il effectue aussi une fois par semaine la traversée entre Halki et Héraklion, en Crète (22 €, 11 heures 30).

Trois bateaux quotidiens, **Nissos Halki** (Velis Lines ; carte p. 294 ; ☎6946519817, 6934117388 ; Skala Kamirou ; 🕒2-3/jours mar-dim), **Nikos Express** (☎6946826905 ; nikos_express@hotmail.com ; Skala Kamirou ; 🕒1-2/jour mer-dim) et **Fedon** (☎22460 45110), vont d'Halki au petit port de Skala Kamirou, sur la côte ouest de Rhodes. De là, un bus rejoint la vieille ville de Rhodes en 1 heure.

Comment circuler

En été, des minibus réguliers circulent entre Emborios et les plages de Pondamos, Ftenagia et Kania (2 €). Le vendredi soir, ils font aussi un aller-retour au monastère Moni Agiou Ioanni (5 €). Des bateaux d'excursion vont jusqu'à l'île inhabitée d'Alimia (30 € environ).

Emborios Εμπορειός

300 HABITANTS

La seule – et minuscule – ville de Halki épouse une baie turquoise abritée et luxuriante. Le large front de mer dallé, presque entièrement piétonnier, voit passer devant ses tavernes et cafés engageants autant de chats que d'humains. Étagées le long d'une falaise basse, les maisons de capitaines et de pêcheurs du XIXe siècle forment une magnifique toile de fond dans les tons crème, roses et ocre. Pas de plage, mais des échelles permettent aux baigneurs d'entrer dans l'eau.

À voir

Les demeures néoclassiques d'Emborios sont un régal pour les yeux. La plupart ont été restaurées pour la location, d'autres restent délabrées.

L'imposante **tour de l'horloge** a été financée par des Halkiotes de Floride, mais son mécanisme ne fonctionne plus depuis une vingtaine d'années. L'**église Agios Nikolaos** voisine possède le plus haut clocher du Dodécanèse, qui intègre des pierres provenant d'un temple d'Apollon, et une cour en mosaïque de galets.

À flanc de colline non loin du port, la **maison traditionnelle de Halki** (☎22460 45284 ; 2,50 € ; 🕒11h-15h et 18h-20h), une maison centenaire, a été méticuleusement préservée. Elle renferme mobilier, vaisselle, photos et costumes d'époque, y compris les dessous de la grand-mère du propriétaire. Prenez l'embranchement indiqué à droite sur la route de la plage de Pondamos.

Où se loger

Captain's House PENSION €

(☎22460 45201, 6932511762 ; capt50@otenet.gr ; d 45 € ; ❄📶). En retrait de la mer, près de l'église, cette maison ayant appartenu à un combattant de la résistance arbore un décor de pendules anciennes et de maquettes de goélettes. Les deux jolies chambres, avec climatisation et salle de bains, ont conservé leurs hauts plafonds et leurs parquets du XIXe siècle. La cour-jardin reposante comprend un solarium avec une belle vue sur le port. Excellent rapport qualité/prix.

♥ **Aretanassa Hotel** HÔTEL €€

(☎22460 70927 ; facebook.com/aretanassa.hotel ; port ; avec petit-déj d 105-122 €, tr 127 € ; ❄📶). Cette ancienne manufacture d'éponges grenat (léguée à la municipalité) propose 19 chambres baignées de soleil face à la mer, avec murs bleu azur, grands lits et sols carrelés. Presque toutes ont un balcon. Adorable bar-restaurant et terrasse surplombant les flots. Ascenseur et accès pour personnes handicapées.

MATT MUNRO/LONELY PLANET ©

1. Kalymnos (p. 350)
Marchande d'éponges dans l'île sauvage et escarpée de Kalymnos.

2. Monastère Saint-Jean-le-Théologien (p. 365), Patmos
Pope devant les fresques de la chapelle.

3. Mandraki (p. 333), Nisyros
Flânez dans cette ville paisible presque dépourvue de voitures.

4. Symi (p. 324)
L'influence italienne est omniprésente dans l'architecture de la ville.

NEJDET DUZEN/SHUTTERSTOCK ©

Où se restaurer

Magefseis GREC €

(☎22460 45065 ; plats 7-11 € ; ⏲petit-déj, déj et dîner ;). Ne vous fiez pas au menu illustré d'aspect touristique, car le jovial Christos a une façon unique d'accommoder la pêche du jour. La carte comprend aussi des grillades, de la moussaka et autres classiques qui ne déçoivent pas.

Dimitri's Bakery BOULANGERIE €

(En-cas 1,50-3 € ; ⏲6h-15h). Des générations d'insulaires et de visiteurs se sont fournis en pâtisseries et en-cas salés (feuilletés au fromage, aux épinards...) chez Dimitri, ouvert dès le petit matin. Ne manquez pas le *tsoureki*, une sorte de brioche.

Black Sea TAVERNE €€

(☎22460 45021 ; plats 7-15 € ; ⏲déj et dîner ;). Cette taverne de couleur bleue, se tient paisiblement au sud du port, à quelques mètres des bateaux. Plus gastronomique que la concurrence, elle excelle dans la préparation des produits de la mer (poulpe, daurade, crevettes...), mais les champignons sautés et autres plats de légumes ne déméritent pas.

Renseignements

Prévoyez des espèces car l'unique DAB, sous le **bureau de poste** (⏲9h-14h45 lun-ven), est souvent hors service.

Zifos Travel (☎22460 45028 ; facebook.com/travelhalki ; ⏲10h-20h). Pour acheter des billets de bateau et changer de l'argent.

Depuis/vers Emborios

Tous les bateaux à destination de Halki accostent au port d'Emborios. De là, les voyageurs peuvent aisément marcher jusqu'à leur hôtel. Moyennant 5 €, un chariot transporte les bagages.

Ailleurs sur Halki

Une large route en béton traverse la colline peu élevée au-dessus du port d'Emborios pour rejoindre Pondamos (ci-contre), la plus fréquentée des quelques plages de galets de Halki, à 500 m. Elle grimpe ensuite au village abandonné de Horio, 3 km plus loin, et continue vers l'ouest jusqu'au monastère perché d'**Agiou Ioanni**. Ce parcours de 8 km (aller) peut être entrepris à pied, de préférence en dehors des mois les plus chauds. Il existe deux autres plages, bordées de tavernes correctes et desservies en bus l'été, à une courte marche d'Emborios. **Ftenagia** s'étend à 500 m au sud du port, après le promontoire. **Kania**, agréable mais dépourvue d'ombre, se situe à 2,5 km au nord : prenez l'embranchement indiqué sur la route principale, à mi-chemin entre Emborios et Pondamos.

À voir et à faire

Horio SITE ARCHÉOLOGIQUE

De la plage de Pondamos, une route abrupte en épingle à cheveux monte jusqu'à Horio, par la fertile vallée centrale de l'île. Aujourd'hui en ruine, ce village pittoresque construit à l'abri des pirates fut jadis la principale communauté de Halki. Un sentier fraîchement pavé grimpe aux remparts du **fort des chevaliers de Saint-Jean** qui le protégeait. Franchissez la porte menaçante pour voir la chapelle restaurée et le panorama spectaculaire.

Chalki Dive Center PLONGÉE

(☎6943117220 ; facebook.com/chalkidive ; plage de Kania). Ce centre certifié PADI, le seul de l'île, offre la chance d'explorer les superbes eaux cristallines au large de Kania. Comptez à partir de 40/50 € pour les plongeurs avancés/débutants. Les enfants de plus de 8 ans peuvent également s'initier (50 €).

Plages

Pondamos PLAGE

Cette jolie petite grève en croissant aux eaux turquoise se déploie de l'autre côté de la colline, à l'ouest d'Emborios. On y accède à pied en 15 minutes. La seule façon de profiter d'un emplacement ombragé consiste à louer une chaise longue à côté de **Nick's Taverna** (☎22460 45295 ; plage de Pondamos ; plats 6-15 € ; ⏲petit-déj et déj, dîner uniquement ven ;), qui sert des fruits de mer, ainsi que des boissons et en-cas dans un coin séparé.

KARPATHOS ΚΑΡΠΑΘΟΣ

6 200 HABITANTS

Célébrée pour ses montagnes sauvages et ses criques bleu pétrole, cette île escarpée tout en longueur fait partie des moins touristiques de Grèce. Selon la mythologie, Prométhée et les Titans y seraient nés. Dans *L'Iliade*, Homère la décrit comme la terre des Lélèges. Ses villages couronnés de nuages et sa beauté accidentée lui confèrent un aspect primitif.

Prisé des amateurs de sensations fortes, le sud de Karpathos accueille chaque été une compétition internationale de kitesurf. Le vent violent qui soulève vagues et embruns souffle jusqu'aux maisons du nord montagneux. Dans ce coin de l'île, les femmes portent encore la tenue traditionnelle, en particulier dans le village d'Olymbos.

Depuis/vers Karpathos

AVION

L'aéroport se trouve à l'extrême sud de l'île. Olympic Air (p. 294) assure tous les jours des liaisons avec Athènes (75 €, 1 heure). Sky Express (p. 295) opère des vols quotidiens vers Rhodes (68 €, 40 min) et Kassos (56 €, 15 min). La compagnie couvre aussi Héraklion (Crète) via Rhodes (162 €, 2 heures).

BATEAU

Le principal port, Pigadia, est desservi par Blue Star Ferries et Anek Lines (via Diafani). **Blue Star Ferries** (carte p. 300 ; ☎22410 22461 ; www.bluestarferries.com ; Amerikis 111, ville nouvelle ; ⌚9h-20h) effectue des traversées hebdomadaires depuis/vers Rhodes, Symi, Kos, Kalymnos, Léros et Patmos. Les ferrys Anek Lines (p. 311) reliant une fois par semaine Milos (38 €, 20 heures 15), Santorin (27 €, 15 heures 15), Anafi (17 €, 13 heures 15), Héraklion (19 €, 8 heures 15), Sitia (19 €, 4 heures 45) et Kassos (8 €, 1 heure 45) à Rhodes s'arrêtent à Karpathos.

Le ferry local **Kasos Princess** (☎6977911209 ; aller simple 10 € ; 1 heure 30) effectue des excursions à Kassos 3 fois par semaine ; il n'est pour l'instant possible de ne faire que l'aller, mais renseignez-vous au préalable.

Comment circuler

DEPUIS/VERS L'AÉROPORT

L'aéroport se trouve à 14 km au sud-ouest de Pigadia. Comptez 25 € la course en taxi jusqu'en ville. En semaine, un bus quotidien circule entre Pigadia et l'aéroport (3 €), mais ne comptez pas dessus dans l'autre sens (lors de notre séjour, il partait à 7h). Étant donné la taille de l'île, il est intéressant de louer une voiture. Les grands loueurs ont des comptoirs à l'aéroport et il existe en ville des compagnies fiables qui se chargent du transfert de leurs clients.

BATEAU

Des bateaux d'excursion vont quotidiennement de Pigadia à Diafani, d'où des bus desservent Olymbos ou poursuivent vers les plages du nord.

BUS

De la **gare routière** de Pigadia (p. 319), juste au-dessus du port, les bus KTEL couvrent l'ensemble de l'île. En été, il existe une liaison quotidienne pour Apella et environ 4 bus par semaine pour Finiki. Un service estival dessert aussi chaque jour les plages du sud, mais mieux vaut vérifier avant les horaires du retour. Enfin, 2 à 4 bus hebdomadaires rallient Olymbos, tout au nord.

TAXI

La **station de taxis** (☎22450 22705 ; Dimokratias) centrale de Pigabia affiche les tarifs des courses, plutôt exorbitants. Comptez 60 € pour Lefkos et 85 € pour Olymbos.

VOITURE

Outre les grandes agences de location présentes à l'aéroport, on trouve des agences locales à Pigadia et dans les stations balnéaires. **Euromoto** (☎22450 23238, 6970130912 ; www.euromoto.com ; scooter/voiture à partir de 15/45 €), possède quatre enseignes dans l'île, et dont le patron, Georges, parle anglais.

Pigadia — Πηγάδια

1 690 HABITANTS

Capitale et principal port des ferrys de Karpathos, Pigadia entoure une longue baie sur la côte sud-est. En dehors des plages correctes sur fond de complexes hôteliers qui s'étendent vers le nord, la ville n'a pas le charme photogénique ni les belles maisons cubiques blanchies à la chaux des autres îles. Résolument grecque, elle ne se préoccupe guère des touristes et c'est tant mieux. Donnez-lui un peu de temps et son port, ses bars sur le front de mer et ses pâtisseries pourraient bien vous séduire. Il arrive même d'être invité à partager un café quand on discute avec les habitants.

Où se loger

Les adresses petits budgets sont regroupées dans les rues à flanc de colline qui montent depuis le centre-ville. Les hébergements plus neufs et plus luxueux s'égrènent au nord dans le creux de la baie.

Rose's Studios — APPARTEMENTS €

(☎22450 22284 ; rosesstudios.com ; ch 35 € ; ❄📶). Pour un bon rapport qualité/prix, cela vaut la peine de grimper 300 m au-dessus du port jusqu'à ces 8 chambres simples un brin datées, avec salle de bains, kitchenette basique et grand balcon donnant sur la mer. Climatisation en option (5 €/jour).

Nereides Hotel — HÔTEL €€

(☎22450 23347 ; nereideshotel.gr ; Nereidon ; d avec petit-déj 130 € ; P❄📶🏊). De la peinture

Karpathos

aux salles de bains dernier cri, cette ravissante adresse ouverte en 2011 paraît encore flambant neuve. A l'ouest de la ville, à 10 minutes à pied de la plage et 15 minutes du port, elle comporte 30 chambres élégantes avec balcon côté mer, une belle piscine et un snack-bar.

Atlantis Hotel HÔTEL €€
(☎22450 22777 ; www.atlantishotelkarpathos.gr ; avec petit-déj s 65-75 €, d 75-88 € ; ❄📶🏊). Cet hôtel familial accueillant, établi de longue date, domine l'extrémité ouest du port en face de la mairie construite par les Italiens. Chambres sans fioritures, agréables et bien tenues. Les moins onéreuses donnent sur la piscine et celles du bas ont une petite terrasse privative. Eau chaude parfois capricieuse dans les salles de bains. Honnête petit-déjeuner.

Où se restaurer

Des tavernes, brasseries, bars à cocktails et cafés jalonnent le quai et les rues piétonnières en retrait. À noter aussi la présence de deux glaciers italiens dans Apodimon Karpathion, une rue parallèle au port.

Pantheon Cafe CAFÉ €
(☎22450 22502 ; Papathanassiou ; en-cas 5-12 € ; ⏲8h-tard ; ❄📶). Le meilleur des cafés fusion de cette rue piétonne affiche un intérieur lambrissé imitant les *kafeneio* d'antan et une terrasse au-dessus du port à la vue somptueuse. On peut certes y commander un vrai petit-déjeuner anglais (11 €), mais l'endroit vaut surtout pour ses salades, comme la savoureuse Karpathian (concombre, olives et pain local) à 9 €.

♥ **To Ellenikon** TAVERNE €€
(☎22450 23932 ; Apodimon Karpathion ; plats 8-20 € ; ⏲déj et dîner ; ❄📶🖋). "Le Grec" mijote une cuisine locale typique. Essayez le *saganaki* (fromage frit), les boulettes de viande, les crevettes et les calamars, servis dans la salle traditionnelle ou sur l'étroite terrasse extérieure. Il y a aussi de robustes plats plus "internationaux". Le patron, Christos, accueille les clients et met la main à la pâte.

Odyssey GREC €€
(☎22450 23506 ; facebook.com/OdysseyRestaurantKarpathos ; port ; plats 7-13,50 €). Une carte à première vue pas très originale, mais aux saveurs sublimées grâce au maître des lieux, Pascales, originaire de Macédoine. Embarquez pour une odyssée culinaire avec de délicieux *dolmades* (à l'huile et au citron), salade d'aubergines grillées (et non bouillies), pâtes et grillades assaisonnées d'herbes diverses. Des légumes accompagnent les plats de résistance.

VAUT LE DÉTOUR

PLAGE D'APELLA

Quelle que soit votre impatience de rejoindre Olymbos, prenez le temps d'emprunter la route vertigineuse qui plonge vers la mer depuis l'axe principal de la côte est, 17 km au nord de Pigadia. Vous tomberez alors sur la **plage d'Apella** (carte ci-contre), la plus éblouissante du Dodécanèse, adossée à des versants couverts de fleurs sauvages et flanquée de hautes falaises au nord et au sud. On la décrit souvent comme "sablonneuse", mais nous n'y avons vu que des gravillons. Cela n'enlève toutefois rien à sa splendeur. Une bonne taverne se tient juste au-dessus, à l'extrémité de la route.

Où prendre un verre et faire la fête

♥ **Caffe Karpathos** CAFÉ
(Angolo Italiano ; ☎21022 87383 ; www.cafekarpathos.com ; Apodimon Karpathion ; ⏲7h-tard ; 📶). Le doyen des cafés de l'île était jadis le lieu de rendez-vous des Italiens, d'où son remarquable expresso, préparé à l'aide de la fameuse cafetière Bialetti. Installés dans des fauteuils en osier savourant un café ou un cocktail, habitants et voyageurs discutent avec Michalis, le patron polyglotte. Bref, un endroit idéal pour se relaxer.

En Plo COCKTAILS
(cocktails 6 € ; ⏲8h-tard ; 📶). L'ambiance paisible et tamisée d'En Plo invite à se détendre en sirotant un cocktail à l'happy hour (à partir de 8 €). L'impressionnante carte d'en-cas comprend 6 options véganes.

Renseignements

La **Banque nationale de Grèce**, dans Apodimon Karpathion, et l'**Alpha Bank**, une rue au-dessus dans Dimokratias, disposent d'un DAB.

Possi Travel (☎22450 22235 ; 28 Oktovriou ; ⏲8h-13h et 17h-20h). Principale agence de voyages pour les billets de ferry et d'avion.

Office du tourisme (☎22450 23926 ; www.karpathos.org ; ⏲juil-août). Kiosque installé l'été au milieu du front de mer.

Depuis/vers Pigadia

Le ferry local *Kasos Princess* (p. 315) assure des excursions à Kassos 3 fois par semaine ; il est normalement possible de ne faire que l'aller, mais renseignez-vous quand même au préalable.

De la gare routière de Pigadia (p. 319), juste au-dessus du port, les bus KTEL peu fréquents couvrent diverses destinations de l'île. Horaires disponibles au petit bureau sur place.

Une station de taxis (p. 315) se tient en amont du port ; un panneau indique les destinations et les tarifs.

Sud de Karpathos

Dans le sud de l'île, plusieurs villages attrayants dotés de plages de sable se sont tournés vers le tourisme balnéaire à petite échelle. Des villages paisibles se nichent dans les collines de l'arrière-pays, sillonnées de sentiers pédestres. Les surfeurs et ceux qui souhaitent s'initier à cette discipline mettront le cap sur la plage d'Agios Nikolaos, près d'Arkasa.

Menetès

Cette petite localité est juchée sur les falaises battues par les vents au-dessus de Pigadia. Grimpez jusqu'à l'église qui trône tout en haut avant d'explorer ses rues étroites blanchies à la chaux.

Pour entrer dans l'ancienne chapelle renfermant les deux salles du **musée des Arts populaires** (☎69858 47672 ; Menetès ; ⏲9h-13h et 17h-20h) GRATUIT, il faut d'abord téléphoner à Irini, qui en garde les clés. Elle vous guidera à travers la collection disparate et vous montrera, dans la colline voisine, les tunnels utilisés par les Allemands durant la Seconde Guerre mondiale. Dons bienvenus.

Dionysos Fiesta (☎22450 81269 ; Menetes ; plats 6-10 € ; ⏲petit-déj, déj et dîner ; ❄📶), la taverne accueillante et décontractée de la sympathique Irini, occupe une maison traditionnelle restaurée dans les ruelles tortueuses au-dessus de l'axe principal. Attablez-vous à l'ombre d'un citronnier sur la terrasse surélevée du jardin pour un festin de spécialités régionales : poulet au citron, omelette aux artichauts, succulentes saucisses de Karpathos.

Arkasa

Sur la côte sud-ouest, à 9 km de Menetès, Arkasa figure parmi les plus vieux sites habités de l'île. Le village d'origine, au-dessus de la mer, a vu se développer à ses pieds une station balnéaire aujourd'hui en plein essor. Un chemin partant du bord de mer mène, 500 m plus loin, aux vestiges de la **basilique Agia Sophia** (Ve siècle), deux chapelles au milieu de quelques fragments de mosaïques et de colonnes, ainsi qu'à l'**acropole** antique qui couronne le cap plus loin. La plage de sable d'**Agios Nikolaos**, la plus belle du secteur, est accessible en voiture depuis le village.

Où se loger

♥ Glaros Studios APPARTEMENTS €€
(☎22450 61015 ; www.glarosstudios-karpathos.com ; plage d'Agios Nikolaos, Arkasa ; app 80 € ; P 📶). Donnant sur la plage d'Agios Nikolaos, ce complexe bien géré à l'intérieur d'un jardin possède 5 studios. Les studios blancs impeccables, dans le style typique de Karpathos, sont dotés de lits surélevés et d'une kitchenette. Le restaurant attenant offre une ambiance détendue et un bon rapport qualité/prix.

Eleni Studios APPARTEMENTS €€
(☎22450 61248 ; www.elenikarpathos.gr ; Arkasa ; studio 70 €, app à partir de 90 € ; P ❄ 📶 🏊). Sur la route de Finiki face à la plage, ces appartements bleu azur entièrement équipés et bien tenus avec de jolies chambres s'organisent autour d'un jardin apaisant. Bar sur place où regarder le soleil couchant et prendre le petit-déjeuner (en sus). Belle piscine et superbe vue sur la mer.

Finiki

Le pittoresque village de Finiki se tient à 2 km au nord d'Arkasa, autour d'une baie en croissant orientée au sud. Des maisons blanc et bleu bordent avec quelques tavernes le port assoupi et une petite plage de sable gris. La meilleure plage des environs pour la baignade est celle d'**Agios Georgios**, non loin au sud en direction d'Arkasa.

Où se loger et se restaurer

♥ Arhontiko Finikes APPARTEMENTS €
(☎22450 61473 ; www.hotelarhontiko.gr ; Finiki ; app à partir de 50 €). Des appartements fort spacieux jouissant d'une très belle vue sur la mer. Les hôtes ont le choix entre un décor de style contemporain ou typiquement insulaire, avec lits surélevés et étagères en bois encastrées. Pas de réception à plein temps, mais les aimables propriétaires australo-grecs répondent aux besoins à la demande.

Marina Taverna TAVERNE €€
(☎22450 61100 ; Finiki ; plats 7-16 € ; ⏲petit-déj, déj et dîner ; 📶). Parmi les rares ouvertes toute l'année, cette taverne décontractée, à quelques mètres de l'eau, comporte une vaste terrasse surplombant la baie turquoise. Petits-déjeuners pas chers, déjeuners sur le pouce et carte du soir axée sur les fruits de mer (calamar, crabe...) avec aussi des viandes grillées.

Lefkos

À 20 km au nord de Finiki et 5 km de la grand-route littorale, Lefkos est la plus importante et la plus jolie des discrètes stations balnéaires de la côte occidentale, et ce grâce à sa superbe plage de sable en croissant. On peut facilement y séjourner deux semaines sans voir le temps passer, entre farniente et brunch.

Où se loger et se restaurer

♥ Hotel Lefkorama HÔTEL €€
(☎6909091840, 22450 71173 ; lefkorama.gr ; d/app 95/58 € ; P ❄ 📶). À défaut d'être sur la plage, ce bel hôtel s'inscrit dans une oliveraie sereine et paradisiaque. Ses chambres blanches, ponctuées de touches de couleur, ont été récemment rénovées. La charmante Sofia parle anglais et sert un petit-déjeuner royal dans l'agréable véranda du jardin. À 2 km à pied de la baie de Potali, 2,5 km de la plage de Lefkos, 20 m d'une taverne et non loin des intéressants vestiges d'une citerne romaine. Prix bien plus intéressants hors saison.

Le Grand Bleu HÔTEL €€
(☎22450 71009 ; www.karpathos-legrandbleu.com ; Lefkos ; studio/app 88/125 € ; ❄ 📶). Ces studios et deux-pièces proches de la plage, décorés d'œuvres d'art, sont équipés de draps impeccables et dotés d'une somptueuse terrasse aux fauteuils confortables. La taverne (recommandée) ferme à 22h pour ne pas gêner les résidents. Un super-plan !

Dramountana TAVERNE €€
(☎22450 71373 ; Lefkos ; plats 8-15 € ; ⏲8h-tard). Parmi cinq cafés-tavernes similaires à l'extrémité nord du port, cette adresse en terrasse et au bord de l'eau sert toute la journée jus de fruits, café, calamars grillés, agneau rôti et souvlakis.

À NE PAS MANQUER

OLYMBOS ΟΛΥΜΠΟΣ

Village brumeux composé de maisons pastel, Olymbos s'accroche au sommet du mont Profitis Ilias (716 m), comme déposé là par un Titan. Ses ruelles ventées, où l'on croise de vieilles dames en robes traditionnelles de couleurs vives, évoquent un décor de cinéma. Aujourd'hui encore, les habitants parlent un dialecte portant des traces du grec dorien.

Olymbos est considéré comme l'endroit le plus traditionnel de Grèce. Les femmes y portent toujours leurs belles vestes et coiffes à fleurs faites main. Quant aux perspectives, elles sont tout bonnement renversantes lorsque la terre plonge brusquement à quelques mètres de vos pieds. Arrivez en fin d'après-midi ou tôt le matin pour éviter la foule.

La façon la plus inoubliable de gagner Olymbos consiste à prendre un bateau d'excursion privé/bateau-taxi pour Diafani depuis le port de Pigadia, puis le bus prévu dans la formule. Les bateaux-taxis ont des horaires variables, mais la plupart lèvent l'ancre vers 8h30 et coûtent 25 €.

En été, il existe aussi trois services de bus hebdomadaires quittant Pigadia à 8h45 ou 9h15 et repartant d'Olymbos à 15h45. Sinon, vous pouvez parcourir en voiture la route aussi spectaculaire que sinueuse entre les deux localités (roulez très lentement et ne vous laissez pas distraire par le paysage). Le trajet en taxi coûte 85 €.

Hotel Aphrodite (☎22450 51307 ; www.discoverolympos.com ; d/tr 45/50 € ;) . Situé juste après la place centrale, au bout du village, l'établissement possède 4 chambres quelque peu défraîchies (rien n'a été refait depuis des années), avec réfrigérateur et bouilloire, mais qui profitent d'une magnifique vue sur la mer du côté ouest. À côté, les propriétaires tiennent le Parthenon, un restaurant recommandé, où manger sur un toit-terrasse.

Hotel Olymbos (☎22450 51009 ; ch avec petit-déj 45 €). Ces 2 chambres aux lits surélevés et aux meubles typiques se cachent sous un restaurant au niveau de la rue. Gare aux maladresses, car des assiettes délicates ornent les murs !

O Mylos (☎22450 51333 ; plats 7-14 € ; déj et dîner). Jouxtant un vieux moulin à vent en activité, cette bonne trouvaille sert des spécialités de Karpathos, certaines cuites dans un four traditionnel comme l'excellent pain. Commandez un ragoût de chèvre et ne perdez rien du paysage somptueux.

Depuis/vers le sud de Karpathos

L'aéroport se situe à l'extrémité sud de l'île. Des bus KTEL au départ de la **gare routière de Pigadia** (☎22450 22338 ; M Mattheou) desservent Finiki, Lefkos, Menetès et Arkasa de 1 à 3 fois/jour, sauf le dimanche ; renseignez-vous toutefois, car les liaisons estivales changent.

Diafani Διαφάνι

250 HABITANTS

Balayée par le vent, Diafani est un bouquet de maisons blanches adossées à une montagne, face à une mer bleu cobalt. Hormis le fracas des vagues et les anciens qui jouent au backgammon, rien ne bouge vraiment. La plupart des visiteurs ne font que traverser Diafani. Si vous choisissez de rester, il y a de grandes chances pour que les plages et les sentiers vous appartiennent. Le village n'abrite ni banque, ni poste, ni station-service, mais dispose d'un DAB.

Activités

Randonnée

Des marques rouges ou bleues, ou des cairns, balisent les sentiers pédestres partant du village. L'itinéraire le plus fréquenté se dirige vers l'intérieur des terres et remonte la vallée jusqu'à Olymbos. Il prend environ 2 heures, mais certains préfèrent monter en bus et descendre à pied. Sinon, un chemin côtier de 4 km (50 minutes) à travers une pinède conduit à la plage de **Vananda**, qui abrite une taverne saisonnière.

Un parcours plus ardu de 11 km (3 heures) mène au nord-ouest vers le site hellénistique de **Vroukounda** en passant par le village d'**Avlona**. Prévoyez provisions et boissons, car il n'y a rien sur place.

La carte *Karpathos-Kasos* au 1/60 000, publiée par Terrain Maps (terrainmaps.gr) est disponible à Pigadia. Les conditions de randonnée changeant régulièrement, renseignez-vous auprès des habitants avant de vous lancer.

Excursions en bateau

Des excursions vers le nord à destination de plages inaccessibles de Karpathos et de l'île voisine de Saria partent de Diafani.

Où se loger et se restaurer

Balaskas Hotel HÔTEL €

(☎22450 51320 ; www.balaskashotel.com ; d 40-45 € ; ❄📶). Vous avez le choix entre des chambres "économiques" (minimalisme de style pension avec murs blancs et lits en bois) ou "standards" avec davantage de couleur et d'allure (moustiquaires romantiques et lits en fer forgé). Certaines ont une kitchenette, toutes ont un réfrigérateur. Comptez 5 à 10 minutes à pied depuis le front de mer.

Corali TAVERNE €

(☎22450 51332 ; plats 7-12 € ; ⏲déj et dîner). Popi et Mihalis servent sans doute la cuisine la plus fraîche et la plus savoureuse du village. Goûtez le délicieux *stifadho*, les aubergines ou l'une des excellentes salades, à base de légumes cultivés localement. La qualité et la *filoxenia* (hospitalité) compensent largement la lenteur du service.

Depuis/vers Diafani

Les ferrys Anek (p. 311) font halte au petit embarcadère de Diafani 2 fois par semaine en desservant Pigadia, Halki et Rhodes, 3 autres fois à destination de Pigadia et Kassos (4 €, 1 heure) ; parmi ces derniers, deux continuent vers Santorin (27 €, 15 heures 30) et deux vers la Crète (19 €, 8 heures). Différentes excursions maritimes, notamment à Pigadia, ont lieu l'été (à partir de 10 €/pers).

Des bus touristiques pour Olymbos partent de l'embarcadère. S'il n'existe en temps normal qu'une liaison hebdomadaire avec Pigadia, la fréquence des bus (via Olymbos) peut augmenter l'été.

KASSOS ΚΑΣΟΣ

800 HABITANTS

L'île la plus méridionale du Dodécanèse ressemble à une Grèce oubliée dans le passé. Séduisante l'été, elle est balayée par les vents et prisonnière d'immenses vagues turquoise en hiver. Les oiseaux de mer forment l'essentiel des visiteurs : la plupart des Kassiotes sont des émigrés économiques qui ne reviennent sur leur terre natale qu'en touristes. L'endroit exerce néanmoins un charme certain.

Depuis/vers Kassos

Des vols Sky Express (p. 295) couvrent Karpathos (60 €, 10 min) et Rhodes (75 €, 1 heure) tous les jours sauf le dimanche.

Un bateau Blue Star Ferries (p. 315) hebdomadaire fait halte à Kassos sur la ligne Rhodes-Le Pirée via Milos (35 €, 18 heures), Santorin (27 €, 13 heures 30) et Anafi (23 €, 11 heures 30) ; un autre se rend à Karpathos (8 €, 1 heure 30) et Halki (16 €, 5 heures 45). Anek Lines (p. 311) rallie la Crète (20 €, 6 heures 15, 2/sem). Sinon, le navire d'excursion *Kasos Princess* (p. 315) constitue une bonne alternative aux ferrys. Durant l'été, il prend la mer tous les jours sauf les jeudi et dimanche (vérifiez les horaires, susceptibles de changer).

Fry Φρυ

350 HABITANTS

Le chef-lieu de Kassos se tient sur la côte nord, adossé à une vallée constituant la seule terre fertile. Les autres villages sont disséminés à flanc de colline. Sur le vieux port en activité de **Bouka**, très photogénique, de jolies maisons bordent le quai. Quelques cafés attendent le client et des pêcheurs ramendent leurs filets, tandis que l'église Agios Spyridon trône en arrière-plan. Jusqu'en juin, Fry a des airs de ville fantôme. La plage la plus proche se trouve dans le petit port satellite d'**Emborios**, à 10 minutes de marche en suivant le rivage. Les eaux limpides de ce site abrité se prêtent à la baignade et font oublier les parcelles de gravillons au milieu du sable.

À voir et à faire

Musée archéologique MUSÉE

(⏲9h-15h juil-sept). GRATUIT Dans une majestueuse villa du XIXe siècle au-dessus du port, ce musée saisonnier expose des objets découverts sur des épaves, une collection de lampes à huile et des pièces hellénistiques, dont des dalles portant des inscriptions.

Bateau d'excursion BATEAU

(Kasos Princess ; ☎22450 41047, 69779 11209 ; 👪). En été, l'*Athina* et le *Kasos Princess* effectuent des sorties les lundi, mercredi et samedi à l'îlot inhabité d'Armathia, qui recèle de superbes plages (15 €/personne, 10 participants minimum). Le second assure des excursions d'une journée à Pigadia, sur l'île de Karpathos, tous les jours sauf jeudi et dimanche (10 € l'aller). Il se rend également à Sitia, en Crète, chaque vendredi (15 € l'aller). Vérifiez les horaires au préalable.

Kassos

Où se loger et se restaurer

Amfi Rooms APPARTEMENTS €€

(6972140910, 22450 41175 ; ch 70 € ; P ❄ wi-fi). À 1 km de Fry et perchés sur une colline, d'où une vue splendide, ces studios en pierre et bois sombre présentent des lits traditionnels surélevés, un coin salon, une kitchenette, machine à laver et des moustiquaires aux fenêtres. Le propriétaire tient aussi la taverne **Mylos** (22450 41825 ; Plateia Iroön Kasou ; plats 6,50-11 € ; déj et dîner ; wi-fi). Transfert possible depuis l'aéroport.

Giaeli GREC €

(22450 41779 ; plats 5-9 € ; 12h-tard). La table la plus recommandée de Fry (et l'une des meilleures de l'île) mitonne une cuisine traditionnelle sur le mode gastronomique à la présentation soignée. Le cadre – un bâtiment ancien et une terrasse au bord de l'eau au milieu du port de Bouka – est à la hauteur des plats. Maria, la patronne, dirige également une cantine améliorée sur la plage d'Helatros, qui plaît autant aux habitants qu'aux touristes.

Taverna Emborios TAVERNE €

(22450 41586 ; plage d'Emborios ; plats 8-10 € ; déj et dîner juin-sept ; wi-fi). Ce coquet restaurant du front de mer, à 10 minutes à pied de Fry, se classe dans le peloton de tête de Kassos. Le sympathique maître des lieux, qui a vécu longtemps à New York, propose des spécialités locales, telles que poulpe, petites olives et poisson salé maison.

Meltemi MEZZE €€

(Mezze 6-11 € ; 19h30-tard). Ce pittoresque *mezedhopoleio*, ouvert toute l'année, affiche un décor en bois et carreaux rehaussé d'objets typiques. Le patron enthousiaste prépare tout sur place : œufs brouillés, *fava*, saucisses épicées, viandes et surtout excellents fruits de mer (seiche, raie et poulpe). À 80 m en retrait du port.

Renseignements

La Commercial Bank, sur l'axe principal menant au port, et l'Alpha Bank, à droite du port quand on regarde la ville, possèdent des DAB.

Kasos Maritime & Travel Agency (22450 41495 ; www.kassos-island.gr ; Plateia Iroön Kasou). Délivre tous les billets de transport.

Depuis/vers Fry

L'aéroport de Kassos se se trouve à 1 km à l'ouest de Fry. On peut s'y rendre à pied en 15 minutes par la route côtière ou commander un taxi. Les touristes peuvent emprunter le petit bus qui circule en semaine, mais gardez à l'esprit qu'il s'agit du seul mode de transport de nombreux habitants âgés. **Oasis Rent-a-Car** (☎6974594486, 22450 41746 ; à partir de 30 €) loue des voitures et des scooters.

Ailleurs sur Kassos

Aucune plage de l'île n'offre d'ombre. La plus plaisante du lot, la crique de galets isolée d'**Helatros**, se situe près du Moni Agiou Georgiou Hadion, 11 km au sud-ouest de Fry. Elle nécessite toutefois un moyen de transport et les infrastructures font défaut, à l'exception de la bonne cantine tenue l'été par la patronne du Giaeli (p. 321). De là, on peut rallier à pied la petite plage correcte d'**Avlaki**.

À 1 km au sud-ouest de Fry, **Agia Marina** est un joli village doté d'une église blanc et bleu, où l'on célèbre la fête locale le 17 juillet. On peut s'y arrêter pour prendre un café ou un repas au sympathique **To Steki** (☎22450 41885 ; Agia Marina ; plats 2,50-10 € ; ⏲10h-tard). La route continue ensuite jusqu'à la verdoyante localité d'**Arvanitohori**, riche en figuiers et grenadiers, qui abrite de jolies maisons restaurées et un *kafeneio*. **Panagia**, 1 km au sud-est de Fry, se distingue par ses six églises byzantines au toit rouge reliées entre elles. Celles-ci sont fermées au public, mais le cadre justifie le détour. À 2 km dans la même direction, **Poli** s'élève sur le site de l'acropole antique, dont il reste peu de choses. Pour les vues les plus exceptionnelles, rejoignez **Agia Kyriaki**, à l'est de Poli, ainsi que **Moni Agiou Mamas**, où une fête se déroule le 2 septembre. Ce coin incarne bien l'environnement rude et aride de Kassos dans lequel les insulaires ont dû apprendre à survivre.

KASTELLORIZO (MEGISTI)
ΚΑΣΤΕΛΛΟΡΙΖΟ (ΜΕΓΙΣΤΗ)

275 HABITANTS

À seulement 2 km de la côte turque, la lointaine Kastellorizo dégage comme un parfum d'Orient et éblouit par sa beauté. En arrivant par bateau dans son unique village éponyme, l'âme est ravie par son château en ruine, son minaret et ses maisons néoclassiques aux couleurs pastel massées autour d'une baie turquoise. Jadis appelée "Megisti" (la Grande), l'île la plus vaste de l'archipel ne mesure cependant que 10 km². Si les plages de sable fin manquent à l'appel, des plateformes flottantes et des sites idylliques sont accessibles en bateau.

On tombe facilement sous le charme du port, mais cela vaut la peine de monter jusqu'au *paleokastro* et à l'ancien monastère. Sans oublier la plus spectaculaire grotte bleue de la Méditerranée.

LE MASSACRE DE KASSOS

En 1820, sous la domination turque, Kassos comptait 11 000 âmes et une importante flotte marchande. Mehmet-Ali, gouverneur ottoman de l'Égypte, considérait cette flotte comme un obstacle à son projet d'établir une base en Crète. Le 7 juin 1824, ses hommes débarquèrent et tuèrent près de 7 000 habitants. Chaque année, les Kassiotes du monde entier se rassemblent sur l'île pour commémorer ce massacre.

Histoire

Grâce à son port, considéré comme le meilleur entre Beyrouth et Le Pirée, Kastellorizo eut la faveur des Doriens, des Romains, des croisés, des Égyptiens, des Turcs et des Vénitiens. Sous la domination ottomane à partir de 1552, elle disposait alors de la plus importante flotte marchande du Dodécanèse. À la suite d'une révolte contre les Turcs en 1913, l'île devint une base navale française, avant de passer aux mains des Italiens. Elle perdit son rôle stratégique et économique après l'échange de population organisé entre la Grèce et la Turquie en 1923. Nombre d'insulaires émigrèrent en Australie, où vivent encore quelque 30 000 d'entre eux.

Durant la Seconde Guerre mondiale, Kastellorizo fut bombardée et la plupart de ses habitants s'enfuirent à Chypre, en Palestine et en Égypte. Ceux qui revinrent ne trouvèrent que des ruines, et beaucoup repartirent aussitôt. Si la population n'a plus jamais atteint son niveau d'autrefois, soit 10 000 habitants, les Kastelloriziens rentrés au pays ces dernières années ont restauré presque tous les bâtiments du front de mer, et le village n'a jamais eu aussi fière allure depuis un siècle.

Ces dernières années, l'île s'est trouvée sur la route de milliers de réfigiés ; leurs aïeuls ayant eux aussi connu cette situation, les insulaires ont fait preuve d'une grande compassion envers les migrants.

HORS DES SENTIERS BATTUS

GROTTE BLEUE

Sur le rivage sud-est retiré de Kastellorizo, cette **grotte** (entrée libre) est célèbre pour les jeux de miroir de ses eaux aux reflets d'un bleu intense. Pour y aller, il faut prendre l'un des quatre bateaux-taxis (10 €/pers) concurrents de l'île. L'excursion dure 45 minutes, dont 30 minutes aller-retour et 15 minutes sur place. Les embarcations ne pénètrent à l'intérieur que si les conditions le permettent. L'entrée est en effet si basse (2 m environ) que les passagers doivent se courber pour que les bateaux puissent passer.

Depuis/vers Kastellorizo (Megisti)

AVION

Olympic Air (p. 294) assure 6 vols hebdomadaires (4 en basse saison) entre Rhodes et Kastellorizo (aller 80 €, 40 min).

BATEAU

Un nombre de ferrys très restreint accostent au port du village de Kastellorizo. Blue Star Ferries (p. 315) rallie Le Pirée via Rhodes (23 €, 3-4 heures, 2/sem). En été, Dodekanisos Seaways (p. 311) effectue l'aller-retour Rhodes-Kastellorizo (aller 39 €, 2 heures 30) dans la journée, ce qui permet de consacrer 4 heures à la visite de cette dernière.

Comment circuler

Les principales destinations des bateaux d'excursion sont Kaş en Turquie et la **Grotte bleue** (10 €). Adressez-vous à **Antonis Sea Taxi** (☎6977776927). Le réseau routier ne desservant que l'aéroport, la plupart des gens empruntent l'unique taxi de l'île ou circulent à pied.

Kastellorizo (Hora)

Καστελλόριζο (Χώρα)

250 HABITANTS

Kastellorizo (Hora) est la principale localité de l'île. Le port est son artère vitale, où s'organise une activité limitée : tas de filets de pêche, chats paresseux, jeunes sur leur téléphone portable et pêcheurs nonchalamment installés à l'extérieur des *kafeneia*, sur fond de demeures aux couleurs vives. Ne manquez pas d'explorer son lacis de ruelles pavées. La population se compose à 80% d'émigrés revenus d'Australie, d'où le dynamisme actuel de la communauté.

À voir

À l'est du port, de larges marches mènent à la localité perchée d'**Horafia**, avec au-delà la baie de Mandraki.

Le long du chemin côtier qui contourne le cap en contrebas, un escalier précaire grimpe jusqu'à une **tombe lycienne** du IVe siècle av. J.-C., taillée dans la roche et qui s'enorgueillit d'une impressionnante façade dorique. Il existe plusieurs sépultures de ce type le long de la côte anatolienne, mais très peu en Grèce.

On peut aussi rallier **Paléokastro**, l'ancien chef-lieu de l'île à 1 km, par les marches en béton qui montent juste après une guérite militaire sur la route de l'aéroport. Ses remparts hellénistiques renferment une tour antique, une citerne et trois églises.

Pour une marche plus longue, demandez qu'on vous indique derrière le village les 400 marches qui conduisent au monastère et à d'autres sentiers. La *Walking Map* (2 €) de Pantazis C Houlis, une carte sommaire, est en vente dans certaines boutiques de souvenirs. Sinon, les randonnées guidées de Visit Kastellorizo (p. 324) permettent de mieux appréhender l'île.

Musée archéologique MUSÉE
(☎22460 49283 ; 2 € ; ⌚8h30-16h mer-lun ; ♿). Malgré des explications limitées, cette collection de pièces archéologiques, costumes et photos donne un aperçu du passé de Kastellorizo.

Musée Megisti MUSÉE
(2 € ; ⌚8h30-16h mar-dim ; ♿). Dans une ancienne mosquée près de l'embarcadère, ce musée raconte l'histoire de l'île au moyen de panneaux.

Fort des chevaliers de Saint-Jean SITE ARCHÉOLOGIQUE
(⌚24h/24). GRATUIT Au sommet de la colline, un escalier branlant conduit aux ruines du fort sur une falaise rouge, qui lui valut le nom de "Castello Rosso" – dont dérive Kastellorizo. Vous profiterez en haut d'une vue splendide sur la Turquie.

Où se loger

Mediterraneo PENSION €€
(☎22460 49007 ; www.mediterraneo-kastelorizo.com ; s/d/ste 70/80/180 € ; ⌚mai-oct ; ❄📶). Cette demeure relookée aux couleurs

citron vert, mangue et bleu possède des chambres romantiques agrémentées avec goût d'œuvres d'art et de lits traditionnels surélevés. La plus belle suite occupe tout le rez-de-chaussée et se double d'un solarium de style bédouin à deux pas de la mer. Au programme : petit-déjeuner sur la terrasse avec fruits et confitures maison, lecture sous la tonnelle ou détente sur les transats au bord de l'eau.

Poseidon HÔTEL €€
(6956617585, 22460 49212 ; www.kastelorizo-poseidon.gr ; Plateia Australias ; app/ste 125/150 € ;). Ces 4 villas néoclassiques du côté ouest du port renferment des studios et appartements confortables aux murs blancs, rehaussés de meubles shabby chic et d'éléments contemporains. Les prestations se résument à l'honnête petit-déjeuner servi près de la réception. Vu son emplacement dans un coin animé, l'établissement peut être un peu bruyant s'il y a de la musique.

Megisti Hotel HÔTEL €€€
(22460 49220 ; www.megistihotel.gr ; d/ste avec petit-déj 174/262 € ;). Impossible de manquer l'hôtel le plus imposant de l'île, installé à l'extrémité ouest du port. Les 4 suites et 15 chambres élégantes ont une douche à effet de pluie, des sols carrelés, un coffre et un balcon privatif. Depuis la terrasse en damier, on accède facilement à la mer grâce aux échelles en fer (comme dans une piscine géante).

DANS LES PAS DES HABITANTS

Visit Kastellorizo (6971589790, 6977092616 ; facebook.com/visitkastellorizo ; environ 20 €/pers) est géré par des habitants pleins d'enthousiasme, amoureux de leur île, qui entraînent les visiteurs dans des promenades à pied au-delà du port touristique. La marche urbaine, qui s'achève au musée, révèle l'histoire, les traditions, le mode de vie et les points de vue photogéniques de Kastellorizo (Hora). Le circuit nature dans la montagne met l'accent sur l'écologie et englobe le monastère et/ou *Paleokastro*.

Où se restaurer et prendre un verre

Radio Cafe CAFÉ €
(22460 49029 ; plats 6-9 € ; 9h-tard ;). Tenu par Elma et Vaggelis, ce sympathique café proche de la jetée présente un intérieur haut de plafond décoré d'œuvres d'art et des tables à l'extérieur. On peut y prendre un petit-déjeuner à la grecque ou à l'anglaise (yaourt au miel et salade de fruits ou œufs sur le plat au bacon). Le soir, l'endroit se transforme en bar tranquille. Son nom renvoie aux vieilles radios que Vaggelis restaure.

Alexandra's TAVERNE €€
(22460 49019 ; plats 8,50-17 € ; déj et dîner ;). Avec du bouzouki en fond sonore et la brise marine soufflant sur les tables décorées de thym, le plus chaleureux restaurant des quais de Kastellorizo prépare aussi la meilleure cuisine. Du risotto à l'encre de seiche aux calamars farcis à la feta, tout est fait maison. Régalez-vous de goûteux mezze ultrafrais et d'agneau à la broche ou de viande de chèvre.

Faros Bar BAR
(Plats 4,50-6 € ; 9h-tard ;). Ce bar jouit d'un emplacement privilégié, dans l'ancien phare, après l'embarcadère du ferry et à côté de la mosquée. Les clients peuvent ainsi nager dans les eaux turquoise peu profondes, puis prendre le petit-déjeuner en admirant la vue panoramique sur la Turquie. Des chaises longues ont même été installées le long du quai. Carte de tapas et de cocktails.

Depuis/vers Kastellorizo (Hora)

Le petit aéroport est situé sur le plateau central, à 2,5 km au-dessus du village. Le seul taxi (p. 323) de l'île vous y transportera depuis le port et vice versa (5 €).

Des ferrys parviennent tant bien que mal à accoster au petit port de Kastellorizo.

SYMI ΣΥΜΗ

2 610 HABITANTS

La belle Symi suscite l'admiration des passagers avant même qu'ils ne débarquent du bateau. Il faut dire que le port de Gialos, cerné de maisons pastel,

Symi

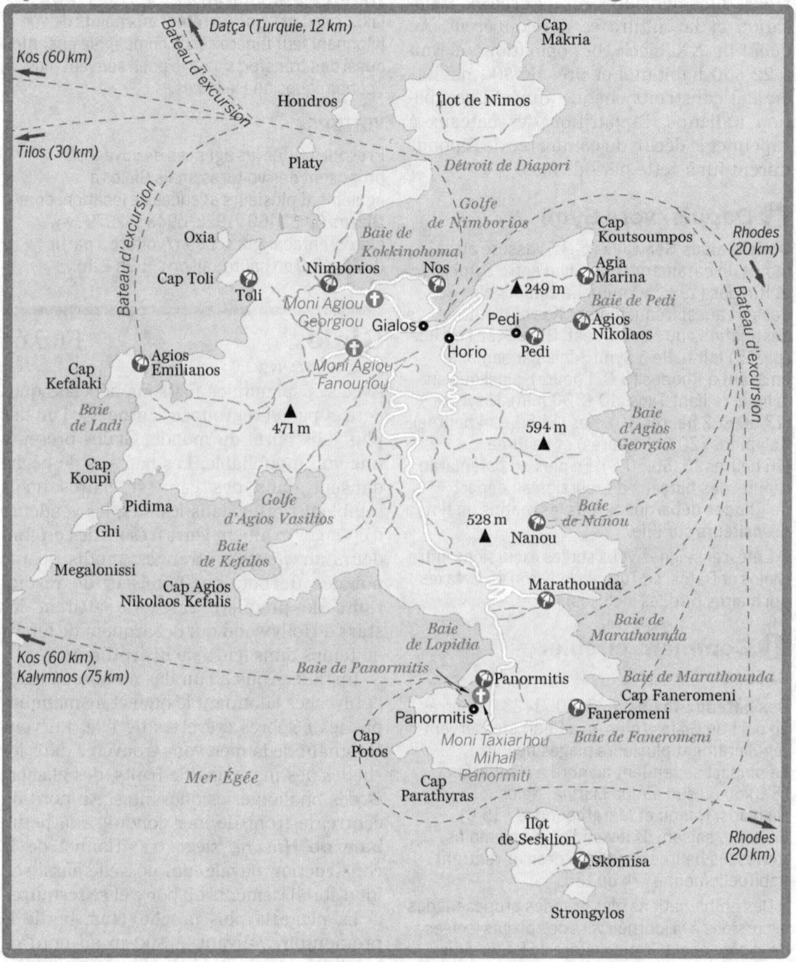

est un régal pour les yeux. On doit aux Italiens, qui colonisèrent le territoire il y a près d'un siècle, le style néoclassique adopté depuis dans l'architecture locale.

Bien que de taille respectable, cette île aride a pour seules autres localités le vieux village d'Horio, sur une crête derrière Gialos, et Pedi, plus loin dans la vallée. Une route conduit jusqu'au monastère de Panormitis, près de la pointe sud. Des criques bleues et des petites plages émaillent le reste de Symi, largement désert. Sur le plan culturel, l'offre se résume au Musée archéologique, mais qu'importe.

Histoire

Symi possède une longue tradition de pêche à l'éponge et de construction navale. Dans *L'Iliade*, elle envoie des vaisseaux pour participer au siège de Troie aux côtés d'Agamemnon. Dans la mythologie, Glaucos, natif de l'île, construisit le navire *Argo*, sur lequel Jason et les Argonautes embarquèrent pour Colchide en quête de la Toison d'or. Pendant la période ottomane, les Symiotes furent autorisés à pêcher des éponges dans les eaux turques. En échange, l'île fournissait au sultan des experts en construction navale. Cet arrangement assura la prospérité de Symi. D'élégantes demeures furent érigées, l'éducation et la culture se développèrent. Au début du XXe siècle, la population s'élevait à 22 500 habitants et près de 500 navires étaient construits chaque année. L'occupation italienne, l'apparition des bateaux à vapeur et le déclin du commerce de l'éponge mirent fin à cette période faste.

Depuis/vers Symi

Dodekanisos Seaways (p. 311) assure au moins un catamaran quotidien entre Symi et Rhodes (19 €, 50 min). La compagnie dessert aussi fréquemment Kos et d'autres destinations du Nord-Ouest. **Blue Star Ferries** (p. 315) fait halte à Symi 3 fois par semaine en allant à Rhodes (9 €, 1 heure), ainsi que sur la ligne ralliant Tilos (10 €, 30 min), Nisyros (13,50 €, 2 heures 30), Kos (14,50 €, 4 heures), Kalymnos (20 €, 5 heures) et Le Pirée (16 heures 15, 56,50 €). En plus du catamaran rapide, des bateaux d'excursion au départ de Rhodes débarquent tous les matins un flot de visiteurs sur l'île.

L'été, renseignez-vous sur les excursions entre Gialos et Datça, en Turquie (environ 45 €, taxes portuaires turques incluses).

Comment circuler

BATEAU

Des **bateaux-taxis** (☎22460 71423), amarrés au port de Gialos (plus un à Pedi), desservent régulièrement plusieurs plages de l'île. La plupart se rendent au nord à Nimborios (8 €) ou au sud à Agia Marina, Agios Nikolaos, Nanou et Marathounda (7-15 €). En haute saison, ils lèvent l'ancre au moins toutes les heures dès 9h, le dernier rentrant habituellement à 17h ou 18h.

Des embarcations plus grandes proposent des excursions à la journée vers des plages isolées de la côte ouest, le monastère de Panormitis, ou des tours complets de l'île (jusqu'à 40 €) avec barbecue compris pour le déjeuner.

BUS ET TAXI

Le **bus** circule toutes les heures entre le côté sud du port de Gialos et la plage de Pedi, via Horio (prix fixe 1,70 €).

Les **taxis** (☎6987569469, 6974623492) stationnent à 100 m à l'ouest de l'arrêt de bus. Ils peuvent vous conduire partout où il y a des routes, notamment au monastère de Panormitis et aux plages de Pedi et Marathounda. Bien qu'indépendants, ils pratiquent des tarifs fixés entre eux pouvant être élevés.

Symi Tours (ci-contre) organise deux excursions quotidiennes au monastère de Panormitis.

Les visiteurs peuvent prendre les bus **Lakis Travel** (☎6945316248, 22460 71695 ; www.lakistravel.gr), qui s'arrêtent aux points de vue jalonnant leur itinéraire. La compagnie effectue aussi des transferts vers le port, souvent plus économiques que les taxis.

VOITURE

Presque toutes les agences de voyages proposent des voitures, mais Gialos a également plusieurs agences de location, dont **Glaros** (☎22460 71926, 6948362079 ; www.glarosrentacar.gr ; scooter/voiture à partir de 25/45 € en haute saison ; ⏲9h-21h).

Gialos Γιαλός

2 200 HABITANTS

Avec ses splendides maisons néoclassiques ocre et pastel regroupées autour de l'un des plus jolis ports du monde, Gialos présente une vue inoubliable. Les bateaux de pêche dansent dans des eaux si claires qu'ils semblent flotter dans les airs, les vendeurs d'éponges exhibent leurs trésors des profondeurs aux formes étranges, tandis qu'une poignée de boutique-hôtels et de restaurants de première catégorie attirent les stars d'Hollywood qui débarquent de temps en temps dans leurs yachts rutilants.

Installez-vous à l'un des nombreux cafés et tavernes jalonnant le quai et ne manquez pas les célèbres crevettes de l'île. En vous éloignant de la mer, vous trouverez dans les ruelles des magasins de fruits, des glaciers et des boulangeries odorantes. Au nord du centre, le front de mer conduit à la petite **baie de Harani**, siège traditionnel de la construction navale, qui possède aussi son lot d'établissements où boire et se restaurer.

La plage la plus proche, **Nos**, borde le promontoire suivant, à 500 m au nord de la tour de l'horloge. Un bar-taverne contrôle l'accès à cette mince bande de graviers propice à la baignade.

À voir et à faire

Horio — VILLAGE

La vertigineuse Kali Strata, une large voie de quelque 500 marches, grimpe derrière le port jusqu'à Horio. Elle passe entre de majestueuses villas bâties autrefois pour des capitaines de marine, certaines laissées à l'abandon, d'autres ayant recouvré leur splendeur initiale.

Accroché à flanc de coteau pour se protéger des pirates en maraude, le village forme un véritable dédale. Les bars

HORS DES SENTIERS BATTUS

MONI TAXIARHOU MIHAIL PANORMITI

Près de la pointe sud de Symi, au-delà des pinèdes odorantes de l'intérieur montagneux, la baie spectaculaire de Panormitis sert d'écrin au grand monastère du **Moni Taxiarhou Mihail Panormiti** (☎22460 72414 ; Panormitis ; musée 1,50 € ; ⏲aube-crépuscule). L'édifice actuel, du XVIIIe siècle, se dresse sur le site d'un ancien monastère bâti au Ve siècle. L'église principale contient une iconostase en bois finement sculptée, des fresques et une icône de saint Michel, patron de Symi et protecteur des marins. Les fidèles qui demandent une faveur au saint font souvent une offrande. Vous pourrez en observer de nombreuses, ainsi que des prières glissées dans des bouteilles jetées à la mer depuis des bateaux.

Le vaste ensemble monastique comprend un Musée ecclésiastique, un musée des Arts populaires, une boulangerie fabriquant un excellent pain et un café-restaurant basique. Pour visiter les monastères, il faut être vêtu décemment. Des bus au départ de Gialos desservent l'endroit. Certains ferrys et des bateaux d'excursion quotidiens s'y arrêtent également.

et tavernes se concentrent au sommet des escaliers. Au-delà, la plupart des maisons sont en ruine, tout comme le **fort des chevaliers de Saint-Jean** tout en haut, endommagé par l'explosion de munitions allemandes durant la Seconde Guerre mondiale. Le secteur abrite aussi le Musée archéologique de l'île.

Musée archéologique MUSÉE
(2 € ; ⏲8h30-16h ven-lun). GRATUIT Rouvert après des années de restauration, ce petit musée expose une intéressante collection de trouvailles archéologiques, de belles icônes et d'objets d'art populaire.

Symi Tours BATEAU
(☎22460 71307 ; www.symitours.com ; excursion en bateau 40 €). À l'extrémité sud du port de Gialos, ce tour-opérateur organise des excursions quotidiennes à bord du *Poseidon* pour explorer les superbes criques, baies et plages retirées de Symi. Départs quotidiens depuis le port de Gialos à 10h30, retour à 17h. Le prix comprend un déjeuner de grillades au barbecue.

Où se loger

♥ **Hotel Fiona** HÔTEL €
(☎22460 72088 ; www.fionahotel.com ; Horio ; ch avec petit-déj à partir de 55 € ; ❄📶). Meilleur rapport qualité/prix de l'île, cet hôtel familial sans prétention se tient à la lisière d'Horio. Ses chambres au mobilier bleu et blanc jouissent depuis leur balcon d'une vue éblouissante sur le port. Le buffet du petit-déjeuner, simple et correct, se prend dans une salle agréable au rez-de-chaussée. Une cour paisible complète le cadre. Les aimables propriétaires étant âgés, on doit un peu se débrouiller tout seul. Pour y aller, tournez à gauche en haut de Kali Strata.

♥ **Thea Apartments** APPARTEMENTS €€
(☎22460 72559 ; www.symi-thea.gr ; d/f avec petit-déj 135/220 €). Aménagés dans une maison ayant appartenu à la grand-mère du propriétaire, ces studios clairs et spacieux avec balcon à l'avant respirent le style et le bon goût : tons jaune et vert olive, parquet en bois blond et têtes de lit imitant l'ancien. Ils comportent chacun un évier et un réfrigérateur, mais pas de plaques de cuisson. Un petit-déjeuner simple et savoureux est servi dans les chambres. L'adresse se trouve en haut de escaliers, derrière la station de taxis.

Albatros Hotel HÔTEL €€
(☎22460 71707, 6984107939 ; www.albatrosymi.gr ; d avec petit-déj 70 € ; ⏲avr-nov ; ❄📶). Un établissement propre et accueillant au centre de Gialos, à une rue du port. Extérieur turquoise et sable, salle du petit-déjeuner ensoleillée et 5 chambres blanchies à la chaux et climatisées, sols carrelés, plafonds en bois traditionnels et petits balcons avec vue latérale sur la mer. Mention spéciale pour les matelas de qualité et les oreillers en mousse à mémoire de forme.

♥ **Old Markets** BOUTIQUE-HÔTEL €€€
(☎22460 71440 ; www.theoldmarkets.com ; ch/ste avec petit-déj 240/495 € ; ❄📶🏊). L'hôtel le plus chic de l'île, au début de Kali Strata (pas d'enseigne). Cet ancien marché compte 7 chambres et 3 suites somptueuses, toutes différentes, dans plusieurs demeures attenantes offrant une vue imprenable sur

le port et les maisons colorées au-delà. Toutes ont accès à une bibliothèque Pillow, un bar en libre-service, une terrasse sur le toit, une piscine et des soins de spa en option.

Où se restaurer et prendre un verre

Gialos

O Meraklis POISSON €

(☎22460 71003 ; www.omeraklis.com ; plats 8-13 € ; 10h30-tard ; wi-fi). À une rue du front de mer, cette taverne à l'ancienne aussi jolie que sympathique arbore des murs "bleu Santorin" ornés de vieilles photos de plongée et de miroir anciens. Certes, les touristes s'y pressent, mais les souvlakis, les boulettes de viande et l'agneau rôti ne déçoivent pas. Sans oublier, surtout, le poulpe, la daurade et les crevettes de Symi. Pour éviter d'avoir à choisir, commandez l'assortiment de fruits de mer pour deux (35 €).

Tholos TAVERNE €€

(☎22460 72033 ; baie d'Harani ; plats 9-15 € ; déj et dîner mai-oct). En longeant le quai depuis le centre de Gialos, on rejoint ce lieu des plus romantiques au bout de la baie d'Harani, recommandé par les habitants. Attablés sur le front de mer, les convives sont aux premières loges pour contempler un fabuleux coucher de soleil. Les recettes carnées de la maison, comme le bœuf sauce citron, et les poissons frais composent une carte de premier ordre.

Tsati BAR

(☎22460 72498 ; facebook.com/tsatibar ; baie d'Harani ; 11h-tard). Sur la baie d'Harani, 100 m après la tour de l'horloge, cet établissement doublé d'une terrasse à l'ombre des arbres réserve un accueil fort sympathique. Les banquettes en pierre taillées dans la digue, blanchies à la chaux et garnies de coussins invitent à s'installer pour l'apéritif. Des en-cas gratuits accompagnent les cocktails.

Horio

Taverna Giorgos & Maria TAVERNE €

(☎22460 71984 ; Horio ; plats 8-13 € ; déj et dîner ; wi-fi). En été, bouzouki et brise légère accueillent les convives. Installés sous la véranda ou dans la cour pavée d'une mosaïque de galets, habitants et touristes se côtoient devant les verres d'ouzo de cette taverne en haut de Kali Strata (les marches qui mènent à Hora). La carte sans tralala décline des plats tels que crevettes de Symi, daurade grillée, lapin braisé et ragoût de porc, qui changent régulièrement. Musique live à partir de 21h les vendredi et samedi.

Secret Garden BAR-RESTAURANT

(☎22460 72153 ; Hora ; plats 5-12 €). Cet endroit original a été aménagé dans la maison de son propriétaire. La famille y mitonne de savoureux mezze, notamment végétariens, et la musique live contribue à l'ambiance.

Renseignements

Des agences des banques nationale et Alpha équipées de DAB se trouvent du côté nord du port.

Depuis/vers Gialos

Des catamarans arrivent dans le petit port le plus proche de Gialos. Les bateaux de Blue Star Ferries accostent au "nouveau port", plus important, environ 500 m au nord-est du village, où se trouvent des loueurs de voitures.

Des bus publics (p. 326) circulent toutes les heures entre le côté sud du port de Gialos et la plage de Pedi (tarif unique 1,70 €).

Depuis une station à 100 m à l'ouest de l'arrêt de bus, des taxis (p. 326) conduisent dans tous les coins de l'île desservis par la route, dont les principaux sites et plages.

Ailleurs sur Symi

En dehors du monastère de Panormitis (qui renferme un petit musée), Symi n'a de destinations touristiques que les plages disséminées sur son littoral.

Nimborios

Nimborios est une grève de galets située à 3 km à l'ouest de Gialos. On peut s'y rendre à pied ou en voiture en faisant le tour du port, puis en suivant la superbe route côtière qui s'étire au-delà. Il s'agit d'un coin tranquille, où une petite taverne autorise ses clients à passer la journée sur des transats à l'ombre des tamaris.

Les **Niriides Apartments** (☎22460 71784 ; www.niriideshotel.com ; app avec petit-déj 140 €) vous attendent au bord de la paisible baie de Symi. Jolie décoration traditionnelle, avec kitchenette, réfrigérateur et balcon donnant sur la mer. Snack-bar servant le petit-déjeuner et bibliothèque. Les propriétaires parlent bien anglais.

Pedi

Devenu une marina de plaisance et une station balnéaire discrète, l'ancien village de Pedi borde une large baie à l'est de Gialos, en contrebas d'Horio. La douce vallée qui se déploie derrière a toujours été le cœur agricole de Symi.

Les deux plages pourvues d'agréables tavernes qui flanquent la baie de part et d'autre sont accessibles à pied depuis Pedi ou en bateau-taxi depuis Gialos. La crique d'**Agia Marina**, au nord, ressemble à un lagon et fait face à un charmant îlot surmonté d'une chapelle au milieu des eaux turquoise. Elle connaît une très forte affluence l'été. **Agios Nikolaos**, au sud, est une grève plus large et plus sablonneuse offrant un couvert arboré et des conditions de baignade idéales.

Simples et agréables avec leurs lits rayés aigue-marine et leur rideau bleu cobalt, les chambres carrelées du **Pedi Beach Hotel** (☎22460 71981 ; www.pedibeachhotel.gr ; Pedi ; ch à partir de 117 € ; ❄) ont la faveur des groupes de touristes étrangers.

Nanou et Marathounda

Au sud de Pedi, ces deux grandes baies qui abritent des plages étendues et des tavernes justifient l'excursion en bateau-taxi. Nous recommandons surtout Marathounda, adossée à une vallée luxuriante, où vagabondent des chèvres. La route qui y mène est mauvaise.

Taverne de plage par excellence, la **Marathounda Taverna** (☎22460 71425 ; Marathounda ; plats 10-12 € ; ⏲10h-tard) occupe un ancien hangar à bateaux. Les chèvres sauvages de l'île – à l'origine d'un délicieux fromage et d'un ragoût – viennent parfois fureter du côté des tables. Goûtez les crevettes de Symi et le poisson grillé, accompagnés d'herbes et de légumes.

TILOS ΤΗΛΟΣ

550 HABITANTS

Au milieu des montagnes et des tapis de fleurs sauvages, l'île perdue de Tilos apaise l'esprit. Des sentiers de bergers traversent des prairies, des monts et des vallées pour déboucher sur des plages désertes aux eaux peuplées de phoques moines et de tortues de mer. Par sa biodiversité, le territoire attire ornithologues et amoureux de la nature venus des quatre coins du globe.

Fiers de leur île, les habitants font en sorte que les visiteurs l'aiment aussi. La présence d'habitués, dont certains séjournent ici depuis plus de 30 ans, témoignent de leur chaleureuse hospitalité.

ℹ Depuis/vers Tilos (Livadia)

Tilos n'a pas d'aéroport et peu de ferrys la desservent. Le catamaran Dodekanisos Seaways (p. 311) s'y arrête 2 fois par semaine sur la ligne reliant Rhodes (27 €, 2 heures 30) et Halki (13 €, 40 min) à Nisyros, Kos et Kalymnos. S'il rallie ces dernières le matin et retourne à Rhodes le soir, cela rend possible une excursion dans la journée. Chaque semaine, **Blue Star Ferries** (p. 315) effectue deux traversées vers Le Pirée, via Nisyros, Kos et Kalymnos, et deux autres vers Rhodes, dont l'une fait escale à Symi (16 €, 2-3 heures).

ℹ Comment circuler

Cinq bus quotidiens relient Livadia à Megalo Horio, la plage d'Eristos et Agios Antonios (1,70 €). Il n'y a pas de taxis, mais on peut louer une voiture ou un scooter auprès de **Drive Rent a Car** (☎6946944883, 22460 44173 ; www.drivetilos.gr ; ⏲9h-18h) ou de Stefanakis Travel (p. 331).

Livadia Λιβαδειά

470 HABITANTS

Dans un désordre photogénique, des maisons blanches se massent autour de l'extrémité nord de la baie d'Agios Stefanos. Il ne se passe pas grand-chose à Livadia – un chat qui bâille, un pêcheur assoupi devant son ouzo... Et c'est précisément ce qui fait son charme. Une étroite plage de galets, longue de 2 km, embrasse la baie turquoise depuis le village, dont la place centrale est jalonnée de cafés, tavernes à l'ancienne et bâtiments municipaux datant de l'époque italienne.

À voir

Village médiéval à 45 minutes de marche en amont de Livadia, **Mikro Horio** (carte p. 330 ; ⏲24h/24) formait le principal lieu de peuplement de Tilos quand les pirates rôdaient dans le Dodécanèse. Abandonnées dans les années 1960, ses maisons plus ou moins en ruine – l'une d'elles ouvre

Tilos

comme bar musical en été – composent un décor étrange et fantomatique, surtout au crépuscule. Si vous êtes encore en forme, faites un saut au Mikro Horio Nightclub (page ci-contre), un bar de nuit au centre du village.

Où se loger

Apollo Studios APPARTEMENTS €
(☎6942061912, 22460 44379 ; www.apollostudios.gr ; studio 50-80 € ; ❄📶). Quelques rues derrière le port, un couple aimable loue d'agréables studios bien équipés, avec kitchenette impeccable, salles de bains modernes, balcon privatif et grande terrasse sur le toit. Il y a aussi en location des appartements spacieux au sol carrelé, pourvus de canapés-lits – nous vous conseillons le n°3, qui possède une grande terrasse.

Hotel Irini HÔTEL €
(☎22460 44293 ; www.ilidirock.gr ; ch avec petit-déj à partir de 55 € ; ❄📶). Les chambres blanches, pourvues d'un balcon regardant la piscine, d'une TV à écran plat et d'un réfrigérateur, ont belle allure avec leur mobilier shabby chic, leurs dessus-de-lit colorés et leurs jolies poteries. Terrasse et la vue sur la montagne à l'arrière, à contempler au petit-déjeuner.

Eleni Beach Hotel HÔTEL €€
(☎22460 44062 ; www.elenihoteltilos.gr ; d avec petit-déj à partir de 80 €, studio 85 € ; ❄📶). Impeccables et douillets, ces 35 chambres et studios face à la mer, certains avec balcon, s'inscrivent dans un jardin fleuri. Le prix inclut une chaise longue sur la plage et, pour les chambres, le petit-déjeuner (les studios ont une kitchenette). À 10 minutes de marche au sud-est de la jetée en suivant la promenade.

Ilidi Rock Hotel HÔTEL €€
(☎22460 44293 ; www.ilidirock.gr ; studio/app 95/137 € ; ❄@📶). L'hôtel le plus haut de gamme de Tilos s'étage à flanc de falaise jusqu'à deux petites criques bleu-vert, d'où la vue est éblouissante. Ses studios et appartements, entièrement équipés et à l'élégance minimaliste, comportent un balcon privatif et des lits à baldaquin. Inconvénients : les escaliers nombreux, le petit-déjeuner non compris et certains logements réservés de longue date par des habitués.

Où se restaurer et prendre un verre

Omonoia Cafe CAFÉ €
(☎22460 44287 ; petit-déj 3-6 €, plats 8-13 € ; ⏲8h-tard ; 📶). Sur la place principale de Livadia à l'ombre d'un figuier, juste

PARADIS DES ORNITHOLOGUES

Tilos se caractérise par un arrière-pays moins rude que les autres îles du Dodécanèse. Au lieu de montagnes inhospitalières, celui-ci présente un paysage de vallées fertiles en terrasses, témoin de son passé agricole, dont les sentiers ruraux sont parsemés de petits ouvrages fortifiés et de chapelles médiévales. Bref, tout contribue à en faire une superbe destination de randonnée.

Grâce à la faible densité de population et à l'interdiction de la chasse depuis longtemps, les oiseaux prospèrent. Plus de 150 espèces ont ainsi été recensées, dont 46 menacées d'extinction. Les amateurs d'ornithologie observeront l'aigle de Bonelli, le faucon d'Éléonore, la buse féroce, la fauvette mélanocéphale, le petit duc et le cormoran de Desmarest.

en amont du quai, ce café fort apprécié convient idéalement pour tous les repas de la journée. Les propriétaires adorables préparent grillades, fruits de mer, jus de fruits et salades, sans oublier un délicieux gâteau à la génoise.

To Mikro Kafé CAFÉ €

(☎6932086094 ; en-cas 5-7 €, plats 7-15 € ; ⏲12h-minuit juil-oct, 18h-tard nov-juin ;). Établissement certes *mikro* (petit), mais cosy et plein de cachet, avec des murs en pierre apparente et des objets nautiques. Les hublots, jeux de société et recoins où s'amuser occupent les enfants, pendant que les adultes sirotent un cocktail sur le patio face à la plage ou sur la terrasse du toit. Salades, fruits de mer, feuilletés et sandwichs.

Faros Taverna TAVERNE €€

(☎22460 44068 ; plats 7-12 € ; ⏲petit-déj, déj et dîner). La sympathique Roula tient cette supertaverne à l'extrémité est de la plage, à 30 minutes de marche de Livadia. Au menu : fruits de mer frais et excellentes spécialités grecques à savourer face à la mer sur une merveilleuse terrasse ombragée couverte de bougainvillées.

Gorgona GREC €€

(☎22460 70755 ; plats 7,50-15 € ; ⏲déj et dîner ;). Jouissant d'une vue imprenable sur la baie d'Agios Stefanos depuis son toit, ce restaurant sert des olives et des légumes cultivés dans sa propre ferme. Grand choix de plats suivant les recettes de la grand-mère du propriétaire : chèvre de Tilos, côtelettes d'agneau, pâtes, crevettes ou salade de poulpe.

Mikro Horio Nightclub BAR

(☎22460 44204, 6932086094 ; Mikro Horio ; ⏲23h-tard juil-sept ;). Dans le village abandonné de Mikro Horio, à seulement 10 minutes de Livadia par la navette gratuite (jusqu'à 1h, plus tard le samedi), ce bar de nuit possède une ravissante véranda avec vue sur le village illuminé pour le bonheur des clients. Le volume de la musique augmente au fur et à mesure que les heures passent.

ℹ Renseignements

Stefanakis Travel (Tilos Travel ; ☎22460 44360 ; www.tilos-travel.com ; ⏲9h-22h). Vend des billets de ferry et pour des croisières d'une journée à Symi (17 €) et Nisyros (18 €) à bord de bateaux plus gros, et loue des voitures et motos.

Office du tourisme (⏲9h-14h mai-oct). Ouvert l'été au milieu du front de mer, il distribue au mieux quelques brochures.

Megalo Horio

Μεγάλο Χωριό

Minuscule chef-lieu de l'île, Megalo Horio accroche à flanc de colline ses rues aux maisons cubiques baignées de soleil, où déambulent des matous bagarreurs. Il n'y a pas grand-chose à faire, hormis contempler le paysage et profiter des quelques restaurants, mais c'est un bon point de départ pour randonner. Demandez qu'on vous indique le petit **musée** (⏲9h-14h juin-sept) GRATUIT exposant des mastodontes nains préhistoriques qui peuplaient jadis l'île. Lors de notre passage, la collection était en cours de transfert dans un nouveau bâtiment moderne près de la grotte d'Harkadio, à quelques kilomètres.

De l'extrémité nord, une ascension ardue vous emmène en 1 heure jusqu'au **fort des chevaliers**, en passant par le village le plus ancien de Tilos.

Où se loger et se restaurer

Miliou Studios APPARTEMENTS €

(☎6932086094, 22460 44204 ; www.milios-studios.gr ; Megalo Horio ; d/tr 40/50 € ; ❄📶). Au cœur de la localité assoupie, près d'un supermarché, ces confortables chambres et studios avec kitchenette bénéficient d'une ample vue embrassant la baie d'Eristos, loin en contrebas. Possibilité d'utiliser le barbecue sur le terrain verdoyant et de cueillir des herbes aromatiques, voire des légumes, dans le potager bio de Miliou.

Kastro Cafe TAVERNE €

(☎22460 44232 ; Megalo Horio ; plats 8-13 € ; ⏲déj et dîner). La meilleure table du village, dans un coin plutôt résidentiel, dispose d'une formidable terrasse à flanc de colline dominant la baie. Chèvre bio à la broche, porc d'élevage local, feuilles de vigne farcies ou petites crevettes rouges, rien ne vous décevra.

Nord-ouest de Tilos

Plusieurs plages attrayantes s'étendent dans la partie nord-ouest de Tilos. La longue plage d'**Eristos**, à 2,5 km au sud de Megalo Horio, présente une large grève de sable gris ourlée de tamaris et des eaux couleur saphir. Le plus souvent, seuls quelques pêcheurs à la ligne la fréquentent.

Le paisible hameau d'**Agios Antonios**, dans une vaste baie à 1,5 km au nord-ouest de Megalo Horio, borde une étroite bande de galets avec une taverne à chaque bout. Beaucoup plus jolie et entièrement vierge de constructions, la plage de **Plaka** s'inscrit autour d'une crique à 3 km à l'ouest. L'eau y est légèrement plus chaude, il y a de l'ombre l'après-midi et l'on peut faire du snorkeling près des saillies rocheuses.

Après Plaka, la route côtière grimpe en pente abrupte, longeant sur 3 km des à-pics vertigineux pour atteindre le **mont Agios Panteleimon** (☎22420 31676), perché au bord d'une falaise.

Où se loger et se restaurer

Nitsa Apartments APPARTEMENTS €

(☎22460 44093 ; www.nitsa-tilosapartments.com ; plage d'Eristos ; app à partir de 50 €). À 200 m de la plage d'Eristos, ce bâtiment moderne contient des studios et des appartements avec kitchenette. Le snack-bar En Plo (ci-dessous) attenant, ouvert toute la journée, peut être pratique.

Eristos Beach Hotel HÔTEL €€

(☎22460 44025 ; www.eristosbeachhotel.gr ; plage d'Eristos ; d/app avec petit-déj 60/90 € ; P❄📶). Un grand hôtel tout près de la plage, dans un jardin luxuriant planté d'hibiscus, d'orchidées et de citronniers. Les chambres fraîches et carrelées comportent un balcon face à la mer. Les studios, équipés d'une kitchenette, peuvent loger jusqu'à 4 personnes. Jolie piscine, bassin pour enfants, restaurant et bar.

En Plo TAVERNE €€

(☎22460 44176 ; plage d'Eristos ; plats 8-13 € ; ⏲déj et dîner ; 📶). Cette adresse, non loin de la plage, sert des plats mijotés tels que ragoût de chèvre, des classiques comme les calamars farcis de *saganaki* (fromage frit) ou les souvlakis et des légumes extra-frais. On peut manger à l'ombre d'une tonnelle couverte de plantes grimpantes, dans un

RANDONNÉE À TILOS

Beaucoup de gens viennent et reviennent à Tilos pour marcher sur ses 54 km de sentiers plus ou moins balisés. Les passionnés de randonnée se procureront le remarquable *Exploring Tilos: a Walkers' Guide to the Island* de Jim Osborne, disponible en ligne et dans certains commerces locaux, qui décrit en détail chaque chemin, du plus facile au plus ardu.

De Livadia, un itinéraire panoramique bien balisé de 3 km mène au nord jusqu'à la plage de Lethra, une crique de sable et de galets non construite mais peu ombragée. Suivez la piste derrière l'Ilidi Rock Hotel, à l'extrémité nord-ouest du port, pour trouver le début du sentier. Le chemin du retour, qui traverse les pittoresques gorges de Potami, débouche sur la route principale de l'île. Renseignez-vous toutefois auprès d'autres randonneurs avant de partir, car, lors de notre passage, des tronçons du parcours avaient été détruits par des orages d'hiver. Un circuit plus long conduit au petit village abandonné de Yera et à la plage voisine de Despoti Nero. De Livadia, prenez la route vers le sud qui fait le tour de la baie d'Agios Stefanos et continuez au-delà de l'église Agios Ioannis, à son extrémité est. Prévoyez une demi-journée pour ce circuit de 6 km aller-retour.

jardin plaisant. Si l'endroit a du succès, le rapport qualité/prix laisse toutefois un peu à désirer.

NISYROS ΝΙΣΥΡΟΣ

950 HABITANTS

Dénuée de plages, Nisyros est peu prisée des touristes, hormis ceux venus de Kos à la journée pour admirer le volcan. Pourtant, la beauté naturelle de l'île, ses prairies ponctuées de ruches où broutent des chèvres, ses panoramas sur la montagne et ses fleurs sauvages raviront les voyageurs en quête de simplicité. Et puis l'endroit recèle aussi des églises byzantines cachées, une imposante fortification antique et de quoi satisfaire les gourmets.

Outre Mandraki, chef-lieu de l'île et petit village de pêcheurs somnolant bordé de cafés chics, Nikéa et Emborios sont de superbes villages sur les hauteurs. Randonnées, découverte des cratères et agrotourisme, les visiteurs reviennent souvent ici, plus d'une fois.

ℹ Renseignements

Le site www.nisyros.gr fournit des informations sur les lieux d'intérêt, l'histoire de l'île et les services locaux.

ℹ Depuis/vers Nisyros

Des catamarans de Dodekanisos Seaways (p. 311) font escale à Nisyros les mardi et jeudi en allant et en revenant de Kos (10 €, 1 heure-1 heure 30) et de Rhodes (27 €, 2 heures 45). Blue Star Ferries (p. 315) dessert aussi l'île 2 fois dans chaque sens en route vers Kos (16 €, 50 min), Kalymnos (9,50 €, 2-3 heures), Astypalée (12,50 €, 5 heures 30) et Le Pirée (56,50 €, 13 heures 30), ainsi que vers Tilos (14 €, 40 min), Symi et Rhodes (16 €, 3 heures).

Il existe aussi des bateaux pour l'île de Kos (5/sem) : le *Panagia Spyliani* rallie Kos (Hora) ou Kardaména (environ 8 €), l'*Agios Konstantinos*, plus petit, Kardaména (8 €).

ℹ Comment circuler

BATEAU

En été, des bateaux d'excursion quittent le port de Mandraki pour l'îlot de pierre ponce de Giali et sa plage de sable (10 €), et rentrent vers 18h.

BUS

Des bus publics partant du port effectuent un circuit dans l'île 3 fois par jour en été (2,50 €). Ils nécessitent toutefois une planification complexe si l'on en fait son unique moyen de locomotion pour visiter.

Autrement, **Enetikon Travel** (☎22420 31180 ; www.enetikon.com ; ⌚9h30-14h et 18h30-21h) organise de nombreuses excursions quotidiennes au volcan (8 €) qui laissent 40 minutes pour explorer le cratère. Celles-ci s'adressent largement aux groupes d'excursionnistes en provenance de Kos, mais les voyageurs indépendants peuvent y participer en réservant la veille. Départ à l'extérieur de l'agence au port de Mandraki.

TAXI

Un taxi de Mandraki au volcan coûte environ 25 € l'aller/retour – contactez **Irini** (☎22420 31474).

VOITURE ET MOTO

À Mandraki, **Diakomihalis Travel** (☎22420 31459 ; www.visitnisyros.gr ; ⌚9h-14h et 17h-21h) loue des voitures d'un bon rapport qualité/prix. Manos Rental (p. 335), près du quai, en propose aussi, de même que des scooters.

Mandraki Μανδράκι

660 HABITANTS

Ce ravissant village blanchi à la chaux et rehaussé de tons pastel s'étire sur le rivage nord de Nisyros, jalonné de cafés et de tavernes le long d'une mer calme. Derrière le château et le monastère trônant sur les hauteurs se cache la muraille bien conservée de l'acropole. Presque entièrement piétonnières, les ruelles figées dans le temps de Mandraki serpentent tranquillement, avec en toile de fond la vallée fertile qui monte jusqu'au bord du volcan. L'embarcadère du ferry se situe à 500 m au nord-est de Mandraki. Pour rejoindre le centre, il suffit de longer le front de mer.

À voir

À l'extrémité ouest du village, la tour en ruine d'un **fort des chevaliers** du XIVe siècle trône au sommet d'une falaise. En contrebas, le **Moni Panagias Spilianis** (Vierge de la grotte ; 2 € ; ⌚10h30-15h), un monastère de la même époque, est accessible par un court escalier abrupt.

La petite plage sablonneuse de **Mandraki**, à l'extrémité est du village, compte parmi les rares de l'île. Elle fait le bonheur des baigneurs, malgré les algues qui l'envahissent parfois. À l'ouest, un chemin pavé contourne le promontoire en dessous du monastère jusqu'à **Hohlaki**, une plage de galets noirs.

Nisyros

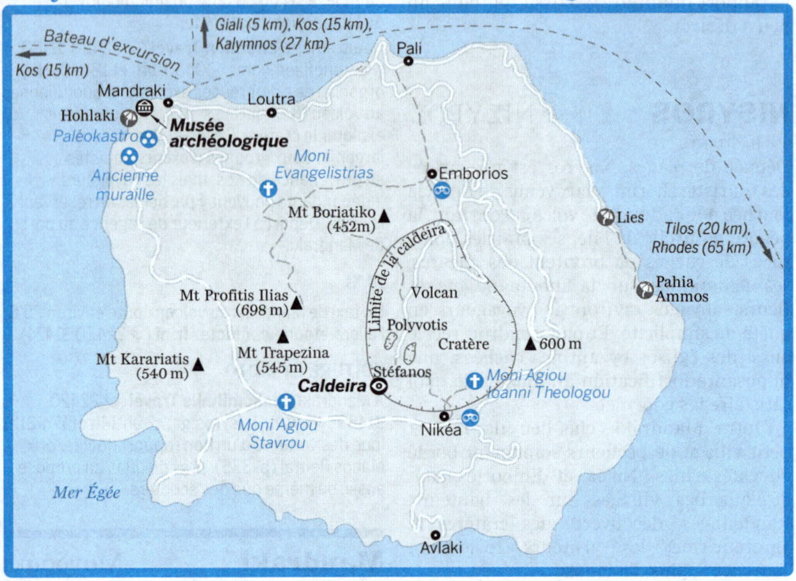

Musée archéologique MUSÉE
(Carte ci-dessus ; ☎22420 31588 ; 4 € ; ⏲8h30-15h dim-lun ; 👪). Dans la principale rue piétonnière, ce musée moderne renferme une intéressante collection de poteries et de sculptures hellénistiques et romaines, ainsi que des objets plus anciens en obsidienne de Giali. La présentation chronologique aide à se repérer dans les différentes périodes historiques à partir du néolithique.

Paléokastro SITE ARCHÉOLOGIQUE
(Carte ci-dessus ; ⏲24h/24). GRATUIT Le sentier qui monte à travers champs, derrière le monastère et le château médiéval, conduit en 20 minutes jusqu'à cette acropole mycénienne vieille de 3 000 ans. Les murs cyclopéens du IVe siècle av. J.-C., restaurés, présentent des inscriptions antiques. Franchissez la seule porte monumentale encore debout et escaladez prudemment (pas de rambardes) les énormes blocs de basalte pour profiter d'un panorama à couper le souffle au soleil couchant. Des explications en anglais jalonnent le site.

Où se loger

Porfyris Hotel HÔTEL €
(☎22420 31376 ; www.porfyrishotel.gr ; s/d avec petit-déj 50/60 € ; ❄📶🏊). L'unique hôtel de Mandraki se dresse à flanc de colline, au-dessus d'un verger d'agrumes, à 5 minutes à pied de la mer. Le hall en marbre chic dessert des chambres simples et cosy, avec salle de bains, lits douillets et terrasse ou balcon. Une piscine très appréciable complète les installations. Si vous débarquez du ferry, tournez à gauche au niveau du Piccolo Bar. Petit-déjeuner simple mais satisfaisant.

Anthousa Houses MAISONS €€
(☎6972947320, 6976322131 ; maison 120 €). Trois jolies maisonnettes traditionnelles rénovées au style rustico-chic digne d'un magazine de déco – sol et murs en pierre naturelle, tapis en jute, béton poli et meubles vieillis – dans un jardin verdoyant. Salles de bains et cuisines occupent des alcôves et recoins inattendus.

Ta Liotridia B&B €€
(☎22420 31580 ; www.nisyros-taliotridia.com/html/guesten.html ; ch avec petit-déj à partir de 140 € ; ❄📶). À l'étage d'un coquet bar lambrissé (potentiellement bruyant), en plein sur le front de mer, ces 2 chambres de vastes dimensions à l'esthétique sobre et traditionnelle peuvent loger jusqu'à 4 personnes. Elles possèdent chacune un lit double, un lit gigogne et un balcon face à la mer (le plus grand se trouve dans la n°2).

Où se restaurer

Irini CAFÉ €

(22420 31365 ; Plateia Ilikiomenis ; plats 9-13 € ; déj et dîner ;). À l'ombre de figuiers, à l'angle d'une place en mosaïque de galets, diagonalement opposé à l'Irini Mark II, ce café décline une carte de classiques (feuilles de vigne farcies, chèvre à la tomate, souvlakis, *saganaki*...) qui met l'eau à la bouche. Le baklava est divin.

Yevsea POISSON €€

(Gefsea ; Chevsea ; 22420 31066 ; 9,50-12 € ; déj et dîner). Charmante adresse du front de mer, Yevsea ("goût") s'emploie à placer Nisyros sur la carte gastronomique de la Grèce. Dirigée par deux passionnés ayant participé à l'émission *Masterchef*, dont le fils d'un pêcheur de l'île, elle livre aux papilles des fruits de mer et plats carnés exceptionnels utilisant avec brio les produits du cru. Nous recommandons en particulier la soupe de poisson. Bref, un passage obligé.

Apololi Kori GREC €€

(22420 31024 ; plats 9-16 € ; déj et dîner). Des escaliers dans la ruelle principale mènent à une salle en sous-sol de bon goût, évoquant la Grèce d'antan, qui débouche à l'arrière sur une adorable terrasse agrémentée de plantes. On y déguste une cuisine grecque aux accents gastronomiques : *giouvarlakia* (boulettes de viande dans une sauce au citron et à l'œuf), salade de harengs aux pistaches... Plats du jour remarquables.

Où prendre un verre et faire la fête

Sur le front de mer de Mandraki s'alignent cafés et bars en terrasse bien orientés pour contempler le coucher du soleil sur Kos.

Oxos CAFÉ-BAR

(22420 31873 ; 9h-minuit ;). Au bout du port, en contrebas du monastère, l'endroit a tout pour séduire : terrasse à l'ombre de tamaris, vue sur la mer et savoureuses spécialités telles que *pitia* (croquettes de pois chiches) et *horiatiki* (salade grecque). Cerise sur le gâteau, il jouxte la petite église Agios Nikolaos, à visiter avant de prendre un verre.

Rythmos Bar BAR

(22420 31463 ; 9h-tard ;). Au soleil sur la terrasse du toit ou dans son intérieur à la mode, voici un endroit sympathique où prendre un café frappé ou un verre de vin à l'apéritif. Curieusement, il attire autant les anciens que les jeunes.

100% LOCAL

NISYROS AUTREMENT

Anaema (6972947320, 22420 31459 ; www.anaema.gr ; à partir de 30 €/pers), une coopérative de guides passionnés originaires de Nisyros, propose aux visiteurs des excursions et activités culturelles en immersion : ascension commentée du volcan, cuisine, cours de broderie et bien d'autres choses encore. Haris, le patron, s'emploie à promouvoir le tourisme dans l'île et connaît son sujet. Dans l'agence de voyages Diakomihalis Travel (p. 333).

Renseignements

L'Alpha Bank dispose d'un DAB sur le port et d'une banque (sans distributeur) à Mandraki. Un autre DAB se trouve à la **poste** (7h-14h30 lun-ven).

Depuis/vers Mandraki

Mandraki est le point d'accès maritime de Nisyros. Le port se situe à 500 m au nord-est du village, qu'on peut aisément rejoindre à pied. Il n'y a pas de transports publics, mais **Manos Rentals** (22420 31029 ; www.nisyros-rentacar.gr ; 24h/24), sur le port, loue des voitures.

Ailleurs sur Nisyros

Le volcan Το Ηφαίστειο

Nisyros se situe sur l'arc volcanique égéen. À l'origine, son volcan culminait à 850 m, mais il s'est effondré et a perdu 100 m de hauteur à la suite de 3 violentes éruptions il y a 30 000 à 40 000 ans. Il ne s'est pas manifesté depuis 25 000 ans, mais n'est pas considéré comme éteint. Des pierres ponces blanc et orange jonchent les flancs nord, est et sud de l'île, et une grande coulée de lave recouvre toute la partie sud-ouest, autour de Nikéa.

Les habitants appellent le volcan "Polyvotis", du nom du Titan qui, selon le mythe, fut emprisonné sous un rocher arraché à Kos par Poséidon lors de la bataille opposant les dieux aux Titans. Les grondements de la terre traduisent ses cris de colère.

On peut se rendre en bus, en voiture ou à pied dans la caldeira, une vaste plaine lunaire où des vaches paissent parmi les vestiges d'antiques cultures en terrasses.

Une zone clôturée à l'extrémité sud englobe plusieurs **cratères** (carte p. 334 ; adulte/enfant 3 €/gratuit ; 8h30-20h ; P). En arrivant avant 11h, vous aurez la chance d'y être à peu près seul. Un sentier descend vers le plus imposant cratère, **Stefanos**, qui émet des fumerolles multicolores de 100°C, des sifflements et des vapeurs de soufre. Le sol, meuble et chaud, exige des chaussures robustes. Ne vous éloignez pas trop, car le terrain instable peut s'effondrer (lors de notre venue, le centre était interdit d'accès).

Un chemin clairement tracé conduit au **Polyvotis**, cratère plus petit et plus sauvage, dont la caldeira elle-même n'est cependant pas accessible. Ici, les fumerolles s'échappent du bord et imposent d'être prudent.

Emborios Εμπορειός

Emborios s'agrippe au flanc nord abrupt de la caldeira, 9 km en amont de Mandraki. Nombre de ses maisons jadis à l'abandon ont récemment été restaurées par des étrangers. Le village compte également deux restaurants et plusieurs hébergements pleins de cachet. Mais hormis quelques chats paresseux, une petite dizaine de personnes y résident en permanence.

Où se loger et se restaurer

Melanopetra APPARTEMENTS €€€
(6978060289 ; www.melanopetra.gr ; Emborios ; app 150 €). Le blanc et les parquets de bois inondés de lumière sont omniprésents, créant une ambiance minimaliste ultra-zen. Deux appartements dotés de chambres et d'une cuisine somptueuses ont vue à la fois sur la caldeira et la mer Égée. Les chambres semblent avoir été creusées à même la montagne, avec leurs murs en adobe brut et leur mobilier contemporain.

Balcony Restaurant GREC €
(22420 31607 ; www.balkoni-nisiros.com ; Emborios ; plats 7 € ; 9h-22h lun-sam). Si la terrasse face à l'église semble tentante, celle de l'autre côté offre une perspective inoubliable sur la caldeira. La qualité des produits frais – beaucoup de viandes et quelques plats de légumes – fait la réputation des patrons. Un capitaine de la marine grecque fut abattu ici pendant la Seconde Guerre mondiale, et un miroir brisé est encore là pour en témoigner.

Apiria Taverna TAVERNE €€
(22420 31377 ; Emborios ; plats 9-12 € ; déj et dîner). Dans un recoin derrière l'église, cette taverne accueillante est l'une des rares ouvertes toute l'année. Elle comprend une salle avenante, ainsi que quelques tables abritées à l'extérieur. La carte met à l'honneur les spécialités de Nisyros telles que *pitia* et plats à base d'agneau, de porc et de légumes. Remarquez les aérations dans les murs, un système de chauffage géothermique.

Nikéa Νικαία

Le village de Nikéa se situe au bord de la caldeira, à 4 km au sud d'Emborios. De la route, les visiteurs rejoignent la petite place centrale en suivant un lacis d'étroites ruelles où les véhicules ne peuvent circuler. Avec sa mosaïque de galets formant des motifs géométriques et son église villageoise, celle-ci figure parmi les plus beaux sites du Dodécanèse.

Des points de vue signalés à travers le village dévoilent des perspectives étonnantes sur le volcan loin en contrebas. Derrière le **Musée vulcanologique** (22420 31400 ; Plateia Nikolaou Hartofyli, Nikéa ; 4 € ; 8h-13h30 lun-sam), un sentier difficile descend dans le cratère. Près de la fin de la route, ce musée moderne accessible aux enfants retrace l'histoire du volcan et les mythes qui s'y rapportent, ainsi que son impact sur l'île. Le documentaire est intéressant.

Sur la place, **Porta** (22420 31835 ; Nikea ; en-cas 5-8 € ; 9h-tard) invite à se détendre devant une bière, un jus de fruits ou un sandwich toasté.

Pali Πάλοι

Située à 5 km de Mandraki, cette localité en bord de mer battue par les vents est aujourd'hui surtout une marina pour les bateaux de plaisance. Une poignée de tavernes se mêlent le long du quai aux bâtiments baignés de soleil. La route côtière rejoint ensuite **Liès**, la plage la plus praticable de Nisyros, située à 5 km. De là, un chemin précaire de 1 km dessert **Pahia Ammos**, une étendue de sable volcanique grossier dépourvue d'ombre.

Où se loger et se restaurer

Mammis' Apartments APPARTEMENTS €€
(☎22420 31453 ; www.mammis.com ; Pali ; d 60 € ; ❄📶). À 100 m au-dessus de la marina, dans un jardin rempli de fleurs, 10 studios paisibles et simples arborent kitchenette, canapés-lits séparés pour les enfants et balcons individuels avec vue sur la mer.

The Captain's House TAVERNE €
(☎22420 31016 ; Pali ; plats 7-10 € ; ⏰8h-minuit ; ❄📶). Si proche de l'eau que l'air a un goût salé, cette taverne attire les plaisanciers et les pêcheurs burinés grâce à sa longue carte de fruits de mer, dont du poulpe, à laquelle s'ajoutent *fava*, fromages et autres en-cas. Le patron connaît l'île comme sa poche.

KOS ΚΩΣ

33 400 HABITANTS

Bordée par les plus belles plages du Dodécanèse et abritant d'imposants rochers à pic et des vallées luxuriantes, Kos recèle une infinité de trésors. Pour un peu, on se lasserait presque des colonnes corinthiennes millénaires qui surgissent çà et là au milieu des fleurs sauvages. Même le chef-lieu éponyme de l'île recèle des ruines grecques à chaque coin de rue et une forteresse médiévale domine son port.

La plupart des touristes s'intéressent surtout aux plages. Outre celles situées aux abords de Kos (Hora), il existe 3 zones balnéaires principales. Kardaména, sur la côte sud, s'adresse essentiellement aux vacanciers en séjour organisé. Mastihari, sur la côte nord, et Kamari, à l'extrême sud-ouest, ont cependant bien plus d'attrait. L'île se distingue aussi par sa nature sauvage. Les monts Dikéos culminant à près de 850 m s'élèvent quelques kilomètres à l'ouest du chef-lieu.

Histoire

Kos était si peuplée et si riche pendant la période mycénienne qu'elle aurait, dit-on, envoyé 30 navires participer à la guerre de Troie. En 477 av. J.-C., après avoir souffert d'un séisme et de son assujettissement aux Perses, l'île rallia la Ligue de Délos et connut une nouvelle période faste. Hippocrate (460-377 av. J.-C.), le grand savant antique considéré comme le père de la médecine, naquit et vécut à Kos. Après sa mort, les habitants construisirent le sanctuaire d'Asclépios et une école de médecine, qui perpétuèrent son enseignement et rendirent l'île célèbre dans tout le monde grec.

Le pharaon Ptolémée II, né lui aussi à Kos, plaça le territoire sous la protection de l'Égypte et en fit un centre marchand prospère. En 130 av. J.-C., l'île passa aux mains de Rome, avant d'être administrée par Rhodes à partir du Ier siècle. Elle partagea alors le destin de cette dernière, et fut par la suite occupée successivement par les chevaliers de Saint-Jean, les Ottomans et les Italiens. Aujourd'hui, elle connaît un afflux touristique important.

Depuis/vers Kos

AVION

L'**aéroport de Kos** (KGS ; carte p. 340 ; ☎22420 56000 ; www.kosairportguide.com) se situe au milieu de l'île, à 24 km de Kos (Hora). Aegean Airlines (www.aegeanair.com), Olympic Air (p. 294) et Sky Express (p. 295) rallient Athènes (à partir de 60 €, 55 min) jusqu'à 4 fois par jour. Des vols réguliers desservent aussi Rhodes (à partir de 100 €, 30 min) et Léros (110 €, 55 min). Les liaisons aériennes avec d'autres îles, dont Naxos, passent par Athènes.

BATEAU

Liaisons intérieures

Le principal port de ferrys de l'île se trouve dans la ville de Kos (Hora), devant la forteresse. Dodekanisos Seaways (p. 311) couvre l'archipel : ses catamarans se rendent au sud-est jusqu'à Rhodes via Nisyros (16 €, 1 heure, 2/sem), Tilos (22 €, 1 heure 30, 2/sem), Halki (26 €, 2 heures 30, 2/sem) et Symi (26 €, 1 heure 30, 2/sem), au nord jusqu'à Samos (Pythagorio, 44 €, 4 heures, 3/sem), Kalymnos (16 €, 35 min, 1/jour), Léros (23 €, 1 heure 30, 1/jour) et Patmos (31 €, 2 heures 30, 1/jour). Blue Star Ferries (p. 315) dessert également Rhodes (24,50 €, 3-5 heures, 1/jour), ainsi que l'ouest d'Astypalée (17 €, 1 heure 30, 1/sem) et Le Pirée (45-56 €, 10-12 heures, 1/jour) à l'ouest.

En été, le petit car-ferry **Panagia Spiliani** (carte p. 342 ; ☎22420 31015 ; www.visitnisyros.gr ; port), plus lent, effectue des excursions à Kos au départ de Nisyros, et assure aussi la traversée jusqu'à Nisyros depuis Kardaména.

Ailleurs dans l'île, des ferrys quotidiens relient Mastihari à Kalymnos (6 €, 50 min) ; consultez les sites www.anekalymnou.gr et www.anemferries.gr. **Leros Express** (☎6936141900, 22470 24000 ; www.lerosseaways.com) parcourt 2 fois par semaine la ligne Léros-Kalymnos-Kos.

Liaisons internationales

Des catamarans rapides relient Kos (Hora) à Bodrum (2/jour) et Turgutreis (1/jour), en Turquie. Chaque traversée dure 30 minutes-1 heure. Comptez 17 € l'aller, 15 € l'aller-retour dans la journée ou 30 € pour un arrêt plus long. Horaires et réservations sur exas.com.

Comment circuler

DEPUIS/VERS L'AÉROPORT

L'aéroport est desservi par plusieurs bus KTEL (ci-dessous) quotidiens depuis la gare routière (3,20 €). Celui-ci étant loin de Kos (Hora), cela vaut la peine de louer le véhicule dès l'arrivée. Nous vous recommandons **Auto Bank Car Rental** (☎ 22420 23397 ; www.autobank-kos.com), juste à la sortie du terminal.

Un taxi jusqu'en ville coûte environ 37 €.

BATEAU

À Kos (Hora), une ribambelle de bateaux propose des excursions autour de Kos et vers des îles voisines. Une formule incluant Kalymnos, Psérimos et Platy revient à quelque 30 €, déjeuner compris. Pour Bodrum, vous débourserez 15 € environ.

BUS

De la principale gare routière, très en retrait du front de mer à Kos (Hora), **KTEL** (carte p. 342 ; ☎ 22420 22292 ; www.ktel-kos.gr ; Kleopatras 7 ; ⏲ bureau d'informations 8h-21h lun-sam avr-oct, 8h-15h lun-ven nov-mars) dessert toute l'île, y compris l'aéroport et les plages de la côte sud.

VÉLO

Le cyclotourisme étant très populaire, les vélos à louer ne manquent pas. Les tarifs vont de 5 €/jour pour un vieux clou à 20 € pour un VTT correct. À Kos (Hora), **Escape Rentals** (☎ 22420 29620, 6937175860 ; escape.rental@mail.gr ; Vasileos Georgiou 12 ; vélo à partir de 5 €) propose un bon choix, dont des vélos électriques, à prix raisonnables.

Kos Mountainbike Activities (☎ 6944150129 ; www.kosbikeactivities.com ; Psalidi ; VTT 25 €/jour ; ⏲ 9h-12h30 et 17h30-19h30) loue des vélos et propose des circuits guidés.

Kos (Hora) Κως (Χώρα)

17 890 HABITANTS

Chef-lieu de l'île, principal point de départ des ferrys et seule véritable ville de l'île, Kos (Hora) décline un remarquable assortiment de vestiges des époques hellénistique, romaine et byzantine à l'ombre d'un superbe château médiéval. Si certaines rues du centre pâtissent d'un afflux de touristes fêtards, la plupart conservent élégance et cachet. La place centrale se démarque par ses édifices et on y trouve un musée de premier ordre. Le port, particulièrement attrayant, présente un chapelet de cafés et de tavernes devant des rangées ininterrompues de bateaux d'excursion, de pêche et de plaisance.

Des plages fréquentées s'étirent de part et d'autre du port. Aisément accessible à pied au nord-ouest du centre, la longue bande sablonneuse de **Kritika** est jalonnée d'hôtels et de restaurants. Au sud-est du port, la **plage de Kos (Hora)** déroule un mince ruban de sable parsemé de parasols en été et des eaux profondes propices à la baignade.

À voir

Château des chevaliers FORTERESSE

(Carte p. 342 ; ☎ 22420 27927 ; port). Endommagée par un tremblement de terre en 2017, cette superbe forteresse du XVe siècle gardant majestueusement l'entrée du port est fermée au public jusqu'à une date indéterminée, mais l'extérieur demeure impressionnant.

Plateia Platanou PLACE

(Carte p. 342). Cette jolie place pavée, juste au sud du château, incarne parfaitement le charme élégant et le rythme tranquille de Kos. Attablez-vous à une terrasse de café pour contempler le **platane d'Hippocrate** (carte p. 342) à l'ombre duquel le praticien transmettait son savoir à ses élèves. Au pied de l'arbre, un sarcophage antique a été transformé en fontaine par les Ottomans. En face s'élève la **mosquée de Gazi Hassan Pasha** (XVIIIe siècle), désaffectée.

Zone des fouilles ouest SITE ARCHÉOLOGIQUE

(Carte p. 342 ; ⏲ aube-crépuscule). GRATUIT Ces ruines antiques au sud du centre, révélées par un séisme en 1933, comprennent les mosaïques de la **maison d'Europe** (IIe siècle) représentant l'enlèvement de la princesse phénicienne par Zeus sous la forme d'un taureau. Devant passe un tronçon du **Decumanus Maximus**, l'axe principal de la cité romaine. Citons encore le **nymphée**, un édifice à colonnades qui servait en réalité de latrines publiques, le **Xysto**, un grand gymnaste hellénistique, et le **temple de Dionysos** (IIe siècle av. J.-C.). De l'autre côté de la rue se dresse l'**odéon**, un imposant théâtre romain du IIe siècle.

Construit à l'emplacement d'un théâtre grec antérieur, il pouvait contenir quelque 750 spectateurs et accueille parfois des spectacles l'été. Juste à l'est, on peut admirer la Casa Romana habilement reconstituée.

Agora antique SITE ARCHÉOLOGIQUE

(Carte p. 342 ; aube-crépuscule). GRATUIT Mis au jour en 1933 par un tremblement de terre dévastateur, le centre politique, économique et religieux de la ville antique occupe une vaste zone clôturée au sud du château. Kos fut au IVe siècle av. J.-C. la première cité construite selon un plan en damier, qu'on distingue encore. Parmi les vestiges majeurs figurent une imposante **stoa**, un **sanctuaire d'Aphrodite**, un **temple d'Hercule** (IIe siècle av. J.-C.) et une **basilique paléochrétienne** (Ve siècle). Le site reste habituellement ouvert toute la journée.

Musée archéologique MUSÉE

(Carte p. 342 ; Plateia Eleftherias ; adulte/enfant 6 €/gratuit ; 8h-20h dim-lun). Dans un bâtiment de 1936 construit par les Italiens sur la place centrale, ce petit musée rassemble un trésor de sculptures allant de la période hellénistique jusqu'à la fin de l'époque romaine. Une statue d'Hippocrate et une mosaïque du IIIe siècle constituent les pièces maîtresses. La plupart des salles comportent des panneaux explicatifs.

Casa Romana SITE ARCHÉOLOGIQUE

(Maison romaine ; carte p. 342 ; 22420 23234 ; plein tarif 6 € ; 8h-19h30 mer-lun). La Casa Romana a rouvert au public en 2015 après des années de restauration et de reconstitution méticuleuses. Bâtie à la période hellénistique et remaniée jusqu'au IIe siècle, elle donne un aperçu très parlant du mode de vie d'un riche dignitaire et de sa famille dans la Kos antique. Des dispositifs audio dispensent des informations précieuses sur les objets désignés par des numéros.

Plages

La plage la plus proche de Kos (Hora), **Lambi**, s'étend à 2 km au nord-ouest. Bondée, elle est bordée d'une enfilade d'hôtels et de restaurants. À 10 km à l'ouest de la ville, la station de **Tingaki** partage une longue bande de sable clair avec celle de **Marmari** un peu plus loin. Toutes les trois sont accessibles à vélo et appréciées des véliplanchistes. En été, des bateaux d'excursion relient Marmari à l'île de Psérimos, quelques kilomètres au large.

Vasileos Georgiou, à Kos (Hora), conduit vers le sud jusqu'aux plages très fréquentées de **Psalidi** (3 km), **Agios Fokas** (8 km) et **Therma Loutra** (12 km). Cette dernière profite des sources chaudes qui augmentent la température de la mer, mais les baigneurs s'y bousculent ; pour ne croiser personne, allez-y vers 6h.

À NE PAS MANQUER

ASCLÉPIÉION ΑΣΚΛΗΠΙΕΙΟΝ

Principal site antique de l'île, l'**Asclépiéion** (carte p. 340 ; 22420 28763 ; adulte/enfant 8 €/gratuit ; 8h-19h30 tlj avr-oct, jusqu'à 14h30 dim et lun nov-mars) se situe sur une colline plantée de pins, à 3 km au sud-ouest de Kos (Hora). Le panorama depuis le sommet embrasse la ville et la Turquie au loin.

L'ensemble architectural comprend un sanctuaire religieux dédié à Asclépios, le dieu grec de la Médecine, un centre de soins et une école de médecine. La légende veut qu'il ait été fondé au IIIe siècle av. J.-C. par Hippocrate en personne, mais celui-ci était déjà mort à l'époque, et l'on se contentait d'y transmettre ses enseignements. Jusqu'au séisme qui le détruisit en 554, on venait de très loin pour être soigné à l'Asclépiéion.

Les ruines se déploient sur 3 niveaux. Le propylée (porte monumentale), les thermes romains et les vestiges des chambres d'hôtes occupent le premier. L'**autel d'Apollon Kyparissios** (IVe siècle av. J.-C.) s'élève au deuxième, avec, à l'est, le **temple d'Apollon** (Ier siècle av. J.-C.) et, à l'ouest, le **premier temple d'Asclépios** (IVe siècle av. J.-C.). Enfin, les magnifiques vestiges du **second temple d'Asclépios** (IIe siècle av. J.-C.) trônent au dernier niveau. Grimpez ensuite jusqu'à la pinède afin de contempler la meilleure perspective. Sur le chemin qui descend, un petit musée moderne conserve des inscriptions antiques. Allez-y à vélo ou prenez le bus 3 qui part toutes les heures de Kos.

Kos

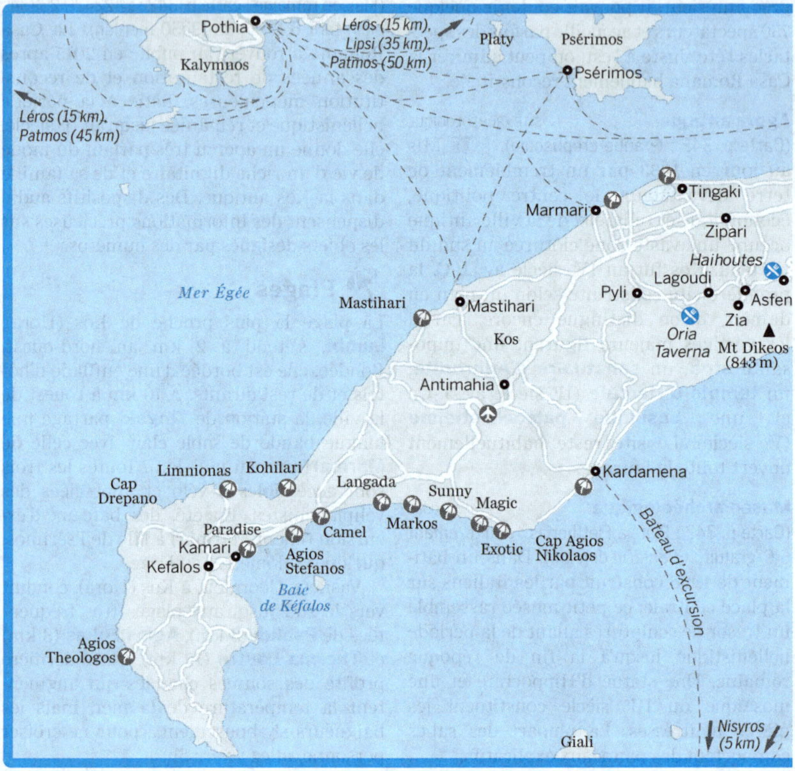

Où se loger

Même si vous ne recherchez pas les plages de sable, l'intéressante ville de Kos est un bon point de chute et mérite au moins d'y passer deux ou trois nuits. D'autant que ses hébergements couvrent toute la gamme, des pensions sommaires aux hôtels de standing.

Hotel Afendoulis HÔTEL €
(Carte p. 342 ; ☎22420 25321 ; www.afendoulishotel.com ; Evripilou 1 ; s/d/tr à partir de 35/50/60 € ; ⊙mars-nov ; ❄@📶). Alexis et sa famille n'épargnent pas leur peine pour faire de leur charmant hôtel un exemple d'hospitalité. Il existe certes des hébergements plus luxueux à Kos, mais aucun n'a autant d'âme que celui-ci. Chambres nettes avec balconnet, chaleureux coin salon propice à la conversation et confitures maison au petit-déjeuner.

Kosta Palace HÔTEL €€
(Carte p. 342 ; ☎22420 22855 ; www.kosta-palace.com ; angle Akti Kountourioti et Averof ; s/d/app 80/85/135 € ; ❄@📶≋). Cet édifice imposant face au château, côté port, renferme 173 chambres, suites et appartements de 2 pièces pourvus d'une kitchenette et d'un balcon privatif. Piscines pour adultes et enfants, snack-bar sur le toit. Propre et fonctionnel à défaut d'avoir du caractère (et d'un intéressant rapport/qualité prix si vous tombez sur une promotion).

Hotel Sonia HÔTEL €€
(Carte p. 342 ; ☎22420 28798 ; www.hotelsonia.gr ; Irodotou 9 ; d/tr/f avec petit-déj 80/95/140 € ; ❄📶). Dans une rue calme à un pâté de maisons du front de mer, ce petit hôtel loue 14 chambres reluisantes avec sol carrelé, réfrigérateur et salles de bains chics. Cinq d'entre elles ont un balcon – la n° 4 et la n°5 jouissent de la meilleure vue sur la mer. Les hôtes peuvent prendre le

petit-déjeuner dans le jardin à l'arrière. Service d'échange de livres.

Kos Aktis Art Hotel HÔTEL €€€
(Carte p. 342 ; ☎22420 47200 ; www.kosaktis.gr ; Vasileos Georgiou 7 ; s/d/tr à partir de 200/260/350 € ; ❄📶). Les magnifiques hôtels Aktis parsèment le Dodécanèse et celui-ci est splendide. Un décor minimaliste tout de verre, de lumière et de bois, avec vue romantique sur la mer Égée et, la nuit, Bodrum illuminée. Salle de gym et bon bar-restaurant. Les prix fluctuent considérablement suivant la demande et la saison.

Où se restaurer

♥ Pote Tin Kyriaki TAVERNE €
(Carte p. 342 ; ☎6930352099 ; Pisandrou 9 ; mezze 2,50-8 € ; ⏲19h-2h lun-sam). "Jamais le dimanche", du nom du film qui révéla Melina Mercouri en 1960, est logiquement fermé le jour du Seigneur. Ce bar à ouzo traditionnel sans chichis sert de savoureux plats typiques comme les fleurs de courgettes farcies, les *dolmades* et les moules vapeur. Arrivez tard pour y côtoyer les insulaires.

Aegli CAFÉ €
(Carte p. 342 ; ☎22420 30016 ; www.aiglikos.gr ; Plateia Eleftherias ; en-cas 4-7 € ; ⏲petit-déj, déj et dîner). Sous les arcades d'un bâtiment municipal bordant la place principale, ce café-boulangerie géré par une coopérative emploie uniquement des femmes en réinsertion professionnelle. Il a pour spécialité les *marmarites*, sorte de petits pains plats au levain à la garniture sucrée ou salée, mais propose aussi feuilletés, jus de fruits, café et petits-déjeuners pantagruéliques (20 € pour deux).

Elia GREC €€
(Carte p. 342 ; ☎22420 22133 ; www.elia-kos.gr ; Appelou Ifestou 27 ; plats 9-16 € ; ⏲12h30-tard ; ❄📶🍷👪). Les poutres au plafond, les pierres apparentes et les frises peintes représentant des divinités grecques composent un cadre rustique et chaleureux. La longue carte grecque et méditerranéenne – ragoûts de porc et d'agneau, poulet mariné, mezze végétariens – satisfait le palais des habitants exigeants et des voyageurs aventureux. Saveur et fraîcheur garanties.

Ta Votsalakia POISSON €€
(Carte p. 342 ; ☎22420 26555 ; Averof 10 ; plats 9-12 €, poisson 50 €/ kg ; ⏲13h-minuit). Derrière une entrée banale se cache une agréable surprise. Il suffit de traverser la cuisine en effervescence pour se retrouver sur la plage. Les habitants bien informés viennent ici pour la pêche du jour, mais on peut aussi se régaler, entre autres, de crevettes, de moules et de spaghettis aux fruits de mer. Les végétariens se rabattront sur les bons mezze.

Taverna Lithino GREC €€
(☎22420 24693 ; www.lithino.com ; Archiepiskopou Gerasimou St ; plats 9-14 € ; ⏲déj et dîner ; 🍷). Derrière la marina, dans une rue plutôt fréquentée pour Kos, cette sympathique adresse familiale met à l'honneur la cuisine grecque de qualité sans se la jouer gastronomique. Au menu : grillades, boulettes de viande, mezze maison et quelques plats végétariens. Installez-vous sur la terrasse devant ou celle à l'arrière autour d'un mûrier.

Kos (Hora)

Où prendre un verre et faire la fête

La vie nocturne animée de Kos se cantonne à un pâté de maisons, au sud du port, sur le front de mer. Le week-end, les habitants se retrouvent dans les cafés de la Plateia Eleftherias (place de la Liberté).

Kaseta BAR

(Carte ci-dessus ; ☎22420 22352 ; facebook.com/kaseta.kos ; Akti Miaouli 4 ; ⊙8h-1h). L'endroit où les habitants de l'île aiment être vus. Il n'y a pas mieux pour siroter un café en journée ou un cocktail le soir devant le port, même si les prix sont élevés.

Law Court Cafe CAFÉ

(Carte ci-dessus ; Plateia Platanou ; ⊙7h30-tard). Bien que situé sur la plus jolie place de Kos, face à l'arbre d'Hippocrate (p. 338), ce petit café intemporel semble à mille lieues de la scène touristique. C'est ici qu'avocats et hommes d'affaires se retrouvent le matin devant un expresso.

Achats

La vieille ville regorge de babioles pour touristes, tandis que les magasins d'enseignes sont regroupés à l'extrémité est de Ioannidi et dans les rues piétonnières au sud d'Ippokratous.

Dimotiki Agora (carte ci-dessus ; ☎22420 22900 ; Plateia Eleftherias ; ⏲8h-tard) 🍃, un marché animé sous des arcades, offre un excellent choix de produits locaux : épices, miel, savons naturels, bonbons, cuillères en bois de santal, bibelots d'inspiration mythologique et éponges de Kalymnos.

ℹ Comment circuler

BUS

Les bus **KEAS** (carte ci-dessus ; ☎22420 26276 ; 1,10-1,60 €) circulent en ville depuis un **arrêt** (carte ci-dessus) dans Akti Miaouli.

Kos (Hora)

À voir

- **1** Agora antique D3
- **2** Musée archéologique C3
- **3** Casa Romana C5
- **4** Château de chevaliers C2
- **5** Decumanus Maximus B5
- **6** Platane d'Hippocrate D3
- **7** Maison d'Europe B5
- Mosquée de Gazi Hassan Pasha .... (voir 8)
- **8** Plateia Platanou D3
- **9** Zone des fouilles ouest A5

Où se loger

- **10** Hotel Afendoulis F4
- **11** Hotel Sonia A3
- **12** Kos Aktis Art Hotel E3
- **13** Kosta Palace B1

Où se restaurer

- **14** Aegli C4
- **15** Elia B4
- **16** Pote Tin Kyriaki B4
- **17** Ta Votsalakia B1

Où prendre un verre et faire la fête

- **18** Kaseta D3
- **19** Law Court Cafe D3

Achats

- **20** Dimotiki Agora C4

La ligne 3 desservant l'Asclépiéion s'avère la plus utile.

Les bus pour le reste de l'île, dont l'aéroport, partent de la gare routière KTEL (p. 338). Notez que ceux à destination de Kefalos font halte au grand rond-point près de l'entrée de l'aéroport.

TAXI

Des **taxis** (carte ci-contre ; ☎22420 22777, 22420 23333) stationnent du côté sud du port.

TRAIN TOURISTIQUE

L'été, prenez vos repères en faisant un tour à bord du petit **train touristique** (☎22420 26276 ; 20 min ; 5 €), qui part fréquemment d'Akti Kountouriotou, sur le port.

VÉLO

Des pistes cyclables sillonnent Kos. L'itinéraire le plus fréquenté relie Kos (Hora) à Lambi, au nord, et Psalidi, au sud, en longeant le front de mer.

Beaucoup d'hôtels disposent de vélos pour leurs hôtes. Sinon, Escape Rentals (p. 338) et Kos Mountainbike Activities (p. 338) en louent.

Ailleurs sur Kos

Villages de montagne

Les villages disséminés sur les pentes vertes des monts Dikéos se prêtent à de belles excursions.

Rendez-vous d'abord à **Agios Dimitrios**, abandonné par ses habitants durant la Seconde Guerre mondiale, qui abrite une jolie église et le café Haihoutes (ci-après).

À 14 km au sud-ouest de Kos (Hora), **Zia**, jadis l'un des plus beaux villages montagnards de l'île, se résume aujourd'hui à une seule rue aux allures de parc à thème. La vue sur la mer en contrebas éblouit toujours, mais des bus entiers de touristes envahissent sans cesse les boutiques de souvenirs et les tavernes.

Plus loin, **Asfendiou** et **Lagoudi** ne reçoivent guère de visiteurs malgré leurs charmantes églises et leurs vues splendides. Environ 5 km à l'ouest, **Pyli** revêt un aspect moins mercantile. Juste à l'entrée, un embranchement à gauche mène au **Vieux Pyli**, le bourg médiéval d'origine perché au milieu de rochers imposants et de pins. Les ruines austères du château de Pyli qui se découpent sur ses hauteurs ajoutent une touche de magie au décor sauvage. Un sentier bien balisé montant du parking en bord de route bifurque à gauche vers le château, à droite vers le village ancien. Tous les bâtiments de ce dernier sont désaffectés, à l'exception d'Oria Taverna (ci-dessous) cachée dans les bois.

Des bus relient Kos (Hora) à Pyli (2,10 €, 2 à 4 par jour) mais pas au Vieux Pyli.

100% LOCAL

PAUSE CAFÉ À HAIHOUTES

D'un goût exquis, le petit café **Haihoutes** (carte p. 340 ; ☎6932637905 ; en-cas 5-12 €) a été remis en état et témoigne, aux côtés de l'église, de l'histoire du village fantôme éponyme qui comptait jadis 450 âmes. Assis sur une jolie chaise vert olive devant une table traditionnelle, on se croirait dans un *kafeneio* d'il y a plusieurs décennies.

Le soir, l'établissement se transforme en bar avec parfois de la musique live, rébétiko et autres. N'oubliez pas de jeter un œil au "musée" attenant, réplique d'une maison typique, et aux photos d'antan à l'intérieur de l'église. Notez que la réception téléphonique est mauvaise.

Où se restaurer

Oria Taverna — GREC €

(Carte p. 340 ; ☎6974408843 ; Vieux Pyli ; plats 7-12 € ; 9h-21h ; P). Une taverne idyllique, accessible uniquement à pied (15 minutes) en gravissant le versant opposé à la forteresse millénaire de Pyli, d'où l'on jouit d'une perspective unique sur la campagne de l'île. Outre des en-cas et des boissons fraîches, elle propose des plats du jour de saison à base de produits locaux. Idéal pour dîner face au spectacle du soleil couchant.

The Watermill — CAFÉ €

(☎6947412440 ; Zia ; en-cas 4-8 € ; petit-déj, déj et dîner ;). Après la brève montée jusqu'au sommet de la colline, appréciez la délicieuse citronnade maison dans cet ancien moulin à eau pittoresque, quoique très fréquenté. Depuis la tonnelle de vigne vierge ou le patio reposant, la vue sur la montagne est saisissante. Au menu : burgers, crêpes et salades de fruits.

I Palia Pyli — GREC €€

(Pyli ; plats 7,50-11,50 € ; 9h-23h). Cette adresse sobre et discrète – quelques tables en terrasse à l'ombre d'un ficus sur une placette agrémentée d'une vieille fontaine – n'en sert pas moins une cuisine de premier ordre depuis 1950. Goûtez les boulettes de courgette ou de viande et les mezze.

Mastihari — Μαστιχάρι

À défaut de centre historique et d'intérêt architectural, cette station balnéaire délicieusement rétro a tout ce qu'il faut pour passer d'honnêtes vacances en famille sous le soleil : une large bande de sable fin, plantée çà et là de tamaris, un groupe de studios à louer et d'hôtels de taille modeste, une rangée de tavernes alléchantes et de bars sur le front de mer. Vous n'y serez pas seul (de grands complexes hôteliers se construisent), mais elle reste moins tape-à-l'œil que certaines de ses voisines.

Du petit port de Mastihari, les compagnies **Anek** (Anekalymnou ; ☎22420 29900 ; www.anekalymnou.gr) et **Anem** (www.anemferries.gr) desservent fréquemment Pothia, sur Kalymnos, et des bateaux d'excursion rejoignent l'été l'île de Psérimos.

Où se loger et se restaurer

Studios Diana APPARTEMENTS €
(22420 59116 ; Mastihari ; app 40 €). Ces studios propres et sans superflu, donnant sur la mer, possèdent un balcon privatif et une cuisine minuscule (climatisation en sus : 5 €). Très avantageux, ils ont, bien sûr, leurs habitués.

Katerina & Efi APPARTEMENTS €
(6937529385 ; efikaterina@hotmail.com ; Mastihari ; d/f à partir de 45/70 € ;). Parfaits pour un long séjour en famille, ces studios économiques, bien tenus et avec kitchenette, occupent un coquet bâtiment bleu et blanc au ras du sable de la plage. Même ceux orientés côté village sont plaisants et ils disposent de plus grandes terrasses. Animaux de compagnie acceptés.

O Makis POISSON €
(6948668417 ; Mastihari ; plats 6-8 €, poisson autour de 40 €/kg). Recommandé par tous les habitants, ce restaurant n'a ni nappes blanches ni menu gastronomique, mais brille par son authenticité. Les poissons grillés et les assiettes de fruits de mer préparés par l'adorable Makis vous feront aimer la Grèce. Attitude souple de rigueur.

Kali Kardia POISSON €€
(22420 59289 ; Mastihari ; plats 7-16 € ; petit-déj, déj et dîner). Cette taverne couleur locale près du port prétend être la doyenne de Mastihari (voir les photos en noir et blanc). Ses tables sur le trottoir et sa salle lambrissée accueillent une clientèle plutôt âgée. L'odeur de calamars, de crevettes et de souvlakis s'échappant de la cuisine met l'eau à la bouche. Comptez 30 € pour 2 personnes pour une grande assiette mixte.

Kamari et baie de Kéfalos

Καμάρι et Κέφαλος

L'immense baie de Kéfalos, 12 km de sable sublime quasi ininterrompu, ourle le littoral sud-ouest de Kos. Sur la route principale, le long d'une crête à quelque 500 m dans les terres, des chemins balisés conduisent à des plages aux noms distincts, les plus paradisiaques et désertes de l'île, adossées à de vertes collines et baignées par une mer tiède. Dans la station détendue de Kamari, à l'extrémité ouest de cette plage de galets noirs, on trouve pléthore de cafés, tavernes et hébergements et il est possible de pratiquer des sports aquatiques. Perché au-dessus de Kamari sur un promontoire élevé, le village touristique de Kéfalos possède quelques adresses où se restaurer et se loger. Si vous souhaitez vraiment fuir la foule, poursuivez jusqu'à la pointe sud de l'île.

Plages

Kavo Paradiso est l'étendue de sable la plus prisée, **Magic Beach** la moins développée. **Xerokambos** ("plage exotique"), à proximité, s'adresse aux nudistes. La plage de **Lagada**, dite aussi Banana, constitue un bon compromis entre les deux. Celle d'**Agios Stefanos**, à l'extrémité ouest de la baie, a hélas été défigurée par un énorme complexe hôtelier. Une basilique byzantine en ruine, datant du Ve siècle, y surmonte un petit promontoire et l'on peut rejoindre à la nage l'îlot de **Kastri**, terriblement photogénique.

Sur la côte ouest, la plage d'**Agios Theologos** s'étire sur fond de promontoires herbeux plantés d'oliviers, à des années-lumière de l'agitation balnéaire.

Où se loger et se restaurer

On y trouve des studios et des appartements abordables. Kamari compte beaucoup d'hébergements pour les forfaits vacances.

Albatross Studios APPARTEMENTS €€
(22420 71981 ; thealbatrossteam@gmail.com ; plage de Kamari ; d/app/f 65/80/120 € ; P). Onze studios identiques avec kitchenette et vue sur la mer, si impeccablement entretenus qu'ils paraissent quasi neufs. Bar, piscine, plage de l'autre côté de la route et jetée à deux pas. Transfert depuis l'aéroport assuré à partir de 3 nuits. Excellent rapport qualité/prix, d'autant que les prix baissent sensiblement en dehors de la haute saison.

Restaurant Agios Theologos TAVERNE €€
(6974503556 ; plage d'Agios Theologos ; plats 10-17 € ; déj et dîner, dim uniquement fév-avr ;). Pour profiter de somptueux couchers du soleil, direction cet établissement saisonnier très apprécié, installé au milieu des dunes surplombant la plage. Côté cuisine : fromage frit, fabriqué avec le lait des chèvres curieuses de la maison, daurade fraîche grillée et excellents mezze. Ultra-romantique.

Mylotopi GREC €€
(☎22420 73000 ; Kéfalos ; en-cas 4-8 €, plats 8-12 € ; ⏲9h-14h). Ce vaste ensemble en pierre comprenant un bar, un café et un restaurant a été reconstruit sur le site d'un ancien village, autour du moulin à vent auquel il doit son nom. Ses terrasses en plein air et ses recoins cosy invitent à s'attabler pour prendre un café, un cocktail, un en-cas ou un repas plus substantiel.

ℹ Depuis/vers Kamari et la baie de Kéfalos

Les bus depuis/vers la ville de Kos (4,80 €, 3-6/jour) s'arrêtent au niveau de la plage de Kamari.

ASTYPALÉE

ΑΣΤΥΠΑΛΑΙΑ

1 300 HABITANTS

Perdue au milieu d'une mer turquoise, la lointaine Astypalée en forme d'ailes de papillon séduit amateurs de randonnée, campeurs et passionnés d'histoire. Ce dernier refuge pour les amoureux des îles réunit des prairies alpines évoquées dans les récits d'Homère et des plages accidentées dont les eaux pourraient bien cacher des sirènes.

Les principales localités, Pera Gialos et Hora, se confondent en une cascade de maisons blanches descendant de la forteresse médiévale vers l'ancien port. Malgré l'apparition récente de quelques boutique-hôtels, les infrastructures touristiques et les liaisons en ferry demeurent très limitées. La plupart des visiteurs sont des Grecs, suivis de Français et d'Italiens. Si vous souhaitez échapper au tourisme de masse, il n'y a pas à hésiter.

ℹ Depuis/vers Astypalée

AVION

Sky Express (p. 295) assure plusieurs vols hebdomadaires pour Astypalée au départ de Léros (80 €, 25 min), Kalymnos (62 €, 1 heure 45) et Kos (74 €, 1 heure 45). Il existe aussi des liaisons quotidiennes depuis Athènes (121 €, 1 heure). Astypalea Tours (p. 348), à Pera Gialos, vend les billets.

BATEAU

Seules deux compagnies maritimes desservent Astypalée.

En été, les bateaux Blue Star Ferries (p. 315) accostent dans le "nouveau port" isolé d'Agios Andreas, 6,5 km au nord de Pera Gialos. Un bus et les deux taxis de l'île attendent les passagers à l'arrivée. Sinon, Astypalea Tours (p. 348) se charge du transfert moyennant 5 €. Le reste de l'année, le ferry arrive en pleine nuit, d'où la

Astypalée

nécessité de réserver le transport à l'avance si votre hôtel n'envoie pas quelqu'un vous chercher.

Un ferry en provenance du Pirée (38,50 €, 9 heures 45), via Paros (37 €, 5 heures 15) et Naxos (20 €, 4 heures), passe 4 fois par semaine et repart en sens inverse quelques heures plus tard. Un autre fait halte une fois par semaine entre Le Pirée et Rhodes, via Kalymnos (14,50 €, 2 heures), Kos (17 €, 3 heures), Tilos (15,50 €, 6 heures) et Nisyros (12,50 €, 5 heures).

Le **Nisos Kalymnos** (www.anekalymnou.gr) effectue deux traversées hebdomadaires entre le petit port de Pera Gialos (parfois appelé Skala) et Kalymnos.

Comment circuler

L'aéroport se trouve dans l'étroite partie centrale de l'île, 8 km au nord-est de Pera Gialos. En été, des bus coïncident avec les vols. Autrement, deux **taxis** (6976256461, 6975706365) rejoignent Pera Gialos (12 € environ). De juin à septembre, Astypalea Tours (p. 348) propose des navettes pour l'aéroport et le port (environ 5 €/pers).

De là, des bus estivaux desservent Hora et Livadi, à l'ouest, et Analipsi/Maltezana, à l'est, via plusieurs plages (2 €).

Parmi les loueurs de voitures d'Astypalée, nous recommandons **Vergoulis** (22430 61351 ; www.vergoulis.com ; scooter à partir de 18 €, voiture 45-70 € ; 9h-21h) et **AstyCar** (22430 62265 ; www.astycar.gr ; scooter/voiture à partir de 32/55 €), tous deux à Pera Gialos.

Pera Gialos et Hora

Πέρα Γιαλός et Χώρα

1 036 HABITANTS

Principal centre habité d'Astypalée, Pera Gialos se tient sur la côte méridionale de sa moitié ouest, autour d'une jolie baie trop peu profonde pour accueillir les grands ferrys. Il possède une petite plage de sable et de galets appréciée des habitants. Ponctué de bars et de tavernes, le quai s'anime les soirs d'été, mais redevient le domaine des vieux loups de mer en basse saison.

Perché sur les hauteurs à l'abri des pirates de jadis, le vieux Hora enchante les visiteurs avec ses maisons blanches qui descendent en cascade au pied d'un impressionnant *kastro*. Après avoir parcouru le dédale de ruelles silencieuses et grimpé jusqu'au fort, le visiteur fourbu est invité à se détendre dans l'une des *kafeneia* et tavernes engageantes qui jouxtent les moulins à vent de style cycladique à l'entrée du village.

À voir et à faire

Kastro FORTERESSE

(Hora ; aube-crépuscule). GRATUIT Construit au début du XVe siècle par la famille vénitienne des Querini, ce château imposant fut agrandi et rénové au cours des trois siècles suivants. La population – jusqu'à 4 000 personnes – vivait entre ses remparts pour se protéger des pirates qui sévissaient alors en mer Égée. Les derniers habitants quittèrent le fort en 1956, fuyant un séisme dévastateur qui détruisit les maisons en pierre. L'**église Notre-Dame-du-Fort** se dresse au-dessus de l'entrée en forme de tunnel ; l'**église Agios Georgios** se trouve à l'intérieur de l'enceinte.

Musée archéologique MUSÉE

(22430 61500 ; Pera Gialos ; 2 € ; 9h-17h mer-lun juin-sept). Au début de la route qui monte à Hora, ce petit musée rassemble des trésors découverts dans l'île, allant de la période mycénienne au Moyen Âge. Admirez en particulier les offrandes funéraires provenant de deux tombes mycéniennes et la statue romaine d'Aphrodite en bronze.

Thalassopouli BATEAU

(6974436338 ; Pera Gialos ; 18 €/pers ; juin-sept ;). Le capitaine Yiannis lève l'ancre de Pera Gialos à 11h et ramène ses passagers rayonnants et iodés à 18h, après une journée de baignade autour de deux îles inhabitées des environs : Kounoupa et son isthme de sable doré, et Koutsomytis, entourée d'une eau turquoise limpide. Ne lésinez pas sur la crème solaire.

Où se loger

La réservation est indispensable en juillet-août. Les adresses de charme les plus raffinées se concentrent surtout à Hora, mais on en trouve aussi quelques-unes ailleurs.

Gyrouli Studios APPARTEMENTS €

(6946583570, 22430 61267 ; www.gyroulisstudios.gr ; Pera Gialos ; à partir de 60 €). Ces impeccables studios avec kitchenette se distinguent par leur emplacement idéal, entre Hora et Pera Gialos, et leurs gentils propriétaires. Si certains présentent un style un peu vieillot, les plus récents ont un look moderne qui devrait convenir aux hôtes exigeants. Quoi qu'il en soit, tous profitent de la même vue. Prix nettement inférieurs en basse saison.

Studios Kilindra BOUTIQUE-HÔTEL €€
(☎22430 61131 ; www.astipalea.com.gr ; Hora ; studio/app/ste avec petit-déj 150/160/220 € ;). Juste au pied du *kastro*, cette adresse de charme comporte une belle piscine sur une terrasse surplombant la baie. Le hall s'agrémente d'objets anciens et d'un piano à queue. Les studios et les duplex allient styles contemporain et traditionnel, avec lits surélevés, sofas et kitchenette. Massages, acupuncture et soins à base de plantes en option.

Kallichoron Art Boutique Hotel BOUTIQUE-HÔTEL €€€
(☎22430 61935 ; www.kallichoron.gr ; Hora ; d avec petit-déj à partir de 150 € ;). Onze chambres et 2 maisonnettes donnant directement sur Hora composent cet hôtel de charme, lauréat de plusieurs prix nationaux pour ses pratiques respectueuses de l'environnement. Lumineux et décorés avec art, les logements disposent d'une terrasse et d'une kitchenette. Le petit-déjeuner, à la mode d'autrefois, célèbre les bons produits du cru.

Où se restaurer

Agoni Grammi TAVERNE €
(☎22430 62102 ; Hora ; 8-15 € ; déj et dîner, fermé le mar). Cette table stylée se range parmi les favorites de l'île. Si la terrasse, près des fameux moulins, capte d'emblée l'attention, la salle blanchie à la chaux avec son sol dallé et sa cuisine ouverte a autant d'attrait. Outre les pâtes maison, l'endroit est réputé pour sa soupe de poisson et ses oursins.

Maïstrali TAVERNE €
(☎22430 61691 ; Pera Gialos ; plats 8,50-13 € ; 10h-tard ;). Dans une rue derrière le port, cet élégant restaurant sert de tout : beignets de courgette, côtelettes d'agneau, salade d'aubergines, *saganaki* de crevettes grillées. Il fait partie des rares ouverts toute l'année.

Barbarossa TAVERNE €€
(☎22430 61577 ; Hora ; plats 12-15 € ; déj et dîner ;). Impossible de manquer cette taverne accueillante, le long de la principale voie d'accès à Hora, dont la terrasse animée voisine avec la mairie. Le filet de porc aux pruneaux, les moules et les crevettes grillées ne vous décevront pas.

Renseignements

Alpha Bank (☎22430 61402 ; Pera Gialos ; 8h-14h lun-ven). Seule banque de l'île, sur le front de mer. Possède un DAB.

Astypalea Tours (☎22430 61571 ; www.astypaleatours.gr ; Pera Gialos ; 10h-13h30 et 17h30-20h30). Billets d'avion et de ferry, excursions en bateau vers les îlots de Kounoupa, Koutsomytis et Agia Kiriaki.

Office du tourisme municipal (☎22430 61412 ; www.visitastypalea.com ; Hora ; 18h-21h juin-sept). Ouvert en haute saison dans un moulin restauré, il dispense des informations de base sur Astypalée. Horaires parfois irréguliers.

Depuis/vers Pera Gialos et Hora

Des bus relient Pera Gialos à Hora, Maltezana, Livadi et Agios Andreas (2 €). Un taxi (p. 347) entre Pera Gialos ou Hora et l'aéroport coûte autour de 12 €. En été, Astypalea Tours (ci-dessus) met en service des navettes pour l'aéroport et le port (environ 5 €/pers).

Le **Nisos Kalymnos** (anekalymnou.gr) rejoint Kalymnos 2 fois par semaine au départ du petit port de Pera Gialos (Skala), les principaux ferrys lèvent l'ancre d'Agios Andreas, 6,5 km au nord.

Livadi Λειβάδι

Plage la plus prisée d'Astypalée, **Livadi** se trouve à l'embouchure d'une vallée verdoyante, sur la première baie au sud d'Hora. On peut s'y rendre à pied en 20 minutes depuis le vieux village ou prendre un bus. En été, l'endroit devient une petite station balnéaire vivante, au front de mer bordé de bars et de restaurants à la mode.

Où se loger et se restaurer

Mouras Studios APPARTEMENTS €€
(☎22430 61227 ; www.mourastudios.gr ; Livadi ; studio à partir de 80 € ; mai à mi-oct ;). Autour d'une cour sur le front de mer, ces 7 beaux studios chaulés de taille variable présentent un élégant décor blanc et gris, une kitchenette et un balcon. Vue intégrale sur la mer moyennant quelques euros de plus. À ne pas confondre avec le Mouras Resort, qui appartient à la même famille.

Astropelos GREC €€
(☎22430 61473 ; Livadi ; plats 10-20 € ; petit-déj, déj et dîner ;). Au bord de la plage, sur une terrasse couverte meublée d'élégantes tables blanches, ce restaurant

de première classe propose une carte gastronomique incluant salade de poulpe et langouste, ainsi que des plats du jour et des options végétariennes ou véganes. Des chaises longues à l'ombre des tamaris permettent de contempler Hora, au loin sur les hauteurs.

Gerani TAVERNE €€

(☎22430 61484 ; www.astypalaiagerani.gr ; Livadi ; plats 8-12 € ; 👪). Un couple grec anglophone très sympathique est aux commandes de cette ravissante taverne en retrait de l'artère principale – repérez la barque suspendue et les jardinières. On s'y régale de bonne vieille cuisine grecque sans chichis. Oubliez la carte étendue au profit des plats du jour tels que soupe de poisson ou raviolis au *chloro* (fromage) et safran du cru.

Ouest de Pera Gialos

À l'ouest de Pera Gialos débute l'arrière-pays d'Astypalée, formé de collines pelées que traversent une route goudronnée à peine carrossable et des pistes nivelées en prévision de l'été. Notez que les agences de location de voitures interdisent parfois à leurs clients d'emprunter ces dernières, à moins d'être au volant d'une voiture tout-terrain ou d'une jeep. L'asphalte s'achève à 8 km d'Hora, près du **kastro** en ruine et du **Moni Agiou Ioanni** qui surplombent côte à côte le littoral. De là, les plus sportifs peuvent descendre à pied jusqu'à la plage d'**Agios Ioannis**. Sinon, un embranchement juste avant la fin de la route rejoint vers le nord la plage de **Panormos**, souvent déserte.

Sur la côte méridionale à l'ouest de Livadi, un chemin accidenté serpente au milieu des prairies montagneuses jusqu'à plusieurs plages isolées. Un bref détour (principalement le long d'une route goudronnée) mène d'abord à la jolie **Agios Konstantinos** ombragée par des arbres, du côté sud de la baie de Livadi. **Kaminakia**, à l'extrémité ouest là où se termine le sentier, est flanquée de rochers granitiques au bord d'une mer transparente laissant apparaître les galets du fond. Il s'agit du meilleur endroit de l'île pour une séance de bronzage. Ces deux plages abritent d'excellentes tavernes saisonnières.

En juillet-août, des bateaux d'excursion au départ de Pera Gialos rallient les plages occidentales d'**Agios Ioannis**, **Kaminakia** et **Vatses**, ainsi que les îlots de **Koutsomytis**, aux eaux vert émeraude, et de **Kounoupa**. Contactez Astypalea Tours (ci-contre).

Où se restaurer

Sti Linda GREC €

Depuis l'intersection pour Stavros, une piste cahoteuse monte à une cabane de berger sur la crête de la montagne, puis une piste très cabossée redescend à la plage de Kaminakia, léchée par d'étincelantes eaux turquoise. Un bon restaurant saisonnier, le **Sti Linda** (☎6932610050 ; plats 5-10 € ; ⏲juil-sept) 🍃, y mitonne des soupes de poisson roboratives et de la chèvre rôtie, accompagnées de pain maison. Partez pour la journée.

Est de Pera Gialos

L'isthme étroit qui relie les deux "ailes" d'Astypalée recèle certaines des plages les plus populaires. Les trois baies de **Marmari**, 2 km au nord-est de Pera Gialos, possèdent chacune une grève de sable et de galets, juste à côté de la route. La plage de **Steno**, 2 km plus loin, allie sable, ombre et eaux peu profondes pour les baignades en famille. À cet endroit, l'isthme ne mesure plus que 100 m de large.

À 8 km au nord-est de Pera Gialos, dans une vallée fertile proche de l'aéroport, **Analipsi** est la seule autre station balnéaire de l'île. Ce village décontracté porte aussi le nom de Maltezana, car il fut jadis un repaire de pirates maltais. La plage d'**Analipsi**, au sud-est, forme une longue étendue de sable et de galets aux eaux peu profondes et propres. À proximité, les ruines des thermes romains de Tallaras conservent quelques mosaïques.

La moitié est d'Astypalée est quasi inhabitée, à l'exception du hameau retiré de **Mesa Vathy**, à l'abri d'une baie en forme de goulet, où vivent une demi-douzaine de familles. Port de plaisance en été, celui-ci n'a cependant pas de plage correcte.

Où se loger et se restaurer

Villa Barbara APPARTEMENTS €

(☎22430 61448, 6930778530 ; www.villabarbara.gr ; Analipsi ; s/d à partir de 45/50 € ; ❄). Situés dans un jardin fleuri, ces 12 studios bleu et blanc au sol carrelé possèdent un balcon face à la mer, moins de 100 m plus loin.

Galini Cafe CAFÉ €

(☎22430 61201 ; Exo Vathy ; plats 4-8 € ; ⏲juin-oct). Dans le hameau reculé d'Exo Vathy, dînez dans ce café à la bonne franquette fréquenté par les pêcheurs du coin. Au menu : viandes, poissons grillés et quelques plats au four. Ici, on vous demandera presque de venir chercher votre assiette ! Rien n'a changé depuis des décennies et c'est ce qui fait l'attrait du lieu.

Astakoukos FRUITS DE MER €€

(☎22430 64014 ; plage de Sxoinontas, Analipsi ; plats 7-14 € ; ⏲petit-déj, déj et dîner ; 📶🍴). À la "petite langouste", John ne lésine pas sur la qualité. L'accueillant patron installe ses hôtes sous une pergola ombragée pour un fameux festin de crustacés, de spaghettis ou de *stifado* de chèvre avec une sauce au citron. Sinon, on peut aussi commander de simples en-cas et rafraîchissements à consommer sur la plage de Sxoinontas.

KALYMNOS ΚΑΛΥΜΝΟΣ

16 000 HABITANTS

Beauté sauvage, Kalymnos se caractérise avant tout par son relief escarpé, qui attire les grimpeurs du monde entier. Le long de la côte occidentale, en particulier, le paysage revêt un aspect spectaculaire, avec ses rochers abrupts dominant une mer d'un bleu intense. Pour autant, l'île possède aussi une végétation plus abondante que la plupart de ses voisines, avec des vallées fertiles ponctuées de ruches et d'oliveraies. Ajoutez à cela Telendos, un îlot interdit aux voitures à 10 minutes en bateau-taxi, et vous obtiendrez une destination des plus séduisantes.

Bien que l'âge d'or de la pêche à l'éponge soit depuis longtemps révolu, Kalymnos demeure indissociablement liée à l'élément marin, notamment à Pothia, où les statues de Poséidon et d'un plongeur gardent le port. Ces dernières années, des activités

Kalymnos

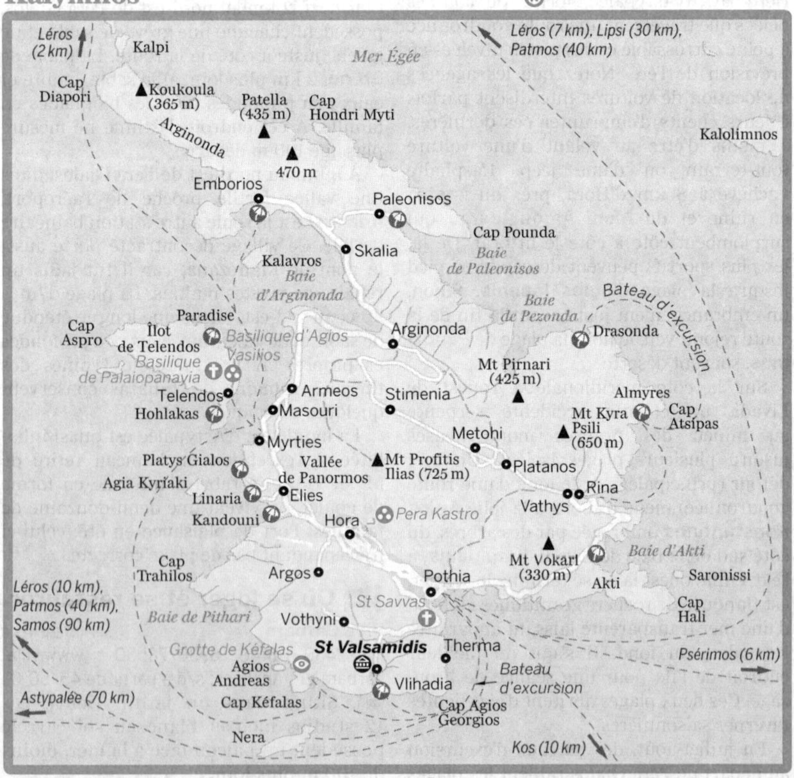

nouvelles se sont développées, notamment la plongée et la randonnée, tandis que des petits musées intéressants apportent une note culturelle. Rien d'étonnant donc que Kalymnos figure désormais sur la liste des îles grecques incontournables.

Depuis/vers Kalymnos

AVION

L'aéroport se situe à 6 km au nord-ouest de Pothia. Sky Express (p. 295) assure des liaisons quotidiennes avec Athènes (133 €, 1 heure), Léros (75 €, 15 min) et Kos (75 €, 20 min). En été, des bus coïncident avec les vols.

BATEAU

Des catamarans de Dodekanisos Seaways (p. 311) effectuent des traversées quotidiennes entre Pothia, principal port de Kalymnos, et Samos (39 €, 3 heures 15), Icarie (32 €, 2 heures 45), Patmos (28 €, 1 heure 45), Lipsi (22 €, 1 heure 15), Léros (20 €, 45 min) et Kos (16 €, 35 min). Une autre ligne couvre l'itinéraire Rhodes-Symi-Kos-Kalymnos-Léros-Lipsi-Patmos.

Blue Star Ferries (p. 315) relie 5 fois par semaine Pothia au Pirée (54 €, 10 heures 45), ainsi qu'à Kos (7,50 €, 45 min) et Rhodes (53-65 €, 11-18 heures), une fois par semaine à Astypalée (20 €, 3 heures 30) et Symi (29 €, 2 heures).

Le *Kalymnos Star* et le *Kalymnos Dolphin* d'**Anek** (www.anekalymnou.gr) naviguent entre Pothia et Mastihari, sur la côte nord de Kos (6/jour, 45 min) ; ils ne transportent que des passagers. **Anem** (www.anemferries.gr) assure le même trajet 3 fois par jour. Des bateaux d'excursion pour Pothia partent de la ville de Kos.

Enfin, Leros Express (p. 337) opère deux connexions hebdomadaires entre la petite station de Myrtiès, sur la côte ouest de Kalymnos, et Agia Marina à Léros.

Comment circuler

BATEAU

De Pothia, des bateaux rejoignent l'été la grotte de Kéfalas (environ 20 €), l'île de Psérimos et des plages. Des **bateaux-taxis** (aller 2 € ; 8h-minuit) fréquents relient aussi Myrtiès à Télendos toute l'année.

BUS

De bus circulent entre le port de Pothia et des villages de l'île. Voir le site www.kalymnos-isl.gr.

TAXI

Les taxis collectifs qui attendent à la **station de Pothia** (22430 50300 ; Plateia Kyprou) coûtent à peine plus cher que les bus. Les taxis privés demandent environ 10/10/17/30 € jusqu'à Myrtiès/l'aéroport/Vathys/Emborios.

VOITURE ET MOTO

Des agences de location sont installées sur le port de Pothia, dont **Auto Market** (6972834628, 22430 24202 ; www.kalymnoscars.gr) et **Suzuki Rentals** (6937980591 ; www.kipreosrentals.gr). Comptez 20-40 €/jour pour une voiture, et 12-15 € pour un scooter.

Pothia Πόθια

12 300 HABITANTS

Chef-lieu de Kalymnos, Pothia arbore un port blanc et crème et un labyrinthe de ruelles adossées à une colline, sur fond de montagnes imposantes. Si vous arrivez en bateau, ce sera certainement votre première image de l'île. Les habitants vous paraîtront peut-être un peu bourrus ; ne vous formalisez pas, ils sont réputés pour leurs manières brusques. Pothia n'est pas une station balnéaire et ne cherche pas à le devenir, mais vous y trouverez un excellent Musée archéologique et un office du tourisme. Sur les quais, remarquez les demeures anciennes de style vénitien et les statues de divinités marines. Vous croiserez aussi des pêcheurs au visage buriné attablés dans les *kafeneia* et les bars.

À voir et à faire

En été, des bateaux d'excursion vont à la **grotte de Kéfalas** (environ 20 €), impressionnante galerie de 103 m de long, hérissée de stalactites et de stalagmites, ainsi qu'à l'**île de Psérimos**, dotée d'une grande plage de sable et de tavernes. Allez faire un tour sur le port pour connaître les autres destinations proposées.

Musée archéologique MUSÉE

(22430 23113 ; adulte/enfant 4/2 € ; 8h30-16h mer-lun). Caché dans les petites rues derrière l'extrémité est du front de mer, ce musée moderne ne se laisse pas facilement débusquer. Il présente cependant une belle collection, dont les pièces les plus anciennes datent de 5300 av. J.-C. Outre de remarquables objets en verre et bijoux en or, on retient surtout la superbe statue en bronze de femme au chiton (tunique), du IIe siècle av. J.-C., qui fut découverte en 1994 au large de Kalymnos.

VAUT LE DÉTOUR

VATHYS ET RINA ΒΑΘΥΣ ΕΤ ΡΙΝΑ

Au lieu de mettre directement le cap sur la côte occidentale, suivez la route littorale au nord-est de Pothia. Après avoir serpenté le long des falaises sur 13 km, celle-ci pénètre dans une longue vallée verdoyante orientée est, qui constituait historiquement le cœur agricole de Kalymnos. Des routes étroites se faufilent entre les vergers d'agrumes, qui bordent de hauts murs de pierre appelés *koumoula*.

La vallée doit son nom à la localité de **Vathys**, dans l'intérieur des terres, mais le petit port de **Rina** présente davantage d'attrait pour les visiteurs. Côté mer, on y accède par une anse étroite et sinueuse, qui rappelle les fjords, dans une version méditerranéenne. Durant l'été, de grands bateaux d'excursion venus de Kos débarquent à l'heure du déjeuner leur contingent d'excursionnistes dans les tavernes du quai. Le reste du temps, il s'agit d'un joli coin tranquille. Des marches faciles conduisent à des chapelles paléochrétiennes à flanc de colline, de part et d'autre de la baie. C'est l'endroit rêvé pour glisser sur les eaux calmes en kayak ou en SUP (stand-up paddle). **Kalymnos Kayak Centre** (6972261181, 22430 31132 ; www.waternative.co/kalymnoskayak ; Rina ; kayak ou SUP 10 €/heure), au bout du port, loue le matériel adéquat.

Au-delà de Vathys, une route ventée en épingle à cheveux franchit les montagnes pour rejoindre la côte nord-ouest de l'île. Elle permet de gagner plus rapidement Emborios depuis Pothia que l'axe urbanisé passant par Myrtiès et Massouri.

Musée nautique et des Arts populaires MUSÉE
(22430 51361 ; 3 € ; 9h-17h mi-juin à mi-sept). Ce musée est situé sur le front de mer. Sa section nautique illustre l'histoire de la pêche à l'éponge à travers de vieilles photos et des équipements de plongée datant de l'époque où les accidents de décompression faisaient des ravages. Son autre section expose des costumes et du mobilier.

Où se loger

Archontiko Hotel PENSION €
(6942838524, 22430 51344 ; www.apxontiko-hotel.com ; s/d 35/50 €). Au milieu du front de mer, à 5 minutes à pied du ferry, cette belle demeure jaune pâle a changé de propriétaire et a été rénovée. Le gérant danois a fait des merveilles et propose maintenant des chambres lumineuses et spacieuses. Bref, une bonne affaire.

Evanik Hotel HÔTEL €
(22430 22057 ; www.evanik-hotel.gr ; s/d/tr avec petit-déj 35/45/60 €). À quelques pâtés de maisons du port et privé de vue, cet hôtel moderne au hall chic loue 28 chambres de tailles variées avec carrelage au sol, meubles de style Ikea, lampes de chevet et salles de bains reluisantes. Préférez celles à l'arrière, plus calmes. Agréable salle du petit-déjeuner en bas.

Villa Melina HÔTEL €€
(22430 22682 ; www.villa-melina.com ; d/tr avec petit-déj 65/70 €). Cette villa rose des années 1930, entourée d'un jardin fleuri, dégage un cachet fou. Les chambres lambrissées aux murs lilas ont des armoires en acajou et des lits immenses sous des plafonds stuqués. Il y a aussi 4 appartements cosy, pratiques pour les familles (75 €). Un brin défraîchi, l'établissement n'en comporte pas moins des salles de bains impeccables et une grande piscine. Antonios et ses chats réservent aux hôtes un accueil chaleureux.

Où se restaurer

Stukas Taverna GREC €
(6932248357; plats 6-12 € ; déj et dîner ;). Tenu par des Gréco-Australiens, ce minuscule établissement doté d'une terrasse en bordure de quai sert une cuisine copieuse. Comptez 10 € pour le menu de 3 plats végétariens, environ 12 € pour celui à base de viande ou de poisson. Vers l'extrémité est du port en venant de l'embarcadère du ferry.

Barba Yiannis GREC €
(Plats 8-12 € ; petit-déj, déj et dîner). Une valeur sûre pour déguster des plats grecs traditionnels comme le *stifado* et les souvlakis. La carte comprend aussi espadon, crevettes *saganaki*, calamars et autres produits de la pêche du jour. La jolie

terrasse surélevée offre une belle vue sur le port. Petit-déjeuner servi à partir de 8h30.

♥ **Mamouzelos** POISSON €€
(☎22430 47809 ; plats 12-15 €, poisson 50 €/kg ; ⌚déj et dîner). Sans conteste le meilleur établissement de poisson de l'île, Mamouzelos affiche des prix un peu plus élevés que les autres, mais ils sont justifiés. Les pêcheurs lui réservent en effet leurs plus belles prises. Venez avec l'envie de prendre votre temps et installez-vous sous la véranda, à l'extrémité est du port.

Renseignements

Office du tourisme municipal (☎22430 29299 ; www.kalymnos-isl.gr ; ⌚8h-15h lun-ven). À l'entrée de l'embarcadère, ce bureau bien organisé constitue une excellente source d'information sur les bus et les ferrys, l'escalade, la plongée, les fêtes et autres.

Tezaris Tours (☎22430 22800 ; www.tezaristours.gr ; Agios Nikolaos). Billets de ferry/d'avion et excursions en minibus de 2 heures dans l'île.

Depuis/vers Pothia

Les ferrys arrivent au port de Pothia, au sud-est de la ville.

Des bus desservent Myrtiès, Massouri et Armeos (1,50 €, 9/jour), Emborios (2 €, 2/jour) et Vathys (2 €, 3/jour). Consultez les horaires sur www.kalymnos-isl.gr. L'**arrêt** (Plateia Kyprou) se tient à quelques pâtés de maisons du front de mer, à côté de la station de taxis (p. 351). Le trajet en taxi jusqu'à Myrtiès/l'aéroport/Vathys/Emborios coûte 10/10/17/30 €.

Ouest de Kalymnos

La partie occidentale de l'île concentre les sites les plus éblouissants, dont des plages à l'ombre des tamaris et des baies du bleu le plus intense. Là, les villages balnéaires de Myrtiès, Massouri et Arméos, moins développés, se sont transformés en une longue succession de tavernes et de cafés. Le secteur est également réputé pour l'escalade, la **Grande Grotta** et les falaises voisines de Massouri attirant une foule saisonnière de grimpeurs du monde entier. Tout comme l'îlot de Télendos, au large de Myrtiès. Côté plage, Massouri possède la plus grande, très fréquentée en été.

Ancien chef-lieu de Kalymnos, **Hora** (Horio) se dresse au sommet d'une crête peu élevée derrière Pothia, à environ 4 km en amont de la mer. Dans sa partie est, un vieil escalier en pierre abrupt et sans ombre grimpe jusqu'au village de **Pera Kastro**, construit pour résister aux pirates et habité jusqu'au XVIIIe siècle. Au-delà des remparts menaçants et de la porte sévère, les ruines envahies de fleurs sauvages dissimulent neuf petites églises du XVe siècle encore décorées de fresques.

Une route arborée de 2 km descend d'Hora vers les ravissants villages de Kandouni, Linaria et Eliès, dans la vallée de **Panormos**. De là, on peut rejoindre à pied les deux plages voisines de **Linaria** et **Kandouni**. La seconde, plus jolie, s'inscrit autour d'une crique sablonneuse entourée de montagnes où se tiennent des cafés, des bars et un hôtel donnant sur la mer.

Juste en face de l'îlot de Télendos, à 800 m au large, **Myrtiès** et **Massouri** possèdent chacune une plage attrayante, plus large et plus sablonneuse pour la seconde. Après l'embarcadère du bateau qui relie Myrtiès à Télendos, la route du littoral devient à sens unique. Pour continuer vers le nord, il faut revenir sur ses pas et suivre un tronçon largement désert plus en amont. Il n'y a qu'en allant vers le sud qu'on peut voir le principal axe commercial entre les deux localités, le long duquel une ribambelle de restaurants, studios à louer, bars, boutiques de souvenirs et supérettes se succèdent à une rue de la mer.

Au nord de Massouri, la route fonctionne à nouveau dans les deux sens et rejoint la localité d'**Arméos**, perchée au-dessus de la côte et sans plage. Plus récente et plus chic que ses voisines, celle-ci se compose presque exclusivement de grands hôtels et de complexes d'appartements ciblant les grimpeurs.

Au nord d'Arméos, la route côtière occidentale s'éloigne de la civilisation. Taillé dans des falaises imposantes et bordé de lauriers-roses, son dernier tronçon longe l'anse profonde où se niche **Arginonda**, dévoilant un paysage magnifique. Elle s'arrête à 20 km de Pothia dans le petit village somnolant d'**Emborios**, où des maisons blanches bordent une longue et étroite plage de galets.

Pour partager un secret bien gardé par les insulaires, faites un détour vers l'est après Skalia jusqu'à **Paleonisos** et suivez la route sinueuse qui mène à une petite crique de rêve aux eaux très calmes, bordée de petites tavernes.

Au sud-ouest de Pothia, après le promontoire escarpé, **St Savvas** offre un somptueux panorama. Derrière, **Vlihadia** abrite une jolie petite plage, quelques tavernes et un musée original consacré à la mer.

À voir et à faire

St Valsamidis MUSÉE

(Sea World Museum ; carte p. 350 ; 22430 50662 ; Vlihadia ; 9h-17h). Cette collection hétéroclite est l'œuvre de feu Stavros Valsamidis, un habitant de Kalymnos qui, pendant 48 ans, plongea à titre privé et glana toutes sortes de choses dans les fonds marins. Les 17 000 pièces vont des amphores (toutes enregistrées) aux coquillages et coraux, en passant par des vestiges de la Seconde Guerre mondiale. Parmi les plus précieux figurent des artefacts provenant du Moyen-Orient, certainement un butin de pirates. Aujourd'hui, le fils de Stavros continue de promouvoir ce à quoi les insulaires sont le plus attachés : la mer. Si vous trouvez porte close, demandez les clés au café-bar à gauche du musée.

Kalymnos Experience ACTIVITÉS DE PLEIN AIR

(6946302515 ; www.kalymnosexperience.gr ; Arginonda ; 8h30-14h et 17h30-22h). Un groupe de jeunes habitants passionnés proposent des activités alternatives et souvent peu propices à une pratique solitaire : marches dans la nature, yoga, escalade, plongée, cueillettes d'herbes aromatiques dans la montagne (avec atelier pratique pour apprendre à les cuisiner)… Possibilité d'organiser des activités sur mesure.

Où se loger

Acroyali APPARTEMENTS €

(22430 47521, 6938913210 ; www.acroyali-kalymnos.gr ; Myrtiès ; app 60-70 €). Tenus par Michalis, un sosie du regretté Leonard Cohen, ces 6 appartements flambant neufs au mobilier rustique occupent un bâtiment de 2 étages avec de grands balcons. Ils se composent d'un salon douillet, d'une petite cuisine et d'une chambre séparée. Le jardin donne sur la plage.

Myrties Boutique Apartments APPARTEMENTS €€

(69862 85888 ; www.myrtiesboutiqueapartments.gr ; Myrtiès ; app 105 €). À quelques minutes de marche en amont de la plage, 2 appartements confortables et colorés pouvant loger jusqu'à 5 personnes, avec salon, chambre, kitchenette et terrasse jouissant d'une ample vue sur la mer. Le ménage est fait quotidiennement. Peignoirs et serviettes de plage fournis.

Où se restaurer et prendre un verre

Fatolitis Snack Bar CAFÉ €

(22430 47615 ; Massouri ; en-cas 3-7 € ; 7h-tard). Un café cosy et animé en bord de route. C'est le repaire des grimpeurs, qui partagent un petit-déjeuner, un déjeuner ou une bière sur sa terrasse, à l'ombre de la vigne vierge, ou dans la salle tapissée d'affiches de rock. La carte – gaufres, omelettes et tartines grillées – n'a rien d'exceptionnel, mais les conversations vont bon train.

Aegean Tavern GREC €€

(22430 47146 ; www.aegeancuisine.org/Aigaiopelagitiko ; Massouri ; plats 11-19 €). Georges, le patron derrière les fourneaux, a été formé aux États-Unis et s'enorgueillit de n'utiliser que le fin du fin des produits locaux pour une cuisine de tradition 100% grecque. Son restaurant, chic, clair et spacieux, surplombe la mer face à l'îlot de Télendos. Les gens du cru viennent y déguster la pêche du jour, accommodée magnifiquement.

Azul Wine Bar BAR

(22430 48269 ; facebook.com/azulkalymnos ; Arméos ; 17h-tard). Ce lieu singulier célébrant l'art, la bouteille et la bonne chère occupe une maison des années 1970 avec jardin, encombrée de tableaux, livres, horloges et bibelots divers. Formidable carte de vins grecs, assortie de plats internationaux gourmets (tapas, burgers végétariens…).

Depuis/vers l'ouest de Kalymnos

Des bus desservent Myrtiès, Massouri et Arméos (1,50 €, 9/jour). Deux bus quotidiens relient Emborios à Pothia.

Îlot de Télendos

Νήσος Τέλενδος

L'îlot enchanteur de Télendos surgit au large de la côte ouest. Couronné par une crête montagneuse culminant à 450 m, il se serait détaché de Kalymnos en 554 à la suite d'un tremblement de terre. C'est aujourd'hui une destination de rêve, interdite aux véhicules, pour une excursion à la journée ou un séjour plus long.

L'activité locale se concentre sur le front de mer, bref alignement de maisons blanchies à la chaux, de tavernes et de cafés de chaque côté de la jetée. En débarquant, tournez à droite pour rejoindre les ruines de la basilique **Agios Vasilios**, paléochrétienne, puis empruntez le sentier qui grimpe jusqu'à celles de la basilique **Palaiopanayia**. En prenant à gauche, on peut franchir la crête étroite plantée de lauriers-roses qui mène à la plage d'**Hohlakas**, tapissée de petits galets et balayée par le vent, ou bien explorer le promontoire sud peu élevé. Ce dernier abrite une petite crique tranquille invitant à la baignade et des tombes paléochrétiennes désormais habitées par des chèvres.

Les falaises du rivage nord recèlent plusieurs **voies d'escalade** (ci-dessous) très prisées. L'accès se fait en 1 heure de marche par un mauvais sentier exposé.

Où se loger et se restaurer

Hotel Porto Potha HÔTEL €
(☎22430 47321, 6948884886 ; www.telendoshotel.gr ; d avec petit-déj 55 € ; ❄ 📶 🏊). L'unique hôtel de Télendos, un élégant complexe blanc de forme cubique, se dresse sur la colline, à 5 minutes de marche au nord du village. Chambres correctes et vaste hall où se détendre et regarder la télévision en sirotant un verre. Loue aussi des appartements indépendants (même prix, mais sans petit-déjeuner).

♥ **On The Rocks** PENSION €€
(☎6932978142, 22430 48260 ; www.telendos.org ; ch avec petit-déj 70 € ; ❄ @ 📶). Un havre accueillant pour les grimpeurs comme pour les adeptes du farniente balnéaire, 200 m à droite de la jetée. Restaurant dans un jardin sur le front de mer, bar ouvert, terrasse décorée de bibelots nautiques et studios spacieux avec kitchenette, balcon et machine à laver. Sympathique patron.

To Kapsouli TAVERNE €
(☎22430 47363 ; plats 8-15 € ; ⏲8h-tard). Cette taverne terriblement pittoresque se targue d'être la première de Télendos et n'a guère changé depuis son ouverture en 1974. Assis sur le front de mer, face aux pêcheurs qui nettoient les poissons à peine sortis des bateaux, on s'y restaure de viande et de fruits de mer extra-frais sous les yeux alléchés d'une bande de matous espiègles.

ESCALADE, RANDONNÉE ET PLONGÉE À KALYMNOS

Ses rochers à pic, ses falaises désolées et ses surplombs vertigineux ont fait de Kalymnos la destination numéro un en Grèce pour les grimpeurs. L'île possède plus de 80 sites d'escalade et au total plus de 3 500 itinéraires balisés. La plupart se situent au-dessus de la route côtière occidentale, surtout autour et au nord d'Arméos (des bornes blanches les indiquent), mais les versants de l'**îlot de Télendos**, non loin au large, recèlent également certains des meilleurs spots.

La saison dure de mars à mi-novembre, avec une pointe de mi-septembre à fin octobre. Un festival d'escalade se déroule les 10 premiers jours d'octobre.

L'essor de cette activité est largement dû à Aris Theodoropoulos, qui a écrit avec Katie Roussos *Kalymnos Rock Climbing Guidebook*, très complet, et gère le portail Internet www.climbkalymnos.com incluant un forum.

Kalymnos connaît aussi un succès croissant auprès des randonneurs. L'excellente carte *Kalymnos* (1/25 000), éditée par Terrain Maps (www.terrainmaps.gr), décrit en détail les itinéraires établis. Les marcheurs aguerris peuvent entreprendre tout ou partie du **Kalymnos Trail** (100 km), qui fait le tour de l'île et celui de Télendos. Sinon, des itinéraires plus courts conduisent à des églises et des monastères, sans oublier le château d'Hora. Les randonneurs moins expérimentés s'adresseront à Kalymnos Experience (ci-contre).

La réputation de l'île grandit aussi chez les plongeurs, qu'il s'agisse de débutants désireux d'obtenir un brevet PADI open-water ou de plongeurs expérimentés. Les eaux de Kalymnos recèlent bien des trésors (épaves, grottes sous-marines et dauphins). Vous trouverez 3 principaux centres :

Diver's Island (☎22430 48287 ; www.diversisland-kalymnos.gr ; Kalydna Hotel, Elies ; 👪)

Kalymnos Diving (☎6942062215 ; www.scubakalymnos.com ; Agios Nikolaos, Pothia ; ⏲8h-19h)

Kalymnos Diving Club (☎6974646413 ; www.kalymnosdiving.com)

Restaurant-Cafe Rita TAVERNE €
(☎22430 47914 ; www.telendos-rita.com ; plats 8-16 € ; ⏰petit-déj, déj et dîner ; 📶). Rita, Petroula et Yiannis servent d'honnêtes repas et discutent chaleureusement avec le client. Au menu : souvlakis, agneau au citron et à l'ail et copieux *stifado* d'agneau ou de poulpe. Librairie d'occasion, vente d'artisanat et quelques chambres bleu pâle (30 €) sur place.

Depuis/vers l'îlot de Télendos

Télendos se trouve à 10 minutes de Myrtiès en bateau-taxi (p. 351). Notez que l'îlot est interdit aux véhicules motorisés, y compris les motos.

LÉROS ΛΕΡΟΣ

8 210 HABITANTS

On raconte que Léros aurait été le domaine d'Artémis. À l'image de la déesse de la Chasse, l'île dégage un charme sauvage, avec ses criques d'un bleu éblouissant, ses villages blanchis à la chaux et ses superbes églises orthodoxes. Chef-lieu surmonté d'une forteresse et d'austères moulins à vent, Platanos constitue le joyau de la couronne. En contrebas se déploie le petit port dynamique d'Agia Marina. Les visiteurs viennent surtout ici pour adorer Hélios sur la plage de leur choix et s'imprégner de la magie de l'endroit.

Renseignements

Léros n'a pas d'office du tourisme. Pour des informations sur son histoire et ses infrastructures, consultez les sites privés www.leros.org et www.lerosisland.com.

Depuis/vers Léros

AVION

L'**aéroport de Léros** (carte ci-contre ; ☎22470 22777) est implanté à l'extrémité nord de l'île, à environ 6 km d'Agia Marina. Olympic Air (p. 294) assure des liaisons quotidiennes avec Athènes (80 €, 1 heure) et, en haute saison, trois vols hebdomadaires à destination de Rhodes (110 €, 1 heure 45), Kos (177 €, 55 min) et Kastellorizo (124 €, 2 heures 45).

BATEAU

Des catamarans rapides de Dodekanisos Seaways (p. 311) font halte à Léros en allant et en revenant de Kos, Kalymnos, Patmos, Samos, Rhodes et d'autres îles voisines. En général, ils arrivent à Agia Marina sur la côte est de l'île, mais par mauvais temps, ils accostent parfois à Lakki, sur la côte ouest. Vérifiez le lieu d'arrivée en achetant votre billet et à nouveau le jour du départ pour savoir si vous devez traverser l'île en catastrophe en taxi.

Blue Star Ferries (p. 315) accoste à Lakki 2 à 3 fois par semaine tard le soir, sur le chemin de Rhodes via Kos et Kalymnos et en direction du Pirée via Patmos et Lipsi.

Patmos Star (☎22470 32500 ; www.patmos-star.com) relie Agia Marina aux îles de Lipsi et de Patmos tous les jours en haute saison et à une fréquence variable le reste de l'année.

Nisos Kalymnos (www.anekalymnou.gr) effectue 4 traversées hebdomadaires vers le sud depuis Lakki jusqu'à Kalymnos, et vers le nord jusqu'à Lipsi, Patmos et divers îlots.

Leros Express (p. 337) rallie Lipsi, Agathonisi, Arki et Pythagorio (Samos) 2 fois par semaine au départ d'Agia Maria, et navigue aussi entre Kalymnos et Kos.

Comment circuler

La course en **taxi** (☎6972014531, 6938918123) pour Agia Marina depuis l'aéroport coûte 20-22 € environ. Ils sont utiles pour des excursions

De juin à septembre, des bus rayés vert et beige sillonnent l'île sur toute sa longueur de 3 à 6 fois par jour (tarif fixe 2 €). Ils font halte, entre autres, à l'aéroport et marquent habituellement l'arrêt n'importe où quand on les hèle.

Des loueurs de voitures, scooters et vélos opèrent dans toutes les zones balnéaires. Nous recommandons **Motoland** (☎Alinda 22470 24584, ☎Pandeli 22470 26400 ; www.motoland.gr ; au Panteli Beach Hotel ; ⏰9h-19h), à Alinda, et Pandéli.

En été, le bateau Agios Georgios (ci-contre) assure des excursions autour de Léros et au nord vers les îlots d'Arki et de Marathi (environ 25 €).

Platanos et Agia Marina
Πλάτανος et Αγια Μαρίνα

3 000 HABITANTS

Le port d'Agia Marina, avec ses chats qui s'étirent, ses filets de pêche et ses tavernes, est un ravissement. Derrière les bâtiments italianisants couleur sable et bordeaux, tout droit sortis d'un tableau, se dressent les maisons blanches et carrées de Platanos. Quelques demeures d'époque parsèment encore les coteaux de Platanos (à 10 minutes à pied en amont), et la rangée de moulins rénovés montant vers

Léros

l'imposant château perché sur la falaise compose un magnifique spectacle.

En suivant le rivage à droite de l'embarcadère sur quelques kilomètres, on rejoint Krithoni et Alinda.

À voir et à faire

Château de Pandéli FORTERESSE

(Carte ci-dessus ; 22470 23211 ; 1 € ; 8h30-12h30 et 16h-20h ;). De Platanos, un escalier en pierre abrupt grimpe en zigzaguant jusqu'aux ruines du château de Pandéli. Les parties intérieures de l'édifice ont 1 000 ans, mais les remparts externes furent ajoutés par les chevaliers de Saint-Jean aux XIVe et XVe siècles. Si peu de vestiges subsistent, le panorama à 360° du haut des murailles est à couper le souffle. On peut aussi gagner la forteresse en voiture par la route qui serpente depuis Pandéli après les moulins, où un café (p. 358) ouvre l'été.

Musée archéologique MUSÉE

(22470 24775 ; Agia Marina ; 3 € ; 9h-14h30 mar-dim juil-sept ;). Un bâtiment du XIXe siècle, au bout d'Agia Marina, en bas de la montée vers Platanos, héberge le petit Musée archéologique de Léros. Une collection d'objets (masques anciens et mosaïques byzantines notamment) retrouvés sur et autour de l'île retrace sa riche histoire.

Agios Georgios BATEAU

(6945551731, 22470 23060 ; agiosgeorgiosnl54@gmail.com ; croisière 30 € avec nourriture et boisson ; départ 11h). Le capitaine Manolis quitte le port d'Agia Marina pour Arki, Marathi, Arhangelos, Tiganakia, Lipsi et Aspronisia et s'arrête aux meilleurs endroits de baignade (3 îles différentes chaque jour). L'excursion inclut un bon repas grec. Retour à 19h.

100% LOCAL

PETITE ADRESSE

Pour partager un secret bien gardé des habitants de Léros, direction **O Zotos** (22470 24546 ; www.osotos-leros.gr ; Drymonas), où ils trinquent à l'ouzo en grignotant moules, calamars farcis et autres petites assiettes de fruits de mer.

Où se loger

Il n'y a pas d'hébergements à Agia Marina et très peu à Platanos. Les plus proches se trouvent à Pandéli, au sud, ainsi qu'à Krithoni et Alinda, au nord.

À Platanos, la **Maison des Couleurs** (22470 23341 ; Platanos ; ch avec petit-déj à partir de 130 € ;), un hôtel de charme dans une villa bordeaux à l'atmosphère d'antan délicieusement paisible, loue 5 grandes chambres hautes de plafond, garnies de mobilier ancien. Le petit-déjeuner est servi au milieu des fleurs sur une terrasse idyllique, de même que le dîner (à la demande). Accès par un escalier raide, aux marches jaunes, juste à l'ouest de l'arrêt de bus/station de taxis de Platanos.

Où se restaurer et prendre un verre

Plusieurs excellentes tables à Agia Marina et Platanos placent l'île sur la scène gastronomique.

To Paradosiakon BOULANGERIE €
(Agia Marina ; en-cas 2,50-5 € ; 7h30-tard ;). Dans une demeure de style italien sur le front de mer, ce pâtissier-glacier ravit les becs sucrés. Haris, le propriétaire, confectionne des délices suivant les recettes de sa grand-mère : *pastavouropita* (gâteau au yaourt), *pougakia* (pâtisseries à la mandarine et aux amandes), gâteau au chocolat triple couche, glace artisanale, feuilleté aux épinards...

Taverna Mylos FRUITS DE MER €€
(22470 24894 ; www.mylosexperience.gr ; Agia Marina ; plats 12-18 € ; 13h-tard ;). Ce restaurant léché par les vagues, l'un des meilleurs du Dodécanèse, vous attend près d'un vieux moulin à vent juste au nord de l'embarcadère des ferrys. Tenu par deux frères passionnés qui connaissent leur métier, il revisite les classiques avec une touche de modernité. Commandez, par exemple, le carpaccio de poulpe, les calamars au basilic ou les pâtes aux fruits de mer. Une carte des vins de premier ordre complète le tout. Et que dire du cadre ? Sublime.

Faros Bar BAR
(Agia Marina ; 19h-tard ;). Un lieu de rendez-vous un peu délabré, partiellement troglodytique, en contrebas du phare sur le promontoire après l'embarcadère du ferry. L'éclairage tamisé et les accordéons aux murs créent une atmosphère particulière. Le soir venu, on peut s'asseoir près de la fenêtre ouverte et regarder les poissons vif-argent qui luisent dans la mer. Musique live et DJ le week-end.

Depuis/vers Platanos et Agia Marina

D'Agia Marina, un bus dessert Krithoni et Alinda, Platanos, Lakki, Xirokambos et Vromolithos (prix fixe 2 €). La station de taxis se tient juste avant To Paradosiakon (ci-contre), à Agia Marina. Des loueurs de voiture bordent la marina.

Pandéli Παντελή

Le ravissant village de Pandéli, très prisé en été, se love autour d'une baie en croissant à 800 m au sud de Platanos. Dominées par quelques moulins sur les collines, ses maisons blanches dégringolent jusqu'à la plage de sable et de galets, et aux bateaux de pêche qui dansent dans le port. Quelques bonnes tavernes sont installées près de l'eau.

Où se loger

Studios Happiness APPARTEMENTS €
(22470 23498 ; www.studios-happiness-leros.com ; Pandéli ; d/studio/app à partir de 45/55/70 € ;). Une adresse familiale fort accueillante, dans un jardin coloré près de la route qui mène à Pandéli, 50 m au-dessus de la plage. Les studios blanc et bleu ont une kitchenette, des lits jumeaux et un balcon privatif donnant sur la mer. Les chambres, impeccables, varient en taille.

Panteli Beach Hotel APPARTEMENTS €€
(22470 26400 ; www.panteli-beach.gr ; Pandéli ; studio/app 100/140 € ; P). Ravissants et tout confort, ces appartements s'organisent autour d'une cour ouverte juste devant la plage. Les 14 studios aux murs blancs possèdent un coffre, une kitchenette étincelante et de jolies couettes. Le bar Sorokos

attenant met des chaises longues à disposition toute la journée. Le propriétaire loue voitures et scooters. Ouvert toute l'année.

Où se restaurer et prendre un verre

El Greco POISSON €€
(22470 25066 ; Pandéli ; plats 8-12 € ; déj et dîner ;). Cette taverne élégante comporte des tables directement sur la plage ou sur une terrasse coiffée de chaume. Les insulaires raffolent de sa cuisine traditionnelle de qualité et de son service chaleureux. Ils recommandent en particulier le poulpe grillé, les sardines et les toasts garnis de beurre et de maquereaux salés.

Taverna Psaropoula TAVERNE €€
(22470 25200 ; Pandéli ; plats 9-15 € ; déj et dîner). Le bar au gingembre et basilic, les calamars, les savoureux mezze et autres plats bien exécutés de cette adresse en bord de plage d'un bleu éclatant justifient son succès.

The View BAR
(6906454664 ; Apitiki, Pandéli ; 19h-tard juin-oct). Installé dans l'un des six moulins à vent sur les hauteurs de Pandéli, ce bar bien fourni offre un cadre et une vue de rêve pour l'apéritif le soir. Dommage que le service soit un peu lent et la nourriture quelconque.

Vromolithos Βρωμόλιθος

Des eaux d'un bleu parfaitement égéen, émaillées de turquoise, caressent la plage tout en longueur de Vromolithos. L'endroit est accessible à pied ou en traversant en voiture le promontoire situé juste au sud de Pandéli (il n'y a pas de chemin côtier). Le village n'a d'autre intérêt que sa plage.

Où se restaurer et prendre un verre

Dimitris O Karaflas GREC €€
(22470 25626 ; Marcopoulo, Vromolithos ; plats 10-15 € ; 12h-16h et 18h-tard ;). L'enseigne annonce "O Karaflas", mais tout le monde appelle "Bald Dimitri's" ("Chez Dimitri le chauve") ce restaurant sur les hauteurs et à la vue exceptionnelle. Au son de la musique locale, savourez un assortiment de plats tels que spaghettis aux oursins, robustes saucisses locales, carpaccio de poulpe, moules vapeur, porc aux pommes et aux prunes et copieuses portions de calamars.

Cafe Del Mar BAR
(22470 24766 ; Vromolithos ; 9h-tard ;). Surmontant l'extrémité nord de la plage, voici un bar-lounge très sympa où profiter d'une vue paradisiaque sur la mer. Terrasses à l'ombre des pins, canapés et transats blancs, musique d'ambiance et DJ aux platines le soir venu. Le service, un peu moyen, ne doit pas vous dissuader d'y faire un saut pour un rafraîchissement, un en-cas ou un cocktail au coucher du soleil.

Lakki Λακκί

Importante base navale italienne de 1912 à 1948, cette localité de la côte ouest fut alors considérablement modifiée par la construction de grandioses bâtiments publics et militaires de style Art déco, puis fasciste, certains d'une étonnante modernité. Hormis cela, Lakki se résume à une marina et les voyageurs n'ont guère de raison de s'attarder après la visite.

À voir

Qui se souvient que Léros fut le théâtre d'une bataille décisive durant la Seconde Guerre mondiale ? Après que les Britanniques eurent poussé les forces italiennes à la reddition en septembre 1943, une offensive aérienne permit aux Allemands de reprendre l'île. Le réseau de tunnels creusé par les Italiens sous les bois à l'ouest de Lakki abrite désormais un **musée de la Guerre** (carte p. 357 ; 22470 22109 ; Merikia ; 3 € ; 9h30-13h30) documentant le conflit. Une vidéo explicative est projetée.

Où se restaurer

Bakaliko with Tsipouro GREC €
(694 152 3999 ; www.bakalikoleros.com ; Lakki ; plats 5-8 € ; 8h-22h). Ne vous fiez pas à la façade ordinaire, précédée de tables et de chaises rouges et vertes, car cette ancienne épicerie vend toujours de délicieux produits (viandes, fromages...) et prépare en plus de copieuses spécialités grecques à prix modique qui changent chaque jour.

Petrino GREC €€
(Lakki ; plats 10 € ; 7h-23h ;). À l'instar de l'architecture de Lakki, l'élégant Petrino n'a rien d'ordinaire et sert la plus succulente viande de l'île : délicieux steaks, mais aussi salade de poulpe, ragoût de lapin et bœuf à la sauce au citron.

DODÉCANÈSE LAKKI

Xirokambos Ξηρόκαμπος

À l'extrémité sud de Léros, la baie de Xirokambos comporte une plage de sable et de galets abritant plusieurs sites de snorkeling. Quelques maisons villageoises y côtoient une bonne taverne et des petits bateaux d'excursion s'y rendent au départ de Kalymnos. Plus haut, à 1 km en direction de Lakki, un sentier balisé grimpe au **Paléokastro**, une forteresse en ruine à la vue splendide.

Où se loger et se restaurer

Camping Leros CAMPING €
(Carte p. 357 ; ☎6944238490, 22470 23372 ; www.campingleros.com ; Xirokambos ; empl adulte/tente 8/4 € ; ⏲juin-sept). À 500 m en amont de la plage et 3 km au sud de Lakki, ce camping est installé dans une oliveraie vieille de quatre siècles. Un café accueillant organise des barbecues le soir. Le centre de plongée dispense des stages d'une semaine pour le brevet CMAS open-water (500 €).

To Aloni TAVERNE €
(☎22470 26048 ; Xirokambos ; plats 9-15 € ; ⏲déj et dîner ; P ❄ 📶 👪). Impossible de manquer cette taverne sur la plage. Avec ses tables au bord de l'eau et son intérieur agréable, elle mijote croquettes de poulpe, *saganaki* de crevettes, espadon, homard ou foie à la sauce au vin. Excellents desserts, s'il vous reste un peu de place.

Krithoni et Alinda Κριθώνι et Αλιντα

750 HABITANTS

Après le premier promontoire au nord d'Agia Marina, ces deux stations jumelles bordées de *kafeneia* et de restaurants se tiennent côte à côte sur la baie d'Alinda, parallèlement à la plage. Juste en retrait de la mer, un émouvant cimetière de guerre accueille les soldats britanniques tombés à la bataille de Léros (1943).

Pour un bain de soleil des plus agréables, traversez Krithoni et Alinda jusqu'à la plage de **Dio Liskaria** (à quelques minutes à scooter), flanquée de rochers et pourvue d'une taverne.

À voir

La collection du **musée d'Histoire et des Arts populaires** (☎22470 24775 ; Alinda ; 3 € ; ⏲9h-13h et 18h-20h mar-dim) couvrant différents aspects de l'histoire locale occupe une villa crénelée aux allures de château fort. Le rez-de-chaussée présente des costumes traditionnels et des œuvres d'art réalisées par des prisonniers politiques sous la dictature des colonels dans les années 1960 et 1970. À l'étage sont exposées des armes et des photos relatives à la Seconde Guerre mondiale.

Où se loger

♥ **To Archontiko Angelou** HÔTEL €€
(☎6944908182, 22470 22749 ; www.hotel-angelou-leros.com ; Alinda ; ch avec petit-déj à partir de 95 € ; P 📶). 🍃 Débordant de lauriers-roses et de jacarandas, cette villa du XIXe siècle au cadre romantique, à 5 minutes à pied de la plage, évoque un vieux film italien : parquet, fresques, lits anciens et chambres au style suranné. L'alléchant petit-déjeuner sur la terrasse ensoleillée comprend pain maison, fromages et autres produits de qualité. En un mot, l'un des plus beaux hôtels du Dodécanèse.

L'établissement met aussi à l'honneur la cuisine diététique, avec d'excellents plats végétariens, végans, sans produits laitiers et sans gluten.

Hotel Alinda HÔTEL €€
(☎22470 23266 ; www.alindahotel-leros.gr ; Alinda ; s/d avec petit-déj 40/60 € ; ❄ 📶). Situé sur le front de mer, le doyen des hôtels de Léros conserve un petit côté rétro. Ces chambres fort agréables possèdent un balcon donnant sur un jardin verdoyant ou la route côtière qui mène à la baie. D'une propreté irréprochable, elles varient en taille, mais disposent toutes d'une literie confortable et de quoi préparer du thé.

Les aimables propriétaires tiennent aussi un bon restaurant grec sur place.

Nefeli Hotel APPARTEMENTS €€
(☎22470 24611 ; www.nefelihotels.com ; Krithoni ; studio/app avec petit-déj à partir de 90/125 € ; P ❄ 📶). À 10 minutes de marche après la lisière nord d'Agia Marina, la sympathique Eva loue des appartements aux belles finitions, avec sol en pierre, cuisine reluisante, canapés en pierre, lits ultra-moelleux et balcon individuel, installés dans des bâtiments d'un blanc éclatant rehaussés de rose et de bleu lavande. La cour, qui fleure bon les plantes aromatiques, abrite un café attrayant.

Où se restaurer et prendre un verre

Prima Plora FRUITS DE MER €€

(☎22470 26122 ; Alinda ; plats 8-12 € ; ⏰déj et dîner). S'il vaut mieux quitter Alinda pour faire un repas gastronomique, ce restaurant décontracté comble en attendant les envies de fruits de mer et de mezze. Nous vous recommandons la salade de carottes très aillée aux saveurs thaïlandaises.

Nemesis Cafe BAR

(☎22470 22070 ; Krithoni ; ⏰10h-tard ; 📶). Jazz et bonne ambiance dans ce bar bien approvisionné du bord de mer à la décoration nautique. Idéal pour un apéritif.

Depuis/vers Krithoni et Alinda

Le bus de l'île (2 €) passe par Alinda et dessert différentes destinations, dont Xirokambos, Lakki et Agia Marina.

PATMOS ΠΑΤΜΟΣ

3 040 HABITANTS

Patmos dégage une spiritualité envoûtante. Rien d'étonnant à cela, car c'est ici que saint Jean l'Évangéliste aurait écrit l'*Apocalypse* (ou *Livre de la Révélation*), dernier livre du Nouveau Testament, il y a quelque 2000 ans. Des pèlerins du monde entier viennent se recueillir dans sa grotte et dans le monastère construit autour à Hora. Des visiteurs d'un genre différent, stars de cinéma et vacanciers, investissent l'île en forme de sablier pour le pittoresque petit port de Skala et les plages de sable et de galets de ses baies quasi intactes aux eaux limpides, sur fond de versants tapissés de pins et de bruyère. L'absence d'aéroport a protégé Patmos du tourisme de masse, d'où le calme du lieu qui se reflète dans l'attitude des habitants, on ne peut plus hospitaliers.

Histoire

En 95, saint Jean l'Évangéliste fut banni d'Éphèse et exilé à Patmos par l'empereur romain Domitien. Alors qu'il vivait en ermite dans une grotte au-dessus de l'actuel Skala, il entendit la voix de Dieu sortir d'une fissure de la roche et transcrivit ses visions terrifiantes dans l'*Apocalypse* : "Et il se tint sur le sable de la mer. Puis je vis monter de la mer une bête qui avait dix cornes et sept têtes..." Patmos a ainsi été surnommée l'"île sainte" ou, moins obligeamment, l'"île de l'Apocalypse".

En 1088, l'empereur byzantin Alexis Ier Comnène autorisa saint Christodule, un abbé venu d'Asie Mineure, à ériger sur l'île un monastère en sa mémoire. Pour parer les attaques des pirates, ce dernier prit la forme d'un robuste château fort. Au XIIIe siècle, sous le règne de Marco Sanudo, duc de Naxos, Patmos devint un État monastique semi-indépendant, d'une richesse telle qu'il put résister à l'oppression turque.

Renseignements

Les sites www.patmos-island.com et www.patmosweb.gr fournissent une foule d'informations. On peut aussi se procurer gratuitement un exemplaire du *Patmos Guide* en format de poche et du *Patmostimes Guide* dans les boutiques et les hôtels.

L'office du tourisme municipal (p. 364) dispense des informations utiles sur les sites et activités.

Depuis/vers Patmos

Tous les ferrys mouillent à Skala. Les catamarans Dodekanisos Seaways (p. 311) se rendent presque chaque jour à Lipsi (13,50 €, 1 heure 30), Léros (17 €, 2 heures), Kalymnos (28 €, 3 heures), Kos (15,50-20,50 €, 3-4 heures), Rhodes (49 €, 5 heures 30) et d'autres îles au sud. Ils effectuent également une traversée hebdomadaire entre Arki (14 €, 20 min) et Agathonisi (16 €, 1 heure).

Blue Star Ferries (p. 315) fait halte à Patmos plusieurs fois par semaine, la première en traversant l'archipel du Dodécanèse vers le sud à destination de Rhodes, la seconde vers Le Pirée.

Le **Nisos Kalymnos** (www.anekalymnou.gr) dessert Kalymnos, Lipsi et Léros au sud ainsi que les îlots au nord 3 ou 4 fois par semaine.

Le Patmos Star (p. 367) relie Patmos à Lipsi (8,50 €) et Léros (12 €) tous les jours en haute saison, moins fréquemment le reste de l'année.

Comment circuler

BATEAU

Patmos Daily Cruises (☎22470 31425, 6977035231 ; www.patmosdailycruises.com ; Skala ; vin, eau et pastèque compris 25 € ; ⏰départs 10h) organise l'été des excursions en bateau vers des plages de Patmos, dont Psili Ammos, et des îlots voisins.

BUS

Environ sept bus (prix fixe 2 €) pour Hora et quatre pour Grikos et Kambos partent

Patmos

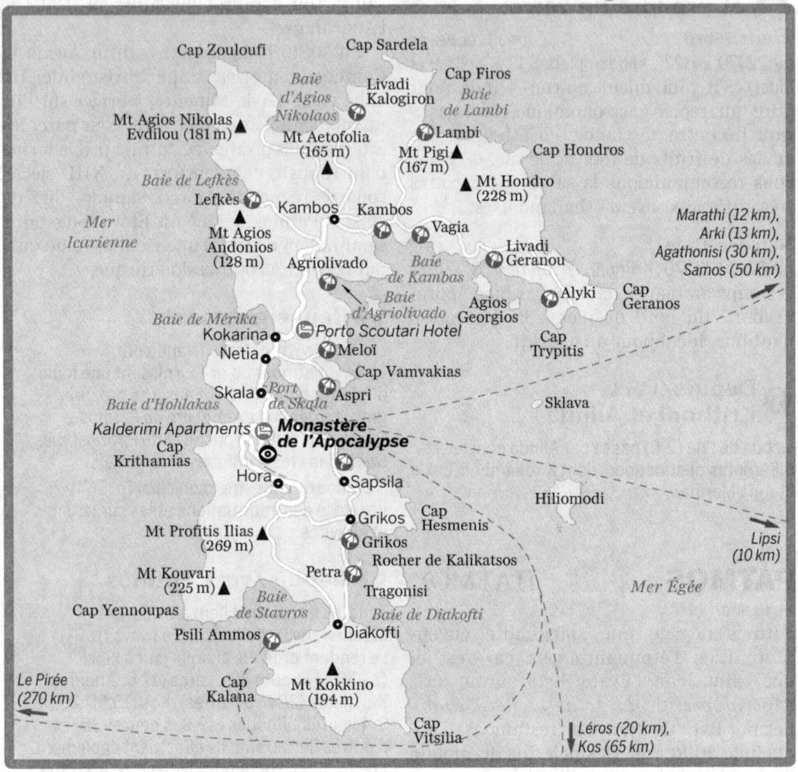

quotidiennement de Skala. Leur nombre augmente en juillet-août. Voir www.patmosbus.gr.

TAXI

Les **taxis** (☎22470 31225) attendent à la station de Skala, en face du poste de police. Ils demandent environ 6,50 € pour Grikos, 8,50 € pour la plage de Kampos et 12 € pour celle de Lambi. Ajoutez 2 € si vous en commandez un.

VOITURE ET MOTO

Skala compte plusieurs loueurs de voitures et de motos sur la principale artère du front de mer, dont **TG Patmos Rentals** (☎22470 32066 ; www.tgpatmosrentals.com). **Avis** (☎22470 33025, 22470 31900 ; ⏲9h-21h) est représentée par Astoria Travel. En haute saison, mieux vaut réserver car la demande excède souvent l'offre. Le meilleur loueur de scooters, **Moto Rent Faros** (☎22470 34400 ; www.patmos-motorentfaros.com ; ⏲8h-20h30), est situé derrière le port, sur la route d'Hora, et propose des deux-roues rapides et bien entretenus, ainsi que des voitures.

Skala Σκάλα

3 000 HABITANTS

Skala occupe une vaste baie sur la côte est de Patmos. Hormis le moment où d'énormes bateaux de croisière obstruent soudainement le port photogénique, il règne ici une ambiance paisible. Une petite plage de sable, envahie de tables de restaurant, s'étend même à quelques centaines de mètres du débarcadère.

Le front de mer de Skala présente un chapelet ininterrompu de tavernes, cafés et bâtiments italiens défraîchis des années 1930, tandis que des maisons blanchies à la chaux, boutiques branchées de vêtements et bijoux, glaciers et autres cafés bordent le lacis de ruelles en retrait du rivage. À cet endroit, l'île mesure à peine 700 m de large et il ne faut que 10 minutes de marche pour rejoindre du côté ouest la plage d'**Hohlakas**, couverte de galets et balayée par le vent.

À voir et à faire

Skala compte deux sites à caractère religieux, dont celui où, en 96, saint Jean commença à baptiser les habitants de l'île, juste au nord de la plage. Pour en apprendre davantage et découvrir des objets d'art sacré provenant de toute l'île, visitez le Centre d'information et de culture orthodoxe dans l'église donnant sur le port.

Les plus courageux grimperont jusqu'aux vestiges de l'ancienne **acropole**, perchée à flanc de colline à l'ouest de la ville. L'itinéraire est plutôt mal indiqué : après la chapelle bien visible, suivez un chemin de terre à travers champs. La vue depuis les hauteurs vous récompensera de votre effort.

Où se loger

Les propriétaires d'hôtels et de studios viennent souvent à la rencontre des bateaux au port, mais mieux vaut appeler avant pour organiser le transfert et éviter la ruée. En dehors de la haute saison (août), les prix baissent considérablement.

♥ **Byzance Hotel** HÔTEL €€
(☎22470 31052 ; www.byzancehotel.gr ; d/tr à partir de 70/90 €, studio/app à partir de 80/110 € ; ❄📶). À un pâté de maisons du front de mer, tout près de l'embarcadère, cet établissement très bien situé et rénové renferme de grandes chambres lumineuses au décor élégant, ainsi que des studios et appartements avec kitchenette. Une agréable terrasse à la vue splendide et une salle du petit-déjeuner plus classique complètent les installations. Une affaire !

Kalderimi Apartments BOUTIQUE-HÔTEL €€
(Carte ci-contre ; ☎22470 33008, 6972008757 ; www.kalderimi.com ; app avec petit-déj 120 € ; ⏲fin mai à début oct ; ❄📶). En retrait de la mer, au sud de Skala sur la route juste après le stade de football, ce paisible hôtel blanchi à la chaux se double d'une cour agrémentée de palmiers, de bougainvillées et de lanternes mauresques. Les 5 appartements spacieux avec cuisine affichent un style traditionnel alliant murs en pierre et poutres apparentes. Prix nettement plus bas hors saison.

Captain's House HÔTEL €€
(☎22470 31793 ; www.captains-house.gr ; d/ste avec petit-déj 70/120 € ; ❄📶🏊). Cet hôtel établi de longue date jouit d'un emplacement de premier ordre côté port, 100 m à gauche du quai du ferry. Il loue des chambres blanches, claires et spacieuses, dont 5 pourvues d'un balcon face à la mer. Petite piscine bordée de chaises longues et terrasse en façade où prendre le petit-déjeuner.

Où se restaurer

Tzivaeri MEZZE €
(☎22470 31170 ; mezze 6-15 €, plats 8-17 € ; ⏲dîner). Terrasse surélevée à l'extrémité nord du port et salle pleine d'élégance : voici la meilleure table de Skala pour un dîner romantique sous la lune. La carte met l'accent sur les plats crétois de la mer, sardines, crevettes ou poulpe, mais brochettes et burgers ont aussi droit de cité.

♥ **To Tsipouradiko Mas** MEZZE €€
(☎22470 32803 ; tapas 6-15 € ; ⏲déj et dîner). À ne pas manquer ! Malgré son nom, cet endroit formidable avec des tables sur la plage n'entre pas vraiment dans la catégorie des *tsipouradiko* (ses mezze ne sont pas de simples accompagnements à l'alcool) et propose une cuisine au top. Le poulpe caramélisé à la *fava* justifie à lui seul le détour. Nous n'en dirons pas plus afin de ne pas gâcher l'effet de surprise.

Pantelis TAVERNE €€
(☎22470 31230 ; plats 8-16 € ; ⏲déj et dîner). La doyenne des tavernes de Patmos – comme l'attestent son décor bleu et blanc et ses menus plastifiés –, dans une ruelle parallèle au port, où habitants et visiteurs se pressent en terrasse. Si vous manquez d'audace pour goûter la salade d'oursins ou les *fouskes* (figues de mer, au goût particulier), rabattez-vous sur les valeurs sûres.

Chiliomodi TAVERNE €€
(☎22470 34179 ; plats 12 € ; ⏲déj et dîner). Chiliomodi réjouit les papilles des autochtones et des voyageurs depuis près de 30 ans. Il faut dire qu'il appartient à un pêcheur, gage de fraîcheur des produits de la mer (daurade, morue, mezze divers...). À 50 m le long de la route d'Hora.

Où prendre un verre et faire la fête

♥ **Art Café** BAR
(☎22470 33092 ; ⏲19h-tard ; 📶). Pour un apéritif loin de l'agitation du port, montez jusqu'à la formidable terrasse panoramique de l'Art Café et sirotez un cocktail (7-9 €) sur des banquettes blanches et de gros coussins. Le sympathique patron

ESCAPADE INSULAIRE

Trois îles minuscules du Dodécanèse – Agathonisi, Arki et Marathi – restent encore largement ignorées des touristes. Leur découverte est pourtant un ravissement pour les yeux. Ces confettis, sur lesquels vivent très peu de gens à l'année, n'offrent guère d'activités, hormis la baignade, la lecture et l'exploration des grottes où les habitants se cachaient jadis des pirates. Vous n'y croiserez guère que quelques plaisanciers, artistes et backpackers.

À **Agathonisi**, le port d'**Agios Georgios** abrite une poignée de tavernes et de modestes pensions dans des bâtiments blancs cubiques. Une ascension ardue mène au hameau de **Megalo Horio**, 1,5 km en amont, qui célèbre plusieurs fêtes religieuses en été. Le rivage recèle de jolies plages, dont celles de **Spilia**, 900 m au sud-ouest de l'autre côté du cap, et de Gaïdouravlakos, où l'une des rares sources de l'île rejoint la mer. Citons également **Tsangari**, **Tholos** et **Poros**, la seule recouverte de sable.

Arki (environ 50 habitants) et Marathi, son principal îlot satellite juste au nord de Patmos et Lipsi, sont les destinations les plus paisibles de l'archipel.

À **Arki**, l'**église de la Métamorphose** trône sur la colline derrière le port, tandis qu'un sentier longeant le côté nord de la baie mène à plusieurs criques sablonneuses. **Marathi** possède une magnifique plage de sable. L'ancien village, avec sa petite église immaculée, se dresse sur une colline, au-dessus du port. Seules quelques personnes y vivent, mais les familles reviennent chaque été ouvrir leurs tavernes saisonnières, dont certaines louent des *domatia* (chambres d'hôtes) informelles.

Des ferrys sillonnant l'archipel font halte une fois par semaine à Arki, mais pas à Marathi, sur la route de Patmos, Léros, Lipsi, Agathonisi et Samos (dans les deux sens). Des catamarans Dodekanisos Seaways (p. 311) relient Arki à Patmos (14 €, 20 minutes), Léros (17 €, 1 heure 15), Lipsi (13,50 €, 50 minutes) et Agathonisi (14 €, 30 minutes). Le **Nisos Kalymnos** (www.anekalymnou.gr) assure 3 ou 4 traversées hebdomadaires depuis Kalymnos. Leros Express (p. 337) dessert Arki une fois par semaine, via Patmos ou Lipsi. En été, des bateaux d'excursion basés à Lipsi et des caïques au départ de Patmos rallient fréquemment Arki et Marathi (environ 25 €). Pour Marathi, un caïque local part d'Arki plusieurs fois par semaine.

allemand propose un délicieux houmous maison et des musiciens jouent souvent dans la salle en bas.

Arion BAR
(☎22470 31595 ; en-cas 3-6 € ; ⏰7h30-tard ; 📶). Plus que centenaire, ce vénérable bar lambrissé et haut de plafond est une véritable institution du front de mer, où les habitants se donnent rendez-vous. Les voyageurs préfèrent en général s'asseoir dehors pour contempler les vagues en se connectant au Wi-Fi. Sert des en-cas (tartines grillées, crêpes).

Meltemi CAFÉ
(☎22470 31839 ; ⏰9h-tard ; 📶). On résiste difficilement à l'attrait de ce bar de plage installé à l'extrémité du port, 400 m au nord de l'embarcadère. Rien de tel qu'un cocktail au soleil couchant, assis sur le sable à l'ombre d'un tamaris. Sinon, venez le matin pour un petit-déjeuner complet, à midi pour un sandwich, une salade de fruits et un milk-shake.

ℹ Renseignements

Apollon Travel (☎22470 31324 ; apollontravel.gr ; ⏰8h-23h) et **Astoria Travel** (☎22470 31205 ; www.astoriatravel.com ; ⏰9h-tard), sur le front de mer, vendent des billets de ferry, des excursions et autres solutions pratiques pour visiter Patmos.

Office du tourisme municipal (☎22470 31666 ; ⏰9h30-14h lun-ven, 6h-21h tlj sauf mer et dim). Dans le même bâtiment que la poste et le commissariat de police.

ℹ Depuis/vers Skala

Des bus desservent Hora presque toutes les heures de 8h à 21h. Il existe aussi des liaisons moins fréquentes avec Grikos et Kambos (2 €). Horaires saisonniers sur www.patmosbus.gr.

Patmos (Hora)
Πάτμος (Χώρα)

800 HABITANTS

Depuis le sommet d'une colline, Hora l'enchanteresse embrasse toute l'île. Dans le dédale de maisons chaulées du XVIIe siècle et des demeures néoclassiques des armateurs, les effluves d'encens semblent ressusciter les démons boschiens de saint Jean, et on imagine aisément pourquoi Hora attire toujours les foules. On dit qu'il y a ici plus de monastères au mètre carré que n'importe où ailleurs. La sainteté des lieux n'exclut pas pour autant la présence de jolies boutiques de mode, de quelques galeries intéressantes et de bars branchés.

À voir

Monastère de l'Apocalypse MONASTÈRE
(Grotte de l'Apocalypse ; carte p. 362 ; 22470 31398 ; 2 € ; 8h-13h30 tlj, plus 16h-19h mar-sam, 16h-18h dim). Niché au milieu des pins à mi-chemin de Patmos (Hora), ce monastère a été construit autour de la grotte où Jean aurait reçut la révélation divine. Pèlerins et croisiéristes se pressent pour voir dans la chapelle le rocher qui aurait tenu lieu d'oreiller au saint, la saillie sur laquelle il s'appuyait pour se relever de sa prière et le bloc de pierre qui lui servait d'écritoire.

Monastère de Saint-Jean-le-Théologien MONASTÈRE
(22470 31223 ; 4 € ; 8h-13h30 tlj, plus 16h-19h mar et sam, 16h-18h dim). Seule une petite partie de cet immense ensemble fortifié du XIe siècle, toujours en activité, demeure accessible au public. La cour d'entrée débouche sur une chapelle richement ornée de fresques, dont la façade arbore des colonnes en marbre provenant d'un temple antique. Ne comptez pas assister à l'office, célébré à 3h du matin ! Le musée du Trésor, à l'étage, expose l'édit de fondation du monastère signé par l'empereur byzantin Alexis Ier Comnène en 1088.

Saint Monastère Zoödohos Pigi COUVENT
(22470 31991 ; 9h-13h tlj). GRATUIT Ce couvent orthodoxe se cache dans les ruelles de Patmos (Hora). Les visiteurs ne peuvent dépasser sa charmante courette, où une petite église présente de remarquables fresques du XVIIe siècle. L'une des 40 religieuses vous montrera avec enthousiasme la scène du Jugement dernier où l'on peut voir Jésus expédier divers ecclésiastiques dans la rivière de feu coulant vers la gueule de la Bête.

Où se loger et se restaurer

Un restaurant borde la place centrale et des tavernes à la vue spectaculaire se tiennent aux abords du monastère de Saint-Jean.

Archontariki B&B €€€
(22470 29368 ; www.archontariki-patmos.gr ; ste 200 € ; Pâques-oct ;). Cachées dans une venelle proche du monastère Zoödohos Pigi, ces suites divines au mobilier traditionnel allient tout le confort moderne à de nombreuses touches raffinées, dans une maison vieille de 400 ans. La détente sous les arbres fruitiers du jardin paisible donne un avant-goût du paradis. Les suites "Wisdom" ("Sagesse") et "Joy" ("Joie") sont vastes, tandis que "Love" ("Amour") et "Hope" ("Espoir"), plus petites, s'étagent sur 2 niveaux.

Pantheon GREC €
(22470 31226 ; plats 7-14 € ; 17h-minuit ;). Les poulpes qui sèchent à l'extérieur lui ont valu le surnom de "restaurant du poulpe". Avec ses murs blancs, ses chaises bleues et sa vue imprenable sur le village, cet établissement typiquement grec sert fruits de mer, boulettes de viande et douceurs maison. Au début de l'accès au monastère de Saint-Jean-le-Théologien.

Jimmy's Balcony GREC €
(22470 32115 ; plats 9-15 € ; 10h-23h ;). Dominant la route, dans la principale ruelle qui traverse le village jusqu'au monastère de l'Apocalypse, la terrasse ombragée de cet accueillant café-restaurant dévoile une vue royale sur Skala et les îles au nord. Rafraîchissements, salades, moussaka et plats végétariens.

Vaggelis TAVERNE €€
(22470 31967 ; Plateia Agias Lesvias ; plats 9-15 € ; déj et dîner ;). Installez-vous sur la place pittoresque et intimiste, ou à l'arrière sous le caroubier pour profiter d'une vue éblouissante, et goûter le nouveau menu – lors de notre passage, les anciens propriétaires s'apprêtaient finalement à reprendre leur affaire.

Depuis/vers Patmos (Hora)

Bien qu'Hora soit accessible par la route, il est beaucoup plus plaisant d'y grimper à travers bois. L'ascension du sentier byzantin, indiqué le long de la route à 10 minutes de marche en amont de Skala, prend une quarantaine de minutes. Prévoyez du temps en plus pour visiter le monastère de l'Apocalypse sur le parcours. Un bus public rallie Hora environ 7 fois par jour (2 € ; www.patmosbus.gr).

Nord de Skala

La plage la plus accessible et la plus fréquentée du nord de l'île est celle de **Kambos**, large et sablonneuse, au pied du village éponyme, 5 km au nord-est de Skala. En été, ses conditions de baignade sûres et ses nombreuses activités nautiques attirent en masse les familles des alentours.

Pour davantage d'isolement et de tranquillité, il faut se rendre en voiture un peu plus loin. Après la plage de Kambos, suivez à gauche la route qui descend des pentes verdoyantes jusqu'à l'impressionnante plage de **Lambi**, couverte de galets multicolores. La route littorale à l'est de la plage de Kambos conduit à la plage de **Vagia**, une petite crique abritée propice au snorkeling, dans les eaux les plus froides mais les plus claires de l'île. Au-delà, les galets et les tamarins de la plage de **Livadi Geranou** font face à un îlot surmonté d'une chapelle blanche.

Activités

Le sympathique Andreas, patron de **Kambos Beach Watersports** (☎6972123541 ; 👪), propose depuis 35 ans wakeboards (50 €/heure), ski nautique (50 €/15 minutes), pédalos/kayaks (5 €/30 minutes) et transats (15 €/jour).

Où se loger et se restaurer

Porto Scoutari Hotel HÔTEL €€
(Carte p. 362 ; ☎22470 33123 ; www.portoscoutari.com ; d avec petit-déj 100-250 € ; P ❄ 📶 ≈). Aménagé autour d'une somptueuse piscine et d'un spa, le premier hôtel de luxe de l'île reste par bien des aspects l'un des plus beaux, quoique légèrement patiné. Il s'inscrit dans un environnement rural dominant la mer Égée, à 600 m de la plage de Meloi et 3 km au nord de Skala. Les chambres, aux dimensions royales, avec lits anciens, salle de bains immaculée et balcon privatif, bénéficient d'une vue grandiose sur la mer. Réductions considérables en basse saison.

George's Place CAFÉ €
(☎22470 31881 ; plage de Kambos ; en-cas 7-12 € ; ⏲petit-déj et déj ; P ❄ 📶 👪). 🍃 Pourvu d'une agréable terrasse ombragée regardant la baie, ce bar relaxant tout près du sable présente une carte de salades, feuilletés maison, pâtisseries et milk-shakes sur fond de musique douce. Connexion Wi-Fi et toilettes pouvant faire office de vestiaire.

Livadi Geranou Taverna TAVERNE €
(☎22470 32046 ; plage de Livadi Geranou ; plats 9-12 € ; ⏲10h-tard). Au bout de la route à deux pas de la plage, sur le flanc d'une colline tapissée de bruyère, cette taverne connaît un franc succès grâce à la vue paradisiaque depuis sa terrasse fleurie. Régalez-vous de fruits de mer tels que petite friture et poulpe ou optez pour de simples boulettes de viande ou souvlakis.

Cafe Vagia CAFÉ €
(Vagia ; plats 3-6 € ; ⏲9h-19h). L'adorable Eftichia tient cette petite adresse agrémentée d'un jardin, à quelques centaines de mètres au-dessus de la plage de Vagia. Au menu : café, feuilletés, salades et pâtisseries maison.

Lambi Fish Tavern TAVERNE €
(☎22470 31490 ; plage de Lambi ; plats 8,50-16 € ; ⏲déj et dîner ; P ❄ 👪). Le cadre idyllique – des tables à l'ombre des arbres sur la plage de galets léchée par les vagues – a tout de la carte postale des îles grecques, tandis que la cuisine sans prétention joue les valeurs sûres : maquereaux salés, feuilles de vigne farcies, poulpe cuit au vin...

Leonidas TAVERNE €€
(Lambi ; plats 12-15 € ; ⏲déj et dîner juin-sept ; P ❄ 🖉). 🍃 Sur la crête de la colline surplombant la plage de Lambi, cet établissement à la terrasse fleurie sert une cuisine à la hauteur de la vue : brochettes, *stifado*, foie de veau et pêche du jour. Ouvert uniquement en haute saison.

Sud de Skala

Vallées boisées et plages pittoresques émaillent cette partie de Patmos. Première localité au sud de Skala, le hameau de **Sapsila** forme un havre de tranquillité. **Grikos**, 1 km plus loin de l'autre côté de la colline, possède une longue plage de sable abritant quelques tavernes et un luxueux complexe hôtelier. On y trouve aussi la **chapelle Agios Ioannis Theologos**, à l'endroit où saint Jean aurait baptisé les insulaires.

Plus au sud s'étire la plage de **Petra**, paisible et très ombragée, d'où une langue de terre mène à l'étonnant **rocher de Kalikatsos**. Une mauvaise piste côtière partant de la plage et une route goudronnée provenant de Patmos (Hora) continuent jusqu'à **Diakofti**, le village le plus méridional de l'île. De là, un sentier ardu sur le versant rocheux mène en 30 minutes de marche à la jolie plage de **Psili Ammos**, sablonneuse et arborée, dont la taverne ouvre en saison. L'endroit est enchanteur et tout à fait isolé ; avec des enfants, mieux vaut louer un bateau depuis Skala.

Où se loger et se restaurer

Mathios Studios APPARTEMENTS €€
(☎22470 32583 ; www.studiosmathios.gr ; Sapsila ; studio/app 75/90 € ; ❄@📶). À 2,5 km au sud de Skala, dans la localité somnolente de Sapsila, 5 studios et 2 appartements de style rustico-chic, équipés chacun d'une kitchenette. Les balcons ont une vue dégagée sur la baie en contrebas. Des sculptures originales en bois flotté sont disséminées çà et là dans le jardin. Très bon accueil.

Patmos Aktis Suites BOUTIQUE-HÔTEL €€€
(☎22470 32800 ; www.patmosaktis.gr ; baie de Grikos ; ch à partir de 260 € ; P❄📶). Installé sur la plage de Grikos, ce luxueux hôtel design de Patmos semble sorti tout droit d'un tableau de David Hockney avec ses sobres lignes géométriques et ses suites blanches cubiques. Douche effet pluie, terrasses privées donnant sur une piscine, excellent restaurant servant de la cuisine grecque contemporaine, mais aussi massages dans le superbe spa, salle de sport et boutique.

♥ **Ktima Petra** TAVERNE €€
(☎22470 33207 ; plage de Petra ; plats 6,50-12 € ; ⏲déj et dîner ;). L'endroit où aller pour un repas sain, authentique et gourmand. Les patrons, deux frères passionnés, y mitonnent une cuisine traditionnelle d'une absolue fraîcheur à partir des légumes cultivés sur place. La terrasse, ombragée et donnant sur le potager, offre un cadre de rêve. On peut marcher jusqu'à l'établissement depuis la plage de Grikos voisine.

Benetos MÉDITERRANÉEN €€
(☎22470 33089 ; www.benetosrestaurant.com ; Sapsila ; plats 10-28 € ; ⏲19h30-tard mar-dim juin-sept ;). Descendant vers la mer depuis la route littorale, à quelques kilomètres au sud-est de Skala, ce restaurant de charme, et bar à tapas, se rattache à une exploitation agricole. La carte d'inspiration méditerranéenne comprend notamment des fleurs de courgette farcies dans une sauce au curcuma, et du poulpe confit avec sa salade d'aubergines. Ouvert seulement quelques mois par an.

LIPSI ΛΕΙΨΟΙ

800 HABITANTS

Lipsi a beau ne mesurer que 8 km de long, son port, où s'entassent des filets de pêche jaunes, et son village blanc sur les hauteurs, couronné d'une église, impressionnent le voyageur. Si vous recherchez des collines escarpées, des criques sereines et des plages désertes, cette destination vous ravira. Lipsi a pour spécialités le *myzithra*, un fromage à base de lait de chèvre et d'eau de mer, et le miel de thym. Elle produit également son propre vin.

Depuis/vers Lipsi

Lipsi bénéficie de liaisons fréquentes avec ses voisines. Des catamarans Dodekanisos Seaways (p. 311) rallient Arki (13,50 €, 50 min), Agathonisi (13,50 €, 1 heure 30) et Samos (32 €, 2 heures) au nord, Patmos (13,50 €, 30 min), Léros (15 €, 30 min-1 heure 30), Kos (29 €, 2-3 heures) et d'autres îles au sud. Blue Star Ferries (p. 315) effectue deux traversées hebdomadaires à destination de Patmos (6,50 €, 30 min) et Léros (7 €, 40 min). Le **Nisos Kalymnos** (www.anekalymnou.gr) dessert Patmos, Léros et les îlots au nord 4 fois par semaine. Le **Patmos Star** (p. 356) se rend à Patmos et Léros, tous les jours en été. Leros Express (p. 337) va de Léros à Lipsi, Patmos, Arki, Agathonisi et Samos, et assure aussi deux trajets par semaine pour Kalymnos et Kos.

Un petit **bureau** (☎22470 41141 ; ⏲9h30-15h30) sur la jetée des ferrys vend tous les billets.

Comment circuler

Les ferrys accostent dans le petit port devant le village de Lipsi. En été, des bus fréquents relient ce dernier aux principales plages de l'île. Un unique **taxi** (☎6942409679, 6942428223) circule sur l'île. **Moto Rent George** (☎6948536418 ; motorentlipsi.gr/en ; vélo/scooter/voiture à partir de 7/12/35 € par jour) loue voitures, quads, scooters et vélos.

Village de Lipsi Λειψοί

800 HABITANTS

Une certaine sérénité se dégage de l'unique localité de l'île, dont le lacis de ruelles bordées de vieilles maisons typiques aux volets bleus escalade la colline. L'essentiel de l'activité se concentre sur le front de mer, où vous trouverez tout le nécessaire, DAB, bonne boulangerie et restaurants de poisson. Pensez à visiter la jolie église **Agios Ioannis Theologos**, coiffée d'un dôme bleu,

Lipsi

dont la terrasse panoramique a vue sur la baie. La plage de **Liendou**, la plus proche du village, se situe à quelques minutes de marche au nord du quai des ferrys, après un petit promontoire. Il s'agit d'une étroite bande de sable baignée par des eaux calmes et peu profondes.

À faire

En été, **Rena Five Island Cruise** (☎6947339141 ; facebook.com/pg/Rena5IslandCruise ; adulte/enfant 28/14 € ; ⏲juin-oct ; 🚻) organise des excursions à bord du *Rena*, un caïque traditionnel en bois de 1980, vers les îlots d'Aspronisia et de Makronisi, aux étranges formations rocheuses entourées d'eaux bleu saphir, et vers Tiganakia, Marathi et Arki, où pique-niquer et se baigner. Départ de la petite jetée de Lipsi.

Où se loger

♥ **Michalis Studios** APPARTEMENTS €
(☎22470 41266, 6977906978 ; www.lipsimichalis.eu ; studio 60-65 €). Parmi les meilleures options économiques du secteur, ces studios simples et spacieux avec kitchenette et balconnet sont à proximité de tout, notamment du café-boulangerie. Ils ne donnent pas directement sur la mer, mais sur un champ et une petite église. En tant qu'ancien receveur des postes, le chaleureux Michalis connaît l'île comme sa poche. Les prix baissent de façon substantielle en dehors de la haute saison.

♥ **Nefeli Hotel** APPARTEMENTS €€
(☎22470 41120 ; studio/app avec petit-déj 90/160 € ; P ❄ 📶). Un boutique-hôtel chic et accueillant, isolé au-dessus de la plage de Kambos, à 10 minutes de marche au nord-ouest du village. Spacieux, les appartements comprennent lits confortables, canapé convertible, kitchenette et terrasse avec vue sur la mer. Les hôtes disposent en outre d'un agréable bar/salle à manger.

Angela Studios APPARTEMENTS €€
(☎6983666611, 22470 41177 ; www.lipsiangela.eu ; front de mer ; studio/app à partir de 70/80 € ; ❄ 📶). Lits en fer forgé, kitchenettes avec réfrigérateur et micro-ondes, balcons face à la mer et ravissant petit café, le tout près du quai des ferrys.

Où se restaurer

Kairis Lipsi Bakery Shop BOULANGERIE €
(☎22470 41050 ; douceurs 1-3 € ; ⏲24h/24 ; ❄ 📶 🚻). Cette boulangerie-café-glacier, du côté ouest du front de mer, constitue le lieu de socialisation de l'île et reste ouverte toute la nuit. Une farandole de biscuits, feuilletés,

sandwichs, baklavas et autres délices sucrés ou salés comblent les fringales. Il y a aussi de l'alcool. Disputez un siège aux habitants.

Kalypso GREC €€
(22470 41241 ; plats 8-12 € ; déj et dîner ;). Nicolas, le maître des lieux, prépare une cuisine inoubliable à base de légumes 100% bio – provenant de sa propre exploitation ou de petits producteurs–, de viande et de fruits de mer. La soupe de poisson et le *katsikaki* (chèvre farcie) sortent du lot. La salle à manger se double d'une terrasse ombragée.

Manolis Tastes TAVERNE €€
(22470 41065 ; www.manolistastes.com ; plats 8-15 € ; 12h-16h et 17h30-tard ;). Dans un joli bâtiment néoclassique du XIXe siècle (et ancien commissariat italien), le Manolis Tastes offre une terrasse sur le toit, un salon à l'étage et une délicieuse cuisine. Le chef Manolis est reconnu sur la scène culinaire internationale pour ses superbes créations telles que les moules à l'ouzo ou le porc à la moutarde et au miel. Un must !

Yiannis TAVERNE €€
(22470 41395 ; plats 10-14 € ; déj et dîner mai-oct ;). Cette taverne fréquentée au décor blanc et bleu cobalt dresse sa terrasse surélevée à l'ouest de la jetée, près d'une parcelle de vigne – vous la reconnaîtrez au moulin à vent sur la façade. Goûtez par exemple le ragoût de chèvre au vin rouge ou le carpaccio d'espadon.

Ailleurs sur Lipsi

Lipsi se révèle incroyablement verte pour une île du Dodécanèse. En ralliant à pied des plages plus éloignées, on découvre un paysage semé d'oliveraies et de cyprès. En été, un minibus dessert aussi les principales plages. À 1 km seulement au nord du village, autour du promontoire après la plage de Liendou, la plage de **Kambos**, à l'ombre de tamaris, est plus étroite et sablonneuse que sa voisine. Elle possède par ailleurs des eaux plus profondes au sol rocheux.

À Kambos, bifurquez vers l'intérieur des terres pour une agréable promenade de 2,5 km jusqu'à la plage de **Platys Gialos**, où résonnent les cloches des chèvres. La mer limpide peu profonde convient aux enfants et une excellente **taverne** (6944963303 ; grillades 10-12 € ; 8h-18h) fonctionne l'été jusqu'à 18h.

À 2 km au sud du village, la plage de **Katsadia** présente une grève de sable plus sauvage, surtout quand le vent souffle. Vaguement ombragée, on y trouve une **taverne** (22470 41041 ; www.dilaila.gr ; plats 9 € ; 9h30-22h juin-sept ;) estivale dont la partie bar reste ouverte tard. Les plages de la côte orientale sont plus difficiles d'accès. En raison du mauvais état des routes, les taxis et les bus ne les desservent pas. L'été, un bateau peut toutefois vous y déposer.

Îles du nord-est de la mer Égée

Dans ce chapitre ➡

Icarie	372
Îles Fourni	382
Samos	384
Chios	393
Lesbos	404
Limnos	416
Samothrace	424
Thassos	428

Le top des restaurants

- Marymary (p. 381)
- Ouzeri To 11 (p. 419)
- Kazaviti Restaurant (p. 433)
- Kechribari Ouzerie (p. 398)
- Tavern at the End of the World (p. 391)
- Misirlou (p. 411)

Le top des hébergements

- Ikaria Utopia – Cusco Studios (p. 377)
- Homeric Poems (p. 396)
- Evgenikon (p. 400)
- A for Art (p. 431)
- Mastiha House (p. 403)
- Surf Club Keros (p. 424)

Pourquoi y aller

Les îles du nord-est de la mer Égée sont très proches de la Turquie. La cuisine, la culture villageoise traditionnelles, les fêtes spectaculaires et la langue trahissent également des influences d'Asie Mineure. Des paysages découpés, des plages immaculées et une population à l'exceptionnelle longévité caractérisent Icarie. Sur la fertile Chios, poussent des pistachiers lentisques (arbres à mastic) que l'on transforme en gomme à mâcher. La taille des autres îles varie : de la vaste Lesbos, qui fournit la moitié de la production mondiale d'ouzo, à des îles de taille moyenne comme Samos, semi-tropicale, et Limnos, et des îlots, tels Inoussès et Psara. Samothrace abrite l'ancien sanctuaire des Grands Dieux, tandis que Thassos, bien irriguée, s'apparente au continent.

Lesbos, Chios et Samos offrent de bonnes liaisons avec d'antiques sites helléniques et stations balnéaires en Turquie.

Quand partir

Vathy (Samos)

Avril-mai Le printemps s'installe et tous les villages célèbrent les fêtes de Pâques.

Juillet-août Les bars de plage et les villages (tels Icarie) organisent des réjouissances pour les fêtards.

Octobre-novembre Les vacanciers sont partis et les tavernes servent à nouveau des soupes roboratives.

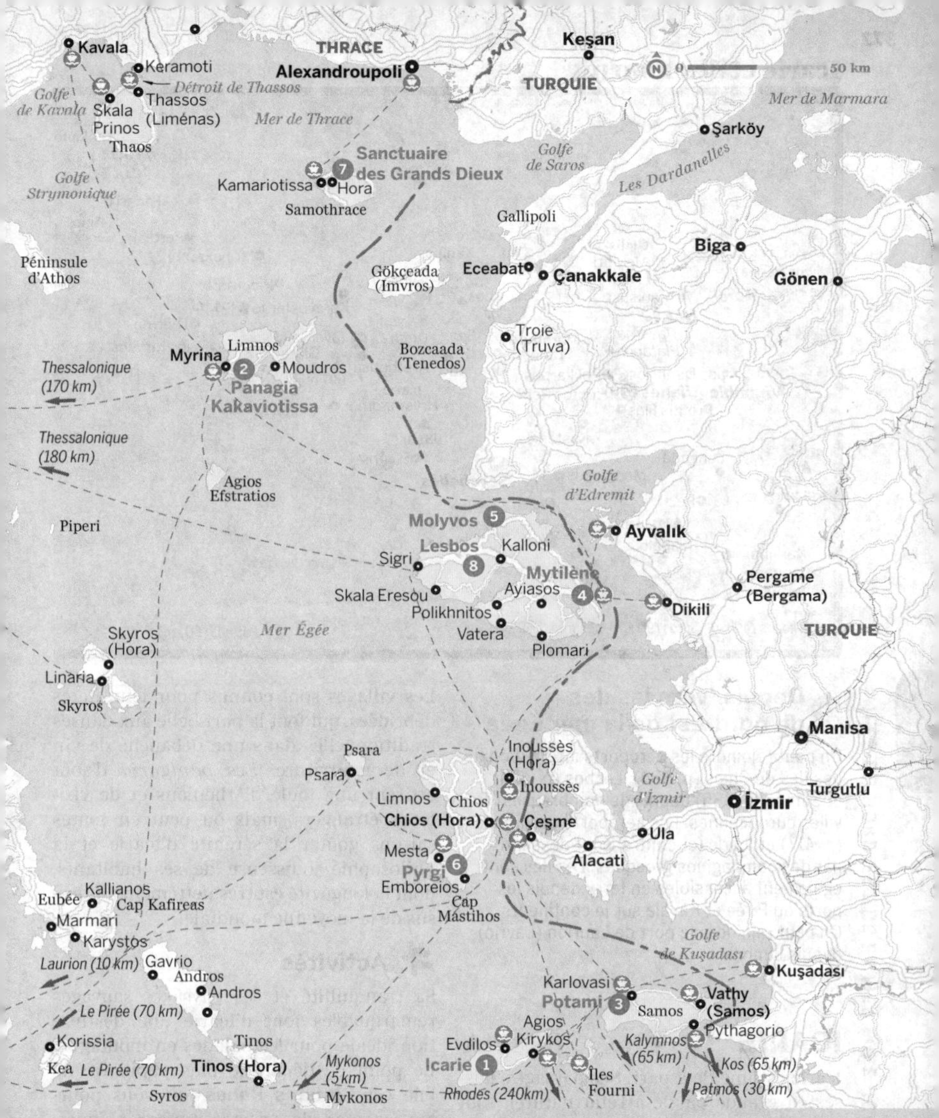

À ne pas manquer

❶ Du café après minuit et des fruits au sirop à **Christos Rahes** (p. 378), capitale nocturne d'Icarie.

❷ Une randonnée dans les paysages surprenants menant à la **Panagia Kakaviotissa** (p. 420), chapelle troglodyte.

❸ Une taverne secrète dans les bois, au-dessus d'une cascade, et la **plage de Potami** (p. 392).

❹ À Mytilène, les grands noms de l'art moderne au **Musée-bibliothèque Tériade** (p. 405).

❺ Le **Molly's Bar** (p. 412) pour sa vue magnifique sur les voiliers et la baie turquoise de Molyvose.

❻ Une nuit dans la **Mastiha House** (p. 403), à Pyrgi.

❼ La visite du **sanctuaire des Grands Dieux** (p. 427), l'un des sites archéologiques les plus mystérieux du pays.

❽ Les **bains minéraux d'Eftalou** (p. 409), pour une séance relaxation dans des thermes antiques, à Lesbos.

Icarie et îles Fourni

Depuis/vers les îles du nord-est de la mer Égée

On peut rejoindre les aéroports internationaux des îles de Chios (p. 394), Lesbos (p. 404) et Samos (p. 385) depuis de nombreuses villes européennes. Les aéroports de Limnos (p. 417) et Icarie (ci-contre) sont desservis par des compagnies grecques. Les îles sont également accessibles en ferry depuis les ports du Pirée et Kavala sur le continent. On peut rejoindre le port de Laurion (Lavrio) depuis Limnos.

ICARIE ΙΚΑΡΙΑ

Icarie est une île à part. Ses paysages, laissés en grande partie à l'état naturel, sont faits de spectaculaires gorges boisées, d'étendues rocheuses lunaires et de plages secrètes aux eaux bleu-vert. L'esprit d'indépendance et la culture unique de l'île, avec ses habitations aux allures de tas de pierres, sa vie nocturne trépidante et ses envoûtantes *panigyria* (fêtes religieuses), sont le résultat de siècles d'isolement, sous la menace constante des pirates et des envahisseurs étrangers.

Le nom d'Ikaria évoque le mythique Icare, qui a chu dans la mer non loin de là après avoir volé trop près du soleil. Les villages sont connus pour leurs fêtes débridées, qui font la part belle aux danses traditionnelles dans une débauche de vin et de nourriture. Les *panigyria* d'août attirent une foule d'Athéniens et de visiteurs étrangers, mais on peut en toutes saisons goûter la sérénité d'Icarie et la philosophie jouisseuse de ses habitants, dont la longévité est très nettement au-dessus de la moyenne mondiale.

Activités

Sa tranquillité et ses paysages sauvages remarquables font d'Icarie une destination idéale pour les balades en montagne. Le point de départ le plus populaire de l'île est **Christos Rahes**, où vous pourrez acheter des cartes topographiques. Si vous souhaitez partir avec un guide, renseignez-vous auprès de **Discover Ikaria** (☎6907547342, 6974042417 ; www.discoverikaria.com ; Christos Rahes) ou **Ikarian Footprints** (☎6974042417 ; www.facebook.com/IkarianFootprints).

Une randonnée d'une journée forme une boucle à partir de **Kambos** vers le sud, et passe par **Dafni**, les vestiges du **château byzantin de Koskinas** datant du Xe siècle, puis les ravissants villages de **Frandato** et **Maratho**. Vous pourrez faire

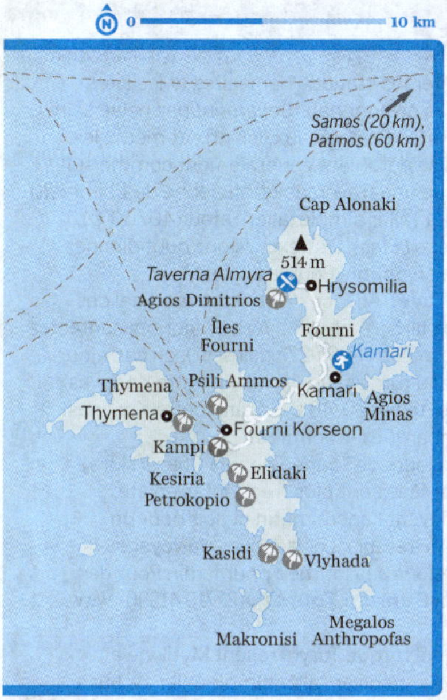

cette randonnée sans guide et sans trop vous fatiguer.

Arrivé à **Pigi**, repérez le panneau Frandato et continuez à marcher, vous trouverez l'insolite **chapelle byzantine de Theskepasti**, nichée dans un surplomb de granit. Escaladez pour la rejoindre et baissez-vous pour entrer. Les rangées de crânes des anciens moines ont été retirées, mais la chapelle reste néanmoins une belle découverte. Non loin, vous pourrez également visiter le **Moni Thoktistis** et ses fresques datant de 1686.

Renseignements

Visit Ikaria (www.visitikaria.gr). Site très utile.

Depuis/vers Icarie

AVION

L'**aéroport** d'Icarie (carte ci-dessus ; ☎22750 32216 ; Faros) est desservi par **Olympic Air** (www.olympicair.com), **Aegean Airlines** (www.aegeanair.com) et **Astra Airlines** (www.astra-airlines.gr). Les billets sont en vente dans les agences d'Agios Kirykos, d'Evdilos et à l'aéroport.

BATEAU

Icarie se trouve au croisement de lignes très fréquentées vers les ports continentaux du Pirée (via les Cyclades) et de Kavala au nord, mais aussi des îles du Dodécanèse. Ses deux ports, Evdilos et Agios Kirykos, sont assez éloignés. Repérez votre port d'arrivée et de départ pour ne pas avoir à dépenser tout votre argent dans un taxi de dernière minute.

Il y a des traversées quotidiennes vers Karlovasi, au nord de Samos au départ d'Evdilos (13,50 €, 1 heure).

Le *Nyssos Mykonos* passe par Evdilos 6 fois par semaine en chemin vers Le Pirée (31,50 €, 6 heures 30). Il s'arrête sur les îles de Mykonos (20 €, 2 heures) et Syros (23 €, 3 heures).

Ce bateau se rend également à Kavala (48 €, 16 heures, 1/sem). Il passe par Chios (18,50 €, 5 heures 30) et Lesbos (24 €, 8 heures). Un autre bateau hebdomadaire fait le même trajet au départ d'Agios Kirykos.

Depuis Agios Kirykos, des bateaux et des hydrofoils se rendent à Fourni (7-14 €, 1 heure, 5/sem). Des bateaux rallient Patmos au moins 4 fois par semaine (10,50-22 €, environ 1 heure 30) et continuent vers d'autres îles du Dodécanèse.

À Agios Kirykos, achetez vos billets chez **Ikariada Travel** (☎22750 23322 ; ⏲8h30-17h et 19h-21h) ou à la **Dolihi Tours Travel Agency** (☎22750 23230 ; dolichi@otenet.gr ; ⏲9h-15h et 18h-19h). À Evdilos, essayez **Ikaria Holiday** (☎22750 71077, 6972221066 ; ⏲10h-22h).

Comment circuler

BATEAU

En été, un caïque circule tous les jours entre Agios Kirykos et Therma (3 €). Sur la côte sud d'Icarie, un autre bateau relie Manganitis et la plage idyllique de Seychelles, à 2,5 km.

BUS

L'été, un bus quotidien effectue le trajet sinueux entre Agios Kirykos et Christos Rahes, via Evdilos et Arménistis. Il s'arrête en route à l'aéroport d'Icarie (ci-ontre). Il est parfois difficile de monter à bord. Un bus local dessert Therma toutes les 30 minutes (10 min).

VOITURE ET MOTO

Louer une voiture ou un scooter vous permettra de sortir des villes principales.

Pour une voiture, essayez Dolihi Tours Travel Agency (ci-dessus) ou Ikariada Travel (ci-dessus) à Agios Kirykos, **Mav Cars** (☎22750 31036, 6932908944 ; www.mavcars.gr ; ⏲9h-22h), à Evdilos, ou **Aventura** (☎22750 31140, 6972284054 ; aventura@otenet.gr ; ⏲9h-21h) à Evdilos et Arménistis. La plupart des agences de location permettent de récupérer ou de laisser le véhicule à l'aéroport, sans supplément.

TRAVERSÉES VERS LA TURQUIE

De Samos, Chios ou Lesbos, il est facile de visiter les stations balnéaires et les sites historiques de la côte égéenne turque. Les visas ne sont habituellement pas nécessaires pour les excursions d'une journée. Si les itinéraires des bateaux, les prix et même les compagnies changent souvent, les traversées se déroulent généralement comme suit.

Depuis **Samos**, le *Kuşadası Express* effectue une traversée quotidienne de 1 heure 20 depuis Vathy ou Pythagorion jusqu'à **Kuşadası** (aller simple/aller-retour 40/60 €), une station balnéaire proche de l'antique Éphèse (Efes). Des excursions quotidiennes ont lieu de mai à octobre, avec visite d'Éphèse en option. Pour les billets et renseignements à Vathy, contactez **ITSA Travel**, en face de l'ancien terminal des ferrys, ou **By Ship Travel** (22730 22116 ; Sofouli 5 ; 6h-22h). À Pythagorion, contactez **By Ship Travel** (22730 62285 ; Lykourgou Logotheti ; 6h-22h mai-sept), au carrefour principal à l'entrée de la ville. En outre, un bateau turc assure la liaison entre Karlovasi, au nord de Samos, et **Sığacık** (aller simple/aller-retour 30/40 €, 5/sem), entre Kuşadası et l'aéroport d'İzmir. Aucun de ces ferrys n'embarque les voitures.

Depuis **Chios**, des bateaux partent tous les jours de l'année depuis Chios (Hora) vers **Çeşme**, un port proche d'İzmir. Les traversées sont plus fréquentes en été, et certains bateaux prennent des voitures. Ils lèvent l'ancre matin et soir pour un trajet de 40 minutes (20/30 € aller simple/aller-retour). Les agences de voyages du front de mer vendent également des excursions à la journée pour İzmir. Pour des renseignements et des billets, adressez-vous à **Sunrise Tours** (22710 41390 ; www.sunrisetours.gr ; Kanari 28 ; 8h30-22h).

Depuis **Lesbos**, des bateaux de la compagnie turque Turyol relient Mytilène et **Ayvalık** 2 fois par jour en été et une fois par jour en hiver (aller simple/aller-retour 15/25 €, 1 heure 30). Les traversées du jeudi sont particulièrement fréquentées, car c'est le jour du marché à Ayvalık. Les véhicules sont acceptés à bord. La plupart des agences de voyages de Mytilène proposent des excursions en Turquie ; essayez **Mitilene Tours** (22510 54261 ; www.mitilenetours.gr ; Pavlou Kountourioti 87 ; 24h/24) ou **Tsolos Travel** (22510 25346 ; www.flytsolos.com ; 1944 Christougennon 10 ; 9h-14h15 et 18h15-21 h15).

Agios Kirykos Αγιος Κήρυκος

1 880 HABITANTS

La capitale d'Icarie est un port agréable, avec un dédale de vieilles rues, de bons restaurants, hôtels et *domatia* (chambre chez l'habitant), ainsi qu'un front de mer animé. Certes, les plages sont plus belles au nord de l'île, mais les sources thermales radioactives réparties sur la côte attirent des patients de toute l'Europe. C'est à 2 km à l'est de **Therma** qu'elles sont les plus nombreuses, près d'une jolie plage de galets.

Activités

Les curistes viennent profiter des bienfaits des sources thermales radioactives aux alentours d'Agios Kirykos. Certaines se déversent dans la mer : expérience unique garantie.

♥ Source thermale de Spilaio SOURCE THERMALE

(Therma). GRATUIT Cette source est la meilleure d'Icarie, si ce n'est de la mer Égée. Entrez dans la mer sur la plage de Therma, puis nagez sur 30 m vers une grotte au sud de la baie. Vous sentirez les courants chauds de l'eau riche en radon bien avant d'entrer dans la grotte. À l'intérieur, de larges rochers forment un petit théâtre.

Bains Spilaio SOURCE THERMALE

(To Spilaio ; 22750 24048 ; Therma ; hammam 3 €, Jacuzzi 4,50 € ; 9h-16h). Spilaio signifie "grotte". Ce petit bijou est un sauna et établissement de bains naturel qui s'approvisionne à une source chaude souterraine. Les douches et vestiaires sont compris dans le prix, mais n'oubliez pas votre serviette. Pour vous y rendre, passez devant le kiosque au bout de la jetée et tournez à droite face à la mer.

Source thermale de Lefkada SOURCE THERMALE

(Carte p. 372). GRATUIT Située à 2,5 km au sud-ouest d'Agios Kirykos, cette source est curative, relaxante et libre d'accès. Décrite comme une source d'eau salée radioactive, c'est surtout un joli coin de plage, reconnaissable à son cercle irrégulier de rochers.

Vous serez au bon endroit lorsque vous sentirez la chaleur de la source alterner avec la fraîcheur de l'eau de mer sous vos pieds.

Fêtes et festivals

Le **tournoi international d'échecs d'Icarie** (6978197617 ; www.ikariachess.blogspot.com ; juil) est une tradition annuelle qui attire tous types de joueurs venus d'Europe et d'ailleurs. Le tournoi a lieu mi-juillet et dure environ une semaine.

Où se loger

Nombre d'hôtels sont agréables à Agios Kirykos, mais les meilleurs se trouvent à Therma, à côté de la plage et des sources thermales.

Pension Plumeria Flowery PENSION €
(22750 22742, 6945139021 ; www.therma-ikaria.com ; Therma ; ch avec petit-déj 50 €). Une chaleureuse hôtesse gère ces chambres impeccables aux noms tels que Bougainvillée, Anémone ou Hyacinthe, situées dans le centre de Therma. Elle prépare de bons gâteaux pour le petit-déjeuner.

Village traditionnel de Pygros VILLAS €€
(6970028000, 22750 22105 ; www.pyrgos-ikaria.com ; ch à partir de 80 € ; P). Sur les hauteurs d'Agios Kirykos, ce village rassemble 9 maisons traditionnelles en pierre qui sont les plus luxueuses de l'île. Les chambres sont spacieuses et bien décorées. Elles possèdent une kitchenette, même s'il est aussi possible de commander un petit-déjeuner. En soirée, il est parfois difficile de rejoindre le bord de mer, surtout après un dîner arrosé. N'hésitez pas à prendre un taxi.

Où se restaurer

Vous trouverez des tavernes sur le port, mais les meilleurs restaurants se cachent dans les ruelles derrière le front de mer.

Filoti TAVERNE €
(Plats 6-11 € ; déj et dîner). Implanté à 30 m de la place, dans la première ruelle qui monte, cet établissement offre le meilleur rapport qualité/prix d'Agios Kirykos. Bonnes grillades, salades et excellentes pizzas.

100% LOCAL

LIBATIONS RELIGIEUSES SUR L'ÎLE DU VIN

Si le dieu païen Dionysos ne règne plus sur les vignobles d'Icarie, son héritage perdure sous une forme christianisée lors des *panigyria* estivales (célébrations qui durent toute la nuit, à l'occasion de la fête des Saints, dans toute l'île). Il n'existe pas de meilleure façon de s'immerger dans la culture d'une île grecque que de boire, danser et festoyer en l'honneur du saint patron d'un village. N'oubliez pas votre porte-monnaie : les *panigyria* constituent une importante source de fonds pour la communauté locale. La philanthropie est une bonne excuse pour justifier les excès !

Les *panigyria* ont lieu aux dates suivantes :

Kambos 5 mai

Arménistis 40 jours après la Pâque orthodoxe

Agios Isidoros (Pezi) 24 juin

Agios Giannis (Raches) 24 juin

Platani 29 juin

Karavostamo 1er juillet

Agios Kirykos et fête de l'Indépendance d'Icarie 17 juillet

Arethoussa 17 juillet

Agios Panteleinonas (Fidos) 27 juillet

Christos Rahes et Dafne 6 août

Akamatra 15 août

Evdilos 15-20 août

Agios Sofia et Monokambi 17 septembre

Tzivaeri SUR LE POUCE €

(☎22750 22850 ; en-cas 2-4 € ; ⌚déj et dîner). Les meilleurs souvlakis et *gyros* (viande cuite sur une broche verticale, servie dans du pain pita) sur le port.

Taverna Klimataria TAVERNE €

(Plats 6-8 € ; ⌚déj et dîner ; avr-oct). Une taverne sympathique, dans une rue derrière la Banque nationale. Bonnes viandes grillées, servies avec de généreuses salades.

Taverna Arodou TAVERNE €€

(☎22750 22700 ; Xilosirtis ; 6-12 € ; ⌚14h-minuit mar-dim ; P 📶). Une excellente taverne traditionnelle sur le bord de mer. La vue sur le village de Xilosirtis, à 5 km d'Agios Kirykos, est magnifique. Légumes frais, salades et *soufiko* d'Icarie (ragoût de légumes et de pommes de terre) accompagnent les plats traditionnels. Glace artisanale.

Où prendre un verre et faire la fête

Ambariza Bistro CAFÉ

(☎22750 31721 ; ⌚9h-tard). Ce café a quelques tables dans une ruelle, derrière la Banque nationale. Bons gâteaux et petits-déjeuners.

Akti Café-Bar BAR

(☎6945250954 ; ⌚tte la journée). Un bar animé à l'**Hôtel Akti** (☎22750 23905 ; www.pensionakti.gr ; ch 50 € ; ❄📶). Les cocktails sont bien servis et les en-cas pour l'apéritif très corrects. De nuit, on aperçoit les lumières de Fourni qui scintillent.

Renseignements

Dolihi Tours Travel Agency (p. 373). Une agence qui offre tous les services, à côté de l'Alpha Bank.

Naftiliako Praktoreio (☎22750 22426). Ce guichet situé derrière le front de mer, dans la première ruelle, est spécialisé dans les billets de ferry pour les îles Fourni et Patmos.

Ikariada Travel (p. 373). Autre agence qui offre tous les services, à côté de Diagonios.

Depuis/vers Agios Kirykos

Agios Kirykos est l'un des principaux ports de l'île. En ferry (p. 373), on peut rejoindre Le Pirée (Athènes), d'autres îles de la mer Égée et du Dodécanèse.

En été, un bus rallie parfois Evdilos et Arménistis une ou deux fois par jour. Toutefois, ne comptez pas trop dessus, car il est difficile d'avoir une place.

Evdilos Εύδηλος

460 HABITANTS

Evdilos, le deuxième port d'Icarie, se situe à 41 km au nord-ouest d'Agios Kirykos. Les deux routes qui les relient constituent les principaux axes de l'île. Ce trajet mémorable franchit de hautes crêtes montagneuses, offrant des vues splendides sur la mer et des villages aux toits d'ardoise. Evdilos borde une petite baie incurvée et s'étage à flanc de colline. De majestueuses maisons anciennes bordent les rues sinueuses et le joli front de mer.

Où se loger

Hotel Atheras HÔTEL €

(☎22750 31434 ; www.atherashotel.gr ; s/d/tr à partir de 55/60/70 € ; P ❄📶🏊). Accueillant et moderne, l'Atheras évoque les Cyclades avec son cadre d'un blanc éclatant qui se détache sur le bleu de la mer Égée. Un bar en plein air est installé à côté de la piscine. L'hôtel se situe dans une petite rue à 200 m du port.

Kerame Studios APPARTEMENTS €€

(☎22750 32600 ; www.keramehotel.gr ; s/d/tr 60/70/80 € ; P ❄📶🏊). Situés à 1 km avant Evdilos, ces studios ont une cuisine et un balcon avec vue. Les prix sont variables. Un café est installé dans un moulin, il sert le petit-déjeuner. Appartient aux mêmes propriétaires que l'Hotel Atheras.

Où se restaurer

Sta Perix GREC €

(Carte p. 372 ; ☎22750 31056 ; plats 5-11 € ; ⌚déj et dîner). Un restaurant chic à Akamatra, à 6 km au sud d'Evdilos, réputé pour ses recettes traditionnelles icariennes, ses fromages locaux et son propre vin.

RakoStroto TAVERNE €

(☎22750 32266 ; plats 6-10 € ; ⌚dîner). Perchée sur la colline, dans le virage qui rejoint la route de Kambos, cette adresse (uniquement en été) occupe une terrasse naturelle avec vue sur la baie. Bons plats de légumes et grillades. Concerts impromptus.

Où prendre un verre et faire la fête

Brasserie Slowdown BIÈRE ARTISANALE

(☎22750 32463 ; facebook.com/SlowDown-Brewing ; ⌚17h-tard). Vous pourrez goûter la bière fabriquée sur place, ou d'autres bières artisanales grecques, notamment l'excellente bière rousse Ikariotissa produite sur l'île. Les en-cas sont délicieux. On vous recommande le mini-burger, qui n'est d'ailleurs pas si petit que ça. Ce bar n'est pas dans la ville, il se situe sur la route principale qui mène à Kambos.

Café-Bar Rififi CAFÉ
(☎22750 33060 ; Plateia Evdilou ; ⏱tte la journée ; 📶). Ce bar animé sur le port offre des en-cas dans du pain pita, un bon café et de la bière à la pression. Il doit son nom à la banque adjacente : *"rififi"* est un surnom grec donné aux braqueurs de banques et les serveurs indiquent gaiement où l'argent est conservé.

Renseignements

Ikaria Holiday (p. 373). Une agence de voyages qui offre des services tout compris sur le front de mer.

Depuis/vers Evdilos

Le deuxième plus grand port de l'île. Les ferrys de la compagnie **Hellenic Seaways** (hellenicseaways.gr) se rendent au Pirée et dans d'autres îles du nord-est de la mer Égée.

Un bus fait parfois le trajet vers Agios Kiryjos et Christos Rahes, mais n'y comptez pas trop.

Aventura (p. 373) et Mav Cars (p. 373) louent voitures et motos.

Kambos Κάμπος

250 HABITANTS

À 3 km à l'ouest d'Evdilos, Kambos fut jadis la puissante Oinoé (du mot grec qui signifie "vin"), capitale d'Icarie. De sa gloire passée subsistent un palais byzantin en ruine, la plus vieille **église** de l'île et un petit **musée** (☎22750 32935 ; ⏱8h30-15h mer) GRATUIT. La plage de sable et de galets et de belles promenades en montagne constituent les autres attraits de Kambos.

Où se loger

♥ Ikaria Utopia – Cusco Studios APPARTEMENTS €
(☎6973848812, 22750 31381 ; ikariautopia.com ; app 30-55 €; P ❄ 📶). Christos, le gérant, est musicien et philosophe. Pour lui, ces spacieux appartements décorés avec goût et dotés de grandes terrasses sont autant un projet artistique que commercial. Perché sur une colline, cet endroit venteux qui surplombe la mer est un véritable repaire pour les artistes en quête d'isolement et

VAUT LE DÉTOUR

LA CÔTE DE DIONYSOS

Dionysos, dieu du Vin et de la Fête, n'avait certainement pas imaginé que ses *panigyria* (fêtes religieuses) draineraient tant de voyageurs, ni que ceux-ci atterriraient presque sur le toit de sa maison troglodyte icarienne. En effet, la piste d'atterrissage de l'île – qui n'est du reste, pas très fréquentée – se trouve juste à côté de son repaire légendaire. Elle est entourée de spectaculaires paysages proches du village de **Fanari**.

Situé dans les plaines à côté d'une belle plage de galets, Fanari est le point de départ d'un sentier en boucle assez facile où vous pourrez voir des sites saisissants, mais aurez aussi une vue sur la mer et les îles environnantes à couper le souffle. Deux heures suffisent à faire la randonnée, et vous aurez même le temps de piquer une tête.

À l'est du village, un chemin en terre monte sur le flanc de la colline jusqu'à un croisement où un panneau indique la **forteresse de Drakanos** (carte p. 372 ; ⏱8h-15h mar-sam) GRATUIT, du IVe siècle av. J.-C, qui accueillait des rites dédié à Ilithyie, déesse de l'Enfantement. Le site comprend une tour d'observation haute de 13 m, avec des panneaux d'information. Sur votre route, vous pourrez faire un détour par la chapelle d'**Agios Georgios**, proche de la plage reculée du même nom.

De Drakanos, un sentier bien balisé mène jusqu'à la plage d'**Iero** en passant par des terres couvertes d'arbustes. C'est une baie agréable à l'eau cristalline où se trouve une **caverne** dans laquelle Dionysos s'amusait avec ses Ménades et satyres durant sa vie oisive, comme la légende le prétend. Pour rentrer à Fanari, il faut prendre le chemin en terre qui longe la clôture de l'aéroport. À l'arrivée, vous pourrez passer la nuit ou tout votre séjour à **Evon's Rooms** (☎22750 32580, 6977139208 ; www.evonsrooms.com ; Faros ; studio/ste à partir de 50/80 € ; P ❄ @ 📶), un établissement accueillant.

d'inspiration. Sur la voie principale, prenez la petite route à côté du café **Sourta-Ferta** (☎22750 31651 ; en-cas 1,50-4 € ; déj et dîner).

Rooms Dionysos PENSION €
(☎6944153437, 22750 31688 ; www.ikaria-dionysosrooms.com ; d/ tr/qua à partir de 25/35/45 € ; P). Les nombreux clients satisfaits, qui reviennent chaque année, attestent de l'ambiance magique de cette pension, tenue par le charismatique Vassilis "Dionysos" Kambouris. Les chambres sont simples, avec salle de bains, tandis que les lits sur le toit sont une aubaine en été à 10 €. Une cuisine commune et un service d'échange de livres sont à disposition, de même que d'excellents conseils pour explorer Icarie.

Où se restaurer

Popi's TAVERNE €
(Plage de Fytema ; 5-8 plats, 50 € ; dîner). Un restaurant traditionnel à mi-chemin entre Kambos et Evdilos. Popi prépare et sert joyeusement une belle cuisine de taverne.

Kalypso GREC €€
(☎22750 31387 ; Kambos ; 7-15 € ; 24h/24, seulement en été). Un restaurant saisonnier réputé pour sa cuisine – le poisson est à l'honneur – et pour son ambiance festive. Il est situé sur la plage, à mi-chemin entre Kambos et Evdilos.

Depuis/vers Kambos

Quelque 2,7 km séparent Kambos d'Evdilos. Le trajet est facilement faisable à pied, mais prenez un taxi si vous avez des bagages.

Christos Rahes

Χριστός Ραχών

300 HABITANTS

Le soir, c'est dans la fraîcheur des hauteurs au-dessus d'Arménistis que bat le cœur de l'île. Des villages pittoresques, que l'on appelle Rahes (le village principal est Christos Rahes), s'éveillent à la tombée de la nuit ; les enfants jouent dans les rues pendant que les adultes dégustent un café ou un verre d'ouzo. Ces habitudes nocturnes remontent à l'époque où Icarie tentait de se faire passer pour une île inhabitée, par crainte des pirates installés sur les îles Fourni voisines. Les toits dissimulés sous des blocs de pierre sont un autre vestige de cette époque, lorsque les habitants essayaient de faire passer leurs habitations pour des tas de pierres. En journée, Christos Rahes est le point de départ de nombreuses randonnées dans les hauteurs d'Icarie, couvertes de forêts de pins et de vergers.

À voir

Au sommet des collines surplombant Christos Rahes se trouve le **vignoble Afianes** (carte p. 372 ; ☎6977893731, 22750 40008 ; www.afianeswines.gr ; 12h-20h). GRATUIT Faites-vous indiquer le chemin jusqu'à cet excellent petit domaine familial, niché dans les collines au-dessus de Christos Rahes, qui a remporté plusieurs récompenses européennes récemment. Dégustations gratuites et visites personnalisées. Une salle présente d'anciens outils et récipients, ainsi que des robes de mariage du XIXe siècle.

Où se loger et se restaurer

Estia PENSION €€
(☎22750 41007, 6979835757 ; evgeniaporis@gmail.com ; ch à partir de 65 € ;). En haut de la route de Christos Rahes, cette pension propose des chambres simples, mais bien décorées. La cuisine est tout équipée et le balcon a vue sur la mer et les nombreux villages en descendant vers Arménistis.

♥ **Taverna Platanos** TAVERNE €
(Carte p. 372 ; ☎22750 42395 ; Agios Dimitrios ; plats 5-9, 50 € ; 10h-2h). À l'ombre d'un grand platane, à 500 m de marche de Christos Rahes, le Platanos propose d'authentiques plats icariens, dont le *soufiko*, un ragoût de légumes prisé en été, généralement composé de produits frais achetés le matin. Excellentes grillades, copieuses salades et vin local complètent le repas.

♥ **CousinA** GREC €
(☎22750 41374 ; plats 6-11 € ; déj et dîner). À quelques pas de la place principale, ce restaurant minuscule n'en est pas moins remarquable. Il se distingue des autres établissements de l'île en élevant la cuisine grecque traditionnelle à un niveau gastronomique. La salade d'aubergine aux noix et aux *dakos* (biscottes crétoises), version icarienne de la bruschetta, est une merveille.

Bar et restaurant Argios GREC €
(☎6973669492, 22750 41564 ; Profitis Ilias ; plats 6-10 € ; déj et dîner). Situé en haut de Profitis Ilias, au sommet d'Icarie, ce restaurant installé sur une terrasse spacieuse propose un menu plus ou moins grec,

agrémenté de spécialités étrangères comme les houmous aux baies de goji. Il est situé à 10 minutes en voiture de Christos Rahes. En été, des DJ viennent se produire, et vous trouverez des informations sur l'île.

Où prendre un verre et faire la fête

Sur la place principale, **Rahati** (☎22750 41512 ; ⌚9h-tard) sert de délicieux desserts traditionnels grecs et le meilleur café de l'île. Les propriétaires sont sympathiques.

Achats

La **Women's Cooperative** (☎22750 41076 ; ⌚tte la journée) est une épicerie agréable au cœur de Christos Rahes. On y trouve de la confiture, des herbes et des douceurs faites sur place.

Depuis/vers Christos Rahes

Un bus fait parfois le trajet jusqu'à Evdilos. Comptez 10 € pour un taxi, mais le mieux reste encore de louer une voiture.

Arménistis Αρμενιστής

80 HABITANTS

Arménistis, à 15 km à l'ouest d'Evdilos, est l'humble version icarienne d'une station balnéaire. Elle compte deux longues plages de sable, séparées par un étroit promontoire, un port de pêche et un réseau de rues pentues à explorer à pied. Des cafés et des tavernes longent la plage. Une vie nocturne relativement animée égaie la bourgade en été ; les habitants en profitent tout autant que les touristes grecs et étrangers.

À voir et à faire

Plage de Nas PLAGE

(Carte p. 372). À 3,5 km à l'ouest d'Arménistis, la plage de galets de Nas s'étend en contrebas de la route et des tavernes. Cette plage naturiste bénéficie d'un emplacement exceptionnel à l'embouchure d'une rivière flanquée de forêts, derrière les ruines d'un **temple d'Artémis**, facilement visible depuis la Taverna O Nas.

Plage de Livadi PLAGE

Située à côté d'Arménistis, cette plage idyllique est alimentée en sable fin par une rivière de montagne. Faites attention aux courants et aux vagues qui vous permettront toutefois de faire du surf ou, au moins, du bodysurf.

Plage de Mesahti PLAGE

Une plage au sable doux et doré avec un magnifique estuaire, des chaises longues et une taverne. C'est la plus longue et la mieux agencée d'Icarie.

Où se loger

Il existe de superbes logements dans les lieux les plus touristiques de l'île. En haute saison, ils sont rapidement complets.

Artemis Studios PENSION €

(☎22750 71475 ; www.artemis-studio.gr ; Nas ; d à partir de 40 € ; P ❄ 📶). Ce lieu familial prisé, au bord du spectaculaire canyon de Chalari au-dessus de la plage de Nas (ci-contre), possède sa propre taverne et son magasin de poteries. Les artistes résidents y travaillent tout au long de l'été. Petit-déjeuner servi pour un supplément de 6 €.

Pension Astaxi PENSION €

(☎22750 71318, 6982446227 ; www.island-ikaria.com/hotels/PensionAstaxi.asp ; Arménistis ; d/tr avec petit-déj à partir de 35/50 € ; P @ 📶). Excellente adresse pour les petits budgets, Astaxi se situe à 30 m de la route principale, au-dessus du café Carte Postale et de la Taverna Baido. Maria, l'aimable propriétaire, propose une douzaine de chambres joliment aménagées, avec ventilateur et balcon donnant sur la mer.

Atsachas Rooms HÔTEL €

(☎22750 71226 ; www.atsachas.gr ; entre les plages de Mesahti et Livadi ; d à partir de 40-60 € ; ❄ 📶). Situé sur la pointe entre les plages de Mesahti et de Livadi, cet hôtel a des chambres propres et bien meublées, certaines avec cuisine équipée et, pour la plupart, un balcon face à la mer. Le café s'étend sur un jardin fleuri, où un escalier descend vers un joli coin de plage.

Hotel Daidalos HÔTEL €

(☎22750 71390 ; www.daidaloshotel.gr ; s/d avec petit-déj 40/50 € ; ⌚mai-oct ; P ❄ 📶 🏊). Cet hôtel très bien tenu est aux couleurs de l'île (blanc et bleu). Il dispose de 25 chambres spacieuses et accueillantes, avec vue sur la mer pour la plupart. Il y a un bar à côté de l'entrée. L'établissement se situe à 200 m à l'ouest du petit pont à l'entrée d'Arménistis.

Koimite PENSION €€

(☎6974893877, 22750 71545 ; www.ikariarooms.gr ; Arménistis ; d/ qua à partir de 60/110 € ; ❄ 📶). Ces chambres aux couleurs pastel, accrochées à la falaise, offrent d'immenses balcons. Certaines sont équipées d'une kitchenette, d'autres d'un réfrigérateur ; toutes ont un chauffage d'appoint au kérosène. Personnel très sympathique. Des biscuits faits maison sont, chaque jour, déposés dans les chambres.

Erofili Beach Hotel HÔTEL €€
(☎22750 71058 ; www.erofili.gr ; d/ tr avec petit-déj à partir de 95/110 € ; P ❄ 📶 ≋). Chambres et studios de luxe, tout équipés et avec piscine. L'hôtel se situe juste avant le pont.

Où se restaurer

♥ **Thea's Restaurant & Rooms** TAVERNE €
(☎22750 71491, 6932154296 ; www.theasinn.com ; Nas ; plats 6-11 € ; ⏲déj et dîner, 📶). Si Nas compte quelques bonnes tavernes, le Thea se distingue par ses excellents mezze, viandes grillées et une parfaite moussaka végétarienne. Un bon vin et le *tsipouro* local complètent l'offre. Un patio en plein air donne sur la mer. Thea (ou Dorothea) loue aussi 5 chambres lumineuses et cosy (35 € avec le petit-déjeuner) au-dessus du restaurant.

Syntages tis Giagias DESSERTS €
(Recettes de grand-mère ; ☎22750 71150 ; desserts 2-3 € ; ⏲déj et dîner). Installée sur une terrasse au 2e étage d'un centre commercial d'Armenistis, cette petite confiserie fait de très bons *galaktoboureko, kataïfi* (pâtisseries aux cheveux d'ange) et des glaces aux fruits du coin. Sur les étagères, les bocaux remplis de bonbons à manger à la cuillère se bousculent. On trouve notamment des fruits et légumes locaux caramélisés.

Taverna Symposio TAVERNE €
(☎6972264046 ; Gialiskari ; mezze et plats 3-8,50 € ; ⏲déj et dîner). Cette petite taverne située dans le petit village de Gialiskari, près d'Arménistis, surplombe le port. Elle est réputée pour ses mezze et ses plats *mayirefta* (plats préparés), mais aussi pour son hospitalité qui est remarquable, même pour les Grecs.

Taverna Baido TAVERNE €
(☎69823 31539 ; plats 6-10 € ; ⏲13h30-23h30). Après le pont en direction de Nas, cette intéressante taverne appartient à Marianthi,

VAUT LE DÉTOUR

LE SUD SAUVAGE

Une route goudronnée en bon état fait désormais le tour de l'île, sauf sur un tronçon de 15 km entre **Manganitis** et **Karkinagri**, au sud-ouest d'Icarie. Ces deux villages paisibles ont des allures de bout du monde. On trouve quelques tavernes dans ces ports de pêche pittoresques, où les randonneurs descendent depuis le plateau lunaire et désolé qui s'étend au sud de Christos Rahes.

Relié à Agios Kirykos et Evdilos par une route goudronnée, Manganitis attire les foules à chaque pleine lune en été, lorsque le bar-restaurant **Sto Gialo** (carte p. 372 ; ☎22750 32636 ; www.stogialokaneifourtouna.gr ; ⏲10h-tard) organise ses fameuses "Fool Moon Party". Consultez le site Internet de l'établissement et soyez à l'affût des publicités un peu partout sur l'île pour les autres événements musicaux qui s'y tiennent, comme les concerts et les sets de DJ. Les visiteurs se ruent également sur la plage de **Seychelles** (carte p. 372), petite mais magnifique, à 3 km à l'est de Manganitis. Ses galets de marbre, son eau émeraude et ses énormes rochers polis par les vagues vous donneront l'impression d'être transporté dans l'océan Indien – d'où le nom. Pour y arriver, suivez un chemin non balisé depuis le parking en passant par le tunnel sur la route de Manganitis et restez à gauche du ravin.

Karkinagri est désormais relié aux stations touristiques de Nas et d'Arménisti, au nord-ouest d'Icarie, par une route flambant neuve qui réserve de saisissants points de vue. À Karkinagri, la vie tourne autour de la taverne **O Karakas** (plats 6-9 € ; ⏲déj et dîner) et de sa terrasse au toit en bambou, face à la mer. C'est le meilleur endroit de l'île pour goûter la spécialité locale, le *soufiko*, un bon ragoût de légumes.

Si vous avez une bonne voiture, vous pouvez vous engager sur la route de terre qui part vers l'est depuis Karkinagri en direction de Manganitis ; vous atteindrez Trapalou et son agréable plage. Au-delà, en revanche, la route est en très mauvais état et parfois complètement bloquée par des blocs de pierre qui ont chuté. Renseignez-vous sur place sur la possibilité de l'emprunter.

qui sert des plats à base de produits locaux, du poisson frais et du vin. Les *soutzoukakia* (boulettes de viande mijotées dans une sauce tomate) et le *taramasalata* (tarama) sont exceptionnels.

Pashalia Taverna TAVERNE €

(☎ 6975562415, 22750 71302 ; plats 4-7 € ; ⏲ déj et dîner). Les spécialités de cette taverne : les plats à base de viande comme le *katsikaki* (chevreau) ou le veau cuit dans des plats en terre. Elle est également réputée pour ses mezze. C'est la première taverne sur la route du port d'Arménistis.

Kelaris Taverna POISSON €

(☎ 22750 71227 ; Gialiskari ; plats 6-11 € ; ⏲ déj et dîner). Le Kelaris sert son propre poisson fraîchement pêché et cuit sur la braise, ainsi que des *mayirefta* sortant du four au déjeuner. Repérez l'église sur la pointe, à 1,5 km à l'est d'Arménistis.

♥ **Marymary** MÉDITERRANÉEN €€

(☎ 22750 71595 ; Arménistis ; plats 8-12 € ; ⏲ 12h-minuit ; 📶). Ce restaurant haut de gamme, en plein cœur d'Arménistis, fait le bonheur d'une petite armée d'habitués, qui viennent se régaler de ses *mayirefta*, coq aux pâtes maison ou ragoût mijoté dans une casserole en terre cuite. La spécialité de la maison est d'associer la cuisine traditionnelle de l'île à des modes cosmopolites. La terrasse avec vue sur la mer est une invitation à déguster une bouteille de vin local assis devant le soleil couchant.

Où prendre un verre et faire la fête

Mythos BAR

(⏲ 22h-tard). Un bar accueillant et chaleureux géré par Dimitiros et Mariza. Les boissons et jus de fruits fraîchement pressés sont bons. En été, des concerts sont organisés. Il se situe sur la route en descendant vers la mer.

Carte Postale BAR

(☎ 22750 71031, 6981719567 ; ⏲ 10h-2h). Ce café branché est perché au-dessus de la baie, à 100 m à l'ouest de l'église d'Arménistis. L'ambiance est détendue et la musique éclectique (musique du monde et influences grecques). Les en-cas vont des pizzas et salades aux omelettes du petit-déjeuner et au risotto en soirée, préparés par la chaleureuse Myrto.

ℹ Renseignements

Aventura (☎ 22750 71117 ; aventura@otenet.gr ; ⏲ 9h-21h). À côté de la pâtisserie juste avant le pont, cette agence de voyages offre des services complets, dont la location de voitures, de motos et de VTT. Elle organise aussi le transfert depuis/vers l'aéroport.

Dolihi Tours & Lemy Rent a Car (☎ 6983418878, Dolihi 22750 71122, Lemy 22750 23230 ; lemy@otenet.gr ; ⏲ 9h-21h). Une agence de voyages et de location de voitures efficace à côté du marché. Elle loue des voitures, organise des randonnées et des circuits en 4x4. À 200 m après le pont en direction de Nas.

ℹ Depuis/vers Arménistis

Le plus pratique est de louer une voiture, surtout si vous arrivez et repartez d'Agios Kirykos. En effet, les bus sont très rares et les taxis, chers. À 200 m après le petit pont, en direction de Nas, vous trouverez l'agence Lemy Rent-a-Car (ci-dessus).

Le trajet en taxi vers Evdilos coûte environ 20 €. Pour vous rendre de l'autre côté de l'île, comptez plutôt 70 €.

Karavostamo Καραβόσταμο

550 HABITANTS

L'un des plus grands villages côtiers d'Icarie, Karavostamo, est situé à 6 km à l'est d'Evdilos. De la route principale, le village dévale le long de chemins tortueux, parsemés de jardins fleuris, d'églises, de potagers, de poules et de chèvres, qui rejoignent une jolie place et un petit port de pêche. Il ne compte qu'une boulangerie (p. 382), une petite épicerie et quelques *domatia*, tavernes et cafés, où les villageois se retrouvent le soir pour bavarder, débattre, manger, jouer au backgammon, boire et raconter des histoires. Pour rejoindre la place, suivez la rue indiquée près de la route principale.

Cours

L'**Ikarian Centre** (carte p. 372 ; ☎ 6979024066, 22750 61140 ; www.ikariancentre.com ; Arethousa) est une petite école de langue grecque qui propose des cours intensifs sur place (généralement de 10 à 20 jours). Elle se situe à Arethousa, à 3 km en montant depuis Karavostamo, en pleine nature. Une vue imprenable sur la mer Égée et un très bon programme attirent des étudiants de toute l'Europe. Vous n'aurez pas le temps de vous ennuyer : les restaurants et autres attractions ne sont pas loin.

100% LOCAL

BOULANGERIE DE VILLAGE

À Karavostamo, tout ce qu'il faut savoir sur l'île se découvre à la boulangerie du village, où Stephanos Kranas cuit dans son four à bois de longues miches de pain, de croustillants *paximadia* (biscottes) et des *koulouria* (petits pains en couronne, saupoudrés de sésame). Le boulanger livre à moto tous les matins dans le village. Les villageois peuvent aussi se déplacer, prendre un pain dans le panier en osier sur le comptoir et, si la boulangerie est déserte, laisser l'argent dans une coupe. Si la boulangerie est fermée, ils vont à l'étage et frappent à la porte du propriétaire pour demander s'il reste du pain. Et ce système fonctionne depuis des années...

Où se loger et se restaurer

Despina Rooms PENSION €
(6977080808, 21066 13999 ; www.roomsdespina.gr ; ch 40-60 € ; P ❄ wifi). Des studios bien aménagés sur 2 étages au cœur du village, avec cuisine et laverie, à 200 m environ de la mer et de la place.

Taverna I Plaka TAVERNE €
(Carte p. 372 ; 6972512551 ; Arethousa ; plats 6-10 € ; déj et dîner). Une excellente taverne à Arethousa. Dégustez des plats traditionnels grecs sur sa terrasse avec vue sur la mer.

Depuis/vers Karavostamo

Depuis Evdilos, le trajet en taxi dure environ 10 minutes.

ÎLES FOURNI ΟΙ ΦΟΎΡΝΟΙ

1 320 HABITANTS

L'archipel des Fourni est l'un des joyaux méconnus de la Grèce. Une végétation arbustive couvre les collines joliment arrondies qui se chevauchent, formant de multiples baies ourlées de plages de sable et de petits ports. Cet ancien repaire de pirates est particulièrement beau au crépuscule, quand le soleil couchant pare les îles de tons roses, violets et noirs.

Le nom de la capitale de l'archipel, **Fourni Korséon**, témoigne du passé mouvementé des îles. Les corsaires étaient des pirates français réputés pour leur audace et leur nom devint un terme générique pour tous les pirates et gredins qui écumaient l'est de la mer Égée.

Aujourd'hui, Fourni Korséon offre la plupart des services et des hébergements, et compte plusieurs plages. Parmi les autres localités figurent Hrysomilia et Kamari au nord, plus un hameau de pêcheurs sur l'îlot de Thymena. Au sud de l'île principale, le monastère d'Agios Ioannis Prodromos fait face sereinement à l'horizon lointain.

À voir et à faire

Kampi PLAGE
(Carte p. 372). À deux pas du village, cette jolie petite plage à l'eau turquoise est faite de galets et possède un petit port de pêche. En été, le bar et la taverne prennent vie. Empruntez le chemin en pierre au-dessus de l'église de Fourni Korséon jusqu'aux moulins à vent, puis descendez vers la mer.

Kamari PLAGE
(Carte p. 372). Une crique charmante de taille moyenne protégée des fortes vagues par tous les temps, idéale pour nager et faire du snorkeling. Vous trouverez une bonne taverne dans le village.

Où se loger

♥ **Archipelagos Hotel** HÔTEL €
(22750 51250, 6973494967 ; www.archipelagoshotel.gr ; Fourni Korséon ; d avec petit-déj à partir de 50 € ; P ❄ wifi). À l'extrémité nord du port, cet hôtel élégant et accueillant est le plus chic de Fourni. Du restaurant dans le patio, sous des arches en pierre couvertes de géraniums et de roses, aux chambres bien aménagées et au café-bar, l'Archipelagos combine architecture traditionnelle et confort moderne.

Patras Rooms & Apartments APPARTEMENTS €
(22750 51268, 22750 51355 ; www.fourni-patrasrooms.gr ; Fourni Korséon ; ch/ste/app à partir de 30/55/60 € ; ❄ wifi). Le propriétaire du café To Arhontiko (ci-contre) gère également ces studios et appartements très colorés, installés sur le versant au-dessus du port. Chaque studio est décoré de façon unique. Quelques chambres simples, mais qui présentent un bon rapport qualité/prix, sont également disponibles près du café.

Toula Studios PENSION €
(22750 51332, 69765 37948 ; info@fournitoulastudio.gr ; Fourni Korséon ; d sans/avec vue mer

50/60 € ; ❄📶). Repérez les balcons bleus de cette pension accueillante en bord de mer, près des boutiques et des tavernes. Les chambres sont indépendantes, simples, mais propres et équipées de ventilateur. Elles sont disposées autour d'une cour et 10 d'entre elles ont vue sur la mer.

Studios Nektaria APPARTEMENTS €
(☎6973097365, 22750 25134 ; studiosnektaria@yahoo.gr ; Fourni Korséon ; tr à partir de 35 € ; ❄📶). De l'autre côté du port, des chambres petites et propres. Trois d'entre elles ont des balcons ombragés donnant sur la petite plage qui longe l'extrémité sud de la baie.

Où se restaurer

To Arhontiko DESSERTS €
(Fourni Korséon ; desserts 2-4 € ; ⏲ petit-déj, déj et dîner ; 📶). Ne partez pas avant d'avoir goûté les douceurs à l'orange de ce café en bord de mer ou choisissez l'un de leurs nombreux desserts. À visiter après avoir savouré du homard dans une taverne voisine.

Psarotaverna O Miltos POISSON €
(☎22750 51407 ; Fourni Korséon ; plats 7-10 € ; ⏲ déj et dîner ; 📶). Homards et poissons sont préparés à la perfection dans cette taverne emblématique du front de mer, qui sert également d'excellents mezze et salades traditionnelles. Produits de la mer à prix corrects au kilo.

Taverna Almyra TAVERNE €
(Carte p. 372 ; Kamari ; plats 5-9 €). Dans le petit village de Kamari, à 9 km du port, cette paisible taverne au bord de l'eau a un charme subtil. Elle sert essentiellement du poisson et du homard.

Psarotaverna Nikos POISSON €
(Fourni Korséon ; plats 7-10 € ; ⏲ déj et dîner). Une adresse sûre en matière de produits de la mer, juste à côté de son jumeau, O Miltos. Plats du jour inscrits sur un tableau.

Achats

Situé sur la rue principale, **Ka_ndilos** (☎22750 51581 ; facebook.com/www.kandilos.gr ; Fourni Korséon ; ⏲10h-14h et 18h-21h) est un magasin bien aménagé, rempli de bocaux de toutes tailles. Il vend des bonbons artisanaux aux fruits et légumes que l'on mange à la cuillère, mais aussi des produits marinés. Tout est cultivé sur l'île et les techniques de conservation sont les mêmes que celles utilisées par les habitants.

Renseignements

Fourni Fishermen & Friends (www.fourni.com). Guide de Fourni en ligne (en anglais).

Depuis/vers Fourni

Située sur les grands axes reliant le nord-est des îles de la mer Égée aux ports continentaux à proximité d'Athènes et dans le nord de la Grèce. Il est facile de se rendre à Agios Kirykos sur Icarie par ferry et hydroglisseur (7-14 €, 1 heure, 4 ou 5/sem).

Il est possible de faire une excursion à la journée sur Fourni depuis Samos 2 fois par semaine, lorsque le Dodekanisos Pride s'arrête en allant vers Pythagorion le matin, et en revenant le soir par le même itinéraire (aller-retour 40 €, 1 heure). Le même bateau assure la liaison entre l'archipel et Patmos (25 €, 1 heure 30) et les autres îles du sud du Dodécanèse.

Fourni Travel (☎6975576584, 22750 51019 ; Fourni Korséon ; ⏲10h-14h et 18h-21h lun-sam, 11h30-19h dim) donne des renseignements et vend des billets. Pour des traversées plus rapides, et plus chères, en catamaran adressez-vous à **Dodecanese Seaways** (www.12ne.gr).

Comment circuler

Des routes récemment asphaltées (20 km au total) relient Fourni Korséon à Hrysomilia et Kamari. Tout le monde semble se déplacer partout à pied sur Fourni.

100% LOCAL

CRISE MIGRATOIRE

En 2015, le nord-est des îles de la mer Égée a fait la une des journaux lorsque des milliers de migrants ont débarqué sur les plages des îles, fuyant la guerre et la misère. Les habitants leur ont porté secours sous le regard médiatique international. Depuis, bien d'autres réfugiés sont arrivés à Lesbos, Samos, Chios et Kos. On dénombre actuellement plus de 40 000 demandeurs d'asile, qui, en attendant la procédure, sont hébergés dans des camps sur les différentes îles, essentiellement à Lesbos, Chios et Samos. De nombreuses ONG prennent en charge les migrants.

Les voitures de location constituent un ajout récent aux transports locaux. Vous pourrez louer une petite voiture ou un scooter à **Escape Car & Bike Rental** (☎ 22750 51514 ; www.fourni-rentals.com ; Fourni Korséon ; ⊙ 8h30-21h30), sur le front de mer.

L'unique **taxi** (☎ 69708 79102) de l'île appartient à l'exubérant Lorgos.

Des caïques desservent Hrysomilia chaque semaine, et 2 ou 3 autres rallient chaque jour Thymena.

SAMOS ΣΑΜΟΣ

33 000 HABITANTS

Juste au large de la côte turque, Samos est l'une des plus connues des îles du nord-est de la mer Égée. Au-delà des discrètes stations balnéaires et de la capitale animée, Vathy, l'île offre de nombreuses plages hors des sentiers battus et des endroits paisibles dans les fraîches montagnes boisées de l'intérieur, où la vie traditionnelle suit son cours.

Samos

Les incontournables

1 Tunnel d'Eupalinos E2
2 Plage de Livadaki E1

À voir

3 Street Art B1
4 Héraion D3
5 Musée d'Art folklorique de Karlovasi B1
6 Musée des Vins de Samos E2
7 Plage de Pythagorion E2

Activités

8 Plage de Limanaki D1
9 Sentier de Megalo Seitani B1
10 Plage de Potami B1
11 Plage de Tsamadou D1

Où se loger

12 Hesperia Hotel B1
13 Hotel Restaurant Cohyli D3
14 Ino Village Hotel & Restaurant E1
15 Pension Mary's House D1

Où se restaurer

16 Archontissa Potami Adventure Cafe B1
17 Hippy's Restaurant Café B1
18 Kallisti Taverna C1
Loukas Taverna .... (voir 18)
19 Pera Vrysi D1
20 Shall We Go to Anna's? C3
21 Tavern at the End of the World A2

Achats

Genesis Pottery Shop .... (voir 18)
Kerannymi .... (voir 18)

Samos

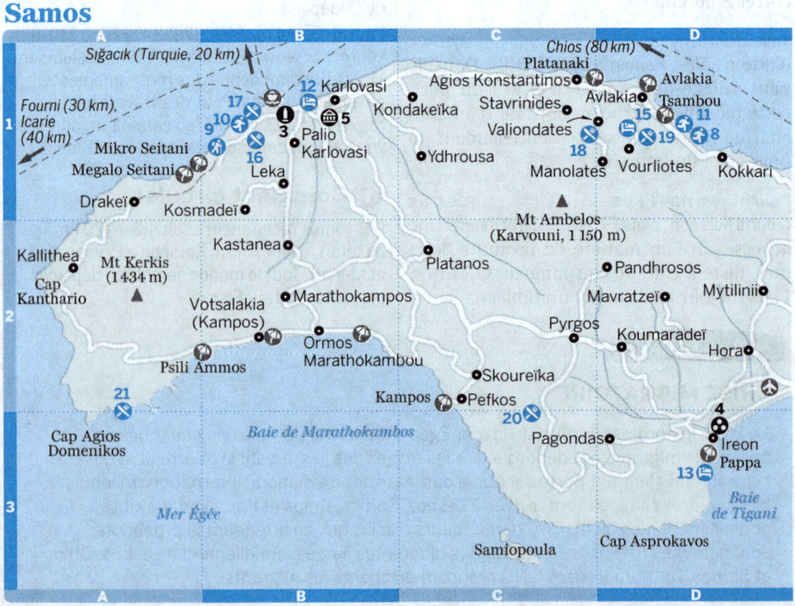

Réputée pour son vin doux, Samos possède aussi une importance historique. Lieu de naissance légendaire d'Héra, elle abrite les vastes ruines de l'Héraion (p. 390), un imposant sanctuaire dédié à la déesse. L'île a également vu naître le grand mathématicien Pythagore et, au IVe siècle av. J.-C., le philosophe Épicure. Le génie scientifique de Samos se mesure aussi au tunnel d'Eupalinos (p. 388), creusé en 524 av. J.-C., un chef-d'œuvre du génie civil antique qui s'étend sur plus de 1 km sous terre.

Depuis/vers Samos

AVION

L'aéroport de Samos se situe à 4 km à l'ouest de Pythagorion. **Aegean Airlines** (www.aegeanair.com), **Astra Airlines** (www.astra-airlines.gr), **Olympic Air** (www.olympicair.com) et **Sky Express** (www.skyexpress.gr) desservent tous Samos et possèdent un bureau à l'aéroport.

BATEAU

Samos compte trois ports : Vathy (Samos), Pythagorion et Karlovasi. Ils assurent la liaison avec Athènes et Kavala sur le continent, ainsi qu'avec d'autres îles. Partez de Karlovasi pour vous rendre au Pirée et dans les Cyclades, et de Vathy pour vous rendre à Kavala et dans les îles du nord-est de la mer Égée. Pour les îles du Dodécanèse, optez pour les catamarans et ferrys au départ de Pythagorion.

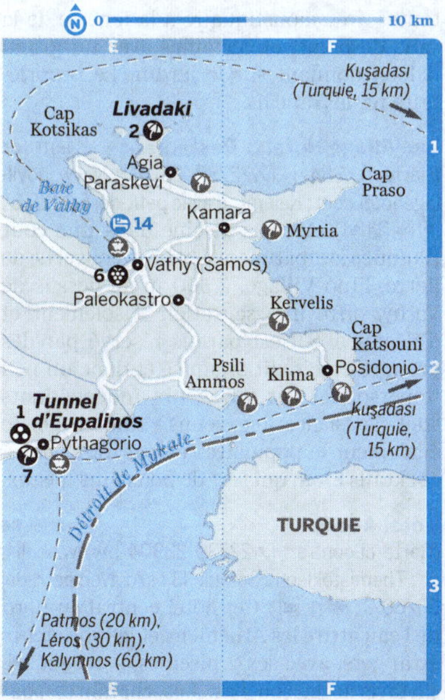

Au départ de Vathy, il y a 4 bateaux par semaine pour le port du Pirée (41 €, 14 heures) en passant par Icarie (10,50 €, 3 heures) et Fourni (13,50 €, 2 heures) et 2 bateaux par semaine pour Kavala (42 €, 18 heures) en passant par Chios (14 €, 3 heures), Lesbos (19,50 €, 7 heures) et Limnos (31 €, 13 heures). Le vendredi, le *Blue Star I* part pour les îles du Dodécanèse de Kos (37 €, 3 heures 30) et Rhodes (39 €, 6 heures 30).

De Karlovasi, 5 bateaux par semaine se rendent au Pirée (51 €, 8 heures) en passant par les îles des Cyclades de Mykonos (40,50 €, 3 heures 30) et Syros (43,50 €, 4 heures 30).

Depuis Pythagorion, les bateaux et les catamarans font escale sur les petites îles du Dodécanèse d'Agathonisi (à partir de 8,50 €, 1 heure 30) et d'Arki (à partir de 8,50 €, 2 heures 30) en direction de Patmos (à partir de 9,50 €, 3 heures 30) et Léros (à partir de 13 €, 6 heures). Le bateau express *Dodekanisos Pride* se rend 2 fois par semaine à Rhodes (59 €, 7 heures) en passant par Fourni (20 €, 1 heure) et à Agios Kirykos sur Icarie (25 €, 1 heure 30) en passant par la plupart des îles du Dodécanèse.

By Ship Travel (p. 374) vend des billets dans les trois ports.

Comment circuler

De la **gare routière** (☎22730 27262 ; Themistokleous Sofouli) de Vathy, des bus fréquents rallient tous les jours Kokkari (20 min), Pythagorion (25 min), Agios Konstantinos (40 min), Karlovasi (1 heure), Héraion (25 min), Mytilène (20 min) et Portokali (20 min). Les tickets coûtent entre 1,50 € et 4 € selon la distance.

De Pythagorion, 5 bus quotidiens desservent l'Héraion (15 min) et 4 bus se rendent à Mytilène (20 min) et Marathokampos (1 heure). Achetez vos billets à bord. Les services sont réduits le week-end. Les tickets coûtent entre 1,50 € et 7 € selon la distance.

À Vathy, **Pegasus Rent a Car** (☎6978536440, 22730 24470 ; www.samos-car-rental.com ; Themistokleous Sofouli 5) propose des tarifs intéressants sur la location de voitures, 4x4 et motos. À Pythagorion, essayez **John's Rentals** (☎22730 61405, 6977253931 ; www.johns-rentals.gr ; Lykourgou Logotheti), dans l'artère principale près du front de mer.

DEPUIS/VERS L'AÉROPORT

Les bus entre Vathy et l'aéroport circulent 8 fois par jour, avec des horaires réduits le week-end. En taxi, comptez 25 € pour vous rendre à Vathy et 10 € pour vous rendre à Pythagorion d'où vous pourrez prendre un bus pour Vathy.

Vathy (Samos) Βαθύ (Σάμος)

1 900 HABITANTS

Vathy (également appelée Samos), la capitale de l'île, bénéficie d'un cadre splendide au creux d'une baie profonde ; son front de mer incurvé est bordé de bars, de cafés et de restaurants. Ano Vathy, la charmante vieille ville, se compose d'étroites ruelles escarpées, jalonnées de maisons du XIXe siècle coiffées de tuiles rouges, construites à flanc de colline. Le centre-ville peut se targuer de deux musées intéressants et d'une église remarquable du début du XXe siècle.

Des deux plages de galets de Vathy, la meilleure est celle de **Gagos**, à environ 500 m au nord du vieux quai. En vous y rendant, vous longerez un chapelet de bars tendance accrochés à la falaise, au nord-est de la ville.

À voir

Explorez la vieille ville d'**Ano Vathy** (à 1 km dans les terres en passant par Sofouli), reposez-vous dans les jardins municipaux ou sur les plages Roditzes et Gagos, visitez l'excellent Musée archéologique (ci-contre) et la magnifique église **Agios Spyridonas** (carte ci-contre ; Plateia Dimarheiou ; 8h-11h et 18h30-19h30), dont les colonnes décoratives de l'iconostase sont inspirées de motifs anciens grecs et byzantins.

Livadaki PLAGE

(Carte p. 384). Suivez la route longeant la côte nord sur 10 km à partir de Vathy, puis cherchez une route en terre sur la gauche, avec un panneau indiquant la plage de Livadaki. Ici, les eaux turquoise viennent caresser le sable fin, dans le creux d'une crique abritée donnant sur quelques îlots. L'eau, chaude, est peu profonde sur une longue distance. Les fêtes qui ont lieu l'été sur la plage voient souvent les fêtards finir dans la mer.

Un excellent bar sert des en-cas. Si vous cherchez une taverne traditionnelle, retournez sur la route principale et rendez-vous à **Agia Paraskevi** pour déjeuner ou dîner en toute tranquillité devant une ravissante baie aux bateaux colorés.

Musée des Vins de Samos DOMAINE VITICOLE

(Carte p. 384 ; 22730 87510, ext 548 ; www.samoswine.gr ; 2 € ; 10h-17h30 mai-oct ; P). Ce bel édifice en pierre, en face du nouveau terminal des ferrys, vous fera découvrir l'un des meilleurs viticulteurs de Samos. Les visites sont généralement organisées lorsque des visiteurs se présentent, et comprennent une dégustation gratuite. Plusieurs vins à prix raisonnables sont en vente.

Musée archéologique MUSÉE

(Carte ci-contre ; 22730 27469 ; tarif plein/réduit 4/2 €, gratuit le 1er dim du mois nov-mar ; 8h30-16h mer-lun). Ce musée, aménagé dans deux bâtiments adjacents, renferme des trouvailles archéologiques découvertes dans l'Héraion (temple d'Héra ; p. 390), près de Pythagorion, dont les plus anciennes datent du règne de Polycrate (VIe siècle av. J.-C.). La plus célèbre est l'imposant *kouros* (statue masculine de la période archaïque). Haut de 5,5 m, c'est le plus grand connu à ce jour. Située à côté de la mairie, la collection de ce musée comprend bien d'autres statues provenant pour la plupart d'Héraion, mais aussi des sculptures en bronze, des *stalae* (stèles), des poteries et de surprenantes pièces en bois encore intactes.

Où se loger

Pension Dreams PENSION €

(Carte ci-contre ; 6976425195, 22730 24350 ; Areos 9 ; d/tr 50/60 € ; P). Cette petite pension paisible et centrale, à 100 m au-dessus du front de mer, jouit d'une vue panoramique sur le port. Elle compte 7 chambres claires et très bien tenues, toutes avec moustiquaire à la fenêtre de la salle de bains, et certaines avec un grand balcon donnant sur le jardin. Le propriétaire parle français.

Ino Village Hotel & Restaurant HÔTEL €€

(Carte p. 384 ; 22730 23241 ; www.inovillagehotel.com ; Kalami ; d avec petit-déj 60-125 € ; P). Avec sa piscine dans une cour flanquée de bâtiments blancs couverts de lierre, l'Ino Village, à 500 m au-dessus de Vathy, offre une sensation d'isolement et d'élégance. S'il est parfois réservé par des groupes en circuit organisé et donc un peu impersonnel, les voyageurs indépendants sont aussi les bienvenus. L'hôtel abrite également le populaire restaurant et bar à cocktails **Elea**, qui sert de bons vins locaux.

Hotel Aeolis HÔTEL €€

(Carte ci-contre ; 22730 28904 ; www.aeolis.gr ; Themistokleous Sofouli 33 ; s/d avec petit-déj 50/60 €). Cet hôtel central au bord de l'eau attire les Athéniens et les voyageurs étrangers, avec ses 2 piscines, son Jacuzzi, sa taverne et son bar. Les chambres sont

Vathy (Samos)

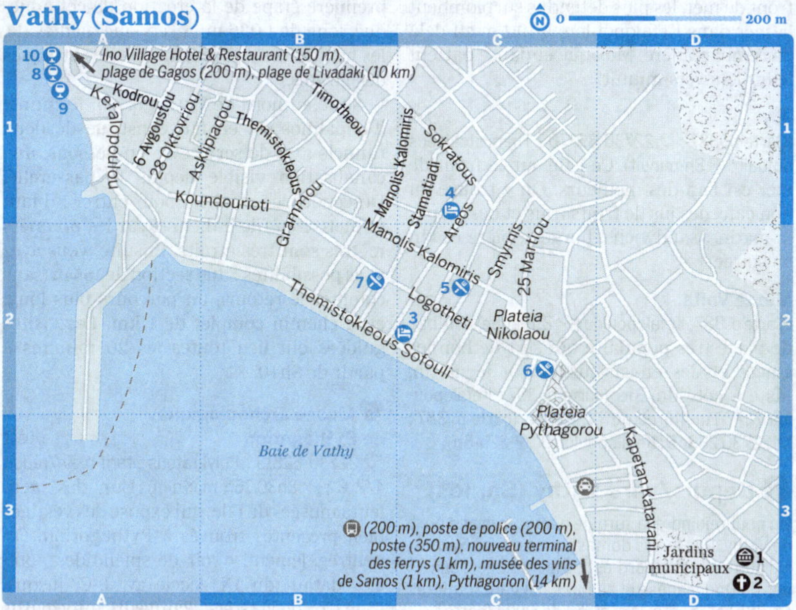

Vathy (Samos)

À voir
1 Musée archéologique D3
2 Église Agios Spyridonas D3

Où se loger
3 Hotel Aeolis C2
4 Pension Dreams C1

Où se restaurer
5 Garden Taverna C2
6 My Falasophy C2
7 Pera Vrehi B2

Où prendre un verre et faire la fête
8 Ble A1
9 Escape Music Bar A1
Joy .... (voir 3)
10 Mezza Volta A1

spacieuses et modernes, toutes avec balcon. Le petit-déjeuner est copieux.

Où se restaurer

My Falasophy MOYEN-ORIENTAL €
(Carte ci-dessus ; ☎22734 00835 ; Plateia Pythagorou ; plats 4-6,50 € ; 🕐12h-23h). Ce petit établissement sert des portions généreuses de houmous et de falafels, invitant les saveurs d'Orient sur la place principale de la ville. Tout est très bien préparé. Les salades aussi sont délicieuses. Des jus de fruits tropicaux fraîchement pressés viennent compléter un repas sain.

Pera Vrehi GREC €
(Carte ci-dessus ; ☎22730 27965 ; Logotheti ; salade et en-cas 4-7 € ; 🕐18h-2h ; 📶✏). Cet établissement innove dans ses copieuses salades composées aux ingrédients locaux (pour la plupart). Il propose également un assortiment de mezze grecs, notamment de la purée de fèves aux échalotes marinées. Le menu est bien équilibré entre végétarien et carnivore.

Garden Taverna CAFÉ €€
(Carte ci-dessus ; ☎22730 24033 ; Manolis Kalomiris ; plats 7-16 € ; 🕐10h-minuit). Des spécialités grecques dans un joli jardin. À gauche derrière la place principale.

Où prendre un verre et faire la fête

La vie nocturne est plus grecque à Vathy que dans d'autres villes de l'île, qui attirent des touristes d'Europe du Nord. Si la plupart des cafés et des bars bordent le front de mer, les plus détendus surplombent la mer dans Kefalopoulou, à 100 m au-delà de l'embarcadère. Musique et danse battent leur plein vers minuit.

Joy CAFÉ
(Carte p. 387 ; 22730 89770 ; Themistokleous Sofouli ; 8h-minuit). Ce café sur le front de mer est l'un des meilleurs. On y trouve du bon café, des jus de fruits frais et des crêpes le matin ; sandwichs, burgers, bière et vin en soirée.

Mezza Volta BAR
(Carte p. 387 ; Kefalopoulou ; 21h-aube). Un bar de plage très populaire qui sert de bonnes glaces et des en-cas jusque tôt le matin, juste à côté du **Ble** (carte p. 387 ; Kefalopoulou 7 ; 11h-4h) et de l'**Escape** (carte p. 387 ; 22730 28345 ; Kefalopoulou 9 ; 22h-6h).

Depuis/vers Vathy (Samos)

On peut rejoindre la Turquie depuis le grand port de Vathy. Des ferrys domestiques relient Samos à d'autres îles du nord-est de la mer Égée, aux îles du Dodécanèse et au Pirée. La gare routière (p. 385) et, à côté, la **station de taxis** (carte p. 387 ; 22730 28404) servent de point de départ pour découvrir l'île.

Pythagorion Πυθαγόρειο

1 330 HABITANTS

Sur la côte sud-est en face de la Turquie, la jolie Pythagorion – qui doit son nom au mathématicien Pythagore (580-495 av. J.-C.) né ici – possède un port rempli de yachts et les principales découvertes archéologiques de l'île, notamment l'Héraion (p. 390) et l'extraordinaire tunnel d'Eupalinos. Tous les bateaux qui se dirigent vers le sud partent de Pythagorion, y compris ceux pour les excursions d'une journée sur l'îlot de Samiopoula.

À voir

Tunnel d'Eupalinos SITE ARCHÉOLOGIQUE
((Carte p. 384 ; 22730 61400 ; eupalinos-tunnel.gr ; adulte/enfant 8/4 € ; 8h30-15h30 mer-lun mai-sept). En 524 av. J.-C., quand Pythagorion (alors appelée Samos) était la capitale de l'île et comptait 80 000 habitants, assurer l'alimentation en eau potable devint indispensable. Pour résoudre le problème, le tyran Polycrate réquisitionna des ouvriers pour creuser la montagne selon les plans de l'ingénieux Eupalinos. Nombre d'entre eux périrent durant le dangereux forage, première étape de la création de cet aqueduc, long de 1 036 m. À l'époque médiévale, les habitants s'y cachaient lors des attaques des pirates.

Situé au nord de Pythagorion, le tunnel d'Eupalinos est en fait constitué de deux tunnels : un de service et, en dessous, une canalisation visible depuis la passerelle. Descendez les escaliers pour entrer ; il faut se mettre en file indienne, car les premiers mètres sont très étroits. Ensuite, vous avez trois possibilités : une section de 185 m (sans compter le retour), un parcours plus long, et le chemin complet de 1 km. Les visites guidées ont lieu toutes les 20 minutes à partir de 8h40.

Musée archéologique de Pythagorion MUSÉE
(22730 62813 ; Polykratous ; tarif plein/réduit 4/2 € ; 8h30-16h mar-dim). L'un des meilleurs musées de l'île, qui expose des vestiges bien présentés trouvés à Pythagorion. On peut également y voir de splendides poteries datant du IXe siècle av. J.-C. jusqu'à l'âge d'or de la Grèce. Panneaux informatifs en grec et en anglais.

Plage de Pythagorion PLAGE
(Carte p. 384). Accessible rapidement à pied en partant vers l'ouest depuis Pythagorion, cette plage immaculée et propice à la baignade est équipée de parasols et de toilettes. En revanche, pensez à apporter nourriture et boissons.

Château de Lykourgos Logothetis CHÂTEAU
(parc 24h/24). Les Samiotes (ou Samiens) prirent le contrôle de leur île pendant la guerre d'Indépendance de 1821. Ce château, construit en 1824 par le chef de la résistance Lykourgos Logothetis, est la relique la plus importante de cette époque troublée. Il se dresse sur une colline, à l'extrémité sud de Metamorfosis Sotiros, près du parking. Les **remparts de la cité** s'étendaient jadis de cet endroit jusqu'au tunnel d'Eupalinos.

Moni Panagias Spilianis MONASTÈRE
(Monastère de la Vierge de la Grotte ; 22730 61361 ; 9h-20h). GRATUIT À 1,5 km au nord-ouest de Pythagorion, la route bifurque vers la droite et longe les ruines d'un théâtre antique, avant de rejoindre ce monastère troglodytique. Le chemin serpente à travers des oliveraies. Le monastère offre un répit bienvenu dans la chaleur estivale et une belle vue sur la côte turque.

Activités

Vous pouvez vous adonner à la plongée avec **Samos Dive Center** (6972997645 ; www.samosdiving.com ; Konstantinou Kanari 1). Des moniteurs professionnels accompagnent les plongeurs à la recherche de murènes, de pieuvres, de homards et d'autres créatures dans des failles couvertes d'éponges. Une demi-journée de 2 plongées pour débutants coûte environ 50 € ; comptez à partir de 85 € pour une journée de plongée. Le snorkeling (20 €) est également proposé.

Où se loger

Belvedere PENSION €

(22730 61218 ; www.belvedere-samos.com ; Aisopou 6 ; d 30-45 €). Cette pension soignée et bien décorée, dans un quartier calme non loin de la rue principale et du front de mer, est gérée par Manolis. Toutes les chambres sont équipées d'un balcon avec vue sur la mer. Il n'y a pas de petit-déjeuner, mais une cuisine commune est à disposition.

Pension Despina PENSION €

(6936930381, 22730 61677 ; À Nikolaou ; studio/apt 35/40 €). Sur la petite Plateia Irinis centrale, cette pension abrite d'agréables chambres et studios, avec ventilateur au plafond, balcon et, pour certains, kitchenette, ainsi qu'un agréable jardin à l'arrière. La propriétaire, Athina, est très accueillante. Retrouvez-la sur Facebook.

Samaina Hotel HÔTEL €€

(22730 61024, 6936078159 ; Damous ; d avec petit-déj 80 €). Cet hôtel se démarque du bleu et blanc habituel avec ses couleurs automnales tant à l'intérieur qu'à l'extérieur. Dans les chambres, le bois est à l'honneur. Toutes ont un balcon et une vue (plus ou moins belle) sur la mer.

Polyxeni Hotel HÔTEL €€

(22730 61590 ; www.polyxenihotel.com ; s/d avec petit-déj 65/72 €). Cet établissement en bord de mer est situé au cœur de l'agitation du port. De nombreuses chambres ont vue sur le port et un balcon. Elles sont équipées de ventilateur et de double vitrage. Les chambres côté jardin sont plus calmes. Choisissez-les si vous ne souhaitez pas entendre les bars et les cafés qui se situent en dessous. Rien d'extraordinaire, mais un hébergement correct à un prix raisonnable dans le centre.

Où se restaurer

C'est à Pythagorion que l'on trouve les restaurants les plus prisés de Samos. Dépassez les quais à l'est, vous trouverez de jolies tavernes en bord de mer à l'abri des regards.

To Tigani tis Platias TAVERNE €

(6971673770 ; Plateia Irinis ; plats 7,50-10 € ; 11h-minuit). Cette taverne est autant prisée des habitants que des visiteurs pour sa cuisine grecque classique, dont de succulents plats végétariens comme la feta au four, les *gigantès* (haricots blancs) et les beignets de courgette. Les viandes grillées sont tout aussi bonnes. Le cadre ombragé, le service enjoué et le bon vin ajoutent à l'attrait de l'endroit.

Two Spoons DESSERTS €

(22730 62336 ; facebook.com/TwOSpOOns ; Melissou ; desserts 5-12 € ; 9h-1h). Il est difficile de résister aux profiteroles, mille-feuilles et autres pavlovas, et encore plus de ne pas en redemander. Il y a également des milk-shakes et un bon choix de thé, ce qui est rare pour ce pays où les habitants préfèrent le café. Cet établissement, doté d'un jardin en bord de mer, ravira tous vos sens.

Kafeneio To Mouragio CAFÉ €

(22730 62390 ; front de mer ; mezze 3-6 € ; 8h-minuit). L'ambiance chaleureuse et la clientèle essentiellement grecque attestent la qualité de l'établissement qui sert de bons en-cas, tels les croquettes de pois chiches et divers mezze, ainsi que du café, de l'ouzo glacé, du vin et de la bière. Les clients peuvent y laisser leurs bagages gratuitement.

Où prendre un verre et faire la fête

Iera Odos Art Cafe BAR

(22730 61091 ; Lykourgou Logotheti ; 17h-3h). Vous serez surpris par le style de ce lieu, assez inhabituel dans ces îles. Sirotez votre cocktail entouré de coussins de velours et de chandeliers somptueux. Il y a aussi une terrasse et un jardin de "cristaux magiques" où vous pourrez déguster votre boisson en profitant de l'air frais.

Katoi BAR

(Lykourgou Logotheti). Ce petit établissement moderne installé dans la rue principale fait à la fois traiteur et *ouzeri* (établissement où l'on boit de l'ouzo tout en grignotant des en-cas). L'ouzo et le *tsipouro* sont servis accompagnés de fromages et de jambon locaux (5 € le tout), également disponibles à la vente dans l'espace boutique. Sert aussi des jus de fruits frais.

Notos BAR
(☎22730 62351 ; Tarsanas Beach ; 12h-tard ;). De l'artère principale, tournez à droite (sud) au port pour trouver cette taverne et bar populaire, en face d'un parking public. Musique live la plupart des mardis et samedis.

Renseignements

By Ship Travel (p. 374). Cette agence de voyages serviable propose la location de voitures, la réservation d'hébergements et des billets d'avion et de ferry. Au carrefour à l'entrée de la ville.

Depuis/vers Pythagorion

Cinq bus se rendent quotidiennement à Vathy (25 min) et à Ireon (15 min) pour visiter l'Héraion (ci-dessous). Le trajet en taxi entre Pythagorion et l'aéroport (à 4 km de la ville) coûte 10 €. Depuis Vathy, il coûte 25 €. Des taxis (☎22730 61450) parcourent également la route entre Pythagorion et Vathy (utiles pour les arrivées et départs de ferry) pour environ 20 €.

Environs de Pythagorion

Héraion SITE ARCHÉOLOGIQUE
(Carte p. 384 ; adulte/enfant 6/3 € ; 8h-16h mer-lun). Les ruines éparses de l'ancien sanctuaire de la déesse Héra, à 4 km à l'ouest de Pythagorion, laissent difficilement imaginer sa splendeur passée. La "Voie sacrée", jadis flanquée de milliers de statues en marbre, reliait la cité au temple, construit sur le lieu de naissance légendaire d'Héra. Les vestiges donnent toutefois une indication de ce qu'était ce sanctuaire, quatre fois plus grand que le Parthénon.

L'Héraion fut édifié au VIe siècle av. J.-C., au-dessus d'un temple mycénien antérieur. Les pillages et les tremblements de terre n'ont épargné qu'une seule colonne, mais les vastes fondations subsistent. Parmi les autres vestiges figurent une *stoa* (portique), une basilique chrétienne du Ve siècle, et les statues sans tête d'une famille, le groupe de Généléos. Le site, classé au patrimoine mondial de l'Unesco, fait toujours l'objet de fouilles.

Hotel Restaurant Cohyli HÔTEL €
(Carte p. 384 ; ☎6977809389, 22730 95282 ; www.hotel-cohyli.com ; Iréon ; ch avec petit-déj à partir de 43 € ; P). Cet accueillant hôtel-taverne propose des chambres propres et cosy, avec réfrigérateur et ventilateur. Lorsque pointe la faim, installez-vous dans la cour ombragée voisine pour vous régaler d'excellents mezze, *saganaki* (fromage frit) et poisson frais ou d'un petit-déjeuner avec des œufs sur le plat. Une petite plage s'étend de l'autre côté de la route. Concerts acoustiques la plupart des soirs en été.

Nord de Samos

Le nord de Samos est fait de merveilleux paysages de mer et de montagne, de superbes plages de galets et d'insolites villages où se retrouvent les artisans locaux et étrangers. La plage de Potami (p.392), relativement éloignée (et donc peu fréquentée), est le petit bijou de la région. Non loin, découvrez des chutes et des bassins d'eau cristalline fraîche sous le couvert d'une forêt dense. Depuis Potami, il est possible de rejoindre deux autres belles plages retirées à pied.

Kokkari et les villages de montagne

De Vathy, la route côtière ouest passe par plusieurs plages et stations balnéaires. La première, **Kokkari** (Κοκκάρι), un ancien village de pêcheurs à 10 km de Vathy, est assez fréquenté. Pour la baignade et lézarder au soleil, préférez les plages proches de **Limanaki** (carte p. 384), **Tsamadou** (p. 392), **Tsambou** et **Livadhaki**.

Plus loin à l'ouest, le paysage devient plus boisé et montagneux. Après 5 km, un embranchement sur la gauche conduit au charmant village de montagne de **Vourliotès**, où les maisons aux volets multicolores se regroupent autour d'une place. Les marcheurs peuvent suivre une boucle de 8 km entre Vourliotès et Kokkari à travers des oliveraies et des bois – l'un de ces merveilleux *monopati* (chemins) qui grimpent sans qu'on s'en aperçoive. Procurez-vous la carte de randonnée gratuite à Vourliotès.

De retour sur la route côtière, repérez l'embranchement signalé vers le joli village de **Manolatès**, 5 km plus haut sur les pentes du mont Ampelos (Karvouni ; 1 150 m).

VAUT LE DÉTOUR

LE SUD DE SAMOS

Depuis Pythagorion, dirigez-vous vers l'ouest pour pénétrer dans une magnifique région montagneuse. Très peu peuplée, elle est parsemée de pittoresques ports de pêche et dotée de la seule réelle station balnéaire, **Votsalakia**. Plus haut, des panneaux mènent jusqu'à des ruchers, où l'on vend l'exceptionnel miel de Samos à un prix raisonnable. Avant de quitter la plaine costale, passez par le célèbre site archéologique d'Héraion (ci-contre), où les habitants de Samos vénéraient la déesse Héra.

Plus à l'ouest encore, la route grimpe plus haut dans la montagne, là où le tourisme de masse n'a presque pas affecté le mode de vie traditionnel des villages d'altitude. Faites une pause à **Spatharei** afin de profiter de la vue sur la mer. L'insolite **Shall We Go to Anna's ?** (carte p. 384 ; ☎22730 42141 ; Spatharei ; 7-10 € ; ⏲9h30-tard) est parfait pour déjeuner. Des kiosques vendent du miel et d'autres produits locaux sur le bord de la route qui continue après **Pyrgos**.

Après **Ormos Marathokambou**, la route descend vers quelques villages touristiques. Votsalakia (souvent appelé Kampos) est le plus fréquenté pour ses longues plages de sable fin. Pour échapper aux foules estivales, dirigez-vous à 3 km à l'ouest vers les plages de **Psili Ammos** ou **Limnionas**. Vous pourrez y passer la nuit et goûter le poisson frais dans les tavernes de la plage. Il est également possible de faire du snorkeling à l'ouest de Limnionas vers la **Tavern at the End of the World** (carte p. 384 ; ☎6977664437 ; Limnionas ; 8-15 € ; ⏲10h-20h mi-mai à sept ; wifi) – la taverne du bout du monde – qui porte bien son nom.

Après Kampos, la route escarpée de l'ouest traverse des paysages peu peuplés et tranquilles en longeant le **mont Kerkis** (1 434 m). Elle est ensuite subitement coupée au niveau des villages de **Kallithea** et **Drakeï**. Il faut emprunter un sentier de randonnée pour rejoindre **Potami** sur la côte nord.

Pour les randonneurs qui souhaitent explorer, ou faire l'ascension de mont Kerkis, arrêtez-vous à Votsalakia pour demander le point de départ du sentier qui passe devant le couvent évangéliste.

Parmi d'épaisses forêts de pins et d'arbres à feuilles caduques, Manolatès possède de superbes maisons traditionnelles. Pratiquement encerclé par les montagnes, il offre une agréable fraîcheur après la moiteur de la côte. L'artisanat y est en plein développement ; on y trouve d'excellentes bijouteries et boutiques de souvenirs.

Les bonnes tavernes abondent, et Vourliotès et Manolatès – bien que le second soit davantage marqué par le tourisme – restent de bonnes destinations pour découvrir la Samos du passé.

Environs de Karlovasi

La route côtière continue vers l'ouest jusqu'au bourg fleuri d'**Agios Konstantinos**, avant d'atteindre **Karlovasi**, ville ordinaire et troisième port de l'île, où l'on trouve plusieurs hôtels et tavernes. **Rhenia Tours** (☎22730 62280 ; Karlovasi ; ⏲mai-oct) vend des billets de ferry et fournit des renseignements fiables. L'histoire ouvrière de la ville est présentée au **musée d'Art folklorique de Karlovasi** (carte p.384 ; ☎22730 62286 ; Karlovasi ; ⏲9h-13h mar-dim) GRATUIT. Une fois sur le port, admirez le **street art** (port de Karlovasi ; carte p.384) qui fait partie d'un projet de 2017 d'embellissement des environs. **Palio Karlovasi**, le vieux village au-dessus du port, mérite un détour, malgré la courte montée à flanc de colline. Si vous continuez à pied sur 500 m depuis le petit parking, vous atteindrez la chapelle d'**Agia Triada** et sa vue panoramique.

À 3 km après Karlovasi s'étend la plage de sable et de galets de **Potami**. À 50 m à l'ouest de la plage, des **cascades d'eau dans la forêt** sont indiquées sur la gauche. En entrant dans la forêt, vous découvrez d'abord la **chapelle de Metamorfosis Sotiros**, vieille de plusieurs siècles, où des fidèles font brûler des cierges. Suivez le chemin boisé sur 1,5 km le long de la rivière jusqu'à un chenal, que vous traversez en pataugeant ou en nageant, avant de plonger sous les cascades hautes de 2 m. L'escalier en bois qui remonte de la gorge mène à l'excellent Archontissa Potami Adventure Cafe. Après Potami, la route côtière se transforme en chemin de terre et un sentier fréquenté vous amènera vers les plages paradisiaques de **Mikro Seitani** et **Megalo Seitani**.

Activités

Plage de Potami PLAGE
(Carte p. 384). Une plage de galets à l'eau limpide qui se trouve à l'embouchure d'un cours d'eau de montagne. C'est l'une des plus belles plages de l'île avec l'un des meilleurs bars sur la plage. Remontez la rivière, des cascades et bassins, ainsi qu'une taverne sont dissimulés plus loin dans la forêt.

Sentier de Megalo Seitani RANDONNÉE
(Carte p. 384). Un sentier de difficulté moyenne, qui part de la route principale à 1 km à l'ouest de la plage de Potami. Le chemin côtier escarpé est entouré de pins ; il mène à la jolie crique de Mikro Seitani, puis à la longue plage de sable de Megalo Seitani. La randonnée dure environ 2 heures et vous verrez nombre de paysages magnifiques. N'oubliez pas d'emporter de la nourriture et de l'eau.

Tsamadou PLAGE
(Carte p. 384). Entourée de spectaculaires falaises de calcaire, cette jolie plage est célèbre pour ses eaux claires et sa vue remarquable. Chios et la côte turque couvrent entièrement l'horizon ; vous aurez l'impression d'être dans une caldeira volcanique géante comme celle de Santorin.

Où se loger

Pension Mary's House PENSION €
(Carte p. 384 ; 22730 93291 ; www.marys-house-samos.com ; Vourliotes ; d/tr 60/70 € ;). Idéalement située dans le village, cette pension ne manque pas d'atouts : balcons avec vue, ameublement correct et un charmant jardin-verger. Suivez les panneaux en bois à 200 m de la place.

Hesperia Hotel APPARTEMENTS €
(Carte p. 384 ; 22730 30706 ; www.hesperiahotel.gr ; Karlovasi ; studios/app à partir de 45/60 € ;). Ces appartements impeccables ne cessent de recevoir d'élogieuses critiques des habitués. C'est un établissement géré par une famille sympathique. Il est proche du port d'où partent les ferrys.

Kalidon Beach Hotel HÔTEL €€
(22730 92605 ; www.kalidon.gr/beach ; Kokkari ; d avec petit-déj 85 € ;). Un hôtel confortable et accueillant avec des chambres éloignées de la route principale de Kokkari. Vous pourrez apprécier le petit-déjeuner en terrasse et la plage qui est à quelques secondes à pied.

Virginia Apartments APPARTEMENTS €€
(22730 92274, 210 777 5239 ; virginia.gr ; app à partir de 130 € ;). Sur la plage de Tarsanas à Kokkari, ces 3 appartements de 2 pièces sont élégants et meublés avec goût. Entièrement équipés et confortables, ils bénéficient d'une vue sur le petit port et la mer Égée.

Kokkari Beach Hotel HÔTEL €€
(22730 92263 ; www.kokkaribeach.com ; Kokkari ; s/d/tr avec petit-déj 70/80/90 € ;). Juste en face de la plage, cet établissement haut de gamme, aux couleurs pastel vert et bleu, se situe à 1 km à l'ouest de l'arrêt de bus et est à l'écart de la route. Les chambres aérées et fraîches sont tout aussi colorées que la façade du bâtiment.

Où se restaurer

Archontissa Potami Adventure Cafe GREC €
(Carte p. 384 ; facebook.com/pg/ArchontissaPotamiWaterfalls ; Potami ; plats 8-10 € ; déj et dîner). Un café qui porte bien son nom. Pour le rejoindre, il vous faut partir à l'aventure : marchez le long de la crique, puis montez les escaliers en bois presque verticaux. La terrasse sous la cime des arbres est l'une des nombreuses raisons de marcher jusqu'aux cascades. On y mange bien (essayez les travers d'agneau) et vous pourrez étancher votre soif grâce aux nombreuses boissons fraîches.

Loukas Taverna TAVERNE €
(Carte p. 384 ; Manolates ; plats 5-8 € ; déj et dîner). En entrant à Manolates, de nombreux panneaux indiquent cette taverne traditionnelle qui surplombe le village. Fier propriétaire, Manolis sert d'excellents et copieux plats traditionnels accompagnés de vins, rouges, blancs et sucrés, qu'il fait lui-même.

Café Bar Cavos CAFÉ €
(22730 92426 ; Kokkari ; plats 6-12 € ; 9h-minuit ;). Sur le port, ce café confortable sert de bons petits-déjeuners, de délicieux goûters, des jus de fruits frais la journée et des cocktails en soirée. Les prix sont corrects. Le Wi-Fi est gratuit et

la télévision permet de regarder les grands événements sportifs. Goûtez le gâteau du jour, fait maison par Uli.

Kallisti Taverna TAVERNE €

(Carte p. 384 ; 22730 94661 ; Manolates ; plats 6-9 € ; 10h-23h). Sur la place, cette taverne intrigante sert de nombreux bons plats et de surprenants desserts.

Hippy's Restaurant Café TAVERNE €€

(Carte p. 384 ; 22730 33796, 6976770021 ; plage de Potami ; plats 7-15 € ; 9h30-21h ;). Ce café-bar en plein air, tenu en famille, combine une décoration grecque et inspirée des mers du Sud. On y passe du jazz, du reggae, du classique et du trip-hop. Côté cuisine, on sert de bonnes omelettes, des pâtes, du poisson frais grillé et des brochettes, ainsi que le vin naturel du propriétaire Apostolis, des jus de fruits et diverses boissons. L'ambiance est détendue, avec une sensation de bout du monde, et l'accueil, chaleureux.

AAA Restaurant GREC €€

(22730 94472 ; www.aaasamos.com ; Agios Konstantinos ; plats 8-14 € ; 14h-23h ;). Un restaurant spacieux, anciennement situé à Manoles, qui propose une version urbaine et raffinée de la cuisine traditionnelle grecque. Vous le trouverez dorénavant sur la route côtière principale, juste avant le village. On recommande le *kleftiko* d'agneau mijoté.

Sophia's Place MEZZE €€

(22730 92561 ; Kokkari ; plats 6,50-14 € ; 11h-23h). Un superbe restaurant avec 3 tables. Sophia et ses amis servent chaleureusement de délicieux petits plats.

O Tarsanas Restaurant TAVERNE €€

(22730 92337 ; Kokkari ; plats 8-15 € ; 17h-minuit ;). Le nom de cette authentique taverne grecque vient de l'ancien chantier naval de Kokkari. Kyriakos sait vous accueillir avec de succulents *dolmades* et du vin maison. Il sert de bonnes pizzas et de délicieuses moussakas.

Pera Vrysi TAVERNE €€

(Carte p. 384 ; Vourliotes ; plats 6,50-14 € ; 10h-minuit mar-dim). Une taverne à l'ancienne, à l'entrée du village de Vourliotes, près de la source, qui propose une cuisine campagnarde d'exception et sert des plats copieux accompagnés de vin maison en fût.

Achats

Kerannymi BIJOUX

(Carte p. 384 ; 22730 94801 ; facebook.com/pg/kerannymi ; Manolates ; 9h-18h). Duo artistique féminin, Alek Lindus et Maria Karavatou créent des bijoux d'une beauté envoûtante, au style préhistorique. Elles allient l'argent aux minéraux et aux matières organiques. Vous les trouverez en plein travail dans leur magasin sur la place du village.

Magasin de poterie Genesis CÉRAMIQUE

(Carte p. 384 ; Manolates ; variables). Passez voir Giorgos façonner la terre pour créer de belles pièces avec sa roue. Le magasin principal est sur la grande rue entre le parking et la place.

Depuis/vers Karlovasi

Karlovasi est le deuxième port de l'île avec des liaisons vers Icarie, Fourni, d'autres îles du nord-est de la mer Égée et la Turquie. Les billets de ferry sont disponibles dans les agences locales de **By Ship Travel** (22730 35252 ; Karlovas i ; 8h-21h30) ou Rhenia Tours (p. 391). Des bus quotidiens assurent la liaison entre Vathy et Karlovasi (1 heure), avec un arrêt à Kokkari (20 min).

CHIOS ΧΙΟΣ

51 930 HABITANTS

Certes, il n'y a pas deux îles grecques semblables, mais Chios se distingue de ses voisines grâce à l'architecture unique de ses villages, qui ressemblent à des forteresses. Ce style trouve son origine dans l'histoire de Chios, berceau ancestral des plus grands armateurs, et dans le fait que l'île soit l'un des plus grands producteurs et exportateurs de mastic au monde. Un grand nombre des bâtiments de l'île ont été transformés en hôtels, parmi lesquels certains se distinguent par leur originalité.

La géographie de l'île varie, des montagnes escarpées et solitaires du nord à la fertile Mastihohoria au sud, où des générations de cultivateurs de mastic ont fait de leurs villages des merveilles d'art décoratif, en passant par les plantations de citronniers de Kampos dans le centre, près de la capitale portuaire. Les intrigantes petites îles satellites de Psara et Inoussès, peu visitées, partagent l'héritage de grandeur maritime de Chios.

Histoire

Comme pour ses voisines Samos et Lesbos, la proximité géographique de la Turquie a apporté à Chios à la fois prospérité et malheur. Les troupes ottomanes massacrèrent en avril 1822, durant la guerre d'Indépendance (1821-1829), près de 25 000 îliens et en vendirent 45 000 comme esclaves. Cette tragédie suscita l'indignation à l'étranger. Eugène Delacroix peignit en 1824 *Scène des massacres de Scio*, un tableau conservé au musée du Louvre. Victor Hugo écrivit *L'Enfant* ("Les Turcs ont passé là. Tout est ruine et deuil. Chios, l'île des vins, n'est plus qu'un sombre écueil…"), qui fait partie du recueil *Les Orientales* (1829).

En 1922, une campagne militaire, lancée de Chios pour revendiquer les terres d'Asie Mineure majoritairement peuplées de Grecs, se solda par un échec désastreux. Des vagues de réfugiés d'Asie Mineure (Anatolie) envahirent Chios et les îles voisines. L'année suivante fut celle de l'"échange de populations", quand 2 millions de Grecs et de Turcs furent obligés de retourner sur les terres de leurs ancêtres.

ℹ Renseignements

Consultez www.chios.gr, un guide en ligne très complet sur Chios, édité par l'organisme représentant localement le département du tourisme.

ℹ Depuis/vers Chios

Chios est bien reliée aux autres îles du nord-ouest de la mer Égée, par avion et par bateau. Les ports de Chios (Hora) à l'est et Volissos au nord-ouest offrent des liaisons régulières avec les petites îles de Psara et Inoussès, et avec les stations balnéaires turques toutes proches.

AVION

En été, **Aegean Air** (www.aegeanair.com), **Sky Express** (www.skyexpress.gr) et **Astra Airlines** (www.astra-airlines.gr) desservent Athènes et les îles alentour.

L'**aéroport** se trouve à 4 km de Chios (Hora). Il est desservi par 3 bus chaque jour au départ de la **gare routière locale** (carte p. 397 ; ☎22710 22079 ; .chioscitybus.gr ; Plateia Vounaki ; 1,50 €). Un taxi depuis l'aéroport coûte 8 €.

BATEAU

Il y a toujours quelques bateaux amarrés dans le port très fréquenté de Chios qui, en plus des liaisons avec les îles et le continent grec, relient Chios au port turc de Çeşme.

Jusqu'à 3 bateaux font le trajet tous les jours vers l'est pour Le Pirée (34,50 €, entre 8 et 18 heures) ou vers le nord pour Lesbos (21 €, 2 heures 30). Quatre bateaux par semaine se rendent à Samos (14 €, 3 heures 15) et Icarie (18,50 €, entre 5 heures 30 et 7 heures 30). Kavala (35,50 €, 10 heures 15), en Macédoine grecque continentale, est desservie par 3 bateaux par semaine qui passent par Limnos (24,50 €, 7 heures).

Pour se rendre dans les îles voisines d'Inoussès et de Psara, prenez les petits ferrys locaux qui font le trajet quotidiennement (6 €, 3 heures), ou embarquez sur le Nissos Samos qui s'y arrête en chemin vers Le Pirée le mardi.

Une fois par semaine, le petit port de Chios Mesta se réveille pour accueillir l'Express Pegasus qui se dirige vers Sigri (21 €, 2 heures 30) Lesbos et Agios Efstratios (25 €, 5 heures).

En plus du service régulier de ferry pour Inoussès, des **bateaux-taxis quotidiens** (☎6944168104, 6945361281 ; Langada) circulent entre Langada et Inoussès (65 € ; partagé entre 8 passagers maximum).

Achetez vos billets de ferry à Chios (Hora) auprès de Sunrise Tours (p. 374) ou **Michalakis Travel** (☎22710 40070 ; Kanari 9 ; ⏲8h-22h30).

ℹ Comment circuler

BUS

La **gare routière longue distance** (☎22710 27507 ; Neorion) située sur le front de mer de Chios (Hora) est bien organisée et dispose d'un café et de casiers-consignes à pièces. En semaine, des bus verts partent pour Pyrgi (3,10 €, 3/jour), Mesta (4,30 €, 3/jour), la plage de Lithi (3,60 €, 2/jour), Kardamyla (3,60 €, 2/jour) et Langada (2 €, 2/jour). Il y a 3 bus par semaine pour Volissos (4,90 €).

Les bus municipaux bleus de Plateia Vounaki (place Vounakiou) desservent aussi la plage de Karfas (1,50 €, 4/jour), juste au sud de Chios (Hora), et Vrontados (1,50 €, 6/jour), juste au nord. Les horaires sont affichés à la gare routière locale et à la gare routière longue distance.

TAXI

Vous n'aurez aucune difficulté à trouver un taxi à Chios (Hora). Les rouges ne quittent pas la ville, tandis que les gris desservent toute l'île. Exemples de tarifs depuis Chios (Hora) : aéroport de Chios (8 €), Emporios (40 €), Langada (20 €), Mesta (45 €) et Pyrgi (30 €).

VOITURE ET MOTO

Situé sur la promenade du front de mer, le magasin **Travelshop Smack** (☎22710 81500, 6934517141 ; www.travel-shop.gr ; Leoforos Egeou 56 ; ⏲8h-21h) offre un bon choix de véhicules, jeeps et décapotables à un prix raisonnable.

Chios

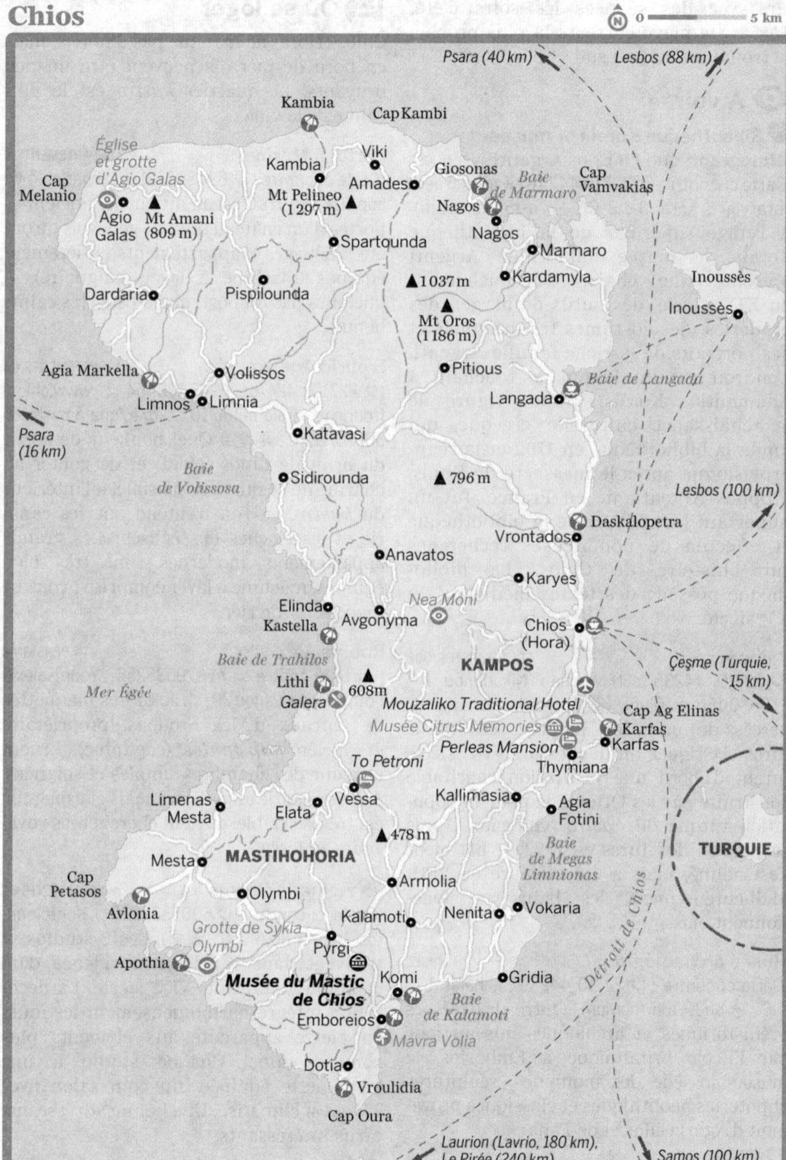

Chios (Hora) Χίος

23 710 HABITANTS

Port principal et capitale, Chios (Hora) se situe au centre de la côte est, et abrite près de la moitié des îliens. Derrière le front de mer animé s'étend un vieux quartier plus calme et inattendu, où les murailles d'un château génois entourent quelques maisons turques traditionnelles et un ancien hammam. Un marché fréquenté se tient également derrière le front de mer et le vaste jardin public (Vounaki) comprend un cinéma en plein air, avec des séances les soirs d'été. **Karfas**, la plage correcte la plus proche, se trouve à 6 km au sud.

À voir

Bibliothèque Korais et musée ethnographique Filippos Argenti MUSÉE
(Carte ci-contre ; 22710 44246 ; www.koraes-library.gr ; Korai 3 ; 2 € ; 7h-15h lun-sam). À l'étage supérieur de la bibliothèque Korais, le musée folklorique Argenti présente une chaise d'accouchement du XIXe siècle, des outils de berger, des broderies, des costumes traditionnels et des portraits de la riche famille Argenti. L'endroit est un hommage touchant à Adamantios Korais, grande figure de la renaissance culturelle grecque, qui fonda la bibliothèque en 1792 et la réapprovisionna après le massacre de Chios. Filippos Argenti, né en France, fut un important bienfaiteur de la bibliothèque et effectua de nombreuses recherches sur l'histoire de Chios. La bibliothèque possède des textes médicaux du XVe siècle.

Bains turcs ÉDIFICE HISTORIQUE
(22710 44238 ; Navarchou Nikodimou 1 ; 8h30-16h mer-lun). GRATUIT Dotés de dômes percés de puits de lumière, ces bains turcs classiques du début du XVIIIe siècle furent d'abord une institution charitable construite par les Ottomans pour la population turque du *kastro* (château). Après l'expulsion des Turcs en 1922, le bâtiment s'est abîmé, mais a été restauré en 2011. Malheureusement, les bains ne fonctionnent plus.

Musée archéologique MUSÉE
(Carte ci-contre ; 22710 44239 ; Mihalon 10 ; 2 € ; 8h30-16h mer-lun). Outre des trésors préhistoriques et archaïques mis au jour par l'École britannique à Emborios, le musée possède des monnaies, sculptures et poteries néolithiques et classiques provenant d'Agios Galas et de Fana.

Musée byzantin MUSÉE
(Carte ci-contre ; 22710 26866 ; Plateia Vounaki ; 4 € ; 8h30-16h mar-dim). Installé dans une mosquée ottomane du XIXe siècle, la Medjitie Djami, ce musée présente des reliques des époques byzantine, postbyzantine, génoise et islamique, dont des vieux canons, de belles icônes et des stèles juives, musulmanes et arméniennes.

Où se loger

Chios (Hora) ne manque pas d'hôtels, mais en bord de mer, ils peuvent être un peu bruyants. Le quartier *kastro* est le plus calme de la ville.

Porta di Marina APPARTEMENTS €
(Carte ci-contre ; 6948077911 ; Zachariou 4-6 ; app 60 € ;). C'est au niveau des anciennes portes d'un château de style genevois qu'ont été aménagés 2 appartements entièrement équipés (machine à laver, baignoire). À quelques pas du port, mais reste très calme la nuit.

Frourio Apartments APPARTEMENTS €€
(22710 42476, 6945408464 ; www.chios-frourio.gr ; Kalothetou 10 ; s/d/tr/qua à partir de 50/70/80 € ;). Quel bonheur de sortir du bruit de Chios (Hora) et de goûter au charme de ce quartier paisible, à l'intérieur du *kastro,* où l'on n'entend que les canaris et les cloches des églises ! Les grands appartements modernes sont très bien équipés, machine à laver comprise ; vous ne manquerez de rien.

Rooms Alex PENSION €
(Carte ci-contre ; 6979535256 ; roomsalex@hotmail.gr ; Livanou 29 ; ch 30 €). Les maquettes de bateaux d'Alex Stoupas, propriétaire et ancien *kapetanios* (capitaine), ornent chacune des chambres simples et soignées. Alex, qui parle anglais, français et espagnol, est très serviable, et vient chercher les voyageurs au ferry.

Homeric Poems APPARTEMENTS €€
(Carte ci-contre ; 6907339239 ; Kontoleontos 3 ; d/tr 80/90 € ;). Ces 2 studios se trouvent dans l'ancienne résidence d'un capitaine datant du XIXe siècle. La décoration intègre harmonieusement les murs en pierre apparente aux éléments plus contemporains. Chaque studio a une kitchenette équipée, un coin salon avec TV et est climatisé. Une bonne adresse aux tarifs intéressants.

Où se restaurer

Les tavernes du front de mer remplies de touristes turcs venus pour la journée ne sont pas toutes des attrape-touristes. Pour trouver de meilleures tables, aventurez-vous un peu plus loin. La petite place du Frourio, à l'intérieur du *kastro*, est vraiment agréable.

Chios (Hora)

Chios (Hora)

Les incontournables
- 1 Bibliothèque Korais et musée ethnographique Filippos Argenti........B3

À voir
- 2 Musée archéologique D5
- 3 Musée byzantin B2

Où se loger
- 4 Homeric Poems A2
- 5 Porta di Marina B1
- 6 Rooms Alex D4

Où se restaurer
- 7 Hotzas Taverna A5
- 8 Kafenes........................B1
- 9 Kechribari Ouzerie A2
- 10 Pastards D4

Où prendre un verre et faire la fête
- 11 Civitas Dimitris Cafe B1
- 12 Kubrick B2

Achats
- 13 Mastihashop C2

Pastards ITALIEN €
(Carte p. 397 ; ☎22710 81466 ; Livanou 13 ; plats 7-10 € ; 13h-1h ;). L'établissement sert des pâtes, risottos et risonis faits maison, tous agrémentés d'un produit local comme un fromage grec ou une *loukanika* (saucisse de porc). Vous pourrez accompagner votre repas d'une bière de Chios ou d'un verre de vin.

Kafenes TAVERNE €
(Carte p. 397 ; ☎22710 42242 ; Agiou Georgiou Frouriou 12 ; plats 5-8 € ; 10h-minuit ;). Située sur une jolie petite place dans l'enceinte du château, cette taverne accueillante ne désemplit pas. La pêche du jour est au menu.

Hotzas Taverna TAVERNE €
(Carte p. 397 ; ☎22710 42787 ; Kondyli 3 ; plats 5,50-9 € ; 19h-minuit ;). Cette taverne confortable et séduisante, au-dessus de Chios (Hora), sert des classiques grecs améliorés, comme le kebab d'agneau avec yaourt et roquette, les haricots blancs avec tomates et mandarines, et les *dolmadès* (feuilles de vigne farcies au riz) au citron. Elle propose également d'excellents plats végétariens, dont un risotto. Tout est *herisia* (fait maison), des pâtes aux desserts.

♥ **Kechribari Ouzerie** GREC €€
(Carte p. 397 ; ☎6942425459 ; Agion Anargyron 7 ; repas 15 € ; 12h30-17h). Cet *ouzeri* cosy, à 10 minutes à pied du front de mer, propose des mezze variés, ainsi que de succulents poissons, moules, pommes de terre au four et viandes grillées. Vous n'aurez qu'à choisir entre deux menus – viande ou poisson. Le reste ne dépend plus de vous, mais cela fait partie du charme de la maison.

Où prendre un verre et faire la fête

Civitas Dimitris Cafe CAFÉ
(Carte p. 397 ; ☎22710 81565 ; Frourio 1 ; 8h30-tard ;). N'hésitez pas à discuter avec Dimitri, le propriétaire : il vous donnera de bons conseils pour votre séjour. Vous pourrez déguster un jus d'orange sanguine fraîchement pressée, un café grec au mastic, une limonade maison ou de très bons vins grecs, mais aussi le "sous-marin" arôme mastic, une douceur typique de Chios.

Kubrick BAR
(Carte p. 397 ; ☎22711 02744 ; Anelastou 14 ; 8h-4h ;). Ce petit bar aux murs couverts d'images de films de Stanley Kubrick se remplit le soir d'une clientèle bohème. Dans ce petit bar, aux murs couverts d'images de films de Stanley Kubrick, un portrait du réalisateur semble observer avec sérieux les tireuses à Vergina (une bière artisanale macédonienne) de l'élégant bar en bois. Les plus branchés de l'île discutent tranquillement autour d'un cocktail ou d'une bière.

Achats

Mastihashop COSMÉTIQUES
(Carte p. 397 ; ☎22710 81600 ; www.mastihashop.com ; Aigaiou 36 ; 8h30-22h). Une jolie boutique pratique avec un choix de produits à base de mastic, tels que lotions, dentifrice, savons et condiments. Demandez un échantillon de mastic pur à mâcher.

Renseignements

Office du tourisme de Chios (carte p. 397 ; ☎22713 51726 ; www.chios.gr ; Kanari 18 ; 7h-15h et 18h-22h). Informations sur le transport et l'hébergement sur l'île.

Autorités portuaires (carte p. 397 ; ☎22710 44432 ; Neorion)

Depuis/vers Chios

Chios (Hora) est le principal point d'arrivée et de départ (p. 395) des avions et des bateaux. Les bus se rendent tout autour de l'île depuis la gare routière longue distance (p. 394) près du port. La gare routière locale (p. 394) de Plateia Vounaki dessert des destinations dans la grande banlieue de Kampos. Des taxis sont disponibles à côté, à la **station de taxis** (carte p.397 ; ☎22710 41111 ; Plateia Vounaki).

Nord de Chios

Le nord de Chios est montagneux et peu peuplé, comparé au sud, plus agricole. Sur la côte nord-est, on trouve de nombreux villages de pêcheurs, de jolis ports et tavernes au poisson frais. Sur la côte ouest, les pittoresques villages montagneux de Volissos et Avgonyma surplombent la mer Égée. Le village abandonné d'Avgonyma (ci-contre et le sombre monastère de Néa (ci-contre) rappellent le massacre de 1822.

À voir

À 4 km environ au nord de Chios (Hora), **Vrontados** est le site de la légendaire chaise de pierre d'Homère, la **Daskalopetra** ("pierre du professeur"), un rocher proche de la mer, parfait pour donner un cours.

VAUT LE DÉTOUR

INOUSSÈS, L'ÎLE DES ARMATEURS

Juste au nord-est de Chios (Hora), la paisible Inoussès est la patrie d'environ un tiers des grands armateurs grecs (les *arhontes*), dont les descendants fortunés installés partout dans le monde reviennent passer chaque été sur leur île d'origine.

Des armateurs de Kardamyla, dans le nord-est de Chios, s'installèrent en 1750 à Inoussès, et certains amassèrent d'immenses fortunes au XIXe siècle et au début du XXe. De somptueuses demeures et des mausolées ornementés haut perchés au-dessus de la mer témoignent de ce passé. Les superbes demeures de l'île et les tombeaux familiaux ornementés du **mausolée d'Inoussès** (Nekrotafion Inousson ; Inoussès), un cimetière perché au-dessus de la mer dans la cour verdoyante de l'**église Agia Paraskevi**, témoignent de ce passé. Ce lieu mélancolique et émouvant en dit long sur la réussite et la fierté des habitants de ces îlots.

Peu visitée, Inoussès s'anime en été, avec un cinéma en plein air, des habitants très hospitaliers et une vie nocturne effervescente sur le front de mer. Le port de l'île atteste son identité maritime. À l'arrivée en ferry, vous verrez une petite sirène verte sculptée qui surveille le port. La statue de **Metaira Inoussiotissa** (mère d'Inoussa) érigée sur le port représente une villageoise faisant signe aux hommes partant en mer ; elle est très photogénique au crépuscule.

Créé en 1965, le **Musée nautique d'Inoussès** (☎22710 55182, 6973412474 ; Stefanou Tsouri 20 ; 2 € ; ⏲9h-13h), présente la collection du riche armateur local Antonis Lemos. Nombre des maquettes exposées (certaines intentionnellement à moitié terminées et placées contre un miroir afin de "voir" le navire entier) ont été réalisées par des prisonniers de guerre français durant les guerres napoléoniennes. Le musée possède aussi une collection éclectique de mousquets et de sabres du XVIIIe siècle, un casque de scaphandrier de la marine américaine datant de la Seconde Guerre mondiale, une manivelle d'un phare du XIXe siècle et des tableaux de sous-marins nazis attaquant des voiliers grecs.

Malheureusement pour les voyageurs (mais heureusement pour les îliens), le ferry d'Inoussès (5 €, 1 heure), qui se rend quotidiennement à Chios (Hora), quitte le port dans l'après-midi et revient le lendemain matin. Il est possible d'organiser une excursion à la journée en prenant un ferry plus grand, le *Nissos Samos*, qui passe par les deux îles en soirée une fois par semaine.

En juillet et en août, les agences comme Sunrise Tours (p. 374) proposent des excursions à la journée sur Inoussès depuis Chios (Hora) (entre 20 et 50 €). C'est comme cela que la plupart des touristes visitent l'île. Une autre solution consiste à prendre un bateau-taxi (p. 394) depuis Langada. Vous pouvez également passer la nuit sur l'île, mais cela peut être un peu compliqué. Il n'existe qu'un seul hébergement fiable : la villa d'un riche propriétaire de bateau et 3 appartements moins chers rassemblés sous le nom de **Evgenikon** (www.evgenikon.com ; Inoussès ; villa 150 € plus 50 € pour le ménage ; 📶). Il faut réserver un minimum de 3 nuits.

En poursuivant vers le nord, **Langada** est pourvue d'une crique tranquille arborée de pins, ainsi que de maisons, de *domatia* et de tavernes. C'est aussi un point de départ des bateaux-taxis pour Inoussès.

Vous atteindrez ensuite les villages de **Marmaro** et **Kardamyla**, qui abritent les maisons ancestrales de nombreuses riches familles d'armateurs. À **Nagos**, la route continue vers le nord-ouest, contourne le **mont Pelineo** (1 297 m), puis serpente jusqu'à **Kambia**, haut perché sur une crête qui surplombe la mer. Dans le nord-ouest, le camping sauvage est autorisé autour d'**Agio Galas**, où l'on peut visiter la **grotte d'Agio Galas** (ci-dessous), la plus grande et la plus impressionnante de l'île.

La route qui part vers l'ouest de Chios (Hora), vous conduira jusqu'à **Avgonyma**, village perché en haut d'une montagne et base parfaite pour explorer les environs. Les tristes sites historiques de la région : le village fantôme d'Anavatos et le tragique monastère de Néa Moni ont été les témoins d'événements parmi les plus tragiques de l'histoire de l'île.

La route centrale conduit au sud via Fita et Diefha jusqu'à **Volissos**, l'un des lieux de naissance présumés d'Homère, aujourd'hui dominé par les ruines imposantes d'un fort génois. Puis on arrive au port de **Limnia**. Il est flanqué de deux belles criques avec plages de galets, et on y trouve quelques tavernes et *domatia*.

Encore 5 km vers le nord-est, et voilà le **Moni Agias Markella**, du nom de la sainte patronne de Chios. De Volissos, la route côtière continue vers le sud jusqu'à **Elinda**, puis tourne vers l'est, vers Chios (Hora).

Anavatos VILLAGE

Situé au bout d'une route déserte qui part de la route principale près d'Avgonyma, ce site rappelle l'histoire brutale et funeste de l'île. Le village de maisons en grès abandonnées et de venelles étroites en escaliers se trouve en haut d'une falaise abrupte, d'où les villageois préférèrent se jeter plutôt que de tomber aux mains des Turcs en 1822. On l'appelle aujourd'hui le "village fantôme".

Église et grotte d'Agio Galas GROTTE

(Carte p. 395 ; ☎22740 22004 ; 5 €). Seule une petite partie de la plus grande grotte de l'île est accessible, mais la principale raison de se rendre à la pointe nord de Chios est l'église troglodyte d'Agio Galas (XIIe siècle). Elle est située juste au-dessus de l'entrée officielle de la grotte. Les sculpteurs sur bois locaux exposaient d'exquises créatures fantaisistes pas très chrétiennes sur son autel en bois : sirènes, dragons et un personnage représentant Dionysos.

Il n'y a pas d'heures d'ouverture, mais la famille qui s'en occupe n'est jamais très loin.

Néa Moni MONASTÈRE

(Nouveau monastère ; carte p. 395 ; ⏲9h-13h et 16h-19h). GRATUIT Au centre de l'île, le Néa Moni est un monastère byzantin du XIe siècle, inscrit au patrimoine mondial de l'Unesco. Jadis l'un des plus riches du pays, il attira d'éminents artistes byzantins pour réaliser les mosaïques de son *catholikon* (église principale). Pendant la guerre d'Indépendance (1821-1829), les Turcs incendièrent le monastère et massacrèrent les moines. Leurs crânes sont désormais conservés derrière une vitrine, dans la chapelle à gauche de l'entrée principale.

Où se loger

Si vous êtes en quête d'un endroit romantique où passer la nuit, rendez-vous à Avgonyma. Il y a également des *domatia* à Volissos, Langada et Kardamyla.

Spitakia APPARTEMENTS €

(☎22710 81200 ; missetzi@spitakia.gr ; Avgonyma ; ch à partir de 45 € ; P ❄ 📶). Ces studios et chalets traditionnels, situés dans un village de maisons médiévales en pierre entourées de forêts d'oliviers et de pins, disposent de kitchenettes modernes et d'une vue sublime sur la mer.

Zorbas Apartments PENSION €

(☎6936775999, 22740 21436 ; www.chioszorbas.gr ; Limnia ; d/qua 50/60 € ; ❄ 📶). Des appartements bien aménagés, quoiqu'un peu vieillots, avec vue sur la mer. Ils sont équipés de kitchenettes et sont très spacieux, en particulier les chambres quadruples à 2 étages. Pour l'excellent petit-déjeuner, comptez un supplément de 8 €. Le propriétaire, Yannis Zorbas, organise des promenades faciles jusqu'au château de Volissos et aux plages environnantes.

Où se restaurer

♥ **Taverna Fabrika** TAVERNE €

(☎22740 22045, 6976255829 ; fabrika_chios@yahoo.com ; Volissos ; plats 6-8,50 € ; ⏲déj et dîner ; P). Dissimulé entre les arbres de Volissos, ce restaurant traditionnel à l'atmosphère enjouée occupe un moulin à huile d'olive et à farine vieux d'un siècle, dont une partie de l'équipement est encore visible. Commencez par une délicieuse grillade ou *mayirefta*, arrosée d'un bon vin tout juste tiré du tonneau, avant de vous régaler en dessert d'une crème maison ou de *loukoumadès*. Six belles chambres en location au-dessus de la taverne, avec cheminée et Wi-Fi (triples 50 €).

El Sueño GREC €

(☎22740 22122 ; plage de Limnos ; 7-11 € ; ⏲10h-23h). Ce café de plage se distingue des tavernes classiques en servant une grande variété de salades et d'entrées originales (comme les moules épicées à la bière et au gingembre). Il propose aussi des plats de fruits de mer et de viande plus traditionnels.

♥ **Pyrgos** TAVERNE €€

(☎22710 42175 ; www.chiospyrgosrooms.gr ; Avgonyma ; plats 8-15 € ; ⏲petit-déj, déj et dîner). Cadre, service, cuisine : tout est excellent ! Cette taverne traditionnelle en pierre, perchée sur une colline, sert de délicieux mezze, ainsi que de l'agneau et du porc rôtis à la broche. À l'étage, 5 chambres/appartements élégants à louer (à partir de 40 €).

Depuis/vers le nord de Chios

Il est difficile de dépasser Langada en bus, qui sont rares. Mieux vaut visiter ce côté de l'île en voiture ou à vélo.

Sud de Chios

Les villages du sud de Chios, où l'on cultive du mastic et des agrumes, sont le joyau de l'île. Bien que le lentisque pousse dans d'autres îles de la mer Égée, Chios a été pendant des siècles le seul producteur commercial de mastic. L'arbre prospère dans une contrée rouge et fertile appelée Mastihohoria (village du mastic). Cette région de collines vallonnées, où des murs en pierre délimitent oliveraies et bosquets de lentisques, possède un charme particulier. Les magnifiques villages médiévaux ont tous une architecture unique ; ce sont à l'origine des forteresses conçues pour protéger les agriculteurs des envahisseurs et des pirates. Autour de Chios (Hora), dans le sud, l'architecture est encore plus défensive et les rues, construites en labyrinthe.

À voir

Mastihohoria

Juste au sud de Chios se trouve le **Kampos**, région verdoyante plantée de citronniers, où les riches marchands grecs et génois venaient en famille passer l'été dès le

VAUT LE DÉTOUR

PSARA, L'ÎLE DES HÉROS

Psara constitue l'une des curiosités maritimes de la Grèce. Minuscule point dans la mer à 16 km au nord-ouest de Chios, cette île couverte de broussailles, avec des chèvres vagabondes et de curieuses formations de roche rouge, possède un village (également appelé Psara), un monastère isolé et des plages préservées.

Malgré sa taille modeste, Psara tient une place importante dans la culture grecque. Les clans psariotes prospérèrent grâce au transport maritime et leur participation à la guerre d'Indépendance (1821-1829) est gravée dans l'histoire grecque moderne, notamment les exploits de Constantin Kanaris (1793-1877) ; dont le statut de héros national lui valut d'être Premier ministre à six reprises.

L'opération la plus célèbre de Kanaris eut lieu dans la nuit du 6 juin 1822. Pour venger les massacres des Turcs à Chios, les Psariotes lancèrent un brûlot (petit bateau bourré d'explosifs) sur le navire amiral turc, alors que l'équipage célébrait la tuerie, provoquant la mort de 2 000 marins et de l'amiral lui-même. Toutefois, comme à Chios, cet exploit déclencha des représailles : les Ottomans, aidés de mercenaires égyptiens et français, décimèrent l'île en 1824. Au siècle suivant, de nombreux Psariotes s'installèrent à l'étranger, notamment en Amérique. Leurs descendants reviennent sur l'île tous les étés.

Psara (Hora) se niche dans une longue baie au sud-ouest de l'île. En débarquant du ferry, vous ne pourrez pas manquer le **Mavri Rachi** (Épaule noire), le rocher escarpé d'où des milliers de Psariotes se seraient jetés durant l'attaque des Ottomans en 1824.

Dans le centre de Psara (Hora), le **monument de Konstantinos Kanaris** rend hommage au héros national, qui est enterré à Athènes ; son cœur est conservé au Musée naval du Pirée. Sur le front de mer, le mur très photogénique d'une demeure de la période ottomane en ruine ressemble à une version en pierre du *Cri* d'Edvard Munch.

Principal site culturel de l'île, le **Moni Kimisis Theotokou** (Dormition de la Vierge), à 12 km au nord du village, est une petite chapelle entourée de murs défensifs qui contient de rares écritures hiératiques provenant du mont Athos et une icône sacrée, transportée en procession dans le village la nuit du 4 août. L'île compte 67 chapelles, chacune entretenue par une famille de l'île.

Il y a très peu de *domatia* à Psara, l'une des meilleures est **Studios Psara** (☎22740 61386 ; Psara ; studio 50 € ; ❄📶). Pour un dîner romantique devant le soleil couchant, il faut se rendre à l'excellent **Spitalia** (☎22740 61377 ; Plage Katsouni, Psara ; 7-12 € ; ⏲déj et dîner), un ancien centre de quarantaine de l'autre côté du quai.

Psara Glory quitte Chios (Hora) en fin d'après-midi la semaine et revient le lendemain (12 € aller-retour, 3 heures). L'*Express Pegasus*, plus grand, s'arrête régulièrement à Psara en rentrant de Chios ou en route vers Limnos et le port principal de Laurion (Lavrio).

XIVe siècle. Certaines de leurs demeures ont été transformées en boutique-hôtels, tandis que d'autres sont laissés à la nature. Tout proche, on peut piquer une tête à la plage de **Karfas**, mais l'atmosphère urbaine est un peu triste.

Plus au sud, les collines ensoleillées sont couvertes de plantations de lentisques, ce qui a donné à l'île sa renommée et qui l'a vouée à un destin parfois tragique. L'histoire sombre et dramatique de la production du mastic à Chios est célébrée dans le musée du Mastic de Chios (ci-dessous), à mi-chemin entre Pyrgi et **Emborios**, qui était le port de Mastihohoria à la grande époque du commerce du mastic.

Bien plus tranquille aujourd'hui, il est néanmoins connu pour la plage de Mavra Volia (ci-contre), du nom de ses galets noirs volcaniques. Le village compte des *domatia* et des tavernes. Les ruines d'un temple d'Athina, du début de l'âge du bronze, sont signalées à proximité. À environ 3,5 km au nord, **Komi** est un village touristique plus grand, mais assez paisible. Il possède une longue plage de sable fin et de bons restaurants, qui ne sont animés qu'en été.

Sur la côte ouest, le port de **Limenas Mesta** (ou Limenas) est assez quelconque. Non loin de Mesta (ci-contre) en voiture, il compte quelques tavernes correctes. Un ferry fait parfois le trajet jusqu'à Sigri sur Lesbos et Agios Efstratios. À 3 km environ au sud-est de Mesta, **Olymbi**, comme Mesta, est un village producteur de mastic à l'architecture défensive caractéristique. Un chemin de randonnée bien entretenu, long de 3 km, relie Olymbi et Mesta. Une excursion conduit à la splendide grotte de Sykia Olymbi (ci-contre), située à 5 km au sud, signalée "Olympi Cave".

À 10 km au nord de Pyrgi se trouve **Vessa**, un village fortifié qui est resté assez méconnu des touristes, même s'il compte quelques *domatia*. En continuant 7 km au nord, le port de **Lithi** offre une belle plage de sable équipée de chaises longues. Quelques bonnes tavernes s'y trouvent également.

♥ **Musée du Mastic de Chios** MUSÉE

(Carte p. 395 ; ☎22710 72212 ; www.piop.gr ; Rachi, Pyrgi ; tarif plein/réduit/-18 ans 4/2 €/gratuit ; ⏲10h-18h mer-lun, 10h-17h en hiver). Dans ce musée ultramoderne, qui domine les plantations de lentisques et les anciennes maisons en pierre de la vallée, vous saurez tout sur la production de mastic. Vous entendrez notamment des chansons sur les "larmes" de mastic, le nom donné par les agriculteurs à la substance qui suinte de l'arbre. Le musée possède son propre jardin de lentisques et une boutique de souvenirs. Il est situé à mi-chemin entre Pyrgi et la plage Mavro Volia.

Musée Citrus Memories MUSÉE

(Carte p. 395 ; ☎22710 31513 ; www.citrus-chios.gr ; Kampos ; ⏲10h-21h jun-sept, 10h-18h oct-mai). GRATUIT Ce musée présente de façon agréable et instructive l'histoire de la culture des agrumes dans le Kampos – en particulier la mandarine de Chios. On peut déguster un jus d'oranges fraîchement pressées dans la cour ombragée.

Grotte de Sykia Olymbi GROTTE

(Carte p. 395 ; ☎22710 93364 ; 5 € ; ⏲11h-18h, mai-nov). Cette grotte vieille de 150 millions d'années a été découverte par hasard en 1985. Profonde de 57 m, elle est constellée de stalactites multicolores et d'autres formations rocheuses aux noms fantaisistes tels que l'orgue, le cactus et la méduse. La grotte est éclairée par des projecteurs et équipée de plateformes et d'escaliers : il faudra faire un peu d'escalade. Une température constante de 18°C est maintenue et l'humidité est de 95%. Les visites guidées sont obligatoires et ont lieu toutes les 30 minutes.

Pyrgi et Mesta

Le goût des sultans pour le mastic fit la fortune de Mastihohoria (village du mastic) pendant des siècles. Quelques merveilles architecturales subsistent à Pyrgi et à Mesta. Les charmantes maisons de **Pyrgi**, le plus grand village de Mastihohoria à 24 km au sud-ouest de Chios, ont des façades ornées de motifs intriqués gris et blanc, géométriques, floraux ou animaliers. La technique, appelée *xysta*, utilise du ciment, du sable volcanique et de la chaux pour couvrir les murs, qui sont ensuite grattés ou griffés pour réaliser les motifs.

Sur la place centrale de Pyrgi, bordée de tavernes et de boutiques, vous découvrirez la petite **église Agios Apostolos** (Pyrgi ; ⏲8h-15h mar-dim) du XIIe siècle. À l'est de la place, remarquez la maison avec une plaque mentionnant Christophe Colomb, qui aurait séjourné sur l'île. Si vous voulez rester pour la nuit, vous pouvez opter pour les ravissants appartements de la Mastiha House, dont les prix sont raisonnables.

À 9,5 km de Pyrgi, **Mesta** est inoubliable ; c'est l'un des villages grecs les plus insolites. Sillonné de pittoresques ruelles pavées de pierre, agrémentées de fleurs et de balcons ouvragés, le village est entièrement fortifié. Les seigneurs génois de Chios le firent entourer d'épaisses murailles au XIVe siècle pour repousser pirates et envahisseurs. Il constitue un exemple ingénieux d'architecture défensive médiévale à la structure pentagonale, doté de doubles murailles et de quatre portes. En son centre, se trouve l'immense **église des Archanges** (Mesta).

Les toits des maisons forment un réseau, et l'on peut traverser le village en passant d'un toit à l'autre, à condition d'être accompagné d'un guide. Si vous souhaitez réserver l'une des maisons en pierre de Mesta pour quelques nuits, Medieval Castle Suites (ci-contre) est l'une des multiples agences de location. Pour ne pas oublier l'origine et l'activité agricole de ce village, passez chez Despina Karavella (p. 404) pour vous approvisionner en conserves de fruits et légumes, ainsi qu'en alcool fait maison.

C'est un lieu tranquille où les enfants peuvent courir sans danger, car les voitures n'ont pas le droit d'y circuler. Mesta est aussi un bon point de départ pour explorer les collines, les plages du sud et les grottes. Vous pourrez participer à des activités culturelles et d'écotourisme.

Activités

Mavra Volia PLAGE
(Carte p. 395 ; Emborios). En forme de demi-lune, la plage la plus célèbre de l'île est couverte de galets noirs, lui donnant un aspect sombre et mystérieux. Pas d'équipement, à l'exception d'un stand de vente de boissons. Quelques vestiges anciens dans les environs attirent les amateurs d'archéologie.

♥ **Masticulture Ecotourism Activities** ÉCOTOURISME
(☎ 22710 76084, 6976113007 ; www.masticulture.com ; circuits à partir de 18 €). Pour participer à des activités culturelles traditionnelles, contactez Vassilis et Roula, qui organisent des circuits d'écotourisme à la découverte de la communauté locale, de son histoire et de sa culture. Parmi les activités figurent la culture du mastic, l'observation des étoiles et des excursions à vélo ou en kayak de mer. Ils peuvent vous aider à trouver un hébergement et vous conseilleront sur la visite de l'île proche de Psara.

Où se loger

♥ **Mastiha House** PENSION €
(☎ 6944604870, 22710 72900 ; www.mastihahouse.gr ; Pyrgi ; d/tr 54/67 € ; ❄ 📶). Kaliopi, le propriétaire anglophone, a conçu avec goût ces appartements à la décoration digne de celle d'un château : hauts plafonds, balcons donnant sur une ruelle étroite et les maisons en pierre peinte de Pyrgi, et kitchenettes équipées d'un mixeur pour concocter des boissons glacées.

To Petroni B&B €
(Carte p. 395 ; ☎ 22710 73320 ; Vessa ; ch à partir de 40 € ; ❄ 📶). Voici une maison traditionnelle aux allures de tour de château, dotée de plafonds voûtés et de fenêtres gothiques. Les pièces sont bien aménagées, et vous vivrez une authentique escapade rurale. Le petit-déjeuner (6 €) est servi dans le jardin. La taverne du village est à proximité, et la célèbre plage de Lithi est à quelques kilomètres en voiture.

♥ **Medieval Castle Suites** SERVICE D'HÉBERGEMENT €€
(☎ 22710 76025 ; www.medievalcastlesuites.com ; Mesta ; d/tr à partir de 95/120 ; ❄ 📶). Les Castle Suites se composent de 20 chambres disséminées dans le village, toutes avec des pierres traditionnelles, des salles de bains modernes, et quelques-unes avec cheminée et ordinateur. Plus ou moins proches de la place, elles varient grandement en taille.

Mouzaliko Traditional Hotel PENSION €€
(Carte p. 395 ; ☎ 6974057299, 22710 31624 ; www.mouzalikohotel.gr ; Chalkousi Maria 52 et Irini Paidousi, Kampos ; ch avec petit-déj 50-80 € ; ❄ 📶). Si vous vous demandez ce qui se cache derrière les hauts remparts de Kampos, voici l'occasion de le découvrir. Les chambres de ce manoir en pierre typique font toute face à la belle cour, où les propriétaires gréco-québécois servent des petits-déjeuners copieux avec des pains au miel. Ce lieu paradisiaque est idéalement complété par un verger d'agrumes.

Perleas Mansion HÔTEL HISTORIQUE €€€
(Carte p. 395 ; ☎ 22710 32217 ; www.perleas.gr ; Vitiadou, Kampos ; s/d/tr avec petit-déj 103/117/144 € ; P ❄ 📶). Le manoir restauré de Perleas propose 7 appartements élégants et bien aménagés dans un environnement tranquille, ainsi qu'un restaurant servant

une cuisine grecque traditionnelle. Le domaine, construit en 1640, montre les prouesses de l'architecture génoise.

Où se restaurer

La taverne **Galera** (carte p. 395 ; ☎22710 73285 ; Lithi ; 5-10 € ; 9h-minuit ;), située sur la plage de Lithi, allie cuisines campagnardes grecque et italienne. Les spaghettis aux fruits de mer en sont l'incarnation. La pizza à la salade grecque est également délicieuse.

Achats

Passez chez **Despina Karavella** (☎22710 76065, 6977353451 ; Mesta ; 9h-19h), un petit coin de paradis à Mesta, pour déguster du vin doux fait maison et du *tsipouro*, ou pour acheter des bonbons à manger à la cuillère aux agrumes dont vous n'avez probablement jamais entendu parler. Quelques suites sont disponibles à l'étage, entre 50 et 60 €.

Depuis/vers Mesta et Pyrgi

Depuis Mesta et Pyrgi, 3 bus se rendent tous les jours à Chios (Hora). Dimitris Kokkinos propose un service de taxi (☎6972543543 ; il parle anglais). Exemples de tarifs depuis Mesta : Chios (45 €), Olymbi (5 €) et Pyrgi (20 €).

LESBOS (MYTILÈNE)

ΛΕΣΒΟΣ (ΜΥΤΙΛΗΝΗ)

86 436 HABITANTS

Troisième plus grande île du pays (et l'une des mieux organisées), Lesbos comporte de longues plaines désertiques à l'ouest, qui cèdent la place à des plages de sable et des marais salants dans le centre. À l'est se dressent des montagnes couvertes d'épaisses forêts et des oliveraies (quelque 11 millions d'oliviers sont cultivés sur l'île).

Capitale et port, Mytilène est une ville animée toute l'année, dotée d'*ouzeria* et d'hôtels aux prix raisonnables, tandis que, sur la côte nord, Molyvos (ou Mithymna) séduit par ses vieilles maisons en pierre et ses ruelles tortueuses qui surplombent la mer.

Les sources thermales aux vertus thérapeutiques de l'île, comptent parmi les plus chaudes d'Europe.

Malgré son attrait touristique indéniable, Lesbos tire principalement ses revenus de l'agriculture. Son huile d'olive est réputée, et l'île produit environ la moitié de l'ouzo vendu dans le monde.

Histoire

Le fabuleux patrimoine culturel de l'île s'étend du compositeur Terpandre, au VIIe siècle av. J.-C., à des personnages du XXe siècle, comme le poète Odysseas Elytis, prix Nobel de littérature, et le peintre naïf Theophilos.

Les philosophes de l'Antiquité Aristote et Épicure dirigèrent aussi une école de philosophie sur l'île. Néanmoins, Sappho, l'une des grandes poétesses de la Grèce antique, reste *la* figure emblématique de l'île. Ses vers sensuels et passionnés suscitent aujourd'hui l'engouement et attirent des lesbiennes du monde entier dans le village de Skala Eresou, où elle naquit vers 630 av. J.-C.

Depuis/vers Lesbos

AVION

L'**aéroport** (carte p. 406 ; ☎22510 61212, 22510 38700 ; www.mjt-airport.gr) se trouve à 8 km au sud de Mytilène. Jusqu'à la ville, comptez 10 € en taxi et 1,60 € en bus. **Aegean Air** (www.aegeanair.com), **Olympic Air** (www.olympicair.com), **Sky Express** (www.skyexpress.gr) et **Astra Airlines** (www.astra-airlines.gr) ont des comptoirs à l'aéroport.

BATEAU

Mytilène est un port très fréquenté avec des connexions régulières vers le continent grec et Ayvalik en Turquie.

Jusqu'à 3 bateaux par jour partent pour Le Pirée (38,50 €, 11 heures 15) en passant par Chios (21 €, 3 heures 45). Les bateaux à destination de Kavala (30,50 €, 7 heures) s'arrêtent à Limnos (21 €, 4 heures) et sont assurés 3 jours/semaine. Il y a 4 bateaux par semaine pour Samos (19,50 €, 5 heures 15) et Icarie (24 €, 8 heures).

Le petit port méridional de Sigri, à 27 km de Skala Eresou, s'anime une fois par semaine lorsque le *Nissos Chios* part pour Le Pirée (20 €, 7 heures 30) en passant par le port de Mesta sur Chios (21 €, 2 heures 30).

À Mytilène, achetez vos billets de ferry auprès de Mitilene Tours (p. 374) et Tsolos Travel (p. 374).

Comment circuler

BUS

La **gare routière longue distance de Mytilène** (KTEL ; ☎22510 28873 ; www.ktel-lesvou.gr ; El Venizelou) se trouve près du parc Agias Irinis.

De là, des bus partent pour Molyvos, Eresou et d'autres destinations dans l'île. Le samedi, il n'y a généralement qu'un bus par jour et il n'y en a pas du tout le dimanche. La filiale locale de l'opérateur national d'autobus gère un site Web où vous pouvez consulter les itinéraires et les horaires, à l'adresse www.ktel-lesvou.gr.

Les bus se rendent notamment à Agiasos (3,20 €, 45 min, 3/jour), Molyvos en passant par Petra (7,50 €, 1 heure 30, 2/jour), Plomari (5 €, 1 heure 15, 3/jour), Sigri (11,40 €, 2 heures 30, 2/sem), Skala Eresou en passant par Eresos (11,20 €, 2 heures 30, 2/jour) et Vatera via Polyhnitos (6,80 €, 1 heure 30, 2/jour).

VOITURE ET MOTO

Les agences locales **Discover Rent-a-Car** (☎22510 20391, 6936057676 ; discover1.gr ; Aristarhou 1 ; ⏲8h-22h) et **Billy's Rentals** (☎22510 20006, 6944759716 ; www.billys-rentacar.com ; Pavlou Kountourioti 87 ; ⏲7h30-22h) proposent des véhicules neufs et des offres flexibles. Billy's loue des motos. À Molyvos, vous pourrez louer un véhicule auprès de **Kosmos Rent a Car** (☎22530 71710 ; www.lesvosrentals.com ; ⏲8h-20h30).

Mytilène

29 650 HABITANTS

Port et capitale de Lesbos, Mytilène est une ville étudiante animée avec d'excellents bars et restaurants, diverses églises, de belles demeures du XIXe siècle et des musées. Le remarquable musée-bibliothèque Tériade, connu dans le monde entier, possède des tableaux de Picasso, Chagall, Matisse et du peintre local Theophilos. L'île est tout autant connue pour ses poètes et ses peintres que pour son huile d'olive et son ouzo.

Les ferrys accostent à l'extrémité nord-est de l'artère incurvée en front de mer, Pavlou Kountourioti, où se concentre la majeure partie de l'activité. Ermou, la principale rue commerçante, et les rues alentour sont jalonnées d'échoppes de céramiques artisanales, de bijoux et de produits traditionnels. La ville compte nombre de bonnes *ouzeria* et de bars.

À voir et à faire

La petite péninsule couverte d'oliviers, au sud de Mytilène, possède plusieurs sites uniques. Suivez la route côtière qui passe devant l'aéroport sur 7 km vers le sud pour atteindre la longue plage de **Neapoli**. Couverte de galets, on y trouve quelques bars prisés des étudiants, avec reggae et musique grecque en fond sonore.

À environ 9 km au sud, la péninsule entoure la populaire plage de sable et de galets d'**Agios Ermogenis** et la plage d'**Haramida**, qui dispose de toilettes et de douches sous des pins, sur le promontoire au-dessus de la plage.

♥ Musée-bibliothèque Tériade MUSÉE
(Carte p. 406 ; ☎22510 23372 ; www.museum-teriade.gr ; Varia ; 3 € ; ⏲9h-14h mar-dim). Extraordinaire. À lui seul, il devrait vous convaincre de vous rendre à Lesbos. Ce musée, installé dans une demeure de style néoclassique, expose des lithographies, dessins, collages de Picasso, Chagall, Miró ou encore Matisse qui illustraient des textes littéraires signés notamment André Malraux, Albert Camus, André Gide ou Paul Valéry de la magnifique revue *Verve* créée à Paris en 1937 par Tériade, alias Stratis Eleftériadis – né à Varia en 1897 et mort à Paris en 1983 –, critique d'art passionné et l'un des plus grands éditeurs d'art moderne du XXe siècle. Vous pourrez également découvrir l'œuvre d'artistes grecs comme Theophilos (1867-1934), peintre naïf populaire, également natif de l'île. Varia est à 4 km au sud de Mytilène.

Kastro ÉDIFICE HISTORIQUE
(Carte p. 408 ; forteresse ; 2 € ; ⏲8h30-16h mer-lun). Au même endroit que le Musée-bibliothèque Tériade, l'imposante forteresse byzantine de Mytilène fut rénovée au XIVe siècle par le seigneur génois Francisco Gatelouzo, puis agrandie par les Turcs. Entourée de pins, elle constitue un lieu de promenade prisé et offre une belle vue.

Musée Theophilos MUSÉE
(Carte p. 406 ; ☎22510 41644 ; Varia ; 3 € ; ⏲8h30-14h30 lun-ven). Ce modeste musée renferme 86 œuvres du peintre naïf Theophilos, héros populaire pour les lettrés grecs. Il vécut quasiment dans la misère, déménageant souvent et peignant les murs des cafés pour gagner son pain, représentant les gens qu'il rencontrait au travail et ailleurs.

Musée archéologique MUSÉE
(Carte p. 408 ; ☎22510 40223 ; Noemvriou 8 ; 4 € ; ⏲8h30-16h mer-lun). Ce beau musée rénové, situé à environ 500 m en amont du quai est, retrace la vie insulaire à l'époque romaine, du IIe siècle av. J.-C. jusqu'au IIIe siècle. Vous pourrez découvrir de superbes mosaïques

Lesbos (Mytilène)

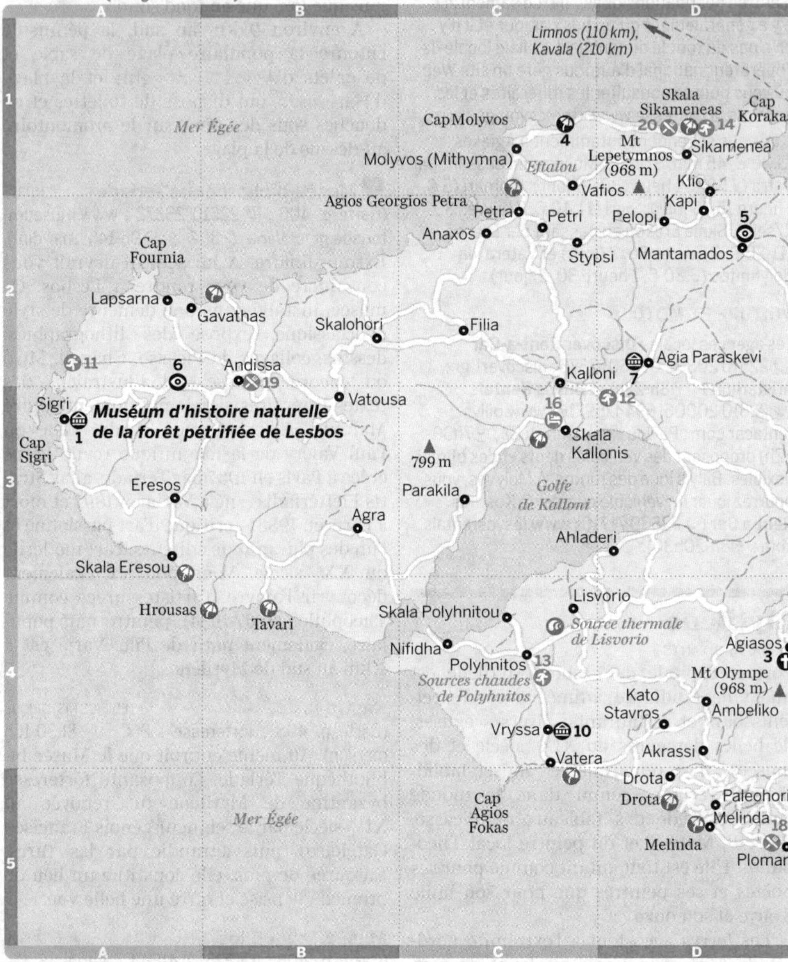

au sol en vous promenant sur la surface vitrée qui les protège.

Yeni Tzami MOSQUÉE

(Carte p. 408). Cette mosquée turque du début du XIXe siècle, à l'abandon, se situe au bout de la rue Ermou, là où se tenait jadis un marché turc. Devant se trouve un petit bateau immatriculé au port de Smyrne (grec pour Izmir). C'est un émouvant monument à la mémoire des millions de personnes qui ont été forcées de quitter définitivement leurs foyers lors du tragique échange de population entre la Grèce et la Turquie en 1923.

Therma Spa SOURCE THERMALE

(Carte ci-dessus ; www.thermaspalesvos.com ; km 7 rte Mytilène-Kalloni ; 8 € ; ⏲9h-21h). Randonneurs et cyclistes pourront se délasser dans cet établissement thermal rénové, qui comprend une piscine intérieure de style ottoman et un nouveau bassin extérieur avec une grande terrasse où prendre le soleil, face au golfe de Gera. Massages et soins divers (20-40 €). Café sur place.

Où se loger

On trouve nombre d'hôtels pour tous les budgets.

Lesbos (Mytilène)

Les incontournables

1 Muséum d'histoire naturelle de la forêt pétrifiée de Lesbos A3
2 Musée-bibliothèque Tériade F4

À voir

3 Église de la Panagia Vrefokratousa D4
4 Plage d'Eftalou C1
5 Moni Taxiarhon D2
6 Moni Ypsilou A2
7 Musée de la Production industrielle de l'huile d'olive D2
Musée Theophilos .... (voir 2)
8 Musée de l'Ouzo Varvagianni E5
9 Musée du Pressoir à olives de Vrana E4
10 Muséum d'histoire naturelle de Vrisa ... C4

Activités

11 Plage de Faneromeni A2
12 Tour d'observation des oiseaux D3
13 Sources chaudes de Polyhnitos. C4
14 Plage de Kagia D1
Bains minéraux d'Eftalou .... (voir 4)
15 Therma Spa E4

Où se loger

Gorgona .... (voir 14)
Hrysi Akti .... (voir 4)
Irini Studios .... (voir 8)
Pano Sto Kyma .... (voir 8)
16 Pasiphae Hotel C3

Où se restaurer

I Mouria tou Mirivili .... (voir 14)
Poseidon .... (voir 14)
Restaurant Hrysi Akti .... (voir 4)
Sunset .... (voir 8)
17 Taverna Efkaliptos F3
18 To Ammoudeli D5
19 To Kati Allo B2
20 To Kyma D1

♥ Theofilos Paradise Boutique-hôtel HÔTEL DE CHARME €€

(Carte p. 408 ; ☎22510 43300 ; www.theofilosparadise.gr ; Skra 7 ; s/d avec petit-déj à partir de 84/112 €, ste à partir de 130 € ; P ❄ @ ≋). Ce superbe hôtel occupe une demeure centenaire élégamment restaurée, avec des équipements modernes et un hammam traditionnel. Les 22 chambres haut de gamme (plus 2 suites luxueuses) sont réparties dans 3 bâtiments adjacents autour d'une agréable cour où il fait bon faire une pause café.

Une adresse accueillante, d'un bon rapport qualité/prix.

Hotel Lesvion HÔTEL €€

(Carte p. 408 ; ☎22510 28177 ; www.lesvion.gr ; Pavlou Kountourioti 27a ; s/d avec petit-déj à partir de 47/67 € ; ❄ ≋). Moderne et bien situé, juste sur le port, le Lesvion propose de jolies chambres spacieuses, dont certaines avec balcon face à la mer, et un service correct. Le bar du petit-déjeuner donne sur le port.

Où se restaurer et prendre un verre

To Kastro GREC €

(Carte p. 408 ; ☎6974925921 ; Ermou 326 ; plats 6-10 € ; ⏲10h-2h). Georges, le propriétaire,

Mytilène

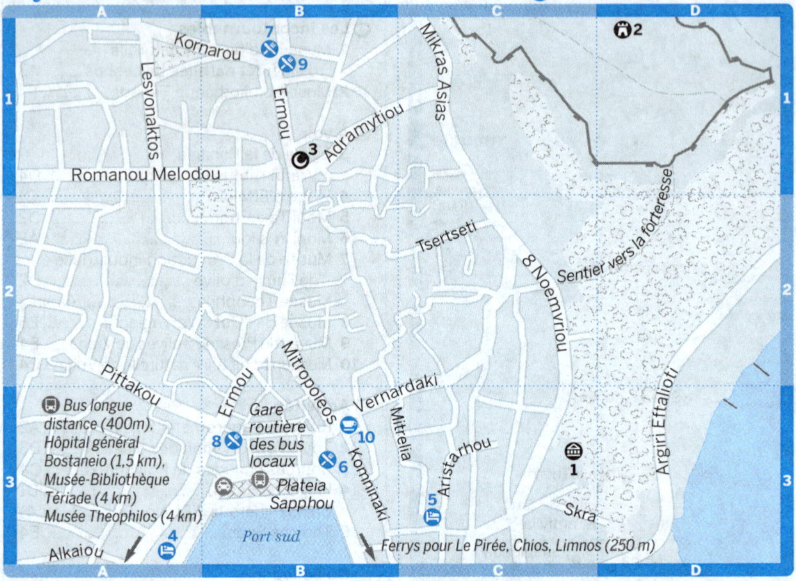

Mytilène

À voir
- 1 Musée archéologique C3
- 2 Kastro D1
- 3 Yeni Tzami B1

Où se loger
- 4 Hotel Lesvion A3
- 5 Theofilos Paradise Boutique Hotel C3

Où se restaurer
- 6 Cafe P B3
- 7 O Ermis B1
- 8 Taverna Kalnterimi B3
- 9 To Kastro B1

Où prendre un verre et faire la fête
- 10 Mousiko Kafenio B3

a longtemps vécu aux Pays-Bas. C'est aussi un magicien. Il vous fera quelques tours avant de vous servir d'excellents mezze et boulettes de viande.

Cafe P CAFÉ €

(Carte ci-dessus ; ☎22510 55594 ; Samou 2 ; plats 3-7 € ; ⌚11h-3h ; ☕). Dans une petite rue, ce bistrot branché séduit une clientèle estudiantine avec ses petites assiettes originales à prix doux, sa carte réduite, sa musique éclectique et son atmosphère décontractée. Les crevettes sautées, plus une bière pression, vous reviendront à 8 €. À 50 m environ de la Plateia Sapphou ; repérez la lettre grecque 'Π'.

O Ermis TAVERNE €

(Carte ci-dessus ; angle Kornarou et Ermou ; mezze 5-9 € ; ⌚10h-minuit). Cette modeste taverne est située en lieu et place d'un ancien café, datant de 1800, du quartier turc. Quelques traces de celui-ci persistent dans la décoration traditionnelle du lieu. On y sert de bons vins de Macédoine et de Limnos, ainsi que de copieux plats grecs.

Taverna Kalnterimi TAVERNE €

(Carte ci-dessus ; ☎22510 46577 ; angle Ermou et Thasou ; plats 7-10 € ; ⌚11h-minuit ; ☕). Situé entre la rue Ermou et le front de mer, ce café est une valeur sûre. Vous y mangerez du *gavros* (un petit poisson mariné) et des côtes de porc marinées, mais aussi du *mayirefta* et des salades de saison. L'assortiment de mezze est servi au prix raisonnable de 15 €.

♥ Taverna Efkaliptos POISSON €€

(Carte p. 406 ; ☎22510 32727 ; Vieux-Port, Panagiouda ; plats 8-18 € ; ⌚11h-2h). Dans cette excellente taverne de Panagiouda, vous serez peut-être assis plus près des bateaux de pêche que de la cuisine. À seulement 4 km de Mytilène, on se croirait presque au bout du monde. Les mezze sont excellents, le poisson frais est d'un très bon rapport qualité/prix, et le vin blanc vient de l'île toute proche de Limnos. Service impeccable.

Mousiko Kafenio CAFÉ
(Carte ci-contre ; angle Komninaki et Vernardaki ; 7h30-2h). Ce repaire d'étudiants est décoré de peintures éclectiques, de vieux miroirs et de boiseries défraîchies, qui contribuent à l'ambiance bohème et détendue. Ajoutez l'excellente musique et vous obtenez l'un des endroits les plus amusants de la ville. Grand choix de boissons, dont des jus de fruits frais, du café et même un thé glacé maison en été.

Renseignements

Mitilene Tours (p. 374). Agence de voyages du côté est du port. Réservation d'hébergement, location de voitures, voyages et circuits en Turquie.

Tsolos Travel (p. 374), du côté sud du port, vend des billets de ferry pour la Turquie.

Zoumboulis Tours (22510 37755 ; Pavlou Kountourioti 69 ; 8h-20h). Billets de ferry et d'avion ; excursions en bateau jusqu'en Turquie.

Depuis/vers Mytilène

L'aéroport (p. 404) se trouve à 8 km au sud en longeant la côte.

Mytilène est le principal port de l'île, il dessert d'autres îles du nord-est de la mer Égée et Le Pirée (Athènes).

La **gare routière locale de Mytilène** (KTEL ; carte ci-contre ; 22510 46436 ; Pavlou Kountourioti), près de Plateia Sapphou, dessert des destinations en ville et à proximité de Loutra, Skala Loutron et Tahiarhis.

La station de bus longue distance (p. 404) se trouve à côté du parc Irinis, près de l'église à coupole.

La **station de taxis** (carte ci-contre) se trouve du côté ouest de Plateia Sapphou.

Nord de Lesbos

Avec des collines vallonnées couvertes de pins et d'oliviers, des plages paisibles et la ville harmonieuse de Molyvos (également appelée Mithymna), le nord de Lesbos offre la solitude et de discrètes stations balnéaires. Des sources thermales en bord de mer et de curieux monastères byzantins ajoutent aux charmes de la région.

À voir et à faire

Petra

À 5 km au sud de Molyvos, **Petra** est un village balnéaire bondé. Son seul site culturel, au-dessus du gigantesque éperon rocheux qui donne son nom au village, est la **Panagia Glykophilousa** (église de la Vierge-au-Doux-Baiser) du XVIIIe siècle, accessible par 114 marches taillées dans la roche. Au sommet de la porte principale, de mystérieuses figurines rappellent les statues de l'île de Pâques. Si Petra compte quelques hôtels, elle ne possède pas le cachet de Molyvos ou de la plage voisine d'Eftalou. Malgré une petite place plaisante, le village n'est qu'un ensemble de boutiques de souvenirs et de restaurants. Faites un tour à la **First Kiss Gallery** (10h-12h), l'artiste canadien local Paul Henry expose et vend des sculptures en papier mâché sur le thème de la mer.

Eftalou

La plage d'**Eftalou** (ou Agii Anargyri), à 2 km au nord-est de Petra, séduira les amateurs de solitude. Adossée à une falaise, cette étroite et paisible plage de galets, baignée d'une eau cristalline, abrite les charmants bains minéraux d'Eftalou. Après les bains, le **Chryssi Akti** (carte p. 406 ; 22530 71879 ; plage d'Eftalou ; s/d 30/35 € ;), au bord de la plage de galets, propose des chambres avec salle de bains sans prétention dans une crique idyllique ; l'agréable restaurant des propriétaires donne sur la mer.

Les **bains minéraux d'Eftalou** (carte p. 406 ; 22530 71245 ; plage d'Eftalou ; bains en groupe/privé 4/6 € ; 10h-18h) sont des thermes antiques traditionnels situés sur la plage d'Eftalou. L'eau claire à 46,5°C vous fera du bien. Le dôme est piqué d'hypnotisants puits de lumière. Les thermes voisins, datant du XXe siècle, disposent de bains privés. On dit que les sources guérissent les maladies, de l'arthrite à l'hypertension.

Skala Sykaminias et ses environs

Depuis Eftalou, une route côtière continue sur 9,5 km jusqu'à **Skala Sykaminias**, ravissant port de pêche doté de quelques *domatia* et de deux tavernes très populaires, dont **I Mouria tou Mirivili** (ci-contre). Les deux établissements ont pour spécialité les *astakomakaronada* (pâtes et homard).

Si celles-ci sont prises d'assaut par les excursionnistes de Molyvos, marchez jusqu'à To Kyma, également sur le front de mer, à environ 800 m à l'ouest du port. Juste avant la taverne, un sentier balisé commence l'ascension jusqu'à **Sykaminias**, où vous pourrez rejoindre un circuit de randonnée qui vous mènera au village voisin de Lepetymnos, avant de revenir à Sykaminia en 3 heures environ.

La plage la plus proche, **Kagia** (carte p. 406), est à quelques pas du port. Suivez le sentier qui traverse la pointe à l'est du port. Un grand jardin ombragé de la taverne **Poseidon** (plage de Kagia ; carte p. 406 ; ☎ 22530 55370 ; Paralia Kagias ; 7-13 € ; ⏲ déj et dîner) permet d'échapper au soleil de midi. Si vous souhaitez séjourner à Skala Sykaminia, l'hôtel **Gorgona** (carte p. 406 ; ☎ 22530 55301 ; www.gorgonahotel.gr ; Skala Sykaminia ; d à partir de 46 € ; ❄📶), situé sur le port, est un bon choix.

Au-dessus du port se trouve Sykaminia, son village jumeau, où la route principale venant de Molyvos tourne vers le sud et **Mantamados**, où se trouve le monastère Moni Taxiarchon GRATUIT. Encore plus au sud, l'**Agia Paraskevi** abrite l'excellent **musée de la Production industrielle de l'huile d'olive** (carte p. 406 ; ☎ 22530 32300 ; www.piop.gr ; 3 € ; Agia Paraskevi ; tarif plein/réduit 4/2 € ; ⏲ mer-lun 10h-18h mars-oct, 10h-17h nov-fév).

À environ 36 km au nord de Mytilène, près du village de Mantamados, se trouve l'un des plus importants sites de pèlerinage de Lesbos. L'imposant monastère de **Moni Taxiarhon** (carte p. 406 ; ⏲ 8h-coucher du soleil) GRATUIT, datant du XVIIe siècle. Repérez l'avion de chasse devant le bâtiment, il rappelle aux fidèles que l'archange saint Michel est le saint patron de l'armée de l'air grecque.

Où se restaurer

To Kyma — GREC €

(Carte p. 406 ; ☎ 22530 55302 ; Skala Sykaminias ; 7-10 € ; ⏲ 8h-tard ; 📶). Marchez sur la plage pendant 800 m depuis Skala Sykaminias pour atteindre cette sympathique taverne. Dégustez le poisson de la pêche du jour. L'endroit idéal pour admirer le coucher du soleil.

Restaurant Hrysi Akti — TAVERNE €

(Carte p. 406 ; ☎ 22530 71947 ; plage d'Eftalou ; plats à partir de 5-8 € ; ⏲ 8h-tard ; 📶). Excellente cuisine de taverne, poisson frais et grillades savoureuses avec vue sur la plage. L'établissement fait partie de la *domatia* Hrysi Akti.

I Mouria tou Mirivili — TAVERNE €€

(Carte p. 406 ; ☎ 22530 55319 ; Skala Sykaminias ; 8-16 € ; ⏲ 10h-minuit ; 📶). Renommée pour ses spaghettis au homard, cette grande taverne a un large choix de plats aux fruits de mer et de très bons légumes en accompagnement. Les tables sont installées à l'ombre d'un mûrier.

Depuis/vers le nord de Lesbos

Il y a 2 à 3 bus quotidiens qui relient Molyvos à Mytilène (7,50 €, 1 heure 30). Un bus circule 6 fois par jour entre Petra, Molyvos et Eftalou.

Molyvos — Μόλυβος

1 500 HABITANTS

Molyvos (ou Méthymne) est une bourgade bien conservée de l'ère ottomane, avec d'étroites rues pavées, des maisons en pierre aux balcons de bois fleuris et une plage de galets en contrebas. Son majestueux château byzantin du XIVe siècle, les plages à proximité et son emplacement au centre-nord de l'île en font une bonne base pour visiter Lesbos.

À voir et à faire

Les amateurs de plage peuvent prendre un bateau d'excursion qui part tous les jours à 10h30 pour le village de Skala Sykaminias (10 km) et Eftalou (à partir de 20 €). Vous pouvez aussi rejoindre à pied Skala Sykaminias et prendre le bateau pour revenir à Molyvos. Des croisières au coucher du soleil sont également proposées. Renseignez-vous à la **Faonas Travel Agency** (☎ 22530 71630 ; tekes@otenet.gr), dans le Sea Horse Hotel (ci-contre), ou auprès de **Lesvorama** (☎ 22530 72291 ; www.lesvorama.gr ; ⏲ 9h-22h), dans l'artère principale.

Château byzantin-génois — CITADELLE

(☎ 22530 71803 ; 2 € ; ⏲ 8h30-16h mer-lun). Ce beau château du XIVe siècle domine Molyvos. La montée abrupte est récompensée par une vue panoramique sur la ville, la mer et la Turquie au loin. En été, le château accueille plusieurs festivals.

Stratis Boat Trips BATEAU
(☎6974837055 ; facebook.com/stratkab ; croisière 2/4 pers 50/80 €). Stratis Kapanas, un sympathique cycliste, est le capitaine de l'*Escape*, un caïque sur lequel vous pourrez faire une agréable balade côtière de 3 heures (4 personnes maximum) avec pause déjeuner et baignade. Cherchez son bateau devant le Sea Horse Hotel (ci-dessous) et le restaurant Grand Bleu sur le Vieux-Port.

Où se loger

Nadia Apartments & Studios PENSION €
(☎22530 71345 ; www.apartmentsnadia-molivos.com ; studio/app 38/53 €). Sur la route de Sikaminia et à quelques pas de la vieille ville, ces grandes chambres modestes donnent sur une vaste cour ombragée et appartiennent à Nadia, la propriétaire bien organisée. Gâteaux maison offerts. Ouvert toute l'année.

Molyvos Queen Apartments APPARTEMENTS €
(☎22530 71452 ; www.molyvos-queen.gr ; d/tr 40/50 €). De confortables appartements entièrement équipés et perchés sur la colline. Vous apprécierez la vue sur la mer et le château. Au sommet du village, sur le chemin en direction du château (ci-contre).

Lela's Studios APPARTEMENTS €
(☎6942928224, 22530 71285 ; www.eftalouolivegrove.com/lelas_studios.htm ; studios à partir de 40 €). Deux beaux studios dans une cour fleurie de roses et de géraniums, chacun avec cuisine équipée et terrasse couverte en pierre, avec vue sur la mer et le soleil couchant. Il sont situés après le croisement entre la route principale et Agora.

Marina's House PENSION €
(☎22530 71470 ; dimouks@yahoo.com ; ch 45 €). À 50 m du port, les marches de cette pension bien entretenue sont envahies par les géraniums. Les chambres sont impeccables, lumineuses et ont de petits balcons qui donnent sur la route principale face à la mer. Kostas, le mari de Marina, peint des icônes qu'il fournit aux magasins du village.

Sea Horse Hotel HÔTEL €€
(☎22530 71630 ; www.seahorse-hotel.com ; s/d avec petit-déj 60/65 €). Au cœur du quartier du port, cet hôtel comporte des chambres modernes et confortables, toutes avec un balcon donnant sur le port, un restaurant et une agence de voyages. Trois studios, parfaits pour les familles, disposent d'une kitchenette avec vue partielle sur la mer.

Amfitriti Hotel HÔTEL €€
(☎22530 71741 ; www.amfitriti-hotel.com ; s/d/tr à partir de 45/65/80 €). À seulement 50 m de la plage, cet hôtel traditionnel en pierre, bien géré, propose des chambres modernes et un grand jardin avec piscine. Le personnel est amical et serviable, et le calme de l'hôtel est appréciable.

Où se restaurer

Misirlou INTERNATIONAL €
(☎22530 72388 ; Molyvos Harbour ; plats 6-11 € ; 13h-minuit). Un nouvel établissement géré par des Américains. Misirlou utilise uniquement des produits frais pour cuisiner ses délicieux wraps, burgers et pizzas. Le soir, l'endroit se transforme en bar à cocktails branché, et passe de la très bonne musique.

Betty's TAVERNE €
(☎22530 71421 ; 17 Noemvriou ; plats 8 € ; 9h-15h et 18h-tard). Cette résidence d'un pacha turc restaurée, dans le haut du village, surplombe le port. Elle propose une succulente variété de *mayirefta*, telle que des moussakas (avec ou sans viande), des poissons cuits au four, des souvlakis d'agneau et des *kotiropitakia* (petits feuilletés au fromage), ainsi que de savoureux petits-déjeuners. Betty loue aussi 2 grands studios bien équipés dans un coin paisible et ombragé près du restaurant.

Alonia TAVERNE €
(Plats 5-10 € ; déj et dîner). Les habitants adorent ce restaurant sans prétention sur la route en allant vers la plage d'Eftalou, juste à la sortie de la ville. L'ambiance est chaleureuse. On y sert du poisson frais, des salades grecques et des vins locaux.

Maistrali TAVERNE €€
(☎22530 72160 ; port de Molyvos ; plats 6-15 € ; déj et dîner). Située juste à côté de l'eau, en dessous de Molly's Bar (p. 412), cette taverne traditionnelle est très sympathique. Roula, la propriétaire, prépare et sert de bons plats grecs. Sa *mayirefta* se marie bien avec le vin proposé.

Où prendre un verre et faire la fête

Molly's Bar BAR
(☎22530 71772 ; ⏰18h-tard ; 📶). À l'extrémité est du front de mer, ce bar tenu par un Britannique est original avec ses murs peints d'étoiles bleues et ses rideaux de perles. Il attire une clientèle animée, locale et internationale. Le petit balcon est parfait au coucher du soleil.

Renseignements

Molyvos Tourism Association (☎22510 71990 ; www.theotheraegean.com ; Agora ; ⏰8h-15h). Office du tourisme dans la partie supérieure de l'Agora, près de la pharmacie.

Depuis/vers Molyvos

Au moins 1 à 2 bus par jour se rendent à Mytilène depuis Molyvos (7,5 €, 1 heure 30).

Ouest de Lesbos

L'ouest de Lesbos fut formé par de massives éruptions volcaniques primitives qui fossilisèrent la végétation et la faune, faisant de la région un site privilégié pour les géologues et les paléontologues. Le paysage spectaculaire et désolé, parsemé de rochers escarpés et de quelques oliviers, est totalement différent du reste de l'île. Plus au sud-ouest, il cède la place à des étendues herbeuses qui conduisent au village côtier de Skala Eresou, lieu de naissance de Sappho, l'une des plus célèbres poétesses lyriques de Grèce, surnommée la Dixième Muse par Platon.

À voir

Sur la route de Skala Kallonis à Sigri, vers l'ouest, s'étend un paysage volcanique rude et ancien, dominé par les vestiges éparpillés d'une **forêt pétrifiée**. Site géologique rare et fascinant, cette forêt d'arbres fossilisés résulte de l'intense activité volcanique qui s'est produite dans le nord de la mer Égée pendant le miocène. Malheureusement, la principale zone habituellement accessible aux visiteurs de ce géoparc était fermée lors de notre passage, en raison d'un cruel manque de financement. Renseignez-vous auprès du **muséum** (ci-contre) de Sigri, qui comprend une petite partie de la forêt.

Sigri est un port de pêche somnolent. Ses rues étroites bordées de jolies maisons blanchies à la chaux descendent vers un imposant château ottoman. Le village offre une vue splendide sur la mer, surtout au coucher du soleil. À 4 km du village, on trouve une superbe plage de sable et de galets, la **plage de Faneromeni** (carte p. 406).

En revenant de Sigri, faites une pause-café ou déjeunez à **Andissa**, un village aux rues étroites, rustique et animé. À l'ombre des deux énormes platanes de la place du village, écoutez les bavardages des anciens en dégustant un café grec ou une boisson fraîche, sans oublier de goûter des fruits au sirop typiques au To Kati Allo.

Muséum d'histoire naturelle de la forêt pétrifiée de Lesbos MUSÉE
(Carte p. 406 ; ☎22530 54434 ; lesvosmuseum.gr ; Sigri ; 5 € ; ⏰9h-17h juil-sept, 8h30-16h30 oct-juin ; P). Ce muséum ultramoderne montre les conséquences d'une éruption volcanique sur un territoire, notamment celle de Lesbos il y a 20 millions d'années. Une partie de la forêt pétrifiée est accessible. Vous pourrez alors imaginer les violentes explosions expulsant des coulées de lave couvrant la forêt dense de l'ouest de Lesbos, fossilisant parfaitement les fibres des plantes. Ces fossiles végétaux nous en apprennent beaucoup sur les plantes de cette période. On trouve, entre autres, des troncs géants de séquoias pétrifiés et de minuscules fossiles de pistaches et de feuilles d'oliviers.

Moni Ypsilou MONASTÈRE
(Moni Agiou Ioannou Theologou ; carte p. 406 ; ⏰aube-crépuscule). GRATUIT À 9 km à l'ouest d'Andissa, le monastère byzantin Moni Ypsilou coiffe un pic isolé, entouré de plaines volcaniques. Fondé au VIIIe siècle, il possède une cour fleurie à arcades et un impressionnant petit musée où sont exposés des icônes antiques et des manuscrits byzantins. Du haut des murs du monastère, vous découvrirez les plaines ocre désolées qui s'étendent jusqu'à la mer.

Où se loger et se restaurer

Pasiphae Hotel HÔTEL €
(Carte p. 406 ; ☎22530 23212 ; www.pasiphae.gr ; Skala Kallonis ; s/d avec petit-déj à partir de 40/45 € ; P ❄ @ 📶 🏊). Cet hôtel accueillant et bien tenu bénéficie d'un emplacement ombragé à environ 300 m de la mer et de la place de Skala Kallonis. Il héberge une clientèle d'habitués, notamment des ornithologues amateurs qui se retrouvent au bar dans le hall pour comparer leurs observations du printemps et de l'automne.

VAUT LE DÉTOUR

OBSERVATION DES OISEAUX

Juste au sud de l'agricole Kalloni, sur la côte, le paisible village de pêcheurs **Skala Kallonis** devient, au printemps et à l'automne, un paradis pour l'observation des oiseaux. Lors de la migration printanière, d'une ampleur inégalée en Europe, les marécages de Lesbos accueillent plus de 130 espèces d'oiseaux, des flamants et rapaces aux pics et chevaliers stagnatiles. Attirés par ce spectacle fabuleux, des ornithologues européens affluent sur l'île pendant les pics d'observation, de mi-avril à mi-mai et de mi-septembre à octobre. Skala Kallonis partage leur enthousiasme, et le Pasiphae Hotel (ci-contre) fait office de centre officieux, où les ornithologues se retrouvent au bar pour comparer leurs observations. Apportez vos jumelles. Il existe une **tour d'observation** (carte. 406) près de la route de Mytilène, à la périphérie de Kalloni, pour admirer les flamants roses qui peuplent les marais salants au printemps.

Si vous ne savez pas reconnaître une libellule ou un grèbe huppé, et que vous êtes anglophone, procurez-vous l'ouvrage *A Birdwatching Guide to Lesvos* (non traduit en français) de Steve Dudley. Steve organise des circuits d'observation des oiseaux sur l'île, qui abrite également 50 espèces de papillons et de libellules, ainsi qu'une myriade de grenouilles rieuses.

Vasilis Vogiatzis, le gérant, est de bon conseil. Service exceptionnel et chambres impeccables.

To Kati Allo CAFÉ
(Carte p. 406 ; Andissa ; fruits au sirop 1-2 €, plats 6-10 € ; 🕗7h-1h). Ce charmant café sur la place principale d'Andissa est parfait pour une dégustation de café grec avec quelques fruits au sirop. La taverne propose également des plats traditionnels.

Depuis/vers l'ouest de Lesbos

Un ou deux bus quotidiens relient Skala Eresou et Sigri à Mytilène, mais si vous voulez explorer cette partie reculée de l'île, il est préférable de louer une voiture.

Skala Eresou Σκάλα Ερεσού

1 560 HABITANTS

Skala Eresou est à la fois un village de pêcheurs traditionnel, une station balnéaire bohème et un rendez-vous lesbien, particulièrement en septembre quand un festival de 2 semaines honore la poétesse lyrique Sappho, née ici en 630 av. J.-C. Cette petite communauté de bord de mer offre une ambiance décontractée de bout du monde, avec des cafés et tavernes le long du littoral et des tamaris bercés par la brise.

À voir et à faire

Près du marché, les vestiges de la **basilique Agios Andreas** comprennent des mosaïques du Ve siècle en partie préservées.

Musée archéologique d'Eresou MUSÉE
(2 € ; 🕗8h30-15h mar-dim). Un modeste musée aux horaires variables, dont les mosaïques extérieures, protégées par des barrières, sont très intéressantes. Dans une rue tranquille au sud-est du village, à deux pâtés de maisons de la mer.

Circuit en boucle de Skala Eresou RANDONNÉE
Un sentier de 14 km bien indiqué. Longez la plaine alluviale de Skala Eresou, puis faites l'ascension de la colline Vigla par le quai où se trouvait autrefois l'ancienne acropole de Skala Eresou.

Fêtes et festivals

Le **Festival international des femmes d'Eresou** (☎22530 52130 ; www.womensfestival.eu ; Skala Eresou ; billets 30-65 € ; 🕗sept), qui conserve une ambiance îlienne, est une grande fête durant 2 semaines. Les festivités et activités comprennent concerts, cinéma en plein air, poésie, danses grecques, beach-volley, sports nautiques,... Il y a aussi un Festival du film LGBTQ et de nombreux spectacles.

Où se loger

♥ **Heliotopos** APPARTEMENTS €
(☎6948510527 ; www.heliotoposeressos.gr ; d/qua 40/70 € ; P ❄ 📶). À 15 minutes à pied du village, ce gîte – situé dans un jardin de palmiers – dispose de 5 studios et 3 appartements de 2 chambres, tous avec cuisine

équipée. Des vélos sont mis à disposition gratuitement.

Hotel Kyma PENSION €

(22530 53555 ; d 45 € ;). Vous pourrez presque plonger dans la mer depuis votre balcon dans cette charmante pension perchée au-dessus d'une plage étroite, à l'extrémité orientale de Skala Eresou. Les chambres, quoique simples, sont élégantes. Vues splendides sur le coucher du soleil.

Aumkara Apartments APPARTEMENTS €

(22530 53190, 6948131032 ; www.aumkara.eu ; d/tr/qua à partir de 40/50/60 € ;). La chaleureuse Maria vous accueillera dans ces appartements élégants et impeccables près du centre du village et à 50 m de la plage. Les voyageurs indépendants apprécieront les kitchenettes pratiques. Les chambres vont du petit studio à l'appartement avec 2 chambres à coucher.

Hotel Gallini HÔTEL €

(22530 53138 ; www.hotel-galinos.gr ; Alkaiou ; s/d avec petit-déj à partir de 40/50 € ;). Excellente adresse pour les petits budgets, à environ 80 m du front de mer, le Gallini possède des sols carrelés et de petits balcons donnant sur la colline. Le petit-déjeuner, avec confitures et fromages maison, est servi dans la véranda fleurie.

Sappho the Eresia HÔTEL €€

(Sappho Hotel ; 22530 53233 ; www.sappho-hotel.com ; front de mer ; s/d/tr 45/70/85 € ;). Avec ses 18 chambres, l'agréable Sappho a des allures de grand hôtel à Skala Eresou. On aime son emplacement discret, sur la tranquille extrémité ouest de la plage, tout comme les ventilateurs au plafond et le café-bar décontracté. Les meilleures chambres donnent sur la mer et l'île de Psara. Petit-déjeuner à 8 €.

Où se restaurer

Soulatso POISSON €

(Poisson 6-12 € ; déj et dîner). Cette taverne-*ouzeri* fréquentée dispose d'un grand patio en bord de plage. On y mange du poisson frais pour un prix raisonnable et d'excellents mezze. Service affable, portions généreuses et vins bien choisis.

Aigaio TAVERNE €€

(Cuisinée égéenne ; promenade ; plats 7-13 € ; déj et dîner ;). Le propriétaire Theodoris pêche tous les matins pour attraper le poisson préparé le soir. Aigaio sert également de très bons plats de *mayirefta* et de bonnes grillades, le tout accompagné de musique traditionnelle grecque.

Où prendre un verre et faire la fête

Parasol BAR

(22530 52050 ; 9h-2h). Avec des lanternes orange et une sélection musicale très éclectique, le Parasol, situé sur le front mer, propose des cocktails qui correspondent à son décor tropical. Au fil de la journée, Christos et Anastasia préparent petits-déjeuners et cappuccinos, puis plats du jour du déjeuner, jus de fruits, nouilles et pizzas maison.

Notia Jazz Bar BAR

(Plateia Anthis). Vous viendrez sans doute dans ce bar branché pour un verre et resterez pour la musique. Concerts de jazz le week-end en été. Cocktails, vins grecs, bière à la pression, Miles Davis et Thelonious Monk en fond sonore.

Renseignements

Sappho Travel (22530 52130 ; www.sapphotravel.com ; place principale ; 9h-14h30 et 18h-22h). Loue des voitures, réserve des hébergements et fournit des informations sur le Festival international des femmes d'Eresou (p. 413).

Depuis/vers Skala Eresou

Un ou 2 bus circulent tous les jours entre Skala Eresou et Mytilène (11,20 €, 2 heures 30).

Sud de Lesbos

Des oliveraies et des pinèdes couvrent le sud de Lesbos, des versants du **mont Olympe** (968 m), le point culminant de la région, jusqu'à la mer et les plus belles plages de l'île. Dans cette chaude région agricole, les industries de l'huile d'olive, du vin et de l'ouzo éclipsent le tourisme.

À voir

Juste au sud de la route Mytilène-Polyhnitos, **Agiassos** est le premier endroit qui mérite une halte. Sur le versant nord du mont Olympe, ce village traditionnel aux étroites rues pavées abrite l'exceptionnelle **église de la Panagia Vrefokratousa**. Les pêcheurs vendent leurs prises du matin à l'arrière de vieux pick-up, les anciens sirotent des cafés dans les *kafenia*, tandis que fromagers et céramistes font l'article pour leurs produits dans une ambiance détendue.

Depuis Polyhnitos, connu pour ses sources thermales, la route tourne et se dirige tout droit vers le sud en direction de la **plage de Vatera** qui s'étend sur 10 km, une destination tranquille avec quelques tavernes et *domatia*. Depuis Mytilène, une autre route longe le littoral occidental du golfe de Gera, avant de bifurquer vers **Papados**, où se trouve le musée du Pressoir à olives de Vrana. La route rejoint ensuite **Plomari**, centre de l'industrie de l'ouzo de Lesbos. Ce village charmant et animé possède une grande place bordée de palmiers et des tavernes sur le front de mer.

La plupart des estivants résident à **Agios Isidoros**, à 3 km à l'est. **Tarti**, un peu plus à l'est, est moins bondé. À l'ouest de Plomari, **Melinda** est un paisible village de pêcheurs avec une plage, des tavernes et des *domatia*.

Église de Panagia Vrefokratousa ÉGLISE
(Carte p. 406 ; Agiasos). Important lieu de pèlerinage, cette élégante église fortifiée conserve une icône de la Vierge qui ferait des miracles. En effet, la guérison d'un gouverneur turc en 1701, attribuée à l'icône, a libéré le village des lourdes taxes ottomanes pendant près d'un siècle. Le 15 août de chaque année, l'icône est retirée de l'église et transportée dans le village au cours d'une procession à laquelle participent des milliers de pèlerins.

Musée du Pressoir à olives de Vrana MUSÉE
(Carte p. 406 ; ☎22510 82007 ; Papados ; 1 € ; 🕘9h-19h mar-dim). Dans le modeste village de Papados, entre Mytilène et Ploumari sur la côte sud, ce petit musée présente des pressoirs à vapeur du XIXe siècle et des peintures d'une époque révolue. Construit par Nicholas Vranas, grand-père du poète Odysséas Elytis, prix Nobel de littérature, il fait aussi partie de l'histoire littéraire grecque.

Musée de l'Ouzo Varvagianni MUSÉE
(Carte p. 406 ; ☎22520 32741 ; www.barbayanni-ouzo.com ; Plomari ; 🕘9h-16h lun-ven avr-oct, 10h-14 h lun-ven nov-mars, sur rdv sam-dim). GRATUIT Plomari est un grand centre de production d'ouzo. Ce musée, où la famille produit le célèbre alcool depuis 5 générations, propose une visite de la distillerie et de ses instruments en cuivre, ainsi qu'une dégustation comparative de différents types d'ouzo. Cherchez toujours l'indication "100%" sur l'étiquette, qui indique la qualité du distillat.

Muséum d'histoire naturelle de Vrisa MUSÉUM
(Carte p. 406 ; ☎22520 61890 ; Vrisa ; 1 € ; 🕘9h-21 juin-sept, 9h30-21 h30 mer-dim oct-mai). Associé au musée de Paléontologie et de Géologie de l'université d'Athènes, ce muséum présente des fossiles préhistoriques impressionnants et bien conservés trouvés dans la région.

Activités

Les randonneurs pourront arpenter les **chemins des oliviers**, qui suivent des sentiers et d'anciennes routes locales dans l'intérieur des terres entre Plomari et Melinda. Le **chemin Melinda-Paléohori** (1,2 km, 30 minutes) longe la rivière Selandas sur 200 m avant de grimper vers Paléohori et passe par une source d'eau potable. Il se termine au pressoir à olives du village.

100% LOCAL

SAPPHO

La poétesse grecque classique Sappho est connue pour ses vers lyriques, qui parlent de passion et d'amour. La clarté du langage et la simplicité du style équilibrent l'émotion de l'auteure. Bien qu'il ne reste que des fragments de son œuvre, nous savons qu'elle est née à la fin du VIIe siècle av. J.-C., fut mariée, qu'elle eut une fille et fut exilée un temps en Sicile, peut-être à cause de ses opinions politiques. Ses poèmes et chansons d'amour semblent avoir été adressés à un cercle restreint d'admiratrices. Elle fut l'une des premières à défendre la voix des femmes, et la sienne continue de résonner. La chanteuse-compositrice Angélique Ionatos, née à Athènes et aujourd'hui reconnue en France, est notamment l'auteure de l'album *Sappho de Mytilène* (1992), sur lequel elle a composé sur des vers de la poétesse.

Un autre joli chemin conduit à **Panagia Kryfti**, une église troglodytique près d'une **source thermale** et de la plage de **Drota**. Vous pouvez aussi emprunter le **chemin Paléohori-Rahidi** (1 km, 30 minutes), pavé de pierres blanches et jalonné de sources et de vignobles. Rahidi, raccordé à l'électricité en 2001, est un charmant village de vieilles maisons qui compte un *kafeneio*.

La bourgade agricole de **Polyhnitos**, à 10 km au nord de Vatera sur la route de Mytilène, est connue pour les deux sources thermales qui se trouvent dans ses environs et qui comptent parmi les plus chaudes d'Europe (prenez garde à ne pas vous ébouillanter).

Les plus populaires sont les **sources chaudes de Polyhnitos** (carte p. 406), qui étaient fermées au public lors de notre passage. Émerveillez-vous devant le lit orangé du ruisseau riche en fer qui vient des sources. Un sentier circulaire serpente à travers les oliveraies et les terres du monastère de Damandri. Vous pourrez voir quelques édifices religieux historiques le long du chemin.

Où se loger

Pano Sto Kyma PENSION €

(Carte p. 406 ; ☎6942906124, 22520 33160 ; www.panostokyma.gr ; Agios Isidoros ; studios à partir de 42 € ; ❄📶). Ces 11 chambres impeccables sont aménagées avec des meubles en bois bleu clair, comme celui de la mer, à 30 m de votre porte. Pas de petit-déjeuner, mais les cafés du village ouvrent tôt et les chambres sont dotées de kitchenettes.

Irini Studios APPARTEMENTS €

(Carte p. 406 ; ☎22520 33406 ; Plomari ; d 45 € ; P❄📶). Une option confortable pour les petits budgets, en face du musée Varvagianni Ouzo. L'établissement est situé à 30 minutes du centre de Plomari et de la plage d'Agios Isidoros, à égale distance des deux. Une bouteille d'ouzo vous sera offerte à votre arrivée.

Où se restaurer

♥ **Sunset** GREC €€

(Carte p. 406 ; ☎22520 32740 ; Agios Isidoros ; plats 8-16 € ; 🕑12h-1h). Cet établissement qui surplombe la route principale est un restaurant digne de ce nom, où opèrent un personnel irréprochable et un chef très compétent, Dimitris, dont les conseils culinaires ne sont pas à prendre à la légère. Coucher de soleil en prime.

To Ammoudeli GREC €€

(Carte p. 406 ; front de mer de Plomari ; plats 7-15 € ; 🕑12h-tard). Une taverne sympathique perchée de façon spectaculaire sur le bord d'une falaise presque verticale. Parmi les spécialités, la pieuvre cuite dans du vin rouge et la célèbre salade aux épinards, fromage et tomates séchées.

ℹ Depuis/vers le sud de Lesbos

Des bus relient Plomari à Mytilène (5 €, 1 heure 15, 3/jour) et Vatera à Mytilène (6,80 €, 1 heure 30, 3/jour).

LIMNOS ΛΗΜΝΟΣ

16 700 HABITANTS

Limnos, isolée dans le nord-est de la mer Égée avec la proche Agios Efstratios, séduit ceux qui recherchent de beaux paysages sur une île relativement épargnée par le tourisme. On y trouve aussi de superbes plages de sable et une culture viticole bien vivante.

La capitale, Myrina, est magnifique, avec un imposant château génois en toile de fond. À l'ouest, les reliefs et les paysages nus rappellent des îles du sud, tandis qu'à l'est les douces plaines agricoles font penser à la Macédoine. Quelques vestiges antiques valent le coup d'œil.

Au printemps, on peut être témoin de spectaculaires volées de flamants roses lors de la migration hivernale. Une plage lointaine est un spot de choix pour les véliplanchistes.

Histoire

C'est à la position stratégique qu'elle occupe, près du détroit des Dardanelles, à mi-chemin entre la péninsule du mont Athos et la Turquie, que Limnos doit son histoire mouvementée. Elle garde encore en son sein une garnison et tous les jours les avions de chasse de l'immense base aérienne de l'armée de l'air grecque viennent rappeler bruyamment leur présence. La baie de Moudros servit de base au corps expéditionnaire franco-britannique pendant la désastreuse campagne de Gallipoli, lors de la Première Guerre mondiale. Des soldats de l'ANZAC (corps d'armée australien et néo-zélandais) sont enterrés au cimetière militaire situé près de Moudros.

Depuis/vers Limnos

AVION

L'aéroport se situe à 22 km à l'est de Myrina, avec des comptoirs d'**Aegean Air** (www.aegeanair.com), de **Sky Express** (www.skyexpress.gr) et d'**Astra Airlines** (www.astra-airlines.gr). Un taxi pour Myrina coûte environ 25 €.

BATEAU

Limnos est le dernier port d'escale vers Kavala (16-27 €, 6/sem, 4 heures 30) et le premier en allant vers Lesbos (16-27 €, 3/sem, 6 heures) et les autres îles du nord-est de la mer Égée (et le dernier sur le retour). Quatre ferrys se rendent chaque semaine à Laurion (31-38 €, 9 heures), ce qui constitue un raccourci utile vers Athènes.

Limnos permet de rejoindre la petite île d'Agios Efstratios. Un ou 2 ferrys passent en semaine et le samedi (8 €, 1 heure 30).

Les ferrys partent du nouveau port de Myrina. Achat des billets auprès de **Atzamis Travel** (☎22540 25690 ; atzamisk@otenet.gr ; front de mer ; ⏱8h-22h), **Petrides Travel** (☎22540 22039 ; www.petridestravel.gr ; Kyda-Karatza 116 ; ⏱8h-23h), ou **Aegean Travel** (☎22540 25936 ; www.aegeantravel.eu ; front de mer), agences situées à Myrina.

Pour avoir des renseignements concernant Agios Efstratios, adressez-vous à **Karaiskaki Travel** (☎22540 22900, 22540 22460 ; hrissa5a@otenet.gr ; front de mer ; ⏱variables) à Myrina.

Comment circuler

BUS

Le service de bus de Limnos existe dans le but d'emmener les villageois en ville le matin pour faire des courses et de les ramener chez eux pour le déjeuner. De Myrina, 5 bus quotidiens rallient Moudros via l'aéroport (3 €, 30 min), avec le dernier retour à 12h15. Les bus ne correspondent pas au départ des vols. Pour les autres destinations de l'île, le réseau de bus n'est pas très utile.

Les horaires sont affichés à la **gare routière** (☎22540 22464 ; Plateia Eleftheriou Venizelou) de Myrina.

VOITURE ET MOTO

Petrides Travel (ci-dessus) et Aegean Travel (ci-dessus), tous deux installés sur le front de mer de Myrina, louent des voitures à partir de 30 € par jour. Des loueurs de motos sont installés dans Kyda-Karatza.

Myrina Μύρινα

5 710 HABITANTS

Entourée de collines volcaniques et dominée par un château génois, la capitale de Limnos est jeune et animée. Essentiellement fréquentée par des touristes grecs, la vie y est typiquement hellénique. Le front de mer est séparé en deux par une bande de terre sur laquelle se dresse le château : les deux côtés sont encore appelés "grec" et "turc", héritage d'une division communautaire qui existait avant l'échange de population en 1923.

Myrina ne manque pas de restaurants et de cafés ; influencés par les tendances gastronomiques des villes continentales, ils mélangent cuisine traditionnelle et moderne. La ville s'anime en été et, sur le front de mer, les étudiants restent dans les bars jusqu'au petit matin. Au-dessus de la ville, sur les versants en friche du château, de timides chevreuils vagabondent à la nuit tombée, et s'aventurent parfois jusqu'à l'*agora* en hiver.

À voir

Parmi les plages de Myrina figure la large plage de sable de **Rea Maditos** et celle plus plaisante de **Romeïkos Gialos**, après le port ; plus loin, elle devient **Riha Nera** ("eau peu profonde"), ainsi nommée en raison de sa pente douce. Les cafés et restaurants du front de mer restent ouverts tard le soir en été. À 5 minutes au sud, sur la route de la plage de Thanos, la **plage de Platy** est un croissant de sable baigné d'une eau peu profonde avec des gargotes, des tavernes et quelques hébergements.

♥ **Château de Myrina** CHÂTEAU

GRATUIT Perché sur un promontoire qui sépare la ville de sa plage populaire, le *kastro* de Myrina date du XIIIe siècle. Les ruines imposantes de cette forteresse vénitienne ne sont guère fréquentées que par les chevreuils qui vont et viennent en liberté. La montée de 20 à 25 minutes jusqu'au sommet de la colline est récompensée par la vue sur la mer jusqu'au mont Athos et, le soir venu, sur les lumières des cafés en contrebas.

Musée archéologique MUSÉE

(☎22540 22990 ; Romeïkos Gialos ; 2 € ; ⏱8h30-16h mer-lun). Ce musée, de style néoclassique, surplombe la plage de Romeïkos Gialos. Il renferme des artefacts des VIIIe et

Limnos

VIIe siècles av. J.-C., provenant des trois sites majeurs de Limnos : Poliohni, le sanctuaire des Cabires et Hephaistia. Ne manquez pas les lampes-statuettes de sirènes en faïence, ainsi que les détails sur l'échange des populations grecque et turque de 1923.

Activités

De juin à septembre, des agences de voyages organisent des excursions autour de l'île en bateau (demi-journée/journée complète 20/25 €) et en bus (journée complète 20 €). Les premières font halte pour le déjeuner et la baignade, comprennent la visite des sites archéologiques, et s'achèvent habituellement au coucher du soleil. Les secondes peuvent aussi inclure les cimetières militaires de Moudros (p. 421) et de Portianos. Contactez Petrides Travel (p. 419) ou Atzamis Travel (p. 419).

Où se loger

Vicky Studios APPARTEMENTS €

(☎22540 22137 ; www.vickystudios.com ; Maroulas 5 ; studio à partir de 30 € ; P ❄ 📶). Impeccable et accueillant, cet établissement est une aubaine pour les petits budgets, à 5 minutes de marche des boutiques et de la plage de Riha Nera. Les chambres donnent sur un joli jardin et s'agrémentent d'une kitchenette, d'un bureau et d'un réfrigérateur. Autres logements disponibles à Platy.

To Arhontiko HÔTEL DE CHARME €

(☎22540 29800 ; www.arxontikohotel.gr ; angle Sahtouri et Filellinon ; ch avec petit-déj à partir de 60 € ; P ❄ 📶). Cette demeure restaurée de 1851 (premier hôtel de Myrina) possède de nombreux atouts : des chambres élégantes, des cheminées, un personnel serviable, un bar cosy, un charme classique et un copieux petit-déjeuner grec. Dans une ruelle tranquille près de la place de Romeïkos Gialos.

Studios Efterpi APPARTEMENTS €€

(☎6984337698, 22540 22458 ; www.efterpilemnos.gr ; studio à partir de 65 € ; ❄ 📶). Perchés sur une colline, ces studios aménagés avec goût disposent de kitchenettes bien équipées et de balcon avec vue sur les toits de tuiles rouges et le château de Myrina. Il faut marcher un peu depuis le centre de Myrina, mais la plage de Riha Nera n'est pas loin. Pour trouver Efterpi, montez depuis la route qui bifurque vers Agiou Panteleimonos, près du supermarché Katsoula.

Où se restaurer et prendre un verre

Myrina est peut-être une petite ville, mais la scène gastronomique ne manque pas de surprises. On trouve de bons restaurants sur le port, mais aussi vers Romeïkos Gialos, de l'autre côté du port.

♥ Ouzeri To 11 POISSON €
(Glinou 6 ; mezze 6-12 € ; 12h-16h et 20h-minuit ; mer-lun). Ce petit *ouzeri* sans prétention, à côté du terminus des bus, est prisé des habitants pour ses poissons et fruits de mer. *Kydonia* (moules à l'ail et praires), oursins, langoustines : To Endeka (Le 11) sert tous ces délices accompagnés d'ouzo.

Grammóphōno GREC €
(22541 11841 ; Plateia Eleftheriou Venizelou 3 ; plats 6-10 € ; 10h-1h ;). Ne soyez pas déçu par le cadre (proche d'un rond-point). Cet établissement saura vous surprendre avec ses revisites créatives de plats traditionnels de taverne. Sa spécialité : différents types de viandes fumées, mais vous trouverez également d'autres plats insolites.

Sinialo GREC €
(6947328729 ; Glinou ; plats 6,50-9 € ; déj et dîner ;). Une taverne qui s'efforce de vous surprendre avec des plats que les établissements traditionnels ne proposent pas. Crevettes à l'ouzo et sauce au lait, bébés poulpes frits, croquettes à la viande fumée maison, et bien d'autres délices inédits sont servis dans une cour romantique située dans une petite rue.

O Platanos Restaurant TAVERNE €
(Kyda-Karatza ; plats 5-8 € ; 11h-23h). Ce restaurant emblématique, à mi-chemin de la rue principale de l'*agora*, installé à l'ombre de deux majestueux platanes, sert des pâtes maison, un bon vin de Limnos et de succulents *mayirefta* (plats traditionnels cuits au four), généralement à la viande.

Kosmos TAVERNE €€
(Romeïkos Gialos ; plats 6,50-14 € ; 10h30-1h). Un restaurant de bord de mer réputé pour son poisson frais bien préparé à un bon prix au kilo. Egalement un magnifique coucher de soleil sur la mer jusqu'au mont Athos.

Karagiozis BAR
(Romeïkos Gialos ; 9h-5h). Sur une terrasse verdoyante en bord de mer, le Karagiozis est un élégant café dans la journée et devient en soirée un bar où l'alcool coule à flots, avec des boissons corsées à prix raisonnables.

Achats

To Kelari (22540 23261 ; front de mer ; 8h-13h30 et 18h-21 h). Les vins rouges secs et le *tsipouro* y sont excellents et viennent de la petite cave du propriétaire, près de Myrina.

Renseignements

Aegean Travel (p. 417). Location de voiture et excursions sur l'île.

Atzamis Travel (p. 417). Billets de ferry et d'avion, réservation pour un hébergement, excursions et location de vélos. Ils peuvent organiser une visite dans les zones humides, sur la côte est de Limnos.

Karaiskaki Travel (p. 417). Anciennement Myrina Travel, spécialisé dans les voyages vers l'île d'Agios Efstratios.

Petrides Travel (p. 417). Visites guidées de l'île, excursions en bateau, locations de voiture, transferts et hébergements.

Pravlis Travel (22540 24617 ; pravlis.gr ; 8h-15h et 17h30-22 h). Une agence efficace qui propose tout type de services sur le port.

Depuis/vers Myrina

Les ferrys arrivent au nouveau port, de l'autre côté du port local depuis le front de mer de Myrina. Les bus locaux partent pour Moudros, l'aéroport (p. 417 ; 22 km à l'est de Myrina) et d'autres destinations autour de l'île depuis la gare routière (p. 417) sur la Plateia Eleftheriou Venizelou au centre-ville, où vous trouverez également une station de taxis (22540 23820 ; Plateia Eleftheriou Venizelou).

Ouest de Limnos

L'aire densément peuplée autour de Myrina peut se targuer de quelques plages agréables et d'une grande offre d'hébergement, surtout à **Platy**. La route principale de l'île, orientée vers le sud-est, traverse des villages et dessert des musées originaux et d'intéressants sites historiques. Une petite route mène au départ d'un sentier de randonnée, qui traverse des paysages extraordinaires pour arriver à la célèbre église troglodyte de Panagia Kakaviotissa.

Au nord de Myrina, la route qui part vers la gauche après le village de Kaspakas rejoint la belle plage d'**Agios Ioannis**, au pied d'un surplomb volcanique.

Dissimulés dans les montagnes de l'arrière-pays, les villages des alentours de Sardes constituent des points de ravitaillement commodes sur la route des dunes de sable peu fréquentées de la **baie de Gomati**, sur la côte nord.

À voir

Juste au sud de Myrina, Platy (p. 417) est une jolie baie qui compte de nombreux hôtels et bars corrects, mais peu de restaurants.

Nichée dans une immense cavité rocheuse au sommet d'une colline, l'**église Panagia Kakaviotissa** est superbe, tout comme les paysages que vous rencontrerez sur le chemin. Plus loin sur la côte sud-ouest, Kontias est un charmant village de maisons en pierre et de moulins à vent ; on y trouve la très renommée **galerie d'art balkanique moderne de Kontias**. Malheureusement fermée au moment de la rédaction de ce guide, elle sera peut-être ouverte lors de votre visite ; renseignez-vous sur place.

Depuis Kontias, la route principale continue vers l'est jusqu'au village de **Portianou**. Le fauteuil sur lequel était assis Winston Churchill lorsqu'il ordonna l'offensive alliée à Gallipoli (bataille des Dardanelles) est la pièce phare du **Musée folklorique** (☎22543 50000 ; ⏲horaires variables) du village. Les victimes de cette bataille se trouvent au **cimetière militaire de Portianos**, tout proche. À 4 km de là, plus de 300 Russes blancs reposent au **vieux cimetière russe** du cap Punda (4 km plus loin) ; parqués sur les îles par les troupes alliées, ils y vécurent dans d'horribles conditions et beaucoup y moururent de faim et de maladie.

La route qui part vers le nord passe près de la cave **Savvouglu & Tsivolas**, où l'on peut goûter la spécialité de l'île, le muscat d'Alexandrie, avant d'arriver aux villages de montagne des environs de **Sardes**, où se trouve l'excellente taverne **Manetella**. Au-delà s'étend une côte désolée célèbre pour ses dunes – paysage rare sur les îles grecques.

Activités

Sentier de Panagia Kakaviotissa RANDONNÉE

(Carte p. 418). Un court sentier traverse un paysage onirique fait de montagnes coniques et de roches, puis mène à une chapelle troglodytique célèbre dans la région. Vous pourrez vous y rendre en voiture et vous garer ensuite sur le parking au départ du sentier ou opter pour un circuit de 5,5 km depuis Myrina.

Gomati PLAGE

(Carte p. 418). Une plage nichée dans le coin le plus reculé du nord-ouest de Limnos. Les dunes de sable rosé et l'atmosphère de Gomati font penser à un paysage martien. Sur la plage, un bar est ouvert en été.

Savvouglu & Tsivolas DOMAINE VITICOLE

(Vins biologiques de Limnos ; carte p. 418 ; www.limnosorganicwines.gr ; ⏲11h-14h lun-ven, sur réservation les après-midi et week-ends) GRATUIT. Limnos ne manque pas de vignobles, mais celui-ci est très facile d'accès. À côté de la route de Moudros, il est spécialisé dans le muscat d'Alexandrie (blanc) et le rouge *kalabaki* local. Mais c'est à son rosé Rodon qu'il doit sa renommée internationale. Venez faire une brève visite des installations et une dégustation informelle.

Où se loger

Panorama Plati PENSION €

(☎22540 24118, 6947718755 ; www.panoramaplati.com ; plage de Platy ; studios à partir de 40 € ; ❄📶). Perchés sur une butte à 500 m de la plage de Platy, ces studios propres et bien équipés disposent d'une cuisine et d'une vue panoramique sur la baie en contrebas. La charmante hôtesse est extrêmement serviable.

Paradise Apartments APPARTEMENTS €

(☎22540 26200, 6945443455 ; www.paradiselimnos.gr ; plage de Platy ; ch à partir de 60 € ; P❄📶). Un superbe immeuble blanc aux portes bleues, entouré de palmiers et de rosiers. Les propriétaires de ces appartements, situés à 150 m de la plage, sont chaleureux. Les chambres, lumineuses et impeccables, sont toutes équipées d'une kitchenette.

Villa Victoria APPARTEMENTS €€

(☎6942906120, 22540 29077 ; plage de Platy ; d/app 80/100 € ; P❄📶🏊). Ces beaux bâtiments en pierre avec piscine ne sont qu'à quelques mètres de la plage, sur une pelouse idéale pour les enfants. La décoration des chambres, aux motifs en bois et en pierre, est élégante. Kitchenette dans chacune d'entre elles. Les appartements sur 2 étages peuvent accueillir 4 personnes.

Où se restaurer

♥ **Mantella Taverna** TAVERNE €

(☎22540 61349 ; Sardes ; plats 5-9,50 € ; ⏲déj et dîner). Cette taverne populaire et très bien tenue est à 20 minutes de route de

HORS DES SENTIERS BATTUS

AGIOS EFSTRATIOS

Ce petit coin de terre entre Limnos et la Grèce continentale reste épargné par le tourisme. L'île, que les habitants surnomment "Aï-Stratis", séduit par son calme, ses plages, ses promenades reposantes sur les collines et sa beauté tranquille. L'île est très peu peuplée, et on ne trouve que quelques *domatia* et tavernes, notamment **Ai Strati** (22540 93329, 6945563325 ; balaskajulia2000@yahoo.gr ; Agios Efstratios ; ch 30-40 €). Le village principal, qui porte le même nom que l'île, est souvent appelé "le village". Il a été entièrement reconstruit après un dramatique tremblement de terre en 1968 qui l'a pratiquement effacé de la carte. Aujourd'hui, il offre la possibilité de s'immerger dans le microcosme d'une communauté insulaire très unie et de partir pour une escapade sereine.

Myrina, dans le village de Sardes, juste au nord de Therma. On y sert, entre autres plats traditionnels du terroir, des ragoûts de coq, de chèvre et de porc, ainsi que d'excellents fromages locaux et de bons vins de Limnos. Proposé comme plat principal, le *moustoukoulika* est un plat de pâtes sucrées qui constitue un merveilleux dessert calorique.

O Sozos TAVERNE €

(Platy ; plats 6,50-8,50 € ; déj et dîner). Sur la place principale de Platy, à 2 km à l'est de Myrina, O Sozos excelle dans la cuisine grecque traditionnelle. Les spécialités sont notamment les *kokkaras flomaria* (coq servi avec des pâtes), l'agneau et les *dolmades*.

Depuis/vers l'ouest de Limnos

Il est préférable de partir en voiture ou à vélo. La plage de Platy est accessible à pied au départ de Myrina.

Est de Limnos

Les plateaux de l'est de Limnos sont occupés par des champs de blé, des petits vignobles et des moutons. Moudros, la deuxième ville de l'île, occupe le côté est de la boueuse baie de Moudros. Très escarpée, la côte nord-est est faiblement peuplée, ce qui n'était pas le cas à l'époque de la guerre de Troie, puisque y vivait l'une des premières démocraties d'Europe. Les grands sites archéologiques de cette partie de l'île rappellent son âge d'or. Récemment, les adeptes du windsurf et du kitesurf affluent sur la plage de Keros pour ses vents favorables. La direction centrale de l'armée de l'air grecque y étant basée, de nombreuses zones sont inaccessibles aux visiteurs.

À voir et à faire

Cimetière militaire de Moudros Est CIMETIÈRE

(Carte p. 418 ; près de Moudros). GRATUIT Sont ici enterrés près de 800 soldats de l'ANZAC (corps d'armée australien et néo-zélandais) et du reste de l'Empire britannique, décédés des suites de leurs blessures à l'hôpital militaire, lorsque Limnos était le quartier général des Alliés lors de la bataille des Dardanelles, pendant la Première Guerre mondiale. En 1921, un camp fut également érigé sur l'île pour des milliers de Russes blancs fuyant la Terreur rouge ; une vingtaine d'entre eux sont enterrés ici.

Le cimetière est à la sortie de Moudros, sur la route de Roussopoli et Poliohni.

Chapelle de Zoodochos Pigi ÉGLISE

(Carte p. 418 ; Kotsinas). Cette église byzantine tardive, édifiée au sommet d'une colline près d'une source d'eau sacrée, vaut surtout pour son beau point de vue, où se dresse la fière statue de Maroula. Cette figure féminine portant l'épée regarde en direction de la Turquie avec un air de défi. Héroïne locale, elle aurait pris l'épée de son père mourant pour aller combattre les Ottomans en 1478. Le site est accessible à pied depuis la plage de Kotsinas.

Sanctuaire des Cabires SITE ARCHÉOLOGIQUE

(Carte p. 418 ; Ta Kaviria ; 2 € ; 8h30-16h mer-lun). Beau site désolé au sommet d'une falaise, le sanctuaire des Cabires s'étend sur la pointe nord de la lointaine baie de Tigani. Limnos vénéra les dieux Cabires avant Samothrace. La principale curiosité est un **sanctuaire hellénistique** avec 11 colonnes partielles.

Un sentier balisé mène jusqu'à la légendaire **grotte de Philoctète**, grotte marine située en bas de la falaise, où le héros de la guerre de Troie aurait été abandonné

1. Bains d'Eftalou (p. 409), Lesbos
Des thermes ottomans antiques.

2. Musée-Bibliothèque Tériade (p. 405), Lesbos
Une collection d'œuvres de maîtres de l'art moderne.

3. Pyrgi, Chios (p. 402)
Les artistes de ce village utilisent du ciment, du sable volcanique, de la chaux et des techniques de grattage pour créer les motifs décoratifs ornant les façades.

4. Sanctuaire des Grands Dieux, Samothrace (p. 427)
Des cérémonies secrètes se déroulaient dans ce temple thrace dédié aux divinités de la Fertilité.

PICTURE PARTNERS/ALAMY ©

le temps que guérisse son pied, après une morsure de serpent.

Un sentier balisé mène à une grotte marine.

Poliohni SITE ARCHÉOLOGIQUE

(Carte p. 418 ; 2 € ; 8h30-16h mer-lun). Sur la côte sud-est, Poliohni est considérée comme le premier peuplement préhistorique de la mer Égée – la cité fut fondée au néolithique ancien (5000-4000 av. J.-C.). Ce serait également le premier exemple de démocratie constituée en Europe, comme en témoignent les traces du bouleutérion (assemblée de citoyens). Parmi les vestiges de ces peuplements anciens, le plus important est celui d'une ville pré-mycénienne antérieure à Troie VI (1800-1275 av. J.-C.). Le site, avec son petit musée, est fascinant, mais il n'y a pas beaucoup de vestiges.

Plage de Keros PLAGE

(Carte p. 418). Cette longue plage de sable fin, à 32 km de Myrina, est célèbre pour les amateurs de kitesurf grâce aux vents réguliers du nord et aux eaux peu profondes, idéales pour apprendre la voile. Il y a plusieurs restaurants et possibilités d'hébergement dans les environs.

Où se loger

On trouve quelques bonnes *domatia* à Moudros. Le **Varos Village** (22540 31728 ; www.varosvillage.com ; Varos ; ste et maisons à partir de 140 € ;) est l'hébergement le plus luxueux de la région et de l'île. La plage de Keros propose un camping confortable pour les adeptes de la planche à voile et du kitesurf.

Surf Club Keros CAMPING €

(Carte p. 418 ; 6980776064 ; www.surfclubkeros.com ; plage de Kero, Kalliopi ; tente classique/luxe 40/90 € ;). Dans ce camping : des tentes luxueuses, un restaurant approvisionné par le village voisin, et du surf! C'est le concept de ce lieu épicurien, qui est aussi une école de kitesurf. Certaines activités sont insolites, notamment le yoga en pleine mer, debout sur un paddleboard.

Où se restaurer

Vous trouverez quelques tavernes spécialisées dans le poisson à Moudros, mais les meilleures sont à Kotsinas sur la côte nord. La taverne branchée **Giannakaros** (carte p. 418 ; 22540 41744 ; Limanaki Kotsina, Kotsinas ; plats 6-14 € ; 13h-23h en sem et 13h-0h30 sam-dim) est appréciée des touristes grecs et du personnel de la base militaire aérienne. Elle se remplit le week-end, pour le rôtissage d'une chèvre ou d'un agneau entier. Excellents plats de fruits de mer tout au long de la semaine.

Depuis/vert l'est de Limnos

Des bus rallient Moudros à Myrina (3,30 €, 30 min, 5/jour). Si vous voulez vous rendre autre part, prenez la voiture ou le vélo.

SAMOTHRACE
ΣΑΜΟΘΡΑΚΗ

2 860 HABITANTS

Oubliée par la plupart des visiteurs des îles, Samothrace est isolée tout au nord-est de la mer Égée, uniquement accessible depuis le port d'Alexandroupoli, sur le continent. Cette île luxuriante et boisée possède l'un des plus importants sites archéologiques de Grèce : l'ancien sanctuaire thrace des Grands Dieux (p. 427). Ici se dresse également le point culminant de l'Égée, le mont Fengari (1 611 m), d'où, selon Homère, Poséidon, le dieu de la Mer, suivit le déroulement de la guerre de Troie.

L'intérieur montagneux de Samothrace, couvert de vieux chênes et platanes noueux, est idéal pour la randonnée à pied ou à VTT. Des cascades plongent dans de profonds bassins limpides, qui apportent une fraîcheur bienvenue en été. Les plages isolées du Sud-Est sont immaculées, tandis que le Nord offre des bains chauds à Loutra (Therma). Dans les terres derrière le principal port de pêche de la paisible Kamariotissa s'étend l'ancienne capitale, Samothraki (Hora), avec des rues fleuries et de jolies maisons, qui surplombent la mer au loin.

Renseignements

Vous trouverez un guide en ligne très complet : www.insamothraki.com.

Depuis/vers Samothrace

Les ferrys **SAOS Lines** (www.saos.gr) relient Samothrace à Alexandroupoli, 2 fois/jour en été, moins souvent hors saison. Le prix du billet varie (10-15,60 €, 2 heures). Voyager avec sa voiture revient cher (58 € contre 38 € sur les autres itinéraires), et les ferrys manquent souvent de place. Billets vendus au kiosque sur le port.

Comment circuler

Depuis Kamariotissa, il y a 6 bus quotidiens pour Samothraki (Hora) et Paléopolis, 5 pour Profitis Ilias via Alonia et Lakkoma, et 2 pour Loutra.

Kyrkos Rent a Car (69728 39231, 25510 41620 ; Kamariotissa) loue des voitures et des petites jeeps à Kamariotissa.

Il y a peu de taxis sur l'île. Leurs numéros sont affichés sur le panneau de l'arrêt de bus de Kamariotissa. Un trajet coûte moins de 20 €.

Kamariotissa et ses environs

Καμαριώτισσα

960 HABITANTS

Port de Samothrace, sa plus grande ville et carrefour des transports, Kamariotissa dispose des principaux services de l'île ; à proximité, une plage de galets bordée de bars convient pour la baignade. Si la plupart des visiteurs ne s'attardent pas, le port est charmant, rempli de fleurs et de tavernes de poisson.

Plus au sud, Pahia Ammos est une superbe plage de sable de 800 m, accessible par une route sinueuse de 8 km qui passe par quelques villages paisibles, dont Profitis Ilias et Lakkoma. Ces deux villages sont facilement accessibles depuis Kamariotissa et recèlent de bonnes tavernes.

Où se loger

La plupart des *domatia* et hôtels se situent en dehors de la ville et, contrairement à nombre d'autres îles, vous ne trouverez pas d'habitants proposant des chambres à l'arrivée du ferry. Des chambres sont disponibles vers la plage de Lakkoma.

Niki Beach Hotel HÔTEL €
(25510 41545 ; nikibeach.gr ; Kamariotissa ; s/d/tr avec petit-déj à partir de 35/55/105 €). Ce bel hôtel bien tenu, en face de la plage de la ville, compte 37 grandes chambres modernes, avec balcons ouvrant sur la mer, et un jardin intérieur planté de fleurs et de peupliers. Malgré la taille de l'établissement, les propriétaires, Elena et Vasillis, lui donnent une atmosphère intime.

♥ **Hotel Samothraki Village** HÔTEL €€
(Carte p. 426 ; 6982303396, 25510 42300 ; www.samothrakivillage.gr ; Paleopoli ; s/d/tr 65/70/90 €). Situé à 4 km à l'est de Kamariotissa sur la route côtière, et 1 km avant le sanctuaire des Grands Dieux (p. 427), cet excellent hôtel loue des chambres modernes et spacieuses avec vue sur mer. Il y a 2 piscines, un mini-terrain de jeux pour enfants, un centre de fitness et un hammam. Le transport est gratuit depuis le port. Réservez tôt.

Où se restaurer et prendre un verre

Les tavernes sont nombreuses à Kamariotissa, mais c'est au sud de l'île que vous trouverez de meilleurs établissements.

Fournello ITALIEN €
(Kamariotissa ; plats 5-10 € ; déj et dîner). Pour ceux qui veulent faire une pause de la cuisine grecque, Fournello propose de bonnes pizzas et d'excellents spaghettis. C'est l'un des rares endroits où l'on peut dîner en bord de mer. Près du Niki Beach Hotel.

Vrahos TAVERNE €
(Carte p. 426 ; 25510 95264 ; Profitis Ilias ; plats 4,50-9 € ; déj et dîner). Cette taverne très appréciée se remplit le week-end, lorsqu'un animal entier est rôti – chèvre ou mouton.

♥ **I Synantisi** TAVERNE €
(25510 41308 ; Kamariotissa ; poisson 6-12 € ; déj et dîner). Cette taverne cosy et accueillante, avec une petite cuisine ouverte, sert d'excellents poissons et *gavros* (le propriétaire pêche au harpon), de bons plats de viande.

Taverna Akrogiali TAVERNE €€
(Carte p. 426 ; 25510 95123 ; plage de Lakkoma ; plats 6-15 € ; déj et dîner). Proche de la plage de Lakkoma, cette jolie terrasse est décorée de rosiers et de géraniums. C'est l'endroit idéal pour goûter le poisson du coin, du maquereau ou d'autres poissons bien moins connus.

Karnagio CAFÉ
(Front de mer de Kamariotissa). La journée, cet établissement animé sert du bon café et des tartes au fromage. En soirée, il se transforme en *ouzerie* tranquille, on y boit du *tsipouro* en grignotant quelques en-cas face au coucher de soleil.

Depuis/vers Kamariotissa

Depuis le port, des ferrys partent de Kamariotissa vers le continent, tandis que des bus se rendent à Samothraki (Hora) et Loutra.

Samothrace

Samothraki (Hora)

Χώρα (Σαμοθράκη)

700 HABITANTS

Nichée entre deux falaises abruptes qui forment des remparts naturels et dominent la mer, Samothraki (Hora) n'est pas devenue la capitale de l'île par hasard. Au Xe siècle, les Byzantins construisirent un **château** sur son pic nord-ouest, amplement remanié par les Génois au XVe siècle.

Avec de sinueuses rues pavées abondamment fleuries et des maisons traditionnelles aux toits en terre cuite, Samothraki (Hora) est parfaite pour flâner et s'attarder devant un déjeuner ou un café. En été, une agréable vie nocturne s'organise dans les petites rues et les bars sur les toits.

À voir

Récemment aménagé pour les touristes, avec panneaux explicatifs en anglais, le pittoresque **Kastro** (Hora ; 11h-14h mer et ven-dim) GRATUIT fut construit en 1431-1433 par Palamede Gattilusio, un noble génois qui avait reçu l'île de l'empereur byzantin en échange de son aide dans une guerre fratricide. Les blasons des deux hommes sont gravés sur une plaque de marbre à l'entrée. Outre de remarquables points de vue, vous pourrez admirer dans ces ruines une grande citerne en pierre utilisée pour collecter les eaux de pluie et un trou où l'on jetait ceux dont le gentilhomme italien n'appréciait guère la compagnie. Le château fut transformé un temps en commissariat, pour être ensuite démoli en 2015.

Où se loger

On trouve plusieurs *domatia* à Samothraki (Hora), mais l'**Hotel Axieros** (25510 41416, 25510 41294 ; www.axieros.gr ; d/tr/qua à partir de 60/65/70 € ;), au cœur du village, propose le meilleur rapport qualité/prix. L'établissement est convivial et accueillant. Les chambres, joliment meublées dans un style traditionnel, sont équipées d'une kitchenette. Avec vue sur le village.

Où se restaurer et prendre un verre

Il y a beaucoup de cafés et de tavernes dans la rue principale, vers la petite fontaine d'eau de source.

O Lefkos Pyrgos CAFÉ ET DOUCEURS €
(En-cas sucrés 4-6 € ; 9h-tard juil-août). Ce café ouvert uniquement en été par les talentueux becs sucrés Iorgos et Dafni, créateurs d'excellentes gourmandises inventives et 100% naturelles. Essayez la limonade miel-cannelle ou le yaourt grec aux amandes amères. Également thés, cafés et cocktails exotiques.

Trapeza me Thea CAFÉ
(tte la journée). Elias et Theodora, d'anciens citadins, ont transformé l'ancienne banque de Samothraki (Hora) en un merveilleux café où le bureau de l'ex-directeur fait office de bar. Installez-vous sur la terrasse qui surplombe la vallée et dégustez votre café avec un "sous-marin" (gomme de mastic sucrée plongée dans de l'eau) ou une autre douceur.

À NE PAS MANQUER

SANCTUAIRE DES GRANDS DIEUX

À 6 km au nord-est de Kamariotissa, le **sanctuaire des Grands Dieux** (carte ci-contre ; ☎25510 41474 ; 6 € ; ⏲8h-15h) est l'un des sites archéologiques les plus mystérieux du pays. Les Thraces construisirent ce temple dédié à leurs divinités de la Fertilité vers 1000 av. J.-C. Au Ve siècle av. J.-C., les rites et les sacrifices secrets liés au culte attirèrent des pèlerins célèbres, dont la reine égyptienne Arsinoé, Philippe II de Macédoine (père d'Alexandre le Grand) et l'historien grec Hérodote. Le sanctuaire resta un lieu de culte jusqu'à l'interdiction du paganisme, au IVe siècle.

Principale divinité, la déesse de la Fertilité Axiéros (Grande Mère) fut plus tard assimilée aux trois déesses olympiennes Déméter, Aphrodite et Hécate. Les autres divinités vénérées dans le sanctuaire étaient l'époux de la Grande Mère, le jeune et viril Kadmilos (dieu du Phallus), assimilé par la suite à Hermès, et les jumeaux Cabires, Dardanos et Aétion, fils de Zeus et de Léda. Les Grands Dieux de Samothrace étaient révérés pour leurs immenses pouvoirs, bien supérieurs à ceux des dieux de l'Olympe, considérés querelleurs et frivoles.

On sait peu de choses sur les rites pratiqués dans ce sanctuaire, bien que des fouilles archéologiques aient révélé l'existence d'une initiation à deux niveaux : d'abord, l'invocation des Grands Dieux afin d'opérer une renaissance spirituelle intérieure, puis l'absolution des transgressions. Ce deuxième rite confessionnel avait lieu dans le **Hiéron** sacré, dont les colonnes restantes sont les vestiges les plus photographiés du sanctuaire.

Les rituels étaient ouverts à tous – hommes, femmes, citoyens, serviteurs et esclaves. Puisque divulguer les secrets du sanctuaire était passible de mort, les principales exigences du lieu semblent avoir été de venir et de se taire.

Le **Musée archéologique** (☎25510 41474 ; gratuit avec billet du site ; ⏲8h30-15h mar-dim) du sanctuaire des Grands Dieux offre une vue d'ensemble du site. Prenez la carte gratuite du musée avant d'explorer le site. Parmi les objets exposés figurent une superbe frise en marbre de danseuses, des figurines et des amphores en terre cuite, des bijoux, et des lampes en argile, indiquant la nature nocturne des rituels. Une reproduction en plâtre remplace la célèbre *Victoire de Samothrace* (désormais au musée du Louvre), volée en 1863 par Charles Champoiseau, diplomate et archéologue amateur français.

À 75 m au sud du musée se tient l'**Arisinoéion** (rotonde), cadeau de la reine égyptienne Arsinoé. L'autel en pierre d'origine du sanctuaire fut découvert à proximité. Il jouxte l'**Anaktoron** rectangulaire, où se déroulaient les premières initiations, le **Téménos**, une salle où se tenait un festin de célébration, et le Hiéron, site des initiations supérieures. En face du Hiéron se dressent les vestiges d'un **théâtre**. À proximité, un chemin monte vers le **monument de la Nikè** (*nikè* signifie "victoire en grec"), où se tenait jadis la magnifique *Victoire de Samothrace*, qui faisait face à la mer au nord. Elle était sans doute dédiée aux dieux après une bataille navale victorieuse.

Meltemi BAR

(☎25510 41071 ; ⏲8h-tard). En face de la fontaine, ce bar branché est géré par la sympathique Panyioti. Il a un superbe toit-terrasse verduré et est très fréquenté du matin jusqu'au soir.

Depuis/vers Samothraki (Hora)

Il y a 6 bus par jour pour Kamariotissa (20 min).

Loutra Λουτρά

100 HABITANTS

Loutra (également appelée Therma), à 14 km à l'est de Kamariotissa, près de la côte, est la localité la plus populaire de Samothrace pour séjourner. Ce village paisible et verdoyant, ombragé de marronniers et de platanes, et sillonné de cours d'eau, s'anime en soirée quand les habitants de tous âges se retrouvent à la terrasse des cafés.

À voir et à faire

Cascades de Paradeisos
CASCADES

(Carte p. 426). À quelque 500 m du Kafeneio Ta Therma, un chemin boisé (100 m) conduit à une série de bassins rocheux et de cascades, dont la plus haute dévale sur 30 m. Le cadre est somptueux, planté de platanes vieux de 600 ans, noueux et couverts de mousse qui surgissent du brouillard au-dessus d'un sol forestier de fougères géantes et de rochers saumâtres. Préparez-vous à plonger dans une eau glacée, un bonheur en plein été !

Plage de Pachia Ammos
PLAGE

(Carte p. 426). La meilleure plage de sable (en demi-lune) de l'extrémité sud de l'île, avec une taverne et des chaises longues. Aucun transport ne la dessert ; il faut s'organiser par ses propres moyens.

Thermes
SOURCES THERMALES

(25513 50800 ; 4-6 € ; 7h-10h et 18h-21 h juin-sept). Sources chaudes riches en minéraux, dont les vertus thérapeutiques sont censées guérir tous les maux, des problèmes de peau à la stérilité. Le grand bâtiment blanc à côté de l'arrêt de bus abrite les bains officiels. Vous pouvez toutefois vous baigner gratuitement dans deux petits bassins en plein air, 75 m plus haut.

Où se loger

Aigaion
PENSION €

(Carte p. 426 ; 6986931337 ; Ano Karyotes ; d à partir de 40 € ;). Installé au fond d'un jardin ombragé, loin de la route principale, cet hôtel familial a été complètement rénové. Certains éléments d'époque, comme les portes et les meubles, ont été laissés en l'état, ce qui vous (re)plongera droit dans les années 1970. Toutes les chambres sont équipées d'un balcon donnant sur la mer. Une cuisine commune est disponible pour ceux qui le souhaitent.

Mariva Bungalows
BUNGALOWS €

(25510 98230 ; www.mariva.gr ; d avec petit-déj à partir de 50 € ;). Ces bungalows en pierre isolés, aux chambres modernes et aérées, se situent à flanc de colline dans un cadre verdoyant, près d'une cascade. Pour les rejoindre, tournez de la route côtière vers l'intérieur des terres en direction de Loutra (Therma), puis suivez les panneaux.

Hotel Orfeas
HÔTEL €

(25510 42213, 25510 98233 ; d/tr avec petit-déj à partir de 50/60 € ;). Un hôtel simple, confortable et sympathique. Les meilleures chambres ont vue sur la rivière. Christos, le sympathique propriétaire, vous donnera des conseils si vous souhaitez explorer les collines alentour.

Archondissa
HÔTEL DE CHARME €€

(Carte p. 426 ; 6942210527, 25510 98098, 694221052798098 ; www.archondissa.gr ; d/tr 80/95 € ;). Cet hôtel de style cycladique (cubique et blanchi à la chaux) situé à 3 km à l'est de Loutra renferme des appartements aux couleurs vives avec des kilims (tapis d'Orient) et des kitchenettes ergonomiques dissimulées dans des armoires. La mer est à 30 m, au-delà d'un charmant jardin fleuri.

Où prendre un verre et faire la fête

Depuis plus de 20 ans, **Kafeneio Ta Therma** (6984994856 ; plats 3-5 € ; 8h-2h) et son énergique propriétaire Iordanis animent Loutra avec des musiciens, vendeurs ambulants et artistes qui gravitent aux alentours de son établissement.

Depuis/vers Loutra

Quatre bus assurent tous les jours la liaison entre Kamariotissa et Loutra.

THASSOS ΘΑΣΟΣ

13 770 HABITANTS

L'une des îles les plus vertes et douces du pays, Thassos, s'étend à 10 km de Kavala, sur le continent. Son climat et sa végétation donnent l'impression que l'île est le prolongement du nord de la Grèce. Les belles plages de sable du littoral, les montagnes boisées de l'intérieur et des prix moins élevés que dans les autres îles en font une destination prisée des familles et des étudiants de Bulgarie et des républiques de l'ex-Yougoslavie. Les ferrys qui partent fréquemment du continent permettent aux voyageurs indépendants de la rejoindre rapidement et l'excellent réseau de bus facilite l'exploration.

Pour les visiteurs, les principales richesses de l'île sont sa beauté naturelle, ses plages, ses villages et ses sites historiques. À l'excellent Musée archéologique

VAUT LE DÉTOUR

RIVIÈRE FONIAS

Sur la côte nord-est, à l'est de Loutra, se trouvent la rivière Fonias et les fameux **bassins rocheux de Fonias**. La randonnée (carte p. 426) commence au pont à 4,7 km à l'est de Loutra (Therma), près des billetteries (en été seulement). Un chemin facile et bien balisé conduit en 40 minutes de marche à un grand bassin où l'on peut se baigner, alimenté par une cascade de 12 m de haut. La rivière est surnommée "la meurtrière", car les pluies d'hiver la transforment parfois en un torrent furieux. Toutefois, le principal danger est de se perdre : il existe 6 cascades et les chemins balisés sont rares.

(p. 430) de la capitale, Thassos (Liménas), s'ajoutent le Moni Arhangelou (p. 434) byzantin, perché sur une falaise, et le site archéologique d'Aliki (p. 433), sur la côte sud-est.

Histoire

Au cours de sa longue histoire, Thassos a tiré parti de sa richesse naturelle. Dans l'Antiquité, l'île possédait sa propre flotte. Les Parians, qui fondèrent l'antique cité de Thassos (Liménas) en 700 av. J.-C., découvrirent des filons d'or sur le mont Pangaion, à l'origine d'exportations suffisamment lucratives pour financer une flotte navale. Si les filons d'or sont depuis longtemps épuisés, l'exploitation du marbre parian blanc de Thassos se poursuit, bien qu'elle défigure la montagne.

Activités

Les bateaux **Victoria** (☎6977012769 ; ⊙juil-août) partent en croisière à la journée autour de Thassos (Liménas), avec baignade et pause déjeuner. Le départ se fait au Vieux-Port de Liménas à 10h. Des bateaux de toutes tailles, qui disposent parfois d'un bar, partent des stations touristiques côtières. Rendez-vous aux agences de voyages **Visit North Greece** (p. 431) ou **Billias Travel Service** (p. 431) à Thassos.

Renseignements

Go Thassos (go-thassos.gr ; ⊙9h-14h lun-ven) propose un guide en ligne sur l'île et a un guichet de renseignements utiles sur Thassos.

Depuis/vers Thassos

Thassos est uniquement accessible des ports de Kavala et de Keramoti sur le continent. Des ferrys circulent entre Keramoti et Liménas toutes les 30 à 45 minutes (adulte/voiture 4/18 €, 40 min), et 6 ferrys par jour relient Kavala et Skala Prinou (adulte/voiture 5/19 €, 1 heure 15). Les horaires sont affichés dans les **billetteries** (☎25930 22318) à Thassos (Liménas), et à la **police portuaire** (☎25930 71390 ; Skala Prinou).

Comment circuler

BUS

Des bus fréquents desservent tout le littoral et les villages de l'intérieur. Des bus attendent à l'arrivée des ferrys à Skala Prinou et à Thassos (Liménas), le carrefour des transports de l'île. Huit bus relient chaque jour les deux villes portuaires (2,10 €, 20 min).

Toute la journée, des bus partent fréquemment de Thassos (Liménas) vers les villages de la côte ouest comme Limenaria (5 €), Potos (5,30 €) et Theologos (6,70 €). Au départ de Liménas, des bus rallient également sur la côte est Hrysi Ammoudia (Golden Beach ; 2,20 €), Skala Potamia (1,90 €) via Panagia (1,80 €) et Potamia (1,80 €), certains continuent jusqu'à Paradise Beach (2,80 €) et Aliki (4,10 €).

Un tour de l'île complet (environ 100 km) alieu de 6 à 8 fois par jour (10,60 €, 3 heures 30), 3 fois dans le sens des aiguilles d'une montre et 3 fois dans le sens contraire. Le billet est valable toute la journée, avec montée/descente à volonté. La **gare routière** (☎25930 22162), sur le front de mer à Thassos (Liménas), fournit les horaires.

Les service sont réduits durant les week-ends.

TAXI

La **station de taxis** (☎6944170373, 25930 22394 ; front de mer) de Thassos (Liménas) se tient sur le front de mer, à côté du principal arrêt de bus. Quelques exemples de destinations et tarifs : Skala Prinou 20 €, Panagia 12 €, Skala Potamia 20 €, Aliki 40 € et Potos 50 €.

À Potos, une station de taxis avec les tarifs affichés jouxte l'arrêt de bus sur la route principale.

VÉLO

Des vélos classiques peuvent se louer à Thassos (Liménas). Velo Bike Rental (p. 432) à Potos, sur la côte sud-ouest, loue des vélos haut de gamme et fournit des informations détaillées sur les itinéraires.

VOITURE ET MOTO

Potos Car Rentals (☎25930 52071 ; www.rentacarpotos.gr ; Hotel Potos, Potos) est une agence fiable aux tarifs raisonnables.

Thassos

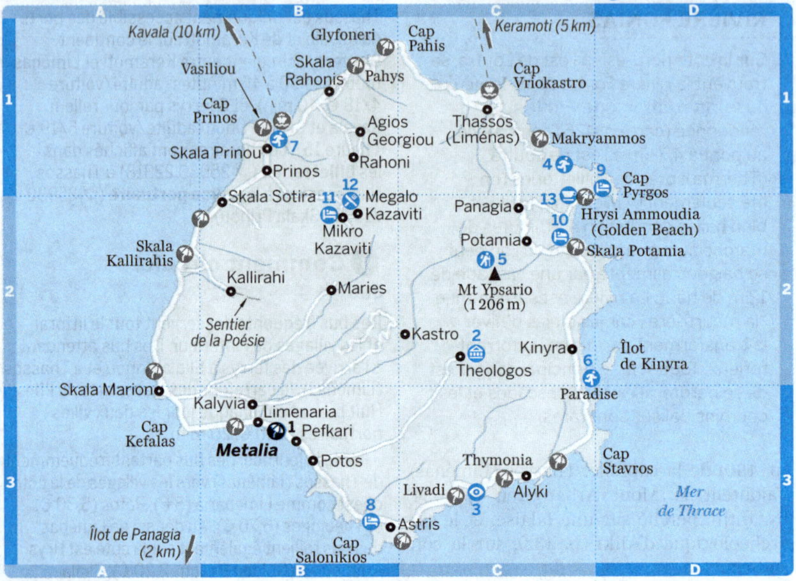

Thassos

Les incontournables
1 Plage de Metalia B3

À voir
2 Musée d'Art populaire de Theologos C2
3 Moni Arhangelou C3

Activités
4 Plage de Marbre (Marble) C1
5 Mont Ypsario C2
6 Paradise Beach C2
7 Thássos Horse Club B1

Où se loger
8 Astris Sun Hotel B3
9 Hotel Dionysos D1
10 Hotel Kamelia C2
11 Menir Luxury Apartments B2

Où se restaurer
12 Kazaviti Restaurant B2

Où prendre un verre et faire la fête
13 Limanaki C2

Avis (25930 22535 ; avis.gr) a des agences à Thassos (Liménas), Potamia et Skala Prinou.

Crazy Rollers (6978937536 ; crazyrollers@gmail.com ; 9h-13h et 17h-21 h) à Thassos (Liménas) et **Moto Zagos** (25930 53340 ; www.motozagos.gr ; Limenaria) louent des motos et des vélos.

Thassos (Liménas)

Θάσος (Λιμένας)

2 610 HABITANTS

Animée toute l'année, Thassos (Liménas) réunit les principaux services de l'île, un pittoresque port de pêche, une plage de sable, des boutiques, quelques ruines anciennes et un musée d'Archéologie. Si vous explorez le côté est de la ville, remarquez le panneau indiquant les sites historiques, d'où une montée de 5 minutes le long d'un chemin ombragé conduit à la charmante chapelle d'Agioi Apostoli, avec vue sur le front de mer.

À voir

Musée archéologique MUSÉE
(25930 22180 ; 2 € ; 8h-20h mer-lun). Un impressionnant *kouros* (statue masculine de la période archaïque) du VIe siècle av. J.-C., haut de 3,5 m et portant un bélier, accueille les visiteurs à l'entrée de ce musée moderne et vaste. Des statues et

objets des époques classique et romaine sont exposés. À environ 100 m du front de mer du Vieux-Port.

Agora Antique VESTIGES
À côté du Musée archéologique se trouvent les ruines des fondations de l'ancienne *agora*. À 100 m à l'est, le **théâtre antique**, signalé depuis le port, accueille parfois des représentations d'antiques drames et comédies. Un chemin relie l'*agora* et l'**acropole**, où se dressent les conséquents vestiges d'une forteresse médiévale. Des marches creusées dans la roche descendent jusqu'aux fondations de l'ancienne cité.

Où se loger

L'hôtel insolite **A for Art** (☎25930 58405 ; www.aforarthotel.gr ; angle Theogenous et 18 Oktovriou ; d à partir de 120 € ; ❄📶) est rempli de meubles à la Dalí et de sculptures fantasques. Si vous appréciez les décorations exubérantes, c'est un endroit confortable où passer quelques nuits. Vous pourrez rencontrer d'autres voyageurs dans le bar du jardin, ainsi qu'un flamant violet.

Où se restaurer et prendre un verre

♥ **Masabuka** GRILLADES €
(☎25930 23651 ; Oktovriou 18 ; plats 2-4 € ; ⏲16h-minuit). Cet établissement contemporain et sympathique, spécialisé dans les souvlakis, fait le bonheur de ses clients. Les brochettes de viande sont servies avec toute une gamme de sauces alléchantes. Dans la rue piétonne entre le centre et le port.

Simi TAVERNE €€
(☎25930 22517 ; Vieux-Port ; plats 7-12 € ; ⏲9h30-minuit ; 📶👪). Les habitants affirment que cette taverne du Vieux-Port, ouverte toute l'année, sert le meilleur poisson de la ville. La soupe de poisson, les *stifado* (viande, gibier ou fruits de mer cuits avec des oignons dans une purée de tomates) et les sardines grillées sont également très bons. Elle propose un menu enfant, de bons vins et des mezze épicés, dont des piments qui changeront peut-être votre vie.

♥ **Karnagio** BAR
(☎25930 23170 ; ⏲8h-14h). Dépassez le Vieux-Port pour boire un verre tranquillement devant le coucher de soleil. Les tables extérieures sont installées sur un promontoire rocheux léché par les vagues. Vous pouvez gravir le roc jusqu'à la petite chapelle éclairée à la bougie.

Renseignements

Go Thassos (p. 429)

Billias Travel Service (☎25930 24003 ; Pavlou Mela 6). Agence de voyages offrant de nombreux services.

Visit North Greece (☎25106 20566, 69425 24337 ; www.visitnorthgreece.com ; Pavlou Mela 17 ; ⏲9h-21h). Propose randonnées, excursions à pied ou à vélo, safaris en 4x4 et circuits en bateau. Les propriétaires serviables, peuvent aussi s'occuper des transferts et conseiller des hébergements.

Depuis/vers Thassos (Liménas)

Les ferrys de Keramoti sur le continent arrivent au nouveau port de Liménas. Les bus de l'île partent de la gare routière (p. 429), où vous pouvez également acheter des billets de bus de Keramoti à Thessalonique.

Côte ouest

Envahie par les touristes en voyage organisé depuis des années, la côte occidentale compte encore quelques endroits idylliques et de tranquilles plages de sable. Les villages de montagne de l'intérieur conservent un mode de vie traditionnel et une belle architecture en pierre.

À voir

En suivant la côte vers l'ouest depuis Thassos (Liménas), vous découvrirez deux plages de sable : **Glyfoneri**, correcte, et **Pahys**, plus plaisante.

Plus loin à l'ouest, le port de **Skala Prinou** héberge les ferrys qui desservent Kavala, mais rien d'autre n'y justifie une halte. À 6 km dans les terres, après le bourg de Prinos, les villages à flanc de colline de **Mikro Kazaviti** et **Megalo Kazaviti** (ou villages de Prinou) changent agréablement de la côte touristique. Verdoyants et pleins de cachet, ils comptent quelques restaurants et hébergements, dont le Menir Luxury Apartments. Un réseau de chemins faciles à suivre part de la jolie place de Megalo Kazaviti, avec un panneau qui indique les itinéraires.

Prochain site intéressant, le port de pêche de **Skala Marion** se situe plus au sud. Dans ses quelques tavernes avec auvent face à la mer, les anciens du village jouent au *tavli* (jacquet), tandis que les enfants gambadent alentour. Le village compte quelques *domatia* et une boulangerie sur la jetée nord. Le 24 juin, jour de la fête du village, la messe est suivie de danses folkloriques sur la place.

La route côtière sud passe par d'autres plages avant d'atteindre **Limenaria**, la deuxième ville de l'île, bientôt suivie de **Pefkari** et de **Potos**, deux villages de pêcheurs devenus des stations balnéaires, tous deux avec de longues plages de sable bordées de cafés et de tavernes.

De Potos sur la route principale, dirigez-vous vers le sud-est le long de la côte pour découvrir des baies splendides. Le dernier village au sud-ouest, **Astris**, possède une jolie plage avec des tavernes et l'**Astris Sun Hotel** (carte p. 430 ; 25930 51281 ; www.astrissunhotel.gr ; Astris ; ch à partir de 76 €).

Rendez-vous à la jolie crique et plage de **Metalia** (carte p. 430), facilement accessible à pied depuis Limenaria. Vous pourrez y découvrir un ancien site industriel : une usine minière construite par l'entrepreneur allemand Speidel en 1900. Les vestiges forment un amphithéâtre autour de la plage. Un bâtiment administratif de style colonial, malheureusement abandonné, domine la pointe.

Activités

La côte ouest de Thassos est peut-être touristique, mais elle offre tout de même une pléthore d'activités intéressantes : plongée, VTT, observation des oiseaux, etc. Vous trouverez même des sentiers de randonnée le long de la côte.

Velo Bike Rental — VÉLO
(25930 52459, 6946955704 ; www.velobikerental.com ; Potos). Loue des vélos toute l'année et propose des circuits guidés à vélo ou à pied au mont Ypsario. Yiannis Reizis, le dynamique propriétaire, organise également des courses et des événements cyclistes internationaux sur l'île.

Thássos Horse Club — ÉQUITATION
(Carte p. 430 ; 6999391777 ; thassoshorseclub.snadno.eu ; Skala Prinou). Leçons d'équitation et circuits à cheval personnalisés au départ de Skala Prinou.

Îlot Panagia — OBSERVATION DES OISEAUX
(69732 09576 ; go-thassos.gr ; 25 €). Sur cet îlot rocheux inhabité au sud-ouest de Potos, Panagia vit la plus grande colonie de cormorans de Grèce. L'écologiste local Yannis Markianos, de l'Aldebaran Pension, organise des sorties en bateau pour observer les oiseaux, quand le temps le permet.

Vasiliadis Diving Club — PLONGÉE
(69445 42974 ; www.scuba-vas.gr ; Potos ; 9h-14 h et 5-20h). À Potos, Vasilis Vasiliadis propose des plongées pour débutants et plongeurs open-water, dont la découverte de l'ancienne carrière de marbre engloutie d'Aliki. Un cours débutant d'une journée vous coûtera 50 €.

Où se loger

Les hôtels de Potos sont corrects, mais Limenaria reste un meilleur choix.

Aldebaran Pension — PENSION €
(25930 52494, 6973209576 ; go-thassos.gr ; Potos ; d à partir de 55 €). Les propriétaires bien informés et attentifs, Elke et Yannis, font de l'Aldebaran le meilleur hébergement du sud de Thassos. Outre une cour verdoyante et une table de ping-pong, l'établissement comporte des salles de bains modernes et une cuisine commune bien équipée, avec café et thé toute la journée. Ornithologue résident, Yannis propose des circuits d'observation des oiseaux du printemps à l'automne et vous renseigne sur les chemins de randonnée alentour.

Villa Ioanna — APPARTEMENTS €€
(6974466730 ; www.villa-ioanna.com ; Potos ; d/tr à partir de 64/74 €). Une *domatia* haut de gamme qui a un air d'hôtel de luxe. Un design élégant où le bois, cordes et bambou sont à l'honneur. On apprécie les lits confortables et le matelas aromatique Coco-Mat accompagné d'une pléthore d'oreillers. Chaque chambre est équipée d'une kitchenette avec café et autres essentiels du petit-déjeuner offerts.

Hotel Menel – The Tree House — HÔTEL DESIGN €€
(6944578954, 25930 51396 ; www.dhotels.gr ; Limenaria ; d avec petit-déj à partir de 85 €). Cet édifice original se distingue des autres hôtels du front de mer de Limenaria grâce à son écodesign d'inspiration scandinave. Derrière la façade en bois, 16 chambres modernes et spacieuses, toutes équipées d'un balcon avec vue sur la mer. En prime, agréable terrasse de toit avec chaises longues.

VAUT LE DÉTOUR

VILLAGES DE L'INTÉRIEUR

Deux villages méritent une journée d'excursion dans les terres. À environ 6 km de Skala Marion, le village boisé de **Maries** offre aux visiteurs l'air frais des montagnes et un joli monastère, Agios Taxiarchis.

Theologos, capitale médiévale et ottomane de Thassos, n'est accessible que de Potos, où la route court dans les terres jusqu'à ce village de 400 habitants, aux maisons chaulées coiffées d'ardoise. L'église d'Agios Dimitrios (1803) se distingue par son grand toit en ardoise et son clocher blanc. Un intéressant **musée d'Art populaire** (carte p. 430 ; Theologos ; 2 € ; 10h-16h) occupe la maison du président de l'île du XIXe siècle. Des cafés et des tavernes invitent à faire une pause.

Menir Luxury Apartments APPARTEMENTS €€
(Carte p. 430 ; 25930 58270 ; www.menir-thassos.gr ; Mikro Kazaviti ; ch avec petit-déj à partir de 90 € ;). Ces appartements comptent parmi les plus beaux et les plus spacieux de la région, où l'offre est plutôt rustique. Il y en a 5, 2 avec baignoire à hydromassages et tous avec cheminée. Ouvert toute l'année.

Où se restaurer

Les restaurants ne manquent pas, mais il y a de tout : bonnes tavernes et pièges à touristes se côtoient à Potos et Limenaria.

Armeno TAVERNE €
(Skala Marion ; plats 5-9 € ; 7h-1h). Une taverne réputée en bord de mer à Skala Marion, où vous pourrez voir la pêche du jour. Les produits bio proviennent du potager de la famille Filaktaki, qui loue également des **chambres** (6977413789, 25930 52634 ; ch à partir de 35 € ;) et fournit des informations sur les environs. Située dans l'insolite village de Skala Marion.

Kazaviti Restaurant GREC €€
(Carte p. 430 ; 6972053342 ; Megalo Kazaviti ; 7-13 € ; 8h-23h ;). Situé à l'ombre des platanes sur la belle place du village, ce restaurant essaie de surprendre les (trop) habitués des tavernes insulaires. Soupe aux haricots, soupe à la tête d'agneau, foie, agneau en pot et pieuvre séchée au soleil sont au menu. Inhabituel, mais délicieux.

O Georgios TAVERNE €€
(Potos ; plats 6,50-13 € ; déj et dîner ;). Une rôtisserie traditionnelle grecque, dans un jardin de galets roses, qui est très apprécié des habitants, et éloignée de la route principale, plus touristique. Le service est sympathique et les portions, généreuses.

Psarotaverna To Limani POISSON €€
(Limenaria ; plats 6,50-25 € ; déj et dîner). Ce restaurant du front de mer, installé en face de la Banque nationale de Grèce, sert les meilleurs produits de la mer de Limenaria. Les prix sont parfois excessifs.

Depuis/vers la côte ouest

Les bus fréquents desservent tous les jours Potos (5,30 €) et Limenaria (5 €) depuis Liménas.

Côte est

Les plages de la côte est de Thassos sont superbes et moins bondées en été que celles de la côte ouest, plus développées. D'épaisses forêts descendent des montagnes jusqu'à la mer, créant un spectaculaire paysage côtier. Les activités organisées sont moins nombreuses et les eaux chaudes peu profondes conviennent parfaitement aux familles.

La petite presqu'île d'**Aliki**, peut-être l'endroit le plus méconnu de la côte sud-est, comprend un village paisible, quelques boutiques, *domatia* et tavernes et deux jolies criques ourlées de sable, séparées par une petite oliveraie parsemée des ruines antiques du site archéologique d'Aliki.

À voir

Panagia et Potamia se situent à 4 km à l'ouest des plages les plus populaires de la côte est : **Hrysi Ammoudia (plage d'Or)**, une plage de sable et de dunes dans une longue baie incurvée, et **Skala Potamia**, à son extrémité sud. Toutes deux possèdent des hébergements, des restaurants et une vie nocturne.

Plus au sud de Skala Potamia, la plage de **Paradise**, prisée à juste titre et fréquentée par des naturistes, s'étend à 2 km après le village de Kinyra.

La belle plage de **Livadi** est à 2,5 km du Moni Arhangelou sur la côte sud-est.

Site archéologique d'Aliki VESTIGES
(Aliki). GRATUIT Facilement accessible, le joyau de l'île comprend les importants vestiges

d'un temple antique où les dieux étaient invoqués pour protéger les marins. Entrez sur le site en empruntant le beau sentier qui longe le cap et passe à proximité d'une carrière de marbre en partie submergée, exploitée du VIIe siècle av. J.-C. au VIe siècle apr. J.-C. Le départ du sentier est tout au bout de la plage bordée de tavernes.

Moni Arhangelou MONASTÈRE

(Carte p. 430 ; ⌚9h-14h et 17h-crépuscule). GRATUIT À l'ouest d'Aliki après la plage de Thymonia, le Moni Arhangelou, un couvent en activité et une dépendance du mont Athos, se perche sur une falaise ; il mérite la visite pour son église vieille de 400 ans (avec quelques éléments modernes disgracieux) et la vue époustouflante sur la mer. Les accueillantes religieuses prêtent un châle aux visiteurs trop légèrement vêtus. L'archange Saint-Michel, dont le monastère porte le nom, est le saint patron des forces armées grecques ; ne vous étonnez donc pas de trouver une pièce remplie de sabres et d'uniformes jouxtant l'église principale.

Depuis l'endroit où elles vivent, les sœurs observent le mont Athos, un endroit interdit aux femmes. La montagne sacrée se profile à travers les détroits de la péninsule de Halkidiki. À environ 1,5 km à l'ouest du monastère, un petit chemin de terre de 1 km mène à la plage de Livadi, l'une des plus belles de Thassos. L'eau bleu-vert est entourée de falaises et de forêts. Elle est peu fréquentée.

Panagia VILLAGE

Ce village de l'arrière-pays, juste au sud de Liménas, est idéal pour faire de magnifiques clichés. Son architecture est unique : toit de pierre et d'ardoise, ainsi que le dôme bleu et blanc de l'élégante **église de Kimisis tou Theotokou** (église de la Dormition de la Vierge) où sont conservées de nombreuses icônes. Pour trouver ce quartier paisible, suivez le son de l'eau de source et remontez le chemin qui se dirige vers l'intérieur.

Activités

Plage de Paradise PLAGE

(Carte p. 430). Du sable blanc, des eaux peu profondes et un paysage luxuriant vous transportent sous les tropiques. Auparavant prisée des naturistes, cette plage attire maintenant les familles d'Europe de l'Est. Elle se situe 2 km après le petit village de Kinyra. Sur place, 2 bars de plage avec chaises longues, mais pas de douche.

Plage de Marbre PLAGE

(Carte p. 430). Cette plage difficile d'accès se trouve au fond d'une carrière géante. Elle est entièrement faite de brisures de marbre, rendant l'endroit si immaculé qu'on a l'impression d'être au paradis. Au milieu de la plage, un superbe pin pousse sur une dalle en marbre : n'oubliez pas votre appareil photo ! Il y a un bar sur la plage, des chaises longues et une douche. La plage est située à 6 km au sud de Liménas. Ne faites pas confiance à votre GPS si vous venez en voiture ; suivez les panneaux de fortune sur la route principale pour tourner au bon endroit.

Mont Ypsario RANDONNÉE

(Carte p. 430). Potamia constitue une bonne base pour l'ascension du point culminant de Thassos, le mont Ypsario (1 206 m). Une piste de tracteur, à l'ouest de Potamia, continue jusqu'au bout de la vallée, puis des flèches et des cairns indiquent la voie le long d'un chemin escarpé. Cette marche de 3 heures est classée moyennement difficile.

Où se loger

Studios Vaso APPARTEMENTS €

(☎6946524706, 25102 33507 ; gemitzi.alexandra@vaso-studios.gr ; Alyki ; ch à partir de 55 € ; P ❄). À l'est de l'arrêt de bus d'Alyki, sur la route principale, un panneau, à côté du bouquet de fleurs, indique la direction de ce charmant complexe de 9 *domatia*. Les propriétaires, Vaso Gemetzi et sa fille Aleka, sont très accueillants. Il y a une cour verdoyante. Gratuit pour les enfants.

Thássos Inn HÔTEL €

(☎25930 61612 ; thassosinn.gr ; Panagia ; d à partir de 45 € ; P wifi). Suivez le bruit de la source jusqu'à ce vaste hôtel à côté de l'église, avec une vue splendide sur les toits en ardoise du village. Les chaleureux propriétaires, Toula et Tasos, peuvent conseiller les randonneurs qui souhaitent loger près du début du chemin vers le mont Ypsario.

♥ **Hotel Kamelia** HÔTEL €€

(Carte p. 430 ; ☎25930 61463, 6948898767 ; www.hotel-kamelia.gr ; Skala Potamia ; s/d avec petit-déj à partir de 80/90 € ; P ❄ wifi). Cet hôtel en bord de plage est le plus agréable du secteur – tranquille, avec un bar dans le jardin, du jazz en musique de fond et un service sympathique. Les aimables propriétaires servent un bon petit-déjeuner grec face à la mer et fournissent de nombreux conseils sur la région. À 500 m au nord de la plage principale, après un petit pont.

Hotel Dionysos HÔTEL €€

(Carte p. 430 ; 25930 61822 ; www.hotel-dionysos-thassos.gr ; Hrysi Ammoudia ; s/d/tr avec petit-déj à partir de 50/70/85 € ;). Un établissement tranquille et confortable qui surplombe Hrysi Ammoudia (la plage Golden). On l'aime pour ses propriétaires Sakis et Mary, qui accompagnent leurs hôtes à la plage en minivan et préparent de bons plats traditionnels de taverne dans leur cuisine pendant la journée.

Où se restaurer et prendre un verre

Arhontissa Alyki RESTAURANT €

(25930 32098 ; Aliki ; plats 6-11 € ; 7h-11h30). Le sympathique Anastasios Kuzis et sa famille tiennent cette taverne tranquille, avec une vue superbe sur la mer. À l'est du parking du village et indiquée au bout d'une voie escarpée, elle propose une cuisine succulente, dont des poissons frais et des mezze.

Taverna Grill Elena TAVERNE €

(25930 61709 ; Panagia ; plats 6,50-12 € ; 12h-minuit). Cette taverne classique, installée sous un patio ombragé non loin de la plage, est tenue par Georgios et Elena. Ses spécialités sont l'agneau et la chèvre rôtis à la broche. Avant de goûter aux *kokoretsi* à la broche, dégustez l'apéritif *bougloundi* (feta au four avec tomates et piment).

Limanaki CAFÉ

(Carte p. 430 ; 6949551875 ; Hrysi Ammoudia ; déj et dîner). Une *ouzerie* est rarement branchée, mais celle-ci fait l'exception grâce à son bar-terrasse situé sur la pointe nord de Hrysi Ammoudia (la plage Golden). On aime s'y détendre après la plage, avec un verre de *tsipouro* accompagné de mezze, ou tout simplement autour d'un café grec.

Depuis/vers la côte est

Des bus desservent fréquemment Hrysi Ammoudia (Golden Beach ; 2,20 €) et les villages perchés depuis Liménas. Il y a également un service quotidien de Liménas à Alyki (4,10 €).

Eubée et les Sporades

Dans ce chapitre ➡

Eubée 438
Halkida 438
Érétrie 439
Steni 440
Skiathos 444
Skopélos 449
Alonissos 454
Skyros 459

Le top des restaurants

- ➡ Marmita (p. 446)
- ➡ To Rodi (p. 451)
- ➡ Taverna Mouries (p. 465)
- ➡ Astrofegia (p. 458)
- ➡ Cavo d'Oro (p. 443)
- ➡ O Pappous Kai Ego (p. 462)

Le top des hébergements

- ➡ Atrium Hotel (p. 448)
- ➡ Angelo's Apartments & Suites (p. 456)
- ➡ Nefeli Hotel (p. 462)
- ➡ Perigiali Hotel (p. 463)
- ➡ Konstantina Studios (p. 458)
- ➡ Eleonas (p. 279)

Pourquoi y aller

Encore boudée par les touristes, l'Eubée, deuxième île grecque par sa taille, semble pourtant cachée en pleine lumière. Séparée du continent par le détroit de l'Europe qui borde la ville d'Halkida, l'île, avec ses paysages vallonnés, ses monastères, ses plages secrètes et ses vignobles, est un havre de paix à l'écart de l'agitation urbaine.

La plupart des visiteurs ne traversent l'Eubée que pour rejoindre les splendides Sporades ("les dispersées"), qui semblent prolonger la péninsule boisée du Pélion. Skiathos, la plus développée, possède les plages les plus sablonneuses de la mer Égée. Skopélos, la discrète, séduit par ses baies intactes, son port, sa tradition musicale, ses prairies et ses forêts. Sur Alonissos, la plus éloignée, se trouvent un parc national marin et une belle capitale atypique. Skyros, la plus méridionale, est réputée pour une gastronomie et des traditions artistiques remontant à l'époque byzantine, lorsque ces îles abritaient des repris de justice et des pirates.

Quand partir

Skiathos (Hora)

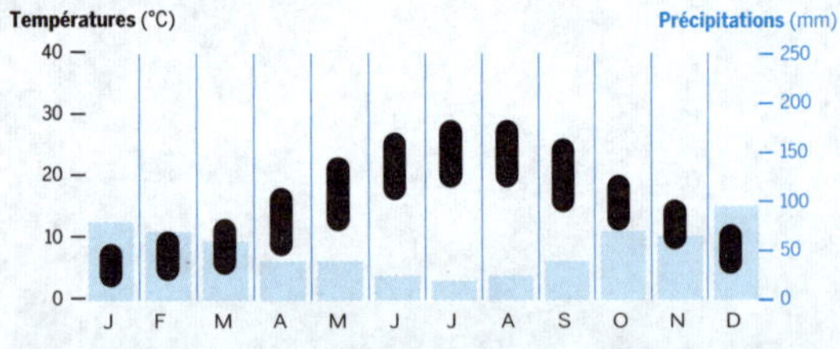

Février-avril
La période du carnaval est propice à bien des réjouissances.

Juin et septembre
Températures idéales, ciel bleu et fréquentation en baisse.

Juillet et août
Soleil au beau fixe, parfait pour le farniente sur la plage – mais les prix grimpent.

À ne pas manquer

1 Un bain de soleil sur les plages de **Skiathos** (p. 444).

2 Les dauphins du parc national marin d'**Alonissos** (p. 454).

3 Prendre un verre, manger et faire du shopping au bord de l'eau à **Skopélos** (p. 449).

4 L'architecture unique de **Skyros** (p. 459).

5 Une randonnée à **Skopélos** (p. 449), parmi les papillons.

6 Flâner dans les ruelles d'**Alonissos** (p. 454).

7 Le **cheval de Skyros** (p. 465), une espèce protégée.

8 Les vins des moines du **Moni Evangelistrias** (p. 453), à Skiathos.

9 Une randonnée dans les **gorges de Dimosari** (p. 443).

10 Un bain dans les eaux thermales de **Loutra Edipsou** (p. 442), au nord de l'Eubée.

EUBÉE EYBOIA

212 000 HABITANTS

Deuxième île grecque par la taille après la Crête, l'Eubée est souvent ignorée des touristes qui n'y passent que pour rejoindre des îles plus petites et au charme plus évident. Pourtant, si vous vous y arrêtez, vous comprendrez pourquoi les continentaux viennent s'y détendre : superbes routes de montagne et circuits de randonnée, vignobles étendus, sites archéologiques majeurs et plages désertes, l'Eubée a tout pour plaire. Une arête montagneuse nord-sud sépare l'est de l'île, aux falaises abruptes, de la côte ouest, plus douce et accueillante avec ses petites cités balnéaires. Une seule route principale relie le nord, le centre et le sud de l'île.

Des ferrys relient l'île au continent, ainsi que deux ponts, au niveau d'Halkida. L'un d'entre eux est un pont basculant (la travée d'origine remonte à 410 av. J.-C.) enjambant l'étroit chenal de l'Euripe (Evripous), dont le courant change de sens environ 7 fois par jour – un phénomène redouté par les marins de l'Antiquité et qui intrigue les observateurs depuis Aristote.

Depuis/vers l'Eubée

Cinq ports de l'Eubée desservent le continent. Au sud, il existe une liaison ferry entre Néa Styra et Agia Marina, ainsi qu'entre Marmari et Rafina. Au nord, des ferrys réguliers vont et viennent entre Loutra Edipsou et Arkitsa. Ils assurent aussi la liaison entre Agiokambos et Glyfa. Au centre de l'Eubée, des ferrys font aussi la navette entre Érétrie et Skala Oropou.

Des ferrys font la liaison entre Kymi, sur la côte est, et l'île de Skyros toute l'année (12,10 €, 1 heure 45, tlj). De mi-juin à mi-septembre, des ferrys desservent aussi Skopélos (20 €, 3 heures, 3/sem) et Alonissos (20 €, 2 heures 15, 3/sem). Au nord-est, le port de Mantoudi dessert Skiathos (19,80 €, 2 heures 30, 1-2/jour) et Skopélos (19,80 €, entre 1 heure 30 et 3 heures 30, 1-2/jour). Services réduits d'octobre à avril.

Halkida est reliée par bus et par train au continent.

Halkida Χαλκίδα

59 100 HABITANTS

Mentionnée dans *L'Iliade* d'Homère, l'autrefois puissante Halkida (Chalcis) était la métropole de plusieurs colonies méditerranéennes. Elle tire son nom du bronze (*halkos*) que l'on y fabriquait dans l'Antiquité. Aujourd'hui il y a peu pour retenir les touristes, mais la capitale d'Eubée est une ville commerçante animée et la principale porte d'entrée de l'île. Vous y trouverez plusieurs bonnes adresses où manger et dormir. En fin de journée, la promenade du front de mer, près du vieux pont qui enjambe l'Euripe (dont les courants changent de direction plusieurs fois par jour), s'anime.

À voir

Pour découvrir l'histoire religieuse de la ville, partez du vieux pont et remontez la rue Kotsou, très animée, vers le *kastro* : vous verrez alors la très belle mosquée du XVe siècle, **Emir Zade** (Plateia Tzami ; 10h-14h mar, jeu et dim), où sont exposées des cartes du quartier datant du XVIe siècle, une fontaine de l'époque ottomane et, un peu à l'est, une **synagogue** du XIXe siècle (Kotsou ; horaires variables). À environ 100 m au sud de la mosquée se dresse l'église byzantine **Agia Paraskevi** (Tzavara ; aube-crépuscule), construite aux alentours de 1250. À l'est, environ 2 km plus loin, juste au nord de la gare routière immanquable, se trouve un **aqueduc vénitien** (Stiron ; 24h/24).

Musée archéologique MUSÉE

(22210 15131 ; Leoforos Venizelou 13 ; tarif plein/réduit 2/1 € ; 8h30-15h mar-dim). Ce musée expose des pièces du VIIe siècle av. J.-C. provenant d'Halkida et d'Érétrie, sa voisine, dont un buste d'Apollon sans tête. Parmi les autres trouvailles archéologiques remarquables de cette cité jadis puissante, citons une carafe à bec verseur de l'époque hellénistique et deux couronnes dorées.

Où se loger et se restaurer

Même si Halkida n'est pas une destination touristique, vous aurez peut-être à y faire escale pour des raisons pratiques. Si c'est le cas, vous trouverez quelques hôtels à prix raisonnable sur le front de mer.

Niché dans un joli bâtiment néoclassique en bord de mer, **Pantheon 1900** (22210 23123 ; facebook.com/pantheon1900restaurant ; angle Kriezotou et Voudouri ; plats 8-16 € ; 8h-1h ;) est un restaurant chic à lumière tamisée et où les bouteilles s'empilent jusqu'au plafond. Ce restaurant-bar animé propose une sélection de vins locaux et de salades créatives, pâtes, planches de fromages italiens et autres mets méditerranéens bien préparés. Service rapide.

Depuis/vers Halkida

BUS

La **gare routière KTEL d'Halkida** (22210 22400 ; angle Styron et Arethousis), située à 2,5 km à l'est du vieux pont (prix du taxi 5 €), dessert les destinations eubéennes suivantes à travers Eubée et au-delà :

VERS	DURÉE (HEURES)	TARIF (€)	FRÉQUENCE
Athènes	1	7,50	30 min
Erétrie	30 min	2, 20	8-10/jour
Ioannina	7	40	4/sem
Karystos	3	12,70	lun-ven
Kymi et Paralia Kymis	2	9,20	8-10/jour
Limni	2	8,60	2-3/jour
Loutra Edipsou	3½	13	tlj
Mantoudi	2	6	2-3/jour
Steni	45 min	3,30	4/jour
Thessalonique	6	40	tlj

TRAIN

Les trains relient Halkida à Athènes (6,50 €, 2 heures, 12/jour) ; pour Thessalonique, changez à Oinoi.

Érétrie Ερέτρια

4 160 HABITANTS

À 20 km au sud-est d'Halkida, Érétrie est la première étape intéressante sur l'Eubée, avec son petit port de pêche et sa promenade en planches bordée de tavernes animées, de cafés en plein air et de bars de plage ; on y trouve également d'importants vestiges archéologiques.

À voir et à faire

Érétrie antique SITE ARCHÉOLOGIQUE

(8h-16h mer-lun). GRATUIT Grande puissance maritime et réputée pour son école de philosophie, l'Érétrie antique fut détruite en l'an 87 av. J.-C. par le commandant romain Sylla. Pour partir sur la trace de ses vestiges fascinants disséminés un peu partout en ville, procurez-vous une carte au Musée archéologique. Au sud-ouest de l'ancienne **acropole**, vous trouverez les ruines d'un **théâtre** du Ve siècle av. J.-C. et d'un temple du IVe siècle av. J.-C.

Profitez-en aussi pour visiter la superbe **maison des Mosaïques** (370 av. J.-C.), où sont représentées des scènes mythologiques.

Musée archéologique d'Érétrie MUSÉE

(22290 62206 ; Archaiou Theatrou et Isidos ; 2 € ; 8h30-16h mer-lun). Dans ce musée captivant sont exposés des objets découverts grâce aux fouilles commencées au XIXe siècle (panneaux en grec et en français). Les pièces phares du musée sont une représentation en terre cuite du IVe siècle av. J.-C. de Méduse (dont les cheveux furent changés en serpents par Athéna, jalouse de son union avec Poséidon), et une figurine en argile datant du Xe siècle av. J.-C. du centaure de Lefkandi trouvée en deux morceaux.

Evia Adventure Tours SPORTS D'AVENTURE

(6973856793 ; www.eviatours.com ; Grand Blue Beach Resort ; 9h-12h et 17h-19h dim-jeu, 9h-12h ven et sam avr-oct). Cette excellente agence de sports d'aventure propose des circuits à vélo, des visites de vignobles (p. 440), des randonnées guidées (notamment aux gorges de Dimosari (p. 443) et au mont Ohi (p. 443), plus au sud, et autres activités culturelles et sportives à travers toute l'Eubée. Location de vélos à Érétrie (10-55 €/jour) et circuits à vélo guidés dans l'Érétrie antique (40 €).

Où se loger et se restaurer

Diamanto Rooms PENSION €

(22290 62214 ; diamantorooms@gmail.com ; Varvaki 2 ; s/d 35/45 € ;). Cette pension dispose de 10 chambres colorées bon marché, avec balcon, réfrigérateur et couvertures supplémentaires. Un peu désuète mais propre. Cuisine commune et entrée débordant de plantes vertes. La propriétaire, Athina, est attentionnée. Demandez une chambre avec vue sur mer.

Villa Belmar APPARTEMENTS €€

(6971588424, 6980003512 ; www.villabelmar.gr ; Aristonikou Eratonimou 22 ; studio 57-69 €, app 1 ch 87-119 € ; Pâques-sept ; P). Bien situés – au sud-ouest du port –, ces 7 studios et appartements (1, 2 ou 3 chambres) sont tenus par deux sœurs accueillantes, Lina et Renia. Appartements rustiques et modernes avec terrasse privée, vue sur mer ou sur jardins de palmiers. Accès direct à la mer.

La Cubana GREC €

(22290 61665 ; facebook.com/lacubanarestauramt ; Arheou Theatrou 44 ; plats 6-12 € ; 12h-minuit avr-oct, ven-dim nov-mars ;). Connu pour son poisson frais à prix raisonnable, ses grillades nocturnes et ses délicieuces entrées de fruits de mer, ce

VAUT LE DÉTOUR

VITICULTURE EUBÉENNE

Les vins eubéens sont de plus en plus populaires et mettent en avant plusieurs cépages locaux et rares, dont certains ont d'ailleurs été sauvés in extremis. Plusieurs domaines viticoles de l'île ont ouvert leurs portes aux touristes et proposent visites et dégustations. Installée à Érétrie, l'agence Evia Adventure Tours (p. 439) organise des circuits de visite sur plusieurs domaines (à partir de 35 €). Chaque année, en été, a aussi lieu la fête du vin à Karystos, dans le sud.

Lukas Winery (☎22290 68222 ; facebook.com/lykoswinery ; Malakonta ; visites 9-18 € ; ⊙10h-17h)

Avantis Wine Estate (☎22210 55350 ; www.avantiswines.gr ; Mytikas ; visites et dégustations 8-20 € ; ⊙10h-17h lun-ven, 11h-16h sam, 11h-15h dim)

Vriniotis Winery (☎22260 32429, 6944694082 ; www.vriniotiswinery.gr ; Gialtra ; visite 6 € ; ⊙10h-14h et 16h-20h juin-sept, sur rdv oct-mai)

Montofoli Estate (gratuit sam juil-sept ; sur rdv 8-12 € ; ⊙visites 19h sam juil-sept ou sur rdv)

restaurant sert également des plats végétariens : poivrons fourrés à la feta et salades géantes. Terrasse avec vue sur mer et cadre accueillant. Service de qualité.

Renseignements

Office du tourisme (☎22290 65909 ; www.infocenterevia.gr ; ⊙10h-14h lun-ven)

Depuis/vers Érétrie

Des ferrys (www.ferrieseretriaoropos.gr) font la navette entre Érétrie et Skala Oropou (2 €, 25 min, ttes les 30 min de 8h30 à 20h30 ou 21h30). Billets vendus aux kiosques sur les quais.

À 400 m au nord-ouest du quai des ferrys, des bus KTEL (Filosofou Menedimou) font la liaison avec Halkida (2,20 €, 30 min, 10-14/jour) et Athènes (9,70 €, 1 heure 30, 9/jour).

Steni Στενή

400 HABITANTS

Un peu plus de 30 km séparent Halkida de Steni, village bucolique aux nombreux cours d'eau, plaines ombragées et marronniers. Plusieurs circuits de randonnée et VTT commencent ici. Le village fait aussi office de base pour l'ascension du mont Dirfys, le plus haut sommet de l'Eubée. Une piste cahoteuse serpente vers l'ouest jusqu'à la plage de **Paralia Hiliadou** et Kymi.

Activités

Le mont Dirfys (1 743 m) est généralement enneigé jusqu'au printemps. Il faut parcourir 9 km – dont 2 km de piste en terre – depuis Steni pour atteindre le **refuge Dirfys** (☎22210 25230 ; www.eoschalkidas.gr ; 12 €/pers), perché à 1 120 m d'altitude, avant d'aborder les 7 km abrupts pour arriver au sommet. Pour la descente, comptez environ 6 heures pour les grimpeurs expérimentés. Quelques sentiers vont de Steni jusqu'au refuge.

Pour loger au refuge et en savoir plus sur les conditions de randonnée, renseignez-vous auprès du **club alpin d'Halkida** (☎22210 25279, 22210 25230 ; www.eoschalkidas.gr ; Angeli Gouviou 22 ; ⊙6h30-21h30 mar et mer) affilié à l'EOS. Il existe une carte topographique détaillée du mont Dirfys publiée par Anavasi.

Où se loger et se restaurer

♥ **Mousiko Pandoxeio** BOUTIQUE-HÔTEL €€
(☎6932344755, 22280 51202 ; mousikopandoxeio.gr ; d/ste/qua avec petit-déj 75/120/90-105 € ; P ❄ ᯤ). Figurant parmi les hôtels les plus originaux de l'Eubée, cet "hôtel musical" loue 10 chambres (2 suites avec Jacuzzi et chambres familiales pouvant accueillir de 3 à 5 personnes) toutes différentes et décorées sur le thème de la musique. Les têtes de lit, qui représentent des scènes musicales, ont été sculptées pour l'établissement. Cheminée dans certaines chambres. Tassos Ioannides, propriétaire et compositeur, s'y produit régulièrement.

Taverna Kissos TAVERNE €€
(☎22280 51226 ; plats 8-14 € ; ⊙12h-tard mai-sept, horaires réduits oct-avr ; P ᯤ). Parmi les bonnes adresses à proximité de la rivière, cette taverne au cadre boisé sert des grillades copieuses, des assiettes de champignons grillés, de la *tyropita* (tarte au fromage), des *mayirefta* (plats traditionnels

cuits au four) et de belles salades composées à base de produits locaux. Demandez une table en terrasse, avec vue sur la rivière et le village.

Depuis/vers Steni

Des bus font la navette depuis/vers Halkida (3,30 €, 45 min, 4/jour).

Nord de l'Eubée

D'Halkida, une route part au nord sur 50 km à travers l'intérieur montagneux et boisé du nord de l'Eubée et passe par le col de Dervéni avant d'arriver au village de **Prokopi**. Les habitants du village descendent de réfugiés qui sont venus d'Ürgüp en Cappadoce (Turquie), en 1923. Ils établirent en ces lieux l'importante église de pèlerinage **Saint-Jean-le-Russe** (Prokopi ; aube-crépuscule), du nom du saint qui reste encore primordial aujourd'hui dans la vie et l'identité du bourg. On lui rend hommage lors d'une grande fête le 27 mai.

De Strofylia, au nord de Prokopi, vous pouvez suivre la route le vers nord-est jusqu'à la station balnéaire d'**Agia Anna**, ou celle qui file au sud-ouest vers la jolie bourgade de **Limni**. Au nord de Limni, vous trouverez le village oléicole de **Rovies** (et sa tour médiévale en ruine), et la station thermale réputée de **Loutra Edipsou**. Au nord-est de Loutra Edipsou, à l'extrême nord de l'Eubée, vous attend une enfilade de plages et lieux de villégiature très prisés des Grecs, notamment **Pefki**.

> **FERRYS DE KYMI**
>
> Centre agricole prospère entouré de vignobles et de vergers, Kymi, ville côtière de l'est, se réveille à la tombée du jour, lorsque sa place principale s'anime. Le port de Paralia Kymis, à 3,5 km à l'est, est ourlé de tavernes et cafés. C'est d'ici que partent plusieurs ferrys pour rejoindre Skyros, Alonissos et Skopélos. Les ferries Skyros Shipping Co (p. 449) desservent Skyros toute l'année (12,10 €, 1 heure 45, tous les jours) et de mi-juin à mi-septembre, Skopélos (20 €, 3 heures, 3/sem) et Alonissos (20 €, 2 heures 15, 3/sem).
> Les horaires des bus pour d'Halkida (9,20 €, 2 heures, 8-10/jour) concordent avec ceux des ferrys.

Limni Λίμνη

1 640 HABITANTS

Avec son lacis de ruelles bordées de maisons chaulées qui se déroule jusqu'à son petit port, Limni a su conserver le charme d'un village insulaire, ce qui en fait l'une des destinations les plus appréciées de l'Eubée. Ourlé de minces plages de galets, le village est surtout animé par son bord de mer où s'alignent cafés et tavernes avec vue sur le continent. Non loin de Limni se trouve aussi le couvent Galataki.

À voir

Le **couvent de Galataki** (Moni Agios Nikolaos Galataki ; 22270 31489 ; 9h-12h et 17h-20h), l'un des plus anciens couvents (XVIe siècle) de l'île, se trouve à 9 km au sud-est de Limni par une route étroite longeant un littoral splendide (et invitant à la baignade) avant de grimper à flanc de colline – lors de notre passage, la zone avait été endommagée par des incendies. Le couvent héberge 6 nonnes et possède une belle fresque, *L'Entrée des Vertueux au paradis*, dans son *katholikon* (église principale).

Où se loger et se restaurer

Eleonas AGROTOURISME €€
(6936887902, 22270 71619 ; www.eleonashotel.com ; Rovies ; d/ste 60-80/70-90 € ; mars-oct ; P). Caché au milieu d'une oliveraie, à 12 km au nord-ouest de Limni, Eleonas saura vous séduire avec ses 10 chambres modernes et lumineuses (avec lits superposés dans la chambre familiale), avec balcon et vue splendide. Marina, la propriétaire (qui tisse elle-même de beaux tapis), est une mine d'information. Limonades fraîches, produits faits maison (pain, huile d'olive bio) et autres produits locaux. Dîner maison (18,50 €), yoga, randonnées et autres activités possibles.

Graegos Studios APPARTEMENTS €€
(22270 31117 ; graegos.com ; Posidonos ; app 50-70 € ; P). Cette maison se dresse au sud de Limni avec sa cour remplie de géraniums. Ouverte aux réservations toute l'année et tenue par un couple germano-grec, cette maison dispose de 3 appartements confortables avec

À NE PAS MANQUER

ÉVASION AU SPA

La station thermale tranquille de **Loutra Edipsou**, la plus visitée dans le nord de l'Eubée, est réputée depuis l'Antiquité pour ses eaux sulfureuses thérapeutiques – la température peut atteindre 80°C –, dont d'éminentes personnalités, tels Aristote, Strabon, Plutarque, Pline et Sylla, chantèrent les louanges, tout comme Winston Churchill, Maria Callas et Omar Sharif. Grâce à l'amélioration des techniques permettant de transporter l'eau de plus en plus loin de la source thermale, la ville a connu une expansion régulière. Aujourd'hui, elle accueille les centres d'hydrokinésithérapie les plus en pointe de Grèce, et plusieurs hôtels possèdent leurs propres installations modernes.

L'établissement phare de la ville est le **Thermae Sylla** (☎22260 60100 ; www.thermaesylla.gr ; Posidonos 2 ; massage ou soin 60-140 € ; ⏲9h-20h), un hôtel au cadre splendide, avec une multitude de palmiers et une vaste piscine extérieure contenant un mélange d'eau de mer et d'eau de source. Il existe quelques pensions et hôtels aux prix plus abordables, et bon nombre d'entre eux ont leur propre spa et piscine.

Quelques restaurants discrets du front de mer méritent que vous vous y arrêtiez pour goûter à leurs mezze, grillades et vins locaux. L'atmosphère de Loutra Edipsou est plutôt raffinée et détendue, donc sa vie nocturne se résume surtout à prendre un verre au bord d'une piscine avant d'aller se coucher. À noter tout de même que plusieurs cafés-bars sont situés sur le front de mer. La plage municipale (Paralia Loutron) permet de se baigner toute l'année grâce aux sources chaudes qui s'y déversent.

kitchenettes et d'une chambre simple. Les 2 appartements de devant ont de belles vérandas avec vue sur mer.

To Astron TAVERNE €
(☎22270 31487 ; plats 4-12 € ; ⏲12h-17h et 19h-minuit tlj mai-sept, sam et dim oct-avr). Bien située (à 3,5 km au sud-est de Limni, sur la route du couvent Galataki), cette taverne sert des plats de fruits de mer et poissons pêchés et préparés par l'équipe familiale. Des tables aux nappes à carreaux sont disposées sur une terrasse ombragée en bord de route. Parmi les mezze (entrées) : tzatziki, *taramasalata* (écrasée d'œufs de poisson) et salade de pommes de terre. Nombreux plats à base de viande.

ℹ Depuis/vers Limni

Chaque jour, il y a entre 2 et 3 bus qui font la liaison avec Halkida (8,60 €, 2 heures).

Sud de l'Eubée

À environ 35 km à l'est d'Érétrie, la route bifurque au sud vers Lepoura. La riche végétation du Nord cède alors la place aux paysages montagneux pelés et accidentés du Sud. Un embranchement conduit au **lac Dhistos**, une étendue d'eau peu profonde qui a la faveur des aigrettes, entre autres oiseaux aquatiques. Toujours en direction du sud, vous passerez près d'éoliennes, puis les deux côtes s'offriront à votre vue, là où l'Eubée se rétrécit avant de rejoindre **Karystos**, la seule station balnéaire plaisante des environs, où d'agréables randonnées sont au rendez-vous. De belles vues vous attendent aussi à **Myli**, un village bien arrosé à 4 km de Karystos, à l'intérieur des terres. Avec un véhicule, vous pourrez aller à l'est de Karystos explorer les charmants villages du **Cavo d'Oro (cap Kafireas)** installés dans les contreforts méridionaux du mont Ohi, notamment **Platanistos** (avec ses chutes d'eau et ses ponts en pierre), **Potami** (avec sa plage et son camping) et **Antia**, connu pour sa langue sifflée unique.

Karystos Κάρυστος

5 110 HABITANTS

Établie le long de la grande baie de Karystos que domine le mont Ohi (1 398 m), et flanquée de deux plages de sable, cette ravissante petite station balnéaire est le centre du sud de l'Eubée. Le rythme de vie des chaleureux habitants de la bourgade fait vite oublier la proximité d'Athènes. Il ne reste aujourd'hui plus grande trace de la puissante cité qu'elle fut durant les guerres du Péloponnèse, comme l'a évoqué Homère dans *L'Iliade*, mais Karystos est le point de départ de randonnées au mont Ohi et aux gorges de Dimosari (ou Dimosaris). C'est également une escapade populaire pour les

Athéniens. La Plateia Amalias, très animée, fait face au port scintillant de lumières le soir venu, où les bateaux se balancent lentement. Vous trouverez aussi plusieurs plages de sable et de galets au sud-est et sud-ouest de la baie.

À voir et à faire

Musée archéologique de Karystos MUSÉE
(☎22240 29218 ; Kriezotou ; 2 € ; ⊙8h-16h mer-lun). Le musée présente des collections de minuscules lampes en argile du néolithique, de sculptures et objets votifs en provenance de temples et une exposition sur les *drakospita* (maisons du dragon) du mont Ohi et de Styra, qui datent du VIe siècle av. J.-C. Le musée est installé en face du **Bourtzi**, une tour basse et massive, unique vestige du fort vénitien de Karystos (XIVe siècle), dressée sur le front de mer.

Gorges de Dimosari RANDONNÉE
Ce joli sentier bien entretenu de 10 km débute dans le village de **Petrokanalo** (950 m d'altitude) et passe par celui de **Lenosei** jusqu'aux plages de **Kallianos**. En grande partie sur un chemin pavé, cette marche vous fera passer par des criques ombragées, des fougères géantes et des forêts. Comptez 4 heures (et une baignade !). Pour le transport et les guides, renseignez-vous auprès de **South Evia Tours** (☎22240 26200 ; www.eviatravel.gr ; Plateia Amalias ; ⊙9h-22h) et Evia Adventure Tours (p. 439).

Mont Ohi RANDONNÉE
De Myli, une randonnée de 3 à 4 heures (7,6 km) mène au sommet du mont Ohi (Profitis Ilias, 1 398m) – on peut passer la nuit dans un refuge à 1 000 m pour arriver avec le soleil, renseignez-vous auprès de South Evia Tours ou Evia Adventure Tours (p. 439). En plus de la prodigieuse vue qu'il offre sur la mer Égée, le site vous permet de découvrir une étonnante construction mégalithique du nom de *drakospita*. Au nombre d'une vingtaine, elles sont appelées “maisons du dragon” en raison de la taille des blocs rocheux qui les composent, assemblés sans mortier. Elles datent du VIIe siècle av. J.-C. environ.

La position dominante qu'occupent certaines maisons du dragon à proximité des carrières laisse penser qu'elles ont pu servir de postes de garde. Une autre théorie veut qu'elles aient été des sanctuaires dédiés aux divinités attachées au mont Ohi, en particulier la déesse Héra.

Où se loger et se restaurer

Karystion HÔTEL €€
(☎22240 22391 ; www.karystion.gr ; Kriezotou 3 ; s/d avec petit-déj 36-97/44-105 € ; P ❄ 📶). Hôtel populaire, face à la mer et à l'est du Bourtzi. Les chambres confortables à la décoration sobre sont bien aménagées (certaines plus que d'autres), et ont un balcon avec vue sur le cap clairsemé de pins. Accès direct à une petite plage de sable. Petit-déjeuner à base de produits locaux servi en terrasse.

Montofoli Estate VILLA €€€
(☎6937282347, 22240 23951 ; montofoliwines.com ; villas 180-330 € ; P ❄ 📶 🏊). Situées sur le **domaine de Montofoli**, dont les origines remontent à l'époque franque, ces 4 villas de caractère, toutes différentes, font partie des logements les plus prestigieux de l'Eubée. Vignes et agrumes embaument le domaine surplombé par une piscine avec vue sur mer et par les 3 villas principales, qui faisaient partie d'un hôtel particulier à l'époque vénitienne (sols carrelés, escaliers à révolution). La villa colorée Amfithea affiche un style plus contemporain.

Cavo d'Oro TAVERNE €
(☎22240 22326 ; plats 5-8 € ; ⊙9h-tard avr-nov ; 📶). Rejoignez les habitants dans ce restaurant sympathique, situé dans une ruelle proche du front de mer, pour déguster des plats grecs traditionnels (poulpe en sauce au vin rouge, *spanakoriso* crémeux (épinards et riz), halloumi grillé avec confiture de tomates et salades à base de

100% LOCAL

LE LANGAGE SIFFLÉ D'ANTIA

Perdu dans les collines à à 35 km au nord-est de Karystos, le village d'Antia (37 habitants) a conservé un moyen ancestral de communiquer d'une montagne à l'autre : le langage sifflé des bergers, le *sfyria*. Ce type de communication, plutôt rare, fut inventé à l'époque byzantine pour avertir du danger et des raids de pirates. Chaque tonalité correspond à une lettre de l'alphabet. Encore très utilisé jusque dans les années 1980, le langage sifflé n'est plus pratiqué que par les anciens. Cependant, des mesures sont en cours pour le sauver. Tendez l'oreille...

produits locaux et huile d'olive). Le propriétaire, Kyriakos, participe chaque été à la fête du Vin, bouzouki en main.

ℹ Depuis/vers Karystos

BATEAU

Un ferry régulier assure la liaison entre Marmari (12 km au nord-ouest de Karystos) et Rafina sur le continent, (9 €, 1 heure, 2-6/jour), ainsi qu'entre Néa Styra (35 km au nord-ouest de Karystos) et Agia Marina (3 €, 45 min, environ 7/jour) sur la côte attique. Vous pouvez acheter vos billets aux kiosques du port, auprès de South Evia Tours ou en ligne.

BUS

De l'arrêt de bus **KTEL** (☎22240 26303 ; Ellinon Amerikis) de Karystos – en face de l'église Agios Nikolaos – partent des bus pour Halkida (12,70 €, 3 heures, à partir de 5h30 lun-ven) et Marmari (2 €, 15 min, 2-3/jour). Pour Athènes (20,20 €, 5 heures), rejoignez Halkida.

SKIATHOS ΣΚΙΆΘΟΣ

6 090 HABITANTS

Avec ses plages de sable qui sont parmi les plus belles de la mer Égée et ses collines ondoyantes couvertes d'un manteau de pins et d'oliviers au parfum exquis, Skiathos est l'île la plus développée des **Sporades**. Sa ravissante côte est ourlée de plages et parsemée de résidences secondaires et d'hôtels. De juin à septembre, Grecs et Européens du Nord en manque de soleil affluent, ce qui se traduit par une explosion des prix et une raréfaction de l'hébergement. Mais l'âme de l'île, elle, est toujours là, au détour de ses sentiers de randonnée à flanc de colline, de ses monastères pittoresques et de ses églises cachées.

Sur la côte sud-est, Skiathos (Hora), port et chef-lieu de l'île, possède une vieille ville pavée aux ruelles chaulées. La petite Troulos, la seule autre localité de l'île, se trouve à 8 km au sud-ouest de Skiathos (Hora).

ℹ Depuis/vers Skiathos

AVION

L'**aéroport de Skiathos** (carte ci-contre ; ☎24270 22229) est implanté à 2 km au nord-est de la ville Skiathos (Hora). Pendant l'été, **Olympic Air** (☎24270 22200 ; www.olympicair.com) fait régulièrement la navette depuis/vers Athènes. La liaison entre l'île et l'Europe du Nord est aussi assurée par **Sky Express** (www.skyexpress.gr) et plusieurs vols charters.

Aucun transport public ne dessert l'aéroport. La course en taxi pour Skiathos (Hora) revient à 12 €. Si vous n'avez pas trop de bagages, il est possible de rejoindre Skiathos (Hora) à pied.

BATEAU

Le principal port de l'île, Skiathos (Hora), accueille des liaisons maritimes reliant l'île à Agios Konstantinos (juin-sept) et Volos sur le continent, ainsi qu'à deux autres îles des Sporades, Skopélos et Alonissos, et, durant l'été, à Mantoudi (Eubée, via Skopélos). Les principales compagnies maritimes sont **Hellenic Seaways** (hellenicseaways.gr), **Anes Ferries** (www.anes.gr), **Blue Star Ferries** (bluestarferries.com) et **Aegean Flying Dolphins** (aegeanflyingdolphins.gr). Services réduits entre octobre et avril. Les billets s'achètent auprès de **Skiathos OE** (☎24270 22209 ; www.skiathosoe.com ; Papadiamanti) ou d'autres kiosques sur le quai.

SeaCab (☎6934343287 ; www.seacab.gr ; 25 €/pers ; ⏲mai-sept) a des bateaux-taxis qui relient toutes les heures Skiathos et Skopélos (Glossa/Loutraki 10h-20h, Skopélos (Hora) 9h30-19h30) de mai jusqu'à début octobre.

ℹ Comment circuler

BUS

Des bus au départ de Skiathos (Hora) desservent la plage de Koukounariès (2 €, 30 min, ttes les 15 min, 7h-23h juil-août, service réduit le reste de l'année, horaires affichés aux arrêts) et s'arrêtent aux 26 points d'accès aux plages numérotées, sur la côte sud.

VOITURE ET MOTO

Parmi les agences de location les plus fiables figurent **Creator Tours** (Europcar ; ☎69332382332, 24270 22385 ; creatortours.com ; ⏲9h-21h mai-oct, horaires réduits nov-avr) et **Heliotropio Tourism & Travel** (Aegean Car and Moto Rental ; ☎24270 22024 ; www.heliotropio.gr ; ⏲9h-21h mai-oct, horaires réduits nov-mars), toutes deux installées sur le nouveau port.

Skiathos (Hora) Σκιάθος

4 880 HABITANTS

Cœur de l'île du même nom et doté d'un port de ferrys, Skiathos (Hora) s'étend sur les collines de basse altitude de la côte sud-est. Hôtels, galeries, agences de voyages, tavernes, boutiques et bars s'alignent sur le front de mer et sur Papadiamanti, la rue piétonne pavée. Mais aventurez-vous hors de l'artère principale et bifurquez à côté de l'église **Tris Ierarches** (Plateia Trion Ierarhon ; ⏲aube-crépuscule), qui surplombe le vieux port, en face de l'**îlot de Bourtzi**

Skiathos

– relié au front de mer par une chaussée de 15 m –, et vous tomberez sur la vieille ville, à flanc de coteau. Là, au milieu des ruelles blanches, des petites places tranquilles et des portes bleu ciel, calme et couleur locale vous attendent.

À voir et à faire

Skiathitiko Spiti MUSÉE

(☎24270 21334 ; skiathitikospiti.wixsite.com/skiathitikospiti ; Polytexniou ; 2 € ; ⏲10h-14h et 18h-23h30 mai-oct). Dans cette maison traditionnelle de 2 étages en pierre datant du début du XXe siècle, propriété de la famille Papadopoulis, vous pourrez voir des objets historiques de Skiathos ainsi que ceux du quotidien qui permettent d'avoir un aperçu du mode de vie local à l'époque. La famille, sympathique et enthousiaste, assure elle-même les visites guidées et offre un verre de vin dans l'arrière-jardin. Dans la vieille ville, juste au sud de Papadiamanti.

Maison-musée Papadiamantis MUSÉE

(www.papadiamantis.net ; Plateia Papadiamanti ; 1,50 € ; ⏲9h30h-13h30 et 17h-18h mar-dim juin-sept, 10h-13h30, mar-dim mai-oct). C'est à Skiathos qu'est né le grand écrivain grec Alexandros Papadiamantis (1851-1911), considéré comme le père de la littérature grecque moderne, et dont les écrits s'inspirent de la vie difficile des insulaires parmi lesquels il a grandi. Sa modeste maison chaulée (1860) abrite aujourd'hui un beau petit musée où l'on peut voir des livres, des tableaux et des photos de l'auteur et de sa famille. *Les Petites Filles et la mort*, ballade sombre et mélancolique se déroulant à Skiathos, est le roman majeur de l'écrivain.

♥ **Argo III Yacht** CROISIÈRE

(☎69323 25167 ; www.argosailing.com ; New Port ; croisière 85 €/pers). Pour une superbe croisière en voilier autour de l'île, dans les eaux entre Skiathos et Alonissos, embarquez à bord de l'*Argo III* avec George, le capitaine, et sa femme Dina.

Octopus Diving Centre PLONGÉE
(☎6944168958, 24270 24549 ; odc-skiathos.com/octopus ; Hotel Alkyon, nouveau port ; plongée simple 50 € ; ⏲mi-juin à sept). Géré par un couple, ce centre populaire propose une vaste gamme de plongées et de cours, dont des cours pour débutant (60 €), le passage du brevet PADI open-water (400 €) ou encore des excursions de snorkeling à la demi-journée (20 €). Retrouvez-les sur le bateau du même nom, en face des emplacements de taxis ou à l'hôtel Alkyon.

Où se loger

Skiathos House PENSION €
(☎6972887900, 24270 22733 ; www.skiathoshouse.gr ; près de Papadiamanti ; ch 40-50 € ; ⏲avr-oct ; ❄📶). Ravissante maison restaurée avec chambres, studios et appartements modernes et d'un très bon rapport qualité/prix. Les logements sont équipés de bouilloire, sèche-cheveux, d'un mobilier en pin sobre et la plupart disposent d'un balcon. Jardin ombragé. Très bien situé (derrière la poste, à une rue de Papadiamanti). Denis, le propriétaire sympathique, saura vous conseiller et a même parasols et serviettes de plage à vous prêter.

Mouria Hotel HÔTEL €€
(☎24270 21193 ; mouriahotelskiathos.com ; Papadiamanti ; d avec petit-déj 60-90 € ; ⏲Pâques à mi-oct ; ❄📶). Installé dans une cour fleurie, ce superbe hôtel est caché juste derrière la Banque nationale. Cuisine commune, mais petit-déjeuner complet pris en charge. Douze chambres modernes bleue et blanc, avec balcon pour la plupart. Sèche-cheveux fourni. Photos vintage un peu partout.

Alexandre Papadiamantis fréquentait jadis la **taverne** (☎24270 23069 ; plats 8-14 € ; ⏲18h-tard mi-mai à mi-oct ; 🖉) avec terrasse de l'hôtel.

Bourtzi Boutique Hotel BOUTIQUE-HÔTEL €€€
(☎24270 21304 ; hotelbourtzi.gr ; Moraitou 8, angle Papadiamanti ; ch avec petit-déj 110-260 € ; ⏲mai-oct ; P❄📶🏊). Avec son design contemporain, le Bourtzi, situé en haut de Papadiamanti, apporte une touche de raffinement à Skiathos (Hora). Chambres modernes décorées sobrement, dans des tons colorés pour certaines. Le personnel, attentionné, vous offrira un cocktail de bienvenue. Bar tendance.

Où se restaurer et prendre un verre

Si à Skiathos (Hora) les restaurants touristiques proposant une nourriture *etsi-ketsi* (comme ci comme ça) ne manquent pas, il existe quelques exceptions, en particulier dans les ruelles avoisinant le vieux port et sur le front de mer du nouveau port (à côté des clubs ouverts toute la nuit).

Après minuit, l'alcool coule à flots dans tous les clubs du front de mer à proximité du nouveau port ; la plupart de ces établissements n'ouvrent que de juin ou juillet à septembre. Pour trouver des bars ouverts tard, explorez Plateia Papadiamanti, Polytexniou et Papadiamanti. Si vous cherchez plutôt un bar de plage, quittez la ville et préférez par exemple la plage de Koukounariès (ci-contre).

♥ **Kabourelias** TAVERNE €
(☎24270 21112 ; vieux port ; plats 7-15 € ; ⏲11h-minuit ; 📶). Jetez donc un coup d'œil à la cuisine ouverte pour voir ce que la pêche du jour vous réserve dans cette taverne populaire du vieux port À la carte : poulpe grillé, *taramasalata*, halloumi au citron, grillades de poisson délicieuses et vins maison, le tout pour un très bon rapport qualité/prix. Ouvert toute l'année.

O Batis TAVERNE €
(☎6974380129, 24270 22288 ; vieux port ; plats 4-13 € ; ⏲9h-minuit, mai-sept, horaires réduits oct-avr). Cette taverne sur le chemin qui monte depuis le port est appréciée de tous pour son poisson, ses *gavros* (anchois marinés et frits) et ses excellents mezze, le tout à prix doux. Ambiance détendue et bons vins de la région toute l'année.

♥ **Marmita** MÉDITERRANÉEN €€
(☎24270 21701 ; www.marmitaskiathos.com ; 30 Evangelistrias ; plats 11-18 € ; ⏲6h30-23h fin avr-oct ; 🖉). Végétation abondante, musique d'ambiance apaisante et paniers d'huile d'olive font de ce restaurant, installé dans une petite cour tranquille en haut de Papadiamenti, un endroit charmant. Salades chicorée-avocat, moussakas véganes, raviolis aux champignons, grillades succulentes et bar en papillote : la cuisine méditerranéenne innovante de Marmita saura vous séduire. Bonne carte de vins grecs.

Ergon ÉPICERIE FINE €€
(☎24270 21441 ; www.ergonfoods.com ; Papadiamanti ; petit-déj 4,50-9 €, plats 11-19 € ;

⌚9h-minuit mai à mi-oct ; 📶🍷). Ergon, la chaîne de produits locaux née en Thessalonique, possède un restaurant à Skiathos (Hora), en haut de Papadiamanti. L'endroit est apprécié pour ses cafés et ses petits-déjeuners qui allient inspiration internationale et tradition grecque (œufs pochés au yaourt grec, omelettes, tartes au fromage de Skopélos). Dans cette épicerie fine, vous trouverez du vins grec, de l'huile d'olive, de l'ouzo et bien d'autres produits.

Taverna Akrogiali TAVERNE €€
(Carte p. 445 ; ☎24270 21330 ; kostasgeorgoulas9@gmail.com ; Paraliakos ; plats 9-15 € ; ⌚12h-minuit mai-oct). Cette taverne au bord de l'eau, à 300 m du nouveau port, est prisée pour ses plats de poisson et ses fruits de mer. Terrasse ornée de bougainvillées et de plantes en pots. Carte grecque alléchante : tomates farcies, poulpe grillé ou encore feta frite au miel et au sésame.

Achats

♥ **Galerie Varsakis** ANTIQUITÉS
(☎24270 22255 ; facebook.com/galerievarsakis ; Plateia Trion Ierarhon ; ⌚9h30-14h et 18h-23h lun-sam, 18h30-23h dim avr-oct). Bijoux faits main et objets anciens insolites, tels que des fuseaux du XIXe siècle réalisés par les futurs mariés pour leurs promises, sont exposés ici. On découvre à l'étage une série de peintures à l'huile sur feuilles d'or du défunt propriétaire, Harris Varsakis (1947-2019), commencée dans les années 1970.

Renseignements

Office du tourisme (☎24270 23172 ; nouveau port ; ⌚juil-août). Sur la rocade.

Ailleurs sur Skiathos

Plages

L'île compte 65 plages, toutes desservies sur la côte sud par des bus (1,60-2 €) qui s'arrêtent à proximité de points d'accès aux plages (arrêts numérotés). La première longue étendue de sable qui mérite une halte est la plage de **Vromolimnos**, large et bordée de pins. Le terminus est la plage de **Koukounariès** (carte p. 445), depuis laquelle plusieurs plages ravissantes sont accessibles (mais lors de notre passage, les plages jumelles de **Banana** étaient en grande partie inaccessibles pour cause de travaux). La plupart des plages du sud louent des transats (8 €) et sont bien pourvues en tavernes et bars de plage. Moins fréquentées et quasiment intactes, les plages du nord-ouest sont néanmoins exposées l'été au *meltemi* (vent sec du nord). Les belles plages des îlots des alentours, notamment **Tsougria**, sont facilement accessibles en bateau-taxi depuis Skiathos (Hora).

À voir

♥ **Moni Evangelistrias** MONASTÈRE
(Carte p. 445 ; musée 2 € ; ⌚9h-coucher du soleil avr-oct, horaires réduits nov-mars). À 5 km au nord de Skiathos (Hora), ce célèbre monastère du XVIIIe siècle centré sur son église à 3 dômes fut un refuge pour les combattants de la liberté durant la guerre d'Indépendance ; c'est ici que fut hissé le premier drapeau grec, en 1807. De nos jours, plusieurs moines sont chargés de l'entretien, de la fabrication du vin, de confitures et d'huile d'olive. Dans le musée sont exposés un mobilier ancien et des documents datant de la guerre des Balkans. Café à proximité du vignoble.

DÉFENSE DES ANIMAUX

Comme beaucoup d'autres îles grecques, les Sporades sont peuplées de nombreux chats et chiens errants. Plusieurs associations locales s'occupent de les faire stériliser, de les nourrir et font leur possible pour leur trouver un foyer. Sur Skiathos, la **Skiathos Cat Welfare Association** (www.skiathos-cats.org) fait appel aux dons et cherche des bénévoles avec des compétences particulières, tout comme le **Skiathos Dog Shelter** (skiathosdogshelter.com), qui accueille les visiteurs dans ses locaux au sud de **Moni Panagias Kounistras** (carte p. 445 ; prix libre ; ⌚aube-crépuscule), à 4 km au nord-ouest de Troulous. Sur Skopélos, **Straycare Skopelos** (straycare@yahoo.com) fait appel aux dons et trouve toujours quelque chose à faire aux voyageurs désireux d'aider.

Lonely Planet ne soutient aucune organisation avec laquelle elle ne travaille pas directement. Il est essentiel que chaque voyageur fasse des recherches sur ces structures avant d'accepter un poste de bénévole.

Kastro RUINES

(Carte p. 445 ; 24h/24). GRATUIT Perchée sur une péninsule rocheuse surplombant le littoral nord, à 9 km au nord de Skiathos (Hora), cette cité fortifiée à l'épreuve des attaques de pirates fut la capitale de l'île de 1540 jusqu'à son abandon en 1829. À son apogée, elle abritait 20 églises et quelque 500 maisons. Aujourd'hui, parmi les ruines restaurées, on peut voir un canon, une mosquée ottomane, des réservoirs à eau et 4 églises, dont celle de Christos (XVIIe siècle), dans laquelle on peut admirer de belles fresques. Accessible en voiture ou à pied via une route goudronnée escarpée, ou en bateau d'excursion qui accoste sur la plage, au vieux port de Skiathos (Hora) en contrebas, d'où une courte ascension mène aux ruines.

Activités

Bateau

De mai à octobre, des excursions à bateau à la journée ou demi-journée sont organisées autour de l'île (18-25 €) et comprennent en général une visite du Kastro, de la plage de **Lalaria** (carte p. 445), de Trypia Petra ("Rocher Percé") et de 2 *spilies* (grottes) : Skotini ("grotte obscure") et Galazia ("grotte bleue"). Sans oublier l'arrêt baignade ! Beaucoup de bateaux continuent jusqu'à Skopélos, voire Alonissos. Consultez les panneaux affichés au vieux port.

Au départ du vieux port, vous pouvez aussi prendre un bateau-taxi pour Koukouraniès, la baie d'Achladiès, Kanapitsa ou encore l'îlot de Tsougria. Au nouveau port, il est aussi possible de louer des bateaux à la journée.

Plongée et snorkeling

Les îlots au large de la côte méridionale sont parfaits pour la plongée et le snorkeling. Les centres de plongée du coin proposent des cours d'initiation (60 €) et des cours PADI open-water (400 €), des excursions pour plongeurs certifiés (50 €) et des sorties snorkeling (à partir de 20 €). Parmi les écoles de plongée réputées de la région figurent **Skiathos Diving Center** (carte p. 445 ; 6977081444 ; skiathosdiving.gr ; plage de Koukounariès ; plongée simple 50 € ; 9h-19h mi-avr à oct), **Dolphin Diving** (carte p. 445 ; 6944999181 ; ddiving.gr ; Hotel Nostos, plage deTzaneria ; plongée simple 50 € ; mai-oct), à 5,5 km au sud-ouest de Skiathos (Hora), et l'Octopus Diving Centre (p. 446), le centre PADI situé à Skiathos (Hora) et dirigé par les moniteurs Theofanis et Eva.

Randonnée

Faire de la randonnée sur Skiathos, c'est découvrir des endroits méconnus de la plupart des touristes. Au moment où nous écrivons, 25 itinéraires ont été cartographiés, numérotés et balisés. **Ortwin Widmann**, habitant de longue date de Skiathos, a écrit un guide très utile, *Skiathos: Hiking in the Aegean Paradise* (disponible en anglais dans les boutiques de l'île) et propose lui-même des visites guidées (6972705416 ; www.hikingskiathos.com ; 18 €/pers ; mai, juin, sept et oct).

La boucle de 12 km (itinéraire 18) qui part du Moni Evangelistrias, va jusqu'au **cap Kastro** et revient en passant par **Agios Apostolis** est un itinéraire populaire, mais difficile.

Où loger et se restaurer

Achladies Apartments APPARTEMENTS €€

(Carte p. 445 ; 6944232655, 24270 22486 ; www.achladiesapartments.com ; baie d'Achladiès ; d/tr/qua 65-80/80-90/85-95 € ; mai-sept ; P). Excellente adresse aux jolies portes vertes, située à 3,5 km de Skiathos (Hora). Appartements avec ventilateur au plafond, kitchenette et balcon. Petite réserve écologique de tortues et joli jardin qui descend jusqu'à une plage de sable.

Atrium Hotel HÔTEL DE LUXE €€€

(Carte p. 445 ; 24270 49345 ; www.atriumhotel.gr ; plage de Paraskevi ; d/ste avec petit-déj à partir de 150/160 € ; mai-sept ; P). Avec son architecture unique, qui combine tradition et modernité, cet établissement perché à flanc de colline est parmi les meilleurs de sa catégorie. Murs en pierre et bougainvillées rose vif côtoient des chambres rénovées blanches avec plafond en bois, balcon avec vue sur mer et, pour certaines, piscine privée et Jacuzzi. Une taverne surplombe la piscine. Petit-déjeuner grec copieux.

Exantas GREC €€

(Carte p. 445 ; 24270 24035 ; facebook.com/exandasbarrestaurant ; Megali Ammos ; plats 10-18 € ; 9h-23h mai-oct ;). Ce restaurant de cuisine grecque innovante possède une belle terrasse avec vue sur les plages de Megali Ammos. Les plats – parmi lesquels figurent pâtes au pesto de courgette, rouleaux de printemps avec sauce à la pastèque, *gyros*, thon grillé d'Alonissos et fromage de Tinos – sont tous délicieux. Excellents vins et cocktails grecs.

Taverna Agnadio TAVERNE €€
(Carte p. 445 ; ☎24270 22016 ; facebook.com/agnadioskiathos ; plats 8-15 € ; ⊙18h-23h mi-mai à sept). Perchée au faîte d'une colline, cette taverne à 1,5 km au nord de Skiathos (Hora) jouit d'une belle vue sur l'horizon. Plats de fruits de mer bien préparés, grillades, mezze traditionnels (feta frite avec graines de sésame) et belle carte des vins.

SKOPÉLOS ΣΚΟΠΕΛΟΣ

4 960 HABITANTS

Plus sauvage et tranquille que sa voisine Skiathos, Skopélos est une île superbe, couverte de forêts de pins, oliveraies, vignobles et vergers de pruniers et d'amandiers, dont les fruits agrémentent les spécialités locales. Comme l'île voisine de Skiathos, les hautes falaises de la côte nord-ouest sont exposées, à la différence de la côte sud-est, plus abritée et dotée de plusieurs plages de sable et de galets.

On y trouve deux villages : l'agréable port principal de Skopélos (Hora) sur la côte est et, tout aussi plaisante, le village de Glossa, au nord-ouest, à 2 km au nord de Loutraki, le second port de l'île.

Depuis/vers Skopélos

Dans les deux ports, Skopélos (Hora) et Glossa/Loutraki, vous trouverez des bateaux pour Volos et Agios Konstantinos, sur le continent, et les îles de Skiathos, Alonissos et Eubée (Mantoudi). De mi-juin à mi-septembre, **Skyros Shipping Co** (☎22220 93465, 22220 91789 ; sne.gr ; Plateia ; ⊙9h-13h et 18h-21h) fait aussi la liaison entre Skopélos (Hora), Kymi (Eubée) et Skyros. Billets disponibles en ligne ou via **Madro Travel** (☎24240 22300, 24240 22145 ; front de mer ; ⊙9h-22h juin-sept, horaires réduits oct-mai) et **Dolphin Tours** (☎24240 23060, 6948485567 ; dolphinofskopelos.com ; front de mer ; ⊙9h-21h tlj avr-oct) à Skopélos (Hora) ou via **Nikos Triantafillou Agency** (☎6932913748, 24240 33435 ; ⊙7h-20h30) à Loutraki/Glossa.

Les principales compagnies maritimes sont **Hellenic Seaways** (hellenicseaways.gr), **Anes Ferries** (anes.gr), **Blue Star Ferries** (www.bluestarferries.com) et **Aegean Flying Dolphins** (www.aegeanflyingdolphins.gr). Services réduits pour la plupart d'entre elles entre novembre et avril.

De mai à début octobre, les bateaux-taxis de SeaCab (p. 444) relient toutes les heures Glossa/Loutraki (10h-20h) et Skopélos (Hora) à Skiathos (9h30-19h30).

Comment circuler

BUS

En été, il existe 5 à 10 liaisons quotidiennes (front de mer) au départ de Skopélos (Hora) pour Glossa/Loutraki (5,60 €, 55 min) et Neo Klima (Elios ; 4 €, 45 min). D'autres bus desservent chaque jour Panormos (3,50 €, 25 min), Milia (4 €, 35 min), Agnontas (2 €, 15 min) et Stafylos (1,70 €, 15 min). Hors saison, les bus ne passent plus que deux fois par jour.

TAXI

La borne est voisine de l'arrêt des bus à Skopélos (Hora). Comptez 9 € la course pour Stafylos, 14 € pour Agnontas et 35 € pour Glossa.

VOITURE ET MOTO

Magic Cars Cars (☎6973790936, 24240 23250 ; www.magiccars.gr ; Potoki ; ⊙7h-23h30) compte parmi les opérateurs de location de véhicules fiables, avec **Dolphin of Skopelos** et **Thalpos Holidays** (☎24240 29036 ; www.holidayislands.com ; ⊙9h-17h lun-sam mi-avr à mi-oct).

Skopélos (Hora) Σκόπελος

3 090 HABITANTS

Skopélos (Hora) se déploie autour d'une baie semi-circulaire sur la côte sud-est, et étage à flanc de colline ses chapelles vieilles de plusieurs siècles et ses maisons d'un blanc éclatant aux volets de couleurs vives et aux balcons fleuris. À l'extrémité nord-ouest se dressent les ruines d'une forteresse vénitienne du XIIIe siècle ainsi que quatre églises aux façades chaulées. Le front de mer est délimité par deux embarcadères : l'ancien au nord-ouest du port, et le nouveau, côté sud-est, qu'utilisent tous les ferrys et hydroglisseurs.

Flâner en ville et vous installer en terrasse sur le front de mer seront sans doute vos principales activités à Skopélos (Hora), mais vous pourrez aussi visiter deux modestes musées ainsi que plusieurs monastères à l'orée du village.

À voir

Musée du manoir Vakratsa MUSÉE
(☎24240 23494 ; 3 € ; ⊙10h-14h et 18h-21h mai-sept, mais horaires variables). Installé dans la demeure d'un médecin, Vakratsa expose du matériel médical d'époque, des livres

et des meubles, ainsi que des vêtements traditionnels d'hommes et de femmes, différenciant les célibataires des couples mariés. La visite ouvre une fenêtre sur le quotidien de la classe moyenne grecque au XIXe siècle. Le musée est situé au milieu du front de mer, à 100 m de la boutique Ploumisti (p. 452) vers l'intérieur de l'île, derrière un haut mur blanc.

Musée d'Art populaire MUSÉE
(☎24240 23494 ; Hatzistamati ; 3 € ; ⊙10h-14h et 19-22h lun-ven juin-sept, mais horaires variables). Ce beau musée qui a pris place dans un manoir restauré du XVIIIe siècle à l'intérieur des terres, non loin du front de mer (bien indiqué), présente une chambre de mariés typique de l'île, avec tenues de noces et lit nuptial, ainsi qu'une collection de broderies, sculptures sur bois et autres objets artisanaux locaux.

Activités

De mai à septembre, vous pouvez faire une **sortie en bateau** (tarif plein/enfant environ 55/35 €) à la journée avec un départ à 10h, une visite du parc national marin d'Alonissos (p. 456), un déjeuner et une baignade. Peut-être apercevrez-vous des dauphins en prime ! Pour réserver, contactez Madro Travel, Thalpos Holidays ou Dolphin of Skopelos. Plusieurs agences implantées à Skopélos proposent des circuits sur l'île pour visiter les lieux de tournage du film *Mamma Mia !* (30 €/personne).

SporadesSUP SPORTS NAUTIQUES
(☎6940448002 ; www.sporadessup.com ; front de mer ; cours en groupe 25 €, location 1h 15 €, excursion au coucher de soleil 45 € ; ⊙juin-sept). Belles excursions en paddle, notamment une de 2 heures 30 au coucher de soleil. Cours et location de planches. La même équipe dirige le **Skopelos Dive Center** (☎6940448000 ; www.sporadesdiving.gr ; plongée simple 50-60 € ; ⊙mai-sept) et son café agréable, ainsi que l'excellent **Ikion Diving** (☎24240 65158, 6984181598 ; www.ikiondiving.gr ; Steni Vala ; plongée simple 50-60 € ; ⊙mai-sept) sur Alonissos.

Skopelos Cycling CYCLOTOURISME
(☎6947023145 ; facebook.com/skopelos.cycling ; ancienne fabrique d'huile d'olive ; 10-25 €/24h ; ⊙9h-14h et 18h-22h lun-sam). Dans cette boutique, Panos Provias loue VTT et vélos électriques d'excellente qualité, fournit cartes et conseils sur les itinéraires possibles et organise des excursions guidées, dont une nocturne (30 €) et une avant le petit-déjeuner, jusqu'au mont Delphi (690 m), à vélo électrique (50 €).

Où se loger

♥ **Thea Home Hotel** PENSION €
(☎24240 22859, 6945344428 ; theahomehotel.com ; rocade ; d/studio/app avec petit-déj 45-80/80-135/100-150 € ; ⊙Pâques-sept ; 📶 🏊). Il vous faudra bien 10 minutes pour gravir la pente qui mène à cette pension familiale, mais vous ne serez pas déçu : en haut, que ce soit depuis la piscine, les chambres, vérandas et appartements, la vue est sublime. Studios modernes, chambres plus traditionnelles, avec balcon pour la plupart. Petit-déjeuner à base de yaourt grec et pâtisseries maison servi en terrasse.

♥ **Pension Sotos** PENSION €
(☎24240 22549 ; www.skopelostravel.net/sotos ; front de mer ; d/tr et qua 30-50/30-45 € ; ❄ 📶). Gérée par l'accueillante Alexandra, cette charmante pension dispose de 12 chambres lumineuses – l'une est dotée d'un vieux four en brique transformé en étagères, d'autres ont des poutres apparentes. La cour intérieure et la terrasse, agrémentées de géraniums et citronniers, jouxtent une église. Cuisine commune. L'endroit est très calme malgré un emplacement central.

Ionia Hotel HÔTEL €€
(☎24240 22568 ; www.ioniahotel.gr ; s/d/tr/qua avec petit-déj 48-85/55-95/70-110/85-120 € ; ⊙juin-sept ; P ❄ 📶 🏊). À 5 minutes à pied du front de mer, cet établissement traditionnel est une bonne adresse de Skopélos. Les chambres, réparties sur 3 niveaux, ont une décoration basique et sont fonctionnelles. Balcons privés donnant sur une piscine ombragée.

Où se restaurer

Juices & Books CAFÉ €
(facebook.com/juicesandbooks ; front de mer ; plats 4 € ; ⊙8h-1h juil-août, 9h-14h et 18h-tard mai, juin et sept ; 🌿). 🍃 Tiziana et Pad, les propriétaires de ce café-librairie idéal pour prendre un petit-déjeuner face à la mer, sont soucieux de protéger l'environnement. Sandwichs toastés, gâteaux maison, jus de fruits, smoothies au yaourt grec et café bio : la cuisine ne manque pas d'inventivité. Plats à base de produits de Skopélos présentés sur des planches en bois.

Skopélos

To Rodi

GREC €€

(☎24240 24601 ; Chimou ; plats 11-14 € ; ⏲19h-minuit mai-oct, ven-dim nov-avr ; ✎). La cour emplie de géraniums où pousse un grenadier dote ce restaurant d'un cadre idéal pour savourer certaines spécialités dont des fromages locaux, du porc à la sauce au citron et une délicieuse salade de carottes agrémentée d'un simple filet d'huile d'olive et d'un zeste de citron. Réservation conseillée en pleine saison.

Ta Kymata

TAVERNE €€

(☎24240 22381 ; vieux port ; plats 7-15 € ; ⏲12h-23h Pâques à mi-déc ; ✎). Ouverte depuis 1896, la plus vieille taverne de l'île, située tout au nord du vieux port, peut compter sur une clientèle d'habitués grâce à ses copieuses grillades et ses traditionnels *mayirefta*. Ta Kymata propose aussi d'autres créations traditionnelles : crevettes *saganaki* (frites avec du fromage), espadon et homard. Menus végétariens disponibles.

To Perivoli

GREC €€

(☎24240 23758 ; au-dessus de la Plateia Platanos ; plats 7-14 € ; ⏲19h30-minuit aux alentours de juin-août). Le Perivoli sert une très bonne cuisine traditionnelle dans une cour ravissante, située juste au-dessus de la Plateia Platanos. Parmi les spécialités : courgettes farcies au fromage, pâtes aux fruits de mer, crevettes *saganaki* et roulé de porc avec *koromila* (prunes) et sauce au vin. Aromates et légumes issus du potager du restaurant. Réservation conseillée.

Où prendre un verre et faire la fête

Cachés dans les ruelles de Skopélos, certains des bars les plus originaux de toutes les Sporades vous attendent. Pour les amateurs de musique, notamment de rébétiko, il existe aussi quelques petits clubs et scènes sympathiques où se produisent des musiciens de la région.

Hidden Door COCKTAILS
(Paraporti ; 6978252848 ; Chimou ; 19h-tard mai-sept). À 300 m du front de mer, dans une petite ruelle, en face du restaurant To Rodi. Niché dans une maison centenaire rénovée ce bar décontractésert des cocktails dignes de ceux d'Athènes (11 €).

Vrachos BAR
(facebook.com/vrachoscocktailbar ; vieux port ; 10h-tard mai-sept). Grimpez les escaliers tortueux que vous trouverez juste à gauche de la mairie pour arriver devant ce bar-café au cadre idyllique, avec une terrasse arborée. Situé juste à côté d'une des églises les plus anciennes du village. Nous vous recommandons la limonade maison à la rose et les cocktails originaux (8-12 €).

Ouzerie Anatoli MUSIQUE TRADITIONNELLE
(Kastro : 20h-2h juin-sept). Attendez au moins 23h avant de rejoindre, au-dessus du coin nord du front de mer au sommet du *kastro*, ce joyeux *ouzeri* (restaurant servant de l'ouzo et petits en-cas). On y écoute du rébétiko traditionnel interprété par Georgios Xindaris, le roi du "blues grec" et du bouzouki à Skopélos.

Achats

De jolies boutiques jalonnent le front de mer, vendant céramiques, tableaux, bijoux artisanaux et vêtements.

Ploumisti ARTISANAT
(24240 22059 ; front de mer ; 10h-14h et 18h-21h30 Pâques-sept). Tenue par Kostas et Voula Kalafatis depuis 40 ans, cette boutique vend chemises et foulards en lin, tableaux, tapis, céramiques et bijoux artisanaux. Kostas joue du rébétiko et se produit souvent dans le village, notamment lors du **festival de rébétiko de Skopélos** (www.rembetikoskopelosfestival.com ; mi-juil).

Rodios Pottery CÉRAMIQUE
(24240 23605 ; Potoki ; 10h30-14h et 18h-20h30 mai-oct). Connue pour ses céramiques originales en argile noire en style grec ancien, Rodios est établie à Skopélos (Hora) depuis 1900. En face du parking principal. Atelier ouvert toute l'année.

Depuis/vers Skopélos (Hora)

BATEAU

Des ferrys vont à Alonissos (6 €, 30 min, 1-2/jour), Eubée (Kymi ; 20 €, 3 heures, 3/sem), Skiathos (via Glossa ; 6,50 €, 1 heure, tlj), Skyros (20 €, 6 heures, 3/sem) et Volos (la plupart via Glossa ; 30 €, 4 heures 15, 2/jour).

Services d'hydroglisseurs desservant Alonissos (9 €, 20 min, 2/jour), Skiathos (via Glossa ; 18 €, 45 min, 2/jour) et Volos (35 €, 2 heures 30, 2/jour).

BUS

Depuis l'arrêt de bus près de l'embarcadère : en été, 5-10/jour pour Glossa/Loutraki (5,60 €, 55 min) et Neo Klima (Elios ; 4 €, 45 min). Plusieurs bus rejoignent aussi Panormos (3,50 €, 25 min), Milia (4 €, 35 min), Agnontas (2 €, 15 min) et Stafylos (1,70 €, 15 min). Services réduits hors saison (2/jour).

Glossa et Loutraki
Γλώσσα et Λουτράκι

990 HABITANTS

Reposant sur le flanc d'une colline escarpée de la côte nord-ouest, Glossa, la seconde "grande" localité de Skopélos, est toute en maisons grecques chaulées et en ruelles étroites organisées autour de la petite place de l'église. Quelques boutiques et restaurants l'animent. Une route sinueuse de 2 km et un *kalderimi* (sentier pavé) plus court la relient au port tranquille de Loutraki (noté "Glossa" sur les tableaux d'horaires de ferrys). Loutraki signifie "petit bain". D'ailleurs, à quelques pas du port, vous pouvez voir les vestiges de thermes romains.

À voir

À 800 m à l'est de Glossa, bien indiquée, se trouve l'**Antoniou Family Olive Press** (carte p. 451 ; 24240 33517 ; www.skopelosoliveoil.gr ; 10h30-15h et 17h-19h) GRATUIT. Cette presse de 130 ans, dans la famille Antoniou depuis trois générations, produit une huile d'olive extra-vierge de qualité. Profitez de la visite avec audioguide et dégustation. Appelez avant de vous déplacer.

Où se loger et se restaurer

Pansion Platana PENSION €
(Carte p. 451 ; 6973646702 ; pansionplatana@hotmail.com ; Glossa ; ch 35-55 € ; mai-oct ; P). Cette pension impeccable, entourée de végétation, est implantée 700 m à l'est de Glossa (avant la station-service). Les chambres colorées disposent d'un ventilateur au plafond, d'une kitchenette et d'un balcon avec vue sur le port de Loutraki. Eleni, la propriétaire, vous offrira une tasse de thé et vous conseillera à merveille.

Flisvos Taverna TAVERNE €€

(Carte p. 451 ; 24240 33856, 6974718287 ; Loutraki ; plats 8-15 € ; 12h-23h fin avril-début oct). Une cuisine grecque simple dans un cadre convivial en bord de plage, avec poisson frais à des prix raisonnables et des classiques comme la moussaka et le *stifado* (ragoût de viande, gibier ou poisson aux oignons et à la sauce tomate).

Depuis/vers Glossa

Il existe un services d'hydrofoils desservant Alonissos (11,50 €, 1 heure, 2/jour), Skiathos (11 €, 15 min, 2/jour) et Volos (32,50 €, 2 heures, 2/jour).

Ferrys au départ de Glossa/Loutraki :

VERS	DURÉE (HEURES)	TARIF (€)	FRÉQUENCE
Agios Konstantinos (été)	4¼	29,90	tlj
Alonissos	1½	9	1-2/jour
Eubée (Mantoudi)	1½	19,80	tlj
Skiathos	30 min	5,30	1-2/jour
Volos	3¼	26,50	1-2/jour

Ailleurs sur Skopélos

À voir

Parmi les 40 églises et monastères présents sur Skopélos, plusieurs sont ouverts au public et accessibles en voiture via une route panoramique ou à pied, en faisant une randonnée d'une journée au départ de Skopélos (Hora) jusqu'au mont Palouki.

La route bifurque à 2 km à l'est de Skopélos (Hora). Continuez tout droit, puis, à l'est, empruntez un chemin en terre battue sur 2 km pour atteindre le couvent **Moni Evangelistrias** (carte p. 451 ; 9h30-13h et 16h-20h mai-oct) datant du XVIIIe siècle et dont la superbe iconostase du XIe siècle présente une belle icône de la Vierge Marie. Plus loin, à 1,7 km au sud-ouest, vous verrez le **Moni Metamorfosis Sotiros** (carte p. 451 ; 9h-14h et 17h-20h environ juin-oct), le plus ancien monastère de l'île (XVIe siècle). De là, une piste étroite de 4 km mène au **Moni Varvaras** (carte p. 451 ; 9h-14h et 17h-20h environ juin-oct), un édifice du XVIIe siècle, d'où l'on voit la baie en contrebas, et, 4,2 km plus loin le couvent en activité **Moni Prodromou** (carte p. 451 ; 8h-14h et 16h-20h), du XVIIIe siècle. Lors de notre passage, la route n'était pavée que jusqu'à Sotiros, mais la piste en terre qui filait ensuite jusqu'à Prodromou était praticable en voiture. Si vous préférez la **randonnée**, il faut compter environ 1 heure 45 pour grimper de Skopélos (Hora) jusqu'à Prodromou (6,2 km). Le sentier croise la route principale à plusieurs reprises.

Perchée sur un piton rocheux à 5,5 km de Glossa et surplombant la mer Égée, la petite chapelle **Agios Ioannis** (carte p. 451 ; aube-crépuscule) est célèbre car c'est là qu'a été tournée la scène du mariage du film *Mamma Mia !* (2008). Pour vous y rendre, il faudra gravir 200 marches. En contrebas, il y a une petite plage de galets.

Plages

Les plus belles plages de Skopélos sont presque toutes sur les côtes abritées du sud-ouest et de l'ouest ; vous pouvez les rejoindre en louant un vélo chez Skopelos Cycling (p. 450).

Velanio PLAGE

(Carte p. 451). Pour vous rendre sur cette plage naturiste, empruntez le chemin qui part de l'extrémité est de la plage de **Stafylos** (carte p. 451), 5 km au sud de Skopélos (Hora). Plage de sable tranquille, favorable au snorkeling. Transats et bar de plage.

Agnontas PLAGE

(Carte p. 451). Bordée de pins, cette petite plage de galets et de sable de la côte sud-ouest se trouve au port de pêcheurs d'Agnontas. À 4 km à l'ouest de Stafylos. Bonnes tavernes sur le front de mer.

Cap Amarandos SITE NATUREL

(Carte p. 451). La crique nichée au creux du cap Amarandos est idéale pour une journée de baignade. Prenez la route partant à gauche, 75 m avant Agnontas, à l'endroit où part une piste rocailleuse et pentue (de préférence en 4×4). La route mène à des plages de galets isolées, privées et entourées de pins. 1,3 km après vous être engagé sur cette route, la paroi rocheuse s'ouvre de manière spectaculaire. Un petit sentier longe alors la falaise jusqu'à la mer, où une grotte et des pins permettent de contempler ce paysage incroyable à l'abri du soleil.

Kastani PLAGE

(Carte p. 451). Prenez le chemin pentu sur 13 km à l'ouest de Skopélos (Hora) et vous arriverez sur cette magnifique plage de sable et de galets bordée de pins. Location de transats (7 €). De mai à octobre, vous pouvez aussi prendre un verre dans son grand bar de plage.

Activités et circuits organisés

Avec ses collines recouvertes de pins et ses plages de galets, Skopélos offre un cadre idéal pour la **randonnée**, surtout au printemps et à l'automne. L'un des itinéraires favoris des marcheurs est celui de 6,2 km (1 heure 45 aller) sur les hauteurs du mont Palouki (567 m), avec une vue imparable sur les monastères de l'île. Le nord de l'île vous réserve aussi quelques balades agréables, notamment de Glossa à Agios Ioannis (environ 5 km, 2 heures).

Skopelos Walks À PIED
(6945249328 ; www.skopelos-walks.com ; promenades guidées 20-40 €). Comment distinguer un papillon Pacha à deux queues d'un léopard chrysope ? Peut-être l'apprendrez-vous au cours d'une promenade de 4 heures, guidée par Heather Parsons sur un sentier séculaire (*kalderimi*) à travers les terres. Auteure du guide de randonnée *Skopelos Trails,* Heather avec sa troupe de bénévoles, continue de nettoyer et baliser les sentiers de l'île. Elle propose aussi des excursions à vélo.

Kayaking Greece KAYAK
(Carte p. 451 ; 6983211298, 24240 33805 ; www.kayakinggreece.com ; plage de Milia ; mai-oct). Agence de kayak bien gérée qui propose toute une gamme d'excursions : sortie à la journée (65 €), sessions au soleil couchant (35 €), séjours aventure de 6 jours (590 €) et expéditions sur mesure vers des îles.

Où se loger et se restaurer

Limnonari Rooms PENSION €
(Carte p. 451 ; 6946464515, 24240 23046 ; skopelos.net/limnonarirooms ; plage de Limnonari ; ch 45-65 € ; mars-nov ;). À 1,5 km d'Agnontas, cette belle pension a une vue imprenable sur la baie de Limnonari. Les 10 chambres ont un réfrigérateur et la plupart un balcon. Dans le jardin, la taverne familiale sert moussakas végétariennes, grillades, olives du jardin et feta. Cuisine et barbecue communs.

Mando Beachfront APPARTEMENTS €€
(Carte p. 451 ; 6936131316, 24240 23917 ; www.mandobeachfront.com ; Stafylos ; d/tr/villa avec petit-déj 60-115/75-130/225-300 € ;). Blottie derrière une crique sur la baie de Stafylos à 4,5 km de Skopélos (Hora), cette pension bien tenue loue des chambres au charme rustique, avec balcon et vue sur mer, des suites luxueuses et des villas. Cuisine commune en plein air. Ponton sur les rochers permettant de se mettre à l'eau. Petit-déjeuner à base de produits maison.

Taverna Pavlos TAVERNE €€
(Carte p. 451 ; 24240 22409, 6948720954 ; facebook.com/pavlosagnodasskopelos ; Agnontas ; plats 9-15 € ; 12h-22h mai-oct, ven-dim nov-avr). Les habitants n'hésitent pas à prendre le volant pour rejoindre Agnontas et se régaler de poisson frais et de mezze préparés dans cette taverne ombragée, à deux pas de la plage. Parmi les spécialités : *stifado* de poulpe, salades croquantes et *fava* (purée de fèves).

ALONISSOS ΑΛΟΝΝΗΣΟΣ

3 500 HABITANTS

Couverte de forêts de pins d'Alep, de chênes kermès, de lentisques et d'arbousiers, de vignes, d'oliveraies, de vergers et d'herbes sauvages parfumées, Alonissos est l'île la plus sauvage et la moins fréquentée des Sporades. Si son littoral septentrional et occidental est rocheux et raide, l'est est ponctué de baies et plages de galets et de sable, le tout protégé par le parc national marin de 2 260 km² d'Alonissos (p. 456).

Alonissos a connu des périodes difficiles. Sa viticulture florissante s'arrêta net en 1952, lorsque ses vignobles, aux cépages importés de Californie, furent détruits par le phylloxéra, contraignant nombre d'îliens, désormais sans travail, à s'exiler. En 1965, un violent séisme ravagea le chef-lieu de l'île, Paléa Alonissos, la vieille ville, à présent restaurée, située sur la colline. Les habitants furent relogés à Patitiri, devenu depuis un pittoresque port. La seule autre localité de l'île est le village de Steni Vala (p. 458), qui se trouve à 11 km au nord-est de Patitiri. L'île s'anime en juillet et août, tandis que de nombreux habitants préfèrent rejoindre Athènes pendant l'hiver, étonnamment rude.

Depuis/vers Alonissos

Patitiri, le port principal, est relié par bateau à Volos, sur le continent, à ses voisines Skopélos et Skiathos et, de mi-juin

Alonissos

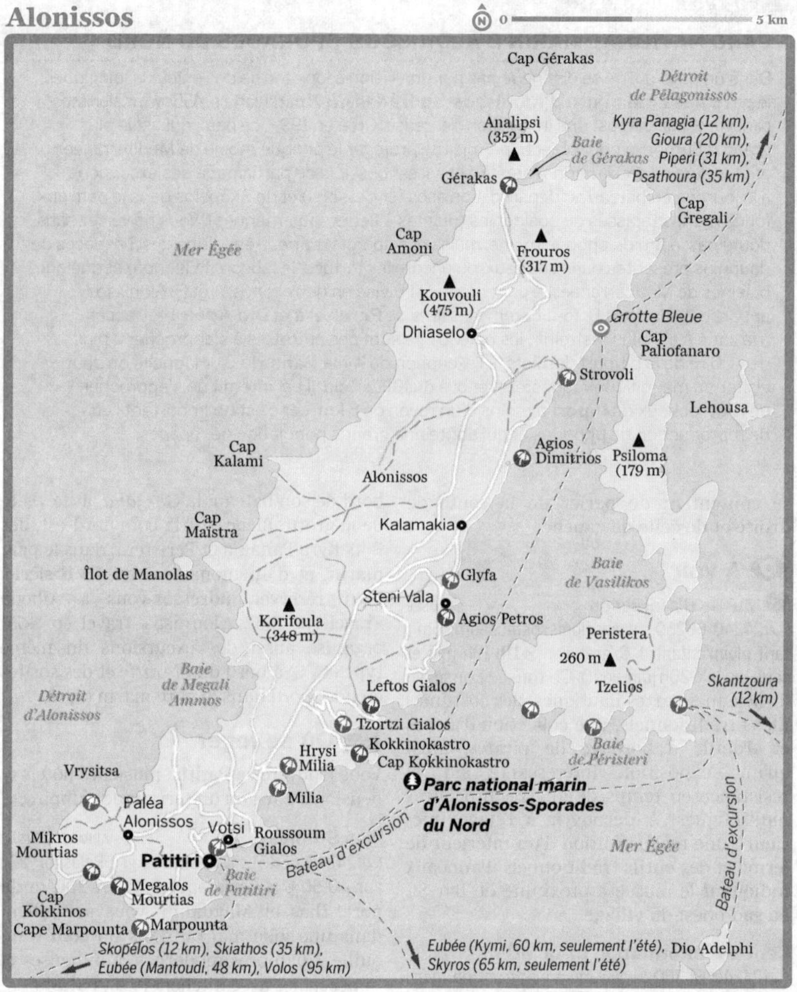

à mi-septembre, à Skyros et l'Eubée (Kymi). Services réduits d'octobre à avril environ. Billets disponibles en ligne ou à Patitiri, via **Alkyon Travel** (☎22350 32444 ; alkyontravel.gr ; front de mer ; ⏲6h-20h avr-oct), **Albedo Travel** (☎24240 65804 ; www.alonissosholidays.com ; front de mer ; ⏲9h30-14h et 17h30-20h30 fin avr à mi-oct) et **Alonnisos Travel** (☎24240 65188, 24240 66000 ; alonnisostravel.gr ; front de mer ; ⏲8h30-22h30 avr-oct).

ℹ Comment circuler

Albedo Travel et Alonnisos Travel à Patitiri sont des points de location de voitures fiables.

Patitiri Πατητήρι

1 630 HABITANTS

Port principal d'Alonissos, Patitiri ("pressoir à vin") est encadré par deux falaises de grès parsemées de pins à l'extrémité sud de la côte est. Les cafés, boutiques, agences de voyages et tavernes du front de mer en font un village moderne, mais malgré un cadre attrayant et une petite plage de galets, Patitiri n'a pas grand charme. Deux routes partent de l'embarcadère ; la route principale est celle se trouvant à l'extrémité est du port. Les routes ne sont pas fléchées et les habitants

À NE PAS MANQUER

PARC NATIONAL MARIN D'ALONISSOS-SPORADES DU NORD

Dans un pays qui ne se distingue pas par une vision à long terme des enjeux écologiques, le **parc national marin d'Alonissos-Sporades du Nord** (carte p. 455 ; www.alonissos-park.gr ; mai-oct) est une innovation heureuse. Créé en 1992, ce parc, qui est le plus grand d'Europe, a pour objectif premier de protéger le phoque moine de Méditerranée et plusieurs oiseaux marins rares. En été, il est possible de participer à des excursions à la journée en bateau au départ d'Alonissos (ci-dessous) et de Skopélos dans le parc aux fonds marins tapissés de posidonies (plantes à fleurs sous-marines). Vous ne verrez sans doute pas le timide phoque moine, mais vous apercevrez peut-être l'une des 3 espèces de dauphins présentes dans ces eaux, ou encore les tortues, le faucon d'Éléonore et quelques baleines de Méditerranée. Le parc marin est divisé en deux zones, A et B. Alonissos appartient à la zone B, tout comme les îlots de **Peristera** et **Dio Adelphi**. L'accès à la zone A est plus restreint : les bateaux ne sont pas autorisés à s'approcher à plus de 400 m de la plupart des îlots, à l'exception de **Kyra Panagia**, sur laquelle on peut visiter un magnifique monastère rénové du XIIIe siècle. Il est interdit de s'approcher de l'îlot rocheux de **Piperi** à moins d'un rayon de 5 km, car c'est un important lieu de reproduction de phoques et qui abrite une grande population de rapaces.

se contentent de parler de la route de droite et de celle de gauche.

À voir

Musée d'Alonissos MUSÉE
(24240 66250 ; www.alonissosmuseum.com ; tarif plein/enfant 4 €/gratuit ; 11h-19h mai et sept, jusqu'à 20h juin-août). Ce musée conserve d'anciennes cartes nautiques, des costumes îliens traditionnels, une collection d'armes et d'outils d'abordage de pirates, ainsi qu'une exposition intéressante sur la résistance en temps de guerre. Brochures multilingues. À découvrir à l'étage inférieur : une reconstitution d'un intérieur de ferme et des outils traditionnels. Panneaux indiquant le musée à proximité de Bar St, au sud-ouest du village.

Centre d'information de la MOM MUSÉE
(24240 66350 ; www.mom.gr ; front de mer ; 10h-22h juin-sept). GRATUIT Ne manquez pas cet excellent centre d'information du front de mer consacré au phoque moine de Méditerranée, une espèce protégée (p. 459). Exposition de qualité, vidéos sous-titrées en anglais et personnel polyglotte. Ce centre lutte aussi pour réduire les emballages en plastique à l'échelle locale.

Activités

Plusieurs excursions populaires sur l'île et dans le parc marin (voir l'encadré ci-dessus) se font au départ du port de Patitiri. **Pakis Athanasiou** (6978386588), un insulaire qui a participé à la création du parc marin, propose des excursions à la journée (40 €) à bord de son bateau, la *Gorgona*, avec visite de la grotte Bleue, sur la côte nord-est, des îlots Kyra Panagia et Peristera, dans le parc marin, et d'un monastère du XVIe siècle. Pour réserver, adressez-vous à Albedo Travel (p. 455). Alonnisos Travel (p. 455) organise aussi des excursions du même type (45 €) à bord du *Planitis* et des sorties en hors-bord dans le parc marin (50 €).

Où se loger

Vous trouverez à Patitiri plusieurs hôtels et pensions, ainsi qu'un terrain de camping.

Ilias Studios APPARTEMENTS €
(24240 65451 ; ilias-studios.gr ; Pelasgon 27 ; app 40-50 € ; mai-sept ;). À 200 m du port, Ilias et Magdalini, vous accueillent dans une jolie maison dans un coin tranquille. Chambres modernes, lumineuses et impeccables avec kitchenette et balcon.

Angelo's Apartments & Suites APPARTEMENTS €€
(6973955267, 24240 65705 ; www.angelosalonissos.com ; app 40-180 € ; Pâques-début oct). Fruits d'un talentueux architecte athénien, ces deux bâtiments (l'un est situé derrière le port, l'autre en haut de la ville) sont dotés d'appartements modernes tous différents. Style épuré et mobilier sur mesure. Angelo, le propriétaire, a le sens du détail.

Liadromia Hotel HÔTEL €€
(24240 65521 ; www.liadromia.gr ; d/studio 50-80/70-110 € ; P). Doyen des établissements hôteliers de Patitiri, cet hôtel

perché à l'est du port est tenu de main de maître par Maria. Rideaux brodés et mobilier d'époque donnent du caractère à ces chambres avec balcon qui sont rénovées peu à peu. Petit-déjeuner maison (7,50 €) à prendre à l'étage, avec vue sur mer.

Où se restaurer

Archipelagos TAVERNE €
(☎24240 65031 ; plats 7-11 € ; ⏲12h-tard avr-déc). Dans cette taverne du front de mer très couleur locale, les habitants se rassemblent jusqu'au bout de la nuit pour commander mezze après mezze (à base de grillades de poisson), salades composées (nous recommandons celle au chou, à la carotte et au citron), le tout accomâgné de verres de *tsipouro* (alcool distillé de moût de raisin).

To Kamaki Ouzerie TAVERNE €€
(Plats 5-15 € ; ⏲12h-1h mi-mai à mi-oct, ven-dim mi-jan à mi-mai ;). Appréciée de longue date des habitants, cette taverne de la rue principale, à côté de la Banque nationale, sert du poisson à prix doux, de savoureux plats végétariens et d'excellents mezze. Le week-end, place aux concerts familiaux de bouzouki !

Depuis/vers Patitiri

BATEAU

Les ferries desservent Kymi (été seulement ; 20 €, 2 heures 30, 3/sem) et Mantoudi (19,80 €, 2 heures 30, 2/sem) sur l'Eubée ; Glossa (9 €, 1 heure 30, 1/jour) et Skopélos (Hora ; 5,30 €, 45 min, 2-3/jour) à Skopélos ; Skiathos (9,50 €, 2 heures, 2/jour) ; Skyros (été seulement ; 20 €, 5 heures 15, 3/sem) et Volos (30 €, 5 heures, 2/jour).

Des hydrofoils desservent également Skiathos (15-18 €, 1 heure 30, 2/jour), Skopélos (9,50 €, 20 min, 2/jour), Glossa (11,50 €, 1 heure, 2/jour) et Volos (35 €, 3 heures 15, 2/jour).

BUS

Les bus desservent Paléa Alonissos (1,70 €, 10 min, 1/heure juin-sept), à partir de l'arrêt de bus situé au port, d'où il est possible de partir en randonnée (2,5 km, 40 min).

L'été, des **bus de plage** (☎6979269099, 24240 65389 ; aller-retour 5-10 € ; ⏲juin-sept) quittent Patitiri vers 10h, rentrent vers 16h et desservent un point différent au nord chaque jour.

TAXI

Les taxis se rassemblent sur le port.
La course vers Paléa Alonissos coûte 8-10 € et vers Steni Vala, 18 €.

Paléa Alonissos

Παλιά Αλόννησος

208 HABITANTS

Lieu enchanteur situé sur la pointe sud-ouest de l'île, Paléa Alonissos, ou Alonissos (Hora), réserve des panoramas superbes au gré de ses ruelles pavées joliment fleuries, bordées de maisons traditionnelles et d'escaliers qui rejoignent la place de l'église. Les villageois ont quitté Paléa Alonissos pour Patitiri après le séisme de 1965, mais depuis, le village a été reconstruit. L'été, l'île s'anime brièvement avec ses restaurants, bars, boutiques et hôtels, mais le reste de l'année, elle est presque déserte.

À voir

Église de la Naissance du Christ ÉGLISE
(Plateia Hristou ; ⏲horaires variables). Cette église du XVIIe siècle (mais dont les origines remontent au XIIe siècle), en pierre taillée et à la toiture en ardoise, domine la place du village. À l'intérieur, vous verrez une belle iconostase et des fresques un peu abîmées.

Megalos Mourtias PLAGE
(Carte p. 455). Un sentier à l'est d'Alonissos (Hora) de 2 km descend jusqu'à cette plage de galets populaire. Bordée de quelques restaurants et appartements. Location de transats et parasols. Belle vue sur l'Eubée.

Mikros Mourtias PLAGE
(Carte p. 455). Une piste en terre de 2 km et un chemin entretenu mènent à cette plage de sable et de galets isolée au sud du village. Cadre naturel. Naturisme.

Où se loger

Idéale pour passer une ou deux nuits tranquilles, Paléa Alonissos compte quelques appartements et pensions.

Chiliadromia Studios APPARTEMENTS €
(☎6974532931, 24240 65814 ; www.chiliadromia.gr ; Plateia Hristou ; studio à partir de 55 € ; ⏲fin mai-sept ;). Nichée au cœur du vieux bourg, cette accueillante pension est un vrai bijou pour petits budgets : balcons, lits confortables, cuisines bien équipées et décoration traditionnelle. Au rez-de-chaussée, vous trouverez **Piperi** (☎24240 66384 ; facebook.com/piperibar ; ⏲8h30-14h30 et 18h-tard mi-mai à oct), un café populaire.

Konstantina Studios APPARTEMENTS €€
(24240 65900, 24240 66165 ; www.konstantinastudios.gr ; d/ste/app avec petit-déj à partir de 107/120/130 € ; P ❄). L'une des meilleures adresses d'Alonissos. Studios élégants et calmes dans les tons pastel avec fresques, peignoirs moelleux, cuisine équipée et balcon avec vue sur la côte sud-ouest. Konstantina, la propriétaire, vient chercher ses hôtes sur le quai, et prépare de succulents petits-déjeuners à base de confitures maison, d'omelettes et de viennoiseries.

Elma's Houses APPARTEMENTS €€
(6945466776, 24240 66108 ; www.elmashouses.com ; studio/app 60-85/80-120 € ; mai-oct ; ❄). Les familles apprécieront l'une ou l'autre des deux maisons en pierre d'Elma. Décorées dans le style traditionnel, elles possèdent chacune une cuisine, des lits confortables et une belle vue depuis la cour. L'intérieur rustique est tout en murs chaulés, poutres brutes et escalier en bois. Près de la vieille école, dans la partie haute du village.

Où se restaurer

Hayiati CAFÉ €
(24240 66244 ; facebook.com/melpomeni.vas ; en-cas 6-10 € ; 10h30-tard mai-sept). *Glykopoleio* (confiserie) le jour et piano-bar le soir, Hayiati possède une vue superbe depuis ses terrasses. Le matin, on y sert jus frais et *tyropita* (friands au fromage) faites à la demande. Plus tard en journée, c'est sandwichs, gâteaux maison et vins grecs.

Astrofegia GREC €€
(24240 65182 ; facebook.com/astrofegia.alonissos ; plats 9-15 € ; 19h-minuit juin-sept ;). La vue est splendide depuis ce restaurant en plein air entouré de vignes grimpantes où vous attendent nappes à carreaux rouges et blancs et un chaleureux accueil familial. Au menu : spécialités grecques revisitées, moussakas végétariennes, agneau rôti au vin blanc et souvlakis aux fruits de mer, le tout accompagné de bons vins de la maison. En dessert, goûtez le *galaktoboureko* (pâte phyllo garnie de crème pâtissière). À une ruelle de l'entrée du village.

Demi's INTERNATIONAL €€
(24240 65164 ; facebook.com/restaurants.in.alonnisos ; plats 8-12 € ; 13h-23h, mer-dim nov-avr ;). Venez vous attabler à la terrasse ombragée de ce restaurant à l'entrée du village pour goûter à la carte grecque et internationale créative, mise au point par Demi Karanastasis, chef insulaire bien connu et formé à l'étranger.

Ailleurs sur Alonissos

La route principale d'Alonissos file sur 20 km, de Patitiri à la **baie de Gérakas** (carte p. 455), sur la pointe nord. D'autres routes plus petites la rejoignent et la relient à de petites plages de pêcheurs et autres plages bien gardées.

À voir

Kokkinokastro PLAGE
À 6,6 km de Patitiri, cette splendide plage de sable et de galets embrasse l'arc formé par le cap rouge de Kokkinokastro. C'est ici que la cité antique d'Ikos a été engloutie par les flots ; on en devine encore les murailles. Location de transats et parasols. Bar de plage.

Leftos Gialos PLAGE
Sur cette plage de galets blancs à 7 km au nord de Patitiri, vous pourrez paresser à l'ombre des pins et boire un verre dans une des tavernes de plage. Location de transats.

Steni Vala VILLAGE
Troisième localité de l'île, ce joli village de pêcheurs à 11 km au nord-est de Patitiri dispose d'un port en eaux profondes pour les yachts. Excellentes tavernes en front de mer et chambres à louer.

Agios Dimitrios PLAGE
L'une des plages les plus populaires de l'île. À 5,5 km de Steni Vala, un food truck et une *domatia* vous attendent sur cette plage triangulaire de galets. Location de transats. Vue sur l'île inhabitée de Peristera.

Activités

Les occasions de randonner sont nombreuses sur Alonissos : 14 sentiers ont été balisés. Les plus populaires figurent sur les cartes d'Alonissos éditées par Terrain et Anavasi, mais également dans les guides de randonnée locaux comme celui de Bente Keller. Pour plus d'informations, référez-vous à www.alonissos.gr.

Quelques épaves marines ont été découvertes dans les eaux peu profondes d'Alonissos et les plongeurs peuvent s'y rendre (entre août et octobre) lors de visites guidées, notamment pour découvrir le *Peristera* qui a fait naufrage à la fin du

MENACE SUR LE PHOQUE MOINE

Jadis, des centaines de colonies de phoques moines de Méditerranée peuplaient la mer Noire et la Méditerranée, ainsi que la côte atlantique de l'Afrique. Il ne reste aujourd'hui que 500 individus environ, dont la moitié vivent entre la Grèce et la Turquie, et le littoral atlantique du Maroc.

Ce mammifère figure sur la liste des 20 espèces les plus menacées du monde. Les phoques moines sont victimes de captures accidentelles par les filets de pêche, de la raréfaction de leurs sources de nourriture, de la destruction de leur habitat et de la pollution. Heureusement, depuis que des études ont prouvé que la protection du phoque favorisait aussi le renouvellement des stocks de poissons, les pêcheurs ont arrêté de les tuer, pratique courante car ils étaient considérés comme des animaux nuisibles.

De plus en plus de mesures voient le jour pour contrevenir à cette situation et si, depuis 2015, le phoque moine n'est plus classé "en voie d'extinction" par l'UICN (Union internationale pour la conservation de la nature), mais "en danger", il reste encore beaucoup à faire. Consciente de la menace qui pèse sur cette espèce, la Grèce a créé le parc marin national d'Alonissos en 1992, à la fois pour protéger les phoques moines, mais aussi pour permettre le renouvellement des stocks de poisson. En moyenne, les phoques ont une espérance de vie de 40 ans et mangent 35 kg de poisson par jour. Les mâles pèsent entre 400 et 500 kg, tandis que les femelles pèsent entre 200 et 300 kg.

Pour en savoir plus sur le phoque moine et voir des images infrarouges, visitez le Centre d'information de la MOM (p. 456) à Patitiri.

Ve siècle av. J.-C. Si vous plongez dans les eaux d'Alonissos, ouvrez l'œil ; dauphins et poulpes ne sont jamais bien loin. **Triton Dive Center** (☎24240 65804 ; www.bestdivingingreece.com ; Albedo Travel, front de mer ; excursion 2 plongées 90 € ; ⊙mai-sept) et Ikion Diving (p. 450) sont deux bonnes écoles de plongée.

Où se loger et se restaurer

4 Epoches HÔTEL €€

(☎24240 66101 ; www.4epochesalonnisos.com ; Steni Vala ; s/d/tr 42-96/50-100/70-120 € ; ⊙mai-sept ; P ❄ 📶 🏊). Implanté juste derrière le front de mer de Steni Vala, cet hôtel chic loue 22 chambres assez modernes et des studios avec cuisine et terrasse. Jardin avec palmiers et piscine. Bar et jardin en rooftop.

♥ **Ilya Suites** APPARTEMENTS €€€

(☎6938327401 ; www.ilyasuites.gr ; plage de Glyfa ; ste/villa 80-180/200-300 € ; ⊙mai-sept ; P ❄ 📶). Oubliez le monde extérieur dans ces suites et villas charmantes et joliment meublées sur la plage de Glyfa, en face de l'île de Peristera. Séparées de la plage par seulement quelques bosquets de roses, lavande et géraniums, les 4 suites luxueuses et les villas peuvent accueillir jusqu'à 4 personnes. Intérieur blanc audacieux, charpentes apparentes, cuisines équipées ; tout ici respire calme et volupté. Yoga, randonnée et plongée.

Au moment où vous lirez ces lignes, 6 nouvelles suites à thématique botanique devraient être prêtes.

Dendrolimano GREC €€

(☎24240 65252 ; Votsi ; plats 10-20 ; ⊙18h-tard mai-oct ; 🖉). Avec sa jolie terrasse à l'ombre des pins, à flanc de colline avec vue sur la baie azur de Votsi, ce restaurant a un cadre idyllique. Il est connu pour la touche d'originalité qu'il apporte à ses plats gréco-italiens. Au menu : salade de pastèque ou encore pâtes d'encre de seiche et thon d'Alonissos. Bons crus grecs.

SKYROS ΣΚΎΡΟΣ

3 000 HABITANTS

Plus grande île des Sporades, Skyros se divise en deux parties distinctes : au nord, de petites baies, des terres cultivées, des pinèdes et une base aérienne ; au sud, des collines arides et une côte rocheuse. Dans la mythologie grecque, Skyros servit de cachette au jeune Achille, qui aurait plus tard rejoint Troie sur un cheval de Skyros (p. 465). Si vous avez de la chance, peut-être apercevrez-vous à l'état sauvage ces petits chevaux menacés d'extinction.

Skyros est également appréciée des Athéniens, des Thessaloniciens et des ornithologues, qui tentent d'y apercevoir la fine silhouette du faucon d'Éléonore qui migre depuis l'île jusqu'à Madagascar. Comme en équilibre sur un piton rocheux, Skyros (Hora) est un chef-lieu où il fait bon vivre.

Depuis/vers Skyros

AVION

À l'**aéroport** de Skyros (carte ci-contre), 11 km au nord-ouest de Skyros (Hora), des vols de la compagnie **Olympic Air** (www.olympicair.com) partent pour Athènes, tandis que des vols **Sky Express** (www.skyexpress.gr) font la liaison avec Thessalonique, plusieurs fois par semaine dans les deux cas. Navettes (2,80 €) et taxis (20 €) depuis/vers Skyros (Hora).

BATEAU

Linaria, sur la côte ouest, est le port principal de Skyros. Les ferrys Skyros Shipping Co assurent toute l'année la liaison entre Kymi, sur l'Eubée, (12,10 €, 1 heure 45, tlj). De mi-juin à septembre, la même compagnie dessert Skopélos (20 €, 6 heures, 3/sem) et Alonissos (20 €, 5 heures 15, 3/sem).

Achetez vos billets en ligne, auprès de Skyros Shipping Co (p. 449) ou **Skyros Travel** (6944884588, 22220 91600 ; www.skyrostravel.com ; Agoras ; 9h30-13h30 et 18h30-21h30) à Skyros (Hora), ou à la billetterie sur le port de Linaria ou Kymi. Il est possible de rejoindre Athènes avec les correspondances mises en place par Skyros Travel à Kymi.

Comment circuler

BUS

Les horaires des bus concordent avec les ferrys qui font la navette entre Linaria et Skyros (Hora), Magazia et Molos (2 €). Ils desservent aussi l'aéroport depuis Skyros (Hora) (2,80 €).

VÉLO

Vous pourrez louer des vélos à Skyros (Hora), à côté de l'arrêt de bus, auprès de **Vagios Rent a Moto-Car** (6986051760 ; facebook.com/rentamotocarskyros ; vers Agoras ; 9h-21h), ou à Molos, auprès de **Anemos Rent a Car-Bicycle** (22220 93705, 6980038667 ; www.anemos-skyros.gr ; 9h-14h et 17h-21h), pour 10 €/jour.

VOITURE ET MOTO

Pour louer voiture ou moto, adressez-vous à **Martina's Rental** (6974752380, 22220 92022 ; www.skyroscar.gr ; Machairas ; 9h-14h et 18h-21h), Skyros Travel et Vagios Rent a Moto-Car à Skyros (Hora), à **Europcar Skyros** (22220 92092 ; www.europcar.com ; Magazia ; 8h30-20h30) à Magazia ou encore à Anemos Rent a Car-Bicycle à Molos.

Skyros (Hora) Σκύρος

1 660 HABITANTS

Enroulée autour d'un piton rocheux, la ville principale de Skyros est couronnée par une **forteresse**, place forte byzantine puis vénitienne. Ses rues labyrinthiques, aux pavés polis par le temps, invitent aujourd'hui à flâner. C'est oublier que ce dédale visait jadis à la protéger des éléments et aussi des pirates.

L'Agoras, l'artère principale animée, bordée de tavernes, de bars, de boutiques et d'ateliers artisanaux. Environ 100 m après la Plateia (place principale), l'Agoras bifurque à gauche et zigzague jusqu'à deux petits musées jouxtant la Plateia Rupert Brooke (où est érigé un nu en bronze en hommage au poète anglais), d'où un large chemin de pierre descend sur 1 km jusqu'à la **plage de Magazia** (carte ci-contre).

À voir

Musée d'Art populaire Faltaïts — MUSÉE

(22220 91232 ; www.faltaits.gr ; Plateia Rupert Brooke ; 4 €, visite guidée 7 € ; 10h-14h et 18h-21h juin-sept, 10h-14h oct-mai). Ce musée exceptionnel a pris place dans une demeure du XIXe siècle appartenant à la riche famille Faltaïts. Sur plusieurs étages, vous découvrirez la mythologie et le folklore de Skyros. Vous verrez notamment des costumes, des broderies, du mobilier ancien, des céramiques, des ustensiles de cuisine, des documents historiques et des photographies anciennes. La collection du musée comprend aussi plusieurs écrits du grand journaliste Konstantinos Faltaïts (1891-1944), père de Manos (1938-2012), l'artiste qui a fondé le musée et dont les œuvres sont également présentées au musée. Une boutique vend des céramiques, des gravures, et autres objets de belle facture.

Monastère de Saint-Georges — MONASTÈRE

(Moni Agios Georgios, Kastro ; 10h-13h et 18h-20h). Fondé en 962, ce monastère byzantin encore en activité (dont les cloches vous réveilleront à coup sûr si jamais vous logez en ville) se trouve au sommet de Skyros (Hora), à l'intérieur des murs inférieurs de la forteresse (ci-dessus). Vous pouvez visiter sa chapelle du XVIIe siècle, qui abrite une belle iconostase et des fresques à demi effacées du XVIIIe siècle.

Skyros

Musée archéologique

MUSÉE

(☎22220 91327 ; Plateia Rupert Brooke ; 2 € ; ⏲8h30-16h mer-lun). Collection de poteries et de bijoux mycéens trouvée non loin de Magazia, récipients découverts à Skyros (Hora) et objets de l'âge du bronze (2800-1900 av. J.-C.) en provenance de fouilles à Palamari (p. 464) – une coupe en céramique à deux anses et la tête sculptée d'une ancienne idole cycladique valent particulièrement le coup d'œil.

Ce musée intéressant présente aussi une reconstitution d'un intérieur traditionnel de Skyros, intégralement transféré depuis la maison du donateur.

♥ Feel Ingreece

SORTIES, COURS

(☎22220 93100 ; www.feelingreece.gr ; vers Agoras ; ⏲9h30-14h et 18h30-23h). Chrysanthi Zygogianni, le propriétaire plein de ressources, fait tout pour sauvegarder la culture de l'île, notamment son artisanat et son environnement naturel. Il organise des randonnées lors desquelles il est possible d'apercevoir les chevaux de Skyros (10 €/personne), des sorties ornithologiques, ainsi que de cours de sculpture sur bois, de cuisine, de broderie et de danse grecque, et de balades en bateau (50 €) au sud de l'île.

Fêtes et festivals

Lors du **carnaval de Skyros** (⏲jan/fév), qui se tient les 4 week-ends précédant le carême et la Pâque orthodoxe, les jeunes hommes revêtent masques de chèvre, vestes à poils et des dizaines de cloches de cuivre avant de danser à travers les rues de la ville dans un concert de tintements. Chacun a pour partenaire un homme déguisé en mariée skyrienne, portant lui aussi un masque de chèvre.

À NE PAS MANQUER

LES MAISONS D'ARTISTES DE SKYROS

Il existe à Skyros une communauté prospère d'artistes, allant des peintres et potiers aux sculpteurs et tisserands. La tradition artistique de l'île date de l'époque byzantine, lorsque les pirates de passage œuvraient de concert avec les receleurs du coin, dont les maisons gardaient le butin des pillages de navires marchands. Elles abritaient ainsi assiettes en céramique et autres décorations en cuivre venues d'Europe, du Moyen-Orient et d'Asie Mineure. Aujourd'hui, des objets similaires ornent presque toutes les maisons de Skyros, fièrement exposés sur des étagères en bois sculpté, et les artisans de l'île œuvrent pour préserver cette tradition. Rendez-vous au musée d'Art populaire Faltaïts (p. 460) et au Musée archéologique pour découvrir les plus belles reconstitutions d'intérieur typiquement skyriens ainsi que de magnifiques costumes traditionnels des XVIIIe et XIXe siècles. Éléments clés de ces intérieurs, les impressionnants *boulmes*, des panneaux sculptés souvent ornés de l'aigle à deux têtes byzantin, de coqs et de grenades. Les cheminées de pierre sont quant à elles parées de broderies, tandis que des objets de verre et d'argile recouvrent les étagères. Le *krevatsoula* est un lit bas en bois couvert de draperies et de coussins aux broderies pouvant représenter gorgones, navires ou scènes de noces. Le bois des petites chaises et des étagères est gravé de symboles et motifs variés.

Pour admirer l'héritage des traditions skyriennes, allez voir du côté de Skyros (Hora), dans l'atelier et boutique des céramistes **Stamatis Ftoulis** (☎22220 91559 ; Agoras ; ⏲10h-13h30 et 19h30-21h30 lun-sam mai-oct) et **Olga Zacharaiki** (☎6989992838 ; Plateia ; ⏲10h-14h et 19h-minuit), de la brodeuse **Amerissa Panagiotou** (☎6973397693 ; Agoras ; ⏲10h-14h et 18h30-minuit mai-oct) et des sculpteurs sur bois **Stamatiou Andreou** (☎22220 92827 ; Agoras ; ⏲10h-14h et 17h-21h mai-oct), **Yiannis Andreou** (☎6945229135 ; andreouyiannis@hotmail.com ; Agoras ; ⏲10h-14h et 17h-21h mai-oct) et **Yiannis Trachanas** (☎6937215622 ; vers Agoras ; ⏲10h30-14h et 19h-minuit mai-oct). D'autres sculptures sur bois sont exposées dans l'**atelier de Lefteris et Emmanouela** (carte p. 461 ; ☎22220 91106 ; www.thesiswood.com ; Lino ; ⏲10h-14h et 19h-21h), installé dans une belle maison skyrienne. À 1 km au sud de la ville, Chrysanthi Zygogianni de Feel Ingreece pourra vous en dire plus sur la scène locale.

Où se loger

Nicolas Pension PENSION €
(☎22220 91778 ; www.nicolaspension.gr ; Playia ; d/tr/qua 40-60/55-75/65-85 € ; P ❄ wifi). En retrait sur une petite route tranquille, en bordure de la ville, cette pension accueillante, véritable bijou pour les petits budgets, n'est qu'à 5 minutes à pied de l'animation d'Agoras. Vous y trouverez des chambres doubles à l'étage avec balcon et vue sur le *kastro* et, au rez-de-chaussée, des chambres triples et quadruples qui donnent sur un jardin ombragé.

♥ **Nefeli Hotel** HÔTEL €€
(☎22220 91964 ; www.skyros-nefeli.gr ; d avec petit-déj 89-122 € ; P ❄ wifi piscine). Cet établissement chic et accueillant, en bordure de la ville, mêle minimalisme et décoration typique de Skyros, avec ses jolis meubles et ses salles de bains élégantes. Certains studios reproduisent un intérieur skyrien traditionnel, avec galerie intérieure en bois. La piscine d'eau salée et le bar extérieur sont communs à l'hôtel et aux studios adjacents. Le petit-déjeuner comprend des spécialités grecques sucrées et salées.

Où se restaurer

♥ **O Pappous Kai Ego** TAVERNE €
(☎22220 93200 ; Agoras ; plats 6-9 € ; ⏲18h-tard tlj juin-sept, ven et sam mai-oct ; wifi ✎). Dans cette charmante petite taverne, dont le nom signifie "mon grand-père et moi", les recettes familiales se transmettent de génération en génération. Réputée pour ses *dolmas* préparés avec un trait de lait de chèvre et ses mezze divins, notamment la salade de pommes de terre et la *fava*. Terrasse surélevée avec vue sur le haut d'Agoras. Intérieur débordant de fleurs.

Taverna Maryeti GREC €
(☎6972320265, 22220 91311 ; Agoras ; plats 6-9 € ; ⏲12h-tard juin-sept, à partir de 19h oct, fév-mai ; wifi ✎). Cet établissement est apprécié des habitants pour son poisson grillé,

sa viande de chèvre et sauce citronnée, ses grillades et ses succulents mezze. Les vins et le service sont excellents. Repérable au milieu d'Agoras grâce à sa terrasse dallée de pierres et ses portes vertes.

Renseignements

Skyros Travel (p. 460) propose de nombreux services : hébergement, transferts et voyages, location de voitures et motos, excursions en bateau autour de Skyros, cours de cuisine et plongée, randonnée, etc.

Depuis/vers Skyros (Hora)

Des bus font la liaison avec Linaria (2 €, 15 min) et l'aéroport (2,80 €, 20 min). La course de taxi coûte 15-20 €. **L'arrêt de bus** Agoras se situe en bas d'Agoras, au sud-ouest.

Magazia et Molos
Μαγαζιά et Μώλος

400 HABITANTS

Cité balnéaire qui s'étend à l'extrémité sud d'une longue plage de sable, en contrebas de Skyros (Hora), Magazia est une bourgade tranquille aux ruelles pavées fleuries de jasmins, de bougainvillées et de lauriers-roses.

Non loin de l'extrémité nord de la plage, **Molos** (carte p. 461), village jadis assoupi, a aujourd'hui plusieurs tavernes, bars et chambres à son actif. Vous pourrez aussi y voir son moulin à vent (transformé en bar, ci-contre) et une église taillée dans la roche (ci-contre). La plage s'anime en été.

Où se loger

Superbes villages où loger, Magazia et Molos ont des hébergements adaptés à toutes les bourses : appartements proches de la plage, hôtels et pensions, vous aurez l'embarras du choix ! La plupart de ces logements ont un charme très skyrien.

Antigoni Studios APPARTEMENTS €
(☎6945100230, 22220 91319 ; www.antigonistudios.com ; Magazia ; studio/app 1 ch 55-115/80-150 € ; P ❄ ☎). Voici une très bonne adresse face à la mer, joliment décorée (jetés de lit colorés, broderies skyriennes, salles de bains en béton ciré). Les 20 grands studios ont une cuisine équipée. À 3 minutes de la mer, au sud de Magazia. Katerina, la propriétaire, saura vous conseiller.

Perigiali Hotel HÔTEL €€
(☎22220 92075, 6974471053 ; www.perigiali.com ; Magazia ; d/qua avec petit-déj 60-160/90-200 € ; P ❄ ☎ ≈). Broderies skyriennes et aquarelles décorent les chambres confortables et lumineuses du Perigiali, qui semble coupé du monde, alors qu'il est à 60 m de la plage de Magazia. Jolis appartements et chambres de style skyrien donnant sur un jardin et sur une piscine d'eau de mer. Convient aux familles. Petit-déjeuner composé de produits locaux. Amalia, la propriétaire, dispense de bons conseils.

Ammos Hotel HÔTEL €€€
(☎6974354181, 22220 91234 ; www.skyrosammoshotel.com ; Magazia ; avec petit-déj d/qua 72-200/126-235 € ; ⊙Pâques-oct ; ❄ ☎ ≈). Un hôtel chic avec jardin et piscine. Décorées sobrement, les chambres aux tons clairs sont modernes, avec, pour certaines, une terrasse privée. Petit-déjeuner skyrien fait sur commande. Pool bar en été, restaurant (plats 16 €). Cours de yoga et massages.

Où se restaurer et prendre un verre

Stefanos Taverna TAVERNE €
(☎22220 91272, 6974350372 ; Magazia ; plats 6,50-10 € ; ⊙9h30-minuit mars-oct ; ☎ ✎). Installez-vous à la terrasse de cette taverne à la pointe sud de la plage de Magazia. Choisissez entre des *yemista* (tomates farcies), des grillades juteuses, des saucisses de fabrication locale, des légumes verts sauvages, du poisson frais, ou l'excellent *saganaki* (fromage frit) avec un zeste de citron. Il ouvre suffisamment tôt pour commander omelette et café au petit-déjeuner.

Oi Istories Tou Barba TAVERNE €
(☎22220 91453 ; Magazia ; plats 6-10 € ; ⊙12h-tard fév-nov ; ☎ ✎). Cette taverne populaire, située à l'extrémité nord de la plage Magazia, dispose de tables aux nappes bleues et d'une terrasse avec vue panoramique sur Skyros (Hora). Excellente cuisine : spaghettis aux fruits de mer, mezze, salades innovantes, fruits de mer frais.

Anemomylos MOULIN-BAR
(☎22220 93656 ; www.anemomulos.gr ; Pouria ; ⊙9h-3h juin-sept, horaires réduits oct-mai ; ☎). Dans un superbe moulin reconverti et dressé face à la mer à côté de l'église **Agios Nikolaos** (carte p. 461 ; ⊙aube-crépuscule) taillée dans le roc, ce bar est idéal pour prendre

un verre en fin de soirée. Vins, cocktails et en-cas. Installez-vous en terrasse au milieu des rochers pour profiter de la vue sur Skyros (Hora).

Depuis/vers Magazia et Molos

Des bus relient les deux villages à Linaria (2 €, 15 min) et à l'aéroport (2,80 €, 20 min). Les horaires concordent avec ceux des vols et des ferrys. Pour ces 2 destinations, la course en taxi coûte respectivement 15 € et 20 €.

Linaria Λιναριά

300 HABITANTS

À 10 km au sud-ouest de Skyros (Hora), Linaria est le port tranquille plutôt moderne de l'île. Il est blotti dans une petite baie où les bateaux de pêche vont et viennent. Son front de mer compte quelques tavernes discrètes et *ouzeria*. À chaque accostage du ferry *Achilleas* le port, que domine une ravissante église blanche, est pris d'assaut par les visiteurs.

À voir

Au creux de la baie de Pefkos, à 6 km au nord-ouest de Linaria, se trouve la jolie **plage de Pefkos** (carte p. 461), en forme de fer à cheval, où se trouve la très populaire taverne Stamatia.

Où se loger

Lykomides HÔTEL €

(☎22220 93249, 6972694434 ; www.lykomides.gr ; ch/app 35-65/70-120 € ; ❄📶). Bien géré par Soula Pappa, la propriétaire, cet hôtel traditionnel dispose de 13 chambres doubles et triples modernes, aux tons clairs et avec balcon donnant sur la mer. Il y a également un appartement avec cuisine équipée pouvant accueillir jusqu'à 5 personnes. En face de l'embarcadère.

Pegasus Studios & Apartments APPARTEMENTS €

(Carte p. 461 ; ☎22220 91600, 6944884588 ; www.skyros-pegasus.gr ; Acherounès ; app 1 ch/app 2 ch 55-75/80-110 € ; P📶). Gérés par Lefteris Trakos, le propriétaire îlien, ces appartements se situent juste derrière la plage d'Acherounès, à 1,5 km au nord de Linaria. Ils sont confortables et fonctionnels, avec cuisine, balcon et jardin de palmiers et vignes. Les chambres peuvent accueillir de 2 à 5 personnes. Cours de kayak et de cuisine.

Où se restaurer

♥ **Marigo** TAVERNE €

(☎22220 96010 ; akamatra_makis@yahoo.gr ; plats 7-12 € ; ⏲8h-tard juin-sept, 11h-tard avr, mai et oct, 11h-tard ven-dim nov-mars ; 📶). Avec cadre rustique-chic, Marigo est la taverne la plus élégante du port de Linaria. Au menu : spécialités à base de fruits de mer et desserts maison.

Stamatia TAVERNE €

(Carte p. 461 ; ☎6972558232 ; facebook.com/stamatiaskyros ; baie de Pefkos ; plats 7-11 € ; ⏲12h-minuit juin-sept). L'incontournable Stamatia, aux tables blanches installées sur une grande véranda ouverte, jouit d'une vue superbe sur la baie de Pefkos et ses pinèdes. Régalez-vous avec les plats du jour, les mezze, les grillades de viande et de poisson, le tout courroné d'un verre de *tsipouro*. À 6 km au nord-ouest de Linaria.

Depuis/vers Linaria

Des bus (2 €, 15 min) relient Skyros (Hora), Magazia et Molos à l'embarcadère, pour les départs et arrivées des ferrys.

Au départ de Linaria, les ferrys Skyros Shipping Co (p. 449) desservent l'Eubée (Kymi) toute l'année (12,10 €, 1 heure 45, tlj) et, de mi-juin à mi-septembre, Skopélos (20 €, 6 heures, 3/sem) et Alonissos (20 €, 5 heures 15, 3/sem).

Ailleurs sur Skyros

À voir

Palamari SITE ARCHÉOLOGIQUE

(Carte p. 461 ; ⏲7h-15h lun-ven). À la pointe nord-est de l'île, le site peu visité de Palamari s'étend au bord d'une belle plage de sable. Au bout d'une piste de terre a été mis au jour un village de l'âge du bronze (2500 et 1650 av. J.-C). Les fouilles, commencées en 1981, ont permis de découvrir des objets servant à la chasse et à la pêche, des murs de pierre et même des gouttières et des allées pavées. Le site, dont on peut aujourd'hui faire le tour sur des allées piétonnes, est la preuve qu'une colonie fortifiée existait dès la préhistoire sur cette côte au croisement des premières routes commerciales de la Méditerranée.

Le marais adjacent était jadis une lagune qui servait de terrain de chasse et de pêche aux habitants de Palamari. Il attire

LE SKYROS, UNE ESPÈCE MENACÉE

Intelligent, beau et docile, le petit cheval de Skyros (*Equus caballus Skyriano*), souvent confondu avec un poney, recueille tous les suffrages. Très répandus en Grèce dans l'Antiquité – les chevaux de la frise du Parthénon seraient des skyros –, il reste aujourd'hui moins de 300 de ces petites créatures, dont un groupe vit sur le versant sud du mont Kochilas à Skyros.

Plusieurs habitants de Skyros se battent pour sauvegarder cette espèce en voie de disparition. En 2006, Amanda Simpson et Stathis Katsarelias lancent le **Skyros Island Horse Trust** (carte p. 461 ; ✆6986051678 ; www.skyrosislandhorsetrust.com ; Trachi ; ⏲sur rdv) avec seulement 3 chevaux. Leur ranch, à 10 km au nord-ouest de Skyros (Hora), compte désormais 36 chevaux, leurs objectifs étant de rétablir un troupeau de purs skyros sauvages et de sensibiliser la population. Les visiteurs sont les bienvenus sur rendez-vous. Pour trouver le ranch, cherchez le panneau peint à la main sur la route principale, au sud-est de l'aéroport.

Vous pouvez aussi voir des skyros à la **Mouries Farm** (carte p. 461 ; ✆6947465900 ; facebook.com/skyrianhorses ; Flea ; prix libre ; ⏲10h-13h et 18h-21h juil-août, horaires variables juin et sept, sur rdv oct-mai) , en face de l'excellente Taverna Mouries. Gérée par Marion Auffray et Manolis Trachanas, la ferme a pour but de recréer un troupeau de skyros purs. La ferme a aussi un programme de bénévolat et propose aux enfants des balades à cheval (5 €) ainsi que des leçons d'équitation (25 €). Appelez pour réserver.

Pour plus de renseignements sur les initiatives de reproduction des chevaux, les autres fermes équestres de Skyros et la situation des Skyros en Grèce, adressez-vous à la **Skyrian Horse Society** (www.skyrianhorsesociety.gr).

aujourd'hui les ornithologues qui viennent y observer des échassiers, notamment des hérons et des ibis.

Le centre des visiteurs est une bonne introduction et, si vous voulez voir des objets retrouvés lors des fouilles, rendez-vous au Musée archéologique de Skyros (p. 461). Le site est indiqué à partir de la route principale menant de Skyros (Hora) à l'aéroport, au nord-ouest de la ville.

Tombe de Rupert Brooke SITE HISTORIQUE
(Carte p. 461 ; baie de Tris Boukes). De nombreux visiteurs viennent se recueillir sur la tombe du poète anglais Rupert Brooke (1887-1915), tout près de la baie de Tris Boukes, à 11 km au sud-est de Kalamitsa, dans une oliveraie au bord d'une route tranquille. Sur la pierre tombale est gravé le plus célèbre sonnet de Brooke, *Le Soldat*. Lorsque ses camarades officiers de la marine l'enterrèrent, ils habillèrent sa tombe d'une simple croix de bois (aujourd'hui en Angleterre) portant une inscription en grec : "Ci-gît le serviteur de Dieu, sous-lieutenant de la marine anglaise, mort pour la libération de Constantinople du joug turc."

Domaine viticole de Paneri VITICULTURE
(✆6974230437 ; Trachi ; ⏲sur rdv). GRATUIT Appelez avant de visiter cet ambitieux domaine familial qui produit pas moins de 6 vins. Près de l'aéroport, adresse exacte donnée après prise de rendez-vous. Sur Instagram : @paneri_winery.

Où se restaurer

Taverna Mouries TAVERNE €
(✆22220 93555 ; Flea ; plats 7-11 € ; ⏲12h-tard mai-oct ;). Mouries, dont la grande terrasse tranquille est au pied de mûriers, se distingue par ses plats copieux de cuisine insulaire à base de produits bio maison. À 6,5 km au sud de Skyros (Hora).

Asimenos FRUITS DE MER €€
(Carte p. 461 ; ✆22220 93007 ; facebook.com/asimenosfishtavern ; Aspous ; plats 6-12 € ; ⏲12h-minuit mai-sept). L'entrée de l'Asimenos est repérable au volet turquoise sur lequel est peint son nom et un toit-terrasse chic. Comme les propriétaires ont leur propre bateau, vous pouvez déguster la pêche du jour, accompagnée de salades, vins, mezze et fromages locaux. Excellent. À 3,5 km au sud de Skyros (Hora).

Îles Ioniennes

207 855 HABITANTS

Dans ce chapitre ➡

Corfou 468
Paxi 482
Leucade 485
Céphalonie 492
Ithaque. 501
Zante 505
Cythère 510

Le top des restaurants

- Old Perithia Taverna (p. 475)
- Ladokolla Stin Plagia (p. 497)
- Thymari (p. 488)
- Skandeia (p. 516)
- O Platanos (p. 516)

Le top des hébergements

- Perantzada 1811 (p. 502)
- Museum Hotel George Molfetas (p. 496)
- Locandiera Guest House (p. 474)
- Hotel Margarita (p. 512)
- Boschetto Hotel (p. 487)

Pourquoi y aller

Avec un climat plus frais que dans le reste du pays, d'innombrables oliviers et cyprès et des montagnes boisées, les îles Ioniennes constituent une version plus légère et verdoyante de la Grèce. Vénitiens, Français et Britanniques ont tous, à leur manière, façonné l'architecture, la culture, la cuisine (excellente) et l'atmosphère unique de la région.

Ces îles qui s'égrènent le long de la côte ouest de la Grèce continentale possèdent un paysage et une histoire propres. La ville de Corfou recèle des arcades parisiennes, des allées vénitiennes et des douceurs d'inspiration italienne. Leucade abrite de magnifiques plages baignées d'une eau turquoise et Céphalonie se distingue par ses hautes montagnes et ses vignobles. Paxi abrite de ravissants villages italianisants et la mélancolique Ithaque conserve des terres sauvages et une dimension mythique. Zante est réputée pour ses grottes marines et ses eaux peuplées de tortues, tandis que Cythère est propice aux randonnées hors des sentiers battus.

Quand partir

Corfou

Mai La vie est encore tranquille et les fleurs sauvages s'épanouissent partout.

Juillet Échappez à la chaleur qui fait suffoquer la Grèce en rejoignant les îles les plus fraîches du pays.

Septembre La végétation change de couleur et les grappes de *robola* sont récoltées à Céphalonie.

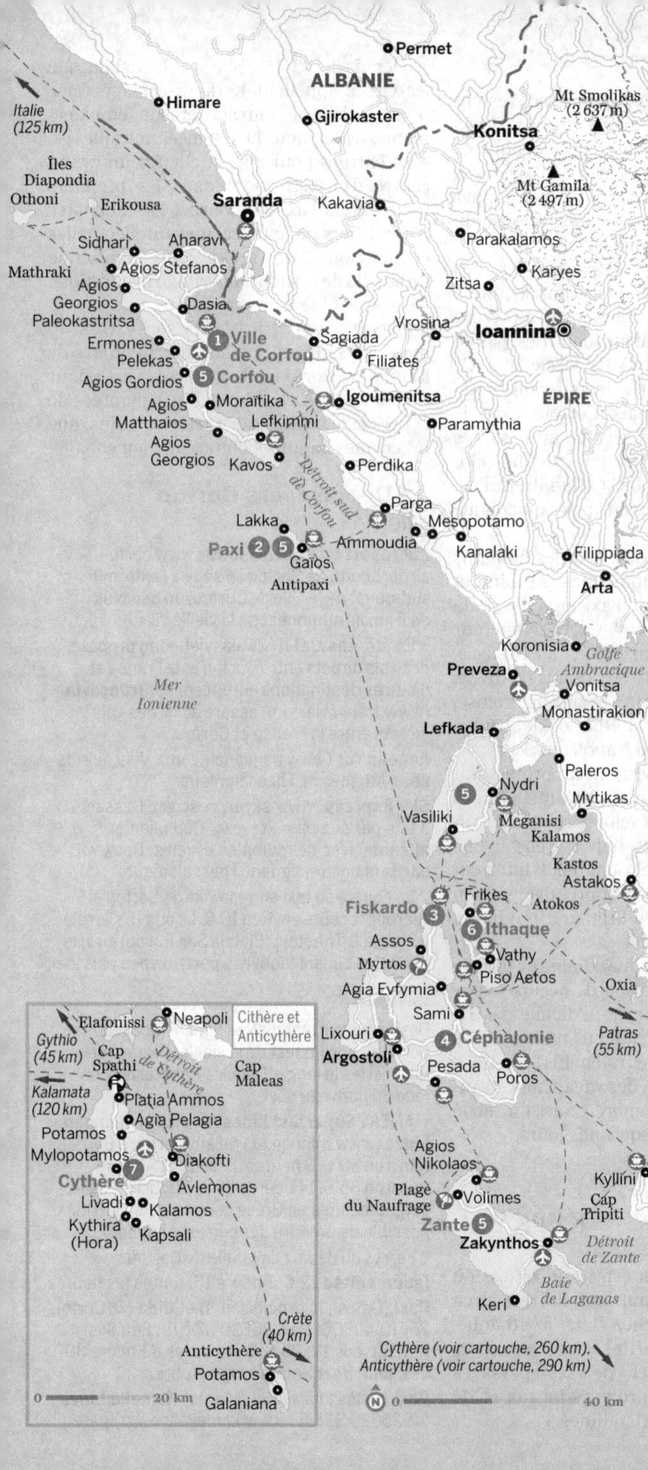

À ne pas manquer

1. Les musées, forteresses et restaurants de la **ville de Corfou** (p. 470), ainsi que ses édifices à l'architecture vénitienne, française et britannique.
2. Les ports superbes de **Paxi** (p. 482), petite île bucolique.
3. Les délicieux restaurants du front de mer de **Fiskardo** (p. 499), le village historique le mieux préservé de Céphalonie.
4. Plongée et kayak dans les innombrables baies de la superbe côte de **Céphalonie** (p. 492).
5. La tournée des **plages** (p. 490), de celles animées de Corfou et Zante, jusqu'aux paisibles plages de Paxi et de la côte ouest de Leucade.
6. Un détour par **Ithaque** (p. 501), sur les traces du poète épique Homère.
7. Les villages, les cascades et les criques isolées de **Cythère** (p. 510).

Histoire

Les origines du nom "mer ionienne" restent obscures, mais il pourrait dériver de la déesse Io, l'une des nombreuses conquêtes de Zeus qui, transformée en génisse, traversa la mer en question pour échapper au courroux de la jalouse Héra, épouse du dieu suprême de l'Olympe.

D'après les écrits d'Homère, les îles Ioniennes tenaient une place importante à l'époque mycénienne, mais jusqu'à présent seuls des tombeaux ont été identifiés, pas de village ni de palais. Au VIIIe siècle av. J.-C., les îles appartenaient à la puissante cité-État de Corinthe, mais Corfou, avec le soutien d'Athènes, se révolta avec succès un siècle plus tard. Les guerres du Péloponnèse (431-404 av. J.-C.) affaiblirent l'île, qui devint un simple relais pour quiconque contrôlait la Grèce.

À la fin du IIIe siècle av. J.-C., les Romains contrôlaient les îles Ioniennes. Antoine et Cléopâtre dînèrent sur Paxi la veille de la bataille d'Actium (31 av. J.-C.), et l'empereur Néron fit un séjour sur Corfou au Ier siècle. Elles passèrent ensuite aux mains de divers envahisseurs : l'Empire byzantin, Venise, Napoléon (en 1797), la Russie (de 1799 à 1807), puis de nouveau Napoléon.

En 1815, les îles devinrent un protectorat britannique. Les Britanniques améliorèrent les infrastructures, développèrent l'agriculture et l'industrie, et importèrent même le cricket. Mais les nationalistes luttèrent contre leur domination oppressive, si bien qu'en 1864, la Grande-Bretagne rendit les îles Ioniennes à la Grèce.

La Seconde Guerre mondiale fut cruelle pour les Ioniens, d'abord occupés par les Italiens, puis par les Allemands. Ils émigrèrent de nouveau en masse après des séismes dévastateurs en 1948 et 1953. Dans les années 1960, des vacanciers étrangers arrivèrent en nombre croissant, et le tourisme prospéra jusqu'à nos jours.

CORFOU — ΚΕΡΚΥΡΑ

102 070 HABITANTS

Corfou reste dans les esprits le refuge où Ulysse, ayant fait naufrage, se ressourça avant de rentrer chez lui, à Ithaque. Aujourd'hui, l'île offre aux voyageurs fatigués le réconfort de ses paysages éblouissants, de ses produits locaux et de ses plages aux eaux cristallines.

Depuis le VIIIe siècle av. J.-C., l'île que les Grecs appellent Kerkyra est appréciée pour sa beauté sauvage et son emplacement stratégique. Les armées antiques se sont battues pour elle, et elle fut un grand centre d'enseignement dans les premiers temps de la Grèce moderne. Les Corfiotes restent fiers de leurs racines intellectuelles et artistiques, de l'architecture vénitienne de la ville de Corfou à l'héritage britannique – cricket et bière au gingembre.

Si certaines parties de l'île sont excessivement construites, surtout aux alentours de la ville de Corfou, elle est assez vaste pour fuir la foule. À vous les collines plantées de cyprès et les villages de l'intérieur, ainsi que les criques baignées d'une eau bleu cobalt.

ℹ Depuis/vers Corfou

AVION

L'**aéroport** (☎ 26610 89600 ; www.corfu-airport.com) de Corfou se situe à l'extrémité sud-ouest de la ville de Corfou, un peu plus de 2 km au sud-ouest de la vieille ville.

En été, **easyJet** (www.easyjet.com) propose des vols directs entre Corfou et la France et d'autres destinations européennes. **Transavia** (www.transavia.com) assure aussi des vols directs entre la France et Corfou.

Aegean Air (www.aegeanair.com). Vols directs pour Athènes et Thessalonique.

Sky Express (www.skyexpress.gr). Dessert 3 fois par semaine Préveza, Céphalonie et Zante avec de multiples escales. Deux vols par semaine rejoignent Thessalonique.

La course en taxi entre la ville de Corfou et l'aéroport coûte environ 10 €. Le bus 15 s'arrête à Plateia G Theotoki (Plateia San Rocco) en ville et au Neo Limani (nouveau port), un peu plus loin.

BATEAU

Des ferrys partent de Neo Limani (nouveau port), au nord-ouest de la vieille ville de Corfou. Billetteries le long d'Ethnikis Antistaseos, en face du nouveau port.

ANEK/Superfast Lines (anek.gr) et **Minoan Lines** (www.minoan.gr) relient Corfou à Bari (environ 60 €, 8 heures, 2/sem) et Ancône (environ 85 €, 14 heures 30, 1-2/jour) en Italie, et Igouménitsa en Grèce continentale, où il est possible de prendre des correspondances.

Ferrys au départ de la ville de Corfou :

Igouménitsa 12 €, 1 heure 15, toutes les heures

Paxi (Gaïos ; hydroglisseurs) et **Ilida** (☎ Corfou 26610 49800, Paxi 26620 32401 ; Ethnikis Antistaseos 1) ; 25 €, 55 minutes à 1 heure 30, 3-8/jour, de mi-mars à mi-octobre.

Paxi (Gaïos ; liaison plus lente) **Kamelia Lines** (☎ 26620 32131 ; www.kamelialines.gr) gère

Corfou

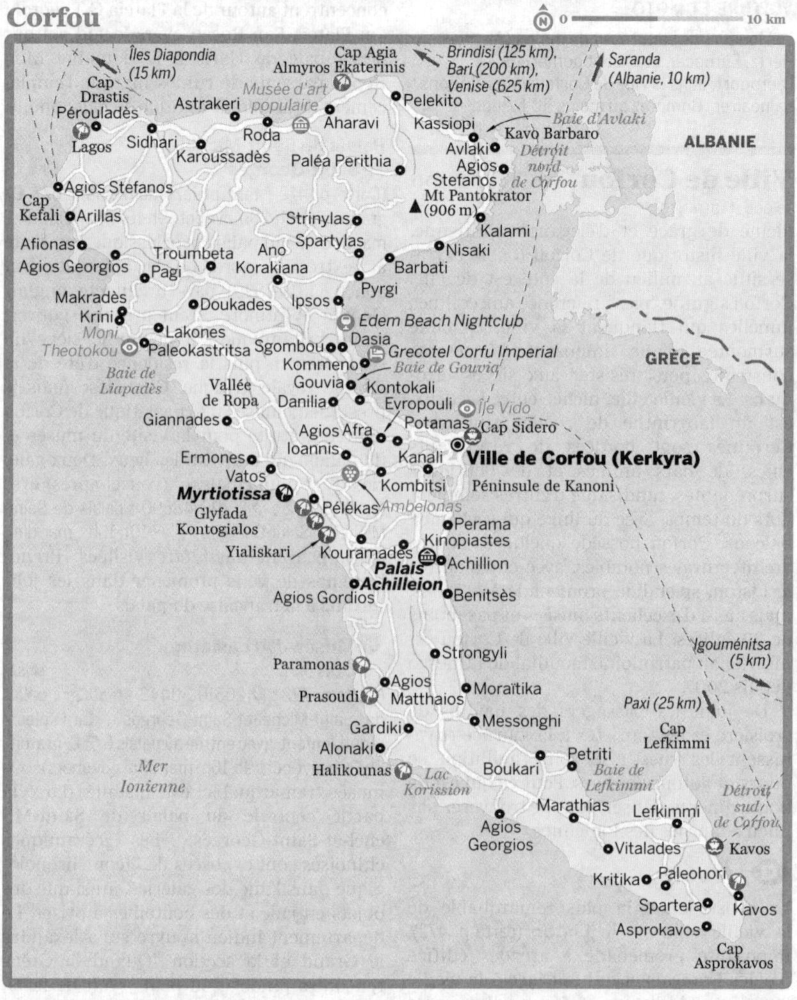

le ferry *Despina* ; 20 €, 1 heure 30, 1-3/jour, avril-octobre. Réservation indispensable. **Igouménitsa** est aussi desservie depuis Lefkimmi (8 €, 1 heure 10, 6/jour). Aucun bateau ne dessert directement Zante ; mieux vaut choisir un vol **Sky Express**.

Certains ferrys internationaux au départ de Corfou font escale à Igouménitsa et Céphalonie. Pour les horaires, consultez travel.viva.gr. Si vous allez à Patras, prenez d'abord le ferry pour Igouménitsa, puis un bus.

BUS

Green Buses (www.greenbuses.gr) dessert Athènes (48,40 €, 8 heures 30, 3/jour ; 1 via Lefkimmi), Thessalonique (38,50 €, 8 heures, 2/jour) et Larissa (30,40 €, 5 heures 30, tous les jours sauf dim). Vous pouvez également emprunter l'un des nombreux ferrys quotidiens vers le continent et de là, prendre le bus de votre choix.

Comment circuler

BUS

Les bus verts longue distance partent de la **gare routière longue distance** (☎ 26610 28900 ; www.greenbuses.gr ; Lefkimmi 13) dans la ville nouvelle. Les tickets coûtent entre 1,50 € et 4,80 €. Service réduit le samedi, presque inexistant le dimanche et les jours fériés.

VOITURE ET MOTO

Les loueurs de voitures et de motos (Alamo, Hertz, Europcar, etc.) sont nombreux à l'aéroport, dans la ville de Corfou et les stations balnéaires. Comptez au moins 50 €/jour.

Ville de Corfou Κέρκυρα

30 000 HABITANTS

Pleine de grâce et d'élégance vénitienne, la ville historique de Corfou (ou Kerkyra) se situe au milieu de la côte est de l'île. Corfou signifie "pics", référence aux collines jumelles qui flanquent la ville, chacune surmontée d'une imposante forteresse construite pour résister aux sièges ottomans. La vieille ville, nichée entre les deux, est un labyrinthe de ruelles sinueuses. Certaines sont bordées de restaurants chics, de bars animés et de boutiques surprenantes, tandis que d'autres semblent hors du temps, avec du linge qui sèche aux balcons. Corfou possède quelques œuvres architecturales notables, avec entre autres le Liston, splendide promenade à arcades, mais aussi d'excellents musées et pas moins de 39 églises. La vieille ville de Corfou est inscrite au patrimoine mondial de l'Unesco depuis 2007.

De jour, les passagers des navires de croisière et les touristes à la journée envahissent les rues ; le soir, l'agitation se poursuit autour des bars. Pour ce qui est de boire, dîner et danser, vous ne trouverez pas mieux dans les îles Ioniennes.

À voir

La construction la plus remarquable de la vieille ville est le **Liston** (carte p. 472), imposante promenade à arcades édifiée par les Français et qui fait face à la vieille forteresse, de l'autre côté des pelouses de la **Spianada** (carte p. 472) ; elle est bordée de cafés toujours bondés. À son extrémité nord, le palais de Saint-Michel-et-Saint-Georges, de style néoclassique, héberge le remarquable musée d'Art asiatique de Corfou. Enfoncez-vous dans les petites ruelles et perdez-vous pendant une heure ou deux dans leur dédale, à la recherche de somptueuses églises orthodoxes ou d'accueillants cafés.

Si vous continuez vers le sud-ouest en longeant le majestueux Neo Frourio (nouvelle forteresse), vous atteindrez la **ville nouvelle**. Plongez dans l'animation de la vie quotidienne ; les magasins et services se concentrent autour de la Plateia G Theotoki (ou Plateia San Rocco). Vers le sud, autour de la baie de Garitsa, le domaine Mon Repos parsemé de ruines marque l'emplacement de la colonie antique de Paleaopolis.

Palais de Saint-Michel-et-Saint-Georges — PALAIS

(Carte p. 472 ; tarif plein/réduit/enfant 6/3 €/gratuit ; ⌚8h-20h avr-oct, 9h-16h mar-dim nov-mars). Ce beau palais néoclassique, implanté à l'extrémité nord de la Spianada, fut conçu (1819-1829) par l'architecte anglais George Whitmore. Demeure des gouverneurs britanniques, il devint le siège du sénat Ionien, puis la résidence d'été de la famille royale grecque. C'est désormais le prestigieux musée d'Art asiatique de Corfou (entrée gratuite pour la visite du musée et du palais) qui a investi les lieux. Deux galeries d'art municipales, **I** (voir ci-après) et **II** (carte p. 472 ; ☎26610 48690 ; palais de Saint-Michel-et-Saint-Georges ; ⌚10h-16h mar-dim) GRATUIT, peuvent aussi être visitées. Prenez le temps de vous promener dans les jolis **jardins** à la française du palais.

♥ Musée d'Art asiatique de Corfou — MUSÉE

(Carte p. 472 ; ☎26610 30443 ; matk.gr ; palais de Saint-Michel-et-Saint-Georges ; tarif plein/réduit/enfant, avec entrée au palais 6/3 €/gratuit ; 8h-20h avr-oct, 9h-16h mar-dim nov-mars). Ce musée remarquable est installé dans la partie centrale du palais de Saint-Michel-et-Saint-Georges. Les céramiques chinoises sont exposées de façon chronologique dans l'une des galeries, ainsi que des objets en jade et des bouteilles à priser. Le département indien s'ouvre sur Alexandre le Grand et la section "Quand la Grèce rencontra l'Inde" ; on peut y voir de fascinantes figurines gréco-bouddhistes, dont un bouddha en schiste bleu-gris. La section japonaise présente de superbes estampes, des armures de samouraïs ainsi que des masques de théâtre nô.

Galerie d'art municipale I — GALERIE D'ART

(Carte p. 472 ; ☎26610 48690 ; artcorfu.com ; palais de Saint-Michel-et-Saint-Georges ; adulte/enfant 3 €/gratuit ; 9h10-16h, mar-dim). Cette galerie discrète mérite d'être découverte : on y accède par le côté est du palais de Saint-Michel-et-Saint-Georges. Vous y verrez des icônes byzantines, notamment celles de l'artiste crétois Damaskine (XVIe siècle), ainsi que de nombreux tableaux de peintres corfiotes. Ne manquez pas ceux de Spyridon et Paul Prossalendis, père et fils, inspirés au XIXe siècle par la peinture italienne.

Palaio Frourio FORTERESSE

(Vieux fort ; carte p. 472 ; 26610 48310 ; tarif plein/réduit/enfant 6/3 €/gratuit ; 8h-20h avr-oct, 8h30-15h nov-mars). La péninsule rocheuse qui avance dans la mer à l'est de la ville est surmontée de cette forteresse bâtie par les Vénitiens au XIVe siècle. C'est là qu'auparavant se trouvait la ville byzantine entière, encerclée par une muraille de pierre. Un pont solitaire enjambe la douve remplie d'eau de mer.

Cet immense site, qui comprend également des structures de l'ère britannique, n'est que partiellement accessible aux visiteurs. Le **phare**, sur la plus grande des deux collines, offre un superbe point de vue.

Un petit bâtiment abrite une collection d'art byzantin. Au sud, l'**église Agios Georgios** (1840) se dresse sur une grande terrasse. En haute saison, il faut parfois patienter longuement avant d'entrer.

Casa Parlante DEMEURE HISTORIQUE

(Carte p. 472 ; 26610 49190 ; www.casaparlante.gr ; N Theotoki 16 ; tarif plein/enfant 7/5 € ; 10h-18h). Cette demeure de ville a été convertie en musée de l'Histoire vivante de Corfou et illustre la vie quotidienne d'une famille fictive de la classe commerçante du milieu du XIXe siècle. L'enthousiasme des guides rend la visite plaisante et instructive. Des automates en cire sont mis en scène dans toutes les pièces. Clou de la visite : on vous offre un verre de liqueur de rose typique du XIXe siècle.

Île Vido ÎLE

(Carte p. 469). Toutes les heures, des bateaux partent du vieux port pour la traversée de 10 minutes jusqu'à la toute petite île Vido, très boisée (4 € aller-retour). Sur l'île reposent plusieurs milliers de soldats serbes tués pendant la Seconde Guerre mondiale. Un monument leur rend hommage. Vous verrez aussi quelques bâtiments à l'abandon. Une taverne est installée sur la jetée, mais le principal point d'intérêt est la promenade de 600 m à travers l'île, qui rejoint les deux jolies plages de la rive nord.

Musée archéologique MUSÉE

(26610 30680 ; www.amcorfu.gr ; Vraïla 1 ; tarif plein/réduit/enfant 6/3 €/gratuit ; 8h-20h jeu-mar). Construit pendant les années 1960, ce musée a fini par rouvrir ses portes après près d'une décennie de travaux. Le musée, à présent bien agencé et bien éclairé, contient quelque 16 000 objets trouvés à Corfou et aux alentours, datant du paléolithique à l'époque romaine. La pièce phare est un fronton représentant une gorgone (590-570 av. J.-C.) du **temple d'Artémis**, sur la péninsule voisine de Kanoni. Remarquez le superbe **lion de Ménécratès**, de la fin du VIIe av. J.-C., œuvre d'un sculpteur corinthien.

Neo Frourio FORTERESSE

(Fort neuf ; carte p. 472 ; 9h-15h30). GRATUIT L'imposante nouvelle forteresse n'est en fait pas beaucoup plus jeune que l'ancienne. Entourée d'une muraille massive et campée sur la petite colline à l'extrémité ouest de la ville, elle date aussi de l'époque vénitienne. On y accède par l'escalier à l'extrémité ouest de Solomou, avant de traverser des murs d'enceinte par des passages et des tunnels humides. Très belle vue depuis les remparts.

Musée Antivouniotissa MUSÉE

(Musée byzantin ; carte p. 472 ; 26610 38313 ; antivouniotissamuseum.gr ; tarif plein/réduit/enfant 4/2 €/gratuit ; 8h30-15h30 mar-dim). La ravissante **église de la Panagia Antivouniotissa** (XVe siècle), coiffée d'un toit en bois, est à la fois église et musée. Elle contient une fabuleuse collection d'icônes et d'objets byzantins et d'époques postérieures – ne manquez pas les œuvres de Michel Damaskinos ni celles d'Emmanuel Tsanès. Elle se situe en haut d'un escalier court et large qui part d'Arseniou, en front de mer ; on y trouve un beau point de vue sur l'île Vido.

Agios Spyridon ÉGLISE

(Agios Spyridonas ; carte p. 472 ; 8h-21h). Pèlerins et touristes se bousculent dans ce monument de la vieille ville. Outre des fresques splendides, cette petite église du XVIe siècle renferme les reliques de saint Spyridon, un berger chypriote du IVe siècle, saint patron de Corfou. Ramenées de Constantinople en 1453, elles sont conservées dans une châsse en argent (XIXe siècle) élaborée et sont portées en procession à travers la ville les jours fériés.

Mon Repos PARC

(Péninsule de Kanoni ; 8h-15h mar-sam). GRATUIT Ce domaine boisé à 2 km au sud de la vieille ville, de l'autre côté de la baie, se situe sur l'emplacement de la plus importante colonie antique de Corfou, Paleaopolis.

Vieille ville de Corfou

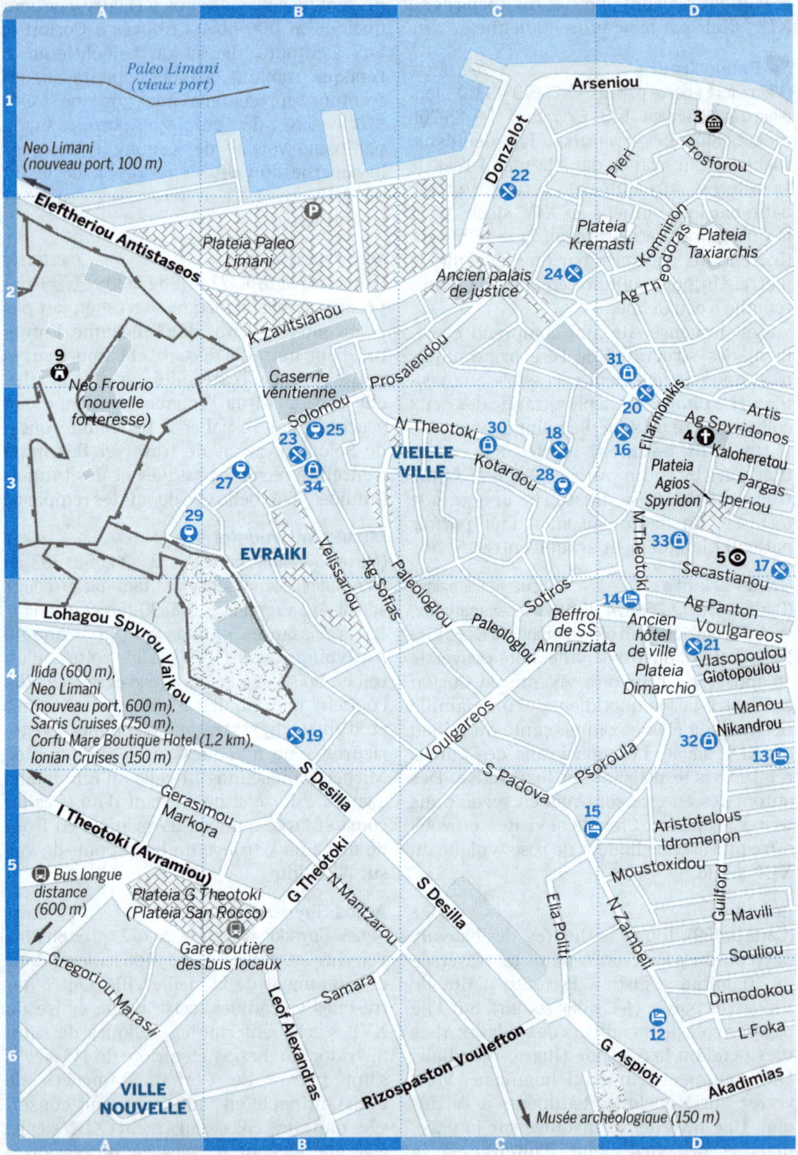

En 1921, le prince Philippe de Grèce – Philip Mountbatten, duc d'Édimbourg, époux de la reine du Royaume-Uni Élisabeth II naquit dans la villa néoclassique qui héberge le **musée de Paleaopolis** (☎26610 32783 ; tarif plein/réduit 4/2 € ; ⏲8h-15h mar-sam). Des sentiers à travers bois mènent à des ruines antiques, dont les sanctuaires d'Héra et d'Apollon, et à un temple dorique plus complet au sommet d'une petite falaise côtière. Il faut compter une demi-heure de marche environ pour atteindre Mon

Vieille ville de Corfou

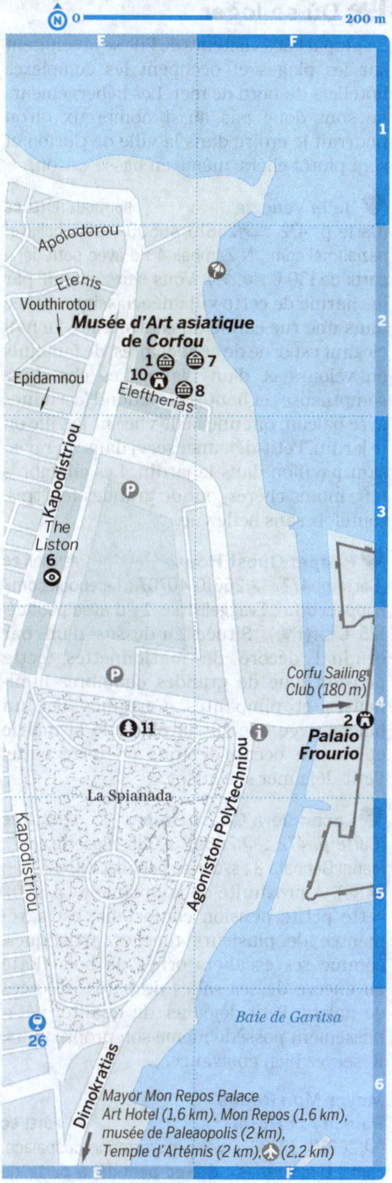

Les incontournables

1 Musée d'Art asiatique de Corfou E2
2 Palaio Frourio F4

À voir

3 Musée Antivouniotissa D1
4 Église Agios Spyridon D3
5 Casa Parlante D3
6 Liston E3
7 Galerie d'art municipale I E2
8 Galerie d'art municipale II E2
9 Neo Frourio A2
10 Palais de St-Michel et-St-Georges E2
11 Spianada E4

Où se loger

12 Bella Venezia D6
13 Locandieta Guest House D4
14 Puppet Guest House D4
15 Siorra Vittoria C5

Où se restaurer

16 Anthos D3
17 Chrisomalis D3
18 Estiatorio Bellissimo C3
19 Fishalida B4
20 Oinos kai Geuseis D3
21 Pane & Souvlaki D4
22 Salto Wine Bar C1
23 To Tavernaki tis Marinas B3
24 Venetian Well C2

Où prendre un verre et faire la fête

25 Antonis Toursas Juice Bar B3
26 Cavalieri Hotel Rooftop Bar E6
27 Firi Firi – The Beer House B3
28 Mikro Café C3
29 Polytechno A3

Achats

30 Corfu Gallery C3
31 Corfu Sandals D2
32 Icon Gallery D4
33 Papagiorgis D3
34 Sweet'n'Spicy Bahar B3

Repos depuis le centre-ville. Le domaine est desservi par le bus 2a qui part de la Spianada (1,20 €, toutes les 20 minutes).

Apportez un pique-nique et beaucoup d'eau, il n'y a pas de magasin dans les environs.

Palais Achilleion ÉDIFICE HISTORIQUE

(Carte p. 469 ; 26610 56245 ; www.achillion-corfu.gr ; Gastouri ; tarif plein/réduit 8/6 € ; 8h-20h avr-nov, jusqu'à 16h déc-mars). Perché sur une colline côtière à 12 km de la ville de Corfou, l'Achilleion – une demeure néoclassique de style pompéien – fut construit dans les années 1890 pour servir de palais d'été à l'impératrice Élisabeth d'Autriche (1837-1898, surnommée Sissi), cousine d'Othon Ier de Grèce. Le jardin en terrasses offre des panoramas superbes. Ne manquez pas l'*Achille blessé* (1884), une sculpture d'Ernst Herter acquise par l'impératrice.

À l'intérieur vous verrez certains souvenirs laissés par Sissi, assassinée à Genève en 1898, et par l'empereur Guillaume II d'Allemagne, qui a racheté le palais en 1907. Vous pourrez notamment admirer la fresque *Le Triomphe d'Achille* (1892) de Franz Matsch, ainsi qu'un bel escalier inspiré par celui de l'Opéra Garnier.

Nous vous conseillons de prendre un audioguide (ils sont gratuits et utilisables pour une durée de 50 minutes maximum ; délivrés sur présentation d'une pièce d'identité).

Depuis la ville de Corfou, le bus 10 rejoint l'Achilleion (1,70 €, 20 minutes).

Circuits organisés

Corfu Walking Tours À PIED

(☎6932894466, 6945894450 ; www.corfuwalkingtours.com ; 64-78 €). Cette agence propose des balades avec guides professionnels dans la vieille ville (64 €, 3 heures) ou au-delà. Certains circuits incluent des dégustations de spécialités ou de vins (à partir de 68 €). Randonnées pédestres sur mesure.

Corfu Walks & Hikes RANDONNÉE

(walking-corfu.blogspot.co.uk). Randonnées guidées dans les zones les plus sauvages de Corfou, notamment le sommet du mont Pantokrator et les collines aux alentours de Paleokastritsa, où une vue imprenable sur la faune et la flore de l'île vous attend.

Ionian Cruises CROISIÈRE

(☎26610 38690 ; www.ionian-cruises.com ; Ethnikis Antistaseos 4 ; ⏲7h-20h). Croisières de jour au départ du nouveau port jusqu'aux îles de Sivota (27 €), au sud de Paxi et Antipaxi (28 €) ou jusqu'à l'Albanie (53 €).

Sarris Cruises CROISIÈRE

(☎26610 25317 ; www.sarriscruises.gr ; Mouriki 1). Les croisières de jour proposées au départ du nouveau port comprennent notamment une excursion jusqu'aux ruines Butrint (Albanie), classées au Patrimoine mondial (59 €, passeport obligatoire), et une excursion passant par Paxi, les Grottes bleues et Antipaxi (40 €). Partez par une journée de temps calme. Transferts inclus.

Trailriders À CHEVAL

(☎69466 53317 ; www.trailriderscorfu.com ; Ano Korakiana ; ⏲10h-12h et 16h-18h lun-ven). Balades à cheval à travers les oliveraies à proximité du village d'Ano Korakiana, à 18 km au nord-ouest de Corfou (Hora). Sur réservation.

Où se loger

La plupart des visiteurs de l'île se précipitent sur les plages et occupent les complexes hôteliers du bord de mer. Les hébergements ne sont donc pas aussi nombreux qu'on pourrait le croire dans la ville de Corfou et sont plutôt chers, même en basse saison.

Bella Venezia BOUTIQUE-HÔTEL €€

(Carte p. 472 ; ☎26610 46500 ; www.bellavenezia hotel.com ; N Zambeli 4 ; d avec petit-déj à partir de 130 € ; ❄📶). Vous serez séduit par le charme de cette villa néoclassique située dans une rue calme du centre-ville. Le hall élégant est orné de candélabres, de fauteuils en velours et d'un piano. Les chambres somptueuses et hautes de plafond (certaines avec balcon) ont une belle vue sur la ville ou le jardin. Petit-déjeuner servi dans un ravissant pavillon dans le jardin. Les chambres loft, moins chères, ont de grandes fenêtres, toutefois sans belle vue.

Puppet Guest House PENSION €€

(Carte p. 472 ; ☎26610 40707 ; facebook.com/Puppet.corfu ; Evaggelistrias 1 ; d avec petit-déj 125 € ; ❄📶). Située au-dessus d'un bar original décoré de marionnettes, cette pension loue de grandes chambres lumineuses et pimpantes. Certaines ont un balcon avec vue sur la place de la mairie et sur un océan de toits en terre cuite. Petit-déjeuner succulent.

Locandiera Guest House PENSION €€

(Carte p. 472 ; ☎26610 39035 ; locorfu.com ; Ioanni Gennata 8 ; s/d avec petit-déj 100/120 € ; ❄📶). À proximité de la Spianada (p. 470), cette petite pension confortable est agrémentée de plusieurs touches artistiques, comme ses escaliers ornés de bois flotté ou encore de ses salles de bains décorées de galets. Petit-déjeuner de qualité. L'établissement possède même son propre puits. Réservez bien en avance.

Mayor Mon Repos Palace Art Hotel HÔTEL €€

(☎26610 32783 ; www.mayormonrepospalace.com ; Dimokratias ; d avec petit-déj à partir de 127 € ; ❄📶🏊). Complexe hôtelier chic et moderne, avec spa privé, bistrot et bar. À l'extrémité sud de la baie de Garitsa. Chambres modernes aux tons crème avec balcon (et vue sur mer pour beaucoup). À 20 minutes à pied de la vieille ville et à quelques centaines de mètres au nord de Mon Repos (p. 471).

VAUT LE DÉTOUR

PALÉA PERITHIA

Sur le versant nord du mont Pantokrator s'étend un paysage de vallées escarpées et accidentées, de forêts de cyprès et de prairies de montagne, où seul résonne le tintement des cloches des chèvres. Cette partie de l'île mérite qu'on lui sacrifie quelques heures de farniente sur la plage pour venir l'explorer.

Le village isolé de **Paléa Perithia** est parfait pour prendre un peu d'altitude. Il n'y a pas si longtemps, à cause du manque d'emplois dans le secteur, ce village vénitien de maisons en pierre était presque à l'abandon, mais le tourisme a changé la donne et Paléa Perithia reprend peu à peu vie. Plusieurs bâtiments délabrés ont été reconstruits et le village a quelques tavernes de qualité. Dans l'**Old Perithia Taverna** (☎26630 98055 ; Paléa Perithia ; plats 5-10 € ; ⏲11h-20h), restaurant familial depuis 150 ans, tous les plats sont de très bonne qualité : les nuggets de courgette et le ragoût de lapin, le tout accompagné d'un vin rouge charpenté fait maison, pourraient bien constituer le meilleur repas de tout Corfou. Quand vous aurez terminé votre repas, allez vous promener sur l'un des nombreux chemins de campagne qui sillonnent la campagne autour du village. Le parcours est très peu fléché et les informations sur les circuits sont limitées, donc à moins d'effectuer un circuit organisé, vous devrez sûrement improviser.

Corfu Mare Boutique Hotel BOUTIQUE-HÔTEL €€€
(☎26610 31011 ; corfumare.gr ; Nikolau Zervou 5 ; d/ste avec petit-déj 286/470 € ; ❄📶🏊). Ce grand hôtel luxueux, qui se trouve juste au-dessus du nouveau port, est réservé aux adultes. Ses dimensions sont plus imposantes que ce que l'appellation "boutique" suggère, mais il est en revanche moderne et élégant. Chaque chambre est décorée différemment ; les grands imprimés et les papiers peints rappellent tantôt le pop' art, tantôt l'Art déco. Bar, restaurant et piscine.

Siorra Vittoria BOUTIQUE-HÔTEL €€€
(Carte p. 472 ; ☎26610 36300 ; www.siorravittoria.com ; Stefanou Padova 36 ; avec petit-déj d à partir de 185 € ; P❄📶). Luxe et style caractérisent cette demeure du XIXe siècle située dans la vieille ville. Son architecture traditionnelle côtoie des équipements modernes : salles de bains en marbre, linge de qualité et service attentionné garantissent un séjour détendu. Le petit-déjeuner est servi dans la chambre, ou sous un vieux magnolia, dans le calme du jardin.

Où se restaurer

La cuisine corfiote est délicieusement influencée par de nombreuses cultures, notamment italienne. La vieille ville est dotée d'excellents restaurants et tavernes.

♥ **Pane & Souvlaki** GRILL €
(Carte p. 472 ; ☎26610 20100 ; www.panesouvlaki.com ; Guilford 77 ; plats 6-13,50 € ; ⏲12h-1h). Sans doute la meilleure adresse de la vieille ville pour les petits budgets (les habitants sont dithyrambiques). Dans ce restaurant avec des tables sur la place de l'hôtel de ville, on sert à un rythme effréné ce que le nom annonce : 3 brochettes de poulet ou de porc accompagnées de grosses frites, d'une sauce et d'un pain pita tiède, sur un plateau individuel en métal. Les salades et les burgers sont également de bonne qualité.

Chrisomalis TAVERNE €
(Carte p. 472 ; ☎26610 30342 ; N Theotoki 6 ; plats 7-13 € ; ⏲12h-minuit). Créée en 1904, cette taverne traditionnelle a compté parmi ses habitués la famille Durrell et l'acteur Anthony Quinn ; vous pourrez d'ailleurs y voir des photographies du propriétaire en compagnie de Gerald et Lawrence Durrell. Suivez les odeurs du grill traditionnel sur lequel cuisent souvlakis, côtelettes de porc et d'espadon. Les tables extérieures sont idéales pour regarder les passants. Service chaleureux.

Oinos kai Geuseis MÉDITERRANÉEN €€
(Carte p. 472 ; ☎26610 8335 ; Mitropoleos 22 ; tapas 4-8 € ; ⏲18h-minuit). Venez vous asseoir dans ce bar à tapas grec pour siroter un verre de vin et vous régaler d'en-cas tels que des crevettes à la feta ou du poisson frit mariné dans une sauce aigre-douce.

Salto Wine Bar MÉDITERRANÉEN €€
(Carte p. 472 ; ☎26613 02325 ; www.saltowinebar.gr ; Donzelot 23 ; plats 9-18 € ; ⏲18h30-0h30 lun-sam, 12h30-16h30 et 18h30-0h30 dim ; ❄). Ce petit bar-bistrot lumineux et moderne du front de mer fait sensation chez les

gourmets corfiotes. Avec sa carte largement inspirée par la cuisine italienne et riche en grillades, ce bar était l'une des adresses favorites de l'équipe technique et des acteurs de la série britannique à succès *La Folle Aventure des Durrell*.

Estiatorio Bellissimo MÉDITERRANÉEN €€
(Carte p. 472 ; ☎26610 41112 ; Plateia Limonia ; plats 8-18 € ; ⏲10h-minuit). Vous cherchez un joli endroit pour dîner en extérieur dans la vieille ville ? N'allez pas plus loin, Estiatorio Bellissimo, restaurant décontracté mais chic installé sur une place piétonne, a tout pour plaire. Réputé pour ses pizzas, le restaurant sert aussi d'excellentes spécialités corfiotes, telles que le *pastitsadha* au coq (pâtes à la sauce tomate et "beaucoup de fromage"), des crêpes et salades.

Anthos FRUITS DE MER €€
(Carte p. 472 ; ☎26610 32252 ; facebook.com/anthosrestaurant ; Maniarizi-Arlioti 15 ; plats 10-21 € ; ⏲12h-minuit lun-sam, 18h-minuit dim ; wifi). Ce restaurant très apprécié dispose de quelques tables extérieures, dans la ruelle où il se trouve. La plupart des clients viennent pour les fruits de mer – carpaccio de calamar, poulpe avec mousse aux fèves ou bar grillé ; on y sert aussi de classiques plats de viande grecs.

To Tavernaki tis Marinas TAVERNE €€
(Carte p. 472 ; ☎26611 00792 ; Velissariou 35 ; plats 8-15 € ; ⏲12h-23h30). Le personnel chaleureux contribue à l'ambiance de cette taverne. Choisissez un plat du jour ou à la carte (moussakas, sardines grillées et steaks). Accompagnez votre repas d'un verre d'ouzo ou de *tsipouro* (eau-de-vie semblable au raki).

♥ **Fishalida** FRUITS DE MER €€€
(Carte p. 472 ; ☎26614 01213 ; Spirou Vlaikou 1 ; plats 12-20 € ; ⏲11h-minuit ; ❄). Juste à côté du marché et d'une poissonnerie. Endroit jeune et sympathique où manger des plats inventifs à base de fruits de mer de première qualité. Au menu : tortellinis aux crevettes avec sauce aux champignons ou encore pieuvre au houmous ; un régal inattendu pour les papilles. Intérieur lumineux et seulement 2 tables disponibles en extérieur. Réservation indispensable.

♥ **Venetian Well** INTERNATIONAL €€€
(Carte p. 472 ; ☎26615 50955 ; www.venetianwell.gr ; Plateia Kremasti ; plats 16-24 € ; ⏲7h-23h30, lun-sam ; ❄ wifi). Le meilleur restaurant de la ville pour une occasion spéciale. Il occupe à lui seul une belle place secrète au charme désuet, non loin de la cathédrale, où trône un authentique puits vénitien. Les viandes, poissons et légumes locaux sont agrémentés de toutes sortes de mousses et de gelées ; il est parfois difficile de distinguer ce que l'on mange, mais c'est toujours exquis.

Où prendre un verre et faire la fête

Le meilleur endroit pour commencer la soirée est sans doute l'élégant Liston. Les clubs s'animent à partir de 23h et se regroupent à l'ouest du nouveau port, le long d'Ethnikis Antistaseos ; prenez un taxi car la rue est fréquentée, non éclairée et sans trottoir. Le droit d'entrée de 10 € comprend généralement une boisson.

♥ **Firi Firi-The Beer House** BAR
(Carte p. 472 ; ☎26610 33953 ; facebook.com/FiriFiriCorfu ; Solomou 1 ; ⏲18h-2h mar-dim ; wifi). Bières locales et importées sont à siroter à l'intérieur de cette villa couleur crème située au pied de l'escalier menant au Neo Frourio (p. 471) ou en terrasse, juste à côté de l'église. Le bar sert aussi quelques plats.

♥ **Antonis Toursas Juice Bar** BAR À JUS
(Carte p. 472 ; ☎26610 22550 ; Solomou 28 ; jus 2,50-3 € ; ⏲8h-22h). Bar à jus incroyable avec étals de fruits à l'entrée. Choisissez vous-même vos fruits et faites-les presser en un jus délicieux à déguster sur place.

♥ **Mikro Café** BAR
((Carte p. 472 ; ☎26610 31009 ; facebook.com/mikrocafecorfu ; N Theotoki 42). Que vous soyez adepte du café, du vin ou de la bière, il n'y a pas meilleur endroit dans la vieille ville pour boire un verre que ce lieu convivial et sa terrasse à plusieurs niveaux, à l'ombre de la vigne.

54 Dreamy Nights CLUB
(☎6940645436 ; www.54dreamynights.com ; Ethnikis Antistaseos 54 ; ⏲22h-tard ; wifi). Ce club se trouve le long du nouveau port, côté ouest. Il se distingue par son esthétique minimaliste, ses spectacles et son toit rétractable. Les soirées DJ en plein air et les concerts de stars de la musique grecque attirent parfois jusqu'à 3 000 clubbeurs.

Polytechno BAR
(Carte p. 472 ; ☎26610 27794 ; facebook.com/pg/polytechnocorfu ; Sholemvorgou 39 ; ⏲20h30-tard ; wifi). Bar-concert (arts du

spectacle et musique expérimentale). Pour y accéder, tournez à gauche le long du sentier à flanc de colline, en haut des marches qui partent de Solomou, sous le Neo Frourio (p. 471).

Cavalieri Hotel Rooftop Bar BAR

(Carte p. 472 ; ☎26610 39041 ; cavalieri-hotel.com ; Kapodistriou 4 ; ⏲18h30-tard). Bar rooftop fantastique avec une vue qui s'étend de la Spianada (p. 470) jusqu'au Palaio Frourio (p. 471), parfait pour boire un verre avant d'aller dîner. Vous pouvez aussi rester si vous avez envie de cuisine italienne.

Achats

Nombre de boutiques sont implantées dans la vieille ville. Dans l'étroite rue Filarmonikis, entre les deux églises principales, vous trouverez toutes sortes de souvenirs. Les magasins de N Theotoki sont plus originaux.

♥ **Corfu Gallery** GALERIE

(Carte p. 514 ; ☎26610 25796 ; www.corfugallery.com ; N Theotoki 72 ; ⏲10h-23h). Sculptures, peintures et objets d'art sont exposés dans cette galerie.

♥ **Sweet'n'Spicy Bahar** ÉPICES

(Carte p. 514 ; ☎26610 33848 ; www.sweetnspicy.gr ; Agias Sofias 12 ; ⏲9h-20h30). Cette boutique d'épices et de condiments est tenue par une Gréco-Canado-Libanaise qui confectionne avec passion et enthousiasme ses propres mélanges d'épices grecques et importées.

Icon Gallery ART ET ARTISANAT

(Carte p. 472 ; ☎26614 00928 ; iconcraft.gr ; Guilford 52 ; ⏲10h-22h30 lun-sam ; 📶). Comme son nom l'indique, cette boutique vend d'étonnantes icônes. En plus des icônes faites à la main par une coopérative d'artistes, la boutique vend aussi objets héraldiques et antiquités. Certaines œuvres sont des réinterprétations contemporaines – parfois audacieuses – de scènes bibliques.

Corfu Sandals CHAUSSURES

(Carte p. 472 ; ☎26610 47301 ; facebook.com/corfusandals ; Philhellinon 9 ; ⏲9h-23h). Situé dans une ruelle étroite où se concentrent les boutiques de babioles et de souvenirs, ce remarquable magasin de chaussures vend des sandales en cuir de fabrication artisanale, de tous les styles et de toutes les tailles, et nombre d'entre elles avec semelles ergonomiques. Prix raisonnables.

Papagiorgis PÂTISSERIE, ÉPICERIE FINE

(Carte p. 472 ; ☎26610 39474 ; www.papagiorgis.gr ; N Theotoki 32 ; ⏲9h-minuit). Cette boutique à l'ancienne, véritable institution de la vieille ville, fera le bonheur des gourmets avec ses 40 parfums de glace, ses tartes, son miel et ses biscuits maison.

Renseignements

Hôpital général de Corfou (☎26613 60400 ; Kontokali). À 8 km à l'ouest du centre-ville.

Kiosque touristique municipal (Spianada ; ⏲9h-16h lun-sam juin-sept). Assistance sur les hébergements, les horaires des transports et les activités à Corfou.

Police touristique (☎26610 29168 ; I Andreadi 1). Près de la Plateia G Theotoki (Plateia San Rocco).

AGENCES DE VOYAGES

All Ways Travel (☎26610 33955 ; www.allwaystravel.com.gr ; Plateia G Theotoki 34). Personnel anglophone serviable, sur la place principale de la ville nouvelle.

Aperghi Travel (☎26610 48713 ; www.aperghitravel.gr ; I Polyla 1). Circuits et hébergement, en particulier pour les randonneurs du Corfu Trail (thecorfutrail.com).

Pachis Travel (☎26610 28298 ; pachistravel.com ; Guilford 7 ; ⏲9h30-15h et 18h-20h30 lun-ven, 9h30-14h sam). Petite agence dynamique, utile pour les hôtels, les billets de ferry et d'avion, et les excursions à Paxi.

Depuis/vers la ville de Corfou

La ville de Corfou se trouve au centre d'un réseau de bus efficace ; vous pouvez aller pratiquement n'importe où sur l'île depuis la gare routière longue distance (p. 469) dans la ville nouvelle.

Comment circuler

Les bus bleus locaux partent de la **gare routière locale** (carte p. 472 ; ☎26610 31595 ; www.astikoktelkerkyras.gr ; Plateia G Theotoki), dans la vieille ville. Les trajets coûtent 1,20 € ou 1,70 € et sont en vente au guichet de la Plateia G Theotoki ou dans les bus. Tous les trajets durent moins de 30 minutes. Service réduit le week-end.

La plupart des agences de location de véhicules de la ville de Corfou sont dans la partie nord du front de mer.

Budget (☎26610 24404 ; www.budget.gr ; Eleftheriou Venizelou 29)

Sunrise (☎26610 44325 ; www.corfusunrise.com ; Ethnikis Antistaseos 16)

Top Cars (☎26610 35237 ; www.carrentalcorfu.com ; Donzelot 25)

Nord de Corfou

La majeure partie de la côte au nord de la ville de Corfou est envahie de stations balnéaires très fréquentées comme **Gouvia**, **Dassia**, **Ipsos** et **Pyrgi**. Elles sont parfaitement adaptées à des vacances en famille, mais n'ont rien de remarquable.

Plus au nord, la route côtière devient sinueuse et contourne le point culminant de l'île, le **mont Pantokrator** (906 m). Le paysage devient plus séduisant, et chacune des jolies criques qui parsèment la côte abrite un ravissant village, ou tout au moins une taverne.

En suivant la côte vers le nord depuis Pyrgi, vous atteindrez **Barbati**, où une grande plage de galets blancs borde une crique boisée. Dans le délicieux village de **Kalami**, niché dans une autre petite baie, l'ancienne maison de Lawrence Durrell abrite désormais un très bon restaurant, le White House (ci-contre).

Bien que son histoire remonte à la période romaine (Néron y faisait des séjours au parfum de scandale), **Kassiopi** n'est guère plus qu'un village. Pris entre un port abrité et une fine bande de plage rocheuse, il compte quelques excellents hôtels et restaurants. Il est réputé pour ses broderies, vendues dans plusieurs boutiques. Des marches grimpent depuis la rue principale jusqu'aux ruines toutes proches d'un château vénitien, charmantes bien qu'envahies par la végétation. Franchissez le promontoire pour rejoindre les plages isolées de **Battaria** et de **Kanoni**.

Après Kassiopi, la route côtière court vers l'ouest en passant par les stations balnéaires d'**Aharavi**, de **Roda** et de **Sidhari**, très populaires auprès des familles britanniques, attirées par les grandes plages bondées et les tavernes bon marché.

À voir

À **Aharavi**, le **musée d'Art populaire** (carte p. 469 ; ☎26630 63052 ; museum-acharavi.webs.com ; tarif plein/enfant 3/1,50 € ; ⏲10h-14h lun-dim) mérite une visite : c'est un amusant bric-à-brac regroupant accordéons, pressoirs à olives, marionnettes ou encore téléphones. C'est l'occasion idéale d'en apprendre plus sur le mode de vie traditionnel de Corfou. Vous trouverez également sur place une boutique d'objets artisanaux.

Où se loger

Partie la moins développée de l'île, le nord de Corfou (le nord-est en particulier) en est aussi la région la plus attractive et jolie. Toutefois, les hébergements sont peu nombreux ; pour cette raison, réservez tôt.

♥ **Manessis Apartments** APPARTEMENTS €€
(☎6973918416 ; Kassiopi ; app 4 pers 110 € ; ❄📶). Au bout du port de Kassiopi, le Manessis comporte un jardin fleuri et des appartements de 2 chambres couvertes de bougainvillées (certains avec balcon face à la mer). Les sympathiques propriétaires feront en sorte que votre séjour se déroule parfaitement. Difficile de trouver mieux !

Theofilos Studios & Apartments APPARTEMENTS €€
(☎26630 81261 ; www.theofiloskassiopi.com ; Kassiopi ; d 80 € ; ❄📶🏊). Un pâté de maisons derrière la plage nord de Kassiopi (avec vue sur mer). Ces appartements chaleureux sont simples (kitchenettes rudimentaires), mais confortables. Le propriétaire est plein de bons conseils et suggestions. Piscine.

Melina Bay Hotel BOUTIQUE-HÔTEL €€
(☎26630 81030 ; www.melinabay.com ; Kassiopi ; s/d/tr 90/90/114 € ; ❄📶). Hôtel flambant neuf, au pied du château. Vue royale sur le bord de mer de Kassiopi. Les petites chambres, à décoration à thème marin, sont très bien équipées. Réservez tôt.

Grecotel Corfu Imperial COMPLEXE HÔTELIER €€€
(Carte p. 469 ; ☎26610 88400 ; www.corfuimperial.com ; Kommeno ; d avec petit-déj à partir de 470 € ; ⏲mai-oct ; ❄📶🏊). Jouissant d'un emplacement rêvé sur la pointe occidentale de la péninsule de Kommeno, ce complexe fait partie des hôtels les plus somptueux de toute la Grèce. Dans des villas aux couleurs de la mer, ses chambres offrent le nec plus ultra du luxe. Trois restaurants gastronomiques. Spa. En été, séjour de 2 nuits minimum. Les prix chutent hors saison.

Où se restaurer et prendre un verre

White House MÉDITERRANÉEN €€
(☎26630 91040 ; www.corfu-kalami.gr ; Kalami ; plats 10-23 € ; ⏲9h-minuit). Presque devenu un lieu de pèlerinage pour les admirateurs de la famille Durrell, ce ravissant restaurant du front de mer se trouve dans l'ancienne maison de l'écrivain Lawrence Durrell. Des

HORS DES SENTIERS BATTUS

BALADE CÔTIÈRE : D'AGIOS STEFANOS À AVLAKI

Le tourisme de masse a envahi une grande partie du littoral de Corfou, mais il existe encore quelques plages sans hôtel, taverne ou chaise longue en vue. Certaines des côtes les plus préservées des îles Ioniennes se situent à l'extrême nord-est de Corfou, et seuls ceux qui sont prêts à fournir quelques efforts pourront les découvrir. En basse saison, il est même très probable que vous ayez l'une de ces plages pour vous seul. Un chemin côtier de 6,5 km part du village portuaire d'**Agios Stefanos** et rejoint la longue plage d'**Avlaki**, prisée des véliplanchistes. Il faut environ 1 heure 30 pour arriver à destination ; prévoyez un pique-nique pour passer la journée là-bas et profiter des plages.

L'itinéraire, bien balisé, commence à l'Eucalyptus Bar, tout au nord d'Agios Stefanos, passe par la baie de la plage, puis coupe plusieurs caps et longe sept plages, dont **Vromolimni** et **Akoli**, toutes les deux situées devant un lac. Faites un crochet par la magnifique plage de galets d'**Arias**, bordée d'une épaisse forêt. À l'endroit où vous avez bifurqué pour Arias, le chemin continue tout droit, plus en avant encore sur la péninsule et longe d'autres plages avant d'arriver à Avlaki. Un petit sentier serpente aussi à travers une forêt enchevêtrée et humide jusqu'à **Kavo Barbaro**, qui offre une vue imprenable sur l'Albanie. Ici, une petite plage est blottie dans une crique propice au snorkeling.

Malheureusement, même dans cette zone apparemment préservée, l'impact de l'homme se fait sentir : des tas de déchets en plastique s'échouent encore sur les plages. À moins de vous être trouvé un moyen de transport pour le retour, une fois à Avlaki, vous devrez revenir sur vos pas pour rentrer à Agios Stefanos ou prendre un raccourci en suivant la route qui coupe à l'intérieur (4 km, 1 heure).

tables sont installées sur le quai – nombreux sont les clients qui arrivent en bateau à moteur – et sur une terrasse ombragée par de la vigne. Les entrées sont principalement grecques et les plats, italiens. On y mange bien, mais, comme on pouvait s'y attendre, les prix sont un peu surévalués.

Cavo Barbaro POISSON €€
(☎26630 81905 ; Avlaki ; plats 10-22 € ; ⏲9h30-23h30). Dans un jardin rafraîchi par la brise, ce restaurant, vaste et agréable, offre une vue sur la mer et sert poulpes, calamars, *saganaki* (fromage frit), moussakas et espadon.

To Fagopotion TAVERNE €€
(☎26630 82020 ; Agios Stefanos ; 11-19 € ; ⏲12h-1h). De toutes les tavernes installées sur le front de mer d'Agios Stefanos, Fagopotion, tenue par le génial Christos, est sans doute la meilleure, grâce à ses plats grecs inventifs et à base de fruits de mer et de viande.

Edem Beach Nightclub CLUB
(Carte p. 469 ; ☎26610 93013 ; www.edemclub.com ; Dasia ; ⏲11h-5h). Venez vous détendre au coucher du soleil dans l'un des meilleurs bars de plage de Grèce avant que la fête commence, vers 23h. Depuis la ville de Corfou, prenez le bus 7 (1,70 €, 30 minutes) à l'arrêt Plateia G Theotoki.

ℹ Renseignements

San Stefano Travel (☎26630 51771, 26630 81335 ; www.san-stefano.gr ; Agios Stefanos) propose plusieurs solutions de transport. Location de bateaux et excursions vers les îles Diapondia et îles voisines.

ℹ Depuis/vers le nord de Corfou

Green Buses (www.greenbuses.gr) assure un service de bus fréquent entre la ville de Corfou et la côte nord-ouest de l'île. Des bus vont même jusqu'à Kassiopi. Bus directs pour Roda et les stations balnéaires avoisinantes sur la côte nord.

Toutefois, si vous voulez explorer la région de manière approfondie, vous aurez besoin de votre propre moyen de transport.

Ouest de Corfou

Certains des plus beaux paysages, villages et plages de Corfou bordent la côte ouest. Aucune route côtière ne relie entre elles les nombreuses criques aux plages de sable qui entaillent la falaise ; les visiteurs doivent donc soigneusement choisir leurs cibles. **Paleokastritsa**, au nord, a une très belle plage, un beau monastère et d'agréables sentiers de randonnée. **Pelekas** est un charmant village en haut d'une colline. Quant à **Agios Gordios**, au sud, qui est doté d'une superbe plage, il constitue une halte idéale pour qui cherche à poser son sac à dos.

Paleokastritsa et le Nord

Le secteur balnéaire populaire de **Paleokastritsa**, à 23 km au nord-ouest de la ville de Corfou, s'étend sur près de 3 km le long d'une série de petites criques pittoresques. Des montagnes escarpées, couvertes de cyprès et d'oliviers, le surplombent. À l'extrémité de cette zone se trouve une ravissante petite plage où Ulysse se serait échoué. Les excursions en bateau partent de la petite jetée, dont les croisières jusqu'aux grottes voisines organisées par **Paradise Sunset** (☎6972276442 ; 10-20 €/pers).

Perché sur un promontoire rocheux, parmi de splendides jardins et à 10 minutes d'une marche tranquille depuis la plage, le **Moni Theotokou** (carte p. 469 ; ⏲7h-13h et 15h-20h) GRATUIT, un monastère fondé au XIIIe siècle, renferme un intéressant petit **musée** (⏲avr-oct) GRATUIT et une boutique d'huiles et d'herbes.

Depuis Paleokastritsa en partant vers l'ouest, un circuit sinueux et en altitude à parcourir à pied ou en voiture vous emmène jusqu'aux villages préservés de **Lakonès** et **Krini**. Un sentier secondaire qui part vers l'ouest depuis Krini se termine en impasse sur un imposant rocher escarpé qui domine les vagues ; un large escalier en pierres monte jusqu'à l'imprenable forteresse byzantine d'**Angelokastro**. Ses remparts sont presque intacts, mais son intérieur a été colonisé par les fleurs sauvages. Retournez-vous vers Paleokastritsa : le point de vue est inoubliable.

La côte devient plus plate vers le nord, où l'on découvre les discrètes stations balnéaires d'**Agios Georgios** et d'**Arillas**, avec leurs longues plages.

Sud de Paleokastritsa

Au sud de Paleokastritsa, la plage de galets d'**Ermones** est construite à l'excès, contrairement au petit bourg endormi de **Pelekas**, en haut de falaises boisées à 6 km au sud-est, dont les bâtiments ont la couleur de biscuits à la crème. La **Kalimera Bakery** (Pelekas; gâteaux à partir de 2 € ; ⏲7h-tard) vend des pâtisseries tout juste sorties du four. Presque en face, la **Witch House** (☎6974525376 ; ⏲10h-22h) vend des souvenirs originaux. L'empereur allemand Guillaume II a mené son cheval jusqu'au sommet du pic qui surplombe le village, afin d'avoir une vision de l'île à 360° ; cet endroit est aujourd'hui surnommé le **Trône du Kaiser**.

Kontogialos (également appelé **Pelekas**) et **Glyfada** sont deux plages de sable facilement accessibles depuis Pelekas, qui se sont transformées en véritables stations balnéaires dotées de grands hôtels. Selon Lawrence Durrell, la **plage de Myrtiotissa** (carte p. 469), plus à l'est, serait la plus belle du monde. Aujourd'hui largement naturiste, elle est relativement épargnée par le tourisme de masse, car difficile d'accès ; il faut descendre une pente abrupte sur une route en partie non goudronnée (mieux vaut se garer en haut de la colline).

L'agréable **domaine viticole d'Ambelonas** (☎6932158888 ; ambelonas-corfu.gr ; ⏲19h-23h mer-ven juin-oct, 13h-18h dim déc-mai), à 5 km à l'est de Pelekas (et à seulement 8 km à l'ouest de la ville de Corfou), est réputé pour ses produits : vin, vinaigre, huile d'olive et douceurs.

En continuant vers le sud, vous parviendrez à la station balnéaire d'**Agios Gordios**, que domine une colline verdoyante ; sa longue plage de sable et de galets peut accueillir des foules. Encore 12 km vers le sud, et le **château byzantin de Gardiki** se dresse en bordure de la route principale ; bien que largement en ruine, il constitue un imposant tableau. Au-delà, le vaste **lac Korission** est séparé de la mer par une étroite langue de terre, bordée d'une longue plage de sable, **Halikounas**.

Où se loger

Sunrock AUBERGE DE JEUNESSE €
(☎26610 94637 ; www.sunrockhostel.com ; plage de Kontogialos ; avec petit-déj et dîner dort 25 €, ch avec/sans sdb 85/55 € ; @ 📶). Tenue par la charmante Magdalena, cette auberge à 30 m de la mer, dispose de dortoirs et de chambres doubles. La façade est un peu décrépite, mais l'intérieur, chaleureux, est en bon état. Grand balcon pour profiter du soleil. Le bar accueille de nombreux voyageurs. Cerise sur le gâteau : les délicieux repas maison préparés avec les produits bio de la ferme de la propriétaire.

♥ **Levant Hotel** HÔTEL €€
(☎26610 94230 ; www.levantcorfu.com ; Pelekas ; s/d avec petit-déj 80/100 € ; ⏲mai à mi-oct ; P ❄ 📶 🏊). Sur les hauteurs près du Trône du Kaiser, cet hôtel néoclassique couleur crème est romantique avec ses chambres

100% LOCAL

LES DURRELL

Les écrivains britanniques Gerald et Lawrence Durrell vécurent à Corfou pendant les quatre années qui précédèrent la Seconde Guerre mondiale. Gerald, futur grand naturaliste qui n'était alors qu'un enfant, évoqua la vie excentrique et idyllique de sa famille sur l'île dans plusieurs ouvrages drôles et plaisants, dont le plus célèbre est *Ma famille et autres animaux*. Les trois maisons où ils habitèrent, et qui figurent dans ce livre, sont toutes au nord de la ville de Corfou, mais aucune n'est ouverte aux visiteurs. En revanche, la White House (p. 478) de Kalami, où vécurent Lawrence et son épouse Nancy pendant que celui-ci rédigeait *L'Île de Prospero*, ouvrage lyrique sur l'île, est aujourd'hui un charmant restaurant.

La série à succès *La Folle Aventure des Durrell* (2016) fut principalement tournée à **Danilia**, village abandonné aujourd'hui restauré, qui n'est accessible qu'aux clients du **Grecotel Corfu Imperial** (p. 478), situé sur la côte.

bleu pastel, ses parquets, et ses balcons et lampes de style Belle Époque. Le restaurant raffiné sert crevettes, risotto et *stifadho* (ragoût) sur une terrasse avec vue sur le coucher de soleil.

♥ Hotel Zefiros HÔTEL €€

(☎ 26630 41244 ; zefiroscorfuhotel.gr ; Paleokastritsa ; d/tr/qua à partir de 95/120/140 € ; ❄ 📶). Couleur lie-de-vin, à deux pas de la jolie plage de Paleokastritsa, le Zefiros propose des chambres superbes, lumineuses et joviales, dont les murs sont ornés de stickers floraux, avec balcon. Vue magnifique depuis l'étage supérieur. Les prix chutent hors saison.

Rolling Stone PENSION €€

(☎ 26610 94942 ; www.pelekasbeach.com ; plage de Kontogialos ; ch/app 70/95 € ; @ 📶). Proche de la plage de Kontogialos (Pelekas), ce paradis pour backpackers propose 2 appartements familiaux neufs avec salle de bains et kitchenette, ainsi que 2 grandes chambres impeccables. Les clients se retrouvent pour échanger sur une grande terrasse ombragée, avec un petit bar et une cuisine commune semi-extérieure. À 2 minutes de la plage, chemin en pente raide.

Kallisto Resort APPARTEMENTS €€€

(☎ 6977443555 ; www.corfuresorts.gr ; plage de Kontogialos Beach ; app/villa à partir de 170 /240-480 € ; P ❄ 🏊). Situés au milieu de jardins luxuriants étagés à flanc de colline à l'extrémité nord de la plage de Kontogialos, ces villas et appartements (pouvant accueillir jusqu'à 12 personnes) sont le summum du luxe corfiote. Quand vous ne flânez pas dans votre appartement aux airs de palace ou que vous n'êtes pas en train de profiter de la vue royale depuis votre terrasse, vous avez le choix entre 2 piscines scintillantes.

Où se restaurer

Si les complexes hôteliers ont souvent leurs propres restaurants, il vaut la peine de s'aventurer dans les tavernes populaires des villages intérieurs, comme Pelakas, ou encore de tester les quelques restaurants à vue panoramique situés entre Lakonès et Krini.

Elia Restaurant TAVERNE €

(☎ 6980696364 ; www.eliamirtiotissa.com ; Myrtiotissa ; plats 7-14 € ; ⏲12h-tard mai-oct). Cette irrésistible taverne domine la piste qui mène à la superbe plage de Myrtiotissa. On y sert d'excellentes spécialités corfiotes et des boissons fraîches bienvenues. La plupart des ingrédients utilisés proviennent de la ferme du propriétaire.

To Stavrodromi TAVERNE €

(☎ 26610 94274 ; www.tostavrodromi.com ; Pelekas ; plats 7-12 € ; ⏲18h-23h). Cet établissement accueillant qui n'ouvre que pour le dîner se situe au principal carrefour juste à l'est de Pelekas. Délicieuses spécialités locales, tel le meilleur *kontosouvli* de Corfou (porc à la broche avec paprika et oignons), le *stifado* de lapin et le steak au poivre.

♥ Alonaki Bay TAVERNE €€

(☎ 26610 75872 ; Alonaki ; plats 10-15 € ; ⏲9h30-minuit ; 📶). Empruntez les pistes jusqu'à la pointe nord du lac Korission pour rejoindre cette taverne simple et familiale, perchée au sommet d'imposantes falaises. On y mange des plats de viande et des *mayirefta* (plats cuisinés) maison. Des chambres (50 €) et des appartements (55 €) bien tenus, avec vue sur le jardin, sont en location.

Nereids TAVERNE €€
(☎26630 41013 ; Paleokastritsa ; plats 12-19 € ; ⊙11h-minuit). Située juste après un immense virage à l'entrée de Paleokastritsa, cette taverne romantique est idéale en soirée, quand la terrasse agrémentée de bassins et de jarres est doucement éclairée. Goûtez les *dolmadès* (feuilles de vigne farcies de riz et parfois de viande), les boulettes de viande à la sauce tomate, le *kleftiko* (viande mitonnée à feu doux) et le *stifado*, absolument délicieux.

Depuis/vers le sud de Paleokastritsa

Les bus Green Buses (www.greenbuses.gr) sont un bon moyen pour rejoindre/venir de Corfou si vous logez à Paleokastritsa ou Agios Gordios, mais pour atteindre les sites touristiques et plages les plus éloignés, vous devrez louer un véhicule.

PAXI ΠΑΞΟΙ

2 300 HABITANTS

Paxi, qui ne dépasse pas les 13 km de long, déploie beaucoup d'énergie sur une petite surface. N'ayant pas d'aéroport, elle n'a pas été confrontée au développement du tourisme de masse. Les activités se concentrent dans 3 petits ports charmants de la côte est : **Lakka**, **Loggos** et le port de ferrys de **Gaïos**. Chacun a son lot d'hôtels sympathiques, d'appartements à louer et de tavernes en bord de mer, ainsi que ses fidèles admirateurs.

Les ports constituent de bonnes bases pour explorer les collines et les oliveraies centenaires de l'intérieur, ainsi que les paysages sauvages de la côte ouest. Des criques préservées sont accessibles en canot à moteur, tandis que les anciens sentiers empruntés par les mules mènent à des falaises calcaires tombant à pic dans la mer azur.

De belles randonnées permettent de rejoindre l'imposante **arche de Tripitos** (carte ci-contre) au sud, ainsi que la belle **plage d'Erimitis** (carte ci-contre) à l'ouest, dominée par une paroi rocheuse ; quant à l'**Erimitis Bar & Restaurant** (☎6977753499; www.erimitis.com ; plats 12-24 € ; ⊙16h-2h ; 📶), il invite à faire une petite pause bien méritée après la marche.

Renseignements

Parmi les agences de voyages pratiques et efficaces, citons **New Plans** (Bouas Tours ; ☎6980344759 ; www.newplans.gr ; ⊙9h-20h) à Gaïos et **Sun & Sea** (☎26620 31162 ; www.paxossunandsea.com ; ⊙8h30-14h30 et 17h30-23h) à Lakka.

Depuis/vers Paxi

BATEAU

Des hydroglisseurs de passagers **Ilida** (p. 468) relient le port de ferrys de Paxi, à Gaïos, avec la ville de Corfou (25 €, 55 min-1 heure 30, 3-8/jour mai à mi-oct), et parfois Igouménitsa.

Une liaison plus lente mais moins chère avec la ville de Corfou (20 €, 1 heure 30, 1 à 3/jour, avr-oct) est proposée par la compagnie Kamelia Lines (p. 468), tandis que des car-ferrys relient Paxi à Igouménitsa (11/42,30 € par passager/véhicule, 1 à 3/jour, avr-oct).

Les billets de ferry s'achètent auprès de New Plans (ci-dessus).

Des bateaux-taxis rapides sont disponibles à la demande. Comptez 330 € pour un Corfou-Paxi avec **Paxos Sea Taxi** (☎6932232072, 26620 32444 ; www.paxosseataxi.com ; Gaïos).

En été, à partir de juin, des bateaux d'excursion partent de Gaïos pour Antipaxi (comptez 10 € l'aller-retour).

Comment circuler

Deux bus par jour circulent entre Gaïos et Lakka, via Loggos (2,50 €). Ils ne sont pas pratiques pour les excursions à la journée.

Un taxi entre Gaïos et Lakka ou Longos coûte environ 15 € ; la station de taxis de Gaïos jouxte le parking dans les terres.

De nombreuses agences louent des petits bateaux (entre 50 et 100 €, selon la puissance du moteur).

La location d'une voiture à la journée chez **Alfa Hire** (☎26620 32505 ; alfacarhirepaxos.com) débute à 35 € en haute saison.

Gaïos Γαϊος

500 HABITANTS

On ne peut imaginer village portuaire plus paisible. Niché dans une courbe le long d'un étroit chenal ressemblant à un fjord, Gaïos est baigné d'une eau bleu canard et protégé par l'îlot boisé d'Agios Nikolaos. Des maisons néoclassiques aux tons roses et crème bordent le front de mer, chacune abritant communément un café ou une taverne, tandis que les bateaux de plaisance et d'excursion attendent leur heure à quai.

Paxi et Antipaxi

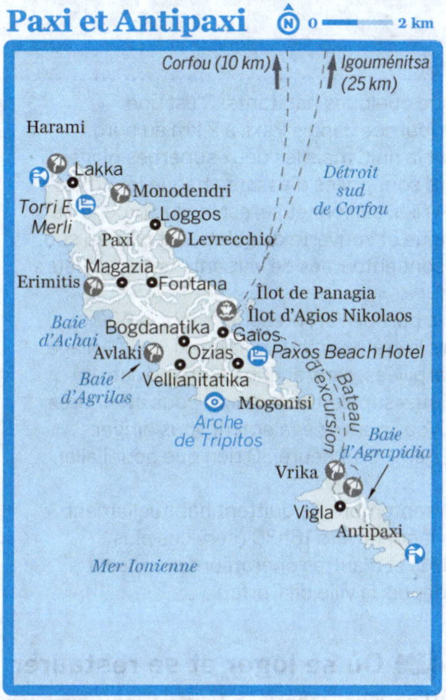

Où se loger

En général, les hôtels et studios de Gaïos conviennent à toutes les bourses. La plupart des propriétaires viennent vous chercher à l'embarcadère.

Paxos Beach Hotel HÔTEL €€
(Carte ci-dessus ; ☎26620 32211 ; paxosbeach-hotel.gr ; d/ste avec petit-déj 105-180/200-280 € ; ❄📶🏊). Installé dans une petite crique à 1,5 km à pied de Gaïos (la promenade au bord de l'eau est très agréable), cet hôtel familial possède une plage privée, une jetée, une piscine, un court de tennis et un restaurant avec vue sur la mer. Les chambres sont réparties dans différentes villas sur le flanc d'une colline en terrasses ; notez que vous aurez des escaliers à monter ! On peut venir vous chercher au port. Également location de bateaux sur place.

Water Planet Rooms APPARTEMENTS €€
(☎6972111995 ; www.waterplanet.gr ; d 60 € ; ❄📶). Chambres agréables, décorées dans un style marin. Les propriétaires, assistés par leur fils très divertissant, sont serviables et aimables : ils se mettront en quatre pour satisfaire tous vos besoins. Petit-déjeuner copieux. Les propriétaires tiennent le magasin d'équipement de plongée attenant.

Theklis-Clara Studios PENSION €€
(☎26620 32313, 6972923838 ; www.theklis-studios.com ; studios 100 € ; ❄). La charmante Thekli, qui pratique la plongée en apnée depuis son propre bateau, possède une très belle maison à 100 m du quai et loue 4 studios rétro-chics pour 2 personnes. Chacun est équipé d'une kitchenette, d'une salle de bains et d'un balcon avec vue sur la mer. On peut venir vous chercher au port.

Où se restaurer

♥ **Carnayo** MÉDITERRANÉEN €€
(☎26620 32376 ; www.carnayopaxos.gr ; plats 10-22 € ; ⌚12h-16h et 19h-23h mar-dim). Voici le meilleur restaurant de Paxi dont la cuisine locale est nettement un cran au-dessus de celle des tavernes qui bordent le port, pour le même prix. Situé à 400 m du centre de Gaïos, il comprend une salle élégante et une cour éclairée à l'ambiance romantique. Les plateaux d'entrées valent déjà le détour, et les plats principaux vont du porc rôti à la broche aux burgers maison et à la daurade à la peau croustillante.

Dodos TAVERNE €€
(☎26620 32265 ; dodos-paxos.blogspot.co.uk ; plats 7-15 € ; ⌚12h-minuit). Tenue par le sympathique Dodo, cette petite taverne aux sièges multicolores se cache dans un jardin (suivez les panneaux depuis l'extrémité sud du port). Après avoir goûté à la cuisine traditionnelle qui y est servie (agneau au miel, porc farci au fromage), attardez-vous pour profiter des concerts.

Il y a également des **studios** modestes à louer (à partir de 60 €).

Renseignements

Gaïos ne possède pas d'office du tourisme, mais des agences de voyages, telles New Plans (page ci-contre) et **Paxos Magic Holidays** (☎26620 32269 ; www.paxosmagic.com), qui organisent des excursions, vendent des billets et pourront vous aider à réserver un hébergement.

Depuis/vers Gaïos

Depuis la place centrale de Gaïos, il suffit de suivre le chemin pavé du front de mer sur 1 km, vers le nord, pour arriver à l'embarcadère de Paxi, qui fait la liaison avec la ville de Corfou et Igouménitsa.

Des bateaux d'excursion sont amarrés le long des quais au cœur de la ville.

VAUT LE DÉTOUR

ANTIPAXI

La ravissante petite île d'Antipaxi ne compte que quelques habitants. C'est une destination privilégiée pour les excursions à la journée depuis Paxi, à 2 km au nord, et Corfou. Rares sont les visiteurs qui y passent la nuit, mais les deux superbes plages nichées dans des criques près de la pointe nord sont prises d'assaut chaque jour d'été par des bateaux, petits et grands. La plage de Vrika, sablonneuse, est la plus proche de Paxi, tandis que la plage de Voutoumi, plus longue et couverte de galets, est plus au sud. Chacune dispose de quelques tavernes. Elles sont entourées de versants boisés, et leurs eaux claires sont étincelantes.

Depuis chacune des deux plages et depuis le port de l'île, presque inactif, à 600 m au sud de Voutoumi, des chemins grimpent vers la crête centrale d'Antipaxi, où le "village" de Vigla se compose de quelques maisons éparpillées, sans aucun centre ou activité commerciale. Marchez pendant quelques minutes supplémentaires, et vous atteindrez la côte ouest, sauvage et dépourvue de plage. Vous pouvez également vous diriger vers le phare à l'extrémité sud de l'île. Comptez environ 1 heure 30 rien que pour l'aller, et emportez beaucoup d'eau.

Des bateaux pour Antipaxi partent de juin à septembre. Ils quittent habituellement Gaïos, sur Paxi (aller/retour 10 €), à 10h, et reviennent vers 16h30 (services plus nombreux en juillet-août). Ionian Cruises (p. 474) et d'autres opérateurs proposent des excursions à la journée à Paxi et Antipaxi depuis la ville de Corfou.

La course en bateau-taxi de Corfou à Paxi coûte 330 €.

Comment circuler

Vous pouvez louer une voiture chez Alfa Hire pour 35 €/jour.

Loggos Λόγγος

Encadré de falaises blanches et des vestiges d'une fabrique d'huile d'olive, avec de jolies maisons vénitiennes blotties autour d'une petite baie à l'eau cristalline, Loggos, à 6 km au nord-ouest de Gaïos, enchante par sa beauté. Des bars et restaurants donnent sur les flots, dominés par d'abrupts versants boisés.

Au sud, vous trouverez quelques plages de galets bordées d'oliveraies ; là, vous pouvez nager en paix et faire quelques sessions de snorkeling à prix raisonnable.

Pour toutes ces raisons, Loggos est sans doute le site le plus agréable de Paxi.

Activités

Paxos Thalassa Travel (26620 31662 ; www.paxos-thalassatravel.com). Cette agence de voyages propose des kayaks à la location, et organise des randonnées guidées, ainsi que des excursions de snorkeling, des promenades en bateau au coucher du soleil, entre autres.

Où se loger et se restaurer

Il n'y a pas d'hôtels à Loggos, mais quelques studios et appartements à louer. La plupart du temps, il est plus prudent de réserver tôt en passant par une agence.

Les chefs de **Vasilis** (26620 31587 ; www.vassilisrestaurant.com ; plats 13-20 € ; 12h-minuit), taverne installée dans une maison basse sur les quais du port, sont de loin les plus créatifs de tout le village. Au menu, spécialités locales revisitées, comme seiches sautées, oursins, *bourdeto* (poisson frais dans une sauce tomate et paprika) et lapin en sauce au yaourt. Réservez en été.

Depuis/vers Loggos

Dans l'idéal, venez et partez de Loggos en yacht. Vous pouvez aussi louer l'un des nombreux bateaux à moteur amarrés au port ; contactez Paxos Thalassa Travel (ci-contre).

Deux fois par jour, un bus – c'est avant tout un bus scolaire qui dépose les enfants à l'école – assure la liaison entre Gaïos et Lakka via Loggos.

Lakka Λάκκα

Laissez-vous aller à l'atmosphère languide et détendue de Lakka et de ses eaux parsemées de yachts. Sur le quai, une douce musique et des effluves alléchants vous attireront dans les tavernes. Plus à l'ouest, vous trouverez la plage de sable d'**Harami**, et un **phare** en haut d'un promontoire.

Activités

Avec ses eaux claires et sa biodiversité riche, Paxos est parfaite pour la plongée. **Paxos Oasi Sub** (☎26620 33493 ; www.paxosoasisub.com) propose des initiations à la plongée (80 €), des safaris de snorkeling (45 €) et des cours PADI open-water (550 €).

Où se loger et se restaurer

L'hébergement à Lakka et aux alentours va de l'hôtel de luxe au simple studio bon marché. Pensez à réserver tôt, surtout si vous planifiez votre séjour en haute saison.

Yorgos Studios APPARTEMENTS €€
(☎26620 31807 ; www.routsis-holidays.com ; d 80 € ;). Impeccables et confortables, ces studios aménagés pour 2 personnes se situent à côté de Routsis Holidays, qui les gère et représente d'autres studios et appartements du secteur.

♥ **Torri E Merli** BOUTIQUE-HÔTEL €€€
(☎26212 34123 ; www.torriemerli.com ; ste à partir de 420 € ; mai-oct ; P). Construite en 1750 pour impressionner les pirates, cette superbe propriété dotée de tours, conserve fort heureusement son charme vénitien d'origine, agrémenté d'éléments contemporains – murs de pierres apparentes, planchers blancs... C'est peut-être le meilleur hôtel des îles Ioniennes. Installé parmi les oliveraies à 800 m au sud de Lakka, il ne comprend que 7 suites, ainsi qu'un restaurant et une piscine.

Arriva Fish Restaurant POISSON €€
(☎26620 33041 ; plats 10-17 € ; 11h-23h). Les petites tables de cette taverne arrivent jusqu'au bord du quai. Une incroyable liste de poissons et fruits de mer fraîchement pêchés sont inscrits sur l'ardoise, préparés de toutes les façons imaginables : au gril, au barbecue, dans un risotto ou un plat de pâtes. Le poulpe krasato (en sauce au vin rouge) est succulent.

Renseignements

Routsis Holidays (☎26620 31807 ; www.routsis-holidays.com), une agence serviable, loue des appartements et villas bien aménagés pour tous les budgets, organise les transports et des excursions.

Sun & Sea (p. 482), sur le port, propose aussi des hébergements, ainsi que des locations de bateaux (à partir de 50 €).

Depuis/vers Lakka

Le bus qui assure 2 fois par jour la connexion entre Lakka et Gaïos via Loggos est une ligne scolaire et est donc peu pratique pour les visiteurs. Louez plutôt une voiture.

LEUCADE ΛΕΥΚΑΔΑ

22 650 HABITANTS

Bien que reliée au continent par une étroite chaussée, ce qui en fait l'une des rares îles grecques accessibles en voiture, Leucade (Lefkada ou Lefkas) reste étonnamment préservée du tourisme.

Lefkada est une localité à l'atmosphère détendue où il peut être agréable de passer un jour ou deux. Les collines de l'intérieur renferment des villages figés dans le temps et des oliveraies rendues à leur état naturel.

La sauvage côte ouest possède de magnifiques plages, dont certaines ont malheureusement été endommagées par de récents séismes. Ce n'est que le long de la côte est que se tiennent des stations touristiques très développées.

En continuant vers le sud, on trouve de petites criques préservées, et le vent y attire les kitesurfeurs et les véliplanchistes du monde entier.

À l'origine, Leucade était une péninsule, et non une île. L'isthme qui la rattachait jadis au continent fut détruit par les Corinthiens, qui creusèrent un canal au VIIIe siècle av. J.-C.

Depuis/vers Leucade

AVION

L'aéroport le plus proche de Leucade est près de Prévéza (Aktion ; PVK), sur le continent, à 20 km au nord. **Sky Express** (www.skyexpress.gr) la relie à Corfou (73 €, 30 min), Céphalonie (67 €, 30 min), Zante (73 €, 1 heure 30) et Sitia (Crète ; 117 €, 1 heure 30, juin-sept uniquement). **Olympic Air** (www.olympicair.com) propose des vols entre Prévéza et Athènes, d'où l'on peut rejoindre d'autres destinations en Grèce. De mai à septembre, des vols charters partent d'Europe du Nord pour Prévéza.

Aucun bus ne relie Lefkada à l'aéroport de Prévéza, mais des bus desservent la ville de Prévéza (2,90 €, 30 min, 6/jour), d'où vous pouvez prendre un taxi pour rejoindre l'aéroport (15 €).

La course de taxi de l'aéroport à Lefkada coûte au moins 40 €.

Leucade et Meganissi

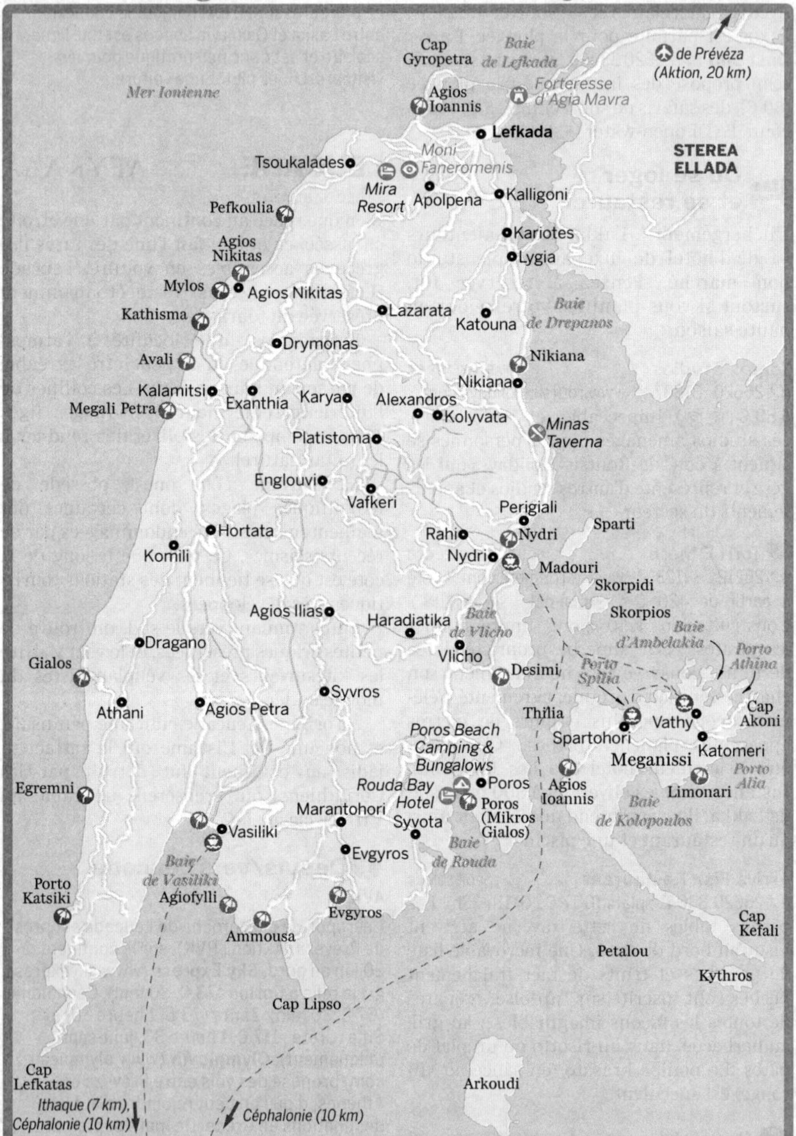

BATEAU

Normalement, Vasiliki, à l'extrême sud de Leucade, est le port principal de Céphalonie. Cependant, lors de notre passage, le port était fermé pour réaménagement et tous les ferrys partaient de Nydri à la place. C'est un peu ennuyeux pour les voyageurs indépendants, puisque Nydri est une station balnéaire très touristique sans grand intérêt. Le port de Vasiliki devrait rouvrir d'ici l'été 2020.

Deux compagnies de ferrys proposent des liaisons entre Vasiliki et Céphalonie en haute saison : **West Ferry** (www.westferry.gr) assure une liaison quotidienne jusqu'à Fiskardo (10 €,

1 heure), tandis que **Ionion Pelagos** (www.ionionpelagos.com) rejoint Sami via Piso Aetos à Ithaque (10 €, 1 heure 45). Réservations auprès de **Samba Tours** (☎26450 31520 ; www.sambatours.gr).

De juillet à mi-septembre, le ferry **Meganisi II** (☎26450 92528 ; www.ferryboatmeganisi.gr) assure 2 liaisons par jour entre Nydri et Frikès à Ithaque(10 €, 2 heures).

BUS

La **gare routière KTEL** (☎26450 22364 ; www.ktel-lefkadas.gr ; Ant Tzeveleki) de Lefkada, en face de la nouvelle marina à 1 km du centre, dessert Athènes (33,90 €, 5 heures 30, 5/jour), Patras (17,60 €, 3 heures, 2/sem), Thessalonique (35,40 €, 8 heures, 1/jour), et Igouménitsa (13,30 €, 2 heures, 1/jour).

Comment circuler

BUS

Des bus fréquents depuis Lefkada desservent l'île en haute saison ; les services sont fortement réduits le dimanche.

Parmi les principales destinations :

VERS	DURÉE (HEURES)	TARIF (€)	FRÉQUENCE
Agios Nikitas	30 min	1,80	3/jour
Karya	30 min	1,80	6/jour
Nydri	30 min	1,80	13/jour
Vasiliki	1	3,70	3/jour
Vlicho	40 min	2	10/jour

VOITURE

La location d'une voiture débute à 40 € par jour. Vous trouverez des agences de location de voitures, de scooters et de vélos à Lefkada, Nydri et Vasiliki.

Vous pouvez récupérer une voiture de location à l'aéroport Aktion de Prévéza, et la rendre à Vasiliki, si vous prenez un ferry vers le sud (ou vice versa).

Lefkada Λευκάδα

8 670 HABITANTS

Étonnamment plate et étendue pour une ville des îles grecques, la capitale animée de Leucade est séparée du continent par une lagune salée, au nord-est de l'île. Les séismes de 1948 et 1953 ayant dévasté son architecture vénitienne, Lefkada a été reconstruite dans un style parasismique particulier et attrayant. On dirait presque un port des Caraïbes, avec ses bâtiments en bois aux couleurs pastel dont les étages supérieurs sont couverts de tôle ondulée peinte de couleurs vives.

L'ambiance ici est détendue et gaie. Les magasins et les restaurants se concentrent dans l'artère principale piétonne (Dörpfeld, puis Ioannou Mela vers l'ouest), les cafés et les bars dans la marina au sud, les banques et les entreprises près de la chaussée qui mène au continent.

À voir

Moni Faneromenis MONASTÈRE
(Carte ci-contre ; ☎26450 21305 ; ⏲8h-14h et 16h-20h). GRATUIT Fondé en 1634 sur une colline à 3 km à l'ouest de la ville (en direction d'Agios Nikitas), ce monastère fut détruit par un incendie en 1886, puis reconstruit. La vue sur la lagune et la ville justifie amplement la montée.

Forteresse d'Agia Mavra FORTERESSE
(Carte ci-contre ; adulte/enfant 2 €/gratuit ; ⏲8h-15h30 mar-dim). Cette forteresse, construite au XIVe siècle et agrandie par les Vénitiens, veille sur Lefkada juste au bout de la chaussée, à 1,4 km de la ville. Ses murs, recouverts de lichen et entourés d'une douve d'eau salée, restent intacts mais l'intérieur est en ruine – il fut dévasté par une explosion en 1888. On peut y pénétrer et se balader parmi les fleurs sauvages.

Musée archéologique MUSÉE
(☎26450 21635 ; Ang Sikelianou ; tarif plein/enfant 2 €/gratuit ; ⏲8h-15h30 mer-lun). Dans le centre culturel, à l'extrémité ouest du front de mer, cet excellent musée fait la lumière sur l'histoire de l'île, du paléolithique à la période romaine. La pièce phare est un ensemble de figurines en terre cuite du VIe siècle av. J.-C. qui représente un joueur de flûte avec des nymphes, prouvant ainsi l'existence d'un culte de Pan sur Leucade.

Où se loger

L'est de Lefkada compte quelques hôtels ayant un bon rapport qualité/prix, à quelques pas seulement de la route.

♥ **Boschetto Hotel** BOUTIQUE-HÔTEL €€
(☎26450 20244 ; www.boschettohotel.com ; Dorpfeld 1 ; d avec petit-déj à partir de 95 € ; ❄📶). Ce ravissant bâtiment du début du XXe siècle situé en bord de mer abrite 4 chambres spacieuses et joliment aménagées, ainsi qu'une suite. Toutes sont dotées d'un parquet, de linge de qualité, d'une salle de bains en marbre et d'un balcon

VAUT LE DÉTOUR

MEGANISSI

L'île étirée de Meganissi, au sud-est de Leucade, est facilement accessible en bateau depuis Nydri (Leucade). La plupart des visiteurs viennent pour la journée, mais ses collines verdoyantes et ses baies turquoise bordées de plages de galets invitent à rester plus longtemps. Depuis le quai du ferry de **Porto Spilia**, vous pouvez rejoindre par une route pentue ou un escalier les ruelles étroites et les maisons parées de bougainvillées de **Spartohori**, sur le plateau. La crique suivante, à l'est, abrite le charmant **Vathy**, deuxième port de l'île, 1 km en dessous du village de **Katomeri**.

Des ferrys relient Nydri à Porto Spilia (passager/voiture 1,90/12,90 €, 25-40 minutes, 3-4/jour) ; achat des billets auprès de Borsalino Travel (ci-contre). Des bus locaux circulent entre Spartohori et Vathy de 5 à 7 fois par jour (via Katomeri), mais il est conseillé de venir avec son propre véhicule.

donnant sur le café du rez-de-chaussée et les eaux bleues de la lagune. Le petit-déjeuner est de qualité.

Pirofani Boutique HÔTEL €€
(☎26450 25844 ; www.pirofanilefkada.com ; Dorpfeld 10 ; d 120 € ; ❄📶). Hôtel familial et très accueillant situé sur la rue principale de la vieille ville. Avec force volutes en or, la décoration est un peu extravagante, voire chargée. Les salles de bains sont impeccables. En termes d'emplacement, vous ne trouverez pas mieux.

Où se restaurer et prendre un verre

♥ **Thymari** MÉDITERRANÉEN €€
(☎26450 22266 ; www.thymari-lefkada.gr ; 19 Pinelopis St ; plats 15-20 € ; ⏲19h-23h mai-oct). Avec ses tables disposées sur une grande terrasse fleurie et ensoleillée, ce restaurant, situé dans une ruelle très calme, est idéal pour venir goûter une cuisine méditerranéenne moderne et sans pareille. La carte comprend des plats inventifs, tels que les lasagnes "déstructurées". C'est aussi l'occasion de tester plusieurs huiles d'olive. Excellente carte de vins.

Aucune table en intérieur, donc à éviter par temps de pluie.

Nissi MÉDITERRANÉEN €€
(☎26454 00725 ; facebook.com/nissilefkada ; Plateia Ethnikis Antistaseos ; plats 8-16 € ; ⏲13h-0h30 ; ❄📶). Cet établissement sert de très bons plats mêlant saveurs grecques et italiennes, dans un cadre confortable, sur la place principale du village. Autant apprécié des habitants que des touristes, Nissi propose notamment un risotto noir à l'encre de calamar avec poulpe et crevettes grillées qui ne coûte que 11,50 € !

♥ **Gogos Gefsis** BAR
(☎26453 00509 ; Ioannou Mela 149 ; ⏲10h-2h ; 📶). Ce café-bar très agréable est installé dans la principale artère piétonne, avec des tables sur le trottoir et une salle pittoresque qui ressemble à une ancienne épicerie. L'enseigne en grec est impossible à déchiffrer : repérez le drapeau arborant la faucille et le marteau. Petite carte d'en-cas – grillades et crevettes au fromage ; mais achetez une bière, et un en-cas chaud vous sera servi en accompagnement.

Comment circuler

Lefkada compte plusieurs agences de location, dont **Green Motion** (☎26450 23581 ; www.greenmotion.gr ; Panagou 16) pour les voitures et **Santas** (☎26450 25250 ; ilovesantas.gr) pour les scooters et vélos.

Est de Leucade

La côte orientale de Leucade est la partie la plus touristique de l'île. Pourtant, vers le sud, la jolie **plage de Poros** (ou Mikros Gialos) est préservée, tandis que le port abrité de **Syvota**, dans une sorte de fjord, garde une atmosphère détendue, entre yachts et bateaux de pêche, et ce même s'il n'y a pas de plage C'est sans doute **Nydri** qui a connu le développement le plus important. Cet ancien village de pêcheurs est aujourd'hui envahi par les boutiques touristiques, sans même une plage correcte.

Où se loger

Poros Beach Camping & Bungalows CAMPING €
(Carte p. 486 ; ☎26450 95452 ; www.porosbeach.com.gr ; plage de Poros ; empl adulte/voiture/tente 10/3/5 €, ch/studios 70-80 € ; ⏲mai-sept ;

(P ❄ @ 📶 🏊). Non loin, à pied, de la belle plage de Poros, ce camping bien équipé dispose d'une superbe piscine, d'emplacements ombragés dans une oliveraie, d'un bar agréable et d'un restaurant sur une grande terrasse en bois. Également de jolies chambres doubles et studios, certains adaptés aux familles.

Rouda Bay Hotel HÔTEL €€
(Carte p. 486 ; ☎6932567502, 26450 95634 ; roudabay.gr ; plage de Poros ; d à partir de 80 € ; ❄ 📶). Ces chambres et studios, modernes, confortables et haut de gamme, sont au centre de la belle plage de Poros. Tous peuvent accueillir 4 personnes. Bon restaurant qui donne sur la mer.

Où se restaurer

Sivota Bakery CAFÉ €
(☎6972432497 ; Syvota ; plats 6-12 € ; ⏲7h-1h). Sur le port, vélos anciens et lanternes ornent les murs de ce commerce davantage café que boulangerie. On y déguste pizzas, gaufres, cocktails, vins, etc. Les petits-déjeuners sont vraiment divins ; vous aurez le choix entre *full English breakfast* ou formules à base de yaourt, miel, fruits et granola.

Taberna Ionion TAVERNE €€
(☎26650 93506 ; Syvota ; plats 9-14 € ; ⏲11h-minuit). Ce lieu familial implanté depuis longtemps sur le côté est du port est un peu moins agité que les tavernes attenantes : le personnel accorde donc un peu plus d'attention aux clients. Bonnes assiettes de fruits de mer à déguster sous un toit végétal.

Stavros TAVERNE €€
(☎26450 31181 ; tavernastavros.gr ; Syvota ; plats 9-16 € ; ⏲8h-minuit, Pâques-oct). C'est Stavros, fondée au milieu des années 1970, qu'il faut choisir parmi toutes les tavernes spécialisées dans les plats marins qui bordent le port, toutes plus colorées et alléchantes les unes que les autres. Au menu : poissons frais et spécialités locales, comme la soupe de poisson et le gigot d'agneau au miel.

Minas Taverna TAVERNE €€
(Carte p. 486 ; ☎26450 71480 ; Nikiana ; plats 8-18 € ; ⏲17h-minuit, horaires réduits hors saison). Située au-dessus de la route principale à 5 km de Nydri, au sud de Nikiana. Très bonne adresse avec terrasse en face de la mer abritée par des vignes. La carte est large et propose notamment pâtes aux fruits de mer, riz cuit à l'encre de calamar, grillades de viande et de poisson.

Renseignements

Borsalino Travel (☎26450 92528 ; www.borsalinotravel.gr ; Nydri). Agence de voyages proposant une large gamme de services, notamment hébergement, location de voiture, vente de billets de ferrys et d'excursions.

Depuis/vers l'est de Leucade

Des bus relient fréquemment Nydri à Lefkada (1,80 €, 30 min, 13/jour), mais peu continuent plus au sud.

Vasiliki Βασιλική

395 HABITANTS

Si cet accueillant village portuaire, agrémenté d'une plage de galets, est l'un des meilleurs endroits du pays pour s'initier à la planche à voile, c'est grâce à un vent chaud local, qui souffle seulement en été et que les habitants surnomment étrangement "Éric" ! Ce vent n'est en revanche pas des plus agréables pour bronzer sur la plage. À la place, vous pouvez vous réfugier dans l'une des tavernes entourées d'eucalyptus qui bordent le front de mer, dans les quelques boutiques alentour ; tout le monde trouve son bonheur à Vasiliki !

Activités

Des caïques emmènent les visiteurs jusqu'aux plages et criques des environs. La favorite des excursions d'un jour, c'est la plage d'Egremni, surtout depuis qu'un séisme l'a rendue inaccessible par la route.

Samba Tours (p. 487) vend des billets d'excursion en bateau, notamment pour Egremni, et peut se charger de vous louer un vélo.

Le long du quai, des opérateurs de sports nautiques annoncent leurs prestations avec drapeaux et équipements ; certains proposent aussi l'hébergement.

Club Vassiliki SPORTS NAUTIQUES
(☎26450 31588 ; www.clubvass.com). Ce club établi de longue date est spécialisé dans l'apprentissage de la planche à voile et prend en charge l'organisation de votre séjour, vols et hébergement inclus. Propose aussi des locations de planches, des cours privés et de nombreuses autres activités, de la plongée au VTT.

Nautilus Diving Club PLONGÉE
(☎6936181775 ; www.underwater.gr ; ⊙mai à début oct). Voici un centre de sports nautiques très bien tenu. Plongées simples (60 €), cours PADI open-water (430 €), location de kayaks de mer (à l'heure/à la demi-journée 15/40 €) et sorties de snorkeling très réputées dans les eaux d'une plage secrète que les habitants comparent aux Caraïbes (55 €).

Où se loger et se restaurer

Pension Holidays HÔTEL €€
(☎26450 31426 ; d/app 65/70 € ; ❄📶). L'un des meilleurs établissements des îles Ioniennes. Cet hôtel géré par une famille chaleureuse propose des chambres doubles meublées avec goût et des appartements au mobilier simple et avec kitchenette bien équipée, le tout avec vue sur mer. Emplacement idéal, quartier calme à proximité de la baie principale. Que demander de plus ?

Vasiliki Blue APPARTEMENTS €€
(☎26450 31602 ; www.vasilikiblue.gr ; d 75 € ; ❄📶). Appartements lumineux et impeccables équipés d'une kitchenette, au sommet d'une colline à quelques mètres au-dessus du port. Balcons drapés de bougainvillées avec vue sur la mer.

Vagelaras TAVERNE €€
(☎26450 31224 ; plats 7-16 € ; ⊙8h-tard ; 📶). Au bout du port, près du quai des ferrys, cette taverne centenaire sert de savoureux mezze, salades, pâtes et fruits de mer frais.

Renseignements

Samba Tours (p. 487) vend des billets de ferry et d'excursion en bateau, notamment pour la plage d'Egremni, peut se charger de vous louer une voiture ou un vélo et de vous réserver un logement et offre une assistance complète.

Depuis/vers Vasiliki

En haute saison, 3 bus par jour (3,70 €, 1 heure) font la navette entre Vasiliki et Lefkada.

Ouest de Leucade

On considère souvent que les plages blanches de la côte ouest de Leucade font partie des plus belles du monde. Malheureusement, les plus connues ont été sérieusement endommagées lors d'un séisme en 2015, mais les autres sont restées intactes, et il reste encore de nombreux endroits magnifiques à explorer.

À voir

Le village d'**Agios Nikitas**, en pleine expansion, est la principale station balnéaire de la côte. Il se situe à 13 km au sud-ouest de Lefkada, sur la route côtière. Une petite rue bordée de tavernes débouche sur une plage incurvée de sable blanc, baignée d'une eau bleu-vert. Empruntez le sentier à côté de la taverne Poseidon, et vous tomberez de l'autre côté du promontoire sur la ravissante **plage de Mylos** (carte p. 486), droite et large. La **plage de Pefkoulia** (carte p. 486), avec ses galets blancs, est à 5 minutes en voiture vers le nord, tandis que la **plage de Kathisma** (carte p. 486), qui lui ressemble, est à la même distance vers le sud.

Plus au sud, après le village d'**Athani** où vous pouvez faire provision d'huile d'olive, de miel et de vin, se trouvent deux des plages les plus célèbres de Leucade, la **plage d'Egremni** (carte p. 486), et celle de **Porto Katsiki** (carte p. 486), dévastées par le séisme de 2015. Elles furent en partie ensevelies sous les débris des falaises blanches qui les surplombent, mais les géologues pensent que ceux-ci finiront par être évacués par les vagues et que les plages retrouveront leur splendeur passée. C'est Porto Katsiki qui a le moins souffert ; elle reste accessible en voiture. En revanche, l'escalier de 720 marches et la route qui menaient à Egremni ont été détruits et ne seront sans doute pas reconstruits. Le seul moyen de voir ce qui reste d'Egremni et de se baigner dans ses eaux turquoise est de faire une excursion en bateau depuis l'un des ports de l'île, par exemple Vasiliki.

Où se loger

Si vous avez envie de découvrir la côte ouest, le petit village d'Agios Nikitas a tout ce dont vous pourriez avoir besoin. Le village de Kalamitsi dispose aussi de quelques hébergements.

Mira Resort MAISONNETTES €€
(Carte p. 486 ; ☎6977075881, 26450 24967, SMS uniquement 6977075881 ; www.miraresort.com ; Tsoukalades ; maisonnettes avec petit-déj à partir de 145 € ; ⊙mai-oct ; P❄📶🏊). À 6 km au sud-ouest de Lefkada, parfaitement situé sur la montagne avec une vue panoramique sur la mer, Mira propose des maisonnettes impeccables et

douillettes, et possède une grande piscine et un café-bar.

Hotel Agatha HÔTEL €€
(☎69486 20615 ; www.agatha-hotel.com ; Agios Nikitas ; studios/app 90/100 € ; ❄📶). Sur la route côtière, à quelques minutes de marche, à l'est de la plage d'Agios Nikitas, l'Agatha offre de frais et charmants studios et appartements de 2 chambres, ensoleillés et situés dans de jolis jardins bercés par le chant des oiseaux. Le n°1 est notre préféré.

Olive Tree Hotel HÔTEL €€
(☎26450 97453 ; olivetreehotel.gr ; Agios Nikitas ; s/d/studios avec petit-déj 80/90/100 € ; ⏲mai-sept ; ❄📶). Juste au-dessus du centre du village, cet hôtel modeste est tenu par de sympathiques Gréco-Canadiens. Chaque chambre dispose d'une terrasse avec vue latérale sur la mer. Bon buffet au petit-déjeuner.

Où se restaurer

Les restaurants ne manquent ni à Agios Nikitas, ni le long de la route qui file au sud (surtout autour d'Athani).

♥ Lefkatas TAVERNE €
(☎26450 33149 ; www.lefkatas.gr ; Athani ; plats 7-13 € ; ⏲13h-23h mai-sept ; 📶). La vue sur la montagne et la mer au-delà n'est qu'un des atouts de ce charmant restaurant avec terrasse, situé à un angle dans la rue principale d'Athani. Joignez-vous aux habitués assis à l'ombre d'un cèdre et profitez de succulents plats de fruits de mer. Le restaurant sert notamment un risotto (13 €) aux fruits de mer très copieux.

T'Agnantio TAVERNE €
(☎26450 97383 ; www.tagnantio.gr ; Agios Nikitas ; plats 7-15 € ; ⏲12h-minuit Pâques-oct). Située dans un coin calme et caché, la meilleure taverne d'Agios Nikitas, avec une terrasse ombragée d'une tonnelle, se tient en hauteur par rapport à la plage et offre de magnifiques vues sur la mer. Régalez-vous de produits de la mer (espadon, crevettes ou poulpe) ou de souvlakis, boulettes de viande et fromage local.

Depuis/vers l'ouest de Leucade

Des bus au départ de Lefkada vont jusqu'à Agios Nikitas (1,80 €, 30 min, 3/jour) et la plage de Kathisma, et descendent jusqu'à Athani.

Centre de Leucade

Avec ses charmants villages traditionnels, ses sommets verdoyants, ses pins, ses vignobles et ses nombreuses oliveraies, le spectaculaire centre montagneux de Leucade mérite d'être exploré.

À voir

Le petit village de **Karya**, avec une jolie place centrale bordée de platanes et de tavernes, attire les foules à la haute saison. Il est réputé pour ses broderies, initiées par une villageoise manchote, Maria Koutsochero, au XIXe siècle. Un petit **musée** (2,50 €) expose des broderies –notamment celles de cette brodeuse exceptionnelle – et présente la vie traditionnelle locale. Les horaires sont variables.

Activités

À quelques kilomètres au sud de Karya, **Englouvi**, le plus haut village de l'île, est renommé pour sa production de miel et de lentilles.

Il est préférable de réserver pour une **promenade naturaliste guidée** (☎69342 87446 ; www.lefkas.cc ; Kolyvata) près du charmant village d'**Alexandros**.

Où se loger et se restaurer

À moins de trouver une villa dans un village reculé, les collines de l'intérieur conviennent plus aux excursions qu'aux séjours d'une nuit.

♥ Maria's Tavern TAVERNE €
(☎6984056686, 26450 41228 ; facebook.com/MariasTavern ; Kolyvata ; plats 6-9 € ; ☎12h30-23h30 avr-oct). Dans le hameau de Kolyvata et son cadre de collines idylliques, l'aimable Kiria Maria ouvre sa porte aux visiteurs et aventuriers du goût. Elle sert des plats savoureux et très bien préparés à partir des produits frais qu'elle cultive dans son jardin. Il vaut mieux réserver pour vous assurer de sa présence.

Kolyvata est bien indiqué sur la route qui relie Alexandros et Nikiana.

Depuis/vers le centre de Leucade

Plusieurs bus rejoignent fréquemment Karya, par exemple, mais vous en profiterez plus si vous louez une voiture ou une moto.

CÉPHALONIE
ΚΕΦΑΛΛΟΝΙΑ

35 800 HABITANTS

Céphalonie est un lieu où il est facile de perdre toute notion du temps et de se laisser envoûter par le parfum des lauriers-roses et le tintement des cloches de chèvres. Sur cette île, la plus grande et probablement celle dont la faune et la flore sont les plus variées des îles Ioniennes, on respire. Le littoral dentelé dissimule de séduisantes criques bordées de plages aux eaux claires habitées par des bancs de poissons colorés.

Malgré le séisme de 1953 qui a détruit nombre de bâtiments à architecture vénitienne, quelques villages balnéaires à l'architecture italianisante, comme les ports de Fiskardo et d'Assos, ont été préservés. L'intérieur, montagneux, luxuriant est ponctué de prairies sauvages, de chênaies méditerranéennes, de vergers et de vignobles.

Depuis/vers Céphalonie

AVION

L'**aéroport** (carte ci-contre ; ☎26710 29900 ; kefaloniaairport.info) est à 9 km au sud d'Argostoli.

L'été, **Aegean Airlines** (fr.aegeanair.com) offre des vols avec escale pour Céphalonie depuis la France, la Belgique et la Suisse.

Par ailleurs, **Olympic Air** (www.olympicair.com) dessert Athènes, tandis que **Sky Express** (www.skyexpress.gr) dessert Corfou, Prévéza et Zante.

BUS

Trois fois par jour, un bus part de la **gare routière KTEL** (☎26710 22281 ; www.ktelkefalonias.gr ; A Tritsi 5) d'Argostoli et emprunte le ferry au départ de Poros pour rejoindre Athènes (33 €, 7 heures).

BATEAU

En été, jusqu'à 5 ferrys quotidiens de la compagnie **Levante Ferries** (www.levanteferries.com) relient Poros à Kyllini, dans le Péloponnèse (11,50 €, 1 heure 30), où vous pouvez effectuer une correspondance jusqu'à Zante.

Ionian Pelagos (www.ionionpelagos.com) assure jusqu'à 3 liaisons par jour entre Sami et Piso Aetos à Ithaque (4 €, 30 min) ; 1 ou 2 de ces ferrys continuent jusqu'à Astakos, dans le Péloponnèse (depuis Sami, 11 €, 3 heures de voyage au total). L'été, il y a également 2 ferrys par semaine (9 €, 1 heure 45) entre Sami et Vasiliki (Leucade) et 2 par jour entre le port de Pesada, isolé et difficilement accessible, au sud de Céphalonie, et le non moins isolé Agios Nikolaos au nord de Zante (8 €, 1 heure 30).

West Ferry (www.westferry.gr) relie Fiskardo et Vasiliki (Leucade ; 9 €, 1 heure, 2-3/jour) ; pour les billets, adressez-vous à **Nautilus Travel** (☎26740 41440 ; ⏲9h-13h30 et 17h-21h) à Fiskardo.

Ertsos (☎26710 27301 ; ertsostravelkefalonia.com ; Antoni Tritsi ; ⏲9h-21h), à Argostoli, vend des billets pour Ithaque et Kyllini.

De mi-juillet à mi-septembre, **Ventouris Ferries** (ventourisferries.com) assure une liaison hebdomadaire entre Sami, Zante, Igouménitsa (sur le continent) et Bari (Italie).

Red Star Ferries (www.directferries.co.uk/red_star_ferries.htm) va de Sami à Brindisi une fois par semaine (trajet 16 heures).

Procurez-vous des billets auprès de **Blue Sea Travel** (☎26740 23007 ; samistar.com ; Posidonos 16, Sami).

Comment circuler

BUS

Les bus KTEL circulent entre Argostoli et les autres villes principales de l'île. Un ou deux bus supplémentaires longent la côte est en passant par Katelios, Skala, Poros, Sami, Agia Evfymia et Fiskardo. Les bus circulent le dimanche uniquement en haute saison.

VOITURE ET MOTO

Vous trouverez des agences de location de voitures et de motos dans les principales stations balnéaires. **Europcar** (☎26710 41008 ; www.europcar.com ; ⏲7h30-21h), Hertz (☎26714 40040 ; www.hertz.com) et d'autres agences sont présentes à l'aéroport.

À Sami, **Kefalonia2Ride** (☎26740 22970 ; kefalonia2ride.rentals ; Maiouli 29, Sami ; ⏲9h30-21h) loue des scooters (à partir de 22 €/jour) et des quads.

Argostoli Αργοστόλι

9 750 HABITANTS

Abritée de la pleine mer, s'étendant sur la côte intérieure d'une petite péninsule, Argostoli était réputée autrefois pour son élégante architecture vénitienne, qui fut presque entièrement détruite lors du séisme de 1953. Aujourd'hui, c'est une ville vivante et tournée vers l'avenir. L'activité se concentre sur la charmante **Plateia Valianou**, place piétonne depuis peu, où les habitants viennent bavarder et manger dans les nombreux restaurants. En été, des musiciens arpentent les rues en chantant des *kantades,* chansons traditionnelles accompagnées à la guitare et à la mandoline. **Lithostroto**, la rue piétonne et commerçante située juste

Céphalonie et Ithaque

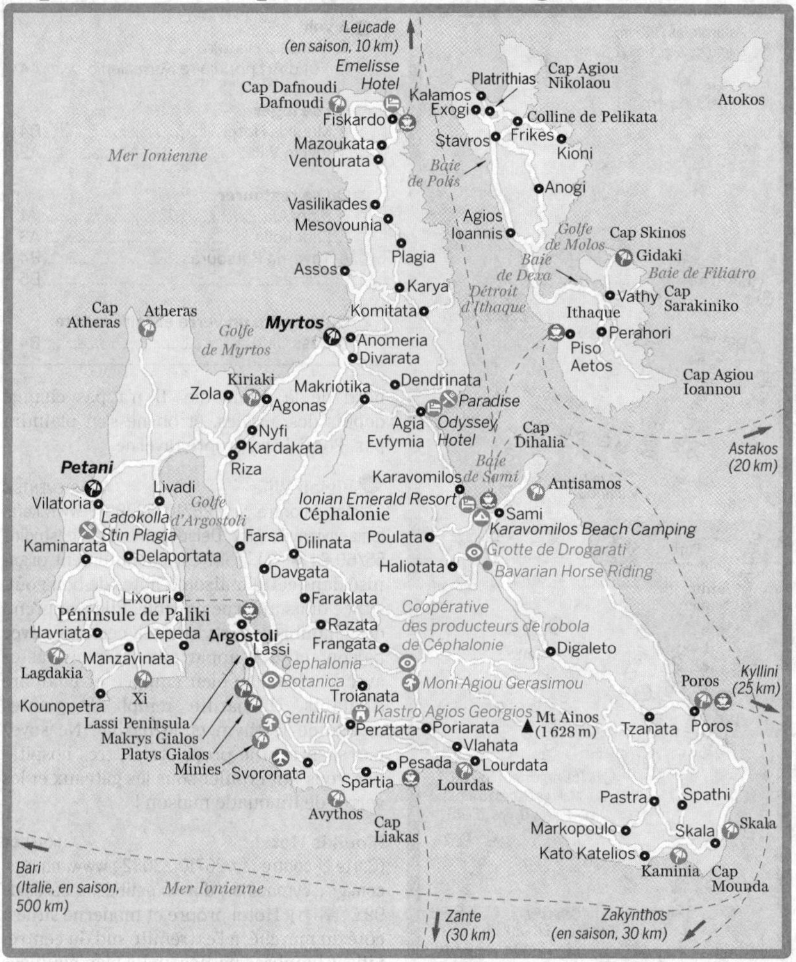

au sud, est jalonnée d'élégantes boutiques et d'agréables cafés.

À voir

Makrys Gialos PLAGE

(Carte ci-dessus). Baignée d'une eau turquoise, Makrys Gialos est souvent bondée en été. À 3 km au sud-ouest d'Argostoli.

Platys Gialos PLAGE

(Carte ci-dessus). Cette plage de poche, qui se trouve juste après Makrys Gialos, bénéficie de beaucoup d'ombre, d'une eau très claire et de quelques tavernes.

Cephalonia Botanica JARDINS

(Carte ci-dessus). ; ☎26710 24866 ; www.focas-cosmetatos.gr ; ⌚9h-14h). GRATUIT Ce charmant jardin botanique, destiné à l'étude, à la préservation et à l'exposition des plantes et herbes de l'île, se situe à 2 km au sud du centre d'Argostoli. Il comprend un petit lac artificiel. Dernière entrée 45 minutes avant la fermeture.

Musée d'Histoire et d'Art populaire Korgialenio MUSÉE

(Carte p. 494 ; ☎26710 28835 ; Ilia Zervou 12 ; 3 € ; ⌚9h-14h lun-sam). Installé dans la

Argostoli 0 — 200 m

Argostoli

À voir

1 Musée d'Histoire et d'Art populaire Korgialenio A4

Où se loger

2 Mouikis Hotel B4
3 Vivian Villa A2

Où se restaurer

4 Kiani Akti A1
5 Ladokolla A3
6 Taverna Patsouras B4
7 Tzivras B5

Où prendre un verre et faire la fête

8 Bass Club B4

bibliothèque de la ville, ce beau musée expose des icônes, ainsi que des objets de la vie quotidienne – meubles, outils de travail, dentelles, vêtements, jouets... – et des œuvres d'art provenant de maisons bourgeoises ou plus modestes.

Où se loger

Camping Argostoli CAMPING €

(☎26710 23487 ; www.camping-argostoli.gr ; empl adulte/voiture/tente 7/3/5,50 € ; ⏲mai-sept ; P). Camping plaisant et calme tenu par une famille accueillante. À 2 km d'Argostoli, près du phare, au point le plus au nord de la péninsule. Il n'a pas changé depuis des années, et on ne s'en plaindra pas. Possède sa propre taverne.

Vivian Villa APPARTEMENTS €

(Carte ci-contre ; ☎26710 23396 ; www.kefalonia-vivianvilla.gr ; Deladetsima 11 ; d/studios 55/60 € ; ❄ 📶). Tout est parfaitement organisé dans cette maison d'hôtes de bon goût, située dans une rue paisible. Elle comprend des chambres de style hôtel, certaines avec balcon, et des appartements plus vastes avec kitchenette bien équipée et chambre d'enfants. Un jardin rempli de plantes embaume le thym et le basilic. Ne soyez pas surpris si le propriétaire, très hospitalier, vous fait crouler sous les gâteaux et les verres de limonade maison !

Mouikis Hotel HÔTEL €€

(Carte ci-contre ; ☎26710 23032 ; www.mouikis.com.gr ; Vyronos 3 ; d avec petit-déj à partir de 99 € ; ❄ 📶). Hôtel propre et moderne situé à côté du marché, à l'extrémité sud du centre-ville. Chambres petites, mais bien équipées avec balcon (certaines avec vue sur mer). Copieux buffet au petit-déjeuner.

Où se restaurer

Tzivras GREC €

(Carte ci-contre ; ☎26710 24259 ; Vandorou 1 ; plats 7-9 € ; ⏲13-17h). Dans ce restaurant de caractère établi de longue date, situé à un pâté de maisons derrière le marché du front de mer, les clients locaux se régalent de plats classiques copieux et bon marché, comme le veau aux gombos, la chèvre aux pommes de terre ou la tourte à la morue. Idéal pour les budgets serrés : ici tout est à moins de 10 €.

Ladokolla GREC €

(Carte ci-contre ; 26710 25522 ; Kalypsous Vergoti ; plats 2-8 € ; 12h30-2h). Dans ce grill animé et très fréquenté, de délicieux kebabs de poulet, de porc ou d'agneau sont servis tout chauds dans des pitas, directement sur la nappe. Un véritable régal tout simple ! Service de livraison.

Taverna Patsouras TAVERNE €

(Carte ci-contre ; 26711 02960 ; Antoni Tritsi ; plats autour de 8 € ; 12h-23h). Depuis 1963, cette taverne, située à côté du marché des pêcheurs, sert de délicieux fruits de mer grillés et frits. Ici, pas de chichis : cuisine simple dans un décor basique, pour une expérience unique.

Kiani Akti POISSON €€

(Carte ci-contre ; 26710 26680 ; Antoni Tritsi ; plats 8-20 € ; 13h-2h ;). Sur le port. Immense terrasse en bois sur pilotis, d'où vous pourrez observer les poissons tout en mangeant. Au menu : entrées grecques, plats du jour variés à base de produits de la mer et plats de viande. On peut aussi juste y prendre un verre.

Où prendre un verre et faire la fête

Des cafés bordent la Plateia Valianou et Lithostroto et restent animés jusque tard le soir. Le **Bass Club** (carte ci-contre ; 26710 25020 ; www.bassclub.gr ; angle S Metaxa et Vergoti ; 12h-7h ;), en centre-ville, attire les plus jeunes. Au bout de la péninsule, le night-club-restaurant **Katavothres** (26710 22221 ; www.katavothres.gr ; Mikeli Davi 10 ; 12h-minuit ;) combine d'étranges formations géologiques et un ameublement futuriste ; il accueille des DJ renommés.

Renseignements

EOT (office du tourisme grec ; carte ci-contre ; 26710 22248 ; 7h-14h30 lun-ven)

Depuis/vers Argostoli

BUS

La **gare routière KTEL**, située sur le front de mer sud d'Argostoli (p. 492), est l'épicentre de tout le réseau de transport public de l'île. Sont desservies les destinations suivantes : Fiskardo (6,40 €, 2/jour), péninsule de Lassi (1,50 €, 7/jour), Poros (4,50 €, 3/jour), Skala (4,50 €, 2/jour), Sami (4 €, 4/jour). Bus le dimanche uniquement pendant la haute saison.

BATEAU

L'embarcadère principal se situe à l'extrémité nord du front de mer, juste à côté de l'EOT (office du tourisme grec). Des **car-ferrys** (carte ci-contre ; passager/voiture 2,80/4 €, 30 min, 7h-22h30) relient Argostoli à Lixouri, sur la péninsule de Paliki. De mai à septembre : 1 ferry toutes les 30 minutes de 12h à 17h30. En dehors de cette plage horaire, 1/heure. D'octobre à avril, horaires réduits. Ertsos (p. 492) vend des billets pour les trajets vers Ithaque et Kyllini.

100% LOCAL

LE VIN DES ÎLES IONIENNES

Les îles Ioniennes ne seraient pas ce qu'elles sont sans leur vin. Céphalonie, en particulier, est réputée pour ses excellents crus, notamment le *robola* (VQRPD ; vin de qualité produit dans une région déterminée), un cépage unique qui aurait été introduit par les Vénitiens. D'autres variétés, comme le *mavrodaphné* (AOC ; appellation d'origine contrôlée) et le muscat (AOC) contribuent à la réputation de la viticulture locale.

Au cœur de la vallée verdoyante d'Omala, dans les hauteurs au sud-est d'Argostoli, la **Coopérative des producteurs de robola de Céphalonie** (carte p. 493 ; 26710 86301 ; www.robola.gr ; Omala ; 9h-21h tlj, juil-août, jusqu'à 18h mai-juin et sept-oct, jusqu'à 15h lun-ven nov-avr) transforme les raisins de quelque 300 viticulteurs indépendants en un vin blanc sec aux arômes subtils. Elle organise des visites guidées intéressantes, après lesquelles une dégustation est proposée.

Plus petit, mais également réputé, le domaine **Gentilini** (p. 493 ; 26710 41618 ; www.gentilini.gr ; Miniès ; visite et dégustation à partir de 5 € ; 11h-20h), à 5 km au sud d'Argostoli sur la route de l'aéroport, se situe dans une charmante propriété et produit des vins superbes, dont l'excellent *classico*. Vous pourrez aussi le visiter et déguster ses produits (avec modération, bien entendu).

VAUT LE DÉTOUR

PARC NATIONAL D'AINOS

Le massif forestier du **mont Ainos** (1 628 m), dont la quasi-totalité de sa superficie se trouve dans le parc national d'Ainos, surplombe fièrement l'île de Céphalonie. L'épaisse forêt qui le couvre est composée à l'essentiel de sapins noirs endémiques, à travers lesquels brume et nuages tourbillonnent en fin d'après-midi. En hiver, la montagne peut être couverte d'un manteau de neige. À tout moment de l'année, la vue depuis le sommet, occupé par plusieurs antennes-relais, est stupéfiante.

Les installations destinées aux visiteurs sont relativement peu développées, mais cinq **sentiers de randonnée** ont été balisés ; même s'ils sont bien indiqués, leur point de départ n'est pas évident à trouver (une route coupe le parc en son milieu et file jusqu'au sommet ; cherchez les panneaux d'informations pour trouver les sentiers).

Les deux plus populaires rejoignent le sommet à partir de versants opposés et reviennent ensuite à leur point de départ. Tous deux font 6,5 km et l'ascension est plutôt facile. Malheureusement, dans les deux cas, l'itinéraire de retour longe la route : ignorez-le et revenez simplement sur vos pas pour profiter de la forêt. Prévoyez 1 heure 30, sans compter les arrêts.

Beaucoup plus difficile, un autre itinéraire mène au sommet depuis le village de **Digaleto**, sur la route entre Sami et Poros. Cette marche aller-retour fait 13 km, avec un dénivelé de 1 096 m. Mais si vous n'aimez pas marcher, prenez votre voiture pour atteindre le sommet.

Comment circuler

First Class Travel (☎26710 20026 ; www.firstclasstravel.gr ; D Davi). Location de voiture à partir de 25 €/jour.

Environs d'Argostoli

À voir

Moni Agios Gerasimos MONASTÈRE
(Carte p. 493 ; ☎26710 86045 ; Omala ; 9h-13h et 15h30-20h). GRATUIT Ce monastère se trouve dans la vallée d'Omala. Notez que les horaires officiels ne sont pas toujours fiables. Dédié au saint patron de l'île, Gérasime de Céphalonie, il est tenu par des religieuses. Il se compose de jolis jardins, d'une grande église moderne – remarquez les belles fresques à l'intérieur – et d'une petite chapelle, où se trouve la grotte dans laquelle le moine du XVIe siècle pratiqua l'ascèse. Le monastère possède de nombreuses fresques tachées de suie et l'air est chargé d'encens, ainsi que les reliques du moine visibles dans une châsse en argent. Si vous avez de la chance, votre visite coïncidera peut-être avec les moments de prières et chants envoûtants psalmodiés par les religieuses.

Kastro Agios Georgios FORTERESSE
(Château de Saint-Georges ; carte p. 493 ; Peratata ; 8h30-16h mer-lun). GRATUIT Ce château vénitien du XVIe siècle, perché sur une colline pyramidale à 7 km au sud-est d'Argostoli, fut le siège du pouvoir de Céphalonie pendant deux siècles. Il est aujourd'hui en ruine, mais la vue fantastique justifie la visite. On y accède par une petite rue piétonne depuis le village voisin. Comptez environ 20 minutes pour arpenter le site recouvert de fleurs sauvages, sans ombre. Vous pourrez ensuite vous détendre devant un café ou un en-cas dans les jardins du Kastro Cafe (ci-après), juste à côté, ou un repas complet chez **Il Borgo** (☎26710 69800 ; Peratata ; plats 9-15 € ; 12h-minuit ; ❄), installé tout près.

Où se loger et se restaurer

Museum Hotel George Molfetas BOUTIQUE-HÔTEL €€€
(☎26710 84630 ; www.kefaloniamuseumhotel.com ; Marinaki, Faraklata ; ch 120-180 € ; 📶). Dans ce boutique-hôtel, chacune des 6 chambres est remplie d'œuvres d'art, d'antiquités et de bric-à-brac amassé au fil du temps. Chaque chambre a été créée avec un œil d'artiste. Avec ses orangers et son jardin fleuri, la cour est aussi un chef-d'œuvre à sa façon. Katerina, la propriétaire, est une conteuse-née.

Gentilini Retreat BOUTIQUE-HÔTEL €€€
(☎26710 26632 ; www.gentiliniretreat.gr ; Mitakata ; d à partie de 142 €). Venez vous évader au milieu des oliviers de ce boutique-hôtel

situé en plein cœur d'un paysage agricole, au pied du mont Ainos. Vous y trouverez 6 chambres au style différent, qui évoquent la vie à la campagne. Sur place, vous pourrez en apprendre plus sur la fabrication de l'huile d'olive céphalonienne.

Bien qu'appartenant au domaine viticole Gentilini (p. 495), l'hôtel ne se situe pas au même endroit. C'est un havre de paix pour les voyageurs en quête de repos.

Kastro Cafe CAFÉ €
(☎26710 69367 ; Peratata ; plats 6-10 € ; ⏰10h-19h ; 📶). Un café tranquille installé dans un jardin, juste avant l'entrée du Kastro Agios Georgios. Il est parfait pour déguster un café, un gâteau, une boisson fraîche ou un déjeuner léger.

Péninsule de Paliki
Χερσόνησος Παλική

Abritant la ville animée de **Lixouri**, qui borde le golfe d'Argostoli, la péninsule de Paliki est une région peu explorée de falaises d'argile blanche, crème et rouge, de champs et de vignobles verdoyants et de villages perchés sur des collines.

La plage de sable blanc de **Petani** (carte p. 493), au nord-ouest, séduirait la plus blasée des sirènes. Au sud, la plage de **Xi**, couverte de sable rouge, est tout aussi charmante, mais bondée en été.

Entre Petani et Kounopetra, à l'extrémité occidentale, le **Moni Kipouria**, monastère construit par un moine épris de solitude, surplombe des falaises austères, de robustes vignobles et une mer azur.

Où loger

Perdikis Travel (☎26710 91097 ; ptravel1@otenet.gr ; Lixouri), sur le bord de mer sud de Lixouri, peut vous aider à trouver un hébergement et à organiser votre voyage.

Xi et ses alentours ne manquent pas de logements.

Ksouras APPARTEMENTS €€
(☎26710 97458 ; facebook.com/ksouras ; Petani ; d 85 € ; P ❄ 📶). Dans cette villa les chambres, très agréables, sont juste au-dessus de la taverne tenue par les propriétaires, face à la mer. L'endroit est parfaitement tranquille le soir, lorsque la foule a quitté la plage et qu'il ne reste que le coucher du soleil rien que pour vous. La taverne est ouverte pour tous les repas de la journée et sert une cuisine grecque classique, délicieuse et bon marché.

Petani Bay Hotel HÔTEL €€€
(☎26710 97701 ; www.petanibayhotel.gr ; Petani ; d avec petit-déj 210-330 € ; P ❄ 📶 🏊). Doté d'une superbe piscine à débordement, ce boutique-hôtel, réservé aux adultes, domine la baie bleu cobalt. L'hôtel comprend seulement 13 suites romantiques avec sol en marbre, ventilateurs en bois et kitchenette équipée. Tout est calme et sérénité, les seuls bruits sont le bêlement des chèvres et le tintement des verres de vin.

Où se restaurer

Cafés et restaurants abondent sur la promenade du front de mer de Lixouri, surtout autour de la place principale. Vous trouverez aussi de bonnes tavernes sur les plages de Xi et Petani.

Mavroeidis BOULANGERIE €
(☎26710 91246 ; Lixouri ; pâtisseries à partir de 1,50 € ; ⏰8h-tard ; ❄ 📶). Ce grand café-boulangerie installe ses tables sur la grand-place piétonne de Lixouri. On y déguste des douceurs qui font le plaisir des papilles. En achetant un café, vous pourrez goûter au meilleur *amygdalopita* (gâteau aux amandes) de l'île.

Ladokolla Stin Plagia TAVERNE €€
(Carte p. 493 ; ☎26710 97493 ; Damoulianata ; plats 10-22 € ; ⏰11h-minuit ; ❄). Juché sur les hauteurs des collines du village silencieux et chaulé de Damoulianata, ce superbe restaurant familial (les chefs sont frères jumeaux) propose des menus qui changent en fonction des produits du marché et du jardin. L'établissement est Réputé pour ses tourtes à la viande et son porc au miel, à l'orange et à la bière.

Depuis/vers la péninsule de Paliki

Accès facile via un ferry (p. 495) au départ d'Argostoli et vers Lixouri (par pers/voiture 2,80/4 €, 30 min, 7h-22h30). De mai à septembre : 1 ferry toutes les 30 minutes de 12h à 17h30. En dehors de cette plage horaire, 1/heure. D'octobre à avril, les horaires sont réduits.

Sami et ses environs Σάμη

1 030 HABITANTS

Principal port de Céphalonie, Sami est une ville joyeuse qui se situe à 25 km au nord-est d'Argostoli, de l'autre côté de l'île. Nichée dans une superbe baie et flanquée de collines escarpées, elle s'étend en bord de mer face à Ithaque et regorge de cafés principalement destinés aux touristes. Des monastères, les ruines d'un château et plusieurs curiosités naturelles, comme la **grotte de Drogarati**, ajoutent à son attrait. Dans la même baie, plus au nord, **Karavomilos** et **Agia Evfymia** constituent des lieux de séjour plus calmes, avec de meilleures plages.

Agia Evfymia, en particulier, est un joli petit village portuaire doté de plages blotties dans des criques idéales pour le snorkeling. Seuls bémols : la route principale qui longe les plages et le vent qui peut souffler fort.

À voir

Arrêt populaire des circuits touristiques en bus, la **grotte de Drogarati** (carte p. 493 ; ☎26740 23302 ; tarif plein/enfant 5/3 € ; ⏲10h-17h juin-sept, horaires réduits en basse saison) est une grotte naturelle à flanc de colline, à 4 km au sud de Sami. Elle est accessible par un petit chemin pentu qui descend de la billetterie. Une fois à l'intérieur, il vous faudra 10 minutes au maximum pour faire le tour de cette grande chambre souterraine festonnée de stalactites. Quelques tavernes se trouvent aux alentours.

Où se loger et se restaurer

Karavomilos Beach Camping CAMPING €
(Carte p. 493 ; ☎26740 22480 ; www.camping-karavomilos.gr ; route Sami-Karavomilos ; adulte/voiture/tente 8,50/3,50/6,50 € ; ⏲mi-avr à sept ; 📶🏊). Ce grand camping familial aux emplacements ombragés s'étend jusqu'à une plage de galets correcte, à 800 m à l'ouest du centre de Sami. Bien équipé, excellents sanitaires, une piscine, un café et une boutique.

Odyssey Hotel HÔTEL €€€
(Carte p. 493 ; ☎26740 61089 ; www.hotelodyssey.gr ; Agia Evfymia ; d à partir de 216 € ; 🅿❄📶🏊). Les suites de ce complexe hôtelier luxueux situé juste au nord du port sont très confortables et possèdent des balcons avec vue sur Ithaque. Spa, salle de sport, restaurant et deux bars. Séjour minimum de trois nuits en haute saison.

Ionian Emerald Resort HÔTEL €€€
(Carte p. 493 ; ☎26740 22708 ; www.ionianemerald.gr ; Karavomilos ; d avec petit-déj à partir de 160 € ; ❄📶🏊). Hôtel grand luxe avec spa, salle de gym et grande piscine. Chambres apaisantes couleur crème, style moderne, linge d'exception et baies vitrées. "Maisonnettes" de 2 chambres disponibles.

♥ **Paradise Beach** GREC €€
(Carte p. 493 ; ☎26740 61392 ; www.paradisebeachtaverna.com ; Agia Evfymia ; plats 7-22 € ; ⏲12h-23h avr-oct ; 📶). À l'extrémité de la route côtière, 700 m après le port, cette taverne très appréciée possède une terrasse ombragée donnant sur une petite plage. Véritable institution, elle est réputée pour ses plats de viande d'origine locale – tels les côtelettes d'agneau, incroyablement tendres, la tourte de viande céphalonienne et le lapin braisé – et ses délicieux produits de la mer.

Renseignements

Blue Sea Travel (p. 492) propose des excursions à Ithaque et autres services.

Depuis/vers Sami et ses environs

BATEAU

Ionian Pelagos (www.ionionpelagos.com) relie Sami à Piso Aetos (Ithaque) jusqu'à 3 fois par jour (4 €, 30 min) et un ou deux de ces ferrys continue jusqu'à Astakos, sur le Péloponnèse (11 €, 3 heures). En haute saison, la compagnie rallie aussi 2 fois par semaine Vasiliki, sur Leucade (9 €, 1 heure 45).

De mi-juillet à mi-septembre, certains ferrys **Ventouris Ferries** (www.ventourisferries.com) quittent Sami et se dirigent au nord, direction Bari, en Italie (66 €, 18 heures) ou au sud, vers Zante (1 heure 30).

BUS

Des bus KTEL (www.ktelkefalonias.gr) font la navette entre Sami et Argostoli (4 €, 2-3/jour), mais rejoignent aussi Poros, Agia Evfymia et Fiskardo (4,70 €, 1 heure, 1-2/jour). Les horaires des bus pour Argostoli concordent avec ceux des ferrys.

VOITURE

Location de voiture avec **Karavomilos Car Rental** (☎26740 23769 ; www.karavomylosrentacar.gr ; Sami). Location de scooters chez Kefalonia2Ride (p. 492).

À NE PAS MANQUER

EN PLEIN AIR À CÉPHALONIE

Indiquées sur plusieurs cartes et panneaux d'affichage autour de l'île, les randonnées à Céphalonie sont belles et nombreuses. Une boucle magnifique relie le *kastro* d'Agios Georgios, le Moni AgiosGerasimos, les vignobles de *robola* et la côte sud. Si vous voulez sortir des sentiers battus, cela vaut la peine de faire appel à un guide local expérimenté.

Sea Kayaking Kefallonia (☎6934010400 ; www.seakayakingkefalonia-greece.com ; excursions à la journée à partir de 65 €). Un éventail complet de circuits d'une journée en kayak, déjeuner et équipement de snorkeling compris, d'excursions de plusieurs jours où vous rejoignez à Paddle des criques et plages inaccessibles autrement, et passez d'île en île. Cours certifiés.

Outdoor Kefallonia (☎6979987611 ; outdoorkefalonia.com). Excursions en tout genre : coasteering (mélange de canyoning et d'escalade, 45 €), randonnée (60 €), canyoning (60 €), kayak de mer (65 €) et safaris en jeep (à partir de 50 €).

Bavarian Horse Riding (carte p. 493 ; ☎69775 33203 ; www.kephalonia.com ; Koulourata ; 1 heure/8 heures 25/130 €). Promenades dans la campagne céphalonienne sur de robustes chevaux bavarois. Excursions sur la journée entre 1 et 8 heures, itinéraire établi à la demande. Une randonnée plus longue traverse le mont Enos et descend jusqu'à la mer, où les chevaux peuvent se baigner. Possibilité de sorties sur plusieurs jours.

Fiskardo Φισκάρδο

295 HABITANTS

Tourné vers Ithaque, le petit port de Fiskardo enserre des eaux bleu corail. Ses villas vénitiennes colorées, épargnées par les séismes car plantées sur un solide socle rocheux, en font l'une des stations balnéaires les plus courues de l'île, avec restaurants et hôtels haut de gamme. Il n'y a pas de véritable quai ou jetée à Fiskardo : les ferrys en provenance de Leucade arrivent à l'extrémité nord sans cérémonie, tandis que les yachts se disputent les places dans le reste du port. Il y a foule en été, et le village est parcouru d'une effervescence cosmopolite comme il n'en existe nulle part ailleurs sur l'île.

À voir et à faire

Fiskardo compte deux petites plages de galets. La plus belle, qui se trouve à l'est, est bordée de maisons de style vénitien et d'oliviers. L'autre est pratiquement en plein centre, près de l'endroit où accostent les ferrys, mais est dépourvue de charme. Vous trouverez des plages beaucoup plus belles au nord du village, notamment la sublime plage de sable d'**Emblissi**, ombragée par les oliviers, et au sud, avec la **baie de Foki**, qui abrite une bonne taverne.

À 5 km au nord-ouest de Fiskardo s'étend la très secrète plage de **Dafnoudi** : la petite plage de galets est entourée de falaises couvertes de forêts et est encore préservée (pourvu que ça dure !). Pour rendre le trajet jusqu'à Dafnoudi encore plus agréable, allez-y à pied depuis Fiskardo. En empruntant les sentiers balisés à travers les forêts et les terres agricoles laissées à l'abandon, vous en aurez pour 45 minutes (3,5 km).

Il est aussi possible de faire plusieurs petites **marches** tranquilles à Fiskardo : un panneau d'informations utiles avec 3 suggestions de courts itinéraires balisés est affiché dans le parking au-dessus du village.

Fiskardo Divers (☎6970206172 ; www.fiskardo-divers.com ; cours 3 heures débutant 55 €, cours PADI open-water 4 jours 430 € ; ⏲9h30-14h et 17h-19h lun-sam, à partir de 10h30 dim), école de plongée éco-certifiée, propose des plongées dans des grottes, sur des épaves, sur des récifs et sur un bombardier Bristol Beaufort abattu lors de la Seconde Guerre mondiale. Des cours pour débutants sont aussi dispensés. Par ailleurs, la boutique du front de mer expose plusieurs squelettes de créatures marines, notamment ceux d'un phoque moine, d'une tortue caouanne et d'un requin.

Où se loger

Vous trouverez à Fiskardo et dans les baies alentour des hôtels à tous les prix, mais aussi des villas et appartements à louer. Plusieurs sont disponibles via **Ionian Villas** (www.ionian-villas.co.uk).

Regina Studios APPARTEMENTS €

(☎26740 41125 ; www.regina-studios.gr ; d/tr à partir de 55/75 € ; ❄📶). Dans cette villa rose implantée à côté du parking du village, en haut de l'escalier qui part du front de mer, sont disponibles à la location des chambres bon marché avec salle de bains, des studios plus grands avec balcon, vue sur la mer et cuisine partagée, et des appartements plus vastes encore avec 2 chambres. Également location de bateaux de différentes tailles.

Villa Romantza PENSION €€

(☎26740 41322 ; www.villa-romantza.gr ; ch/studio/app 60/80/100 € ; ❄📶). Un excellent choix pour les voyageurs au budget serré, près du parking central. Les chambres, studios et appartements sont simples, mais spacieux et bien tenus. Certains ont 2 chambres et une kitchenette. Terrasse commune.

Emelisse Hotel COMPLEXE HÔTELIER €€€

(Carte p. 493 ; ☎26740 41200 ; www.emelisseresort.com ; baie d'Emblissi ; d avec petit-déj à partir de 263 € ; ⏲mi-avr à mi-oct ; P❄@📶🏊). Très bien situé à 1,5 km au nord de Fiskardo, sur un promontoire donnant sur la magnifique plage d'Emblissi et accessible par la route côtière en lacet, ce complexe hôtelier de luxe offre des chambres superbement aménagées, dans un jardin en terrasses qui descend jusqu'à une piscine somptueuse et un restaurant avec vue sur la mer jusqu'à Leucade, Ithaque et au-delà. Un lieu où se faire plaisir !

À NE PAS MANQUER

PLAGE DE MYRTOS

La plage de **Myrtos** (carte p. 493) est l'une des plus époustouflantes de Grèce. Cette large étendue de galets blancs se trouve à 10 km au nord-est de l'isthme central de Céphalonie. On y accède par une route en lacet vertigineuse, longue de 3 km qui descend à partir de Divarata, depuis la route principale. Malheureusement, un parking miteux vient gâcher le tableau, mais une fois dans l'eau la vue est sublime. À Divarata vous trouverez quelques tavernes, notamment **Alexandros** (☎26740 61777 ; alexandrosrestaurant-myrtos.gr ; Divarata ; plats 7-9 € ; ⏲12h-minuit).

Fiscardonna Luxury Suites BOUTIQUE-HÔTEL €€€

(☎26740 41289 ; www.fiscardonna.com ; d avec petit-déj 120-250 € ; ❄📶). L'un des rares hôtels du village, ce boutique-hôtel, installé dans un bâtiment de 1840 restauré avec goût, dispose de 5 chambres où l'ancien se marie aux merveilles de technologies modernes (attendez de voir leurs badges pour accéder aux chambres). Le résultat est un peu déstabilisant, mais les chambres sont très confortables. Situé dans une ruelle calme, juste derrière le front de mer.

Où se restaurer et prendre un verre

Café Tselenti MÉDITERRANÉEN €€

(☎26740 41344 ; plats 8-26 € ; ⏲8h-minuit). Appartenant à la famille Tselenti depuis 1893, ce restaurant réputé sert une cuisine d'influence italienne, comme les délicieuses *linguine* aux crevettes, moules et langoustines, ainsi que des spécialités locales, comme le gigot d'agneau, le *stifado* de bœuf ou l'espadon grillé. La charmante terrasse s'étend sur la place du village ; des tables sont également dressées sur le quai. Si vous voulez manger sur le pouce, le restaurant propose aussi des *pita gyros* (lamelles de viande rôtie servie dans un pain pita ; 3 €).

Tassia TAVERNE €€

(☎26740 41205 ; www.tassia.gr ; plats 9-19 € ; ⏲12h-2h mai-oct). Cette taverne du front de mer sans prétention est tenue par Tassia, célèbre cheffe céphalonienne, qui régale ses clients de tourtes, mezze et croquettes de courgettes maison. Goûtez "les pâtes du pêcheur" avec calamars, poulpes, moules et crevettes émincés et un soupçon de cognac.

♥ **Irida** INTERNATIONAL €€€

(☎26740 41343 ; plats 9-35 € ; ⏲9h-tard ; ❄📶). Cette ancienne boutique de sel, vieille de 200 ans, propose des tables dans un décor bohème ou en plein air, sur le front de mer. On s'y régale d'aubergines farcies ou – plus cher – de risotto ou de spaghettis au homard. Les plats sont toujours préparés et présentés avec soin.

Le Passage CAFÉ

(☎26740 41505 ; ⏲9h-minuit ; 📶). Sur le quai. Café décontracté dans les tons gris décoré de petites lampes blanches, avec banquettes rembourrées au bord de l'eau. Venez tôt pour un petit-déjeuner simple, à n'importe

VAUT LE DÉTOUR

ASSOS

Incroyablement photogénique, Assos a tout du village parfait. Ses 88 habitants et ses maisons italianisantes crème et ocre sont nichés dans une jolie crique que protège une péninsule boisée. La forteresse au sommet du promontoire peut être la destination d'une randonnée agréable (3,6 km aller-retour), tandis que la baie est parfaite pour la baignade, et l'eau est si claire que vous n'aurez qu'à enfiler un masque de snorkeling pour observer les poissons.

Si vous cherchez encore de bonnes raisons de visiter Assos, sachez que le village abrite plusieurs tavernes exquises, comme **Molos** (☎26740 51220 ; plats 7-14 € ; ⏲9h30-tard ; 📶) ou **Platanos** (☎26740 51143 ; plats 7-15 € ; ⏲9h-minuit Pâques-oct ; 📶✓), et que la vie y est paisible. Pour ce qui est de l'hébergement, **Apartment Linardos** (☎26740 51563 ; www.linardosapartments.gr ; d/tr/qua 80/90/120 € ; ⏲mai-sept ; ❄📶) et **Vassilis Retreat** (☎26740 51174 ; www.vassilis-retreat.gr ; app 100 € ; ❄📶) sont d'excellentes options.

De l'autre côté du promontoire, depuis la jetée située au nord du village, se trouve une **plage cachée**, qui ne peut être atteinte qu'en bateau ou à la nage (15 minutes) !

quelle heure pour un expresso servi avec un sourire ou en soirée pour un cocktail chic.

ℹ Renseignements

Nautilus Travel (p. 492) et **Pama Travel** (☎26740 41033 ; pamatravel.com ; ⏲9h-14h et 17h30-21h) offrent tous les services d'une agence de voyages, y compris la vente de billets de ferry.

ℹ Depuis/vers Fiskardo

BATEAU

Chaque jour, 2 ou 3 gros ferrys **West Ferry** (www.westferry.gr) font la navette avec la cité balnéaire très touristique de Nydri, sur la côte est de Leucade. Billets à acheter auprès de Nautilus Travel (p. 492).

Par le passé, ces ferrys partaient et allaient à Vasiliki, au sud de Leucade, au lieu de Nydri, ce qui convenait mieux aux voyageurs aventureux. Cependant, lors de notre passage, le port de Vasiliki était fermé pour travaux. Il devrait rouvrir pour l'été 2020. À vérifier.

BUS

Des bus KTEL (www.ktelkefalonias.gr) relient Fiskardo à Argostoli (6,40 €, 1 heure 45, 2/jour), et à Sami, en passant par Agia Evfymia (4,70 €, 1 heure, 1-2/jour).

ITHAQUE ΙΘΑΚΗ

3 230 HABITANTS

Romantique, rude et épique, comme le laisse présager son rôle dans l'épopée homérique, Ithaque est une île assez particulière. Vallonnée et cernée par la mer, la patrie d'Ulysse, qu'il s'efforça de rejoindre pendant dix années héroïques après la guerre de Troie, ensorcelle les visiteurs grâce à ses ruines anciennes, ses petits ports et sa nature sauvage. Coincée entre Céphalonie et le continent, cette île est une bulle hors du temps, qui charme et reste dans les mémoires.

Presque coupée en deux par l'immense golfe qui abrite **Vathy**, la localité principale, Ithaque est en fait formée de deux îles reliées par un isthme étroit. Vathy est la seule ville importante. Au nord, l'imposant massif montagneux est ponctué de ravissants villages, comme **Stavros** et **Anogi**.

Ithaque n'est pas aussi bien pourvue en plages que les autres îles Ioniennes : il est vrai qu'elle est dotée de nombreuses petites criques ourlées de plages, mais la plupart sont inaccessibles sans bateau.

ℹ Depuis/vers Ithaque

Ionian Pelagos (www.ionionpelagos.com) circule 2 ou 3 fois par jour en haute saison entre Piso Aetos et Sami (Céphalonie, 4 €, 30 min), et 1 ou 2 fois de Piso Aestos à Astakos (sur le continent, 10€, 2 heures 20).

De juillet à mi-septembre, le ferry **Meganisi II** (☎26740 33120 ; www.ferryboatmeganisi.gr) effectue 2 liaisons par jour entre Frikès et Nydri (Leucade, 8 €, 1 heure).

On peut acheter des billets auprès de **El Greco Tours** (☎26740 30000 ; elgrecotours.gr ; ⏲9h-20h) ou **Ithaca Tours** (☎26740 33336 ; www.ithacatours.gr ; ⏲9h-13h et 14h-19h) à Vathy.

West Ferry (www.westferry.gr) relie Fiskardo (Céphalonie) et Nidri (Leucade) au moins 3 fois par jour en été (comptez 8,50 € par adulte). Réservations et informations sur le site Web.

Comment circuler

Piso Aetos, le port de la côte ouest d'Ithaque, n'est pas habité.

Des **taxis** (☎6945700214, 6946552397) attendent souvent à l'arrivée des bateaux, tout comme le bus municipal en haute saison.

Le service de **bus** est très limité avec seulement deux services par jour entre Vathy, Stavros et Kioni, il est donc utile de louer une voiture – plutôt à Vathy – au moins pour une journée de votre séjour.

Vathy Βαθύ

1 820 HABITANTS

La ravissante Vathy, avec ses demeures néoclassiques bleu ciel et ocre hébergeant des bars et des restaurants animés, entoure un superbe port naturel abrité. La localité concentre les activités de l'île. L'atmosphère sur le quai est animée, tandis que des petits bateaux de pêche font cap sur le grand large et que des yachts jettent l'ancre dans la baie.

À voir et à faire

À part quelques musées, dont le modeste **musée archéologique** (☎26740 32200 ; Anastasiou Kallinikou ; 9h-16h mar-dim) GRATUIT, Vathy offre peu de choses à voir, mais les possibilités de randonnée ne manquent pas dans les environs. Longez le port et continuez vers l'est, jusqu'à la fin de la route ; en une demi-heure, un spectaculaire sentier côtier vous emmène alors jusqu'à la chapelle d'**Agios Andreas**, blanchie à la chaux et faisant face à la mer. Vous pouvez aussi rester sur la route qui monte à l'extrémité est du port ; une fois franchi le sommet de la colline, vous parviendrez à une succession de plages isolées, de plus en plus belles – d'abord Mnimata, puis Skinos, et enfin, après une marche de 4 km, la magnifique étendue de sable blanc de **Gidaki** (carte p. 493). où il fait bon se baigner après une belle balade.

Albatross (☎6973467977) et **Mana Korina** (☎6976654351) organise en haute saison des excursions en bateau au départ de Vathy, jusqu'à des plages reculées ou des îlots inhabités.

Odyssey Diving & Sea Kayaking (☎6948182655 ; www.outdoorithaca.com ; 9h-20h mi-avr à mi-oct) est une agence de qualité qui propose toute une gamme de services allant de sorties en kayak au snorkeling.

Où se loger

♥ **Perantzada 1811** BOUTIQUE-HÔTEL €€

(☎26740 33496 ; www.perantzadahotel.com ; Odyssea Androutsou ; d/q avec petit-déj à partir de 110/345 € ; Pâques à mi-oct ; ❄ wifi piscine). Installé dans une villa néoclassique du XIXe siècle dominant le port, cet hôtel de charme loue de vastes chambres de style minimaliste avec balcon et salle de bains en granit et bois. Les chambres les moins chères n'ont pas vue sur la mer et partagent les balcons, tandis que les suites de la nouvelle aile ont des baignoires assez grandes pour y faire de la plongée. Le buffet du petit-déjeuner est somptueux, et l'hôtel est doté d'une superbe piscine à débordement.

Hotel Familia BOUTIQUE-HÔTEL €€

(☎26740 33366 ; www.hotel-familia.com ; Odysseos 60 ; s/d avec petit-déj à partir de 110/125 € ; ❄ wifi). Cet ancien pressoir à olives a été transformé en hôtel élégant. Les ardoises se combinent harmonieusement avec les tapisseries et l'éclairage discret. L'établissement est tenu par une famille, et les familles y sont les bienvenues. Bien qu'à 50 m de l'extrémité sud-ouest du port, il ne dispose pas de vue sur la mer. Seule une chambre possède une cour.

Korina Gallery Hotel BOUTIQUE-HÔTEL €€

(☎26740 33383 ; www.korinahotel.com ; Telemachou 4 ; d à partir de 70 € ; ❄ wifi piscine). Ce petit hôtel, situé à quelques pas du centre-ville, se veut élégant et imposant, mais ne tient pas vraiment son pari. Néanmoins, les chambres sont confortables et ont un certain cachet.

Où se restaurer

♥ **Trehantiri** TAVERNE €

(☎26740 33444 ; trehantiri.ithakionline.com ; plats 7-12 € ; 11h-23h ; ❄ wifi). Les tables bleues de cette taverne traditionnelle sont au cœur de la ville, près de la place. Le chef prépare chaque jour des plats différents, du ragoût de chèvre et des tomates farcies au *saganaki* et au *kleftiko* (mouton ou chèvre cuits lentement au four). La plupart des ingrédients sont issus de l'agriculture biologique. Goûtez le *savoro* (poisson mariné local).

O Batis POISSON €€

(☎26740 33010 ; plats 8-18 € ; menu déj 15 € ; 11h-1h ; ❄ wifi). Parmi les nombreux établissements semblables qui bordent le port de Vathy, c'est la meilleure adresse pour les produits de la mer. Les touristes prennent d'assaut les tables au bord de l'eau, tandis que les pêcheurs du coin, qui ont sans doute suffisamment vu la mer, s'installent dans la salle au cadre sans prétention. L'un des seuls restaurants à proposer une formule de midi (15 €), qui comprend un poisson grillé entier accompagné d'une salade et d'une bière ou de vin.

Sirenes GREC €€
(☎26740 33001 ; sirines.eu ; plats 8-15 € ; ⏲12h-minuit ; ❄📶). Cet élégant restaurant qui se trouve un peu en retrait du front de mer possède une terrasse fraîche et une salle en bois dotée d'un bar chic. On y sert des spécialités locales, comme l'agneau cuit dans un pot en argile et le lapin mijoté, ainsi que des fruits de mer.

Renseignements

El Greco Tours Ferrys, location de voiture, hébergement.

Ithaca Tours Ferrys, bateaux-taxis, hébergement, circuits en bateau et location de bateau.

Depuis/vers Vathy

Vous pouvez louer des voitures auprès d'**AGS** (☎26740 32702 ; agscars.gr), sur le front de mer ouest, et des vélos auprès d'**Alpha Bike & Car Hire** (☎26740 33240 ; www.alphacarsgreece.com ; ⏲9h-13h et 17h-19h), derrière l'Alpha Bank.

Le seul bus d'Ithaque circule entre Vathy et Kioni deux fois par jour, en passant par Stavros et Frikès, en semaine seulement (4 €). Toutefois, les horaires limités sont peu adaptés aux visiteurs d'un jour.

Ailleurs sur Ithaque

Une fois franchi l'isthme qui mène à la partie nord d'Ithaque, une alternative s'offre à vous : vous pouvez passer d'un côté ou de l'autre de la crête centrale qui culmine à 809 m.

Si vous choisissez la route orientale, vous atteindrez au bout de 5,5 km les ruines du monastère de **Kathara**, perché en haut d'une colline, d'où le point de vue sur Vathy est impressionnant. Encore 4 km sur cette splendide route de montagne, et voici la paisible **Anogi**, ancienne capitale de l'île. Demandez dans le *kafeneio* les clés de l'église restaurée d'**Agia Panagia**, qui renferme de fabuleuses fresques byzantines.

Plus au nord, les routes côtières est et ouest se rejoignent dans le village de **Stavros**, au-dessus de la baie de Polis. Un charmant chemin champêtre monte sur la colline et débouche sur le site connu sous le nom de l'**école d'Homère** (Stavros), bien que de récentes fouilles semblent indiquer qu'il s'agirait d'un palais traditionnellement connu sous le nom "palais d'Ulysse". Ce ne sont que des vestiges, de petites dimensions, mais extrêmement évocateurs. Des objets en lien avec le héros légendaire sont exposés dans l'unique pièce du **Musée archéologique** (☎26740 31305 ; ⏲8h30-15h30 mer-lun) GRATUIT de Stavros.

En repartant vers la mer au nord-est de Stavros, on arrive au minuscule port de ferrys de **Frikès**, encerclé de falaises battues par le vent ; quelques bars et restaurants sont installés sur le front de mer. La superbe route sinueuse qui continue en longeant le littoral débouche sur **Kioni**, un joli hameau de maisons vénitiennes moutarde et crème dévalant jusqu'à l'adorable petit port.

Circuits organisés

Ester, sympathique artiste expatriée, tient **Island Walks** (☎6944990458 ; www.island-walks.com ; promenades 15-18 €) et organise des promenades guidées de longueurs

HORS DES SENTIERS BATTUS

RANDONNÉE À ANOGI

Plus haut village d'Ithaque, **Anogi** est marqué par le temps et centré sur son église et son *kafeneio* (café). C'est aussi le point de départ de superbes randonnées. La plus facile est celle de 6,5 km (environ 2 heures aller-retour), qui va jusqu'au monastère de **Kathara**. Encore mieux, la marche de 11,5 km de **Travel in Time** (4 heures 30) descend en serpentant jusqu'à Kioni, avant de revenir par un chemin différent à Anogi, avec un dénivelé de 520 m. En chemin, les randonneurs peuvent visiter sites historiques, églises et chapelles, et s'aventurer dans des chênaies sauvages et sur des falaises vertigineuses. Il est aussi possible de se baigner pour se rafraîchir avant de repartir. Pour cette randonnée, suivez les panneaux de la route 12 jusqu'à Kioni, puis ceux de la route 12A pour rejoindre Anogi.

LA VÉRITÉ SUR ULYSSE ?

Ce n'est qu'après 10 longues années de guerre que le rusé Ulysse mit au point le stratagème – le cheval de Troie – qui devait avoir raison des murailles troyennes. Une fois la guerre terminée, il se retrouva libre de retourner à sa chère Ithaque et à sa Pénélope bien-aimée. Combien de temps dura ce voyage de 910 km ?

D'après Homère, 10 autres années. Détourné de sa trajectoire au large de Cythère, à la merci des vents déchaînés par Poséidon, dieu des Mers, Ulysse doit faire face à une succession de périls et de mésaventures. En chemin, il est capturé par la nymphe Calypso sur l'île d'Ogygie (qui serait l'île de Gozo actuelle), rencontre les Lotophages en Afrique du Nord, aveugle le cyclope Polyphème quelque part aux alentours de la Sicile, résiste au chant séducteur des sirènes dans la baie de Naples et franchit le détroit entre Scylla, monstre marin mangeur d'hommes, et Charybde, tourbillon mortel. Enfin, les dieux lui permettent de s'échapper après une seconde longue période de captivité, dans les bras de l'enchanteresse Circé. Naufragé sur la rive de la Schérie, généralement identifiée comme étant Corfou, il peut enfin retrouver Ithaque et ourdir sa vengeance contre les prétendants qui ont tourmenté Pénélope sans relâche.

Aujourd'hui, les chemins de randonnée les plus populaires d'Ithaque mènent à des sites associés à *L'Odyssée*, le poème épique d'Homère. Les trouver peut être une épopée en soi, car les panneaux indicateurs sont rares et très espacés. Parmi ces sites, la **fontaine d'Aréthuse**, au sud de Vathy, est un endroit isolé et exposé où Eumée, le porcher d'Ulysse, faisait boire ses bêtes ; comptez 3 heures pour l'aller-retour.

Quant au "palais d'Ulysse", l'archéologue allemand Heinrich Schliemann, qui a redécouvert Troie, le situait à **Alalkomenès**, près de Piso Aetos. Des fouilles plus récentes tendent à situer le cadre de l'apogée sanglant du poème sur la colline de Pelikata, près de Stavros.

variées, sur toute l'île. La plus populaire est la marche d'Homère, de 3 heures, qui passe par le musée de Stavros et serpente à flanc de colline jusqu'aux ruines du "palais d'Ulysse".

Où se loger

Hotel Nostos HÔTEL €€

(☎26740 31644 ; www.hotelnostos-ithaki.gr ; Frikès ; s/d/f 100/135/165 € ; ⏲mi-avr à oct ; ❄📶🏊). Seul hôtel digne de ce nom au nord d'Ithaque. Grand hôtel rose familial disposant de chambres spacieuses aux tons bleus et aux murs décorés de belles photographies artistiques. Lits très confortables, salles de bains correctes. Belle piscine. Le service est attentionné. Situé à la sortie de Frikès, sur la route qui mène à Stavros. Plage accessible à pied.

Kioni Apartments APPARTEMENTS €€

(☎26740 31144 ; www.ithacagreece.eu ; Kioni ; app 110 € ; ⏲mai-oct ; ❄📶). Au coin du port, ce bel édifice italianisant paré de bougainvillées renferme des appartements accueillants, avec plafond en bois et grand balcon. Stylé mais chaleureux, central mais calme. En un mot : parfait. Séjour minimum de 4 jours.

Où se restaurer

Rementzo TAVERNE €

(☎26740 31719 ; ithacagreece.com/Rementzo/rementzo.html ; Frikès ; plats 8-15 € ; ⏲9h-minuit ; ❄📶). Sur le port de Frikès. Idéal pour goûter la cuisine locale traditionnelle, par exemple le *stifadho*, la brème aux abricots ou encore le *savoro* (spécialité locale à base de poisson, vinaigre, groseille et ail).

♥ **Yefuri** TAVERNE €€

(☎26740 31131 ; facebook.com/Yefuri ; Platrithias ; plats 7-17 € ; ⏲6h-23h mar-sam, 11h-14h dim ; ❄📶). À 2 km au nord de Stavros, ce petit restaurant populaire et éclectique est réputé sur toute l'île pour ses produits frais et sa carte aux influences italiennes sans cesse renouvelée. Les plats vont des œufs Bénédicte pour le brunch au sauté de poulet et rôti de porc pour le dîner.

Ithaki Restaurant GREC €€

(☎26740 31081 ; Stavros ; plats 8-15 € ; ⏲11h-22h). Le meilleur restaurant de Stavros marque des points avec sa terrasse chic qui offre une vue superbe au crépuscule. La cuisine est excellente et comprend des spécialités de viande, comme des saucisses locales, du veau et du porc cuits au charbon de bois, ou des souvlakis de veau.

ZANTE ΖΑΚΥΝΘΟΣ

40 760 HABITANTS

Le tourisme de masse a envahi les côtes sud et sud-est de la magnifique Zante (Zakynthos en grec). Toutefois, si vous vous éloignez des longues plages de sable de ces régions pour explorer le reste de l'île, vous découvrirez une nature sauvage et des villages ruraux traditionnels authentiques. Quelques stations balnéaires plus discrètes côtoient les grands complexes, comme **Keri** et **Limni Keriou** dans le sud-ouest reculé, ou **Agios Nikolaos** et le **cap Skinari** tout au nord ; mais le véritable joyau de l'île n'est autre que le paysage spectaculaire et rude de la côte ouest, où d'imposantes falaises calcaires plongent abruptement dans des eaux turquoise.

Renseignements

Isala Travel (☎ 26953 01600 ; facebook.com/pg/isalatravel ; Lomvardou 30), à Zakynthos, vend des billets de ferry, organise des excursions en bateau, loue des véhicules et propose toute une gamme d'activités à faire sur l'île.

Depuis/vers Zante

AVION

De mai à septembre, un certain nombre de vols charters relient Zante à l'Europe du Nord.

L'**aéroport** (carte p. 506 ; ☎ 26950 29500 ; zakynthos-airport.com) se situe à 5 km au sud-ouest de Zakynthos.

Olympic Air (www.olympicair.com). Dessert Athènes.

Sky Express (www.skyexpress.gr). Vols pour Corfou via Céphalonie et Prévéza.

La course de taxi entre l'aéroport et Zakynthos coûte environ 15 €.

BATEAU

Levante Ferries (www.levanteferries.com) propose 3 à 5 ferrys par jour, selon la saison, entre Zakynthos et Kyllini, dans le Péloponnèse (10,40 €, 1 heure). Des ferrys internationaux font parfois escale sur leur trajet vers Igouménitsa (sur le continent), Sami (Céphalonie), et Bari ou Brindisi, en Italie.

Depuis le port d'Agios Nikolaos, isolé au nord de l'île, les ferrys **Ionian Pelagos** (www.ionionpelagos.com) circulent jusqu'à Pesada, au sud de Céphalonie, 2 fois par jour de mi-mai à octobre (8 €, 1 heure 30). **Chion**
(p. 507) vend les billets. Mais auc
ports n'est bien desservi par les
la plupart des voyageurs trouve
et moins cher de traverser jusq
continent, à partir de la ville de
de là prendre un autre ferry jusqu'à Cepha

Ventouris Ferries (ventourisferries.com) relie la ville de Zakynthos à Bari (Italie) en haute saison, en faisant une halte à Sami (Céphalonie).

BUS

La **gare routière KTEL** (☎ 26950 22255 ; www.ktel-zakynthos.gr) est implantée sur la rocade qui passe sur la colline à Zakynthos, à 500 m au-dessus du front de mer et à 15 minutes de marche au sud-ouest de Plateia Solomou. Parmi les destinations longue distance, Athènes (28,60 €, 6 heures, 4 bus/jour), Patra (8,70 €, 3 heures 30, 4 bus/jour) et Thessalonique (54,40 €, 10 heures, 2 bus/sem). Ajoutez 10,40 € pour le ferry jusqu'à Kyllini.

Comment circuler

Zakynthos est au centre d'un réseau de bus très développé.

Vous pouvez louer une voiture (à partir de 40 €/jour en haute saison) ou une moto à l'aéroport et dans les grandes stations balnéaires.

Europcar (☎ 26950 43313 ; www.europcar-greece.com, aéroport de Zakynthos). À l'aéroport. Le bureau est ouvert pour tous les vols entrants.

Hertz (☎ 26950 24287 ; www.hertz.gr ; aéroport de Zakynthos). Le bureau est ouvert pour tous les vols entrants, et également agence à **Zakynthos** (p. 507).

Zakynthos Ζάκυνθος

16 810 HABITANTS

Prise entre des pentes boisées surmontées d'une forteresse vénitienne en ruine et un immense port niché entre deux longues jetées, Zakynthos est la capitale dynamique de l'île. Elle fut célèbre pour son majestueux ensemble d'architecture italianisante, détruit par le séisme de 1953 ; la ville a été reconstruite avec des rues à arcades et de gracieux monuments publics néoclassiques. Sa place de front de mer, la **Plateia Solomou**, belle et vaste esplanade, a été restaurée récemment. Elle doit son nom au poète Dionýsios Solomós (1798-1857), natif de la ville et auteur de l'hymne national grec – remarquez sa statue. L'activité de la vie quotidienne se concentre

sur les rues piétonnes qui se trouvent juste derrière et mènent à une place plus modeste mais tout aussi ravissante, la **Plateia Agiou Markou**.

Si vous avez envie de piquer une tête pour vous rafraîchir, suivez les habitants jusqu'à la petite plage de galets – même si elle laisse un peu à désirer – à quelques minutes de marche au nord du centre-ville.

À voir et à faire

♥ Musée byzantin MUSÉE

(Carte ci-dessus ; ☎26950 42714 ; Plateia Solomou ; tarif plein/enfant 4 €/gratuit ; ⌚8h-14h30 mar-sam). Ce superbe musée d'art sacré se trouve dans un bâtiment magnifiquement restauré sur la Plateia Solomou en bord de mer. Presque tout ce qu'il contient fut sauvé (par des marins volontaires !) après le séisme de 1953. Des intérieurs d'églises complets y sont exposés, ainsi que de belles iconostases en bois (datant du XVIIe au XIXe siècle) et une réplique du monastère Saint-Andreas (XVIe siècle) avec ses fresques restaurées.

Église de Saint-Dionysios ÉGLISE

(Musée tarif plein/enfant 1 €/gratuit ; ⌚9h-13h et 16h30-21h). L'église du saint patron de l'île, bâtie en 1925 puis reconstruite en 1948 après le séisme de 1953, se dresse à l'extrémité sud du front de mer, près de la jetée des ferrys. L'intérieur contient d'opulentes dorures et des fresques, mais surtout les reliques du saint patron de l'île. Un musée se trouve à l'arrière de l'église. Il présente des attributs et habits ecclésiastiques, dont ceux de Dionýsios lui-même.

Kastro FORTERESSE

(☎26950 48099 ; tarif plein/enfant 4 €/gratuit ; ⌚8h-15h lun et mer-sam). Les ruines de la citadelle vénitienne sont perchées sur une colline boisée, à 2,5 km au-dessus du centre-ville. On peut y accéder par une agréable marche de 15 minutes, sur terrain pentu. Aujourd'hui, c'est essentiellement un parc forestier entouré de remparts, offrant de magnifiques points de vue. Dans les bois, on tombe sur des églises en ruine, un terrain de football britannique du XIXe siècle et un café.

Où se loger et se restaurer

Palatino Hotel HÔTEL €€

(☎26950 27780 ; www.palatinohotel.gr ; Kolokotronis 10 ; d avec petit-déj 70-120 € ; ❄ 📶). Hôtel au meilleur rapport qualité/prix de la ville, le Palatino dispose de chambres fonctionnelles et confortables. Le personnel tire une grande fierté de l'extrême propreté des lieux. L'énorme atout de l'établissement est son emplacement, à quelques minutes de marche seulement du centre, mais dans une ruelle très calme, juste derrière la plage. Quelques chambres ont une vue sur mer.

To Kantouni TAVERNE €

(☎26950 42550 ; Logotheton 15 ; plats 6-9 € ; 🕒11h-18h). Cette petite taverne tranquille sert une cuisine traditionnelle, sans fioritures. Tables à nappes à carreaux, gousses d'ail qui pendent du plafond, répliques d'affiches des années 1930 : on se croirait presque dans un bistrot français.

Stathmos TAVERNE €

(☎26950 24040 ; Filita 42 ; plats 6-9 € ; 🕒9h-23h). Taverne rustique, Stathmos attire une clientèle très variée d'habitants et de touristes bien renseignés. Plats du jour notés sur un tableau noir et carte remplie de spécialités de l'île, notamment le lapin en ragoût.

♥ **Prosilio** MÉDITERRANÉEN €€

(☎26950 22040 ; www.prosiliozakynthos.gr ; A Latta 15 ; plats 9-19 € ; 🕒18h-tard mar-sam été, ven-sam hiver ; ❄ 📶). Ce restaurant gastronomique ouvert uniquement le soir a une décoration séduisante et un jardin romantique. L'atmosphère feutrée peut surprendre, mais le service reste amical et détendu. Les amateurs de cuisine grecque apprécieront les petites touches inventives, comme le risotto grec au crabe bleu. Nombreux vins locaux à des prix raisonnables.

♥ **Malanos** TAVERNE €€

(☎26950 45936 ; www.malanos.gr ; Agiou Athanasiou, Keri ; plats 9-15 € ; 🕒12h-16h et 19h30-tard). Cette taverne tenue par une famille est appréciée sur toute l'île pour ses portions généreuses de spécialités locales (coq, lapin, sanglier) servies sur des nappes à carreaux. Dans la campagne au sud de la ville, à 2 km du centre. Idéal si vous voulez un vrai dîner grec !

Ammos Taverna TAVERNE €€

(☎26950 23753 ; Agiou Dionisiou 46 ; plats 8-15 € ; 🕒13h-23h). Située sur une petite place bordée d'arbres à l'extrémité sud de la ville, à l'écart de l'agitation touristique, cette taverne familiale décorée sur un thème nautique affirme être la plus ancienne du quartier. Dégustez sardines et autres poissons grillés à la perfection tout en regardant les gros ferrys arriver dans le port.

Renseignements

Chionis Tours (☎26950 48996 ; Lomvardou 8 ; 🕒7h-23h30). Vend les billets de ferry et peut organiser votre séjour.

Isala Travel (p. 505) vend également des billets de ferry, propose des excursions en bateau, location de véhicules et de bateaux de luxe et autres activités.

Depuis/vers Zakynthos

BUS

Des bus (1,80 €) assurent fréquemment la liaison entre la gare routière KTEL (p. 505) et les stations balnéaires d'Alikès, Tsilivi, Argasi, Laganas et Kalamaki. Les villages de l'intérieur sont moins desservis.

VOITURE

Pour bien visiter l'intérieur de l'île, il est essentiel de louer une voiture. **Hertz** (☎26950 45706 ; www.hertz.gr ; Lomvardou 38 ; 🕒8h-14h et 17h30-21h) a des agences à l'aéroport et à Zakynthos (p. 505).

Ailleurs sur Zante

À voir et à faire

Côte sud

La **péninsule de Vasilikos**, à l'extrémité sud-est de l'île, est un peu plus préservée que beaucoup d'autres parties de la côte sud, bien que le long ruban de sable de la **plage de Banana** (carte ci-contre), sur sa rive nord, soit pris d'assaut par les foules, les amateurs de sports nautiques et les parasols. Un peu plus loin, les choses se calment un peu. Prenez une petite route qui part à l'ouest de Vasilikos pour trouver la **Logothetis Organic Farm** (☎26950 35106 ; www.oliveoilfarmshop.com ; Vasilikos ; 🕒10h-21h) GRATUIT. Sur 80 ha, cette ferme produit uniquement des huiles d'olive biologiques (certaines sont parfumées à l'orange, d'autres au citron, etc.) et des produits fabriqués à partir de l'huile d'olive. Vous pourrez goûter aux différentes huiles et assister au processus d'extraction. Il est aussi possible de loger sur place (ci-contre). Continuez tout droit, jusqu'à la pointe de la péninsule, et vous atteindrez la **plage de Gerakas** (carte p. 506), qui est la meilleure plage du sud de l'île et donne sur la baie de Laganas. C'est un lieu de ponte des tortues ; le nombre de visiteurs est donc restreint et l'accès est strictement interdit entre le coucher et le lever du soleil de mai à octobre.

Des indications sur la protection des tortues sont affichées près du chemin d'accès et au petit **centre d'information sur la vie marine méditerranéenne** (plage de Gerakas ; ⌚9h-20h) GRATUIT, à côté du parking. Là, vous pourrez en savoir plus sur les problèmes que rencontrent les tortues, et peut-être même en voir certaines, qui ont été secourues par le centre de réhabilitation.

Côte sud-ouest

Au-delà de Laganas apparaît le paysage escarpé du sud-ouest reculé. Suivez une petite route depuis le joli village de **Keri** pour atteindre le **cap Keri** et son phare ; un point de vue dévoile les falaises s'étendant à l'infini le long de la côte ouest. Une camionnette aménagée vend des en-cas. Pour accéder au parking et au point de vue, vous devrez leur acheter quelque chose.

Aucune route côtière ne remonte vers le nord ; il faut emprunter un joyeux enchevêtrement de routes à travers des collines boisées. Une route bifurque parfois pour plonger vers une crique, comme à **Limnionas**, ou pour monter au sommet d'une falaise, comme à **Kambi**. Ces détours dans l'arrière-pays vous feront découvrir des villages comme **Kiliomeno**, dont l'église Agios Nikolaos comporte un campanile sans toit, ou le charmant **Louha**, qui se niche dans une vallée entourée de bois et de pâturages. Il n'y a pas grand-chose à y faire, mais il y a de beaux sentiers balisés pour se promener dans la campagne environnante et un petit café qui vend des en-cas à l'entrée du village.

Côte nord-ouest

Le site le plus impressionnant de la côte ouest est la magnifique **plage du Naufrage** (carte p. 506). On y voit un cargo qui s'est échoué dans les années 1960. Uniquement accessible en bateau – l'été, ses eaux sont remplies de bateaux de croisière et d'excursion – elle s'admire aussi d'en haut, depuis une plateforme précaire – d'où faire de belles photos –, indiquée entre Anafonitria et Volimès. Faites attention si vous y allez avec des enfants ou par grand vent : il n'y a pas de barrière et la falaise est plutôt instable, vous risqueriez de tomber (c'est déjà arrivé).

Juché sur une falaise au sud de la plage du Naufrage, l'impressionnant **monastère Agios Georgios** (Saint-Georges ; carte p. 506) GRATUIT mérite que vous vous y arrêtiez avant d'aller à la plage. L'étrange tour du milieu a servi de repli aux moines lors des attaques des pirates et des Turcs : ils s'y barricadaient et jetaient de l'huile d'olive bouillante sur leurs agresseurs. Aujourd'hui, les moines distribuent gratuitement aux visiteurs des petites douceurs turques préparées par l'un des leurs.

Les habitants vendent du miel et des produits de saison un peu partout, mais **Volimès**, juste au nord du monastère et de la plage, est un centre de vente de produits traditionnels comme l'huile d'olive, les nappes et les tapis.

Côtes est et nord

Les bords de mer juste au nord de Zakynthos sont souvent envahis par les touristes, mais plus vous allez au nord, plus le paysage change et devient spectaculaire. La route rétrécit à partir du village portuaire d'**Agios Nikolaos**, où l'on trouve des restaurants et des hébergements, une petite plage de port et de jolies plateformes rocheuses d'où l'on peut plonger dans l'eau. D'ici, vous pouvez rejoindre (à pied ou en voiture) le majestueux **cap Skinari**, à la pointe septentrionale de l'île.

Circuits organisés

Des excursions en bateau organisées par **Karidis** (carte p. 506 ; ☎6977275463 ; Agios Nikolaos) et **Potamitis Trips** (carte p. 506 ; ☎26950 31132 ; www.potamitisbros.gr ; cap Skinari ; ⌚9h-21h avr-oct) partent d'Agios Nikolaos et du cap Skinari vers la **plage du Naufrage** (ci-contre), et des **Grottes bleues**. Des bateaux plus petits vous emmènent dans ces grottes au niveau de la mer entre 9h et 14h.

LA TORTUE CAOUANNE EN DANGER

Les îles Ioniennes sont un lieu crucial pour l'une des espèces marines les plus menacées d'Europe, la **tortue caouanne** (*Caretta caretta*). C'est à Zante que l'on trouve la plus forte densité de nids de caouannes ; on estime leur nombre à plus de 1 300 dans la baie de Laganas, protégée par le **parc national marin de Zante**.

Malheureusement, les étendues de sable planes et propres sur lesquelles les tortues aiment pondre sont aussi très prisées des amateurs de bains de soleil. Des limitations très strictes régulent la construction, la navigation, la pêche et les activités nautiques dans les espaces concernés, mais ces règles ne sont pas toujours respectées. Pendant la saison de ponte (de mai à octobre), les plages sont interdites aux visiteurs du coucher du soleil à l'aube à partir de juillet et lorsque les œufs commencent à éclore, à partir de juillet, les agences de protection placent des systèmes de protection avec des messages d'alerte sur les nids enfouis dans le sable. Pourtant, de nombreux nids sont détruits par des visiteurs, et de nombreux nouveau-nés échouent à atteindre la mer, désorientés par les transats, le bruit et la lumière artificielle.

Des bénévoles de l'association **Archelon** (www.archelon.gr), conjointement avec le parc, mènent des programmes éducatifs et gèrent un centre d'accueil des visiteurs à la plage de Gerakas. Pour ne pas nuire aux sites de nidification, ils conseillent de ne pas utiliser de parasols sur le sable sec (mais plutôt sur la partie humide de la plage) et de ne pas faire de bateau dans la baie de Laganas, afin de ne pas gêner les tortues, ou même risquer de les tuer.

Où se loger

La grande baie de Laganas, sur la côte sud, est bordée d'hôtels destinés aux voyages organisés, tandis que les stations balnéaires au nord-ouest de Zakynthos sont très calmes. La péninsule de Vasilikos, au sud-est, et Agios Nikolaos, au nord, dissimulent des hébergements plus haut de gamme.

Panorama APPARTEMENTS €

(Carte p. 506 ; ☎26950 31013 ; studios 50 € ; P ❄ wifi). Studios de qualité, avec vue sur mer et kitchenette simple, tenus par une sympathique famille anglophone. À 700 m au sud d'Agios Nikolaos, en montant sur la colline. En retrait de la route principale, dans un beau jardin.

Logothetis Organic Farm Houses MAISONNETTES €€

(☎26950 35106 ; www.logothetisfarm.gr ; Vasilikos ; maisonnettes à partir de 80 €). Blotties au milieu de 80 ha d'oliveraie, ces maisonnettes, qui peuvent accueillir jusqu'à 7 personnes, sont un havre de paix. Des chevaux et des chèvres évoluent en toute liberté. Vous pourrez également monter à cheval et en apprendre plus sur la fabrication d'huile d'olive.

Joanna's Stone Villas APPARTEMENTS €€

(☎26953 06787 ; www.joannasvillas.com ; Vasilikos ; d/qua 124/152 € ; ❄ wifi piscine). Entourés d'oliviers, ces maisonnettes, villas spacieuses et appartements sont situés au sud-est de l'île et jouissent d'une vue imprenable sur la côte. Deux piscines : une pour les adultes et une pour les enfants. Séjours de 3 nuits minimum.

Moulins à vent APPARTEMENTS €€

(Carte p. 506 ; ☎26950 31132 ; www.potamitisbros.gr ; cap Skinari ; app/moulins à partir de 60/130 € ; ❄ wifi). Ces deux moulins à vent reconvertis – un d'un blanc éclatant, l'autre aux murs en pierre apparente, pour 2 personnes chacun – ainsi que ces chambres et appartements (pour 2 ou 4 personnes) aménagés dans une vieille maison en pierre sont perchés sur une falaise du cap Skinari. Bien que dormir dans un moulin soit fantaisiste, les chambres, qui sont décorées comme celles des plus grands hôtels, sont en réalité plus confortables. Taverne sur place. Des marches descendent vers une aire de baignade agréable.

♥ **Boschetto Holiday Village** VILLA €€€

(Carte p. 506 ; ☎6973743071 ; www.boschettovillage.gr ; Agios Leon ; villas 240 € ; ❄ wifi piscine). Vous rêvez de posséder votre propre villa en pierre, entourée de chênes et d'oliviers, loin de la jungle du quotidien, tout au bout d'un long chemin de terre ? Ce domaine devrait vous ravir. Les 6 villas disposent de 3 chambres et 2 salles de bains, avec cuisine équipée, terrasse ensoleillée et piscine privée. Convient parfaitement aux familles, idéale pour les longues marches en campagne. Non loin du village de Louha, dans l'intérieur vallonné de l'île.

Où se restaurer

Allegro GREC €

(☎6979261627 ; Keri ; plats 8-12 € ; ⊙10h-23h mai-oct ; ❄📶). N'espérez pas choisir quoi manger dans ce charmant petit café-taverne sur la place du village de Keri : la gérante, très volubile, devinera immédiatement ce qui vous fera plaisir. Fort heureusement, elle fait souvent le bon choix ! Délicieuses spécialités maison.

Cross Tavern TAVERNE €€

(Stavros ; ☎6973334560, 26950 48481 ; Kambi ; plats 7-16 € ; ⊙10h-minuit ; ❄📶). Perchée sur les falaises de la côte ouest, tout au bout de la route qui monte après Kambi, et signalée par une croix blanche, cette taverne haut de gamme s'étend sur une terrasse à plusieurs niveaux d'où la vue est fabuleuse. Le menu propose des basiques : omelette, plats au four et poisson grillé.

Nobelos Bio Restaurant MÉDITERRANÉEN €€€

(Carte p. 506 ; ☎26950 31400 ; www.nobelos.gr ; Agios Nikolaos ; plats 22-30 € ; ⊙7h-minuit ; ❄📶). Ce superbe restaurant romantique construit à flanc de rocher se situe juste à côté de la plage privée du boutique-hôtel du même nom. Ce cadre irrésistible et la carte des cocktails à prendre au coucher de soleil justifient déjà de s'y arrêter, mais la cuisine gréco-italienne est aussi vraiment bonne. Au menu, plusieurs pâtes aux fruits de mer et viandes en ragoût.

CYTHÈRE ΚΥΘΗΡΑ

3 530 HABITANTS

Oubliée par le temps, Cythère (Kythira) s'étend à 12 km au large de la péninsule de Laconie, au sud du Péloponnèse, entre la mer Égée et la mer Ionienne.

Malgré son architecture blanche et cubique typique des Cyclades, on considère qu'elle fait partie des îles Ioniennes. Sa population est répartie entre 40 villages, si bien que Cythère a un peu des airs d'île fantôme la plus grande partie de l'année. Son paysage naturel préservé se compose de vallées luxuriantes, de gorges envahies par la végétation et de falaises ornées de fleurs tombant à pic dans une mer bleu cobalt. Une vraie carte postale !

Les rares visiteurs qui s'y aventurent finissent par tomber sous le charme de l'île et ne veulent plus en repartir.

Renseignements

Pour plus d'informations sur Cythère, rendez-vous sur les sites Web www.kythera.gr, www.kythira.info ou www.visitkythera.com. Un livret consacré à l'île et écrit en anglais est mis à jour tous les ans et disponible gratuitement dans les agences de voyages, hôtels et boutiques.

Tout est fait pour promouvoir les **circuits de randonnée** de l'île ; des bornes jalonnent de nombreuses routes. Les guides et cartes vous donneront des informations très précieuses : ils sont disponibles sur le site Internet www.kytherahiking.com, ou bien vous pouvez vous procurer le guide papier de Frank van Weerde's *Kythira on Foot: 32 Carefully Selected Walking Routes* (10 €).

Depuis/vers Cythère

AVION

L'**aéroport** (carte ci-contre ; ☎27360 33297), à 10 km au sud-est de Potamos, est relié à Athènes en été par **Olympic Air** (www.olympicair.com ; environ 65 €, 50 min, 1 vol/jour) et **Sky Express** (www.skyexpress.gr ; 88 €, 50 min, 2 vols/jour sauf mar-mer). **Ellinair** (en.ellinair.com) assure la liaison entre Kythira et Thessalonique (89 €, 1 heure 15, 2 vols/sem). Les vols sont beaucoup plus rares en basse saison.

BATEAU

Le port de ferrys est à Diakofti, petit port endormi, au milieu de la côte est. Achetez vos billets sur le port, juste avant le départ, ou auprès de **Kithira Travel** (☎27360 31390 ; kithiratravel.gr ; ⊙9h-14h et 18h-20h lun-jeu, 9h-14h sam) à Kythira (Hora), et à **Potamos** (☎27360 31848 ; kithiratravel.gr).

En été, deux bateaux quotidiens arrivent à Diakofti de Néapolis (Péloponnèse), et un bateau effectue le trajet inverse (12,50 €, 1 heure 15). Chaque semaine, deux d'entre eux continuent jusqu'à Anticythère.

LANE Lines fait escale à Diakofti sur ses traversées entre Le Pirée (27 €, 6 heures 30), Anticythère (9,50 €), Kissamos-Kastelli (Crète ; 22 €, 2 à 4 heures) et Gythion (Péloponnèse ; 12,50 €, 2 heures 30). Les horaires sont variables et compliqués. En été, il y a généralement deux liaisons hebdomadaires depuis et vers chacune de ces destinations.

Cythère et Anticythère

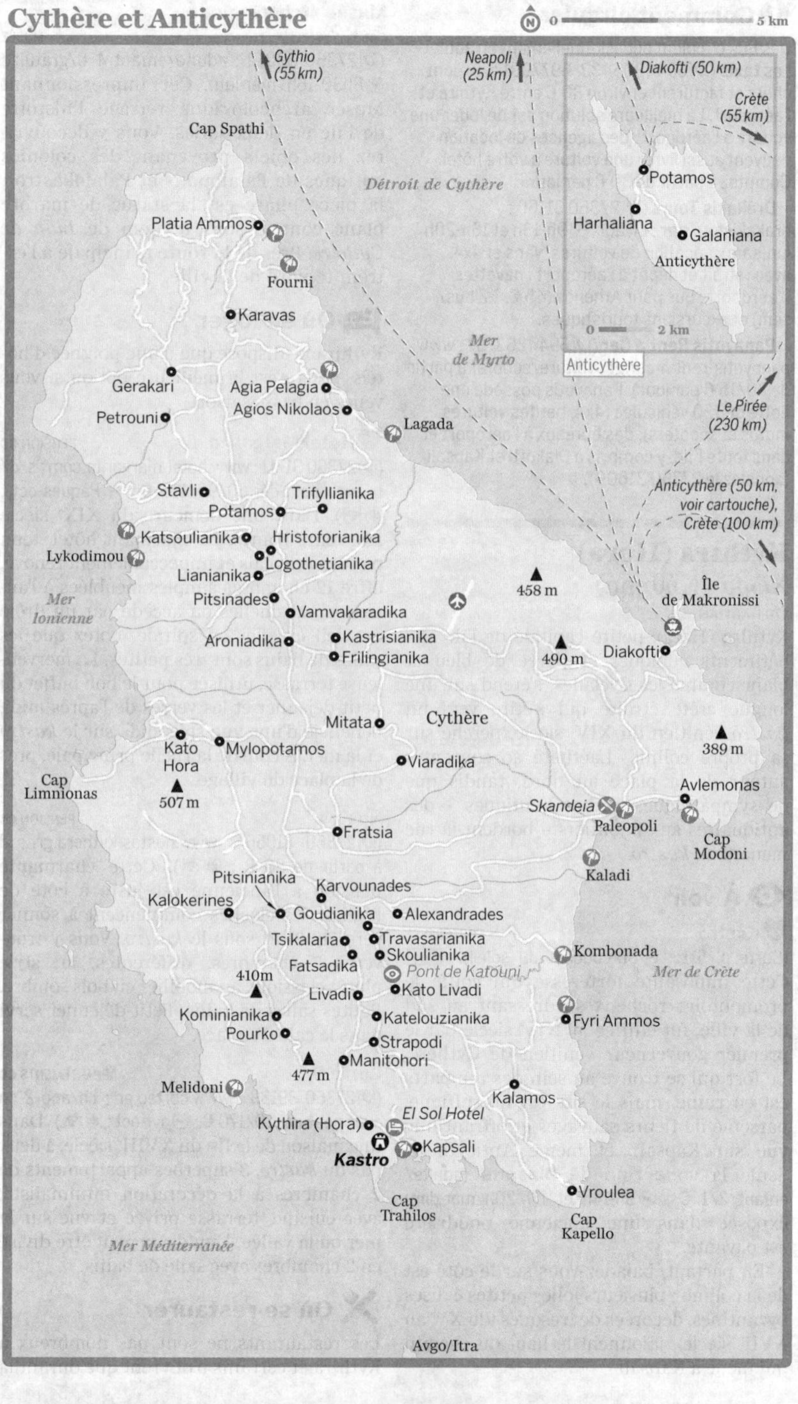

ÎLES IONIENNES CYTHÈRE

Comment circuler

Des bus circulent occasionnellement en août. Les **taxis** (☎6944305433, 6977991799) sont chers et facturent environ 30 € entre Kythira et l'aéroport. La meilleure solution est de louer une voiture à l'aéroport ; des agences de location peuvent aussi livrer une voiture à votre hôtel. Comptez à partir de 30 € par jour.

Drakakis Tours (☎27360 31160 ; drakakistours.gr ; Livadi ; 9h-13h et 16h-20h lun-sam). Location de voitures, vans et 4x4, avec retrait et dépôt à l'aéroport ; navettes d'aéroport ; bus pour Athènes (45 €, 1-2 bus/sem) et excursions touristiques.

Panayotis Rent a Car (☎6944263757 ; www.panayotis-rent-a-car.gr ; voiture/scooter à partir de 30/15 € par jour). Panayotis possède une flotte de 120 véhicules (4x4, petites voitures, motos et scooters), des bureaux à l'aéroport et dans toute l'île, y compris à Diakofti et Kapsali (appelez le 27360 31600).

Kythira (Hora)
Χώρα (Κύθηρα)

270 HABITANTS

Kythira (Hora), petite capitale de l'île aux bâtiments cubiques et parée de bleu et blanc comme les Cyclades, s'étend sur une longue crête étroite qui s'étire vers un *kastro* vénitien du XIVe siècle, perché sur sa propre colline. L'activité se concentre autour de la place au nord, tandis que de sympathiques petites boutiques – des antiquaires aux bijoutiers – bordent la rue menant au *kastro*.

À voir

Kastro
FORTERESSE

(Carte p. 511 ; 8h-coucher du soleil). GRATUIT Cette imposante forteresse qui coiffe le promontoire rocheux se dressant au sud de la ville, fut édifiée au XIVe siècle par le premier gouverneur vénitien de Cythère. Le fort qui se trouve au sein des remparts est en ruine, mais le site est magnifique, parsemé de fleurs sauvages et offrant une vue sur Kapsali, et même Anticythère. Seule la **collection de blasons** (adulte/enfant 2/1 € ; 9h-14h et 17h-20h mar-dim) exposée dans une ancienne poudrière est payante.

En partant, baladez-vous sur le côté est de la colline ; plusieurs jolies petites églises byzantines, décorées de fresques (du XVe au XVIIe siècle), jalonnent le haut du chemin qui mène à Kapsali.

Musée archéologique de Kythira
MUSÉE

(☎27360 39012 ; adulte/enfant 4 €/gratuit ; 8h30-16h mer-lun). Cet impressionnant Musée archéologique retrace l'histoire de l'île en deux salles. Vous y découvrirez des objets provenant des colonies antiques de Palaiopolis et Palaiokastro ; la pièce phare est la statue de marbre blanc connue sous le nom de *Lion de Cythère*. Près de la route principale à l'extrémité nord de la ville.

Où se loger

Kythira ne dispose que d'une poignée d'hôtels, mais c'est la meilleure option si vous venez en basse saison.

Hotel Margarita
PENSION €€

(☎27360 31711 ; www.hotel-margarita.com ; s/d/tr avec petit-déj 60/90/110 € ; Pâques-oct ;). Dans une demeure du XIXe siècle aux murs blancs, ce charmant hôtel, tenu par des Français et impeccablement rénové, offre 12 chambres simples meublées à l'ancienne, auxquelles on accède par un drôle de vieil escalier en spirale, notez que les salles de bains sont très petites. La merveilleuse terrasse, utilisée pour le bon buffet du petit-déjeuner et les verres de l'après-midi, bénéficie d'une vue splendide sur le *kastro* et la mer. À côté de la ruelle principale, près de la place du village.

Nostos
PENSION €€

(☎27360 31056 ; www.nostos-kythera.gr ; d à partir de 80 € ;). Cette charmante pension à l'ancienne est juste à côté de l'église (les cloches commencent à sonner vers 7h30) et sous le *kastro*. Vous y trouverez 7 chambres, différentes, au style plutôt classique au mobilier en bois sombre. Petites salles de bains. Petit-déjeuner servi dans le café d'en face.

Corte O
APPARTEMENTS €€

(☎27360 39139 ; www.corteo.gr ; ch/app 2 ch avec petit-déj 80/170 € ; avr-oct ;). Dans une maison de la fin du XVIIIe siècle, à deux pas du *kastro*, 3 superbes appartements de 2 chambres à la décoration minimaliste, avec cuisine, terrasse privée et vue sur la mer ou la vallée. L'un d'eux peut être divisé en 2 chambres avec salle de bains.

Où se restaurer

Les restaurants ne sont pas nombreux à Kythira et certains n'ouvrent que durant la haute saison. **Zorba's** (☎27360 31655 ; plats 9 € ; ⏱19h-minuit mar-dim ; ❄) n'a pas changé. Établie depuis au moins 60 ans, cette taverne, devenue une véritable institution de Kythira, prépare d'excellents plats de viande grillée, notamment la spécialité de la maison : les saucisses de Kythira, qui sont servies avec les herbes locales. Cet établissement est installé dans la ruelle principale, non loin de la place.

Achats

Il semblerait que la moitié des boutiques du village vende des bijoux et vêtements de créateurs. Vous aurez de quoi acheter un souvenir ou deux !

Borse MODE

(Yafanda; borse.gr ; ⏱9h-21h). Installé dans la ruelle piétonne au sud de la place principale, cet atelier où travaille une seule femme est étonnant. Les sacs à main et pochettes de formes et couleurs variées sont confectionnés sur le métier à tisser au milieu de la pièce.

Aquarium BIJOUX

(☎6977287741 ; ⏱10h-21h). Cette boutique sur laquelle veille un aquarium vend de ravissants bijoux uniques. Dans la rue qui descend de la colline vers la place principale d'Hora. Elle n'est pas toujours ouverte et les horaires varient, mais elle mérite que l'on persévère et si vous attendez un peu devant, le propriétaire sortira peut-être de chez lui pour vous accueillir.

Renseignements

Kithira Travel (p. 510). Personnel très serviable. Vente de billets d'avion et de ferry.

Kapsali Καψάλι

63 HABITANTS

À 2 km à l'est d'Hora, le joli hameau de Kapsali était le principal port de l'île pendant la période vénitienne. Aujourd'hui, du moins en été, c'est une station balnéaire animée avec ses deux baies bordées de tavernes, de cafés chics et d'ateliers. La plage de sable ocre permet de se baigner dans des eaux abritées. Vu depuis le *kastro* en haut de la falaise, Kapsali offre un spectacle magnifique.

Montez jusqu'au phare – et jusqu'au promontoire inférieur où se dresse une église qui sépare les deux baies ; la vue y est spectaculaire ! L'îlot rocheux au large est connu sous deux noms différents : **Avgo** ("œuf"), puisque selon la légende, Cythère est le lieu de naissance d'Aphrodite, et **Itra** ("marmite") car par temps couvert, il ressemble à une marmite fumante.

> 100% LOCAL
>
> **LA NAISSANCE D'APHRODITE**
>
> Cythère était connue dans l'Antiquité comme le lieu de naissance d'Aphrodite. Décrite par Hésiode et peinte par Botticelli, la déesse de l'Amour, du Désir et de la Beauté aurait surgi resplendissante de l'écume sur une coquille saint-jacques géante, peut-être près de l'îlot d'Avgo ("œuf"), au large de Kapsali. Pourtant, on raconte aussi qu'elle serait sortie des flots de Paphos, à Chypre, où elle aurait gagné le rivage ; les deux îles se disputent donc le titre d'"île de l'amour"...

Où se loger et se restaurer

La plage de Kapsali est bordée d'un certain nombre d'hôtels et de studios à louer, mais c'est plutôt calme en basse saison.

♥ **El Sol Hotel** HÔTEL €€

(Carte p. 511 ; ☎27360 31766 ; www.elsolhotels.gr ; d avec petit-déj 120 €, app 5 pers 170 € ; P ❄ 📶 🏊). Éblouissants cubes blancs, ces appartements bénéficient d'une vue splendide sur la mer et le *kastro*. Les chambres, impeccables et minimalistes, disposent d'un balcon privé. Superbe piscine, nombreux transats et salle du petit-déjeuner avec jeux de société pour les jours pluvieux.

Vassili Studios PENSION €€

(☎27360 31125 ; kithirabiz.com ; d/tr avec petit-déj à partir de 65/75 € ; P ❄ 📶). À mi-chemin entre Hora et Kapsali. Ce complexe bordé d'arbres est idéalement situé, en surplomb de la plage de Kapsali. Les chambres sont nettes, lumineuses et accueillantes, avec plafond en bois et parquet, meubles chics et lits en fer forgé ; les plus grandes, plus chères, jouissent de la vue sur la baie.

VAUT LE DÉTOUR

MYLOPOTAMOS

Niché dans une petite vallée à 13 km au nord de Kythira, **Mylopotamos** est un village adorable. Les tables du *kafeneio* **O Platanos** (p. 516) s'étendent sur la place centrale, flanquée d'un côté par un canal où évoluent canards et oies. Celui-ci coule vers la mer, au nord-ouest, en s'enfonçant à travers les collines boisées dans une gorge qui abritait jadis 22 **moulins à eau**. Il n'en reste plus qu'un – Mylopotamos signifie "moulin sur la rivière" – mais un agréable sentier suit le cours d'eau parmi une végétation luxuriante, jusqu'au bassin aigue-marine de la **cascade de Neraïda** ("nymphe de l'eau").

Un autre chemin de randonnée, indiqué sur la route qui part à gauche au nord de la place du village, mène en 15 minutes au village ancien de **Kato Hora**. Derrière une villa crénelée du XIXe siècle vous découvrirez les superbes ruines du **kastro** de Mylopotamos, qui date de l'époque vénitienne. Ce dédale d'églises abandonnées et de maisons fortifiées, envahi par des fleurs colorées, dégage une atmosphère magique.

Aphrodite Apartments APPARTEMENTS €€
(☎27360 31328 ; www.hotel-afrodite.gr ; d/tr/qua à partir de 60/75/80 € ; ❄ 📶). Sur la route côtière, à deux pas de la mer, cet établissement est tenu par les sympathiques propriétaires, Irene et Yiannis. D'un blanc étincelant, il comprend des chambres carrelées simples, mais spacieuses et très bien tenues, et des appartements avec kitchenette et balcon. Le dernier étage possède la meilleure vue.

Trattamento TAVERNE €€
(☎2736 037226 ; plats 9-12 € ; ⏲12h-23h). Nouvelle venue sur la scène culinaire de Kapsali, cette taverne moderne plaît autant aux pêcheurs qu'aux citadins en vacances. Spécialités revisitées à la sauce contemporaine. Goûtez donc la seiche en sauce à l'oignon.

Où prendre un verre et faire la fête

En été, quand les bars et petites salles de concert ouvrent leurs portes sur son front de mer, Kapsali devient la capitale nocturne de Cythère.

Fox Anglais BAR
(☎27360 31458 ; ⏲12h-tard juin-sept ; 📶). Ce bar-club du front de mer, avec ses tables en plein air et son intérieur douillet, est l'épicentre de la vie nocturne de Cythère en été. Au programme : musique acoustique sur la plage le mardi, DJ tous les autres soirs.

Depuis/vers Kapsali

Pour vous rendre à Kapsali depuis n'importe où dans l'île, il vous faudra prendre la voiture. Un chemin agréable (mais raide) relie la baie à Kythira, qui la surplombe.

Potamos Ποταμός

395 HABITANTS

À flanc de colline, la jolie Potamos est au cœur de Cythère, aussi bien géographiquement que socialement. Elle est connue pour sa place principale garnie de fleurs et son **marché aux puces** du dimanche matin. La ville est animée tous les jours de la semaine.

Pyrgos House (☎6989863140 ; www.pyrgoshouse.com) est une agence très réputée pour les activités en extérieur qu'elle propose notamment : balades guidées du *kastro* d'Hora (15 €, 10h, le mercredi), excursion dans une ferme apicole, dégustation d'huile d'olive, cours de cuisine et de danse, sorties kayak, randonnée de plusieurs jours, etc.

Panaretos (☎27360 34290 ; www.panaretos-kythira.gr ; plats 7-14 € ; ⏲13h-minuit tlj mars-oct, mar-dim nov-fév ; 📶) est l'une des cinq tavernes qui se partagent la place du village. Elle excelle dans les préparations à base de produits maison.

L'intérieur haut de plafond et tamisé du **Kafe Astikon** (☎27360 33141 ; www.astikon.gr ; ⏲7h-tard ; 📶), café-bar musical près de la place principale, dégage un charme bien particulier avec ses murs vert corail et ses longs bancs en bois disposés autour d'une scène de fortune. La petite scène accueille des concerts tous les soirs, tard, en juillet et en août, et des bœufs improvisés le reste du temps. Il sert aussi petit-déjeuner, pizzas et pâtes.

Agia Pelagia Αγία Πελαγία

280 HABITANTS

Port le plus septentrional de Cythère, Agia Pelagia est un simple village de bord de mer entouré d'imposantes falaises et de vallées boisées. Une eau bleu azur baigne ses plages de sable et galets, mais les plages volcaniques au sud du cap sont bien plus belles. Rouges, roses ou fauve jusqu'à la plage de **Lagada**, elles constituent un cadre idéal pour les randonneurs.

Où se loger et se restaurer

Hotel Pelagia Aphrodite HÔTEL €€

(☎27360 33926 ; www.pelagia-aphrodite.com ; s/d/tr avec petit-déj 90/100/140 € ; ⏲Pâques-oct ; P ❄ 📶). Sur la plage, au sud de la ville, cet hôtel charmant tenu par des îliens revenus d'Australie compte 13 chambres superbes avec chacune plafond en bois et grand balcon face à la mer. Les chambres plus anciennes, simples et chaulées, sont plus proches des vagues. Agréable salle de petit-déjeuner en bas.

♥ **Kaleris** GREC €

(☎27360 33461 ; facebook.com/kaleris ; plats 7-11 € ; ⏲12h-minuit, avr-oct ; 📶). Réputé pour sa cuisine créative, ce petit restaurant romantique dispose d'un pavillon au bord de l'eau et de tables sur la plage, à l'ombre des tamaris. Hôte charismatique, Yiannis vous conseillera sur les spécialités du jour, qui vont de la salade au yaourt à l'aubergine fumée, aux feuilletés à la feta et au miel infusé au thym, en passant par le jarret d'agneau braisé ou les crevettes grillées.

Ailleurs sur Cythère

Vous aurez besoin de votre propre moyen de transport pour explorer les routes secondaires qui relient les villages éparpillés de Cythère et traversent vergers, vignobles, oliveraies et plantations de cyprès.

Dans le sud, le **musée d'Art byzantin et postbyzantin de Cythère** (☎27360 31731 ; Kato Livadi ; adulte/enfant 2/1 € ; ⏲8h30-15h mar-dim), à Kato Livadi à 6 km au nord de Kythira, contient des icônes et des fresques provenant des églises de toute l'île. Au nord, le **pont de Katouni** (carte p. 511), ouvrage incongru construit par les Britanniques au XIXe siècle au-dessus d'un mince filet d'eau, est le plus large pont en pierre du pays. Poursuivez vers le sud-est en empruntant de spectaculaires routes sinueuses, jusqu'à la plage de galets mauve et gris de **Fyri Ammos**.

Avlemonas, plus haut sur la côte, est un ancien village de pêcheurs transformé en exquise station balnéaire. Tout en bleu et blanc, avec des sentiers qui traversent les rochers et mènent à des échelles qui plongent dans des eaux turquoise limpides (idéales pour le snorkeling). Les plages les plus proches sont à l'ouest ; d'abord, vient la large plage de galets de **Paléopoli**, puis celle de **Kaladi**, dans une autre crique accessible par un escalier.

Il ne reste pas grand-chose de l'antique **Paleopoli**, située juste à l'intérieur des terres, mais une belle randonnée d'une heure permet de grimper et de faire le tour de la colline où se dressait jadis le **temple d'Aphrodite**, sur le lieu de naissance de la déesse de l'Amour.

Au nord, les vestiges de la capitale médiévale de Cythère, **Paliohora**, sont plus conséquents. C'est un site magnifique, perché sur un promontoire escarpé à la confluence de deux ravins profonds. La capitale devait être invisible des navires ennemis, mais elle fut détruite par la flotte turque en 1537. Le sommet isolé, parsemé de ruines de chapelles et de maisons, est accessible en voiture par une impasse de 4 km qui part vers l'est depuis Potamos (piste en terre sur les 2 derniers kilomètres) ; ou empruntez l'agréable chemin de randonnée parallèle à la route.

Kythira est traversée par d'innombrables petites routes de campagne ; l'une des activités les plus agréables consiste à les sillonner au volant d'une voiture en se dirigeant au hasard (l'île est si petite qu'il est impossible de s'y perdre). Ainsi, vous pourrez tout aussi bien finir votre course sur un cap, sur une plage tranquille ou au pied d'une église oubliée.

Où se loger et se restaurer

♥ **Maryianni** APPARTEMENTS €€

(☎27360 33316 ; www.maryianni.gr ; Avlemonas ; studios 125/170 € ; P ❄ 📶). Bleu et blanc comme dans les Cyclades, les superbes studios (4 couchages) du Maryianni dominent la mer d'Avlemonas. Ils disposent tous d'une cuisine et d'une terrasse avec vue sur la mer ; même les plus petits sont largement au-dessus de la moyenne et joliment aménagés, avec tommettes, lits en fer forgé, œuvres d'art classiques et meubles de choix.

O Platanos TAVERNE €

(27360 33397 ; Mylopotamos ; plats 5-12 € ; 13h-minuit ;). D'après les propres mots de la famille qui tient ce charmant restaurant, si vous cherchez une cuisine moderne, passez votre chemin, mais si vous êtes friand de recettes familiales transmises de génération en génération, vous êtes au bon endroit. Goûter le porc au miel et aux herbes, c'est comme goûter toute la saveur de l'île.

Pour ne rien gâcher, le cadre est idyllique : villa au parquet qui craque avec une terrasse à l'ombre de platanes et juste à côté d'un ruisseau. Ouvert tout l'après-midi, mais aucune nourriture n'est servie entre 16h et 20h.

Filio TAVERNE €

(27360 31549 ; Kalamos ; plats 8-12 € ; 16h-minuit ;). On trouve cette taverne réputée et reculée 1 km après Kalamos, sur la route de Fyri Ammos (cherchez les panneaux indicateurs). Dans un jardin en terrasses ombragé, on déguste des spécialités de l'île, comme du veau mijoté dans une sauce citron, des aubergines farcies à la viande ou des saucisses de Cythère. Les propriétaires louent de séduisants appartements non loin de là.

Pierros GREC €

(27360 31014 ; plats 6-10 € ; 13h-16h et 19h-23h ;). Depuis presque un siècle, cette taverne familiale sert de bons plats grecs sans prétention, comme la moussaka et le *pastitsio* (couches de macaronis et d'agneau haché). Le cadre (la route principale de Livadi) n'a rien d'idyllique, mais l'adresse est imbattable pour une expérience culinaire grecque authentique.

O Manolis POISSON €

(27360 38230 ; www.manolis-kythira.gr ; Diakofti ; plats 8-12 € ; 13h-minuit mai-sept ;). Les habitants du coin sont nombreux à s'attabler ici pour se régaler de poisson grillé, de risotto ou de pâtes. Les tables sont installées dans le sable, au nord de la chaussée, à Diakofti.

Skandeia TAVERNE €€

(Carte p. 511 ; 27360 33700 ; www.skandeia.gr ; Paleopoli ; plats 8-15 € ; 13h-23h ;). Cette charmante taverne se trouve sur une colline à l'extrémité nord-ouest de la plage de Paléopoli. À partir d'ingrédients de qualité, frais et locaux, elle propose une cuisine grecque typique, du rouget grillé à l'aubergine rôtie et fumée. Détendez-vous sous les ormes, et profitez du moment !

Comprendre les îles grecques

HISTOIRE. 518

Par son influence culturelle, ses prouesses architecturales et ses grands penseurs, la Grèce a profondément marqué notre civilisation.

CULTURE GRECQUE ANCIENNE 543

Mère de la philosophie et gardienne de la sculpture classique, la Grèce antique est aussi la source de nombreux mythes.

LES INSULAIRES 549

Tourisme, agriculture, modernité et respect des traditions… les îles grecques vivent au rythme des saisons, avec des coutumes et une identité propres à chacune.

LES ARTS. 553

Littérature, musique et art moderne suscitent la réflexion : immersion dans la culture grecque contemporaine.

ARCHITECTURE 559

L'architecture grecque a influencé le monde entier. Découvrez les plus beaux temples et vestiges.

ENVIRONNEMENT 565

Une faune et une flore diversifiées, caractéristiques des milieux méditerranéens.

Histoire

À travers les siècles, les îles grecques ont été les pierres de gué entre l'Afrique du Nord, l'Asie Mineure et l'Europe et ont joué un rôle fondamental dans l'évolution historique et culturelle de la Grèce. Grâce à leur position stratégique dans une culture tournée vers les échanges maritimes, nombre d'entre elles sont devenues des centres commerciaux prospères et autonomes. Depuis l'Antiquité, elles ont été l'enjeu de batailles, et parfois revendiquées comme trophées par les envahisseurs successifs ou placées sous l'autorité de souverains étrangers, comme le prouvent certains vestiges – aqueducs romains, ports à l'architecture vénitienne ou châteaux de l'époque des croisades.

Le grec est la langue écrite la plus ancienne d'Europe et la deuxième plus ancienne au monde après le chinois. On parvient à retracer son existence jusqu'au linéaire B, l'écriture des Mycéniens (l'écriture des Minoens étant le linéaire A).

La préhistoire

La découverte d'un crâne néandertalien dans une grotte de la péninsule de Chalcidique (Macédoine) atteste la présence d'hominidés en Grèce voici 700 000 ans. En raison de sa fertilité, l'actuelle Thessalie fut la première zone de peuplement du pays au néolithique (6000-3000 av. J.-C.). Ses habitants cultivaient l'orge et le blé, et élevaient chèvres et moutons. Avec de l'argile, ils fabriquaient des pots, des vases et des statuettes consacrées au culte de la Grande Mère (déesse de la Fertilité).

Dès 3000 av. J.-C.), l'habitat était groupé dans de véritables villages dotés de rues, de places et de maisons de brique et de boue ; celles-ci étaient agencées autour d'une construction de type palatial, réservée au chef de la tribu.

L'âge du bronze

Au IIIe millénaire, des populations indo-européennes arrivent en Grèce et introduisent la technique du bronze (alliage de cuivre et d'étain) qui sera à l'origine de trois civilisations remarquables : cycladique, minoenne et mycénienne.

Civilisation cycladique

L'archipel des Cyclades a été le berceau d'une civilisation que les historiens divisent en trois périodes : le cycladique ancien (3000-2000 av. J.-C.), le cycladique moyen (2000-1500 av. J.-C.) et le cycladique récent (1500-

CHRONOLOGIE

7000-3000 av. J.-C.

Pendant 4 000 ans, les premiers habitants vivent de la culture et de l'élevage. Vers 3000 av. J.-C. apparaissent de petites communautés villageoises organisées selon un plan urbain très précis.

3000-1100 av. J.-C.

La découverte de l'alliage solide obtenu en coulant du cuivre et de l'étain marque le début de l'âge du bronze. Avènement des civilisations cycladique, minoenne et mycénienne.

2000 av. J.-C.

La civilisation minoenne atteint son apogée en Crète : édification de premiers palais, évolution des techniques de poterie et premier système d'écriture sur l'île.

1100 av. J.-C.). Parmi les vestiges de cette époque : les figurines taillées dans du marbre de Paros, célèbres idoles cycladiques, qui représentent, à l'instar des statuettes néolithiques, la Grande Mère.

Marins émérites, les habitants des Cyclades ont développé des échanges commerciaux prospères, exportant leurs marchandises en direction de l'Asie Mineure (partie occidentale de l'actuelle Turquie), de l'Europe et de l'Afrique du Nord, ainsi que vers la Crète et la Grèce continentale. Des relations commerciales ont ainsi ouvert l'archipel des Cyclades à l'influence des civilisations minoenne et mycénienne.

Civilisation minoenne

Les Minoens, qui doivent leur nom au roi Minos, souverain mythique de Crète (et beau-père du Minotaure), bâtirent la première civilisation avancée en Europe, empreinte des deux grandes civilisations du Moyen-Orient : la Mésopotamie et l'Égypte. Les archéologues distinguent trois périodes : le minoen ancien (3000-2100 av. J.-C.), le minoen moyen (2100-1580 av. J.-C.) et le minoen récent (1580-1100 av. J.-C.).

La première de ces périodes n'est pas sans rappeler le mode de vie du néolithique. Dès 2500 av. J.-C., cependant, une culture nouvelle, qui doit son nom au souverain mythique Minos, se répand dans l'île. La construction de vastes palais (Cnossos, Phaïstos, Malia et Zakros), l'apparition d'une première forme d'écriture et des ouvrages de poterie ou de ferronnerie remarquables sont autant de preuves d'une rupture avec la période précédente.

Vers 1700 av. J.-C., un tremblement de terre détruit les palais. Vient l'âge d'or des Minoens au cours duquel ils sont reconstruits et embellis. Leur organisation donne naissance au mythe du labyrinthe et du Minotaure. À la même époque, l'État minoen s'affirme comme une puissante thalassocratie (puissance maritime) avec Cnossos pour capitale. Le commerce avec la Méditerranée orientale, l'Asie Mineure et l'Égypte poursuit son essor.

La civilisation minoenne décline rapidement vers 1450 av. J.-C., lorsque ses palais – à l'exception de celui de Cnossos – et nombre de petits villages sont réduits à néant par ce qu'on pense être un gigantesque tsunami, consécutif à l'éruption volcanique survenue sur l'île voisine de Santorin, dont la retombée des cendres parvint jusqu'en Crète. Néanmoins, le débat perdure quant au moment et à l'origine de la disparition des Minoens.

Civilisation mycénienne

La décadence de la société minoenne coïncide avec l'essor de la première grande civilisation de la Grèce continentale, la civilisation mycénienne (1900-1200 av. J.-C.), qui culminera entre 1500 et 1200 av. J.-C. Nommée ainsi d'après l'antique cité de Mycènes – où l'archéologue allemand

L'Iliade, le chef-d'œuvre composé par Homère au VIIIe siècle av. J.-C., relate sous forme d'un poème épique un épisode de la guerre de Troie. Sa suite, *L'Odyssée*, raconte le retour d'Ulysse et de ses compagnons de la guerre de Troie.

Les Histoires, ouvrage rédigé par Hérodote au Ve siècle av. J.-C., est considéré comme le plus ancien écrit historique.Il s'agit de la chronique des conflits entre les cités grecques de l'Antiquité et la Perse.

1700-1550 av. J.-C.
Une violente explosion volcanique secoue l'île de Santorin. Le gigantesque raz-de-marée méditerranéen qui s'ensuit aurait, selon les historiens, contribué à sonner le glas de la civilisation minoenne.

1500-1200 av. J.-C.
La culture mycénienne originaire du Péloponnèse s'approprie de nombreux aspects des cultures crétoise et cycladique. L'orfèvrerie est au cœur de la vie mycénienne.

1400 av. J.-C.
Les Mycéniens colonisent la Crète. Fondation des villes de Cydonia (La Canée) et Polyrrinia. Le culte de la déesse mère est remplacé par celui des dieux grecs.

1200-800 av. J.-C.
Règne des Doriens. Peu portés sur le commerce, ils excellent en revanche dans l'utilisation du fer pour l'armement, et l'architecture.

Heinrich Schliemann a entrepris les premières fouilles en 1876 –, cette civilisation est également qualifiée d'"achéenne", du nom de la population indo-européenne qui s'était établie en Grèce continentale.

Dans la société minoenne, l'absence de murailles semblait indiquer le maintien d'une situation relativement pacifique, sous une autorité centrale. À l'inverse, la civilisation mycénienne se compose de cités indépendantes (Corinthe, Pylos, Tirynthe ou Mycènes, la plus puissante d'entre elles) gouvernées par des rois dont les palais, ceints de fortifications, étaient édifiés sur des sommets aisément défendables. Les Mycéniens nous ont laissé de merveilleux bijoux et objets d'or, dont les plus beaux peuvent être admirés au musée national d'Archéologie d'Athènes. Par ailleurs, les divinités qu'ils adoraient sont les ancêtres des dieux grecs.

Le Procès Socrate (Odile Jacob, 1990) d'I.F. Stone jette une lumière contemporaine sur les événements entourant la vie et la mort de Socrate tels que narrés par Platon.

La période géométrique

Vers 1200 av. J.-C.), l'arrivée des Doriens sonne le glas de la civilisation mycénienne. Leur origine reste incertaine. La plupart des historiens pensent qu'ils sont venus de l'Épire, ou de la partie septentrionale de la Macédoine, mais certains avancent qu'ils n'ont emprunté cette route qu'après avoir été chassés de la Doride (Grèce centrale) par les Mycéniens.

Ce peuple guerrier a commencé par coloniser le Péloponnèse, pour se répandre ensuite sur une grande partie du continent, détruisant les cités sur son passage, et réduisant en esclavage leurs habitants avant de conquérir la Crète et la côte sud-ouest de l'Asie Mineure.

À l'époque préclassique, les Ioniens étaient un peuple hellénique habitant l'Attique et certaines parties d'Asie Mineure. Ils ont colonisé les îles qui porteront plus tard le nom d'Ioniennes.

Les invasions doriennes ont provoqué une rupture avec le passé. Les années 1200-800 av. J.-C. ont d'ailleurs été qualifiées par les historiens de "siècles obscurs". Toutefois, les Doriens ont introduit l'usage du fer, et créé un nouveau style de poterie, comportant des motifs géométriques – encore que, pour certains historiens de l'art, cette ornementation aurait été empruntée à la population ionienne d'Attique.

Les Doriens vénéraient des dieux masculins. Ils ont ainsi adopté certaines divinités mycéniennes comme Poséidon, Zeus et Apollon, qui allaient, par la suite, figurer au panthéon grec. Plus important, les guerriers doriens ont constitué une classe de propriétaires terriens. Cette évolution a entraîné une dégradation des conditions de vie des paysans et suscité une résurgence du modèle mycénien. Des cités indépendantes ont ainsi à nouveau émergé. Au début de la période archaïque, le pouvoir est désormais aux mains d'une aristocratie fortunée.

La période archaïque

Aux environs de 800 av. J.-C., l'économie se transforme. La production agricole, redevenue suffisante, entraîne une reprise des échanges maritimes. Les Grecs occupent alors le champ laissé libre par les

1100 av. J.-C.	800-700 av. J.-C.	800-650 av. J.-C.	776 av. J.-C.
Les Doriens envahissent la Crète. Réorganisation du système politique. La société est scindée en deux classes. Une démocratie rudimentaire remplace la monarchie.	Homère compose *L'Iliade* et *L'Odyssée* vers cette période. Ces deux poèmes épiques sont les premiers chefs-d'œuvre littéraires de la Grèce.	À l'âge archaïque, des cités-États commencent à voir le jour, avec un gouvernement aristocratique ou parfois sous la férule d'un tyran. Naissance de l'alphabet grec.	Date de naissance officielle des Jeux olympiques.

Phéniciens, autre grand peuple marchand de la Méditerranée. De nouveaux comptoirs se créent en Afrique du Nord, en Italie, en Sicile, dans le sud de la France et de l'Espagne.

Au cours de cette période, divers facteurs ont concouru à unifier les populations des différentes cités : l'élaboration d'un alphabet grec (adapté de l'alphabet phénicien, mais tirant son originalité de l'introduction, par les Grecs, de signes vocaliques), les vers d'Homère (donnant le sentiment d'un passé commun, hérité de l'ère mycénienne), l'institution des Jeux olympiques (qui réunissaient l'ensemble des cités grecques) et la construction de grands sanctuaires comme celui de Delphes. Pour la première fois, les Grecs prennent conscience de leur unité.

La plupart des cités de cette période étaient bâties autour d'un point culminant où se dressait l'acropole (ville haute). Entourée de fortifications, l'acropole renfermait les temples et la trésorerie de la cité, et servait de refuge en cas d'invasion. En dehors de ses murs se trouvaient l'agora (place publique, marché), et au-delà, les quartiers résidentiels. Les cités jouissaient d'une réelle autonomie. Libre à elles de suivre la voie que leur dictaient leurs intérêts. La plupart d'entre elles ont aboli la monarchie, lui substituant un régime aristocratique, généralement placé sous l'autorité d'un archonte (magistrat suprême). Les aristocrates, qui jouissaient de privilèges héréditaires, n'étaient, en règle générale, guère appréciés du peuple ; certaines cités tombèrent ainsi sous le joug de tyrans se présentant comme défenseurs des simples citoyens.

Athènes

La cité demeurait, quant à elle, aux mains de l'aristocratie. Cette période fut marquée, pour Athènes, par deux législateurs. Le premier, Dracon, instaura une législation (en 621 av. J.-C.) qui, si elle constituait un réel progrès dans une société où la justice restait synonyme de vengeance, est demeurée dans les mémoires – par le biais du mot "draconien" – avant tout pour son implacable sévérité : voler un chou était passible de mort !

Le second, Solon, archonte en 594-593 av. J.-C., promulgua des réformes qui en ont fait le précurseur de la démocratie. Résolu à désamorcer les tensions qui s'exacerbaient entre déshérités et nantis, il annula en effet l'ensemble des dettes et abolit la contrainte par corps. Proclamant l'ensemble des hommes libres d'Athènes égaux devant la loi, il supprima l'hérédité des privilèges, et réorganisa le pouvoir politique autour de quatre classes définies selon des critères de fortune. Si les deux premières classes pouvaient seules prétendre à l'exercice d'une charge, les quatre étaient habilitées à élire les magistrats et à se prononcer sur la législation lors de l'assemblée générale des citoyens, l'ecclésia.

Les Grands Mythes (réalisateur Sylvain Bergère, auteur et narrateur François Busnel, 2016) est une série captivante diffusée par la chaîne Arte (arte.tv/fr/) évoquant les grandes figures de la mythologie, illustrée par des œuvres de grands artistes.

Le top des sites antiques

Acropole (Athènes)

Cnossos (Crète)

Délos

Acropole de Lindos (Rhodes)

Théra (Santorin)

700-500 av. J.-C.
La Constitution de Sparte attribuée à Lycurgue impose des lois rigoristes. Deux siècles durant, Lacédémone va jouer un rôle de premier plan tant dans le domaine politique que militaire.

594 av. J.-C.
Solon, archonte d'Athènes, introduisit des règles fondées sur l'équité entre les citoyens. Ce changement radical est considéré comme le premier pas vers une véritable démocratie.

560-527 av. J.-C.
Le tyran d'Athènes Pisistrate continue l'œuvre de Solon en s'attaquant aux privilèges de l'oligarchie.

490 av. J.-C.
Athènes appuyant les insurrections en Asie Mineure, le Grand Darius, roi des Perses, envoie une forte armée en Grèce. 10 000 Athéniens la mettent en déroute à Marathon.

Sparte

Située dans le Péloponnèse, Sparte était organisée selon un modèle tout à fait différent. Les Spartiates étaient les descendants des envahisseurs doriens et avaient asservi les Hilotes, qui peuplaient alors la Laconie. Ils obéissaient à des règles militaires d'une grande sévérité, énoncées au IXe siècle av. J.-C. par le législateur Lycurgue.

Athènes et Sparte dominaient les autres cités, la première tirant sa puissance du commerce, tandis que la seconde faisait figure de véritable machine de guerre.

Rien n'a encore égalé le dynamisme intellectuel de la Grèce antique et il n'est pas une idée débattue aujourd'hui qui n'ait déjà été étudiée par les grands esprits de l'époque, que ce soient dans les tragédies d'Eschyle, d'Euripide et de Sophocle, les satires politiques d'Aristophane ou les récits d'Hérode et de Thucydide.

Les guerres médiques

L'acharnement des Perses – ou Mèdes pour les Grecs – à détruire Athènes a été la conséquence du soutien apporté par la cité grecque à la révolte des colonies perses du littoral d'Asie Mineure. Il a fallu 5 ans au Perse Darius pour arriver à bout de cette rébellion. Assoiffé de vengeance, il fourbit ses armes. Une expédition perse, forte de 25 000 hommes, atteint ainsi l'Attique en 490 av. J.-C., mais elle est mise en déroute par une armée de 10 000 Athéniens, dans la plaine de Marathon.

Darius meurt en 485 av. J.-C., avant de pouvoir engager une nouvelle offensive et laisse à son fils, Xerxès, le soin de réaliser son ambition : conquérir la Grèce. Xerxès, décidé à mener l'assaut à la fois par terre et par mer, rassemble en 480 av. J.-C. la plus formidable armée jamais formée, enrôlant les hommes de toutes les contrées de son vaste empire.

Parallèlement, une trentaine de cités de la Grèce centrale et méridionale se réunissent à Corinthe, pour élaborer une stratégie de défense commune tandis que d'autres, comme Delphes, se rangent aux côtés des Perses. Une flotte et une armée sous commandement spartiate sont ainsi constituées avec pour stratège l'Athénien Thémistocle, et pour commandant le roi spartiate Léonidas. Les Grecs, en dépit de la supériorité écrasante de leur ennemi, parviennent à le contenir jusqu'à ce qu'un transfuge révèle aux Perses un moyen de franchir la montagne. Les Grecs sont alors contraints de battre en retraite, mais Léonidas et 300 de ses soldats d'élite combattent jusqu'à la mort au défilé des Thermopyles. La flotte qui tenait en respect les Perses au nord de l'Eubée n'a d'autre choix que de se replier.

L'armée grecque se retranche derrière sa deuxième ligne de défense – un parapet de terre traversant l'isthme de Corinthe –, tandis que les Perses marchent sur Athènes. Thémistocle évacue les femmes et les enfants et ordonne aux hommes de rejoindre la flotte grecque, dans la rade de Salamine. Les Mèdes ravagent l'Attique, et brûlent Athènes.

Sur mer, en revanche, la situation tourne à l'avantage des Grecs : par un stratagème adroit, Thémistocle parvient à attirer les larges vaisseaux perses dans l'étroit chenal de Salamine, où ils constituent des proies

480 av. J.-C.
Xerxès, le fils de Darius, dirige une coalition chargée de soumettre la Grèce. Cette dernière bat Léonidas aux Thermopyles et incendie Athènes, mais est vaincue en mer au large de Salamine.

479 av. J.-C.
Les Grecs, conduits par le chef spartiate Pausanias, écrasent l'armée perse à la bataille décisive de Platées. Fin des guerres médiques.

477 av. J.-C.
Athènes crée la Ligue de Délos, une alliance militaire et politique à laquelle de nombreuses cités et îles se rallient. Début de l'impérialisme athénien.

461 av. J.-C.
Périclès accède au pouvoir à Athènes. Début des grands travaux, marqués notamment par la construction du Parthénon.

faciles pour les navires grecs, aisément maniables. Accablé, Xerxès, qui a assisté à la bataille depuis le rivage, décide de se replier, confiant à une armée commandée par le général Mardonios le soin de soumettre la Grèce. Un an plus tard, les Grecs, conduits par Pausanias, écrasent l'armée perse à Platées. La flotte athénienne lève l'ancre vers l'Asie Mineure, où elle inflige aux Perses une nouvelle défaite, près du cap Mycale. Elle libère ainsi les cités ioniennes de la sujétion perse.

La période classique

Après la défaite perse, les Spartiates regagnent leur "forteresse" péloponnésienne, tandis qu'Athènes, forte de son aura de libérateur, se lance dans une politique ouvertement impérialiste. En 477 av. J.-C., elle crée la Ligue de Délos, qui doit son nom à l'île sacrée sur laquelle était conservé le trésor commun. La ligue rassemblait la quasi-totalité des cités dotées d'une flotte constituant ainsi un empire athénien.

L'objectif affiché de cette confédération est double : constituer une force navale, en vue de libérer les cités maintenues sous domination perse, et assurer la défense, en cas de nouvelle offensive médique. Les cités doivent faire allégeance à Athènes, et lui fournir une contribution annuelle, d'abord en navires, puis en argent.

Lorsque Périclès accède au pouvoir en 461 av. J.-C., le nouvel homme fort d'Athènes transfère dans la cité le trésor de Délos qui servira à la reconstruction de sa ville. Périclès entend rebâtir les monuments de l'Acropole, détruits par les Perses, et relier Athènes au port du Pirée par de hauts murs (les Longs Murs), capables de soutenir d'éventuels sièges.

C'est sous sa tutelle (461-429 av. J.-C.) qu'Athènes connaît son âge d'or, tant sur le plan culturel et artistique que scientifique. Mais une fois assurée sa mainmise sur l'Égée, elle se tourne vers l'ouest et empiète sur la zone commerciale de Corinthe, cité qui appartient à la Ligue du Péloponnèse. De provocations en échauffourées, la situation se dégrade progressivement pour conduire aux guerres du Péloponnèse.

Dans *Périclès, l'inventeur de la démocratie* (Payot, 2005), l'historienne Claude Mossé livre une biographie lumineuse du "premier citoyen" d'Athènes, et reconsidère son siècle, réputé le plus brillant de la Grèce antique.

La première guerre du Péloponnèse

La cause immédiate de cette première guerre (431-421 av. J.-C.) est l'incident de Corcyre (l'actuelle Corfou), une colonie corinthienne, à laquelle Athènes apporte son soutien dans le conflit qui l'oppose à sa capitale. Corinthe, se sentant sérieusement menacée, demande l'aide de Sparte. La puissance spartiate étant étroitement liée à la prospérité de Corinthe, Sparte se rallie à sa cause.

Athènes, consciente de ne pouvoir remporter la victoire sur terre, abandonne l'Attique aux Spartiates et se retranche derrière ses remparts. Elle compte sur sa flotte pour affaiblir Sparte, en barrant l'accès du Péloponnèse. Durant le siège, la peste se déclare à Athènes, emportant

461-429 av. J.-C.	460-454 av. J.-C.	431-421 av. J.-C.	416-413 av. J.-C.
"Siècle de Périclès" : âge d'or d'Athènes. Socrate, Platon, Eschyle, Sophocle, Euripide et Aristophane marquent cette période.	Intervention athénienne en Égypte (dominée par les Perses). Si les Grecs sont défaits, cette expédition démontre les ambitions d'Athènes sur le pourtour méditerranéen.	Première guerre du Péloponnèse, causée par l'antagonisme entre Sparte et Athènes, deux cités que tout oppose.	L'expédition de Sicile menée par le général athénien Alcibiade vire à la catastrophe. La cité perd sa flotte et une grande partie de ses troupes dans le siège de Syracuse, secourue par Sparte.

un tiers de ses habitants (dont Périclès), mais la ville ne cède pas. Le blocus du Péloponnèse commence à avoir des répercussions sur Sparte. Les deux adversaires signent une trêve qui s'avère rapidement fragile.

La seconde guerre du Péloponnèse

Dans *Alcibiade ou les dangers de l'ambition* (Tallandier, 2008), Jacqueline de Romilly dresse le portrait de ce personnage haut en couleur.

La malheureuse expédition de Sicile (416-413 av. J.-C.), voulue par l'impétueux Alcibiade, fut à l'origine de la reprise des hostilités. Convoitant les ressources en blé de cette île, Athènes avait envoyé une flottille investir Syracuse sous prétexte d'aider la ville sicilienne de Ségeste. L'expédition se solde par un échec lorsque Alcibiade, en conflit avec l'Assemblée athénienne, rallie Sparte et persuade les Spartiates de voler au secours de Syracuse. En 413 av. J.-C., ils brisent le siège et détruisent la flotte et l'armée athéniennes.

Athènes a perdu ses troupes, sa fortune, ses navires. La révolte gronde dans ses colonies, auxquelles Sparte ne demande pas mieux que de prêter main-forte. En 413 av. J.-C., les Spartiates s'emparent de Décélie, dans le nord de l'Attique, et y installent une garnison permanente qui dévaste les campagnes de la région. Privée du blé de Sicile, Athènes est à bout de ressources. Son avenir s'assombrit encore, lorsque l'empereur perse Darius II, qui suit de près les affaires siciliennes et grecques, offre à Sparte de l'argent pour construire une flotte, en échange de la promesse de rendre à la Perse les cités ioniennes d'Asie Mineure.

Athènes se lance dans la bataille, et parvient même à prendre le dessus, sous le commandement d'Alcibiade, revenu triomphalement à Athènes. Toutefois, sa victoire sera de courte durée dès lors que la Perse intervient en Asie Mineure, et que Sparte se ressaisit sous l'autorité du grand général Lysandre. Vaincue lors de la bataille navale d'Aigos Potamis, Athènes capitule en 404 av. J.-C. Corinthe exige la destruction d'Athènes, mais Lysandre refuse. En revanche, il l'ampute de sa puissance, en ordonnant la confiscation de sa flotte, l'abolition de la Ligue de Délos, et la destruction des Longs Murs qui reliaient Athènes au Pirée.

Dans *L'Histoire de la guerre du Péloponnèse*, Thucydide fait le récit des querelles et des conflits qui opposèrent Athènes et Sparte.

La domination spartiate

Les cités grecques sortent épuisées de ce conflit : seule Sparte conserve quelques forces. Durant les hostilités, Sparte avait promis de libérer les cités qui se retourneraient contre Athènes, mais Lysandre se ravise, préférant instaurer des régimes oligarchiques – régimes dans lesquels la souveraineté appartient à un groupe restreint de privilégiés –, sous la tutelle de garnisons spartiates. Le mécontentement est général.

Sparte entreprend au même moment de disputer aux Perses les cités d'Asie Mineure. Les Mèdes reviennent ainsi sur le devant de la scène grecque, forts cette fois-ci du soutien d'Athènes et de Thèbes, la puissance montante. Ces rivalités culminent en 371 av. J.-C. à Leuctres.

413-404 av. J.-C.	399 av. J.-C.	371-362 av. J.-C.	359-338 av. J.-C.
La deuxième guerre du Péloponnèse tourne à l'avantage de Sparte qui domine la Grèce pour quelques dizaines d'années.	Socrate est accusé de corrompre la jeunesse. Un jury le condamne à mort. Plutôt que de réclamer l'exil volontaire, Socrate accepte de boire la ciguë.	Grâce à sa victoire contre Sparte à Leuctres, la petite cité de Thèbes impose son hégémonie. Sparte et Athènes s'allient pour la contrecarrer.	Émergence du royaume de Macédoine. Philippe II, son roi, met la Grèce en coupe réglée après la bataille de Chéronée.

Au terme d'une bataille décisive, l'armée de Thèbes remporte, sous le commandement du général et homme d'État Épaminondas, sa première victoire contre Sparte. L'influence spartiate est battue en brèche. Thèbes impose son hégémonie. Par un retournement inattendu, Athènes s'allie à Sparte et affronte l'armée thébaine à Mantinée, en 362 av. J.-C. Thèbes l'emporte à nouveau, mais Épaminondas meurt dans la bataille. Sans lui, la suprématie thébaine s'effrite. Pour autant, Athènes ne peut exploiter la situation à son avantage. La seconde confédération, déchirée par des querelles intestines attisées par les Perses, va bientôt disparaître.

Le temps des cités est révolu. Une nouvelle puissance se dresse au nord : la Macédoine. Cette réalité n'échappe pas au grand orateur athénien Démosthène, qui exhorte les cités à préparer une défense commune. Seule Thèbes tient compte de ses avertissements, et conclut une alliance avec Athènes.

L'essor de la Macédoine

Tandis que par le biais des guerres du Péloponnèse, les Grecs œuvrent à leur propre perte, la Macédoine rassemble ses forces, au nord. Les Grecs se sont longtemps désintéressés de cette région, qu'ils perçoivent comme une hypothétique confédération de peuplades primitives réunies sous l'autorité nominale d'un roi.

L'homme qui va élever la Macédoine au rang de puissance redoutable se nomme Philippe II. Enfant, Philippe avait été envoyé à Thèbes comme otage, et avait appris d'Épaminondas l'art de la guerre. Philippe II conduisit ainsi plusieurs incursions dans le Sud et parvint même à se faire admettre au sein de l'amphictyonie de Delphes – assemblée de députés chargés de protéger l'oracle.

En 339 av. J.-C., sous couvert d'aider le Conseil amphictyonique à châtier les habitants d'Amphissa, dans le cadre de guerres sacrées, Philippe II pénètre en Grèce. Il triomphe en 338 av. J.-C. des forces thébaines et athéniennes à la bataille de Chéronée. L'année suivante, il convoque à Corinthe les cités grecques (à l'exception de Sparte) et les persuade de prêter allégeance à la Macédoine, en leur promettant d'orchestrer une campagne contre la Perse. L'ambitieux Barbare règne désormais sur la Grèce. Mais Philippe II meurt assassiné par un noble macédonien en 336 av. J.-C., avant de pouvoir mettre son projet à exécution. Son fils, Alexandre, qui avait conduit la charge de cavalerie décisive à la bataille de Chéronée, lui succède à l'âge de 20 ans.

Alexandre le Grand

Très instruit (il fut l'élève d'Aristote), ambitieux et courageux, Alexandre est aussi un homme d'État habile, qui entend parachever le travail entrepris par son père. À la mort de Philippe II, des révoltes

Philippe II de Macédoine engagea le philosophe Aristote comme tuteur pour le jeune Alexandre, qui fut profondément marqué par *L'Iliade* d'Homère. Toute sa vie, il conserva un vif intérêt pour les arts et la culture.

336 av. J.-C.
Alexandre succède à son père à la tête de la Macédoine. Après quelques années, le nouveau roi entreprend de mener la guerre contre la Perse.

334-323 av. J.-C.
Alexandre le Grand part à la conquête du monde connu, de la Grèce aux peuples d'Asie centrale.

323 av. J.-C.
À la mort d'Alexandre le Grand, ses généraux se partagent son immense empire. Il s'ensuit une longue période de guerres de succession d'où émergent 3 royaumes.

168 av. J.-C.
Victoire romaine contre la Macédoine à Pydna. La Macédoine devient province romaine en 148 av. J.-C.

menacent l'empire naissant. Alexandre n'est pas long à les réprimer, rasant littéralement Thèbes en guise d'exemple. Une fois l'ordre rétabli, il se tourne vers l'Empire perse et, en 334 av. J.-C., pénètre en Asie Mineure.

À l'issue de quelques sanglantes batailles contre les Perses, notamment à Issos (333 av. J.-C.), Alexandre parvient à conquérir la Syrie, la Palestine et l'Égypte – où il est proclamé pharaon, et fonde la ville d'Alexandrie. Résolu à monter sur le trône perse, il se lance à la poursuite du roi mède Darius III, mettant son armée en déroute en Mésopotamie, en 331 av. J.-C. Tandis que Darius fuit vers l'est, Alexandre dévaste son empire et détruit notamment le palais de Persépolis. Le corps de Darius est découvert un an après, poignardé par le satrape (gouverneur) de Bactriane, au nord de l'Afghanistan actuel.

Alexandre poursuit sa route et traverse l'actuel Ouzbékistan en direction de la Bactriane, où il prend pour épouse Roxane, la fille du satrape de la région, avant de se diriger vers le nord de l'Inde. Il ambitionne désormais de conquérir le monde, dont il situe les confins dans la mer bordant le rivage oriental de l'Inde. Toutefois, l'épuisement de ses soldats le contraint à rentrer en Mésopotamie, en 324 av. J.-C. Il s'installe à Babylone et projette une nouvelle expédition vers le sud, en Arabie. Mais l'année suivante, il tombe brusquement malade et meurt, à l'âge de 33 ans. Il ne laisse aucun héritier. Ses généraux, les diadoques, entreprennent alors de se partager l'empire.

Lorsque le calme revient, l'empire d'Alexandre a été dépecé en trois grands royaumes et plusieurs petits États. La Macédoine n'a plus le contrôle des cités grecques du Sud qui se sont rassemblées dans la Ligue étolienne (autour de Delphes) ou la Ligue achéenne (dans le Péloponnèse), Athènes et Sparte restant à l'écart de l'une comme de l'autre.

Alexandre le Grand est considéré comme l'un des meilleurs stratèges militaires de tous les temps : il ne connut jamais la moindre défaite, et était à 30 ans à la tête du plus grand empire de l'Antiquité, qui s'étendait de la Grèce à l'Himalaya.

De la Grèce à l'Orient : Alexandre le Grand (Découvertes-Gallimard, 2005), de Pierre Briant, offre un excellent aperçu de la trajectoire du roi de Macédoine, par l'un des meilleurs spécialistes de la période.

La domination étrangère

La période romaine

Pendant qu'Alexandre le Grand bâtit son empire à l'est, les Romains étendent leur domination sur l'ouest et s'aventurent en Grèce. Pergame et Rhodes, qui craignent l'expansionnisme syrien et macédonien, s'allient aux Romains qui triomphent du roi séleucide Antiochos III, au terme d'une campagne de trois ans. Mais il leur faudra mener plusieurs guerres pour venir à bout des Macédoniens. En 168 av. J.-C., ils leur infligent une défaite décisive, à la bataille de Pydna.

La Ligue achéenne, de son côté, est défaite en 146 av. J.-C. Le consul romain Mummius brise la rébellion des Corinthiens et, pour l'exemple, détruit leur majestueuse cité, massacre les hommes et réduit en esclavage femmes et enfants.

86 av. J.-C.

Dès le moment où Sylla s'empare d'Athènes, l'Empire romain va conquérir toute la Grèce. Les Romains imposent la *pax romana* pour trois siècles.

48-31 av. J.-C.

La Grèce est le théâtre de batailles décisives pendant les guerres civiles romaines : Pharsale (48 av. J.-C.), Philippes (42 av. J.-C.) et Actium (31 av. J.-C.).

63

Le christianisme fait son apparition après plusieurs visites de saint Paul en Grèce, notamment à Corinthe.

Vers 250

La *pax romana* est largement remise en cause par les premières incursions des Goths au-delà de la mer Noire et leurs pillages en Thrace et en Macédoine.

En 86 av. J.-C., Athènes prend part, contre Rome, aux guerres de Mithridate VI, maître de la mer Noire. En représailles, Sylla s'empare d'Athènes, détruit ses remparts et emporte ses plus belles sculptures.

Pendant la période d'instabilité et de guerres civiles qui prélude à l'instauration de l'Empire romain, la Grèce est le théâtre de batailles entre généraux rivaux. En 31 av. J.-C., Octave finit par remporter une victoire décisive sur Antoine et Cléopâtre au large d'Actium. Il devient alors le premier empereur romain, et prend le titre d'Auguste.

Pendant les trois siècles qui vont suivre, la Grèce devient la province romaine d'Achaïe et jouit d'une période de paix sans précédent, la *pax romana*. Du règne d'Auguste à celui d'Hadrien, le paysage urbain change, notamment à Athènes. Respectueux à l'égard de la philosophie, de la littérature et de l'art grecs, les Romains adoptent la plupart des aspects de la culture hellénistique.

Le christianisme et l'Empire byzantin

La paix romaine commence à se fissurer lorsque les Hérules envahissent la Grèce, en 267. C'est la première d'une longue série d'invasions, qui verra déferler les Goths en 396, les Vandales en 465, les Ostrogoths en 480, les Bulgares en 500, les Huns en 540 et les Slaves après l'an 600.

Au cours du Ier siècle de notre ère, saint Paul se rendit en Grèce à plusieurs reprises, faisant des adeptes dans de nombreuses régions. Peu à peu, le christianisme devint la religion dominante du pays. Mais c'est surtout la conversion des empereurs romains et la montée en puissance de l'Empire byzantin qui, en fusionnant christianisme et culture hellénistique, va favoriser le rayonnement de la religion chrétienne.

En 324, l'empereur Constantin Ier, également appelé Constantin le Grand, converti au christianisme, transfère la capitale de l'Empire à Byzance. La ville prend le nom de Constantinople – aujourd'hui Istanbul.

À la fin du IVe siècle, l'Empire romain est scindé en deux parties : l'Empire romain d'Orient et l'Empire romain d'Occident. Rome sombre dans la décadence, mais la capitale orientale continue de prospérer longtemps après la disparition de son *alter ego* (l'Empire byzantin ne s'éteindra qu'avec la prise de Constantinople par les Turcs, en 1453).

Le christianisme est élevé au rang de religion d'État par l'empereur Théodose Ier en 394. Avec lui est proscrit le culte des dieux grecs et romains, dorénavant fustigés comme païens. Athènes demeure un important centre culturel jusqu'en 529, date à laquelle l'empereur Justinien interdit l'enseignement de la philosophie classique au profit de la théologie chrétienne, considérée comme l'exercice intellectuel par excellence.

La basilique Sainte-Sophie (Agia Sofia, ou "Sagesse divine") est construite à Constantinople, et nombre d'églises sont édifiées en Grèce

324	394	395	529
La capitale de l'Empire romain est transférée à Byzance (rebaptisée Constantinople). Le christianisme gagne du terrain.	Le christianisme est élevé au rang de religion officielle, et le culte païen des dieux grecs et romains est proscrit. La théologie chrétienne supplante la philosophie classique.	L'Empire romain est scindé en deux sous le règne de l'empereur Théodose. La piraterie décline et le commerce prospère. De nombreuses églises sont construites.	L'empereur Justinien interdit l'enseignement de la philosophie classique au profit de la théologie chrétienne, et porte ainsi un coup sévère à l'influence culturelle d'Athènes.

sur le même modèle, notamment à Thessalonique, bastion chrétien apprécié des Byzantins.

Les croisades

L'ironie veut que la chute de l'Empire byzantin ait été précipitée non par les invasions d'infidèles venus de l'est, ni par les hordes de Barbares arrivés du nord, mais par des chrétiens d'Occident : les croisés francs.

C'est au cours de la quatrième croisade, au tout début du XIIIe siècle, que le sort de la Grèce est scellé. Les Vénitiens, qui nourrissaient alors des rancunes envers l'Empire byzantin, parviennent à convaincre les croisés qu'ils trouveraient à Constantinople un butin bien plus fastueux qu'à Jérusalem.

Le pillage de Thessalonique en 1185 annonce déjà la ruine de l'Empire. En 1204, c'est la capitale byzantine qui est mise à sac par les croisés. Baudouin de Flandre prend la tête d'un empire latin d'Orient dont l'existence allait être de courte durée. Une grande partie de l'Empire byzantin est démembrée au profit d'États féodaux gouvernés par des princes "latins", essentiellement des Francs et des Vénitiens, et appelés les états latins de Grèce. Venise, fidèle à sa vocation maritime et marchande, se réserve certaines îles et des villes du littoral (îles Ioniennes, Rhodes, Eubée, etc.).

Les Francs créent des principautés en Grèce continentale. L'une des plus connues est celle de Morée (ou d'Achaïe), qui échoit aux Champlitte et aux Villehardouin – le nom de Morée va continuer à désigner le Péloponnèse jusqu'à l'indépendance grecque.

Les Byzantins luttent pour reconquérir leur capitale et défendre les régions qui leur restent, tandis que les princes latins se battent entre eux pour élargir leurs territoires respectifs. Après avoir vaincu le despote d'Épire, ainsi que Guillaume de Villehardouin, prince de Morée, Michel VIII Paléologue parvient à reconquérir Constantinople en 1261, mais la ville n'est plus que l'ombre d'elle-même. À cette époque, en revanche, Mystra, dans le Péloponnèse, devient un foyer culturel où l'art byzantin trouve l'une de ses plus belles expressions.

Sites médiévaux et vénitiens

- *Vieille ville de Rhodes (Rhodes)*
- *Monastère de Saint-Jean (Patmos)*
- *Vieille ville d'Hania (Crète)*
- *Réthymnon (Crète)*
- *Vieille ville de Corfou (Corfou)*

L'Empire ottoman

En 1453, Constantinople tombe aux mains des Turcs et de leur sultan, Mehmet II le Conquérant. En 1458, Athènes est prise. Quant aux îles de la mer Égée, elles ne passeront sous contrôle ottoman qu'au XVIe siècle. Une fois de plus, la Grèce est le théâtre d'opérations militaires. Turcs et Vénitiens s'opposent. Pendant quatre siècles, la Grèce vivra sous domination ottomane.

En 1687, les Vénitiens s'emparent du Péloponnèse après une bataille qui les mène à Athènes. Le chaos et la rébellion gagnent alors la Grèce.

1204

Des hordes de croisés francs pillent Constantinople. Délaissant la ferveur religieuse pour leur intérêt personnel, ils signent le début du lent déclin de la capitale byzantine.

1209

Le seigneur franc Geoffroi de Villehardouin fractionne le Péloponnèse en fiefs. Son neveu, Geoffroi Ier, se proclame prince de Morée (appellation médiévale du Péloponnèse).

1453

La Grèce est aux mains des Turcs ottomans qui se sont emparés de Constantinople (l'actuelle Istanbul), sonnant le glas de l'Empire byzantin.

1460

En 1460, la Morée tombe aux mains des Turcs. S'ensuivent des siècles de lutte de pouvoir entre Ottomans et Vénitiens.

Des corsaires sèment la terreur sur le littoral, des bandes de klephtes (brigands opposés à la domination ottomane) rôdent dans la montagne, et les partisans de la liberté s'insurgent contre la présence turque.

Les partisans de l'indépendance

Lorsque Catherine II s'empare du trône de Russie en 1762, la république de Venise et l'Empire ottoman sont affaiblis.

Catherine II chasse les Turcs des rives de la mer Noire. À partir de 1780, de nombreuses villes se créent sur le pourtour du littoral, cités auxquelles Catherine II donne des noms grecs anciens ou byzantins. Des avantages financiers sont par ailleurs accordés aux Grecs qui décident de s'établir dans la région. Ils arrivent nombreux et s'installent.

C'est à Odessa, l'une de ces villes nouvellement créées, que 3 négociants, Athanasios Tsakalof, Emmanuel Xanthos et Nikolaos Skouphas, fondent le premier parti indépendantiste grec, la Filikí Etería, dont les idées se répandent rapidement dans l'ensemble de la Grèce. Ses dirigeants, convaincus que seul le recours à la force armée leur permettra d'atteindre leur objectif, apportent leur soutien financier aux patriotes armés.

Un frémissement de révolte agite également les Grecs de Constantinople, notamment la bourgeoisie marchande grecque. L'aristocratie grecque, dont les membres, les Phanariotes, se voyaient offrir de hautes fonctions au sein de l'administration ottomane, aspire elle aussi à se libérer de la tutelle ottomane. Mais, à la différence des membres de la Filikí Etería, ils envisagent une prise du pouvoir de l'intérieur.

La guerre d'Indépendance

En 1820, la révolte personnelle d'Ali Pacha contre le sultan fournit aux Grecs l'occasion tant attendue. Le 25 mars 1821, Germanos, le métropolite de Patras (Péloponnèse), hisse le drapeau grec au monastère d'Agia Lavra. La guerre d'Indépendance vient de commencer. Les combats qui éclatent à travers la Grèce et les îles occupées tournent rapidement à l'avantage des Grecs. Dans le Péloponnèse, 12 000 civils ottomans sont massacrés après la prise de Tripolis. De leur côté, les troupes ottomanes se livrent à des représailles en Asie Mineure, notamment sur l'île de Chios où 25 000 civils grecs seront tués.

Les hostilités s'intensifient. En un an, les Grecs prennent Monemvassia, Navarin (l'actuel port de Pylos), Nauplie et Tripolis, puis Missolonghi, Athènes et Thèbes. Le 13 janvier 1822, l'indépendance de la Grèce est proclamée à Épidaure. Les puissances occidentales, préférant la sujétion ottomane au risque de voir l'anarchie gagner le sud-est de l'Europe, se montrent néanmoins peu disposées à intervenir. L'aide viendra des cercles philhellènes dénombrant d'illustres hommes de lettres : Goethe,

Le tableau d'Eugène Delacroix *Scène des massacres de Scio* (1824) est inspiré des événements qui se déroulèrent en Asie Mineure lors de la guerre d'Indépendance grecque en 1821. Il est exposé au musée du Louvre à Paris.

1541

Naissance de Domínikos Theotokópoulos, plus tard dit le Greco, à Candie (Héraklion, Crète) : ses œuvres, exécutées en Italie et en Espagne, seront marquées par l'école crétoise et un style personnel audacieux.

1669

Les Ottomans conquièrent la Crète, ancienne possession vénitienne, après avoir assiégé Candie pendant 20 ans (les forteresses des îlots de Spinalonga et Souda résisteront jusqu'en 1715).

1684-1687

Les troupes vénitiennes expulsent les Turcs du Péloponnèse lors d'une campagne qui les mène jusqu'à Athènes.

1762-1796

Règne de Catherine II de Russie qui chasse les Turcs des rives de la mer Noire. Elle y fait construire plusieurs villes et offre des avantages aux Grecs qui s'y installent.

LASKARINA BOUBOULINA

Les femmes ont joué un rôle important dans les mouvements de résistance de l'histoire grecque. Ce fut notamment le cas de Laskarina Bouboulina (1771-1825), célèbre femme marin qui devint membre de la Filikí Etería ("Société des amis"), organisation d'émancipation des Grecs du joug ottoman. Originaire d'Hydra, elle s'installa à Spetsès, d'où elle fit construire plusieurs navires de guerre – elle les commanda en qualité d'amiral –, qui servirent lors de plusieurs blocus (le plus célèbre était l'*Agamemnon*). À la tête de l'équipage et d'une petite armée de soldats, elle approvisionna les révolutionnaires en vivres, en armes et en munitions, utilisant ses bateaux pour le transport. Son aide dans les opérations maritimes fut extrêmement importante pour l'indépendance de la Grèce. Cependant, les divisions politiques à l'intérieur du gouvernement entraînèrent son arrestation après-guerre et son exil à Spetsès, où elle mourut.

C'est une héroïne nationale. Des rues portent son nom à travers tout le pays, et il y a des statues à son effigie et à celle de son arrière-petite-fille, Lela Karagianni (qui combattit dans les rangs de la Résistance pendant la Seconde Guerre mondiale) dans la ville de Spetsès, où la maison de Bouboulina abrite désormais un musée privé.

Schiller, Hugo, Musset, Shelley et Byron notamment. Ce dernier rallie d'ailleurs, en janvier 1824, Missolonghi, important foyer de résistance. Mais trois mois plus tard, il décédera des suites d'une pneumonie.

Théodore Kolokotronis (qui dirigea le siège de Nauplie), Markos Botzaris, Georges Countouriotes (armateur), l'amiral Andréas Miaoulis, les Phanariotes Alexandre Mavrocordatos et Démétrios Ypsilanti seront les principales figures de la lutte pour l'indépendance et donneront leur nom à maintes rues grecques.

D'abord publié en feuilleton dans *Le Temps, L'Archipel en feu* est un roman de Jules Verne paru en 1884 qui évoque la Grèce au moment de la guerre d'Indépendance.

Le mouvement ne manque pas de dirigeants mais de cohésion – tant pour le choix des objectifs que sur la stratégie à adopter. Peu après la proclamation de l'indépendance des querelles intestines dégénèrent en guerres civiles à deux reprises, dont la plus meurtrière ensanglante le Péloponnèse en 1824. Dès 1825, les Turcs se rendent à nouveau maîtres de Modon (Méthone) et de Corinthe, puis reprennent Navarin, Missolonghi et Athènes.

Les puissances occidentales se décident enfin à intervenir et se portent au secours des Grecs. En octobre 1827, la flotte turco-égyptienne est détruite à Navarin par les escadres réunies par la Russie, la France et la Grande-Bretagne. La Russie envoie par ailleurs des troupes dans les Balkans, provoquant une nouvelle guerre russo-turque. Les combats se poursuivront pendant trois ans. En 1829, l'armée russe est aux portes de Constantinople. Le sultan Mahmoud II signe avec les Russes le traité d'Andrinople, par lequel il reconnaît l'indépendance de la Grèce. En 1830, le protocole fixant l'indépendance et les frontières grecques est signé.

1814

Filikí Etería ("Société des amis"), une organisation indépendantiste grecque clandestine, est fondée à Odessa sur la côte de la mer Noire. Son influence s'étend à toute la Grèce.

1821

Le 25 mars, l'évêque Germanos de Patras (un membre de la Filikí Etería) annonce le début de la guerre d'Indépendance sur le continent. Les Grecs célèbrent leur fête nationale ce jour-là.

1822-1829

L'indépendance est déclarée à Épidaure le 13 janvier 1822, mais les combats se poursuivent pendant encore 7 ans.

1826

Le siège de Missolonghi par les forces ottomanes et la résistance héroïque de la population civile ont une grande résonance dans les cercles philhellènes.

La naissance d'une nation

Entre-temps, les Grecs se sont employés à organiser l'État indépendant qu'ils avaient proclamé quelques années auparavant. En avril 1827, ils désignent ainsi leur premier président, le Corfiote Jean Capo d'Istria, et choisissent comme capitale Nauplie dans le Péloponnèse.

Capo d'Istria, qui avait été ministre du tsar Alexandre Ier, souhaite instaurer un pouvoir fort et centralisé. Si l'homme a su obtenir le soutien des puissances étrangères, la manière despotique dont il conduit les affaires intérieures heurte nombre de dirigeants de la guerre d'Indépendance. En 1831, il est assassiné.

Pour combler le vide étatique, la Grande-Bretagne, la France et la Russie déclarent que la Grèce doit être placée sous l'autorité d'un monarque choisi en dehors du pays. Le trône vacant échoit à Othon de Bavière. Âgé de 17 ans, le prince arrive à Nauplie en janvier 1833. Son nouveau royaume – défini par la conférence de Londres de 1830 – regroupe le Péloponnèse, la Grèce centrale (Sterea Ellada), les Cyclades et les Sporades. En 1834, Othon transfère la capitale à Athènes.

Rapidement, les Grecs se prennent d'aversion pour le nouveau roi. Othon Ier arrive en effet accompagné d'une coterie de nobles bavarois, auxquels il confie les plus prestigieuses fonctions. Et le pouvoir qu'il instaure n'est pas moins autoritaire que celui de Capo d'Istria.

En 1843, le mécontentement s'accroît et les manifestations orchestrées par les dirigeants de la guerre d'Indépendance se multiplient. Othon Ier doit convoquer une Assemblée nationale. À elle d'élaborer une Constitution prévoyant l'instauration d'un régime parlementaire, composé d'une chambre basse et d'un Sénat. L'entourage d'Othon Ier est écarté du pouvoir et remplacé par des combattants de l'indépendance ayant obtenu les suffrages de leurs concitoyens.

La Grande Idée

Au milieu du XIXe siècle, les habitants de la nouvelle nation grecque sont toujours dans la même situation économique. C'est dans ce contexte de découragement et de pauvreté que la Megali Idea (la Grande Idée) fait son apparition. Cette politique irrédentiste vise à créer un nouvel empire grec qui rassemblerait l'ensemble des territoires ayant appartenu à la sphère d'influence hellénique autour d'une capitale : Constantinople.

Othon Ier enfourche avec enthousiasme ce cheval de bataille. Mais les hommes d'État grecs, trop occupés à trouver les moyens d'étendre leur propre pouvoir face à son régime autocratique, ne réagissent pas.

Vers la fin des années 1850, la plupart des héros de la guerre d'Indépendance ont cédé la place à une nouvelle génération d'hommes politiques, frais émoulus de l'université, qui, en 1862, à la suite d'une révolution pacifique, destitueront le roi Othon sans parvenir toutefois à

Dans *Histoire et géopolitique des Balkans de 1800 à nos jours* (Ellipses, 2002), Ernest Weibel explique les enjeux géopolitiques qui ont enlisé la Grèce et la Turquie dans leurs relations conflictuelles.

Le poète lord Byron faisait partie d'un important groupe de bénévoles philhellènes qui jouèrent un rôle actif dans la lutte pour l'indépendance. Son combat ne prit fin qu'à sa mort, en 1824.

1827
La flotte turco-égyptienne est coulée par une coalition britannique, française et russe lors de la bataille de Navarin (à Pylos, dans le Péloponnèse).

1829
Traité d'Andrinople par lequel les Ottomans concèdent l'indépendance à la Grèce.

1827-1831
Jean Capo d'Istria (Ioannis Kapodistrias) est désigné gouverneur de la Grèce indépendante avec pour capitale Nauplie, dans le Péloponnèse, avant d'être assassiné.

1833
Les forces de la Triple Entente (Grande-Bretagne, France et Russie) dépêchent le prince Othon de Bavière en Grèce pour qu'il en soit le premier monarque.

imposer leur propre programme. En effet, en 1864, la Grande-Bretagne cède à la Grèce les îles Ioniennes (protectorat britannique depuis 1815), et, dans l'euphorie générale qui s'ensuit, réussit à imposer sur le trône le jeune prince danois Guillaume, qui prend le nom de Georges Ier. Le règne de ce prince danois va durer 50 ans, et apporter une certaine stabilité au pays.

Parcours initiatique, le voyage en Orient est en vogue chez les lettrés du XIXe siècle. Après Chateaubriand (*Itinéraire de Paris à Jérusalem*, 1811) et quelque temps avant Gérard de Nerval (*Voyage en Orient*, 1851), le poète Alphonse de Lamartine accomplit en 1841 son *Voyage en Orient* dont la Grèce en pleine renaissance culturelle est une étape cruciale.

Une nouvelle Constitution est rédigée. Elle prévoit l'élection démocratique de représentants et relègue le rôle du souverain à celui de haut représentant de l'État. En 1866, le soulèvement de la Crète contre l'occupation ottomane est réprimé par le sultan. Au terme d'une nouvelle guerre russo-turque, la Grèce obtient en 1878 un accord de principe pour l'acquisition de la Thessalie et d'une partie de l'Épire.

Lorsque Kharilaos Trikoupis devient Premier ministre en 1882, les affaires intérieures sont pour la première fois privilégiées. Les années 1880 marquent, de fait, le début de la croissance économique, avec la construction de voies ferroviaires et routes pavées, l'achèvement du canal de Corinthe et l'essor rapide de la marine marchande.

Toutefois, la Grande Idée refait surface à la mort de Trikoupis (1896). En 1897, une nouvelle insurrection se produit en Crète ; le Premier ministre grec, Théodore Deliyannis, déclare alors la guerre à la Turquie et envoie de l'aide à la Crète. L'armée grecque tente par ailleurs d'envahir le nord de la Turquie, mais l'expédition tourne au désastre : seule l'intervention des grandes puissances empêchera l'armée ottomane de s'emparer d'Athènes.

La Crète est alors placée sous mandat international, et l'administration des affaires courantes est confiée aux Grecs. En 1908, Éleuthérios Vénizélos, ministre du Conseil exécutif crétois, proclame l'union (*enosis*) de l'île à la Grèce, mais il faut attendre 1913 pour qu'elle soit reconnue par la communauté internationale. En 1910, Vénizélos devient Premier ministre et restera la figure politique dominante du pays jusqu'en 1935.

Les guerres balkaniques

Au début du XXe siècle, l'Empire ottoman est en pleine décrépitude ; toutefois, il continue de s'accrocher à la Macédoine que convoitent la Serbie et la Bulgarie, mais aussi la Grèce. Les guerres balkaniques vont naître de ces antagonismes. La première oppose, en 1912, l'Entente balkanique (Serbie, Bulgarie et Grèce) à l'Empire ottoman. La seconde, déclarée en 1913, dresse la Grèce et la Serbie contre la Bulgarie. Le traité de Bucarest signé en août 1913 met fin à ces deux conflits et attribue à la Grèce un territoire augmenté du sud de la Macédoine, d'une partie de la Thrace, d'une nouvelle portion de l'Épire, et des îles du nord-est de la mer Égée. Il reconnaît également sa souveraineté sur la Crète.

1862-1863

Une révolution détrône le roi Othon Ier. La Grande-Bretagne rend les îles Ioniennes (protectorat britannique depuis 1815) à la Grèce pour calmer ses desseins expansionnistes.

1863-1864

La Grande-Bretagne orchestre l'ascension du prince danois Guillaume (futur roi Georges Ier) sur le trône grec. Son règne d'un demi-siècle s'ouvre sur une nouvelle Constitution en 1864.

1883

La Grèce achève la construction du canal de Corinthe creusé à travers l'isthme de Corinthe. Cette prouesse technique ouvre un passage entre la mer Égée et la mer Ionienne.

1883

Le célèbre écrivain grec Nikos Kazantzakis naît à Héraklion. Il deviendra célèbre au milieu du XXe siècle pour ses romans *Alexis Zorba* et *La Dernière Tentation du Christ*.

En mars 1913, le roi Georges Ier est assassiné par un déséquilibré. Son fils Constantin Ier lui succède.

La Première Guerre mondiale et Smyrne

Lorsque la Première Guerre mondiale éclate en août 1914, Constantin Ier, qui a épousé la sœur de l'empereur allemand, proclame la neutralité de la Grèce. Toutefois, les Alliés (Grande-Bretagne, France et Russie) s'emploient à entraîner les Grecs dans le combat contre l'Allemagne et la Turquie. À cet effet, ils leur promettent, une fois la guerre terminée, Smyrne et sa région. Vénizélos prend fait et cause pour les Alliés. Les tensions avec le roi s'intensifient au point qu'en 1916, Vénizélos instaure un gouvernement insurrectionnel, d'abord en Crète, puis à Thessalonique. En juin 1917, les flottes alliées occupent Athènes et déposent le roi Constantin Ier en faveur de son fils cadet, Alexandre Ier.

Les troupes grecques s'engagent alors résolument aux côtés des Alliés, mais lorsque la guerre prend fin, en 1918, il n'est plus du tout question des territoires promis. Vénizélos décide alors de prendre les choses en main. Fort du consentement des Alliés, il organise un débarquement à Smyrne (l'actuelle Izmir) en mai 1919, sous le prétexte de protéger les quelque 500 000 Grecs installés dans cette ville, dont ils constituent presque la moitié de la population. L'opération réussit. Doté dès lors d'un solide point d'ancrage en Asie Mineure, Vénizélos décide de poursuivre l'offensive, profitant de la faiblesse d'un Empire ottoman épuisé par la guerre. Il engage le combat en octobre 1920. Au mois de septembre 1921, l'armée grecque a avancé jusqu'au bord du fleuve Sakarya. Bien que profondément engagé à l'intérieur du territoire anatolien, Vénizélos a été désavoué par le peuple grec en novembre 1920.

Au printemps 1922, le jeune général Mustafa Kemal, qui deviendra Atatürk, le "père des Turcs", lance une vaste offensive qui met en déroute l'armée grecque, par ailleurs lâchée par les Anglais. Les Grecs sont chassés de Smyrne, et nombre d'habitants grecs de la ville sont massacrés. Mustafa Kemal, élevé au rang de héros national, abolit le sultanat et proclame la république.

L'invasion grecque et la révolution turque sont réglées, en 1923, par le traité de Lausanne. La partie orientale de la Thrace, les îles d'Imbros et de Ténédos, et la région de Smyrne sont attribuées aux Turcs. Les Italiens conservent le Dodécanèse dont ils s'étaient rendus maîtres en 1912.

Le traité prévoit également un échange de populations entre la Grèce et la Turquie, destiné à empêcher de nouveaux conflits. Près d'un million et demi de Grecs quittent ainsi la Turquie, tandis que quelque 400 000 Turcs abandonnent la Grèce.

Les querelles de la Grèce avec son voisin balkanique, l'Ancienne République yougoslave de Macédoine (ARYM), ont pour objets son nom, Macédoine, et le fils chéri de la Grèce, Alexandre le Grand, bien que la maison de ce dernier à Pella se trouve toujours dans la province de Macédoine dans le nord de la Grèce.

1896
Ressuscités par le baron Pierre de Coubertin, les premiers Jeux olympiques modernes se tiennent à Athènes.

1912-1913
Guerres des Balkans. La Grèce et la Serbie, alliées à la Bulgarie, disputent la Macédoine à la Turquie. La Grèce et la Serbie se dressent ensuite contre la Bulgarie.

1914
Première Guerre mondiale. D'abord neutre, la Grèce se range dans le camp des Alliés contre la promesse de terres en Asie Mineure.

1919
Un contingent grec débarque à Smyrne (actuelle Izmir) et engage les hostilités contre l'Empire ottoman l'année suivante.

La république (1924-1935)

L'afflux de réfugiés coïncide avec une période d'incertitude politique sans précédent. En octobre 1920, le roi Alexandre Ier succombe à une morsure de singe. Son père, Constantin Ier, remonte sur le trône, mais abdique après la chute de Smyrne. Son fils aîné, Georges II, lui succède, avant d'être détrôné par un groupe d'officiers, à la fin de la guerre contre la Turquie. Quant à la république, elle est proclamée en mars 1924. Mais elle sera mise en péril par une série de coups d'État.

Le retour au pouvoir de Vénizélos, en 1928, permet au pays de retrouver un semblant de stabilité. Une politique de réformes de l'économie et de l'enseignement est engagée, mais bientôt, elle est enrayée par la crise de 1929. Le Parti libéral de Vénizélos, antimonarchiste, est progressivement supplanté par le Parti populaire, royaliste, puis définitivement écarté après les élections de mars 1933. Le nouveau gouvernement, qui prépare une restauration monarchique, essuie encore une tentative de coup d'État du parti vénizéliste, en mars 1935. Mais elle avorte, et Vénizélos est exilé à Paris, où il mourra un an après. En novembre 1935, le roi Georges II est rétabli sur le trône, à l'issue d'un plébiscite truqué. Le nouveau monarque nomme au poste de Premier ministre le général Ioannis Metaxas qui, neuf mois plus tard, en 1936, instaure un pouvoir dictatorial sous prétexte d'empêcher un coup d'État communiste.

Considérée comme l'une des plus grandes hellénistes, Jacqueline de Romilly (1913-2010) montre dans *Une certaine idée de la Grèce* (LGF, 2010) sa fascination pour le monde grec.

La Seconde Guerre mondiale

Metaxas est animé d'une vision grandiose : créer une troisième civilisation grecque, inspirée du glorieux passé antique et byzantin. Ce qu'il instaure, en réalité, ressemble plutôt à une version grecque du IIIe Reich. Il exile ou incarcère, voire assassine les opposants, interdit les syndicats ainsi que le Parti communiste grec (KKE, Kommounistiko Komma Ellados), soumet la presse à la censure, et met en place une police secrète et un mouvement de jeunesse d'obédience fasciste. Toutefois, l'histoire a surtout retenu sa réponse – *ochi* (non) – à Mussolini, qui exigeait le libre passage de son armée sur le territoire grec. En 1940, les Italiens envahissent la Grèce mais sont refoulés jusqu'en Albanie.

Pour mener l'offensive contre l'Union soviétique, Hitler a besoin de s'assurer un solide point d'ancrage dans les Balkans, sur son flanc méridional. Ce fait n'échappe pas aux Britanniques qui demandent à Metaxas l'autorisation d'installer des troupes en Grèce. Mais ils obtiennent la même réponse que Mussolini. Toutefois, Metaxas meurt subitement en janvier 1941. Le roi le remplace par Alexandre Korysis qui consent au débarquement britannique. Lorsque l'armée allemande pénètre en Grèce le 6 avril 1941, le nouvel homme fort de la Grèce se suicide. Les troupes grecques, britanniques, australiennes et néo-zélandaises, inférieures en

1920
Le traité de Sèvres consacre le démembrement de l'Empire ottoman. La Grèce se voit accorder la Thrace orientale et la région de Smyrne.

1923
Les troupes kémalistes chassent les Grecs de Turquie. Le traité de Lausanne aboutit à un échange de populations entre les deux pays, événement connu sous le nom de "catastrophe d'Asie Mineure".

1924-1934
La république est proclamée. Le retour à la stabilité de la Grèce est contrarié par la Grande Dépression. Sous Eleftherios Vénizélos, les monarchistes et les parlementaires se disputent le contrôle du pays.

1935
La monarchie est rétablie. Le général Ioannis Metaxas, nommé Premier ministre, instaure un mode de gouvernance dictatorial.

nombre, sont incapables d'opposer la moindre résistance et, en moins d'un mois, l'ensemble du pays est occupé par les nazis. Le roi Georges II et son gouvernement s'exilent en Égypte. Quant à la population civile, elle endure les pires souffrances.

De nombreux mouvements de résistance apparaissent. L'ELAS (Ellinikos Laïkos Apeleftherotikos Stratos, Armée populaire grecque de libération), fondée à l'initiative du Parti communiste, rassemble une large base militante. De son côté, l'EAM (Ethniko Apeleftherotiko Metopo, Front national de libération) est composé de membres du KKE, qui ont vécu à Moscou dans les années 1930 et espèrent instaurer un régime communiste de type stalinien en Grèce. Quant à l'EDES (Ethnikos Dimokratikos Ellinikos Syndesmos, Armée grecque démocratique nationale), elle réunit des résistants monarchistes et de droite. Ces groupes mettront autant d'acharnement à se combattre qu'à vaincre les Allemands.

Dès 1943, la Grande-Bretagne se préoccupe de l'avenir politique de la Grèce. Winston Churchill est favorable au retour du roi, car il craint que les communistes s'emparent du pouvoir – craintes renforcées par la participation de l'EAM au gouvernement d'union nationale formé en avril 1944 par Georgios Papandréou. En octobre 1944, les Allemands sont repoussés hors du territoire grec, mais la guerre continue entre résistants monarchistes et communistes.

Dans la Grèce d'Hitler : 1941-1944, Mark Mazower (Poche Perrin, 2012) fait un récit intime et complet de l'occupation nazie en Grèce et de la montée de la résistance.

La guerre civile

Le 3 décembre 1944, la police ouvre le feu sur une manifestation communiste, place Syntagma. Les "événements de décembre" (Dekemvriana) – premier épisode de la guerre civile – commencent. Durant 6 semaines, ils opposent la droite et la gauche. Seule l'intervention des troupes britanniques empêche une victoire de l'ELAS et de l'EAM. En mars 1946, les monarchistes remportent les élections boycottées par les communistes et, quelques mois après, un plébiscite truqué rétablit Georges II sur le trône.

Psyhi Vathia (2009), de Pantelis Voulgaris, fait partie de rares films abordant le sujet sensible de la guerre civile grecque.

En octobre, l'Armée démocratique de la Grèce (milice communiste) est créée pour mener le combat contre la monarchie et ses alliés britanniques. Sous le commandement de Markos Vaphiades, elle occupe une large bande de territoire le long de la frontière avec l'Albanie et la Yougoslavie.

Dès 1947, les États-Unis se substituent aux Britanniques comme pays "protecteur" de la Grèce. La guerre civile s'inscrit dès lors dans un contexte plus vaste : celui de la guerre froide. Les Américains s'efforcent d'endiguer la montée de l'influence soviétique en Europe. Fidèles à la doctrine de Truman, ils distribuent des aides financières et du matériel militaire, afin de consolider le gouvernement de coalition

1940	1941-1944	1944-1949	1948
Le 28 octobre, le général Metaxas refuse à Mussolini le droit de traverser la Grèce. Les troupes italiennes engagent le combat contre la Grèce, qui les refoule jusqu'en Albanie.	L'Allemagne envahit et occupe la Grèce. Les monarchistes, les républicains et les communistes forment des groupes de résistance qui, en dépit de querelles internes, parviennent à chasser les Allemands.	La Grèce sombre dans la guerre civile. Les monarchistes reprennent le pouvoir en 1946, mais la guerre civile continue de faire des victimes et bon nombre de Grecs s'expatrient.	L'Italie cède les îles du Dodécanèse, donnant ainsi à la Grèce ses frontières actuelles.

anticommuniste. Le gouvernement déclare le communisme hors la loi, et instaure un "certificat de sentiment national" – attestant que son titulaire n'adhère pas aux idéaux communistes. Ce certificat, sans lequel les Grecs n'étaient pas autorisés à voter et ne parvenaient pas à trouver du travail, demeurera en vigueur jusqu'en 1962.

L'aide financière consentie par les États-Unis ne modifie guère la situation sur le terrain. L'Armée démocratique continue d'être approvisionnée par les États communistes voisins et, dès la fin de l'année 1948, une grande partie de la Grèce continentale et du Péloponnèse est passée sous son contrôle. Toutefois, Vaphiades, son chef, ne parvient pas à s'emparer des grandes villes. Au début 1949, la situation tourne à l'avantage du gouvernement, dont les forces refoulent l'Armée démocratique hors du Péloponnèse. Les hostilités cessent en octobre 1949, lorsque la Yougoslavie rompt avec l'Union soviétique, coupant la voie de ravitaillement de l'Armée démocratique. Vaphiades est assassiné par des subalternes staliniens. L'Armée démocratique capitule. Le pays est au bord de l'abîme.

De la résistance à la guerre civile en Grèce, de Joëlle Fontaine (La Fabrique, 2012), s'attache à éclaircir le rapport de force entre les grandes puissances dont les agissements en Grèce se firent au mépris des aspirations du peuple hellène.

L'avenir paraît si sombre que le pays connaît un exode. Près d'un million de Grecs s'expatrient, notamment en Australie, au Canada ou aux États-Unis. Des villages, voire des îles entières, sont laissés à l'abandon.

La reconstruction et la question chypriote

Des élections générales sont organisées en 1950. Le scrutin proportionnel ayant engendré une série de coalitions impraticables, il est remplacé, deux ans plus tard, par un système majoritaire. Les élections suivantes sont remportées par le Rassemblement hellénique (Ellinikos Synagermos), parti de droite nouvellement créé par le maréchal Papagos. Il est l'homme qui a dirigé les opérations contre les communistes durant la guerre civile. À sa mort, en 1955, le ministre des Travaux publics, Constantin Caramanlis, lui succède.

En 1951, la Grèce est admise au sein de l'OTAN et, en 1953, les États-Unis obtiennent l'autorisation d'installer des bases militaires. Résolus à maintenir au pouvoir un gouvernement de droite, les États-Unis se montrent généreux sur le plan financier comme sur le plan de l'armement.

Pendant les années 1950, les conditions de vie s'améliorent, mais la Grèce n'en demeure pas moins un pays pauvre.

En Grèce, les élections de 1961 marquent le retour au pouvoir de Caramanlis, pour la troisième fois, à la tête de l'Union radicale nationale (ERE) – nouveau nom du Rassemblement hellénique. Papandréou, ancien partisan de Vénizélos et fondateur en 1958 de l'Union du centre (EK), accuse l'ERE d'avoir trafiqué les résultats. Une période de luttes

1951
La Grèce entre dans l'OTAN.

1963
Le député socialiste Grigoris Lambrakis est assassiné à Thessalonique lors d'une manifestation pacifiste.

1967-1974
En avril 1967, un coup d'État est orchestré par des généraux, qui instaurent une junte militaire.

1973
Le 17 novembre, des chars enfoncent les portes de l'École polytechnique d'Athènes et des troupes tirent sur les étudiants en révolte. Plus de 20 d'entre eux sont tués.

CHYPRE, L'ÎLE DIVISÉE

Depuis les années 1930, les Chypriotes grecs (4/5e des insulaires) réclament le rattachement de l'île à la Grèce. De son côté, la Turquie n'a jamais cessé de revendiquer ce territoire depuis 1878, date à laquelle l'île fut intégrée à l'Empire britannique en tant que protectorat (puis colonie de la Couronne britannique en 1925). Si la Grèce était en faveur d'une réunification, la Grande-Bretagne et les États-Unis, installés sur un territoire stratégique, y étaient fortement opposés. En 1954, une flambée de violence oppose Chypriotes turcs et grecs. L'EOKA (Organisation pour la libération de l'île) engage la lutte armée contre les Britanniques. En 1959, après d'âpres négociations, l'Angleterre, la Grèce et la Turquie parviennent à un compromis, par lequel Chypre pourrait devenir indépendante.

Chypre est proclamée république en août 1960. Mgr Makarios est nommé à la présidence et un Turc, Fasal Kükük, au poste de vice-président. En réalité, cette décision n'apaise guère les deux camps : les Chypriotes grecs de droite se rallient contre les Britanniques, tandis que les Chypriotes turcs continuent de réclamer une partition de l'île. En juillet 1974, le nouveau Premier ministre (autoproclamé) de la Grèce, Ioannidis, tente d'unifier Chypre et la Grèce par la force en faisant tomber le gouvernement Makarios, lequel, ayant eu vent du projet, s'enfuit. La réaction turque ne se fit pas attendre : des militaires occupèrent le nord de l'île, divisant l'île en deux parties et contraignant près de 200 000 Chypriotes grecs à abandonner leur foyer pour se réfugier dans le Sud (sans compter les 1 500 réfugiés qui disparurent).

Surveillée par les Nations unies, la Ligne verte qui sépare Grecs et Turcs depuis 1974 est une zone fantôme. Depuis des décennies, les négociations entre les deux pays n'aboutissent à rien. En 2004, Chypre, bien que toujours divisée, a été admise dans l'Union européenne après le rejet du référendum sur la réunification. Malgré tout, la médiation internationale se poursuit.

politiques s'ouvre alors pour culminer en mai 1963 avec l'assassinat de Grigoris Lambrakis, député de l'EDA (Gauche démocratique unifiée). Caramanlis, incapable de faire face à la situation, démissionne et quitte le pays.

En dépit des efforts parfois désespérés déployés par l'ERE pour conserver le pouvoir, l'EK remporte les élections en février 1964. Papandréou s'empresse de mettre en œuvre une série de réformes radicales. Il libère les prisonniers politiques, autorise les exilés à rentrer en Grèce, réduit l'impôt sur le revenu et le budget de la Défense, et augmente les dépenses affectées aux services sociaux et à l'éducation. L'élection de Papandréou coïncide avec l'accession au trône du roi Constantin II et une escalade de la violence à Chypre, qui dégénère en guerre civile. Ce conflit ne prend fin qu'avec l'intervention des Nations unies.

1974

Un plan bâclé visant à unifier Chypre et la Grèce précipite l'invasion de Chypre par les troupes turques, et la chute de la junte militaire. Rétablissement de la démocratie en Grèce.

1981

La Grèce rejoint l'Union européenne, faisant tomber ses barrières commerciales. La croissance économique est bonne.

1981-1990

Premier gouvernement socialiste (le Pasok) avec à sa tête Andréas Papandréou. La lune de miel dure 9 ans, avant que les conservateurs ne reprennent le pouvoir.

1996

Costas Simitis remplace Andréas Papandréou au poste de Premier ministre.

Le coup d'État des colonels

La droite grecque est révoltée par la tolérance dont Papandréou fait preuve à l'égard de la gauche. Le climat est lourd de suspicion, la droite et la gauche s'accusant mutuellement de préparer un coup d'État. Dans ce contexte, Papandréou juge qu'il convient d'effectuer un important remaniement au sein des forces armées. Le roi Constantin II refuse néanmoins de coopérer à cette entreprise. Papandréou doit démissionner.

Après deux années de gouvernements intérimaires stériles, un groupe de colonels, dirigés par Georgios Papadopoulos et Stylianos Patakos, organisent un coup d'État le 21 avril 1967. Après une tentative avortée pour renverser leur pouvoir en décembre, Constantin II quitte le pays. Un régime militaire est instauré. Papadopoulos est le Premier ministre.

Les colonels proclament l'état de siège, interdisent l'ensemble des partis politiques et des syndicats et rétablissent la censure. Quant aux opposants, ils sont des milliers à être emprisonnés, torturés ou exilés. En juin 1972, Papadopoulos proclame la république – qui sera confirmée par un référendum truqué, un mois après – et s'arroge le titre de président.

En novembre 1973, des étudiants occupent l'École polytechnique d'Athènes pour protester contre le régime des colonels. Dans la nuit du 16 novembre, des chars prennent d'assaut le bâtiment, blessant de nombreux étudiants et tuant au moins 20 personnes. Le 25 novembre, Papadopoulos est renversé par le général Ioannidis, directeur de la sûreté militaire.

L'assassinat politique de Grigoris Lambrakis en 1963 est décrit dans *Z*, le roman de Vassilis Vassilikos qui dépeint avec force la situation politique de la Grèce au début des années 1960. Ce roman fut par la suite adapté au cinéma par Costa-Gavras sur un scénario de Jorge Semprun et remporta plusieurs prix.

La restauration de la démocratie

L'armée rappelle Caramanlis à Athènes, lui confiant le soin de sortir le pays du chaos. Des élections libres sont organisées en novembre 1974 et sont marquées par le triomphe du nouveau parti de Caramanlis, la Nouvelle Démocratie. L'interdit prononcé contre le Parti communiste est levé, et Andréas Papandréou (fils de Georgios) fonde le Mouvement socialiste panhellénique (Pasok). Un référendum sur le rétablissement de la monarchie est organisé. À une majorité de 70%, le peuple se prononce contre le rétablissement. La république est restaurée.

En 1977, la Nouvelle Démocratie remporte à nouveau les élections, mais la popularité de son dirigeant commence à décliner. L'une des principales réalisations de Caramanlis a été de gérer l'entrée de la Grèce, le 1er janvier 1981, dans le Marché commun.

Les années 1980 et 1990

La Grèce intègre la Communauté européenne en 1981. Dixième membre, elle en est alors l'État le plus petit et le plus pauvre. En octobre 1981, le parti d'Andréas Papandréou, le Pasok, remporte les élections. La Grèce connaît alors son premier gouvernement socialiste. Dans son

1999
La Turquie et la Grèce sont secouées par de violents tremblements de terre. Les deux nations engagent un effort d'entraide et leurs relations diplomatiques se réchauffent.

2001
La Grèce abandonne la drachme et adopte l'euro.

2004
La Grèce organise la 28e édition des Jeux olympiques d'été et remporte le championnat d'Europe de football.

2007
De vastes incendies de forêt dévastent l'ouest du Péloponnèse, l'île d'Eubée et l'Épire. Cette catastrophe écologique fait aussi 66 morts et des milliers de sans-abri.

programme électoral, le parti a promis d'ambitieuses réformes sociales, l'évacuation des bases militaires américaines et le retrait de l'OTAN. La présence militaire américaine a bien été réduite, mais le taux de chômage demeure élevé et les réformes de l'éducation et de la sécurité sociale s'avèrent restreintes. En revanche, des progrès ont été réalisés dans le domaine des droits des femmes, avec l'abolition du système de la dot, la légalisation de l'avortement, et l'introduction du mariage civil et du divorce.

Un scandale financier, une série de grèves générales et des querelles politiques fondamentales au sujet du système éducatif affaiblissent le Pasok et en 1990, la Nouvelle Démocratie revient au pouvoir, avec à sa tête Constantin Mitsotakis. Décidé à résoudre les problèmes économiques – inflation et dépenses publiques élevées –, le gouvernement impose une politique d'austérité qui se traduit par le gel des salaires dans la fonction publique et une augmentation brutale des prix des services publics.

Fin 1992, des allégations de corruption sont portées contre le gouvernement. Au milieu de l'année 1993, des partisans de Mitsotakis abandonnent la ND au profit d'un nouveau parti, le Printemps politique, et la ND perd sa majorité parlementaire. Des élections anticipées organisées en octobre ramènent le parti d'Andréas Papandréou au pouvoir.

En raison de problèmes de santé, Papandréou est contraint de se retirer de la vie politique au début de l'année 1996 ; il décède le 26 juin. Son départ entraîne un changement d'orientation à la tête du Pasok : abandonnant la politique de gauche de Papandréou, le parti nomme Costas Simitis, avocat et économiste chevronné, au poste de Premier ministre. Il obtient par la suite la majorité aux élections de 1996.

Le prince Philip, duc d'Édimbourg (né prince Philippe de Grèce et de Danemark à Corfou en 1921) faisait partie de la famille royale grecque. L'ancien roi de Grèce, Constantin, est le parrain du prince William. Exilés à Londres pendant 46 ans, Constantin et sa famille sont rentrés à Athènes en 2013.

L'aube du XXIe siècle

Le nouveau millénaire voit la Grèce rejoindre la zone euro en 2001, malgré les réticences de certains États-membres qui estimaient que le pays n'était pas prêt sur le plan économique, sa dette publique et son taux d'inflation étant trop élevés. Avec le recul, de nombreux Grecs ont déploré le mauvais étalonnage de la drachme par rapport à l'euro, affirmant que la monnaie grecque était sous-évaluée et que, du jour au lendemain, le coût de la vie a augmenté de manière disproportionnée. Cela dit, des milliards d'euros ont été dépensés dans des projets d'infrastructures à grande échelle sur l'ensemble du territoire, notamment pour la rénovation d'Athènes, une entreprise encouragée par l'organisation des Jeux olympiques de 2004.

D'importantes grèves générales ont été organisées pour exprimer le mécontentement électoral grandissant. Des centaines de milliers de personnes ont protesté contre les réformes radicales du travail et des

Septembre 2007
Des élections générales sont organisées : le gouvernement conservateur de Kostas Karamanlis est réélu pour un deuxième mandat consécutif.

2008
La police tue un adolescent de 15 ans à Athènes, à la suite d'échauffourées supposées. Cet événement marque le début d'une série d'émeutes dans plusieurs villes du pays.

2009
Le projet de prospection pétrolière et gazière de la Turquie au large des côtes de Kastellorizo et de Chypre inquiète la Grèce. La tension monte quand des avions turcs survolent plusieurs îles grecques.

2009
Le parti socialiste de Georges Papandréou (Pasok) remporte une victoire écrasante face aux conservateurs, et hérite des pots cassés de la dette publique.

retraites et les projets de privatisation défendus par les analystes pour aider à résorber la dette publique. Le conflit entre le gouvernement de la ND et la population s'est également enlisé à la suite de scandales politiques, qui ont embrasé le pays en décembre 2008, lorsque des émeutes urbaines, menées par des jeunes d'Athènes révoltés par la mort d'un adolescent abattu par la police, ont éclaté à travers tout le pays.

Cette affaire faisait suite à une autre controverse portant sur des échanges de terrains entre un monastère et le gouvernement, qui, d'après certains observateurs, auraient été particulièrement défavorables pour les contribuables. Bref, à mi-mandat, le Premier ministre Kostas Karamanlis avance à octobre 2009 les élections. Mené par Georgios Papandréou, le Pasok remporte la victoire à une écrasante majorité.

Une situation explosive

En 2009, la combinaison des dépenses publiques, de l'évasion fiscale généralisée et du resserrement du crédit dû à la récession mondiale a failli bloquer l'économie grecque. L'année suivante, les partenaires européens de la Grèce lui ont consenti une aide de 110 milliards d'euros (soit la moitié du PIB grec) pour remettre le pays sur pied, moyennant des conditions strictes : le gouvernement Pasok, toujours conduit par Papandréou, devait imposer de sévères mesures d'austérité et réduire le gigantesque déficit grec. Les énormes restrictions budgétaires – au nombre desquelles une baisse de salaire de 10% pour les salariés du secteur public – n'ont néanmoins pas suffi. Ces mesures trop tardives n'ont en effet pas empêché les créanciers étrangers de réclamer des taux d'intérêt toujours plus élevés pour leurs prêts.

La Grèce allait véritablement de Charybde en Scylla : pour recevoir de nouvelles aides – essentielles si l'on ne voulait pas remettre en cause la crédibilité de l'euro –, il lui fallait entreprendre des réformes qui pénaliseraient encore un peu plus le Grec moyen, poussant à la révolte même les citoyens non politisés. Certains espéraient un retour à la drachme, mais beaucoup estimaient qu'un "Grexit", une sortie de l'euro, aurait plutôt un effet négatif sur la dette, la drachme n'ayant pas grand poids à l'échelle monétaire mondiale.

Proposant un référendum sur les conditions imposées par l'Union européenne, Georgios Papandréou ne parvient pas à former une coalition et quitte le pouvoir. Au mois de novembre 2011, Lucas Papademos, ancien vice-président de la Banque centrale européenne (BCE), lui succède. L'année suivante, le leader du parti Nouvelle Démocratie, Antonis Samaras, endosse à son tour la charge de Premier ministre, s'alliant avec le Pasok et de plus modestes groupes parlementaires, afin de poursuivre le programme d'austérité. Un deuxième plan de sauvetage, de 130 milliards

2010	2011	2011-2012	Février 2012
La Grèce bénéficie du plan de sauvetage financier le plus important de l'histoire, avec le versement d'une enveloppe de 125 milliards d'euros par les institutions de l'UE.	Des milliers de manifestants défilent vers le Parlement pour contester les nouvelles mesures d'austérité du gouvernement. Le Premier ministre Papandréou démissionne.	Des gouvernements de coalition successifs sont dirigés par Lucas Papademos, ancien vice-président de la Banque centrale européenne, puis par Antonis Samaras (Nouvelle Démocratie, ND).	Le Parlement vote un plan d'austérité de 13,5 milliards d'euros afin d'obtenir la nouvelle tranche d'aide de l'UE et du FMI.

d'euros, implique de nouvelles mesures d'austérité : réduction de 22% du salaire minimum et de 15% des retraites, suppression de 15 000 postes dans le secteur public –, d'où d'importantes grèves à Athènes. Dans la capitale, le taux de suicide croît de 40%. Le parti extrémiste Aube dorée progresse, générant une vague de racisme dirigée ouvertement contre la population immigrée du pays.

Cela a été une période très difficile pour la classe moyenne, touchée par des réductions de salaire d'environ 30% et des prélèvements accrus sur la fiche de salaire, à travers 17 "nouveaux" impôts et taxes. Alors que l'UE et le FMI avaient initialement prévu que la Grèce retrouverait la croissance en 2014, l'impossibilité de régler leurs impôts dans laquelle se sont trouvés de nombreux Grecs en fin d'année a limité la croissance à 0,4%. En janvier 2015, Nouvelle Démocratie a perdu les élections face au parti de gauche Syriza, Alexis Tsipras, nouveau Premier ministre (40 ans), remportant le scrutin grâce à son projet anti-austérité.

Entre plan de sauvetage et austérité

C'est la toute première victoire électorale de Syriza. Pour constituer une majorité, ce parti radical de gauche forme une coalition avec les Grecs indépendants (ANEL) de droite, alliés improbables unis par le rejet commun du programme de sauvetage monétaire.

Tsipras campe initialement sur ses positions, mais en juin 2015, la Grèce est la première nation à se retrouver en défaut de paiement vis-à-vis de l'UE et du FMI. Les tentatives de négocier un nouveau sauvetage financier se révèlent infructueuses et Tsipras préfère laisser le peuple décider par référendum. Plus de 61% des votants refusent les conditions du sauvetage.

La semaine qui suit est particulièrement tourmentée. Les banques grecques commencent à manquer de liquidités, tandis que les marchés mondiaux s'effondrent à l'annonce par l'UE du plan détaillé d'un possible Grexit (sortie de la Grèce de l'Union européenne).

In extremis, Tsipras parvient à obtenir un prêt d'un montant de 86 milliards d'euros, mais les mesures d'austérité qui l'accompagnent sont encore plus sévères que celles proposées avant le référendum. Nombreux sont ceux à penser que, les banques grecques étant au bord de la faillite, Tsipras a été contraint d'en accepter les termes. De nouvelles hausses d'impôts, la réforme des retraites et la privatisation de compagnies publiques à hauteur de 50 milliards d'euros : autant d'éléments qui font amplement envisager la Grèce comme une pupille de l'Europe.

Des désaccords au sein de Syriza et d'ANEL avec de farouches opposants au sauvetage financier obligent Tsipras à démissionner en

2012
Le gouvernement propose de réduire le salaire minimum de 22% et les retraites de 15%, tout en supprimant 15 000 emplois du secteur public.

2013
Le chômage atteint les 26,8%, soit le plus élevé de l'UE. Chez les jeunes, le taux frise les 60%.

2014
Le retour à la croissance prévu pour la Grèce en 2014 par l'UE et le FMI ne se réalise pas.

2015
Le parti Nouvelle Démocratie est remplacé par Syriza, parti de la gauche radicale mené par le quadragénaire Alexis Tsipras.

août 2015. De nouvelles élections (les quatrièmes en Grèce en à peine plus de 3 ans) sont organisées en septembre. Contre toute attente, Tsipras est largement réélu, à 6 sièges seulement de la majorité absolue. Néanmoins, seuls 57% des électeurs se sont exprimés, un taux d'abstention record en Grèce. Pour les Grecs, choisir entre l'austérité et le Grexit n'évitera pas le naufrage.

En 2018, la Grèce sort officellement du plan de sauvetage. Bien que le chômage ait diminué, la consommation augmenté et la pauvreté décliné sous le gouvernement Tsipras, les Grecs, épuisés par les mesures d'austérité, rejettent Syriza lors des élections européennes de mai 2019 et des législatives de juillet. La Nouvelle Démocratie, parti de centre-droit dirigé par Kyriakos Mitsotakis, remporte 158 sièges au Parlement national, soit la majorité absolue.

Ekateríni Sakellaropoúlou, magistrate et présidente du Conseil d'État, devient à l'issue des élections des députés grecs de janvier 2020, la première femme présidente de la République.

2015	2017	2019	2020
Incapable de rembourser sa dette, la Grèce envisage la possibilité de sortir de la zone euro. Elle doit encore s'endetter, et observer les mesures d'austérité les plus strictes jamais appliquées.	Le nombre de réfugiés en Grèce atteint 62 000 (surtout des femmes et enfants). La fermeture des frontières vers les autres pays d'Europe les retient prisonniers, la plupart dans les camps des îles grecques.	Après une défaite aux élections européennes et locales, Syriza est aussi battu aux législatives de juillet par Nouvelle Démocratie, le parti de Kyriakos Mitsotakis qui est nommé Premier ministre.	Ekateríni Sakellaropoúlou devient présidente de la République.

Culture grecque ancienne

Imprégnés de culture grecque avant même que l'Empire romain n'étende sa puissance sur les terres hellènes, les Romains éprouvèrent d'office à son égard le plus profond respect et une immense admiration. Ils adoptèrent ses divinités (qu'ils rebaptisèrent), mais aussi sa littérature, ses mythes, sa philosophie, son art et son architecture. Aujourd'hui encore, l'héritage de la Grèce antique continue d'influencer notre monde.

Mythologie

Les mythes retraçant la vie des dieux et des héros de la Grèce antique sont fortement enracinés dans la conscience collective de la civilisation occidentale. Ils présentent de multiples facettes et proposent différents niveaux de lecture : récits savoureux, expression d'une grande pénétration psychologique, tournures d'une saisissante poésie, ferments de fantaisie. Ils ont inspiré de grandes œuvres, que ce soit en littérature, en poésie, en peinture ou en musique, car les archétypes qu'ils mettent en scène révèlent les motifs cachés du comportement humain.

Il semble que les mythes qui nous ont été transmis proviennent d'un mélange de mythologie dorienne et mycénienne. La plupart des récits puisent leur origine dans les œuvres d'Homère et d'Hésiode, produites, estime-t-on, au VIIIe siècle av. J.-C. Par la suite, les mythes originels ont subi un nombre de remaniements incalculable : selon les cas, ils ont été dramatisés, moralisés, voire adaptés à des fins de propagande politique, de sorte qu'il en existe des versions très différentes.

S'il ne fallait lire qu'un seul livre sur la mythologie, ce serait *L'Univers, les dieux, les hommes* (Points Seuil, 2002), de Jean-Pierre Vernant (1914-2007). Ce grand spécialiste de la mythologie grecque savait se faire conteur.

Sexe, mensonges et vie d'en haut, les douze dieux de l'Olympe

Les principaux protagonistes de la mythologie sont les douze dieux du mont Olympe qui, selon les Grecs, se dressait à l'exact centre du monde. Leurs noms romains sont entre parenthèses.

Zeus (Jupiter) – Dieu suprême. Il règne sur les autres dieux. Sa tâche consiste à promulguer des lois et à maintenir un semblant d'ordre dans la vie dissipée des siens. Il se distingue également par une insatiable libido – il a un nombre incalculable d'enfants. Son emblème est la foudre.

Héra (Junon) – Sœur et épouse de Zeus, elle est la déesse du Mariage et de la Maternité. Protectrice des femmes et de la famille, elle retrouve chaque année sa fraîcheur virginale en se baignant dans une source. Elle a donné naissance à Arès, Héphaïstos et Hébé. Les infidélités de son mari la meurtrissent et la révoltent, et sa colère se retourne contre ses rivales et leurs enfants. Héra poursuit également les Troyens d'une haine tenace depuis que Pâris a imprudemment proclamé la beauté d'Aphrodite supérieure à la sienne. Le coucou et le paon sont ses deux emblèmes.

Héra

Arès (Mars) – Fils de Zeus et d'Héra, il est le dieu de la Guerre. Comme il est irascible, inconstant et violent, rien ne peut lui faire plus plaisir qu'un bon massacre. Amant d'Aphrodite, la femme d'Héphaïstos, et surpris par ce dernier, Arès se réfugie en Thrace. Les Athéniens, qui combattaient uniquement pour défendre de nobles idéaux, telle la liberté, étaient convaincus qu'Arès était thrace – région dont ils assimilaient les habitants à des barbares. Il a pour emblème une armure.

Héphaïstos (Vulcain) – Fils de Zeus et d'Héra, il est le dieu du Feu et des Forgerons. Il est vénéré pour son savoir-faire inégalé dans l'artisanat. Contrefait, il est estropié des deux jambes, mais derrière ce physique difforme, se cache un esprit fin et inventif. Lorsque Zeus décide de punir les mortels, il demande ainsi à Héphaïstos de créer une femme. Avec de l'argile et de l'eau, Héphaïstos façonne Pandore et la charge de séduire les mortels pour les conduire à leur perte. Ouvrant une jarre – modernisée en "boîte" par la mémoire collective – qu'elle avait ordre de conserver fermée, elle en laissa échapper tous les maux de la Terre. Le marteau et l'enclume sont les emblèmes d'Héphaïstos.

Aphrodite

Aphrodite (Vénus) – Femme d'Héphaïstos et maîtresse d'Arès, elle est la déesse de l'Amour, de la Beauté et de la Fécondité. Sa beauté dépasse celle des autres divinités. Elle possède une ceinture magique. Celui ou celle qui la revêt fait naître l'amour dans tous les cœurs. Aussi Aphrodite est-elle l'objet de toutes les assiduités : les dieux la poursuivent, éperdus de désir, tandis que les déesses la pressent de bien vouloir leur prêter sa ceinture. Zeus, las de sa frivolité, l'a mariée à Héphaïstos, son fils, le plus laid des dieux. Les emblèmes d'Aphrodite sont la colombe et la ceinture.

Athéna

Athéna (Minerve) – Fille de Zeus et de Métis, elle est la déesse de la Sagesse, et la protectrice d'Athènes et des héros. Sortie armée de pied en cap de la tête de Zeus (Héphaïstos jouant le rôle de "sage-femme"), elle est une guerrière avisée, intelligente et apprécie les arts. À la différence d'Arès, son demi-frère, elle préfère recourir à la sagesse pour régler les disputes à l'amiable. S'il le faut, elle s'engage courageusement dans la bataille. Comme Artémis, elle est d'une absolue chasteté. Le hibou et l'armure sont ses emblèmes.

Poséidon (Neptune) – Frère de Zeus, il règne sur les mers et les eaux. Il préfère à l'Olympe son somptueux palais englouti dans les profondeurs de l'Égée. Lorsqu'il se met en colère, il se sert de son trident pour provoquer raz-de-marée et inondations. Sa mauvaise humeur est également à l'origine de tremblements de terre et d'éruptions volcaniques. Poséidon, qui s'efforce sans cesse d'accroître son empire terrestre, dispute Naxos à Dionysos, Argos à Héra, et Athènes à Athéna. Son emblème est le trident.

Apollon – Né de l'union de Zeus et de Léto, et frère jumeau d'Artémis, il est le dieu du Soleil, de la Musique, de l'Harmonie et de la Lumière matérielle, symbolique et spirituelle. Aussi est-il également le dieu des Arts et des Lettres. Présenté sous les traits d'un bel homme, Apollon connaît de nombreuses histoires d'amour. Femmes et hommes partagent sa couche, dont Hyacinthe, qui, blessé par un homme jaloux, perdra son sang, donnant ainsi naissance à la jacinthe. Son emblème est la lyre.

Poséidon

Artémis (Diane) – Née également de l'union de Zeus et de Léto, sœur jumelle d'Apollon, elle est la déesse de la Chasse, des Forêts et de la Lune, mais aussi des enfants abandonnés, qu'elle protège. Déesse de l'Enfantement, elle demande à Zeus de lui accorder une éternelle virginité. Virginité qu'elle préserve farouchement, ce que le jeune Actéon apprendra à ses dépens. Éperdu d'amour pour elle, il la surprend au bain. Folle de colère, Artémis le transforme en cerf et le fait dévorer par sa meute de chiens. L'arc est son emblème.

Déméter (Cérès) – Sœur de Zeus, elle est la déesse de la Terre, des Moissons et du Mariage. Sa fille Perséphone (Proserpine), enlevée par Hadès, est l'objet de multiples et longues tractations avec l'invisible maître des Enfers. Déméter obtient que sa fille revienne sur Terre six mois de l'année sur douze. Folle de joie, elle décide que le retour de Perséphone correspondra à la période la plus florissante de l'année. La gerbe de blé est son emblème.

Hermès (Mercure) – Fils de Zeus et de Maïa (fille d'Atlas), il est le messager des dieux mais aussi le protecteur des marchands et des voleurs ! Sa carrière a été fulgurante. Sa première tâche ayant été de protéger le monde animal en un temps où la prospérité se résumait à la possession de bétail, il est d'abord promu dieu de l'Opulence. Toutefois, avec les progrès de la civilisation, le commerce supplante bientôt l'élevage comme principale source de richesse. Aussi Hermès devient-il le dieu du Commerce. Mais le commerce ne pouvant se faire sans ingéniosité, Hermès se voit doté par son père de cette nouvelle qualité. Et comme le commerce ne va pas sans boniment, Zeus a ajouté la rhétorique aux multiples talents de son fils. Des sandales ailées constituent son emblème.

Hadès (Pluton) – Frère de Zeus et de Poséidon, il règne sur les Enfers. Cette vaste et mystérieuse région est aussi éloignée de la Terre, territoire neutre, que celle-ci l'est du Ciel. Les Enfers se divisent en trois zones. Les Champs Élysées abritent les âmes pures, le Tartare les pécheurs. Une prairie d'asphodèles accueille ceux qui ne correspondent à aucune de ces catégories. Hadès est également le dieu de la Fortune, que constituent les pierres et les métaux précieux enfouis dans les profondeurs de la Terre.

Hestia (Vesta) – Déesse du Foyer, elle protège le feu sacré présent dans les autels des cités, où les citoyens grecs allumaient leurs torches. Restée vierge, elle ne s'est jamais mariée.

Apollon

Les héros

Dans la mythologie grecque, les héros sont des enfants nés des dieux et des humains, et leur puissance est supérieure à celle des simples mortels.

Thésée

Fils de Poséidon, ce héros avait déjà tué nombre de brigands et de monstres avant de revenir à 16 ans à Athènes. Là, il se porta volontaire pour faire partie des jeunes gens sacrifiés chaque année au Minotaure. Ce monstre à corps d'homme et à tête de taureau était enfermé par le roi Minos de Crète dans un labyrinthe construit par Dédale et dont personne n'avait jamais pu sortir. Thésée réussit à tuer le Minotaure et à ressortir du labyrinthe grâce à Ariane (fille de Minos) qui lui avait donné une pelote de fil à dérouler pour retrouver la sortie.

Hermès

Icare

Thésée s'enfuit de Crète avec Ariane. Furieux, Minos enferma Dédale et son fils Icare dans le labyrinthe. Pour s'échapper, l'ingénieux Dédale fabriqua des ailes qu'il fixa avec de la cire sur ses épaules et celles de son fils. “Prends garde à ne jamais voler ni trop haut ni trop bas”, lui dit-il avant leur envol. Mais grisé de voler et empli d'orgueil, Icare négligea les conseils de son père et voulut s'approcher du Soleil. La cire fondit et l'imprudent tomba dans la mer.

Persée

Fils de Zeus, qui s'était transformé en pluie d'or pour féconder sa mère, Persée eut pour tâche de tuer Méduse. Cette Gorgone à la tête hérissée de serpents avait un regard qui changeait en pierre quiconque le croisait. Armé du casque d'invisibilité d'Hadès et des sandales ailées d'Hermès, Persée réussit à trancher la tête de Méduse sans croiser son regard en l'observant dans un bouclier en guise de miroir. Puis il plaça sa tête dans sa besace. Mais sur le chemin du retour, Persée vit Andromède, une jeune fille liée à un rocher offerte en expiation à un monstre marin. Grâce à ses armes magiques et à la tête de Méduse, Persée réussit à changer le monstre en pierre et obtint la main de la jeune fille.

Des mythes grecs tels qu'Œdipe et la castration d'Ouranos par Cronos, Sigmund Freud conclut que la mythologie reflète souvent des désirs puissants mais tabous qu'il serait impossible d'exprimer autrement dans la société.

Œdipe

Abandonné à sa naissance, Œdipe apprit, par l'oracle de Delphes, qu'il tuerait son père et épouserait sa mère. Revenant vers Thèbes, sa ville natale, il tua en chemin un étranger qui l'avait insulté. À l'orée de la ville, il rencontra le Sphinx, monstre mi-lion, mi-femme qui posait des énigmes aux passants et dévorait ceux qui ne savaient répondre. Œdipe résolut

LE MYTHE DE LA CRÉATION DE L'OLYMPE

La légende veut que le monde soit né d'une immense masse informe appelée le Chaos, qui engendra Gaïa, déesse de la Terre. Gaïa enfanta un fils, Ouranos – le firmament –, avec lequel elle s'unit. De cette union naquirent 3 Hécatonchires, géants à 100 bras, et trois Cyclopes dotés d'un seul œil. Mais si Gaïa aimait tendrement sa monstrueuse progéniture, leur père Ouranos décida de les précipiter au fond des Enfers, dans le Tartare.

Sept Titans naquirent ensuite. Gaïa n'en continuait pas moins de pleurer la mort de sa première progéniture et demanda aux Titans de libérer et de venger leurs frères disparus. Les sept Titans lui obéirent et castrèrent leur père, l'infortuné Ouranos. Mais Cronos, l'aîné des sept Titans, horrifié par la monstruosité de ses frères, Hécatonchires et Cyclopes, les réexpédia dans le Tartare. Sa mère, Gaïa, lui prédit alors que, le temps venu, un de ses propres descendants le renverserait.

Quelque temps plus tard, Cronos épousa sa sœur Rhéa. Redoutant la prophétie de sa mère, il dévora chacun de leurs nouveau-nés. Lorsque Rhéa donna le jour à son sixième enfant, Zeus, elle parvint à tromper son mari avec une pierre emmaillotée dans des langes, que Cronos avala aussitôt. L'enfant envoyé en Crète fut confié à trois nymphes, qui le cachèrent dans la caverne de Dicté.

Devenu adulte, Zeus décida de venger ses frères engloutis par leur père. En tant qu'échanson de Cronos, il remplit sa coupe de poison. À peine la première gorgée avalée, Cronos régurgita, d'abord la pierre, puis chacun de ses enfants : Hestia, Déméter, Héra, Poséidon et Hadès.

Aidé de ses frères et sœurs, Zeus déposa ensuite son père et partit en guerre contre les Titans, qui refusaient de reconnaître sa prééminence sur les autres dieux. Mais Gaïa, qui continuait de penser à ses enfants bien-aimés prisonniers du Tartare, déclara à Zeus qu'il ne pourrait être victorieux sans leur aide. Zeus délivra donc les Cyclopes et les Hécatonchires.

Les premiers, forgeurs de la foudre, lui donnèrent le tonnerre et les éclairs. Les seconds projetèrent des rochers sur les Titans, les contraignant à battre en retraite. Zeus bannit alors Cronos et les autres Titans dans une terre lointaine, à l'exception d'Atlas qu'il condamna à porter le ciel sur ses épaules.

C'est sur le massif montagneux de l'Olympe que s'installèrent Zeus et sa turbulente et incestueuse famille. Zeus s'éprit d'Héra. Pour la séduire, il se transforma en coucou. Ne se doutant de rien, Héra porta l'oiseau à son sein. Zeus put ainsi abuser d'elle. Héra dut vaincre sa réticence et l'épouser. Elle lui donna trois enfants : Arès, Héphaïstos et Hébé.

l'énigme et, de dépit, le Sphinx se jeta dans l'abîme. Reconnaissants de les avoir délivrés du monstre, les Thébains couronnèrent Œdipe et lui donnèrent en mariage la veuve du roi. Quand il découvrit que l'étranger qu'il avait tué était son père et que sa nouvelle épouse était sa mère, Œdipe se creva les yeux et s'exila.

Marcel Camus remporta un oscar pour *Orfeus Negro* (1959), réinventant le mythe d'Orphée et Eurydice dans une favela du Brésil des années 1950, sur fond de bossa-nova. Les amants fuient un tueur à gages et la fiancée vindicative d'Orphée.

Héraclès (Hercule)

Né de Zeus et de la mortelle Alcmène, Héraclès, l'homme le plus fort du monde, est le héros le plus célèbre et le plus attachant de la mythologie grecque. L'infidélité de Zeus attisa la jalousie d'Héra qui n'oubliait jamais une injure. Quand Héraclès eut femme et enfants, elle le frappa de démence et il tua son épouse et ses trois fils. Il se rendit à Delphes pour consulter l'oracle et se purifier, et reçut l'ordre de servir Eurysthée, roi de l'Argolide, en accomplissant les fameux Douze Travaux : étouffer le lion de Némée ; occire l'Hydre à neuf têtes de Lerne ; capturer le cerf de Cérynée ; attraper vivant le sanglier d'Érymanthe ; nettoyer en un jour les immenses écuries d'Augias ; tuer les oiseaux du lac Stymphale ; dompter le taureau crétois de Minos ; capturer les juments mangeuses d'hommes de Diomède ; s'emparer de la ceinture d'Hippolyte, reine des Amazones ; terrasser le géant Géryon et faire main basse sur son troupeau de bœufs ;

rapporter les pommes d'or du jardin des Hespérides ; enchaîner Cerbère, le chien à trois têtes gardien des Enfers.

Le siècle de Périclès, âge d'or de la pensée grecque

Au Ve siècle av. J.-C., Athènes connut un renouveau sans précédent dans tous les domaines de la culture et de la civilisation. C'est ce qu'on appelle le "miracle athénien". Cet âge d'or commença après les brillantes victoires de l'armée grecque sur les Perses à Marathon et à Salamine, et s'acheva avec le début de la guerre entre Athènes et Sparte. On appelle aussi cette période le "siècle de Périclès" du nom de l'homme qui, pendant 30 ans, domina la vie politique grecque, développant la démocratie, la liberté de penser et les arts.

Théâtre

Périclès encouragea en particulier le théâtre qui remplissait un rôle civique et religieux. Cité phare qui attirait tous les talents, Athènes vit l'apogée du théâtre grec avec Eschyle (l'*Orestie*), Sophocle (*Œdipe roi*) et Euripide (*Médée*) pour la tragédie, et Aristophane (*Les Guêpes*) pour la comédie. Leurs pièces étaient représentées dans le théâtre de Dionysos au pied de l'Acropole. Leurs œuvres introduisirent de nouvelles formes d'expression et firent évoluer le théâtre de son caractère purement religieux vers une analyse de la nature humaine et des passions.

De grands théâtres à ciel ouvert furent construits à travers le pays. Toujours creusés à flanc de colline, ils furent de mieux en mieux conçus pour permettre aux spectateurs installés sur les gradins les plus éloignés de voir et d'entendre tout ce qui se passait sur la scène. Le créateur de la tragédie et le premier acteur fut, pense-t-on, Thespis, dans la seconde moitié du VIe siècle av. J.-C. C'est lui qui aurait introduit l'intervention d'un acteur masqué, interprétant successivement plusieurs personnages.

Philosophie

Dès le VIe siècle av. J.-C. apparaissent en Grèce des penseurs qui se détachent du mysticisme et de la mythologie pour développer une réflexion fondée sur la logique et la raison. C'est le début de la philosophie, d'abord centrée sur l'Univers. À la fin du Ve siècle av. J.-C., Athènes devient le cœur de cette nouvelle pensée avec l'arrivée des sophistes qui placent l'homme au centre de la réflexion et développent

Dans sa tragédie éponyme, Euripide narre comment Médée, petite-fille du dieu-soleil Hélios, se venge de son mari en tuant ses enfants et trouve une nouvelle vie dans les ténèbres. Lars von Trier porta son histoire à l'écran en 1988.

Les Mythes grecs (LGF, 2009), du poète et écrivain britannique Robert Graves, reste l'un des meilleurs ouvrages sur le sujet.

CINQ TERRIBLES CRÉATURES

Parmi les créatures grotesques et fantastiques chères au cœur des Grecs, voici les plus célèbres :

Méduse. Créature aux cheveux de serpent et au regard pétrifiant. De son cou tranché jaillit Pégase, le cheval ailé, de sa veine gauche coula un poison mortel et de sa veine droite un remède magique.

Les Cyclopes. Géants dotés d'un œil unique. Ulysse et ses compagnons se retrouvèrent piégés dans la caverne du cyclope Polyphème, berger anthropophage.

Cerbère. Chien à trois têtes qui gardait la porte des Enfers, le royaume des morts où régnait Hadès, empêchant quiconque d'y entrer ou d'en sortir.

Le Minotaure. Créature mi-homme mi-taureau enfermée par le roi Minos dans le labyrinthe du palais de Cnossos. Tous les ans, les Athéniens devaient lui offrir en pâture 7 jeunes hommes et 7 jeunes filles.

L'Hydre de Lerne. Serpent aux nombreuses têtes qui repoussaient quand on les coupait. Pour les empêcher de repousser, Héraclès les cautérisa avec des brandons brûlants.

LES ÎLES DANS LA MYTHOLOGIE

La Grèce est pétrie de mythologie et ses nombreuses îles constituent un cadre saisissant pour ses légendes et les liens unissant dieux et mortels.

Myrina, Limnos Elle aurait été fondée par Myrina, reine des Amazones.

Lesbos Après qu'Orphée eut été tué et démembré par les Ménades, sa tête échoua ici et fut enterrée près d'Antissa.

Cythère Aphrodite serait née des vagues entourant Cythère.

Délos Cette île surgit des flots pour permettre à la déesse Léto de mettre au monde Apollon et Artémis.

Mykonos Zeus et les Titans se battirent sur cette île et Hercule y tua les géants.

Rhodes Après sa victoire contre les géants, Zeus offrit cette île à Hélios, le dieu-soleil.

Crète C'est là que la mère de Zeus l'aurait mis au monde dans une grotte afin d'empêcher qu'il soit dévoré par son père, Cronos. La Crète abrite aussi le labyrinthe qui aurait enfermé le terrible Minotaure.

l'art de la rhétorique. La philosophie grecque atteint son apogée avec Socrate, Platon et Aristote.

Deux citations célèbres de Socrate : "La vraie sagesse est de savoir que vous ne savez rien" ; et "La vie sans examen ne vaut d'être vécue".

Considéré comme le père de la philosophie occidentale, Socrate (469-399 av. J.-C.) n'a laissé aucun écrit. Accusé d'impiété et de corruption de la jeunesse, il préféra la mort à l'exil. Son enseignement visait au "connais-toi toi-même". Il avait l'art d'"accoucher" les esprits, de leur faire trouver la vérité en eux, par le dialogue, la dialectique et l'ironie. Sa pensée et sa méthode nous sont surtout connues par Platon (427-347 av. J.-C.), son principal disciple et le fondateur de l'idéalisme.

Dans ses 35 dialogues, Platon rend très vivantes ses interrogations philosophiques sur la nature de l'homme (*Alcibiade*), l'amour (*Le Banquet*) ou l'immortalité de l'âme (*Le Phédon*), notamment. Il s'interroge aussi sur la politique (*La République, Les Lois*) et propose une vision de la Cité idéale. Philosophe et savant, son disciple Aristote (384-322 av. J.-C.) critiqua ce monde des idées pour privilégier la réflexion sur la réalité concrète. Il fut le précepteur du futur Alexandre le Grand. Ses recherches se concentrèrent notamment sur la logique, les sciences de la nature, l'éthique et la politique.

Sculpture

De la très riche sculpture grecque antique, nous ne connaissons que les œuvres qui nous sont parvenues (surtout en pierre ou marbre), leurs descriptions dans des textes anciens ou les copies qu'en réalisèrent les Romains. Au début de la période archaïque (650 av. J.-C.), les Grecs commencent à sculpter des statues en pierre de taille humaine. Dédiées aux dieux, ce sont le plus souvent des statues en pied, aux postures figées et symboliques, du type *kouros* (jeune homme nu) ou *korai* (jeune fille vêtue d'une tunique).

Aucune œuvre originale du célèbre sculpteur classique Phidias ne subsiste, mais des copies ont été réalisées par des artistes romains. La colossale statue chryséléphantine de Zeus (faite d'or et d'ivoire) était l'une des Sept Merveilles du monde antique.

Au Ve siècle av. J.-C., le début de la période classique voit apparaître des sculpteurs qui maîtrisent l'anatomie et le mouvement. Parmi eux, le plus illustre fut Phidias. S'il ne réalisa pas lui-même les sculptures du Parthénon, il en établit au moins le plan. Au IVe siècle av. J.-C., le classicisme poursuit sa quête de finesse, de douceur et de légèreté. En témoigne l'*Hermès portant Dionysos enfant*, attribué à Praxitèle, plus célèbre sculpteur de cette époque. Après le règne d'Alexandre, la sculpture hellénistique évolue dans un sens plus théâtral et réaliste. Parmi les œuvres majeures figurent la *Vénus de Milo* et la *Victoire de Samothrace* (toutes deux au musée du Louvre).

Les insulaires

Dans les îles grecques, l'ambiance est généralement plus détendue et paisible que sur le continent, mais le mode de vie est souvent plus traditionnel. Des périodes d'isolement, une géographie variée et l'influence de cultures étrangères au fil de l'Histoire ont forgé de fortes identités régionales, différentes dans chaque archipel et sur chaque île.

Mode de vie

La vie sur une île, largement organisée autour de l'agriculture, de l'élevage, de la pêche et du tourisme, évolue d'abord au rythme des saisons. De mai à septembre, les visiteurs sont souvent bien plus nombreux que les habitants.

La plupart des insulaires travaillent à leur compte et gèrent des entreprises familiales. Les magasins ferment durant la période la plus chaude de la journée, puis rouvrent jusqu'à 23h environ, quand les habitants vont généralement dîner en famille ou avec leur *parea* (groupe d'amis). En dépit des longues journées de travail, les Grecs restent éminemment sociables. Assis devant leurs magasins, les commerçants bavardent en attendant les clients ; dans les villages, vous verrez des gens installés sur le pas de leur porte et regardant les allées et venues. En soirée, les fronts de mer et les places voient affluer des passants de tout âge, pomponnés et reposés après la sieste, pour la *volta* (promenade).

L'île d'Icarie se distingue par la longévité exceptionnelle de ses habitants, avec un îlien sur trois âgé de plus de 90 ans. Des chercheurs attribuent cette longévité aux longues siestes, à une diète composée de nombreuses tisanes des montagnes et de haricots avec peu de café et de viande, et à une vie sexuelle épanouie chez les octogénaires.

Économie

La vie agraire traditionnelle a cédé la place au tourisme sur nombre d'îles, bien que les deux activités coexistent souvent : des familles tiennent hôtels et tavernes en été et se consacrent à l'agriculture en hiver.

Le tourisme a apporté la prospérité dans beaucoup d'îles et les plus grandes, dont Rhodes et Corfou, possèdent des centres urbains dynamiques et sophistiqués. Celles qui bénéficient d'une industrie agricole florissante, telles Lesbos et Chios, sont moins envahies par le tourisme. Dans l'ensemble, l'amélioration des transports, des télécommunications, de la technologie et des infrastructures a rendu la vie plus facile et moins isolée pour les îliens. Néanmoins, de fortes disparités sociales et économiques perdurent. Ainsi, la cosmopolite Mykonos n'a rien à voir avec des îles plus petites et éloignées, où la plupart des habitants mènent une vie frugale, liée aux traditions.

L'hiver peut être particulièrement rude sur les îles isolées, sans aéroport ni liaisons maritimes régulières. Sur certaines îles, des habitants retournent à Athènes après la saison touristique, tandis que sur les plus grandes, les stations balnéaires sont délaissées au profit des villages situés sur les hauteurs ou des villes pourvues d'écoles et de services. Certains jeunes qui étaient partis sur le continent pour travailler ou étudier sont revenus en raison du chômage. D'autres cherchent du travail à l'étranger.

Les insulaires subissent le contrecoup des difficultés économiques que connaît la Grèce, avec le déclin du tourisme national – les Grecs rognant sur leurs vacances et leurs sorties au restaurant. Le tourisme international pâtit de l'image de pays en crise relayée par les médias.

Identité régionale

Dans un pays où les identités régionales restent profondément enracinées, les insulaires ont tendance à s'identifier de prime abord à leur île voire leur village avant de se considérer comme Grecs. Ceux qui vivent à Athènes ou à l'étranger conservent des liens étroits avec leur île, et y reviennent régulièrement pendant les vacances.

La Grèce est un pays urbanisé : plus des deux tiers des 10,7 millions d'habitants résident en ville, dont un tiers dans la conurbation athénienne, et moins de 15% dans les îles. La Crète, l'Eubée et Corfou sont les îles les plus peuplées.

Les coutumes, les traditions et même les caractéristiques des habitants diffèrent d'une île à l'autre, influencées par leur histoire et topographie particulières, qui se reflètent dans tous les domaines, de la cuisine à l'architecture en passant par la musique et la danse.

Dans les îles Ioniennes, Corfou a échappé à la domination turque et se distingue par ses influences italienne, française et britannique ; les Corfiotes conservent une allure aristocratique. Dans des villages tels qu'Olymbos, à la pointe est de Karpathos, nombre de femmes portent toujours le costume traditionnel avec foulard et bottes en peau de chèvre. Sifnos est réputée pour ses poteries uniques. Sur Chios, l'arbre à mastic (le lentisque) a favorisé le développement d'une industrie. Lesbos est la patrie de l'ouzo. La pêche des éponges a façonné l'identité de Kalymnos, tout autant que la pêche et l'agriculture pour d'autres îles.

Le phénomène migratoire

La Grèce a toujours attiré les étrangers en quête d'un mode de vie rêvé sur une île. Jusque récemment les résidents *xenoi* (étrangers) se composaient surtout de retraités européens, d'anciens hippies, d'artistes et de couple binationaux. Ces dernières années, des étrangers d'origine grecque reviennent s'installer sur les îles de leurs ancêtres.

Après avoir été longtemps un pays d'émigration, la Grèce est devenue à son tour, dans les années 1990, un pays d'immigration avec l'arrivée par milliers d'Albanais. Plus récemment, dans les années 2010, certaines îles de la mer Égée ont été confrontées à une migration de transit venue de la Turquie voisine, en particulier des régugiés fuyants les ravages des guerres en Syrie et en Afghanistan, mais aussi des Guinéens, des Camerounais, des Congolais... La fermeture de la route des Balkans en 2015 va les prendre au piège. Des camps, appelés *hotspot*, ont été installés dans les îles de Lesbos, Samos et Chios, le plus souvent avec les financements de l'Union européenne. Rapidement ces centres se sont retrouvés débordés par l'afflux de réfugiés, même après la signature en 2016 de l'accord entre l'Union européenne et la Turquie censé tarir ce flux. Aujourd'hui, les municipalités de ces îles en particulier et la population grecque en général considèrent que les autres pays européens ont abandonné la Grèce à ces problèmes de frontières et de migration de crise.

Dans *Iles grecques, mon amour* (Mediapop 2012), Philippe Lutz évoque sa passion pour la culture, les paysages et les habitants des Cyclades. Ses propos sont sublimés par les photographies en noir et blanc de Bernard Plossu.

D'un point de vue démographique, la population grecque croît grâce à l'immigration et les immigrés constituent désormais un quart de la main-d'œuvre. La crise économique que traverse le pays depuis 10 ans, les craintes quant à la délinquance liée au phénomène migratoire et le délabrement urbain alimentent la xénophobie et l'extrémisme nationaliste, qui se traduisent par des manifestations anti-immigrants et une hostilité grandissante à leur encontre.

Vie de famille

La famille conserve une place prépondérante dans la structuration de la société grecque. La famille élargie tient un rôle important ; les grands-parents s'occupent souvent de leurs petits-enfants pendant que les parents travaillent. Nombre de ceux qui travaillent à Athènes envoient leurs enfants chez les grands-parents sur les îles pendant l'été. Les Grecs attachent énormément d'importance à l'éducation et veulent donner à leurs enfants les possibilités dont ils n'ont pas bénéficié. Beaucoup parlent anglais, français et d'autres langues. La Grèce se classe au 7e rang des pays qui envoient le plus grand nombre d'étudiants par habitant dans des universités à l'étranger, soit 37 000 en 2017. Les jeunes quittent rarement le domicile parental avant de se marier, à moins de partir pour étudier ou travailler, ce qui est inévitable sur la plupart des îles, où les possibilités d'éducation et d'emploi sont limitées. Si les choses évoluent lentement chez les jeunes actifs, qui se marient plus tard, les bas salaires et le chômage persistant poussent également les jeunes Grecs à rester chez leurs parents. Traditionnellement, les parents s'efforcent d'offrir un foyer à leurs enfants lorsqu'ils se marient, construisant souvent des appartements pour chacun d'eux au-dessus de leur propre logement.

La plupart des dynasties d'armateurs grecs proviennent des îles – plus d'un tiers de Chios et de la petite Inoussès voisine, où elles possèdent des demeures grandioses. Certaines de ces familles détiennent également des îles privées, comme Spetsopoula (propriété des Niarchos) et Skorpios (où Aristote Onassis épousa Jackie Kennedy).

Malgré le machisme, la Grèce reste une société matriarcale et les relations hommes-femmes révèlent quelques paradoxes intéressants. Si les hommes aiment donner l'impression qu'ils sont aux commandes, ce sont souvent les femmes qui tiennent les rênes, tant à la maison que dans les entreprises familiales. Les Grecques (du moins les anciennes générations) sont réputées fières de leur foyer et de leurs talents de cuisinières. Il est rare que les hommes participent aux tâches ménagères ou fassent la cuisine. Dans les villes et villages de province, nombre de femmes conservent des rôles traditionnels, même si les coopératives agricoles féminines jouent un rôle moteur dans les économies régionales et la préservation du patrimoine culturel. L'ambiance est beaucoup plus libérale dans les grandes villes.

L'âme grecque

Relativement autonomes par nécessité, les insulaires partagent avec le continent une histoire commune qui s'étend sur des siècles, ainsi que des traits typiques du caractère grec.

Des années de pauvreté et d'isolement les ont rendus stoïques et ingénieux, mais aussi accueillants et décontractés. Comme la plupart des Grecs, ils sont farouchement indépendants, patriotes et fiers de leur patrimoine. Ils s'enorgueillissent de leur *philotimo* (dignité et sens de l'honneur) et de leur *philoxenia* (sens de l'hospitalité), que l'on retrouve même dans les foyers les plus modestes.

Directs et argumentateurs, les Grecs expriment librement leurs opinions et parlent plus facilement de problèmes personnels que de politique. Rares sont les sujets tabous. Ainsi, on vous questionnera sur votre vie privée, la raison pour laquelle vous n'avez pas d'enfants, vos revenus ou sur le prix de votre maison ou de vos chaussures. Les Grecs sont toujours en retard ; arriver à l'heure à un rendez-vous est se comporter "à l'anglaise" !

Le 23 avril, les bergers du village crétois d'Asi Gonia convergent vers l'église Agios Yiorgos pour faire bénir leurs troupeaux, puis traient les brebis et distribuent le lait à l'assistance.

La liberté individuelle et les droits démocratiques sont quasiment sacro-saints, et une certaine défiance subsiste envers le pouvoir et l'État. Les règlements et les lois sont régulièrement ignorés ou considérés comme des défis. Conséquence indirecte de la nécessité de compter sur son propre réseau pour survivre durant des années de domination étrangère, de guerre civile et d'instabilité politique, le clientélisme et le népotisme sont courants (les pots-de-vin et la corruption en sont les formes extrêmes). L'intérêt supérieur passe souvent après les intérêts particuliers, et le sens de la responsabilité collective reste ténu.

Si les Grecs critiquent facilement leur gouvernement et leur société, ils acceptent difficilement les reproches formulés par des étrangers et défendent leur patrie avec ferveur.

Religion et identité

Religion officielle du pays, le christianisme orthodoxe est un élément clé de l'identité et de la culture grecques. Durant les occupations étrangères, l'Église fut le principal défenseur de la culture, de la langue et des traditions grecques. Elle conserve aujourd'hui une forte influence sociale, politique et économique.

Les rites religieux font partie de la vie quotidienne sur les îles. Vous remarquerez que des habitants font le signe de croix lorsqu'ils passent devant une église ; les compliments adressés à un enfant ou un adulte sont suivis d'un *ftou ftou* (crachat fictif) pour écarter le mauvais œil. En cas de problème, on va à l'église allumer un cierge ou déposer un *tama* (offrande votive) devant le saint approprié.

L'année grecque s'organise selon les fêtes des saints et celles du calendrier liturgique. Les fêtes correspondant au prénom (le jour du saint patron) sont plus célébrées que les anniversaires, et le baptême est un rite important. La plupart des Grecs portent le prénom d'un saint, comme des bateaux, des villes et des montagnes.

Les îles abritent des centaines d'églises et de chapelles privées, construites pour protéger les familles de marins. De nombreuses iconostases (petites chapelles) en bord de route sont consacrées à des saints ou à des victimes d'accident. Les églises et les monastères sont ouverts aux visiteurs, habillés correctement : jupe sous le genou pour les femmes, bras et épaules couverts, et pantalon pour les hommes.

Le catholicisme est historiquement fort dans les Cyclades, avec des villages et paroisses 100% catholiques à Syros et Tinos. Une petite communauté juive d'une quarantaine de personnes, dont les origines remontent au IIe siècle, vit à Rhodes.

La plupart des *panigyria* (fêtes) des îles célèbrent leur saint tutélaire, celui de l'église ou du monastère local. Pâques est le plus grand événement de l'année, avec des processions à la lueur des cierges, des feux d'artifice et de l'agneau rôti à la broche. Quelques îles sont renommées pour leurs festivités pascales particulières. Les fêtes des moissons ou d'autres activités agricoles reposent aussi sur des rites païens ou chrétiens.

Sous l'occupation étrangère, l'Église a été le principal défenseur de la culture, de la langue et des traditions grecques. Aujourd'hui, le clergé orthodoxe exerce toujours une influence considérable dans le domaine social, politique et économique.

Bien que la liberté de culte soit inscrite dans la Constitution, les deux seules autres religions officiellement reconnues en dehors du christianisme orthodoxe sont le judaïsme et l'islam. Plus de 50 000 catholiques, essentiellement d'origine génoise ou franque, vivent dans les Cyclades, pour la plupart à Syros, où ils représentent 40% de la population. Une petite communauté juive vit à Rhodes, et ce depuis l'époque romaine.

Pâques sur les îles

Pâques est un événement sur toutes les îles, et nombre d'entre elles sont réputées pour leurs célébrations et coutumes uniques, telle la procession de 3 jours d'une icône de la Vierge Marie qui visite chaque maison et bateau de Folégandros.

Le samedi de Pâques, la résurrection est célébrée dans le village de Vrontados (Chios). Lors du fameux Rouketopolemos (guerre de fusées), deux églises rivales, sur des collines à 400 m de distance, tirent quelque 60 000 fusées d'artifice visant leurs clochers réciproques.

À Corfou, Pâques affiche une majesté particulière, avec ses processions d'*epitafios* (brancards funéraires) éclairés aux chandelles, accompagnées de fanfares et de chœurs. Les botides, une tradition particulière qui date des Vénitiens, ont lieu le matin du samedi saint dans la ville de Corfou, quand les habitants jettent de grands pots en céramique de leur fenêtre ou leur balcon.

Patmos est considéré comme l'un des endroits les plus sacrés pour célébrer Pâques. Des fidèles viennent alors de toute la Grèce et du monde entier sur l'île où saint Jean aurait rédigé l'*Apocalypse*. L'événement donne lieu à des feux d'artifice, des festins d'agneau rôti à la broche et des festivités diverses.

Arts

La Grèce possède un patrimoine culturel et artistique exceptionnel, et la scène artistique actuelle est bien vivante, malgré la crise économique. Alors que des coupes drastiques dans les maigres subventions d'État ont ébranlé certains secteurs, une scène culturelle alternative réagit avec des films à petit budget, des collectifs d'artistes, et des petits théâtres et galeries avant-gardistes qui fleurissent dans la capitale.

Art visuel

Art byzantin et Renaissance

Jusqu'au début du XIXe siècle, les peintures religieuses byzantines constituèrent la principale forme artistique en Grèce ; les fresques et les icônes des églises représentaient des saints et des scènes de la vie du Christ. Sous la domination ottomane, la production artistique fut ténue et la Renaissance resta pratiquement méconnue dans le pays. Cependant, l'artiste crétois le plus célèbre de la Renaissance fut le Greco (le Grec en espagnol), né Dominikos Theotokopoulos (1541-1614). Formé en Crète puis à Venise, il se rend à Rome où il devient élève du Titien avant de s'installer à Tolède, en Espagne, où son œuvre prit toute son ampleur et où il resta jusqu'à sa mort.

Art moderne

L'art grec moderne proprement dit se développa après l'indépendance, quand la peinture devint plus profane, privilégiant les portraits, les marines et la guerre d'Indépendance. Parmi les peintres majeurs du XIXe siècle figurent Dionysios Tsokos (1814-1862), Theodoros Vryzakis (1819-1878), Nikiforos Lytras (1832-1904) et Nicholas Gyzis (1842-1901), un artiste de l'école de Munich (où étudièrent nombre d'artistes grecs de l'époque).

Les artistes du début du XXe siècle, tels que Konstantinos Parthenis (1878-1967), Fotis Kontoglou (1895-1965), Konstantinos Maleas (1879-1928) et, plus tard, l'expressionniste Georges Bouzianis (1885-1959), s'inscrivirent dans cette lignée en intégrant des éléments d'art moderne.

Le cubiste Nikos Hatzikyriakos-Ghikas (1906-1994), l'artiste et poète surréaliste Nikos Engonopoulos (1907-1985), Yannis Tsarouchis (1910-1989), Panayiotis Tetsis (1925-2016), Yannis Moralis (1916-2009), Dimitris Mytaras (1934-2017) et le pionnier de l'Arte Povera, Yannis Kounellis (1936-1917), font partie des principaux artistes du XXe siècle.

La Galerie nationale d'Athènes possède la plus vaste collection d'art grec du XXe siècle. La Nouvelle Galerie d'Art, sur l'île de Rhodes, et le musée d'Art contemporain, sur l'île d'Andros, renferment également des collections significatives.

La sculpture moderne et contemporaine est présentée dans la Galerie nationale de sculpture à Athènes. La tradition de la sculpture sur marbre perdure à Tinos, berceau de deux grands sculpteurs modernes, Dimitrios Filippotis (1839-2019) et Yannoulis Halepas (1851-1938), ainsi que de Costa Tsoclis (né en 1930), dont les œuvres remplissent le nouveau musée de l'île.

Les stations de métro d'Athènes servent de vitrines à des œuvres d'artistes grecs éminents, tels Yannis Gaitis (1923-1984, Larisa), le sculpteur Iorgos Zongolopoulos (1903-2004, Syntagma) et Alekos Fassianos (né en 1935, Metaxourgio) dont les œuvres atteignent des prix mirobolants pour un artiste grec vivant.

Scène de l'art contemporain

L'art grec contemporain est reconnu dans le pays et à l'étranger, et de plus en plus d'artistes grecs participent à des événements artistiques internationaux. La scène artistique nationale est devenue plus dynamique, moins isolée et plus avant-gardiste, et l'art de rue commence à être reconnu à Athènes. Contrairement à la génération précédente, des artistes choisissent aujourd'hui de demeurer en Grèce, contribuant ainsi au regain de vitalité artistique. Remarquez les œuvres des artistes de rue Cacao Rocks et INO, les collages de Chryssa Romanos (1931-2006), le peintre Lucas Samaras (né en 1936), l'artiste cinétique Takis (1925-2019), et le sculpteur Stephen Antonakos (1926-2013), dont les travaux intègrent souvent des néons.

Des expositions internationales dans de nouvelles salles imposantes, des petites galeries privées et des initiatives organisées par des artistes, comme l'annuel Hydra School Project, ont propulsé les Grecs sur la scène internationale. Depuis 2007, les Biennales d'Athènes ont placé la capitale sur le circuit international de l'art contemporain.

Littérature grecque moderne

La littérature grecque avait pratiquement disparu sous la domination ottomane, puis fut freinée par une controverse linguistique : le grec ancien contre le démotique (*dimotiki*) vernaculaire, ou la *katharevousa*, un compromis entre les deux ; le démotique l'a emporté en 1976.

L'une des œuvres majeures du début de la littérature grecque moderne est l'*Erotokritos*, un poème épique de 10 012 vers écrit au XVIIe siècle par le Crétois Vitsenzos Kornaros. Ces vers de 15 pieds forment de célèbres *mantinades* (couplets) qui se récitent encore en Crète et ont été mis en musique.

L'écrivain le plus célébré (et traduit) du XXe siècle, Nikos Kazantzakis (1883-1957), est l'auteur de romans comme *Alexis Zorbas*, *La Liberté ou la Mort*, *Le Christ recrucifié* et *La Dernière Tentation du Christ*. Son œuvre comprend également des poésies, des essais, des récits et des pièces de théâtre.

Autre grand romancier de l'époque, Stratis Myrivilis (1890-1969) a écrit des classiques tels que *La Vie au tombeau, Vasilis Arvanitis* et *Notre-Dame La Sirène*.

L'origine de la poésie moderne est attribuée à Andreas Kalvos (1792-1869) et à Dionysios Solomos (1798-1857), dont l'*Hymne à la liberté* est devenu l'hymne national grec. Parmi les poètes éminents du XXe siècle figurent Constantin Cavafis (1863-1933), né en Égypte, et les lauréats du prix Nobel de littérature Georges Séféris (1900-1971) et Odysseas Elytis (1911-1996), respectivement récompensés en 1963 et 1979.

Iakovos Kambanellis (1921-2011), Alexandros Papadiamantis (1851-1911), Kostis Palamas (1859-1943) ainsi que le poète-dramaturge Angelos Sikelianos (1884-1951) comptent parmi les géants de la littérature grecque.

Pour explorer le monde du crime et de la corruption d'Athènes, suivez l'inspecteur Charitos en vous plongeant dans les romans policiers de Petros Markaris, tels *Liquidations à la grecque* (Seuil, 2012) et *Le Justicier d'Athènes* (2013), deux volets d'une trilogie, ou *Le Che s'est suicidé* (2006).

Écrivains contemporains

La Grèce possède une prolifique industrie éditoriale, mais peu d'ouvrages sont traduits.

Quelques écrivains contemporains ont cependant percé à l'étranger tel Apostolos Doxiadis, avec son best-seller *Oncle Petros et la conjecture de Goldbach*, ou Eugene Trivizas, auteur primé de livres pour enfants, dont *Les Trois Petits Loups et le Grand Méchant Cochon* (1999). Quant au romancier Vassilis Alexakis, il partage sa vie entre Paris et la Grèce. On lui doit notamment *Ap. J.-C.* (2007) et *Le Premier Mot* (2010).

Parmi les autres grands écrivains contemporains traduits en français, signalons Dido Sotiriou (1909-2004), dont le roman *Terres de sang* (1996) a pour toile de fond le départ des Grecs de Turquie en 1922. Autres auteurs à découvrir : Maro Douka (*L'Or des fous,* 1992), Ersi Sotiropoulou (*Zigzags dans les orangers,* 2003), Thanassis Valtinos (*Vie et aventures d'Andréas Kordopàtis*, 1998), Rhéa Galanaki (*Éleni ou personne*, 1998), ou Panos Karnezis (*Le Trouble-Fête,* 2008). Alexis Stamatis représente une nouvelle génération d'auteurs qui campent leur histoire ailleurs qu'en Grèce, comme dans *Bar Flaubert* (2007).

Ça va aller, tu vas voir (2016), de Christos Ikonomou, a récemment connu un franc succès en Grèce.

Les pièces des dramaturges Georgios Skourtis (né en 1940) et Pavlos Matessis (1933-2013) ont été traduites et jouées à l'étranger.

Cinéma

Le cinéma grec, malgré un contexte de production difficile, connaît un certain renouveau depuis quelques années. Il le doit en partie à Yorgos Lanthimos (né en 1973), dont l'intrigant *Canine* (*Kynodonta,* 2009) s'est adjugé de nombreuses récompenses dans les festivals, comme le prix Un Certain Regard à Cannes. Son troisième film, *Alps* (2011), a remporté le prix du meilleur scénario à la Mostra de Venise, *The Lobster* (2015), celui du jury à Cannes et *Mise à mort du cerf sacré* (2017), le prix du scénario à Cannes. *Attenberg* (2011), d'Athina Rachel Tangari, a également connu un certain succès.

Cette nouvelle génération rompt avec les thèmes de l'ancienne, dont la plus célèbre figure était Theo Angelopoulos (1935-2012). Ses films ont remporté un succès international, notamment *L'Éternité et un jour,* vainqueur de la Palme d'or à Cannes en 1998, *Le Pas suspendu de la cigogne* (1991) ou *Le Regard d'Ulysse* (1995).

La série télévisée *L'Odyssée* (1968) réalisée par Franco Rossi, avec Bekim Fehmiu dans le rôle d'Ulysse et Irène Papas dans celui de Pénélope, est l'une des plus fidèles adaptations à l'écran du poème d'Homère.

Le plus grand succès international du cinéma grec reste cependant *Zorba le Grec* (1964) de Michael Cacoyannis (1922-2011), servi par la prestation d'Anthony Quinn, qui remporta différents prix aux Oscars. Le cinéma grec des années 1960 a produit d'excellents longs-métrages comme *Électre* (1962), également de Cacoyannis avec la magistrale Irène Papas (née en 1926) dans le rôle-titre, ou *Les Lanternes rouges* (1963) et *Terre sanglante* (1965), de Vassilis Georgiadis ou encore, parmi les classiques, *L'Ogre d'Athènes* (1956), thriller noir réalisé par Nikos Koundouros. Chassé des studios hollywoodiens par le maccarthysme, le réalisateur Jules Dassin (1911-2008) y tourna plusieurs films, dont le mémorable *Jamais le dimanche* (1960) avec Melina Mercouri (1920-1994). L'actrice grecque remporta le prix de la meilleure actrice à Cannes avant de devenir ministre de la Culture.

Si les films hollywoodiens occupent désormais le devant de la scène, certains films nationaux parviennent à affoler les compteurs du box-office. Ce fut le cas en 2000 de la comédie à succès *Safe Sex* de Michalis Reppas et Thanasis Papathanasiou, du film à grand budget *El Greco* (2007) – dont le prix de la meilleure musique au Festival du film de Thessalonique récompensa le compositeur Vangelis (voir p. 557) –, *Un ciel épicé* (*Politiki Kouzina* ; 2003), de Tassos Boulmetis, chronique d'une famille grecque stambouliote, ou encore de *Boy Eating The Bird's Food* (2012) d'Ektoras Kygizos. Côté films de genre, signalons le film de zombies de Yorgos Noussias, *To Kako* (2005), et le réjouissant *L'Attaque de la moussaka géante* (1999) de Panos Koutras.

La musique byzantine s'entend aujourd'hui principalement dans les églises grecques, mais elle a influencé la musique folklorique. Des chœurs byzantins se produisent en concert en Grèce et à l'étranger.

Musique

Musique folklorique traditionnelle

La musique folklorique régionale se divise en deux catégories : le *nisiotiko*, la musique légère et enjouée des îles, et le *dhimotiko* plus lourd du continent, où le *klarino* (clarinette) prédomine et accompagne des chants sur la dureté de la vie. La musique crétoise, jouée avec une *lyra* (instrument à 3 cordes en forme de poire) et un luth, reste une tradition dynamique, avec des concerts réguliers et des enregistrements d'une nouvelle génération de musiciens.

Laïko et entekhno

Le *laïko* est le genre musical le plus populaire en Grèce. Ramification du rébétiko (blues), le *laïko* a fait son apparition à la fin des années 1950, quand les clubs d'Athènes sont devenus plus grands et plus clinquants et la musique, plus commerciale. Le bouzouki devint électrique et les chansons sentimentales sur l'amour, la perte, la douleur et l'émigration devinrent emblématiques de l'âme grecque. Stelios Kazantzidis et Grigoris Bithikotsis furent les grandes voix de l'époque.

RÉBÉTIKO : LE BLUES GREC

Né dans les quartiers déshérités des grandes villes grecques, le rébétiko (*rembetika*) a profondément influencé la musique populaire grecque. À son origine, on distingue en réalité deux styles de musique. Le premier émergea dans la seconde moitié du XIXe siècle dans les villes portuaires animées de Smyrne et de Constantinople, où vivaient d'importantes communautés grecques, ainsi qu'à Thessalonique, Volos, Syros et Athènes. Appelé *Smyrneika* ou musique du Cafe Aman, il se caractérise par la richesse d'un style vocal incluant des *amanedes* (improvisations vocales), la présence de quelques chants turcs et un son plus oriental. Ses instruments privilégiés sont le violon, l'*outi* (oud), la guitare, la mandoline, le *kanonaki* et le *santouri* (instrument plat à nombreuses cordes). Le second style, dominé par le bouzouki à 6 cordes, s'est développé au Pirée. Cette musique de type acoustique comporte une introduction improvisée caractéristique, appelée *taxim*. Les ensembles de rébètes jouent assis en rang.

Après l'échange de populations de 1922 et l'afflux de réfugiés d'Asie Mineure au Pirée (nombre de Grecs partirent aussi aux États-Unis où furent réalisés des enregistrements de rébétiko dans les années 1920), ces deux styles se recoupèrent en quelque sorte, faisant du rébétiko la musique des bas quartiers. Empreintes de nostalgie et de rébellion, les chansons rébétiques racontaient la misère, la souffrance et l'amour. Elles prenaient pour protagonistes les *mangas* (marginaux parfois violents) qui passaient leurs soirées à chanter et danser dans les *tekedes* (fumeries de haschich qui inspirèrent de nombreux textes).

Au milieu des années 1930, la dictature du général Metaxas entreprit une opération de "nettoyage" de cette sous-culture en utilisant la censure, les descentes policières, le harcèlement des *tekedes* par les forces de l'ordre et l'arrestation des personnes portant un bouzouki. De nombreux artistes abandonnèrent les représentations et les enregistrements, mais la musique continua d'exister clandestinement. Après la Seconde Guerre mondiale, une nouvelle vague de chanteurs de rébétiko émergea, qui dépoussiéra son image crapuleuse.

Parmi les figures légendaires du rébétiko se détachent Markos Vamvakaris, qui devint célèbre avec le premier groupe de bouzouki au début des années 1930, les compositeurs Vassilis Tsitsanis, Apostolos Kaldaras, Yannis Papaioannou, Giorgos Mitsakis et Apostolos Hatzihristou, ainsi que les chanteuses Sotiria Bellou et Marika Ninou, dont la vie inspira Costas Ferris pour son film *Rébétiko* (1983). Le véritable rébétiko connut un regain d'intérêt dans les années 1970-1980, en particulier parmi les étudiants et les intellectuels. Les jeunes générations continuent de le redécouvrir.

Compositeurs de formation classique, Mikis Theodorakis et Manos Hatzidakis lancèrent un nouveau style appelé *entekhno* (artistique), inspiré du rébétiko et joué avec des instruments comme le bouzouki, avec des arrangements plus symphoniques. Ils créèrent des succès avec des poèmes de Séféris, Elytis, Ritsos et Kavadias.

Le compositeur Yannis Markopoulos introduisit plus tard la musique folklorique rurale et des instruments à cordes traditionnels comme la *lyra,* le *santouri,* le violon et le *kanonaki* dans le courant principal, et propulsa sur le devant de la scène des musiciens folks, tel le Crétois légendaire Nikos Xylouris. Sous le régime des colonels, la musique de Theodorakis et de Markopoulos devint une forme d'expression politique. Celle de Theodorakis fut interdite et le compositeur fut emprisonné. Les célèbres artistes de *laïko* actuels sont Yiannis Ploutarhos, Antonis Remos et Thanos Petrelis.

Le son du bouzouki, immortalisé dans la bande-son de Mikis Theodorakis pour le film *Zorba le Grec* (1964), est devenu synonyme de la Grèce. Cette sorte de luth au long manche est l'instrument central du rébétiko et prédomine dans le *laïko.*

Musique contemporaine et pop

La scène musicale grecque est très riche, depuis la musique traditionnelle et la musique pop jusqu'au rock, heavy metal, rap et musique électronique. Nana Mouskouri, chanteuse des années 1970, et Demis Roussos sont les artistes grecs les plus connus à l'étranger. Demis Roussos a été le chanteur du groupe Aphrodite's Child dont l'album *666* s'est vendu à 20 millions d'exemplaires. Le groupe comptait un autre membre à la carrière artistique exceptionnelle, Vangelis (Vangelis Papathanassíou, né en 1943), qui a signé de nombreuses bandes originales de films dont *Missing* (1982) de Costa-Gavras, *Blade Runner* (1982) ou encore *1492 : Christophe Colomb* (1992), tous deux de Ridley Scott. Vangelis a reçu l'Oscar de la meilleur musique de film en 1981 pour *Les Chariots de feu* de Hugh Hudson. La chanteuse-compositrice Angélique Ionatos (née en 1954 à Athènes) est aujourd'hui reconnue en France. Elle est notamment l'auteure de l'album *Sappho de Mytilène* (1992), sur lequel elle a composé sur des vers de la poétesse Sappho, et de *Marie des Brumes* (1984), dans lequel elle s'est inspirée de l'œuvre du poète Odysseas Elytis. Évoquons l'auteur-compositeur-interprète engagé Georges Moustaki (1934-2013), d'origine italo-grecque. Ses chansons raffinées, aux résonances multiculturelles (*La Solitude, Le Métèque*), lui valurent une grande célébrité.

Les formes musicales les plus intéressantes mêlent des éléments de folk, du *laïko* et de l'*entekhno* aux influences occidentales. L'un des exemples les plus frappants est le groupe qui a représenté la Grèce au concours Eurovision 2013 : Koza Mostra, qui revisite le ska sur des rythmes balkaniques, accompagné d'Agathonas Iakovidis, un vétéran du rébétiko.

Parmi les grands noms de la musique grecque contemporaine, citons Dionysis Savopoulos, surnommé le Bob Dylan grec, et des artistes chevronnés tels que Georges Dalaras et Haris Alexiou. Alkinoos Ioannides, originaire de Chypre, Eleftheria Arvanitakiis et Savina Yannatou figurent aussi parmi les plus grands interprètes, de même que les artistes de jazz ethnique fusion Kristi Stasinopoulou, Mode Plagal et Haïnides.

La scène pop est constamment alimentée par des artistes créant un son typiquement grec. Écoutez Σtella, Kid Moxie, Sarah P et Keep Shelley à Athènes. La jeune chanteuse Monika, star dans son pays, a fait une entrée remarquée sur la scène musicale internationale en 2015 avec son album *Secret in the Dark* aux influences pop disco.

Les bouzoukia font partie intégrante de la vie musicale athénienne. Ce sont des salles chères et clinquantes de style cabaret, célèbres pour le lancer de fleurs (ou d'assiettes, mais il est rare de nos jours) dans une exubérante atmosphère festive que les Grecs nomment kéfi. Les plus modestes sont appelés skyladhika (chenils) pour rappeler la voix triste des chanteurs.

Musique classique et opéra

La musique classique et l'opéra n'attirent qu'une minorité (mais croissante) de Grecs, malgré la contribution internationale significative du pays dans ce domaine, notamment grâce aux compositeurs

Mikis Theodorakis (né en 1925) et Manos Hatzidakis (1925-1994) et à la diva Maria Callas (1923-1977).

Dimitris Mitropoulos (1896-1960) a dirigé le New York Philharmonic dans les années 1950, tandis que s'imposaient des compositeurs comme Yannis Xenakis (1922-2001) et Stavros Xarhakos (né en 1939). Parmi les grands interprètes contemporains citons le pianiste Dimitris Sgouros (né en 1969), le ténor Mario Frangoulis (né en 1966) et les sopranos Elena Kelessidi et Irini Tsirakidou. Le chef d'orchestre Teodor Currentzis (né en 1972) est directeur artistique du Théâtre d'opéra et de ballet de Perm en Russie.

Les salles de concert et les principaux festivals culturels du pays, comme le Festival hellénique, offrent un riche programme international. Les amateurs d'opéras fréquentent l'Opéra national grec et le théâtre d'Apollon à Syros.

Danse grecque

La danse remonte à l'aube de l'hellénisme. Certaines danses folkloriques dérivent de chorégraphies rituelles, pratiquées dans les temples de l'Antiquité ; d'anciens vases sont ornés d'une description du *syrtos*. La danse fut plus tard intégrée à l'instruction militaire ; en période d'occupation, danser devint un acte de rébellion.

Le *zeïmbekiko*, souvent spectaculaire, est dansé par un homme seul qui improvise des tourbillons dont l'origine dérive du rébétiko. Les femmes expriment leur féminité dans le *tsifteteli*, dont les mouvements s'inspirent de la danse orientale.

Les danses régionales reflètent la diversité du pays. Le lent et digne *tsamiko* évoque le froid et la rudesse de la vie dans les montagnes, tandis que les îles ensoleillées ont donné naissance à des danses légères et alertes comme le *ballos* et le *syrtos*. Les danses énergiques et guerrières des Grecs pontiens, comme le *kotsari*, rappellent des années de conflits avec leurs voisins turcs. Le sirtaki, ou "danse de Zorba", est une forme de danse stylisée pour deux ou trois danseurs, qui se tiennent par les épaules. Aujourd'hui, les participants forment souvent un grand cercle et évoluent sur un rythme qui va en s'accélérant. Traditionnellement, hommes et femmes dansaient séparément et possédaient leur propre danse, sauf pour les danses de cour comme la *sousta*.

Dans tout le pays, des groupes de danses folkloriques préservent les traditions régionales. Le théâtre Dora Stratou à Athènes et les fêtes régionales sont les meilleurs endroits pour voir des danses traditionnelles.

La danse contemporaine gagne du terrain et des troupes locales participent au Festival international de danse d'Athènes aux côtés de troupes internationales.

Architecture

L'influence de l'architecture grecque antique se retrouve dans tout l'Occident. Les formes et les proportions des temples grecs inspirèrent en particulier l'architecture romaine, la Renaissance italienne qui gagna toute l'Europe et le courant néoclassique des XVIIIe et XIXe siècles. Au milieu des ruines extraordinaires du Parthénon, un petit effort d'imagination suffit à vous transporter dans la Grèce du Ve siècle av. J.-C. L'architecture contemporaine réserve aussi de passionnantes découvertes, avec ses réalisations high-tech et sa manière de revisiter l'art classique ou de mettre en valeur son patrimoine du XIXe siècle. La Grèce est en pleine évolution pour allier passé, présent et futur.

Grandeur minoenne

Les plus anciennes formes d'architecture dont nous ayons connaissance en Grèce sont celles de la civilisation minoenne qui se développa en Crète aux IIIe et IIe millénaires av. J.-C. et rayonna dans toute la mer Égée. Dans les Cyclades, à Santorin, la forteresse d'Akrotiri en est l'un des premiers exemples significatifs.

C'est en Crète qu'apparurent, vers 2000 av. J.-C., les premiers palais-cités. Détruits par un cataclysme vers 1700 av. J.-C., ils furent reconstruits en plus grandioses. Le plus important fut le palais de Cnossos, fondé, dit la légende, par le roi Minos qui y fit construire le labyrinthe pour enfermer le Minotaure. Les fouilles entreprises par Arthur Evans à partir de 1900 et ses reconstructions (controversées) montrent une architecture complexe comportant quartiers royaux, salles d'apparat, sanctuaires et tout un dédale d'étroites salles, de corridors, de puits de lumière, de bains, ainsi que des magasins (qui attestent de son importance économique). Cet ensemble labyrinthique était ordonné, selon les canons des palais crétois, autour d'une immense cour centrale (1 250 m^2) à fonction rituelle où se déroulaient les jeux tauromachiques (dont témoignent des peintures murales). La destruction du palais de Cnossos vers 1400 av. J.-C. signa le déclin de la civilisation minoenne.

D'après la légende, c'est le célèbre inventeur athénien Dédale, père d'Icare, qui fut chargé de concevoir le labyrinthe qui allait enfermer le Minotaure. Il est également l'architecte du palais de Cnossos pour le roi Minos.

Génie mycénien

Après 1400 av. J.-C., le foyer de la culture préhellénique se déplaça de la Crète vers la Grèce continentale où s'était épanouie depuis deux siècles la civilisation mycénienne. Outre Mycènes, d'autres cités de la Grèce centrale et méridionale, dont Thèbes, furent alors des centres florissants d'où cette culture se répandit dans tout le monde égéen. À l'apogée de cette civilisation mycénienne (1400-1200 av. J.-C. environ), l'architecture se caractérisa essentiellement par la construction de palais-citadelles, dont les plus connus sont Mycènes, Pylos et Tirynthe. Bâtis sur une colline, ces austères palais étaient agencés autour du mégaron, grande salle à foyer central, entourée de quatre colonnes soutenant le toit, et précédée d'un vestibule et d'un portique. Le site était enclos d'une enceinte dite "cyclopéenne" vu la dimension des blocs de pierre et l'épaisseur des murs qui atteignaient 3 à 10 m. À Mycènes, le trésor d'Atrée (dit à tort "tombeau d'Agamemnon") est le plus bel exemple connu de tombe princière à coupole (tholos) construite en

L'architecture bleu et blanc typique des Cyclades, celle que l'on associe le plus souvent aux îles grecques, est pragmatique et fonctionnelle. Les maisons cubiques à toit plat,,blotties le long d'un labyrinthe de ruelles, étaient conçues pour se protéger des vents puissants et des pirates.

DORIQUE, IONIQUE OU CORINTHIEN ?

Les trois styles architecturaux de la Grèce antique se distinguent par la forme des colonnes.

Dorique. Le plus sobre des trois styles. Le fût de la colonne comporte généralement 20 cannelures simples. Il est dépourvu de base et surmonté d'un chapiteau constitué d'une simple moulure arrondie et d'une dalle plate. Le Parthénon en est l'exemple parfait.

Ionique. Les cannelures sont plus profondes et plus nombreuses. Le chapiteau se reconnaît à ses volutes. La base est moulurée.

Corinthien. Le plus décoratif des trois ordres. Sa base et son fût sont identiques à ceux de la colonne ionienne, mais son chapiteau est décoré de feuilles d'acanthe.

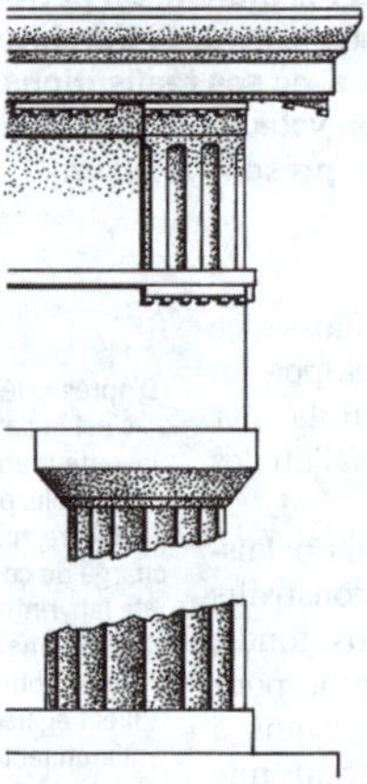
Style dorique

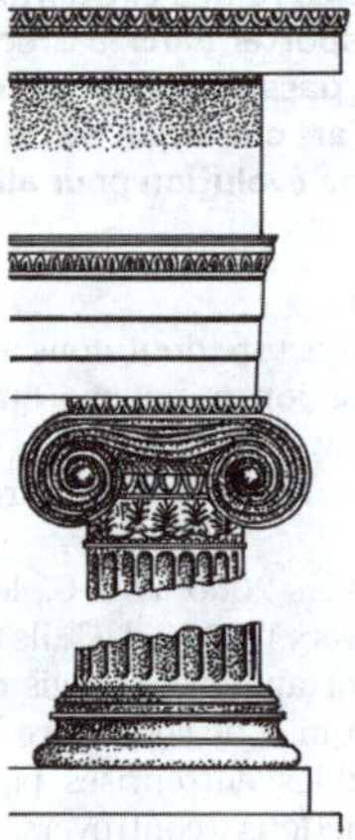
Style ionique

Style corinthien

encorbellement et coiffée de blocs énormes (120 tonnes pour l'un des deux au sommet !). Le palais de Tirynthe conserve d'impressionnants vestiges de son enceinte dont les blocs atteignent 12 tonnes et des passages secrets à voûte en encorbellement. Quant à celui de Nestor, près de l'actuelle Pylos, il illustre par ses fondations particulièrement bien préservées le génie architectural des Mycéniens.

Apogée de l'âge classique

Durant la période classique (Ve-IVe siècle av. J.-C.), c'est l'architecture religieuse qui atteint son apogée. Les temples sont généralement construits sur des soubassements à degrés et d'une largeur égale à la moitié de leur longueur, ce qui n'empêche pas une grande diversité dans les détails, notamment dans le type et le nombre de colonnes. C'est entre le VIIe et le Ve siècle av. J.-C. que se développent les fameux ordres architecturaux, fondés essentiellement sur le dessin des colonnes : dorique, ionique et corinthien.

Sobre et puissant, l'ordre dorique, apparu au VIIe siècle av. J.-C. dans le Péloponnèse, est le style de référence en Grèce continentale. Il se caractérise par une colonne assez massive aux cannelures peu profondes (au nombre de 20 en général) que vient surmonter un chapiteau, constitué d'une moulure arrondie (l'échine) et d'une dalle plate (l'abaque), sans autres fioritures. Bâti en marbre de Pentélique au sommet de l'Acropole, le Parthénon est le modèle même du temple dorique. On pourrait aussi citer, exemples plus modestes, le temple d'Aphaïa à Égine, ou le petit temple d'Isis à Délos, près de Mykonos.

Plus gracieux, l'ordre ionique se développe au VIe siècle en Ionie et dans les îles de la mer Égée. Plus fine, la colonne ionienne possède des cannelures plus profondes et plus nombreuses (généralement 24) et repose sur une base moulurée. Son chapiteau se caractérise par ses volutes. Ictinos, l'un des architectes du Parthénon, emprunta des éléments ioniques pour faire courir une frise sculptée en haut du bâtiment intérieur. Sur l'Acropole, le temple d'Athéna Niké et l'Érechthéion, célèbre pour son portique de Caryatides, sont également de style ionique.

L'ordre corinthien, apparu à la fin du Ve siècle av. J.-C., dérive du style ionien, avec une colonne et une base identiques, mais un chapiteau décoré de feuilles d'acanthe. Cet ordre, adopté plus tard par les Romains, ne sera utilisé à Athènes que sur les temples corinthiens. Le temple de Zeus olympien, situé au pied de l'Acropole et achevé sous le règne de l'empereur Hadrien, en est un imposant exemple.

La construction de théâtres est également caractéristique de la période classique, comme celle du théâtre d'Épidaure (IVe siècle av. J.-C.). Ce sont des édifices à ciel ouvert comportant une scène circulaire entourée de gradins en hémicycle pouvant accueillir des milliers de spectateurs. Ils sont conçus pour que l'acoustique permette à tous d'entendre la moindre syllabe prononcée sur la scène en contrebas. Une expérience que l'on peut aisément faire à l'occasion des représentations, concerts et festivals qui y sont donnés l'été.

Individualisme hellénistique

Avec le déclin de l'âge classique (vers la fin du IVe siècle av. J.-C.), une population cosmopolite commence à se désintéresser de la construction des temples au profit d'une architecture civile plus utilitaire et davantage portée sur le luxe et les effets décoratifs. Les architectes de la période hellénistique sont souvent sollicités pour la construction ou la mise en valeur de résidences privées par de riches citoyens, dignitaires et hommes politiques soucieux d'afficher leur statut avec force marbres, mosaïques et fresques. C'est dans les îles florissantes, comme Délos, que l'on trouve les plus belles demeures de cette époque.

Ferveur byzantine

Après les églises paléochrétiennes (IVe-VIIe siècle) au plan basilical inspiré de l'antique, l'architecture des églises en Grèce commence à prendre ses caractères typiquement byzantins vers 700 environ. Ce sont généralement des églises en croix grecque coiffées d'une coupole centrale reposant sur des trompes d'angles et encadrée de coupoles

PARTICULARITÉS RÉGIONALES

Compte tenu de la diversité des paysages et des cultures qui ont marqué son territoire, la Grèce a joué au fil des siècles avec des influences architecturales multiples.

Pyrgi. Dans le village médiéval de Pyrgi (Chios), les maisons sont ornées de *xysta*, motifs géométriques noirs et blancs sculptés dans le plâtre. Cette méthode particulière évoque le *sgraffito*.

Oia. Certaines habitations d'Oia (Santorin), dans les Cyclades, sont nichées dans des cavités creusées dans la roche volcanique, accrochées à la falaise abrupte de la caldeira.

Lefkada (Hora). Sur l'île de Leucade, régulièrement menacée par des séismes, les maisons de la ville principale ont un style bien particulier : les étages sont recouverts de tôle peinte ou ondulée, tandis que les murs du rez-de-chaussée sont en bardeaux.

LES MAISONS DE CAPITAINES

Au XVIIe siècle, la prospérité croissante des capitaines de navires grecs incita nombre d'entre eux à se faire construire de hautes demeures qui dominaient les maisons traditionnelles des villages. Ces maisons de capitaines sont aujourd'hui disséminées à travers les îles et beaucoup ont été transformées en hôtels de charme ou en restaurants.

Si la taille de la maison reflétait souvent la richesse du capitaine, certaines des plus petites de ces demeures, vieilles de 400 ans, sont les plus belles. Les murs chaulés grimpaient jusqu'à un haut plafond en résine, souvent peint de motifs colorés et élaborés. Les fenêtres, face à la mer et percées très haut, comportaient souvent des plateformes en bois pour les atteindre. Cet aménagement protégeait de la chaleur en été et permettait à l'épouse du capitaine de guetter l'arrivée du bateau de son mari.

Les embrasures de porte en pierre traditionnelles, ou pyliones, sont sculptées de motifs symboliques. Le maïs pour les bonnes récoltes, les oiseaux pour la paix, la croix pour la sécurité, et les tournesols pour la lumière du soleil. Le nombre de cordes sculptées autour du périmètre de la porte indique le nombre de bateaux que possédait le capitaine. Certaines des plus belles de ces demeures se trouvent à Lindos, sur Rhodes.

plus petites aux quatre angles et de trois chapelles (dont l'abside) à l'Orient. De remarquables mosaïques et fresques à caractère religieux ornent l'intérieur.

À Athènes, la jolie église Agios Eleftherios (XIIe siècle) intègre des fragments d'une frise classique en marbre de Pentélique, et la charmante église Kapnikareas (XIe siècle) abrite, derrière ses murs aux motifs de brique et de pierre alternées, de riches parements de marbre de couleur.

Parmi les plus beaux exemples des Cyclades, la Panagia Ekatontapyliani (fondée en 326) regroupe en fait trois églises distinctes. Si son nombre de portes n'est pas à la mesure de son nom (Ekatontapyliani signifie "aux cent portes"), il n'en demeure pas moins important. Autre exemple du genre, le monastère de Nea Moni embellit Chios de la beauté simple de sa structure octogonale. Parmi les monastères fortifiés, citons l'imposant monastère Saint-Jean, à Patmos, ou l'Angelokastro (château des Anges) de Corfou.

Forteresses franques et vénitiennes

Après la prise de Constantinople par les croisés, en 1204, une grande partie de la Grèce tomba aux mains de seigneurs issus de l'Occident, qu'ils soient francs ou vénitiens. La famille Villehardouin se distingua par la construction de châteaux forts dans tout le Péloponnèse, notamment à Kalamata et à Mystra (où elle bâtit également un palais qui accueillit deux siècles durant la cour de la famille impériale byzantine).

Quand les Vénitiens débarquèrent pour s'emparer de quelques enclaves locales, ils édifièrent la puissante citadelle de Méthoni et l'imposante citadelle Palamède (XVIIIe siècle) de Nauplie. Prise et reprise, l'immense forteresse de l'Acrocorinthe (citadelle de Corinthe) conserve la trace de sa puissance dans ses enceintes successives et ses imposantes portes, tandis que la citadelle protégeant Monemvassia offre une vue spectaculaire sur la mer. La vieille ville de Rhodes, où l'on admire le palais des Grands Maîtres du XIVe siècle, est inscrite sur la liste du patrimoine mondial de l'Unesco, mais on pourrait aussi mentionner les citadelles de Corfou, de Naxos et de Lesbos.

Forteresses, ports de caractère, élégantes villas : du XIVe au XVIe siècle, les Vénitiens ont laissé derrière eux un héritage architectural remarquable. L'éclatante ville de Corfou, avec ses fortifications massives, ses grandes places, ses fontaines et ses villas, est elle aussi classée au patrimoine mondial de l'Unesco. Si la ville de Mykonos se distingue par son architecture cycladique, le quartier de la Petite Venise, qui porte bien son nom, est l'endroit le plus photographié. Pittoresque village rescapé du séisme de 1953, Fiskardo, sur l'île de Céphalonie, est l'un des plus beaux exemples du style vénitien.

Vestiges ottomans

De l'architecture de la période ottomane (XVIe-XIXe siècle), il reste surtout des vestiges sur les îles, épargnées des destructions qui ont eu lieu sur le continent. La vieille ville de Rhodes possède ainsi un quartier turc. Sur le port de Kastellorizo, le minaret et le dôme rose de la mosquée témoignent également de ce passé turc. Parmi les quelques vestiges existant à Athènes figurent la mosquée Fethiye et les bains turcs.

Splendeur néoclassique

L'Académie (1885), la Bibliothèque nationale (1902) et l'université (1837) d'Athènes témoignent de la passion qu'eut la Grèce, après son indépendance, pour une architecture néoclassique grandiose, renouant le lien avec l'Antiquité. Theophile Hansen, l'architecte danois chargé de la construction des deux premiers monuments, s'inspira de l'Érechthéion pour le dessin des colonnes ioniques de l'entrée de l'Académie (gardée par Apollon et Athéna). Dans la grande salle oblongue, bordée de sièges en marbre, le riche programme iconographique du plafond et des murs est l'œuvre du peintre autrichien Christian Griepenkerl. De même, ce sont les colonnes doriques du temple d'Héphaïstos qui influencèrent Hansen pour la puissante Bibliothèque nationale en marbre, tandis que l'université qu'il réalisa en collaboration avec son frère Christian respire une beauté plus simple et plus calme.

Des demeures néoclassiques amoureusement restaurées abritent de fameux musées, tel le musée Benaki.

Le passé opulent des îles, qui furent de prospères carrefours commerciaux, transparaît dans les maisons de capitaines et les hôtels particuliers, de styles variés. Parmi les plus impressionnants : les élégants hôtels particuliers en pierre blanche, à Hydra, qui surplombent le port en amphithéâtre. Les édifices néoclassiques de la ville d'Égine vous ramèneront à la brève époque où elle fut capitale. À Symi, dans le Dodécanèse, le port de Gialos est bordé de pittoresques façades colorées néoclassiques. Inspirée des palais de la Renaissance italienne, la structure de l'œil-de-bœuf surmonté d'un fronton est typique de Symi, mais aussi d'autres îles comme Kalymnos, Karpathos ou Rhodes.

Architecture moderne et contemporaine

Athènes s'ouvre aujourd'hui à une nouvelle esthétique architecturale et urbanistique s'efforçant d'intégrer passé et avenir. Ainsi en est-il de la présentation de ses vastes collections archéologiques et antiques dans des édifices futuristes et de l'aménagement de superbes zones piétonnes. C'est notamment le cas de la rénovation du centre historique, avec le remarquable éclairage (conçu par le Français Pierre Bideau, auteur de la mise en lumière de la tour Eiffel) de l'ancienne promenade, et de la réhabilitation de zones industrielles à l'abandon, comme la reconversion du complexe gazier de Gazi en un centre culturel appelé Technopolis.

Conçu par l'architecte suisse Bernard Tschumi, le nouveau musée de l'Acropole a ouvert ses portes en 2009. Il est organisé autour d'une cella (sanctuaire), sur le modèle du Parthénon, avec le même nombre de colonnes (en acier) et un sol en verre qui permet de voir les ruines archéologiques au-dessous.

Le modèle prédominant de l'architecture grecque urbaine de la fin du XXe siècle est l'immeuble *polykatoikia* (multirésidentiel). Rien qu'à Athènes, environ 35 000 blocs de 5 étages avec des balcons ombragés par des auvents ont été érigés entre les années 1950 et 1980.

Le complexe olympique d'Athènes a été conçu par le célèbre architecte espagnol Santiago Calatrava pour les Jeux de 2004. Il possède un spectaculaire toit ultramoderne en acier et verre, suspendu par des câbles à de grandes arches. Le verre laminé, en forme de deux feuilles géantes, peut refléter 90% de la lumière du soleil.

Le Centre culturel de la fondation Stavros Niarchos est encore plus impressionnant : il produit la totalité de son énergie grâce aux 5 400 panneaux photovoltaïques fixés sur le toit. Ouvert en 2016, l'architecte Renzo Piano, lauréat du prix Pritzker, en est l'architecte. Ce centre polyvalent d'art et de divertissement, hébergeant la Bibliothèque nationale et l'Opéra national, est installé dans un magnifique espace naturel relié à la mer.

Dessiné par l'agence parisienne Architecture-Studio, le centre culturel Onassis a ouvert ses portes en 2010. Cet espace transdisciplinaire (théâtre, danse, arts plastiques) est doté d'une façade en fines bandes de marbre sur lesquelles des images peuvent être projetées.

Environnement

Si la Grèce possède de fascinants sites antiques, la nature n'en est pas moins fabuleuse. Promenade parmi les fleurs sauvages, rencontre avec des tortues caouannes ou bain de soleil sur la plage, elle enchantera quiconque apprécie l'exploration. Cependant, la surexploitation des ressources, la gestion des déchets, la pression du tourisme, de l'industrie et de l'agriculture inquiètent les Grecs pour qui les questions écologiques sont de plus en plus importantes.

Découverte de la nature

Géographie et géologie

Où que l'on aille en Grèce, la mer n'est jamais à plus de 100 km. Des montagnes escarpées et des îles innombrables dominent le paysage, façonné par les courants marins, les éruptions volcaniques et un sous-sol riche en minéraux. Le continent couvre une superficie de 131 944 km^2, avec un littoral découpé qui s'étend sur 15 020 km. Certains sommets dépassent les 2 000 m, tandis que dans les mers Égée et Ionienne s'égrènent les 1 400 îles du pays, dont 169 inhabitées, sur 400 000 km^2 d'eaux territoriales.

Durant le trias, le jurassique, le crétacé et même des périodes géologiques plus récentes, la Grèce actuelle était recouverte d'une mer peu profonde, riche en oxygène. Cette submersion des terres a créé de vastes étendues calcaires dans l'ensemble de la masse terrestre sous-marine. Plus tard, alors que la terre émergeait pour former la topographie actuelle, un paysage érodé, composé de roches cristallines et d'autres minerais précieux, commença à apparaître, constituant l'épine dorsale qui s'étire aujourd'hui du nord au sud du continent. Les grottes de calcaire sont caractéristiques de ce paysage karstique, façonné par la dissolution d'une couche soluble de substrat rocheux.

L'une des éruptions volcaniques les plus violentes au monde eut lieu à Santorin vers 1650 av. J.-C. Le volcan Théra rejeta jusqu'à quatre fois plus de matériaux volcaniques que le Krakatoa en 1883.

Une forte activité volcanique a régulièrement secoué la Grèce. L'une des éruptions volcaniques les plus violentes au monde eut lieu à Santorin vers 1650 av. J.-C. Aujourd'hui, des séismes continuent à frapper le pays, à moindre échelle mais avec une fréquence régulière. En 1999, un tremblement de terre de magnitude 5,9 près d'Athènes a fait près de 150 victimes et des milliers de sans-abri. Depuis 2006, le pays a enregistré sept séismes de 6,4 à 6,9 sur l'échelle de Richter. Aucun n'a causé de dégâts majeurs. Pour mesurer l'importance du passé volcanique de la Grèce, visitez des cratères de Santorin et du volcan Polyvotis sur Nisyros.

Le réseau fluvial ne permet pas la navigation, mais s'avère adapté dans certaines zones escarpées pour le rafting. Le relief montagneux de la Grèce ne laisse que peu de places aux vallées cultivables qui sont étroites. Le climat sec pendant une partie de l'année et les sols peu fertiles ne facilitent pas la pratique de l'agriculture qui n'occupe que 25% du territoire. Le pays est riche en minéraux divers (manganèse, bauxite, lignite...) et de potentiels gisements de pétrole jamais exploités.

Fleurs et herbes sauvages

La Grèce possède une flore d'une richesse inégalée en Europe avec plus de 6 000 espèces, dont plus de 100 variétés d'orchidées sauvages. Cette abondance est due à la médiocrité des sols, généralement trop pauvres pour l'agriculture monoculture ; les fleurs ne sont donc pas contaminées par les engrais et autres pesticides.

Les herbes et plantes aromatiques dans la cuisine (1970), livre illustré signé Maria et Nikos Psilakis, sert à la fois de guide pour reconnaître les herbes et de livre de cuisine grecque.

Les arbres fleurissent dès la fin du mois de février dans les zones au climat tempéré, tandis que les fleurs de prairies font leur apparition en mars. Au printemps, les collines se couvrent de fleurs, qui semblent pousser jusque sur les rochers. En été, la végétation au sol ne subsiste que dans les régions montagneuses du Nord, avant la nouvelle floraison d'automne.

Les herbes aromatiques poussent à l'état sauvage dans la majeure partie du pays et vous verrez des habitants en cueillir pour parfumer leur cuisine. Généralement sans apport d'engrais, elles sont aussi vendues dans les boutiques de souvenirs.

Forêts

Les forêts luxuriantes qui recouvraient jadis la Grèce antique deviennent de plus en plus rares. Décimées par des milliers d'années d'abattage pour l'élevage, la construction de bateaux et d'habitations, elles ont plus récemment souffert d'incendies dévastateurs. Le nord de la Grèce est la seule région qui conserve des zones boisées et présente des versants couverts d'épais bosquets de charmes houblons (*Ostrya carpinifolia*), aux somptueuses grappes de fleurs blanches. Autre essence commune en Grèce, le platane d'Orient (*Platanus orientalis insularis*) qui apprécie l'humidité et le littoral.

Faune

Sur la terre

Dans les secteurs urbanisés, on peut parfois apercevoir renard, belette ou lièvre. Les régions montagneuses les plus reculées abritent de nombreuses espèces, notamment des chiens sauvages. Le chacal doré est sans doute le mammifère le plus incompris du pays. Bien que son régime soit à 50% végétarien (les 50% restants étant constitués de

PARCS NATIONAUX

Le parc national du mont Olympe, créé en 1938, a été le premier parc national de Grèce. Le pays compte actuellement 10 parcs nationaux et 2 parcs marins, destinés à protéger la faune et la flore uniques de la Grèce.

Les infrastructures sont souvent sommaires, les nombreux chemins de randonnée, pas toujours entretenus et les refuges, très simples. Pour la plupart, la splendeur du cadre naturel compense la médiocrité des équipements. Ne manquez pas de découvrir le côté sauvage de la Grèce dans l'un de ces parcs.

Le guide présente les parcs suivants :

Parc national marin d'Alonissos et des Sporades du Nord (p. 456). Il couvre 6 îles et 22 îlots dans les Sporades et abrite des colonies de phoques moines, de dauphins et d'oiseaux.

Cap Sounion (p. 148). Où se trouve le temple de Poséidon qui offre un panorama sublime.

Parc national marin de Zante (NMPZ ; ☎26950 29870 ; www.nmp-zak.org). Un refuge pour les tortues caouannes.

Parc national du mont Ainos. Seul parc insulaire du pays, sur Céphalonie (p. 496), il abrite une forêt de sapins endémiques uniques et de petits chevaux sauvages.

UNE HISTOIRE DE SANGLIER

La chasse en Grèce est une activité populaire, à des fins alimentaires. C'est particulièrement vrai dans les régions montagneuses, où les chasseurs n'hésitent pas à tirer en dépit des interdictions de chasser. S'il s'agit parfois d'espèces rares et menacées, le principal gibier est souvent le sanglier, considéré comme tel depuis l'Antiquité. La population de sangliers, considérés comme des nuisibles, a augmenté au cours des dernières décennies, sans doute en raison de la diminution des prédateurs, hormis l'homme. Beaucoup affirment que la chasse constitue un moyen essentiel de réduire leur population. Par ailleurs, il existe un nombre croissant d'élevages de sangliers et cette viande figure à la carte de nombreux restaurants.

charognes, de reptiles et de petits mammifères), il a été accusé à tort d'attaques sur le bétail et chassé par les fermiers en tant que mesure préventive. Au bord de l'extinction, il a été déclaré espèce protégée en 1990 et ne survit aujourd'hui que par petits groupes sur la Grèce continentale et sur l'île de Samos.

Représenté sur les frises du Parthénon, le petit cheval de Skyros a été introduit sur l'île de Skyros au Ve siècle av. J.-C. Avec la mécanisation de l'agriculture, il est redevenu en partie sauvage et on compte environ 190 individus sur l'île dont une cinquantaine à la ferme d'élevage de Mouries.

Les espèces de serpents et de lézards sont nombreuses et au printemps et en été, il n'est pas rare d'en croiser sur les routes et les chemins de pierre. La plupart des serpents sont inoffensifs, sauf la vipère et le serpent corail qui sont venimeux et dont la morsure peut être mortelle.

Dans les airs

Les ornithologues amateurs seront gâtés en Grèce, située sur de nombreuses routes migratoires nord-sud. Lesbos (Mytilène) attire régulièrement des ornithologues amateurs qui viennent de l'Europe entière pour repérer quelques-unes des 279 espèces qui font escale sur l'île chaque année. Parmi ses visiteurs les plus remarqués, les cigognes arrivent d'Afrique au début du printemps et reviennent dans le même nid chaque année. Les nids sont édifiés sur des poteaux électriques, des cheminées et des clochers, et peuvent peser jusqu'à 50 kg.

Plus de 350 couples de faucons d'Éléonore (60% de la population mondiale) nichent sur la minuscule île de Piperi (Sporades), et sur Tilos (Dodécanèse), qui abrite également l'aigle de Bonelli et le cormoran huppé.

Dans la mer

Autrefois courant sur les côtes grecques et en Méditerranée, le phoque moine (*Monachus monachus*) est aujourd'hui l'une des espèces les plus menacées d'Europe. Entre 200 et 250 individus, environ 90% de la population mondiale, évoluent dans les mers Égée et Ionienne. Quelques spécimens vivent également dans les eaux du parc marin d'Alonissos et certains ont été aperçus sur Tilos.

Les eaux qui entourent Zante abritent la dernière grande colonie de tortues marines en Europe ; il s'agit de tortues caouannes (*Caretta caretta*), une espèce menacée. Elles nichent en petit nombre à Céphalonie et en Crète. Les tortues de Grèce font face à bien des dangers : filets de pêche, hélices de bateaux, détritus et destruction de leurs espaces de nidification pour cause de pression touristique. La période de nidification des tortues correspond à la saison estivale. Si par chance vous assistez à la ponte, observez de loin et ne vous approchez pas, même après le passage des tortues.

Préserver la nature

Pélicans et cormorans pygmées (www.spp.gr)

Ornithologie (www.ornithologiki.gr)

Fleurs sauvages (greekmountainflora.info)

Tortues de mer (www.archelon.gr)

Ne tentez pas d'aider les bébés tortues caouannes à rejoindre la mer, vous diminueriez leur chance de survie. Observez la scène à distance !

Vous aurez peut-être la chance d'apercevoir des dauphins du pont d'un ferry, bien que plusieurs espèces dont les dauphins communs (*Delphinus delphis*) et dauphins de Risso, sont maintenant menacées de disparition en raison des filets de pêche qui les emprisonnent et la diminution des ressources halieutiques.

Écologie

La construction illégale sur le littoral et dans des secteurs protégés ou boisés s'est accélérée depuis les années 1970. Malgré les tentatives de légiférer et les protestations des habitants et des groupes écologistes, la corruption et le manque de moyens pour faire appliquer les lois signifient que cette mainmise sur le foncier n'est guère menacée. La croissance de la population, l'expansion urbaine et les pressions du secteur touristique compliquent encore la situation. Les constructions ont souvent un effet néfaste sur les ressources en eau et les espèces sauvages. Si certaines constructions ont été détruites, la plupart des cas, les bâtiments illégaux sont laissés en l'état, car ils offrent des logements abordables dont la population a cruellement besoin.

Si la Grèce recycle moins que le reste de l'Europe (17% contre une moyenne de 39% à l'échelle européenne), vous trouverez dans la plupart des villes des bacs de recyclage pour le papier, le plastique, le verre et les déchets ménagers.

Interdits pendant 20 ans à Athènes, les véhicules à diesel ont été à nouveau autorisés à circuler en 2012, augmentant fortement la pollution dans l'agglomération. Le gouvernement s'est pourtant engagé à renouveler cette interdiction en 2025. Le prix du fioul domestique ayant triplé, les Grecs se sont tournés vers le chauffage au bois, souvent traité, et l'incinération des ordures. La pollution par les particules, notamment de plomb et d'arsenic, retrouvées dans l'air a augmenté de 30%. L'agglomération athénienne qui abrite plus de la moitié de l'industrie du pays et un tiers de la population est régulièrement sous un nuage de pollution.

Chaque année, des incendies font des ravages provoquant la disparition de milliers d'hectares de forêt, souvent dans les plus belles régions ou au cœur de parcs régionaux. En 2018, pendant l'été, des feux de forêt dans les zones côtières de l'Attique, non loin d'Athènes, ont fait 102 morts, faisant de cette catastrophe naturelle la plus meurtrière de Grèce.

La hausse des températures en Méditerranée et les vents violents provoquent des incendies de plus en plus dévastateurs. La population estime que le gouvernement n'est pas bien préparé et réagit trop lentement. De nombreux habitants refusent de quitter les zones évacuées de peur de ne pas recevoir d'aide. Ils préfèrent prendre le risque de combattre les flammes eux-mêmes.

Îles grecques et Athènes pratique

CARNET PRATIQUE . . 570
Ambassades et consulats 570
Argent 570
Assurance 571
Cartes et plans 571
Cartes de réduction 572
Douane 572
Électricité 572
Formalités et visas 572
Handicapés 573
Hébergement 573
Heure locale 575
Homosexualité 575
Internet (accès) 575
Jours fériés 575
Librairie spécialisée 575
Offices du tourisme 575
Problèmes juridiques 575
Photographie 576
Santé 576
Sécurité 577
Tabac 578
Téléphone 579
Toilettes 578
Travailler en Grèce 579
Voyager en solo 579

TRANSPORTS 580
Entrer en Grèce 580
Voie aérienne 580
Voie terrestre 581
Voie maritime 582
VOYAGES ORGANISÉS . . . 582
COMMENT CIRCULER 583
Avion 583
Bateau 583
Bus 586
Train 586
Transports urbains 587
Vélo 587
Voiture et moto 587

LANGUE 590
Glossaire 595

Carnet pratique

Ambassades et consulats

Les ambassades étrangères suivantes en Grèce se trouvent à Athènes ou dans sa banlieue. Il y a également quelques consulats à Thessalonique.

Ambassades et consulats étrangers en Grèce

Albanie (☎210 687 6200 ; Vekiareli 7, Filothei ; 🚌A7, 550 à Kollegio)

Belgique (☎210 361 7887 ; greece.diplomatie.belgium.be/fr ; Odos Sékéri 3)

Bulgarie (☎210 674 8105 ; www.mfa.bg/en/embassies/greece ; Stratigou Kallari 33a, Psyhiko ; 🚌550 à Ag Varvara)

Canada (☎210 727 3400 ; www.greece.gc.ca ; Ethnikis Antistaseos 48, Chalandri ; 🚌10 à Serron)

Chypre (☎210 373 4800 ; www.mfa.gov.cy ; Xenofontos 2a, Syntagma ; ⏲8h-15h30 lun-ven)

France (☎210 339 1000 ; gr.ambafrance.org ; Leoforos Vasilissis Sofias 7, Kolonaki ; Ⓜ Syntagma)

Italie (☎210 361 7260 ; www.ambatene.esteri.it ; Sekeri 2, Kolonaki ; Ⓜ Syntagma)

Suisse (☎210 723 0364 ; eda.admin.ch/countries/greece/fr/home/representations/ambassade-a-athènes.html ; Iassiou 2, Kolonaki)

Turquie (☎210 726 3000 ; atina.be.mfa.gov.tr ; Vassileos Gheorgiou, B-8, Kolonaki ; Ⓜ Syntagma) ; autre antenne à **Athènes** (☎210 672 9830 ; atinapire.bk.mfa.gov.tr ; Vasileos Pavlou 22, Psyhiko ; 🚌550 à Pharos), et une à **Thessalonique** (☎2310 965 070 ; turkbaskon@kom.forthnet.gr ; Agiou Dimitriou 151 ; ⏲9h-17h lun-ven).

Ambassades et consulats grecs à l'étranger

Belgique ambassade (☎322 545 5500 ; www.mfa.gr/brussels ; 10 rue des Petits-Carmes, 1000 Bruxelles)

Canada ambassade (☎1613 238 6271 ; www.mfa.gr/canada ; 80 MacLaren Street, Ottawa, Ontario, K2P OK6) ; consulat (☎1514 8752119 ; 1002 Sherbrooke Ouest, Suite 2620, Montréal, QC, H3A 3L6)

France ambassade (☎01 47 23 72 28 ; www.mfa.gr/france/fr/ ; 17 rue Auguste-Vacquerie, 75116 Paris) ; bureau consulaire (☎01 47 20 40 64 ; 23 rue Galilée, 75016 Paris)

Suisse ambassade et consulat (☎031 356 1414 ; www.mfa.gr/bern ; Weltpoststrasse 4, Postfach 72, 3015 Bern) ; consulat général (☎4122 735 73 90 ; 1 rue Pedro Meylan, 1208 Genève)

Argent

En dehors des grandes villes, mieux vaut prévoir des espèces et ne pas compter uniquement sur votre carte bancaire. La plupart des centres urbains disposent de DAB, mais ils ne fonctionnent pas toujours.

Cartes bancaires

Les cartes bancaires sont largement utilisées dans les commerces et les services, d'autant qu'une mesure prise en 2018 dans le cadre de la gestion de la crise financière oblige les Grecs de moins de 65 ans percevant un revenu à en posséder une.

MasterCard et Visa sont les plus couramment acceptées. On peut aussi s'en servir pour retirer de l'argent aux DAB des banques grecques affiliées. Le montant maximal de retrait autorisé par jour est fixé par votre banque et le plus souvent indiqué en monnaie locale.

Distributeurs automatiques de billets (DAB)

Vous trouverez des DAB dans toute ville abritant au moins une agence bancaire et dans presque tous les lieux touristiques. Vous aurez l'embarras du choix pour retirer de l'agent avec une carte

CONSEILS AUX VOYAGEURS

La plupart des gouvernements possèdent des sites Internet qui recensent les dangers possibles et les régions à éviter. Consultez notamment les sites suivants :

Ministère des Affaires étrangères français (www.diplomatie.gouv.fr)

Ministère des Affaires étrangères de Belgique (diplomatie.belgium.be)

Département fédéral des Affaires étrangères suisse (www.eda.admin.ch/eda/fr/dfae.html)

Ministère des Affaires étrangères du Canada (www.voyage.gc.ca)

MasterCard ou Visa. Les cartes Cirrus et Maestro sont acceptées dans les DAB des grandes villes et des sites touristiques majeurs.

Notez que dans les petites localités touristiques, les DAB Euronet (jaune et bleu) constituent parfois la seule option. Ils facturent 3,95 € de commission (contre 2-3 € pour les DAB des banques) et appliquent des taux de change nettement moins avantageux.

Dans les îles, il peut arriver que les distributeurs soient déconnectés du réseau pendant 1 jour ou 2, empêchant les touristes et les locaux de retirer de l'argent. Prévoyez en conséquence.

Pour éviter les fraudes, certaines banques bloquent automatiquement la carte après un retrait à l'étranger. Par précaution, informez votre agence de votre départ.

Espèces

L'argent liquide est certes très pratique, mais il comporte aussi des risques. En cas de perte, très peu de compagnies d'assurances accepteront de vous rembourser. Mieux vaut ne conserver sur vous que la somme nécessaire pour quelques jours. Un petit pécule en espèces (100 € environ) est aussi utile en cas d'imprévu.

Notez que les petits commerçants ont tendance à ne pas avoir de monnaie. Pour vos menus achats, il est préférable de prévoir des pièces et de petits billets.

Pourboires

Restaurants Si le service est compris, un petit pourboire est apprécié. Dans le cas contraire, laissez 10 à 20% de l'addition.

Taxis Arrondissez les prix de quelques euros. Un petit supplément – officiel, ce n'est pas un pourboire – s'applique pour les bagages.

Porteurs Il est de coutume de donner 1 à 3 € de pourboire aux porteurs des hôtels et aux stewards des ferrys.

TVA et remboursements

La Grèce applique un taux de TVA (taxe sur la valeur ajoutée) de 24%, soit l'un des plus élevés d'Europe, sur la plupart des biens et services. L'hôtellerie, les produits alimentaires et les médicaments bénéficient toutefois d'un taux réduit (13%), de même que les livres et la presse papier (6%). Sauf mention contraire, la TVA est incluse dans les prix affichés.

Assurance

Il est conseillé de souscrire une assurance qui vous couvrira en cas d'annulation de votre voyage, de vol, de perte de vos affaires, de maladie ou encore d'accident.

Vérifiez notamment que les "sports à risques", comme la plongée, la moto ou même la randonnée ne sont pas exclus de votre contrat, ou encore que le rapatriement médical d'urgence, en ambulance ou en avion, est couvert. De même, le fait d'acquérir un véhicule dans un autre pays ne signifie pas nécessairement que vous serez protégé par votre propre assurance.

Vous pouvez contracter une assurance qui réglera directement les hôpitaux et les médecins, vous évitant ainsi d'avancer des sommes qui ne vous seront remboursées qu'à votre retour. Dans ce cas, conservez avec vous tous les documents nécessaires (les consultations médicales se règlent généralement en espèces : demandez un reçu pour le remboursement).

Attention ! Avant de souscrire une police d'assurance, vérifiez bien que vous ne bénéficiez pas déjà d'une assistance par votre carte de crédit, votre mutuelle ou votre assurance automobile.

N'oubliez pas de prendre avec vous les documents relatifs à l'assurance ainsi que les numéros à appeler en cas d'urgence.

Cartes et plans

Hormis pour les randonneurs et les automobilistes, les cartes gratuites proposées par l'Office national du tourisme (EOT) et les grands hôtels sont en général suffisantes.

Anavasi (www.mountains.gr).Éditeur athénien publiant d'excellentes cartes. La série Topo comporte des cartes plastifiées conseillées aux randonneurs, qui détaillent les sentiers de nombreuses îles de la mer Égée.

Terrain (www.terrainmaps.gr). Cartes assez précises, éditées à Athènes. Toutes sont vendues sur Internet ou dans les grandes librairies en Grèce.

Cartes de réduction

Camping Card International (CCI ; campingcardinternational.com). Jusqu'à 25% de réduction sur les tarifs des campings et assurance responsabilité civile sur le terrain. Cette carte est valable dans plus de 2 500 campings en Europe.

Carte jeune européenne (www.eyca.org). Destinée aux jeunes jusqu'à 26 ou 31 ans selon les pays (il n'est pas nécessaire de résider en Europe), elle donne droit à des réductions allant jusqu'à 20% dans certains sites touristiques, magasins et transports. Disponible sur le site Internet, dans les agences de voyages à Athènes et Thessalonique (14 €).

Carte d'étudiant internationale (ISIC ; www.isic.org). Les détenteurs de cette carte payent moitié prix dans les musées et les sites antiques et bénéficient de réductions dans certains hôtels pour petit budget et auberges de jeunesse. En vente dans les agences de voyages à Athènes. Il faut fournir un document attestant du statut d'étudiant, une photo d'identité et 15 €. Réservée aux étudiants de 12 à 30 ans.

Carte seniors Les retraités des pays de l'UE munis d'une carte peuvent prétendre à toute une gamme d'avantages comme un tarif réduit dans les sites archéologiques et les musées, ainsi que des réductions sur les prix des billets de bus et de train.

Douane

La circulation des marchandises étant libre au sein de l'Union européenne, les contrôles aux frontières grecques sont généralement superficiels, et une simple déclaration orale suffit dans la majorité des cas. Des fouilles aléatoires sont toutefois réalisées pour détecter la présence de stupéfiants. L'importation de médicaments est soumise à une législation sévère. Si vous suivez un traitement, munissez-vous d'une ordonnance. Il est par exemple illégal de pénétrer en Grèce avec de la codéine sans certificat médical.

Retirer la moindre pièce d'un site archéologique est une infraction. De même, exporter des antiquités (tout objet de plus de 100 ans) sans un permis d'exportation est rigoureusement interdit et constitue un délit passible de lourdes peines. Les permis d'exportation sont délivrés par le département des antiquités et du patrimoine culturel du ministère grec de la Culture (gda@culture.gr).

Électricité

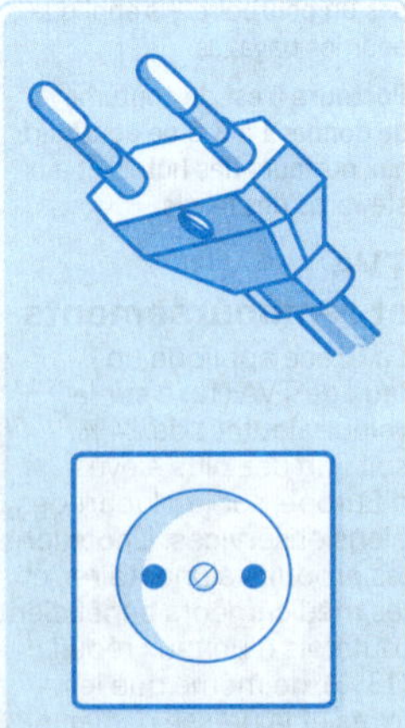

Type C
220 V/50 Hz

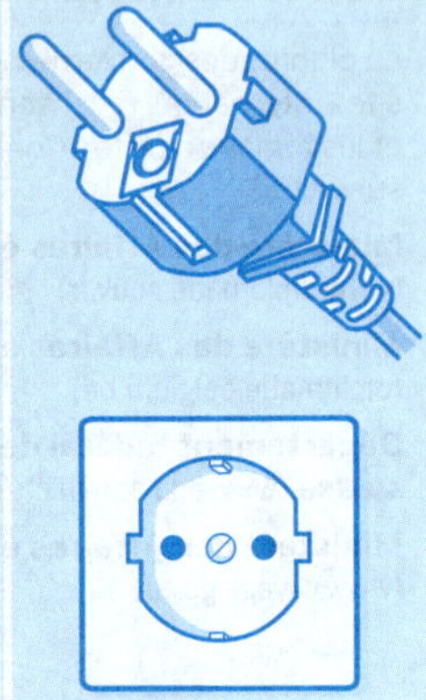

Type F
230 V/50 Hz

Formalités et visas

Les Français, les Belges et les Suisses peuvent entrer en Grèce avec une carte d'identité ou un passeport valide.

Les Canadiens peuvent séjourner en Grèce sans visa jusqu'à 90 jours sur une période de 180 jours, à condition d'être muni d'un passeport valide. Au-delà, ils devront se procurer un visa à l'ambassade grecque de leur pays d'origine. Cette démarche ne peut s'effectuer en Grèce. Attention, à partir de 2021, les citoyens de 60 pays hors UE – dont le Canada –, qui n'ont pas besoin de visa pour entrer dans l'espace Schengen, devraient être concernés par une demande d'autorisation préalable dans le cadre du nouveau Système européen d'information et d'autorisation concernant les voyages (ETIAS). À priori, les voyageurs concernés devront remplir un formulaire de demande d'ETIAS en ligne, sur le modèle de l'Esta américain. Attention, de nombreux sites frauduleux existent déjà. Le site officiel utilisera le domaine europa.eu.

Avant le départ, il est impératif de contacter les ambassades et les consulats pour s'assurer que les modalités d'entrée sur le territoire n'ont pas changé. Nous vous conseillons de scanner ou de photocopier tous vos documents importants (pages d'introduction de votre passeport, cartes de crédit, police d'assurance, billets de train/d'avion/de bus, permis de conduire, etc.). Conservez ces copies à part des originaux. Vous remplacerez ainsi plus aisément ces documents en cas de perte ou de vol.

Handicapés

Des progrès ont été réalisés ces dernières années en termes d'accessibilité aux voyageurs handicapés, quoique essentiellement à Athènes, qui compte davantage de sites, hôtels et restaurants praticables en fauteuil roulant. Ce n'est pas le cas dans le reste du pays, où le caractère escarpé du terrain, les escaliers, le marbre et les pavés glissants compliquent la progression. Les infrastructures ne répondent pas plus aux visiteurs souffrant d'un handicap visuel ou auditif.

Une organisation méticuleuse avant de partir peut tout changer à votre voyage.

Travel Guide to Greece (www.greecetravel.com/handicapped). Liens vers des articles locaux, des *resorts* et des circuits en groupe adaptés aux touristes handicapés.

DR Yachting (www.disabledsailingholidays.com). Croisières de 2 jours à 2 semaines dans les îles grecques à bord de bateaux parfaitement accessibles et aménagés.

Sirens Resort (www.disableds-resort.gr). Complexe touristique familial proposant des appartements accessibles, des rampes de baignade et des circuits.

L'**APF France handicap** (☎01 40 78 69 00 ; www.apf-francehandicap.org) peut fournir des informations utiles sur les voyages accessibles. **Yanous** (www.yanous.com), **Hizy** (hizy.org), **Handicap.fr** (www.handicap.fr) et **Tourisme et handicaps** (www.tourisme-handicaps.org) constituent également de bonnes sources d'information.

Désormais, les principales plateformes d'hébergement que sont **Abritel** (www.abritel.fr), **Airbnb** (www.airbnb.fr), **Booking** (www.booking.com) et **Hotels.com** (fr.hotels.com) ont intégré des critères d'accessibilité à leur moteur de recherche. **Mobee Travel** (www.mobeetravel.com) est une start-up qui regroupe des hébergements accessibles et qui propose aussi des séjours sur mesure. Plus modeste, **Wilengo** (www.wilengo.com) fonctionne sur le modèle d'Airbnb. Les agences de voyages **Yoola** (www.yoola.fr) et **Comptoir des Voyages** (www.comptoir.fr) organisent des voyages adaptés aux personnes à mobilité réduite.

Hébergement

La Grèce compte une kyrielle d'hébergements, adaptés à tous les goûts et à tous les budgets. Les tarifs sont soumis à un strict contrôle de la police touristique. Le prix de l'hébergement en Grèce est très variable d'un lieu et d'une saison à l'autre. Ne vous attendez pas à payer le même prix pour une chambre double sur une île, dans le centre du pays ou en plein centre d'Athènes.

Les points suivants sont à prendre en compte concernant les prix des hôtels :

- Les tarifs incluent une taxe de séjour et la TVA (taxe sur la valeur ajoutée). S'y ajoute une taxe de 0,50 à 4 € par nuit selon le nombre d'étoiles de l'établissement.
- L'ajout d'un lit supplémentaire entraîne une majoration légale de 20% (ne s'applique généralement pas aux lits enfant).
- Les prix atteignent des sommets en juillet-août, allant jusqu'à doubler par rapport à ceux pratiqués en basse saison. Ils peuvent en revanche chuter de 20% au printemps et à l'automne.
- En haute saison, certains hébergements n'acceptent de louer leurs chambres que pour 2 ou 3 nuits minimum, surtout dans les îles et stations balnéaires les plus touristiques.
- Les escroqueries sont rares. En cas de problème, signalez-le à la police ou à la police touristique ; vos interlocuteurs agiront promptement.

Camping

Le camping constitue un bon choix, surtout en été. La Grèce compte près de 350 terrains de camping, répartis dans toutes les régions et les îles (à l'exception notable des îles du golfe Saronique). Les équipements standards comprennent douches chaudes, cuisines, restaurants et supérettes, et fréquemment une piscine.

La plupart des terrains ne fonctionnent que de mai à octobre, toutefois, il faut toujours se renseigner

RÉSERVATIONS EN LIGNE

Trouvez un vol, un séjour ou un hôtel en quelques clics dans la rubrique "Réservation" de www.lonelyplanet.fr.

CATÉGORIES DE PRIX

Les hébergements proposés dans ce guide sont divisés en 3 catégories, sur la base du prix d'une chambre double en haute saison (entre mai et août).

€ moins de 60 € (moins de 90 € à Athènes)

€€ 60-150 € (90-185 € à Athènes)

€€€ plus de 150 € (plus de 185 € à Athènes)

au préalable, dans le Nord en particulier. Certains en effet n'ouvrent pas avant le mois de juin. Le site Internet de l'**Association panhellénique de camping** (☎21036 21560 ; www.greececamping.gr) répertorie tous les terrains et leurs équipements.

Si vous prévoyez de camper au cœur de l'été, emportez un double toit argenté pour garder votre tente au frais (les tentes foncées deviennent ici de véritables saunas). De mai à la mi-septembre, les températures permettent de dormir à la belle étoile. De nombreux terrains de camping disposent d'espaces couverts où peuvent dormir en été les voyageurs qui ne disposent pas de tente. Un sac de couchage léger fera généralement l'affaire. Un matelas en mousse, une couverture imperméable pour protéger le sac de couchage et du répulsif anti-insectes en abondance s'avèrent utiles.

- Les tarifs des campings sont plus élevés de la mi-juin à la fin août.
- Les terrains facturent entre 6 et 12 € par adulte et de 3 à 4 € par enfant âgé de 4 à 12 ans. Gratuité pour les enfants de moins de 4 ans.
- Emplacement de tente à partir de à 5 € la nuit.
- Il est souvent possible de louer une tente pour environ 5 €.
- Les prix d'un emplacement pour caravane débutent à 7 € ; comptez de 4 à 5 € pour une voiture.

Domatia

Les *domatia* (littéralement "chambres") sont l'équivalent grec de la chambre d'hôtes, le petit-déjeuner en moins. Les *domatia* se résumaient autrefois à des chambres spartiates chez l'habitant ; de nos jours, des dépendances sont souvent construites spécialement à cet usage et certaines chambres sont même assorties d'une cuisine équipée. Elles sont généralement très propres.

Les *domatia* sont prisées des voyageurs à petit budget. Comptez de 30 à 60 € pour une chambre simple et de 40 à 80 € pour une double en fonction de la salle de bains (privative ou collective), de la saison et de la durée du séjour. Vous trouverez des *domatia* dans toute la Grèce continentale (sauf dans les grandes villes) et sur presque toutes les îles habitées à l'année. Beaucoup n'ouvrent que d'avril à octobre.

De juin à septembre, les propriétaires de *domatia* sont nombreux à guetter les clients. Ils se postent à l'arrivée des bus et des bateaux, où vous les entendrez scander "*room, room !*" en montrant généralement des photos de leurs chambres. En haute saison, vous regretterez parfois de ne pas avoir accepté une offre. Méfiez-vous toutefois des propriétaires restant évasifs sur l'emplacement de leur hébergement.

Auberges de jeunesse

La **Greek Youth Hostel Organisation** (higreece.gr) chapeaute 18 auberges de jeunesse, pensions et hôtels dans le pays. Il n'est pas nécessaire d'être membre pour y loger, mais les détenteurs de la carte HI bénéficient d'une réduction de 10%.

Il existe également de nombreuses auberges de jeunesse privées. Les tarifs varient entre 10 et 20 € pour un lit en dortoir. Quelques-unes imposent un couvre-feu.

Hôtels et pensions

En Grèce, les hôtels se divisent en 5 catégories (de 1 à 5 étoiles) en fonction de la taille des chambres, de la présence ou nom d'un bar et du nombre de lits pour une salle de bains. Des éléments comme la propreté, le confort de la literie et l'amabilité du personnel ne sont pas pris en compte.

5 et 4 étoiles Toutes les commodités et salles de bains privatives avec eau chaude 24h/24.

3 étoiles Un snack-bar et des chambres avec salle de bains privative, où l'eau chaude isponible qu'à certaines heures.

2 étoiles Les salles de bains sont généralement partagées et l'eau chaude d'origine solaire, donc aléatoire.

1 étoile Les salles de bains sont communes et l'eau chaude peut faire l'objet d'un supplément.

Refuges de montagne

Les refuges de montagne se trouvent sur le continent, la Crète et l'île d'Eubée. Ils vont de la petite hutte avec toilettes extérieures et dépourvue d'équipements pour la cuisine au gîte moderne disposant de tout le confort. Ils sont gérés par divers clubs d'alpinisme et de ski. Les prix, variables en fonction de l'aménagement, débutent à 7 € par personne. La brochure *Greece:*

Mountain Refuges & Ski Centres de l'EOT (Office national du tourisme grec ; www.visitgreece.gr) donne le descriptif de chaque refuge. Vous pourrez vous la procurer dans ses bureaux.

Maisons et appartements de location

Les appartements ou maisons meublés constituent la solution idéale pour allier confort et économies. Beaucoup sont construits spécialement pour les touristes. D'autres, le plus souvent des maisons, appartiennent à des personnes qui ne les occupent pas. Certains propriétaires imposent une durée de séjour minimale d'une semaine.

Airbnb (www.airbnb.com) propose nombre d'options en Grèce à prix raisonnables. Consultez aussi les sites www.mygreek-villa.com et www.prettygreekvillas.com.

Heure locale

Toute la Grèce avance de 2 heures sur l'heure de Greenwich (GMT/UTC) en hiver et de 3 heures avec l'heure d'été (du dernier dimanche de mars au dernier dimanche d'octobre). Il y a ainsi 1 heure de décalage avec la France. Quand il est 12h à Paris (ou 6h du matin à Montréal), il est 13h en Grèce.

Homosexualité

En Grèce, l'union entre deux personnes du même sexe (mais pas le mariage) a été légalisée en 2015 et la tolérance générale envers l'homosexualité grandit. Cependant, dans un pays où l'Église orthodoxe conserve une influence majeure sur l'opinion publique, il n'est guère étonnant qu'elle reste réprouvée par certains, surtout en dehors des grandes villes.

La Grèce n'en est pas moins très prisée des voyageurs homosexuels. Athènes leur réserve de nombreux lieux, mais les îles demeurent la destination favorite de la plupart des gays et des lesbiennes : Mykonos, fameuse pour ses bars, ses plages et son hédonisme, occupe la première place, devant Skiathos. Lesbos (Mytilène), où naquit la poétesse Sappho, est devenue l'endroit de prédilection des femmes qui aiment les femmes.

The Beloved Republic (thebelovedrepublic.com) est une compagnie spécialisée dans la célébration d'unions LGBT en Grèce. Pour plus d'infos, consultez le site queerintheworld.com/gay-greece.

Internet (accès)

Le Wi-Fi est disponible gratuitement dans la plupart des hôtels, de nombreux cafés et certains restaurants. Il existe même des spots Wi-Fi gratuits dans les zones de commerce et de restauration de certaines villes. Les cybercafés ont quasiment disparu et de moins en moins d'hôtels disposent d'ordinateurs en accès libre pour leurs clients – achetez plutôt une carte SIM locale à insérer dans votre Smartphone débloqué.

Jours fériés

Nouvel An 1er janvier

Épiphanie 6 janvier

Premier dimanche du carême février

Jour de l'indépendance (fête nationale) 25 mars

Vendredi saint 17 avril 2020, 30 avril 2021, 22 avril 2022

Dimanche de Pâques (orthodoxe), 19 avril 2020, 2 mai 2021, 24 avril 2022

Fête du Printemps/fête du Travail (Protomagia) 1er mai

Pentecôte (Agiou Pnevmatos) 8 juin 2020, 21 juin 2021, 13 juin 2022

Assomption 15 août

Jour de l'Ohi ("Non") 28 octobre

Noël 25 décembre

Saint-Étienne 26 décembre

Librairie spécialisée

Desmos (☎01 43 20 84 04 ; desmos-grece.com ; 14 rue Vandamme, 75014 Paris). Cette librairie propose nombre d'ouvrages, en français et en grec, de la littérature grecque contemporaine aux livres d'art. Également des cours de grec moderne.

Offices du tourisme

L'Office national du tourisme grec (www.visitgreece.gr) est connu sous le sigle GNTO à l'étranger et EOT en Grèce. La qualité du service varie beaucoup d'un bureau à l'autre. Certains constituent de véritables mines d'informations, tandis que dans d'autres, c'est à peine s'il y a quelqu'un derrière le comptoir pour vous renseigner. Des antennes de l'EOT opèrent dans les principaux lieux touristiques. Il existe en outre des offices du tourisme municipaux ou régionaux.

Problèmes juridiques

Arrestation

Ayez toujours votre passeport (ou au moins une copie et une pièce d'identité) sur vous au cas où vous seriez contrôlé par la police, surtout si vous voyagez dans les régions frontalières. Les citoyens grecs doivent toujours conserver une pièce d'identité avec eux, la police s'attend donc à ce que les étrangers fassent de même. Si vous êtes arrêté, exigez la présence d'un interprète (*diermi_néas ; thé*-lo dhi-ermi-*néa*) et/ou d'un avocat (*diki_góros ; thé*-lo dhi-ki-*go*-ro).

Drogues

La législation grecque en matière de stupéfiants est parmi les plus sévères d'Europe. Elle ne fait pas de distinction entre la consommation et la vente. Une quantité ne serait-ce qu'infime de marijuana peut suffire à envoyer son détenteur en prison.

Photographie

➡ Des cartes mémoire pour appareils numériques sont en vente dans tous les magasins de photo.

➡ Ne prenez jamais en photo des installations militaires ; certaines, très difficiles à distinguer, sont aménagées près de zones d'observation de la vie sauvage.

➡ Les flashs sont interdits à l'intérieur des églises, et il serait inconvenant de photographier l'autel principal.

➡ La plupart des Grecs se laissent prendre en photo de bonne grâce. Prenez soin malgré tout de toujours demander la permission.

➡ Dans les sites archéologiques, l'utilisation d'un trépied est réservée aux professionnels.

Santé

Accessibilité et coût des soins médicaux

Bien que la formation médicale soit d'un excellent niveau en Grèce, les services de santé manquent cruellement de moyens. Il arrive que les hôpitaux soient bondés, l'hygiène laisse parfois à désirer et les proches des patients sont chargés de leur apporter leurs repas, ce qui peut poser des problèmes pour un voyageur solo. Les conditions sanitaires et la qualité des soins sont meilleures dans les hôpitaux privés, mais ces derniers coûtent cher. Il est donc essentiel de souscrire une bonne assurance santé.

➡ Pour appeler une ambulance en Grèce, composez le ☎166 ou 112.

➡ Il y a au moins un médecin dans chaque île et les plus grandes possèdent un hôpital.

➡ Les pharmacies vendent parfois librement des médicaments délivrés uniquement sur ordonnance dans d'autres pays européens.

➡ Vous pouvez vous adresser au pharmacien pour des problèmes sans gravité.

Assurance

La **carte européenne d'assurance maladie** (CEAM), nominative et individuelle et valable un an, assure l'aide médicale d'urgence (mais non le rapatriement sanitaire) aux citoyens de l'Union européenne. Vous devez en faire la demande auprès de votre caisse d'assurance maladie ou en ligne sur www.ameli.fr. Comptez un délai de 2 semaines pour la réception.

Pour les autres pays, renseignez-vous sur l'existence d'un accord éventuel avec la Grèce donnant droit à des soins gratuits. Si vous n'avez pas besoin d'assurance santé, pensez à souscrire une police d'assurance couvrant les pires scénarios, comme un rapatriement d'urgence. Vérifiez avant le départ si votre assurance paie directement les soins, ou si vous devez avancer l'argent.

Voir aussi p. 571.

Coup de chaleur

De longues périodes d'exposition à des températures élevées peuvent vous rendre vulnérable au coup de chaleur. Cet état grave survient quand le mécanisme de régulation thermique du corps ne fonctionne plus : la température s'élève alors de façon dangereuse. Évitez l'alcool et les activités fatigantes lorsque vous arrivez dans un pays à climat chaud.

Symptômes : malaise général, transpiration faible ou inexistante et forte fièvre (39 à 41°C) et céphalée lancinante, difficultés à coordonner ses mouvements, signes de confusion mentale ou d'agressivité. Il faut absolument hospitaliser le malade. En attendant les secours, installez-le à l'ombre, ôtez-lui ses vêtements, couvrez-le d'un drap ou d'une serviette mouillés et éventez-le continuellement.

Eau

L'eau du robinet est potable et sûre dans la majeure partie du pays, mais ce n'est pas toujours le cas dans les petits villages et dans les îles. Renseignez-vous toujours sur place et, en cas de doute, buvez de l'eau que vous aurez préalablement fait bouillir ou de l'eau en bouteille. Même lorsque l'eau est potable, les substances et les microbactéries qu'elle contient peuvent être différentes de celles auxquelles vous êtes habitué, et provoquer des vomissements ou des diarrhées. De l'eau en bouteille est disponible partout.

Piqûres et morsures

➡ La Grèce ne compte qu'une espèce de serpents dangereux : la vipère. Afin de limiter les risques de morsure, portez toujours des chaussures hautes, des chaussettes et un pantalon long quand vous marchez dans un sous-bois susceptible d'abriter des serpents.

- Les moustiques peuvent être agaçants, mais vous ne courrez aucun risque de contracter le paludisme. Les prises électriques anti-moustiques suffisent généralement à les tenir à l'écart la nuit. Autant que possible, privilégiez les hébergements aux fenêtres équipées de moustiquaires.
- On peut rencontrer le moustique tigre *(Aedes albopictus)*, originaire d'Asie. Vorace de jour, il est connu pour transmettre plusieurs virus, dont celui de l'ancéphalomyélite équine de l'Est, qui touche le système nerveux central et peut entraîner des complications sévères, voire la mort. Si vous avez l'impression d'être piqué en journée, utilisez une lotion ou un spray répulsif.

Rage

Très répandue, cette maladie est transmise par un animal contaminé. Morsures, griffures ou même simples coups de langue d'un mammifère doivent être nettoyés immédiatement et à fond. Frottez avec du savon et de l'eau, puis nettoyez avec de l'alcool. S'il y a le moindre risque que l'animal soit contaminé, allez immédiatement voir un médecin. Même si l'animal n'est pas enragé, toutes les morsures doivent être surveillées de près pour éviter les risques d'infection et de tétanos.

Un vaccin antirabique est disponible. Il faut y songer si vous comptez séjourner longtemps dans des zones rurales, travailler avec des animaux ou pratiquer la spéléologie (les morsures de chauves-souris peuvent être dangereuses). La vaccination préventive ne dispense pas de la nécessité d'un traitement antirabique immédiatement après un contact avec un animal enragé ou dont le comportement peut paraître suspect.

VIH/sida

L'infection est présente dans pratiquement tous les pays. La transmission de cette infection se fait : par rapport sexuel (hétérosexuel ou homosexuel – anal, vaginal ou oral), d'où l'impérieuse nécessité d'utiliser des préservatifs à titre préventif ; par le sang, les produits sanguins et les aiguilles contaminées. Il est impossible de détecter la présence du VIH chez un individu apparemment en parfaite santé sans procéder à un examen sanguin.

Évitez, s'ils ne sont pas stérilisés, tous les instruments de chirurgie, les aiguilles d'acupuncture et de tatouage, ainsi que les instruments utilisés pour percer les oreilles ou le nez.

Toute demande de certificat attestant la séronégativité pour le VIH est contraire au Règlement sanitaire international (article 81).

Sécurité

Boissons frelatées

Des boissons frelatées (aussi appelées *bombes*) sont servies dans quelques bars et clubs d'Athènes, et dans les stations balnéaires réputées pour leur vie nocturne. Elles ont été diluées avec des alcools d'importation bon marché qui vous laissent dans un bien mauvais état le lendemain.

Dans les grands hôtels touristiques travaillant essentiellement avec des sociétés de voyages organisés à bas prix, il n'est pas rare que des drogues soient versées dans le verre des clients à leur insu. Les auteurs sont le plus souvent des touristes étrangers, pas des autochtones.

Police touristique

La *touristik[astynomía* (police touristique) travaille en collaboration avec la police locale. Elle opère dans les villes et dans les destinations touristiques les plus fréquentées. Dans chacun de ses bureaux, vous trouverez au moins une

UN FIL D'ARIANE EN VOYAGE

Le **portail Ariane** (pastel.diplomatie.gouv.fr/fildariane), mis en place par le Centre de crise du ministère des Affaires étrangères, est un service gratuit permettant au voyageur français à l'étranger d'être contacté par le service consulaire, sur son téléphone portable ou par e-mail, au cas où des événements graves (crise politique, catastrophe naturelle, attentat…) se produiraient dans le pays durant son séjour, ou de contacter rapidement sa famille ou ses proches en France en cas de besoin.

La procédure d'inscription se réalise en ligne, où vous donnez des informations sur votre voyage (date de départ, de retour, numéro de téléphone portable, coordonnées d'éventuels contacts sur place, adresses de séjour et itinéraire prévu, etc.).

Grâce à ce service, vous recevrez en outre, avant votre départ, des recommandations de sécurité par e-mail si la situation dans le pays le justifie.

Il existe une application pour les Smartphones et les tablettes, intitulée *Conseils aux voyageurs*.

PRATIQUE

DVD La Grèce est en zone 2, comme les autres pays européens.

Journaux Les sujets nationaux sont couvert par l'édition quotidienne en anglais de *Kathimerini* (www. ekathimerini.com).

Magazines *Greece Is* (www.greece-is.com), un semestriel gratuit disponible dans nombre d'hôtels ; excellent site Web traitant des aspects touristiques du pays. *2Board* (www.aia.gr), le magazine officiel de l'aéroport d'Athènes, publie des articles sur la capitale et ses environs, ainsi que le calendrier culturel.

Poids et mesures Système métrique.

Poste Postez vos courriers pour l'étranger dans les boîtes aux lettres jaunes indiquant *exoteriko* (étranger).

personne parlant anglais. Les hôtels, les restaurants, les agences de voyages, les boutiques pour touristes, les serveurs et les chauffeurs de taxi et de bus relèvent de sa compétence. Si vous estimez avoir été escroqué, déposez une plainte auprès de la police touristique qui mènera l'enquête. En cas de perte ou de vol de votre passeport, contactez-la en premier lieu, elle vous servira d'interprète pour traiter avec la police locale.

Tabac

Il est interdit de fumer dans les lieux publics, sous peine d'amende pour le propriétaire de l'établissement. Les Grecs comptent parmi les plus grands fumeurs d'Europe, et ces lois sont difficiles à faire respecter. Dans les villages reculés, où les patrons d'établissements ont peur de perdre leur clientèle, elles n'ont souvent qu'une valeur symbolique.

Téléphone

Le service de télécommunication est géré par la société publique Organismos Tilepikoinonion Ellados (OTE). On trouve encore de rares cabines téléphoniques dans certaines villes et villages, mais presque tout le monde possède désormais le téléphone portable.

Notez que l'on compose toujours l'indicatif régional (les numéros de téléphone grec comportent donc toujours 10 chiffres).

Appels internationaux

➡ **Pour appeler la Grèce depuis l'étranger :** composez le code d'accès international, suivi de l'indicatif de la Grèce (☎30), puis les 10 chiffres (avec indicatif régional) du numéro de votre correspondant.

➡ **Pour appeler l'étranger depuis la Grèce** : composez le code d'accès international (☎00), suivi de l'indicatif du pays (☎33 pour la France, ☎32 pour la Belgique, ☎41 pour la Suisse et ☎1 pour le Canada) et le numéro de votre correspondant.

Cartes téléphoniques et téléphone public

Les cabines téléphoniques fonctionnent avec des cartes OTE appelées *telekarta*, jamais avec des pièces. Ces cartes sont en vente dans les *periptera* (kiosques), les petites boutiques et les magasins pour touristes. Pour obtenir les instructions en anglais lors d'un appel, appuyez sur la touche "i" dans le coin supérieur gauche du clavier de numérotation.

Ces téléphones acceptent également des cartes à tarif réduit offrant des temps de communication largement supérieurs à ceux d'une carte classique. Elles nécessitent de composer un numéro d'accès, puis le numéro de la carte. Les instructions sont données en grec et en anglais. L'OTE propose ainsi la carte *Chronokarta*.

Téléphones portables

Pour les voyageurs européens, leur forfait fonctionne en Grèce comme dans leur pays d'origine, sans surcoût. Les autres voyageurs doivent se renseigner sur les frais d'itinérance.

La Grèce compte plusieurs opérateurs de téléphonie mobile, les plus connus étant Cosmote (www.cosmote.gr), Vodafone (www.vodafone.gr) et Wind (www.wind.gr). Cosmote offre généralement la meilleure couverture dans les régions reculées. Si vous possédez un multibande déverrouillé, il peut être moins onéreux d'acheter une carte SIM prépayée avec numéro local que d'utiliser votre fournisseur habituel. Si vous optez pour cette solution, lisez soigneusement le contrat pour vérifier les restrictions : les "minutes gratuites" sont ainsi parfois valables uniquement vers les téléphones du même opérateur. Ces cartes sont éditées par les 3 opérateurs présents en Grèce. On les trouve dans les supermarchés, les kiosques et chez les marchands de journaux.

Il est interdit de téléphoner au volant, à moins d'utiliser un kit mains libres.

Toilettes

- Vous trouverez des toilettes à l'occidentale presque partout en Grèce, surtout dans les hôtels et les restaurants. Les gares routières et ferroviaires conservent encore parfois des W-C à la turque.
- Les toilettes publiques sont rares, hormis dans les aéroports et les gares ainsi que quelques centres-villes très touristiques. Les cafés offrent la meilleure option, mais vous devrez consommer.
- Le diamètre des canalisations n'étant souvent pas adapté à l'évacuation du papier hygiénique, veuillez jeter celui-ci et autres détritus dans la petite poubelle prévue à cet effet.

Travailler en Grèce

Les ressortissants de l'Union européenne n'ont pas besoin de permis de travail. Ils devront en revanche obtenir un permis de résident et un numéro de Sécurité sociale s'ils restent plus de 3 mois. Les ressortissants de pays extérieurs à l'Union européenne doivent obtenir un permis de travail.

Bénévolat

Mouries Farm (carte p. 461 ; facebook.com/skyrianhorses ; Flea ; sur don ; 10h-13h et 18h-21h juil-août, horaires variables juin et sept, sur rdv oct-mai). Élevage et soins des rares chevaux de Skyros.

Skyros Island Horse Trust (carte p. 461 ; 6986051678 ; www.skyrosislandhorsetrust.com ; Trachi ; sur rdv). Participer à la protection des chevaux de Skyros menacés d'extinction.

Société grecque de protection des tortues marines (210 523 1342 ; www.archelon.gr). Surveillance des tortues de mer dans le Péloponnèse.

Skopelos Walks (6945249328 ; skopelos-walks.com ; randonnées guidées 20-40 €). Ouverture et maintenance de sentiers pédestres à Skopelos.

WWOOF (World Wide Opportunities on Organic Farms ; wwoof.gr). Offre des possibilités d'emplois bénévoles dans une centaine d'exploitations bio du réseau en Grèce.

En France, quelques organismes offrent des opportunités de travail bénévole sur des projets de développement ou d'environnement, parfois sur des périodes courtes, de une à quatre semaines. Certaines associations s'adressent plus spécifiquement aux jeunes. Les chantiers proposés vont de la réfection d'une école aux travaux liés à l'environnement. Il s'agit d'une bonne formule pour s'immerger dans le pays, connaître l'envers du décor touristique et bénéficier d'une ambiance internationale (les volontaires viennent de divers pays en général). En revanche, les conditions de vie sur un chantier sont spartiates, et prenez garde au décalage fréquent entre le programme et la réalité. La fouille archéologique peut rapidement se transformer, une fois sur place, en coup de peinture donné à la maison des jeunes locale. Le matériel est parfois rudimentaire, et la réalité du terrain souvent plus dure qu'on ne l'imaginait.

Voici quelques organismes à connaître :

Comité de coordination du service volontaire international (CCIVS ; 01 45 68 49 36 ; ccivs.org)

Maison de l'Unesco (01 45 68 10 00 ; www.unesco.org ; 7 pl de Fontenoy, 75007 Paris)

Solidarités Jeunesses (01 55 26 88 77 ; www.solidaritesjeunesses.org ; 10 rue du 8-mai-1945, 75010 Paris)

Bars et auberges de jeunesse

Durant la période estivale, les bars des îles grecques emploient une importante main-d'œuvre étrangère. Les salaires n'ont rien de mirobolant, mais la formule permet au moins de passer quelques mois au soleil dans un cadre idyllique. Commencez à prospecter en avril-mai. Les auberges de jeunesse et hôtels pour backpackers embauchent également.

Voyager en solo

Femmes seules

Voyager seule en Grèce est sans doute plus sûr que dans la plupart des autres pays européens. Mieux vaut cependant rester vigilante, les vols à la tire et les agressions sexuelles peuvent arriver, en particulier dans les grands complexes touristiques des îles.

La majorité des hommes grecs traitent les étrangères avec respect. Vous risquez toutefois d'être abordée par de jeunes individus enjôleurs, surnommés *kamaki* ("trident de pêche") par leurs compatriotes, qui n'hésitent pas à suivre les femmes dans la rue. S'ils peuvent se montrer très insistants, ils ne sont généralement pas dangereux.

Transports

DEPUIS/VERS ATHÈNES ET LES ÎLES GRECQUES

Entrer en Grèce

La Grèce est un pays membre de l'espace Schengen. Pour entrer en Grèce, les Français, les Belges et les Suisses doivent présenter une carte d'identité ou un passeport valide. Les Canadiens peuvent séjourner en Grèce sans visa jusqu'à 90 jours sur une période de 180 jours. Ils devront présenter un passeport valable encore 3 mois après leur date de départ. Voir aussi p. 572.

Des contrôles inopinés contre la contrebande sont parfois effectués. Les autorités peuvent se montrer plus vigilantes si vous n'êtes pas ressortissant de l'UE.

Voie aérienne

La Grèce possède 4 grands aéroports internationaux. Les autres aéroports internationaux sont ceux de Santorin (Thira), Karpathos, Samos, Skiathos, Céphalonie et Zante. Ils servent essentiellement aux compagnies low cost en provenance d'Europe de l'Ouest ou du Nord.

Aéroport international Eleftherios Venizelos (ATH ; ☎210 353 0000 ; www.aia.gr). Près de Spata, à 27 km à l'est d'Athènes. Aéroport doté de tous les équipements modernes, dont une salle de jeux pour les enfants, et un petit Musée archéologique.

Aéroport international Nikos-Kazantzakis (HER ; ☎2810 397800 ; www.heraklion-airport.info). À 5 km environ à l'est d'Héraklion (Crète).

Aéroport international de Macédoine (SKG ; ☎2310 985 000 ; www.thessalonikiairport.com). À environ 17 km au sud-est de Thessalonique.

Aéroport de Diagoras (RHO ; ☎22410 88700 ; www.rhodes-airport.org). Sur l'île de Rhodes (Dodécanèse).

La compagnie nationale grecque **Aegean Airlines** (A3 ; ☎801 112 0000 ; www.aegeanair.com) et sa filiale, **Olympic Air** (☎801 801 0101 ; www.olympicair.com), proposent des vols directs entre Athènes et des villes européennes (dont Paris, Bruxelles et Genève), ainsi que Toronto, New York, Le Caire, Tel-Aviv, Istanbul. Elles assurent aussi des vols dans toute la Grèce, dont beaucoup ont une correspondance à Athènes. Ces deux compagnies sont très sûres.

AVERTISSEMENT

Les informations contenues dans ce chapitre sont particulièrement susceptibles de changements. Vérifiez directement auprès de la compagnie aérienne ou de l'agence de voyages les modalités d'utilisation de votre billet d'avion. N'hésitez pas à comparer les prestations. Les détails fournis ici doivent être considérés à titre indicatif et ne remplacent en rien une recherche personnelle attentive.

Depuis la France

À titre indicatif, les tarifs d'un aller-retour Paris-Athènes débutent à environ 200 € pour un vol direct sur une compagnie régulière. En haute saison, des compagnies low cost relient Paris à Athènes – comptez environ 120 €. Le vol dure au minimum 3 heures 05. Certaines compagnies assurent des vols directs depuis Paris vers les îles à certaines dates.

– **Transavia** (www.transavia.com) notamment relie Paris à Rhodes en vol direct entre avril et octobre.

Pour une sélection d'agences et de tour-opérateurs proposant des circuits en Grèce, reportez-vous p. 582.

Voici une sélection de quelques transporteurs :

Aegean Airlines (www.aegeanair.fr)

Air France (www.airfrance.fr)

easyJet (www.easyjet.com)

Olympic Air (www.olympicair.com)

Transavia (www.transavia.com). Vols au départ de Paris, Lyon ou Nantes.

Volotea (www.volotea.com/fr). Vols depuis Bordeaux, Marseille ou Nantes vers Corfou, Mykonos et Santorin.

Depuis la Belgique

Outre les compagnies régulières, les compagnies low cost Ryanair et Jetairfly desservent la Grèce sans escale au départ de Bruxelles. Un aller-retour Bruxelles-Athènes commence à environ 120 € sans escale (durée environ 3 heures).

Aegean Airlines (www.aegeanair.fr)

Airstop (www.airstop.be/fr)

Brussels Airlines (www.brusselsairlines.com)

Connections (www.connections.be)

Gigatours Voyages Éole (www.voyageseole.be)

Ryanair (www.ryanair.com). Vols vers Athènes, Corfou, Rhodes et Thessalonique au départ de Bruxelles-Charleroi.

TUIfly (www.tuifly.be/fr). Vols depuis Bruxelles vers Athènes, Rhodes et Samos.

Depuis la Suisse

En vous y prenant à l'avance, vous pouvez trouver des vols réguliers Genève-Athènes directs (2 heures 40) à partir de 240 FS (durée 2 heures 50).

Aegean Airlines (www.aegeanair.fr)

Swiss (www.swiss.com)

easyJet (www.easyjet.com). Vols de Genève vers Athènes, Mykonos et Santorin.

STA Travel (www.statravel.ch)

Depuis le Canada

Des compagnies régulières desservent Athènes depuis le Canada. À l'heure de nos recherches, un vol direct Montréal-Athènes (9 heures 10) et un vol Toronto-Athènes (9 heures 40) coûtaient au moins 1 000 $C.

Quelques adresses d'agences et de transporteurs :

Air Canada (www.aircanada.com)

Aegean Airlines (www.aegeanair.com)

Air Transat (www.airtransat.com). En haute saison, liaisons Toronto-Athènes.

Expedia (www.expedia.ca)

Orbitz (www.orbitz.com)

Travelocity (www.travelocity.ca)

Travelcuts (www.travelcuts.com)

Voie terrestre

Rejoindre la Grèce par voie terrestre permet de profiter des paysages et de savourer des moments que seuls procurent les trajets en train ou en bus. Depuis quelques années, les déplacements ferroviaires ont été grandement facilités par la mise en place de trains plus rapides et de correspondances plus pratiques.

En choisissant cette solution plutôt que l'avion, vous réduirez également votre empreinte carbone.

Postes-frontières

Les postes-frontières sont particulièrement surveillés. Renseignez-vous auprès de votre ambassade et assurez-vous d'avoir vos papiers bien en règle (p. 572) avant de passer la frontière par voie de terre.

VOIE TERRESTRE DEPUIS L'EUROPE DE L'OUEST

Les adeptes de la route pourront rejoindre la Grèce en train ou en bus en passant par la péninsule des Balkans et la Croatie, la Serbie et le nord de la Macédoine. Il est possible de faire la traversée au départ de la côte est de l'Italie. Depuis Bari, un ferry fait le voyage de nuit jusqu'à Patras dans le Péloponnèse. Arrivé à destination, Athènes n'est qu'à 3 heures de train ou de bus.

AGENCES EN LIGNE

Vous pouvez réserver votre vol via une agence en ligne ou vous renseigner auprès d'un comparateur de vols :

bourse-des-vols.com

www.ebookers.fr

www.expedia.fr

www.govoyages.com

www.illicotravel.com

www.kayak.fr

www.opodo.fr

www.oui.sncf

www.partirou.com

www.skyscanner.fr

www.trainline.fr

voyages.kelkoo.fr

Train

La Grèce appartient au réseau Inter-Rail. Le **Pass InterRail** (www.interrail.eu) permet aux résidents européens d'effectuer un certain nombre de voyages dans une période donnée, et ce dans 31 pays d'Europe. Un Pass pour 5 jours de voyage valable 1 mois coûte jeune/adulte/senior 217/282/254 € en classe économique, jeune/adulte/senior 289/376/338 € en 1re classe. Un Pass permettant de voyager un mois en illimité coûte jeune/adulte/senior 515/670/603 € en 2e classe et jeune/adulte/senior 686/893/804 € en 1re classe. Seuls les citoyens européens et les personnes résidant officiellement en Europe depuis au moins six mois avant le début du voyage peuvent bénéficier du Pass InterRail. Il ne peut pas être utilisé dans son propre pays, sauf un voyage de départ et un voyage de retour.

Eurail (www.eurail.com) vend des forfaits pour les résidents des pays tiers. Le forfait Global donne droit à des trajets illimités dans 31 pays d'Europe dont la Grèce pendant une période allant de 5 jours (jeune/adulte/senior 216/281/253 € en 2e classe) à 3 mois (689/897/808 € en 2e classe).

Les personnes prévoyant de beaucoup voyager en Europe par le train peuvent consulter le site Internet **European Rail Timetable** (www.europeanrailtimetable.eu), qui propose un indicateur européen comprenant tous les horaires des trains ; mis à jour chaque mois, il est vendu en téléchargement sur le site.

Voie maritime

Vous pouvez gagner un port italien (Ancône, Bari, Brindisi ou Venise) et prendre un ferry pour la Grèce (voir le tableau des liaisons maritimes ci-contre).

La taxe portuaire pour un départ vers la Turquie est de 10 € environ.

Autre moyen de visiter la Grèce en bateau : rejoindre l'une des croisières qui traversent la mer Égée (voir le chapitre spécifique p. 38).

VOYAGES ORGANISÉS

Les circuits organisés présentent un intérêt si l'on a peu de temps devant soi, ou si l'on préfère déléguer l'organisation du séjour. À Athènes, l'offre d'excursions à la journée est pléthorique. Certaines agences proposent même des circuits de 2 ou 3 jours vers des sites des environs. La plupart des voyagistes offrent des prestations classiques pour des circuits en Grèce. Voir aussi p. 38 le chapitre consacré aux croisières.

Les circuits les plus intrépides prévoient des activités comme la randonnée, l'escalade, le rafting, le kayak, le canoë ou le canyoning.

Parmi les très nombreux voyagistes figurent :

Allibert (www.allibert-trekking.com). Randonnées : "Cyclades : Sifnos, Milos, Kimolos et Sérifos", "Chemins antiques du Péloponnèse".

Arts et Vie (www.artsetvie.com). Circuits culturels : "Escapade en Grèce : Athènes et l'île d'Égine", "La Grèce antique en famille".

Atalante (www.atalante.fr). Un spécialiste de la randonnée et du séjour découverte : "Les Cyclades d'île en île : Naxos et Amorgos", "Cyclades : Sifnos, Milos et tour de Kimolos en caïque".

Clio (www.clio.fr). Le spécialiste du voyage culturel et pointu, avec des circuits thématiques, parfois adaptés aux familles, et des croisières dans les îles.

Comptoir des Voyages (www.comptoir.fr). Circuits dans les îles, croisières, week-ends et courts séjours.

Détours (www.detours.fr). Un spécialiste de la Grèce.

Evaneos (www.evaneos.fr). Voyages " Odyssée en voilier dans les îles grecques", "D'île en île en mer Égée".

Héliades (www.heliades.fr). Ce spécialiste de la Grèce propose des circuits itinérants complets pour les visiteurs disposant de peu de temps.

LIAISONS MARITIMES INTERNATIONALES

Les informations indiquées ci-dessous concernent la haute saison (juillet-août). Pour plus d'informations, consultez www.openseas.gr.

DESTINATION	DÉPART	ARRIVÉE	DURÉE	FRÉQUENCE
Albanie	Corfou	Saranda	30 min-1 heure 10	3/jour
Italie	Patras	Ancône	20-22 heures	1/jour
Italie	Patras	Bari	16 heures	1/jour
Italie	Igouménitsa	Bari	9 heures 30-11 heures 30	2/jour
Italie	Patras	Brindisi	15 heures	3/sem
Italie	Patras	Venise	31-32 heures	4-5/sem
Turquie	Chios	Çeşme	20-30 min	6/jour
Turquie	Kos	Bodrum	45 min	1/jour
Turquie	Lesbos	Ayvalik	1 heure 30	1/jour
Turquie	Rhodes	Marmaris	50 min	2/jour
Turquie	Samos	Kuşadası	1 heure 30	2/jour

VOYAGES ET CHANGEMENTS CLIMATIQUES

Tous les moyens de transport fonctionnant à l'énergie fossile génèrent du CO_2 – la principale cause du changement climatique induit par l'homme. L'industrie du voyage est aujourd'hui dépendante des avions. Si ceux-ci ne consomment pas nécessairement plus de carburant par kilomètre et par personne que la plupart des voitures, ils parcourent en revanche des distances bien plus grandes et relâchent quantité de particules et de gaz à effet de serre dans les couches supérieures de l'atmosphère. De nombreux sites Internet utilisent des "compteurs de carbone" permettant aux voyageurs de compenser le niveau des gaz à effet de serre dont ils sont responsables par une contribution financière à des projets respectueux de l'environnement. Lonely Planet "compense" les émissions de tout son personnel et de ses auteurs.

Intermèdes (intermedes.com). Voyages culturels "Dodécanèse et côte égéenne", "Séjour à Rhodes".

Terres d'Aventure (www.terdav.com). Randonnées. "Santorin, Amorgos et Naxos : Entre mer et montagne", " Andros, Tinos, Paros : anthologie cycladique".

Terres de charme et îles du monde (www.terresdecharme.com). Week-end à Athènes, séjours et circuits dans les îles.

Voyageurs du Monde (www.voyageursdumonde.fr). Séjours ou voyages itinérants.

COMMENT CIRCULER

Avion

La majorité des vols intérieurs sont gérés par la compagnie nationale **Aegean Airlines** (A3 ; ☎801 112 0000 ; www.aegeanair.com) et sa filiale Olympic Air (☎801 801 0101, 21035 50500 ; www.olympicair.com). Toutes deux proposent des tarifs compétitifs et disposent d'agences partout où elles opèrent, ainsi que dans les autres grandes villes. Il existe aussi plusieurs compagnies aériennes grecques plus petites, telles **Astra Airlines** (☎23104 89391 ; www.astra-airlines.gr) basée en Thessalonique, et **Sky Express** (☎21521 56510 ; www.skyexpress.gr).

Des réductions sont proposées pour les allers-retours du lundi au jeudi et sont plus importantes encore pour les trajets comprenant un samedi soir. Vous trouverez des détails ainsi que des renseignements sur les horaires sur le site Internet de la compagnie aérienne. Viva.gr (travel.viva.gr) propose des vols intérieurs peu chers, mais aussi d'autres moyens de transport et d'autres loisirs sur place.

La taille et le poids des bagages autorisés dépendent de la compagnie aérienne et de la classe de votre billet. Vous avez droit à 15 kg de bagages pour les vols intérieurs, et à 20 kg si votre vol intérieur fait partie d'un vol international.

Bateau

La Grèce possède un réseau très développé de ferrys, souvent le seul moyen de rejoindre certaines îles (voir la carte des liaisons maritimes p. 584). Les départs sont souvent retardés en fonction de la météo et des mouvements sociaux, et les tarifs changent fréquemment. Les horaires sont annoncés juste avant la saison car les compagnies sont en compétition pour obtenir les traversées. Si les ferrys desservent régulièrement les principales destinations l'été, ils sont beaucoup plus rares en hiver, voire cessent complètement.

Compagnies nationales

Les compagnies de ferrys disposent de bureaux dans la plupart des îles. Le site de **Greek Ferries** (☎281 052 9000 ; www.greekferries.gr) recense les informations importantes.

Aegean Flying Dolphins (www.aegeanflyingdolphins.gr). Hydroglisseurs entre Athènes, Égine et les Sporades.

Aegean Speed Lines (www.aegeanspeedlines.gr). Bateaux rapides entre Athènes et les Cyclades.

Aegeon Pelagos (www.anek.gr). Filiale d'ANEK Lines desservant la Crète, les Cyclades et le Dodécanèse.

ANEK Lines (www.anek.gr). Ferrys longue distance basés en Crète.

ANES (www.anes.gr). Ferrys à l'ancienne desservant l'Eubée et les Sporades.

Blue Star Ferries (www.bluestarferries.com). Ferrys rapides et catamarans Sea Jet entre le continent, les Cyclades, les îles du nord-est de la mer Égée, les Sporades, la Crète et le Dodécanèse.

Dodekanisos Seaways (www.12ne.gr). Grands catamarans très rapides dans le Dodécanèse.

Fast Ferries (www.fastferries.com.gr). Ferrys confortables au départ de Rafina jusqu'aux îles d'Andros, Tinos, Naxos et Mykonos dans les Cyclades.

Lignes des ferrys

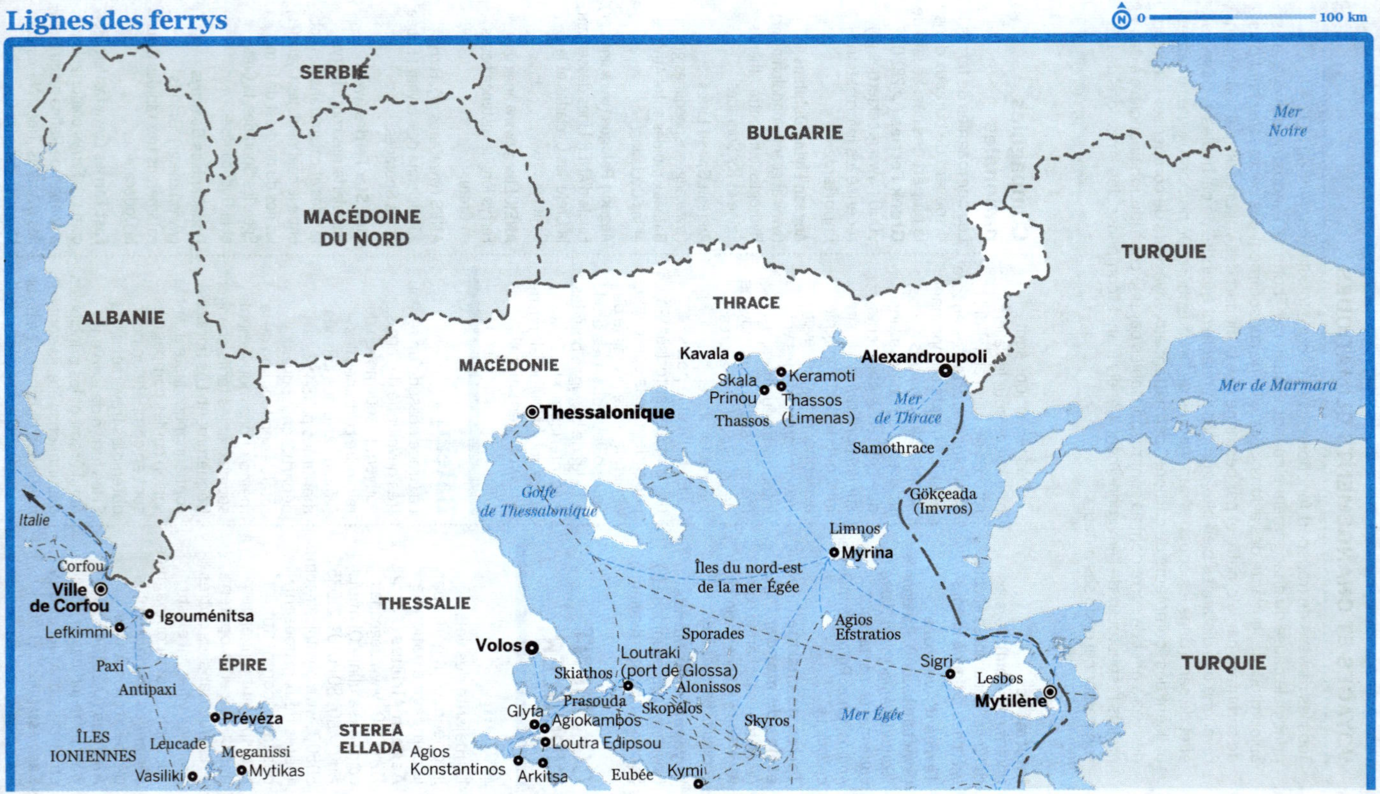

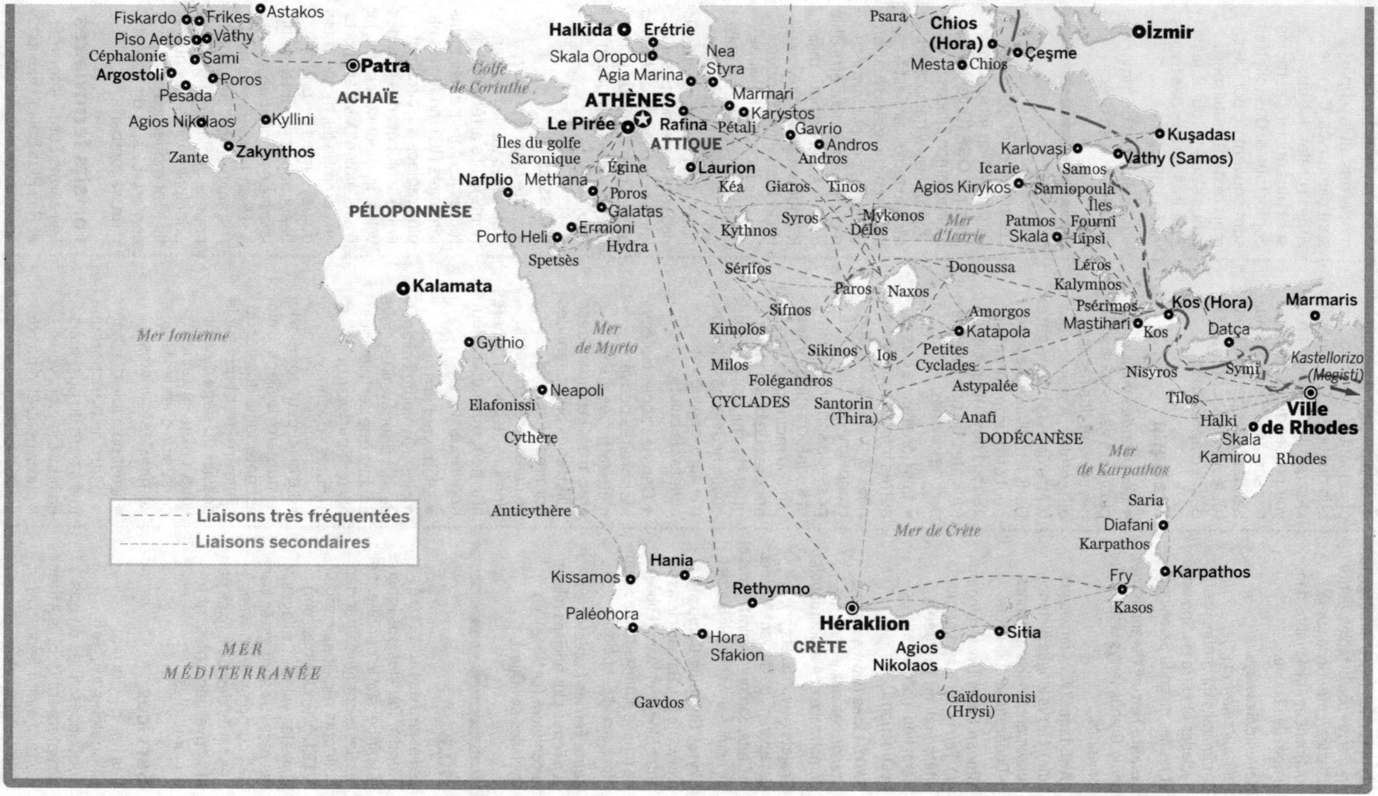
Fiskardo
Frikes
Astakos
Piso Aetos
Vàthy
Céphalonie
Sami
Argostoli
Poros
Pesada
Agios Nikolaos
Kyllini
Zante
Zakynthos
Patra
ACHAÏE
Golfe de Corinthe
PÉLOPONNÈSE
Kalamata
Mer Ionienne
Gythio
Neapoli
Elafonissi
Cythère
Anticythère
Halkida
Erétrie
Skala Oropou
Nea Styra
Agia Marina
ATHÈNES
Marmari
Karystos
Pétali
Le Pirée
Rafina
ATTIQUE
Gavrio
Andros
Îles du golfe Saronique
Égine
Laurion
Nafplio
Methana
Poros
Galatas
Ermioni
Porto Heli
Hydra
Spetsès
Kéa
Giaros
Tinos
Syros
Mykonos
Délos
Kythnos
Sérifos
Sifnos
Paros
Naxos
Kimolos
Milos
Sikinos
Ios
Folégandros
CYCLADES
Santorin (Thira)
Mer de Myrto
Psara
Chios (Hora)
Mesta
Chios
Çeşme
İzmir
Kuşadası
Karlovasi
Vathy (Samos)
Icarie
Samos
Agios Kirykos
Samiopoula
Îles Fourni
Mer d'Icarie
Patmos
Skala
Lipsi
Donoussa
Léros
Kalymnos
Psérimos
Amorgos
Katapola
Mastihari
Kos (Hora)
Kos
Marmaris
Datça
Petites Cyclades
Astypalée
Nisyros
Symi
Kastellorizo (Megisti)
Tilos
Halki
Ville de Rhodes
Skala Kamirou
Rhodes
Anafi
DODÉCANÈSE
Mer de Karpathos
Saria
Diafani
Karpathos
Karpathos
Fry
Kasos
Mer de Crète
Hania
Kissamos
Rethymno
Héraklion
Paléohora
Hora Sfakion
CRÈTE
Agios Nikolaos
Sitia
Gaïdouronisi (Hrysi)
Gavdos
MER MÉDITERRANÉE
Liaisons très fréquentées
Liaisons secondaires

Glyfa Ferries (www.ferriesglyfa.gr). Ferrys confortables, petite distance, entre Glyfa sur le continent et Agiokambos dans le nord de l'Eubée.

Hellenic Seaways (hellenicseaways.gr). Catamarans du continent aux Cyclades et entre les Sporades et les îles du golfe Saronique.

Levante Ferries (levanteferries.com). Grands ferrys vers les îles Ioniennes.

LANE Lines (www.ferries.gr/lane). Ferrys longue distance desservant les îles Ioniennes, le Dodécanèse et la Crète.

Minoan Lines (www.minoan.gr). Ferrys de luxe à grande vitesse reliant Le Pirée à Héraklion, parmi d'autres destinations.

SAOS Lines (www.saos.gr). Grands bateaux lents entre Samothrace et Alexandroupoli.

Seajets (www.seajets.gr). Catamarans desservant Athènes, la Crète, Santorin (Thira), Paros et de nombreuses îles sur le trajet.

Skyros Shipping Company (www.sne.gr). Bateaux lents entre Skyros et Kymi (Eubée), et, de mi-juin à mi-septembre, entre Alonissos et Skopélos.

Zante Ferries (zanteferries.gr). Ferrys plus anciens reliant le continent (Le Pirée) aux Cyclades de l'Ouest.

Bus

Le réseau de bus est très étendu. Tous les bus longue distance, sur le continent et les îles, sont gérés par des collectifs régionaux appelés **KTEL** (www.ktelbus.com). Dans les villes et villages, les réseaux sont gérés par des compagnies privées. Les tarifs des bus, fixés par le gouvernement, sont très raisonnables.

Services

Les îles de Corfou, Céphalonie et Zante sont accessibles en bus directement depuis Athènes (le tarif inclut le prix du trajet en ferry).

Si la plupart des villages disposent d'un service de bus quotidien, les zones les plus reculées peuvent n'en voir passer qu'un ou deux par semaine. Destinés aux habitants, ils partent très tôt le matin pour rentrer en début d'après-midi.

Pratique

- Les grandes villes ont plusieurs gares routières desservant des régions différentes. Assurez-vous d'être dans la bonne gare. Dans les villages, la gare peut être simplement un abribus devant un *kafeneio* (un café), ou une taverne qui sert de guichet.
- Les horaires de bus et autres informations ne sont pas centralisés. Chaque compagnie de bus KTEL possède son propre site et les informations y sont plus ou moins précises. Les horaires de bus n'indiquent que le terminus : demandez à quelle heure passe le bus à la gare lorsque vous achetez le billet.
- Dans les zones isolées, les horaires peuvent n'être affichés qu'en grec, mais la plupart des billetteries proposent des horaires en grec et en caractères romains. Nombre de gares routières affichent maintenant leurs horaires en ligne.
- Mieux vaut arriver au moins 20 minutes avant le départ pour avoir un siège. Sachez que certains bus partent parfois quelques minutes en avance.
- Le billet peut comporter un numéro de siège. Celui-ci est noté sur le dossier du siège arrière, et non sur le dossier du siège devant vous, ce qui entraîne la confusion chez les Grecs comme les touristes.
- Il est possible d'acheter son titre de transport une fois à bord du bus, mais en haute saison, vous n'aurez peut-être pas de place assise.
- Les bus KTEL sont modernes, et la plupart sont climatisés. Dans les zones rurales, les bus sont plus anciens et moins confortables. Des toilettes sont souvent disponibles, mais restent inutilisées : le bus s'arrête toutes les 2 heures 30 lors des trajets longue distance.
- Il est interdit de fumer dans les bus en Grèce.

Train

Les trains sont gérés par l'organisation ferroviaire grecque **OSE** (Organismos Sidirodromon Ellados ; ☎14511 ; www.trainose.gr). Le réseau ferroviaire est très limité car un grand nombre de lignes ont été fermées récemment. Il peut être utile depuis Athènes pour rallier les ports à proximité, ou Halkida sur l'île d'Eubée.

Les prix et les horaires changent souvent, vérifiez-les sur le site Internet de l'OSE. On peut aussi obtenir des renseignements sur les liaisons au départ d'Athènes ou de Thessalonique par téléphone en composant le ☎1440.

Classes

Il existe deux types de trains : les trains réguliers (lents) qui s'arrêtent dans toutes les gares, et les trains intercités (IC) modernes et plus rapides qui circulent entre la plupart des grandes villes. Traditionnellement, les trains étaient les transports en commun les moins chers du pays, mais les prix ont beaucoup augmenté depuis la crise économique.

Néanmoins, les trains IC restent un excellent choix pour se déplacer entre les principales villes grecques. Ils sont modernes et confortables, et disposent d'un wagon-bar.

Forfaits ferroviaires

Les cartes Eurail, Inter-Rail et Rail Plus Balkan Flexipass sont valables en Grèce, mais si c'est le seul pays où vous comptez les utiliser, cela ne vaut généralement pas la peine de les acheter. Renseignez-vous car un supplément peut être demandé pour les trains IC et les trains-couchettes.

Quels que soient votre carte de réduction ou votre forfait, il faut une réservation pour monter dans le train.

Sur présentation d'une carte d'identité ou d'un passeport, les passagers de plus de 65 ans ont droit à 25% de réduction sur toutes les lignes.

Transports urbains

Bus

La plupart des villes grecques sont assez petites pour être explorées à pied. Les grandes villes disposent de réseaux de bus.

Métro

Athènes est la seule ville grecque qui possède un métro. Notez que la carte d'étudiant grecque est la seule valable pour obtenir une réduction.

Taxi

Les taxis sont nombreux en Grèce, excepté dans les îles très petites ou très isolées. Les tarifs sont relativement corrects par rapport au reste de l'Europe. Les taxis urbains ont des compteurs. Leur tarif double entre minuit et 5h. Prévoyez des taxes supplémentaires si vous montez à un aéroport, à une gare routière ou ferroviaire ou à un port, ainsi que pour chaque bagage de plus de 10 kg. Avant de monter, demandez une estimation du prix. Dans certains endroits, notamment dans les îles très touristiques, le prix est fixé chaque saison.

Certains chauffeurs de taxi d'Athènes escroquent les voyageurs non avertis. Notez le numéro du taxi et allez à la police touristique pour porter plainte. Les applications Beat (www.thebeat.co/gr) et Taxiplon (www.taxiplon.gr) peuvent être utiles.

Vélo

Le vélo gagne en popularité auprès des touristes. Il faut des mollets d'acier pour s'attaquer aux montagnes ; sinon mieux vaut se cantonner aux routes plus plates du littoral. Les pistes cyclables sont rares, voire inexistantes, et le port du casque n'est pas obligatoire. Faites surtout attention aux voitures sur la route qui peuvent être particulièrement dangereuses. L'île de Kos est l'endroit le plus agréable de Grèce pour pratiquer le vélo.

On trouve des vélos à louer dans la plupart des sites touristiques, moins facilement néanmoins que des voitures ou des motos. Les prix varient entre 10 et 15 € la journée, selon le type de vélo et son ancienneté.

Le transport d'un vélo à bord d'un ferry est gratuit sauf sur les ferrys rapides (catamarans et autres, ils sont trop petits). Vous pouvez acheter un vélo correct dans les principales villes de Grèce, mais vous aurez sans doute des difficultés à trouver un acheteur au moment de le revendre. Les prix sont les mêmes que dans le reste de l'Europe : de 300 à 2 000 €.

Voiture et moto

La Grèce a très mauvaise réputation en termes de sécurité routière, mais la situation change depuis ces dernières années. D'après les statistiques de la Commission européenne (2010-2018), le taux de mortalité a chuté de 45% – cependant 69 personnes sont tuées pour un million d'habitants, contre 49 dans le reste de l'Europe. Les dépassements et la vitesse sont parmi les principales causes d'accidents.

La voiture reste toutefois un excellent moyen de découvrir la Grèce hors des sentiers battus. Le réseau routier s'est amélioré, mais le nombre de touristes sur les routes, en particulier sur les îles, s'est accru. Cela cause des problèmes pour circuler et se garer dans les villes insulaires. Il existe des liaisons par car-ferrys vers la plupart des îles, mais le billet reste cher.

Pratique

Association automobile
L'automobile-club grec est l'**ELPA** (Elliniki Leschi Aftokinitou kai Periigiseon ; assistance routière 24h/24 ☎10400).

Entrée en Grèce Les véhicules immatriculés dans l'UE peuvent entrer gratuitement en Grèce pour une période maximale de 6 mois sans acquitter de taxes. Une carte verte (assurance internationale au tiers) est demandée, ainsi qu'une preuve de la date d'entrée (billet de ferry ou tampon du passeport). Les véhicules non immatriculés dans l'UE peuvent être inscrits sur votre passeport.

Permis de conduire Les permis de conduire européens sont valables en Grèce. Les agences de location exigent le permis de conduire adapté pour chaque catégorie de véhicule (par exemple, permis moto ou cyclomoteur). Pour les conducteurs non européens, un permis de conduire international est nécessaire. Les agences de location de voitures peuvent l'exiger, ainsi que la police si vous vous faites contrôler. Ce type de permis ne s'obtient que dans le pays où le permis d'origine a été délivré. Gardez-le avec votre permis de conduire d'origine.

Carburant Facilement accessible dans tout le pays. Certaines stations-service ferment le week-end et les jours fériés. Sur les îles, il peut n'y avoir qu'une seule station-service. Assurez-vous de l'avoir repérée. Les pompes en self-service et à cartes de crédit ne sont pas monnaie courante. L'essence est plus chère que dans de nombreux pays européens. Il y a deux types de carburant : *amolyvdi* (sans plomb) et diesel.

Code de la route

➡ En Grèce, la conduite se fait à droite et on double par la gauche.

➡ En dehors des agglomérations, et en l'absence de panneau contraire, la route principale est prioritaire aux intersections. En ville, la priorité à droite s'applique et inclut les ronds-points : même engagé, vous devez laisser la priorité aux véhicules venant de votre droite.

➡ Les ceintures de sécurité sont obligatoires, à l'avant et à l'arrière.

➡ Les enfants de moins de 12 ans ne sont pas autorisés à voyager sur le siège avant.

➡ Vous devez avoir dans la voiture un kit de premiers secours, un extincteur et un triangle de présignalisation. Il est interdit de transporter des bidons d'essence.

➡ Le port du casque est obligatoire à moto.

➡ En dehors des zones résidentielles, la limite de vitesse est de 120 km/h sur autoroute, de 90 km/h sur les autres routes et de 50 km/h en agglomération. Pour les motos, la limite de vitesse est la même que pour les voitures. Les conducteurs dépassant la vitesse autorisée de 20% encourent une amende de 40 à 120 € ; au-delà de 30%, 350 € et le retrait du permis durant 60 jours.

➡ Une alcoolémie de 0,5 g/l vous expose à une amende de 150 €. Au-dessus de 0,8 g/l, c'est un délit.

➡ Si vous êtes impliqué dans un accident sans blessure, il n'est pas nécessaire d'établir un rapport de police, mais mieux vaut vous rendre au commissariat le plus proche, car vous allez peut-être avoir besoin d'un procès-verbal pour votre assurance.

DANGERS À MOTO

Si vous souhaitez louer une moto ou un scooter, vous devez avoir le permis requis. Il reste encore beaucoup de routes recouvertes de graviers, notamment dans les îles, et les novices doivent se montrer prudents, en particulier dans les virages. Tâchez de louer une moto aux pneus fins. Si vous envisagez de rouler à moto ou à scooter, vérifiez bien que votre assurance voyage vous couvre en cas d'accident : de nombreuses assurances ne le font pas.

État des routes

➡ Les principaux axes autoroutiers s'améliorent au fil des ans, et sont maintenant performants.

➡ Les gros camions se font rares sur les vieilles autoroutes. Elles sont donc beaucoup plus agréables.

➡ Les routes à deux voies et un accotement en dur sont, par endroits, encore en usage. Restez vigilant.

➡ Les travaux d'entretien des routes peuvent durer des années, en particulier dans les îles.

➡ Sur les îles, de nombreuses routes ne sont pas goudronnées, ce qui n'apparaît pas toujours clairement sur le GPS ou les cartes en ligne.

Location

VOITURE

➡ Toutes les grandes compagnies internationales sont représentées à Athènes, et la plupart ont des filiales dans les grandes villes et les autres destinations touristiques. Chaque île a au moins une agence.

➡ Les voitures sont souvent rayées. N'oubliez pas de prendre des photos des dégâts avant de partir.

➡ L'âge minimum pour conduire en Grèce est de 18 ans, mais la plupart des agences de location demandent que vous ayez au moins 21 ans, voire 23 pour les gros véhicules. Les agences facturent parfois un supplément pour les jeunes conducteurs.

➡ En haute saison, les tarifs hebdomadaires, avec kilométrage illimité, débutent à 280 € environ pour la catégorie petits modèles, pour tomber jusqu'à 150 € la semaine en hiver.

➡ Les compagnies locales proposent souvent des offres avantageuses, jusqu'à 50% moins cher que les agences internationales. Il est aussi possible de négocier, surtout si les affaires sont calmes.

➡ Sur les îles, vous pouvez louer une voiture pour 35 à 60 €/jour, toutes taxes et assurances comprises.

➡ Vérifiez toujours les garanties incluses dans votre assurance; certaines routes accidentées ou dangereuses ne sont accessibles qu'en 4x4.

➡ Pour vous rendre dans un autre pays avec votre voiture de location, l'accord de l'agence est impératif. À moins de payer avec une carte bancaire, la plupart des agences de location demandent un dépôt de garantie minimum de 120 €/jour.

Certaines agences internationales demandent un précompte pour le plein d'essence. Vous pouvez vous faire rembourser si vous rendez la voiture avec le plein.

Les principales agences de Grèce sont :

Avis (www.avis.gr)

Budget (www.budget.gr)

Europcar (www.europcar-greece.gr)

MOTO

➡ On trouve des mobylettes, motos, scooters et quads partout où il y a des touristes susceptibles de les louer. La plupart sont en bon état. Ne manquez pas de tester les freins dès que possible.

➡ Vous devez présenter un permis attestant que vous êtes capable de conduire un deux-roues de la catégorie choisie. Cette obligation s'applique à tous les véhicules dépassant 50 cm^3.

➡ Les tarifs débutent à environ 20 €/jour pour une mobylette ou une 50 cm^3, jusqu'à 35 €/jour pour une 250 cm^3. Hors saison, les prix baissent, vous pouvez négocier.

➡ La plupart des loueurs de motos incluent l'assurance au tiers dans leurs tarifs, mais mieux vaut vérifier. Cette assurance ne comprend pas les éventuels frais médicaux.

➡ Le port du casque est obligatoire et les agences sont tenues de vous en fournir un.

Sécurité routière

➡ Les conducteurs lents – souvent des touristes incertains – provoquent parfois des accidents graves.

➡ L'état de la chaussée change beaucoup d'une portion à l'autre, après un affaissement ou des intempéries. L'hiver, la neige et le verglas posent parfois de gros problèmes et les conducteurs sont invités à avoir des chaînes en cas de besoin. En zone rurale, attention à la présence d'animaux sur la chaussée.

➡ Les routes traversant des zones montagneuses sont souvent jonchées de pierres tombées, ce qui peut endommager le dessous du véhicule ou faire tomber les motards.

➡ Lorsque vous conduisez sur une chaussée à une seule voie, les véhicules plus lents, notamment les vieux camions, ont tendance à se ranger vers la droite sur la voie d'arrêt d'urgence, ce qui permet aux autres conducteurs de les dépasser.

Langue

Le grec, une des langues les plus anciennes d'Europe, se transmet oralement depuis 4 000 ans et s'écrit depuis près de 3 millénaires. Son influence se ressent dans de nombreuses langues indo-européennes. Langue officielle de la Grèce et de Chypre (avec le turc), le grec est parlé par de nombreux membres de la diaspora dans le monde.

L'alphabet grec est expliqué dans les pages suivantes et pose peu de difficultés aux francophones. Notez que le dh se prononce comme le "th" de l'anglais "there", que le gh est une version plus douce et plus gutturale du son "g", et que le "kh" est un "r" raclé au fond de la gorge comme la *jota* espagnole. Tous les mots grecs de deux syllabes ou plus ont un accent tonique indiqué par un accent aigu écrit. Nous mettons ici en italique les syllabes accentuées.

Les 3 genres, masculin, féminin et neutre, sont indiqués dans ce chapitre par "m/f/n". Les formules de politesse et familières sont indiquées le cas échéant par les abréviations "pol" et "fam".

EXPRESSIONS COURANTES

Bonjour.	Γειά σου.	*ya*·sou (fam ou sg)
	Γειά σας.	*ya*·sas (pol ou pl)
Au revoir.	Αντίο.	a·*di*·o

POUR EN SAVOIR PLUS

Pour mieux communiquer sur place, procurez-vous le *Guide de conversation : Grec* de Lonely Planet. Pour réserver une chambre, lire un menu ou simplement faire connaissance, ce manuel permet d'acquérir des rudiments de grec. Inclus : un mini-dictionnaire bilingue.

Oui/non.	Ναι./Οχι.	nè/o·hi
S'il vous plaît.	Παρακαλώ.	pa·ra·ka·*lo*
Merci.	Ευχαριστώ.	ef·ha·ri·*sto*
Je vous en prie.	Παρακαλώ.	pa·ra·ka·*lo*
Excusez-moi.	Με συγχωρείτε.	me sing·kho·*ri*·té
Désolé(e).	Συγγνώμη.	sigh·*no*·mi

Comment vous appelez-vous ?
Πώς σε λένε ; — pos sé *lé*·né

Je m'appelle...
Με λένε… — mé *lé*·né...

Parlez-vous français (anglais) ?
Μιλάτε γαλλικά (αγγλικά) ; — mi·*la*·té gha·li·*ka* (a·gli·*ka*)

Je ne comprends pas.
Δεν καταλαβαίνω. — dhèn ka·ta·la·*vè*·no

HÉBERGEMENT

camping	χώρος για κάμπινγκ	*kho*·ros yia *kam*·ping
hôtel	ξενοδοχείο	ksé·no·dho·*khi*·o
auberge de jeunesse	γιουθ χόστελ	youth *kho*·stèl
une chambre...	ένα… δωμάτιο	è·na... dho·*ma*·ti·o
simple	μονόκλινο	mo·*no*·kli·no
double	δίκλινο	*dhi*·kli·no
Combien coûte-t-elle... ?	Πόσο κάνει… ;	*po*·so *ka*·ni...
par nuit	τη βραδυά	ti·vra·*dhya*
par personne	το άτομο	to *a*·to·mo
clim	έρκοντίσιον	èr·kon·*di*·si·on
salle de bains	μπάνιο	*ba*·nio
ventilateur	ανεμιστήρας	a·né·mi·*sti*·ras
fenêtre	παράθυρο	pa·*ra*·thi·ro

ALPHABET GREC

L'alphabet grec compte 24 lettres, dont nous indiquons les formes majuscules et minuscules. Certaines lettres ressemblant à l'alphabet latin se prononcent très différemment, le **B** par exemple, qui se prononce v ; et le **P**, qui se prononce r. Comme en français, deux lettres jointes modifient le son de la syllabe : **ου** se prononce ou et **οι** se prononce i.

Α α	a	de "bar"	Ξ ξ	x	comme dans "axe"
Β β	v	de "vin"	Ο ο	o	de "port"
Γ γ	gh	"g" plus doux et guttural	Π π	p	de "pompe"
	y	de "yaourt"	Ρ ρ	r	de "route" légèrement roulé
Δ δ	dh	comme dans l'anglais "there"			
Ε ε	e	è de "frère"	Σ σ, ς	s	de "sable"
Ζ ζ	z	de "zoo"	Τ τ	t	de "table"
Η η	i	de "lit"	Υ υ	i	de "lit"
Θ θ	th	comme l'anglais "throw"	Φ φ	f	de "fil"
Ι ι	i	de "lit"	Χ χ	kh	comme l'allemand "achtung"
Κ κ	k	de "koala"			
Λ λ	l	de "la"		h	"h" aspiré
Μ μ	m	de "ma"	Ψ ψ	ps	de "psaume"
Ν ν	n	de "net"	Ω ω	o	de "port"

La lettre **Σ** a deux formes de minuscules – **σ** et **ς**. La deuxième ne s'utilise qu'en fin de mot. Le point d'interrogation grec est désigné par notre point-virgule ";".

ORIENTATION

Où se trouve... ?
Πού είναι… ; — pou *i*·nè...

Quelle est l'adresse ?
Ποια είναι η διεύθυνση ; — pia *i*·nè i dhi·*èf*·thin·si

Pouvez-vous me montrer (sur la carte) ?
Μπορείς να μου δείξεις (στο χάρτη) ; — bo·*ris* na mou *dhik*·sis (sto *khar*·ti)

Tournez à gauche.
Στρίψτε αριστερά. — *strips*·té a·ri·sté·*ra*

Tournez à droite.
Στρίψτε δεξιά. — *strips*·té dhè·*ksia*

... au prochain croisement.
... στην επόμενη γωνία. — stin é·*po*·mé·ni gho·*ni*·a

... au feu.
... στα φώτα. — sta *fo*·ta

derrière	πίσω	*pi*·so
loin	μακριά	ma·kri·*a*
devant	μπροστά	bro·*sta*
près (de)	κοντά	kon·*da*
près de	δίπλα	*dhi*·pla
en face	απέναντι	a·*pé*·nan·di
tout droit	ολο ευθεία	o·lo éf·*thi*·a

AU RESTAURANT

Une table pour...	Ενα τραπέζι για…	é·na tra·*pè*·zi ya...
(8) heures	τις (οχτώ)	stis (okh·*to*)
(2) personnes	(δύο) άτομα	(*dhi*·o) a·to·ma
Je ne mange pas de...	Δεν τρώω…	dhèn *tro*·ho ...
poisson	ψάρι	*psa*·ri
viande (rouge)	(κόκκινο) κρέας	(*ko*·ki·no) *kré*·as
arachides	φυστίκια	fi·*sti*·kia
volaille	πουλερικά	pu·lé·ri·*ka*

Que recommandez-vous ?
Τι θα συνιστούσες ; — ti tha si·ni·*stou*·sès

Qu'est-ce que c'est ?
Τι είναι αυτό το φαγητό ; — ti *i*·nè af·*to* to fa·ghi·*to*

Santé !
Εις υγείαν ! — is i·*yi*·an

C'était délicieux.
Ηταν νοστιμότατο ! — *i*· tan no·sti·*mo*·ta·to

L'addition, s'il vous plaît.
Το λογαριασμό, παρακαλώ. — to lo·ghar·ya·*zmo* pa·ra·ka·*lo*

Mots clés

agneau	αρνί	ar·*ni*
amuse-gueule	ορεκτικά	o·rèk·ti·*ka*
assiette	πιάτο	*pia*·to
avec/sans	με/χωρίς	mè/kho·*ris*
bar	μπαρ	bar
bière	μπύρα	*bi*·ra
bœuf	βοδινό	vo·dhi·*no*
bol	μπωλ	bol
bouteille	μπουκάλι	bou·*ka*·li
café	καφές	ka·*fès*
café (lieu)	καφετέρια	ka·fè·*tè*·ri·a
chaise haute	καρέκλα για μωρά	ka·*rè*·kla yia mo·*ra*
chaud	ζεστός	zè·*stos*
couteau	μαχαίρι	ma·*hè*·ri
crème	κρέμα	*krè*·ma
cuillère	κουτάλι	kou·*ta*·li
déjeuner	μεσημεριανό φαγητό	mè·si·mè·ria·*no* fa·yi·*to*
desserts	επιδόρπια	é·pi·*dhor*·pi·a
dîner	δείπνο	*dhip*·no
eau	νερό	nè·*ro*
épicerie	οπωροπωλείο	o·po·ro·po·*li*·o
fourchette	πιρούνι	pi·*rou*·ni
fromage	τυρί	ti·*ri*
fruit	φρούτα	*frou*·ta
herbes	βότανο	*vo*·ta·no
huile	λάδι	*la*·dhi
jus	χυμός	hi·*mos*
lait	γάλα	*gha*·la
légumes	λαχανικά	la·kha·ni·*ka*
marché	αγορά	a·gho·*ra*
menu	μενού	mè·*nou*
noix	καρύδι	ka·*ri*·dhi
nourriture	φαγητό	fa·yi·*to*
œuf	αβγό	av·*gho*
pain	ψωμί	pso·*mi*
petit-déjeuner	πρωινό	pro·i·*no*
plat principal	κύρια φαγητά	*ki*·ri·a fa·yi·*ta*
poisson	ψάρι	*psa*·ri
poivre	πιπέρι	pi·*pè*·ri
porc	χοιρινό	hi·ri·*no*
poulet	κοτόπουλο	ko·*to*·pou·lo
rafraîchissement	αναψυκτικό	a·na·psik·ti·*ko*
restaurant	εστιατόριο	è·sti·a·*to*·ri·o
sel	αλάτι	a·*la*·ti
sucre	ζάχαρη	*za*·kha·ri
thé	τσάι	*tsa*·i
traiteur	ντελικατέσεν	dé·li·ka·*té*·sèn
végétarien	χορτοφάγος	khor·to·*fa*·ghos
verre	ποτήρι	po·*ti*·ri
vin blanc	άσπρο κρασί	*a*·spro kra·*si*
vin rouge	κόκκινο κρασί	*ko*·ki·no kra·*si*
vinaigre	ξύδι	*ksi*·dhi

PANNEAUX

ΕΙΣΟΔΟΣ	Entrée
ΕΞΟΔΟΣ	Sortie
ΠΛΗΡΟΦΟΡΙΕΣ	Renseignements
ΑΝΟΙΧΤΟ	Ouvert
ΚΛΕΙΣΤΟ	Fermé
ΑΠΑΓΟΡΕΥΕΤΑΙ	Interdit
ΑΣΤΥΝΟΜΙΑ	Police
ΓΥΝΑΙΚΩΝ	Toilettes (Femmes)
ΑΝΔΡΩΝ	Toilettes (Hommes)

URGENCES

Au secours !	Βοήθεια !	vo·*i*·thya
Partez !	Φύγε !	*fi*·yè
Je suis perdu(e).	Έχω χαθεί.	*è*·kho kha·*thi*
Où sont les toilettes ?	Πού είναι η τουαλέτα ;	pou *i*·nè i tou·a·*lè*·ta
Appelez... !	Φωνάξτε... !	fo·*nak*·stè ...
un médecin	ένα γιατρό	*è*·na yia·*tro*
la police	την αστυνομία	tin a·sti·no·*mi*·a

Je suis malade.
Είμαι άρρωστος/η. *i*·mè *a*·ro·stos (m/f)

Je suis allergique (aux antibiotiques).
Είμαι αλλεργικός/αλλεργική (στα αντιβιωτικά). *i*·mè a·lèr·yi·*kos*/a·lèr·yi·*ki* (sta an·di·vi·o·ti·*ka*) (m/f)

QUESTIONS

Comment ?	Πώς ;	pos
Quoi ?	Τι ;	ti
Quand ?	Πότε ;	*po*·té
Où ?	Πού ;	pou
Qui ?	Ποιος ;	pi·*os* (m)
	Ποια ;	pi·*a* (f)
	Ποιο ;	pi·*o* (n)
Pourquoi ?	Γιατί ;	yia·*ti*

PHRASES CLÉS

En associant ces phrases simples aux mots de votre choix, vous pourrez vous exprimer en grec :

À quelle heure est (le prochain bus) ?

Πότε είναι (το επόμενο λεωφορείο) ;	po·tè *i*·nè (to é·*po*·mè·no lé·o·fo·*ri*·o)

Où est (la gare) ?

Πού είναι (ο σταθμός) ;	pou *i*·nè (o stath·*mos*)

Avez-vous (une carte du coin) ?

Εχετε οδικό (τοπικό χάρτη) ;	è·hè·tè o·dhi·*ko* (to·pi·*ko* *khar*·ti)

Y a-t-il (un ascenseur) ?

Υπάρχει (ασανσέρ) ;	i·*par*·hi (a·san·*sèr*)

Puis-je (l'essayer) ?

Μπορώ να (το προβάρω) ;	bo·*ro* na (to pro·*va*·ro)

Pourriez-vous (m'aider s'il vous plaît) ?

Μπορείς να (βοηθήσεις, παρακαλώ) ;	bo·*ris* na (vo·i·*thi*·sis pa·ra·ka·*lo*)

Dois-je (réserver) ?

Χρειάζεται (να κλείσω θέση) ;	khri·*a*·zè·tè (na *kli*·so *thè*·si)

J'ai besoin (d'aide).

Χρειάζομαι (βοήθεια).	khri·*a*·zo·mè (vo·*i*·thi·a)

Je voudrais (louer une voiture).

Θα ήθελα (να ενοικιάσω ένα αυτοκίνητο).	tha *i*·thè·la (na é·ni·ki·*a*·so è·na af·to·*ki*·ni·to)

C'est combien (par nuit) ?

Πόσο είναι (για κάθε νύχτα) ;	*po*·so *i*·nè (yia *ka*·thè *nikh*·ta)

ACHATS ET SERVICES

Je voudrais acheter...

Θέλω ν'αγοράσω...	*thè*·lo na·gho·*ra*·so...

Je regarde simplement.

Απλώς κοιτάζω.	ap·*los* ki·*ta*·zo

Puis-je le voir ?

Μπορώ να το δω ;	bo·*ro* na to dho

Je n'aime pas.

Δεν μου αρέσει.	dhèn mou a·*rè*·si

Combien ça coûte ?

Πόσο κάνει ;	*po*·so *ka*·ni

C'est trop cher.

Είναι πολύ ακριβό.	*i*·nè po·*li* a·kri·*vo*

Pouvez-vous baisser le prix ?

Μπορείς να κατεβάσεις την τιμή ;	bo·*ris* na ka·tè·*va*·sis tin ti·*mi*

banque	τράπεζα	*tra*·pè·za
carte bancaire	πιστωτική κάρτα	pi·sto·ti·*ki* *kar*·ta
cybercafé	καφενείο διαδικτύου	ka·fè·*ni*·o dhi·a·dhik·*ti*·ou
DAB	αυτόματη μηχανή χρημάτων	af·*to*·ma·ti mi·kha·*ni* khri·*ma*·ton
office du tourisme	τουριστικό γραφείο	tou·ri·sti·*ko* ghra·*fi*·o
poste	ταχυδρομείο	ta·hi·dhro·*mi*·o
téléphone portable	κινητό	ki·ni·*to*

DATE ET HEURE

Quelle heure est-il ?

Τι ώρα είναι ;	ti o·*ra* *i*·nè

Il est (2)h.

Είναι (δύο) η ώρα.	*i*·nè (*dhi*·o) i o·ra

Il est (10h) et demie.

(Δέκα) και μισή.	(*dhè*·ka) kè mi·*si*

matin	πρωί	pro·*i*
(cet) après-midi	(αυτό το) απόγευμα	(af·*to* to) a·*po*·yèv·ma
soir	βράδυ	*vra*·dhi
hier	χθες	hthès
aujourd'hui	σήμερα	*si*·mè·ra
demain	αύριο	*av*·ri·o
lundi	Δευτέρα	dhèf·*tè*·ra
mardi	Τρίτη	*tri*·ti
mercredi	Τετάρτη	tè·*tar*·ti
jeudi	Πέμπτη	*pèmp*·ti
vendredi	Παρασκευή	pa·ras·kè·*vi*
samedi	Σάββατο	*sa*·va·to
dimanche	Κυριακή	ky·ri·a·*ki*
janvier	Ιανουάριος	ia·nou·*ar*·ios
février	Φεβρουάριος	fèv·rou·*ar*·ios
mars	Μάρτιος	*mar*·tios
avril	Απρίλιοςq	a·*pri*·lios
mai	Μάιος	*ma*·ios
juin	Ιούνιος	*iou*·nios
juillet	Ιούλιος	*iou*·lios
août	Αύγουστος	*ao*·ghous·tos
septembre	Σεπτέμβριος	sèp·*tèm*·vri·os
octobre	Οκτώβριος	ok·*to*·vri·os
novembre	Νοέμβριος	no·*èm*·vri·os
décembre	Δεκέμβριος	dhè·*kèm*·vri·os

TRANSPORTS

Transports publics

avion	αεροπλάνο	aè·ro·*pla*·no
bateau	πλοίο	*pli*·o
bus intercités (Intercity)	λεωφορείο	lè·o·fo·*ri*·o
bus municipal	αστικό	a·sti·*ko*
train	τρένο	*trè*·no

Où puis-je acheter un billet ?
Πού αγοράζω εισιτήριο ; pou a·gho·*ra*·zo i·si·*ti*·rio

Je veux aller à...
Θέλω να πάω στο/στη… *thè*·lo na *pao* sto/sti...

À quelle heure part-il ?
Τι ώρα φεύγει ; ti o ·ra *fèv* ·yi

S'arrête-t-il à (Délos) ?
Σταματάει στο (Δήλος) ; sta·ma *ta*·i sto (*dhi*·los)

Je voudrais descendre à (Délos).
Θα ήθελα να κατεβώ στο (Δήλος). tha *i*·thè·la na ka·tè·*vo* sto (*dhi*·los)

J'aimerais (une)...	Θα ήθελα (ένα)…	tha *i*·thè·la (è·na)...
1re classe	πρώτη θέση	*pro*·ti *thè*·si
2de classe	δεύτερη θέση	*dèf*·tè·ri *thè*·si
un aller simple	απλό εισιτήριο	a·*plo* i·si·*ti*·ri·o
un aller-retour	εισιτήριο με επιστροφή	i·si·*ti*·ri·o mè é·pi·stro·*fi*
annulé	ακυρώθηκε	a·ki·*ro*·thi·kè
retardé	καθυστέρησε	ka·thi·*stè*·ri·sè
quai	πλατφόρμα	plat·*for*·ma
billetterie	εκδοτήριο εισιτηρίων	ek·dho·*ti*·ri·o i·si·ti·*ri*·on
horaire	δρομολόγιο	dhro·mo·*lo*·gio
gare ferroviaire	σταθμός τρένου	stath·*mos* *trè*·nou

Voiture et vélo

Je voudrais louer un/une...	Θα ήθελα να νοικιάσω…	tha *i*·thè·la na ni·ki·*a*·so...
4x4	ένα τέσσερα επί τέσσερα	è·na *tès*·sé·ra è·*pi* *tès*·sé·ra
vélo	ένα ποδήλατο	è·na po·*dhi*·la·to
voiture	ένα αυτοκίνητο	è·na af·to·*ki*·ni·to
Jeep	ένα τζιπ	è·na tzip
moto	μια μοτοσυκλέττα	*mya* mo·to·si·*klèt*·ta

Ai-je besoin d'un casque ?
Χρειάζομαι κράνος ; khri· *a* ·zo·mè *kra* nos

CHIFFRES

1	ένας μία ένα	è·nas (m) *mi*·a (f) è·na (n)
2	δύο	*dhi*·o
3	τρεις τρία	tris (m-f) *tri*·a (n)
4	τέσσερεις τέσσερα	*tè*·sè·ris (m-f) *tè*·sè·ra (n)
5	πέντε	*pèn*·dè
6	έξη	è·xi
7	επτά	èp·*ta*
8	οχτώ	oh·*to*
9	εννέα	è·*nè*·a
10	δέκα	*dhè*·ka
20	είκοσι	*ik*·o·si
30	τριάντα	tri·*an*·da
40	σαράντα	sa·*ran*·da
50	πενήντα	pè·*nin*·da
60	εξήντα	èk·sin·da
70	εβδομήντα	èv·dho·*min*·da
80	ογδόντα	ogh·*dhon*·da
90	ενενήντα	è·nè·*nin*·da
100	εκατό	è·ka·*to*
1 000	χίλιοι χίλιες χίλια	*hi*·li·i (m) *hi*·li·èz (f) *hi*·li·a (n)

Est-ce la route de... ?
Αυτός είναι ο δρόμος για…; af·*tos* *i*·nè o *dhro*·mos ya...

Où y a-t-il une station-service ?
Πού είναι ένα πρατήριο βενζίνας ; pou *i* ·nè è·na pra·*ti*·ri·o vèn·*zi*·nas

(Combien de temps) puis-je me garer ici ?
(Πόση ώρα) Μπορώ να παρκάρω εδώ ; (*po*·si o·ra) bo·*ro* na par·*ka*·ro è·*dho*

La voiture/moto est tombée en panne (à...).
Το αυτοκίνητο/ η μοτοσυκλέττα χάλασε (στο…). to af·to·*ki*·ni·to/ i mo·to·si· *klèt* ·ta *kha* la·sè (sto...)

J'ai besoin d'un garagiste.
Χρειάζομαι μηχανικό. khri·*a*·zo·mè mi·kha·ni ·*ko*

Mon pneu est crevé.
Επαθα λάστιχο. è·pa·tha *la*·sti·cho

Je n'ai plus d'essence.
Εμεινα από βενζίνη. è·mi·na a·*po* vèn·*zi*·ni

GLOSSAIRE

Pour les termes culinaires, voir p. 49 et 592.

achéenne (civilisation) – voir *mycénienne (civilisation)*
acropole – "ville haute", point le plus élevé d'une cité antique
âges obscurs (1200-800 av. J.-C.) – période durant laquelle la Grèce fut sous la domination des Doriens
agia (f), agios (m), agii (pl) – saint(s)
agora – place publique d'une cité antique ; centre d'activités commerciales dans la Grèce moderne
amphore – grand vase à deux poignées dans lequel on conservait du vin ou de l'huile
archaïque (époque) – (800-480 av. J.-C.) ; période pendant laquelle les cités-États ont émergé des "âges obscurs" et ont accédé aux richesses et à la puissance ; les cités-États possédaient en commun l'alphabet grec, une culture et une religion, ce qui engendra un sentiment de communauté
archonte – éminent citoyen d'une ville, souvent un riche bourgeois ; principal magistrat
archontika – demeures bourgeoises des XVIIe et XVIIIe siècles
askitiria – (ou skites) ermitages ou chapelles ; lieux de culte solitaires
asclépiéion – sanctuaire antique dédié aux soins et à la médecine

baglama – instrument à cordes ressemblant à un petit bouzouki
basilique – église paléo-chrétienne
bouzouki – long instrument à cordes semblable à un luth, emblématique du rébétiko
bouzoukia – club où l'on joue du bouzouki et où l'on chante des chansons mélancoliques, parfois de qualité médiocre
byzantin (Empire) – cet Empire, caractérisé par la fusion de la culture hellénistique et du christianisme, doit son nom à Byzance (actuelle Istanbul), la cité du Bosphore qui devint la capitale de l'Empire romain en 324. Après le partage de l'Empire romain en 395, Rome déclina tandis que la capitale orientale, rebaptisée Constantinople en l'honneur de l'empereur Constantin Ier, prospéra. L'Empire byzantin (324 av. J.-C.-1453) disparut après la prise de Constantinople par les Turcs en 1453

caïque – petit bateau solide, souvent utilisé pour le transport des passagers
catholicon – église principale d'un monastère orthodoxe
chapiteau – partie haute d'une colonne
classique (époque) – période (480-323 av. J.-C.) durant laquelle les cités-États atteignirent l'apogée de leur richesse et de leur puissance, après la défaite des Perses au Ve siècle av. J.-C. Elle prit fin avec le déclin de ces cités-États à la suite des guerres du Péloponnèse et des aspirations expansionnistes de Philippe II de Macédoine (règne 359-336 av. J.-C.) et de son fils Alexandre le Grand (règne 336-323 av. J.-C.)
corinthien – ordre architectural grec, caractérisé par des chapiteaux en forme de cloche, ornés de feuilles d'acanthe ; voir également "dorien" et "ionique"
civilisation cycladique – civilisation (3000-1100 av. J.-C.) qui émergea après l'installation de colons phéniciens sur les îles des Cyclades
cyclopes – géants à un seul œil de la mythologie

domatio (s), domatia (pl) – chambre, souvent chez l'habitant ; forme d'hébergement bon marché
Doriens – guerriers helléniques qui envahirent la Grèce vers 1200 av. J.-C. et précipitèrent le déclin de la civilisation mycénienne. La Grèce entra alors dans les "âges obscurs", marqués par l'abandon des apports artistiques et culturels des civilisations mycénienne et minoenne. Les Doriens donnèrent naissance à une aristocratie de propriétaires terriens, qui encouragea l'émergence des cités-États indépendantes
dorique – ordre architectural grec caractérisé par une colonne sans base, un fût cannelé et un chapiteau relativement sobre comparé aux ornements des chapiteaux ioniques et corinthiens

Ellada ou Ellas – voir *Hellas*
ELPA – Elliniki Leschi Aftokinitou kai Periigiseon ; automobile club de Grèce
ELTA – Ellinika Tahydromia ; poste grecque
EOS – Ellinikos Orivatikos Syllogos ; association des Clubs alpins grecs
EOT – Ellinikos Organismos Tourismou ; Office national du tourisme (qui possède des antennes dans la plupart des grandes villes), appelé GNTO à l'étranger (Greek National Tourist Organisation)
estiatorio – restaurant de plats préparés ou à la carte

Filikí Etería – "Société des amis" ; groupement de Grecs en exil formé sous le règne ottoman pour organiser un soulèvement contre les Turcs
filoxenia – hospitalité
frourio – forteresse ; parfois appelé *kastro*
fronton – partie triangulaire, souvent ornée de sculptures, située au-dessus des colonnes, à l'avant et à l'arrière des temples grecs classiques

géométrique (époque) – époque (1200-800 av. J.-C.) caractérisée par des poteries arborant des motifs géométriques ; parfois qualifiée d'"âges obscurs" de la Grèce

GNTO – Greek National Tourist Organisation ; voir *EOT*

Hellas – nom grec de la Grèce ; également Ellada ou Ellas

hellénistique (période) – (323-146 av. J.-C.) période de prospérité et de rayonnement de la civilisation grecque, inaugurée par les conquêtes d'Alexandre le Grand et durant jusqu'à la destruction de Corinthe par les Romains

hora – ville principale, en général sur une île

horio – village

icône – du mot grec signifiant "image" ; représentation des saints dans la chrétienté orthodoxe

iconostase – dans les églises orthodoxes, cloison séparant le chœur des fidèles du sanctuaire où officie le clergé (qui est caché). Cette porte symbolique séparant le sacré du séculier est en général couverte d'icônes

ionique – ordre architectural grec caractérisé par des colonnes cannelées et des chapiteaux ornés de volutes, voir aussi "dorique" et "corinthien"

kastro – ville fortifiée ; forteresse ou château

korê – statue féminine de l'époque archaïque ; voir aussi "kouros"

kouros (s), kouroi (pl) – statue masculine de l'époque archaïque, caractérisée par une posture raide et un sourire énigmatique ; voir aussi "korê"

KTEL – Koino Tamio Eispraxeon Leoforion ; Coopérative nationale de bus assurant des liaisons longue distance

laïka – littéralement (chansons) "populaires" ; récentes ou chantées depuis des années ; musique urbaine folklorique

leoforos – avenue ; abrégé en "leof"

libation – dans la Grèce antique, vin ou nourriture offerts aux dieux

limenarhio – police portuaire

linéaire A – écriture minoenne, non déchiffrée

linéaire B – écriture minoenne déchiffrée

lyre – petit instrument semblable à un violon que l'on pose sur le genou ; courant dans la musique crétoise et pontique

megaron – pièce centrale d'un palais mycénien

meltemi – vent du nord qui souffle en été sur une bonne partie de la Grèce

mezedopoleio – restaurant de mezze

minoenne (civilisation) – civilisation de l'âge du bronze (3000-1200 av. J.-C.) qui se développa en Crète et doit son nom au roi Minos, caractérisée par des poteries et des objets en métal d'une grande beauté. Elle compte 3 périodes : protopalatiale (3400-2100 av. J.-C.), néopalatiale (2100-1580 av. J.-C.) et postpalatiale (1580-1200 av. J.-C.)

moni – monastère ou couvent

mycénienne (civilisation) – première grande civilisation (1600-1100 av. J.-C.) de Grèce continentale, caractérisée par de puissantes cités-États gouvernées par des rois ; également appelée civilisation achéenne

Nouvelle Démocratie – Nea Dimodratia ; parti politique conservateur

nécropole – littéralement "ville des morts", cimetière antique

nisi – île

nymphée – dans la Grèce antique, bâtiment comportant une fontaine, souvent consacré aux nymphes

odéon – théâtre antique couvert

odos – rue

OSE – Organismos Sidirodromon Ellados ; Organisation ferroviaire grecque

ouzeri – établissement servant ouzo et en-cas légers

OTE – Organismos Tilepikoinonion Ellados ; principale compagnie de télécommunications grecque

Panagia – Mère de Dieu ; nom souvent donné aux églises

panigyri (s), panigyria (pl) – festival ; les plus courants célèbrent les saints

Pantocrator – le Christ pantocrator, ou Christ tout-puissant, est une représentation très répandue dans l'art byzantin. Il s'agit d'un Christ peint en buste, avec la main droite levée et les Saintes Écritures à la main gauche

peripteron (s), periptera (pl) – kiosque de rue

péristyle – colonnes entourant un bâtiment, généralement un temple ou une cour

plateia – place

pithos (s), pithoi (pl) – jarre ou urne minéenne

propylon (s), propylaia (pl) – entrée principale d'une cité antique ou d'un sanctuaire. Un *propylon* avait une entrée et un *propylaia* plusieurs

prytaneion – centre administratif d'une cité-État

rébétiko – chansons populaires mélancoliques, associées au monde interlope des années 1920

rhyton – récipient servant aux libations

Saracatsanes – communauté de bergers nomades hellénophones du nord de la Grèce

siècles obscurs (1200-800 av. J.-C.) – période du règne dorien en Grèce

stele (s), stelæ (pl) – pilier ou stèle ornée d'inscriptions ou de chiffres

stoa – long bâtiment à colonnade, généralement dans une agora, servant de lieu de rencontre ou d'abri dans la Grèce antique

taverna – taverne, type de restaurant traditionnel le plus courant

tholos – édifice circulaire (temple ou tombeau)

Valaques – bergers traditionnels semi-nomades du nord de la Grèce, parlant un dialecte d'origine latine

En coulisses

VOS RÉACTIONS ?

Vos commentaires nous sont précieux et nous permettent d'améliorer constamment nos guides. Notre équipe lit toutes vos lettres avec la plus grande attention. Nous ne pouvons pas répondre individuellement à tous ceux qui nous écrivent, mais vos commentaires sont transmis aux auteurs concernés. Tous les lecteurs qui prennent la peine de nous communiquer des informations sont remerciés dans l'édition suivante, et ceux qui nous fournissent les renseignements les plus utiles se voient offrir un guide.

Pour nous faire part de vos réactions, prendre connaissance de notre catalogue et vous abonner à notre newsletter, consultez notre site Internet : **lonelyplanet.fr**

Nous reprenons parfois des extraits de notre courrier pour les publier dans nos produits, guides ou sites Web. Si vous ne souhaitez pas que vos commentaires soient repris ou que votre nom apparaisse, merci de nous le préciser. Notre politique en matière de confidentialité est disponible sur notre site Internet.

À NOS LECTEURS

Merci à tous les voyageurs qui ont utilisé la dernière édition de ce guide et qui nous ont écrit pour nous faire part de leurs conseils, de leurs suggestions et de leurs anecdotes : Sophie Beaune, Mélanie Disdier, Philippe Manoir, Mylène Portier, Fanny Rey, Pauline Salque, Noëlle Silvani, Aurélien Vicoq

UN MOT DES AUTEURS

Simon Richmond

Un grand merci à : Steve Boyd, Valie Voutsa, Vangelis Koronakis, Yannis Bournias, Nikos Tsoniotis, Danae Zaoussis, Zora O'Neill, Harry et Jane Lushington, ainsi qu'à Brana Vladisavljevic pour avoir fait appel à moi.

Kate Armstrong

Je ne compte plus le nombre de fois où j'ai prononcé les mots *efharisto poli* pour remercier les Grecs de leur hospitalité. J'aimerais remercier particulièrement Eleni et Yiannis (Kalymnos), Michalis des studios Michalis (Lipsi), la famille Alexakis, Michalis (Karpathos), Georges (Euromoto, Karpathos), les randonneurs Mike et John (Tilos), Tonia, Maria et Christina (Léros). Je n'oublie pas Brana, extraordinaire éditrice, la meilleure d'une équipe au top. Et enfin, Gemini Apostolos, sans qui mon Odyssée aurait succombé à l'étésien.

Stuart Butler

Encore un grand merci à ma femme, Heather, et à mes enfants, Jake et Grace, d'être restés à la maison pendant que je parcourais la Grèce ensoleillée. Merci également d'avoir été les meilleurs compagnons de voyage quand vous êtes venus me rejoindre à Corfou à la fin de mes recherches. Merci aussi à Brana de m'avoir proposé ce travail de rêve.

Peter Dragicevich

C'est toujours un plaisir d'avoir de la compagnie sur la route, surtout quand il s'agit d'un de vos meilleurs amis. Merci, David Mills, de m'avoir si assidûment aidé lors de mes recherches sur la vie nocturne à Mykonos. Je tiens également à remercier tout particulièrement Brana Vladisavljevic, rédactrice en chef extraordinaire. Merci pour ton soutien et toutes ces opportunités.

Anna Kaminski

Mille mercis à Brana pour m'avoir confié la moitié des Cyclades et à tous ceux qui m'ont aidée en chemin. En particulier : à Alex à Chálki (Naxos), à Apostolos d'Atlantis Oia à Santorin, au maître-nageur qui m'a secourue quand j'ai été emportée en mer sur un paddleboard à Ios, à Kostas à Folégandros, à Alix et Semeli à Amorgos, à Flora à Antiparos, et à tous les experts en vin sur Sikinos, Paros, Santorin et Naxos qui ont contribué à ma formation en œnologie.

Vesna Maric

Merci à Brana Vladisavljevic, qui est à l'origine du projet. Ce fut toujours un plaisir de travailler avec toi. Merci à Stathis Kampouridis pour sa générosité à Athènes.

Isabella Noble

Efharisto à toutes les personnes merveilleuses qui m'ont aidée sur la route et à la maison. Denis à Skiathos ; Heather, Alexandra, Voula, Kostas, Valeria et Natasa à Skopélos ; Mary, Pakis, Paul, Angela et Justine à Alonissos ; Lefteris, Katerina, Chrysanthi, Amanda et Nikos à Skyros ; Marina, Giorgios et Steven à Eubée. Merci à Jack, Andrew, Papi et Sarah.

Leonid Ragozin

Je tiens à remercier Christos d'Ikaria Utopia qui m'a aidé à faire le tour des nouveautés de l'île, Samos Volunteers qui m'a informé sur la situation des réfugiés, Manolis du Belvedere de Pythogarion pour ses bons conseils sur Samos, et Paulette Roberge qui a ouvert les portes de sa magnifique villa à Inousses. Je remercie également tous ceux qui m'ont aidé en chemin. Je suis également très heureux d'être allé en Grèce, c'est un grand et beau pays.

Greg Ward

Un grand merci à toutes les personnes merveilleuses qui m'ont aidé tout au long du chemin, et qui ont contribué à tant de souvenirs heureux. Et merci surtout à ma chère épouse, Sam, d'avoir partagé un si beau voyage avec moi.

REMERCIEMENTS ET CRÉDITS PHOTOGRAPHIQUES

Données des cartes climatiques adaptées de Peel MC, Finlayson BL & McMahon TA (2007) "Updated World Map of the Köppen-Geiger Climate Classification", *Hydrology and Earth System Sciences*, 11, 1633–44.

Illustration p. 80 de Javier Zarracina.

Photographie de couverture : Village traditionel à Oia, Santorin © chronisyan - stock.adobe.com

À PROPOS DE CET OUVRAGE

Cette 11e édition du guide Lonely Planet *Îles grecques et Athènes* est la traduction-adaptation de la 11e édition du guide *Greek Islands* (en anglais) mis à jour et rédigé par Simon Richmond, Kate Armstrong, Stuart Butler, Peter Dragicevich, Anna Kaminski, Vesna Maric, Isabella Noble, Leonid Ragozin et Greg Ward.

Traduction
Marie Bouchet, Frédérique Hélion-Guerrini, Antoine Thibault et Laura Vaz

Direction éditoriale
Didier Férat

Coordination éditoriale et adaptation française
Muriel Chalandre

Responsable pré-presse
Jean-Noël Doan

Maquette Gudrun Fricke

Cartographie
Cartes adaptées en français par Eduardo Yanes Blanch

Couverture Laure Wilmot

Remerciements à Christophe Corbel et Céline Raux-Samaan, pour leur contribution argumentée au texte, Sylvie Rabuel pour sa relecture, ainsi qu'à Marjorie Karagueuzian et Olympe Richez pour leur préparation du manuscrit. Merci à toute l'équipe du bureau de Paris, en particulier à Dominique Spaety. Enfin, merci à Clare Mercer et Imogen Harrison du bureau de Londres, ainsi qu'à Glenn van der Knijff, Jacqui Saunders et Brad Smith du bureau australien.

Index

SYMBOLES

22 Panos 99

A

A.antonopoulou.art 98
Acropole **14**, 68, 74, 76, **76**
- Musée de l'Acropole 82, **82**
- plan en 3D 2
- promenade à pied 2

Acropole d'Agios Andreas 281
Acropole de Lindos 307
Acropole de Rhodes 299
Acropole (Skala) 363
activités 55
Adamas 272
Aegiali 238
Aegina, *voir* Égine
Aegina Fistiki Fest 156
aéroports 21, 580
Agapi 185
Agathonisi 364
Agathopes 191
Agia Anna 441
Agia Evfymia 498
Agia Kyriaki 322
Agia Marina 157, 322, 329, 356
Agia Paraskevi 386, 410
Agia Pelagia 515
Agiassos 414
Agio Galas 399
Agios Antonios 332
Agios Athanasios 230
Agios Dimitrios 344, 458
Agios Efstratios 421
Agios Ermogenis 405
Agios Fokas 339
Agios Georgios 480
Agios Georgios (port) 230
Agios Gordios 479, 480
Agios Ioannis 203, 419
Agios Ioannis Theologos 283
Agios Isidoros 415
Agios Kiryko 374
Agios Konstantinos 349, 391
Agios Nikitas 490
Agios Nikolaos (Anafi) 262
Agios Nikolaos (Pedi) 329
Agios Nikolaos (Zante) 508
Agios Nikolaos, baie d' 170
Agios Petros 181
Agios Sostis, 284
Agios Spyridon 471
Agios Stefanos 479
Agios Theologos 345
Agios Vasilios 355
Agnontas 453
Agora antique 86, **86**, **88**
Agora antique (Kos Hora) 339
Agora Antique (Thassos) 431
Agora romaine 93
Agrippa, monument d' 79
Aharavi 478
Ahla 181
Aidonia 181
Akoli 479
Akrotiri antique 259
Akti tou Iliou 146
Alalkomenès 504
alcool 51
Alexakis, Vassilis 554
Alexandre le Grand 70, 525
Alexiou, Haris 557
Aligaria 231
Aliki, presqu'île d' 433
alimentation 49
Alinda 360
Almyros 231
Alonissos 17, 454, **455**
- transports 454

Alopronia 264
alphabet grec 591
Amarandos, cap 453
ambassades 570
Ammos 232
Ammoudi 256
Amorgos 235
- Amorgos (Hora) 237
- transports 236

Anafi **200**, 262
Anafiotika 89
Analipsi 349
Anavatos 400
Andissa 412
Andros 178, **179**
- Andros (Hora) 180
- plages 181

Angali 270
Angelokastro 480
Angelopoulos, Theo 555
Angistri 159, **155**
animaux , 447
Anogi 501, 503
Ano Koufonissi 232
Ano Meria 266, 270
Ano Petali 279
Ano Syros 188
Ano Vathy 386
Antia 442, 443
- Anti Art Gallery 216

Antiparos **209**, 216
- Antiparos (Hora) 216
- transports 217

Antipaxi **483**, 484
Antonakos, Stephen 554
Antoniou Family Olive Press 452
Apella 317
Aphrodite 513, 544
Aphrodite de Rhodes 298
Apikia 181
Apiranthos 227
Apokrousi 286
Apollon 544
Apollonas 225
Apollonia 279
Aponissos 159
aqueduc vénitien 438
architecture 559
Aréopage, colline de l' 74
Arès 543
argent 20, 570
Arginonda 353
Argostoli 492, **494**
Arias 479
Arillas 480
Aristophane 547
Aristote 70, 548
Arkasa 317
Arki 364
Armata 172
Arménistis 379
Armeos 191

Références des cartes **en gras**
Références des photos **en bleu**

Arméos 353
Arni 181
Artémis 544
Artémision
bronze 96
cavalier 97
Artémision (Délos) 208
Artemonas 279
arts 553
Art Space 258
Arvanitakiis, Eleftheria 557
Arvanitohori 322
Asclépiéion 79, 339
Asfendiou 344
Asfodilitis 240
Askeli 162
Assomption (Dormition de la Vierge) 25
Assos 501
assurance 571, 576
Asteras 145
Astir 146
Astris 432
Astypalée 346, **346**
transports 346
atelier de céramique de Lefkès 214
Athani 490
Athéna 544
Athéna Varvakeion 96
Athènes **14**, 45, **53**, 66, **67**, **68**, 70, **72**, **84**, **90**, **100**, **108**, **114**, **122**,
Acropole **14**, 76, **76**, **78**
à voir 74
bars 123, 127
hébergements 110
musée de l'Acropole 82, **82**
restaurants 116
transports 135
Athens Street Food Festival 110
Athens Technopolis Jazz Festival 110
Atlantis Oia 256
Attique 143, **144**

Avgonyma 399
avion 36, 580, 583
Avlaki (Kassos) 322
Avlaki (Corfou) 479
Avlemonas 515
Avlona 319

B

Bains minéraux d'Eftalou 409, **422**
Bains Spilaio 374
Bains turcs 396
ballos 558
Baltzia 172
Barbati 478
basilique Agia Sophia 318
basilique Agios Andreas 413
bassins rocheux de Fonias 429
bateau 32, 38, 582, 583
Batsi 179
Battaria 478
Bellou, Sotiria 556
bénévolat 579
Bernier/Eliades 98
Beth Shalom 103
Bibliothèque d'Hadrien 99
Bibliothèque Korais et Musée ethnographique Filippos Argenti 396
Bibliothèque nationale (Athènes) 147
Biennale d'Athènes 107
Bisti, baie de 170
Bithikotsi, Grigoris 556
boissons 51
Bouboulina, Laskarina 530
Bourtzi 443
Bourtzi, îlot de 444
Bouzianis, Georges 553
bouzouki 556
bouzoukia 557
Brauron 150
Brooke, Rupert 465
bus 586, 587

C

Cabires, sanctuaire des 421
Cacoyannis, Michael 555
café 51
Callas, Maria 558
CAN 98
Capo d'Istria, Jean 531
Caramanlis, Constantin 536
carburant 587
carnaval 24, **26**
carnaval de Skyros 461
cartes bancaires 570
cartes de réduction 572
cartes et plans 571
Caryatides, portique des 77, **81**
Casa Parlante 471
Casa Romana 339
Cascade de Neraïda 514
Cascades de Paradeisos 428
Catacombes 274
cathédrale Agia Triada 214
cathédrale Saint-Georges 188
Cavafis, Constantin 554
Cavo d'Oro (cap Kafireas) 442
Centre culturel de la fondation Stavros Niarchos 147
Centre culturel Melina Mercouri 75
Centre d'information de la MOM 456
Cephalonia Botanica 493
Céphalonie 492, **493**
transports 492
Cerbère 547
change 21
Chaos 546
chapelle Agia Triada 391
chapelle Agios Andreas 502
chapelle Agios Giorgios 104
chapelle Agios Ioannis 453
chapelle Agios Ioannis Theologos 366
chapelle byzantine de Theskepasti 373
chapelle d'Agia Marina 228
chapelle d'Agios Georgios 377
chapelle de Metamorfosis Sotiros 391
chapelle de Zoodochos Pigi 421
château byzantin de Gardiki 480
château byzantin de Koskinas 372
château byzantin-génois (Lesbos) 410
château de Kritinia 309
château de Lykourgos Logothetis 388
château de Monolithos 310
château de Myrina 417
château de Pandéli 357
château des chevaliers (Kos Hora) 338
chemin Melinda-Paléohori 415
chemin Paléohori-Rahidi 416
chemins des oliviers 415
cheval de Skyros 465
Chios 393, **395**
Chios (Hora) 395, **397**
transports 394
Christos Rahes 372, 378
Chypre 537
cimetière militaire de Moudros Est 421
cimetière militaire de Portianos 420
cinéma 555
circuit en boucle de Skala Eresou 413
code de la route 588
Cohen, Leonard 169
collection archéologique (Amorgos) 238
Colosse de Rhodes 298
consulats 570

Références des **cartes**
Références des **photos**

Coopérative des producteurs de robola de Céphalonie 495
Corfou 13, 30, 468, **469**
transports 468
Corfou, ville de 13, 470, **472**
à voir 470
bars 476
hébergements 474
restaurants 475
transports 477
corinthien (style) 560
côte d'Apollon 144, 146
couvent de Galataki 441
couvent Agias Efpraxias 170
croisières 38, 260
Cronos 546
cuisine 12, 49, 53
Currentzis, Teodor 558
Cyclades 16, 45, 175, **176**
Petites Cyclades 228, **229**
transports 177
Cyclopes 546
Cythère, 510, **511**
Kythira (Hora) 511
transports 510

D

Dafnoudi 499
Dalaras, Georges 557
danse 558
Dapia 171
Dardanelles, bataille des 421
Daskalopetra 398
Dassia 478
Dassin, Jules 555
Decumanus Maximus 338
Délos 23, 200, 206, **207**
Délos antique 23, 200, 207, **207**
Déméter 544
démocratie 547
Déon, Michel 171
Despoti Nero 332
dhimotiko 556
Diafani 319
Diakofti 366
Digaleto 496
Dio Adelphi, îlot 456
Dio Liskaria 360
Distillerie Vallindras 227
distributeurs automatiques de billets (DAB) 570
Dodécanèse 45, 291, **292**
domaine viticole de Manalis 265
domaine viticole de Paneri 465
Domus Festival 222
Donoussa 234
dorique (style) 560
douane 572
Douka, Maro 555
Doxiadis, Apostolos 554
Drakeï 391
Drota 416
Dryopida 286
Dryos 224
Durrell, Gerald 481
Durrell, Lawrence 481
DVD 578

E

eau 576
école d'Homère 503
écologie 568
économie 549
Eftalou 409
bains minéraux 409, 422
Égine 154, **155**
Égine (Hora) 156
transports 154
Église Agia Ekaterini 93
Église Agia Paraskevi 438
Église Agii Anargiri 271
Église Agioi Anargyroi 89
Église Agios Andreas 281
Église Agios Apostolos 402
Église Agios Dimitrios Loumbardiaris 75
Église Agios Eleftherios 109
Église Agios Elefthérios 99
Église Agios Giorgios Diasorites 227
Église Agios Ioannis Theologos 367
Église Agios Nektariou 158
Église Agios Nikolaos 311
Église Agios Nikolaos Ragavas 93
Église Agios Spyridonas 386
Église d'Agio Galas 400
Église de Kimisis tou Theotokou 434
Église de la Dormition (Ermoupoli) 188
Église de la Métamorphose 364
Église de la Naissance du Christ 457
Église de la Panagia Antivouniotissa 471
Église de la Panagia Vrefokratousa 414
Église de Panagia Vrefokratousa 415
Église de Saint-Dionysios 506
Église des Archanges (Mesta) 403
Église des Saints-Apôtres 87, 108, 109
Église des Sept Martyrs 280
Église Notre-Dame de l'Annonciation (Tinos) 183
Église Notre-Dame-du-Fort (Pera Gialos) 347
Église Panagia Kakaviotissa 420
Église Panagia Kryfti 416
Églises byzantines 109
Egremni 490
électricité 572
Elefsina, *voir* Éleusis
Éleusis 150
Éleusis antique 150
Eliès 353
Elinda 400
Elytis, Odysseas 404, 554, 557
Emblissi 499
Emborios 311, 336, 353
Emborios (Chios) 402
Emir Zade 438
Emporio 258
enfants 59, 61
Engonopoulos, Nikos 553
entekhno 556
environnement 565
éphèbe d'Anticythère 96
Épiphanie (bénédiction des eaux) 24
Episkopi 285
Epta Piges 306
Érechthéion 77
Érétrie 439
Eristos, 332
Ermonès 480
Ermoupoli 188, **189**
escalade 355
Eschyle 70, 547
Ets Hayim 103
Eubée 46, 436, **437**, 438
transports 438
Eupalinos 388
Euripide 547
Evdilos 376
Exarchia 69, 102
Exobourgo 185
Exo Gonia 258

F

Faltaïts, Konstantinos 460
Fanari 377
Faneromeni 412
Fanos 232
Faros 280
Fasolou 280
femmes seules 579
ferry 32, 583
Festival d'Athènes et d'Épidaure 25, 107

Festival de rébétiko de Skopélos 25, 452
Festival international des femmes d'Eresou 413
Festival international du film d'Athènes 107
Festivals de Naxos 25
Fête de la Pleine Lune 107
Fête de l'Indépendance d'Icarie 375
Fête de Miaoulia 25
Fête du Travail 25
Fête du Vin et de la Culture 27
Filakopi 276
Filippotis, Dimitrios 553
Filoti 228
Finikas 191, 232
Finiki 318
Fira 248, **250**
Firopotamos 276
Firostefani 248
Fiskardo 499
Foki, baie de 499
Folégandros 266, **267**
  Folégandros (Hora) 268
  transports 266
Fondation Basil et Elise Goulandris 104
Fondation culturelle de Tinos 184
Fonias, rivière 429
fontaine d'Aréthuse 504
forêt pétrifiée 412
formalités et visas 20, 572
fort de Faraklos 306
fort des chevaliers de Saint-Jean (Halki) 314
Fort des chevaliers de Saint-Jean (Horio) 327
Fort des chevaliers de Saint-Jean (Kastellorizo Hora) 323
fort des chevaliers (Mandraki) 333
Forteresse d'Agia Mavra 487
Forteresse de Drakanos 377
Fourni, îles **372**, 382, transports 383
Fourni Korséon 382
Frandato 372
Frangoulis, Mario 558
fresques d'Akrotiri 248
Frikès 503
Fry 320
Ftenagia 314
Fyri Ammos 515

G

Gagos 386
Gaïa 546
Gaïos 482
Galanaki, Rhéa 555
Galerie Allouche Benias 98
Galerie d'art balkanique moderne de Kontias 420
Galerie d'art municipale I 470
Galissas 191
Ganema 284
garde présidentielle 106
Gavrio 178
Gazi 69, 102
Gennadi 308
Gennisis Tis Panagias 27
géographie 565
géologie 565
Georgiadis, Vassilis 555
Gérakas 508
Gérakas, baie de 458
Gialia 181
Gialiskari 287, 289
Gialos 326
Gidaki 502
Glossa 452
glossaire 595
Glyfada 144, 480
Glyfoneri 431
Glystra 308
Gomati 420
Gomati, baie de 420
Gorge de Dipotamata 181
Gorges de Dimosari 443
Gouvia 478
Grande Grotta 353
Greco, le 553
Grikos 366
Grotta 222
Grotte bleue 323
Grotte d'Agio Galas 400
Grotte d'Antiparos 216
Grotte de Drogarati 498
Grotte de Koutouki 150
Grotte de Kéfalas 351
Grotte de l'icône sacrée d'Agios Giannis 230
Grotte de Philoctète 421
Grotte de Sykia Olymbi 402
Grotte de Zeus 228
Grottes bleues 508
Grottes de Sarakiniko 276
groupe de Généléos 390
Gyzis, Nicholas 553

H

Hadès 545
Haihoutes 344
Halepas, Yannoulis 553
Halikadha 159
Halikounas 480
Halki 226, 311
  transports 311
Halkida 438
Halkolimionas 181
Hammam des Vents 99
handicapés 573
Hansen, Theophile 563
Haraki 306
Harami 484
Haramida 405
Harani, baie de 326
Hatzidakis, Manos 557, 558
Hatzihristou, Apostolos 556
Hatzikyriakos-Ghikas, Nikos 553
hébergement 573
Helatros, 322
Héphaïstos 544
Héra 543
Héraclès 546
Héraion 390
Hermès 544
Hérodote 70
Hestia 545
heure locale 20, 575
heures d'ouverture 21
histoire 518
Hohlakas 355
Hohlaki 333
Homère 241, 399, 519, 520
homosexualité 125, 202, 575
Hora 230, 347
Horafia 323
Hora (Horio) 353
Horio 314, 326
Hrisi Amos 181
Hrysi Akti 215
Hrysi Ammoudia (plage d'Or) 433
Hydra **17**, 163, **164**
  Hydra (Hora) 164, **166**
  transports 163
Hydre de Lerne 547

I

Ialysos antique 310
Icare 545
Icarie **46**, 372, **372**
  transports 373
icônes 553
Iero 377
Ikonomou, Christos 555
Imerovigli 248
INO 111
Inoussès 399
insulaires 549
Internet
  accès 575
  sites 21
Ioannides, Alkinoos 557
Ionatos, Angélique 557
Ioniennes, îles 47, 466, **467**
ionique (style) 560

Références des **cartes**
Références des **photos**

Ios 241, **242**
transports 245
Ioulida 288
Ipsos 478
Iraklia 229
Italihda 232
Ithaque **493**, 501
transports 501
itinéraires 28, 37, 48

J

Jardin national (Athènes) 89
Jeux olympiques 520
Jour de l'indépendance 24, **26**
Jour du "Ohi" (jour du "Non") 27
jours fériés 575

K

Kagia 410
Kaladi 515
Kalami 478
Kalamos 262
Kaldaras, Apostolos 556
Kalithea Thermi 306
Kallianos 443
Kallithea 391
Kalotaritissa, baie de 240
Kalvos, Andreas 554
Kalymnos **312**, 350, **350**
transports 351
Kalymnos Trail 355
Kamarès 278
Kamari 259, 345
Kamariotissa 425
Kambanellis, Iakovos 554
Kambi 508
Kambia 399
Kambos 369, 377
Kaminakia 349
Kamini 169, 170
Kamiros antique 310
Kampi 290
Kampos 185
Kanala 286
Kanali 162
Kanaris, Constantin 401
Kandouni 353
Kania 314
Kanoni 478
Kapsali 513
Karavomilos 498
Karavostamo 381
Karavostasis 266, 267
Kardamyla 399
Kardiani 185
Karfas 396, 402
Karkinagri 380
Karlovasi 391
Karnezis, Panos 555
Karpathos **44**, 314, **316**
transports 315
Karthea 290
Karya 491
Karystos 442
Kassiopi 478
Kassos 320
transports 320
Kastaraki 226
Kastellorizo (Megisti) 322
Kastellorizo (Hora) 323
Kastri 345
Kastro 280
Kastro Agios Georgios 496
Kastro (Mytilène) 405
Kastro (Naxos Hora) 219
Kastro Orias 286
Kastro (Parikia) 210
Kastro (Pera Gialos) 347
Kastro (Plaka) 274
Katalimatsa 262
Katapola 236
Katergo 267, 270
Kathara 503
Kathisma 490
Kato 232
Kato Hora 514
Katomeri 488
Katsadia 369
Kattavia 308
Kavo Barbaro 479
Kavo Paradiso 345
Kavouri 145
kayak 352
Kazantzakis, Nikos 554
Kazantzidis, Stelios 556
Kéa 287, **288**
transports 287
Kéfalos, baie de 345
Kelessidi, Elena 558
Kendros 234
Keramikos 69, 102
Keri 508
Kéros 232
Kiliomeno 508
Kimisis Tis Theotokou 164
Kimolos **271**, 276
transports 277
Kini 191
Kioni 503
Kipri 181
kitesurf 56
Klissidi 262
Kochilou 181
Kokkari 390
Kokkinokastro 458
Kolimbithra 185
Kolona 286
Kolonaki 69, 103
Kolymbia 306
Komi 402
Komito 191
Kontogialos 480
Kontoglou, Fotis 553
Korissia 287
Kornaros, Vitsenzos 554
Kos 337, **340**
transports 337
Kos (Hora) 338, **342**
kotsari 558
Koufonissi 232
Koukounariès 447
Koundouros 290
Koundouros, Nikos 555
Kounellis, Yannis 553
Kouros de Flerio 225
Kouros de Sounion 96
Kouros du Pirée 139
kouros (Naxos) 225
Koutalas 284
Kramboussa 240
Krini 480
Krithoni 360
Kritika 338
Krokos 185
Ktikados 185
Kymi 441
Kypséli 99
Kyra Panagia, 456
Kyriaki 276
Kythnos 284, **285**
Kythnos (Hora) 286
transports 285

L

lac Dhistos 442
lac Korission 480
lac Limni Vouliagmenis 145
Ladiko 306
Lagada 345, 515
Lageri 213
Lagoudi 344
laïko 556
Lakka 484
Lakki 359
Lakonès 480
Lalaria 448
Lambi 366
Langada 238, 240, 399
langage sifflé 443
langue grecque 590
Lanthimos, Yorgos 555
Laurion 143
Lavrio, *voir* Laurion
Lefkès (Cyclades) 214
Lefkos 318
Leftos Gialos 458
Lenosei 443
Le Pirée 139, **140**
Léros 356, **357**
transports 356
Lesbos (Mytilène) **15**, 404, **406**
transports 404
Les marches 249
Leucade **13**, 485, **486**
Lefkada 487
transports 485

liaisons maritimes 32, 33
librairie spécialisée 575
Liendou 368
Liès 336
L'Iliade 241
Limanaki 390
Limanakia 145
Limenaria 159, 432
Limenas Mesta 402
Limni 441
Limnia 400
Limnionas 391, 508
Limnos 416, **418**
transports 417
Linaria 353, 464
Lindos 306
Lionas 226
lion de Cythère 512
lion de Kéa 288
lion de Ménécratès 471
Liotrivi 286
Lipsi 367, **368**
transports 367
Liston 470
Lithi 402
littérature 554
Livada 185
Livadaki 386
Livadhaki 390
Livadi 229, 231, 348
Livadia 181, 329
Livadi Geranou 366
Livadi (Sérifos) 282
Lixouri 497
L'Odyssée 241
Loggos 484
Louha 508
Loutra 287, 427
Loutra Edipsou 441, 442
Loutraki 452
Loutro 232
Lundi pur 24
Lycabette 104
Lykavittos, *voir* Lycabette
Lytras, Nikiforos 553

M

Magazia 460, 463
Magic Beach 345
Maison de Lazaros Koundouriotis 165
Maison des Mosaïques 439
Maison d'Europe 338
Maison-Musée de Yannoulis Chalepas 186
Maison-Musée Papadiamantis 445
maisons d'artistes 462
maisons de capitaines 562
Makrys Gialos 493
mal de mer 33
Maleas, Konstantinos 553
Maltas 264
Mandraki 170, **313**, 333
Mandrakia 276
Manganari 242
Manganitis 380
Manolatès 390
Mantamados 410
Marathi 364
Marathon 149
Marathonas 158
Marathounda 329
Marbre 434
marché aux puces d'Eleonas 131
marché aux puces de Monastiraki 131
Maries 433
Markopoulos, Yannis 557
Marmari 339, 349
Marmaro 399
Martinakia 285
Massouri 353
mastic 401
Mastihari 344
Mastihohoria 401
Matessis, Pavlos 555
Mausolée d'Inoussès 399
Mavra Volia 403
Mavri Rachi 401
médias 578
Méduse 548
Megali Idea (la Grande Idée) 531
Megalohori 258
Megalo Horio 331, 364
Megalo Kazaviti 431
Megalo Seitani 392
Megalos Mourtias 457
Meganissi **486**, 488
Megas Gialos 191
Melinda 415
Mémorial de l'Holocauste 103
Menetès 317
Menites 181
Mercouri, Melina 75, 555
Merihas 285, 286
Mersini 231, 234
Mesahti 379
Mesathouri 181
Mesa Vathy 349
Messaria 181
Messaria (Charavgi) 234
Mesta 402
Metaira Inoussiotissa 399
Metalia 432
métro 138, 587
Mets 69, 103
Miaoulia Festival 165
Mikro Horio 329
Mikro Kazaviti 431
Mikrolimano 139
Mikro Seitani 392
Mikros Mourtias 457
Milos 271, **271**
transports 272
Miloterranean Geo Experience 272
Minoa 236
Minotaure 547
Mitropoulos, Dimitris 558
Mitsakis, Giorgos 556
Mitsotakis, Constantin 539
MOCA Musée d'Art contemporain 180
Molos 463
Molyvos 410
Monastère Agios Georgios 508
Monastère Agios Nikolaos 181
Monastère d'Agiou Ioanni 314
Monastère de Kastrianis 290
Monastère de l'Apocalypse 365
Monastère de Profiti Ilia 170
Monastère de Saint-Georges 460
Monastère de Saint-Jean-le-Théologien **312**, 365
Monastère des Taxiarches 284
Monastère de Tourliani 202
Monastère de Zoodochos Pigi 262
Monastiraki 69, 93
Moni, îlot de 158
Moni Agias Markella 400
Moni Agios Gerasimos 496
Moni Agiou Ioanni 349
Moni Agiou Mamas 322
Moni Arhangelou 434
Moni Chrysopigi 281
Moni Dafniou 151, 109, **109**
Moni Episkopis 265
Moni Evangelistrias 447, 453
Moni Faneromenis 487
Moni Hozoviotissa **23**, 240
Moni Kaisarianis 109, **109**
Moni Kimisis Theotokou 401
Moni Kipouria 497
Moni Metamorfosis Sotiros 453
Moni Panagias Spilianis 333, 388
Moni Prodromou 453
Moni Taxiarhon 410
Moni Taxiarhou Mihail Panormiti 327
Moni Theotokou 480
Moni Thoktistis 373
Moni Varvaras 453

Références des **cartes**
Références des **photos**

Moni Ypsilou 412
Moni Zoödohou Pigis 162, 264
Monolithos 310
Mon Repos 471
Mont Fengari 424
Mont Kerkis 391
Mont Ohi 443
Mont Olympe 414
Mont Pantokrator 475, 478
Mont Parnès 148
Mont Pelineo 399
mont Profitis Ilias 319
Mont Ypsario 434
Mont Zeus 228
Monument de Konstantinos Kanaris 401
Monument de Philopappos 75
Moralis, Yannis 553
Mosquée de Fethiye 98
Mosquée de Gazi Hassan Pasha 338
Mosquée de Soliman 298
Mosquée Tzistarakis 99
moto 587
Mouskouri, Nana 557
Musée Alex Mylona 99
Musée Antivouniotissa 471
Musée archéologique (Agia Marina) 357
Musée archéologique (Andros) 180
Musée archéologique (Chios Hora) 396
Musée archéologique d'Apiranthos 228
Musée archéologique de Karystos 443
Musée archéologique de Kythira 512
Musée archéologique (Délos) 208
Musée archéologique de Marathon 149
Musée archéologique de Poros 161
Musée archéologique de Pythagorion 388
Musée archéologique d'Eresou 413
Musée archéologique d'Érétrie 439
Musée archéologique de Tinos 184
Musée archéologique du Pirée 139
Musée archéologique (Ermoupoli) 188
Musée archéologique (Fry) 320
Musée archéologique (Gialos) 327
Musée archéologique (Halkida) 438
Musée archéologique (Ios) 242
Musée archéologique (Ioulida) 288
Musée archéologique (Kastellorizo Hora) 323
Musée archéologique (Kastro) 280
Musée archéologique (Kos Hora) 339
Musée archéologique (Laurion) 143
Musée archéologique (Lefkada) 487
Musée archéologique (Mandraki) 334
Musée archéologique (Mykonos Hora) 194
Musée archéologique (Myrina) 417
Musée archéologique (Mytilène) 405
Musée archéologique (Naxos Hora) 221
Musée archéologique (Parikia) 210
Musée archéologique (Pera Gialos) 347
Musée archéologique (Plaka) 274
Musée archéologique (Pothia) 351
Musée archéologique (Rhodes) 297
Musée archéologique (Santorin) 253
Musée archéologique (Sérifos Hora) 283
Musée archéologique (Syros) 461
Musée archéologique (Thassos) 430
Musée archéologique (Vathy, Ithaque) 502
Musée archéologique (Vathy, Samos) 386
Musée archéologique (ville de Corfou) 471
Musée Benaki de la Culture grecque 103
Musée Benaki du 138 Pireos 102
Musée-Bibliothèque Tériade 405, **422**
Musée Bouboulina 172
Musée byzantin (Chios Hora) 396
Musée byzantin et chrétien 103
Musée byzantin (Zakynthos) 506
Musée Christos Kapralos 158
Musée Citrus Memories 402
Musée Costas Tsoclis 185
Musée d'Alonissos 456
Musée d'Art asiatique de Corfou 470
Musée d'Art byzantin et postbyzantin de Cythère 515
Musée d'Art cycladique 104
Musée d'Art enfantin 89
Musée d'Art islamique 102
Musée d'Art moderne grec 299
Musée d'Art populaire (Aharavi) 478
Musée d'Art populaire Faltaïts 460
Musée d'Art populaire (Skopélos Hora) 450
Musée d'Art populaire (Theologos) 433
Musée de Géologie d'Apiranthos 228
Musée de l'Acropole 82, **82**
Musée de la Guerre 106, 359
Musée de la Marbrerie 185
Musée de la Production industrielle de l'huile d'olive 410
Musée de la Théra préhistorique 248
Musée de l'Industrie 188
Musée de l'Ouzo Varvagianni 415
Musée de Mitropolis 221
Musée de Paleaopolis 472
Musée des Archives historiques 165
Musée des Arts et Traditions populaires grecs 99
Musée des Instruments de musique populaire 89
Musée des Mines de Milos 272
Musée de Spetsès 172
Musée des Trains électriques 139
Musée des Vins de Samos 386
Musée d'Histoire et d'Art populaire Korgialenio 493
Musée d'Histoire et des Arts populaires 360
Musée d'Histoire nationale 92
Musée du flipper d'Athènes 75
Musée du Folklore (Naxos Hora) 221
Musée du Gaz industriel 103
Musée du manoir Vakratsa 449
Musée du Mastic de Chios 402
Musée du Pressoir à olives de Vrana 415
Musée du Vin 258
Musée ecclésiastique 164, 272
Musée et centre culturel Gyzi Megaron 248
Musée folklorique et maritime 276
Musée hellénique des Enfants 89
Musée Hérakleidon 75
Musée industriel de la Tomate 258

Musée juif (Athènes) 103
Musée juif de Rhodes 298
Musée Kanellopoulos 92
Musée maritime de l'Égée 195
Musée maritime hellénique 139
Musée maritime (Oia) 256
Musée Megisti 323
Musée minéralogique 143
Musée national d'Archéologie 94, **94**, **95**, **97**
Musée national d'Art contemporain 85
Musée nautique d'Inoussès 399
Musée nautique et des Arts populaires 352
Musée numismatique 106
Musée Theophilos 405
Musée Vorres 150
Musée vulcanologique 336
Muséum d'histoire naturelle d'Apiranthos 227
Muséum d'histoire naturelle de la forêt pétrifiée de Lesbos 412
musique 556
Mykonos **56**, 192, **193**
à voir 194
bars 198
hébergement 195
Mykonos (Hora) **4**, 194, **196**
restaurants 198
transports 192
Myli 442
Mylopotamos 514
Mylopotas 242
Mylos 490
Myrina 417
Myrivilis, Stratis 554
Myron 70
Myrtiès 353
Myrtiotissa 480
Myrtos 500
Mytaras, Dimitris 553
mythe de naxos 219
Mythologie 543
Mytilène 405, **408**

N

Nagos 399
Nanou 329
Naoussa 213
Naufrage, plage du **7**, **34**, 508
Naxos **3**, 217, **218**
bars 224
hébergements 222
Naxos (Hora) 219, **220**
restaurants 223
transports 218
Néa Moni 400
Neapoli 405
Neo Frourio 471
Néorion 162
Nerodafni 276
Nikéa 336
Nimborios 328
Ninou, Marika 556
nisiotiko 556
Nisyros 11, 333, **334**
transports 333
nord-est de la mer Égée, îles du 47, 370, **371**
Nos 326
Nuit de la pleine lune 25
Nydri 488

O

Odéon d'Hérode Atticus 79
Œdipe 545
offices du tourisme 575
Oia 255, 200, **201**
oiseaux 331, 413, 432
Olymbi 402
Olymbos 319
Olympe 546
Olympiéion, *voir* temple de Zeus olympien
Opéra national (Athènes) 129
Ormos Korthiou 181
Ormos Marathokambou 391
Otzias 289
Ouranos 546
ouzo 51, 415

P

Pachia Ammos 428
Pahia Ammos 336
Pahys 431
Palaio Frourio 471
Palaiopanayia 355
Palais Achilleion 473
Palais de Saint-Michel-et-Saint-Georges 470
Palais des Grands Maîtres 298
Palamari 464
Palamas, Kostis 554
Paléa Alonissos 457
Paléa Perithia 475
Paleohora (Égine) 158
Paléohori 276
Paleokastritsa 479, 480
Paléokastro 323
Paléokastro (Mandraki) 334
Paleonisos 353
Paleopoli 515
Pali 336
Paliki, péninsule de 497
Paliohora 515
Palio Karlovasi 391
Panagia 322, 434
Panagia , îlot 432
Panagia Drosiani 226
Panagia Ekatontapyliani 210
Panagia (Folégandros Hora) 268
Panagia Glykophilousa 409
Panagia Gremiotissa 241
Panagia (Hora) 231
Panagia Korfiatissa 273
Panagia Paraportiani (Mykonos Hora) 195
Panagia Thalassitra 274
Panathénées 87, 104
Pandéli 358
Pangrati 69, 103
panigyria 372, 375
Panormos 185, 349, 353
Papadiamantis, Alexandros 445, 554
Papadopoulos, Georgios 538
Papados 415
Papaioannou, Yannis 556
Papandréou, Andréas 538
Papandréou, Georgios 535, 540
Papas, Irène 555
Papathanasiou, Thanasis 555
papillons 310
Pâques 15, 24
Paralia Hiliadou 440
Parc national d'Ainos 496
Parc national marin d'Alonissos-Sporades du nord **17**, 456
Parc national marin de Zante 509
parcs nationaux 566
Parc Stavros Niarchos 147
Parikia 210, **211**
Parlement grec 106
Parnitha, *voir* mont Parnès
Paros **200**, 208, **209**
transports 209
Paros Park 215
Parthenis, Konstantinos 553
Parthénon 76, 81, **81**
Pasalimani 139
Patakos, Stylianos 538
Patitiri 455
Patmos 15, 361, **362**
Patmos (Hora) 364
transports 361
Paxi 482, **483**
transports 482
Peania 150

Références des **cartes**
Références des **photos**

Pedi 329
Pefkari 432
Pefki 308, 441
Pefkos 464
Pefkoulia 490
Pelekas 479, 480
Pera Gialos 347
Pera Kastro 353
Perdika 158
Périclès 70, 523, 547
Perissa 259
Peristera, îlot 456
Perivolos 259
permis de conduire 587
Persée 545
Petani 497
Petite Métropole, *voir* Agios Eleftherios
Petra 366, 409
Petrelis, Thanos 557
Petrokanalo 443
Phare d'Akrotiri 258
Phidias 70, 548
Philippe II de Macédoine 70, 525
Philopappos, colline de 74
Philoppapos, colline de 68
philosophie 548
phoque moine 459
photographie 576
Pigadia 315
Pigi 373
Piperi, îlot 456
Piscina 232
Piskopio 181
Pissès 289
Pithara 181
plages
- Agia Anna (Amorgos) 240
- Agia Anna (Naxos) 226,
- Agia Theodoti 242
- Agios Dimitrios (Alonissos) 458
- Agios Dimitrios (Kythnos) 286
- Agios Fokas 339
- Agios Georgios (Finiki) 318
- Agios Georgios (Folégandros) 270
- Agios Georgios (Naxos) 221
- Agios Georgios (Santorin) 259
- Agios Georgios (Sikinos) 264,
- Agios Nikolaos (Arkasa) 318
- Agios Nikolaos (Folégandros) 270
- Agios Prokopios 226
- Agios Sostis (Mykonos) 203
- Agios Sostis (Sérifos) 284
- Agios Stefanos 345
- Agios Theologos 345
- Agrari 203
- Akrotiri 259
- Akti tou Iliou 146
- Aligaria 231
- Alimina 230
- Almyros 231
- Ammos 232
- Andros 181
- Angali 270
- Anthony Quinn 306
- Apella 317
- Apokrousi 286
- Askeli 162
- Aspri 259
- Asteras 145
- Astir 146
- Avlaki 322
- Banana 447
- Baxédes 259
- Dio Liskaria 360
- Elia 203
- Eristos, 332
- Faneromeni 412
- Fanos 232
- Finikas 232
- Firopotamos 276
- Folégandros 270
- Fourni 310
- Ftenagia 314
- Gagos 386
- Ganema 284
- Gialiskari 287, 289
- Glystra 308
- Gomati 420
- Grotta 222
- Halikadha 159
- Hawaii 226
- Helatros 322
- Hohlaki 333
- Ios 242
- Italihda 232
- Kamari 382
- Kambos 366
- Kampi 382
- Kanali 162
- Kania 314
- Kapari 203
- Karavi 282
- Katergo 270
- Kathisma 490
- Kato Livadi 286
- Kavo Paradiso 345
- Keros 424
- Klissidi 262
- Kokkini 259
- Kokkinokastro 458
- Kolimbythres 213
- Kolymbia 306
- Kyriaki 276
- Kythnos 286
- Ladiko 306
- Lagada 345
- Lageri 213
- Lambi 339, 366
- Lefkès 286
- Leftos Gialos 458
- Liès 336
- Limanakia 145
- Lindos 307
- Liotrivi 286
- Livadaki 270, 386
- Livadakia 282
- Livadi 348
- Livadi (Arménistis) 379
- Livadi (Folégandros) 270
- Livadi (Shinoussa) 231,
- Livadi Geranou 366
- Magazia 460
- Magic Beach 345
- Makrys Gialos 493
- Maltas 264
- Mandraki 170
- Mandrakia 276
- Manganari 242
- Marathonas 158
- Mavra Volia 403
- Megalo Livadi 284
- Megalo Seitani 392
- Megalos Mourtias 457
- Mesahti 379
- Mesa Pigadia 259
- Mikri Vigla 226
- Mikro Seitani 392
- Mikros Mourtias 457
- Milos 276
- Monastiri 213
- Mykonos 203
- Mykonos (Hora) 194
- Mylopotas 242
- Mylos 490
- Myrtos 500
- Nas 379
- Naufrage, du **7**, **34**, 508
- Néorion 162
- Nerodafni 276
- Nos 326
- Pachia Ammos 428
- Pahia Ammos 336
- Paléohori 276
- Pallas 307
- Panormos (Mykonos) 203
- Panormos (Pera Gialos) 349
- Paradise (Mykonos) 203,
- Paradise (Skala Potamia) 434
- Paradisos 259
- Paraga 203
- Pefki 308
- Pefkoulia 490
- Perivolos 259
- Pissès 289
- Plaka (Naxos) 226
- Plaka (Tilos) 332
- Plakes 170
- Plateia Miaouli 188
- Plathiena 276
- Platys Gialos (Argostoli) 493
- Platys Gialos (Mykonos) 203,
- Platys Gialos (Sérifos) 284,
- Platys Gialos (Sifnos) 281
- Pondamos 314
- Poros 488

Potami 392
Prasies 262
Psalidi 339
Psarou 203
Psathi 242
Psili Ammos (Patmos) 367
Psili Ammos (Sérifos) 284
Psili Ammos (Shinoussa) 231
Pythagorion 388
Roukounas 262
Saint-Paul 307
Santa Maria 213
Santorin 259
Sarakiniko 276
Sérifos 284
Seychelles 380
Shinias 149
Stegna 306
Super Paradise 203
Sykamia 284
Syros 191
Therma Loutra 339
Trachilas 276
Tsamadou 392
Tsambika 306
Tsigouri 231
Vagia 284, 366
Vananda 319
Vatera 415
Xerokambos 345
Yabanaki 146
Plaka 273
Plakes 170
planche à voile 56
platane d'Hippocrate 338
Platanistos 442
Platanos 356
Platon 70, 548
Platy 417, 419
Platys Gialos 369, 493
Plimmyri 308
Plomari 415
plongée 55, 355
Ploutarhos, Yiannis 557
Poli 322
Poliohni 424

Références des **cartes**
Références des **photos**

Pollonia 275
Polyhnitos 416
Polyvotis (cratère) 336
Pondamos 314
pont de Katouni 515
Pori 232
Poros 160, **161**, 364, 488
transports 160
Poros (Hora) 161
porte Beulé 79
porte d'Hadrien 85
Portianou 420
portique d'Attale 86
portique d'Eumène 79
Porto Katsiki 490
Porto Spilia 488
Poséidon 544
Poseidonia 191
poste 578
postes-frontières 581
Potami 391, 442
Potamos 514
Pothia 351
Potos 432
Pounta 215
pourboires 571
Prasies 262
Prasonisi, cap 309
Praxitèle 548
premier temple d'Asclépios 339
prison de Socrate 75
problèmes juridiques 575
Prodromos 224
Prokopi 441
Propylées 78
Psalidi 339
Psara 401
Psathi 276
Psérimos, île de 351
Psili Ammos 231, 367, 391
Punda, cap 420
Psyri 69, 93
Pyli 344
Pyrgi (Corfou) 478, **422**
Pyrgi (Chios) 402, **423**
Pyrgos 185, 258, 391
Pythagore 388
Pythagorion 388

R

Rafina 142
rafting 56
randonnée 57, 263, 268, 329, 332, 355, 499, 503
Rea Maditos 417
rébétiko 556
religion 551
Remos, Antonis 557
Reppas, Michalis 555
Rhamnonte 149
Rhodes **2**, 11, 293, **294**
intérieur de l'île 309
ouest 309
nord-est 306
transports 294
Rhodes, ville de **10**, 293, 295, **296**, **300**
à voir 296
bars 303
hébergements 299
quartier des Chevaliers 296
restaurants 302
transports 305
Vieille ville **10**, 296, **296**
Ville nouvelle 299, **300**
Riha Nera 417
Rina 352
rocher de Kalikatsos 366
rocher de Skaros 248
Rockwave Festival 25, 110
Roda 478
Romanos, Chryssa 554
Romeïkos Gialos 417
Roukounas 262
Roussos, Demis 557
Route Amorgos (Hora)-Aegiali 240
Rovies 441
ruines de l'Aegiali antique 240
Russian Bay 162

S

Saint-Basile (Agios Vasilios) 24
Saint-Georges (Agios Georgios) 25
Saint-Jean-Baptiste 25
Saint-Jean-le-Russe 441
saint Jean l'Évangéliste 361
Saint Monastère Zoödohos Pigi 365
Sakellaropoúlou, Ekaterini 542
Samaras, Lucas 554
Sami 498
Samos 384, **384**
transports 385
Samothrace 424, **426**
Samothraki (Hora) 426
transports 424
sanctuaire d'Aphrodite 339
sanctuaire d'Artémis 150
sanctuaire de Déméter 150
sanctuaire de Poséidon et Amphitrite 184
sanctuaire des Cabires 421
sanctuaire des dieux égyptiens 208
sanctuaire des dieux syriens 208
sanctuaire des grands dieux **422**, 427
sanctuaire des grands dieux samothraciens 208
sanctuaires des dieux étrangers 208
San Michalis 191
Santa Maria 213
santé 576
Santorin **12**, **30**, **40**, 245, **246**
bars 253
hébergements 249
restaurants 252
transports 245
Santorini Arts Factory 258
Sappho 412, 413, 415
Sapsila 366

Sarakiniko 276
Sardes 420
Saronique, îles du golfe 45, 152, **153**
Savopoulos, Dionysis 557
Savvouglu & Tsivolas 420
sculpture 548
second temple d'Asclépios 339
sécurité 577
sécurité routière 589
Séféris, Georges 554
Semaine de la marine 25
sentier de Megalo Seitani 392
sentier de Panagia Kakaviotissa 420
Seralia 280
Sérifos 281, **282**
Sérifos (Hora) 283
transports 282
Sgouros, Dimitris 558
Shinias 149
Shinoussa 231
Siana 310
Sidhari 478
Sifnos 277, **277**
transports 278
Sigri 412
Sikelianos, Angelos 554
Sikinos 264, **265**
transports 266
sirtaki 558
Site archéologique d'Aliki 433
Skala 159, 362
Skala Eresou 413
Skala Kallonis 412, 413
Skala Kamirou 309
Skala Marion 431
Skala Potamia 433
Skala Sykaminias 409
Skarkos 242
Skiathitiko Spiti 445
Skiathos 444
Skiathos (Hora) **44**, 444, **445**
transports 444
Skinari, cap 508
ski nautique 56
Skopélos **15**, 449, 451
Skopélos (Hora) 449
transports 449
Skourtis, Georgios 555
Skyros 459, **461**
transports 460
snorkeling 55
société 549
Socrate 70, 548
Solomos, Dionysios 554
Sophocle 70, 547
Sotiriou, Dido 555
Sotiropoulou, Ersi 555
Sounion, cap 148
source d'Aria 228
sources chaudes de Polyhnitos 416
sources chaudes (loutra) 287
source thermale de Lefkada 374
source thermale de Spilaio 374
sousta 558
Sparte 522
Spartohori 488
Spatharei 391
Spathi 289
Spetsès 171, **172**
Spianada 470
Spilia 364
Sporades 46, 436, **437**
stade des Panathénées 104
Stafylos 453
Stamatis, Alexis 555
statue d'Athéna Parthénos 79
Stavros 234, 501, 503
Stefanos (cratère) 336
Stegna 306
Steni 440
Stenies 181
Steni Vala 458
Steno 349
Strapouries 181
St Savvas 354
St Valsamidis 354
surf 56
Sykamia 284
Sykaminias 410
Symi **312**, 324, **325**
transports 326
Synagogue Kahal Shalom 298
Syntagma 68, 85
Syrmata 274
Syros 186, **187**
syrtos 558
Syvota 488

T

tabac 578
TAF 98
Takis 554
Tarabados 185
Tarti 415
taxi 587
téléphérique de Santorin 249
téléphérique (Fira) 248
téléphone 20, 578
Télendos, îlot de 354
Temple d'Aphaïa 158
Temple d'Apollon (Égine) 156
Temple d'Apollon (Naxos Hora) 221
Temple d'Apollon Pythios 290
Temple d'Athéna Nikè 78, 81, **81**
Temple de Poséidon 77, 80, **80**, 148
Temple de Poséidon (Athènes) 2
Temple de Poséidon (Poros) 162
Temple de Zeus olympien 85
Temple d'Héphaïstos 87
Temple d'Hercule 339
Tériade (Stratis Eleftériadis) 405
terrasse des Lions 208
Tetsis, Panayiotis 553
Thassos 428, **430**
transports 429
Thassos (Liménas) 430
théâtre 547
Théâtre antique et catacombes 273
Théâtre antique d'Épidaure 107
Théâtre de Dionysos 79
Théâtre national (Athènes) 130
The Breeder 98
Thémistocle 78
Thémistocle, mur de 78, 2
Theodorakis, Mikis 556, 557
Theologos 433
Théra antique 258
Therma 374
Therma Loutra 339
Therma Spa 406
Thermes (Loutra) 428
Thésée 545
Thissio 68, 74
Tholaria 238, 240
Tholos 364
Thucydide 70
Tilos 329, **330**
transports 329
Tingaki 339
Tinos 182, **183**
Tinos (Hora) 182
Titans 546
toilettes 579
Tombe de Rupert Brooke 465
Tombe d'Homère 241
tortues caouannes 509, 567
Tour d'Ayia 225
Tour de Sanoudos 221
Tourkopigado 230
tournoi international d'échecs d'Icarie 375
Trachilas 276
Tragéa 228
train 581, 586
transports 580, **584**
Treno sto Rouf 120
Triovasalos 273
Tris Ierarches 444
Trivizas, Eugene 554
Trône du Kaiser 480
Trypiti 273
Tsamadou 390, 392
Tsambika 306
Tsambou 390
tsamiko 558
Tsangari 364

Tsarouchis, Yannis 553
Tsigouri 231
Tsipras, Alexis 541
Tsirakidou, Irini 558
Tsitsanis, Vassilis 556
Tsoclis, Costa 553
Tsokos, Dionysios 553
Tsougria 447
Tunnel d'Eupalinos 388
Turquie 374
TVA 571

U

Ulysse 504

V

Vagia 284, 366
Vallée des Papillons **53**, 310
Valtinos, Thanassis 555
Vamvakaris, Markos 556
Vananda 319
Vangelis 555, 557
Vari 191
Vasilikos, péninsule de 507
Vasiliki 489
Vatera 415
Vathy (Ithaque) 501, 502
Vathy (Meganissi) 488
Vathy (Samos) 386, **387**
Vathy (Sifnos) 281
Vathys 352
végétarien 52
végétation 566
Velanio 453
vélo 58, 587
Vénus de Milo 271
Vessa 402
Vido, île 471
vieux cimetière russe 420
Vieux Pyli 344
vignoble Afianes 378
vin 51, 219, 375, 440, 495, 572
visas 572
Vitali 181
Vitsentzou 267
Vivlos 226
Vlihada 259
Vlihadia 354
Vlyhos 170
voiture 36, 587
Volax 185
volcan de Nisyros **11**, 335
Volimès 508
Volissos 399
Vori 181
Vorini Spilla 230
Votsalakia 391
Voula 145
Voulgari 191
Vouliagmeni 145
Vourkoti 181
Vourliotès 390
Vourvoulos 258
voyages organisés 582
Vravrona, *voir* Brauron
Vromolimni 479
Vromolimnos 447
Vromolithos 359
Vrondado 188
Vrontados 398
Vryzakis, Theodoros 553

W

Wild Drawing (WD) 111

X

Xarhakos, Stavros 558
Xenakis, Yannis 558
Xénophon 70
Xerokambos 345
Xi 497
Xirokambos 360
XLSIOR 27
Xylouris, Nikos 557

Y

Yabanaki 146
Yannatou, Savina 557
Yeni Tzami 406
Yera 332

Z

Zakynthos 505
Zante **7**, 505, **506**
- plage du Naufrage **7**, **34**, 508
- transports 505

Zea Marina 139
Zeus 543
Zia 344
Zone des fouilles ouest (Kos Hora) 338
Zoumboulakis Gallery 98

Références des **cartes**
Références des **photos**

Légende des cartes

À voir

- Château
- Monument
- Musée/galerie/édifice historique
- Ruines
- Église
- Mosquée
- Synagogue
- Temple bouddhiste
- Temple confucéen
- Temple hindou
- Temple jaïn
- Temple shintoïste
- Temple sikh
- Temple taoïste
- Sentō (bain public)
- Cave/vignoble
- Plage
- Réserve ornithologique
- Zoo
- Autre site

Activités, cours et circuits organisés

- Bodysurfing
- Plongée/snorkeling
- Canoë/kayak
- Cours/circuits organisés
- Ski
- Snorkeling
- Surf
- Piscine/baignade
- Randonnée
- Planche à voile
- Autres activités

Où se loger

- Hébergement
- Camping

Où se restaurer

- Restauration

Où prendre un verre

- Bar
- Café

Où sortir

- Salle de spectacle

Achats

- Magasin

Renseignements

- Banque
- Ambassade/consulat
- Hôpital/centre médical
- Accès Internet
- Police
- Bureau de poste
- Centre téléphonique
- Toilettes
- Office du tourisme
- Autre adresse pratique

Géographie

- Plage
- Refuge/gîte
- Phare
- Point de vue
- Montagne/volcan
- Oasis
- Parc
- Col
- Aire de pique-nique
- Cascade

Agglomérations

- Capitale (pays)
- Capitale (région/État/province)
- Grande ville
- Petite ville/village

Transports

- Aéroport
- Poste frontière
- Bus
- Téléphérique/funiculaire
- Piste cyclable
- Ferry
- Métro
- Monorail
- Parking
- Station-service
- Station de métro
- Taxi
- Gare/chemin de fer
- Tramway
- Métro et U-Bahn
- Autre moyen de transport

Les symboles recensés ci-dessus ne sont pas tous utilisés dans ce guide

Routes

- Autoroute à péage
- Voie rapide
- Nationale
- Route secondaire
- Petite route
- Chemin
- Route non goudronnée
- Route en construction
- Place/rue piétonne
- Escalier
- Tunnel
- Passerelle
- Promenade à pied
- Promenade à pied (variante)
- Sentier

Limites et frontières

- Pays
- État/province
- Frontière contestée
- Région/banlieue
- Parc maritime
- Falaise
- Rempart

Hydrographie

- Fleuve/rivière
- Rivière intermittente
- Canal
- Étendue d'eau
- Lac asséché/salé/intermittent
- Récif

Topographie

- Aéroport/aérodrome
- Plage/désert
- Cimetière (chrétien)
- Cimetière (autre)
- Glacier
- Marais/mangrove
- Parc/forêt
- Site (édifice)
- Terrain de sport

Peter Dragicevich

Cyclades Après une carrière réussie dans l'édition de journaux et de magazines spécialisés, dans sa Nouvelle-Zélande natale et en Australie, Peter a réalisé son rêve de "Kiwi" et a abandonné son travail pour découvrir ses origines européennes. Au cours de la dernière décennie, il a participé à des dizaines de guides pour Lonely Planet sur une collection étrangement disparate de pays, qu'il a appris à aimer. Il est de nouveau basé à Auckland en Nouvelle-Zélande, mais son mode de vie encore nomade l'en éloigne souvent.

Anna Kaminski

Cyclades Originaire de l'Union soviétique, Anna a grandi à Cambridge, au Royaume-Uni. Diplômée de l'université de Warwick, elle se passionne pour l'histoire, la culture et littérature des Amériques et des Caraïbes, et se découvre un amour infini pour l'Amérique latine. Ses aventures l'ont poussée à poser brièvement ses bagages à Oaxaca et à Bangkok et ses connaissances en droit pénal l'ont amenée à assister bénévolement des avocats dans les tribunaux, les ghettos et les prisons de Kingston en Jamaïque. Anna a contribué à près de 30 titres pour Lonely Planet.

Vesna Maric

Autour d'Athènes, Îles du golfe Saronique Voilà bientôt 20 ans que Vesna écrit pour Lonely Planet. Elle a participé à la rédaction de guides sur des destinations des quatre coins du monde : *Bolivie*, *Chypre*, *Barcelone*, *Floride*, *Grèce*, *Londres*, *Croatie*, et bien d'autres.

Isabella Noble

Eubée et les Sporades Anglo-Australienne sur le papier et Espagnole de cœur, Isabella arpente la planète depuis sa tendre enfance. Spécialiste de l'Espagne – elle a grandi dans un village andalou –, cette journaliste écrit pour Lonely Planet, le *Daily Telegraph* et d'autres. Elle a contribué aux guides consacrés à l'Espagne, et aux titres *Thaïlande*, *Asie du Sud-Est-Big Trips*, *Angleterre et Pays de Galles*, et rédigé *Phuket en quelques jours*. Suivez-la sur Twitter et Instagram (@isabellamnoble).

Leonid Ragozin

Iles du nord-est de la mer Egée Leonid s'est consacré à l'étude de la dynamique des plages à l'université de Moscou mais, faute de belles plages en Russie, il a entamé une carrière de journaliste et a navigué entre les différents services de la BBC. Il a également été pendant 4 ans correspondant à l'étranger du *Russian Newsweek*. Il est actuellement journaliste indépendant spécialisé notamment dans le conflit russo-ukrainien (deux destinations sur lesquelles il a travaillé pour Lonely Planet), ce qui l'a poussé a quitter Moscou pour venir s'installer à Riga.

Greg Ward

Rhodes Dans sa jeunesse, Greg a parcouru les routes d'Inde et a vécu dans le nord de l'Espagne. Il a participé à la rédaction de guides sur de nombreuses destinations dans le monde entier : de l'ouest des États-Unis à Hawaï, mais aussi la Corse, les Cotswolds, Dallas et Delphes. Ses photos et anecdotes préférées sont sur son site Internet : www.gregward.info.

LES GUIDES LONELY PLANET

Une vieille voiture déglinguée, quelques dollars en poche et le goût de l'aventure, c'est tout ce dont Tony et Maureen Wheeler eurent besoin pour réaliser, en 1972, le voyage d'une vie : rallier l'Australie par voie terrestre via l'Europe et l'Asie. De retour après un périple harassant de plusieurs mois, et forts de cette expérience formatrice, ils rédigèrent sur un coin de table leur premier guide, *Across Asia on the Cheap*, qui se vendit à 1 500 exemplaires en l'espace d'une semaine. Ainsi naquit Lonely Planet, dont les guides sont aujourd'hui traduits en 13 langues.

NOS AUTEURS

Simon Richmond

Athènes Journaliste et photographe, Simon écrit pour les guides de voyages depuis le début des années 1990. Il collabore avec Lonely Planet depuis 1999 et a participé à la rédaction de nombreux guides dont *Asie Centrale*, *Australie*, *Chine*, *Grèce*, *Inde*, *Indonésie*, *Iran*, *Japon*, *Malaisie*, *Corée du Sud* et *Turquie*. Pour le site Web de Lonely Planet, il a écrit des articles sur des sujets allant des meilleures piscines du monde aux joies de l'Urban Sketching. Suivez-le sur Instagram (simonrichmond) pour voir ses photos et croquis. Il a aussi écrit les sections *Préparer son voyage*, *Comprendre les îles grecques* et *Îles grecques et Athènes pratique*.

Kate Armstrong

Dodécanèse Kate Armstrong a passé une grande partie de sa vie d'adulte à voyager et à vivre dans le monde entier. Journaliste de voyage indépendante, elle a contribué à plus de 50 guides et publications spécialisées. Ses articles paraissent régulièrement dans des publications australiennes ou d'autres pays. Elle a écrit plusieurs livres et des ouvrage éducatifs pour enfants.

Stuart Butler

Îles Ioniennes Stuart écrit pour Lonely Planet depuis une dizaine d'années. Il s'est retrouvé face à des gorilles dans la jungle congolaise, a rencontré un homme coiffé de cornes capable de s'allonger dans le feu, a gravi des cols enneigés de l'Himalaya, a interviewé un roi capable de se transformer en arbre et s'est fait prédire l'avenir par un perroquet. Il a également eu affaire à plus d'un énergumène prétendant à un titre divin. Quand il ne voyage pas pour Lonely Planet, il vit avec sa femme et ses deux enfants sur la côte du sud-ouest de la France.

PAGE 619 AUTEURS (suite)

Les Îles grecques et Athènes

11e édition

Traduit et adapté de l'ouvrage *Greek Islands, 11th edition, March 2020*

92 avenue de France - 75013 Paris

Photographes © comme indiqué 2020

Dépôt légal Juin 2020

ISBN 978-2-81618-600-0

Imprimé par Grafica Veneta, Trebaseleghe, Italie

Réimpression 02, Mai 2021

En Voyage Éditions | un département édi8